伊春市南岔区（林业局）志

（1986—2005）

南岔区（林业局）地方志编纂委员会　编

方志出版社
Publishing House of Local Records

图书在版编目（CIP）数据

伊春市南岔区（林业局）志：1986—2005 / 南岔区（林业局）地方志编纂委员会编 .—北京：方志出版社，2020.9

ISBN 978-7-5144-4448-3

Ⅰ. ①伊… Ⅱ. ①南… Ⅲ. ①区（城市）—地方志—伊春—1986—2005 ②林业—工作概况—伊春—1986—2005
Ⅳ. ① K293.54 ② F326.273.54

中国版本图书馆 CIP 数据核字（2020）第 244658 号

责任编辑：范静
责任校对：刘玉霞
责任印制：赵楚
出 版 者：方志出版社
地　　址：北京市朝阳区潘家园东里 9 号（国家方志馆 4 层）
邮　　编：100021
网　　址：http://www.zgfzcb.cn
发　　行：方志出版社图书营销中心（010-67110500）
印　　刷：北京中科印刷有限公司
开　　本：889 毫米 ×1194 毫米　1/16
印　　张：46
字　　数：1203 千字
版　　次：2020 年 9 月第 1 版
印　　次：2020 年 9 月第 1 次印刷
定　　价：368.00 元

序 一

贫困问题一直是困扰人类社会发展的重大问题。中国作为世界上最大的发展中国家，为解决贫困问题进行了长期不懈的努力。改革开放以来，特别是党的十八大以来，以习近平同志为核心的党中央把脱贫攻坚作为全面建成小康社会的底线任务和标志性指标，纳入“五位一体”总体布局和“四个全面”战略布局，以前所未有的力度推进精准扶贫、精准脱贫，扶贫开发成就举世瞩目，显著改善了贫困地区和贫困群众生产生活条件，具有重大的现实意义和深远的历史意义。身处中华民族几千年发展历史上将首次整体消除绝对贫困现象的伟大时代，如何更好地发挥地方志的存史、育人、资政的作用，是新时代全国地方志系统必须深入研究和着力解决的重大课题。

党的十八大以来，在党中央国务院的正确领导下，全国地方志系统深入学习贯彻习近平新时代中国特色社会主义思想和党的十九大精神，紧紧围绕党和国家事业发展需要，深入推进地方志改革创新发展，凝心聚力，稳扎稳打，勇于担当，主动作为，全国地方志形势和地方志工作者的精神面貌发生了深刻变化，取得了优异成绩。其中，为贯彻落实《全国地方志事业发展规划纲要（2015—2020 年）》，经中国地方志指导小组领导批准，中国地方志指导小组办公室于 2015 年、2017 年先后启动民族地区与贫困地区志书、年鉴出版资助工程（以下简称“志鉴出版资助工程”），对国家级贫困县（区、旗、县级市），中西部地区、少数民族边疆地区面临出版经费困难的志书和综合年鉴给予出版资助。实施志鉴出版资助工程是紧扣时代脉搏、坚持创新发展、传承弘扬中华优秀传统文化的一项创举，不仅有力推动了“两全目标”的实现，而且数十部资助出版的志书、年鉴及时记述了民族地区与贫困地区在全面建成小康社会伟大征程中取得的新成绩和新经验、出现的新情况和新问题、涌现的优秀人物和典型事迹，留住地方文化的“根”和“魂”，为这些地区的经济社会发展、地域文化传播、爱国主义教育、精神文明建设等提供了历史借鉴和智力支持，对全面提升民族地区与贫困地区文化建设水平、确保民族地区与贫困地区和全国其他地区同步全面建成小康社会具有重要意义。

尤为可喜的是，志鉴出版资助工程促成了一批扶贫志书的编纂出版，在文化脱贫攻坚中发挥了独特的作用。例如，《贵州省减贫志》全面系统客观记述了从 1978

年至2015年贵州省扶贫、减贫工作的历程及取得的经验，为贵州省实施大扶贫战略提供了有力的资政辅治参考，集中体现了地方志工作因时而动、顺势而为的新作为。前不久，由福建省地方志编委会和人民网共同编纂的《闽宁扶贫协作图志》，是全国首部扶贫协作图志，图文并茂、直观立体、全方位地展现闽宁扶贫协作波澜壮阔的历程，弘扬“闽宁一家亲”“携手奔小康”的深厚情谊和滴水穿石、久久为功的精神，是贯彻落实习近平总书记扶贫工作重要论述精神，服务国家精准扶贫、精准脱贫战略的有力举措。希望各地以此为鉴，编纂出版更多、更好的扶贫志书、年鉴，助力国家精准扶贫、精准脱贫战略的实施，充分展现地方志的独特价值和作用。

当前，我国脱贫攻坚已进入全面决战决胜的关键时期，尚未脱贫的贫困地区集中分布在中西部深山区、极端干旱山区、高寒阴湿地区等，文化建设还比较薄弱，文化产品还不够丰富，文化精品更是少之甚少。同时，这些地区往往是民族文化、历史文化、红色文化、生态文化富集区，具有发展文化旅游、推进文化扶贫的巨大潜在优势，也是繁荣发展地方志事业的巨大文化宝库。要发挥好文化扶贫凝聚人心的优势，善于利用方志文化优势为贫困地区“赋能”，在脱贫攻坚中做出方志人应有的贡献。要发挥好中国名镇志文化工程、中国名村志文化工程的引领作用，大力加强乡镇村志编纂，让百姓记得起乡情、记得住乡愁，凝聚贫困乡镇村庄的强大民心，补齐贫困乡镇村庄的文化短板，以“扶智”的方式“扶志”，践行习近平总书记强调的“扶贫先扶志，扶贫必扶智”的重要理念。

求木之长者，必固其根本；欲流之远者，必浚其泉源。扶贫扶起的是志气骨气，传承的是家国情怀，守护的是绿水青山。扶贫既要富口袋，也要富脑袋。必须坚持文化脱贫和物质脱贫两手抓，筑牢贫困地区文化之基，补足信仰精神之钙，引领脱贫发展之舵。全国地方志系统要围绕中心、服务大局，坚决投入脱贫攻坚这场必须打赢的硬仗，积极参与脱贫攻坚战，发挥优势和特长，深入挖掘文化资源，着力补齐文化短板，努力帮助民族地区与贫困地区的文化建设实现较大的发展提升，在全面建成小康社会、实现中华民族伟大复兴中国梦的征程中贡献方志人的力量。

是为序。

中国社会科学院院长
中国地方志指导小组组长　谢伏瞻

序　二

当前，在以习近平同志为核心的党中央的坚强领导下，全国各族人民正在全面建成小康社会的决胜阶段奋勇向前、阔步迈进。全面建成小康社会，最艰巨最繁重的任务是在革命老区、民族地区、边疆地区、贫困地区。消除贫困、改善民生、实现共同富裕，是中国特色社会主义的本质要求，是中国共产党的重要使命。为了全面实现小康，党中央高度重视扶贫开发工作，全力推进脱贫攻坚工程，实施精准扶贫、精准脱贫。习近平总书记明确提出，全面实现小康，一个民族也不能少，不能落下一个贫困家庭，丢下一个贫困群众。扶贫开发是个系统工程，发展是第一要务，只有发展，因地制宜找准路子，才能最终实现精准扶贫、精准脱贫。“治贫”必先“治愚”，在加强经济和基础设施建设、提高教育水平等方面的同时，扶贫开发还要注重文化扶贫，特别是通过挖掘革命老区、民族地区、边疆地区、贫困地区的文化内涵、历史底蕴、地情资源，让广大干部群众了解地情、了解历史、了解本地区的优势和劣势，在思想上脱贫，尤为关键。

赓续不断地编修地方志是我国独有的优秀文化传统，绵延千年而不断。党中央、国务院高度重视地方志工作，近几年来，习近平总书记、李克强总理、刘延东副总理作出了一系列的重要指示。2015 年 8 月，国务院办公厅印发《全国地方志事业发展规划纲要（2015—2020 年）》（以下简称《规划纲要》），明确要求到 2020 年必须全面完成第二轮修志规划任务，这是全国地方志工作在全面建成小康社会进程中的硬性任务，也是全国地方志系统为全面建成小康社会的献礼。届时，将同步实现省省有省志、市市有市志、县县有县志，这不仅在中国文化发展史上是绝无仅有的，在世界文化发展史上也是罕见的。从目前来看，要实现这一目标任务，还存在不少困难和问题，特别是民族地区与贫困地区，面临着缺乏人才、资金等诸多困难。实现到 2020 年必须全面完成第二轮修志规划任务，一个省、一个市、一个县都不能少。自 2015 年 8 月，经中国地方志指导小组批准，中国地方志指导小组办公室启动民族地区与贫困地区志书出版资助工程（以下简称“资助工程”），对经国务院扶贫开发领导小组办公室认定的国家级贫困县（区、旗、县级市），中西部地区、少数民族边疆地区、经济欠发达地区存在出版经费困难的省市县三级综合志书进行出版资助。截至目前，已经确定资助两批 20 多部志书。2016 年 4 月，该工程成功入选国家新闻出版广电总局实施的“十三五”国家重点图书、音像、电子出版物出版规划项目。当前正处于全面推进扶贫开发工程的攻坚阶段，深入推进资助工程，是全国地方志系统配合推进精准扶贫、精准脱贫的重要工作，必须引起高度重视。

资助工程是地方志系统的政治工程。革命老区、民族地区、边疆地区、贫困地区蕴含着极为丰富的文化内容，编纂出版志书，对于继承和发扬优秀传统文化、民族文化、革命文化，加强民族团结、促进当地经济社会建设意义重大。革命老区、民族地区、边疆地区、贫困地区的志书是充分展示在中国共产党领导下这些地区经济社会建设取得的巨大成就、各族人民生活幸福安定的历史依据。特别是边疆地区的志书，是历代王朝、社会主义新中国对该地区行使主权的文化宣示，是真实记录边疆地区与祖国一脉相承、荣辱与共的重要载体。《规划纲要》明确要求到2020年全面完成第二轮修志规划任务，是党中央、国务院对各级政府和地方志工作机构的政治要求，必须不打折扣坚决完成，革命老区、民族地区、边疆地区、贫困地区也不能例外。资助工程既是全国地方志系统的文化扶贫工程，又是确保到2020年全面完成第二轮修志规划任务的推进工程，具有重要的政治意义。

资助工程是促进民族地区与贫困地区文化建设的基础工程。地方志书是全面系统地记述本行政区域自然、政治、经济、文化和社会的历史与现状的资料性文献，记述内容包罗万象，记述对象丰富多彩，是对一个地方的文化普查和历史资料的全面梳理。一个地方的经济社会建设，离不开文化支持。发展是硬道理，只有真正实现全面、协调、可持续发展，才能最终实现小康。与此同时，发展也必须是有序的而不是盲目的，必须是实事求是的而不是凭空设想的，必须是因地制宜的而不是照搬照抄的。实践证明，脱离当地的自然条件、历史基础、文化传承、人文习俗等搞所谓的建设，要么是盲人摸象、坐井观天，要么是揠苗助长、掩耳盗铃，要么是削足适履、画蛇添足，最终会落得个水土不服、无疾而终。对于民族地区与贫困地区来说，立足本地的资源、市场、人文旅游等优势，因地制宜找准发展路子，是确保科学发展的首要任务。民族地区与贫困地区，尤其是那些自古以来还没有编修过志书的地区，开展志书编纂既是对当地自然、政治、经济、文化、社会、生态等方面的发展历史、发展脉络、发展规律的全面摸底和调查，又是总结历史经验、汲取历史教训、挖掘历史智慧的全面梳理和探求。通过学习、利用地方志书，让各级领导干部、广大人民群众了解当地的历史、了解实实在在的地情，从历史中汲取营养和智慧为现实提供借鉴和服务，是确保民族地区与贫困地区发展不走弯路、不走冤枉路的有效手段。

资助工程是全国地方志事业协调发展的促进工程。第五届中国地方志指导小组成立以来，一直把走基层、探实情作为一项重要任务，截至目前，已经到30个省（自治区、直辖市）开展了调研。通过座谈、实地考察等多种形式，充分了解了当前全国地方志事业发展面临的主要困难和问题。其中，区域发展不平衡，中西部地区特别是边疆少数民族地区地方志工作与东部地区相比还存在不小差距，是制约全国地方志事业实现全面、协调、可持续发展的瓶颈所在。有的地方甚至出现了花费了大量的人力、物力，经过十余年的艰辛努力编纂出志书，因为缺乏出版经费迟迟未能出版的状况。正是基于以上了解到的情况，中国地方志指导小组及其办公室才下定决心启动资助工程。到2020年全面建成小康社会时，地方志事业区域发展不平衡问题必须得到妥善解决，这也是深入贯彻《规划纲要》的应有之义。而作为主业的修志编鉴，到2020年全面完成第二轮修志规划任务、实现综合年鉴编纂全覆盖的“两全目标”，是中西部地区特别是边疆少数民族地区地方志工作发展的重中之重。从现实意义来说，资助工程对于实现全国地方志事业全面、协调、可持续发展具有重要的促进作用。

在党中央、国务院的高度重视下，全国地方志事业发展迎来重大战略机遇。越是发展的关键时期，越要有大局观，越要从全国一盘棋的角度考虑问题。《规划纲要》作为顶层设计，确定的各项目标任务都要落到实处，而作为“两全目标”之一的到2020年全面完成第二轮修志规划任务，实现省、市、县一个都不能少的目标，是关键中的关键。希望借助资助工程的深入推进，进一步引起全国地方志系统对实现“两全目标”的重视，确保按期保质完成，用志书客观而忠实地记述中国共产党人带领全国各族人民全面建成小康社会的光荣与曲折历程，为全面建成小康社会贡献“志”礼。

是为序。

中国社会科学院原院长　王伟光
中国地方志指导小组原组长

民族地区与贫困地区志书出版资助工程领导小组

组　　　长：谢伏瞻

常务副组长：高　翔

副 组 长：冀祥德

成　　　员：高京斋　邱新立

民族地区与贫困地区志书出版资助工程领导小组办公室

主　任：冀祥德

副主任：邱新立

成　员：于伟平　陈　旭　杨海峰　王丹林　徐　宏

南岔区（南岔林业局）地图

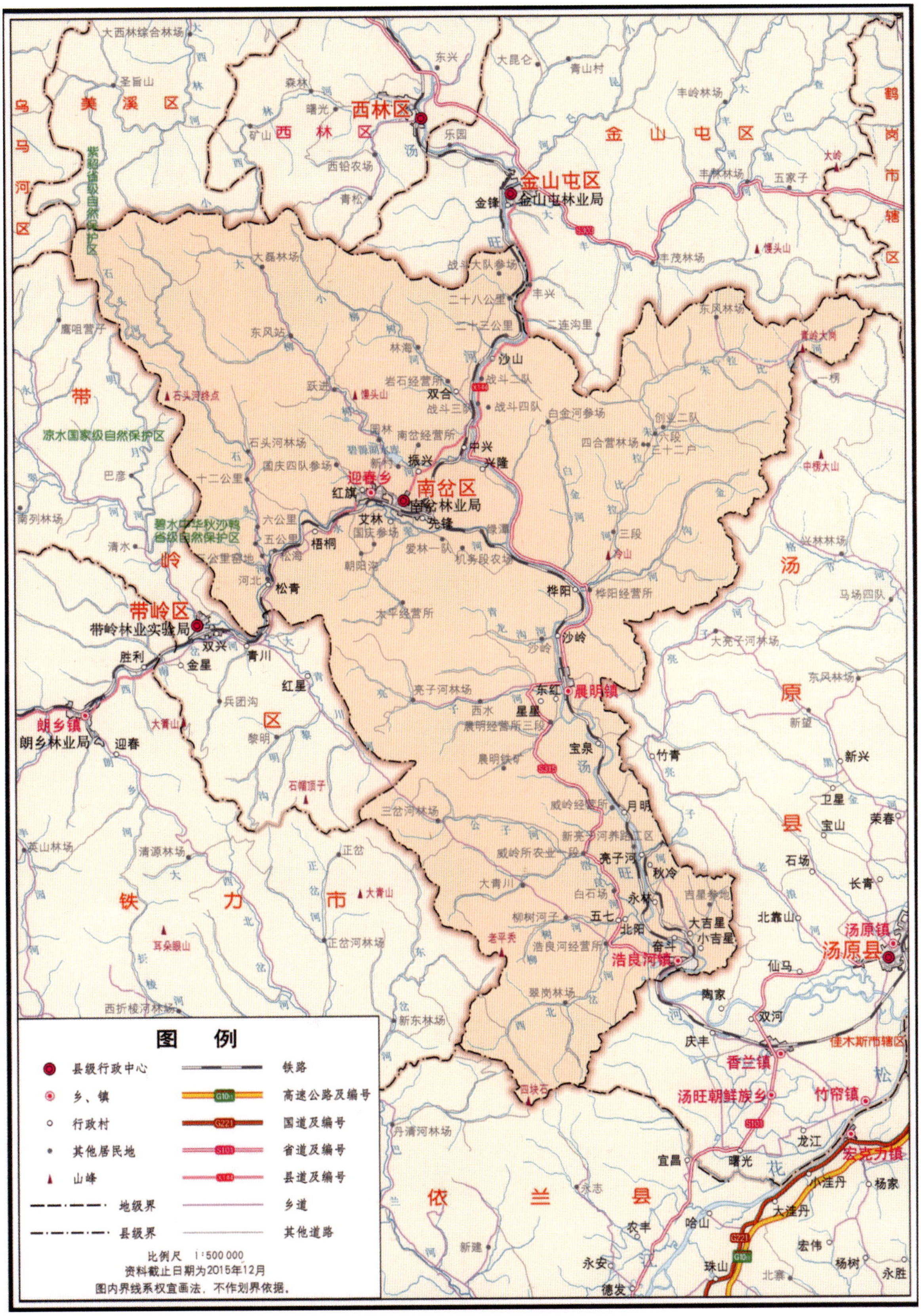

审图号：黑S（2020）079号

1994 年 6 月 7 日，省委书记岳岐峰（前排左二）到南岔考察小木制品加工

中纬路大街

中纬路一角

南岔夜景

通山路

南岔区委区政府办公大楼

南岔检察院办公大楼

南岔交通局办公大楼

南岔公安局

南岔地税局

南岔区人民法院

南岔车站

南岔区森林扑火队

林间小道

红豆杉育苗（一）

红豆杉育苗（二）

牛蒡栽培

浩良河化肥厂

药厂一车间

三兄弟家具有限公司

水稻

五味子栽培

插秧

春播

人参栽培

地栽木耳

返魂草种植

鸭子养殖

山羊养殖

生猪饲养

野生榛蘑

野生猴头蘑

榛子

脱毒马铃薯

速冻水饺

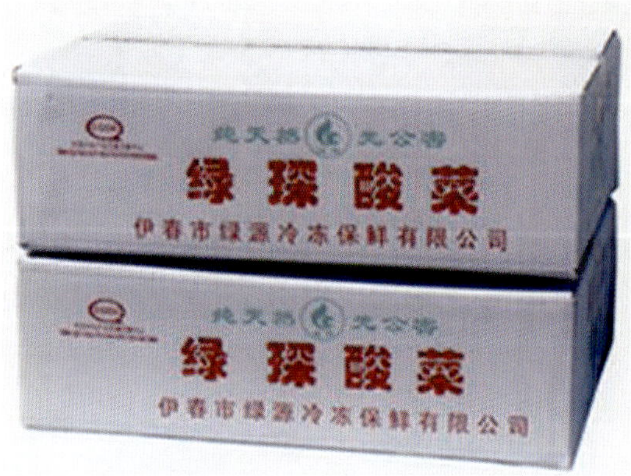

酸菜

糯玉米

南岔东方红小学

南岔东方红小学升旗仪式

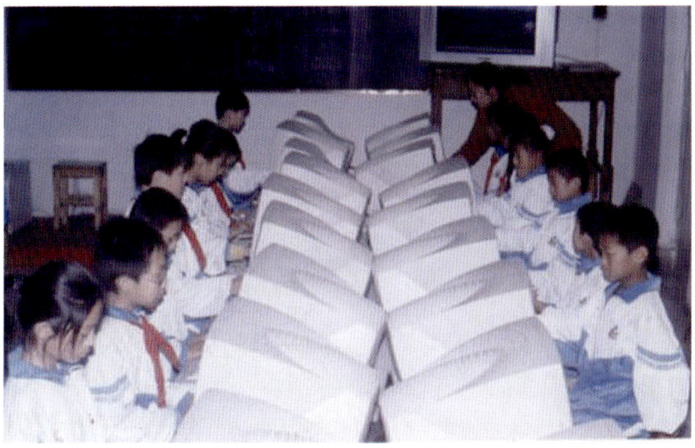
南岔电化教学

南岔高级中学

南岔高级中学新课改公开课

冬泳

2003 年 5 月 28 日自行车协会环城赛

1998 年 9 月 23 日普法知识竞赛

2002 年 6 月 20 日基层文化年

1999 年 6 月 30 日"月牙湖之夏"

2002 年 6 月 20 日"月牙湖之夏"

人工林

石豹嬉戏

月牙湖公园（一）

月牙湖公园（二）

仙翁端坐

仙翁山冬景

石猴山

河滩巨石

兴安日出

仙翁山神龟

五花山

仙翁山雾海

省、市志办在南岔区召开志稿评议会会后合影。前排人员：省地方志指导处处长娄福恩（左五）、副处长刘树波（左二），哈尔滨市地方志专家赵景新（左四）、王冶（左一），市地方志主任曹永杰（左三）、指导科科长周尧（右二）、李中正（右三），南岔区委常委、副区（局）长程志广（右四）、政府办主任马建林（右一）

南岔区第二轮修志全体人员合影

《伊春市南岔区（林业局）志》编纂委员会

2004.9—2004.12

主　任　王若森

副主任　马伟斌　岂凤桐　孙秀福　赵荣生　王政业

委　员（按姓氏笔画为序）

马伟峰　马金成　马建林　王世佳　王仲伯

王维江　王德林　王广元　王宝录　丛喜武

吕殿贵　刘海涛　闫树彬　闫树海　孙茂杰

孙景权　李传林　杨玉春　杨剑波　吴晓彬

吴德福　狄明惠　沈维刚　张敏儒　陆亚民

苗凤义　周芙蓉　周晓光　郑志学　郝　波

郝亚新　赵秋义　袁淑霞　席国维　康广南

编纂委员会办公室

主　任　马金成（兼）

副主任　席国维

秘　书　霍　明

《伊春市南岔区（林业局）志》编纂委员会

2004.12—2006.12

主　任　林宏坤

副主任　马伟斌　岂凤桐　孙秀福　王政业　赵荣生

委　员（按姓氏笔画为序）

马东升　马伟峰　马金成　马建林　王维江

王德林　艾春芳　丛喜武　刘彦春　闫树彬

闫树海　孙宝英　孙茂杰　李公春　李传林

李志华　吴晓彬　肖德国　狄明惠　张　静

张忆久　张敏儒　杨剑波　陈永厚　周晓光

赵国利　赵秋义　徐景文　郝　波　郝亚新

袁淑霞　席国维　矫继宽　康广南

编纂委员会办公室

主　任　马金成（兼）

副主任　席国维

秘　书　霍　明　盛　磊　沈斌枫

《伊春市南岔区（林业局）志》编纂委员会

2006.12—2010.12

《伊春市南岔区（林业局）志》编纂委员会

2010.12—2016.01

《伊春市南岔区（林业局）志》编纂委员会

2021.8—2021.10

主　　任　张　巍　段红波

副 主 任　王国君　姜世宏

成　　员（排名不分先后）

王政业　赵洪庆　耿　力　李晓波　王　英
乔洪生　孟凡海　杨　忠　辛衍蕾　程　健
马淑红　伊琳娜　杨虎岗　张　琦　杨　超
蔡艳泉　郑　佳　宋晓伟　马曙光　崔延敏
潘宝有　王丽娜　于　莹　张　猛　于建华
李　彧　赵汝江　马胜凯　程　龙　李久龙
李金刚　张宏伟　邹志峰

编纂委员会办公室

主　　任　王占东

工作人员　贾春华　王立群　薛晶欣

《伊春市南岔区（林业局）志》编纂人员

主　　　编　岂凤桐　刘　鹏

副　主　编　鲁庆文　马建林

总　　　纂　席国维

责 任 编 辑　赵　安　杨松柏　张敏学　王春良　霍　明

盛　磊　沈斌枫　杨　平　郭　杨　韩铁石

审查验收单位　伊春市地方志编纂委员会办公室

审查验收人员　曹永杰　伊春市地方志办公室主任

周　尧　伊春市地方志办公室基层指导科科长

李中正　伊春市地方志办公室副编审

南岔区（局）提供资料人员

丁凤琴　于　兵　于亚君　于成龙　马智慧　尹　杰

尹秀敏　王　冰　王　岩　王　昆　王　艳　王　野

王文秀　王东军　王传文　王兴洲　王兴阁　王成刚

王红玉　王丽娜　王秀芝　王进成　王远鹏　王佳丽

王晓东　王绪东　王雪峰　王德全　王德林　冉永元

卢学才　史　浩　史广雨　白　桦　乔学忠　仲旭然

任英伟　任雪川　关　娜　刘　鹏　刘天鹰　刘风山

刘冬辉　刘含雪　刘志国　刘秋祥　刘海涛　刘海燕

刘艳秋	刘福利	吕超海	孙玉会	孙利民	孙来福
孙秀权	孙洪波	孙晓威	安景萍	庄善学	曲伟明
曲明山	朱　杰	朱万发	朱献春	许　晶	许玉红
邬野凌	闫冒芬	齐兴惠	何　淼	佟艳权	吴亚杰
吴晓彬	宋　猛	张　南	张　静	张中华	张丹丹
张启轩	张志民	张绍军	张晓霞	张海涛	张维焕
李　域	李玉珍	李兴武	李宏华	李志华	李秀云
李晓东	杨世鹏	杨立峰	杨宏光	杨洪刚	杨晓光
杨艳红	汪世宪	沈维刚	沈斌枫	沙　林	肖德国
苏秀芝	辛宝华	闵玉芝	陆　波	陈长巍	陈克忠
陈忠奎	周义慧	周茂超	孟繁玉	昌国建	林晓晶
罗兴秋	罗建宝	郎福山	郑文墨	姚大顺	姜春丽
姜静秋	段光孝	赵万祥	赵丹凤	赵占红	赵玉华
赵丽珍	赵良臣	赵忠烈	赵静波	郝丽波	郝连巨
侯欣颖	唐　达	唐玉平	唐兆航	栾　珂	索振山
袁桂玲	袁艳艳	袁淑霞	贾　伟	贾晓辉	郭　淳
郭万信	郭海彦	高　飞	屠广明	崔延敏	常志彬
曹　威	随桂春	黄丽荣	程显军	葛　健	董生涛
韩永祥	韩园铭	韩忠富	韩宪林	韩晶宇	潘启峰
颜秉君	燕　枝	霍　明	戴宝玉		

序

在加快推进社会主义新林区建设的新形势下，《伊春市南岔区（林业局）志（1986—2005）》成书问世了。这是全区人民政治、经济、文化生活中的一件大喜事，也是全区社会主义精神文明建设的一项重大成果，一部时代的巨著新篇。它的诞生，具有重大的现实意义和深远的历史意义。

改革开放20年来，南岔面貌发生了翻天覆地的变化，国民经济持续发展，人民生活不断提高。特别是自党的十二届六中全会以来，全区人民精神抖擞，意气风发，为振兴南岔而奋起，南岔的三个文明建设快速发展，政通人和，步入了历史发展新时期。第二部《伊春市南岔区（林业局）志》采用记叙体，详细记述了1986—2005年南岔的政治、经济、文化教育、自然风貌、风俗习尚等方面的历史演变，它将在推动生产、治理政务、繁荣文化、保存史料中发挥应有的作用。

要进一步建设南岔，振兴南岔，首先要了解区情，以便扬长避短，加快发展。盛世修志，是时代赋予我们的使命。自2004年以来，全体编修人员身负区委、区政府的重托，在广大干部和群众的支持下，不计名利，广泛深入搜集、核实资料，或走访社会贤达和知情人士，或查找档案文献资料，或实地察看了解，一有所获，即运用历史唯物主义和辩证唯物主义的科学观点和方法，进行去伪存真，搜集筛选那些反映事物本来面目和最能体现南岔地方特色以及时代精神的资料入志。第二部《伊春市南岔区（林业局）志》成稿以后，反复征求有关领导、有关部门、相关人士和专家学者的意见，进行字斟句酌，反复修改。经历八年多的殚精竭虑，这项浩繁、系统的综合文化工程终于竣工，成书问世。在此，谨向那些不辞劳苦的全体修志人员，通力协作的各个单位，精心指导的上级部门，热情指教的专家，以及所有关心、支持、帮助我们修志工作的广大干部和群众致以诚挚的谢意。

《伊春市南岔区（林业局）志（1986—2005）》的编修坚持以马克思列宁主义、毛泽东思想、邓小平理论、“三个代表”重要思想、科学发展观、习近平新时代中国特色社会主义思想为指导，以党的十二届六中全会以来的路线、方针、政策为准绳，思想正确，资料翔实，体例完备，结构严谨，文风朴实，表现出浓郁的地方特色和昂扬的时代精神。这部成书匪易的时代新篇，堪称南岔的“百科全书”和“一方之全史”。古人云，“邑之有志，犹国之有史”“治天下者以史为鉴，治郡国者以志为鉴”。第二部《伊春市南岔区（林业局）志》为我们了解区情，研究区情，为决策者制定工作方针提供依据，为进行科技研究和编写国史、地方史提供资料，为发展经济、发挥优势提供信息，为开展热爱祖国、热爱家乡教育提供乡土教材。希望大家能认真地批阅它，从中汲取智慧和力量，努力实现振兴南岔、发展南岔的目标，这是历史赋予我们的责任，也是续编《伊春市南岔区（林业局）志》的目的。

中共南岔区委书记　牛毓山

南岔区（林业局）长　岂凤桐

2005年12月

凡　例

一、本志以马克思列宁主义、毛泽东思想、邓小平理论、“三个代表”重要思想、科学发展观、习近平新时代中国特色社会主义思想为指导，坚持辩证唯物主义和历史唯物主义的立场、观点和方法，真实反映1986—2005年南岔区（林业局）在改革开放和社会主义现代化建设中的历史事实。

二、本志上限始于1986年，下限止于2005年。为保持事物的完整性，上限适当上溯。记述范围以南岔区（局）现行区划为准。区辖两镇一乡，4个街道办事处；林业局辖17个生产单位及省属和市属国有企业、股份制企业、股份合作制企业。

三、本志由概述、大事记、专志、人物、附录五部分组成。专志按社会分工和事物属性分门别类编纂。全志横分门类，竖写史实，采用篇章节目体结构，篇章下设无题序。

四、本志采用述、记、志、传、图、表、录7种体裁，以志为主。

五、本志行文采用规范的现代语体文，记述体编纂，使用规范简化汉字。行文严格执行《黑龙江省地方志编纂行文通则》规定。

六、纪年，通用公元纪年。称谓，镇乡林场（厂）、公司名称、人名及官职以当时称谓为准。人物，直陈姓名不加饰语。企事业单位、机关团体名称等，于志中首次出现时用全称，括注简称，之后使用简称。如“中国民主同盟南岔区委员会”简称“民盟南岔区委”。

七、本志资料源于各级各类档案、文献、报刊、调查口碑和考古发现等，经筛选、排比、考证后载入。本志数据主要来自南岔区统计局，部分为有关部门提供。

八、数字用法、标点符号用法分别采用国家标准《出版物上数字用法》（GB/T 15835—2011）、《标点符号用法》（GB/T 15834—2011）。计量单位采用国家技术监督局1993年12月发布的《量和单位》系列国家标准。

九、人物，坚持生不立传的原则。设传略、简介和名录（表）。传略记述对本区历史与社会发展有较大贡献和影响的已故人物，按卒年先后排序；对在世主要区（局）领导、模范人物、名人、新闻人物，以简介的形式记述；其他人物以名录（表）形式入志。

目录

第三篇　体制改革

第四篇 林业

第五篇 产业开发

第六篇 农牧业

第八篇　经济建设

第九篇　经济管理

第十一篇 商贸服务业

第十二篇 财政 税务

第十三篇 金融 保险

第十四篇 交通 邮政

第十五篇　通信　电力

第十六篇　教育

第十七篇 文化 体育

第十八篇 科技 卫生

第十九篇　中国共产党地方组织

第二十篇 民主党派 人民团体

第二十一篇　人大　政府　政协

第二十二篇　人事　劳动　民政

第二十三篇 公安 检察 法院 司法行政

第二十四篇　军事

第二十五篇　社会生活

第二十六篇 人物

附录

编后记

概 述

（一）

伊春市南岔区（局）位于黑龙江省东北部，小兴安岭南麓，汤旺河下游。地理坐标：北纬46° 36′ ~ 47° 24′，东经128° 49′ ~ 129° 46′。东与鹤立林业局搭界，南同依兰、汤原两县连接，西南与带岭、朗乡林业局毗邻，北靠金山屯、美溪区，西北与乌马河区接壤。铁路绥佳线由西向东经过辖区；汤林线起始南岔向东北延伸至乌伊岭。南岔站为铁路货运编组站，交通方便快捷。区址距伊春市铁路行程105公里，公路行程101.8公里，至佳木斯铁路行程152公里，至哈尔滨铁路行程354公里，公路行程377公里。有13对次旅客列车往返佳木斯—乌伊岭—哈尔滨—大连—北京—烟台。公路有南岔—金山屯—伊春—五营—汤旺河—乌伊岭；南岔—桃山—哈尔滨；南岔—浩良河—佳木斯。公路直通林场、经营所、乡、镇、村（屯）。路网密度3.2米/公顷。东西宽52公里，南北长83公里，行政区面积3088.41平方公里，林业施业区面积299716公顷。区辖浩良河镇、晨明镇和迎春乡，29个行政村、4条街道办事处。林业局下属4个林场、10个森林经营所、1个贮木加工厂、2个经济综合开发公司。2005年年末，全区实行政企合一管理体制。全区在册52166户、142030人，其中汉族人口占98.6%，回族、蒙古族、满族、壮族等17个少数民族占1.4%。宗教有佛教、基督教、天主教、伊斯兰教。

区（局）地处低山丘陵地带，阳坡陡短，阴坡缓长，海拔最低110.1米，位于浩良河一号闸大草甸子。最高海拔1028.4米，位于浩良河所森林经营所与依兰搭界处。土壤有暗棕壤、草甸土、沼泽土3个土类、11个亚类、17个土属。境内河流15条，总长490公里，最长流河为汤旺河，流经本区注入松花江。荒水（水泡子）35公顷。全区（局）可牧草场951公顷，可载畜量71325只（以羊为单位）。气候属温带大陆性气候。全年积温2100 ~ 2400℃。最高气温在2004年7月，达38.2℃，最低气温在1997年2月，达零下44.2℃。1986—2005年平均降水量为550 ~ 750毫米。通常年景早霜落在9月中旬，晚霜终止于5月中旬。1986—2005年统计，全区（局）林木总蓄积量1186.6万立方米，其中天然林面积148553.7公顷，蓄积量7935983立方米，人工林面积68982.8公顷，蓄积量4262282立方米。2005年，森林覆被率76.6%。主要树种红松、云杉、冷杉、落叶松、水曲柳、黄菠萝、胡桃楸、柞树、桦树、椴树、杨树、榆树等20余种。1998年全区（局）实施天然林保护工程，2004年依据伊春市政府令停止对红松采伐。全区土地面积308021.6公顷，占全市土地面积9.4%，其中耕地10701.1公顷，占全区土地面积3.5%，耕地以种植黄豆、玉米、马铃薯为主，晨明、浩良河地区亦有部分水稻种植。2005年，粮食总产量29845吨，马铃薯总产36396吨。矿产主要有石灰石、沙金、铁矿石、花岗岩、石英石等，其中石灰石矿脉长储量大，辖区先后建有晨明水泥厂、晨明白灰厂、浩良河水泥厂。野生植物500多种，其中绿色无污染山野菜有老蕨菜、猴腿菜、黄瓜香、野鸡膀子、燕尾、小叶芹、鸭嘴菜、老桑芹、明叶菜、车轱辘菜、柳蒿芽等。山野果有红松籽、榛子、核桃、山葡萄、狗枣子、山樱桃、山灯笼果、托盘、笃柿、山茄子、狗奶子、山梨、山丁子、稠李子、山里红等。野生食用菌有猴头蘑、木耳、元蘑、榛蘑、草蘑、牛肝菌等十几种。药用植物有刺五加、三棵针、暴马子、满山红、党参、黄芪、百合、穿地龙、大活、桔梗、白芍、紫苏、牛蒡子、艾叶等47科98种。野生动物有獐、狍、马鹿、黑熊、野猪、狐狸、黄鼬、水獭、獾子、野兔、松鼠、花鼠、刺猬等6目16科42种。鸟类有山鹰、猫头鹰、啄木鸟、松鸭、山喜鹊、榛鸡（飞龙）、雉鸡、鸳鸯、野鸭、燕子、布谷鸟、大雁等16目41科197种。

优越的地理环境，适宜的气候，丰富的物产，大自然的恩赐，使南岔山川秀美，人杰地灵。1998年以后兴起的旅游业，招揽八方游客，丰富了乐善好施南岔人的物质文化生活。无峰不奇、无石不特的仙翁山；波光潋滟、"月览湖境"的月牙湖公园；静谧幽深的松青人工林；依山傍水集天然与人文景观于一体的太平森林公园；爱国主义教育基地"四块石"抗联遗址；水映山青、山映水绿碧源湖水库风景区为人们提供休闲度假好去处。旅游服务设施有饭店、宾馆、歌舞厅、游戏厅。

中华民国35年（1946），合江省林务局在南岔始设林务分局，从此每年都有计划地生产大量的木材并运往祖国各地支援国家建设。机构建制几经变更，到1964年10月，根据伊春特区人民委员会《关于南岔区与南岔林业局合并的指示》，南岔区和南岔林业局正式合并为南岔区（局），延续到2005年年末，政企合一体制一直没有变。

（二）

南岔是伊春的门户，是深入小兴安岭腹地的必经之路，也是反侵略战争敌我必争之地，战略地位十分重要。日本侵略者侵占东北后，关东军佳木斯宪兵本部派遣特高课日本官兵驻守南岔。英雄的南岔人民，紧密地配合东北抗日联军，同日本侵略者展开了不屈不挠的斗争。他们给东北抗日联军送情报、备给养，与抗联战士并肩灭日寇、打敌伪。民国24年（1935）7月和民国25年（1936）5月，日本侵略者为了报复抗日军民，曾两次血洗和火烧当时被称为"抗日模范村"的浩良河地区吉星沟村。东北抗日联军第三、六军在"四块石"（南岔林业局浩良河经营所施业区）建立抗联根据地，设有被服厂和医院。民国25年（1936）至民国26年（1937），在此召开过具有历史意义的中共珠河、汤原东北抗日联军军政联席执委（扩大）会议和中共北满临时省委（扩大）会议，东北军政领导人赵尚志、夏云阶、李兆麟、周保中、冯仲云、戴洪斌等参加会议，推动了抗日斗争的开展。1937年冬，日伪军讨伐队袭击"四块石"根据地，为掩护战友转移，抗日英雄宋喜斌团长和夏嫂（抗日英雄夏云阶爱人）等人壮烈牺牲，烈士的忠骨埋葬在"四块石"山脚下。忆往昔峥嵘岁月，当年抗战时期生存下来的同志对牺牲的战友极为怀念。1982年，黑龙江省原省长陈雷、省军区原司令员王明贵和抗日英雄王均、李敏及李兆麟的妻子金伯文等12人到"四块石"回访，留下笔墨教育后人。南岔区于1984年10月5日在"四块石"立下纪念碑，该地被定为省级文物保护地，也成为爱国主义教育基地。民国34年（1945），中国共产党在南岔地区建立新的政权，带领南岔人打土豪、分田地，镇压了土豪劣绅"东霸天"许文斌、"西霸天"迟登山，剿灭了莫德贵、陈山等土匪势力，南岔人翻身当家做了主人。分得土地的农民积极发展生产支援前线，据有记载的民国36年（1947），就上缴公粮133624公斤，公草（谷草）128746公斤，干菜5100公斤。当年有214名青壮年应征入伍，为解放战争补充兵源。

（三）

1986—2005年，全区国民经济第七个五年计划生产总值45817.5万元；第八个五年计划生产总值125771.4万元；第九个五年计划生产总值336438万元；第十个五年计划生产总值474938万元。"七五"期间生产总值平均每年递增8.7%；"八五"期间平均每年递增6.8%；"九五"期间平均每年递增 5.2%；“十五”期间平均每年递增 9.4%。

南岔自 1946 年开发建设 60 年来，为国家建设提供商品木材 1576 万立方米。1951 年可采林木 2799 万立方米，到 2005 年，可采成熟林资源 113 万立方米，多数分布在“高、散、远、险”地带，而且林分质量下降，立木材积偏低。到 1996 年，全局 16 个林场、经营所有 6 个几乎无林可采。1986 年木材产量 23 万立方米，以后逐年减少，1989 年变原条生产为原木生产。天然林保护工程实施后，木材生产量降至 5 万立方米以下，2004 年木材产量 3.9 万立方米，2005 年 4.5 万立方米。南岔区（局）在缓危解困工作中，紧紧抓住山区综合开发、实施天然林保护工程等有利契机，以改革争生存求发展，彻底改变独木支撑局面，在思想和具体部署上实施了战略转移。借鉴了双丰林业局“两分”“两自立”经验，按着“立足于农、发展于畜、深化于林、倾斜于工、搞活于商”总体思路，将林企 1701.9 公顷耕地分包给职工，有工资田、补资田、就业田、劳保田。以地顶资、以地补资一定 10 年不变，此举一次转移林企劳动力 1200 多人。支持鼓励职工大搞林下经济，发展种植业、养殖业及食用菌生产，扶持个体私营经济，解决了木材产量减少富余劳力增多矛盾，缓解了就业压力，减轻政府和企业负担。

1994 年，黑龙江省穆棱县拍卖“五荒”经验全面推开以后，南岔区派员到穆棱、八面通林业局学习考查，同年南岔林业局桦阳经营所首开先河，11 处荒地拍卖各得其主，每亩最低价 40 元，最高价 120 元，现场签订合同，确定经营权为 10 年。1995 年，全区 18 个林场、经营所规划出 7250 亩荒地，4.6 公顷荒水，实行拍卖，并将经营权延续到 15 年。“五荒”拍卖使资源得到有效利用，也安置了职工就业。

1996 年 6 月，伊春市委、市政府在南岔区（局）召开经济工作现场会，南岔作了经验介绍。会后，全区（局）开展“全市学南岔，南岔怎么办？”大讨论。

1998 年，实施天然林保护工程。为林业可持续发展提供可靠保障。至 2005 年年末，局森林资源管护经营面积 286426 公顷，从事专业管护人员 560 人。

南岔区（局）一直坚持贯彻执行“以营林为基础”的方针，大力开展更新造林，积极培育后备森林资源。继 1984 年步入黑龙江省林业系统更新造林超百万亩先进行列，被林业部授予“造林育林先进企业”称号之后，1986—2005 年，又营造人工林 1286226 亩，平均每年造林 64311.3 亩。此间苗木培育、更新造林，病虫害防治，森林抚育、次生林改造等多项工作并举，多数速生树种已经郁闭成林，到 2005 年人工林面积 69090.8 公顷，总蓄积量 4001280 立方米。

护林防火及城镇防火认真贯彻“预防为主，积极消灭”方针。森防和城防工作实现了“四网三化”。即瞭望检查网、通信网、防火林带网、公路交通网；队伍专业化、工具机械化、方法科学化。区（局）快速专业扑火队 75 人，防火期内，全天候处于临战状态，基层 18 个林场、经营所、贮木场分别配备 15 人快速扑火队。晨明镇、浩良河镇、迎春乡配备群众扑火队，全区共有编制内扑火人员 1495 人。防火机制健全，能达到预报及时，扑救迅速。

南岔区（局）农业生产认真贯彻中共中央十一届三中全会以来中央 1 号文件关于农业和农村工作重大问题的决定精神，不断提升农业基础地位。从 1983 年农村家庭联产承包开始，到 1997 年第一轮土地承包结束，在认真总结前 15 年土地承包经验基础上，本着“大稳定、小调整”的原则，完成土地第二轮承包，并将承包期再延长 30 年。共向农民发包土地 3474 公顷，其中顺延占 83%，小调整占 17%。承包了土地的农户彻底摆脱了计划经济的羁绊，积极性和创造性得到充分发挥，广大农村紧密围绕“增粮、保菜、兴牧、保企”这条工作主线，坚持“科技是第一生产力”的发展方向，实行科技兴农，科学种田，农业机械化程序不断提高，通过积极引进先进的实用技术和科研成果，调整种植、养殖结构，开发生态农业和无公害产品，扩大保护地和棚室生产，实现了农业稳产高效。这二十年，先后进行了土地承包、税费改革，努力化解村级不良债务，切实减轻了农民负担。2004 年，党和国家打破了延续几千年传统种地纳税规矩，不但免征农民的农业税，还在春耕前发给农户种粮直补资金和良种补贴。这一系列改革措施的出台和“多予少取”惠农政策的实施，极大地调动了农民种田积极性。2005 年，全区播种面积 11543 公顷，其中粮食作物 9813 公顷，粮食总产量 29845 吨，农业总产值是 1986 年的 5 倍。农民也从中得到真正的实惠，1986 年农村人均收入 415 元，1997 年第二轮土地承包时提高到 1953 元，到 2005 年人均收入增至 3024 元，是 1986 年 7.3 倍。农村面貌发生了明显改变，2005 年，金南、桃南、南岔至浩良河三条主干线通乡公路全线通车，村村通工程极大地方便了广大农民的生产生活。省、市、区国土资源局、水利局、伊春市政府等部门积极帮扶贫困村屯通电、修路、改善农村生产生活条件。2005 年国家拨款 476 万元，用于浩良河镇小吉星村土地整理项目，该项目建成后，整个规划区域将变成水稻种植基地，提高土地利用率和产出率，扩大绿化面积，调节小气候，防治水土流失，形成较先进的农田生产格局。农村通过学习“三个代表”重要思想，开展“保持共产党员先进性教育”活动，广大农民的政治思想觉悟不断提高，崇尚科学，反对迷信，一代懂技术、会管理的新型农民队伍茁壮成长，城乡差别不断缩小，一个崭新的社会主义新农村正展现在人们面前。

20 世纪 90 年代后期，南岔区木材产量和营林生产任务的减少，诸多矛盾逐渐突出，经济危困，富余劳动力增多，林场经营所一年的生产任务两三个月就完成了，除了单位机关和个别岗位一部分人留守外，其他职工一律放假不开工资。为了突破困境，区委、区政府班子成员推出了一系列缓危解困措施，积极依托当地资源优势开发森林旅游、北药生产、绿色环保产业、特色养殖、木材精深加工业。在战略上实施了主辅换位，打特色品牌，走特色路，发展特色经济。不但安置职工就业，还搞活了地方经济，增加了国家和地方税收。从 1999 年旅游业开发以来到 2005 年，森林旅游累计收入达到 4887.9 万元。2005 年，北药生产产值实现 3524 万元，绿色环保产业，特色养殖业呈逐年发展势头，木材精深加工产品质量精益求精，产品销售不但辐射国内很多省、市，还走出国门创汇，很有发展前景。

1986—2005 年是企业经济体制发生重大变革的 20 年，也是计划经济向市场经济逐步转轨的 20 年。此间，南岔区（局）遵照国家和省市的部署，对国有企业、乡镇企业和地方工业成功地进行了改革和改制。通过经营机制转换，那些负债多、效益低、负担重、经营管理举步维艰的企业，重新焕发了生机，融资渠道不断拓宽，企业固定资产得以盘活，人员得到安置，政府和企业的关系进一步理顺，政府从事无巨细的纷繁工作中彻底解脱出来，变微观管理为宏观调控及指导服务。企业在经营管理、财务收支、人事任免等方面真正有了决策自主权，产供销衔接流通渠道更宽了，管理和生产人员利益和企业经济效益挂钩，拿、摸、送、损现象极为少见，企业效益提高了，国家和地方税收增加了，地方经济发展了。1994—2005 年，国有企业改制共 19 家，其中改制为股份制企业 3 家，改制为股份合作制企业 2 家，出售的企业 9 家，破产企业 3 家，关停企业 1 家，其他改制形式 1 家。

在中央和省市关于“抓大放小，改制经营，搞活企业”等一系列方针政策指导下，先后对地方工业和乡镇各企业实行了剥离、租赁、委托经营，股份制改造，破产、产权出售。截至 2005 年，全区地方工业、乡镇企业完成改制。

商、粮系统改革的步伐比较快，全部由计划经济转为市场经济，商业网点实行租赁、承包、集资股份、私营等多种形式，促进了市场的发展和繁荣。1993 年，国家逐步放开粮食市场，允许个人、集体、企业经销粮油，打破了国有粮食企业独家经营的格局，粮油实行敞开销售。

1992 年南岔区出台了住房制度改革方案，1993 年 6 月原职工租住房屋，全部按职工工龄年限等优惠条件折价卖给个人，产权由国有变为非国有，嗣后新盖的商品住宅和经济住房一律实行市场价格销售。

2005 年 3—11 月，第一次全国经济普查时，南岔区（局）个体经营户发展到 4332 户，成为国民经济的重要组成部分。其中：工业 203 户、建筑业 6 户、交通运输业 900 户、批发业 66 户、零售业 1692 户、住宿业 52 户、餐饮业 500 户、租赁和商服业 45 户、教育 24 户、卫生福利业 74 户、居民服务业 336 户、文化体育娱乐业 198 户、其他服务业 236 户。在经济体制改革的同时，上层建筑为了适应经济基础的需要，南岔区（局）党政机关及劳动人事制度都相继进行了相应的改革。基层干部实行聘用制，行动力度较大的 1997 年，按照省、市精兵简政、优化结构的总体部署，遵循精简、统一、效能的原则，在党政机关干部中实行竞争上岗，机关工作人员由 882 人减到 292 人。其中转岗为事业单位 142 人，整体转移 125 人，精简 323 人。继这次精简之后，2001 年 10 月，党政机构实行了进一步改革，党政机构科室设置减至 20 个，其中党委 5 个，政府 15 个。林业局机构设置资源林政科、营林科、木材生产机械科。区（局）领导职数也进行了相应的精简。

文教卫生、社会保障、公安司法等工作，经过改革，进一步适应了社会发展的需要。教育在认真贯彻执行党的教育方针中，注重培养学生在德、智、体、美、劳诸方面全面发展，积极从应试教育向素质教育方面转变。在生源不断减少的情况下，撤并了一些偏远地区办学基础条件差、师资力量薄弱、教学水平达标困难的中小学。集中人、财、物力，建设一批重点达标学校，教学条件和硬件设施不断加强，老师待遇逐渐改善。在普及九年义务教育的基础上，中、高考升学率不断提高，为国家培养和输送出一批批有理想、讲文明，有知识、守纪律的合格人才。

医疗卫生战线的改革，牵动着千家万户，政府补贴由于资金紧缺、满足不了实际需要，医院在努力改善职工群众就医条件的前提下，相继出台了一系列公费医疗的改革措施，从根本上扭转了职工一人开药供全家的现象。2002 年，成功地实施了医疗保险制度的改革，制定了《南岔区职工基本医疗保险参保管理办法》，基本医疗保险费由企业和职工共同缴纳，职工住院费按 80% 核销；退休职工住院费 85% 核销。截至 2005 年，全区参保单位 122 个，参保 15947 人，个人账户总额 1457301.24 元。很多重病患者通过医疗保险得到及时的救治。

南岔区（局）职工基本养老保险制度建立后，企业和职工从 1993 年 12 月开始缴纳基本养老保险金，2000 年 8 月养老保险进入市级统筹，2005 年 5 月进入省级养老保险统筹。参保范围不断扩大，由国有企业职工、合同制职工，扩展到大集体，个体。截至 2005 年年末，参保企业 24 户，企业参保职工 10464 人；个体户参保人数 6009 人；离退休人员 6404 人。

1987 年失业保险征缴工作启动以来，到 2005 年年末已经运作 19 年，共缴费 6615536.9 元。

民政部门对下岗失业及社会困难户，从 1998 年开始，认真贯彻“公平、公正、公开”的原则按《社会低保条例》规定实施救助，八年累计发放社会低保金 2498.5 万元。公安司法、社会治安综合治理工作，积极服务于经济建设，在维护政治安定、社会稳定、打击震慑犯罪、保护人民群众利益方面发挥了前沿阵地和保一方平安的重要作用。

改革给南岔经济带来了活力，与经济工作相关的科技、银行业、税务、工商、物价、邮政通讯、技术监督、交通等部门、紧密围绕服务于经济建设这个中心，认真落实中央和省、市扶持地方经济发展的各项政策和措施，优于管理，强化服务，积极为企业和私营经济的发展保驾护航，为南岔区（局）政治安定社会稳定，建设和谐可持续发展社会主义新林区做出了积极的贡献。

回顾南岔区（局）1986—2005 年这 20 年，是改革开放的 20 年。改革推动了社会的发展，使建局 60 年的老企业又重新焕发了生机，经过经济结构调整，南岔区（局）第一、二、三产业布局日趋合理，国内生产总值不断提高，人民群众生活水平逐步改善。勤劳、朴实、富于创造性的全区人民，在区党委和政府的正确领导下，紧跟党中央的战略部署，认真领会充分利用好党的振兴黑龙江经济和林业发展的各项政策。在致力改革创新继续发展“五大优势产业”的基础上，积极培育新的经济增长点，努力变资源优势为经济优势。扬长避短，与时俱进，用全区人民的聪明才智和艰苦奋斗、勤奋敬业的精神，打好缓危解困攻坚战，共同续写南岔更加美好的未来。

大事记

1986 年

1 月 10 日　区委召开十二届四次全委（扩大）会议，认真贯彻市委党、政领导干部民主生活会议精神。区委、区政府党组班子成员及党委书记进行了个人对照检查，收到了良好的效果。

1 月 31 日　区（局）两个文明建设表彰奖励大会召开，会上表彰奖励了浩良河加工厂、晨明贮木场、南岔贮木场、四合营林场、设计队、亮子河林场等 25 个先进集体和王增新、马志胜等 125 名先进个人。

2 月 2 日　区（局）长王文才主持召开区（局）长办公会议，王福义、张景龙、杨永生、王绍荣、刘增新、程友三、耿仁祥和机关科、部长参加了会议，会议部署 1986 年经济工作。

2 月 8 日晚（春节除夕）区委副书记刘洪增，常委、党办主任李殿文等走访慰问联合、东升、建国、西水办事处和派出所、看守所、收审站、消防队节日期间坚守岗位的人员；副区长刘增新、宣传部部长戴翔、工会主席刘成山走访慰问了广播站、电视台、电话所、变电所坚守岗位人员。

2 月 15 日　区委对停薪留职人员进行整顿。在职人员一律不准经商办企业，停薪留职人员愿回单位复职的或者辞去公职的限时办完手续。

2 月 16 日　南岔区迎春乡先锋村的年过 80 岁高龄的共产党员王克昌临终时，将积攒的 800 元钱交给党支部，作为最后一次党费。

2 月 17 日　区委常委召开扩大会议，讨论研究南岔国民经济发展“七五”计划草案。

3 月 3 日　区委常委召开（扩大）会议，副处级以上干部参加。与会人员学习了中央、省、市领导关于端正党风，转变作风的讲话。

3 月 4 日　区委成立端正党风领导小组，区委书记毛景春任组长，成员 13 人。

3 月 5 日　区委副书记、区（局）长王文才离任。

3 月 7 日　经中共伊春市委批准，张宝兴任南岔区委副书记、局长、代区长。

3 月 13 日　区委在林业工人文化宫召开区直机关端正党风动员大会。毛景春代表区委作了题为《实现党风根本好转、区直机关要做表率》的讲话。

4 月 1 日　区委十二届五次全委（扩大）会议在三楼会议室召开。讨论并原则通过了区“七五”规划纲要。

4 月 3 日　区委召开实现党风根本好转责任状签订大会。

4 月 12 日　区委书记毛景春主持召开了有总工办、集体企业公司、营林处等部门负责人参加的综合立体开发座谈会。毛景春提出了以种、养、采、加安排就业人员。

4月24日　张宝兴主持召开了区（局）长办公会议。传达了市林产工业会议、蔬菜会议、乡镇企业会议精神，研究了套改工资发放和木材冬运生产总结表彰问题。

4月25日　毛景春在区委常委扩大会议上传达了市党风工作会议、省政工会议精神。

5月4日　区团委在林业工人文化宫举行纪念“五四”青年节大会。表彰奖励了20个优秀团组织及120名团员青年。

5月5日　南岔区柳树所学校有20余名学生发生荨麻疹疫情。患者突然发病，区防疫站的工作人员急赴现场，将发病学生就近送到当地医疗所进行治疗，经抢救患者脱险，疫情得到控制，未有蔓延。

5月14日　南岔局三岔河林场保卫干事王克俭机智地将流窜到该场的全国通缉的逃犯，原《长春日报社》印刷厂副厂长唐广抓获。

5月16日　区人参加工厂邀请武汉药机厂张洪熙工程师等5人到厂指导安装调试设备。

5月18日　区委、区政府召开以防火为重点的城镇综合治理电话会议。副区长王福义主持会议，副书记李殿文讲话。

5月19日　区委副书记、区长张宝兴赴哈尔滨参加省人大六届四次会议。

5月20日　区委副书记李殿文主持召开镇内街道办事处、派出所、机关包街道防火负责人会议，部署南岔镇内综合治理工作，副区长耿仁祥讲了话。

5月25日　全区“严打”“第三战役”第一仗结束，共破获刑事案件7起，其中特大案件2起，收缴赃款赃物折合人民币2501元。

5月31日　市国家安全局局长苏宝仁到南岔检查工作，并听了区国家安全局长孔令臣的汇报。

6月1日　区委、区政府组成联合检查组，对全区各街道办事处以防火为重点的综合治理工作进行了检查。

6月3—7日　省政法委综合治理办公室主任王德繁等一行10人，在市政法委副书记郑振生的陪同下，检查了镇内联合派出所、建国派出所、浩良河派出所、浩良河木材加工厂及南岔木材水解厂、南岔铁路等单位。

6月10日　区委常委召开会议，传达省六届人大四次会议、市组织工作会议和市总工会五营现场会议精神。

6月14日　区委副书记李殿文，常委、党办主任戴翔赴迎春乡处理一起部分拒缴税引起的乡领导和村民纠纷问题。

6月18—19日　召开区人大、政协工作会议。会议传了市人大、市政协工作会议精神，市人大常委会主任杨福星、市政协主席关祥文、区委书记毛景春到会并讲了话。

7月1日　区委在林业工人文化宫召开先进党组织、优秀党员表彰大会。

7月11日　林业部全国森工企业种苗现场会议在南岔区举行，来自吉林、大兴安岭、内蒙古、新疆、陕西、甘肃、四川、云南、福建和黑龙江省等营林部门的领导、专家170多人参加会议。林业部森林工业局营林处副处长姬金、省森工总局营林局长黄恒曾在会议上讲了话，市委副书记印廷文、林管局副局长王议忠、市政府副秘书长丁增林参加了会议。

7月17日　伊春市“正家风报告团”在区机关二楼会议室作了讲演报告。

7月26日　由区委书记毛景春带队的考察组赴吉林靖宇县，进行人参产品系列加工的考察。

8月6日　李兆麟将军夫人、抗联老战士金伯文一行到“四块石”抗联遗址回访。

8月18日　省、市精神文明检查团到南岔区检查。检查团对南岔镇内垃圾多、环境差问题提出了批评。

8 月 31 日　区委书记毛景春及区政府有关领导检查了镇内 4 个街道办事处精神文明建设整改情况，对存在的问题提出了限期改进的要求。

9 月 3 日　以市委副书记印廷文带队的精神文明检查团到南岔检查工作，认为南岔区党政领导对精神文明建设的真抓实管取得很大成效。

9 月 8 日　南岔区庆祝教师节优秀教师座谈会在区机关三楼会议室举行，党政领导毛景春、张宝兴、付景新、王福义、王绍荣、王维勤等参加座谈，市人大主任杨福星专程赶来参加会议。

9 月 19—20 日　全区农村工作会议召开，副区长王福义主持会议，区长张宝兴作了题为“认清形势，加强领导，推动南岔区农村工作全面发展”的报告。

9 月 26 日　区委书记毛景春、副区长王福义应邀参加南岔木材水解厂中密度纤维板车间开工生产剪彩仪式。

10 月 6 日　市委书记张惠芳、副市长蒋基荣、市委政研室主任李醒峰来南岔区研究营林体制情况，区委书记毛景春、副区长王福义、耿仁祥等陪同到浩良河木材加工厂、南岔钢绳厂、柳树经营所、人参加工厂、南岔乳制品厂等单位进行实地调查。

10 月 14—23 日　区委党校举办区委五大班子成员和基层党支部书记共 120 人参加的学习班，学习“中共中央关于社会主义精神文明建设指导方针的决议。”

10 月 15 日　区党史办公室考证查实了南岔区第一名党员和第一个党支部并报市党史办，得到了承认。

10 月 27 日　区长办公会议在三楼会议室举行，张宝兴主持，会议就区政府向区人大报告工作等有关事宜进行了讨论。

11 月 1 日　区长办公会议在三楼会议室举行，副区长杨永生主持会议，程友三、耿仁祥、王绍荣和机关有关科室负责人参加了会议，会议研究部署了冬季安全生产和林政、城镇防火工作。

11 月 10—15 日　区委常委、武装部部长吴席库赴辽宁省送应征入伍新兵。

11 月 25 日　区委党风检查工作组深入 6 个基层单位进行党风大检查，对检查结果表示满意。

12 月 15—17 日　区第十三届党员代表大会召开。出席会议代表 230 人，毛景春向大会作了《团结奋斗，求实创新，把两个文明建设推向前进》的工作报告。

12 月 18 日　区委第十三届一次会议举行，会上选举毛景春、张宝兴、刘洪增、刘兴贵、李殿文、许和、吴席库、董仲喜、戴翔 9 人为区委常委，毛景春当选区委书记，张宝兴、刘洪增、刘兴贵、李殿文当选副书记。

12 月 21 日　南岔贮木场被省森工总局评为“伐区作业百分”优秀单位。

12 月 25 日　浩良河木材加工厂被市评为先进单位标兵。

12 月 27 日　区长办公会议在三楼会议室举行，传达市政府集体、全民划开会议精神，各战线领导汇报主管战线工作，会议还讨论了史志工作经费及出版印刷费用等其他事项。

1987 年

1 月 12 日　区委召开常委（扩大）会议，区级五大班子成员、副处级以上干部王福义、李应铭、杨永生等 19 人参加，会上传达了中共中央 1 号文件，并做出了传达贯彻的安排意见。

1 月 18 日　市委对南岔区下达了紧急通知“反对资产阶级自由化”，区委立即召开有常委、公安局长、安全局长参加的紧急会议，区委书记毛景春传达了市委紧急通知精神，并对全区的安全保卫工作作了认真部署。

1月27日　区五大班子成员和群团组织负责人，部分离退休老干部、知识分子、劳模、少数民族代表、台属、侨属代表一起联欢、欢庆春节。

2月5—6日　区委召开常委扩大会议，传达了中共中央2、3号文件及省森工总局会议精神、市委书记张惠芳在市委工作会议上的讲话和市长聂秉林在市政府暨全市计划会议上的讲话、省军区团以上干部会议精神，讨论了区委1986年工作总结及1987年工作安排，决定召开区委全委（扩大）会议和区委工作会议等有关事宜。

2月20日　东方红小学少年速滑队，在市少年运动会上获团体总分第一名。

3月23日　区长办公会议在区机关三楼会议室举行，张宝兴主持，听取了黄金公司、体改办的汇报，传达了市财政工作会议精神，安排春季护林防火工作。

4月20日　经市委批准王福义任中共南岔区委常委。

是日　区长办公会议在三楼会议室召开，张宝兴主持会议，传达了省森工总局（1987）第13号文件，研究落实局全面质量管理，搞好企业升级等问题。

4月29日　区委、区政府的领导与区劳模、先进集体代表程双科、姚振猛告示13人在三楼会议室举行座谈，共商南岔区（局）今后开发发展方向大事。

5月11日　区委常委工作会议举行，会上，传达市委统战工作会议精神、共青团工作会议精神，讨论民主评议区委领导班子安排意见和任期责任制试行办法事宜。

5月16日　区委、区政府召开基层负责人紧急会议，传达省、市紧急电话会议精神，部署全区防火工作。

5月18日　省政协主席王剑到南岔区视察，区政协主席郝忠贤陪同视察。

5月28日　区梧桐办事处铁南街居民杜某某吸烟引起自家火灾，大火延烧连片，持续6小时，烧毁房屋2500平方米，80户职工受灾，直接经济损失7.9万元。

6月2日　市委书记张惠芳赴梧桐视察“5·28”火灾情况，并对灾民进行慰问。

6月5日　“伊春市梧桐火灾现场会”分别在梧桐办事处和区机关召开，刘静一副市长讲话，区委副书记、区长张宝兴就发生火灾一事作检查，各县、区（局）、厂、矿领导及基层管防火工作的负责人200人参加了会议。

是日　19时50分南岔区组成的以林政科副科长依汉贵为领队的赴大兴安岭扑火队16名队员胜利归来，受到区委、区政府领导和近千名群众的夹道欢迎。

6月10日　区委十三届三次全委（扩大）会议召开，主要议题是民主评议党委领导班子，会上，副书记刘洪增作动员讲话，区委书记毛景春，副书记张宝兴作述职报告，会议分组进行了民主评议，区委委员、副处级以上干部，党政群部门副科级以上党员干部、区纪检委委员及基层单位负责人参加会议。

6月29日　区五大班子成员紧急会议举行，传达了国务院关于大兴安岭特大森林火灾的处理决定和省、市委（政府）领导讲话和命令，区委书记毛景春，代区长王福义分别就安全生产、防火、防汛工作讲话。

7月10日　由省市组织的“大兴安岭扑火英雄事迹报告会”在林业工人文化宫举行，报告会由区委副书记刘兴贵主持，会上区委书记毛景春致欢迎词，少先队员向扑火英雄献花献词，会议参加人数650余人，3位扑火英雄介绍扑火事迹，水解厂、结核医院党政主要领导参加了报告会。

7月11日　省森工总局全面质量管理诊断小组对南岔林业局检查后，在局机关三楼会议室向区委公布了验收报告。

7月14日　区委召开常委会议，学习省委书记孙维本在省委五届七次全委会议上的讲话和中纪委给省委、省政府党组的信，副书记、代区长王福义传达全市防火现场会议精神和清理柈子城、防汛会议精神，讨论整顿政法干警队伍方案、防汛、全质办机构人员问题，调整区委领导分工。

7 月 18 日　区政府全体会议在区机关举行，代区长王福义主持会议，传达市委、市政府关于加强安全工作的紧急通知，通报全区 1—6 月经济形势，就下半年的经济工作交换了意见。

7 月 30 日　南岔区五大班子领导到老山前线的 3 户战士家属家中进行走访慰问，发给每个家属 100 元钱生活补助费。

8 月 10 日　区委、区政府召开工作会议，传达市委工作会议精神，总结全区安全防火工作的经验教训，对下步工作提出要求，代区长王福义在会上讲话，浩良河木材加工厂、商业科、集体企业公司、梧桐街道办事处负责人分别在会上发言，区委书记毛景春讲了话。

8 月 18 日　区机关党委在二楼会议室召开整顿机关风纪大会，代区长王福义作动员报告，机关党委副书记李忠发就整顿机关风纪作了部署。

9 月 7—9 日　区七届人大一次会议隆重举行，王福义当选为南岔区区长。

9 月 19 日　区委召开常委（扩大）会议，收听市委、市政府召开的防火工作电话会议录音，听取区政府关于贯彻市政府金山屯现场会议工作情况汇报，讨论落实市委、市政府电话会议精神的措施。

9 月 27 日　市委、市政府授予东方红小学“知识分子工作先进单位”称号。

9 月 29 日　区委、区政府部署开展市场物价和节日安全保卫大检查工作，区委书记毛景春、区长王福义、副书记李殿文，副区长王绍荣、刘增新、耿仁祥，党办主任戴翔、政法委书记陆景春、公安局副局长张秀江等赴炸药库、油库、弹药库、烧柴站检查安全防范情况，同时还检查了农贸、轻工市场物价政策的执行情况。

10 月 3 日　区委、区政府指派消防科、街道办事处狠抓打通防火道和清理样子城工作，出动拖拉机两台，疏通主干道 3 条、巷道 1 条，拆除杖子 1370 延长米、棚厦 127 个、违建房 1 户。

10 月 12 日　区委召开常委（扩大）会议，副处级以上党员干部、纪检委党群部门负责人参加，传达市委领导班子建设工作会议和反对官僚主义整顿机关风纪会议精神。

10 月 24 日　区委在林业工人文化宫召开反对官僚主义整顿机关风纪大会，传达了市委反对官僚主义整顿机关风纪会议精神，区委副书记李殿文讲了话。

10 月 25 日　区委副书记、区长王福义，副书记李殿文在听取公安局关于“十三大”安全保卫工作情况汇报后，对安全保卫工作提出了具体要求。

是日　省森工总局质量管理检查验收组到局检查工作，通过检查和考核，南岔林业局达到 2 级企业标准，检查组 30 日返回。

11 月 12 日　召开机关党员干部和基层党员领导干部会议，传达“十三大”盛况和宣传十三大要点。下午召开副处级以上党员干部会议，区委书记毛景春传达了十三大代表、市委书记张惠芳传达的十三大盛况和宣传十三大要点。

11 月 23—26 日　区委书记毛景春、副书记李殿文、党办副主任刘利军、宣传部学习室主任李宝臣等到亮子河林场、晨明贮木场、浩良河木材加工厂、浩良河镇等单位了解学习“十三大”文件情况，并在亮子河林场、浩良河镇与职工群众进行对话。

12 月 4 日　区委书记毛景春、副书记李殿文、人大常委会主任许和、政协主席郝中贤，常委、党办主任戴翔赴工商分局、税务分局、商业科、粮食分局等单位了解工作情况和“十三大”文件学习情况，征询基层的意见和建议。

12 月 8 日　区委召开常委会议，张宝兴、王福义、李殿文、刘洪增、刘兴贵、吴希库、董仲喜等 9 人参加会议。会上，听取了政法委关于赴山东考察社会治安综合治理情况的汇报，讨论研究基层工会换届选举事宜，组织部汇报核查干部情况及组织发展和干部任免事宜。

12 月 16 日　南岔林机厂成功研制的 D—M 单面开沟犁投入批量生产。

12月18日　南岔人参加工厂和吉林农业大学联合试验从人参茎叶中提取人参皂甙获得成功，经13次试车已产出人参皂甙44公斤。

12月25日　浩良河木材加工厂被省森工总局评为先进职工之家。

1988年

1月13日　市委书记张惠芳到浩良河经营所、浩良河木材加工厂、浩良河电石厂及晨明水泥厂检查工作，区（局）党政领导王福义、李殿文、杨永生、戴翔陪同前往。

1月18日　区（局）志编纂委员会在区机关三楼会议室召开全委工作会议，会议由编纂委员会主任王福义主持，会议学习贯彻省、市有关修志方面的指示精神，研究落实了《南岔区（局）志》余下各篇的编写任务，通过了《南岔年鉴》（1986—1987年合编）的总体目录和编写安排，史志办的部分编辑列席了会议。

2月2日　区委书记毛景春深入亮子河、晨明、桦阳、岩石、四合营等场所检查工作，看望了战斗在林业生产第一线的广大工人。

2月6日　南岔林业局实现1000天无重大事故总结奖励大会，暨南岔区1987年度两个文明建设先进集体、先进个人表彰奖励大会在区机关二楼会议室隆重召开，27个先进集体和195名先进个人参加了会议。区级五大班子领导成员全部出席会议，党委常委、副区长张景龙主持会议，区委副书记李殿文宣读了省森工总局发来的贺电，副市长宁士敏专程赶来参加会议并讲了话，市政府领导和区、局党政领导为在1000天无重大事故活动中做出突出贡献的先进集体和先进个人颁发了奖品。

2月14日　区委、区政府召开团拜会，基层单位党政负责人、各条战线代表、各界人士，区机关各部、委、办、局、科室主要负责人参加了会议，区长王福义讲话，各条战线的代表踊跃发言，畅谈感受表决心，并提出建议。

2月16日　区委副书记李殿文、政法委书记陆景春、公安局长金怀玉，除夕之夜赴公安局、看守所消防队，慰问值班值勤人员。区委常委、副区长张景龙带领政府办、广播电视科的负责人赴电视台、电话所，看望了值班、值勤人员。

3月10—11日　中共南岔区十三届二次全委（扩大）会议召开，会上学习贯彻了中共中央〔1988〕1号文件和省、市委全委会议精神，区委书记毛景春作工作报告，区委副书记、区长王福义作总结讲话，各基层单位党员负责人、区机关各部、委、办、科室党员负责人参加了会议。

3月12日　区委召开民主评议会，区委副书记李殿文主持会议，区委副书记刘兴贵作动员报告，区委书记毛景春，副书记、区长王福义分别作述职报告，会议进行了投票考评和分组评议，各基层单位和机关中层领导干部参加了会议。

3月17日　区长王福义在区政府工作会议上强调指出：（1）加强计划的严肃性，坚决完成各项经济建设计划；（2）认真做好企业升级工作，提高企业经营素质；（3）切实做好防火安全和春耕春造工作。

3月22日　区政府召开了全区农村工作会议，副区长王绍荣作了“深化农村改革，加快南岔区农业发展步伐”的讲话，区委书记毛景春到会并讲了话。

3月30日　市委、市政府组成调查组到南岔区调查了解关于放宽政策、搞活经济等方面的问题，区党政领导和基层部分负责人及职能科室负责人参加了座谈会，区委、区政府领导王福义、李殿文、刘增新汇报了工作。

4月2日　区委“生产力标准学习讨论”辅导小组在浩良河镇、晨明镇和南岔片分别办学习班，就“生产力标准问题”进行了宣讲，各基层单位书记、纪检员、政工员、团书记300余人听取了宣讲。

4月11日　王福义区长在全区电话会上进一步强调了春季护林防火的重要性，并对下步的工作做了部署。

4月24—25日　省森工总局巡视员刘成彦、副市长唐忠德在区长王福义陪同下考察了松青所人工林，并听取了区委、区政府主要领导的工作汇报。

4月30日　南岔区第七届人民代表大会第二次会议举行，区委副书记、区长王福义做工作报告。

5月24日　佳木斯市东风区委书记、区长等组成的友好城市考察团在区委副书记、区长王福义，区委常委、党办主任戴翔陪同下，参观了南岔区岩石所、乳品厂、钢绳厂等单位。

6月12日　黑龙江省人民政府在牡丹江召开的先进企业命名表彰会议上正式命名南岔林业局为省级先进企业，副局长刘增新参加了会议。

6月14—16日　市委副书记、市长聂秉林到南岔区浩良河所、浩良河木材加工厂、晨明贮木场、亮子河林场、四合营林杨、岩石所、奋斗所、大磊林场、集体企业公司等单位检查工作。

6月20日　市委副书记、林管局副局长印廷文在南岔区主持召开了全市春季防火表彰大会，区委书记毛景春、区长王福义参加了会议，有23个基层单位参加了会议。

6月21日　召开区（局）长办公会议，讨论南岔钢丝绳厂与新加坡联营等事宜。

6月26—28日　区委副书记刘兴贵陪同市委秘书长王家骥及省有关新闻单位的记者，到抗联遗址“四块石”参观考察。

6月26日　区委书记毛景春、区长王福义接待了省、市全面质量管理检查组全体成员。

6月30日　南岔区庆祝中国共产党成立67周年大会在林业工人文化宫举行，会上，表彰奖励了部分先进组织和优秀个人。

7月2日　区委书记毛景春，区委常委、副区长张景龙，区委常委、党办主任戴翔赴金山屯改革试验区参加新闻发布会。

7月2日　区委副书记、区长王福义赴鞍山洽谈钢丝绳联营项目。

7月7日　区委书记毛景春、副区长张景龙陪同副市长宁士敏、省教委主任刘公平、省森林总局教育局副局长屈谦及市教委领导参观了区职业高中、高级中学、市第二中学、东方红小学。

7月16日　全省森工企业林木种子工作会议在南岔林业局机关二楼会议室召开，全省各林业局领导参加了会议。

7月19日　电视剧《无情的守墓人》开机仪式在南岔区浩良河木材加工厂举行，区委副书记刘兴贵在开机仪式上讲话，市委常委、秘书长王家骥及市委宣传部、市委党史办、市文化局、市政协文史办的负责人出席了开机仪式。

7月26日　省林学会第三届理事会在南岔区举行，区委副书记刘兴贵参加了会议。

8月8日　省委副书记周文华及市委有关领导到浩良河所考察，区委、区政府的领导毛景春、王福义、李殿文、张景龙等陪同。

8月12—13日　区委十三届三次全委会举行，会议讨论并通过了《关于党内监督的规定》《中共南岔区第十三届委员会工作规则》和《中共南岔区第十三届委员会常务委员会工作规则》。

8月14—15日　省人防仓储工作座谈会在南岔区召开，省人防平战结合处处长曹振伍、副处长张广金及省重点市、县的人防办主任参加会议，区人防办主任王言勤在会上作了经验介绍，区委常委、副区长张景龙参加会议并发言。

8月25日　联邦德国巴特维尔东根市代表团到南岔区桦阳所金沟参观，副市长罗树清、区委书记毛景春、副书记区长王福义陪同前往。

8月29日　区委副书记李殿文，区委常委、副区长张景龙及区有关单位负责人赴伊春参加全市公安、政法、交通、安全、城镇建设、住房改革工作会议。

8月30日 区委书记毛景春、区长王福义、区人大常委会副主任王维勤、副区长王少荣带领有关部门负责人赴佳木斯参加伊春市南岔区与佳木斯东风区缔结友好区签字仪式。

9月7日 区政府教育工作会议举行，区委常委、副区长张景龙主持会议，区委书记毛景春在会上讲话，区委副书记刘兴贵，区委常委、组织部部长董仲喜等领导出席了会议。

9月8日 区委、区政府在林业工人文化宫举行庆祝“教师节”大会，全区各学校及300余人参加会议，区党政领导毛景春、李殿文、张景龙、董仲喜出席了庆祝会。

9月14日 南岔林业局安全防火知识百题大奖赛结束，区委书记毛景春、副书记刘兴贵出席了颁奖仪式。

9月15日 “兴安城市信用社”正式开始营业，区委书记毛景春、区长王福义、副书记李殿文、副区长刘增新、王绍荣出席了剪彩仪式。

9月23日 市精神文明办公室在南岔区召开了南片工作会议。

9月27日 区政府在林业工人文化宫举行“南岔区劳务市场开业大会”，区委书记毛景春到会并讲话。

9月28—29日 南岔林业局第十一届三次职工代表大会召开，区委书记毛景春到会并讲话。

9月30日 经省森工总局全面质量管理检查团检查，南岔林业局全面质量管理升为1级。

10月14—16日 区委书记毛景春、副书记、区长王福义赴伊春，参加市委六届十一次全委扩大会议第一阶段会议。

10月19—20日 伊春市社区服务现场会在南岔区电业分局会议室举行，副市长朱宝，市民政局长吴万福、副局长李永贵、迟中训及各县区民政科（局）长参加会议，市政府副秘书长董国顺主持会议，南岔区人民政府副区长张景龙在会上介绍了经验。

10月25—31日 林业部全面质量管理检查团来南岔林业局，进行全面质量管理检查工作。

11月4日 市政府副秘书长、综合治理办公室主任董国顺，市公安局副局长徐建民到南岔区东升办事处、浩良河镇、浩良河木材加工厂检查社会治安综合治理情况，区委副书记李殿文陪同。

11月8日 区委在区机关二楼会议室召开党员代表会议，选举出席市第七次党代会代表。

11月12日 中国民主建国会南岔区支部委员会成立大会在区机关举行，区委书记毛景春，副书记王福义、刘兴贵，副区长张景龙、党办主任戴翔应邀出席了会议。

11月15日 省政协秘书长马景林在市委办公室的有关人员陪同下，参观了浩良河木材加工厂，区委书记毛景春，区委副书记、区长王福义陪同参观。

11月17日 省长侯捷一行参观了浩良河化肥厂，区委书记毛景春、区长王福义陪同。

11月23日 省委政法办主任江鹏、人事处处长程广利以及副市长朱宝、市政法办主任郑振声一行到南岔区检查工作，区委副书记李殿文、公安局长金怀玉等参加汇报工作。

11月24日 南岔区1988年人大代表会议经验交流会在区机关召开，区委书记毛景春、常务副区长张景龙参加了会议。

12月4日 在全市社会治安综合治理经验交流会友好会上，李殿文代表区委及东升办事处、浩良河木材加工厂等单位在会上作了经验介绍。

12月17—18日 市委副书记魏秉仁、市纪检委书记唐永旭来南岔区检查工作，区委书记毛景春汇报有关工作情况。

12月19日 市委副书记、市长聂秉林来南岔区检查工作，区委书记毛景春汇报工作。

12月21日 区妇联召开优秀妇女迎新年座谈会，刘兴贵副书记到会祝贺。

12月22—24日 伊春林业管理局对南岔林业局3个贮木场进行检查，检查结果：南岔贮木场、浩良河木材加工厂为最佳贮木场，晨明贮木场为优秀贮木场。

12月25日　黑龙江省计划经济委员会公布的黑龙江省优质产品名单中，南乳制品厂的“育林牌甜奶粉”、南岔林业局钢绳厂的“林源牌6×19黑色钢丝绳”、胶合板厂的“伊南牌水曲柳脲醛胶合板”获“省优质产品”称号。

1989年

1月13日　市委副书记魏秉仁、市委组织部有关人员到南岔区考核区委、区政府干部。

1月16—17日　市委副书记张金凯到南岔调研，就经济犯罪特别是贪污受贿问题召开了有公安、检察、法院、纪委、监察局、政法办、综合治理办负责人参加的座谈会，区委副书记李殿文汇报了南岔概况，公安局长金怀玉汇报了南岔区治安形势情况。

2月3日　区委召开春节团拜会，区委副书记李殿文主持会议，区长王福义代表区五大班子讲话，工业、农业、科技、教育战线以及老干部，民主人士的代表也分别发言。下午3时，团拜转文化宫继续举行，文化科组织的文艺宣传队演出了短小精悍的文艺节目。

2月26日　区委书记毛景春、区长王福义受省委、省政府委托向南岔区公安分局刑警队、区法院以及先进个人颁奖，区委副书记李殿文在会上讲话，全区政法干警参加了这次会议。

3月6日　区武装部举办国防教育图片书法展览，区委领导王福义、刘兴贵、李殿文、张景龙、戴翔、董仲喜等观看了展览，并到征兵检查站检查慰问。

3月9日　南岔工商银行举行2月末储蓄余额达5000万元新闻发布会，会议发布结果收到了良好的效果。

3月23日　副省长戴漠安一行到岩石所、区防火指挥部考察，区委领导毛景春、王福义、李殿文、戴翔陪同前往。

3月28—30日　区人大七届三次会议在区机关二楼会议室举行，毛景春书记作重要讲话，区长王福义作政府工作报告。

4月3日　全区副处级以上干部在邮电局会议室参加市委、市政府召开的电话会议，听取了市委、市政府领导传达省长邵奇惠、副省长戴漠安考察伊春的讲话。

4月6日　区委、区政府召开镇内副科级以上干部、各林场、经营所党政一把手参加的会议，传达省长邵奇惠、副省长戴漠安考察伊春的讲话，区委书记毛景春，区委副书记、区长王福义分别讲话。

4月14日　区委书记毛景春带领一班人深入到梧桐办事处、木器厂、建材厂检查城镇防火工作。

4月27日　区委书记毛景春到晨明石灰厂，与地方及厂领导研究集资筹建晨明石灰厂水泥窑问题。

4月29日　区五大班子成员到南岔所义务造林5000株、136亩。

5月3日　区委召开常委扩大会议，学习《人民日报》4月26日和4月28日的两篇社论，传达4月30日省委电话会议精神和市委副书记魏秉仁在电话会议上的指示，分析南岔区当前的形势，查找不稳定因素，制定对策，区委书记毛景春、副书记王福义、刘兴贵、李殿文分别就维护社会稳定问题提出意见。

5月10日　市人大常委会主任杨福星到柳树所、岩石所了解副食品生产基地情况，区委书记毛景春、区人大常委会主任许和、副区长王绍荣陪同前往。

5月11—19日　应苏联萨哈林州森工管理局的邀请，南岔林业局局长王福义、南岔林业局生产科科长仇守文、南岔贮木场党总支书记傅墨义等一行3人组成考察小组随伊春市林业考察团赴苏联萨哈林州，对其林业生产、渔业生产及其木材综合利用等项目进行了实地考察。

5月17日　地区联席会议在区机关举行，区委副书记、区政法领导小组组长李殿文，副区长耿仁祥分别主持了会议，传达了省市有关会议精神，通报了南岔区社会治安情况。

5月18日　区委书记毛景春邀集部分机关支部书记和机关干部座谈对当前学潮的看法和反映。

5月19日　区委书记毛景春、副书记李殿文、常务副区长张景龙先后到市二中、区高级中学、区一中调查了解教师、学生的思想动态。

5月20日　林业部企业升级检查组到南岔区工作，区委书记毛景春汇报了工作。

5月22日　区委召开副处级以上干部及党群部门负责人会议，传达省委、省政府重要通知，学习讨论李鹏、杨尚昆在首都党政军干部大会上的讲话。

5月29—30日　区委向副科级以上干部传达李鹏、杨尚昆、乔石、姚依林5月22日讲话。

6月1日　区团委举行隆重纪念“六一”儿童节大会，共有250名少年儿童参加大会，区委副书记刘兴贵，区委常委戴翔、董仲喜到会祝贺。

6月24日　林业企业升级考评会在南岔区机关召开，林业部的负责人主持了会议，南岔林业局副局长刘增新在会上作了“南岔林业局企业升级情况”的工作汇报，黑龙江省森工系统国家二级企业评审组的全体成员对南岔林业局的企业升级情况进行全面考核。

6月29日　中共南岔区十三届六次全委会议在区机关召开，学习讨论《邓小平在接见首都戒严部队军以上干部的讲话》《中国共产党十三届四中全会公报》《人民日报》的《旗帜鲜明地坚持四项基本原则》和《坚持立国之本走好强国之路》两篇重要社论，传达学习市委书记杨光洪在市七次党代会上的工作报告，讨论决定贯彻十三届四中全会精神和市七次党代会精神的安排意见。

6月30日　区委纪念中国共产党成立68周年大会在林业工人文化宫举行，参会人数300余人，区委副书记李殿文主持会议，区委副书记刘兴贵在会上作重要讲话，会议表彰奖励了南岔区1988年度30个先进党组织、181名优秀党员、20名党务工作者，区委各位常委、区人大常委会主任许和、区政协主席郝中贤、区纪委书记李树春出席了会议。

7月2日　区委书记毛景春赴黑河参加《中外企业家》杂志社举办的中苏边境贸易考察会议。

7月10日　南岔公安分局1989年上半年侦查破案奖励大会在公安局会议室召开，区委副书记、区长王福义出席讲话。

7月14日　省森工总局离休老干部宫殿臣、孔金山到岩石所等单位调研，了解林区“两危”状况并探讨应采取的对策。

7月22—24日　市委书记杨光洪一行7人到南岔区检查了南岔贮木场、晨明贮木场、乳品厂、浩良河木材加工厂、亮子河林场、浩良河所等单位工作，区委书记毛景春、区长王福义陪同并汇报了南岔区企业管理情况。

7月24—25日　市委常委、组织部部长娄权喜等到南岔区检查了解基层党组织建设情况。

7月28日　南岔林业局“经营承包、多种经营”会议在岩石所召开，各场、所、贮木场行政主要领导以及营林处、资源科、集体企业公司、生产科等部门的负责人出席了会议，局长王福义总结了上半年全局的经济形势，部署了下半年的重点工作，局党委书记毛景春就提高经营承包责任制和多种经营的认识作了讲话。

8月11—12日　区委、区政府主要领导组成12人学习考察组到五营区、乌马河区，参观学习地方工业、多种经营生产经验。

8月14日　林业部财务司、农林司有关领导到浩良河检查工作，区长王福义陪同。

8月18—19日　伊春市工会班组建设经验交流会在南岔区召开，中华全国总工会、省总工会、省林业工会、市总工会及市劳动局、安全局、生产局、计委的负责人出席了会议，区委书记毛景春，副书记、区长王福义，副书记刘兴贵出席会议。

8月18—27日　区委副书记李殿文赴北戴河参加北京社会科学情报学会主办的“贯彻四中全会精神”研讨班学习。

8月21日　区委常委毛景春、王福义、刘兴贵、李殿文、张景龙、李树春、吴希廉、董仲喜、戴翔一行9人到金山屯区参加全市片会，听取传达中央3号文件。

8月27—28日　省政府副秘书长全玉祥、省森工总局副厅级研究员刘成君，市政府秘书长、办公室主任张文礼到南岔局了解林区“两危”及其对策，局委书记毛景春、局长王福义、副局长刘增新汇报有关工作。

8月28日　南岔区建国四十周年产品展览会确定在南岔贮木场院进行，区委书记毛景春，区长王福义，常委、党办主任戴翔到实地考察。

8月30日　在中共南岔区委十三届七次全委（扩大）会议上，副区长张景龙做了“关于开展‘十个一’活动的情况”、副区长王绍荣作了“关于实施‘383’工程和多种经营生产情况”、南岔区人民检察院检察长李逢春作了“认真贯彻党的四中全会精神，深入开展反贪污受贿斗争”、南岔区经委主任王海春做了“加强管理，深入挖潜，大力发展南岔区地方工业”，常委、纪委书记李树春作了“加强廉政建设坚决惩治腐败”、区委副书记刘兴贵作了“加强政治思想工作和党的建设，进一步巩固发展全区大好形势”的发言。

8月30—31日　中共南岔区十三届七次全委（扩大）会议举行，区委委员、纪委常委、机关各部门党员负责人、基层党政一把手24人参加了会议，区委书记毛景春作了总结讲话。

9月3日　省人大常委会副主任赵青景到南岔区了解“两危”及其对策。

9月20日　林业部部级质量管理奖评审组宣读了评审组对南岔林业局的评审意见，初步同意南岔林业局可以获部级全面质量管理奖。

9月30日　南岔区产品开发成果展览揭幕仪式在南岔贮木场院举行，区委书记毛景春、区长王福义剪彩。

10月5日　市委常委、秘书长刘金山，副秘书长华景伟到南岔区检查全市企业管理工作会议筹备情况，区委书记毛景春，副书记、区长王福义汇报工作，并陪同到南岔区产品开发展览馆参观检查。

10月16日　区长王福义赴双鸭山，参加省森工总局、财政厅召开的煤区、油区、林区发展替代产业座谈会，并做了题为“依托林区资源优势，积极发展替代产业”的发言。

10月16日　原省纪委书记贾章一行3人到南岔区调研。

10月19日　市委政法办副主任韩兵一行4人到南岔区进行执法检查。

10月24日　区委常委、武装部长吴席库到加格达奇新林林业局，参加省民兵工作会议。

10月27日　乌马河区全面质量管理参观团一行60余人到南岔区参观。

10月31日　市长聂秉林到南岔区各基层单位走访调查，书记毛景春、区长王福义陪同前往。

10月31日　《林业》月报，刊载了南岔区委书记毛景春《确定发展战略保证经济腾飞》、局长王福义《依靠改革、振兴林业经济》两篇文章。

11月3—6日　全市企业管理工作会议在南岔区举行，区委书记毛景春、区长王福义、经委主任王海春、财政局长刘吉庆、体改办主任姜生参加了会议，王福义代表南岔林业局在会上作了题为“完善自我约束机制，增强企业发展的内动力”的发言。

11月11日　伊春市党政干部清正廉洁事迹报告会在区林业工人文化宫举行，区委书记毛景春主持了会议，区五大班子领导、机关全体干部、各基层党组织书记听取了报告。

11月14日《南岔区（局）志》部分篇章初稿审议会举行，常务副区长、区志编审委员会副主任张景龙主持会议，区委书记毛景春、区长、区（局）志编委主任王福义、区委副书记、区（局）志编委副主任李殿文及其他编委会成员、志办的各位编辑参加初稿审议会。

11 月 30 日　黑龙江省森工总局党建思想政治工作报告会在区机关举行，报告会内容为如何做好新时期企业党员的政治思想工作，区委书记毛景春主持会议，区机关全体干部和基层单位的书记参加会议。

12月13—15日　黑龙江省恢复与扩大森林资源学术讨论会在南岔区机关举行，区委书记毛景春、区长王福义出席并讲话。

12 月 15 日　沈阳军区、省军区领导检查南岔区武装部枪支弹药管理情况，区委副书记李殿文、常委武装部长吴席库陪同检查。

12 月 23—25 日　中共南岔区第十四次代表大会在区机关召开，全体委员参加会议，会议听取审议和通过了中共南岔区纪律检查委员会工作报告，选举产生中共南岔区十四届委员会和纪律检查委员会。

12 月 24 日　中共南岔区第十四次代表大会在区机关召开，区委书记毛景春主持会议，区委副书记、区长王福义致开幕词，区委书记毛景春作了工作报告并致了闭幕词。

12月25日　召开中共南岔区十四届一次全委会，选举产生了中共南岔区常务委员会常委、书记、副书记和纪律检查委员会常委、书记、副书记。

1990 年

1 月 8 日　第二次常委会会议在三楼会议室举行，毛景春、王福义、刘兴贵等 9 人参加了会议。会议讨论第十四届区委常委分工；听取清房工作汇报；听取党员评议工作汇报；讨论贯彻市企业管理工作会议精神行动方案，讨论干部问题等事宜。

1月17—18日　召开第三次常委（扩大）会议，传达市委工作会议精神、市委七届三次全委（扩大）会议精神、市政府八届三次会议精神，研究贯彻落实意见，区人大、政府、政协、纪委有关部门党员负责人列席了会议。

2 月 1 日　区委书记毛景春在区武装部会议室主持召开武装委员会第一次会议，武装部政委、部长等 13 人参加了会议，会议传达人武部和民兵第四届科技之冬经验交流会议精神和市委第十次武装委员会（扩大）会议精神。

2 月 11—17 日　区委书记毛景春，副书记、区长王福义在哈尔滨参加省森工工作会议，王福义代表南岔林业局作经验介绍。

2 月 20—21 日　区委常委（扩大）会议在区机关召开，传达《中共中央关于加强和改善党对工会、共青团、妇联工作领导的通知》《中共中央关于坚持和完善中国共产党领导的多党合作政治协商制度的意见》《中共中央转发全国人大常委会党组〈关于全国县乡人民代表大会换届选举工作若干问题的请示〉的通知》《中共中央印发〈关于地方党委向地方国家机关推荐领导干部的若干规定〉的通知》《中共中央、国务院关于党政机关干部下基层的通知》《中共中央办公厅、国务院办公厅转发全国整顿清理书报刊和音像市场工作小组〈关于“扫黄”工作前一段情况和下一阶段意见的报告〉的通知》；传达了省森工工作会议精神；学习了会议的文件、讲话、发言等；研究了全区贯彻落实意见。区委常委及人大、政府、政协、纪委班子成员、机关各部门主要负责人参加了会议。

3 月 2 日　南岔公安分局强化治安强化体系，有效控制各类案件的发生，被省公安厅荣记集体三等功。

3 月 8 日　省森工企业质量管理协会、省森工企业 1990 年质量工作会议在南岔区召开，各林业局主管质量的领导100余人参加了会议。

4月14日　南岔林业局绿化办副主任于振祥荣获绿化奖章，这是伊春市开发建设40年首次荣获国家最高荣誉。

4月17日　召开南岔区维护政治安定工作会议，公、检、法司等单位参加了会议，传达了全市维护政治安定工作会议精神，传达省长邵奇惠关于整治社会治安的讲话，传达江泽民视察黑龙江省时的讲话和在党建研究班的讲话，区委书记毛景春就维护稳定工作作了重要讲话。

5月9日　伊春市委办公室主任李长祥一行到南岔了解贯彻落实市委七届四次全会精神及全市党办、政研、党史、保密、密码工作会议精神情况和市委包点工作组在南岔工作的情况，区委书记毛景春、区委副书记李殿文参加了汇报。

5月10日　伊春市市长聂秉林到南岔区调查经济工作情况，区委书记毛景春、区长王福义参加汇报。

5月11日　南岔林业局荣获林业部设备管理先进单位。

5月13—14日　伊春市委常委、组织部部长娄权喜陪同省委组织部调研处领导到南岔区了解党群、干群关系状况，区委书记毛景春，区委副书记、区长王福义，区委副书记刘兴贵，区委副书记李殿文参加座谈汇报，并陪同到岩石所调查走访。

5月16日　伊春市委副书记张金凯到南岔区了解农业和社会治安工作情况，区委书记毛景春、区委副书记刘兴贵陪同到晨明镇水利工地视察。

5月19日　区委副书记、区长王福义主持召开区长办公会议，通报“5·17”火灾情况，研究整改意见，区委书记毛景春、区委副书记李殿文参加了会议。

5月25—26日　市委、市政府落实治安防火责任制暨“5·17”火灾现场会和清理自流人口经验交流会在南岔区机关二楼会议室召开，区委书记毛景春，区委副书记李殿文，区委常委、副区长张景龙参加会议，市委、市政府同各县（市）、区、局及三权在上的98个单位签订了1990年治安防火责任状。

5月31日　威岭渡口沉船事故现场会在区安技科会议室召开，会议通报了事故经过，宣布了对事故责任者的处理决定，传达了省市安全防火会议精神，区委书记毛景春，区委副书记、区长王福义分别在会上讲话。

6月7日　区委副书记、区长王福义，副区长刘增新陪同国家物价局农价司司长张绮武、黑龙江省物价局农价处处长姜文海、市林管局副局长王利民、市木材调运局局长李福、伊春物价局副局长陈庆铁到浩良河经营所考察人工林生长情况。

6月8—10日　黑龙江省委政研室、省委组织部联合调查组及伊春市委常委、组织部部长娄权喜，副秘书长、政研室主任华景伟等一行到南岔区调查了解区委班子建设情况，区委书记毛景春汇报了工作。

6月14日　区五大班子领导成员出席南岔区第十届体育运动大会开幕式。

6月15日　副市长朱宝一行到南岔区检查贯彻十三届五中会议决定的情况，区委书记毛景春，区委副书记李殿文，区委常委、副区长张景龙参加了汇报，并陪同到梧桐地区考察。

6月24—26日　国务院秘书局调查组一行8人到南岔区调查林区两危状况，区委书记毛景春，区委副书记、区长王福义，区委副书记李殿文，区委常委、副区长张景龙参加汇报并陪同到岩石所考察。

6月27日　在文化宫召开南岔区社会治安防范工作会议，区委副书记、区长王福义，区委副书记李殿文，区委常委、武装部部长吴席库及整治社会治安领导小组成员出席了会议，副区长耿仁祥主持会议，王福义、李殿文分别讲话，会上表彰奖励了18个先进单位和105个优秀联防队员。

6月30日　南岔区委召开基层党政负责人、机关副科级以上干部参加的民主推荐人大、区政府、法院、检察院班子人选会议，区委书记毛景春在会上讲话。

7月10—14日　市政协副主席李来仪一行到南岔区检查社会治安谁主管谁负责原则落实情况。

7月11日　市委副秘书长、政研室主任华景伟一行3人到南岔区了解经济工作情况。

7月11日　副市长宁士敏陪同首都部分新闻单位记者到南岔区调查林区“两危”情况。

8月6日　区委副书记李殿文参加在东京城林业局召开的省森工总局党委（扩大）会议。

8月21—22日　区委书记毛景春陪同福建省林业厅考察团一行15人到亮子河林场、岩石所、晨明所等单位考察多种经营和林产工业情况。

8月22日　省政协副主席宗克文、市政协副主席赵显廷到南岔区检查指导工作。

8月24日　区五大班子成员在工人文化宫门前出席南岔区第十一届亚运会火炬传递交接仪式。

9月4日　天津武清县县委、县政府考察团到南岔区考察，并就经济工作交换意见。

10月17—19日　佳木斯市东风区党政领导一行13人到南岔区走访。

10月23—24日　市委书记王东华到南岔区考察，市委秘书长等6位调研人员参加考察。

10月27日　区委书记毛景春，区委副书记、区长王福义，人大常委会副主任张学礼，政协副主席熊春峰，党办主任王曼野，政府办主任程厚贵参加浩良河化肥厂二期工程投料试车剪彩。

11月20—22日　市委副书记魏秉仁，市委常委、组织部部长娄权喜到南岔区了解基层党组织建设情况，由区委书记毛景春、区委组织部部长魏长宽陪同。

12月8日　天津市武清县党政领导一行8人到南岔区友好访问，主要访问林区建设情况，区委书记毛景春、区长王福义、刘增新陪同。

12月18日　区委副书记刘兴贵参加全省县以上党政领导班子建设经验交流会议。

12月19—20日　区委副书记刘兴贵参加省森工总局召开的“四文明”兴林杯大赛总结表彰会。

1991年

1月8日　中共南岔区委员会第二十五次常委会议在区机关三楼会议室召开。会议的议题是：传达全省县以上党政领导班子建设经验交流会议精神；通报前段贯彻落实全省县以上党政领导班子建设经验交流会议精神情况；传达省委人大会议精神；讨论召开全区农业工作会议有关事宜。

1月10日　伊春市委工作会议在南岔区召开，共58名区（局）负责人参加会议，就1991年的全市工作进行了讨论，市委书记王东华、副书记魏秉仁等领导参加了会议。

1月15—16日　全区农业工作会议在区机关二楼会议室召开，区长王福义作工作报告，会议讨论通过了《中共南岔区委，南岔区人民政府关于加速发展农业若干问题的补充规定》和《南岔区场（厂）、所土地承包管理试行办法》，浩良河镇、浩良河所、岩石所、桦阳所、迎春乡、晨明镇介绍了经验。

1月21日　区委副书记刘兴贵出席在南岔区召开的全省森工系统工会劳动保护经验交流会议暨表彰奖励会议。

2月4日　市委副书记魏秉仁、市总工会副主席尹维岭及市委组织部、市报社、市电视台的领导到南岔区走访慰问了4个市级劳模和35户贫困职工，区委副书记刘兴贵、区工会主席刘成山、副主席程传禹、区委办公室主任王曼野陪同前往。

3月6日　全区防火工作会议在区机关二楼会议室召开，全区各乡、镇、林场、经营所、办事处、机关各科室主要负责人参加会议，区委副书记刘兴贵主持了会议，区委副书记、区长王福义作了重要讲话。

3 月 12 日 中共南岔区委第二十八次常委（扩大）会议在区机关三楼会议室召开，会议讨论了南岔区治危兴林系列报道初稿，传达了市农业多种经营工作会议、市安全委员会议精神，落实 3 月 6 日区防火工作会议精神。

3 月 18 日 中共南岔区委第二十九次常委会议在区机关三楼会议室召开。传达省森工工作会议精神，讨论《南岔区（局）经济和社会发展十年规划及“八五”计划安排（草案）》。

3 月 23—24 日 中共南岔区十四届三次全委会议在机关二楼会议室召开，区委委员 20 人和区机关各部门主要负责人出席了会议。会议传达了王东华在市委七届六次全委会议上的工作报告；传达了余弘达的省森工工作会议上的讲话；讨论毛景春在中共南岔区十四届三次全委（扩大）会议上的工作报告；讨论《南岔区（局）经济和社会发展十年规划及“八五”计划安排（草案）》。区纪委委员列席了会议。

3 月 25 日 中共南岔区十四届三次全委扩大会议在区机关二楼会议室召开。区委书记毛景春代表区委作工作报告；会上宣读《南岔区（局）经济和社会发展十年规划及“八五”计划安排（草案）》；副书记、区长王福义作重要讲话。区委委员、区纪委委员及区直各单位党政主要负责人、区机关副科级以上党员干部参加了会议。

4 月 3 日 市委常委、秘书长刘金山到南岔区检查防火工作，区委书记毛景春陪同，并协商在南岔区召开市委常委办公会有关事宜。

4 月 10 日 南岔区八届二次人代会在区机关二楼会议室召开，全区人大代表参加会议，区委书记毛景春传达了省七届人大二次会议精神，区委副书记、区长王福义作《政府工作报告》。

5 月 4 日 13 时 54 分南岔林业局岩石森林经营所 196 林班发生森林火灾，伊春市森防指挥部派飞机 1 架，投入机降队扑火，南岔区从机关到各单位，出动 3865 人扑火，到 5 月 5 日清晨，将火扑灭，火灾总过火面积 401.8 公顷，4 个林班。

5 月 16 日 浩良河木材加工厂生产的柞木地板打入上海和北京市场。

5 月 14—16 日 市委常委在南岔区召开现场办公会议，参会领导王东华、王利民等听取了南岔区委、区政府工作汇报，并给予高度评价。

5 月 16—17 日 伊春市德育工作会议在南岔区机关二楼会议室召开，副区长董仲喜代表区委、区政府在会上作了题为《切实抓好德育工作，努力造就合格人才》的经验介绍。

5 月 18 日 伊春市委常委现场办公会议在南岔区召开，要求全市向南岔学习走自力更生，依靠内功，自我解危，自求发展的道路。

5 月 26 日 全区召开防火紧急电话会议，基层各单位机关科部长 156 人参加了会议，区委副书记、区长王福义主持会议，区委书记毛景春讲话，会议部署了安全防火工作，要求做好临战准备。

6 月 20 日 南岔区基督教会揭幕仪式在基督教堂举行，省政协副主席、教会会长孙牧师、市统战部杨科长及南岔区委统战部、区政府的领导参加了仪式。

6 月 28 日 中共南岔区委被省委授予党风建设先进单位，毛景春被评为市模范党务工作者。

6 月 29 日 南岔区纪念“七一”建党 70 周年暨先进党组织和优秀党员表彰奖励大会在林业文化宫举行，区委副书记、区长王福义在会上讲话。

7 月 24—27 日 全市经济工作会议在南岔区机关二楼会议室召开，市委书记王东华主持会议，区委书记毛景春介绍了南岔经验，与会人员参观了南岔贮木场、松青所、浩良河所、浩良河木材加工厂等单位。

7 月 29 日 中共伊春市委第一次政工例会在南岔区举行。

8 月 9 日 市总工会、市团委、市妇联等部门负责人组成的调研组到南岔区调查、了解贯彻落实中发〔1991〕12号文件精神情况，区委副书记刘兴贵及党办、工、青、妇的负责人汇报了党委加强改善对工、青、妇工作领导情况。

8月13—14日　伊春市社联首届党建理论研讨会在南岔区机关二楼会议室召开，市委组织部、宣传部、讲师团、市社联的有关人员出席了会议，研讨会评选出20篇优秀论文、29篇佳作。

9月5日　首次区政府与街道办事处工作联系例会在刘增新副区长办公室召开，政府办主任王恩义和6个街道办事处主任参加会议。

9月7日　南岔区为160名老教师体检。

9月16日　全区党政负责人会议在区机关二楼会议室召开，传达了全市经济工作会议和全市纪检工作会议精神；学习聂秉林、王东华讲话和市委、市政府关于学习南岔经验的决定；总结部署区经济和纪检工作；促销清欠工作；对计划生育工作进行了部署。

9月24—25日　区委副书记刘兴贵参加全市老干部工作会议，并在会议上代表南岔区委作题为“在治危兴林中切实加强老干部工作”的经验介绍。

9月24—26日　副区长刘增新参加全市经济体制改革企业管理工作会议，并在会上代表南岔区（林业局）作题为“深入改革，稳步前进，自我解危，自我发展”的典型发言。

10月7日　区政府常务会议在区机关三楼会议室召开，会议由区长王福义主持，区委副书记张景龙、人大常委会副主任杨永生、政协副主席王家斌等领导及人事、劳动、计划、财务、经委、体改等部门负责人出席会议，区委常委、副区长刘增新参加会议。

10月23日　第四十一次区委常委会议在区机关三楼会议室召开，传达了市委常委（扩大）会议精神，学习了中央工作会议精神传达提纲和王东华在市委常委（扩大）会议上的讲话，传达了市委创建标准化党支部经验交流会议精神，市老干部工作会议精神，研究进一步贯彻落实意见，讨论第三季度新党员发展、预备党员转正、党员处理，传达市人事局关于吸收录用干部的意见并研究南岔区方案。

10月26—28日　区委副书记、区长王福义，区委副书记张景龙在朗乡局参加省森工系统党政领导干部会议和省森工改革研究会第三次年会，会上，区委书记毛景春和局长王福义的论文《解决“两危”困境的出路在于眼睛向内，不等不靠，自求发展，自我解危》在会上进行交流。

11月11日　浩良河镇中心市场投入使用，该项工程7月筹建，工程造价15万元（其中国家投资3万元，其余为浩良河镇各单位赞助），市场占地面积2000平方米，摊位180延长米。

11月21日　市木材生产局李殿阁局长、市政府办八科张德新科长到南岔林业局检查枝丫材削片生产情况，总工程师程友三，生产科长仇守文汇报了有关情况。

12月9日　区长王福义主持召开1991年第十一次政府常务会议，会议学习了十三届八中全会公报，传达乌伊岭“11·25”火灾现场会精神，研究落实了区委11月30日常委会会议的意见、措施、对当前要解决的主要问题和下步工作提出意见。

12月14日　南岔公安分局建国派出所在打防、管、建等方面成绩突出，被省公安厅授予标兵。

1992年

1月7日　南岔局把开发利用地产中草药资源作为一项替代产业，经过五六年的努力已取得成效。

2月27日　南岔区开展“上下齐努力，同心奔小康”“治危兴林奔小康”的大讨论收到了较好的效果。

2月29日　南岔区新产品开发、新技术推广信息发布会在区机关二楼会议室举行。

3月2日　市长张成义到南岔区视察，区长王福义作了汇报。

3月31日　副区长董仲喜陪同省体育检查组对南岔区体育工作进行检查。

4月21日　姚振猛、金怀玉被评为伊春市特等劳动模范。

4月29日　林业部副部长刘广运、省森防副总指挥胡振武、森工总局副局长王长福、伊春市副市长印廷文、伊春林管局副局长张玉明到南岔区检查森林防火工作。

4月30日　南岔区商业、供销系统所属企业全面实行经营、价格、用工、分配“四放开”政策，改革的进程进一步深入。

5月19日　南岔区对肉食生产和销售实行统一管理，颁布了《实施方案》共6章19条。

5月26日　伊春市公共汽车公司南岔分公司成立，镇内环城公路通车。

6月16日　全区第十一届田径运动会在区一中举行。

7月3日　市委副书记魏秉仁、组织部部长娄权喜到南岔区检查工作，区委书记王福义随行陪同对南岔党建设工作进行检查。

7月5日　林业部西北、华北、东北地区种苗生产现场经验交流会在南岔区召开。

7月10日　南岔林业局将森林检疫工作纳入法制轨道，森林检疫工作做到依法检疫，几年来全局未出现一起检疫事故。

7月14日　南岔区浩良河镇浩良河村靠发展村办企业走上富裕路，人均收入1240元。

7月20日　市委书记王东华、市委组织部部长娄权喜到南岔主持召开调整区委领导班子会议，部长娄权喜宣布市委常委决定，王福义任南岔区委书记、武装部党组书记，刘增新任南岔林业局党委副书记、林业局局长，提名为南岔区区长候选人，毛景春任南岔区委调研员，免去区党委书记、党委常委、党委委员、武装部党委书记职务。

8月11—18日　黑龙江省森工总局“三总量”检查组第一小组到南岔林业局进行抽检。

9月5日　晨明镇发现白云岩矿，总面积为1平方公里，总贮量达800万吨。

9月22日　南岔区科技兴农收效显著，连续4年被省、市评为科普先进单位。

9月29日　区委调研员、原南岔区委书记毛景春病逝，享年59岁。

10月9日　中共南岔区委十五届一次全委会议在机关二楼会议室召开，选举产生了区委十五届领导班子，即区委书记王福义，区委副书记刘增新、张景龙、刘兴贵，区委常委王福义、刘增新、张景龙、刘兴贵、董仲喜、吴希库、李树春、魏长宽、冯玉胜。

10月14日　伊春市委副书记宁士敏到南岔区检查工作。

10月15日　南岔区八届四次人代会经代表无记名投票选举刘增新为南岔区区长。

10月18日　伊春市市长滕昭祥到南岔区检查工作。

11月3日　国家投资公司检查团到南岔区考察，区委书记王福义，区委副书记、区长刘增新，区委副书记张景龙，副区长董仲喜汇报了有关情况。

11月5日　黑龙江省森工总局和伊春林业管理局根据有关标准，认定南岔林业局为国家大型二类企业。

12月1日　省森工总局商业局的领导在市商业局领导陪同下检查商供系统“四开放”工作进展情况。

12月2日　市委副书记宁士敏到南岔区了解1992年工作情况及1993年工作打算。

12月29日　南岔区颁布了新的住房制度改革方案，对租房（公产）费进行定价，明确了出售公有住房的系列政策。

1993 年

1 月 5 日　桦阳经营所，南岔区饮料厂被评为伊春市“第四届科普之冬”活动先进单位。

2 月 1 日　南岔林业局和香港勤发行关于合资兴建“南港新型装饰材料制品厂”洽谈会在南岔宾馆举行，区长刘增新参加洽谈。

2 月 2 日　新疆佳能公司的客商到浩良河木材加工厂参观考察，并洽谈有关事宜。

2 月 7 日　日本佳能公司新疆分站到南岔洽谈关于购买南岔梧桐木器厂进行独资经营等事宜。

2 月 17 日　副市长沙英华到南岔区检查文教、卫生工作。

2 月 26 日　南岔林业局秦皇岛森工产品经销总公司成立，公司性质为全民所有制。

3 月 9 日　吉星钢铁厂成立，隶属浩良河镇政府领导，经济性质为集体所有制。

3 月 14 日　南岔林业局对全局林地保护管理工作自检时，查全局共有 13.324 亩非林业生产林地。其中，浩良河水泥厂筹建征集土地达 4500 亩，其他为发展养殖业，种植业使用和占用林地。

4 月 2 日　市人大科教文卫委员会组成检查组到南岔区检查药品管理法贯彻执行情况。

4 月 3 日　南岔林业局赴珠海参加破山填海筑路工程，施工队一行 30 余人从南岔起程前往珠海。

4 月 23 日　南岔林业局实行林木生产商品化改革。

4 月 29 日　区政府“减轻农民负担紧急工作会议”在区机关三楼会议室召开。

5 月 4 日　南岔区木材公司成立，科级单位，人员编制 9 人，隶属南岔局管理。

5 月 19 日　南岔东方商店由于 1990 年年末累计亏损，于 1990 年年末关闭停业，现予以倒闭解体。

5 月 22 日　黑龙江省育林食品工业公司成立（由原南岔酱菜厂、南岔回民食品厂与南岔乳制品厂实施合并组建）。

5 月 25 日　南岔区石油公司成立，级别科级，人员编制 8 人，隶属南岔区（局）管理。

6 月 2 日　东升办事处原东山委划分为东山委和东明委。

6 月 2 日　西水街道办事处原文明委分为文明委和林溪委。

6 月 18 日　副市长陆世贵到南岔区检查民政和社会治安等工作。

6 月 25 日　南岔局锅炉安装公司无压热水锅炉改造成功。

7 月 27 日　全市畜牧工作现场会在南岔宾馆举行，美溪、西林、金山屯、南岔区（局）的主管领导参加了会议，与会者参观了南岔乳品厂、林城木器加工厂等地。

8 月 6 日　南岔区迎春乡先锋村被命名为省级先进科普村。

8 月 13—15 日　林业部森工司司长蒋祖辉、林业部驻黑龙江省森工总局专员刘丕相、省森工总局局长孙丕文到南岔区考察。

8 月 16—17 日　林业部部长徐有芳、森工司司长蒋祖辉、驻省林业专员刘丕相、森工总局局长孙丕文在南岔区考察，先后参观了松青所、南岔所、南岔贮木场、岩石所等地，听取了南岔林业局和南岔木材水解厂的工作汇报，徐有芳做了重要讲话，伊春市委书记王东华、市长滕昭祥、市林管局副局长潘真生等陪同。

9 月 2 日　南岔区对搞好机构改革做出规定：一是机关分流出去的人员不得搞停薪留职；二是对分流出去的人员兴办企业有困难的原单位给予帮助；三是坚持政企分开的原则；四是不搞翻牌公司；五是任何机关工作人员不准搞第二产业；六是党委、人大、政府、政协、纪监委各部、委、办不准搞有偿服务。

10 月 24 日　全市第一个由农民集资兴建的商业综合服务楼——兴华楼在浩良河镇开业。

11月13日　南岔局大磊林场采集一工组实现安全生产14年。

11月27日　市政府顾问杨福星带领有关人员到南岔区检查促销清欠工作。

12月1日　全区消灭脊髓灰质炎强化免疫工作会议在区机关二楼会议室举行。

12月2日　市人大副主任朱宝到南岔区检查工作，副区长董仲喜汇报了有关工作。

12月24日　贯彻教师法座谈会在松青所举行。

12月25日　全区纪念毛主席诞辰100周年大会在林业工人文化宫隆重举行。

12月27日　南岔区址噪声适用功能区划正式实施。

1994年

1月18日　中国银行伊春支行南岔办事处正式开业。

3月10日　副市长陆世贵、市公安局长田锡文率安全防火、社会治安综合治理检查组到南岔检查工作，副区长董仲喜和区公安局长金怀玉汇报有关工作。

3月30日　省委下派科技干部孙占海和市委下派干部车延廷到南岔区，南岔区人大常委会通过了两位副区长的任职。

4月11日　南岔区人民法院在区机关二楼会议室依法宣布梧桐木器厂破产。

4月19日　省科学研究所副所长高尚占等一行4人到南岔传授有关开展农业“两高一代”畜牧业、生物加工等方面的科学知识。

5月16日　省政法工作检查组到南岔区检查指导工作，副市长陆世贵参加了汇报会，南岔区委副书记张景龙、副区长董仲喜汇报有关工作。

6月7日　省委书记岳岐峰、副书记马国良、秘书长王先民及省有关部门的负责人在伊春市委书记王东华、市长滕昭祥等人的陪同下，到南岔检查工作，参观了南岔林城木器厂、南岔制药厂、南岔劳保蓬靠厂，听取了南岔区委书记王福义的工作汇报。

6月15—16日　伊春市老区促进会成员原副市长刘延春、政协原主席关祥文等一行4人到南岔检查工作，参观了“四块石”抗联遗址，区委副书记张景龙、副区长董仲喜汇报了有关工作。

7月1日　黑龙江省南岔木业有限责任公司成立。

8月16—19日　全省特殊工种技术培训班开班仪式在电业局会议室举行，副区长仇守文到会并讲话。

8月26日　全区土地改革工作会议在区机关二楼会议室举行，副区长魏长宽讲了话。

8月29日　南岔区小木制品市场新闻发布会在区机关二楼会议室举行，区长刘增新发布新闻，区委书记王福义参加并讲话，《伊春日报》、伊春电视台、伊春电台的记者及特型演员石镜、许道林等参加了会议。

9月5日　市委任命王庆山为南岔区委书记、武装部党组书记职务，王福义被聘任为南岔区人民政府顾问。

9月6—7日　区五大班子领导组成3个慰问小组，走访慰问了区直各中小学教师代表，离退休教师代表及省级以上先进教师代表。

9月6日　区（局）长办公会议在三楼会议室举行，区长刘增新主持了会议，会议主要议题是：研究讨论教师节期间受表彰的先进教师；十佳校长，尊师重教先进单位和先进个人情况及全区（局）经济工作等情况。

9月8日　全区庆祝第十个教师节大会在区机关二楼会议室举行，会议表彰奖励了一批先进教师、先进教育工作单位。

9月14日 南岔区国税、地税分制工作会议在区机关二楼会议室举行。

9月18日 全区企业管理知识竞赛在区机关二楼会议室举行。

9月21日 全区森防、城防指挥部成员工作会议在区机关三楼会议室举行。

9月30日 路林联防工作会议在南岔宾馆会议室举行。

10月17日 南岔林业局对“五荒”资源进行了详细规划，并提出了开发“五荒”资源的具体实施办法。

10月21日 日本北海道小工艺品株式会社社长江田四郎到南岔讲学，并参观了松青所、林城木器厂。

10月21日 全市专题研究南岔小木制品问题工作会议在区机关二楼会议室举行。

10月28日 南岔区万门程控电话并网开通。

11月15日 南岔区拍卖“五荒”现场会在桦阳森林经营所举行，共出卖土地资源269亩。

11月29日 副区长刘吉庆召集了建委、工商局、地税局、工商行、工商联、电业局、公安局、土地局、卫生局等单位的负责人会议，专题研究南岔区个体私营业的发展状况。

12月12日 全区（局）木材经销林政管理工作会议在区机关二楼会议室举行，会议出台了《南岔区林政管理监督实施细则》《南岔林业局木材生产管理办法》《南岔林业局木材经销管理方法》。

1995年

1月4日 区（局）长办公会在区机关三楼会议室召开。副区（局）长及有关单位负责人出席会议，主要议题是：（一）研究全区大力发展个体私营经济的规定；（二）研究确定全区个体私营经济发展规划；（三）研究对个体私营经济发展的奖惩条例；（四）研究全区经济翻两番实施意见；（五）讨论区长刘增新在全区个体私营经济工作会议上的讲话。

1月5日 伊春市委书记王东华到南岔检查工作。

1月11日 全区个体私营经济工作会议在机关二楼会议室召开，区委副书记刘兴贵主持了会议，会议学习贯彻了上级有关会议精神，出台了《南岔区开展个体私营业三十五条优惠政策》。

1月18日 全区食用菌培训班暨颁发聘任书仪式在区机关二楼会议室举行，聘任省微生物研究所教授、研究员郭砚翠为南岔区食用菌顾问。

2月28日 市委书记王东华一行2人到南岔检查工作。

3月8日 南岔区妇联被评为伊春市“三八”红旗先进集体。

3月11日 省委副书记王健功到南岔检查工作。

3月25日 南岔公安分局巡警队、东升派出所被评为伊春市1994年度标兵单位。

4月4日 南岔胶合板厂招聘厂长会议在胶合板厂会议室举行，投标人邓忠臣、郭玉书及企业投标法人代表通过对各种知识的应答，经原厂职工代表的投票推荐，投标人郭玉书中标应聘。

4月28日 南岔区社会残疾人福利有奖募捐大会在区林业工人文化宫门前举行。

5月16日 南岔区外贸公司因公司亏损，于1995年5月16日解体。

5月22—23日 伊春市政府组成个体私营检查团，检查了南岔区各农贸市场和个体私营业劳保逢靠厂等地。

5月26日 南岔区制药厂北药开发形成市场优势。

6月2日 总工程师程友三陪同加拿大外宾苏尔丹参观了南岔木业有限责任公司、林城木器厂等地。

6月14—30日　日本北海道木制品专家江田四郎到南岔局讲学，并分别参观了林城木器厂、松青木器厂、浩良河木塑厂等地。

6月20日　市委副书记宁士敏带领市综合治理检查组到南岔区检查。

7月6日　浩良河山林五金商店因连年亏损，资不抵债、无力扭亏，于1995年7月6日倒闭。

8月18日　区委十五届六次全委（扩大）会议在区机关二楼会议室召开，共有130多人参加会议，会议出台了“南岔区‘两分’战略的决议”。

8月20日　南岔轻工机械厂剥离经营，将铆焊、瓶盖两车间剥离出来，成立南岔铆焊瓶盖厂，并使其成为独立核算的法人实体，实行现代企业制度。

8月22日　南岔轻工商店因债务沉重，扭亏无望，于1995年8月20日破产。

9月1日　南岔区“迎第四届世界妇女大会心向北京”千人长跑活动仪式在区文化宫门前举行。

9月5日　南岔区纪念世界反法西斯抗战胜利五十周年大会在区文化宫举行。

9月21日　省人大常委会副主任朱典明为组长的省人大检查团一行5人到南岔视察，并参观了南岔林城木器厂、私营企业南岔老保蓬靠厂，听取了区长刘增新作有关脱林及林木产品加工情况的汇报。

9月22—25日　省政府“双基”教育检查验收团到南岔区工作，副区长程厚贵陪同检查验收团检查了南岔区的第一中学、东方红小学、浩良河中心小学等南岔区“双基”教育，顺利通过了检查验收。

10月12日　区（局）长办公会议在区机关三楼会议室举行，区（局）长刘增新主持了会议，会议的主要议题：（一）传达全市经济工作会议精神；（二）通报南岔局与韩国全资筹建洋袜厂情况；（三）讨论研究全区饮用水源保护事宜。

10月20日　哈尔滨市香坊区友好访问团到南岔区访问，区五大班子领导接待了访问团，有关单位和部门开展了经贸洽谈活动。

11月9日　市长滕昭祥带领市委办、政研室、经济研究室的负责到南岔视察，参观了奋斗所、晨明所、木业有限公司、老保蓬靠厂等地。

11月9日　副市长李长祥到南岔检查南岔区乡镇企业、农业、多种经营发展情况。

12月15日　南岔区对侦破“10·6”特大杀人案的参战干警表彰奖励大会在区公安局会议室召开。

12月22日　全区综合治理大检查分6个组对全区108个基层单位进行了治安综合治理检查。

12月23日　以哈尔滨海关副关长周长泽为组长、省综合治理处李光科长等4人为成员到南岔区进行综合治理检查。

12月26日　南岔公安分局西水派出所、建国派出所、东升派出所、民主派出所、浩良河派出所、柳树派出所被评为省派出所基础工作标兵单位。

1996年

1月1日　南岔区对区属各中学的布局进行了重新调整，对教职工进行定岗定编，撤销1所小学，农村和林场的16所小学及下伸式实行复式教学，教职工从1535人精减到1280人。

1月1日　南岔区（局）对所属企业实行委托经营，委托经营期为三年，规定了一年一度的考核办法，对企业的党政一把手依据考核的各项指标，兑现奖惩。

2月12日　中共南岔区委第十五届七次全委（扩大）会议，在区机关二楼会议室召开，传达了市委八届四次全会精神，安排部署 1996 年工作任务。

2 月 29 日　区（局）长会议在区机关三楼会议室召开，会议由区（局）长刘增新主持，副区长董仲喜、魏长宽、程厚贵、刘吉庆、汪时斌、仇守文、总工程师程友三出席了会议，农委负责人列席了会议，会议研究制定了自费开荒土地承包方案，安排部署今后的工作。

3 月 28 日　南岔区人民武装部队收归军队，归属中国人民解放军伊春军分区管辖。

3 月 28—29 日　南岔区九届人大四次会议在区机关二楼会议室召开，应到代表 158 名，实到代表人数 152 人，会议由人大常委会主任许和主持，区委、区政府各科、部、委、办、局负责人列席了会议，会议听取和审议政府工作报告和相应的决议。

4 月 3 日　南岔公安分局长金怀玉被评为 1994—1995 年度伊春市特等劳动模范，南岔贮木场、浩良河经营所评为先进单位，陈树森等 17 名评为先进工作者。

4 月 11 日　南岔公安分局被评为伊春市公安系统 1995 年度优秀公安局，金怀玉被评为市优秀公安局长。

4 月 18 日　南岔区委宣传部被评为市宣传系统先进单位。

6 月 19 日　南岔区林业医院晋升为二级乙等医院、爱婴医院及南岔中心血库成立。

6 月 27 日　南岔百货大楼党支部被评为伊春市标准化党支部。

7 月 12 日　南岔林业医院、浩良河建行办事处被评为市级文明单位。

8 月 1 日　南岔局下大力把企业推向市场，对所属林业企业进行全面改制，放开经营。

9 月 17 日　南岔区积极为优抚对象解决实际困难。

10 月 5 日　全市庭审改革示范庭活动在南岔法院举行，全市各基层法院主管刑庭的副院长、刑庭庭长、市司法局、各检察院、市中院共 80 多人出席了会议。

10 月 29 日　市委、市政府赴灾区慰问团到南岔演出。

10 月 30 日　区属各小学实行校长持证上岗制度。

11 月 4 日　在区机关三楼会议室召开区（局）长办公会议，传达了市搞活企业工作会议精神；研究修筑堤坝情况，安排下步工作。

12 月 2 日　南岔局柳树经营所自立解危闯新路，收到了好的效果，其典型事迹在《伊春日报》刊载。

1997 年

1 月 10 日　中共南岔区十五届八次全委（扩大）会议在区机关三楼会议室召开，会议的主要内容是深入学习贯彻市委八届五次会议精神和 1997 年全区经济工作安排。

2 月 15 日　全区经济工作会议在区机关二楼会议室召开，基层各单位党政一把手、机关各科室负责人 130 多人出席了会议。区长刘增新作了重要讲话。

3 月 27 日　南岔区用铁力经验指导综合配套改革的全面推进。

4 月 14 日　南岔区委对机关及企事业单位进行了定岗定编。

4 月 30 日　浩良河地税分局提前完成全年所得税征收任务。

5 月 21 日　南岔局晨明贮木场结合自身的实际，抓住分流人员的关键环节大胆改革。

6 月 28 日　浩良河经营所党支部被伊春市委授予先进党支部标兵。

7 月 7 日　松青所长王印被伊春市委命名“十佳公仆”。

8 月 11 日　南岔工具厂竞争中闯出一条生路，生产的产品逐渐适应市场，职工得到有效安置。

8 月 19 日　南岔区学习推广铁力经验由重点突破转向整体推进。

9 月 3 日　关思伟任南岔区党委委员、常委副书记、代区长。

10 月 10 日　南岔电业分局转变多种经营机制，发展第三产业形成规模效益。

10 月 30 日至 11 月 2 日　区十届人大一次会议在区机关二楼会议室召开，参加代表总数 149 名，会议由人大常委会主任汪时斌主持，会议听取换届选举工作报告和选举人大、区政府组成人员，法院院长和检察院检察长。

11 月 4 日　南岔区召开十届人民代表大会，第一次全体会议上，汪时斌选为南岔区人民代表大会常务委员会主任，关思伟当选为南岔区人民政府区长。

12 月 26 日　在区机关三楼会议室召开区长办公会议，副（局）长及有关部门出席会议，区长关思伟主持会议，传达市冬季“严打”会议精神和迎接上级财政检查组到南岔检查准备情况及下步全区的几项工作。

1998 年

1 月 21 日　南岔区（局）对基层 29 个单位实行委托经营的情况进行具体的目标考核。

2 月 17 日　市委书记王利民到南岔检察指导工作，区委书记王庆山作了汇报。

3 月 4 日　原南岔区土地管理局收归市土地局垂直领导，更名为伊春市土地管理局南岔土地管理分局。

4 月 21—22 日　威岭经营所农业一段发生一起森林火灾，过火面积达 256 公顷，市长吴杰凯亲临现场指挥灭火，市森防指出动 4 架飞机，带岭、金山屯等兄弟区局派出扑火队支援。

4 月 28 日　南岔区道路建设赞助集资动员大会召开。

5 月 25 日　区政府在晨明白云灰厂召开“南岔区社会保险事业管理局出售产权暨白云灰厂扩股大会”，将区社会保险事业管理局在晨明白云灰厂拥有的产权（全部房屋建筑物和机器设备，价值 80 万元）一次性出售给晨明白云灰厂职工，该厂从此变为私营企业。

6 月 1 日　“南岔区庆祝六一国际儿童节大会”在月牙湖灯光球场举行，区人大常委会主任汪时斌、区政协主席王家斌、区委副书记魏长宽、副区长王刃、人大常委会副主任马杰、工会主席王书元等领导到会。副区长王刃、区妇联主席杨玉春分别在会上讲了话，会上区直各小学和部分幼儿班的小朋友表演了体操、舞蹈等节目。

7 月 2 日　迎春乡艾林村永翠河水上吊桥开通剪彩。

8 月 28 日　全区支援灾区募捐动员大会在区机关二楼会议室召开，各基层单位及机关科室 100 多人参加，捐助 7000 多元。

9 月 1 日　副市长李长祥到南岔区检查指导工作，全面听取了南岔区中小企业产权制度改革，防汛工作，为人民群众办实事等各项工作的汇报。

9 月 9 日　南岔区职业介绍所、南岔林业局再就业服务中心成立。

9 月 10 日　中央电视台到南岔采访南岔区山区综合开发示范县建设情况。

9 月 10 日　南岔林业局正式“启动”天然林资源保护工作。

9 月 13 日　驻省专员孙丕文一行 5 人到林业局检查贯彻落实国发明电〔1998〕8 号文件情况，局长关思伟作了专题汇报。

9 月 21 日　全市人事工作会议（中片）在本区召开。

9 月 28 日　南岔区政府决定将钢丝厂租赁给厂长张启申，租期 3 年，租金 15 万元。

10月1日　中央电视台7频道农村天地节目记者到南岔，采录关于山区综合开发情况的专题片。

10月23日　南岔林业局1998年冬运木材生产工作会议在区机关二楼会议室召开。

10月29日　局长关思伟与袁凤林正式签订浩良河木材加工厂部分车间租赁合同。

11月6日　南岔林业局与刘沼正式签订胶合板厂租赁合同，将胶合板厂租赁给刘沼，租期3年，年租金5万元。

11月9日　市委政研室主任孙令清一行7人到南岔召开全市南片党办主任工作会议。

11月20日　南岔区近千米木材运往灾区支援重建家园。

11月21日　市委副书记董绍林到南岔检查工作，区委书记王庆山汇报，副书记、区长关思伟参加了汇报会。

12月16日　伊春市副市长李长祥到南岔区检查促进农村工作，区长关思伟向李长祥副市长作了工作汇报。

12月23日　市政府为人民群众办实事检查组到南岔区检查工作，王刃副区长向检查组作了工作汇报。

12月24日　副市长安荣俊到南岔区检查灾民安置工作情况，区长关思伟向安副市长作了工作汇报。

1999年

1月8日　南岔区个体劳动者协会1998年度总结表彰大会在区机关二楼会议室召开，市工商局领导和区五大班子领导关思伟、魏长宽、金绍英、赵荣生、刘吉庆、刘树桐及工会主席王书元出席会议，刘吉庆代表区政府在会议上讲话。

2月3日　市委副书记张永刚、副市长沙英华到南岔慰问特困职工、优抚对象。

3月4日　南岔区人民法院积极为企业清欠，1998年清欠资金110万元，推动了全区的经济发展。

3月11日　市森防指挥部成员会议在区机关三楼会议室召开，区委书记王庆山、区长关思伟出席会议并作重要讲话。

3月19日　全区备春耕工作会议在区机关三楼会议室召开，副区长林禹权出席会议并讲话。

4月1日　全区城镇防火工作会议在区机关二楼会议室召开，会议总结了1998年度城镇防火工作，兑现了1998年城镇防火目标责任状并签订1999年度城镇防火目标责任状，副区长程厚贵在会上作了重要讲话。

4月2日　全区森林防火工作会议在区机关二楼会议室召开，区五大班子领导出席会议，仇守文代表区政府总结了1998年森林防火工作，全面部署了1999年森林防火工作任务，区委书记王庆山、区长关思伟在会议上分别作了重要讲话。

5月19日　全区素质教育现场会在东方红小学召开，市教委、市教育学院和区政府领导出席会议。会上，东方红小学介绍了推进素质教育的经验，市教委主任王世刚、区政府副区长王刃分别作了重要讲话，会后，与会人员实地参观了东方红小学素质教育示范课。

5月24日　南岔区积极动员社会力量，大力开展全民义务植树造林活动，机关及各企事业单位到指定地点造林。

6月3日　市长吴杰凯到南岔调查研究，在区委书记王庆山，区委副书记、区长关思伟陪同下参观了太平所山梨园、林蛙养殖基地、旭日林园和南岔机械修造厂、南岔制药厂，并汇报了工作情况。

6月8日　市长吴杰凯在南岔调查时说坚定不移地推进改革，大上立区企业，把南岔区建成功能完善的新型林区。

6月9日　副市长李长祥到南岔区调查研究。

6月12日　市长吴杰凯率市政府工作组到南岔区检查工作，区长关思伟代表区政府向市政府领导汇报了工作。吴杰凯市长对南岔区过去的工作予以肯定，对如何做好天然林资源保护工程、深化中小企业改革，为人民群众办实事等工作作了重要批示。

7月14日　南岔技术监督局划归伊春市技术监督局实行垂直领导。

7月17日　市委书记王利民带领市林管局和市委办主要领导到南岔区慰问特困职工。

7月30日　市委书记王利民在南岔区调查时强调牢固树立群众观点确立长期包扶思想，动员全社会力量向贫困户脱贫目标进军。

8月1日　全区城镇道路建设重点工程通山路改造一期工程正式开始施工，全部工程在2000年年底前完成。

9月17日　南岔区紧紧抓住监督管理这一城镇防火工作中的关键环节，主动服务、依法治火，及时发现、整改和消除了一些重大火灾隐患，为全区营造了一个良好的安全环境。

9月28日　庆祝国庆50周年大会在区灯光球场举行，区委书记王庆山，区长关思伟等五大班子领导出席大会，区机关、区直企事业单位、中小学校，幼儿班的文艺代表队表演精彩的文艺节目，热情歌颂了伟大祖国50年的丰功伟绩。

10月13日　区委学习中心集中学习《中共中央关于国有企业改革和发展若干重大问题的决定》。

10月21日　市政府副秘书长戴举文率市政府工作组到南岔区检查经济目标责任状、为人民群众办实事目标责任状、招商引资责任状执行情况，区长关思伟代表区政府向工作组汇报了南岔区工作的情况。

10月25日　全区征兵工作会议在区机关二楼会议室召开，全区各单位主管征兵工作的领导参加会议。

11月25日　召开南岔区文学艺术界联合会第三次会员大会，市文联主席葛维举应邀出席了会议，会议选举区委副书记马伟斌、政协副主席戴翔为区文联名誉主席，选举卢元梅为区文联主席，刘振霞、郎若愚为副主席。

12月17日　南岔区迎澳门回归联欢会在工人文化宫举行，区五大班子领导出席联欢会，联欢会由区长关思伟主持，区委书记王庆山发表了讲话，联欢会上，来自全区的优秀文艺工作者演出了精彩的文艺节目。

12月24日　南岔区委常务副区长王刃到美溪区任区长，李万祥到南岔就任区委常委、常务副区长。

12月28日　南岔区迎接新世纪联欢会在工人文化宫举行，区五大班子领导出席联欢会，联欢会演出了精彩的文艺节目。

2000年

1月8日　南岔区中心市场开始试营业。

1月10日　市政府工作组到南岔区检查考核1999年度为人民群众办实事责任状执行情况，副区长李万祥代表区政府汇报了工作情况。

1月17日　钢绳厂的3个附属车间农场、珍珠岩厂和锅炉安装队归属区经贸委管理。

1月20日　市领导李清安、张书杰、付鸿杰率市慰问团到南岔区走访慰问。

2月14日　由市林管局副局长张金铸、市政协副主席李长润带队，全市重点工作推进落实第五检查组到本区检查指导工作。

3月7日　全区消灭脊髓灰质炎扫荡式免疫工作会议在区机关二楼会议室召开。

3月14日　林管局副局长张金铸率市委、市政府工作组到南岔区，检查贯彻市委八届二次会议精神情况。

3月17日　全市管护经营南片现场会在南岔区召开，林管局副局长张玉明，区领导王庆山、关思伟及南片各区（局）主管领导出席会议，副局长仇守文代表本局在会上介绍了经验。

3月22日　南岔区政府批复南岔贮木场开发月牙湖景点，有偿使用机制10年不变。

4月3日　区委副书记魏长宽、副区长程厚贵迅速组织侦破2000年“4·3”特大杀人抢枪案件（即区法院执行庭法警程贤龙被害案）。

4月7日　市马永顺事迹报告团到南岔区作马永顺事迹报告，区委常委宣传部部长卢元梅主持会议，机关及各基层单位200余人参加会议。

4月9日　市委决定任命原西林区委副书记、区长牛毓山为中共南岔区委书记。

4月17日　市委决定任命王若森为南岔区委副书记、林业局局长。

5月14日　市长董绍林率市政府工作组到南岔区考察指导工作，区委书记牛毓山代表区委、区政府向市领导作了工作汇报，市长董绍林就做好南岔工作作了重要批示。

5月20日　在春防工作资金紧张的情况下，南岔区政府投入40万元购买20套通信设备和扑火工具。

5月25日　区十届人大常委第十四次会议任命王若森为南岔区人民政府代区长，岂凤桐为南岔区人民政府副区长。

是日　市委常委、组织部部长陈学平，市人大有关领导到南岔区指导召开区人大10届14次常委会议。

6月8—9日　区十届人大四次会议在区机关二楼会议室召开，区五大班子领导出席会议，代区长王若森代表区人民政府作《政府工作报告》，王若森当选为南岔区人民政府区长。

6月13日　副市长耿意志到南岔区考察城镇建设工作。

6月15日　南岔环卫处、南岔区人民检察院被评伊春市1999年精神文明建设先进单位。

6月23日　林业局与澳大利亚学星集团签订引资70万美元建设山野菜加工厂意向协议。

7月5日　在月牙湖灯光球场举行南岔区第三届“月牙湖之夏”系列文化体育活动开幕式。

7月15日　东方红小学苗颖杰被评为伊春市特等劳动模范，石头河林场、亮子河林场、南岔贮木场、东方红小学被评为先进集体。

7月24日　南岔区成立了招商引资办公室，科级单位，隶属南岔区。

8月7日　南岔区的红旗学校合并到六中，育红小学合并到东方红小学。

是日　《南岔区公开选拔科级领导干部工作方案》出台，对建委、审计局、物价局、浩良河镇、晨明镇、建国办事处、体改委等部门的副职进行公开竞聘。

8月9日　全区学习“双丰经验”交流会议在区机关二楼会议室召开，区五大班子领导出席会议，区直各单位党政一把手、区机关副科级以上领导干部参加会议。会上，南岔贮木场等4单位介绍了经验，区委书记牛毓山作了学好双丰经验，实施“内调外引，富民兴区”战略的重要讲话，区长王若森作了总结讲话。

8月10日　伊春日报社在南岔区召开全市驻站记者工作会议。

8月16日　省森林资源工作组到林业局检查限额采伐工作情况，副局长鲁庆文代表林业局作了工作汇报。

8月17日　沙英华副市长率市政府企业管理调查研究组到林业局调查研究企业管理情况。

8月22日　省旅游局局长宁士敏到南岔考察仙翁山景区。

9月9日　南岔区领导在教师节的前夕以多种形式走访慰问优秀教师。

9月13日　全区个体私营经济工作会议在区机关二楼会议室召开，区五大班子领导出席会议，会议表彰了全区个体私营经济先进标兵，先进个体劳动者，王若森代表区委、区政府在会议上作了重要讲话。

9月25日　全区森林防火工作会议在区机关二楼会议室召开，各林场、经营所、贮木场、加工厂机关各有关部门主要负责人参加会议，副区长孙浩然在会议作了重要讲话。

10月1日　晨明白云灰厂没有达到国家要求的排放标准，为此决定停业整顿，确保在2000年12月31日前达到国家规定的排放标准，然后重新开工。

10月17日　区（局）调整生产布局，将翠岗林场与浩良河所合并为浩良河森林经营所，将大磊林场与奋斗所合并为奋斗森林经营所，将浩良河加工厂与浩良河贮木场合并为浩良河贮木加工厂，将南岔贮木场变为南岔经济综合开发公司，将南岔贮木场所属的林城木器加工厂变为南岔林城木器加工厂，成为局直属单位。

10月31日　全局冬运木材生产工作会议在局机关二楼会议室召开，各生产单位主要负责人参加会议，副局长鲁庆文代表林业局作了重要讲话，局长王若森作了总结讲话。

11月1日　省森工部局包片领导、省林业报社总编辑赵乃良到柳树经营所检查秋防工作，区委书记牛毓山、区委常委纪监委书记金绍英陪同。

11月6日　南岔区生猪屠宰监督管理站成立。

11月8日　南岔火车站新站正式落成。

11月13—14日　省“两基”成果检查督导评估组到南岔区督导评估“两基”工作，区委书记牛毓山、区长王若森出席了汇报会，副区长岂凤桐代表区委、区政府向省“两基”督导评估组汇报了七年来的工作情况，听取工作汇报后，督导评估组的领导先后深入区高级中学、第一中学、东方红小学等学校进行了实地考察，经过两天的督导评估，省“两基”督导评估组宣布南岔区通过验收。

11月16日　林管局副局长张玉明到南岔区检查森林资源划区管理经营工作，区委书记牛毓山、区长王若森出席汇报会，副区长孙浩然代表区委、区政府向张玉明作了工作汇报。

是日　市政府副市长耿意志到南岔区检查小城镇建设工作，区长王若森、副区长程厚贵先后向耿意志汇报了工作。

11月28日　省全面质量管理检查组到南岔区检查指导工作。

是日　南岔公安分局迅速侦破一起重大杀人案，仅用1小时将犯罪嫌疑人刘某海抓获。

12月4日　南岔区人民政府变更全民企业单位执照。

12月7日　市委副书记、市长董绍林到南岔区检查指导工作，董绍林先后到仙翁山旅游开发区、制药厂考察，并就如何加强国有经济布局调整、搞好项目产业开发，加强林政资源管理，加强班子干部队伍建设作了重要批示。

12月9日　市长董绍林在南岔检察工作时指出提高各级领导班子和领导干部驾驭市场经济能力，把机制创新和产业开发推进到新的发展阶段。

12月19日　南岔区石油公司改制为南岔石油有限责任公司。

12月20日　梧桐建材厂改造为股份合作制企业。

12月21日　南岔区政府规划出太平森林公园、仙翁山旅游景区、供水水库、月牙湖公园4个景区。

12月26日　副市长安荣俊到南岔区检查公安、民政工作，区委副书记徐忠义汇报工作。

2001 年

1 月 11 日　区长王若森、副区长金绍英走访慰问离退休老干部、特困职工、社救户、优扶户、优秀教师、“三胞”眷属。

1 月 15 日　市政协副主席张宝兴到南岔区走访慰问特困职工。

是日　市政府目标考核工作组到南岔区考核 2000 年为人民群众办实事工作目标完成情况，金绍英代表区政府向工作组作了工作汇报。

1 月 18 日　区人大召开十届四次会议第十七次常委会议，任命金绍英、杨国立任南岔区人民政府副区长。

1 月 19 日　区举办“世纪之春”迎新春联欢会，区五大班子领导及社会各界代表出席了联欢会，文艺工作者及基层单位在联欢会上演出了精彩的文艺节目。

3 月 15 日　区政府举办纪念“3・15”国际消费者权益日活动，副局长张兴运出席了纪念活动，并亲自组织销毁了价值 3 万余元的假冒伪劣商品。

3 月 20 日　市政府副市长李醒峰到南岔区检查企业改革工作，区长王若森代表区政府向市领导作了工作汇报。

3 月 21 日　南岔林业局对第四次森林资源普查情况进行了具体的分析，并形成分析报告上报总局。

4 月 4 日　市政协副主席李长润率工作组到南岔区调查打假联合行动情况。

4 月 6 日　南岔区（林业局）筹资 20 万元架设一条通往太平所向阳段，长 3 公里的高压线路。

4 月 29 日　哈尔滨中植房地产开发有限公司伊春分公司在站前街建立中植村。

5 月 9 日　省市领导到南岔区参加仙翁山首届杜鹃花会，区领导陪同省市领导和嘉宾登仙翁山观赏兴安杜鹃。

5 月 27 日　市委副书记陈学平到南岔区检查指导工作。

5 月 29 日　副市长耿意志检查南岔区城镇建设情况。

5 月 30 日　南岔区政府举行供水水源工程奠基仪式，市政府副秘书长杨锡民及市计划，建委、财政、水务等有关部门领导出席了奠基仪式。

6 月 8 日　林业医院住院部新楼落成庆典。区领导参加了落成庆典。

6 月 10 日　市委副书记关庆波到南岔区检查指导工作，区委书记牛毓山作了工作汇报。

6 月 28 日　南岔区举办迎接建党 80 周年“湖光颂”歌舞晚会。

6 月 30 日　南岔区月牙湖公园水上栈桥竣工剪彩。

7 月 6 日　南岔金沟泉水被指定为伊春市旅游节饮用水。

7 月 10 日　伊春市职业技术学院挂牌庆典，区领导出席庆典仪式。

8 月 1 日　南岔林业局对局属的电话所 16 名职工进行了一次性安置，每人安置费 16938 元。

8 月 8 日　迎春乡人民政府调整撤并了行政村即红旗村与果树村合并为红旗村，先锋村与狩猎村合并为先锋村，中兴村与兴隆村合并为中兴村。

是日　浩良河镇人民政府调整撤并行政村即丰林村与奋斗村，云岩村与永林村合并为永林村。

是日　市环境保护工作检查组到南岔木材水解厂、浩良河化肥厂检查环保工作。

8 月 21 日　伊春市“三下乡”文工团在南岔月牙湖灯光球场演出。

8 月 22 日　市委副书记关庆波在南岔区检查工作时指出，要找准问题、深刻反思、边查边改、取信于民。

8月24日　全区产权制度改革工作运行情况座谈会在区机关三楼会议室召开。

9月4日　省“三个代表”检查指导组成员到南岔迎春乡沙山村检查指导。

9月5日　市政协副主席、光明集团总裁冯永明以及市工商联主席由区委书记牛毓山陪同到信诚家具有限公司考察。

9月10日　南岔区政府被评为全市尊师重教先进单位，区长王若森被评为尊师重教的先进工作者。

10月11日　市纪委、市委组织部有关人员到南岔区考察区纪委副书记后备人选。

11月6—7日　市委副书记陈学平到南岔区检查“扶解”和“严打整治”工作。

11月7日　召开全区村级“三个代表”学教活动动员大会，省驻南岔推进组组长王永生、市驻南岔推进组组长冯生、区委书记牛毓山等有关领导参加了会议。

11月9日　区委书记牛毓山、区委副书记马伟斌陪同省、市两级“三个代表”重要思想学教活动检查组成员到迎春乡振兴村检查工作，并考察地区供水水源工程建设情况。

11月12日　南岔区出台《南岔区乡镇机构改革方案》，核定了具体的设置部门和岗位人员。

11月18日　省旅游局局长宁士敏到南岔区实地考察三兄弟家具公司、月牙湖公园、水源工程工地。

11月29日　南岔区出台《南岔区党政机构改革实施方案》，区党政机构设置为20个，其中党委部门设置5个、政府部门设置15个。

12月4日　市驻南岔指导督查组组长冯生、市纪委书记李清安到晨明镇星星村检查“三个代表”重要思想学教工作。

12月11日　代市长李延芝、林管局副局长张金铸、市政府秘书长李洪斌及市财政局、林产工业局、经贸委领导到南岔区检查指导工作，市政府领导先后考察了水源建设工地、三兄弟家具厂、信诚家具有限责任公司。

12月16日　市委副书记关庆波在区委书记牛毓山等领导陪同下，到中兴村检查“三个代表”重要思想的学教工作。

12月24日　区委常委、副区长金绍英被市委常委任命为区委副书记，同时免去副区长职务，副区长孙浩然被任命为区委常委。

2002年

1月17日　南岔区积极转变工作作风为农民扎实解决实际问题。

2月22日　城镇美起来，生活好起来，南岔区以加快建设为载体为人民群众办实事。

4月1日　全区绿化工作委员会会议在区机关三楼会议室召开，副区（局）长岂凤桐参加了会议。

4月2日　副市长安荣俊一行3人上午到南岔听取了南岔区城镇防火、司法、社区建设、低保4个方面工作情况的汇报。

4月3日　全局春季营林工作会议在区机关二楼会议室召开，副区长岂凤桐及林场、经营所主管营林的领导参加会议。

4月4日　区森防指挥部在工商银行门前，利用广播、报纸、标语、发宣传单等形式开展了春季防火宣传一条街活动，播放了省长宋法棠签发的春季森林防火命令和市长李延芝签发的春季防火戒严令，发防火宣传单近万份，副区长岂凤桐及区委宣传部、区教育局等部门负责人参加了宣传活动。

是日　全区安全生产工作会议在区机关二楼会议室召开，区委常委、副区（局）长孙浩然主持了会议，副局长鲁庆文作了讲话，全区40个成员单位负责安全工作的领导和安全员参加了会议。

4 月 12 日　南岔区个体劳动者协会，私营企业协会 2000—2001 年总结表彰大会在区机关二楼会议室召开，省个体劳协、市工商局、市个体劳协、市私营企业协会、伊春工商分局领导及副区长孙浩然参加了会议，王恩义副区长在会上作了讲话。

4 月 22 日　市政府副市长耿意志到南岔区检查城镇建设和基础设施建设工作，王若森区长、张兴运副局长作了汇报。

是日　南岔区人民法院、南岔区人民检察院、南岔区东方红小学、南岔区公安局被评为市 2001 年度精神文明建设标兵。

4 月 23 日　市政府顾问团到南岔进行调研，并召开了座谈会，区长王若森，副区长孙浩然、岂凤桐参加了座谈会，调研题目为：南岔区在实施天保工程和非公有制林业中存在的问题和解决措施。

5 月 11 日　市委副书记关庆波到南岔检查防火工作。区长王若森作了汇报。

5 月 24 日　市长李延芝到南岔检查金南公路建设情况，区长王若森陪同。

6 月 6 日　南岔区全面推行划区管护经营承包责任制、要求大力发展林下经济项目并丰富多样。

7 月 3 日　市政协副主席沙英华、王志山率检查组到南岔区，检查森林资源划区管护经营工作推进情况，区（局）长王若森、副区（局）长岂凤桐陪同检查组到松青经营所进行了实地检查，副区（局）长岂凤桐代表区（局）向检查组作了划区管护经营工作推进情况的汇报。

7 月 10 日　南岔区编制了《全区城市总体规划（1999—2020）》，经市政府批复。

7 月 13 日　南岔区政法机关转变警风，使政法干警“爱民、便民、为民”的服务意识提高，为群众办实事，受到人民群众好评。

8 月 8 日　南岔区加大城市执法力度创建优美市容，迎接“心连心”艺术团。

8 月 19 日　全局管护经营现场会议在松青经营所召开，区领导及各基层林场、经营所参加了会议。

9 月 4 日　在区机关三楼会议室召开伊春林管局森林资源管护经营责任制南片座谈会，林管局副局长杨国栋、市长助理马建路、市资源局长李进祥、市营林局长董仲喜出席了座谈会。

9 月 9 日　全区庆祝第十八个教师节暨总结表彰大会在区机关二楼会议室召开。

9 月 18 日　召开南岔区十届六次人大第二十九次常委会议，任命刘静为南岔区政府副区长职务，免去王恩义、岂凤桐区政府副区长职务。

10 月 20 日　根据黑林劳字〔2000〕416 号文件要求及省财务厅、省森工总局有关会议精神，南岔林业局对富余职工进行了第三批一次性安置，总人数 1324 人。

10 月 26 日　在区机关召开南岔区环卫处庆祝环卫工人节暨表彰大会，区五大班子领导金绍英、戴翔、孙浩然、卢元梅、杨国立参加了会议，市公共事业局环卫管理科田学成科长参加了会议，会议表彰了 2 个段队、18 个班组、55 名先进工作者。

10 月 29 日　区长王若森、副区长孙浩然带领区政府办、民政局负责人深入 8 户民政救济户家中进行走访慰问，为民政救济户送去了军被 10 套、棉衣 10 件。

10 月 31 日至 11 月 2 日　南岔区第十一届人民代表大会第一次会议在机关二楼议室召开，大会历时三天半，于 11 月 2 日下午胜利闭幕，大会选举王若森为区政府区长，孙浩然、杨国立、刘静为区政府副区长，王若森区长作了题为《牢记重托不辱使命做人民满意公仆》的就职讲话。

11 月 25 日　全区冬运木材生产工作会议在二楼会议室召开，区领导鲁庆文主持并讲话，各生产单位主要负责人参加会议。

12 月 24 日　区十一届人大第 1 次常委会议在人大会议室召开，区长王若森、副区长孙浩然参加了会议。

2003年

1月26日　市政府（林管局）调研组由市政府副秘书长杨锡民带队到南岔（局）对资源、财政、营林、木材销售等方面工作情况和下步打算进行调研，在南岔宾馆三楼会议室召开了汇报会，副局长王恩义、局长助理张传铭，资源、营林、财政等有关部门负责人参加了会议，局长助理张传铭代表林业局作了工作汇报。

2月27日　南岔区召开重特大案件侦破表彰奖励大会。

3月3—4日　市委书记吴杰凯、市委秘书长李洪斌、副市长张金铸，市委副秘书长、市委办主任王延文，市政府副秘书长、市经贸委主任姜海涛，市政府副秘书长、市计划发展委员会主任汪大海，市资源局局长李进祥、市营林局局长董仲喜、市委办副主任范庆华一行9人到南岔进行调研，区长王若森代表区委、区政府作了工作汇报，市委书记吴杰凯就南岔区如何走可持续发展道路特别是实施工业兴区战略及有关方面的工作作了重要讲话。

4月2日　市委秘书长李洪斌到南岔区检查春季森林防火工作情况，副局长岂凤桐汇报了南岔区春季森防工作情况。

4月22日　全区非典型肺炎防治工作会议在区机关二楼会议室召开。

4月23日　副市长王志山到南岔区检查非典预防工作，并深入到南岔火车站、铁路医院、结核医院、林业医院实地检查了各项工作开展情况。

4月29日　区长王若森，副区长孙浩然、杨国立、刘静及区防治非典型肺炎领导小组成员在区机关三楼会议室参加全市非典型肺炎防治工作电视、电话会议。

5月1日　市人大副主任李长祥到南岔区检查非典型肺炎防治工作。

5月7日　市政协副主席安荣俊到南岔区检查非典防治工作。

5月8日　市长李延芝到南岔检查非典防治工作，并听取非典防治情况的汇报。

5月21—22日　省农村防治非典督导组一行5人在副市长王志山、市政府助理巡视员齐秀娟的陪同下，到南岔区检查农村非典防治工作，副区长孙浩然向检查组作了汇报，副区长刘静、卫生及区防疫部门负责人参加了汇报会，省农村防治非典督导组深入到南岔区迎春乡国庆村、红旗村、振兴村、梧桐村及南岔火车站、定点医院进行了实地检查，并对本区非典防治工作给予充分肯定。

5月27日　市政协副主席沙英华率检查组到南岔区检查非典型肺炎防治工作，副区长刘静代表区政府向检查组作了工作汇报。

6月2日　市委常委会议决定免去孙浩然南岔区委常委、副区长职务，任西林区政府区长。

6月10日　全区防治非典领导小组工作会议在南岔宾馆三楼会议室召开。

6月12日　在区机关三楼会议室召开全市落实“两风”精神为企业服务现场办公会议，市纪委书记李清安、副市长张书杰及市计划发展局、资源局、改善办等领导参加会议。

6月24日　区第十一届人大常委会第四次会议在人大会议室召开，会议免去孙浩然区政府副区长职务，任命岂凤桐为区政府副区长。

6月25日　省森工总局天保工程核查组到区检查工作，副区长岂凤桐向核查组作了工作汇报，副区长杨国立、区（局）长助理张传铭参加汇报会。

7月3日　南岔区残疾人联合会第二次代表大会在区机关二楼会议室召开，市残联领导葛岚到会并讲话，副区长岂凤桐参加会议。

7月11—12日　参加市委工作会议全体人员到南岔区进行实地参观考察。

7 月 15 日　南岔经济综合开发公司经理张本年被评为伊春市第五届十大杰出青年。

8 月 26 日　南岔区改善经济发展环境座谈会在机关三楼会议室召开。

8 月 27 日　伊春市第四届十佳公仆事迹报告团到南岔作先进事迹报告。

9 月 3 日　南岔区人民法院联系审判实际，大胆进行审判改革的探索，给审判工作注入新的活力，在全市法院系统目标考核中荣获第 1 名，被评为全市标兵。

10 月 13 日　南岔区委区政府坚定不移地实施以牧强区战略，出台了优惠政策，科学定位，着力在“大、强、优、活”上做文章，促进畜牧业超常规、跨越式发展。

11 月 28 日　省政府政研中心一行 3 人在市经贸委主任的陪同下，到南岔区就工业经济运行情况进行调研，区委书记牛毓山简要向调研组介绍了南岔区（局）情况，鲁庆文副局长作了汇报，岂凤桐副区长参加了汇报会，调研组对区的格润药业、三兄弟、信诚及吉象 4 户企业进行了实地考察。

12 月 18 日　2003 年度省名牌产品新闻发布会暨全市质量月活动电视总结大会召开，副局长岂凤桐、鲁庆文及区机关有关部门负责人，规模以上工业企业负责人已获得名牌产品和质量荣誉称号的有关企业负责人在机关三楼会议室收看大会实况。

12 月 19 日　全市第十五届科普之冬总结暨第十六届科普之冬活动动员电视会议召开，副区长刘静及科普之冬领导小组成员单位负责人在机关三楼会议室收看。

12 月 23 日　国家林业局林权制度改革调研组到南岔区调研，区领导、体改办作了汇报。

2004 年

2 月 10 日　南岔公安分局消防大队大队长马庆吉被公安部评为“全国优秀人民警察”、全省消防“十佳卫士”，荣立二等功。

2 月 20 日　全区防治禽流感紧急工作会议在区机关三楼会议室召开，副区长岂凤桐、副局长王恩义出席会议，副局长王恩义作了重要讲话，全区各林场所、乡镇、街道办事处及有关部门的负责人参加会议。

2 月 28 日　副区长岂凤桐在三楼会议室参加全市部署全国两会期间信访、稳定工作紧急电视电话会议。

3 月 3 日　中共南岔区第十七届二次全委（扩大）会议在区机关二楼会议室召开，区委书记牛毓山作了题为《认清形势、抢抓机遇、不断加快全区经济社会发展步伐》的报告，区长王若森作了总结讲话，副区长杨国立、刘静，副局长孙万里、鲁庆文，局长助理张传铭参加了会议，全区各单位党政主要领导和机关科室负责人参加会议。

3 月 5 日　南岔区第十一届人民代表大会第三次会议在区机关二楼会议室召开，区长王若森作了政府工作报告，区五大班子领导出席会议。

3 月 24 日　全区城镇防火工作会议在区机关二楼会议室召开，副区长岂凤桐、副局长鲁庆文、人大常委会副主任孙志利、政协副主席徐占东等领导参加了会议，副局长鲁庆文就如何做好今年城镇防火工作会议作重要讲话。

4 月 13 日　副区长岂凤桐主持召开了全区安全生产工作会议，副局长孙万里作了讲话。

4 月 14 日　副区长杨国利主持召开全区营林生产工作会议，副局长孙万里作了讲话。

4 月 15 日　市春防宣讲小分队在南岔区举办有关防火知识的讲座。

4 月 29 日　市委书记杨喜军到南岔区调查研究检查指导工作。杨喜军先后考察了三兄弟家具厂、信诚家具有限责任公司、南岔格润药业、省林业结核医院、市二中、南岔经营所，杨喜军检查时要求采取一系列有效措施，大力发展职工自营经济，不断壮大城市经济，全力培育经济，全面振兴南岔经济。市委常委、市委秘书长李洪斌，市经贸委主任姜海涛及市委办、市委政研室、市计委、市林产工业局的负责人陪同调研。

5月1日　市委书记杨喜军到南岔调研时强调加强领导科学谋划，全面振兴南岔经济。

5月12日　区长王若森、副区长岂凤桐、副局长鲁庆文、区长助理王平同机关干部到南岔水库风景区参加全区义务植树劳动。

6月1日　南岔区高考准备联席会在区机关三楼会议室召开，副局长孙万里主持召开会议，教育局局长郝亚新汇报了高考前的准备情况。

6月8日　全市“安康杯”竞赛表彰暨“安全生产月”活动电视会议在区机关三楼会议室召开，区长王若森、副区长岂凤桐、副局长孙万里参加了会议。

7月2日　如何开展国有企业兴办集体企业专项调查工作会议在区机关二楼会议室召开，副区长岂凤桐、区长助理王平出席了会议，副区长岂凤桐作重要讲话，全区各林场所、乡镇、街道办事处及有关部门的负责人参加会议。

7月8日　南岔区贯彻落实全市上半年招商引资工作暨参加第十五届哈哈会总结表彰电视会议在区机关三楼会议室召开，区长王若森，副区长杨国利，副局长鲁庆文、孙万里、王恩义出席了会议，区人劳局、区经科贸委、区政府办公室主要负责人参加会议。

7月13日　南岔区完善城镇社会保障体系试点工作动员大会在区机关二楼会议室召开，区人事局局长康广南主持召开了会议，副区长岂凤桐作了重要讲话，全区各林场、所、乡镇、街道办事处及有关部门负责人参加会议。

9月9日　全区庆祝第二十届教师节暨表彰奖励大会在区机关二楼会议室召开，副局长孙万里主持召开了会议，区长王若森、副区长杨国利、副局长王恩义出席会议。会上区委、区政府授予东方红小学等12个单位为“教育系统先进集体”荣誉称号，丛日英等11名教育工作者荣获“教育系统先进个人”称号；授予浩良河水泥有限责任公司等8个单位为“尊师重教先进集体”荣誉称号，张志坤等12人为“尊师重教先进个人”荣誉称号。

9月22日　南岔区各学校选聘兼职法制副校长。

10月8日　南岔区铁力通县乡公路全线通车。

10月21日　全区教育工作督导评估汇报会议在区机关三楼会议室召开，副区长岂凤桐、副局长孙万里出席会议。

11月1日　南岔区团委开展庆祝少先队建队五十五周年主题系列活动。

11月9日　南岔区热力公司改制为民营体制后，公司生产稳定，群众反映良好。

11月22日　全局冬运木材生产工作会议在区机关二楼会议室召开，副区长岂凤桐、副局长孙万里、副区长杨国利，全区（局）各林场所党政一把手及有关部门的负责人参加会议。

12月18日　南岔区稳步推进“一帮一”扶贫解困工程，收尾阶段收到良好效果。

12月14日　南岔区保持党员先进性教育准备工作“四到位”（摸底到位、组织整顿到位、培训到位、宣传到位）。

12月21日　全区第二届续志工作会议在区机关二楼会议室召开，区委副书记吴伊森主持会议，区委常委、宣传部部长孙秀福，区人大常委会副主任赵荣生、政协副主席王政业出席会议，副区长岂凤桐出席会议并向大会作了工作汇报，市史志办主任王晓参加会议并讲话。

12月22日　区机关二楼会议室和区机关三楼会议室分别召开了欢送区长王若森，迎接区委副书记、南岔林业局局长林宏坤会议，处级以上领导及机关各科室科部长、基层党政一把手参加见面会。

12月24日　副区长杨国利在机关三楼会议室参加了全市遏制超采禁伐红松紧急电视会议。

12月29日　全区“两节”安全工作会议在区机关二楼会议召开，副区长岂凤桐，副局长孙万里、鲁庆文出席会议。

2005年

1月4日　南岔公安分局连续4年命案破案率100%，取得了4年破获40起全部命案的优异成绩。

1月11日　伊春市市长许兆君到南岔区调查研究检查指导工作，区委书记牛毓山作工作汇报，调研期间走访慰问水解厂贫困职工，秘书长何忠海、副管局长张伟光、市民政局长李光前、市劳动局长岳维祥陪同调研。

1月27日　区委十七届四次全委（扩大）会议在区机关二楼会议室召开。区委书记牛毓山向会议作了题为社会协调可持续发展的报告，代区长林宏坤主持了会议，南岔经济综合开发公司经理张本年作了典型发言，区委副书记吴伊森宣读了《关于表彰南岔经济综合开发公司决定》，代区长林宏坤向大会作了总结讲话。全区基层党政一把手及机关科室负责人参加会议。

1月31日　南岔区在区机关二楼会议室召开了全区保持共产党员先进性教育动员大会，对全区保持共产党员先进性教育活动进行全面部署，拉开了南岔区保持共产党员先进性教育活动帷幕。

2月5日　南岔工商分局检查整顿春节节日市场。

3月4日　区长林宏坤、副区长岂凤桐、副局长孙万里赴伊春林业剧院参加全市对外开放招商引资工作会议。

3月10—11日　南岔区第十一届人民代表大会第四次会议在区机关二楼会议室召开，区五大班子领导出席了会议，区长林宏坤代表区政府向大会作《政府工作报告》。

3月16日　副区长孙万里，审计局、物价局、监察局、文化局、文体局的领导在区机关三楼会议室参加全市治理教育乱收费电视会议。

4月14日　区长林宏坤、区长助理王平在区机关三楼会议室参加全市财政工作电视会议。

4月30日　全区经济工作暨对上争取和招商引资表彰奖励大会在区机关二楼会议室召开，区长林宏坤作了讲话。

5月23日　市先进性教育督导组一行3人在区委副书记吴伊森，区委常委、组织部部长李向东陪同下深入南岔区检查指导先进性教育整改提高阶段性工作，对工作给予充分肯定。

5月26日　南岔区举办贯彻国务院修订的《信访条例》学习班，区委副书记马伟斌、政法委常务副书记赵荣新出席了会议，区直各单位领导三权在上单位分管领导共155人参加了学习班，区委副书记马伟斌在学习班上讲话。

6月1日　市总工会女职工委员会主任于桂萍及有关部门领导在区工会有关部门的领导陪同下，到南岔区五户单亲及特困家庭进行走访慰问，并送去慰问金。

6月6日　南岔区在迎春乡振兴村建成脱毒马铃薯基地，当年种植面积200余亩、成立了项目推广协会。

6月7日　南岔区医院建特色科室创优质服务，树立行业新形象，使医院工作不断出现新突破，其事迹在《伊春日报》刊载。

7月21日　市委先进性教育检查组一行3人，到南岔对第二批先进性教育各项工作进行了检查，并听取了区委常委、组织部部长李向东的汇报，并对第二批先进性教育的单位进行检查。

7月25日　国家体育总局冬季项目管理中心书记刘晓农在省体育局副局长郭明书、市体育局局长程盛群和区副区长刘静的陪同下，对区东方红小学速滑队的训练基地进行检查和指导，并看望了部分队员和教练员。

7月30日　市人大常委会副主任李长祥到南岔检查防汛工作，区长林宏坤就南岔防汛工作作了汇报，人大主任金绍英，区委常委、副区长岂凤桐，人大常委会副主任赵荣生，副区长王恩义参加了汇报会，会后在区委、区政府的领导陪同下检查了迎春乡中兴村及三永大坝的防汛情况并对南岔的防汛工作表示满意。

8月1日　区委书记牛毓山、区长林宏坤、区人大常委会主任金绍英、政协主席戴翔和吴伊森、杨国利、岂凤桐、孙秀福、鲁庆文等领导到中国人民解放军南岔区人民武装部，看望慰问人民子弟兵，牛毓山、林宏坤在会上讲了话，武装部政委陈晓陆、部长李延佳在会上感谢区委、区政府对人民子弟兵的关怀，使武装部的工作连续6年被评为先进单位。

8月4日　市人大检查组在区人大常委会副主任赵荣生和林业局副局长鲁庆文的陪同下，对南岔区环保世纪行活动开展情况和贯彻执行《中华人民共和国水污染法》情况进行检查，并听取了区长林宏坤的汇报，检查组对南岔的开展和执行情况表示满意。

9月2日　南岔区第八届月牙湖之夏暨纪念中国人民抗日战争胜利六十周年歌咏大会在区月牙湖灯光球场举行，区领导牛毓山、金绍英、戴翔、马伟斌、吴伊森、孙秀福、刘文和出席歌咏大会，全区12个单位参加表演，有600余名观众观看演出。

9月3日　省长助理、省林业总局党委书记张孝廉在市林管局副局长杨国栋、张金铸的陪同下，到南岔检查非国有经济发展情况和私营企业的经济发展情况，并听取了区长林宏坤的汇报。

9月6日　市政府副秘书长刘利军到南岔调研财税工作情况，市委体改委、市乡镇企业局、市政研室等有关领导陪同调研，副区长岂凤桐汇报区财税工作情况。

9月7日　市委常委、市委秘书长李洪斌等一行到南岔检查第二批保持共产党员先进性教育活动，在听取汇报后，在由区委书记牛毓山、区委副书记吴伊森，区委常委、组织部部长李向东的陪同下，深入南岔区各单位进行检查，检查后，对南岔区的工作表示满意。

9月8日　市资源城市转型报告团在公安局四楼会议室做报告，副局长王恩义、鲁庆文、孙万里，区长助理王平，机关科室副科级以上领导干部，基层党政一把手参加报告会。

9月12日　在公安局四楼会议室召开庆祝第21个教师节表彰奖励大会，区委各位常委、人大常委会主任、政协主席、副区（局）长、机关科室负责人、基层单位党政一把手参加会议。

9月23日　省巡视组组长姜示栋一行三人在市领导陪同下，到南岔进行巡视活动，在听取区长林宏坤的汇报后，在牛毓山、林宏坤等人的陪同下，对南岔区经济建设成效单位进行巡视。

9月29日　全市高中工作会议在南岔区高级中学召开，副市长陈学平主持召开会议，会上通报全市高中教育情况分析，对教育工作进行经验交流，部署了2006年高中工作，各县区（局）主管局长、教育局局长、各高中学校校长参加会议。

10月20日　南岔区救助管理站隆重举行新址落成开业庆典仪式，区委书记牛毓山、市公安局副局长张潮、省民政厅社会福利处副处长潘忠诚、计财处副处长胡朝辉、市民政局副局长孟祥、区委副书记吴伊森，区委常委、组织部部长李向东，区人大常委会副主任孙志利，副局长鲁庆文、徐文举，工会主席王平出席庆典仪式。

11月1日　南岔区农村部分计划生育家庭奖励扶助金首发式在迎春乡政府会议室举行，浩良河镇、晨明镇、迎春乡49名老年农民获奖励扶助金，副区长刘静出席首发式。

11月13日　市委书记杨喜军在市委有关部门的陪同下到南岔视察招商引资项目进行调查研究，在区委书记牛毓山、区长林宏坤的陪同下，先后考察浩良河水泥有限责任公司、晨明水泥厂、绿桦水电站。

11月14日　全市公路收费系统经验交流会议在南岔召开，市公路处处长曲凤楼，南岔区委常委孙秀福、南岔林业局副局长孙万里出席会议，南岔、金山屯、铁力公路收费站的站长参加会议，并参观了南岔收费站的建站情况。

11 月 15 日　市教育局、市教育学院组成的专家组来到南岔，举办送教到基层骨干教师培训班活动，市教育局副局长谭家影、市教科所所长在会上分别作了《人民教师应具备哪些心理素质》和《教师专业化发展》的专题讲座，来自南岔、西林、金山屯、带岭和市二中 300 多人参加培训。

11 月 18 日　伊春通讯公司南岔分公司投资 40 万元，经过 4 个月紧张施工，于 11 月 18 日开通了奋斗经营所程控电话，从而结束通信闭塞的历史。

11 月 26 日　南岔区人大召开第二十一次常委会，区人大常委会主任金绍英，副主任赵荣生、孙志利、陈永厚出席会议，区委常委、副区长岂凤桐，副局长王恩义、鲁庆文、孙万里，两镇一乡人大主席团主席，检察院、法院领导列席会议，会议通过四项报告和人事任免事项。

12 月 7 日　市委副书记姚大为一行在区委书记牛毓山，区长林宏坤陪同下深入南岔就主要责任指标推进落实工作进行调研，对南岔区绿桦水电站南岔经济开发区，格润药业等单位进行实地考察，对南岔区委、区政府的工作表示满意。

12 月 12 日　南岔区新兵起运工作开始运行，南岔区武装部和接兵部队在交接仪式上互赠锦旗，区委常委、武装部政委陈晓陆和部长李延家及新兵部分家属到车站送行。

12 月 14 日　区委书记牛毓山，区委常委、组织部部长李向东到党建联系点迎春乡振兴村检查指导第三批先进性教育活动，并详细查看了农村党员的学习笔记，对取得的成绩给予充分肯定。

12 月 15 日　市森林资源、林政管理二督导组和驻南岔林业局督察员对南岔的木材生产和资源管理工作进行全面的检查，对南岔局木材资源、林政管理、严格落实责任目标等方面工作表示满意。

12 月 20 日　南岔林业局召开林场、经营所一把手会议，贯彻严格执行采伐限额禁伐天然红松林木责任制精神，区长林宏坤与 14 个林场经营所签订责任状。

第一篇　自然环境

南岔区属山区丘陵地带，阳坡陡短，阴坡缓长。地质属张广才岭分区，地层于元古界出露有上元古界兴东群地层，有5个组。在本区不同地点分布，岩层出露于不同地带。境内中低山较多，最高海拔在浩良河所732林班的“四块石”1028.4米，最低海拔浩良河一号闸110.1米。四季气候分明，最高气温38.2℃，最低气温-44.2℃，年积温10℃以上为2200～2300℃，无霜期115天左右。土壤有3个土类，11个亚类，17个属。主要植被类型有木本类、藤本类、草本类、菌类4种。资源林种有针、阔混交林。各种草200余种，野生动物60余种，鸟类240多种。

第一章　地质　地貌

南岔区境内地质属张广才岭分区，各地质时代的地层有不同程度的出露。地貌属于南部低山丘陵区，境内中低山较多，地势北高南低，东西高、中部低，境内东西以小兴安岭两条支脉为障，形成北宽南窄的槽形地势。

第一节　地　质

南岔林区位于伊春市的南部，境内地层属张广才岭分区的伊春—玉泉小区。各地质时代的地层均有不同程度的出露。地层，元古界仅出露有上元古界兴东群地层。桦皮沟组地层主要出露于桦皮沟一带，在晨明西山和大青川一带亦分布。石积约 50 平方公里，系一套经过区域变质作用的浅变质岩石，在岩石中变余砂状结构较为普遍。亮子河组，集中出露于亮子河铁矿一带。古生界，寒武系下统晨明组，为一套海相沉积，仅分布于晨明镇一带。泥盆系下新统宝泉组，主要出露在桦阳—浩良河、白金河东岸一带。二叠系土门岭组，主要出露于浩良河镇北阳村，大青川及建设林场西山一带。中生界侏罗系，主要出露于迎春乡先锋村一队及四块石一带。区内新生界主要分布在汤旺河西侧较宽阔的河谷地带，出露有上第三系上新统高位玄武岩，为一套裂隙喷发型玄武岩，分布于亮子河口及威岭对面一带。侵入岩，在南岔境内仅出露有侵入期混合花岗岩组，主要出露于涉岭、亮子河和桦皮沟一带。白岗质花岗岩岩组分布于南岔周围及北部“云头砬子”、浩良河“老平秃”及小白金河等地。斑岩岩组，零星分布于沙岭北、九公里等地，呈小岩脉及硐墙产出，主要为肉红色花岗斑岩。白岗质花岗岩岩组，主要分布于四块石—漂河一带。

第二节　地　貌

南岔区属小兴安岭南部低山丘陵区，境内中低山较多，局部地区最大坡度在 40° ～ 60° ，平均坡度为 10° ～ 20° 。总地势是北高南低，东西高、中部低，境内东西以小兴安岭两条支脉为障，形成北宽南窄的槽形地势。

侵蚀构造地貌中低山区地质构造面形成的中低山区地貌，叠峦叠嶂的群山林立，河水冲刷侵蚀强烈，河谷两侧之中低山多形成峭壁悬崖，鸡爪岗多，河谷断面多呈 V 形。山顶多呈深圆状，河道多拥塞大卧牛石，河岸岩体裸露，多乱石塘。

剥蚀地貌丘陵区主要分布于中低山前缘地带和一些小分水岗的河口地带，河谷断面多呈 U 形，河谷底较平，遍生水草且有沼泽分布。

河流侵蚀堆积地带多分布于汤旺河和永翠河两测河谷浸滩的河谷平原区，区址及晨明、桦阳、浩良河等地较为开阔，耕地集中，居民多居于此。

山峰有位于浩良河所732林班中的“四块石”，海拔1028.4米；位于浩良河所与三岔河界的“老平秃”，海拔959.5米；位于亮子河东3公里处的“云头砬子”，海拔712.4米。最低海拔浩良河一号闸处110.1米。

第二章 气 候

南岔区气候四季分明，最高气温为 36.8℃，最低为 -44.2℃。最高是 7 月，最低是 1 月。年平均降雨是 550 ~ 750 毫米。

第一节 气候特征

南岔地区气候属于温带大陆性气候，春季气温回升速度较快，风大易旱；夏季温热多雨，晴好天气偏少；秋季气候凉爽，降温急剧；冬季漫长寒冷，气候干燥。1997 年后南岔地区受拉尼娜、厄尔尼诺现象的影响，年极端最高气温为 38.2℃，年极端最低气温为 -44.2℃，年平均降雨量在 550 ~ 750 毫米，时数 1236.4 小时，主导风向为 SW（西南），无霜期 115 天左右。

第二节 气候要素

南岔地区气候属于温带大陆性气候，气温随纬度和海拔高度由南向北递减，年平均气温 1.8℃，最低是 1 月，平均 -23℃，最高是 7 月，平均 28℃。

1991—2005 年南岔区平均气温一览表

表 1-1

年份	温度（℃）	年份	温度（℃）
1991	1.1	1999	1.5
1992	1.3	2000	1.4
1993	2.0	2001	1.5
1994	2.0	2002	1.7
1995	2.3	2003	2.4
1996	1.1	2004	2.1
1997	2.0	2005	1.5
1998	2.4		

注：本区 1990 以前未设气象站，故没有资料

极端最高气温多发生在6—8月，最高是2004年7月，气温38.2℃，最低气温发生在1—2月，1997年2月，气温-44.2℃。

1991—2005年南岔区极端最高、最低气温统计表

表1-2

年份	最高			最低		
	温度（℃）	月	日	温度（℃）	月	日
1991	33.0	5	21	−34.0	12	26
1992	34.0	7	6	−35.0	12	23
1993	32.0	7	7	−35.6	1	18
1994	33.6	6	15	−39.1	1	28
1995	34.5	7	11	−34.7	1	29
1996	33.5	6	9	−37.5	12	30
1997	34.0	6	15	−44.2	1	22
1998	33.0	5	15	−36.0	1	1
1999	34.5	7	13	−34.5	1	31
2000	36.1	7	11	−37.8	12	24
2001	36.8	6	25	−41.9	1	11
2002	32.8	7	8	−37.4	12	10
2003	32.8	6	22	−36.3	1	1
2004	38.2	7	16	−37.4	12/1	21/21
2005	32.6	8	13	−38.1	1	25
历年最高、最低	38.2	6	25	−44.2	1	22

积温大于等于0℃以上平均为2549℃，大于等于5℃以上平均为2368.7℃，大于等于10℃以上平均2050℃。

1991—2005年南岔区平均年积温统计表

表1-3

年积温 年份	大于等于0℃以上（℃）	大于等于5℃以上（℃）	大于等于10℃以上（℃）
1991	2517.9	2457.2	1920.3
1992	2548.7	2238.3	1673.0
1993	2675.6	2444.4	1943.0
1994	2838.2	2585.6	2374.2
1995	2710.9	2513.2	1964.3
1996	2642.9	2529.7	2037.2
1997	2645.4	2616.0	2058.2
1998	3011.3	2762.0	1936.6
1999	2758.6	2461.2	2081.7
2000	2907.7	2716.3	2507.8
2001	2827.9	2539.0	2142.0
2002	2646.2	2561.3	1902.2
2003	2846.8	2506.0	2451.0
2004	2797.0	2470.5	1873.3

续表 1-3

年积温 / 年份	大于等于 0℃以上（℃）	大于等于 5℃以上（℃）	大于等于 10℃以上（℃）
2005	2757.1	2510.9	1885.6

本区无霜期平均 120 天，初霜多发生在 9 月中、下旬，终期多在 5 月下旬。

1991—2005 年南岔区霜期具体日期统计表

表 1-4

霜期 / 年份	初霜		终霜		无霜期（天）
	月	日	月	日	
1991	9	20	5	25	118
1992	9	17	5	1	138
1993	9	21	5	25	119
1994	10	6	5	20	137
1995	9	14	5	6	129
1996	9	22	5	23	121
1997	9	14	5	11	127
1998	9	12	5	11	122
1999	9	17	5	29	112
2000	9	21	5	9	134
2001	9	15	5	17	120
2002	9	20	5	16	125
2003	9	20	5	18	123
2004	9	21	6	7	106
2005	10	1	5	22	131

据有资料记载，累计降雪深度平均为 22 厘米，累计降雪日数 42 天。

1991—2005 年南岔区累计降雪深度统计表

表 1-5

年份	累计降雪深度（厘米）	累计降雪日数（天）	年份	最大降雪深度（厘米）	累计降雪日数（天）
1991	—	—	1999	23	47
1992	—	—	2000	27	44
1993	—	—	2001	16	38
1994	10	42	2002	17	44
1995	17	45	2003	16	27
1996	47	43	2004	27	57
1997	28	43	2005	23	41
1998	12	38			

据有资料记载平均冻土深度为188厘米。

1991—2005年南岔区冻土深度统计表

表1-6

单位：厘米

年份	最大冻土深度	年份	最大冻土深度
1991	—	1999	冻土器坏
1992	200	2000	204
1993	181	2001	206
1994	200	2002	178
1995	173	2003	199
1996	211	2004	151
1997	冻土器坏	2005	167
1998	冻土器坏		

第三章　土壤　植被

南岔区土壤有 3 个土类，11 个亚类，17 个土属。植被主要有木本、藤本、草本、菌类 4 种。

第一节　土　壤

南岔林区土壤有暗棕壤、草甸土和沼泽土 3 个土类，11 个亚类，17 个土属。

土壤分布划分三种类型，即低山丘陵，山麓缓坡和漫岗与河谷平原。

暗棕壤有 4 个亚类，即典型暗棕壤亚类，草甸暗棕壤亚类，潜育暗棕壤亚类，原始暗棕壤亚类。

草甸土壤有 3 个亚类，即典型草甸土亚类，暗棕化草甸土亚类，沼泽化草甸土亚类。

沼泽土壤有 4 个亚类，即沼泽土亚类、草甸沼泽土亚类、泥炭沼泽土亚类和腐殖质沼泽土亚类。

第二节　植　被

南岔区属于北温带针、阔混交林植被区域。主要植物类型有木本、藤本、草本、菌类 4 种。

木本类有红松、云杉、冷杉、樟子松、落叶松、水曲柳、黄菠萝、胡桃楸、柞树、榆树、椴树、桦树、杨树。灌木有山梅花、金银木、乌苏里绣线菊、杜鹃、忍冬、珍珠梅、胡枝子、毛榛子、平榛子、稠李子、山丁子。

藤本类有山葡萄、五味子、猕猴桃等。

草本类草类主要有大、小叶樟及五花草塘，草质含性是酸性，即羊胡草、酢浆草、草玉梅、小叶樟、舞鹤草、小叶芹、蚊子草、东方草、四花苔草、野稗、绿狗尾草、金狗尾草、野燕草、鸭趾草等 540 种，野菜主要有蒲公英、黄花菜、灰菜、苋菜、老牛错、刺菜、扫帚菜、猪毛菜、山菠菜、山韭菜、猴腿菜、蕨菜、山芹菜等。苔藓类 80 余种，蕨类 40 余种。

菌类有榛蘑、草蘑、元蘑、猴头蘑、花脸蘑、榆黄蘑、木耳等。

第四章　资　源

南岔地区自然资源丰富，林种有针、阔混交林，土壤有暗棕壤、草甸土和沼泽土，各种草200余种；药用植物百余种，野生动物60多种，鸟类240多种，蛙类、山特产品及矿产产品均在10种以上。

第一节　林　木

主要有红松林、云冷杉林、柞树林、黑桦林、山杨林、白桦林、朝鲜柳树林、赤杨林。

主要乔木有红松、云杉、冷杉、水曲柳、黄菠萝、胡桃楸、色木槭、柞树、榆树、椴树、桦树和杨树20余种。

灌木主要有红松林下生长的山梅花、金银花、青楷子、花楷子、刺五加、乌苏里绣线菊、杜鹃；云杉林下生长的忍冬、珍珠梅，红瑞木和柞林下生长的胡枝子等灌木百余种。

果类灌木资源有平榛（光头榛子）、毛榛（虎榛子）、鼠李（稠李子、臭李子）、山葡萄、猕猴桃、山荆子（山丁子）、五味子、小叶茶藨（牛奶子）、东方茶藨、醋栗（灯笼果）、蓬钓子（托盘）等。

第二节　土　地

1986—1995年，全区土地资料沿用1993年全区土地详查资料。

1996年8月24日，南岔区人民政府办公室以南政办（1996）25号文件《关于印发南岔区开展变更调查，将土地详查数据变更到1996年10月31日同一时间工作实施方案的通知》。建立健全日常地籍，开展土地利用变更调查工作，保证按国家规定的1996年10月31日完成土地变更数据汇总上报任务。通过详查，全区土地面积3080216公顷。占全市土地总面积的9.4%。农用面积283547.8公顷。建设用地面积为5486.8公顷。未利用土地18986公顷。1997年至2005年年末，南岔区没有进行大型土地详查工作，各类土地面积一直沿用1996年土地详查数据。

表 1-7

2005 年南岔区各类土地面积统计表

单位：公顷

统计单位	总面积	有林地							无立木林地			苗圃	疏林地	灌木林地	未成林地	其他土地							林冠下造林	森林覆被率%
		合计	防护林	用材林	经济林	特用林	其他	合计	采伐迹地	火烧迹地	荒山荒地					合计	江河湖泊湿地	水库湿地	其他湿地	农地	道路	其他		
南岔林业局	286426	216714	76975	47582	59	1179	90919	6623	999	551	5073	116	24822.9	1859	7323	28968.1	2318	108	18390	5272	738	2142.1	20951	76.3
南岔经营所	13640	8212	5052	1214	26	33	1887	453	—	—	453	17	1890	—	480	2588	17	108	1670	696	26	71	1897	60.2
柳树经营所	17849	12607	8029	2075	—	156	2347	1232	255	—	977	—	1689	172	365	1784	369	—	1169	148	39	59	1596	71.6
岩石经营所	24556	20195	9452	3352	9	108	7274	137	6	—	131	16	1578	—	361	2269	217	—	1699	264	51	38	3172	82.2
奋斗经营所	9201	8758	5382	485	—	—	2891	29	4	—	25	—	—	8	206	200	29	—	76	56	26	13	2210	95.3
桦阳经营所	36890	29580	10098	6580	—	31	12871	20	—	—	20	9	2239	419	432	4191	270	—	2932	849	58	82	3293	81.3
太平经营所	14989	11173	6228	1807	24	98	3016	928	237	—	691	14	778	86	383	1627	33	—	920	595	32	47	1699	75.1
晨明经营所	22977	14814	4344	2957	—	246	7267	312	—	—	312	11	3742	1136	594	2368	261	—	1264	486	35	322	460	69.4
威岭经营所	15742	10039	5023	1519	—	—	3497	997	12	551	434	6	720	—	307	3673	399	—	2495	432	91	256	452	63.8
浩良河经营所	18230	12667	4242	3175	—	178	5072	903	35	—	868	13	721	—	365	3561	397	—	1793	448	170	753	759	69.5
松青经营所	14957	11288	2239	2000	—	102	6947	447	174	—	273	7	1613	38	263	1301	145	—	679	216	73	188	1945	75.7
石头河林场	21255	20033	2892	8012	—	—	9129	7	—	—	7	8	572	—	196	439	39	—	220	122	16	42	558	94.3
亮子河林场	13771	10849	2575	1606	—	70	6598	55	—	—	55	9	1175	—	755	928	10	—	633	218	28	39	426	78.8
四合营林场	22054	13530	2456	4547	—	—	6527	448	—	—	448	4	4156	—	1854	2062	10	—	1762	222	24	44	407	61.3
三岔河林场	20169	15159	2417	4629	—	—	8113	134	97	—	37	2	2846.9	—	299	1728.1	31	—	1065	428	41	163.1	991	75.2
大磊林场	9400	8282	4368	2269	—	12	1633	337	—	—	337	—	503	—	144	134	9	—	13	72	15	25	521	88.1
翠岗林场	10746	9528	2178	1355	—	145	5850	184	179	—	5	—	600	—	319	115	82	—	—	20	13	—	565	88.7

第三节　水资源

地表水　南岔区有以汤旺河支流和永翠河等为主的15条河流，遍布辖区各部。总长度510公里，汤旺河总长509公里，流经辖区94公里，到汤原境内汇入松花江。

2004年竣工完成的南岔区自来水水源——南岔水库，充分利用大柳树河水，给当地人民生活提供便利条件。

较大的湖有南岔镇内的月牙湖和浩良河镇内的二龙眼湖，已得到开发利用。

辖区自然水泡分布在松青所、太平所、南岔所、柳树所及岩石所等地区，总面积35公顷。

地下水　南岔区水资源丰富，深浅不一，水质不同，多为酸性，可饮用或作为工业用水。地下岩石层尚无夹断层，打井多失败。因此，拦截柳树河水建水库供应镇内工业、居民用水。

南岔地区主要河流一览表

表1-8

名称	发源地	总长度（公里）	流经地区	汇入河流
汤旺河	汤旺河区高峰林场西南9公里	509	岩石所、浩良河镇、大平所、晨明镇	松花江
永翠河	朗乡局小白林场鸡岭西坡	—	松青所、迎春乡平所、桦阳所	汤旺河
朱拉比拉河	四合营林场381林班	56	四合营林场桦阳所	汤旺河
大亮子河	鹤北林业局	—	浩良河镇	汤旺河
京京河	三岔河林场668.661林班	—	浩良河镇、威岭所、三岔河林场	汤旺河
浩良河	浩良河所749林班	22	浩良河所、浩良河镇	汤旺河
小亮子河	亮子河林场578林班	29	亮子河林场、晨明镇、晨明所	汤旺河
大叶沟河	晨明所601林班	18	晨明所、晨明镇	汤旺河
吞吐鳖河	晨明所532林班	15	晨明所、晨明镇	汤旺河
白金河	桦阳所312林场	20	桦阳所、晨明镇	汤旺河
太平沟河	太平所492林班	14	太平所、迎春乡	永翠河
石头河	石头河林场56林班	40	石头河林场松青所	永翠河
大柳树河	奋斗所167林班	40	奋斗所、南岔所柳树所	汤旺河
小柳树河	岩石所213林班	25	岩石所	汤旺河
金沟河	桦阳所441林班	20	桦阳所	汤旺河
金沟河	桦阳所411林班	20	桦阳所	汤旺河

第四节　动物　植物

2000年9月，黑龙江省森林工业总局普查南岔区兽类6目16科42种。主要珍贵动物有紫貂、黑熊、棕熊、黄喉貂、水獭、猞猁、原麝、马鹿、驼鹿、豹猫、狼、赤狐、狐狸、黄鼬、水貂、香鼬、伶鼬、狗獾、狍子、野猪、獐子、青羊、东北兔、山兔、松鼠、飞鼠、麝鼠、林旅鼠、沼泽田鼠、高山鼠兔、褐家鼠、小家鼠、刺猬、伊氏鼠耳蝠、大耳蝠、萨氏伏翼、管鼻蝠等。其中偶蹄目5种，占11.9%；食肉目15种，占35.7%；兔形目2种，占4.8%；啮齿目13种，占31%；食虫目3种，占 7.1%；翼手目 4 种，占 9.5%。

兽类名目种数百分比示意图如下：

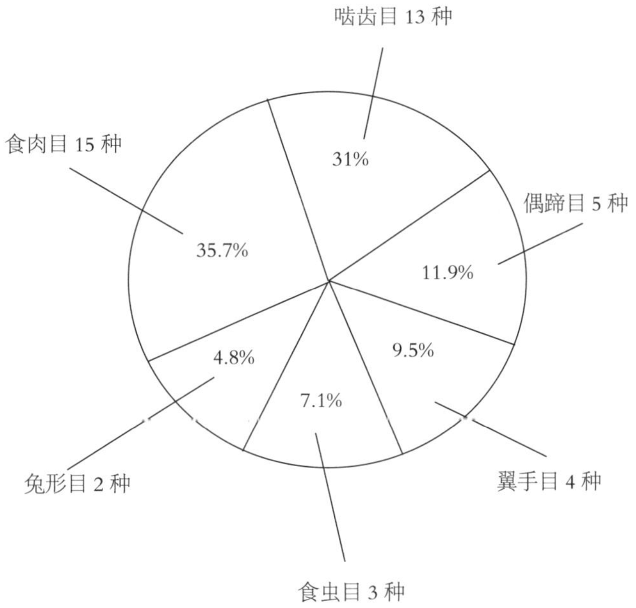

鸟类 据 2000 年 9 月，全区普查鸟类主要有 16 目 41 科 197 种。鸟类主要有鸬鹚、苍鹭、大白鹭、黑白鹳、鸿雁、灰雁、针尾鸭、花脸鸭、罗纹鸭、鸳鸯、中华秋沙鸭、苍鹰、雀鹰、花尾榛鸡、黑琴鸡、鹌鹑、雉鸡、丹顶鹤、海鸥、杜鹃、啄木鸟、云雀、灰沙燕、家燕、太平鸟、黄鹂、松鸦、喜鹊、乌鸦、燕雀、黄雀等。

两栖类 南岔林区两栖类主要有林蛙、田鸡、蟾蜍等。

1990 年后期，南岔林区对林蛙的保护极为重视。各林场、经营所分沟系，实行个人承包管理，还有少数人进行人工繁殖培育，防治病虫害，对森林资源起到保护作用。

鱼类 区鱼类遍布大小河流和自然水泡之中，在汤旺河和永翠河分布较多。80 年代后期，由于河水污染，鱼类种类逐渐减少。仅发现野生鱼类有山胖头、山鲇鱼、细鳞鱼、狗鱼、船丁子鱼、柳根鱼、泥鳅鱼等。

20 世纪 80 年代中期，鱼类人工养殖发展较快，主要利用自然水泡和人工掘塘进行饲养，饲养鱼类品种主要有鲤鱼、鲢鱼、草鱼、鳙鱼、鲫鱼。

木本主要乔木树种有红松、云杉、冷杉、樟子松、落叶松、水曲柳、黄菠萝、胡桃楸、柞树、榆树、椴树、桦树、杨树等 20 余种；主要灌木有山梅花、金银木、青楷子、花楷槭、乌苏里绣线菊、杜鹃、忍冬、珍珠梅、红瑞木、胡枝子、毛榛子、稠李子、山丁子等；藤本植物有山葡萄、五味子、猕猴桃等；草本植物有小叶樟、舞鹤草、蚊子草、羊胡草、酢浆草、鸭跖草等 200 余种和各种藓类。

通过天然林的不断更新，人工林的栽培成林，草场宜牧地的利用，各种菌类的人工培育，山特产品的采集，林区的经济结构不断调整，促进了林区的经济增长。

第五节 矿 产

南岔林区矿藏主要有花岗岩、石英石、铁矿石、大理石、石灰石和砂金矿等。花岗岩遍布于南岔林区，各采石场采石主要用于铁路路基修建、生活建筑等。石英石分布在太平河流域。

铁矿石分布在晨明大叶沟河流域和京京河流域上游地区，大理石分布在京京河流域下游。南岔森林经营所于20世纪90年代中期投资进行大理石石材加工，后经检测由于矿石成色不好下马。

砂金矿主要分布在朱拉比拉河流域的石头岔子河，又叫金沟河，即北纬47° 02′ ~ 47° 10′，东经129° 35′ ~ 129° 45′。1986年根据武警部队黄金一支队勘探，储量为854公斤。

石灰石主要分布在晨明南部京京河流域三岔河境内，储量在1600万吨左右。

第二篇　建置　区划

南岔是伊春市辖区，周围与9个市、县区（局）接壤，总面积为3088.41平方公里。林业施业区面积299716公顷。

1946年以前，南岔是一个自然村，归汤原县，1946年建区仍归汤原县。1952年12月，将南岔区划归伊春县，1964年10月，南岔区与南岔林业局合并，实行政企合一，至2005年未变。1946年8月，建南岔林务分局，归合江省林务局。1951年，南岔森林工业分局归伊春森林工业局。1953年建森工局。1958年4月，改称林业局。1964年与南岔区合并，实行政企合一。

2005年，南岔区（局）辖2个镇1个乡，27个行政村，4个街道办事处，69个居民委员会，14个林场（所）街道办事处。

第一章 地理位置

第一节 位 置

南岔区（局）位于黑龙江省东北部，小兴安岭东南麓，汤旺河流域下游。地处北纬 46° 36′ ~ 47° 24′，东经 128° 49′ ~ 129°46′。东与鹤立林业局接壤；西与带岭区（局）朗乡林业局搭界；南依依兰县和汤原县；北靠金山屯区（局）和西林区；西北一隅与乌马河区（局）相连。

第二节 面 积

全区南起浩良河森林经营所的 732 林班，北到奋斗森林经营所 168 林班，东起四合营林场 391 林班，西到松青森林经营所 9 林班，全区南北最长是 83 公里，东西最宽是 52 公里，北端为 75 公里，南部为 20 公里，周边总长为 380 公里。行政区总面积 3088.41 公顷，施业区面积 299716 公顷，企业经营面积 286426 公顷。区址距伊春市区铁路行程 105 公里，公路行程 101.8 公里，至哈尔滨市铁路行程 354 公里，公路行程 377 公里，至佳木斯市铁路距离 152 公里。

第二章 沿 革

第一节 行政沿革

清光绪三十一年（1905），汤原县始有建制，南岔自然村归汤原县，清光绪三十二年（1906），汤原县共划5个乡，南岔隶属西冷乡，民国5年（1916），南岔隶属汤原县第三区（红石砬子），民国20年（1931），南岔村隶属汤原县第二区（竹帘）。民国22年（1933），汤原县共划7个区、9个保，南岔村隶属第二区（竹帘保）。民国28年（1939），保甲制改为街村制，设一街九村，南岔隶属带岭村。民国30年（1941），汤原县行政改为一街七村，南岔隶属带岭村。民国34年（1945）8月15日，东北光复后，南岔村隶属汤原县，民国35年（1946）2月，南岔建区（五区）隶属汤原县，1952年12月，伊春建县，南岔区（二区）隶属伊春县。1955年9月12日，南岔区（二区）改称南岔镇。同时，浩良河镇（村级）从南岔区划出，另行组建浩良河区，两个区隶属伊春县。1957年11月，南岔镇改称南岔区，隶属伊春市。1960年3月，南岔区改称南岔人民公社，1962年12月复称南岔区，隶属伊春市。1964年8月17日，根据伊春特区人民委员会《关于南岔区与南岔林业局合并的批示》，同年10月，南岔区（县团级）与南岔林业局实行政企合一体制，隶属伊春特区和伊春林业管理局。1968年1月27日，经伊春市革命委员会批准成立南岔区革命委员会。1969年10月13日撤销浩良河区并入南岔区，隶属伊春市。1980年4月，经伊春市人民政府批准，撤销南岔区革命委员会，成立南岔区人民政府。1986—2005年，体制未变。

第二节 林业企业沿革

民国16年（1927），建立汤原县林业公会（后改为林业公司），作业地区在南岔（汤力川）等地。民国25年（1936）年末，汤原设林务署，民国28年（1939）汤原县林务署改称营林署，南岔林区各伐木“柜头”归属汤原营林署。民国35年（1946）8月，中共合江省委设立南岔林务分局。民国36年（1947），南岔林务分局内设经理、作业、总务3个股，下设小西林，伊春2个林务分所和82（美溪）、101（缓岭西）、缓岭3个作业所。民国37年（1948）小西林林务所撤销，成立西林林务所（地址在大西林），并成立西林、乌马河、翠峦3个流送作业所。在翠峦、乌马河、半拉青山（桦阳）设立3个作业所。又在101、82设立2个楞场（贮木场）。1949年8月31日，南岔林务分局与汤原县林务分局合并，改称汤原县林务局，南岔设林业办事处，隶属汤原县林务局。1951年7月23日，将鹤岗森工分局撤销，重新组建南岔森工分局，隶属伊春森林工业管理局。1953年6月29日，美溪分局与南岔分局合并为南岔森工分局，同年7月3日，南岔森工分局改称南岔森林工业局（县团级），隶属东北森林工业管理局伊春分局。1955 年南岔设林管区，隶属伊春森林经营局。1958 年 4 月 8 日，南岔林管区与南岔森工局合并，改称为南岔林业局，隶属伊春林业管理局。1961 年 11 月，浩良河制材厂划归南岔林业局。1964 年 8 月 17 日，根据伊春特区人民委员会《关于南岔区与南岔林业局合并的批示》，于同年 10 月，南岔区与南岔林业局正式合并为南岔区（局），实行政企合一体制，隶属伊春特区（市）和伊春林业管理局，到 2005 年年末体制未变。

第三章 区 划

第一节 行政区划

1986年南岔区行政管辖2个镇，1个乡，30个行政村。

1996年，南岔区浩良河镇设丰林、云岩2个行政村。

2001年根据伊春市人民政府伊政发〔2001〕33号,《关于调整行政村的通知》精神，南岔区进行了行政区划调整，南岔区人民政府南政发〔2001〕48号文件，将迎春乡所属的果树村与红旗村合并为红旗村，狩猎村与先锋村合并为先锋村，兴隆村与中兴村合并为中兴村。南岔区人民政府南政发〔2001〕49号文件，将浩良河镇所属的丰林村与奋斗村合并为奋斗村，云岩村与永林村合并为永林村，至2005年未变。

1986年、2005年南岔区镇（乡）所辖行政村一览表

表2-1

年份	镇（乡）名称	所辖行政村
1986	浩良河镇	浩良河村、反修村、吉星村、奋斗村、永林村、北阳村、五·七村、亮子河村、秋冷村
	晨明镇	星星村、东红村、宝泉村、沙岭村、创业村、桦阳村、月明村、晨明村
	迎春乡	沙山村、双河村、中兴村、兴隆村、振兴村、先锋村、国庆村、红旗村、爱林村、梧桐村、松青村、果树村、狩猎村
2005	浩良河镇	浩良河村、大吉星村、小吉星村、秋冷村、亮子河村、永林村、五·七村、北阳村、奋斗村
	晨明镇	星星村、东红村、宝泉村、沙岭村、创业村、桦阳村、月明村、晨明村
	迎春乡	国庆村、中兴村、振兴村、沙山村、爱林村、先锋村、梧桐村、松青村、双合村、红旗村

第二节 林业区划

1986年，林业局下辖6个林场、10个经营所、2个贮木场、1个木材加工厂。

2005年，南岔林业局辖10个经营所、4个林场、2个贮木场、1个木材贮木加工厂。

1986 年南岔林业局所辖林场（所）、贮木场、木材加工厂一览表

表 2-2

各机构名称	各机构所辖单位
林场	三岔河林场、亮子河林场、石头河林场、四合营林场、翠岗林场、大磊林场
经营所	岩石所、太平所、威岭所、桦阳所、晨明所、柳树所、南岔所、浩良河所
贮木场（加工厂）	南岔贮木场晨明贮木场浩良河木材加工厂

2005 年南岔林业局所辖林场（所）、贮木场、木材加工厂一览表

表 2-3

各机构名称	各机构所辖单位
林场	三岔河林场、亮子河林场、四合营林场、石头河林场
经营所	浩良所、太平所、岩石所、威岭所、桦阳所、晨明所、柳树所、南岔所、松青所、奋斗所
贮木场（加工厂）	松青贮木场浩良河贮木加工厂

第四章　乡（镇）、街道办事处及林场（所）

1986—2005年，南岔区设置迎春乡、晨明镇、浩良河镇。

第一节　迎春乡

迎春乡位于南岔区西南2公里处，前身是迎春乡公社。1960年成立公社典礼之日正值清明节，故名迎春。1968年与柳树公社合并，改称东方红人民公社，1981年复称迎春公社。1984年2月，经伊春市人民政府决定东方红人民公社改为迎春乡委员会，隶属中共南岔区委员会、南岔区人民政府。至2005年，总耕地面积为1928.5公顷，人均占有耕地面积为2.8亩，总户数为2146户，总人口为7764人，其中劳动力5230人（从事第一产业劳动力4251人，常年外出劳动力979人）。迎春乡所辖10个行政村：国庆村、红旗村、先锋村、艾林村、松青村、梧桐村、双合村、中兴村、振兴村、沙山村。设1所乡村小学：沙山小学。

第二节　晨明镇

晨明镇位于南岔东南30公里处，始建于1952年，当时建立名称是晨明乡人民政府，隶属于汤原县五区。1956年晨明划归伊春县，1957年更名为晨明公社，隶属伊春市浩良河区。1970年，划归伊春市南岔区，1985年11月更名为晨明镇。至2005年，全镇行政区总面积111.99平方公里，总人口7649人，总户数2602户，其中农业人口4319人，农业户数1251户，农村劳动力1192人，总耕地面积1428公顷，人均耕地面积3.4亩。晨明镇下设8个行政村：星星村、东红村、晨明村、沙岭村、宝泉村、月明村、创业村、桦阳村，其中星星村、沙岭村分别由3个自然屯组成，创业村由2个自然屯组成。

第三节　浩良河镇

浩良河镇位于南岔南航空距离55公里处，小兴安岭南端，地处伊春与佳木斯市交界处，东与汤原县为邻，西与铁力市相接，南与依兰县相连。1946年建村，镇名源于河流名，原名浩良河村，隶属汤原县四区。1955年9月21日建区，隶属伊春县。1960年3月，浩良河区和浩良河木材加工厂合并，实行政企合一，1961 年 7 月政企分开，1969 年 10 月撤区建镇划归南岔区。至 2005 年，全镇总面积 910 平方公里，总户数 7764 户，人口 21090 人，其中农业户 1441 户，农业人口 5471 人。农村劳动力 3611 人，其中男劳动力 2216 人，女劳动力 1395 人。全镇耕地面积 1400 公顷，农民人均耕地 3.96 亩。人均收入 3091 元。镇直辖 9 个行政村：浩良河村、大吉星村、小吉星村、亮子河村、秋冷村、五七村、北阳村、永林村、奋斗村，9 个居民委员会、4 个家属委员会、3 所乡村小学。

第四节 街道办事处设置

1986 年，南岔区下辖 6 个街道办事处、56 个居委会。

2001—2005 年，南岔区下辖 4 个办事处、68 个居委会。

1986 年南岔区所辖街道办事处一览表

表 2-4

序号	名称
1	联合街道办事处
2	民主街道办事处
3	建国街道办事处
4	东升街道办事处
5	西水街道办事处
6	梧桐街道办事处

2001—2005 年南岔区所辖街道办事处一览表

表 2-5

序号	名称
1	联合街道办事处
2	东升街道办事处
3	西水街道办事处
4	梧桐街道办事处

注：2001 年 6 月 15 日，梧桐办事处合并到西水办事处；2002 年 9 月 20 日，梧桐办事处又从西水办事处划出，恢复原有建置

1986 年各街道办事处所属居民委员会一览表

表 2-6

办事处	所辖居民委员会名称
联合街	团结街、新兴街、新合街、后兴街、联合街、中心街、铁工街、双林街、建林街、成林街、育林街、护林街
民主街	前进街、兴林街、民主街、集中街、新建街、胜利街、跃进街、建设街
建国街	永胜街、永兴街、向阳街、朝阳街、站前街、和平街、建政街、建兴街、建国街、建铁街、永丰街、永林街、永安街
东升街	红星街、红光街、曙光街、立新街、爱国街、黎明街、东山街、奋斗街、东风街、东兴街、东升街、旭日街、临河街
西水街	红旗街、贮木街、利民街、新立街、坝东街、坝西街、文明街、林机街
梧桐街	铁南街铁北街

2005 年区政府将街道办事处的居民委员会调整到 19 个社区。

2005 年区政府各街道办事处居民委员会一览表

表 2-7

办事处	名称
联合街	城林社区、中心社区、兴林社区、建国社区、铁工社区、和平社区、永丰社区
东升街	团结社区、红星社区、东山社区、东风社区、临河社区、向阳社区
西水街	西水社区、文明社区、利民社区、建设社区、新建社区
梧桐街	梧桐社区

注：1986 年南岔区下辖 6 个街道办事处，56 个居民委员会。2001 年区政府重新划分了街道重新设置 3 个街道办事处，68 个居民委员会。2002 年 10 月将西水街道办事处的铁南、铁北两个居民委划出另行组建了梧桐街道办事处

2005 年各街道办事处所属居民委员会一览表

表 2-8

办事处	所辖居民委员会名称
联合街	护林街、城林街、育林街、新育林街、中心街、建林街、东方红街、后兴街、双丰街、兴林街、新民街、铁林街、铁工街、前进街、建政街、建兴街、建国街、建铁街、站前街、和平街、朝阳街、永丰街、永安街、永林街
东升街	永胜街、永兴街、向阳街、团结街、新兴街、新合街、红光街、红星街、曙光街、立新街、爱国街、黎明街、东山街、东明街、东风街、奋斗街、东兴街、东升街、旭日街、临河街
西水街	坝东街坝西街、红旗街、文明街、利民街、新利民街、林机街、贮木街、大岭街、西山街、林西街、西水街、建设街、跃进街、道口街、新建街、胜利街、集中街、民主街、兴林街、前进街、新民街
梧桐街	路东街路西街铁北街

1986—2005 年，林场、经营所、街道办事处共有南岔街道办事处、浩良河街道办事处、岩石街道办事处、威岭街道办事处、亮子河街道办事处、晨明街道办事处、太平街道办事处、三岔河街道办事处、奋斗街道办事处、松青街道办事处、四合营街道办事处、桦阳街道办事处、柳树街道办事处、石头河街道办事处。

第五节　街道办事处简介

一、联合办

位于和平社区和平委，1962 年组建，当时因其驻联合街，故名联合街道办事处。1967 年改称东方红街道办事处，1976 年改称红卫街道办事处，1981 年复称联合街道办事处。2001 年 8 月，原建国办事处与联合办事处合并为联合街道办事处，区政府派出的政权机关。2005 年，辖 7 个社区，24 个居民委员会。辖区总面积 22 平方公里，总户数 10448 户，总人口 30603 人。

二、西水办

位于南岔区址的西部，1986 年组建，区政府派出的政权机关。辖五个社区，24 个居民委员会，总户数 7831 户，总人口 22800 有人。因辖区在南岔木材水解厂西部，故命名西水街道办事处。2001 年 8 月，原民主办事处梧桐办事处合并到西水办事处。2002 年 9 月，原梧桐办事处又从西水办事处分离出来。

三、东升办

位于区址的东部，1962 年 2 月组建，因其驻东升居民委员会，故名东升街道办事处。区政府派出的政权机关。辖 6 个社区，20 个居民委员会。总户数 9277 户，总人口数 25779 人。

2001 年 8 月至 2005 年年末联合办事处的新兴委、新合委、团结委，建国办事处的永兴委、永胜委、向阳委划归东升街道办事处。

四、梧桐办

位于南岔西部 10 公里处，1986 年 7 月 1 日组建，驻迎春乡梧桐村，故名梧桐街道办事处。区政府派出的政权机关。2001 年 6 月 15 日，梧桐办事处与西水办事处合并为西水街道办事处。2002 年 9 月 20 日，原梧桐街道办事处从西水街道办事处划出，重新组建梧桐街道办事处。2005 年，辖 1 个社区、3 个居民委员会。总户数 1128 户，总人口 3054 人，非农业户 872 户、2257 人，农业户 33 户、716 人。

第六节　林场、所街道办事处简介

南岔区（局）为政企合一单位，各林场、所相应设街道办事处与企业形成政企合一。1986—2005 年，一直沿袭这种体制。

一、南岔所街道办事处

位于南岔北 4 公里处，1960 年建场，由原来南岔局农场改建，1964 年改称南岔经营所。

2005 年，南岔所施业区总面积 17556 公顷，总户数 275 户、876 人，职工总数 182 人，其中，干部 15 人，工人 105 人，合同制工人 62 人。下设上段、下段、新房、新村 4 个居民委。

二、柳树街道办事处

柳树所位于南岔东北 6 公里处，始建于 1951 年，时称一二五贮木场，1955 年改为经营所，1958 年改为林业局第六林场，1960 年改称伊春林业管理局农场，1964 年 3 月 24 日复称柳树经营所。2005 年，施业区面积 19170 公顷，(其中耕地面积 19815 亩）总户数 370 户，总人口 1022 人，职工总数 265 人（其中干部 20 人，工人 245 人)。下设居民委员会 2 个，即柳南居民委员会和柳北居民委员会。

三、岩石街道办事处

位于南岔东北 12 公里处，1955 年建所，1958 年改称为 9 林场，1963 年复称岩石经营所。2005 年，施业区面积 25.171 公顷，其中耕地面积 80.7 公顷。总户数 178 户，总人口 503 人。所下设防火队、苗圃段。职工总数 250 人，其中干部 19 人、固定工人 81 人、合同制工人 3 人、集体工人 67 人。设岩石居民委员会。

四、奋斗街道办事处

位于局址西北 31 公里处，1952 年南岔林业局将十二伐木场迁此地，命名为第七林场，1965 年与第八林场合并，取名柳树林场。1968 年与南岔贮木场合并，改为胜利林场 4 连。1979 年组建奋斗经营所。1958 年南岔林业局将第十四伐木场从西林迁来此地命名为第八林场。1965 年与第七林场合并，变为柳树林场采运段。1968年变为胜利林场第三连。1979年改为胜利林场。1984年改称大磊林场。2000年11月29日，奋斗所与大磊林场合并称之为奋斗经营所。办事处下设2个居民委员会，即大磊居民委员会和奋斗居民委员会。2005年，奋斗所有人口1492人，职工总数446人，其中干部26人、全民职工158人、合同制230人、集体工人32人，另有退休职工158人。施业区面积18601公顷，53个林班，其中有林地16955公顷，其他1646公顷，耕地面积505亩。

五、威岭街道办事处

位于南岔东南47公里处，始建于1965年，以威岭火车站名字命名即威岭所。2005年，有耕地6000亩，总户数146户、总人口416人。下设居民委员会2个，即兴旺居民委员会、友谊居民委员会。

六、晨明街道办事处

位于南岔东南30公里处，始建于1956年，1959年春改为南岔林业局十八林场。1962年4月，撤销十八林场，又恢复晨明森林经营所名称。1969年10月，撤销晨明森林经营所，归属晨明综合林场。1971年7月，又从晨明综合林场分出，恢复晨明森林经营所。2005年，施业区面积24.445公顷，59个林班，林业用地22977公顷。其中有林地14.519公顷（天然林6.153公顷，人工林8.361公顷）。农耕地2671亩。有总户数290户，总人口724人，其中职工221人，其中干部20人、工人98人，合同制工人91人，大集体工人12人，青年214人，退休职工56人，家属233人。

七、松青街道办事处

松青所位于南岔西南23公里处，1953年3月组建。1985年3月，由木曾经营所改名为松青经营所。2005年，施业区总面积14957公顷，总蓄积856869平方米，森林覆盖率75%，总户数850户，总人口2465人。现有在册人数1544人，其中工人225人、干部65人、合同制工人148人、集体工人379人、青年553人、退休174人，下设4个居民委员会，即木林居民委员会、营林居民委员会、路林居民委员会、农林居民委员会。

八、太平街道办事处

位于南岔区址南4公里处，1952年组建，时称太平作业所。1958年，改称南岔林业局第五林场。1960年，改为伊春管理局太平沟实验林场。1964年3月，改称太平森林经营所。次年，所内成立了向阳、黎明2个营林新村。1966年9月，改称红卫经营所。1985年，复称太平森林经营所。2005年，施业区面积15497公顷（其中3100亩耕地），全所有职工260人，其中固定工166人（内含干部17人）、合同工人94人。全所总户数363户，人口998人，退休职工82人，遗属60人，下设居民委员会2个，即太平居民委员会和利民居民委员会。

九、浩良河街道办事处

距浩良河镇9公里处，1952年5月建所。2005年，施业区总面积31900公顷，有林地面积22195公顷，蓄积1377015立方米，稳权拨出2924公顷，森林覆盖率76%。总人口数1493人，总户数495户。

十、桦阳街道办事处

位于南岔东南15公里处，1958年始建第十七林场，1962年改称桦阳经营所。2005年，施业区总面积37362公顷，其中耕地面积2746亩。总住户345户，总人口1350人，职工现有总数697人。

桦阳街道办事处下设桦阳河东居民委员会、桦阳河西居民委员会2个居民委员会。所下属一个段队——营林段。

十一、石头河街道办事处

位于南岔区政府所在地西北20公里处，1978年建场，建场时因该地有“石头河”，便命名为石头河子林场。2005年，施业区总面积21273公顷（其中耕地面积315亩）。总户数312户，总人口982人。共有职工516人，其中，干部19人，工人317人，合同制工人182人。下设1个居民委员会，为石头河子居民委员会。

十二、四合营街道办事处

位于南岔东25公里处，1979年4月建场，因建场前此地只有4户猎户合居，故取名四合营。2005年，施业区面积22170公顷，总户数102户，总人口878人，其中，职工总数154人，集体46人，合同制工人104人。

十三、亮子河街道办事处

位于南岔东南40公里处，1979年建场。施业区面积13888公顷。2005年，施业区内共有3个自然屯即亮子河、溪水、干校，3个居民委员会，总户数237户、总人口1201人。

十四、三岔河街道办事处

三岔河林场位于南岔南30公里处，1979年9月建场，由于三岔河施业区有里弓河、扑弓河和京京河三条河流穿过，故称之为三岔河。2005年，总户数283户，总人口872人，职工总数200人，其中干部21人。下设居民委员会1个，为三岔河居民委员会。

第三篇　体制改革

1986 年，南岔区以中共十一届三中全会精神为指针，贯彻执行中共中央《关于农业和农村工作若干重大问题的决定》，在村屯实行以联产承包责任制和充分结合双层经营体制的基础上，耕地全部承包到农民手中，包干到户 15 年不变。当年全区农业产值实现 1127 万元。1997 年，第一轮土地承包到期后，按着中共中央办公厅中办发〔1997〕16 号文件通知要求，在认真总结前 15 年土地承包经验基础上，本着“大稳定、小调整”原则，完成土地第二轮承包。全区向农民发包土地 3474.07 公顷，并将承包期再延长 30 年。2001 年以后，通过化解村级不良债务，实行税费改革，发放种粮直补资金和免征农业税“多予少取”惠农政策，1986 年农民人均收入 415 元，2005 年农民人均收入 3023.8 元，同比增长 7 倍多。

1990 年年初，企业赖以生存的林木资源越来越少，木材产量锐减，企业经济效益不高，管理费用、制造费用逐年增加，发展经济举步维艰。为了争生存，求发展，实现缓危解困，全区按着“立足于农，发展于畜，深化于林，倾斜于工，搞活于商”总体思路，借鉴双丰林业局“两分”“两自立”（分块经营、分块搞活；以场所自立，以户自立）经验，将全区林企耕地分包给林场、经营所职工，以地顶资、以地补资。1996 年，转移林企劳动力 1200 人，使一部分富余劳动力得到安置。

1993 年，本着“宜股则股，宜租则租，宜售则售”原则，企业实行剥离、租赁、承包、股份制改造和破产，完成企业经营机制转换。截至 2005 年年底，全区地方企业 15 家出售 9 家、破产 3 家，停产待业 3 家。1995 年，对国有企业中的商粮财贸等单位，按照“经营放开、用工放开、价格放开、分配放开”政策进行改革，实行市场化运作。全区商业国有 18 户企业，实行产权制度改革，其中改为股份制 3 户，改为股份合作制 2 户，破产 3 户，产权出售的 6 户；租赁经营 2 户，关停企业 2 户。全区个体营经济接续替代产业上规模、上档次、上水平，形成可持续发展经营格局。2005 年，已发展到 1775 户，其中个体私营企业 67 户。

学校在教学方式方法上，努力实现由应试教育向素质教育方面转变，在抓好九年义务教育基础上，集中人力、财力、物力改善办学条件。对办学条件差，师资力量薄弱学校进行 3 次合、并、撤，中小学教育网点 1986 年时 56 所，到 2005 年已缩减到 24 所。

全区党政机关经历 1986 年、1993 年、1997 年、2001 年 4 次改革，科部办委本着“精减节约、统一效能”原则，实行合、并、撤。干部人事制度按着“四化”要求，实行竞争上岗、聘用聘任制改革，对机关富余人员采取调整安置、分流办法。1997 年，党政机关编制人数由 882 人调减到 292 人。2001 年，区属浩良河镇、晨明镇、迎春乡总编制人数从 91 人调减到 73 人。

1993 年开始，全局林业企业职工实行职工养老保险基金统筹，2000 年纳入市级统筹，2005 年进入省级统筹，参保企业 24 户，参保职工 10464 人，个体户 6009 人，离退休人员 6404 人。

2002 年，实行企业职工医疗保险，截至 2005 年全区参保单位 122 个，15947 人，个人账户总额 1457301.24 元。

第一章　经济体制改革

1984年，全区（局）经济体制改革，首先从农村家庭联产承包责任制改革入手，经过1984年和1997年两次土地承包，理顺土地产权关系，让农民吃上了“定心丸”，并逐步进行农村产品结构的调整，发展“两高一优”农业。

教育改革从机构改革抓起，进行教育网点布局改革，从应试教育逐步向素质教育转变，培养学生各方面综合能力，适应社会的需求。

1991年，林业企业进行多项制度改革，从经济承包责任制开始，实行“两自立”经营，完善委托经营，稳步推进“天保工程”的进程，使林业企业逐步迈入正规化的管理和经营轨道。

1992年，本着“抓大、放小”原则，对地方工业企业进行全方位的改制，宜改则改，宜卖则卖，地方企业全部实行改制。

1994年，商业企业按照“四放开”的原则，全部实行自我经营、自我约束、自负盈亏。粮食流通领域的改革，逐步适应市场经济运营。

住房制度改革，先售公有平房，后对公有楼房进行产权出售。

第一节　农村经济体制改革

一、第一轮家庭联产承包责任制

1978年12月以后，全国农村逐步推广“联产承包责任制”。1983年，南岔区浩良河镇、晨明镇、迎春乡29个村实行包干到组、包干到户。到1985年12月，首轮土地承包全部实行包干到户，完成了第一轮土地承包任务。承包土地6202.4公顷（包括林企耕地170.2公顷），承包期限15年。1986年12月，继续完善农村家庭联产承包责任制。①调整农村产业产品结构。从单一种植大田作物向多元化经济发展。完成旱改水田，全部实行旱育稀植，种植白瓜籽、小毛葱、甜菜等经济作物。扣大棚600亩，建日光温室20栋，有效面积6600平方米。②不断增加科技含量。蔬菜地膜覆盖应用率加大，实施播种施加农药技术、稀土追肥、玉米育苗移栽、玉米“双覆”、大豆“垄三栽培”技术推广和应用。引进水稻合江19号、合江21号、黑合9号、合丰25号，大豆合玉15号，克玉6号玉米。早大白土豆先进品种。③实行菜篮子工程。区址近郊村屯，种植适宜蔬菜品种。1997年蔬菜供应量3912吨。

二、第二轮家庭联产承包责任制

1997年，按照中办发〔1997〕16号文件和黑办发〔1997〕21号文件及伊春市《关于进一步稳定和完善农村土地承包关系的通知》精神，全区农村进行第二轮土地承包。1997年3月10日制定《南岔区新二轮农村土地承包工作方案》，成立领导小组，组成34个工作组，培训工作人员95人，对“二镇一乡”29个村土地进行调查，摸清土地底数，分析第一轮土地承包中存在问题，召开土地承包工作大会，区人大常委会通过《承包方案》。按着“大稳定，小调整”原则，至1998年12月，全部完成第二轮土地承包，共向农民发包土地3474.07公顷，机动地留用占总耕地面积5%，承包总户数4385户，总人口15673人，土地承包年限30年不变。各镇、乡向农民发放土地承包证书，其中承包顺延占83%，小调整占17%。

第二轮土地承包后，积极进行减轻农民负担税费改革。①减轻农民负担工作中增加四项制度。即涉农税收、价格和收费公示制，贫困地区农民中小学义务教育收费一费制，农村订阅报刊费用限额制，涉农负担案（事）件责任追究制。至2003年，农民实际负担由每亩40元左右降到每亩18.19元，全年为农民减免农业税100万元。2004年，为种田农民每亩补助10元，全区粮食直补75.9万元，其中浩良河镇26.8万元，晨明镇19.9万元，迎春乡25.4万元，林场（所）及其他单位3.8万元；水稻良种补贴资金4.8万元，其中浩良河镇3.8万元，晨明镇1万元，补贴全部到位。②转移农村剩余劳动力。通过农村产业化经营，建立农业基地，以龙头企业带动农村发展名、优、新、精，特产品，实现产、供、销一条龙经营联合体。发展农副业产品，进行深加工解决剩余劳动力。发展养殖业，提高农民养殖积极性和农民收入，转移农村劳动力。引导和鼓励农村富余劳动力到外埠打工。2005年年底，转移富余劳动力1400人。③实施“两高一优”（高产、高效、优质）农业发展路子，不断提高农民收入。开展玉米、大豆、水稻三大作物先进实用技术的培训和良种引进工作，重点进行在玉米“大双覆”、大豆“垄三栽培”、水稻旱育稀植、棚室蔬菜多茬次立体栽培及病虫害防治、种子施肥等技术工作。2005年，全区种植经济作物1769公顷，送技术下乡、组织科技培训班12次，信息传递等32件，温室大棚的年播种面积44公顷，日光温室发展到50栋。

第二节 林业企业改革

一、林业企业经营方式改革

1986年，南岔林业局划开全民、集体两种经济，成立集体企业公司，主管全局林业集体经济，把人、产、物、财、供、销，从全民中划出来，分线管理。林企基层单位分别成立集体经济管理站，林企推行厂（场）长负责制，在南岔贮木场试点。1987年胶合板厂、钢丝绳厂、农副科、工程处、林业职工医院、晨明石灰厂等6单位进行厂（场）长负责制试行工作。实行定死承包基数，定死承包期限，定承包权力；经营自主、干部自选、工资自定、盈亏自负、承包经营。1988年后，全区林业企业全面实行厂长负责制和厂长任期目标责任制，坚持以林为主，保护和扩大森林资源的基础上，抓住了产业和产品结构的改革这个重点，大力发展多种经营，木材综合利用等产业，全局产业产品结构逐步理顺，经济比例日趋合理。继续完善和推广小周期分树种、定价承包，目标管理，场（所）长经营承包，有力地促进了林业的发展。

1991年3月24日起，全区实行第二轮承包。原则是坚持“立足于农，发展于畜，深化于林，倾斜于工，搞活于商”工作思路，实行定死基数，确保上缴，超收多留，歉收自补办法，“大稳定，小调整”滚动式承包。内容是凡属林业企业所属工厂、车间、林场和经营所所承担工程、营造林、采伐、清林、多种经营、运输项目，承包个人或集体均要签订正式书面合同。合同主要条款及内容：承包主体，形式和期限。承包主体集体、个人、家庭、团体。承包方式。各林场、经营所、贮木场、木材加工厂、胶合板厂、工程处、钢绳厂、修造厂单位均由领导班子集体对林业局承包。采运实行伐区作业质量，运材成本包干承包方法，期限一年。木材加工和林产工业实行包产品加工，保经济效益经济责任制。营造林实行国有林分树种小周期定价承包，阶段费用承包，森林抚育成本承包。林办工业钢丝绳厂、修造厂实行递增包干，超收分成，歉收自补。期限 3 年，一年一结算，一年一滚动。林企业的多种经营生产实行目标承包、技术承包，承包期限根据生产周期而定。林业建筑工程项目实行投资项目或预算包干，自负盈亏。期限一年一定。林业企业地方 4 厂即梧桐建材厂、晨明石灰厂、轻机厂和梧桐木器厂，其中，梧桐建材厂实行递增包干、超收分成、歉收自补，梧桐木器厂、晨明石灰厂和轻机厂实行减亏、递增包干、超收留用，期限为 3 年，一年一结算，一年一滚动。承包指标。建立以工作质量和产品质量为前提的效益指标、后劲指标、管理指标和素质指标为主要内容指标体系。效益指标包括利润、税金、产值、产成品、库存量、成本费用等。后劲指标以技术改造为主，包括固定资产增值，处理历史挂账、还贷、大修理基金，折旧基金使用等。管理指标包括产品合格率、等级品率、产品创优、全员劳效，流动资金占用、机械设备利用率、完好率、企业升级、各管理基础工作和安全防火指标。素质指标指对职工政治教育、职工培训、双增双节、文体活动、职工福利待遇。分配原则。体现国家、集体、职工三者利益合理性；工资和奖金增长不超过生产力和经济效益增长速度；承包者收入不超过本企业职工 2 倍，效益特别突出的最多不超过 3 倍；承包者的工资由企业职工民主讨论，党组织审议后，经发包领导小组审批后执行；完不成指标，中止合同，权利和义务根据合同的内容进行处理。发包组织者。林业局对各林场、经营所发包；经委对林业国营地方四厂发包；机电科对钢丝绳厂、修造厂发包；林产工业科对胶合板厂发包。

1992 年 3 月，林业局对各林场，经营所实行目标管理同时，实行各场（所）自立，以户自立经营改革试点，当年场、所自力更生解决本单位职工 3 个月工资。1992 年场所自立 9 个、2500 个家庭自立。1994 年自立场、所 12 个，自立 3130 户。全林业局实现减亏 15.3 万元。

1996 年，对林业企业单位实行委托经营。规定全局委托经营期限 3 年，考核标准公式：经营成果 = 经营利润 ± 固定资产增减数 ± 应收款比期初多余额。速度指标规定效益指标、数量指标和质量指标。对基层 29 个企业签订责任状，实行一年一考核办法跟踪检查。区（局）管住 1 个委任人，1 份委托合同和一切国有资产，其他全部放开，推向市场，自主经营。

1998 年，实施“天然林保护工程”。2000 年，委托经营签订责任状 28 个单位（区物资公司未完成经营指标已中止合同）进行委托经营总结。委托经营先进单位南岔贮木场、晨明贮木场、松青贮木场、浩良河贮木场、石头河林场、奋斗所、浩良河木材加工厂、浩良河所、松青所、三岔河林场、晨明所、一建公司、亮子河林场、桦阳所、外贸公司、翠岗林场、岩石所、商贸公司、四合营林场、南岔所、热力公司、大磊林场、柳树所、自来水公司、石油公司、梧桐建材厂 26 个，合格单位有太平所和威岭所 2 个。南岔林业局实行森林资源管理经营承包责任制，颁布了《中共南岔区委、区政府关于积极推进森林管护经营，大力发展林下多种经营意见》《南岔林业局森林资源管护经营承包责任制专项工作推进落实方案》《南岔林业局森林资源管护责任制考核规则》。制定了 1∶25000 森林资源管护经营责任制规划图。制定柳树经营所、南岔经营所、松青经营所 3 个经营示范区。按着远封近分，封山设卡的原则，建立林业局、场（所）、管护责任人 3 级管理网络，进行林相、林木产品调查，设立评价指标。承包规定职工申请下岗，身份不变，自行解决工资；工资级别不变，工龄连续计算；林业局承担养老、失业、医疗、保险上级规定份额；主伐生产承包人优先承包；费用按“天保工程”费用执行；其他人到责任区掠夺资源视为盗窃行为。林业局管护承包责任区总面积 16315 公顷，总户数 1776 户，户均 91.8 公顷，管护人 2462 人，设立标牌 1823 个，封山设卡 52 个，公共管护面积 83265 公顷，管护责任人 392 人。2002 年，完成经济林促进更新 232.4 公顷。营造经济林 2666 公顷，其中五味子 296 公顷、刺五加 11.6 公顷、山丁子 3.3 公顷、刺嫩芽 191 公顷、果树 30.9 公顷。2005 年，管护面积达 163150 公顷。

二、林业国有企业改制

按省、市文件精神要求，本区对地方国有企业依“抓大放小”的原则，按照出售、破产、改制的方针，对部分企业进行改制。

破产。1994 年 6 月对南岔木器厂实施了破产，1995 年 6 月对晨明石灰厂实施破产，1996 年 9 月对南岔轻机厂实施破产。

出售。1998 年 1 月，南岔机械修造厂整体出售。2000 年 5 月，南岔建筑工程公司、南岔物资公司整体出售。2001 年 5 月，晨龙木业公司、钢丝绳厂、南岔制药厂整体出售。2003 年 6 月，浩良河木材加工厂部分车间出售。2003 年 11 月，南岔胶合板厂整体出售。2004 年 7 月，南岔热力公司整体出售。

股份制改造。2000 年 12 月，商贸总公司改为传利商贸有限责任公司，石油公司改为宏利石油公司，经贸公司改为永利林副产品经贸中心，梧桐建材厂改为股份制梧桐建材厂。

关停。1995 年 5 月南岔肉联厂。1998 年 9 月南岔机械厂。

第三节 地方工业企业改革

1986 年，南岔区有地方工业企业 15 家，其中国营地方企业 4 家、集体企业 11 家。按照省、市“关于企业转换经营机制”和“抓大、放小”政策，适应市场经济体制变革要求，转变全区地方工业受市场冲击局面。1993 年 5 月 22 日，南岔回民食品厂、酱菜厂和南岔乳品厂合并，组建黑龙江省育林食品工业公司，1994 年 5 月，南岔饮料厂改造为南岔食品饮料有限责任公司。1994 年 6 月，南岔梧桐木器厂实施破产。1995 年 8 月 23 日，将轻机厂的铆焊，瓶盖两个车间剥离，成立南岔铆焊瓶盖厂。1995 年 6 月，晨明石灰厂破产。1996 年 8 月 29 日，南岔轻工机械厂破产。同时，对地方企业进行产权整体出售，到 2005 年年末已经出售地方企业 9 户。南岔乳品厂和工具厂停产待业。

第四节 商业体制改革

一、机构改革

1986 年 11 月 12 日，撤销综合贸易中心，恢复具有法人资格独立核算商业科，商业科归属伊春市商业局管理，财务核算伊春市财政局管理，党组织归属中共南岔区委。1988 年 1 月 1 日，伊春市商业局将商业科交付南岔区管理。1989 年商业科改称为南岔区商业局。1996 年 1 月 10 日，商业局更名南岔区商贸总汇。1997 年，南岔商贸总汇改称南岔商业贸易总公司。2001 年 1 月 1 日，南岔商业贸易总公司改制为南岔区传利商贸有限责任公司。

二、管理体制改革

1986 年，商业科对下实行三级管理，即商业科直接领导店、厂、部，店、厂、部直接领导营业组，实行统一进货、统一管理、统一核算。1992 年 4 月 3 日，南岔区人民政府颁布《南岔区商业供销系统推行“四放开”改革方案》南政办发（1992）32 号文件，对商业流通领域深化改革，全面推行以“经营放开、用工放开、价格放开、分配放开”为主“四放开”改革。改国有为民营，自主经营，自负盈亏。商业局机关 15 个股室减为 9 个，60 名机关干部减为 26 人。1993 年商业局机关 9 个股室减为5个，机关人员压缩为10人。所有制结构由过去的经营管理型变为服务型，实行多种经营体制（集体承包、个人承包、租赁）负责管理。以前三级管理为二级管理，即总公司直接领导分公司、店、厂、部；分公司、店、厂、部直接管理承包者或个体经营者。2001年，企业实行干部聘任制，员工实行合同制。公司董事会统一管理分公司、店、厂、部，百货大楼、五金公司、中心商场、妇儿商店实行报账制。

2001年1月1日起，南岔区传利商贸有限责任公司实行股份制，入股230人，18个分公司直接对总公司负责，设董事会和监事会。

三、经营机制改革

1986年，南岔区在商业运行中贯彻落实中小型企业承包和小型企业开发经营责任制，把经营效益与职工的切身利益结合起来，实行所有权与经营权分离。

1987年，对5家中型企业实行承包责任制，对11家国营商店零售企业实行放开经营，对商办工业和饮食服务小店实行租赁经营，对集体商店实行独立核算、盈亏自负，供销系统实行多种承包机制，经营效益与职工切身利益挂钩。1989年，商业局对下属3类单位，1个商办工业，2个批发零售单位签订承包经营责任状。根据企业实际状况，实行8种经营方式即百货大楼、五金商店企业实行销售计划与工资挂钩；民主商店、水解商店实行百元销售含量制度；饮食，商办工业企业实行计件工资；水解商店经销部实行公开招标。实行风险抵押金制度。90%的企业实行代销、联销和联营制度；食品厂、新华饭店、回民饭店等企业实行租赁经营；供销系统全部实行承包。1992年4月30日，根据伊政办（1992）14号文件《关于全市商供系统实行‘四放开’政策的通知》，全区22户国营、集体企业全面推行经营、价格、分配、用工“四放开”经营改革。盈利的百货大楼、五金公司、向阳商店等企业实行集体承包，承包企业职工有520名，占商业总人数858人的61%，划细核算单位，实行销售、资金，毛利率、费用、利润“五定”到组，定死基数，确保利润上缴。亏损的浩良河商店蔬菜公司、南岔新立商店、副食商店实行柜台租赁，有243人承包租赁了243节柜台，承包房屋面积1678平方米。个人承包实行“一店多制”。对浩良河采购供应站实行股份制经营，共有7人入股，每股股金1000元。饮食公司、副食商店、食品厂、月牙湖副食店实行场地承包租赁，出租场地3480平方米。剥离经营新立夜销点、菜市场、正大商店。浩良河商店、道南商店实行拍卖出售。关停生资商店等供销企业。2001年商业企业改造股份制后，分公司继续实行承包经营，到2005年年底南岔商贸有限责任公司有18个。

第五节　粮油流通领域改革

1986年，国家粮食收购政策实行“双轨制”，即合同定购与议价购销并存。国家定购与议价购销并存，国家定购与保护价并存。每年由省粮食局统一安排品种，数量计划调拨，采取送货和取货制方式，双方共同检质、检量，由伊春市农业发展银行结算。

1998年根据国务院国发〔1998〕15号文件,《关于深化粮食流通体制改革的决定》，改革的原则“四分开，一完善”，四分开即实行政企分开，中央与地方责任分开，储备与经营分开，新老账目分开。一完善即完善粮食价格机制。南岔区粮食局转换经营机制，收储企业和附营企业分开，储备和经营分开；实行独立核算、自主经营、自负盈亏、财务新老挂账分开，不再发生新亏损和挂账，通过减亏增效，改善经营，降低费用，进一步完善粮食价格机制。

又依据国务院办公厅文件国发明电〔1998〕5号《关于进一步做好粮食购销和价格管理工作的补

充通知》，敞开收购，顺价销售，收购资金封闭运行三项政策，加快国有粮食企业自身改革，提高市场竞争力。南岔区粮食局贯彻执行国家粮改政策，敞开收购农民自产粮，保证收购资金封闭运行，拓宽粮食销售市场，做好粮食顺价销售。2000 年国家进一步放开粮食市场。取消居民粮食、油类物品供应证。南岔粮库采取自行收购，实行定购价与保护价同质同价。2001 年国务院国发（2001）28 号文件《关于进一步深化粮食流通体制改革的意见》，加快推进粮食主销区、粮食购销市场化改革，完善国家粮食储备体系，增强粮食宏观调控能力，完善粮食风险基金包干办法，真正实行省长负责制，粮食主产区要坚持保护价敞开收购农民余粮政策。南岔区粮食局进一步落实粮食风险基金包干管理办法，加快国有粮食收储等项制度的企业改革政策，完善经营机制，不断增强企业活力。2003 年国家取消定购价粮，对保护价粮实行总量控制，订单收购。2004 年 6 月 8 日，国务院发布《粮食流通管理条例》，同时废止 1998 年 6 月国务院发布《粮食收购条例》，南岔区粮食局在实际工作中认真贯彻执行《条例》。2005 年，省政府全面放开粮食收购销售市场，粮食完全实行市场化运作。

第六节　住房制度改革

一、平房出售

1992 年 12 月 29 日，区政府颁布《南岔区城镇公有住房制度改革实施方案》《南岔区城镇公有住房补贴暂行办法》《南岔现有住房出售暂行办法》《南岔区城镇集资建设住房暂行办法》。1993 年，开始对全区的公有平房进行出售产权制度改革。年限折旧，钢混、砖混、砖木及其他结构住房 1994 年 12 月 31 日前出售的售价及折价标准：1983—1988 年，按九成新折价；1977—1982 年，按八成新折价；1971—1976年，按七成新折价；1965—1970年，按六成新折价；1959—1964年，按五成新折价；1958 年，按四成新折价。房屋结构质量及其他优惠标准：半砖墙下浮 5%，一砖墙下浮 10%。山上住房降低 1 成后，再向职工出售。产权单位可给购房者一次一套价格优惠，优惠价为房住标准的 20%。对能在一个月内自费付清房款，产权单位可再给购房者住房标准价 10% 优惠。采取分期付款办法买房，其在两个月内自费付款不得低于标准 30%，在此基础上每多付余额 10%，优惠多付款 2%。1993 年，南岔镇内出售公有住宅 12970 户，2736 栋，售房面积 49.4 万平方米，收售房基金 29415 万元，平房出售率 100%。全局共出售公有平房住宅面积 239787 平方米，出售额 13892648.2 元。所出售的住房固定资产账面原值 23897936.58 元，净值 14928704.55 元。

二、楼房出售

1995 年，区（局）对公有楼房按成本价或标准价向职工出售，以成本价或标准价购买公有住房职工享受工龄价格折扣，1994 年建筑面积每平方米价格折扣额数按每年工龄 3 元计算，在一次性全部付清购房款时，享受实售价 20% 贴息折扣。

购买住房职工计算工龄标准：双职工家庭按双方工龄合并计算。同一户口并同居一套住房的多职工家庭，按本户两名工龄最长的合并计算。职工配偶已故家庭，按死者生前工龄合并计算。烈士配偶、烈士本人父母及二等乙级以上伤残军人其双职工工龄合并不足 65 年按 65 年计算。离退休职工按国家规定离退休年龄计算。具有高级、中级职称知识分子，其在校（大专、大学、中专）学习期间，可连续计算工龄。区政府规定可计算工龄。职工停薪留职（指不缴纳管理费），劳动改造，劳动教养期间，不计算工龄。不论任何原因，每户家庭职工工龄计算不得超过 2 人。累计计算单方工龄时，不足六个月不计算，超过六个月按一年计算。工龄累计计算截至 1994 年年末。1995 年，全区按成本价出售给林业局职工住宅楼 6 栋，面积 2587444 平方米、552 户。按规定 5 年后变全部产权。

第七节 财政（务）体制改革

1986年，区（局）会计核算执行1985年以前财务会计制度。

1993年7月1日起，南岔区（局）企业会计核算执行新财务会计制度。

一、建立资本金制度

企业盘盈或出售固定资产净收入，企业报废、盘亏、毁损固定资产净损失，不再增减资金，直接列企业营业外收支；企业固定资产计提折旧，不再冲减资金，直接列入成本费用；企业库存材料物资因国家调整调拨价格而产生的价差不再增减有关资金，按其实际购建成本入账，直接体现损益；企业收回对外投资与投资时账面价值差额不再调整有关资金，计入投资损益；企业以实物、无形资产对外投资，其资产重估确认价值与其账面净值的差额，也不再调整有关资金，计入资本公积金；企业资金不再按资金来源不同划分固定基金、流动基金、专用基金，并取消专户存储办法，允许企业灵活有效统筹运用资金。

二、改革固定资产折旧制度

改革固定资产折旧方法，在一定范围内实行快速折旧方法。改进固定资产折旧分类办法，简化折旧分类。适当提高折旧水平，制定固定资产折旧年限的弹性区间。

三、改革有关成本管理制度

实行制造成本法。建立坏账准备金制度。完善低值易耗品摊销办法。取消提取大修理基金办法。企业成本管理制度改革除上述内容外，还对成本开支范围进行调整，如劳动保险费用计入成本费用，企业职工奖金支出逐步纳入成本管理，同时也明确规定企业业务招待费内容。

四、实行财务会计报告制度

把现行以资金平衡表、利润表、成本表、专用基金表，以及其他各种统计性质报表等为特征报表体系，改为以资产负债表、损益表、财务状况变动表，以及有关附表为特征报表体系，并编制企业财务状况说明书。把现行国家考核企业财务状况办法，改为企业财务评价办法，建立新企业财务指标体系。到2005年，会计制度求变。

第八节 税务体制改革

1986年，继续实行1978年以后颁布的税务制度。

1994年7月1日，南岔区实行新的税改制度。实行以比较规范增值税为主体。费税、营业税并行，内外统一流转税制。将过去对国营、集体和私营企业分别征收多种所得税合并为统一企业所得税。将过去对外国人征收个人所得税、对中国人征收个人收入调节税和个体工商业户所得税合并统一个人所得税。对资源税、特别税目、财产税、行为税做了大幅度的调整。扩大资源税的征收范围，开征土地增值税，取消了盐税、奖金税、集市交易税等7个税种，并将屠宰税、筵席税的管理权下放到省级地方政府，新设遗产税和证券交易税（一直没有立法开征）。此项制度延用至2005年。

第九节　劳动人事制度改革

一、一次性安置富余职工

2000 年 8 月 1 日，南林发〔2000〕3 号文件，南岔林业电话所解体，工作职能和部分人员合并到联通公司。根据省森工总局〔2000〕416 号文件和伊劳发〔2000〕5 号文件精神，南岔林业局电话所富余职工 17 名，经总局审查后，批准 16 名职工按一次性安置，其中，1 人安置费为 10351 元，其他每人安置费 16938 元。2001 年 11 月 15 日，南林发〔2001〕53 号文件，根据黑森劳字〔2001〕334 号文件精神，南岔林业局对 254 名富余职工进行一次安置，每人安置费为 16938 元。对进入托管中心都已满三年的 64 名下岗职工，进行一次性安置。每人安置费为 16938 元。2002 年 10 月 20 日，南林发〔2002〕32 号文件，根据黑森劳字〔2002〕416 号文件精神，南岔林业局对进入托管中心的 1324 名富余职工进行一次性安置，每人安置费为 16938 元。

二、公开选聘机关职员

2002 年 4 月，南岔区（局）面向社会在区人劳局备案待分配大、中专毕业生中，公开选聘政府机关及事业单位的空缺干部。规定年龄 40 周岁以下，团委干部 25 周岁以下（1977 年 12 月 31 日以后出生）。通过政治考核，政治理论，文化知识和相关的业务知识考试，面试等综合考核，公示后，择优录用 18 名。即政府办 1 名、农委 2 名、木材生产机械科 2 名、团委 1 名、妇联 1 名、信访办 1 名、资源科 1 名、司法局 3 名、老干部办 1 名、档案馆 1 名、非国有经济办 1 名、文体委 3 名。试用期 1 年，全部被正式录用。

第十节　招商引资

1986 年，局属各企业的一系列经济洽谈工作，均由企业自主开展。

2000 年，区（局）组织有关单位人员参加“哈洽会”“香港展示会”和赴日本的展洽会等活动，共签约国内经济技术合作项目 7 项，其中合同 5 项，协议 2 项。签约国内经贸合同 5 项，履约金额 1640 万元。“香港展示会”签约贸易协议 2 项。2000 年 9 月赴日本参加“展洽会”签约贸易合同金额 340 万元。

2001 年后，区（局）把招商引资工作纳入重要议事日程，具体工作由区经科委负责。全区（局）召开的招商引资动员大会，各单位落实目标责任制，把招商引资指标分解量化到 26 个招商引资小组，签订责任状。采取网上招商、人缘招商、委托招商。参加伊春（上海）产品展销暨经济贸易洽谈会。第十二届哈洽会、黑龙江省首届国际生态旅游节，共签订国内经济技术合作项目 7 项，签约 5124 万元；国内贸易合同 12 项，签约额 6753 万元。南岔三兄弟家具实业有限公司从深圳集昌木业有限公司引资 500 万元，扩建厂房 7400 平方米。南岔广源家具厂从广东东莞广源木业公司引资 297 万元，进行设备改造。南岔林城木器厂从上海西尔西装饰公司引资 213 万元，合作生产窗帘轨道，桑拿浴箱板产品。伊春汇通化工有限责任公司从哈尔滨私营企业引资 122 万元，生产化工产品硅烷偶联剂。石头河林场与省林科院野生动物研究所合作，进行花尾榛鸡人工孵化试验，建立养孵基地。

2002 年，修订完善《南岔区招商引资优惠政策》，充分调动私营企业招商引资扩大生产规模的积极性，出台《南岔区关于加快发展个体私营经济的有关规定》，区（局）与企业签订招商引资责任状

28份。组织人员参加了西安洽谈会、上海综合开发项目恳谈会、第十三届哈洽会、西部地区投资贸易洽谈会，全区签订了工艺保健木制品、养鹅深加工等议项合同7项，签约额3000万元。

2003年，组织人员参加了北京举办的中国国际贸易促进会暨2003年国际中小企业贸易合作与投资项目洽谈会、东西部西安贸易洽谈会、大连第四届国际啤酒节暨伊春小兴安岭山特产品展销会、广东省东莞市招商引资考察活动、莫斯科国际经贸洽谈会、黑龙江省海外学人招商洽谈会、黑龙江省与浙江省经贸项目推介会，共签订经济贸易、合作投资协议、合同9项，签约总额8080万元。引进到位资金3390万元，出口产品完成100万美元。

2004年，全年共完成招商引资6807.6万元，完成指标的110%。利用外资36.3万美元，完成指标103%。进出口贸易完成100.04万美元，完成年计划100%。①利用哈洽会、旅游节等节会招商。2004年先后参加“第十五届哈洽会”“第四届中国黑龙江（伊春）森林生态旅游节”“黑龙江香港活动园”。共签订经济合同、国内外贸易合同、投资协议10项，其中经济技术合作项目8项，签约总额9210万元，履约4392万元，履约率48%；国内外贸易合同2项，签约额4073万元，履约1221.9万元，到位率30%。其中，大连第二冷冻机厂投资1200万元速冻保鲜库扩建项目，使南岔绿缘公司冷冻能力由原来200吨增加到3000吨，成为全区的绿色食品产业龙头企业。②实施区域招商。区成立畜牧、旅游、绿色食品、北药、木材精深加工5项专题招商引资推进组，组团到辽宁大连、广东东莞等重点招商城镇进行招商。在大连，南岔区个体叙营企业主郭洪民签订南岔桦阳铁矿开发项目协议，总投资1000万元，已到位资金417万元。与广东东莞广源木业签订生产民用家具、木制桌椅项目，总投资715万元。③抓好考察招商。与市委组织的考察团赴南方部分省市进行考察招商。在深圳与集昌木业有限公司签订总额1000万元出口木制品及家具的项目。在东莞成立伊春东莞商贸联谊会南岔分会，成为南岔区招商引资基地。在辽宁省海城成立了南岔海城商贸联谊协会。④以商招商。在东莞与台商陈远辉接触，在香港活动周中达成合作意向，建设水利电站，投资400万美元，装机容量4000千瓦，年发电量720万千瓦时，预计2005年开工建设。⑤对台招商。与台商刘子圣合资改扩建胶合板生产项目，总投资500万元，到位资金36.3万美元。与台商池珍楠达成了木材精深加工意向，总投资500万元。⑥扩大对外贸易。信诚家具有限公司同美国方圆公司签订310万美元国际标准橱柜项目，已完成31个货柜，回款86.4万美元。华威家具有限公司与美国客商达成出口白栏杆项目意向，年出口额80万元，设备已安装完毕，进入调试阶段。

2005年，建立了招商引资项目库，开通南岔区招商引资网页，修订完善《南岔区招商引资奖励办法》，设立招商引资和对上争取奖励基金。当年，全区完成招商引资资金3.2亿元，完成目标640%。利用外资完成30万美元，完成目标100%；出口创汇完成164.7万美元，完成目标102%。

第二章　政治体制改革

1986 年，对区（局）机关业务交叉部门进行合并、压缩，46 个（含非常设机构）压缩到 25 个。1993 年区（局）机关合并撤 16 个科室和部门，机关科室由原来 53 个压缩到 39 个。党政机关分流人员 436 人。1997 年区（局）机关设置 30 个，其中党委 5 个，政府工作部门 20 个，林业局 5 个，人员编制 300 人。2001 年党政机关由来的 30 个，减到 20 个，其中党委 5 个，政府 15 个；林业局 3 个科室，人员定编 230 人，对区（局）领导指数进行了核定。2001 年，乡、镇机构设晨明镇，浩良河镇、迎春乡，党政机关部门设置 3 个，事业机构设置 3 个，乡镇编制 91 人压编到 73 人。2001 年区（局）机关人员分流，制定相关政策和实施方案，提前退休 46 人，离岗退养 252 人。区委对拟提拔干部实行公示制，接受群众监督，当年在 10 个岗位，公开选聘 10 名副职领导干部，至 2005 年仍实行 2001 年体制及人员配备。

第一节　区（局）机关机构改革

1986年，南岔区（局）机关共设非常设机构46个，对业务相近，交叉部门进行合并，如城建科、基建科合并为基本建设科，机构压缩到 25 个，对各业务科室人员重新定编。

1989 年 2 月，区（局）机关属政府系列 17 个科室名称由原来“科”改为“局”和“委”，改称后机构规格及编制不变。依据市委市政府要求，明确规定进入机关工作人员须经区编委审核，考试录用。

1993 年 3 月 16 日，区（局）机关共合并撤 16 个科室和部门，撤销非常设机构信息中心和普法办 2 个，业务分别归科委和司法局。撤并部门 7 个，精神文明办并宣传部，史志办并政府办，党史办和保密局并党委办，民族宗教事务局分别并政府办和民政局，绿化办并营林处，老干部办并组织部。合并部门 7 个，爱卫办与卫生局合并称卫生局，文化局与体委合并，称文化体育局，总工办与体改办合一称为体改委，劳动局与人事局合并，称人事劳到局。纪检委与监察局，政法委与综合治理办合署办公，物资局、房产地局、产品销售科转为经济实体。机关科室由原来的 53 个调整到 39 个，党政机关分流人员 436 人。

1997 年 4 月 14 日，区（局）机关进行机构改革。机关工作人员由 882 人减到 292 人，其中转为事业单位 142 人，整体转移 125 人，精减 323 人。区（局）党政机关设置 30 个，党委工作部门 5 个，政府工作部门 20 个，林业局工作部门 5 个。区（局）编制 300 人（含工勤人员）。

机关各部、委、办、局、科，人大、政协、纪检委、群团组织，总编制 300 人，其领导职数配备按伊组发〔1997〕13 号文件规划定，4 人以下科室配 1 职；5 ～ 10 人的配 2 职；11 人以上配 3 职（人大、政协、纪检委、工会下属部、办、室职数也按此配备）。

1997 年转为经济实体单位一览表

表 3-1

原机构名称	现机构名称	备注
木材销售科	木材销售公司	—
林产工业科	林产工业总公司	—
商业局	商贸总汇	归经贸委
物资局	物资经销总公司	—
房地产管理局	区房地产开发公司	—
外贸公司	经贸公司	归经贸委
人防办	人防服务公司	—

2001 年 10 月 29 日，区（局）对机关部门进行重新设置，区委和区政府机关由 30 个减到 20 个，其中党委 5 个，政府 15 个，林业局设 3 个科室，人员总数定编为 230 人。

2005 年，依据伊政办发〔2004〕43 号文件，将人事劳动局分开，成立人事局、劳动社会保障就业局；招商引资办公室从经济科技贸易委员会分出，成立商务局；体改委从经济科技贸易委员会分出，合到区发展和改革委员会；成立北药办公室，与区农委合署办公。是年 6 月 24 日，依据伊政办发〔2005〕13 号。环保局从建委分出，成立环保局。同年 10 月 31 日，依据南编发 17 号文件，木材检验从生产科分出，成立木材检验科。当年 11 月 27 日，依据南编发〔2005〕18 号文件，成立中共南岔区教育工委、与教育局合署办公。同年 12 月 20 日，依据南编发〔2005〕19 号文件，成立公共事业局。

第二节　乡镇机构改革

1986—2001 年，两镇一乡机构实行的是 1984 年制定的编制。

2001 年 11 月 15 日，南岔区对所属的浩良河镇、晨明镇、迎春乡实行了机构改革。

党政机构设有党群办公室、政府办公室和财税办公室。事业机构根据综合设置原则，结合各乡镇实际，各乡镇事业站（所），统一设置为农业综合服务中心、农村经济管理中心和农村文化广播服务中心。

一、人员编制

乡镇事党政机构行政编制按原黑龙江省委、省政府核定编制 20% 精简，乡镇工勤人员事业编制按行政编制 12% 比例核定，精减后按照新的机构设置重新核定各乡镇编制。南岔区原省批乡镇行政编制数为 91 人，精减后 73 人，可配备工勤事业编制 9 人。乡镇事业编制按原核定编制 20% 精减，原乡镇事业编制总计 35 人，精减后 28 人。乡镇中小学校根据学生数量和班级数量，结合农村的实际，按照省编委、省教委、省财政厅、黑编〔2000〕13 号文件实行定岗定编。乡镇公安派出所、司法助理、土地助理、财税所、计生站、法庭、工商行政管理所、税务分局为区直派出机构，人员职数为派出机构核定，实行派出部门与乡镇双重管理体制。

二、浩良河镇

设镇党委书记（兼人大主席团主席）1人。党委副书记（兼镇长）1人，专职镇党委副书记1人，副镇长3人。专职人大主席团副主席1人，专职纪检书记1人，专职武装部长1人。农业综合服务中心4人，农村经济管理中心2人，文化广播服务中心2人，畜牧兽医服务中心2人。

三、晨明镇

设镇党委书记（兼人大主席团主席）1人，党委副书记（兼镇长）1人，专职党委副书记1人，副镇长3人。专职人大主席团副主席1人，专职纪检书记1人，专职武装部部长1人。农业综合服务中心5人；农村经济管理中心2人，文化广播服务中心2人。

四、迎春乡

设乡党委书记（兼人大主席团主席）1名，副书记（兼乡长）1人，专职副书记1人，副乡长3人。农业综合服务中心5人；农村经济管理中心3人，文化广播服务中心1人。改革机构设置中，依据上级要求，乡镇政府不设助理职务。

到2005年实行的是2001年的编制。

第三节　公开选拔干部

一、竞聘领导岗位

2000年8月，区委在全区干部中公开竞聘，年龄要求1960年10月1日以后出生，文化程度大专以上，岗位有物价局副局长、体改委副主任、建委副主任、社保局副局长、民主办事处副主任、审计局副局长、迎春乡副乡长、晨明镇副镇长、浩良河镇副镇长。经过组织考核，基础知识考试，面试，群众评议办法，10名一般干部被选拔为副科级干部，对拟提拔领导干部实行公示制。

试用期1年，2001年8月全部转正。

二、下派干部

1988年7月，区委下派3名科技副乡、镇、所长。下派单位迎春乡、晨明镇、晨明经营所。1993年8月14日，区委下派17名多种经营办公室主任。1994年7月，区委下派6名科技挂职副厂、镇（乡）、所长。

第四节　转岗分流人员

2001年11月29日，南岔区（局）对在岗的机关干部转岗分流，具体办法是：以工代干人员不得参与机关干部岗位定岗，借调人员一律清退。提前退休和离岗休养。对未到年龄的机关人员机构改革期间，参照省、市以下规定：男1946年12月31日前（含12月31日），女1951年12月31日前（含12月31日）出生的科级（含正科）以下工作人员不再安排机关职务任职，可选择提前办理退休手续或离岗休养；男1948年12月31日前（含12月31日），女1953年12月31日（含12月31日）出生的科级工作人员，不再安排科级领导职务任职，如果安排科级非领导职务，可以不占科级非领导职务职数；1944 年 12 月 31 日前（含 12 月 31 日）出生的正副处级干部不再安排机关职务任职，可选择提前办理退休或离岗休养；1946 年 12 月 31 日前（含 12 月 31 日）出生的正副处级干部不再安排处级领导职务任职，如果安排处级非领导职务，可不占处级非领导职数；党政机关工作人员中（含领导干部），在2003年12月31日前（含12月31日），连续工龄满28年或者男满52周岁，女满 47 周岁，本人自愿，经组织批准，可提前办理退休或离岗休养手续。原则是职务免除，保留原职级待遇，纳入机关退休人员管理。机关调整工资时，按原职级调工资档次，待达到国家规定的退休年龄时，再正式办理退休手续。工龄可以连续计算；提前离岗人员休养期间，每人每月发给 20 元补助费，直到达到退休年龄为止；1997 年市编委核定的 300 人编制控制内，2000 年 9 月 30 日前退二线并在机关开支的干部，本人提出提前退休或离岗休养的，予以办理手续，并享受分流政策。到 2005 年，经过本人申请，人事部门核准，有 46 人提前退休，252 人离岗退养。

第三章　社会保障制度

南岔区职工退休金由企业财政负担，企业营业外列支。2002 年职工医疗费，实行公费医疗，由企业福利费列支。2005 年，全区（局）离退休职工 6404 人。

第一节　职工养老保险制度

1988 年 10 月，南岔区成立南岔区社会保险公司，参保范围国有企业职工和合同制职工。1993 年 1 月，改称南岔区社会保险事业管理局，编制 10 人。同年 12 月，林业局职工开始缴纳养老保险统筹金。1996 年 1 月，始建立个人账户。2000 年 8 月，南岔林业局参加市级养老保险统筹，离退休人员养老金（统筹项目内）由市社保局拨付。2005 年，参加省级养老保险统筹。2005 年参保企业 24 户，参保职工 10464 人，参保个体户 6009 人，参保离退休人员 6404 人。

1988—1995 南岔林业局、南岔区地方企业（合同制职工）职工养老保险参保统计表

表 3-2

时间	企业按工资总额（%）	个人按工资总额（%）	参保单位
1988.10—1995.12	15	2	南岔林业局、南岔粮食局、南岔黄金公司、晨明水泥厂、晨明白灰厂、梧桐建材厂

1993—2005 年南岔区地方企业职工养老保险参保统计表

表 3-3

年份	企业按工资总额（%）	个人按工资总额（%）	参保单位
1993—1995	—	2	南岔区粮食局、南岔黄金公司、晨明水泥厂、梧桐建材厂、晨明白灰厂、南岔药材站
1996	32	3	南岔区粮食局、南岔黄金公司、晨明水泥厂、梧桐建材厂、晨明白灰厂、南岔药材站、新华书店
1997	32	3	南岔区粮食局、南岔黄金公司、晨明水泥厂、梧桐建材厂、晨明白灰厂、南岔药材站、新华书店
1998	22	4	南岔区粮食局、南岔黄金公司、晨明水泥厂、梧桐建材厂、晨明白灰厂、南岔药材站、新华书店
1999	23	4.5	南岔区粮食局、南岔黄金公司、晨明水泥厂、梧桐建材厂、晨明白灰厂、南岔药材站、新华书店

续表 3-3

年份	企业按工资总额（%）	个人按工资总额（%）	参保单位
2000	23	5	南岔区粮食局、南岔黄金公司、晨明水泥厂、梧桐建材厂、晨明白灰厂、南岔药材站、新华书店
2001	30	6	南岔区粮食局、南岔黄金公司、晨明水泥厂、梧桐建材厂、晨明白灰厂、南岔药材站、新华书店
2002	30	7	南岔区粮食局、南岔黄金公司、晨明水泥厂、梧桐建材厂、晨明白灰厂、南岔药材站、新华书店
2003	30	8	南岔区粮食局、南岔黄金公司、晨明水泥厂、梧桐建材厂、晨明白灰厂、南岔药材站、新华书店
2004	30	8	南岔区粮食局、南岔黄金公司、晨明水泥厂、梧桐建材厂、晨明白灰厂、南岔药材站、新华书店
2005	22	8	南岔区粮食局、南岔黄金公司、晨明水泥厂、梧桐建材厂、晨明白灰厂、南岔药材站、新华书店

注：1996 以后含合同制职工

1994—2005 年南岔区非国有企业职工养老保险参保统计表

表 3-4

年份	企业按工资总额（%）	个人按工资总额（%）	参保单位
1994	15	2	环卫处
1995	15	2	环卫处、人民商场、中医院、市政工程处
1996	16	3	环卫处、人民商场、市政工程处
1997	16	3	环卫处、人民商场、市政工程处
1998	20	4	环卫处、人民商场、市政工程处
1999	21	4.5	环卫处、人民商场、市政工程处、兴安信用社、集体企业公司白云灰厂（以下简称：白云灰厂）
2000	21	5	环卫处、人民商场、市政工程处、兴安信用社、多种经营公司、白云灰厂、南岔证券、南岔药厂、建林百货公司
2001	30	6	人民商场、市政工程处、兴安信用社、多种经营公司、白云灰厂、南岔证券、南岔药厂、建林百货公司
2002	30	7	人民商场、市政工程处、兴安信用社、多种经营公司、白云灰厂、南岔证券、南岔药厂、建林百货公司、织布厂、天津创维、汽车公司、外贸、石油公司、一建公司、传利商贸公司、修造厂、物资局、钢绳厂、胶合板厂
2003	30	8	人民商场、市政工程处、兴安信用社、多种经营公司、白云灰厂、南岔证券、南岔药厂、建林百货公司、织布厂、天津创维、汽车公司、外贸、石油公司、一建公司、传利商贸公司、修造厂
2004	30	8	人民商场、市政工程处、兴安信用社、多种经营公司、白云灰厂、南岔证券、南岔药厂、建林百货公司、织布厂、天津创维、汽车公司、外贸、石油公司、一建公司、传利商贸公司、修造厂
2005	22	8	人民商场、市政工程处、兴安信用社、多种经营公司、白云灰厂、南岔证券、南岔药厂、建林百货公司、织布厂、天津创维、汽车公司、外贸、石油公司、一建公司、传利商贸公司、修造厂

2000—2005 年南岔区个体户职工养老保险参保统计表

表 3-5

年份	个体缴费工资（元）	个体缴费比例（%）	参保人数（人）
2000	300	20	5120
2001	300	20	6200
2002	369.67	20	7006
2003	434.08	20	8601
2004	471.42	20	9890
2005	517	20	9896

第二节　职工失业保险制度

1987 年 10 月 1 日，南岔区开始实行职工失业保险，企业按工资总额的 1% 比例缴费，个人每人每月 1 元。1998 年 8 月 1 日至 2005 年年底企业按工资总额的 2% 缴费、个人按工资总额的 1% 缴费。

1987—2005 年南岔区失业保险统计表

表 3-6

年份	参保户数（户）	参保人数（人）	缴费金额（元）
1987	12	3145	26597.62
1988	39	14235	123850.28
1989	38	161145	146855.93
1990	38	15492	142222.68
1991	33	15349	148096.32
1992	45	15203	309907.99
1993	30	15108	302320.50
1994	42	15089	294519.04
1995	40	15312	318576.09
1996	25	14831	291988.33
1997	29	13254	250118.11
1998	16	18569	698189.34
1999	21	15029	371065.30
2000	19	12100	105948.86
2001	21	11500	181747.80
2002	70	13650	772371.15
2003	60	12508	354918.81
2004	31	6920	719176.00
2005	21	6784	1057067.10

第三节　医疗保险制度改革

2002年6月1日，南岔区职工基本医疗保险制度实施，成立医疗保险办公室，编制6人。依据《国务院关于建立城镇职工基本医疗保险制度的决定》和《黑龙江省城镇职工基本医疗保险制度总体规划》，制定《南岔区职工基本医疗保险参保管理办法》。医保制度适用于全区所有用人单位的全民职工（合同制工人）及退休人员，基本医疗保险费由企业和职工共同缴纳。用人单位基本医疗保险费缴费为职工平均工资6%，参保人员个人缴费率2%，退休人员不缴纳基本医疗保险费，由所在单位缴纳。建立个人账户和统筹基金账户。保赔待遇规定，参保人员符合医疗政策规定门诊费用，由个人账户支付。个人账户用完后（除参保办法所列慢性疾病外），其他疾病门诊费用由个人自付。

医疗保险经办指定专门定点医院有南岔林业职工医院、浩良河镇医院、晨明镇医院、松青卫生所。定点药店有南岔国营医药商店、南岔国营医药商店一分店、金天药行、明科药店、仁康药店（晨明镇）、利民药店（浩良河镇）。

医疗改革保险办公室按职工工龄确定药费核销标准，在职职工住院费80%核销，退休职工住院费85%核销，离休人员住院费100%核销。

核准印制发放职工《医疗保险病历处方本》和专用卡，职工就医或购买药品时持处方本和专用卡就诊、开药。职工统筹基金支付门诊医疗费用指定慢性疾病包括：脑出血、脑梗塞后遗症年封顶线为3000元；肝硬化年封顶线为3000元；肺结核进展期年封顶线为3000元；冠心病、心绞痛年封顶线为3000元；尿毒症年封顶线为10000元；各种癌症年封顶线为10000元。

参保人员发生医疗费用，由参保单位代办员每季核销1次，异地居住人员每年核销一次。个人账户结余可结转下年继续使用。截至2005年，全区参保单位122个、15947人、个人账户总额1457301.24元。

2002—2005年南岔区基本医疗保险制度情况统计表

表3-7　　单位：人

序号	单位及部门	2002年参保人数	2003年参保人数	2004年参保人数	2005年参保人数
1	南岔区机关党委	17	15	16	16
2	南岔区委组织部	10	8	8	9
3	南岔区宣传部	5	5	4	4
4	南岔区政法委员会	8	9	10	12
5	南岔区纪检委	20	20	20	20
6	南岔政府办公室	137	136	135	142
7	南岔经济贸易委员会	45	45	46	38
8	计划统计局	10	9	9	11
9	南岔区教育局	23	23	23	21
10	文化体育局	26	24	24	24
11	南岔区司法局	14	15	16	14
12	公安分局	504	507	520	195
13	南岔民政局	22	26	27	28
14	财政局	24	24	24	26

续表 3-7

序号	单位及部门	2002 年参保人数	2003 年参保人数	2004 年参保人数	2005 年参保人数
15	南岔区人事局	29	29	31	27
16	南岔区审计局	10	8	8	10
17	南岔区建设局	99	91	94	92
18	南岔区林政局	91	91	88	12
19	南岔区农业委员会	40	38	22	23
20	南岔区人民武装部	13	13	13	13
21	南岔区卫生和计划生育局	17	16	17	18
22	南岔区资源科	30	29	26	30
23	南岔区营林科	46	45	15	44
24	南岔生产科	46	52	51	53
25	南岔区人大	32	36	36	33
26	南岔区政协	19	19	20	20
27	南岔区工会	18	19	19	24
28	南岔区团委	2	1	2	2
29	南岔区妇联	2	3	3	3
30	南岔工商联	2	2	2	2
31	南岔区信访办	12	12	12	12
32	专员办	9	9	10	10
33	南岔区旅游局	5	5	5	4
34	南岔区老干部办	12	14	14	14
35	南岔区档案局	8	8	8	8
36	南岔区非国有经济办公室	9	9	8	11
37	南岔区法院	66	66	65	65
38	南岔区检察院	25	33	34	31
39	南岔区物价局	10	11	11	11
40	林产工业科	7	8	9	9
41	集企公司	13	13	17	17
42	木材科	28	26	26	25
43	劳服公司	23	25	27	11
44	人防办	10	10	15	12
45	南岔区妇幼保健院	2	2	2	2
46	南岔区卫生防疫站	7	7	8	8
47	南岔区林业职工医院	277	275	288	291
48	浩良河贮木加工厂	583	596	570	558
49	晨明贮木场	418	431	436	430
50	南岔贮木场	410	439	440	388
51	松贮	245	258	262	257
52	三岔河林场	209	159	157	154

续表 3-7

序号	单位及部门	2002 年参保人数	2003 年参保人数	2004 年参保人数	2005 年参保人数
53	亮子河林场	233	213	212	217
54	四合营林场	229	141	142	146
55	石头河林场	377	372	323	349
56	浩良河所	548	501	505	508
57	威岭所	138	149	149	149
58	晨明所	194	249	249	249
59	桦阳所	308	315	320	328
60	南岔区岩石所	124	136	140	152
61	柳树所	213	241	247	244
62	奋斗所	456	434	433	415
63	南岔所	206	216	239	253
64	太平所	267	268	273	271
65	松青所	496	530	510	460
66	商贸公司	613	610	913	961
67	一建公司	157	157	159	158
68	南岔区林城木器厂	3	4	—	—
69	胶合板厂	40	42	42	44
70	钢绳厂	93	93	92	96
71	修造厂	36	36	36	41
72	黑龙江省格润药业有限公司	3	3	6	6
73	肉联厂	111	110	111	115
74	技术监督局	15	—	—	—
75	南岔区第二建筑工程公司	20	21	21	21
76	设计队	102	103	104	107
77	环卫处	184	185	235	296
78	党校	49	48	57	57
79	物资公司	61	62	62	64
80	经贸公司	56	70	67	50
81	南岔区房产经营开发公司	11	11	12	11
82	南岔局自来水公司	3	77	86	87
83	热力公司	3	67	68	27
84	浩良河镇政府	152	153	142	140
85	晨明镇政府	151	140	150	151
86	迎春乡	90	76	74	73
87	南岔区东升办事处	35	32	33	33
88	南岔区联合办事处	52	53	55	57
89	南岔区西水办事处	61	59	59	57
90	南岔区高级中学	215	256	257	260

续表 3-7

序号	单位及部门	2002 年参保人数	2003 年参保人数	2004 年参保人数	2005 年参保人数
91	南岔区一中	128	130	133	142
92	南岔区二中	112	112	111	115
93	南岔区第三中学	113	122	123	124
94	南岔区四中	95	93	92	88
95	梧桐学校	63	62	62	58
96	东方红小学	213	214	213	217
97	南岔区东升学校	111	110	113	112
98	南岔区二校	71	132	134	145
99	南岔区三校	55	57	59	63
100	南岔区四校	43	45	47	49
101	南机械厂	40	40	41	41
102	南岔区食品饮料有限责任公司	9	9	9	9
103	南岔区委 610 办	2	2	2	2
104	浩良河小学	134	139	156	160
105	退养	227	214	194	170
106	南岔区机关车队	27	27	23	26
107	南岔区水利局	15	15	17	18
108	南岔区农机站	8	15	16	17
109	浩良河镇医院	91	95	97	97
110	进修校	30	23	14	14
111	伊春市国家税务局南岔分局	50	—	—	—
112	晨明镇医院	35	36	40	40
113	广播电视局	5	5	5	5
114	南岔农行	58		—	—
115	浩良河农行	35	—	—	—
116	南岔农村信用社	37	—	—	—
117	南岔地税分局	33	—	—	—
118	统战部	—	2	2	2
119	梧桐办事处	—	8		8
120	石油公司	—	52	50	50
121	铅印室	—	10	—	—
122	科协	1	—	—	1
123	执法大队	—	—	25	20
124	人事局	—	—	—	5
125	商务局	—	—	—	5
126	畜牧局	—	—	20	21

第四节 城镇居民最低生活保障制度

1998 年 10 月，南岔区根据国办发〔1997〕83 号、伊政办发〔1998〕48 号文件要求，在城镇、林场、经营所实行最低生活保障制度。标准：无生活收入来源、无劳动能力、无法定赡养人或抚养人的城镇居民，按全额补助；核算家庭人均各种货币、实物收入在保障线以下，按差额补助。1998 年，最低生活保障线标准 80 元，1999 年 10 月调整最低生活保障线 104 元。

2003 年 4 月，“低保”实现社会化发放，提高“低保”补差标准。

2005 年 12 月，全区“低保”户 7829 户，18882 人，发放总金额 822 万元。

1998—2005 年全区低保金发放统计表

表 3-8

时间（年）	户数（户）	人数（人）	年发放总额（万元）
1998	352	683	19.6
1999	1754	2600	76
2000	1754	2600	76
2001	1793	2630	76.9
2002	5712	7395	313
2003	5552	15002	480
2004	5826	15274	620
2005	7829	18882	822

第四篇　林　业

20世纪80年代，省森工总局下达任务到各林管局，林管局将生产任务分调到林业局，林业局将任务分配到主伐林场（所）。在资源管理上，采取资源消长数据、对应确定可采资源、划拨采伐地点、掌握林木总量及相应的数据。1986年，全局林木蓄积量1380万立方米。20世纪90年代初，蓄积1200余万立方米。1998年10月，全局实行天然林管护经营后，采与育在生产中逐渐有效地结合起来。2005年，全局活立木蓄积1219.8万立方米。

1986年，全局生产23万立方米，是原条生产，即使是重复轮采，林木的材质还是较好。到1989年便改成原木生产，任务20万立方米。集材由机械化作业改成畜力及人力作业，到2005年生产任务锐减到4.5万立方米。木材材质降低，售价也随之改变，也是随着市场行情的变化而变化，木材平均售价1986年369.86元，到2005年426元。在营林方面，林业局坚持“以营林为基础，全面发展”的方针，在20世纪80年代中期实现百万亩人工林的基础上，大力发展人工林。全局10个森林经营所每年承担不同量的育林及抚育任务，全局人工林保存面积68982.8公顷。加强苗圃建设，改变了经营机制，全局苗木实现自给有余。加大力度对森林病虫鼠害的防治，配备了先进的设备及力量，全局未发生大面积森林病虫鼠害。对母树林的培育和管理极为重视，全局有针、阔叶母树林1521公顷，种树10余种。全局绿化树苗自给，达到了全民义务植树出勤率，城镇绿化达到标准化。

第一章 森林资源

1986年，天然林成林面积为29541公顷，蓄积4170057立方米，到2005年成林蓄积锐减到589800立方米；1986年，人工林面积37079公顷，蓄积1270583立方米。到2005年人工林已成林面积68982.8公顷，蓄积4128219立方米。南岔林业局于1989年、1999年进行了第三、四次森林经理复查，对林业的各种状况，分别积累了翔实的数据。2005年年末，全局林业施业区面积299716公顷，经营面积286426公顷。

第一节 机 构

1986年，南岔林业局设森林资源管理科，2005年有工作人员10人，其中科长1名、副科长3名、科员5名、司机1名。2005年10月，资源科与林政科合并，称资源林政科，设科长1人，副科长3人，科员14人。

第二节 森林蓄积

南岔林业局施业区面积299716公顷，林业经营面积286426公顷，2005年年末，有林地面积217536.5公顷，总蓄积11170756立方米。

2005年南岔区（局）森林面积蓄积统计表

表4-1

单位名称	活立木总蓄积（立方米）	林龄分类												疏林地蓄积（立方米）	散生木蓄积（立方米）
		合计		幼龄林		中龄林		近熟林		成熟林		过熟林			
		面积（公顷）	蓄积（立方米）	面积（公顷）	蓄积（立方米）	面积（公顷）	蓄积（立方米）	面积（公顷）	蓄积（立方米）	面积（公顷）	蓄积（立方米）	面积（公顷）	蓄积（立方米）		
南岔林业局	12198265	217536.5	11170756	63897	2174546	121554	6481152	24698.5	1925252	7074	564929	313	24877	473591	553918
南岔经营所	402676	8296.7	351429	2667	74981	3574.2	128953	1699.5	123265	285	21316	71	2914	34546	16701
柳树经营所	751890	12677.4	643146	3510.4	95467	7899	430693	943	82945	304	31557	21	2484	35693	73051
岩石经营所	1359697	20374.6	1238786	5591.8	239519	11979.8	755987	2093	171631	660	67589	50	4060	35094	85817
奋斗经营所	467244	8784	431291	2257	70309	5071	276698	1186	66335	270	17949	—	—	—	35953
桦阳经营所	1836888	29553	1756313	4354	192786	17918	1012089	6466	488317	815	63121	—	—	39042	41533
太平经营所	474561	11217	442706	2755	75170	6835	271460	1190	63984	437	32092	—	—	7338	24517
晨明经营所	955374	14886	828940	7492	282016	5879	382207	1237	140356	271	23629	7	732	68371	58063
威岭经营所	466482	10126	425489	4247	134617	5647	272830	232	18042	—	—	—	—	19299	21694
浩良河经营所	966248	12608	930762	4404	205601	5789	436973	1982	244142	352	34611	81	9435	12987	22499
松青经营所	895984	11341.1	809786	3359.1	143434	5701	435213	1530	149357	751	81782	—	—	26537	59661
石头河林场	828965	20130.7	813759	2632.7	70960	15321	606766	1739	89286	438	46747	—	—	3055	12151
亮子河林场	368266	10924	336530	6221	144121	3953	138365	601	33692	149	20352	—	—	16197	15539
四合营林场	631076	13593	522191	5460	180876	7126	304620	310	10204	697	26491	—	—	91640	17245
三岔河林场	850517	15207	759815	2766	80675	9908	526443	1564	102916	930	46806	39	2975	59368	31334
大磊林场	428316	8290	401456	2752	80514	4541	249147	777	53721	179	15938	41	2136	8545	18315
翠岗林场	514081	9528	478357	3428	103500	4412	252708	1149	87059	536	34949	3	141	15879	19845

1998 年 12 月，南岔区（局）开始森林分类经营工作。2001 年 10 月森林分类经营工作完成。森林分类经营区划总面积 286426 公顷，其中商品林 56782 公顷，蓄积 232.5 万立方米，禁伐林 94973 公顷，蓄积 347.1 万立方米，限伐林 111744 公顷，蓄积 427.4 万立方米，其他面积 22927 公顷。

2001 年南岔局森林分类规划布局一览表

表 4-2

南岔林业局	规划面积（公顷）	禁伐		限伐		商品林	
		面积（公顷）	比重（%）	面积（公顷）	比重（%）	面积（公顷）	比重（%）
南岔林业局	263499	94973	36.04	111744	42.41	56782	21.55
柳树经营所	16777	10572	63.01	3665	21.85	2540	15.14
岩石经营所	22455	10444	46.51	8141	36.25	3870	17.24
太平经营所	13516	8025	59.38	3612	26.72	1879	13.90
大磊林场	9269	4427	47.76	2093	22.58	2749	29.66
奋斗经营所	9090	5487	60.36	3098	34.08	505	5.56
石头河林场	20819	3029	14.55	9601	46.12	8189	39.33
松青经营所	14082	3156	22.41	8549	60.71	2377	16.88
三岔河林场	18508	3181	17.19	9966	53.85	5361	28.96
翠岗林场	10631	2687	25.28	6348	59.71	1596	15.01
浩良河经营所	15985	5472	34.23	7015	43.89	3498	21.88
威岭经营所	14365	7944	55.30	4723	32.88	1698	11.82
桦阳经营所	33034	11405	34.52	14055	42.55	7574	22.93
四合营林场	20162	3563	17.67	9767	48.44	6832	33.89
晨明经营所	20714	6544	31.59	9993	48.24	4177	20.17
亮子河林场	13066	2985	22.85	8313	63.62	1768	13.53
南岔经营所	11026	6052	54.89	2805	25.44	2169	19.67

第三节　资源组成

2005 年年末，南岔林业局施业区面积 299716 公顷，经营面积 286426 公顷，其中用材林面积 47588 公顷，防护林面积 77291.4 公顷，人工林面积 68982.8 公顷。林木总蓄积 1117.1 万立方米，用材林蓄积 233.6 万立方米，防护林蓄积 397.2 万立方米，人工林蓄积 412.8 万立方米，占总蓄积的 36.95%。全局用材林中，成过熟林蓄积 10.77 万立方米，占用材林的 4.6%；中龄林蓄积 147.1 万立方米。用材林类型组成：红松用材林蓄积 11.35 万立方米，云冷杉用材林蓄积 3.2 万立方米；柞树林蓄积 21.88 万立方米，白桦林蓄积 1.19 万立方米，胡、水、黄硬阔林蓄积 0.44 万立方米。分别占用材林蓄积的 4.86%、1.37%、9.37%、0.51%、0.19%。

根据森林分类经营的原则，将林业局实际经营面积 286426 公顷规划为禁伐区 94973 公顷，占经营面积的 33.16%；限伐区 111744 公顷，占经营面积的 39.01%；商品林区 56782 公顷，占经营面积的 19.82%；其他面积 22927 公顷，占经营面积的 8.01%。

第四节　森林资源复查

一、第三次森林资源复查

1982—1987 年，稳权划界划出“两荒”面积 13290 公顷，企业实际经营面积 286426 公顷，有林地面积 203245 公顷，按企业经营面积计算森林覆被率 70.96%。1989 年，黑龙江省第二森林调查大队对南岔林业局进第三次森林资源调查。

森林资源复查进行局、林场（经营所）、林班三级区划。在全局范围内，根据山形水系特点，考虑经营管理情况，划分林场 4 个和经营所 9 个，林班 745 个。

全局施业区面积 299716 公顷。

二、第四次森林资源复查

1999 年，根据黑龙江省森林工业总局《黑龙江省森工总局第四次资源复查任务下达书》黑森字〔1999〕84 号文件，黑龙江省第二林业调查设计院对南岔林业局进行第四次森林资源复查。

林业局划分林场 4 个和经营所 9 个，林班 745 个。

第四次调查施业区面积 299716 公顷，企业经营面积 286426 公顷。其中：陆地面积 284108 公顷，内陆水域面积 2318 公顷，森林覆被率 75.6%。在陆地面积中，林业用地面积 254390 公顷，荒地面积 5902 公顷，农耕地面积 5628 公顷，难利用地面积 15327 公顷，其他土地 2861 公顷。在林业用地面积中，有林地面积 214718 公顷，疏林地面积 26207 公顷，灌木林地面积 1859 公顷，无立木林地 11490 公顷，苗圃地 116 公顷。

2003 年全区第一次调各类土地面积查统计表

表 4-3

单位：公顷、%

单位	总面积	有林地						无立木林地				苗圃	疏林地	灌木林地	未成林地	其他土地							林冠下造林	森林覆被率
		合计	防护林	用材林	经济林	特用林	其他	合计	采伐迹地	火烧迹地	荒山荒地					合计	江河湖泊湿地	水库湿地	其他湿地	农地	道路	其他		
南岔林业局	286426	216714	76975	47582	59	1179	90919	6623	999	551	5073	116	24822.9	1859	7323	28968.1	2318	108	18390	5272	738	2142.1	20951	76.3
南岔经营所	13640	8212	5052	1214	26	33	1887	453	—	—	453	17	1890	—	480	2588	17	108	1670	696	26	71	1897	60.2
柳树经营所	17849	12607	8029	2075	—	156	2347	1232	255	—	977	—	1689	172	365	1784	369	—	1169	148	39	59	1596	71.6
岩石经营所	24556	20195	9452	3352	9	108	7274	137	6	—	131	16	1578	—	361	2269	217	—	1699	264	51	38	3172	82.2
奋斗经营所	9201	8758	5382	485	—	—	2891	29	4	—	25	—	—	8	206	200	29	—	76	56	26	13	2210	95.3
桦阳经营所	36890	29580	10098	6580	—	31	12871	20	—	—	20	9	2239	419	432	4191	270	—	2932	849	58	82	3293	81.3
太平经营所	14989	11173	6228	1807	24	98	3016	928	237	—	691	14	778	86	383	1627	33	—	920	595	32	47	1699	75.1
晨明经营所	22977	14814	4344	2957	—	246	7267	312	—	—	312	11	3742	1136	594	2368	261	—	1264	486	35	322	460	69.4
威岭经营所	15742	10039	5023	1519	—	—	3497	997	12	551	434	6	720	—	307	3673	399	—	2495	432	91	256	452	63.8
浩良河经营所	18230	12667	4242	3175	—	178	5072	903	35	—	868	13	721	—	365	3561	397	—	1793	448	170	753	759	69.5
松青经营所	14957	11288	2239	2000	—	102	6947	447	174	—	273	7	1613	38	263	1301	145	—	679	216	73	188	1945	75.7
石头河林场	21255	20033	2892	8012	—	—	9129	7	—	—	7	8	572	—	196	439	39	—	220	122	16	42	558	94.3
亮子河林场	13771	10849	2575	1606	—	70	6598	55	—	—	55	9	1175	—	755	928	10	—	633	218	28	39	426	78.8
四合营林场	22054	13530	2456	4547	—	—	6527	448	—	—	448	4	4156	—	1854	2062	10		1762	222	24	44	407	61.3
三岔河林场	20169	15159	2417	4629	—	—	8113	134	97	—	37	2	2846.9	—	299	1728.1	31		1065	428	41	163.1	991	75.2
大磊林场	9400	8282	4368	2269	—	12	1633	337	—	—	337	—	503	—	144	134	9	—	13	72	15	25	521	88.1
翠岗林场	10746	9528	2178	1355	—	145	5850	184	179	—	5	—	600	—	319	115	82	—	—	20	13	—	565	88.7

1989 年第三次各类土地面积复查统计表

表 4-4

单位：公顷

单位	总面积	林业用地																			非林业用地合计
		林业用地面积计	有林地									疏林地	人工未成林	苗圃	宜林地						
			有林地合计	林分							经济林				计	荒山荒地	采伐迹地	火烧迹地	林中空地	宜林沼泽	
				计	用材林	防护林	特用林														
							计	母树林	革命圣地	环保											
林区	299716	261621	284303	204301	178863	23197	1541	1141	45	355	2	14809	27924	126	14459	4965	4458	2	9	5025	38095
企业经营	286426	259637	203245	203243	178246	23811	1186	1141	45	—	2	14809	27621	126	13845	4615	4458	—	9	4763	26789
其中：用林区	274264	253059	198212	198210	178246	18890	1074	1074	—	—	2	14645	27034	115	13053	4124	4423	—	9	4497	21205
防护林区	12162	6578	5033	5033	—	4921	112	67	45	—	—	155	587	11	792	491	35	—	—	266	5584
集体经营	13290	1984	1058	1058	617	86	355	—	—	355	—	9	303	—	614	350	—	2	—	262	11306

1989 年第三次森林面积蓄积复查统计表

表 4-5

单位	起源	活立木总蓄积（立方米）	有林										疏林地		散生木蓄积（立方米）
			合计		幼龄林		中龄林		近熟林		成熟林				
			面积（公顷）	蓄积（立方米）	面积（公顷）	蓄积（立方米）	面积（公顷）	蓄积（立方米）	面积（公顷）	蓄积（立方米）	面积（公顷）	蓄积（立方米）	面积（公顷）	蓄积（立方米）	
林区	—	13021068	204303	11751194	64921	1685388	96662	5609951	35307	3517657	7413	937998	14809	470527	799367
企业经营	—	12955549	203245	11687685	64505	1669081	96020	5562749	35307	3517657	7413	937998	14800	470284	797580
	天然	10804015	148592	9797054	24206	746701	84124	4869461	32849	3242894	7413	937998	14793	470186	536775
	人工	2111395	54653	1890631	40299	922380	11896	693288	2458	274963	—	—	7	98	220666
	无非林地	40139	—	—	—	—	—	—	—	—	—	—	—	—	40139
用材林区	—	12651389	198212	11400501	62544	1625449	93802	5421740	34634	3442405	7232	910907	14645	465656	785232
	天然	10555322	145056	9562296	23333	722842	82198	4746849	32293	3181698	7232	910907	14645	465656	527370
	人工	2057469	53156	1838205	39211	902607	11604	674891	2341	260707	—	—	—	—	219264
	无非林地	38598	—	—	—	—	—		—	—	—	—	—	—	38598
防护林区	—	304160	5033	287184	1961	43632	2218	141009	673	75452	181	27091	155	4628	12348
集体	—	65539	1058	63509	416	16307	642	4202	—	—	—	—	9	243	1787

2005年各类土地面积统计表

表4-6

单位：公顷、%

单位	总面积	有林地						无立木林地				苗圃	疏林地	灌木林地	未成林地		其他土地							林冠下造林		森林覆被率
		合计	防护林	用材林	经济林	特用林	其他	合计	采伐迹地	火烧迹地	荒山荒地				合计	其中当年造林	合计	江河湖泊湿地	水库湿地	其他湿地	规划造林地	道路	其他	合计	其中当年造林	
南岔林业局	286426	217536.5	77291	47588	59	1179	91419	6569	1026	551	4992	116	24005.9	1859	7348	472	28992	2318	104	18371	5264	738	2196.6	21431	361	76.6
南岔经营所	13640	8296.7	5061.7	1248	26	33	1928	453	—	—	453	17	1829	—	458	28	2586.3	17	104	1665	696	26	78.3	1897	2	60.8
柳树经营所	17849	12677.4	8073.4	2063	—	156	2385	1144	185	—	959	—	1592	172	487	134	1776.6	369	—	1162	145	39	61.6	1635	25	72
岩石经营所	24556	20374.6	9450.8	3422	9	108	7384.8	141	10	—	131	16	1535	—	223	—	2266.4	217	—	1692	264	51	42.4	3223	51	83
奋斗经营所	9201	8784	5379	485	—	—	2920	29	4	—	25	—	—	8	167	—	213	29	—	76	56	26	26	2225	8	95.6
桦阳经营所	36890	29553	10098	6553	—	31	12871	47	27	—	20	9	2165	419	506	—	4191	270	—	2932	849	58	82	3360	67	81.2
太平经营所	14989	11217	6233	1827	24	98	3035	925	237	—	688	14	650	86	454	81	1643	33	—	920	595	32	63	1740	20	75.4
晨明经营所	22977	14886	4395	2897	—	246	7348	372	60	—	312	11	3624	1136	580	44	2368	261	—	1264	486	35	322	504	44	69.7
威岭经营所	15742	10126	5110	1519	—	—	3497	970	12	551	407	6	645	—	327	54	3668	399	—	2495	427	91	256	459	7	64.3
浩良河经营所	18230	12608	4242	3116	—	178	5072	893	25	—	868	13	721	—	434	40	3561	397	—	1793	448	170	753	775	9	69.2
松青经营所	14957	11341.1	2237.1	2039	—	102	6963	463	190	—	273	7	1518	38	285	—	1304.9	145	—	679	216	73	191.9	1979	34	76.1
石头河林场	21255	20130.7	2990.4	8012	—	—	9128.3	7	—	—	7	8	572	—	97	—	440.3	39	—	220	122	16	43.3	558		94.7
亮子河林场	13771	10924	2594	1606	—	70	6654	55	—	—	55	9	1140	—	715	35	928	10	—	633	218	28	39	486	20	79.3
四合营林场	22054	13593	2456	4548	—	—	6589	415	—	—	415	4	4121	—	1859	35	2062	10	—	1762	222	24	44	428	14	61.6
三岔河林场	20169	15207	2419	4629	—	—	8159	134	97	—	37	2	2810.9	—	286	21	1729.1	31	—	1065	428	41	164.1	1037	21	75.4
大磊林场	9400	8290	4374	2269	—	12	1635	337	—	—	337	—	483	—	151	—	139	9	—	13	72	15	30	560	39	88.2
翠岗林场	10746	9528	2178	1355	—	145	5850	184	179	—	5	—	600	—	319	—	115	82	—	—	20	13	—	565		88.7

表 4-7

1989 年第三次天然木材林面积蓄积复查统计表

优势树种（组）	活立木总蓄积（立方米）	有林地										疏林地		散生木林地（立方米）
		合计		幼龄林地		中龄林地		近熟林地		成熟林地				
		面积（公顷）	蓄积（立方米）	面积（公顷）	蓄积（立方米）	面积（公顷）	蓄积（立方米）	面积（公顷）	蓄积（立方米）	面积（公顷）	蓄积（立方米）	面积（公顷）	蓄积（立方米）	
计	9030279	126973	8121198	21199	667944	74057	4317209	26443	2476217	5274	659828	13537	430704	478377
%	—	100	100	16.7	1.2	58.3	53.2	20.6	30.5	4.2	8.1	—	—	—
红松	302675	3010	288352	59	823	1394	75638	1264	153417	293	58474	274	11621	10702
云杉	50921	500	43750	—	—	316	22548	91	9925	93	11277	202	6118	1053
冷杉	200615	2024	179802	13	1547	1597	132768	414	45487	—	—	291	9327	11486
胡桃秋	238	—	—	—	—	—	—	—	—	—	—	14	238	—
榆树	714	17	142	17	142		—	—	—	—	—	13	312	260
枫桦	12546	213	10781	37	983	118	6108	56	3386	2	304	76	1500	265
柞树	958843	15521	856760	2935	94664	9015	441067	3248	283513	323	37516	1389	40476	61607
色树	2423	41	1493	17	340	13	416	—	—	11	737	48	644	286
黑桦	12009	195	7270	104	1288	38	1568	53	4414	—	—	94	4649	90
椴树	67989	879	57530	96	1791	525	25668	143	14710	115	15361	152	4518	5941
白桦	117089	2421	94997	767	15355	1371	59259	201	12645	82	7738	792	17575	4517
杨树	51372	842	49148	195	4496	538	32406	96	10894	13	1352	69	1545	679
针叶混	1420032	15264	1326091	1117	57220	10850	903129	2925	318888	372	46854	960	37756	36185
珍硬阔	96	—	—	—	—	—	—	—	—	—	—	8	96	
杨桦	199114	3386	175064	1172	21285	1337	75694	520	37141	357	40944	365	12517	11533
阔叶混	3958093	61025	3501749	10937	318818	35207	1802788	12489	1100030	2392	280113	6577	204304	244040
针阔混	1675447	21635	1528269	3733	149192	11738	738152	4943	481767	1221	159158	2210	77445	69733
柞矮	63	—	—	—	—	—	—	—	—	—	—	3	63	—

第二章 森林保护

全局的森林管理分为林木资源的档案管理，森林资源划区经营管理，森林病虫鼠灾鼠害防治管理，调查设计、林政、防火、资源监督管理等，记载了林班的概况，资源消长林相分布，划区拨交等。从 1986 年的手工变档发展到 1990 年以后的微机窗口化模式。2000 年全区管护面积 213165 公顷，管护人员 555 人。到 2005 年划区管护面积 286426 公顷，管护人员 560 人。加强了病防工作，配备了较强的技术人员和先进的设备。到 2005 年累计防治 168.98 亩次。依据上级下达的木材生产任务，对各生产单位分小班进行调查设计。对林政和防火工作极为重视，在局森防指的统一指挥下，严把防火关，等级风天死看硬守，坐镇指挥，1986—2005 年，全局发生火情 10 起，对责任人做了相应的处理。坚决执行森林法，对乱砍滥伐行为做出严肃处理，共处理案件 10 余起。在森林资源监督工作中，林业局执行驻本局资源监站的各项决定，各林场（所）场有 1 名森林监督站长，并于 2003 年分晨明、浩良河、南岔三片设立监督分站，负责各片场、所的资源监督工作，做到监督得体，责任到位。

第一节 资源管理

一、资源档案

森林资源档案工作，主要对资源档案管理，科学经营管理，编制长远规划和生产计划，掌握森林经营利用活动情况，记载和积累森林资源消长变化。设立了专人专职负责此项工作。随着天保工程的实施和林业改革的不断深入，森林资源档案管理已经纳入资源管理日程，资源档案的基础地位不断提高，管理的手段和方法也有了明显的变化，由 1986 年原始的手工变档到 1990 年小班数据库的建立，进而又发展到 2002 年较先进的窗口化管理模式，资源档案统计工作已经跨入了林业管理现代化的新阶段，地理信息系统也在不断应用，档案管理工作又增加了新内容。

二、森林经营档案

局森林档案 1986—2005 年记述内容：小班概况记载；造林作业记载；已成林、人工林生长抚育；天然更新调查表；资源消长变化表；分类经营统计表等。同时还有林相图、分类经营区划图。这些图表使森林经营档案记载比较详细，既有经营活动的经济效益，又为森林的有续利用留下科学的依据。

三、伐区拨交验收

随着伐区拨交验收工作要求的不断提高和完善，1985 年伐区拨交采用林木采伐许可证制度，即对经过审批的伐区调查设计资料，由林业局森林资源管理部门（资源科）向伊春林业管理局森林资源管理部门申报年度伐区地点、采伐数量等，伐区拨交和验收，实行“三级拨交和验收”制度，即林管局、林业局、林场（所）。林业局资源科伐区验收作为伐区生产作业质量的最终结果，伐区验收后，发给生产单位伐区验收合格证，作为伐区生产作业工资支付的凭据。

2005 年，为贯彻落实《国家林业局关于委托森林资源监督机构核发林木采伐许可证的通知》文件精神，国家林业局驻省专员办与省森工总局共同制定了《黑龙江省森工林区林木采伐许可证核发程序（试行）》。根据国家林业局规定的“谁发证，谁抽查；谁审查，谁检查；谁申请，谁负责”的林木采伐管理制度，伐区拨交程序实行“三级拨交，三级备份”制度，一级拨交为发证机关（国家林业局驻省专员办），二级拨交为各森工企业局（林业局），三级拨交驻林场（所）。森林资源监督站，本局采用二级拨交到驻各林场（所）森林资源监督站，三级拨交由森林资源监督站拨交给采伐作业人员，待作业完成后在林木采伐许可证上签字作为财务部门支付采伐工资的凭证。

四、伐区验收

伐区验收实行“一级验收，二级抽检”制度。一级检查验收：由林业局与驻林业局专员办共同负责，以林木采伐许可证和伐区调查设计及有关伐区验收办法为依据，对合格伐区逐一填写伐区验收合格证。

二级抽检：一级抽检由省森工总局负责抽检作业小班数量的 3%。二级抽检由发证机关负责抽检作业小班数量的 1%。

2005 年一季度，森工国有林区林木采伐实行拨交验收管理信息系统，采用拨交和验收微机管理系统，伐区拨交林木采伐许可证和验收证结束人工填写，改由计算机打印输出。

第二节　森林管护经营

一、管护面积及人员配备

1998 年，林业局开始进行林业体制改革准备工作，并制定了一系列改革措施。

2000 年，实行天然林管护工作，当年，管护面积 213165 公顷，管护人员 555 人，其中办公室人员 13 人，病防、气象两站人员 8 人，林政防火 125 人，林场所各分队人员 409 人。2001 年，管护面积 286426 公顷，专业管护人员 560 人。其中办公室人员 25 人（含资源站长 12 人），病防、气象两站人员 8 人，林政防火 125 人，稽查队 26 人，林场所各分队合计 376 人。2005 年，管护面积 286426 公顷，专业管护人员 560 人。其中办公室人员 25 人（含资源站长），病防、气象两站人员 8 人，林政防火 125 人，稽查队 10 人，林场所各分队合计 392 人。

二、管护措施

1998 年，根据省市有关森林资源管护经营承包的政策，南岔林业局先后制定了《森林资源管护经营实施方案》《森林资源管护经营责任制实施细则》《天保工程森林管护管理办法》《天保工程森林管护责任制》《森林资源管护经营承包责任制目标考核办法》等一系列规章制度，成立了南岔林业局森林资源管护大队，为全面实施管护承包，提供了工作的制度和人员保证。

2001 年，在总结经验的基础上，依据上级的统一部署，遵照远封近分的原则，对近山区侧重采取职工群众分户承包的方式管护，对远山区实行封山设卡，将林地内的非林地作为公共管护区。基于以上原则，全局区划分户管护责任区 1771 户，面积 162669 公顷；设立标牌 1823 个，封山设卡 52 处，落实管护人 104 人；面积为 40382 公顷，公共管制责任人 272 人，管护面积 83375 公顷；公共管护及封山设卡全部是专业管护人员。

2002年为了发展林下经济，调整管护承包责任区1776户，面积162669公顷；封山设卡52处，管护人员104人，面积40382公顷；公共管护员288人，面积是83375公顷；公共管护及封山设卡人员全部是专业管护人员。

2005年管护承包责任区1776户，面积调整163150公顷；封山设卡52处，落实管护人104人，面积为40011公顷；公共管护人员288人，面积是83265公顷；公共管护及封山设卡人员全部是专业管护人员。

三、内业建设情况

内业管理采取3项措施：建立林业局、场（所）、管护责任人3级管护网络，实行专业队伍和管护责任人专群结合的管理体制；以森林资源二类调查数据为基础，林下植物作补充调查，以访问的形式为主；建立评价指标，以监督检查管护经营区质量和经营成果，为发放管护费提供依据。做法：分户管护的责任区与管护责任人签订统一版本合同，合同期限10年，2001年1月1日至2010年12月31日止。为规范管理，2001年1月，林业局编制《森林资源管护经营区划图、现状图》。对有变化管护责任人填写《森林资源管护经营责任制档案变更申请审批表》，发展林下经济填写《林下经济申请审批表》，年终对管护责任人管护考核，填写《南岔林业局森林资源管护经营承包责任制效果考评标准表》。同时制定各管护经营区的管理办法、责任制度等。

第三节　森林病虫害防治

一、机构

1986年森林病虫害防治站是局营林处下属单位，配站长1名。1990年有工作人员11人，其中工程师2名，技术员5名，工人4名；1991—1996年，有工作人员10人，其中工程师2名，助理工程师4名、技术员3名、工人1名；1991年配备5台摩托车。1997年机构并回营林处，设有站长办公室，病防检疫办公室，配有实验室、标本室、档案室、药品库。实验室配备培养箱、显微镜、解剖镜、冰箱、干燥箱、分析天平。2005年，有工作人员5名，高级工程师1名，工程师4名。有房舍面积1109平方米，占地6828平方米，设站长办公室，病防办公室2个、检疫办公室1个，配有实验室、标本室、档案室、养蜂室、药品库。实验室备有各种常规分析实验仪器，可做一般实验分析，标本室有标本234种，档案室存有各类技术档案3套46卷。

二、病防观测

1986年，在松青所、浩良河所、桦阳所建立3个观测点、13块观测样地，预测松毛虫、松梢象甲、鼠害有害生物发生。1987年，在柳树所、岩石所、晨明所增设3个观测点、153块样地。同年，进行检疫专题调查，调查面积5.17公顷，其中人工林1.86公顷，天然林3.3公顷，苗圃58.3公顷，划出疫区面积0.23公顷，发现主要检疫对象有落叶松早期落叶病、红松枯梢病、落叶松溃疡病、松梢象甲。1988年设立96块样地，观测样地262块。1989年被评为省一级站，同年3月24日苏联林业考察团一行6人参观了局防治站。

1991年进行全国性病虫鼠害大普查，共普查出昆虫14个目，101个科，543种；病害（包括子实体标本）3个亚门，42个科226种；鼠害标本4个科，8种；兽类标本11个目，17个科，34种；囊括了局检疫对象，主要病虫鼠害及其天敌标本，为准确预测预报森林病虫害发生发展及防治工作提供了可靠依据。1994 年，被评为省一级站，1997 年，被评为省级标准化站，2000 年，评为国家级标准化站，2001 年，省森工总局确定局病防站为国家级中心测报点，主测对象为松梢象。2004 年，增加了主测对象落叶松毛虫，并在浩良河所、松青所、柳树所、岩石所、桦阳所、晨明所等地设置观测固定样地共 77 块，进行常年观测。根据黑森营字〔2003〕286 号文件的要求，在 2003 年 12 月至 2005 年 1 月开展有害生物普查，普查出有害生物 61 种，其中病害 11 种，虫害 15 种，鼠害 6 种，有害植物 29 种，普查面积以有林地为主计 21.55 公顷，其中人工林 66.98 公顷，天然林 14.85 公顷。

三、防治

林业局从 1986 年开始通过测报网点的预报，有计划地对病虫鼠害进行防治，到 2005 年累计防治 11.26 公顷，其中病害 0.27 公顷，虫害 1.7 公顷，鼠害 9.29 公顷。

1986—2005 年南岔林业局森林病虫鼠害防治面积统计表

表 4-8 单位：公顷

年份	合计	防治								
		病害防治		虫害防治				化学	物理	生物
		早落病	疱锈病	叶蜂	松毛虫		松梢象			
		化学	营林措施	化学	化学	挂鸟巢	营林措施			
1986	87050	0	1750	0	2320	2000	1695	79285	0	0
1987	127330	0	0	0	38395	9785	0	79150	0	0
1988	80703	0	338	0	4425	6175	0	69765	0	0
1989	98611	1425	3683	0	4805	5640	3555	79503	0	0
1990	110134	0	1000	0	0	5505	2195	101434	0	0
1991	120000	1000	1000	0	2035	2000	2015	111950	0	0
1992	105000	4000	1000	6500	5000	2500	1500	84500	0	0
1993	100000	1000	1000	3000	6500	2500	1500	84500	0	0
1994	100000	1000	1000	14185	4000	0	1000	78815	0	0
1995	90000	1000	1000	20000	4000	0	1000	63000	0	0
1996	60000	0	1000	0	2000	0	1000	56000	0	0
1997	105000	0	1500	8515	0	0	1880	93105	0	0
1998	90000	3000	1000	6000	1000	0	1000	78000	0	0
1999	90000	2500	2000	4500	0	0	2000	79000	0	0
2000	66000	2000	1500	2000	2000	0	1500	57000	0	0
2001	50000	0	2000	2300	3000	0	2000	27700	8000	5000
2002	70000	0	2000	3000	20000	0	2000	23000	12000	8000
2003	70000	0	0	0	12000	0	0	23000	12000	23000
2004	70000	0	1000	0	8000	2000	2000	20000	19000	18000
2005	70000	0	0	0	3000	3000	4000	25000	20000	10000
总计	1689828	16925	23771	70000	119480	38105	27840	1288707	51000	54000

四、检疫

1986—2005年，林业局对产地累计检疫378.71万米，苗木54952.8万株，种子207.19吨。调运累计检疫246.2万米，苗木2226.19万株，种子91.635吨，调运检疫未发现检疫对象。

1986—2005年南岔林业局森林植物及林产品产地、调运检疫量一览表

表4-9

年份	木材（万立方米）	苗木（万株）	种子（吨）	木材（万立方米）	苗木（万株）	种子（吨）
1986	0	2922.8	0	3	222.15	1.65
1987	0	2617	0	18.67	0	16.68
1988	0	3183.6	0.095	14.26	5.1	16
1989	10.34	3630.42	125	0.56	21.3	15.84
1990	91.7	2183	0	32.07	200	3.54
1991	85.13	2458.32	0	26.83	0	1.27
1992	14.43	4310.1	30	33.48	17.59	11.01
1993	25.7	1741	36.3	24.4	0.45	16
1994	18.7	1802.3	1	15.8	0	5.05
1995	15.6	1667.5	1.13	14	0	0
1996	11.5	1835.76	0.63	13.9	10	0.2
1997	13.7	1587.4	1.3	12.5	0	0
1998	16	1157.3	1.32	13	0	0.195
1999	11.37	6113	0.054	11.1	0	0.27
2000	9.6	10123.6	1.2	1.6	1026.8	3.3
2001	5.1	2226.8	2.3	1.5	368.3	0
2002	5.8	2912	1.19	3.98	210	0.63
2003	5.8	2132.8	1.7	4.2	4.5	0
2004	5.24	347.9	4.4	1.35	140	0
2005	3.38	7672	27.6	2.23	140	23
合计	349.09	54952.8	235.219	246.2	2366.19	114.635

1986—2005年度病防、检疫完成量统计表

表4-10

年份	防治（亩）									检疫					
	病害			虫害			鼠害			产地			调运		
	化学	物理	生物	化学	物理	生物	化学	物理	生物	木材（万立方米）	苗木（万株）	种子（吨）	木材（万立方米）	苗木（万株）	种子（吨）
1986	1750	0	0	2320	1695	2000	0	0	0	0	2922.8	0	3	222.15	1.65
1987	0	0	0	38395	0	9785	0	0	0	0	2617	0	18.67	0	16.68
1988	0	338	0	4425	0	6175	0	0	0	0	3183.8	0.095	14.26	5.1	16
1989	1425	3683	0	4805	3555	5640	0	0	0	10.34	3630.4	125	0.56	21.3	15.84
1990	0	1000	0	0	2095	5505	0	0	0	91.7	2183	0	32.07	200	3.54

续表 4-10

年份	防治（亩）									检疫					
	病害			虫害			鼠害			产地			调运		
	化学	物理	生物	化学	物理	生物	化学	物理	生物	木材（万立方米）	苗木（万株）	种子（吨）	木材（万立方米）	苗木（万株）	种子（吨）
1991	1000	1000	0	2035	2015	2000	0	0	0	85.13	2458.3	0	26.83	0	1.27
1992	4000	1000	0	11500	1500	2500	0	0	0	47.43	4310.1	30	33.48	17.59	11.01
1993	1000	1000	0	9500	1500	2500	0	0	0	25.7	1741	36.3	24.4	0.45	16
1994	1000	1000	0	18185	1000	0	0	0	0	18.7	1802.3	1	15.8	0	5.05
1995	1000	1000	0	24000	1000	0	0	0	0	15.6	1667.5	1.13	14	0	0
1996	0	1000	0	2000	1000	0	0	0	0	11.5	1835.8	0.63	13.9	10	0.2
1997	0	1500	0	8515	1880	0	0	0	0	13.7	1587.4	1.3	12.5	0	0
1998	3000	1000	0	7000	1000	0	0	0	0	16	1157.3	1.32	13	0	0.195
1999	2500	2000	0	4500	2000	0	0	0	0	11.37	6113	0.054	11.1	0	0.27
2000	2000	1500	0	4000	1500	0	0	0	0	9.6	10124	1.2	1.6	1026.8	3.3
2001	0	2000	0	5300	2000	0	0	8000	5000	5.1	2226.8	2.3	1.5	368.3	0
2002	0	2000	0	23000	2000	0	0	12000	8000	5.8	2912	1.19	3.98	210	0.63
2003	0	0	0	12000	0	0	0	12000	23000	5.8	2132.8	1.7	4.2	4.5	0
2004	0	1000	0	8000	2000	2000	0	19000	18000	5.24	347.9	4.4	1.35	140	0
2005	0	0	0	3000	4000	3000	0	20000	15000	3.38	7672	27.6	2.23	140	23

第四节　林政管理

一、机构

1986 年至 2005 年 10 月，区（局）设林政局，配正职 1 人，副职 2 人，林政员 4 名，下设检查站 10 处，每站 4 人，负责全区公路木材运输检查。业务归伊春市林政局指导，南岔林业局领导。全区 14 个林场（所）设有林政股，所辖施业区设有若干包片营林员。2005 年 10 月，林政科（局）与资源科合并，称资源林政局。

二、林政检查

采取定期和不定期的检查方法，对各林业生产单位、各木材加工厂、点进行检查，重点查处乱砍滥伐，偷拉私运，私卖木材，收黑木材的行为，发现一起，查处一起。冬运期间，林政稽查队根据犯罪分子的作案特点、规律和惯用手段，有针对性地制定防范措施，堵住盗窃、盗伐木材的渠道，对靠近公路的生产地点，农林交错地带死看硬守，有效地扼制了乱砍滥伐，偷拉私运，私卖木材行为。从源头抓起，在冬运生产中，对林场、所经营的生产任务，地点运输线路，进行跟踪检查，对查出的问题立即整改。对全区所有缴库材一律凭证运输，三点报数，一车一证，在核定材种、数量、径级、走向、运输线路都相符情况下予以放行；对伪造涂改、过期的运输凭证，一律视为无证运输，就地扣留。认真打号。对木材运输监装、打号，不管加工厂多远，如何偏僻，监装人员必须到木材装车地，防止木材流失。加强了对全区木材经营，加工厂点检查和清理整顿工作，无木材加工许可证一律取缔。对加工和销售环节实行了运输进出台账分别管理办法，做到账、货相符。对各场所及居民烧柴进行检查。规定每户居民存储烧柴不得超过 5 立方米；对私自入山拉烧柴、超贮的一律没收；职工搬家拉烧柴，必须由派出所出证据，并由场所长签字，方可办理运输证明。

三、宣传贯彻森林法

利用各种宣传形式和手段宣传贯彻执行森林法、《森林法实施条例》。1986—2005 年，全区共播放电视讲座 25 期，学生上街宣传 36 次，墙报、板报 130 期，设永久性标语牌 145 块。

四、林政典型案例

1996 年，马艳军，翠岗工人，于 1995 年 3—10 月在翠岗施业区先后 5 次盗伐林木 8.248 立方米，价值 4858 元，判处有期徒刑四年，开除党籍。

1998 年，田国志，于农民，于 1995 年 3 月至 1996 年 9 月在石头河林场采伐号和西山盗伐林木 2.8924 立方米，留党察看两年。

1999 年，李洪瑞，浩良河所工人，于 1998 年 12 月在浩良河所 747 林班盗伐林木 13.5313 立方米，判二缓二，开除党籍。

2001 年，高继兴，三岔河林场工人，于 2001 年 3 月在三岔河林场 658 林班盗伐桦木 30.7377 立方米，判有期徒刑三年，开除公职处分。

2001 年，王雨江，三岔河林场工人，于 2001 年 3 月在三岔河 677 林班盗伐林木 91.418 立方米，判刑有期徒刑六年，开除公职。

2002 年，王宝山，桦阳所工人，于 2001 年 3 月在桦阳所 429 林班盗伐林木 66.347 立方米，判有期徒刑五年，开除党籍，开除公职。

2003 年，金振营，区第三小学工人，于 2001 年 12 月在松青所 86 林班盗窃林木 4.8036 立方米，判处有期徒刑六个月，缓刑一年，开除留用。

2003 年，王有财，四合营林场工人，于 2002 年 8 月在四合营 342 林班盗伐林木 7.9208 立方米，判一缓一，开除留用。

2003 年，陈喜国，四合营林场工人，于 2001 年 11 月在四合营林场 387 林班盗伐林木 35.3241 立方米，判处有期徒刑五年，开除公职处分。

第五节　森林防火

一、机构

南岔林业局设森林防火指挥部，政委由区委书记担任，总指挥由区长担任。2005 年 5 月，设森林防火常务副总指挥（副处级）。指挥部成员分别由公安局局长、副局长，森保科科长、政府办主任、党办主任，防火办主任、副主任，交通局局长、资源林政局局长、统计局局长、民政局局长、财政局局长、生产科科长、营林处主任、设计队队长、通信公司经理、南铁地区办事处主任、水解厂副厂长分别担任，办公室设在区森防办，业务由伊春市防火指挥中心指导。

二、扑火队伍

1986—1995 年，有 300 人基干扑火民兵营，教导员、营长分别由区武装部政委、部长担任，连长由松青所、南岔所、晨明所、浩良河贮木场的所、场长担任，下设排、班。到 2005 年，全区（局）设有 30 人快速扑火队，专业扑火队 50 人，全称为南岔森林扑火大队。各场所各有一支 15 人的快速扑火队，50 人的远征扑火队。

三、扑火设施

2005 年，区（局）防火办设有指挥车 2 台，扑火运兵车 1 台，微机 4 台，超短波电台 1 部，无线电对讲机 19 部，卫星定位仪（GPS）8 个，在晨明、浩良河建停机坪 2 处，配置风力灭火机 270 台，全区（局）建瞭望塔 8 个，每塔备 40 倍望远镜 1 架，无线电对讲机座机、手持机各 1 部，还配备了移动通信手机 1 部，各场所、贮木场防火办配置 1 台无线电对讲机。形成覆盖整个南岔施业区的通信网络，一旦发生火警，保证通信畅通，便于领导指挥。

四、防火宣传与制度

贯彻落实森林法。区（局）完善《森林防火值班高度制度》《森林火灾报告制度》《森林火情、火灾处置制度》《森林防火联防责任制》《森林防火统计报表，火灾档案管理制度》《工作人员学习和例会制度》《定期分析森林火险趋势制度》《森林防火宣传制度》《专业扑火队建设管理制度》《控制火源管理制度》《区领导坐台值班制度》《指挥高度岗位责任制度》《微机员岗位责任制》《通讯电工岗位责任制》规章制度 14 项。

火情、火灾。1986—2005 年以后，林业局施业区共发生火情、火灾 10 余起，对责任人分别进行处理。

1987—1997 年火情、火灾统计表

表 4-11

年份	火情（起）	火灾	火因	处理结果	起火地点
1987	2	—	机车喷火	—	国铁
1988	1	—	野外吸烟	拘留	太平所
1988	1	—	野外吸烟	—	桦阳所
1989	1	—	电线脱落	—	南岔所
1991	—	1	野外吸烟	拘留	岩石所
1993	1	—	火因不明	—	—
1993	1	—	火因不明	—	—
1993	1	—	野外吸烟	拘留	浩良河所
1995	1	—	野外吸烟	拘留	岩石所
1997	—	1	家火上山	拘留	威岭所

第六节　森林资源调查

1986 年，南岔林业局设勘察设计队是区（局）综合调查队，担负着全局木材生产主伐，抚育伐，更新造林，林业公路勘察等全部三类调查设计任务。2005 年，有职工 126 人，其中干部 16 人，配有书记 1 名、队长 1 名、副队长 2 名、工会主席 1 名。

一、木材生产调查与设计

根据林管局对南岔林业局木材生产产量的拨交任务，每年度对林业局的施业区内的林木主伐生产进行调查设计。

1986年，全局木材生产完成23.7万立方米；1995年，完成12.5万立方米；2000年，完成5万立方米；2005年，完成4.5万立方米。

1986—2005年南岔林业局调查木材生产统计表

表4-12

单位：立方米

年度	产量	年度	产量	年度	产量	年度	产量
1986	237508	1991	150000	1996	135000	2001	50000
1987	238600	1992	135000	1997	119000	2002	41555
1988	230000	1993	125000	1998	105000	2003	40230
1989	210000	1994	125000	1999	92000	2004	39792
1990	180000	1995	125000	2000	50000	2005	45000

二、营林生产调查设计

设计队每年对各经营所及林场的营林生产进行调查，根据不同的地带，设计应进行森林抚育及更新造林应承担工作任务。

1986—2005年南岔林业局营林生产统计表

表4-13

年度	更新造林面积（公顷）	采伐面积（公顷）	木材采伐量（立方米）	抚育改造面积（公顷）	抚育改造出材（立方米）
1986	112757	49374	241569	23407	18684
1987	104881	50728	242231	16551	15766
1988	99042	49427	238257	92072	7000
1989	85490	60313	236653	98467	19000
1990	91319	59311	190306	95124	6000
1991	81146	54651	155597	108577	5000
1992	71496	61669	139782	112575	4000
1993	106284	67395	128341	102954	3500
1994	79304	—	—	—	—
1995	71436	—	—	—	—
1996	72135	—	—	—	—
1997	62281	—	—	—	—
1998	67357	—	—	—	—
1999	49070	—	—	—	—
2000	35273	—	—	—	—
2001	22400	—	—	—	—
2002	22575	—	—	522.45	7578
2003	20780	—	—	46264	3117

续表 4-13

年度	更新造林面积（公顷）	采伐面积（公顷）	木材采伐量（立方米）	抚育改造面积（公顷）	抚育改造出材（立方米）
2004	16900	—	—	36039	—
2005	14300	—	45000	59600	5000

三、林业公路及桥涵设计

2004 年，公路调查设计 13.1 公里，其中营林防火公路 10.3 公里，扶贫路 2.8 公里。2005 年，营林防火路设计 10 公里。

第七节 森林资源监督

一、机构

1989 年 10 月南岔林业局森林资源监督专员办事处成立。12 月，南岔林业局按照省总局的要求在其下属林场、森林经营所成立了森林资源监督站 16 个，同时派驻林场、经营所森林资源监督站站长。

1996 年 11 月，按照省总局龙森联字〔1996〕19 号文件，改由省森工总局派驻。根据南岔林业局经营面积，驻局森林资源监督专员办事处人员编制 7 人，其中处级或副处级森林资源监督专员 1 人、科级或副科级监督员 3 人。到 2005 年，人员设置未变。

二、“三总量”资源监督

每年坚持深入现场对全局各林场、经营所冬运伐区进行全过程监督，重点检查采伐限额执行情况。对个别作业伐区违背采伐许可证规定作业的情况，向林业局下达了整改通知书，并督促其认真纠正、严肃处理。驻南岔林业局专员办每年 3—4 月，对全局上一年度冬运伐区作业质量验收开展核查工作。按照规定要求及时上报年度“三总量”自检报告。配合上级检查组对南岔局伐区进行监督检查工作，就检查组提出的问题对驻在局进行了整改监督，把各项整改措施落到实处。开展伐区调查设计核查工作，促进了伐区调查设计质量的提高。

开展营造林实绩核查。为提高营林作业质量，对驻在局营林生产作业质量和营造林实绩，每年均进行了核查工作。

三、林地管理监督

每年度为加大占用林地监督力度，不定期开展使用林地许可证制度执行情况稽查，发现问题，及时纠正。根据上级主管部门授权，驻局专员办负责审核各种项目占用林业局林地申请、请示等有关材料。为促进占用林地审核制度的执行，驻南岔林业局森林资源监督专员办事处深入现场，严格把关，开展占用林地审核与认证工作。对于不合乎规定占用林地申请，坚决抵制，不予认证。

四、林政案件

认真查处有关违纪采伐、乱砍滥伐、盗伐林木、偷拉私运木材等林政案件。对群众举报的有关违反森林法的违纪违法行为进行了调查，调查结果上报驻伊春林区专员办、市资源局并通报给驻在局。严格履行削片材认定程序，严格执行木材缴库标准。对在木材运输管理稽查中发现违规木材，认真督查，一追到底，查清违规木材来源，及时向驻在局反馈有关情况并下达整改通知书。此事引起林业局重视，进行查处，对主要责任人给予免职处分。

五、珍贵树种保护

1994 年，对个别伐区国家明令禁止采伐珍贵树种进行挂牌保护，向有关单位专门下发通知，要求予以足够重视。并向上级有关部门提供《关于红松保护问题的调查报告》。

六、育林基金和“天保工程”资金审核

1998 年，按年度对南岔林业局育林基金提取和“天保工程”资金的使用进行审核。

第三章　木材生产与销售

1986—1989年，原木生产，年产量20余万立方米，材质较好。1990年以后，木材产量逐年下调，由1990年的22万立方米，调到2005年的4.5万立方米。作业地点在高山帽、乱石塘等地带。机械化作业逐渐变到建局初期人工畜力作业，木材成本逐年增加。

1986—1998年执行国家统配计划，1999年按着省森工总局最低限价，木材市场逐渐放开，面向市场自主作价，到2005年木材平均售价每立方米538.96元。

第一节　机　构

1986年，林业局设生产技术科。2001年，木材检验科和机电科并入生产技术科，原生产技术科更名为生产机械科。2005年10月31日，木材检验科又从生产机械科分出。2005年设科长1名，副科长2名，科员2名（伐区技术员、公路技术员），调度员3名。

第二节　木材生产

一、木材产量下调

1986—1987年，木材生产23万立方米左右；1988—1990年，木材生产由22万立方米、20万立方米，降至18万立方米；1991—1992年均为15万立方米；1993—1995年均为12.5万立方米；1996—1998年11.5万立方米；2000—2005年4万立方米。

二、木材生产质量管理

林业企业木材采运生产作业的全过程，既是执行林业方针、政策、法规和规程的过程，又是实行林业综合集约经营，全面加强林业企业质量管理的过程。因此，木材采运生产就要按照《森林经营方案》的经营方向、经营目标和目的，通过周密计划，认真组织，精心指挥，在全面加强质量管理和质量控制的前提下，按时保质保量地完成国家下达的指令性计划。在此期间，本局制定“木材生产技术准备工作质量要求”“伐区调查质量标准”“伐区调查设计质量检查标准”“伐区准备作业工程质量标准”“伐区准备作业工程质量验收办法”“采运机械设备质量管理办法”“机械设备大修质量标准”“质量控制办法”“伐区生产作业质量管理办法”，并按此办法制定“采、打、造、集、清”各道生产工序质量控制要求，制定“山中楞半产品质量管理办法和质量要求”“装车质量要求”“木材汽车运输管理办法和质量要求”“木材生产调度各项管理规定”“贮木场作业质量管理办法”和“生产工序管理质量要求”“木材检验管理办法”，将木材生产全过程纳入全面质量控制之下。

1986—1995 年，变原条生产为原木生产。1996 年以后，随着伐区条件的变化，据南岔局伐区“高、散、远、险和木头径级小”的特点，再使用原条机械化生产的方式已不适应生产的实际。拖拉机作业对于地势平缓，木材径级较大的伐区来说效率高，成本低，但对于处在高山角、地势陡、准备作业量大、木材径级又小的伐区来说，拖拉机作业就明显陷入低效率、高成本的困境。在此期间，在翠岗林场、大磊林场试用了近 3 年时间的高空架索，原条集材，解决了一些实际问题，但此办法对于林木特散、出材少的伐区又不适应，所以从 1995 年冬，开始全局全部取消了机械化集材作业，变原条生产为原木生产。

三、实施“天保工程”

1998 年，木材生产由单纯取材向“保护培育森林后备资源”方向发展。生产任务 1999 年 9.2 万立方米，2000 年降到 5 万立方米，2002 年降至 4.1 万立方米。2004 年，本局禁止了红松林木的采伐，生产任务调至 4 万立方米。2005 年，木材生产任务 4.5 万立方米。

1986—2005 年南岔林业局木材生产一览表

表 4-14 单位：立方米

年度	产量	年度	产量	年度	产量	年度	产量
1986	237508	1991	150000	1996	135000	2001	50000
1987	238600	1992	135000	1997	119000	2002	41555
1988	230000	1993	125000	1998	105000	2003	40230
1989	210000	1994	125000	1999	92000	2004	39792
1990	180000	1995	125000	2000	50000	2005	45000

第三节 组织与管理

一、生产组织

1986—2005 年，南岔林业局下设主伐林场、森林经营所、贮木场，贮木场包括贮销段、加工段、汽车队及养路段，林场、贮木场为木材生产的基本单位。局计划部门根据上级有关部门计划指标及本局的长远和近期计划，下达全局计划和局属各单位木材生产计划。根据各单位的木材生产任务，进行伐区定点及调查设计，局生产科、资源科、营林科、计划科设计队联合进行伐区定点工作，由森林调查设计队进行伐区调查设计，形成资料后由资源部门上报审批。生产科根据局年度木材生产计划，制订出各林场、经营所冬运商品材计划，原条、原木计划，运输计划。根据各林场（所）伐区作业条件、机械设备状况，运材道路状况，制订出伐区木材生产准备作业计划、运材和集材机械设备配备及维修计划、贮木场生产设备检修计划、运材道路养护计划。各林场所，贮木场根据上述计划进行冬运前的准备作业。冬运开始前，局组织生产科、安全科、机电科、进行伐区准备作业、道路养护、机械设备检修、贮木场设备检修的质量检查及验收，达不到标准不许投产。冬运木材生产准备作业检查验收结束后，各生产单位按局计划投入生产。

二、生产控制

各林场（所）、贮木场根据局下达的月、季度冬运木材生产集材、运材及商品材计划组织生产。局生产科统揽全局的木材生产进程，组织协调各单位的木材生产任务完成。冬运期间每月召开一次木材生产平衡会议，各生产单位参加，提供情况，解决问题，落实调整计划。林场（所）设有专门木材生产质量控制管理人员，伐区技术员，质量验收员进行日常检查。1998 年贮木场设有验收队。1998 年后局成立检验大队，2001 年统归生产机械科。2005 年，单独设立检验科。局各有关科室根据上级有关质量标准，结合局实际，按月、季进行质量检查和评比。检查项目包括伐区作业质量，贮木场管理及山上半产品质量管理。冬运结束后，进行全局冬运木材生产工作总结和评比，提出下年冬运规划。

第四节　工艺流程

一、原条生产工艺流程

1986—1998 年，伐区使用 051 油锯伐木，手工打枝，J-50 拖拉机原条集材。运输采用 J50 带动绞盘机架杆装车，CA-10/15 或 EQ-140 带 GT-7 挂车运材。贮木场由电动绞盘机架杆卸车，贮木场部分包括 K-5 电锯造材台造材。在选材方式上，1998 年以前南岔贮木场为链传动输送带选材；浩良河木材加工厂、晨明贮木场为人力推平车选材。归楞全部电动绞盘机，装车电动绞盘机架杆。从 1998 年以后，各贮木场取消造材台，各类选材，运输改为清装清运。

二、原木生产工艺流程

1986 年，伐区使用 051 油锯伐木，手工打枝，051 油锯造材，畜力集材，人力归楞。运输 J-50 架杆装汽车，EQ-140、CA-10/15 带 GT-7 挂车运材。为了强化原木生产质量管理，1993 年 11 月，南岔林业局南林发〔1993〕43 号文件明确规定树种、材长、径级标准和工作要求，局生产科配专人负责，巡回检查指导，并把合理造材作为冬运竞赛主要评比项目对场所考核。到 2005 年，工艺流程未变。

三、索道集材

1989 年 8 月，南岔局翠岗林场的 731 林班开始试用了“索道生产”工艺集材，即在高山帽和乱石塘采集原条，具有索系简单，吸引范围大，跑车结构简单，操纵方便可靠，能顺、逆坡集材特点。1994 年取消。

第五节　伐区作业质量

1994 年始，南岔林业局的木材生产，坚持日监督、旬检查、月总结的审核制度，伐区作业质量达不到 97 分以上不予验收。

2001—2002 年，被评为省森工系统特优伐区。

1994—2005年南岔区（局）木材“三总量”情况统计表

表4-15

年度	木材生产总量			伐区作业质量	
	计划完成（立方米）	实际率（%）	完成率（%）	得分	全管局排名
1994	125000	125000	100	97.1	第七名
1995	125000	125000	100	98.1	第三名
1996	135000	135000	100	98.2	第二名
1997	119000	119000	100	97.4	第一名
1998	105000	105000	100	98.3	第一名
1999	92000	92000	100	97.2	第三名
2000	50000	50000	100	97.6	第五名
2001	50000	50000	100	98.1	第一名
2002	48000	41555	86.6	98.4	第一名
2003	45000	40230	89.4	98.6	第二名
2004	45000	39798	88.4	98.8	第一名
2005	45000	44989	99	97.8	—

第六节　木材检验

一、机构设置

1986—1995年，木材检验工作由检验科、生产技术科、木材科负责，由1名副科长主抓，下设技术员2～3人。1995年9月，局成立了产品检验科，设科长1人，副科长1人，共有管理人员5人，检验员99人，负责全局缴库、支拨工作。2001年12月，检验科编制1986年104人，2005年精减到40人。2005年10月，单独设检验科，科长1人、科员5人。

二、缴库、验收

1986—1997年，检验员对缴库木材进行逐根检查，据实记入野账，由双方签字作为缴库原始凭证，按照贮木场作业质量要求，木材进入楞区后标号，以楞为库，按楞下卡。检验员根据调拨通知单支拨，1998—2005年，局对出入库木材逐根输入微机，木材进行微机化管理。

三、质量管理

1986年开始，林业局制定《木材检验细则》《木材检验员奖惩办法》，各岗位制定质量职责。1986—1993年局举办木材检验员技术比赛10次。1986年始本局产品质量合格率98%以上，4个贮木场连续多年出席省市最佳贮木场和先进贮木场，2002—2003年，松青贮木场被省林业总局授予标兵贮木场。

第七节　木材销售

1986年，南岔林业局设木材销售科，1992年根据伊政发〔1992〕67号文件精神，局木材销售科改为森工产品经销公司。设经理、副经理、计划员、统计员、调度、划拨员、调运员等。

1986 年，局在省外的北京、天津、德州、涿州、石家庄、廊房、唐山、青县等地设有木材销售联营点。1995 年，取消联营点。

1998 年，取消统配材后，采取联营直销，鼓励地方加工企业加工生产。木材价格转为以市场为导向，森工总局制定统一最低限价，林业局根据市场转化自主定价、竞价方式，进行生产销售。随着国家在东北林区实施“天保工程”，促进天然林更新，保护林木生长的战略等一系列措施落实，南岔林业局的木材生产逐年下调。1999 年，销售木材 71484 立方米。2004 年，全市规定禁止采伐“红松”树种，2005 年，全局木材生产 4.5 万立方米，当年销售木材 43424 立方米，木材平均售价 538.96 元。

1986—2005 年南岔局木材平均售价统计表

表 4-16 单位：元、%

年度	平均售价	林材销售总量		
		计划	实际完成	完成率
1986	118.21	—	237508	—
1987	152.47	—	238600	—
1988	164.84	—	230000	—
1989	164.84	—	210000	—
1990	177.47	—	180000	—
1991	229.90	—	150000	—
1992	252.44	—	135000	—
1993	419.05	—	125000	—
1994	394.66	125000	137240	109.8
1995	400.32	125000	120210	96.2
1996	369.86	135000	157264	116.4
1997	371.71	119000	131706	110.7
1998	391.71	105000	110150	104.9
1999	401.99	92000	71484	77.7
2000	351.71	50000	67341	134.7
2001	378.46	50000	38162	76.3
2002	431.18	48000	44378	92.4
2003	360.41	45000	40299	89.6
2004	427	45000	35982	79.9
2005	538.96	45000	43424	96.4

第八节　林业机械与检修

一、林业机械

1986 年，南岔林业局有 6 个主伐林场，2001 年有主伐林场 4 个，2005 年，保存 4 个。运材作业运输已经社会化，贮木场的卸车、选材、归楞、装火车已不再使用传送带、平车选材、除松青贮木场外，绞盘机架杆卸、归楞、装车作业，全部改为人力作业。因此，全局的生产设备保有量随之发生了很大的变化，一些生产设备及辅助设备闲置，随之报废出售。主要生产设备由 1986 年的 288 台（套）变成 2005 年的 8 台。

1986—2005 年南岔林场林业生产机械设备存量统计表

表 4-17　　　　单位：台

种类/数量/年份	总量	其中				
		油锯	拖拉机	运材汽车	拖车	绞盘机
1986	288	53	58	58	86	33
1987	303	53	71	54	84	41
1988	241	—	68	50	84	41
1990	207	—	70	50	52	35
1991	199	—	66	50	52	31
1992	198	—	66	49	52	31
1993	181	—	63	48	45	25
1995	118	—	32	41	31	14
1997	95	—	22	29	30	14
1999	71	—	8	21	28	14
2001	9	—	2	—	—	7
2003	7	—	2	—	—	5
2004	8	—	3	—	—	5
2005	8	—	3	—	—	5

二、机械检修

1986—1996 年，林业局按生产单位分布区域，分成南岔林业机械修造厂和浩良河木材加工厂汽车队两大片承担大修任务，其他小修和日常维护各单位自行完成。全局检修厂总共计 23 个，检修厂房建筑面积 2550 平方米，随着本地木材生产任务量的锐减，生产作业方式的变革，已由机械化作业变成了人力和畜力的作业，机械存量大量减少。1986 年检修数量 140 台（套），2005 年减到 8 台，1986 年大修费用 79.65 万元，2005 年减到 10 万元。

1986—2005 年南岔区（局）林业机械大修统计表

表 4-18

年份	总数（台）	其中（台）			费用金额（万元）
		汽车	拖拉机	其他设备	
1986	77	41	34	22	79.65
1987	110	42	22	46	90.00
1988	104	39	21	44	90.00
1989	109	33	32	44	90.00
1990	131	42	34	55	93.09
1991	124	35	43	46	90.30

续表 4-18

年份	总数（台）	其中（台）			费用金额（万元）
		汽车	拖拉机	其他设备	
1992	109	36	37	36	90.04
1993	108	31	37	40	108.11
1994	95	27	29	39	103.01
1995	73	25	12	36	76.77
1996	63	35	8	20	92.30
1997	68	32	8	28	82.19
1998	32	12	—	20	50.9
1999	17	—	—	—	19.20
2000	25	—	—	—	25.00
2001	9	—	—	—	10.10
2002	7	—	—	—	11.26
2003	4	—	—	—	5.80
2004	7	—	—	—	13.10
2005	8	—	—	—	10

第四章 营 林

20 世纪 80 年代中期，全局的造林地逐渐由近山区向深山区转移，地块由过去集中连片向散小面积变化。2001 年，投资 40 万元恢复了松青、柳树等地苗圃。2003 年，根据市林管局的要求，对 9 个林场（所）所属苗圃产权分离出来，组建了南岔林业局股份合作制苗木繁育基地，归局营林处统一管理，223 名职工入股，产值总值 400 万元，成为独立核算、自负盈亏的法人（二级模拟法人资格）实体。在造林的“两率”（成活率及保存率）上，实行经营承包责任制把每个作业项目全部落实到班组、个人，落实到小号。管理人员实行分片包干责任制，签订安全管理责任状，严格执行营林生产“首件”验收制度、“生产样地”指挥制度和营林生产“三级”验收制度，各个作业项目局联合抽查 20%，到 2005 年林业局造林成活率 91.5%，保存率 89%。

第一节 机 构

1986 年，林业局下设营林处（绿化办单设），有人员 28 人，其中主任 1 人、副主任 2 人。2005 年，营林处在编人员 24 人，其中主任 1 人，副主任 3 人，其中高级职称 2 人，中级职称 14 人，初级职称 2 人。营林处下设更新抚育、种苗、绿化、调度办公室、验收队、病防站、种子站、气象站。

第二节 林木种子管理

1986—1997 年，林木种子站工作人员 7 人，1998—1999 年，有工作人员 1 人，2005 年，有工作人员 2 人。负责全局林木种子检验、采收、调制、调运、贮藏、保管和发放、母树林管理、规划设计、母树林抚育调查设计和生产作业质量验收，红松种子园管理工作。有仓库 200 平方米，办公室 40 平方米，实验室 100 平方米。种子晾晒场 300 平方米，胶片映视仪 1 台、胶卷底版放大仪 1 台、智能光照培养箱 2 台、人工气候箱 1 台、高压灭菌锅 1 台、水分测定仪 2 台、土壤速测箱 1 台、显微镜 2 台、软 X 光机 1 台、冰箱 1 台、天平 2 台、电子智能培养箱 2 台、微机 1 台，标本柜 2 组、冰柜 1 台、生物摄像显微镜 1 台、分析天平 2 台、台秤 1 台、望远镜 2 架、恒温培养箱 2 台、电热干燥箱 2 台、实验台 2 个、电子天平 1 台、物理天平 1 台、电子数粒仪 1 台。

第三节　森林气象观测

1990 年 3 月，开始筹建，1991 年，开始正式观测。开展观测：云（云状、云量、云高）、能见度、天气现象、气压、气温（最高、最低）、湿度、风向、风速、降水、日照、蒸发、地面温度（最高、最低）、浅层地温、深层地温、年积温、冻土。还开展林木、苗木各物候期生物学特征及生长量，更新造林时间、抚育时间及方式、采种时间、无霜期、气象灾害预测预报，长、中、短期生产预报，春、秋两季城镇、森林防火及出险等级天气预报。1992 年，被省森工总局评为“标准化气象站”；1994 年，森林物候气象站被南岔区委、区政府评为“双文明建设”先进集体；2000 年 10 月，被省森工总局授予《气象标兵单位》；2001 年 8 月，代表省森工总局接受了国家气象局对森工气象工作的检查，受到了国家气象局法规司领导及同行业专家们的一致好评。

第四节　森林经营所

一、松青森林经营所

位于局址 23 公里处。施业区总面积 14957 公顷，总蓄积 856869 立方米，森林覆盖率 75%，森林管护面积 7442 公顷。总户数 850 户，总人口 2465 人。下设营林段、多种经营段、采集段、苗圃、木旋车间、职工医院、小学校、街道办事处。在册人数 1544 人，其中工人 225 人、干部 65 人、合同制工人 148 人、集体工人 379 人、青年 553 人、退休 174 人、遗属 72 人。

二、奋斗森林经营所

2000 年 11 月，原奋斗经营所与原大磊林场合并，合并后名称为奋斗森林经营所，场址设在原大磊林场，原奋斗所成立营林段，全所机关管理人员缩编为 21 人。施业区面积为 18601 公顷，活立木总蓄积 846206 立方米，森林覆盖率 91.6%。有人口 1492 人，职工总数 476 人。

三、太平森林经营所

施业区总面积 15497 公顷，其中国有 14989 公顷，稳权拨出 508 公顷，有林地面积 11173 公顷。总人口 998 人，其中职工人数 255 人、退休职工 82 人。太平经营所共有四个段，即利民段、营林段、苗圃段和多种经营段，有五个股，即生产股、材料股、安全股、销售股和防火股。1996 年，根据局要求和单位实际情况进行了改革，撤销了三个段五个股室，保留了一个苗圃段。2002 年，对苗圃段进行了改制，为股份制独立段。

四、岩石森林经营所

施业区总面积 25171 公顷，森林资源总蓄积 1276520 立方米，森林覆盖率 82.2%。林业总户数 265 户，总人口 813 人。

五、柳树森林经营所

位于局址东北部，是南岔局的北大门，距离南岔局址 6 公里。铁路、公路贯穿整个施业区，交通方便，四通八达。施业区内有自然村（屯）9 个，施业区周边不仅与南岔区局单位接壤，还与金山屯区（局）毗邻。施业区总面积19170公顷，总蓄积709860立方米，其中人工林276639立方米，天然林433221立方米。经营所有职工、青年544人，其中干部20人、全民职工93人、合同制工人151人、集体工人119人、青年161人。总户数375户，总人口1022人。

六、晨明森林经营所

施业区总面积24445公顷，有59个林班，林业用地22977公顷，其中有林地14519公顷。总户数290户，总人口724人，其中职工220人，青年214人，退休职工56人，家属234人。

七、桦阳森林经营所

位于南岔东南15公里处，施业区总面积37362公顷，稳权拨出472公顷，净剩36890公顷。全所总人口1350余人，居民总户数345户，职工总数691人，其中全民职工115人、合同制工人127人、集体工人80人、青年260人、离退休职工109人。主要从事经营生产项目：营造林、森林资源管护经营、农业、多种经营等项生产。

八、浩良河森林经营所

施业区总面积31900公顷，总蓄积1392439立方米，稳权拨出2924公顷，国有28976公顷，森林覆盖率76%。总人口1493人，总户数495户，有干部30人，工人188人，合同制工人214人，集体工人208人，青年647人，其他206人。

九、威岭森林经营所

施业区总面积17067公顷，在册职工136人，干部17人，固定职工39人，合同制工人80人，总户数146户，总人口416人，退休职工46人，遗属10人，管护经营承包面积8726公顷，从事管护经营承包94人，农田6000亩。

十、南岔森林经营所

南岔森林经营所位于南岔北4公里处，1960年建场，由原来南岔林业局农场改建，1964年称南岔经营所。

南岔森林经营所施业总面积17556公顷，275户，876人。职工总数182人。其中，干部15人，工人105人，合同制工人62人，下设上段、下段、新房、新村4个居民委员会。

第五节　母树林

一、天然母树林

1986年，全局有母树林面积1260公顷，2000年增加361公顷的天然阔叶母树林。截至2005年年末，母树林总面积1521公顷，其中人工母树林1038公顷，天然母树林483公顷。人工林：红松54公顷、兴安落叶松893公顷、樟子松91公顷。天然林：水曲柳、胡桃楸、黄菠萝共计100公顷、红松122公顷、白桦125公顷、山杨62公顷、山槐7公顷、椴树67公顷。红松种子园3公顷。

二、人工母树林

1989—1992年，全局所有人工林都定株抚育，红松公顷保留株数350 ~ 450株，落叶松公顷保留株数为 150 ~ 250 株，樟子松公顷保留株数 150 ~ 250 株，1997 年始下层抚育，每年计划 333.3 公顷。

第六节 绿 化

1986—1991 年，绿化办以独立科室存在，1992 年合并到局营林处。

1986—1991 年，南岔区（局）的绿化根据《城镇建设总体规划》的设计要求，进行建设和改造，严格执行生态型园林城市建设标准，对镇内的楼房建筑、街道拓宽、居民小区改造等按规划内容进行设计。1992 年以后，在街道的道路改造、房舍的翻新建设上，重新进行了规划设计与改造。在设计实施过程中，注重把生态园林建设纳入规划之中，特别注重城市的园林绿化问题。在街道两侧、交通出口处的公路绿化，根据不同的区域和土壤条件栽植不同的绿化树种。在公共绿地内规划了花坛、花架，拓宽了绿地面积，适时栽种花草。对新建居民生活小区进行了规划，增设了健身器材。绿树、草坪、花卉浑然一体，达到了彩化、香花、亮化的标准，绿化率达到 100%。工厂、公司、医院、机关、学校的绿化建设，达到了一处一景，景观各异。各林场（所）的“四旁”（路旁、宅旁、林旁、水旁）绿化按着不同的区域环境、自然条件进行设计。开发了旅游景区景点绿化建设，先后把主要休闲广场和人们常临的森林景观景点地带作为主要旅游资源，1997 年后，先后开发了月牙湖公园、太平森林公园、仙翁山森林公园、南岔水源景区等，并作为重点地带的生态保护区加以开发利用。其中，太平森林公园和仙翁山森林公园于 2002 年度正式被省批准为省级森林公园。由于林区经济环境的制约，发展还不平衡，但基础绿化已经全部完成，20% 的单位达到了生态林场（所）建设标准。完善义务林基地建设，并按调查设计逐年实施。到 2005 年，南岔区（局）已完成生态林业局大环境的基础绿化，城市绿化覆盖率、绿地率、人均公共绿地面积分别达到了 30%、80% 和 5 平方米。全区共有 25 个单位实现了省级庭院绿化达标单位，区（局）被省授予造林绿化先进单位和全国营造林先进单位，有 2 人荣获全国造林绿化奖章，3 人荣获黑龙江省绿化奖章。

1986—2005 年南岔区城镇绿化完成情况统计表

表 4-19

年份	应参加人数（人）	尽责率（%）	植树			绿篱（延长米）	花卉（平方米）	草坪（平方米）
			合计（株）	造义务林（株）	四旁绿化（株）			
合计	712870	96.3	8027064	5984232	1854738	75571	70397	76252
1986—1989	48743	95.8	1067033	723442	343591	17910	87251	1587
1990	41521	98.1	461009	127323	333686	10541	96433	850
1991	49600	96.1	591903	410058	181845	9124	87540	3294
1992	49642	95.9	467474	258356	20948	6688	81530	4339
1993	48743	95.5	337366	222007	115395	4150	60338	2286
1994	48128	97	340221	267245	73016	4727	60425	4302
1995	42144	98	341657	300835	40822	1770	69520	2007
1996	41166	90	219916	173026	46890	2650	65937	2520
1997	46761	97.7	263650	147802	115848	2300	83630	2550
1998	46330	97.6	286548	212492	74056	4756	33265	7787

续表 4-19

年份	应参加人数（人）	尽责率（%）	植树			绿篱（延长米）	花卉（平方米）	草坪（平方米）
			合计（株）	造义务林（株）	四旁绿化（株）			
1999	43153	98	874600	778034	96566	2190	51883	7580
2000	43799	97	689478	600028	89450	3110	71772	12700
2001	42750	96	684046	625434	58612	1305	70658	9450
2002	42700	95.6	491200	396700	94500	1100	69930	2600
2003	40620	98	463060	395650	67410	1000	72528	4800
2004	37020	95.2	447903	345800	102103	2250	63430	7600
2005	36825	96.6	186192	69000	76696	1150	36080	14160

第七节　育苗生产

一、苗圃建设投资

1989—2000年，累计投资100余万元用于改土、积肥、更新设施设备；2001年，筹集资金10万余元，新建浩良河所苗圃120平方米的苗木窖，为亮子河林场苗圃新建办公室80平方米，使各大中型苗圃的水利化等各项基础设施基本配套定型，满足了育苗生产的需要。2002年，针对阔叶树种、经济树种育苗面积加大，圃地育苗面积严重不足的实际情况，投资10万余元在松青所建立了一处40亩的林间苗圃，实现了当年建圃，当年投入生产的目标。另外，投资6.8万元，对全局7个苗圃多年不用的部分休闲地改土8500立方米。2003年，投资20余万元，恢复了柳树和晨明苗圃，将其建成了绿化大苗繁育基地。1989—2005年，累计总投资170多万元进行育苗生产。

二、苗圃建设机制转换

1981年以前，局苗圃在生产组织上，采用的是日工和计件工资形式，苗圃管理粗放，产量低，培育树种“老三松”红松、樟子松、落叶松，全局圃地面积不足2.6公顷。1986年后，局进行了苗圃升级与标准化建设，试行“分床到户、联产计酬、费用包干”承包方法，把职工群众的责、权、利有机地结合起来。具体做法：苗圃根据育苗工人的技能，核算承包面积、确定育苗树种、作业工序、苗木产量和质量标准，按亩用工量折算成亩成本、金额费用，按产量标准计算千株成本，以千株费用包干形式一次性承包给作业者。承包人按月借支（月平均工资总额60%），秋季据合格苗木产量，一次性兑现全部承包费用，年盈利都在8000元以上，苗圃全部晋为市级标准化苗圃。1991年，实行“分床到户、联产计酬、费用包干”方法，不能完全适应形势发展需要。为此，学习其他企业成功转制经验，在苗圃试行两级承包责任制，分离苗圃经营权和所有权，由懂技术、会管理、又敢于承担风险苗圃技术员或段长进行委托经营。经营者再对直接生产人员采取“分床到户、联产计酬、费用包干”形式承包经营。1995年后，通过实施委托经营，全局7个苗圃年实现利润达15万元以上。2003年，局为了适应现代林业生产对苗木产业化、规模化、专业化发展的要求，提高市场的竞争能力和苗圃的经济效益。根据总局、管局的要求，经过反复考察论证，在全市其他苗圃尚未改制的情况下，对局所属苗圃经营机制进行了改革，苗圃的产权从林场（所）中分离出来，并投资恢复了柳树、晨明苗圃，清产核资9个苗圃的资产，成立南岔林业局股份合作制苗木繁育基地，归营林处管理。组建后的苗木繁育基地资产总值400万元，年计划实现利润20万元，实行国有民营。股权设置，有223名职工入了股，最高股额1万元，最低股额1000元，融入资金近100万元。法人股由在床苗木成本和苗圃现有固定资产年折旧额及圃地租金组成。在经营上，以市场为导向，实行独立核算，民主管理，自主经营，自负盈亏，自我发展，独立承担民事责任，具有二级模拟企业法人资格。利益分配，遵循入股自愿、股权平等、风险共担、利润共享、企业财产按股共存、同股同利、按股分红原则。成立董事会和监事会，先后制定了《南岔林业局股份合作制苗木繁育基地章程（草案）》《南岔林业局苗木繁育基地资金管理办法》《董事会管理办法》《监事会管理办法》管理制度。对各苗圃实行委托经营，整个经营活动在董事会统一领导下和监事会监督下进行，通过核算，2003年和2002年同期相比，节约资金近40万元。

三、苗木生产

1986—2005年，积极引进推广应用新技术成果，大胆实践，为育苗工作的科技创新提供了有效的保证。从新疆引入了沙枣和云杉两个树种的引种栽培试验。开展了红豆杉引种栽培试验。开展了兴安杜鹃、山桃稠李苗木丰产栽培技术的研究，已取得了阶段性成果，为大面积育苗提供了可靠性数据。截至2005年年末，全局有苗圃9处，其中林业部级标准化苗圃4处，省级标准化苗圃2处（含绿化苗圃1处）。苗圃总面积87.13公顷、年产苗木8000余万株，其中成苗1800余万株。南岔林业局根据总局的要求调整育苗树种比例，加大阔叶树培育。每年秋季由种子站负责，采集收购主要阔叶树种和经济树种种子，培育的阔叶树种有白桦、水曲柳、黄菠萝、胡桃楸、紫椴、柞树、色木槭、山槐、大青杨。培育经济树种，满足职工群众发展林下经济对经济植物苗木的需求。培育的主要经济树种有红豆杉、刺五加、五味子、刺老芽、暴马丁香、山梨、山丁子、兴安杜鹃、沙棘。为绿化和造林生产用苗，品种有花楸、山桃稠李、紫丁香、榆树、接骨木、四季玫瑰、小桃红、白皮柳、茶条槭、锦鸡儿。

1986—2005年南岔区（局）育苗生产统计表

表4-20

时间（年）	育苗面积（亩）			总产苗量（万株）	
	合计	其中		合计	其中
		新播	换床		可供下年上山苗
1986	1003.6	116.8	542	7668	3007.6
1987	955.4	223.8	405.1	11837	3019.8
1988	1057.7	150.3	629.6	9770.2	3001.9
1989	964.1	141.3	565.2	9055.8	3635.1
1990	838.4	118.7	504.5	6482.1	2475.6
1991	692.6	124.4	386.3	6316.9	2503.5
1992	661.3	140.9	382.7	6606.1	2002.6
1993	677.3	119.1	426.5	6406.6	1764.6
1994	655.1	111.7	367.6	6284.1	1887.9
1995	632.3	100.2	391.6	6455	1667.5
1996	676.4	111.9	392.4	5967.4	1806.9
1997	639.5	97.1	421.2	6079.4	1604.4

续表 4-20

时间（年）	育苗面积（亩）			总产苗量（万株）	
	合计	其中		合计	其中
		新播	换床		可供下年上山苗
1998	572.2	101.4	302	5484.5	1391.9
1999	556.7	154.6	267.4	6706.7	1519.4
2000	507.3	94.3	197.6	5539	1355
2001	580.5	150.5	336.2	5705.5	720.1
2002	705.4	197.3	222.8	6017	1468.3
2003	630.3	170.2	269.7	6429.9	879.3
2004	823.6	112.3	314.7	—	—
2005	271	22.3	54.6	1749.6	269.16

第八节　更新造林

1986—2005 年，南岔林业局更新造林针叶树种有红松、落叶松、云杉、樟子松，阔叶树种和经济树种有白桦、山槐、水曲柳、胡桃楸、黄菠萝、杨树、柳树、桃红、刺五加、刺老芽、沙果、李子、沙棘、山梨等。

1986—2005 年南岔区（局）更新造林统计表

表 4-21　单位：公顷

项目／数量／年度	更新造林总面积	育林费造林		天保工程经费营造公益林	自费林	义务林
		面积	其中丰产林			
1986	112757	112757	—	—	—	—
1987	104881	104881	10209	—	—	—
1988	99042	99042	10772	—	—	—
1989	90959	85490	10118	—	5469	—
1990	91319	82091	10139	—	8228	—
1991	81146	75299	14140	—	5847	—
1992	71496	70389	17862	—	1107	—
1993	106928	106284	11664	—	644	—
1994	79304	75490	11765	—	3814	—
1995	71436	70396	14508	—	1040	—
1996	72135	70330	10510	—	1805	—
1997	62281	60366	10343	—	1915	—
1998	67357	42457	10294	24900	—	—
1999	51997	19570	7008	29400	—	3027
2000	43315	20223	—	15050	5023	3019

续表 4-21

项目/数量/年度	更新造林总面积	育林费造林		天保工程经费营造公益林	自费林	义务林
		面积	其中丰产林			
2001	44220	30120	3000	—	11100	3000
2002	31497	22575	2000	—	7617	1305
2003	26114	20780	2022	—	4031	1303
2004	11398	10098	1022	—	—	1300
2005	14556	13483	805	—	1073	—
总计：	1334138	1192121	158181	69350	59713	12954

1986—2005 年南岔区（局）森林抚育统计表

表 4-22

单位：公顷

项目/数量/年度	人工林成林	珍贵树种试验	天然林抚育	林分改良	母树林抚育	优化抚育
1986	41305	—	5087	18320	5469	—
1987	9182	—	2303	14248	5025	—
1988	81894	—	2050	—	3003	—
1989	96460	—	2007	—	1610	—
1990	87124	—	2000	—	6000	—
1991	98056	—	2004	—	8519	—
1992	90020	—	21654	—	900	—
1993	78675	—	23109	—	1200	—
1994	91617	—	33125	—	1950	—
1995	98533	—	14220	—	—	—
1996	81065	—	7999	—	—	—
1997	106188	—	12494	—	4827	—
1998	106500	—	10266	—	3300	—
1999	75475	—	23538	—	—	—
2000	32128	—	13000	—	4000	—
2001	42270	—	—	—	1002	—
2002	33927	—	1219	—	1000	1076
2003	45527	1500	2000	—	7000	—
2004	30023	1500	—	5528	4900	—
2005	32268	1500	12374	1179	2010	—

第五章 木材加工业

1986—2005 年，区（局）充分认识木材加工增加经济效益的重要性，积极发展个体私营木材加工企业，在木材出售时为他们提供便利。充分利用资源发展人造板、家具制造业、小木制品生产，木材精深加工业，使地产木材和伐区剩余物、造材剩余物、加工剩余物得以有效利用。经过正确引导，政策扶持以三兄弟家具有限责任公司、信诚家具有限责任公司、华威家具有限公司、金成人造板有限责任公司为龙头的家具制造业、人造板业，使之脱颖而出，并打出了家具系列名优品牌，产品市场拓展外省市，有的远销美、日、韩等国。民营木材精深加工企业的异军突起，为南岔拉动了经济，盘活了资产，安置了就业，增加了税收。

第一节 管理机构

1986 年，南岔林业局林产工业科，科级单位，编制 4 人。

1992 年 3 月，随着林产工业发展，科室编制增至 6 人，负责人指数一正一副。

1994 年，南岔区人民政府以〔1994〕45 号文件印发了《南岔区关于大力发展小木制品生产经营的有关规定》，为了加强对小木制品生产的组织指导，林产工业科人员编制增加到 10 人。同时，为了适应市场经济工作需要，增设南岔区林产工业公司，实际和林产工业科是一套人马，挂两块牌子。

1997 年，机关改革，竞争上岗，人员编制减至 5 人，领导指数仍是一正一副。

2005 年，林产工业科人员编制减到 3 人。其中，科长 1 人，副科长 1 人。

第二节 人造板生产

一、胶合板

南岔胶合板厂、浩良河木材加工厂、梧桐木器厂人造板生产，从 1986 年到 1993 年按原设计能力正常生产。1994 年，随着木材产量下调，胶合板产量一度下滑。1996 年，浩良河木材加工厂、梧桐木器厂因原料不足等原因停产。受市场走向影响，全民的胶合板生产从 1995 年到 1997 年，又出现了三年复苏。1998—2003 年，胶合板产量一直徘徊在 1100 ~ 1500 立方米。2004 年，南岔胶合板厂引进外资 300 万元，与台商合资生产多层板、单板。企业更名为伊林胶合板厂，安排 200 人就业。设计年产量 5000 立方米，产值 1000 万元，税金 170 万元。

二、刨花板

南岔林业局晨明贮木场刨花板车间，始建于1980年3月，到1982年试产成功，年终生产刨花板100余立方米，后因生产刨花板的胶料—脲醛树脂胶供应不足，且时而断电，造成间歇性生产。经过多次投资改造，1993年，产量最多，达到2108立方米，产值实现295万元。1996年停产。

三、细木工板

细木工板生产，集体企业始于1993年，全民企业始于1995年。生产厂家有南岔区林城木器厂、梧桐木器厂。1993年12月，梧桐木器厂宣告破产。2003年11月5日，林城木器厂转为私营企业，细木工板的生产仍在继续。

四、纤维板

1982年1月，南岔林业局投资460万元，在浩良河木材加工厂筹建年产5000吨纤维板车间。1983年投产，1986年生产纤维板5062立方米。1993年生产纤维板3251立方米，同年还生产特制、高密度纤维板675立方米，1994年停产。

五、中密度纤维板

南岔木材水解厂中密度纤维板，始建于1985年。2003年1月由于缺少流动资金等原因而被迫停产。同年5月16日，厂方将中密度纤维板生产车间承包给中外合资企业乐山吉象地板制品有限公司，安排200人就业。主要产品有中密度纤维板、实木地板等。年产中密度纤维板5万立方米，产值7000万元，税金700万元。2004年8月15日，由于乐山吉象地板制品有限公司机构改组等原因而退出承包。同年11月1日，该车间又承包给黑龙江省朗顺人造板有限责任公司，承包期限5年，11月下旬正式投产。

私营企业造板有限责任公司于2001年5月成立。厂址在南岔木材水解厂院内，安排200名下岗职工再就业，车间面积3000平方米，是生产中密度人造板专业企业。公司总投资2770万元，年产人造板3000立方米，产值2500万元，税金60万元。

2005年，南岔区从事人造板生产的厂家有造板、朗顺木业、祥发制材厂、伊林胶合板（外资）、兴利拼板、彬彬拼板，共计6户。金成和朗顺两家中密度板材生产，在原料紧缺的情况下，仍然完成了8万立方米的年计划，产值超过8000万元。

2004—2005年南岔区（局）私营企业人造板生产、产量、产值统计表

表4-23 单位：立方米、元

年份	人造板制造业								
	胶合板			细木工板			中密度纤维板		
	产量	单价	产值	产量	单价	产值	产量	单价	产值
2004	500	2300	1150000	322	1321	425362	33000	1058	34914000
2005	3011	2100	6323000	2899	1321	3829000	70000	1000	70000000

1989—2003 年南岔区（局）集体企业人造板生产产量、产值统计表

表 4-24

单位：立方米、元

年份	人造板制造业					
	胶合板			细木工板		
	产量	单价	产值	产量	单价	产值
1989	682	1100	748000	—	—	—
1990	712	1786.3	1271846	—	—	—
1991	643	1799.16	1156860	—	—	—
1992	436	2002.82	873230	—	—	—
1993	905	2061	1865265	519	1100	570900
1994	1152	2392	2755548	363	1252	454476
1998	1550	2774	4299700	—	—	—
1999	1327	2576	3418352	288	1321	380448
2000	—	—	—	—	—	—
2001	—	—	—	900	1321	1281000
2002	—	—	—	902	1321	1191542
2003	—	—	—	1000	1321	1321000

1986—2003 年南岔区（局）全民企业人造板生产产量、产值统计表

表 4-25

单位：立方米、元

年份	人造板制造业											
	胶合板			细木工板			纤维板			刨花板		
	产量	单价	产值	产量	单价	产值	产量	单价	产值	产量	单价	产值
1986	3154	1083.40	3417191	—	—	—	5062	522.61	2645439	679	365.58	248232
1987	3404	1579.70	5377298	—	—	—	5067	646.89	3227791	—	—	—
1988	2916	1665.56	4856773	—	—	—	6012	821.56	4939339	—	—	—
1989	2934	1691.03	4961482	—	—	—	5306	828.34	4395172	970	745.14	722786
1990	2038	1786.30	3640479	—	—	—	3381	675.96	2285421	—	—	—
1991	1782	1799.16	3206103	—	—	—	1599	726.92	1162345	—	—	—
1992	2160	2002.82	4326091	—	—	—	1382	725.85	1003125	—	—	—
1993	2295	2061	4729995	—	—	—	3251	832.78	2707368	2108	1400	2951200
1994	86	2392	205712	—	—	—	—	—	—	1047	1028	1076316
1995	2384	1791	4269744	85	1040	88400	—	—	—	1754	1196	2097784
1996	2274	1791	4072734	443	1040	460720	—	—	—	—	—	—
1997	2583	1791	4626153	2648	1492	3950816	—	—	—	—	—	—
1998	139	2774	385586	625	1307	816875	—	—	—	—	—	—
1999	1571	2576	4046896	1098	1321	1450458	—	—	—	—	—	—
2000	649	2576	1671824	2146	1321	2834866	—	—	—	—	—	—
2001	1154	2576	3047040	2565	1321	3388365	—	—	—	—	—	—
2002	1300	2576	3348800	1961	1321	2590481	—	—	—	—	—	—
2003	1218	2576	3137568	570	1321	752970	—	—	—	—	—	—

第三节 家具生产

1986—1998年，全民家具企业共生产家具32741件，创产值180.5万元。1989—2000年，集体企业共生产家具6.8万件，创产值285.4万元。

一、信诚家具厂

1994年成立（1997年更名为伊春市信诚家具有限责任公司），位于南岔区西水办事处坝东街，占地面积1.45万平方米，建筑面积0.6万平方米。公司坚持“信誉至上、忠诚服务”的办厂宗旨，以“信诚”谋发展，以质量赢得市场和客户。企业拥有从美国、德国进口的先进木工设备30台（套）。形成了设备先进，技术过硬的生产流水线。安排120名下岗职工就业，成为南岔区家具生产的龙头企业。在建厂初期生产民用、办公、宾馆服务3个系列产品，2004年转向集中生产厨房家具，产品出口美国。年产家具120万件，创产值1200万元，上缴税金100万元。家具产品通过ISO 9001国际质量体系认证；被国家家具协会授予全国十省市绿色环保家具产品；被省评为“黑龙江省青年文明”；被市评为伊春市十佳企业。公司产品销往南京、淄博、青岛、沈阳、长春、哈尔滨、齐齐哈尔、佳木斯、大庆等省市县。产品被客户誉为“信得过”产品。

二、三兄弟家具实业有限公司

创建于1995年。厂址在西水办事处坝东街。成立初期，由于底子薄、基础差，该公司首先把目光放在生产用料少、成本低的产品。选用枝丫小径木、烧柴做原料，生产木珠帘、小型餐桌、木珠椅等。以优良的质量和较高的信誉，很快占领了市场。经过几年努力，从一个资产2万元，职工不足10人的名不见经传的小企业发展成为拥有上千万元固定资产，初具现代化的家具生产线，增添了日本、西德等进口设备200余台套。有较强的技术队伍，家具电脑设计、管理日趋科学化。到2005年，安排了198名下岗职工再就业。年生产民用、办公、宾馆套房三大系列200余个品种、上万套家具，创产值820万元，上缴税金20万元。公司决策层以战略的眼光，把注意力盯在木材精心加工上，把产品定位在“绿色、环保、实木”上，针对不同阶层、不同人群的多样化需求，更新设计思路，产品质量不断提高。家具投放市场后，保持了旺盛的需求势头，东北、华化、新疆、内蒙古都有销售网点，初步形成了以东北为主框架，辐射华北、西北的市场营销格局。公司及产品荣获省级再就业明星企业、重合同守信用先进企业、市级十强私营企业、家具设计金奖、中国十省市环保家具知名品牌等各项殊荣。2003年，通过了ISO 9001-2000国际质量管理体系认证，成为南岔区乃至全市木材精深加工的领头军和龙头企业。

三、晨龙木业有限责任公司

1995年10月，南岔区（局）在林场、经营所集资600多万元，建晨龙木业有限责任公司，厂址在原晨明贮木场院内，与台商合资生产家具、办公桌椅、地板块、脂接材等。在投产两年时间里，由于受木材产量下调等因素的影响，该厂出现严重亏损。台商在进行充分的市场预测后，感到该厂生产的主产品原料全部为实木，到外地买原料成本太高，得不偿失。因此，于1997年9月提出撤出。台商撤出后，该企业先承包，后卖给天津创维木业有限公司私营企业经营。

四、建华威家具厂

2001年成立，注册资金579万元，厂址在南岔区东升办事处临河委，占地12000平方米。主要从事家具和木制品生产，安排50多名下岗职工再就业。公司靠勇于拼搏精神，使产品赢得市场，企业信誉不断提高。2005年，以订单生产的方式生产楼梯扶手出口美国，创产值100多万元。

五、南岔永兴家具店

1998年成立，家具店坐落在南岔区西水办事处坝西街，企业性质私营，固定资产30万元。年创产值660万元，安排60人再就业。

2005年年末，南岔家具生产上规模企业已发展到9户，主要有信诚、天成、三兄弟、广源、华威、环宇、鑫鑫、玉良、兴达等厂家，年生产家具总量近千万套（件）。信诚家具有限责任公司，承担南岔区2005年创汇120万美元的任务，经过努力实现创汇140万美元，超额16.7%完成年度计划。

1986—1998年南岔区（局）全民企业家具生产产量、产值统计表

表4-26 单位：件、元

年份	家具		
	产量	单价	产值
1986	7216	24.64	177812
1987	10414	—	228048
1988	3794	—	534000
1989	9017	—	436868
1996	1300	100	130000
1998	1000	299	299000

1989—2005年南岔区（局）集体三资企业家具生产产量、产值统计表

表4-27 单位：件、元

年份	集体企业家具制造业						三资企业家具制造业					
	家具			小家具			西餐桌			西餐椅		
	产量	单价	产值	产量	单价	产值	产量	单价	产值	产量	单价	产值
1989	3828	—	92750	—	—	—	—	—	—	—	—	—
1990	18945	—	509800	—	—	—	—	—	—	—	—	—
1991	9340	—	279740	—	—	—	—	—	—	—	—	—
1992	17865	23.26	415540	—	—	—	—	—	—	—	—	—
1994	1382	7.20	9950	—	—	—	—	—	—	—	—	—
1997	1520	299	454480	1000	43	43000	285	600	171000	400	200	80000
1998	—	—	—	4000	43	172000	—	—	—	—	—	—
1999	940	350	329000	2000	50	100000	—	—	—	—	—	—
2000	280	350	98000	—	—	—	—	—	—	—	—	—
2001	—	—	—	3000	50	150000	—	—	—	—	—	—
2002	—	—	—	1000	50	50000	—	—	—	—	—	—
2003	—	—	—	3000	50	150000	—	—	—	—	—	—
2004	46000	1000	46000000	—	—	—	—	—	—	—	—	—
2005	48000	12000	49000000	—	—	—	—	—	—	—	—	—

第四节　小木制品生产

1985 年，南岔林业局成立林城木器加工厂，厂址位于南岔镇西 5 公里的利民街，占地 2 万多平方米，固定资产 220 万元，职工 200 多人。

1988 年，林业局决定由林城木器厂派员到浙江省景宁学习木质纺织器材制作。1989 年成立纺织器材车间，设备由江苏南通市购入，其他相关的简单机械自己制造。原料是地产白桦、色木及各林场阔叶“三个剩余物”。生产注册商标为“白桦”牌的棉毛纺织纱管、并线管及各种柄把等。年产纱管 50 万支、并线管 30 万支、柄把 50 万支。产品主要销往山东、河北两省及省内的哈尔滨、齐齐哈尔。

1989 年，为了合理有秩地利用林木资源，南岔区政府根据上级指示精神，对全区 98 户国营、集体和个体的木字企业进行了认真的清理整顿，其中 29 户加工粗放管理无序、不具备条件的企业被缴销了营业执照。经过治理整顿，木材领域的经济秩序有所好转，经济环境有所改善。

1993 年，木材精深加工业在原有基础上领域逐步拓宽，南岔四大沟系（浩良河、晨明、南岔、松青）的沟口单位建立了 4 处小材小料综合加工基地。采取山上搞原料，山下搞加工，协作化联合生产的方式，使“三剩”资源利用率由 1987 年的 37% 提高到 45%。在区址中心建立了全省第一家木旋产品、各类柄把批发市场。凡有精深加工能力的林场、经营所都在市场内设一席之地。对所生产的刀把、工具把、餐饮厨具、民用家具、玩具和纱管等 12 个系列，130 余种产品进行展销，并以销定产，实现产供销一体化。

1994 年 6 月 7 日，省委原书记岳岐峰等省委领导到南岔，考察了林城木器加工厂后，对南岔区小木制品加工业给予充分肯定。在省、市委及有关部门的关怀下，加快了南岔小木制品批发市场的建设，区政府在原有 170 平方米的展厅基础上，将机关比邻的昌盛商店全部改造为交易大厅，总面积扩展到 340 平方米。并为其他区局到南岔区设点提供了十几个临街门市部。同时将南岔林业修造厂的铁路专用线和闲置库房，作为小木制品市场的专用线产品储备库。在搞好市场建设的同时，南岔区人民政府以南政发〔1994〕45 号文件印发的《南岔区关于大力发展小木制品生产经营的有关规定》出台了鼓励发展小木制品生产和销售的 20 条宽松政策。在小木制品加工上坚持全民、集体、个体一起上的原则，有力地推动了生产的发展。在新产品开发上坚持与工农业生产相结合，与教学用品和儿童玩具相结，与医疗保健用品相结合，共开发出十大系列 60 多种新产品。当年小木制品批发市场实现交易额 800 万元。

1995 年，小木制品产业在原有基础上又有新的发展。产品品种达到 200 种，实现产值 1400 万元。尽管产品品种如此之多，但小木制品生产关键取决于市场需求。由于小木制品生产取材范围广，所以很有发展远景。1997 年全区生产小木制品 25 万件，1998 年生产 171 万件，1999 年生产 346.8 万件，2000 年生产 190 万件。到 2003 年，工具把、小板方、木旋等产品销售形势看好。有些产品因以销定产或销路不畅只生产一两年就停止生产。

1986—2005年南岔区（局）全民企业主要小木制品产量、产值统计表

表 4-28

单位：立方米、元

年份	小木制品生产																				
	地板块			刨光材			小板方			门窗半成品			指接材			箱板			冰棍杆		
	产量	单价	产值	产量	单价	产值	产量	单价	产值	产量	单价	产值	产量	单价	产值	产量	单价	产值	产量	单价	产值
1986	—	—	—	—	—	—	1500	215.6	323407	4507	417.04	1879614	—	—	—	—	—	—	—	—	—
1987	—	—	—	—	—	—	2000	448.04	896080	3000	448.04	1344120	—	—	—	—	—	—	—	—	—
1988	—	—	—	—	—	—	8754	541.58	4740991	7258	541.58	3930787	—	—	—	—	—	—	—	—	—
1989	—	—	—	—	—	—	880	592.67	521550	3400	592.67	2015078	—	—	—	—	—	—	—	—	—
1990	—	—	—	—	—	—	12156	443.81	5394954	10506	443.81	4662668	—	—	—	—	—	—	—	—	—
1991	—	—	—	—	—	—	6952	426.32	2963777	2556	426.32	1089674	—	—	—	168	426.32	71622	—	—	—
1992	—	—	—	—	—	—	2074	539.79	1119524	150	539.79	80969	—	—	—	—	—	—	—	—	—
1995	—	—	—	—	—	—	7579	415	3145285	—	—	—	—	—	—	727	403	292891	3902	18	70236
1996	995	3920	3900400	—	—	—	5271	415	2187465	—	—	—	178	2975	529550	6740	403	2716220	1233	18	22194
1997	672	3920	2634240	155	3300	511500	7709	415	3199235	—	—	—	191	2975	568225	5646	403	2275330	365	18	6570
1998	315	3545	1116675	—	—	—	5652	498	2814696	—	—	—	—	—	—	323	237	75764	—	—	—
1999	609	3066	1867194	1850	3300	6150000	—	—	—	—	—	—	860	3500	3010000	3808	198.8	757030	—	—	—
2000	98	3066	300468	1792	3946	7070478	2745	481	1320345	—	—	—	1860	3946	7070478	1360	187	254320	—	—	—
2001	850	3066	2606100	2087	3300	6887100	3312	481	1593072	—	—	—	3857	3500	13499500	1534	187	284858	—	—	—
2002	—	—	—	1072	3300	3537600	3213	481	1545453	—	—	—	2410	3500	8435000	459	187	85833	—	—	—
2003	732	1500	1098000	1209	3300	3989700	1200	481	577200	1585	950	1505750	2720	3500	9520000	—	—	—	—	—	—
2005	—	—	—	—	—	—	—	—	—	—	—	—	—	—	—	—	—	—	—	—	—

表 4-29

1989—2005 年南岔区（局）集体企业主要小木制品产量、产值统计表

年份	小木制品生产																				
	木旋			工具把			地板块			包装箱			卫生筷			箱板			纱管		
	产量（支）	单价（元）	产值（元）	产量	单价（元）	产值（元）	产量（立方米）	单价（元）	产值（元）	产量（个）	单价（元）	产值（元）	产量（立方米）	单价（元）	产值（元）	产量（立方米）	单价（元）	产值（元）	产量（立方米）	单价（元）	产值（元）
1989	—	—	—	100100 根	0.75	75075	—	—	—	—	—	—	18199	70	1273930	—	—	—	—	—	—
1990	—	—	—	1405292 根	0.80	1124234	—	—	—	—	—	—	16010	60	960600	—	—	—	600000	0.75	450000
1991	—	—	—	—	—	—	1602	830	1329660	2271	3.35	7608	2541	86	218546	—	—	—	750000	0.60	450000
1992	767400	0.20	153420	807700 根	3.30	2665410	2584	830	2144720	2000	9.50	19000	30867	50	1543350	1662	230.90	383756	1275000	0.75	956250
1993	1494000	0.43	642420	957000 根	3.80	3636600	1252	900	1126800	5710	9.50	54245	12416	50	620800	1497	350	523950	1630000	0.44	717200
1994	2468000	0.34	839120	—	—	—	1403	1400	1964200	3700	13.40	49580	17911	86	1540346	—	—	—	—	—	—
1995	108000	0.49	52920	600 立方米	190	114000	—	—	—	1500	8.50	12750	—	—	—	741	200	148200	300000	0.265	79500
1996	250000	0.49	122500	1070 立方米	190	203300	228	3920	893760	—	—	—	—	—	—	975	200	195000	—	—	—
1997	150000	0.49	73500	16000 根	1.20	19200	90	3920	352800	—	—	—	—	—	—	600	200	120000	—	—	—
1998	899000	0.50	449500	6240 立方米	120	748800	1018	3545	3608810	—	—	—	—	—	—	2414	237	572118	—	—	—
1999	2668400	0.50	1334200	2650 立方米	120	333072	1033	3066	3167178	—	—	—	—	—	—	450	187	75735	—	—	—
2000	1900000	0.50	950000	3958 立方米	120	474960	325	3066	996450	—	—	—	—	—	—	2884.4	187	539382	—	—	—
2001	300000	0.50	150000	226 立方米	120	27120	—	—	—	—	—	—	—	—	—	—	—	—	—	—	—

续表 4-29

年份	小木制品生产																				
	木旋			工具把			地板块			包装箱			卫生筷			箱板			纱管		
	产量（支）	单价（元）	产值（元）	产量	单价（元）	产值（元）	产量（立方米）	单价（元）	产值（元）	产量（个）	单价（元）	产值（元）	产量（立方米）	单价（元）	产值（元）	产量（立方米）	单价（元）	产值（元）	产量（立方米）	单价（元）	产值（元）
2002	300000	0.50	150000	104 立方米	120	12480	—	—	—	—	—	—	—	—	—	—	—	—	—	—	—
2003	500000	0.50	250000	104 立方米	120	12480	—	—	—	—	—	—	—	—	—	—	—	—	—	—	—
2004	—	—	—	—	—	—	—	—	—	—	—	—		—	—	—	—	—	—	—	—
2005	—	—	—	—	—	—	—	—	—	—	—	—		—	—	—	—	—	—	—	—

1996—2005 年南岔区（局）三资企业主要小木制品产量、产值统计表

表 4-30

单位：立方米、元

年份	小木制品生产																	
	地板条			地板块			门窗套			小板方材			衣柜门					
	产量	单价	产值	产量	单价	产值	产量	单价	产值	产量	单价	产值	产量	单价	产值	产量	单价	产值
1996	50	1071	53550	—	—	—	—	—	—	—	—	—	—	—	—	—	—	—
1997	70	1075	75250	20	4800	9600	50	4600	230000	300	1450	435000	34	3800	129200	—	—	—
2005	—	—	—	—	—	—	—	—	—	—	—	—	—	—	—	—	—	—

1987—2005年南岔区（局）集体企业主要小木制品产量、产值统计表

表4-31

年份	小木制品生产																				
	灰条子			小板方			纸夹板			集成材			脂接地板条			健身器			窗帘架		
	产量（立方米）	单价（元）	产值（元）	产量（立方米）	单价（元）	产值（元）	产量（立方米）	单价（元）	产值（元）	产量（立方米）	单价（元）	产值（元）	产量（立方米）	单价（元）	产值（元）	产量（件）	单价（元）	产值（元）	产量（延长米）	单价（元）	产值（元）
1987	—	—	—	14047	448.04	2107050	—	—	—	—	—	—	—	—	—	—	—	—	—	—	—
1988	—	—	—	1836	541.58	3160660	—	—	—	—	—	—	—	—	—	—	—	—	—	—	—
1989	—	—	—	18020	592.67	10679913	—	—	—	—	—	—	—	—	—	—	—	—	—	—	—
1990	—	—	—	2053	443.81	911142	—	—	—	—	—	—	—	—	—	—	—	—	—	—	—
1991	931	275	256025	2918	426.32	1244002	—	—	—	—	—	—	—	—	—	—	—	—	—	—	—
1992	—	—	—	500	539.79	269895	—	—	—	—	—	—	—	—	—	—	—	—	—	—	—
1993	—	—	—	2614	300	784200	—	—	—	—	—	—	—	—	—	—	—	—	—	—	—
1994	624	400	249600	—	—	—		—	—	—	—	—	795	1245	989775	1000	9	9000	—	—	—
1995	—	—	—	—	380	530860	—	—	—	—	—	—	—	—	—	—	—	—	—	—	—
1996	678	400	271200	2552	380	969760	259	200	51800	—	—	—	—	—	—	—	—	—	—	—	—
1997	—	—	—	—	380	281200	130	200	26000	—	—	—	—	—	—	—	—	—	—	—	—
1998	300	470	141000	7901	498	3934698	655	230	150650	1611	5985	9641835	733	5985	4387005	—	—	—	—	—	—
1999	—	—	—	9109	481	4381429	110	230	25300	1263	7000	8841000	24	7000	168000	5950	50	297500	—	—	—
2000	—	—	—	2058	481	989898	500	230	115000	1040	7000	7280000	1412	7000	9884000	2320	50	116000	—	—	—
2001	—	—	—	1100	481	529100	—	—	—	830	7000	5810000	1933	7000	13531000	—	—	—	84006	20	1680120
2002	—	—	—	—	—	—	—	—	—	1405	7000	9835000	—	—	—	—	—	—	84000	20	1680000
2003	500	470	235000	—	—	—	—	—	—	1935	7000	13545000	—	—	—	—	—	—	82500	20	165000
2004	—	—	—	—	—	—	—	—	—	—	—	—	—	—	—	—	—	—	—	—	—
2005	—	—	—	—	—	—	—	—	—	—	—	—	—	—	—	—	—	—	—	—	—

第五节 木炭生产

1989 年，南岔贮木场所属的集体经济管理站（现南岔林城木器厂）利用阔叶木的枝丫剩余物为原料，进行木炭生产。建闷窑一座，窑址在其院内，月生产量 500 公斤，每年生产 7 ~ 8 个月，产品主要销往南岔地区，1990 年，亮子河林场组成一个工段，共计 26 人，专门从事木炭生产，炭厂位置设在距场部正北 200 米处的老木匠房，共建 16 个窑口，都是利用土办法就地挖坑而成，形状为圆形，高为 1.5 米，窑内直径为 1.5 米，地上形状为丘状，每个窑内可装木材原料 3 立方米。原料装满后利用一些干柴从窑口点火，然后关闭窑口，7 ~ 10 天后即可烧成出窑，每窑产炭量为 500 公斤，2001 年停止生产。

第五篇　产业开发

20世纪80年代中至90年代初，南岔已经陷入“两危”的极困难时期。为尽快走出危困的低谷，全区上下积极发展替代产业，依托独特的资源优势，开发森林旅游、北药生产、绿色环保产业、特色养殖、木材精深加工五大优势产业，努力开发利用水资源。从发展经济实现可持续发展和改善人民生活入手，广辟生产门路，逐步迈向柳暗花明的彼岸。到2005年，森林旅游收入2000万元、北药产值实现3524万元、绿色环保产业、特色养殖呈逐年发展势头。木材精深加工人造板产值超7000万元，家具生产总量近千万套，出口创汇140万美元。

第一章 旅游业

1986—1999年，南岔区旅游仍以个体休闲为主。2000年，区政府把旅游纳入议事日程，成立了主管机构，开发了仙翁山景点，又把月牙湖、太平公园、四块石抗联遗址、松青人工林等地纳入旅游景区，逐年投资修建景区、景点内的设施，镇内设酒店、宾馆等服务配套点，增加交通工具，利用新闻媒体广泛宣传，扩大其影响面，旅游客人逐年增多。2005年，接待8.5万人次，收入2000万元。

第一节 机 构

2000年7月，南岔区（局）成立旅游开发领导小组，下设南岔区旅游开发办公室，办公室主任由区政府办公室主任赵荣新兼任，郎若愚、姜成山、张本年任副主任。同年10月16日，张凤春任主任。2001年11月29日，机构改革，成立南岔区旅游局（林业局自设机构），挂两块牌子，另一块是南岔森林旅游开发公司。2005年，定编5人，其中正副局长各1人，5人中4人经省市培训取得导游资格证书。

第二节 景点建设

一、仙翁山（老头山）

位于南岔区（局）址东南约10公里处，雄踞在汤旺河和永翠河的交汇处，因山前巨石酷似仙翁端坐，故名仙翁山，总面积1350公顷。受吉林准地槽的影响，海西运动期褶皱和断裂均比较强烈，绝大部分都由结晶花岗岩组成且出露地表，局部有古生代沉积石灰岩、大理岩如中生代安山岩和流纹岩出露，更显峰耸崖峭婀娜多姿。

顺山而上，修有人工台阶通往各景点，各景点立有石碑，整个景区按山势地形分为前后两大景区。前景区由“仙翁得意”“忘忧崖”“杜鹃啼情”“神龟越涧”四个景点构成，后景区由石宫圣境、幽谷天音两个景区构成。仙翁山景区内无峰不奇、无石不特、无松不怪。其峰有的状如神龟、形似情侣、貌若仙翁；其石如狼、似熊、若猴；其松或挺、或虬、或秀。同时水域风光，气候天象，生物景观兼而有之。又集“南秀北雄”为一体，人们谓之“北国黄山”恰如其分，不为过之。在那广袤无垠的崇山峻岭中，到处是郁郁葱葱的森林，夏日奇花异草戏山秀，隆冬白雪皑皑压枝头。红松、云杉、落叶松遍布山冈沟壑，桦、椴、杨、槐、柳、胡桃楸、黄菠萝、水曲柳等乔木混生其间，形成了波澜壮阔的松涛林海。上百种藤、灌、草与树木相依相偎相得益彰地攀生在沃土上，置身其中若飘若仙。

2001年，受伊春市南岔区政府委托，黑龙江省城市规划勘测设计研究院于2月承担了仙翁山风景区旅游总体规划的编制工作。在对规划用地及周边地区环境进行详细踏勘、调研、多方搜集相关资料基础上，编制了《2002—2015年黑龙江省伊春市仙翁山风景区旅游总体规划说明书》。2001年11月，在省计委组织的专家鉴定会上，规划送审稿获得通过。规划将风景区旅游形象定位为“仙翁神景、亘古一绝，奇石胜境、世外桃源”。随着规划旅游配套设施建设日渐完善，仙翁山风景区逐步成为黑龙江省旅游生态产品体系中的一个精品亮点，将带动南岔区乃至伊春市旅游经济的振兴与发展。

2001年，成立大山旅行社，开发了太平桥至仙翁山8公里长的漂流线路，购置机动船2艘，橡皮筏20个，新建水上公园1处2400平方米，钓鱼场1处1000平方米，丰富了旅游内容。

2002年，8月，黑森营字〔2002〕252号文件，批准仙翁山风景区为省级森林公园，太平森林公园也晋升为省级森林公园。

2004年，区政府向省旅游局争取资金50万元，用以建造通往仙翁山景区安澜索桥，使通往旅游区的道路更便捷。为了使永翠河漂流更上规模，又新购进50多条皮筏。

2005年6月，市旅游局邀请东北林业大学的专家和教授对南岔区旅游资源进行了评估，给予很高的评价。区委、区政府积极动作使仙翁山风景区晋升省级地质公园的前期准备工作已经就绪，并积极申报仙翁山为国家级森林地质公园。

月牙湖公园位于南岔区中心的北山脚下，整个湖面呈月牙状，因形而名“月牙湖”。公园占地面积约37000平方米，其中湖水面积12000平方米。南岔文体活动中心在月牙湖北侧，依山傍水而建，与湖面交映成趣。

2002年，区政府对月牙湖进行清淤改造，使湖水重现生机。湖西侧水域中还栽植了莲花，投放鱼苗。昔日木制曲拱桥换上了钢筋混凝土三曲桥，贯通湖面直达山脚，桥上有三座亭台可供游人驻足歇息。湖弯处崖壁上有原黑龙江省省长陈雷题写的“月览湖境”四个大字。在崖下有一幢仿古建筑楼，楼内设“健身房”。楼后半山腰断壁下有可供游山小息棋手对弈的“蘑菇亭”。沿陡立的山坡台阶而上，两侧是苍翠的“人工林”，到达顶峰“望月亭”时，区址南岔尽收眼底。南山下永翠河如玉带蜿蜒流过，高楼林立的山城坐落于高山盆地之中。足下一弯湖水如镜，南岸高楼和北面山峰倒映在水中，轻舟游过，荡起波纹涟漪，湖光山色随波而动如诗如画。冬天整个湖面像一块美丽的碧玉镶嵌在这里，天然滑冰场上运动健儿风驰电掣。全国著名的速滑运动员曹桂凤、冯庆波、关成雪、任慧、于凤桐、黄丽丽、张爽就是从这里跃出大森林，滑向世界。

二、松青人工林森林浴场

坐落于南岔西南23公里南岔林业局松青经营所施业区内。1952年，这片施业区归带岭林业实验局管辖，就在这一年，勤劳的林区人民在日本侵略者掠夺后的林地上，栽下了片片落叶松幼苗。五十多年后，昔日幼苗已郁蔽成林。雪化冰消、嫩芽初上落叶松，尽显北国之春秀色。光合作用下，树木散发出的清香沁人肺腑，会使你感到呼吸格外通畅，俨然一个天然大氧舱。盛夏树木枝条繁茂，林荫下漫步纳凉，别有一番情趣。秋风掠过，纤细的落叶松针叶，随风飘落到树下，像给大地铺上一层淡黄色的地毯，既干净又松软。严冬时节笔直挺拔的树干，像训练有素的战士整齐排列，以强大的阵容抵御着阵阵袭来的寒风。

三、大款乐园

在松青经营所的西南河湾里，1999年，在原有的住房中建起民营的大款乐园，园内有3500余平方米水池，可养鱼供人垂钓。这里交通方便，依山傍水，风光旖旎，景色秀丽，是划船观赏自然景观的好去处，在这里你可以品尝到河水炖河鱼及典型的农家大炖菜。

四、四块石抗联遗址

位于南岔林业局浩良河经营所翠岗工段东南部，和汤原县、依兰县交界。主峰上有凸起的四座巨大石砬子，因而得名四块石（又称红石砬子），是浩良河的发源地，帽儿山之巅，海拔 1028.4 米，是南岔地区的最高峰。抗日战争期间，这里是东北抗日联军的根据地之一，至今尚存“抗联六军医院”“被服厂”“烈士墓”等遗迹及抗日联军的重要会议遗址。著名的抗日将领赵尚志、李兆麟等人曾以此为根据地，指挥东北抗日联军第三、第六军，同日本侵略者及伪政权展开了不屈不挠的斗争，出其不意地给日本侵略者以沉重的打击。1936 年冬，为保卫中共北满临时省委，抗联战士与敌人展开殊死战斗，宋喜斌团长等 30 余名抗联英雄壮烈牺牲，他们遗体就安葬在“四块石”的北山坡上。李兆麟将军曾在“四块石”写下了著名的《露营之歌》部分章段。新中国成立后，原黑龙江省省长陈雷等抗联老英雄曾多次回访“四块石”，留下了《伊春行》《林涛伴我话当年》《兴安火种》等脍炙人口的文章。“四块石”既是游人瞻仰和回顾抗日斗争艰苦历程的革命圣地，也是风景秀丽的旅游景点，这里的“月亮门”“一线天”“骆驼峰”等自然景观，壮观、奇特、秀美，令游人赞叹不已。四块石抗联遗址已被国家确定为省级革命老区文物遗址保护地，成为后人不忘国耻、进行爱国主义教育的基地。

五、太平森林公园

始建于 1997 年，位置在南岔区（局）址南，西南岔河南岸，因为临河而建，所以也称太平沿河公园。园内建有“太平古寺”“通仙桥”“放生池”“双亭”“曲径通幽”“儿童乐园”“铁桥”“临江楼”“河畔缘柳”等景点和游乐设施。设计建造者别具匠心，把自然景色和人文景观巧妙地融为一体。公园里园中有园、林中有寺、水边有榭、桥上有亭。天和景明，朋友相聚桥中亭，把酒临风，其喜洋洋者矣。其他配套设施酒楼、冷饮店、娱乐厅也一应俱全。冰雪覆盖大地的时候，雪趣冰情，置身其中令人流连忘返。诱人的冰雕、新春佳节的灯展灯谜，更使游人赏心悦目喜不胜收。太平森林公园依托依山傍水独特环境，于 2003 年添置了机动船 2 艘，橡皮筏 60 个，开辟了西南岔河漂流项目，并建有水上乐园 2400 平方米与之配套，可供游人游山玩水尽情享乐。

六、碧源湖生态旅游度假区

景区距南岔区 3 公里，景区规划开发面积为 8 公里。碧源湖生态旅游区是依托南岔区供水水库形成的湖景水面规划建设的。水库坝长 810 米，坝顶高程 177.5 米，平均坝高 8 米。水库水面宽度约 800 米，长约 1750 米。景区内有季节性沼泽水系 5 条。景区植被主要有三类，一类是森林植被，主要是落叶松，樟子松，红松和柞、椴等乔木和榛棵、条槭、柳、苕条等灌木，二类是地表植被，主要有小叶樟、塔头草、三棱草、黄蒿，三类是农田植被，主要为玉米、大豆和蔬菜。野生动物主要有麻雀、野鸡、燕、灰鹤、白鹤、灰喜鹊、灰鼠、野兔、松鼠、野鸭、花尾榛鸡、燕鸥。碧源湖水面宽阔、河溪水系充沛，山林草地遍布，区域内没有任何污染源，空气洁净、清馨，适于游人开展健康游憩和休闲度假。开阔的湖面也是冬季开展滑冰游乐，冰景造园的好地方。

七、金沟神泉雾凇景观

此景点坐落于南岔林业局桦阳森林经营所所址东北约 19 公里的金沟神泉源头下游，距南岔区址约 50 公里。驱车前往，沿途可见河谷平原水湿沼泽地貌。初冬时节，常有雾凇显现，沿河谷林木树冠尽披银装素裹，分外妖娆。远视如一抹白云，沿河谷舒展逶迤壮观，近看犹如林中白马王子，不知倾倒多少摄影爱好者，更使游人因大自然神奇造化而叹为观止。

第三节　旅游服务

一、游客接待

2001年，为了打造南岔旅游品牌，拓展旅游市场，提高南岔旅游景点的知名度，通过参加“十省市旅游交易会”、市旅游局组织的“世界旅游宣传日”、哈尔滨“伊春市冬季旅游产品推介会”、“黑龙江生态旅游节”等各种节会，抓住机遇展示南岔旅游资源和旅游产品形象。还举办了二届仙翁山杜鹃花会，印制了《北国黄山——仙翁山》画册，全面展示了仙翁山自然风貌，努力塑造南岔旅游业为伊春市“南大门”的窗口形象，以货真价实的旅游硬件，“远交近联，方便当地”吸引更多的游客。为了方便和服务于外地游客，旅游局设在南岔唯一的三星级宾馆——南岔宾馆。近的来自于省内哈尔滨、佳木斯、鹤岗、双鸭山等周边平原地区。运用信函、电话联系等多种方式和哈尔滨市和平国际旅行社、铁道国旅、华运国旅、新时代旅行社、佳木斯假日旅行社等多家相关单位建立业务往来关系，逐步扩大影响。到2005年，旅游项目包括：自然山水探险游、兴安杜鹃赏花游、森林沐浴度假游、仙翁山风情民俗游，西南岔河漂流、溜冰等，令游客赞不绝口。当地广大群众更受近水楼台之益，笑迎八方来客。

1999—2005年南岔区旅游接待、收入情况统计表

表5-1

年份	接待人数（万人）	收入情况（万元）
1999	10	30
2000	0.45	21
2001	10	80
2002	7.5	624.5
2003	4.3	827.1
2004	7.1	1305.3
2005	8.5	2000

二、基础设施

旅游业服务设施，到2005年年末有规模宾馆7家、酒店餐馆9家，游戏厅、歌舞厅、洗浴、医疗、美容、摄像影楼分布于城镇各处。独特的仙翁山笨鸡炖蘑菇、农家包饭、桃花湖鱼锅、永翠河鱼汤使游客一饱口福。

南岔区主要宾馆一览表

表5-2

名称	地址	规格	建筑面积（平方米）	床位数（张）
南岔宾馆	迎宾路	三星级	2500	75
腾达大酒店	站前街	普通	1500	60
银都宾馆	中纬路	普通	1500	30
交通宾馆	通山路	普通	2000	20
柳林宾馆	通山路	普通	1000	25
水文招待所	中纬路	普通	1000	18
宏昌旅社	站前街	普通	2000	40

南岔区主要酒店餐馆一览表

表 5-3

名称	地址
银都大酒店	中纬路
腾达大酒店	站前路
金陵大酒店	湖山路
伊斯兰餐厅	北纬路
公交大酒店	北纬路
南岔宾馆	中纬路
大清酒店	北纬路
五洲大酒店	北纬路
金都大酒店	北纬路

三、人员培训

2000 年成立旅游局后，旅游服务业坚持以树窗口形象，文明服务热情待客为宗旨。对服务人员采取外出学习、集中培训、边干边学等办法，使人员素质和服务质量不断提高。并开展了服务技能大练兵活动，使每个接待人员对地理、历史、风土人情都有广泛的了解。同时要求接待人员会点简单的外语对话，以适应工作需要。2003 年专职导游只有 2 人，但是相关的服务队伍庞大。他们的爱岗敬业精神，一切为了游客的服务理念，笑容可掬的服务态度，使游客有一种宾至如归的感觉。

2004 年，培训专业护漂人员，保证永翠河漂流游客的安全。

2005 年，按照市旅游局的安排，南岔区在春、冬季组织两期导游员培训班，为爱好导游工作的有志青年提供一个学习和就业的机会，并且参加全局导游员资格考试，使导游队伍逐步壮大。

第二章 北药业

1985 年 12 月，成立南岔人参加工厂，年加工能力最高达到 15 万公斤左右。2001 年，随着计划经济向市场经济转轨，人参销售渠道不断拓宽，由于货源不足等原因，人参加工厂下马。

1985 年，建立南岔制药厂，依托当地资源优势，加之领导重视，产品又适销对路，迅速发展起来，成为南岔北药发展的“龙头企业”。2001 年 9 月转为股份制企业，更名为黑龙江省格润药业有限责任公司。2003 年 10 月通过 GMP 认证。发展为集药品研制开发，生产经营为一体的现代化高新技术企业，成为南岔区“五大支柱产业”中产值高、纳税多的大户。

2005 年，南岔区为了加强北药开发工作，成立南岔区北药开发办公室，办公室与农业委员会合署办公，农业委员会主任闫树海兼任北药开发办公室主任，机构规格为科级，配备副主任 1 职，科员 1 人。

第一节 北药种类

南岔药用资源比较丰富，大体可分为两类。一类是药用动物资源，主要有鹿茸、熊胆、麝香、林蛙油、养蜂生产的蜂蜜蜂王浆及其他蜂产品。2001 年，全区设立养林蛙基地 59 处，林蛙饲养量达到 1000 万只。石头河林场还建起了封闭式人工养蛙基地，繁殖幼蛙 30 万只。2004 年，全区建有 12 处养鹿场，存栏 328 头。另一类是植物药用资源。据统计，南岔植物类药材约有 400 多种，具有野生珍贵地道药材的绝对优势。其中野生的刺五加、五味子、三棵针、满山红、暴马子、龙胆草、穿地龙、党参、黄芪等，已被充分利用。值得重视的是如穿地龙、党参、黄芪之类的野生药材，由于多年来无节制的采挖，资源已日渐减少。过去山野路旁常见的野生黄芪，现在基本上濒临灭绝，改变和保护野生药物资源工作迫在眉睫。格润药业有限责任公司所用的人参、刺五加、蒲公英、板蓝根、车前子等都取之于当地。

第二节 北药种植

1986 年，全区人参留存面积 236430 平方米，南岔区迎春乡果树村李文海、刘之贤等人参种植面积分别在 5000 平方米左右。凡是具备人参种植条件的山上林场、经营所都搞起了人参生产。其中浩良河经营所、亮子河林场是人参种植销售大户，年产销鲜参 3 万 ~ 3.5 万公斤。柳树经营所、太平经营所、桦阳经营所、松青经营所、四合营林场、大磊林场产销鲜参数量次之。1988 年，浩良河经营所被黑龙江省森林工业总局以黑森多字〔1989〕113 号文件，分别授予人参一类园基地先进单位、人参单产达标先进单位、人参高产攻关先进单位称号。到 2002 年，南岔区 14 个林场、经营所建立山药材种植基地，经营户 174 个，种植刺五加 11.6 公顷，五味子 34.6 公顷，人参在床面积 38.6 万平方米。在巩固发展人参生产的同时，南岔区（局）以 14 个林场经营所为依托，建立了 14 个药材生产基地，种植刺五加、五味子、板蓝根、北豆根地产药材。到 2005 年，人参、龙胆草、五味子、刺五加等 18 个品种北药种植面积 1386735 平方米，实现年产值 150 万元。

1986—2005 年北药种植产量产值统计表

表 5-4

年份	人参种植面积（平方米）	人参留存面积（平方米）	年产鲜参（斤）	实现产值（万元）	其他药材种植面积（平方米）	种类
1986	317598	—	—	—	—	人参
1987	—	236430	29413	178.6	—	人参
1988	—	156000	20000	126	—	人参
1990	—	415207	16165	54	—	人参
1991	341000	469344	32760	110.3	—	人参
1997	458000	—	70000	155.6	—	人参
1998	379133	—	—	—	—	人参
1999	358574	—	—	—	—	人参
2000	—	—	62500	112.5	1700	刺五加、五味子
2001	—	370000	39000	—	180.5	野山参、刺五加、五味子
2002	—	386000	—	—	694	刺五加、五味子
2003	—	386000	88000	220	735	防风、大粒子、返魂草
2004	—	386000	90000	165	735	平贝、黄芪、北豆根、水飞蓟
2005	—	386000	80000	150	735	龙胆草、五味子

第三节　药材加工

南岔北药加工业，主要集中于格润药业有限责任公司（原南岔制药厂）。其他零星药材加工，主要从事简单中药提取，多是规模小的短期行为，没有形成产业化经营，由于多种原因，干一段时间就自生自灭了。

1983 年，省林药公司投资 100 万元，和南岔多种经营科联营，成立林药联营公司，即南岔人参加工厂。采取以货顶款的方式，主要从事人参加工。当时厂址设在区政府门前物资供应科大库（现联合街中心委），后迁至南岔东升办事处黎明街机械修造厂后院。1985 年 12 月正式建立人参加工厂并投产。加工主要产品有生晒参（白参）、礼品参、参须（分直须、混须两种）。成立时只有洗参和干燥两个车间。始建时年加工能力 3.5 万多公斤，随着货源不断增多，鼎盛时期年加工能力达到 15 万公斤左右。

1989 年，为了进一步挖掘人参综合利用潜力，从人参茎叶中提取人参皂甙，增设了中药提取车间。人参皂甙属于药品，必须申报获准药品批号，否则不允许生产。经有关部门核准后，1996 年，产出 60 公斤，因为产品质量不达标而停产。其提取车间设备为以后制药厂制药生产奠定了基础。2001 年，人参加工厂下马。2002 年建立的伊春市天保有限开发公司，设计能力年加工穿山龙 1000 吨，生产两个月就解体了。

南岔人参加工厂（黑龙江省格润药业有限责任公司）2001 年 9 月转制为股份制企业，林春和任董事长兼总经理。厂区占地面积 39000 平方米，建筑面积 8061 平方米，固定资产 2400 万元，总资产 3600 万元，各种专用设备 129 台套。安排 200 多人就业，其中大、中专以上专业技术人员 104 人。设有中药前处理、提取、制剂等车间。生产中药提取物、浸膏剂、片剂、颗粒剂、胶囊剂型 21 个品种。改制前生产的北豆根片、补中益气片因被其他厂家声申保护品种而停止生产。改制后公司吸取教训，及时对生产的柏子养心片、复方蒲芩片申报国家中药保护品种，并在 2003 年 12 月 31 日获得国家二级中药保护证书。通过积极培育和打造自已的品牌，公司拥有更大的市场份额，获得更高的经济效益。当年产值实现 1500 万元，销售收入 1200 万元，利税 35 万元。

2004 年，年提取中草药能力达到 5000 多吨，能生产片剂 12 亿片、胶囊剂 2 亿粒，颗粒剂 1 亿袋。产品销往国内 17 个省 3 个直辖市，受到消费者认可，企业进入健康发展的快车道，成为南岔区北药开发的龙头企业。当年公司又积极筹措资金，投资 2000 万元，用以改扩建针车间和建设冻干粉针车间。此项目建成投产后，可弥补伊春市药品生产剂型单一的不足，使公司的制药生产向高技术、高标准、高附加值方向发展。全年实现总产值 3308 万元，销售收入 875 万元，上缴利税 101 万元。

2005 年，格润药业有限责任公司刺五加针剂、冻干粉项目土建工程全面完成，公司又投资 300 万元申报了北豆根分散片、消栓颗粒、感冒清热胶囊等 12 个仿制品种、产品推向市场后，给企业带来更大的经济效益。同年 8 月 19 日在五年一度的换证和 GMP 复检中，都顺利通过。截至 2005 年，企业已安排 267 人就业，年实现总产值 3524 万元，销售收入 2300 万元。上缴利税 212 万元。

1995—2005 年南岔区制药业产量产值统计表

表 5-5

时间（年）	总产值（元）	补中益气片			朱砂安神片			万氏牛黄清心片		
		产量（盒）	价格（元）	产值（元）	产量（盒）	价格（元）	产值（元）	产量（盒）	价格（元）	产值（元）
1995	3477626	28800	2.62	75456	51200	2.9	148480	37000	2.8	103600
1996	2173690	—	—	—	17163	2.9	49773	12520	2.8	35056
1997	2068243	—	—	—	23772	2.91	69177	—	—	—
1998	2408096	1250	2.62	3275	35104	2.91	102152.64	—	—	—
1999	3300800	546	3.07	1676	5619	3.4	19105	1801	3.28	5907
2000	5615709	—	—	—	—	—	—	5795	4.28	24802
2001	395425.6	—	—	—	80584	4.31	347317	200	2.57	514
2002	12595270.11	—	—	—	70749	7.8	551842.2	38126	3.72	141828.72
2003	13692989.65	—	—	—	82558	10.72	885021.76	34246	7.87	269516.02
2004	—	—	—	—	—	—	—	25858	3.72	96191.76
2005	—	—	—	—	—	—	—	11964	3.72	44506.08

表 5-6

1995—2005 年南岔区制药业产量产值统计表

时间（年）	板蓝根冲剂			牛黄上清片			刺五加片			北豆根片		
	产量（盒）	价格（元）	产值（元）	产量（盒）	价格（元）	产值（元）	产量（瓶）	价格（元）	产值（元）	产量（盒）	价格（元）	产值（元）
1995	33151	2.1	69617	115200	2.45	282240	459615	1.86	854884	39200	2.15	84280
1996	249300	2.1	523530	—	—	—	140406	1.86	261155	84670	2.15	182041
1997	51130	2.1	107373	24646	2.45	60383	694466	1.86	1291707	—	—	—
1998	—	—	—	35478	2.45	86921.1	643615	1.86	1197123.9	100000	2.15	215000
1999	2325	2.46	5719	7215	2.87	20707	546719	2.18	1191847	63668	2.51	159807
2000	—	—	—	—	—	—	1765461	2	3530922	—	—	—
2001	—	—	—	—	—	—	2000	1.3	2600	—	—	—
2002	—	—	—	81305	5.70	463438.5	1936032	1.9	3678460.8	—	—	—
2003	—	—	—	149443	6.89	1029662.27	1057914	2.6	2750576.4	—	—	—
2004	—	—	—	192325	2.50	480687.5	1699410	1.15	1954321.5	—	—	—
2005	—	—	—	192275	2.50	480687.5	2957362	0.65	1922285.3	—	—	—

表 5-7

1995—2005 年南岔区制药业产量产值统计表

时间（年）	四合素片			黄连上清片			柏子养心片			清脑降压片		
	产量（盒）	价格（元）	产值（元）	产量（盒）	价格（元）	产值（元）	产量（盒）	价格（元）	产值（元）	产量（盒）	价格（元）	产值（元）
1995	36424	8.85	322352	127600	2.57	327932	138333	3.80	439899	119583	2.48	296566
1996	26239	8.85	232215	35430	2.57	91055	11860	3.18	37715	—	—	—
1997	5222	4.53	23656	—	—	—	—	—	—	—	—	—
1998	—	—	—	—	—	—	8905	3.18	28317.9	4300	3.1	13330
1999	—	—	—	1478	3.01	4449	29980	3.72	111525	5595	3.62	20254
2000	—	—	—	240	4.02	964	27386	4.72	129261	—	—	—
2001	—	—	—	6340	2.41	15279	—	—	—	9584	2.77	26547.68
2002	—	—	—	102166	5.5	561913	—	—	—	—	—	—
2003	—	—	—	179996	7.2	1295971.2	—	—	—	—	—	—
2004	—	—	—	180801	1.35	244081.35	138496	8.88	1229844.4	99390	6	596340
2005	—	—	—	186288	1.35	251488.8	154316	8.88	1370326	144087	6	684522

1995—2005 年南岔区制药业产量产值统计表（一）

表 5-8

时间（年）	清热醒脑灵片			刺五加浸膏			人参皂甙			满山红精粉		
	产量（盒）	价格（元）	产值（元）	产量（公斤）	价格（元）	产值（元）	产量（公斤）	价格（元）	产值（元）	产量（公斤）	价格（元）	产值（元）
1995	147600	3.20	472320	—	—	—	—	—	—	—	—	—
1996	—	—	—	300	51.3	15390	60	897.75	53865	4000	51.3	235980
1997	—	—	—	—	—	—	—	—	—	—	—	—
1998	—	—	—	—	—	—	—	—	—	—	—	—
1999	1500	3.75	5625	100	60	6000	—	—	—	—	—	—
2000	—	—	—	1005	75	75375	—	—	—	—	—	—
2001	5560	2.37	13177	—	—	—	—	—	—	—	—	—
2002	32452	4.70	152524.4	13347	108	1441476	—	—	—	—	—	—
2003	25295	12.88	325799.6	3647	50	182350	—	—	—	—	—	—
2004	11940	4.70	56118	—	—	—	—	—	—	—	—	—
2005	—	—	—	—	—	—	—	—	—	—	—	—

1995—2005 年南岔区制药业产量产值统计表（二）

表 5-9

时间（年）	复方蒲芩片（20T）			蒲地兰消炎片			麻杏止咳片			六味地黄片		
	产量（盒）	价格（元）	产值（元）	产量（瓶）	价格（元）	产值（元）	产量（瓶）	价格（元）	产值（元）	产量（瓶）	价格（元）	产值（元）
1995	—	—	—	—	—	—	—	—	—	—	—	—
1996	40099	9.06	363297	1190	4.33	5153	—	—	—	—	—	—
1997	19240	4.53	87157	—	—	—	251968	0.82	206614	53168	2.95	156849
1998	19521	4.53	88430.13	6585	4.33	28513.05	534378	0.96	513002.88	—	—	—
1999	2250	5.30	11925	1672	5.06	8460	138480	1.12	155098	1750	3.45	6037
2000	6571	6.30	41397	2030	5.06	10271	124176	0.70	86923	5955	3.45	20544
2001	15010	4.41	66194	10830	3.04	32923	533586	0.50	266793	18201	3.00	54603
2002	35511	6.50	230821.5	71994	7.72	555793.68	677077	0.83	561973.91	87084	11.20	975340.8
2003	2810	7.80	21918	55036	15.60	858561.6	557900	0.92	513268	33643	14.30	481094.9
2004	58800	2.40	141120	51993	3.50	181975.5	—	—	—	2000	3.20	6400
2005	198300	2.40	475920	272300	3.50	953050	—	—	—	15747	1.00	15747

1995—2005年南岔区制药业产量产值统计表（三）

表 5-10

时间（年）	复方丹参片			天麻胶囊			板兰根片			百代牛黄清心片		
	产量（瓶）	价格（元）	产值（元）	产量（瓶）	价格（元）	产值（元）	产量（瓶）	价格（元）	产值（元）	产量（盒）	价格（元）	产值（元）
1995	—	—	—	—	—	—	—	—	—	—	—	—
1996	—	—	—	—	—	—	—	—	—	—	—	—
1997	19807	2.04	40406	2483	2.73	6779	6621	2.74	18142	—	—	—
1998	11959	2.04	24396.36	3729	2.73	10180.17	4766	2.74	13058.84	4475	2.80	12530
1999	860	2.39	2055	330	3.19	1052	2546	3.20	8147	—	—	—
2000	—	—	—	—	—	—	628	3.20	2009	—	—	—
2001	73392	1.30	95409	—	—	—	9134	1.92	17537	—	—	—
2002	800	1.60	1280	—	—	—	44077	2.70	119007.9	—	—	—
2003	—	—	—	17479	5.00	87395	79359	3.20	253948.8	—	—	—
2004	442006	0.65	287303.9	534500	1.00	534500	—	—	—	—	—	—
2005	6368061	0.65	4139239.6	1983516	1.15	2281043.4	—	—	—	—	—	—

1995—2005年南岔区制药业产量产值统计表（四）

表 5-11

时间（年）	刺五加精粉			柏子养心片（60T）			朱砂安神片（24T）			朱砂安神片（48T）		
	产量（公斤）	价格（元）	产值（元）	产量（盒）	价格（元）	产值（元）	产量（盒）	价格（元）	产值（元）	产量（盒）	价格（元）	产值（元）
1995	—	—	—	—	—	—	—	—	—	—	—	—
1996	—	—	—	—	—	—	—	—	—	—	—	—
1997	—	—	—	—	—	—	—	—	—	—	—	—
1998	1400	51.3	71820	—	—	—	—	—	—	—	—	—
1999	—	—	—	57395	27.10	1555405	—	—	—	—	—	—
2000	—	—	—	60216	27.10	1631853	2562	4.40	11272	4675	10.72	50116
2001	—	—	—	—	—	—	—	—	—	—	—	—
2002	—	—	—	119264	17.80	2122899.2	—	—	—	—	—	—
2003	—	—	—	99774	27.10	2703875.4	—	—	—	—	—	—
2004	—	—	—	—	—	—	87453	4.80	419774.4	—	—	—
2005	—	—	—	—	—	—	81446	4.80	390940.8	—	—	—

2001—2005年南岔区格润药业产量产值统计表（一）

表5-12

时间（年）	柏子养心片			刺五加片（0.2g）			刺五加片			清脑降压片（60T）		
	产量（盒）	价格（元）	产值（元）	产量（瓶）	价格（元）	产值（元）	产量（盒）	价格（元）	产值（元）	产量（盒）	价格（元）	产值（元）
2001	115814	8.12	940409	2088533	0.65	1357546	569207	0.80	455365	9098	7.16	65141
2002	—	—	—	—	—	—	—	—	—	48130	9.30	447609
2003	—	—	—	—	—	—	—	—	—	75215	12.88	968769.2
2004	—	—	—	—	—	—	—	—	—	—	—	—
2005	—	—	—	—	—	—	—	—	—	—	—	—

2001—2005年南岔区格润药业产量产值统计表（二）

表5-13

时间（年）	克尼安蒲地兰消炎片			复方蒲芩片（15T）			板蓝根颗粒			新帮麻杏止咳片		
	产量（盒）	价格（元）	产值（元）	产量（盒）	价格（元）	产值（元）	产量（中袋）	价格（元）	产值（元）	产量（盒）	价格（元）	产值（元）
2001	100791	1.75	176384	—	—	—	—	—	—	—	—	—
2002	336606	1.75	589060.5	—	—	—	—	—	—	—	—	—
2003	469480	1.75	821590	100400	2.00	200800	12249	3.50	42871.5	—	—	—
2004	523180	1.75	915565	59876	2.00	119752	—	—	—	562980	0.87	489792.6
2005	310800	1.75	543900	128529	2.00	257058	—	—	—	615840	0.87	535780.8

第三章 绿色食品业

南岔区（局）紧紧抓住本地资源优势，在农业产品开发中全力生产无公害产品。2003年，当地产玉米、豆角通过国家质量认证。利用锯末生产食用菌，有蘑菇、木耳等12个种类。发展特色养殖14种，2005年绿色产品产值7000万元。

第一节 农业产品

1986年以后，南岔区蔬菜种植农家肥占施肥总量80%。南岔区北郊振兴村，主要以棚室蔬菜生产为主，该村有4名常年积肥人员，年积肥3000立方米，一车肥常规售价15元。1987年，全区秋菜无公害栽培25.8公顷。南岔区“两镇一乡”蔬菜生产，通过优良品种引进，广施农家肥，科学合理施用农药，走生态农业发展之路。

2003年12月16日，伊春市绿源冷冻保鲜有限公司正式挂牌成立，系南岔区（局）科级单位。公司地址坐落于南岔区贮木街，占地81250平方米，固定资产600余万元，安排企业富余劳动力376人。公司与外地厂家合资480万元，建有储存量1500吨的大型冷冻库，和拥有储存绿色食品2000吨的保鲜库，年可生产加工冷冻黏玉米400万穗，速冻油豆角200吨以及各类蔬菜水果保鲜产品300吨。储存多种山野菜，山野菜系列水饺都很有特色，年产值500万元，纯利润60万元。公司产品质量经检测符合国家和行业检验标准，深受省内外客户青睐。当年，产品已获“中国中轻产品质量保障中心”质量合格认证，产品投放市场后供不应求。

公司也成为南岔区绿色食品开发基地，带动了绿色食品种植业和山特产品采集业的发展。2003年，全区采集山野菜1100吨，存储黏玉米200万穗、油豆角18吨，绿色食品业全年产值610万元。

2005年，绿源食品冷冻公司通过和沈阳冷冻设备公司进行补偿贸易方式合作，在原来冷藏600吨的基础上，又建一个2000吨的冷冻库。当年，速冻产品2000吨产值1200万元。绿色食品的申请认证工作，从4月末开始，通过申报的文字材料和省绿色食品办公室审核领导小组实地对绿源公司生产规模、企业状况的实地审核，环境检测、产品检测全部合格后，经国家绿色食品发展中心批准，10月末获黏玉米、油豆角，冷冻山野菜刺嫩芽、猴腿、刺五加叶、蕨菜等获得A级绿色食品标识。

第二节 山特产品采集与加工

山野菜主要品种有老蕨菜、猴腿、刺嫩芽、黄瓜香。其他像金针菜、老桑芹、小叶芹、猫爪子、桔梗等50多种。1999年，全区采集山野菜1100吨。2000年，采集加工山野菜1120吨。年山野菜采集量都保持在1100吨左右。产品远销日本，通过外贸途径出口创汇。

山野果品种有红松籽、榛子、山梨、山丁子、山核桃、山葡萄、山里红、山刺玫果、山灯笼果、草莓、都柿、狗枣子、狗奶子，不仅能食用，还有药用保健功能。其中很多品种已被开发利用。1994年，南岔林业局浩良河经营所生产的山莓缶装饮料、胡萝卜汁，打出了“绿琛”品牌，获得国家绿色食品认证，还被授予省级优质产品奖。最高年产能力达到30吨。南岔饮料厂充分利用山野果资源优势，开发生产山野果饮料达7种，其中山梨、山丁子饮料获省部级产品质量奖。1995年，产值实现100万元。

1996年，南岔林业局晨明经营所依托当地山野菜资源优势，成立了志诚实业有限责任公司。专门从事山野菜加工，年加工能力达到150吨，每吨售价8000元，产值120万元，实现利润10多万元。南岔林业局松青经营所也相继成立山特产品加工厂，形成了采、加、销生产体系。随着市场经济的发展，群众采了山野菜不愁卖，很多有经济头脑的人都办起了山野菜收购点，生意都很红火。

1996年以后，为了实现山野菜生产加工可持续发展战略，在大量采集山野菜的同时，山上林场经营所又建起了山野菜生产基地。2001年人工栽培刺嫩芽36.8公顷，2002年发展到189.7公顷。个体农户也看准了这一有发展前景的市场，在棚室里搞起了野菜家种，生产出又鲜又嫩的刺嫩芽、蒲公英，成为人们春季蔬菜中的抢手货。

2005年，南岔区从事山特产品种、养、采、加人数7000人，采集山野菜1120吨，山野果60吨。

第三节　食用菌

野生食用菌品种有猴头蘑、元蘑、榛蘑、榆黄蘑、花脸蘑、油蘑、草蘑、笤帚蘑、牛肝菌。其中榛蘑、猴头蘑、元蘑产量居多。

1986年，南岔区的部分居民用柞木段钻孔填菌生产木耳、只是少量，但是木材资源浪费较严重，到1996年，全局禁止用木段生产木耳。

1996年，开始试验培育香菇成功，当年生产香菇菌坯10万块，产香菇20吨，产值120万元。1997年，生产香菇菌坯20万块，产香菇40吨，产值240万元。全区共有65户养菇专业户。

1997年，山区综合开发，山上林场经营所发展林下经济。为了节约林木资源，袋装木耳取代了传统的木耳段。人们根据市场价值规律，将周期短见效快风险低的黑木耳栽培项目作为发展重点。2001年，四合营林场、石头河子林场的食用菌基地已具有一定规模。松青经营所生产能力100万袋的平盛食用菌加工厂建成投产。全区共生产袋装木耳225万袋，产木耳56250公斤。2003年，外商到南岔收购稀有的松针蘑，价格不菲。到2005年，袋装木耳在全区（局）山上山下，凡具备条件的地方已全面铺开，成为职工和村民发展家庭经济的立户和辅助项目。

其中，四合营林场利用伐区剩余物，林间空地等资源优势，引导扶持职工大力发展食用菌，其中袋栽木耳已发展到500万袋。为了推动食用菌生产发展，成立了四合营黑木耳种养学会。全区食用菌产量达到300吨。

第四章　特色养殖

1986年，本区100多户饲养蚯蚓。投资商未回收，养殖户血本无归。1986—1990年，部分人饲养麝鼠（水耗子）、狐、貂都未成功。1991年10月15日，南岔林业局制定了《黑龙江省南岔林业局野生动物保护和经营方案》。2003年8月4日，国家林业局以林护发〔2003〕121号文件，颁布了《国家林业局关于发布商业性经营利用驯养繁殖技术成熟的梅花鹿等54种陆生野生动物名单的通知》文件之后，本地区的养殖特色动物的人们逐年增多，到2005年特色养殖12种。

第一节　养殖种类

1986—1991年，南岔区的部分居民通过信息渠道发展特色养殖，养殖的种类有麝鼠、狐、貂等，但均未成功而舍去。

1992年，南岔经营所在发展特色养殖中，瞄准市场需求，首次较大规模饲养山鸡8000只，效益可观。1994年，南岔林业局石头河林场工人王胜月停薪留职，在家专营养蜂，蜂群发展到50多箱，年收入达1.2万元。1995年，原大磊林场职工赵国义，经过市场预测，选择了养殖北极蓝狐项目，第一批养殖3组25只。为了掌握饲养技术，他专程到外地学习养殖经验和技术，养殖成功后，一只种狐最低价格上千元，经济效益很好。1996年，他养殖的蓝狐发展到29只，出售2组，获利9000元，年终共获利3万元。

1998年，南岔区林蛙养殖按沟系水域实行承包管护经营，承包人利用温室塑料棚将春季雌蛙散产卵收集集中池中孵化，使幼蛙生存条件得到保障，育成后放归自然，人为增加林蛙数量。当年建立林蛙养殖基地13处，产值实现500万元。1999年，全区林蛙养殖基地增加到46处。2001年，基地发展到59处，石头河林场建成一处封闭式林蛙养殖基地，繁殖幼蛙30万只，并实现安全越冬。2002年，建立奋斗所柳树河流域、桦阳所朱拉比拉河流域、石头河林杨石头河流域、浩良河所大亮子河流域养蛙基地，经营者59户，养殖面积3万公顷，林蛙饲养量600多万只。同年，晨明所还养殖非洲雁380只，鸳鸯鸭360只。

2002年，养殖户牟平允投资27万元，在岩石经营所建起一处养鹿场，岩石经营所以优惠价格帮助解决饲料地6.7公顷。

2004年，岩石所牟平允鹿存栏49只，其中2只较大的公鹿已产茸8公斤。同年，南岔区养鹿业发展到17户，驯养梅花鹿302只，马鹿26只。养殖户陈翔宇一次性投资50余万元，在南岔林业局威岭经营所建成一处鹿场，买仔鹿127只，并购置房舍，饲料粉碎机、运输车辆等，经过科学驯养，产茸235公斤。刘贵新在南岔经营所驯养野猪15头；石头河林场马金国养野鸡230只，飞龙110只；浩良河镇东升街张永祥养貉80只，张保军养貉60只，均获得成功。养殖户中还累计养黄狐17只。

2005年，南岔区个体养殖户养殖种类基本锁定在鹿、貉、野猪、狐上。通过科学饲养，养的野生动物种群有所发展，截至2005年年末，全区养鹿18户，存栏403只；养貉149只；野猪54头；养狐40只；养野鸡410只；养肉狗646只；养笨鸡15795只。蜂蜜产量20吨。

第二节　野生动物养殖

1988年冬到1991年春，南岔林业局资源科与东北林业大学生物系，对南岔林业局野生动物的种类、数量、分布及生存环境进行全面调查。调查野生动物种类呈减少趋势，多种野生动物的数量明显下降，分布也不广泛均匀。针对实际状况，南岔区制度了《关于野生动物保护及饲养办法实施方案》。

1991年10月15日，南岔林业局制定《黑龙江省南岔林业局野生动物保护和经营方案》。具体确定1991—2000年野生动物保护和经营方针。提出“在做好积极保护的前提下，开展有领导、有组织、有计划人工捕捉、驯服养、繁殖马鹿工作，不断摸索总结经验，提高经营管理水平和经济效益”“在利用各种条件招引，捕捉后进行野生动物养殖时，严禁屠宰虐待”，要求各单位因地制宜为养殖户提供便利条件。

2001年11月，区公安分局晨明派出所对擅自捕捉野猪的2个行为人，进行治安处理。

2005年，针对辖区晨明镇、浩良河镇、四合营林场等地区野猪破坏农田等行为，号召种田户加大保护野生动物意识，利用各种有效途径进行驱赶，严禁捕捉。松青派出所处理捕捉狍子案件3起，晨明派出所处理捕捉野猪案件1起。

第五章 饮用水

本地区的水资源丰富，20 世纪 90 年代初便有人开发泉水，通过权威部门检测后，生产泉水投放市场。1999 年，开发的山泉有金沟泉水、钓水湖泉水，居民区距泉水较近的人们常取而饮之。2000 年开始，用 3 年时间，投资近 1300 万元建成南岔供水水库。供南岔镇内单位和居民饮用。

第一节 居民用水

1986 年，南岔镇内居民一直引用地表水及西南岔河水，随着上游工业生产的发展，河水污染日趋严重，成为困扰人民生活的一大难题。南岔区政府为此曾做出很大努力，多次聘请地质部门测量并打机井，都未成功。

2000 年，南岔区柳树河水经化验可供居民饮用。

2003 年，在区址北 9 公里处修建水库 1 座，引水到区址供应全镇内企业和居民。

浩良河地区居民饮用水，60% 利用铁路自来水，水源是汤旺河河水。因河水受季节影响，时清时混，群众普遍反映用水水质不尽人意。镇政府积极想办法，动员各方面力量，努力改变饮用水现状。

晨明地区居民饮用水，一部分居民用铁路自来水，多数居民用钢管压水井。2003 年，晨明村在伊春市水务局帮扶下，打了深水机井，居民饮用水质量得以改善。

松青地区饮用深水机井自来水户数占四分之一左右，多数居民都沿用钢管压水井。总体来说，山上林场经营所饮用水质量好于山下。

2005 年，在农村饮水解困工作中，南岔区水务局向伊春市水务局请示进行设计变更，利用国债资金 8.85 万元，为迎春乡先锋村接上了城镇自来水。又积极向上争取，省水务局投资 10 万元，在迎春乡中兴村二组打一眼防病改水井，使该村的水质得到了彻底改善。

第二节 水　库

南岔区（局）汤旺河、西南岔河等河段污染严重，水质已达 V 级，地下水贫乏，城镇供水水质差，有些年从春季开始严重缺水长达 90 余天，给工农业生产、居民生活和城镇消防造成一定困难，影响了居民的生活质量，制约了当地国民经济发展的实际情况。南岔区委、区政府积极筹措，对上努力争取，得到国家、省市领导和相关部门高度重视。2000 年 9 月 6 日，国家林业局以（林计发〔2000〕492 号）文件，批准了中国龙江森工（集团）总公司《关于黑龙江省南岔林业局局址供水水源工程可行性研究报告》，工程立项批准估算投资 860 万元。初步设计中，因地质条件原因概算额为

2023万元。市水务局批准概算为2063万元。因建设单位资金紧缺难以按概算投资，只能压缩投资，安排建设主体枢纽工程和部分必须附属工程。工程实际投资1291.13万元。国家林业局补贴430万元，其余大部分是林业局自筹资金解决。

南岔区供水水源工程于2001年5月3日开工，2003年6月29日竣工。完成总工程量37.89万立方米，其中挖填土方32万立方米，挖砌石方1.13万立方米，浇筑砼方1.16万立方米，钢筋制作184吨。

供水水源工程位于南岔区以北约4公里处，南岔森林经营所所址西，大柳树河下游，南岔区供水是一座小型水库。所属水系为汤旺河一级支流，流域面积330平方公里。流域地势总趋势西高东低。水库兴利库容476万立方米，容水面积278平方公里。枢纽由挡水坝、泄水建筑物和取水建筑物组成。挡水坝长810米，高8米，为黏土心墙砂壳坝。坝顶宽5米，坝顶高177.5米。上游砼板护坡，坝坡采用浆砌石固脚，下游腐殖土防护，有棱体排水。坝中置两孔总宽13.2米闸门溢洪道，保证安全泄洪，设置1.6米方形砼洞联结输水管道向自来水泵站供水，日供发展用水量3万立方米。2003年6月29日水库竣工，已投入使用。

第三节 泉 水

一、金沟泉水

南岔金沟泉水源于南岔林业局桦阳森林经营所施业区437林班内，地理坐标：北纬47°9′30″，东经129°40′36″。在桦阳经营所所址东北方向，距国铁绥佳线桦阳火车站19公里，有三级公路相通。1990年10月，南岔区聘请水质检测部门的技术人员对金沟泉水进行化验。1991年2月，南岔林业局集体企业公司曾慕名对金沟泉水进行尝试性开采。1992年10月10日，南岔区政府给黑龙江省地矿局申请化验报告称“南岔金沟矿泉水”，1992年10月18日，黑龙江省地质矿产测试应用研究所，在勘查测试的基础上，形成1份《黑龙江省伊春市南岔区金沟天然“神泉水”水质评价报告》。报告对金沟泉水自然经济地理概况、区域地质、水文地质概况、泉水赋存地质、水文地质条件、泉水资源评价都做出准确科学论证。结论“三次分析测试结果表明，该泉水清澈透明，无味、无臭、清凉可口，各项指标完全符合国家饮用水标准。其低钠、低矿化度的特点可作为优质泉水开发利用”。报告对泉水水量做评价“该泉水为上元古界兴东群亮子河组下段大理岩的断裂裂隙中，为中性重碳酸钙型淡水，经过一年来观测以及当地居民多年来饮用，其水量未发生变化，不受四季气候和气象因素的影响，平均水温9.5℃，反映了泉水具有稳定的流量和水温特征，故该泉水是属来自地下水深处。”报告建议：根据以上评价结果和当地居民多年饮用情况，此泉水为优质饮用水，可以作为优质天然泉水开发饮料系列产品。根据当地居民多年饮用对胃、肠疾病、皮肤病等有很好的治疗效果的实际情况，建议医疗保健部门对泉水进行深入的医疗保健作用的研究，使该泉水得到进一步开发利用，造福人类。

在南岔区集体企业公司筹措下，1993年10月，黑龙江省伊春市洪兴经贸有限责任公司成立，公司采用中美合资一流设备和先进生产工艺，经多次过滤加工除掉氟化物，保留原有的矿物质和微量元素。生产小瓶水携带方便，大桶水可供单位、家庭使用。公司在南岔镇内设有销售门市部。

二、钓水湖泉水

钓水湖泉水源于南岔林业局奋斗森林经营所144林班内，源头地海拔650米，是南岔区大柳树河源头之一。泉眼周围林木葱郁，泉水四季不息。由于泉水酷似从壶嘴中流出故名钓水湖。泉水平均温度6℃，经黑龙江省消协指定哈尔滨矿泉水类商品实验测试咨询中心检测，各项指标达标，水中富含对人体有益偏硅酸、锂、锌、锶、钠等二十几种微量元素，水质清凉可口。2001年，大连圣宝科技有限公司哈尔滨水处理工程部投资67万元，开发利用此泉水，同年11月18日正式投产，经过加工后投放市场。并在南岔镇内设立钓水湖泉水厂产品销售门市部，供南岔镇内一些企事业单位和居民饮用。2005年，供水销售18吨。

第六篇　农牧业

南岔区的农业自1986年始延续第一轮土地承包。到1998年，进行了第二轮土地承包30年不变，保持了土地使用稳定性，农业和农村工作紧密围绕“增粮、保菜、兴牧、促企”这条主线，坚持“科技是第一生产力”的发展方向，实行科技兴农，科学种田，积极引进推广先进的实用技术及科研成果，调整种植结构，开发生态农业和无公害产品，扩大保护地和棚室反季蔬菜生产，通过“菜篮子”工程的实施，使全区蔬菜实现自给有余。“两镇一乡”根据生产实际需要，因地制宜地开展农田基本建设，有效改善了耕作条件，为创造效益型农业奠定基础。1986年，全区农用拖拉机980台，2005年发展到2120台。依靠党对农村的多予少取政策，2002年进行农村税费改革。2004年，根据中央1号文件指示精神，免征农业税，并在春耕前发放种田补贴。1986年全区农业总产值1127万元，2005年提高到5645.1万元。1986年农村人均收入415元。第二轮土地承包期间提高到1953元，2005年上升到3024元。在发展种植业的同时，依托当地资源优势，畜牧业也有了长足的发展。产值占农业总产值三分之一左右，成为农业经济的支柱产业，肉蛋奶等产品基本满足了城镇人民生活的需要。

第一章　农村基本情况

1985 年 3 月，全区农村第一轮土地发包中，发包耕地 93036 亩。其中迎春乡 1622.9 公顷，晨明镇 938.3 公顷，浩良河镇 1341.7 公顷，林企和铁路单位耕地承包到户。到 1997 年第二轮土地承包时，全区“两镇一乡”4594 户、16432 口人、6701 个劳动力，耕地 51111.04 亩。每户平均耕地 11.34 亩，每人平均分得耕地 3.17 亩。常年外出务工 481 人。农业家庭经济总收入 4199.8 万元，1997 年年末人均收入 1953 元，是 1986 年的 4.7 倍。

1996 年 3 月，全局 16 个林场、经营所 1701.9 公顷林企耕地分包林企职工，以地顶资，以地补资，实行再就业。共转移林企劳动力 1200 多人。2005 年，“两镇一乡”有 7 个行政村，4856 户，17471 人，9061 个劳动力，4745.6 公顷耕地，外出务工人员 3440 人。农村家庭收入 5645.1 万元，人均收入 3024 元。

第一节　管理机构

1986 年，农牧局所属土地、水利、经营管理站、畜牧站、兽医院、农业技术推广站、种子站。设 1 名副科长，职员 4 人，其他工作人员 18 人。

1997 年 6 月，农牧局和乡镇企业局合并，成立农业工作办公室。一个科室挂两个牌子。主任 1 人、副主任 2 人，编制 8 人。

2001 年，农业工作办公室和区多种经营局合并，成立农业委员会。负责农业、多种经营、水务、农机、畜牧工作。编制 6 人，主任 1 人、副主任 2 人、干部 3 人。其中农机站编制 8 人，站长 1 人、副站长 1 人,（自收自支）；畜牧站编制 2 人；农业技术推广站编制 2 人；兽医站编制 6 人（自收自支 2 人），水务编制 10 人，主任 1 人、副主任 1 人（自收自支）。

2003 年 11 月 24 日，经南岔区第四次区（局）长办公会议决定成立畜牧局，相关工作从农业委员会中分离出来。

2005 年 4 月 1 日，南岔区成立北药开发办公室，办公室与农业委员会合署办公，农业委员会主任兼任北药开发办公室主任，机构为科级。设农委主任 1 人，副主任 1 人，北药办副主任 1 人，科员 3 人。

第二节　村屯耕地

1986 年，全区农村实有耕地 7545 公顷（包括林场、所）。

1990 年统计，“两镇一乡”共有耕地 3988.6 公顷，占全区耕地面积的 65.43%。部分是林企农业。

职工群众小开荒收归林场经营所、街道办事处由集体耕种。林场、经营所成立农业段，家属生产队从事农业生产。

1990年统计，全区共有耕地面积6096.8公顷，其中：林企农业就有耕地1769.6公顷，占全区耕地面积的29.03%；街道办事处有耕地2058亩，占全区耕地面积的2.25%；机关团体有耕地200.2公顷，占全区耕地面积的3.28%。这三部分土地总计2107公顷，占全区耕地面积34.56%。耕地以蔬菜和大豆为主。

1994年，全区开荒地333公顷；1995年开荒313.3公顷；1997年开荒715.9公顷；1998年，全区耕地面积发展到6340公顷。到1999年，全区以实现耕地总量动态平衡为目标，耕地总面积8459.1公顷，人均耕地面积1.086亩，农作物播种面积10567公顷，比1998年增加4227公顷。耕地增加的原因，1997年南岔区被林业部列入山区综合开发示范县。各林场、所落实开荒任务，每开1亩地给工本费60元，林企土地面积增多。耕地总数中还纳入南岔水解厂、哈铁干校、浩良河水泥厂等单位耕地。到2005年，全区共有耕地11543公顷。

1990年南岔区（局）农业耕地面积统计表

表6-1　　单位：公顷

单位	耕地面积	单位	耕地面积
区（局）耕地总面积	6095.6	浩良河经营所	1373
乡镇耕地面积	3908.6	晨明经营所	1112
迎春乡	1603.6	钢丝绳厂	300
晨明镇	965.6	工程处	630
浩良河镇	1422.6	街道办事处	2058
林业企业	1769.6	建国办事处	735
南岔贮木场	50.66	东升办事处	479
晨明贮木场	117.73	民主办事处	844
浩良河加工厂	137.73	机关团体	3003
石头河林场	21	城建科	144
大磊林场	548	一中	160
亮子河林场	78.86	二中	260
翠岗林场	40	三中	396.5
四合营林场	81.866	梧桐木器厂	85
三岔河林场	117.53	梧桐砖厂	84
松青经营所	98.133	乳品厂	1046
太平经营所	151.86	职业高中	200
奋斗经营所	49.13	消防队	45
柳树经营所	134.33	石灰厂	488
岩石经营所	70.26	设计队	50
桦阳经营所	249.4	物资局	13
威岭经营所	62.13	电业	31.5
南岔经营所	64.4		

第三节　农村分布

1986年，全区农村村民依据耕地、地形等实际状况，分地居住。经观南岔地形、地貌，可分南岔、晨明、浩良河三个地带，坐落村屯65个。到2005年，按行政区划分布，迎春乡（南岔地区）设10个行政村，31个自然村；晨明镇（晨明地区）设8个行政村，17个自然村；浩良河镇（浩良河地区）设9个行政村，17个自然村。

2005 年南岔区迎春乡村屯基本情况统计表

表 6-2

序号	行政村名	自然村屯（个）	村民小组（个）	汇总户数（户）	汇总人口（人）	土地面积（公顷）		汇总劳动力（人）			外出劳动力				主要产品	农民人均收入（元）
						合计	其中耕地	合计	从事家庭经营劳动力	第一产业劳动力	合计	本市（县）内	本省内	外省		
1	国庆村	4	4	311	1123	2451.4	1436	685	361	346	176	21	30	75	蔬菜、大豆、玉米	3382
2	先锋村	4	4	247	916	2551.6	1701	420	244	230	96	13	32	51	蔬菜、大豆、玉米	3486
3	梧桐村	1	4	231	882	2889.3	1926	485	241	180	134	5	20	109	大豆、玉米	1283
4	中兴村	3	3	277	914	5149.4	3432.6	740	469	415	148	10	62	76	蔬菜、大豆、玉米	3372
5	沙山村	4	4	350	1324	5318.6	3546	790	556	478	162	61	78	23	大豆、玉米	3314
6	振兴村	2	2	165	462	1339.0	8593	380	206	160	58	12	24	22	蔬菜	3541
7	双合村	1	3	140	564	3195.3	2130	413	293	280	61	3	25	33	大豆、玉米	3099
8	艾林村	3	3	189	730	2854.3	1902.66	595	372	357	119	73	35	41	大豆、玉米	2874
9	松青村	2	2	146	461	1463.5	97.533	230	154	132	45	8	17	20	大豆、玉米	2965
10	红旗村	3	2	90	388	2012.0	1341	210	175	142	35	5	20	10	大豆、玉米	1402

2005 年南岔区晨明镇村屯基本情况统计表

表 6-3

序号	行政村名	自然村屯（个）	村民小组（个）	汇总户数（户）	汇总人口（人）	土地面积（公顷）		汇总劳动力（人）			外出劳动力				主要产品	农民人均收入（元）
						合计	其中耕地	合计	从事家庭经营劳动力	第一产业劳动力	合计	本市（县）内	本省内	外省		
1	月明村	1	6	100	320	805	636.6	71	43	43	28	22	4	2	大豆、玉米	3022
2	宝泉村	1	7	117	360	1528	1018.6	174	121	121	53	29	15	9	大豆、玉米	3083
3	晨明村	1	10	104	357	1365	91	153	111	111	42	24	13	5	大豆、玉米	3073
4	东红村	1	24	254	776	4227	2818	361	184	184	77	132	38	7	水稻、大豆、玉米	3062
5	星星村	2	33	325	1280	6294	4196	347	175	175	172	105	56	11	水稻、大豆、玉米	3055
6	沙岭村	3	7	78	274	1675	1116.6	126	88	88	38	25	9	4	大豆、玉米	3088
7	桦阳村	1	15	171	673	4320	2880	198	126	126	72	34	27	11	大豆、玉米	3028
8	创业村	3	12	120	343	1207	80.46	205	166	166	39	15	18	6	大豆、玉米	3026

1986—2005年南岔区（局）农村基本情况统计表

表6-4

年份		单位 \ 项目	汇总村数（个）	汇总自然屯数（个）	汇总村民小组数（个）	汇总户数（户）	汇总人口（人）	汇总劳动力（人）				
								合计	其中从事家庭劳动力		外出劳动力	
									小计	第一产业劳动力	小计	常年外出劳动力
1986		南岔区	30	54	—	3904	15632	7425	6605	6605	820	—
	其中	迎春乡	13	27	—	1760	6594	3430	2683	2683	747	—
		浩良河镇	9	14	—	1208	4865	2614	2582	2582	32	—
		晨明镇	8	13	—	936	4173	1381	1340	1340	41	—
1987		南岔区	30	54	—	3991	16227	7484	6607	6607	877	—
	其中	迎春乡	13	27	—	1778	6935	3456	2662	2662	794	—
		浩良河镇	9	14	—	1208	4865	2614	2580	2580	34	—
		晨明镇	8	13	—	1005	4427	1414	1365	1365	49	—
1988		南岔区	30	54	—	4021	16352	7514	6629	6629	885	—
	其中	迎春乡	13	27	—	1788	6960	3458	2676	2676	782	—
		浩良河镇	9	14	—	1208	4866	2642	2595	2595	47	—
		晨明镇	8	13	—	1025	4526	1414	1358	1358	56	—
1989		南岔区	30	54	—	3995	16166	7301	6384	6384	917	—
	其中	迎春乡	13	27	—	1804	7030	3463	2672	2672	791	—
		浩良河镇	9	14	—	1208	4869	2635	2579	2579	56	—
		晨明镇	8	13	—	983	4267	1203	1133	1133	70	—
1990		南岔区	30	54	—	4145	18265	6881	5913	5913	968	—
	其中	迎春乡	13	27	—	1871	8493	3094	2292	2292	802	—
		浩良河镇	9	14	—	1238	5250	2567	2484	2484	83	—
		晨明镇	8	13	—	1036	4522	1220	1137	1137	83	—
1991		南岔区	30	54	—	4359	18259	6676	5687	5687	989	—
	其中	迎春乡	13	27	—	1883	8466	3198	2385	2385	813	—
		浩良河镇	9	14	—	1413	5242	2310	2229	2229	81	—
		晨明镇	8	13	—	1063	1551	1168	1073	1073	95	—
1992		南岔区	30	54	—	4243	17531	6600	5578	5578	1022	—
	其中	迎春乡	13	27	—	1851	7963	3158	2333	2333	825	—
		浩良河镇	9	14	—	1284	5225	2271	2191	2191	80	—
		晨明镇	8	13	—	1108	4343	1171	1054	1054	117	—
1993		南岔区	30	54	51	4194	17376	6709	5672	5672	1037	—
	其中	迎春乡	13	27	33	1890	7962	3209	2347	2347	862	—
		浩良河镇	9	14	10	1196	5010	2338	2288	2288	50	—
		晨明镇	8	13	8	1108	4404	1162	1037	1037	125	—

续表 6-4

年份		单位 \ 项目	汇总村数（个）	汇总自然屯数（个）	汇总村民小组数（个）	汇总户数（户）	汇总人口（人）	汇总劳动力（人）				
								合计	其中从事家庭劳动力		外出劳动力	
									小计	第一产业劳动力	小计	常年外出劳动力
1994		南岔区	30	54	55	4198	17053	7058	5976	5976	1082	—
	其中	迎春乡	13	27	31	1878	7911	3247	2375	2375	872	—
		浩良河镇	9	14	11	1208	4867	2642	2599	2599	43	—
		晨明镇	8	13	13	1112	4275	1169	1002	1002	1	—
1995		南岔区	30	54	—	4234	16942	6793	5566	5566	1227	—
	其中	迎春乡	13	27	—	1888	7867	3710	2815	2815	895	—
		浩良河镇	9	14	—	1208	4867	1852	1709	1709	143	—
		晨明镇	8	13	—	1138	4208	1231	1042	1042	189	—
1996		南岔区	32	54	—	4327	16719	7865	6757	6757	1108	17
	其中	迎春乡	13	27	—	1848	7644	3953	3071	3071	882	—
		浩良河镇	11	14	—	1396	5331	2842	2659	2659	183	—
		晨明镇	8	13	—	1083	3744	1070	1027	1027	43	17
1997		南岔区	32	54	—	4260	15709	7182	5961	5961	1121	128
	其中	迎春乡	13	27	—	1833	6885	3635	2767	2767	868	25
		浩良河镇	11	14	—	1338	5240	2422	2172	2172	250	—
		晨明镇	8	13	—	1089	3584	1125	1022	1022	103	103
1998		南岔区	32	54	—	4267	15645	8163	6978	6978	1185	402
	其中	迎春乡	13	27	—	1835	6825	4589	3710	3710	879	346
		浩良河镇	11	14	—	1314	5251	2432	2182	2182	250	—
		晨明镇	8	13	—	1091	3569	1142	1086	1086	56	56
1999		南岔区	32	54	—	4417	16324	9511	8377	8377	1134	408
	其中	迎春乡	13	27	—	1986	7361	4965	4088	4088	877	340
		浩良河镇	11	14	—	1346	5266	3396	3207	3207	189	—
		晨明镇	8	13	—	1085	3697	1150	1082	1082	68	68
2000		南岔区	32	54	—	4446	16382	9481	8192	8192	1289	797
	其中	迎春乡	13	27	—	1919	7310	4713	3805	3805	908	141
		浩良河镇	11	14	—	1440	5320	3632	3305	3305	327	288
		晨明镇	8	13	—	1087	3752	1136	1082	1082	54	41
2001		南岔区	27	54	73	4503	16493	8661	6710	6710	1951	217
	其中	迎春乡	10	27	30	1944	7412	4338	2774	2774	1564	183
		浩良河镇	9	14	11	1441	5320	3150	2808	2808	342	—
		晨明镇	8	13	32	1118	3761	1173	1128	1128	45	34
2002		南岔区	27	54	70	4773	17292	9038	6926	6926	2112	638
	其中	迎春乡	10	27	27	2160	8018	4493	2889	2889	1604	231
		浩良河镇	9	14	11	1441	5324	3417	3080	3080	337	312
		晨明镇	8	13	32	1172	3950	1128	957	957	171	95

续表 6-4

年份	单位		汇总村数（个）	汇总自然屯数（个）	汇总村民小组数（个）	汇总户数（户）	汇总人口（人）	汇总劳动力（人）				
								合计	其中从事家庭劳动力		外出劳动力	
									小计	第一产业劳动力	小计	常年外出劳动力
2003	南岔区		27	54	156	5118	17259	9212	7214	7214	1504	755
	其中	迎春乡	10	27	31	2508	8015	5230	3659	3659	1077	459
		浩良河镇	9	14	11	1441	5324	2831	2533	2533	298	240
		晨明镇	8	13	114	1169	3920	1151	1022	1022	129	56
2004	南岔区		27	54	165	4946	17235	8628	6940	6940	1724	1246
	其中	迎春乡	10	27	31	2317	7899	4938	3848	3848	1090	612
		浩良河镇	9	14	20	1441	5324	2478	2073	2073	405	405
		晨明镇	8	13	114	1188	4012	1212	983	983	229	229
2005	南岔区		27	54	199	4856	17471	9061	5621	4890	3440	2184
	其中	迎春乡	10	27	31	2146	7764	4948	3071	2720	1877	942
		浩良河镇	9	14	54	1441	5324	2478	1536	1156	942	621
		晨明镇	8	13	114	1269	4383	1635	1014	1014	621	621

第四节　政策落实

1986 年，农村实行家庭联产承包责任制和统分结合的双层经营体制。农村土地全部承包到农户手中，包干到户 15 年不变。农民真正有了经营自主权，摆脱了计划经济的羁绊和束缚，使农业生产逐渐向效益型农业转化，全区（局）农业产值 1127 万元。

1996 年年底，区委组织人大、政府、政协就南岔经济发展情况，作了全面调查，并实事求是地进行具体客观分析。“南岔林业局是建局 46 年的老企业。相对来说步入‘两危’困境的时间更早一些，企业赖以生存的林木资源逐年递减。木材年产量由过去最高时期的 60 多万立方米，1996 年减到 11.5 万立方米。全局 16 个林场经营所，已有 6 个几乎无林可采。在替代产业还没有形成支撑能力的情况下，企业经济效益不高，管理费用，制造费用逐年增加，山上场所富余劳动力增多，企事业处于超负荷运转，发展经济举步维艰。”为了缓危解困，按照伊春市委、市政府确立的“向黑土地进军”的战略部署，区委、区政府以改革求发展，在思想和行动上实施了战略转移。按着“立足于农、发展于畜、深化于林、倾斜于工、搞活于商”的总体思路，在林场经营所实施了“两分”“两自立”战略。将林企耕地分包到户，以地顶资，以地补资一定 10 年不变。有工资田、补资田、就业田、劳保田。每户分田 1 公顷，解决半年工资，冬季再安排林业生产任务。每户分 2 公顷，解决全年工资。全区（局）1701.9 公顷林企耕地分地到户。实行工资田的共 469 户，承包土地 781.8 公顷；实行补资田的共 483 户，承包土地 469.4 公顷；实行就业田的 207 人，承包土地 450.6 公顷。共转移林企劳力 1200 多人，林场经营所摆脱并改变了独木支撑的局面。

第一轮农村家庭联产承包到期后，在认真总结前 15 年土地承包经验的基础上，按着中共中央办公厅中办发〔1997〕16 号文件通知要求，本着“大稳定小调整”的原则，根据实际需要，稳妥地在人地矛盾突出的个别农户间小范围的适当调整，1997 年，全区共向农民发包土地 3474.07 公顷，顺延占 83%，小调整占 17%，顺利地进行了第二轮承包，并将承包期延长 30 年。党在农村的各项政策进一步落实，政策的连续性、稳定性，使农民心中托了底，种田的积极性得到充分发挥。第二轮土地承包后第一年 1998 年，全区（局）农业生产产值上升到 4030 万元。

1997 年，林业部下发了《关于同意全国山区综合开发示范县的函》林计开字〔1997〕23 号文件，将伊春市南岔区列入全国山区综合开发示范县。文件要求“山区综合开发要以改土、治水、植树、修路、通电”为基本内容，坚持从实际出发，充分利用山区优势，宜农则农、宜林则林、宜牧则牧，进行统筹规划，开展综合治理和开发，搞一片成一片，促进山区经济全面发展”。南岔区（局）抓住这个大好机遇，以解决“三农”（农业、农村、农民）问题为切入点，宏观调控向上争取，扶贫攻坚力度进一步加强。1997 年，在市政府帮扶下，西林钢铁公司、市政府车队出资出车，晨明镇、沙岭村积极配合，硬是在汤旺河边修路，路长 7 公里大道直通晨明镇，解决了困扰沙岭村多年的老大难问题。1998 年，在区政府积极向上争取下，黑龙江省电力厅农电处和伊春市政府又无偿支援了输电物资，经多方筹措，沙岭村河西两个屯又通了电。

2001 年，区政府按照中央 1 号文件要求，全力解决农村问题，解决了迎春乡艾林村一组无电问题，村屯办起了粉房、豆腐房、烧酒等小作坊。

2001 年 7 月初，南岔区按着市政府《政府关于开展村级不良债务的调查提纲》的要求，成立了化解村级不良债务领导小组，实事求是，认真细致开展调查。经调查，全区村级总债权 1749883.4 元，其中不良债权 1737458.4 元，占总债权 99.3%；总债务 1224074.29 元，其中不良债务 1122428.29 元，占总债务 91.6%，总债务占总债权 70%。依据调查结果，主要采取三种方法化解村级不良债务：一是对个别企业单位，村民请法律部门协助收缴；二是用债权或提留化解；三是用税金等方法化解。到 2001 年 10 月已化解不良债务 18611.54 元，占总债务 15%，有 84% 债务是呆死账。

2002 年，南岔区在农村成功地进行农村税费改革，农民实际负担由每亩 40 元左右，降到每亩 18.91 元，全年为全区农民减轻负担 100 多万元。

2004 年，全区春耕前发给种粮直补资金全区共 75.9 万元，其中：浩良河镇 26.8 万元，晨明镇 19.9 万元，迎春乡 25.4 万元，林场经营所及其他单位 3.8 万元。对种植水稻的农户，每亩发给 15 元的良种补贴，全区 214.95 公顷，共发放良种补贴 4.8 万元。其中浩良河镇 3.8 万元，晨明镇 1 万元。退耕还林补贴 66.1 万元，其中浩良河镇 25 万元，晨明镇 16.1 万元，迎春乡 25 万元。

2005 年，共发放直补资金 77 万元，平均每亩直补资金 11.12 元。水稻良种补贴应发 4.9894 万元，种植农户 338 户，水稻面积 221.75 公顷，两个镇 11 个村、13 个屯，发放 4.8364 万元，每亩补贴 15 元。

截至 2005 年，伊春市南岔农村信用合作社，共为农户发放小额贷款 9661 万元。

2004 年农民从集体外获转移性收入净值统计表

表 6-5　　单位：万元

单位	退耕还林补贴	种粮补贴	（水稻）良种补贴	合计
浩良河镇	25	26.8	3.8	55.6
晨明镇	16.1	19.9	1	37
迎春乡	25	25.4	0	50.4
合计	66.1	72.1	4.8	143

1986—2002年南岔区（局）农业人均收入按户分组统计表

表6-6

年份	单位＼项目		人均收入（元）	150元以上（户）	151～200元（户）	201～250元（户）	251～300元（户）	301～400元（户）	401～500元（户）	501～600元（户）	601～700元（户）	701元以上（户）	其中：1000元以上（户）
1990	南岔区		561.7	5	25	23	244	334	651	2024	414	425	127
	其中	迎春乡	590	5	25	23	140	236	371	537	213	321	78
		浩良河镇	520	—	—	—	—	—	85	1153	—	—	—
		晨明镇	557	—	—	—	104	98	195	334	201	104	49
1991	南岔区		580	—	—	64	141	392	889	1262	791	808	294
	其中	迎春乡	606	—	—	1	26	177	427	443	445	357	138
		浩良河镇	548	—	—	42	61	123	303	402	144	333	124
		晨明镇	567	—	—	21	54	92	159	417	202	118	32
1992	南岔区		656	3	10	21	111	239	564	1143	1071	1081	295
	其中	迎春乡	740		1	2	17	37	156	282	601	755	221
		浩良河镇	602	3	9	19	53	118	152	528	262	140	74
		晨明镇	567				41	84	256	333	208	186	
1993	南岔区		877	9	2	11	34	108	230	362	762	2676	825
	其中	迎春乡	945	9	2	4	1	31	71	116	300	1356	537
		浩良河镇	850			7	18	61	130	169	226	585	221
		晨明镇	786				15	16	29	77	236	735	67

年份	单位＼项目		人均收入（元）	500元以下（户）	其中：300元以下（户）	501～600元（户）	601～700元（户）	701～800元（户）	801～900元（户）	901～1000元（户）	1001～1200元（户）	1201～1500元（户）	1501元以上（户）
1994	南岔区		1162	56	24	114	241	315	560	816	905	793	398
	其中	迎春乡	1169	47	19	81	181	131	165	479	315	299	180
		浩良河镇	1225	9	5	13	23	49	92	160	410	318	134
		晨明镇	1082	—	—	20	37	135	303	177	180	176	84

年份	单位＼项目		人均收入（元）	500元以下（户）	501～800元（户）	801～1000元（户）	1001～1200元（户）	1201～1500元（户）	1501～2000元（户）	2001元以上（户）
1995	南岔区		1651.6	29	218	450	725	1133	1322	357
	其中	迎春乡	1668	25	105	122	236	353	841	206
		浩良河镇	1654	4	85	252	232	318	234	83
		晨明镇	1618	—	28	76	257	462	247	68
1996	南岔区		1464	246	375	283	668	1450	632	673
	其中	迎春乡	1147.6	210	295	83	187	594	121	358
		浩良河镇	1746	36	64	106	288	360	303	239
		晨明镇	1709	—	16	94	193	496	208	76

注：1986年人均收入415元、1987年人均收入448元、1988年人均收入480元、1989年人均收入520元

续表 6-6

年份	单位	人均收入（元）	1000元以下（户）计	1000元以下（户）其中500元以下	1001～1300元（户）	1301～1600元（户）	1601～2000元（户）	2001～2500元（户）	2501～3000元（户）	3001～3500元（户）	3501～4000元（户）	4001～5000元（户）	5001元以上（户）计	5001元以上（户）其中万元以上	5001元以上（户）其中3万元以上
1997	南岔区	1953	145	28	335	447	1451	625	610	225	177	120	125	39	—
	其中 迎春乡	1924	94	17	135	181	456	294	165	124	145	114	125	39	—
	其中 浩良河镇	1986	51	11	176	162	285	238	356	59	5	6	—	—	—
	其中 晨明镇	1961	—	—	24	104	710	93	89	42	27	—	—	—	—
1998	南岔区	2110	127	—	326	441	854	1304	651	225	157	101	81	—	—
	其中 迎春乡	2044	60	—	112	223	423	535	210	91	80	57	44	21	—
	其中 浩良河镇	2163	55	11	175	162	275	238	351	58	21	6	—	—	—
	其中 晨明镇	2156	12	—	39	56	156	531	90	76	56	38	37	8	—
1999	南岔区	2404	60	—	321	495	786	1542	706	241	149	76	41	10	1
	其中 迎春乡	2399	30	—	142	288	421	641	184	100	82	57	41	10	1
	其中 浩良河镇	2468	30	—	175	187	280	238	351	58	21	6	—	—	—
	其中 晨明镇	2440	—	—	4	20	85	663	171	83	46	13	—	—	—
2000	南岔区	2454	46	10	261	330	544	1206	314	228	341	507	669	210	25
	其中 迎春乡	2434	30	8	239	281	391	496	173	114	66	59	70	33	5
	其中 浩良河镇	2489	13	2	1	3	2	9	40	50	275	448	599	177	20
	其中 晨明镇	2448	3	—	21	46	151	701	101	64	—	—	—	—	—

续表 6-6

年份	单位	人均收入（元）	800元以下（户）		801～1200元（户）	1201～1500元（户）	1501～2000元（户）	2001～2500元（户）	2501～3000元（户）	3001～3500元（户）	3501～4000元（户）	4001～5000元（户）	5000元以上（户）		
			计	其中500元以下									计	其中万元以上	其中3万元以上
2001	南岔区	2553	41	13	384	508	522	679	526	223	288	337	995	355	224
	其中 迎春乡	2569	30	7	363	454	409	307	135	101	53	43	49	20	3
	其中 浩良河镇	2634	11	6	—	—	5	21	23	25	166	244	946	335	221
	其中 晨明镇	2537	—	—	21	54	108	351	368	97	69	50	—	—	—
2002	南岔区	2519	63	37	480	545	646	567	1224	410	273	160	385	23	8
	其中 迎春乡	2409	49	31	222	256	442	262	504	152	101	90	59	23	8
	其中 浩良河镇	2632	11	6	243	211	80	72	391	105	61	—	267	—	—
	其中 晨明镇	2577	3	—	15	78	124	233	329	153	111	70	56	—	—

2004 年农村经济收益分配分组统计表

表 6-7

单位	村数（个）	人口数（人）	1000 元以下		1600 ~ 2000 元		2000 ~ 2500 元		2500 ~ 3000 元		农村人均收入（元）
			村数（个）	人口数（人）	村数（个）	人口数（人）	村数（个）	人口数（人）	村数（个）	人口数（人）	
合计	27	17259	1	786	1	1640	8	3735	17	11098	2640
浩良河镇	9	5324	—	—	—	—	4	1304	5	4020	2673
晨明镇	8	3920	—	—	—	—	—	—	8	3920	2612
迎春乡	10	8015	1	786	1	1640	4	2431	4	3158	2630
单位	村数（个）	人口数（人）	1000 ~ 1300 元		1300 ~ 1600 元		1600 ~ 2000 元		2500 ~ 3000 元		3000 ~ 3500 元		农村人均收入（元）
			村数（个）	人口数（人）	村数（个）	人口数（人）	村数（个）	人口数（人）	村数（个）	人口数（人）	村数（个）	人口数（人）	
合计	27	17109	2	1080	1	891	1	388	21	13569	2	1181	2870
浩良河镇	9	5324	1	352	—	—	—	—	6	3791	2	1181	2892
晨明镇	8	40122	—	—	—	—	—	—	8	4012	—	—	2860
迎春乡	10	7773	1	728	1	891	1	388	7	5766	—	—	2786

2005 年农村经济收益分配分组统计表

表 6-8

单位	村数（个）	人口数（人）	1000 ~ 1300 元		1300 ~ 1600 元		1600 ~ 2000 元		2500 ~ 3000 元		3000 ~ 3500 元		农村人均收入（元）
			村数（个）	人口数（人）	村数（个）	人口数（人）	村数（个）	人口数（人）	村数（个）	人口数（人）	村数（个）	人口数（人）	
合计	27	17471	1	882	2	567	5	2192	18	13368	1	462	3023.8
浩良河镇	9	5324	—	—	1	179	3	1001	—	4144	—	—	3091.7
晨明镇	8	4383	—	—	—	—	—	—	—	4383	—	—	3053
迎春乡	10	7764	1	882	1	388	2	1191	—	4841	1	462	2961

第五节 农村劳动力转移

1986年，全区农民外出打工人员835人。农村劳动力转移大体可分为两种形式，一类是一些年轻农民，不甘依附仅有的那一些土地维持生存，有的农村家庭劳动力多，儿子土地父母种，腾出儿子去打工。其中一部分人到哈尔滨、大庆，另一部分人南下大连、山东、广东等地从事多种行业。农民的增收渠道不断拓宽，家庭经济收入不断增加。另一类是三个月以内的短工，农民主要以种地为主业，农闲到村屯周边林场经营所从事次生林改造、人力畜力集材生产等。从事时间是冬季落雪上山，春节前下山。迎春乡红旗村，晨明镇星星村，每年冬天出套户（畜力集材）在五六十户，加上力工达百余人。人口少村屯出套户三四十户。

2000年以后，农闲季节，一些农民们到金山屯、美溪、新青、汤旺河等区（局）从事林业生产，另一些农民转向食用菌生产和其他经营生产。

2004年4月3日，南岔区政府责成南岔区农业委员会研究制定《南岔区2004年农民工培训规划》，并把南岔区委党校和伊春职业技术培训学院，作为农民工培训基地。本着“政府统筹、学校主办、部门监管、农民受益”原则，以提高农民工就业能力和就业率为重点，多渠道、多层次、多形式开展培训，加快农村人力资源向人力资本转化，促进农村富余劳动力的转移。并把农民工非农职业技能培训作为“科普之冬”和“科技下乡”活动的内容，2004年全区引导性培训人数600人次。

2005年，全年转移农村劳动力3440人，其中常年外出劳动力2597人，去外省695人，省内741人，伊春市1161人。农民外出劳务收入，全区1255.8万元，其中浩良河镇248万元、晨明镇111.4万元、迎春乡896.4万元。

第二章 农业生产

1986—2005年，南岔区农业生产在区、乡（镇）、村三级领导班子高度重视下，坚持科学的发展观，认真落实黑龙江省委、省政府确定的“稳定面积、优化结构、主攻单产、增加总产、改善品质、提高效益”和市、区“增粮保菜、兴牧、促企”的总体方略。充分利用耕地资源，调整种植结构，走发展高产高效，优质农业的路子。坚持科技是第一生产力，坚持科学种田，积极培训科技力量，推广先进的生产技术，农田基本建设不断加强，机械化耕作水平不断提高，涌现出很多依靠科学、勤奋耕耘、勇于探索、刻意求新的种田能手。通过传帮带，引导农民走共同发展共同致富之路。保持了全区粮菜产量稳中有升。蔬菜基本满足了全区14万多人的需求。实现了农业增产、农民增收，农村经济的全面发展。

第一节 种植结构

南岔区种植结构以大豆、玉米、马铃薯、蔬菜为主，兼种经济作物和饲料。浩良河镇、晨明镇部分村屯的种植以水稻为主业。

迎春乡振兴村、中兴村、国庆村、先锋村，晨明镇晨明村，浩良河镇浩良河村、小吉星村主要种植蔬菜。

1986年，全区播种总面积6292公顷。其中蔬菜795.7公顷、粮豆薯2840公顷、水稻播种面积93公顷、饲料1434公顷、经济作物733公顷、菜豆396.3公顷。

1989年水田面积10.133公顷。1989年，实施旱田改水田工程。1992年水田面积增加到5.42公顷。1997年水稻播种面积降到28公顷。

1997年，在山区综合开发中对种植结构进行调整，全区粮、豆、薯总播种面积6171公顷。粮豆薯总播种面积4602公顷，总产量15767吨，比1996年增加7620吨，增加了11%。水稻播种面积280公顷，平均亩产370公斤；玉米播种面积1440公顷，平均亩产6000公斤；大豆播种面积2650公顷，平均公顷产3975公斤；蔬菜总播种面积8800公顷，总产2650公顷，比1996年增加436吨。甜菜、药材、西瓜、香瓜、白瓜总播种面积6900公顷。

1998年，依照省委、省政府确定的“稳定面积、优化结构、主攻单产、增加总产、改善品质、提高效益”发展农业生产的路子，加大了种植结构调整的力度，粮食作物播种49180公顷，占总播种面积78%，粮食总产16026吨，比1997年增加259吨。其中水稻播种2140公顷，总产1562吨，平均公顷产4110公斤。小麦播种20公顷，总产38吨；玉米播种15140公顷，总产8630吨；大豆播种1514公顷，总产5625吨；蔬菜播种8670公顷，总产35113吨；马铃薯播种3340公顷，总产4008吨。

1999 年，在“增菜、保粮、兴牧、促企”方针指引下，南岔区以“两稳定、四增加”为结构调整原则，即稳定水稻和蔬菜面积，增加玉米面积、增加经济作物面积，增加饲料地面积、增加畜牧业产量。大豆播种 5360 公顷，总产 9648 吨；马铃薯播种 3340 公顷，总产 4258 吨；蔬菜播种 8670 公顷，总产 34524 吨。

2000 年，在调整农业产业结构方面，粮食作物向硬粒型、角质型、脱水快的品种上调整，大豆向高脂肪、高蛋白品种上调整，蔬菜生产向多品种、高质量、反季节的生产方向调整。调整农业产业结构的主要路子是采取以龙头带基地，以基地带千家万户的办法。棚室面积稳定在 40 公顷以上，日光温室得到重点发展，由 1999 年 45 栋发展到 2000 年 60 栋。棚室蔬菜种植结构向夏菜冬种、南菜北种、山菜家种、洋菜中种方向发展，保证市民四季都能吃到地产菜。

2002 年，种植结构根据市场要求压缩大豆种植面积，保持玉米种植面积，扩大经济作物、饲料作物面积。经济作物面积增加到 80 公顷。饲料作物面积比上年增加 5466 公顷。为畜牧业发展提供充足的饲料来源，实现农产品过腹增值。这一年还扩大了无公害蔬菜种植面积，种植黏玉米 590 公顷，产玉米 170 万穗。

2004 年，全区播种面积 11543 公顷，比计划增加 10740 公顷，比上年增加 10%。粮食作物播种 9774 公顷，占总播种面积 85%。全区种植药材 54230 平方米，其中平贝 500 平方米、板蓝根 31140 平方米。

2005 年，全区播种面积 11543 公顷，粮食作物播种面积 9813 公顷，占总播种面积 85%。

1990—2005年南岔区（局）农村经济收入统计表

表6-9

单位：万元

年份	单位		家庭经济总收入	种植业	粮食作物	经济作物	蔬菜瓜果	林业	牧业	副业	渔业	工业	建筑业	运输业	商饮业	服务业	其他
1990	南岔区		1780	862.4	545.8	22.5	280.2	28	227.9	244.6	—	197.8	36	57.5	34.8	71.5	19.5
	其中	迎春乡	1007.6	367.9	129.8	7.4	230.7	28	152.3	133.7	—	191	30	23.5	33	45	3.2
		浩良河镇	403.5	278.3	237.9	10.6	29.8	—	20.8	57.8	—	6.8	—	23.5	—	—	16.3
		晨明镇	368.9	216.2	178.1	4.5	19.7	—	54.8	53.1	—	—	6	10.5	1.8	26.5	—
1991	南岔区		1853.3	948.8	551	25.5	372.3	—	212.6	222.5	—	122	73.2	138.2	22.5	46.8	66.7
	其中	迎春乡	1052	408.5	122	—	286.5	—	130.6	125.4	—	118.5	70	106	19	40	34
		浩良河镇	431.2	323.9	253	20.5	50.4	—	17.2	46.8	—	3.5	—	28.7	2.1	2.1	6.9
		晨明镇	370.1	216.4	176	5	35.4	—	64.8	50.3	—	—	3.2	3.5	1.4	4.7	25.8
1992	南岔区		1692.8	964.3	471.3	29.7	463.3	—	254.3	313.1	—	14.7	3.5	52.3	5.2	28.6	56.8
	其中	迎春乡	859.2	503.5	154	86	340.9	—	146.1	152.8	—	7.5	—	9.6	—	15	24.7
		浩良河镇	471.3	305.8	195.3	17.5	93	—	25.5	48.9	—	7.2	1.2	37.3	3.2	10.1	32.1
		晨明镇	362.3	155	122	3.6	29.4	—	82.7	111.4	—	—	2.3	5.4	2	3.5	—
1993	南岔区		2437.5	1440.6	755.1	42.4	643.1	85.2	211.9	31.5	0.8	122.6	72.8	121.1	78.7	46.8	225.5
	其中	迎春乡	1379.6	757.8	210.3	20.6	526.9	8.6	106.8	8	—	160	65	80.8	—	—	192.6
		浩良河镇	641	438.3	304.6	21.8	111.9	—	61.5	20.3	0.8	7.4	—	35.5	6.7	37.6	32.9
		晨明镇	416.9	244.5	240.2	—	4.3	76.6	43.6	3.2	—	27.2	7.8	4.8	—	9.2	—
1994	南岔区		3010.3	1915.7	461.6	134.7	743.4	73.6	266.4	89.5	1.4	33.1	45.9	145.1	48.5	154.7	236.4
	其中	迎春乡	1512.3	943.2	113.3	96.5	560.2	72.6	138.1	50.8	0.4	23.8	38.2	89.1	26.1	102.7	27.3
		浩良河镇	901	679	203	37	169	1	68	16	1	6	3	50	12	52	13
		晨明镇	597	293.5	145.3	1.2	14.2	—	60.3	22.7	—	3.3	4.7	6	10.4	—	196.1
1995	南岔区		4263.5	2222.6	698.6	136.7	816.7	125.7	445.7	134.5	1.7	330.1	74.9	324.4	138.1	88.9	376.9
	其中	迎春乡	1945.9	1138.1	231.8	91.3	624	124.7	240.7	22.8	0.7	7.5	23.7	159.7	24.5	26.9	176.6
		浩良河镇	1409	679	203	37	169	1	98	16	1	226	43	157	93	62	33
		晨明镇	908.6	405.5	263.8	8.4	23.7	—	107	95.7	—	96.6	8.2	7.7	20.6	—	167.3

注：表头层级——“其中”下分种植业至其他各项；“种植业”下“其中”分粮食作物、经济作物、蔬菜瓜果。

续表 6-9

年份	单位	项目	家庭经济总收入	种植业	其中：粮食作物	其中：经济作物	其中：蔬菜瓜果	林业	牧业	副业	渔业	工业	建筑业	运输业	商饮业	服务业	其他
1996	南岔区		3880.2	1815.7	622.9	72.5	460.4	88.2	421.64	43.9	4.7	700.7	31	243.7	78.6	111.7	340.4
	其中	迎春乡	1774.7	722.1	189.6	34.8	361.5	88.2	134.3		2.3	372.4	18	155.4	30.3	63.8	187.9
		浩良河镇	1247.86	767.7	246	35.1	187.2	—	108.2	19.4	2.4	138.66	12.5	74.8	39	43.2	42
		晨明镇	857.62	325.91	187.31	2.6	11.69	—	179.14	24.44		189.66	0.5	13.5	9.3	4.67	110.5
1997	南岔区		4199.8	2332	698	121	617.4	45.7	437.1	157.3	1.7	95.8	48.9	331.7	106.9	150.1	492.6
	其中	迎春乡	1893	993.4	207	93.3	393.6	45.7	197	87.9	0.7	35.3	15.9	237.5	37.2	52.4	190
		浩良河镇	1406	823	263		182	—	169	44	1	56	33	77	58	38	107
		晨明镇	900.8	515.6	228	27.7	41.8	—	71.1	25.4	—	4.5	—	17.2	58	59.7	195.6
1998	南岔区		4204.1	2012.4	604.2	155.8	496.6	101	454.9	205.8	23.4	71.7	120.3	413.1	113.4	159.1	529
	其中	迎春乡	1775	777.9	139	122.6	293.5	101	206.7	79.5	20.4	19.4	56	293.9	54.2	43.6	122.4
		浩良河镇	1451.6	440.9	237	30.4	173.5	—	171.8	67	3	52.3	406.9	95.3	45.7	57.9	110.8
		晨明镇	977.5	447.5	228.2	2.8	29.6	—	76.4	59.3	—	—	3.5	23.9	13.5	57.6	295.8
1999	南岔区		4677.7	2213.2	611.7	333.2	524.9	73.9	466.3	242.2	39.7	55	87.7	359	147.7	107.4	885.6
	其中	迎春乡	1937	847.5	89	257.2	286.4	73.9	238	113.5	36.7	—	31.2	234.5	97.1	40	224.6
		浩良河镇	1622.7	969.7	277	61	229.7	—	151	67	3	55	54	86	39	58	140
		晨明镇	1118	396	245.7	15	8.8	—	77.3	61.7	—	—	2.5	38.5	11.6	9.4	521
2000	南岔区		3904.8	1731.5	564.1	147.4	357.2	55	446	195.9	6.3	121.8	95.1	468.8	154.2	112.2	518
	其中	迎春乡	1705.6	678.7	148.1	103.6	227.8	43	181.5	82.1	4.3	61.8	34.7	366.1	76.3	21.2	155.9
		浩良河镇	1715.2	832	296.9	24	118.6	12	188	63.5	2	60	54.9	89	67.9	77.2	268.7
		晨明镇	484	220.8	119.1	19.8	10.8	—	76.5	50.3	—	—	5.5	13.7	10	93.4	13.8

续表 6-9

年份	单位＼项目	家庭经济总收入	其中													
			种植业	其中			林业	牧业	副业	渔业	工业	建筑业	运输业	商饮业	服务业	其他
				粮食作物	经济作物	蔬菜瓜果										
2001	南岔区	4477.6	2078.3	708.8	96.6	384.5	81.2	351.4	97.3	4	113.3	94.5	608.9	140.3	151.1	757.3
	其中 迎春乡	1845.4	877	205.5	52.9	240.2	65.2	96	33.8	—	48.3	29.5	486.4	39.6	56.3	113.3
	浩良河镇	1765.5	832	296.9	24	118.6	16	188	63.5	4	65	65	84	88	80	280
	晨明镇	866.7	369.3	206.4	19.7	25.7	—	67.4	—	—	—	—	38.5	12.7	14.8	364
2002	南岔区	5646.1	2720.8	892.7	1828.1	44.5	550.5	376	4	119.5	116	550.4	197.9	122.7	843.8	—
	其中 迎春乡	2745.6	1151.3	407.3	744.0	28.5	186.8	168.7	—	54.5	55	424.3	95.6	31.5	149.4	—
	浩良河镇	1737.8	847.2	323.2	524.0	16	172	59.4	4	65	61	81	87	80	265.2	—
	晨明镇	1162.7	322.3	162.2	160.1	—	191.7	147.9	—	—	—	45.1	15.3	11.2	429.2	—
2003	南岔区	5231.5	2310.5	530.2	1780.3	8	723.4	626.1	1.8	136.7	82.4	459.6	199.4	193.6	490	—
	其中 迎春乡	2465.1	1148.4	299.1	849.3	8	238.6	349.3	—	64.7	26.2	350.6	108.2	34.4	136.7	—
	浩良河镇	1756.9	749.6	—	—	—	204.8	202.3	1.8	72	56.2	87	73.5	141	168.7	—
	晨明镇	1009.5	412.5	231.1	181.4	—	280	74.5	—	—	—	22	17.7	18.2	184.6	—
2004	南岔区	5826.54	2874.89	1387.4	1487.49	1.7	743.29	477.46	—	24.7	34.6	359.86	480.9	115.7	713.44	—
	其中 迎春乡	2722.84	1549.69	621.7	927.95	1.7	316.79	161.96	—	24.7	34.6	249.86	254.9	44.5	84.14	—
	浩良河镇	1901	866	466	400.0	—	264	200	—	—	—	89	176	21	285	—
	晨明镇	1202.7	459.2	299.7	159.5	—	162.5	115.5	—	—	—	21	50	50.2	344.3	—
2005	南岔区	5645.1	3740.1	3154.6	585.5	—	723	—	—	12	59.2	197.5	227.2	125.3	560.8	—
	其中 迎春乡	2210.8	1593.4	1377.2	216.2	—	264	—	—	12	59.2	65.5	53.2	83.3	80.2	—
	浩良河镇	1947	1170	947	223.0	—	265	—	—	—	—	92	170	25	225	—
	晨明镇	1487.3	976.7	830.4	146.3	—	194	—	—	—	—	40	4	17	255.6	—

1990-2005年南岔区（局）农村农业生产费用一览表

表6-10 单位：万元

分类/费用/年份	农业生产费				其中种植业生产费用				其中林、牧、副、渔业生产费用			
	合计	迎春乡	浩良河镇	晨明镇	合计	迎春乡	浩良河镇	晨明镇	合计	迎春乡	浩良河镇	晨明镇
1990	686.1	471.3	113.8	101	499.2	367.9	78.9	52.4	141.6	94.5	—	47.1
1991	690.6	493	107.8	89.8	213.7	90.7	72.3	50.7	476.9	402.3	35.5	39.1
1992	435	224.5	113.3	97.2	265.2	116.4	96.8	52	169.8	108.1	16.5	45.2
1993	801.8	575.8	176.2	49.8	417.2	226.7	140.7	49.8	137.8	107	30.8	—
1994	839.5	499.3	241	99.2	563.8	257.6	207	99.2	231.4	197.4	34	—
1995	917.7	529.9	241	146.8	647.1	293.3	207	146.8	269.3	235.3	34	—
1996	1234.9	803.64	273.3	158.04	1119.4	707.44	254	158.04	50.2	30.9	19.3	—
1997	895.7	466.1	278.6	151	723.4	336.4	236	151	113.3	97.3	16	—
1998	953	509.3	301.5	142.2	709.2	311	256	142.2	84.9	67.7	17.2	—
1999	1184	728.8	305	150.2	764.6	357.4	257	150.2	173.9	154.4	19.5	—
2000	1334.3	888.2	302.1	144	605.5	218.5	243	144	98.4	69.4	29	—
2001	777.2	331.8	302	143.4	632	251.6	237	143.4	71.4	36.4	35	—
2002	1179.4	660.2	348.7	170.5	849.3	421.1	295.8	132.4	159.9	75.9	45.9	38.1
2003	1097.3	650.6	302.7	144	895.9	510.6	241.3	144	101.9	58.4	43.5	—
2004	1420.5	926.9	342	151.6	1223.1	729.5	342	151.6	166.2	125.2	41	—
2005	1762.5	858.8	603	300.7	1428.9	800.6	337	291.3	79.5	0	79.5	0

1990—2005年南岔区（局）农村农业上缴国家税金情况统计表

表6-11 单位：万元

种类/税费/年份	国家税金			迎春乡			浩良河镇			晨明镇	
	合计	村办企业	家庭经营	小计	村办企业	家庭经营	小计	村办企业	家庭经营	小计	家庭经营
1990	49.7	12.7	37	31.6	12.7	18.9	11	—	11	7.1	7.1
1991	46.6	—	46.6	30.2	—	30.2	11	—	11	5.4	5.4
1992	48.2	—	48.2	30.7	—	30.7	10.9	—	10.9	6.6	6.6
1993	55.7	—	55.7	32.8	11	21.8	13.8	—	13.8	9.1	9.1
1994	72.2	—	72.2	32	—	32	27.3	—	27.3	12.9	12.9
1995	82.7	—	82.7	34.4	—	34.4	26.3	—	26.3	22	22
1996	90.6	—	90.6	35	—	35	30.6	—	30.6	24.99	24.99
1997	99.6	—	99.6	43.7	—	43.7	30.2	—	30.2	25.7	25.7
1998	99.1	—	99.1	42.5	—	42.5	28	—	28	28.6	28.6
1999	99.2	—	99.2	42.5	—	42.5	28	—	28	28.7	28.7
2000	80.3	10	70.3	43.5	10	33.5	24	—	24	12.8	12.8
2001	110.8	30	80.8	65.6	30	35.6	23.5	—	23.5	21.7	21.7
2002	82.8	—	82.8	28.3	—	28.3	33	—	33	21.5	21.5
2003	68.8	—	68.8	24	—	24	26.9	—	26.9	17.9	17.9
2004	—	—	—	—	—	—	—	—	—	—	—
2005	—	—	—	—	—	—	—	—	—	—	—

注：2004年、2005年免征农业税

第二节　农产品销售

一、粮豆销售

1986—2005年，农产品推向市场后，农户生产的粮豆都是谁给的价钱高就卖给谁。每年秋后都有粮商、小贩到产地村屯收购。区、乡、镇政府在粮食价格低迷、不易出手的情况下，急农民之所急，从服务角度出发也曾和粮库等单位联系为农户找销路，但有时也因为收购价低，农户不认可。总体看，每年产下的粮豆，到第二年春耕前基本都能售出。

二、薯类销售

1986—2005年，农户每年借鉴上年需求待产而估，决定种植数量，秋收后产品基本都能销售出去。连续几年来，马铃薯价格每公斤都在0.15元左右，产品主要销于本地。2005年，迎春乡种植的马铃薯实行订单，产品销往山东。

三、蔬菜销售

1986—2000年，南岔、晨明、浩良河城镇周边村屯以蔬菜种植为主。由于扩大保护地生产，改变了年产夏秋二季蔬菜的传统模式。利用日光温室、温室和塑料大棚生产多品种反季节蔬菜。2001年始，南岔区政府为农户办菜农自产证。菜农入市场卖菜，凭证工商免收工商行政管理费，国税局免收菜农增值税。地税局免收城市维护建设税，教育费附加、个人所得税。晨明镇政府经过协商，在秋菜大量上市季节，免征农民卖菜农用机械养路费。2005年，南岔区先锋村38亩覆膜毛葱丰收，刚一投放市场就卖到0.8元的价格。沙山村种植150亩大葱，每亩产葱1750公斤，共收26.25万公斤葱全部投向市场。每公斤0.5元。

四、经济作物销售

1986—2005年，农户根据市场需求种植中草药材，南岔制药厂收购一部分，多数被商贩收购。其他瓜果之类基本在南岔区域内销。类似甜菜之类农产品多是以销定产，无销不种。2003年，政府区乡两级班子以服务“三农”为出发点，积极为农民牵线搭桥，与铁力悦威有限责任公司签订了42.33公顷黏玉米种植收购合同，实现产销衔接。2005年，南岔经济综合开发公司也同种植户签定黏玉米、油豆角订单合同。派人员购回良种，按合同发到农户手中，按订单生产。产后按质论价收购，秋后该公司收购玉米260万穗、油豆角100吨、白菜500吨，形成了产供销一条龙生产作业链。2005年，浩良河镇药材订单种植面积200亩，其中白术8亩，防风5.33公顷，五味子7.46公顷。五味子是与吉林省葵花药业和左家研究所签订，白术是与河北安图药材批发市场签订；防风是与佳木斯莘莘北药研究所签。

五、饲料作物销售

1986—2005年，南岔区种植的饲料大部分用于农户自己发展畜牧业，通过过腹增值提高农产品附加值，也解决了少数年份部分农产品价格低廉、销售不畅的问题。

第三节　农田水利设施建设

1987年，围绕旱田改水田和大田抗旱排涝所进行的水利设施建设，建小拦水坝1座，修建闸门3个，引水渠道1008延长米，清理河道障碍物3公里，清除淤砂2500立方米。

1988年修渠灌溉333.33公顷，水田面积增多。

1989年，修引水渠2320延长米，农田排涝渠1750延长米，扩大稻田面积12亩。

1990年修引水渠6840米，修进水闸、交叉分水闸、跌水晒水池、桥涵、截流坝、提水站等工程设施55个，打水井44眼，完成土方量98670立方米，投入工日28112个，出动各种车辆628次，使水田面积增加151.33公顷。

1991年，完成主干、支渠1.9万延长米，完成进水闸，晒水池、节制闸、分水闸、路涵、提水站、水井工程设施61个，共完成土方13.6万立方米，投入工日4.2万个，水田面积增加193.66公顷。完成浆砌石渠道642延长米，各种水利设施15个，水田面积增加620公顷，全区水田总面积5420公顷。

1993年，修建交叉、进水闸各1座，治理大吉星村水土流失沟，修建山洪分水路涵1座。

1995年，自筹资金6万多元，修建浩良河镇北阳村溢水坝、浩良河村拦水坝和骆驼山水库修复工程。

1996年，南岔区政府省市水利部门争取资金3万元，对浩良河骆驼山水库灌区渠首连接段维修。

1998年，全区投入农田水利建设资金20.6万元，完成土石方1.8万立方米，建成过路涵4座，闸门5座，溢流坝2座，交叉工程1处，灌溉渠860延长米，农田堤坝2000延长米，泵站1处，打抗旱机井6眼。

1999年，防、排、灌并举，总结1998年水灾本区1464亩耕地被毁的教训，把治水和改造中低产田作为农田基本建设重点。并具体规划建设3个灌溉小区：即浩良河浩北小区，灌溉面积130.133公顷。晨明镇东星小区、灌溉面积36.466公顷。迎春乡红旗小区灌溉面积2.33公顷。向省市水利部门争取投资2万元，修建晨明灌区一座渠首进水闸。

2000年5月中旬阴雨连绵，持续小雨低温，使农作物播期普遍比常年拖后7～15天。进入6月以后，将近60余天没有降过透雨，出现了历史罕见的干旱，导致农作物生长严重受阻，植株瘦小枯黄，岗地沙土地作物干枯。为抗旱共投入资金226万元之多，其中农民自筹近40万元，乡镇自筹近20万元，购买水泵200余台，打井100余眼，不但使灾情减到最低限度，还保证了全区秋菜自给。

2003年，争取省市水利部门资金33万元，用于晨明灌区和浩良河北阳灌区渠道水毁修复和干渠护坡。争取市资金5万元，在迎春乡中兴村打抗旱机井18眼。同年5月柳树河（南岔碧源湖）水库兼有灌溉功能。

2005年，争取市水务局资金15万元，完成西南岔河太平桥下游段370延长米护岸工程。同年，市水务局投资3.2万元，帮扶晨明村修复农田路1300延长米。

第四节　肥　料

1986—1997年，南岔区农田由于地域不同，施肥的种类也有着一定的差异。城镇周边的村屯农户观念发生了很大转变，过去一度受农业结构单一、农产品价格低影响，单纯依靠化肥种省事田、卫生田，结果土地越种越瘦，种田的成本也随着化肥涨价而攀升。土地承包到户后，农户们为了在仅有的土地上创高产，迎合人们对绿色食品的期盼心理，纷纷注重起土地的长效投入来，一度遭受冷落的农家肥又成了农民的抢手货。由于农家肥能增强土壤有机质，提高综合地力，后劲足，成本低，种出的庄稼不但丰产丰收，产品还倍受欢迎。特别是蔬菜生产，平均每亩地施农家肥最低也在4000公斤以上，棚室生产用农家肥的数量就更多。普通大田农家肥的施用量也在2000公斤左右。距离城镇较远的村屯，虽然没有那得天独厚的条件，但农户仍努力发掘现有肥力资源，积土肥沤绿肥，努力改变土地质量。但大田仍以施化肥为主。

1998年以后，农户采用测土施肥的方法，根据种植结构，土壤缺什么肥，补什么肥实现丰产增收。

2005年区政府投资近万元为种子公司购进土壤速测仪1套，免费为种植大户及贫困户测定土壤中氮、磷、钾等含量。

第五节　改田治土

1986年以后，在全区范围内凡具备种植水田的地方，大搞旱田改水田。1986年93.33公顷。1992年增加到5420公顷。

2001年，秋翻整地3200公顷，占总播种面积的31%。平常年份，根据不同地块不同茬口秋翻整地不少地133.33公顷左右（含保护地）。

2005年，浩良河镇小吉星村土地整理建设项目已获批准总面积675亩，国家投资460万元。年末建设项目进度完成90%，主干渠、道路、泵站基本完成。截至2005年全区改造河床沙土地133.66公顷，整平土地6730亩。

第六节　优良品种引进

1986—1987年，粮食作物引进“合丰25号”大豆新品种，种植8600亩，增收27万元；玉米引进“合育11号”，全区种植153.33公顷，增收8万元；蔬菜引进“52号早甘兰”新品种，种植13.33公顷，增收3万元。

1988年，大豆种子在沿袭“合丰25号”基础上又引进了“黑河4号”，也获得了较好的收成。

1989年，推广种植大豆“北丰3号”100公顷，在蔬菜生产上引种金丝瓜3亩，试种“早春温宝黄瓜”100平方米，保加利亚尖椒1亩，都获得成功。

1990年，水稻种植引进“合江19”“合江21”“合江23”“黑河9号”新品种，并试验种植了“7811”和“046”新品种。

1995年，引进“黑河17”大豆品种，又引进“合丰35号”大豆种植66.66公顷，平均亩产156公斤。玉米引种“白9号”，亩产740公斤。

1998年，引进大豆“强丰9218”和适合无霜期短山地种植的“垦1”大豆早熟品种。并进一步强化种子经销管理，在良种引进和供应管理方面继续实行跟踪服务和信誉卡制度。

1999年迎春乡红旗村引种“中华谷王”“黑珍球”“甜玉谷”优良品种。2000年，良种引进时在严把质量关基础上，强调要全方位搞好产前、产中、产后的技术服务。针对不同区域和气候条件，因地制宜。迎春乡引进超早甜瓜西红宝新品种，取得可观的经济效益。双合村、兴隆村扩大了菇孃栽培面积6.33公顷，销路也很好。试种植富尔元葱、地瓜、花生、垦粘玉米等10个新品种15亩。

2002年，在优质杂粮种植上，从辽宁赤峰市引进荞麦进行试种，获得成功。马铃薯引进了早大白品种。开发了“黄粘5号”玉米生产项目，与铁力悦威公司签订44.866公顷种植收购合同。

2004年，针对马铃薯种植品种混杂退化、病毒和晚疫病，迎春乡组织农技人员和村屯负责人到中国科学院种薯基地进行参观，聘请中国科学院种薯基地的范教授到本区实地考察论证，引进适合本地气候及土质生长的“费乌瑞它”和“早大白”两个品种，在双合村和振兴村试种了6.66公顷，亩产达到1800公斤。同年，浩良河镇引进“河丰25号”和“绥农14号”大豆品种，亩产达到170～200公斤。玉米引进“绥育7号”，平均亩产380公斤。水稻以“空育131”为主，平均亩产400公斤。

2005年，进一步实施“良种化工程”，确定优质水稻、高油大豆、优质杂粮，经济作物和饲料、棚室蔬菜种植面积，选用优质高产早熟品种、压缩晚熟品种，杜绝越区种植。5月，一直持续低温多雨，出现了历史罕见的低温多雨灾情，内涝情况严重，全区内涝面积达到69200亩，占总面积40%，使适时播种无法正常进行，播种期比常年延后10～15天。根据实际情况，积极引导农民播种早熟品种，大豆品种为内豆4生长期96天；北疆1生长期85天；东农44生长期95天。玉米主要品种为孚尔拉生长期95天；海玉7生长期97天；克单9生长期93天。全区大豆良种引进191吨，玉米良种引进22吨。并采取摧芽抢种、覆膜增温等措施，把低温内涝的灾害造成的损失降到最低程度。

第七节　技术推广与应用

1986年，在蔬菜生产中，推广了韭菜覆膜，达到了新技术增产的效果。

1987年，用综合技术种植大棚黄瓜1.66公顷，亩产0.6万公斤，增收2万元。秋菜无公害栽培266.66公顷，增收2万元。硒土微肥在蔬菜上应用24亩，增收2000元。

1988年，水稻旱育稀植6.66公顷，玉米种植推广了育苗移栽的新技术。蔬菜推广地膜覆盖666.66公顷，硒土追肥3.33公顷，获得成功，取得较好的经济效益。

1989年，进行了水稻三旱实验栽培1亩，水稻苗床施磷3500平方米。1990年，推广了玉米催芽坐水种植技术。

1991年，全面推广水稻旱育稀植技术并进行了大豆“垄三”栽培技术示范。

1997年，浩良河镇王维科、晨明镇侯振涛、迎春乡李宝金被中共南岔区委以南发〔1997〕11号文件授予党员科技示范户。

1999年，全区2770公顷水稻，全部采用旱育稀植技术。玉米良种面积100%，推广玉米“大双覆”和“大豆垄三栽培”，棚室蔬菜多茬次立体栽培。并在水稻超稀植、测土施肥等技术上有所突破。在浩良河镇小吉星村推广粉尘防治大棚黄瓜霜霉病新技术。迎春乡红旗村推行“营养钵”育苗新技术。

2000年，大棚生产中引进“二氧化碳发生器”“滴灌”等一系列农业新技术、新装备。迎春乡政府出资为红旗村、兴隆村购置水泵、白龙管，推广水稻试验项目7.33公顷，平均每亩比种植常规作物增收260元左右。

2002年，大豆“垄三栽培”700公顷，水稻旱育稀植2800公顷，继续推广了测土施肥和种子包衣技术。

第八节　棚室扩大与生产

1986年，南岔区棚室生产面积近6万平方米。

1989年，玉米保护地栽培1公顷，大棚多茬次栽培0.733公顷，大棚黄瓜2.33公顷。

1990 年，南岔区温室面积 1.67 公顷，塑料大棚 6.475 公顷，小棚面积 2.7433 公顷。

1998 年，棚室生产由上年 38 公顷增加到 38.66 公顷。1999 年，浩良河镇小吉星村王军家建起 500 平方米节能日光温室，收效颇丰。

2000 年，发展效益型农业生产中，把扩大保护地生产和强化棚室生产能力，作为“菜篮子”工程重点工作和“两高一优”农业示范区主要内容。浩良河村，亮子河村，大、小吉星村，晨明村，在栽培技术、防病技术、生产资料方面采取重点扶持，鼓励农民发展棚室生产。区政府分管领导采取工业反哺农业措施，到近林场经营所按生产成本落实棚室生产所需木材。对没有棚室生产、技术经验不足村屯，免费供给部分木材。棚室面积稳定在 400 公顷以上。石头河林场、南岔经济综合开发公司等单位相继建起日光节能温室，由上年 45 栋发展到 60 栋。

2003 年，棚室生产往纯天然绿色食品领域拓展，大力推广了野菜家种，山野菜棚育等办法，使山野菜早春就摆上人们的餐桌。

2004 年，全区日光节能温室技术日臻成熟，棚室蔬菜上市的时间等掌握的比较好，既提前又延后，避开蔬菜上市高峰时期，使每栋棚的产值得到很大提高。南岔经济综合开发公司利用日光节能温室发展花卉生产，出人意料地赢得市场。

2005 年，花卉生产年创产值实现 20 余万元，花卉品种由 67 种精缩到 40 种，其中，茶花、茶梅、米兰、杜鹃最受群众青睐。

第九节　农业技术指导与培训

1986 年，举办农业技术学习班 1 期，培训基层农技人员 30 多人次。

1987 年，农技人员指导菜农用瑞毒铜农药防治大棚黄瓜霜霉病获得成功。开展防治大棚黄瓜霜霉病咨询服务 15 次，共 20 户 2.333 公顷地。占黄瓜种植户 85%，增产 7.5 万公斤，增收 2 万元。大豆施用根瘤菌肥 166.66 公顷，增收 2.6 万元。并举办技术培训班两期，培训农技人员 100 人次。

1998 年，区及“两镇一乡”分别举办了 9 期农业技术培训班，共培训农业骨干技术人员 900 多人次，此间区乡镇专业技术人员经常下到田间地头指导农业生产，现场给农户当参谋、答疑解惑，解农户燃眉之急，深受欢迎。

1999 年，全区共举办农业技术培训班 12 期，培训农业科普人员 1300 人次。

2000 年，区农业工作办公室，三次聘请市农委专家向农民讲授玉米双播、深翻和节肥等知识。乡镇农业技术人员对种植新品种、采用新技术进行从种到收跟踪服务，并到各村屯讲课，发放技术资料。这一年，棚室生产每亩收益率比上年同期增长近 2%。

2004 年，举办科技培训班 8 期，培训人员 1200 人次。

2005 年，以科技兴农为重点、积极开展了对农民、务农职工的科技培训。通过举办各种类型技术培训班，解决了广大农民和务农职工对先进生产技术的渴求，还利用农闲季节巡回播放《食用菌栽培管理技术》《玉米的科学种植》《香菇优质高产栽培》《黄瓜日光温室高产栽培技术》《羊的繁殖与管理》等科教片，收到良好效果。

第十节　科技下乡与“科普之冬”活动

1986 年，科技下乡活动向农民和林企职工赠送相关科技书籍、实用种植技术资料和畜禽饲养技术丛书。聘请农业专家和畜牧专家讲课。

1988 年开始，举办“科普之冬”活动，坚持科技兴区和可持续发展战略，以提高农村、场所的党员、基层干部和广大群众的科学文化素质为重点，大力普及科学思想和实用性强的科学技术，引导群众用科学思想武装自己的头脑，反对各种反科学、伪科学。弘扬科学精神，掌握用科学方法从事农牧业生产，着力培养农业实用人才。仅举 2003 年举办的第十五届“科普之冬”活动为例，这期共办农业实用技术培训班 8 次，分别是迎春乡、晨明镇、浩良河镇举办的养鹅技术培训班；农业技术培训班；畜牧业养殖培训班等；四合营林场举办的刺五加种子育苗技术培训班；亮子河林场举办的人参种植培训班。参加培训的人数达 1000 多人次，成为农业生产和靠科技致富的骨干力量。同期还举办科普展览 3 次，观众达 3000 多人次，发放各类科技资料 40 多种 1200 多份，并针对基层实际情况进行咨询服务，组织专家和技术人员深入生产一线，进行现场诊断，提供信息及合理化建议，为基层提供了更深入、更有效的服务。

第十一节　农业机械

一、机构沿革

1986 年，南岔农机管理服务站系区直属单位，设站长 1 人，在册职工 17 人，其中干部 11 人。下设农机管理站、农机物资供应站、农机销售门市部、配件代销点。

1993 年，农机管理服务站更名为南岔农机局，设局长 1 人，副局长 1 人，局内职工和下属单位没变。

1997 年 6 月，南岔农机局又更名为农机站，设站长 1 人、副站长 1 人、站内工作人员和下属单位仍保持不变。

1998 年，南岔农机站下属单位农机物资供应站、农机销售门市部、配件代销点，在经济体制改革中，从农机站中剥离出去。站内工作人员减至 8 人。

2005 年，站长 1 人，副站长 1 人，工作人员 6 人。

二、农业机械

1986 年，全区共有各种农业机械 980 台，相应配套的农机具 415 台。20 年的发展全区农业机械和农机具分别增长了 116% 和 278%。1986 年起，大型农用拖拉机逐年轮换享受机修补贴，每年 4 ~ 5 台次，每台车年补贴 1250 元，这项补贴延续到 1993 年年底。1994 年，给浩良河加工厂农业机械更新补贴 4 万元。出资 6000 元贴补迎春乡沙山村购置 1 台新型旋耕机和一台播种机。2005 年，全区新增农用机械 40 台。全区 95% 的耕地都采用了机械化作业。相关为农业机械发展的各项服务设施基本到位，截至 2005 年，全区共有农机配件商店 15 家，农机修理部门 11 家，保证了农机配件的供应和农机及时维修。在农业机械利用上，有 70% 用在田间作业上，30% 投入到运输、排灌以及油米加工等方面。农业机械的发展，使农业的生产力和田间机械化作业水平逐年提高。

三、农机管理和人员培训

1986 年在农机管理上，已形成了市、区、乡三级联管体系。市农机监理局、区监理站、乡农机监理员，负责全区农业机械年检、年审、农机人员培训、复训、驾驶执照的考核颁发，农机事故处理及日常管理工作。在农机人员培训、复训方面，20 年没间断过，每年至少 1 期，多时 3 ~ 4 期，每期参加培训人员都不少于百人，其中复训人员占 30% 以上。2005 年 6 月，南岔区根据省农机监理总站指示，对搞运输农用三轮车303台划区归公安分局交警队管理。

第十二节 种植示范户

农村经济发展带头人——葛仁海，南岔区迎春乡振兴村农民，中共党员，1986年任振兴村主任，1992年任村党支部书记。自1986年被选为村主任后，他在带领村民致富奔小康道路上，科学种田敢为人先，积极探索勇于实践，调整种植结构，依靠地域优势，引导村民发展棚室生产。在1986年全村8亩大棚基础上逐年发展，到2005年棚室生产达到119亩，成为迎春乡乃至全区有名的大棚村。20年来，他带头引进新技术，新品种、新项目，试验成功后，在全村推广。2005年，全村养猪户发展到60户，养母猪120头，公猪4头，平均年出售商品猪2000余头；养牛16户，120头；养羊7户，300只；养蛋鸡1户，2000只。全村营造自用林384亩，开豆腐坊15户，食杂店2户，磨米、粉碎饲料、榨油3户，汽车和四轮拖拉机跑运输10户。

生产发展了，农民收入增多了，村屯面貌和生活条件也发生了很大变化。农田基本建设投入加大，村里修了过河铁桥，装上了程控电话，安装了自来水。生活富足了，他致富不忘乡亲，群众有困难他热心帮助，仔猪赊给困难户，为贫困户垫付贷款，用自家机械无偿为困难户种地秋收，深受村民的拥戴。从1987—2001年多次被评为市、区优秀共产党员，先进工作者，优秀村委会主任，奔小康标杆户。1997年被选为南岔区第十届人大代表。他所在的迎春乡振兴村，在黑龙江省第八届劳动模范表彰大会上，被授予“先进集体”的荣誉称号。1996—2002年被伊春市和南岔区分别授予奔小康红旗村党支部、优秀科技示范村、五好村党支部、安全文明村。

农民致富领导——王维科，南岔区浩良河镇小吉星村农民，中共党员。1986年被选为小吉星村主任以来，认真贯彻执行党在农村新时期的富民政策，刻苦学习农业科技知识，系统掌握大棚蔬菜、大田科学种植等多门农业实用技术，走出了一条依靠科技种田之路，成为带领全村农民致富奔小康的领头雁。

在浩良河镇蔬菜一直依赖大量外购的时候，他审时度势，瞄准市场，率先扣塑料大棚，种植黄瓜获得成功，并在全村推广。仅两年时间就占领了整个浩良河镇市场，外地一些商贩也纷纷来小吉星村采购。继而他又试种棚室西红柿、茄子、豆角、尖椒等十多个蔬菜品种，都喜获丰收。村民纷纷向他求教，他又上门指导为乡亲解惑答疑，手把手示范。小吉星村棚室生产面积不断扩大，仅此一项全村每年收入就超过40万元，实现了经济持续增长，丰富了市场需求。

王维科在科学种田的道路上，追求永无止境，在发展“两高一优”农业中，他将本村低洼易涝地改成水田，使那些十种九不收的耕地获得了好收成。在他的带领下，全村旱田改水田800多亩，先后打机井60余眼。种植结构的调整，实现了土地利用效益的增值。

王维科始终坚持科技是第一生产力的科学发展观，不断改变种植方式，实行科学种田，在小吉星村全部推广水稻旱育稀植，大田垅上双行精量播种，玉米机械穴播等一系列先进技术，保障了农业高产、稳产。

多年来，王维科以蔬菜种植为主，兼种水田、大田，农闲时机动车搞运输，走上了致富路，家庭人均收入近万元，成为科技致富的示范户。他常说：“自己富了不算富，大家富了才算富。”村民丁志民、刘占文、安保德、王军建大棚和日光温室缺资金，他慷慨解囊把钱无息借给他们。很多村民在他的帮扶下，走上了共同富裕之路。

面对农村人多地少的实际情况，小吉星村每年外出务工经商100多人，年创收入80多万元。连续几年人均纯收入超过3000元，农村经济稳步发展了，村民安居乐业了，打架的人没有了，闲人不见了，小吉星人个个能抓钱。1987年以来，王维科先后夺得伊春市科学致富创高产竞赛，白菜高产大王、大棚番茄大王等桂冠；被伊春市人民政府授予“科技示范户”荣誉称号。1987—1998年分别被评为南岔区优秀共产党员、双文明先进工作者、十佳农民。2000年和2001年被南岔区授予奔小康标杆户。1987年起连续被选为南岔区第八、九、十、十一届人大代表。

带领村民致富的好书记——王家有，南岔区晨明镇星星村农民。1992年被选为星星村主任，1999年任该村支部书记。多年来，他兢兢业业工作，带领村民千方百计地向黑土地要效益，把一个贫穷落后的山村，变成了砖瓦房成行，农机声轰鸣，群众生活富足的新山村。1992年，他率先在南岔林业局桦阳经营所白金河承包了36.66公顷山地，加上土地承包分得1.4公顷地，共计38.066公顷。12年来他依靠科技种田，选用“黑河17”“强丰9218”及“垦1”早熟大豆优良品种。并根据土壤结构合理施肥，加强田间管理，使黄豆平均亩产达到120公斤，年产黄豆6.5万公斤，创产值15万多元。他致富不忘群众，1996年，他又承包了浩良河水泥厂包装车间，安排本村和浩良河镇富余劳动力50多人就业，扩大了村民经济来源。多年来，在带领村民发展“两高一优”农业中，改土治水、调整种植结构，实现了粮食丰产、农民增收，使星星村的人均收入始终列居晨明镇八个村的榜首，多次受到市、区、镇的表彰奖励。王家有本人也曾被南岔区委区政府授予先进生产者、双文明建设先进工作者、扶贫骨干户，并连续3届（第九、十、十一届）被选为南岔区人大代表。

南岔区（局）农业高产大王、高产能手统计表

表6-12　　单位：人

命名单位 / 命名人数 / 年份	市级		区级	
	高产大王	高产能手	高产大王	高产能手
1991	2	—	9	—
1992	2	3	9	—
1993	6	1	11	8
1996	2	6	8	—
1997	2	3	—	—
1998	1	—	—	—

第三章 畜牧业

1986年，发展畜牧业生产逐步提到政府工作日程，很多养殖户审时度势，瞄准市场，依靠科学，精心饲养，使全区畜禽和野生动物特色养殖有了长足的发展。到2003年，养殖业已成为南岔区缓危解困的一大优势产业。截至2005年，全区生猪存栏32680头，奶牛存栏526头，奶产量1251吨，黄牛存栏8100头，羊存栏9418只，养鸡235000只，产蛋895吨。

第一节 机 构

1986—2003年，畜牧工作由南岔区农业办公室（农委）行使，并由1名副主任分管。2003年11月24日，经南岔区第四次区（局）长办公会议决定成立南岔区畜牧局，闫树彬任局长，梁蕴任副局长。编制5人。下设单位：兽医站，人员6人；动物检疫站，工作人员5人，从事市场检疫和生猪屠宰检疫。2005年年末，机构设置及人员编制未变。

第二节 优惠政策

1988年，伊春市人民政府以伊政发〔1988〕17号文件，下发了《伊春市关于发展奶牛生产的补充规定》。对《发展奶牛生产的若干规定》作如下补充：扩大引进养牛范围，增加养牛户的落户户数。落户标准是：奶牛必须是从市外带进的，带进数量不能少于5头。落户人口原则上按1头牛落1人户口掌握（农转非）。此外，根据实际需要还允许每区引进一户奶牛配种专业户，每区落户数可放宽到15户（含奶牛配种专业户）。落户办法：由区畜牧部门对引进户实现地考察，确认带牛的数量、质量、健康状况出具证明，专业户凭畜牧部门证明到公安分局办理临时户口（正式户口待遇）。两年后经畜牧总站、乳品厂复查，如养牛数量有稳定增长或繁育改良技术过硬，可转办城镇户口，否则取消临时户口。根据规定，南岔区为来自齐齐哈尔、肇东、海伦、巴彦、绥化养奶牛户办理农转非25户。

1996年10月11日，中共南岔区委、南岔区政府《关于大力发展个体私营经济的若干规定》第17条规定“对从事养殖、种植的个体工商户私营企业暂免征所得税”。

2001年，南岔区委、区政府出台了《南岔区委、区政府积极推行森林资源管护经营、大力发展林下多种经营的意见》。《意见》规定“对养鹅50只以上的养殖户，每养50只大鹅，补贴1亩地税款，对养殖户建禽舍所需的材料优先优价供应。”全区饲料地面积达到12000亩，林场经营所饲料自给能力达到60%以上。

2005年，南岔区继续推行对畜牧业发展的一系列扶持政策，大力推广先进实用技术，采取养殖户容易接受的方式，深入养殖户家中靠前指导，推广实用配套成熟经验，降低了生产成本，提高了畜禽产品质量和产量，增加畜牧业的收入。4月8日，畜牧局聘请中国农业大学专家教授为30余位养鸡专业户传授养鸡技术。4月25日，20多位养牛专业户接受了肉牛养殖技术培训。5月21日，对6位养鹿专业户进行了养鹿技术培训，使养殖专业户的养殖技术和管理水平有了很大提高。

南岔区松青经营所等单位，把扶持政策落实到具体行动中，创造条件鼓励群众发展养殖业，积极帮助解决饲料地、牲畜圈舍所需木材等问题。组建了林禾股份有限公司，在松青经营所6公里处建立了集养殖、种植于一体的综合开发的联合体，安排30多人就业，当年饲养母猪10头，大鹅1000只，野鸡1000只，鹿4只。

第三节　畜禽养殖

一、猪

1986年，生猪的饲养品种以长白、哈白居多。1987年生猪存栏13100头，养猪存栏最多的1996年达到44290头，涌现出很多养猪大户。2002年，南岔区以松青经营所、石头河林场为养猪基地，实行基地带动战略，经营户1000户，实现年出栏生猪20310头。2005年，在畜牧业生产中，养殖大户起到了引导、示范和带头作用，推动了畜牧业上规模。全区生猪生产100头以上的猪场有10户，40头以上的猪场有12户。浩良河镇赵明军的猪场，养猪存栏数达到400多头，李德文的猪场存栏360多头，南岔区东升办事处的赵玉德养猪350多头。全区全年生猪饲养量32680头，累计出栏育肥猪21890头，产肉1642吨，与上年同比增长2.6%。

二、奶牛

南岔区乳品加工业的发展，带动了奶牛业的发展。1986—1995年，全区奶牛饲养量一直保持在1000头以上，而且逐年攀升。到1995年，奶牛饲养量达到1950头，品种多以荷斯坦为主。1996年以后，南岔乳品厂受诸多因素影响，生产效益急骤下滑，生产缺少流动资金，大量拖欠养牛户奶资，使奶牛养殖业严重受挫。1998年，奶牛饲养量降至442头。到2001年，乳品厂基本处于半停产状态。到2005年，奶牛饲养量526头，牛奶产量1251吨，与去年同比增长8.2%。

三、黄牛

1986年2000头左右。根据1991年7月6日南岔资源调查，全区发展畜牧业可牧草场14265亩，载畜量71325头（以羊为单位）。依托资源优势，区委、区政府积极引导和开发黄牛养殖这一非林脱木产业。1996年引进一批鲁西黄牛；1998年11月，又从外地引进西门塔尔改良牛和夏洛莱杂交后代，以及利木赞等优良品种。使黄牛饲养在品种上产生了质的飞跃，黄牛不但生长的快，生长周期短，而且抗病能力强。母牛下母牛三年五个头，到2004年发展到6210头。2005年，黄牛存栏8100头。

四、养羊

80年代初，南岔区养羊业基本还处于起步阶段，品种比较单一，多半是奶羊和山羊两种，而且都是零星的家庭饲养。1986年，羊存栏2536只。由于林业“两危”日趋显现，很多人把缓危解困的目光锁定在发展养羊上。1993年，在全市畜牧工作铁力现场会议精神鼓舞下，区政府号召并扶持山上林场、经营所发展养羊业，并在晨明经营所、威岭经营所等4个单位，建起了养羊基地，经营户

250户，养羊6197只。当年，全区羊的饲养量增加到8000只。1996年，在外地引进一批小尾寒羊，2003年又引进一大批辽宁绒山羊。2005年，全区饲养的品种增加到4个，山羊类有奶山羊、绒山羊，绵羊类有新疆细毛羊、东北细毛羊，数量增长到9418只，养羊业有了长足的发展。

五、禽

随着养鸡业的发展，到1993年，全区种禽孵化场发展到20多家。蛋鸡品种有：来航、星布罗、日本阳谷、罗斯、海兰、迪卡、洛岛黄、星杂579。在养殖数量最多的1996年和1997年，产蛋量达到1280吨，2000年后，农家笨鸡由于肉质鲜美，越来越受消费者青睐，一只笨鸡市场销售价在20～30元，养殖量不断增加。2002年，南岔区招商引资，引进铁力悦威牧业有限公司。在南岔成立了千玉牧业有限责任公司，从悦威牧业有限公司购进鹅雏40万只。南岔林业局同有关基层单位签订了养殖合同，大鹅长成后，由千玉牧业有限责任公司以每公斤12元的价格负责收购，不足3公斤的鹅降等降价，当年千玉牧业有限责任公司，回收大鹅11万只。2005年鸡蛋产量达到1251吨。肉鸡品种有：AA、白洛克、三黄等，每年都有大量的鸡产品投放市场，满足了全区人民的需要。

截至2005年，家禽饲养量235000只，完成计划的112%，出栏禽109049只，产蛋895吨。蛋鸡饲养1000只以上20多户，肉鸡1000只以上达到10多户。

六、兔

1986年，兔业养殖以家庭零星养殖为主，最多存笼50只左右。1987年，存笼1743只。1993年，政府号召大力发展养殖业并广发优惠政策，迎春乡、振兴、梧桐村民同时建兔舍各一幢，面积50余平方米，进行规模养殖，各舍存笼700只左右。到年末全区存笼3762只。2000年，全区养兔业发展较快，养殖的品种有肉兔、獭兔等。主要饲养的是肉兔，獭兔仅存笼1000只左右，年末统计全区有兔9230只。2005年，饲养的肉兔品种有：大白兔、青紫兰、巨型等；獭兔品种有深黄和白色两种，年末统计全区存笼10227只。

七、鱼

1986—1993年，养鱼以天然水池饲养，多数不过冬。1994年后渔业发展较快，全区天然水池养鱼6处，新掘水塘4处，当年出鱼50吨。到2005年，天然水池养鱼9处，自掘水塘16处。养殖的鱼类有鲤鱼、带鱼、白鲢鱼、鲫鱼、鲶鱼等，年出鱼140吨。

八、野生动物驯养

1991年，制定了《黑龙江省南岔林业局野生动物保护和经营方案》。2005年全区驯养鹿户17户，驯养梅花鹿385只，马鹿78只；林蛙承包和放养户49户，815万只；野猪养殖15头；野鸡230只；飞龙110只；貉140只；狐40只。

1990年南岔区（局）百头猪场统计表

表6-13　　单位：头

单位＼数量＼分量	存栏	出栏	饲养量
岩石所	253	195	448
晨明所	170	82	252

续表 6-13

单位 \ 数量 \ 分量	存栏	出栏	饲养量
大磊林场	88	79	167
南岔贮木场	52	98	150
铁路材料厂	124	52	176
职高	112	17	129
粮库	353	70	423
粮食局	130	20	150
石头河林场	112	28	140
浩良河所	101	45	146
威岭所	100	20	120
三岔河林场	105	24	129
二中	102	12	114
王庭贵	240	220	460

2005 年南岔区养殖基地建设情况一览表

表 6-14

基地种类	单位	养殖分布情况（数量比较多的养殖户）
肉牛基地	浩良河镇大吉星村	王兰林 70 头、张晓吉 56 头
	浩良河镇亮子河村	关大军 36 头、李华才 22 头、于洪君 17 头
	迎春乡沙山村	刘海 41 头、姜山根 24 头、王海 13 头、王生 18 头、祖延臣 16 头、李明海 13 头、张立民 12 头、陈凤奇 10 头、聂长龙 10 头、王彬 10 头、邓广全 10 头
养猪基地	南岔经营所	刘贵新 160 头
	浩良河加工厂	张立凤 70 头、王永前 50 头、牛萍 46 头、焦玉海 50 头、袁凤祥 45 头
蛋鸡基地	东升办事处	薛安福 10000 只、吕永彬 3500 只、李书友 2000 只、白志华 1000 只
	联合办事处	程军 10000 只、冷有志 5000 只、林忠山 2900 只、刘永财 2000 只
	西水办事处	许福荣 1219 只、刘景如 2013 只、宋新平 1492 只、兰志礼 821 只、翟文明 786 只、李加录 503 只、王丽 497 只、张建春 496 只
绒山羊基地	晨明经营所	田术芳 280 只、孟凡军 120 只、黄金玉 130 只
	迎春乡双合村	郑培昌 185 只、王延国 89 只、沈继宏 56 只、赵艳平 54 只、王树祥 53 只
养鹿基地	威岭经营所	陈翔宇 127 只
	岩石经营所	牟平允 56 只、李二 10 只
林蛙基地	奋斗经营所	李贵明等 4 户
	太平经营所	周林刚等 4 户
	岩石经营所	杨恒等 3 户
	四合营林场	邹文荣等 3 户

1986—2005 年南岔区（局）畜牧业数量统计表

表 6-15

时间（年）	猪（头）	牛（头）		禽（只）	鲜奶（吨）	蛋（吨）	马（匹）	羊（只）	兔（只）	蜂（箱）	鱼（吨）	鹅（只）
		奶牛	黄牛									
1986	—	1019	2022	—	—	—	—	—	—	—	—	—
1987	13100	1070	2594	121000	—	640	914	2536	1743	—	—	—
1988	17500	—	1384	175000	—	—	—	—	2000	—	10	—
1989	18939	1524	3014	189664	—	—	—	—	—	—	—	—
1990	25010	1650	3129	201396	4428	361	982	3281	2820	98	—	—
1991	26420	1730	3341	256700	4545	926	982	3387	2930	112	—	—
1992	26800	1776	3495	205400	4704	915	980	3547	2915	162	—	—
1993	27998	1911	3618	206900	4770	923	1085	3870	3762	162	—	—
1994	31108	1912	4528	235000	4840	1100	1137	7080	3650	210	50	—
1995	39010	1950	4160	260000	4846	1148	1080	7185	3900	210	51	—
1996	44290	1100	4290	343000	5250	1280	1018	8010	7200	290	19	—
1997	44270	1185	5410	343000	3730	1225	860	8180	5370	295	87	—
1998	23800	442	4280	200000	808	800	396	4756	7200	290	98	—
1999	27180	594	4330	201000	1150	805	414	6190	9350	356	102	—
2000	30620	603	4229	209100	1153	805	410	5340	9230	356	110	—
2001	33000	654	4996	200020	1205	804	406	6000	9270	362	118	—
2002	30520	505	4998	296466	1190	802	480	6197	9320	560	139	139000
2003	33026	383	5212	286120	1100	850	443	6641	9760	700	140	80440
2004	32500	510	6210	229557	1156	1534	430	8201	9840	800	141	41736
2005	32680	526	8100	235000	1251	895	432	9418	10227	835	140	18102

第四节　防　疫

1986 年以后，区内建立了区和基层生产单位两级科技服务网络（于 1993 年成立了区畜牧兽医学会），吸收基层生产一线的技术人员、养殖业能手为会员，并以其为骨干，建立起各基层学组，开展技术服务和攻关活动，使全区畜禽防疫密度达到 95% 以上。开展技术攻关活动，解决了奶牛品种退化、人工冷冻精液配种和饲料青贮等技术难题，使奶牛受配成功率达到 95% 以上，乳牛冬季产奶提高 30%。1986 年 9 月 1—15 日，根据省市有关部门指示精神，对凡满 30 日龄以上奶牛进行全面检疫，并对患布病、结核病双阳性奶牛进行了一次性集中扑杀。1991 年，在区农牧局和有关部门配合下，组织开展了畜禽产品检疫工作宣传月活动，印制传单宣传资料 5000 份，出板报 8 期，电视广播宣传 5 次，全区受教育达 4 万余人次。到 1993 年这 3 年时间，全区共宰杀焚毁五号病疫猪 27 头。2004 年，区政府同基层单位签订了《南岔区 2004—2006 年度动物防疫工作责任状》，制定了《南岔防治高致病性禽流感工作的应急预案》，及时下发了《关于防治高致病性禽流感工作的紧急通知》，组建了防治应急预备队，执行日报告，零报告监测制度。举办高致病性禽流感知识讲座 15 次。筹集消毒药甲醛 80 公斤，高锰酸钾 40 公斤、氢氧化钠 70 公斤、次氯酸钙 70 公斤，免费发放并注射 H5N1 亚型疫苗 5 万羽。

2005 年 10 月以后，国内外暴发高致病性禽流感，11 月 11 日实行高致病性禽流感日报告和零报告制度，为了加强高致病性禽流感防控工作，调整了指挥部工作和组成人员，进一步加强了产地检疫、屠宰检疫、市场管理、消毒灭源等工作，严防外源性疫源传入。并举办防疫知识讲座，下发传单一万余张，共为养殖专业户发放蓝光消毒药 5 箱、牧康王消毒药 3 箱，价值 2800 余元，免费下发高致病性禽流感疫苗价值 9000 余元。南岔区没发生疫情。

第五节　畜牧业养殖示范户

一、养猪大户王庭贵

南岔林业局松青经营所工人，自 1985 年开始，他停薪留职，贷款买了 40 头小猪崽，办起了家庭养猪场。开始时猪舍条件差，饲料来源短缺，困难重重。松青经营所的领导给予了他全力的支持，把原来青年点 320 平方米砖瓦结构的房舍倒出来给他做了猪舍，又给他解决了一些材料，盖起了简易圈舍 300 平方米。为解决饲料不足和饲料自给问题，松青经营所根据南岔林业局发展畜牧业生产的有关倾斜政策，划给他 60 亩饲料地，后来增加到 90 亩。分别种植大豆、玉米、南瓜、甜菜、连年获得丰收，使饲料自给率达到 47%，每年可节省精饲料 7.5 万公斤，基本上实现了积猪肥，肥上地、地收粮、粮喂猪的良性循环。

他刻苦钻研养猪技术，生产中遇到难题不耻下问，及时请教专业技术人员。从猪品种的生物学特性，猪的生长规律，母猪的生育和繁殖及科学饲养，饲料配比等方面，认真摸索总结出科学饲养管理方法和经验。

11 年来，王庭贵累计养猪 15810 头，出栏 14760 头，其中育肥猪 1950 头，出售仔猪 12450 头。累计纯收入 25.5 万元。不仅还清了贷款，而且还维修扩大了砖瓦结构的猪舍 470 平方米，修道路 200 米，安置 20 多名人员就业。在发展职工家庭经济方面，不仅自己尝到甜头，还带动和帮助其他职工致富。1988 年，被伊春林管局命名为“养猪状元”。自 1985 年起，多次被评为区劳模，三次市劳模。1995 年，被评为黑龙江省森工总局十佳自营经济户，连续 5 年被评为伊春市“养猪大王”。

二、养鸡大户薛安福

南岔区东升办事处曙光街 4 组居民，从事养鸡生产 20 年，养鸡数量最多的一年达到万只，是南岔区养鸡规模最大，持续时间最长，效益最好的专业户。多年来，他坚持科学饲养，摸索出一整套雏鸡和育成鸡饲养管理经验。科学地选用优良的种鸡种蛋，自行孵育鸡雏。由于他严格消毒，及时注射疫苗，坚持防重于治的技术措施，使鸡群的成活率高，产蛋率高，为丰富南岔区禽蛋市场和群众需求做出积极贡献。

三、养鹿大户陈翔宇

南岔区个体业主，在南岔区发展特色养殖政策感召下，2003 年，购买利用威岭经营所的旧房舍 300 多平方米，又新建标准化鹿舍千余平方米和围栏 5000 延长米，购置了饲料粉碎机、运输车辆等，固定资产投入 10 多万元，一次买入仔鹿 127 只，其中公鹿 113 只、母鹿 14 只。冬季雇用饲养员 3 人，夏季增至 5 ~ 6 人。鹿场采取了严格的科学封闭式管理，适时防疫灭病，并根据鹿的生物学特点和习性，从仔鹿开始逐步驯化，使其适应饲养环境，并始终保持鹿舍和周边环境的安静，谢绝参观，以防止人为的带入疫病和由于惊吓等造成撞笼越障而引发的伤茸刮伤身体现象发生。经过科学饲养，合理配料，精心呵护，鹿群长势良好，到 2004 年已发展到 137 头，产水茸 235 公斤。鹿场也初见经济效益。2005 年，鹿群发展到 140 头，产水茸近 300 公斤。

第七篇　城镇（乡）建设

1986—2005年，结合南岔区域的优势，树立与时俱进，以人为本的理念，按照南岔的城镇总体规划，全面加强基础设施建设、公用事业建设、房产管理、房地产开发，加速推进了城镇化进程。20年中，共建楼房95栋，修路7156平方米。

第一章　建设项目

城镇建设按照区（局）的投资规划、投资项目来完成，城镇规划、楼房改造、公园与体育广场均已完成投资项目。

第一节　机　构

南岔区建设局，是区政府的组成机构及科室，为科级单位。1984 年 4 月城建科与基建科合并，改称基建环保科。1989 年 12 月，基建环保科改称基建环保局。1997 年 4 月 14 日在区体制改革中，基建环保局改称为南岔区建设委员会。2001 年 10 月 29 日改称为南岔区建设局，设局长 1 人，副局长 2 人，局下设办公室、财务室、市政办、规划室、环保监督站、设计室、拆迁办、产权办、房改办、房产交易所、监察大队、质量监督站，至 2005 年，共有人员 57 人，其中干部 33 人、工人 24 人。

1986—2005 年南岔区建设局领导更迭表

表 7-1

年度	局长	副局长
1986—1989	于长生	于明春、孙本基
1990—1992	徐海林	于明春、赵荣新、刘贵新
1993—1995	周文启	刘贵新、李志忠
1996—1997	王忠柏	李志忠、康广南
1997—2004	吴德福	郑世友、李公春、李宝臻（2001 年二线）
2005	李公春	郑世友 2005 年任环保局长。姚永哲 2005 年 4 月任副局长

第二节　投资规划

1986 年，南岔林业局投资 60 万元，在月牙湖南侧 20 米处由工程处施工兴建 1 栋 2448 平方米 6 层住宅楼。

1988—1990 年，完成基本建设投资 1482.9 万元，其中建委完成 1150.9 万元，设备完成 212.8 万元，其他完成 119.5 万元，完成计划 100%。

1996 年，完成基本建设投资 268.3 万元，其中设备完成 62.3 万元，建筑安装完成 206 万元。水毁工程重点完成196.5万元。城镇建设投资完成85万元。

2000—2005年，累计投资19104.28万元，完成建筑面积357719.46平方米，其中区投资项目10项，投资额为1267.78万元，建筑面积为18793.96平方米。其他开发及项目投资17836.5万元，建筑面积338925.5平方米。

第三节　城市规划

区政府根据《中华人民共和国城乡规划法》的有关规定，对南岔的城市建设进行了充分的考虑，并通过伊春市城镇规划设计院的专家进行了专题讨论，编制了《南岔城镇建设总体规划》，包括近期（1999—2005）和远期规划（2005—2020）。根据南岔区总体规划的要求，南岔区设置三个小区，总面积达57840平方米，编制完成并经审批的环卫规划，防洪规划，绿化规划，道路网规划，修订了南岔中心区规划，制定了南岔规划图，按《南岔城镇总体规划》的要求，在南岔城镇建设上，严格审批手续，执行总体规划。

第四节　楼房的改造与建设

1986—1993年，城镇建设进入了统一规划、合理布局、综合开发、配套建设阶段，充分调动了地方、企事业单位和人民群众的积极性，从多方面、多渠道、多层次投资建设，致力于城镇建设和改造。1994—2005年，建住房综合楼63栋，314457.14平方米，公用楼房32栋，129536平方米，建筑改造2011平方米。

1994—2005年南岔镇住宅综合楼建设统计表

表7-2　　单位：平方米

年度	项目名称	坐落位置	建筑面积
1994	中心街3号商品住宅楼	联合办	6537.64
1994	铁工小区4号住宅综合楼	联合办	3900
1994	铁工小区5号住宅综合楼	联合办	5700
1994	铁工小区6号住宅综合楼	联合办	2800
1994	铁工小区7号住宅综合楼	联合办	2800
1994	集体企业公司综合楼	联合办	6043
1994	铁东小区10号住宅楼	建国办	4295
1994	铁东小区11号住宅楼	建国办	4244
1994	铁东小区12号住宅楼	建国办	4244
1994	铁东小区13号住宅楼	建国办	4224
1995	南岔建行住宅楼	建国办	6566
1995	市二院职工住宅楼	联合办	1690
1995	铁东小区15号住宅楼	建国办	4951.52
1995	铁东小区住宅楼	建国办	4244
1995	铁东小区20号住宅楼	建国办	4951.52
1995	铁东小区6号住宅楼	建国办	4244

续表 7-2

年度	项目名称	坐落位置	建筑面积
1996	邮局住宅楼	联合办	3392
1996	市二中住宅楼	联合办	1308
1996	兴安职工住宅楼	联合办	1097
1996	铁中小区住宅楼 1 号	建国办	5341
1996	铁中小区住宅楼 2 号	建国办	4241
1996	铁中小区住宅楼 17 号	建国办	4241
1998	铁路中区 21 号住宅楼	建国办	4249
1999	铁工集资住宅楼	联合办	9128
1999	东岗经济适用住宅楼	建国办	2950
1999	铁西小区 1、2 号住宅楼	建国办	8640
2000	水解建安综合住宅楼	西水办	4650
2000	房地产局综合楼	联合办	3425
2000	南贮住宅综合楼	联合办	4181
2000	交通局住宅综合楼	联合办	4928
2000	二建公司综合住宅楼	建国办	3600
2000	铁工路住宅综合楼	联合办	1160.94
2000	铁路西小区 3、4 号住宅综合楼	建国办	9918
2001	建林公司住宅综合楼	联合办	4127
2001	中心 5、6 号住宅综合楼	联合办	4761
2001	铁工路 2 号住宅综合楼	联合办	1833
2001	市二中住宅楼	联合办	2233
2001	水解工会住宅综合楼	西水办	3800
2001	林业公司水解综合楼	西水办	3500
2001	中植村综合住宅楼	建国办	33000
2001	中心 1、2、3 号住宅综合楼	联合办	7868
2001	铁西小区 5、6、7、8 号综合住宅楼	建国办	14535
2002	双林街 6 号住宅楼	联合办	4500
2002	水解 60 号经济适用住宅楼	西水办	5800
2002	多种经济开发综合住宅楼	建国办	1440
2002	兴林街 1 号综合住宅楼	民主办	7848
2002	兴林街 2 号综合住宅楼	民主办	7417
2002	建林委 1、4、6 号住宅楼	民主办	5107
2002	建林委 2、7 号住宅楼	联合办	5607
2002	建林委 3、5 号住宅楼	联合办	5295
2002	铁工 9 号综合住宅楼	联合办	2966
2002	铁工 10 号综合住宅楼	联合办	2912
2002	铁路中心小区 7 号住宅楼	建国办	2912
2003	水解 10 号经济适用住宅楼	西水办	2970
2003	前进小区 1 号综合住宅楼	联合办	3238

续表 7-2

年度	项目名称	坐落位置	建筑面积
2003	通山路服务商品住宅楼	联合办	8658
2003	铁西小区 9 号住宅楼	建国办	4343
2003	南岔后兴综合楼	联合办	3600
2003	南岔华侨综合楼	中纬路	1640
2003	前进小区综合楼	民主街	3238.52
2003	南岔信合楼	中纬路	2300
2004	风雨园别墅	跃进委	2190
2005	铁路医院综合住宅楼	中纬路	6904
总计	南岔镇内盖综合住宅楼 63 栋		314457.14

1994—2005 年南岔镇公用楼房建筑统计表

表 7-3 单位：平方米

建筑名称	建筑时间	建筑面积	建筑名称	建筑时间	建筑面积
南岔工行	1994	4800	集体企业公司	2000	6043
南岔建行	1994	3500	林业医院	2000	9124
保险公司	1994	1008	南岔宾馆	2001	8606
建行职工培训中心	1994	3500	机关改造	2001	2011
南岔中行	1995	2858	新华书店	2001	1500
市二中体育馆	1995	3495	宏纬购物中心	2001	8060
南岔国税	1996	1241	东岗市场	2002	3704
南岔农行	1997	5416	信合	2003	2300
中心储蓄所	1997	1100	东方红训练馆	2003	1200
中心市场	1999	9134	消防队综合楼	2003	3500
检法大楼	1999	4100	同济购物中心	2004	2062
南岔地税	1999	1741	市二中教学楼	2004	3047
公安大楼	2000	3060	市林技校教学楼	2005	6680
粮食大楼	2000	3370	市林技校宿舍楼	2005	4254
商厦	2000	7895	青少年活动中心	2005	6267
交通宾馆	2000	3875	宏源公司营业房	2005	2085

第五节 公园与休闲广场

1986—2000 年，月牙湖公园保持现状。2001 年维修改造，新建浮桥 0.012 万平方米，桥亭 3 座，浮桥射灯 3 个，浮桥轮廓灯 300 延长米。2002 年维修水墙砌护 531 延长米，更换护栏 350 延长米，投资 70 万元在边石与挡水墙中间铺彩砖。

休闲广场修建于 2000 年，占地面积 8000 平方米，铺设彩砖 0.56 万平方米，栽花草 2 万株，铺草坪 0.2 万平方米，安装草坪灯 45 盏，广场高射灯 12 盏，槐树灯 6 盏。2003 年，又扩建广场 6000 平方米，为广大市民提供了休闲健身场所。2005 年，在休闲广场增设 8 处健身设施供市民活动。

第二章　基础设施建设

1986—2005 年，本着改善人民居住生活条件的原则，坚持质量第一、居民满意的方针，进行建设各工程。到 2005 年，修道路 42 条，道板投资 145.6 万元。

第一节　道路改造与建设

1986 年，城区共有沙石路 3 条。

1989 年，在原有 3 条路面的基础上，新建高级路面 3 条 128094 延长米，总面积 10518.42 平方米；大修高级路面 4207.9 平方米，新修砂石路 2 条，4488 平方米。

1990 年，新建砂石路面 7 条 2277 延长米，总面积 22400 平方米；新建三永路中段 770 延长米，6160 平方米；高级路维修 2144 延长米，3631 平方米；砂石路维修 12307 延长米，97196 平方米。

1999 年，新建高级水泥路 3 条 1083 延长米，由原来的 6 米，拓宽至 12 米，两侧人行道宽为 4 米，铺设彩砖，总面积 5187 平方米；维修高级路面（沥青）959 米；维修养护砂石路 17 条 19800 平方米，处理翻浆路 5 条；中纬路南段道路升级，新建混凝土慢车道 1785 平方米，人行道 1068 平方米；中纬路大街，中经路大修改造 33555 平方米；月牙湖南段路面补修 770 平方米；农行门新慢车路新建 370 平方米；龙泉路新建 1300 平方米。

2002 年，通山路改造 15000 平方米；三永路改造 9000 平方米；拓宽改造，北一路（一期工程）南路沥青路面改造 1000 平方米；维修养护砂石路面 12 万平方米；东升路升级改造为砂石砼路面 19800 平方米；中纬路升级改造 8000 平方米。累计硬化率由原来的 40% 提高到 60%。

2004 年，处理翻浆道路 300 平方米；砂石路面养护 70000 平方米；修沥青路面 500 平方米；仙翁山道路勘查及设计 850 延长米，南一路至百货胡同道路升级 2.3 公里 21150 平方米；技工学校路面改造 344 延长米，2408 平方米；铺设通山路南段人行道彩砖 2000 平方米。

2005 年，投资 131 万元，修建月牙湖路，改造水泥砼路面 1398.1 平方米。湖山路东段（月牙湖至通山路）水泥砼路面 2928 平方米。铺彩砖人行道 4235.6 平方米；迎宾路水泥砼路面 730.8 平方米。铺彩砖人行道 1044 平方米；学安路西段改造工程水泥砼路面 124 平方米。宽 7 米老路加宽至 8 米，宽 3 平方米共计 1108 平方米。铺彩砖人行道 480 平方米；学安路东段改造工程铺 6 厘米厚沥青砼路面 5040 平方米；向阳路改造水泥砼路面 1332 平方米；湖山街改造工程，水泥砼路面 2240 平方米；月牙湖西段改造，水泥砼路面 693 平方米；南段工程彩砖人行道 1580 平方米。

第二节 绿化和管理

1986 年，修花池 135 个，植树 1000 株，植花 389069 株，铺草坪 47 个，克服了有花无草、有草无花的局面。是年，南岔绿化经市检查各项指标达标，被评为市级绿化先进单位。

1990 年，绿化庭院 65 个，植树 456408 株，居民区植树 41895 株，绿化街道 17 条，植树 8150 株，绿化校园 31 处，建草坪 1045 平方米，种花 24465 平方米，达到了上级要求，南岔镇的绿化被评为市级先进单位。

1995 年，南岔镇建花坛 8 处，410 平方米，植树栽花 1000 余株，栽种花草 5 万株，植树 1250 株，铺设草坪 1098 平方米，设花架 41 个，摆放盆花 4000 个。

2000 年，栽植白皮柳 1000 株，植草坪 2000 平方米，栽花草 10000 株，摆放花盆 3000 个，安装绿化带护栏 1000 延长米。

2004 年，在街道改造以后，给绿化带来了困难，区出资 40 万元重新购买了花草树木，对南岔镇进行了重新绿化。南岔一道街栽白皮柳 1000 株，中纬大街、中经路补植白皮柳 2000 株，中纬大街植白皮柳 98 株，联合街植京桃 220 株，通山路栽燕福业木 50 簇，双林小区栽花草 200 万株，联合街植银中杨 200 株，东升街植白皮柳 500 株，铁工街、通河路植白皮柳 880 株，新兴路，通山路植树 450 株。

2005 年，清理“通山路、东升、三永”两侧绿化带，垃圾平整 9800 延长米。移植垂柳 93 株，垂榆 54 株，新植云杉 1536 株，白桦 710 株，粉刷行道树 1280 株。剪穿线树 1000 株，种植扫帚梅 7200平方米，草坪2500平方米。金南公路入口两侧绿化带换土2200米，松土980立方米，栽植串红、喇叭花 8000 株，云杉 110 株。

第三节 环境卫生清理

一、机构

1986 年以前组建，占地面积 1200 平方米，建有 660 平方米的车库和 540 平方米的办公楼，全处有职工 521 人。设主任 1 名，副主任 3 名，工会主席 1 名，下属一个清扫队，四个清运队，一个清掏队，一个监察队，一个收费队。

环卫处历届领导人更迭表

表 7-4

书记	任、离职时间	主任	任、离职时间	副主任	任、离职时间	工会主席	任、离职时间
王成山	1986—1992.11	巩庆民	1986.3—1988.3	谌志才	1981.5—1993.11	任秀英	2002.5—2005
张敏学	1992.11—1996.11	周文启	1988.3—1993.11	李秀云	1993.12—1996.10		
谌志才	1996.11—2001.11	谌志才	1993.11—1996.11	王　伟	1998.5—2002.5		
孔祥忠	2001.11—2005	徐景文	1996.11—2001.6	丁万军	1998.10—2005		
		王　衡	2001.6—2005.4	徐立娟	2002.5—2005		
		乔月权	2005.4—	郭元文	2001.8—2005		
				刘利君	2004.8—2005		

二、环卫责任与设施

1986年，担负4条主街10平方米路面、3400延长米地下排水管线，34座公厕和42个居民委，8.4万人口的生活垃圾清运和清掏工作。有手推车34台，液压翻斗车4台，排污车1台。

1990年，增设洒水车1台。

1999年，增设翻斗车3台，手推车10台，建公厕3座。

2001年，增翻斗车1台，推土机1台，装卸车机1台，手推车8台。

2005年，南岔区环卫处担负着全区19万平方米高级路面，5000延长米地下排水管线，60座公厕和46个居民委，8.8万人口生活垃圾的清运和清掏工作，日均出城垃圾近百吨。有各种机械车辆12台，其中液压翻斗车7台，排污车1台，洒水车1台，推土机1台，装载机1台，生产指挥车1台。随着城镇建设进一步规范，分别在道路两侧设卫生箱50个，在居民区内共设垃圾暂存点87处，放置96个垃圾斗，使居民生活垃圾实现了日产日清，保持南岔区城镇好的市容环境卫生局面。

三、环卫监察

1986—1998年，主要是清理街面乱贴乱画，清理广告6000余张，收缴占道广告牌600余块。1989—1994年，严格管理“门前三包”（包卫生，包清理，包占道广告牌）签责任状12000余张，并严格监督执行。1994—2000年，加强主街的占道管理，乱贴小广告，乱设广告牌的监督清理工作，强化了责任状的落实，监督人员增到12人。2000—2005年，严格处理街面及巷道小广告的乱贴工作，处理2114人次。

1986—2005年环卫监察一览表

表7-5

项目 年度	收缴广告（张）	处罚违纪人员（人次）	签发准运证（份）	签证门前责任状（份）	收缴牌匾（块）
1986	2064	687	47	2119	231
1987	1959	496	56	2007	189
1988	2114	327	35	2210	249
1989	1885	458	57	2160	167
1990	1758	436	43	2009	151
1991	1781	396	46	1976	87
1992	1956	319	39	1997	66
1993	1932	287	25	1866	98
1994	1849	308	28	1984	84
1995	2114	296	37	1867	77
1996	1636	276	28	2013	65
1997	2120	289	43	2056	41
1998	2007	237	41	2041	63
1999	2134	214	34	2034	54
2000	1857	239	31	2071	76
2001	35000	1216	120	2113	81
2002	2500	116	180	2165	87

续表 7-5

年度＼项目	收缴广告（张）	处罚违纪人员（人次）	签发准运证（份）	签证门前责任状（份）	收缴牌匾（块）
2003	13000	196	14	2116	20
2004	13542	185	176	2145	19
2005	4080	162	72	756	47
合计	97288	7140	1152	39705	1952

1986—2005 年环卫垃圾出城量一览表

表 7-6

年度＼项目	垃圾出城量		排污	
	车数（辆）	吨数（吨）	车数（辆）	吨数（吨）
1986	4689	16411	506	2530
1987	5917	20707	512	2560
1988	7119	24914	547	2735
1989	9229	32300	591	2955
1990	10000	35000	573	2865
1991	16571	58000	598	2990
1992	10571	37000	686	3430
1993	8163	28570	750	3750
1994	8356	29246	754	3770
1995	8743	30600.5	876	4380
1996	9286	32501	835	4175
1997	10341	36193.5	876	4380
1998	11200	39200	1200	6000
1999	8715	30502.5	349	1745
2000	8505	29707.5	662	3310
2001	8801	30803.5	713	3565
2002	11129	38951.5	1146	5730
2003	13423	46981	1065	5325
2004	13122	45926	988	4940
2005	14216	49752	792	3960
合计	198096	693267	15019	75095

第三章　公用事业

南岔区（局）设自来水公司、热力公司、排水单位，路灯物业管理等机构。到 2005 年，有水库 1 座，供水 3184 户，年生产水 661567 吨，供热 2758 户，排水管线 36010 延长米，设路灯 610 盏，物业管理楼 43 栋，3 个小区。

第一节　供　水

一、机构

南岔林业局自来水公司成立于 1989 年 4 月 22 日，系全民所有制企业。单位实施独立核算，自负盈亏。设经理 1 人，副经理 3 人，书记 1 人，工会主席 1 人，下设财务、营业、材料、维修、稽查、工会、泵站、水厂 8 个股室，共 104 人，至 2005 年机构未变。

1986—2005 年自来水公司正、副经理更迭表

表 7-7

经理	任、离职时间	副经理	任、离职时间	工会主席	任、离职时间
赵洪山	1989.4—1995.10	李宝臻	1989.4—1992.5	许建涛	2001.8—2005
杨克山	1995.7—2002.11	徐树彦	1989.5—2005		
李贵福	2002.11—2005	赵荣新	1995.4—1996.3		
		张　玉	1995.10—2005		
		沙　林	1998.6—2005		

二、水源

2000 年 9 月，由南岔林业局投资 900 万元，国家补贴 430 万元，共计 1330 万元，经伊春市水利水电勘测设计院设计，由黑龙江省水利第二工程处施工，在位于南岔区以北约 4 公里处南岔经营所附近，大柳树河下游阻截大柳树河水，修建一座小型水库，2003 年 7 月竣工投入使用，水库的储水量为 476 万立方米，使全区人民吃上了自来水。

三、供应

2003 年，用泵站通过 5000 米管道送到南岔水厂，经过消毒后供应给南岔的 3184 户居民和 1000 户工业营业用水，日用水量 1200 ~ 1500 吨，经省水利局化验，水质优良满足了南岔居民用水。2004

年，公司在以“为保证水质合格、保证水量充足，为保证水压适宜、保证取水方便”的两服务为宗旨，挖潜增效，积极努力，共生产自来水291.111吨，收入56.6万元，其中居民用水收入19.5万元，工业用水收入37.2万元，管理费用9.4万元，税金3.4万元，利润-0.18万元。

2005年，共生产自来水661567吨，总收入59.8万元，其中居民用水收入14万元，工业用水收入45. 9万元，生产总成本42.5万元，管理费用1.3万元，上缴增值税3.3万元，上缴城建教育费附加0.38万元，实现利润为12.32万元。

第二节 供 暖

一、机构

南岔区热力公司成立于1993年10月23日，为区（局）全民所有制公共事业单位。有固定资产538万元，单位实施独立核算，自负盈亏。2005年，设经理1名，副经理1名，书记1名，下设财务室、技术室、办公室，有人员78名，其中干部11名，工人67名。

二、供热网点

1985年，机关供热面积4726平方米。1993年，供热点3个，即机关供热点、胶合板厂供热点、北山供热点。2000年，根据城市建设的发展，又成立中心供热点、红豆供热点、东升供热点。

2004年9月，南岔区对原南岔区热力公司进行改制，更名为“伊春市宇华热力有限责任公司”，公司转制为民营体制。转制后，公司投入资金60多万元，加快了技术改革力度。添置了新设备，本着环保节能的原则，淘汰了原有旧锅炉，新进了2台6T锅炉，新上大功率循环供热管道泵3台。对供热系统并网改造，在改造供热的基础上，着力改善外网系统供热环境。加大设备改造的力度，公司在保证供热的情况下，组织技术人员对设备进行详细检查、分析。检查分析后，为中心供热点，北山供热点更换了新型供水泵。人员稳定。工作人员工资增长，调动了公司员工的积极性，公司的下岗人员成为公司的合同制工人。提高了服务质量。公布了各供热点维修电话，出现问题，及时解决。延长取暖时间。在取暖费不上涨的情况下于每年10月1日供热延长至次年5月1日（原每年10月15日至第二年的4月15日）。2005年，全区供热点共6个，供热户2758户，面积21万平方米及机关、学校的供热工作。

第三节 排 水

1986年，修建明石沟3条，淘533延长米，新开辟明沟排水渠3条，1394延长米，清掏地下污水管道2121延长米，清理明渠排水沟8774延长米，新建砌石排水沟31延长米，维修和新建排污检查井5个。

2004年，新建镇内主要干线明渠砌石排水沟2条，315延长米和更换水泵2台。

2005年，完成了市二中至新兴路段排水工程193米；清掏高级路面雨水井85个；清路沟8500延长米；完成了大河出水口至三角泡543米；三角沟至大铁涵850米；大铁涵至南一路主排沟200米；南一路至东方红小学主排沟360米；通山路至月牙湖450米；湖山路至月牙湖500米；总计3900米主排沟的清淤工作。湖山街排水沟砌石沟97米，600厘米污水管线250米，预埋过道管4处；迎宾路排水600厘米污水管线104米，预埋过道管1处；月牙湖路排水600厘米污水管线300米，预埋过道管6处；学安街西段路面改造800厘米，预埋过道管2处，砌石沟、排水沟230米，路沟660米，600厘米污水管线297米，湖山街改造800厘米，预埋过道管2处，月牙湖西路1000厘米雨水管线130米。清掏管线1000米，清理排污管线5000米，增设过道管40米，清理沟渠线25000米，修理砌石沟270米。

1996—2005年南岔城镇排污排水统计表

表7-8

项目 数量 年	新挖排水沟（米）	清掏管线（米）	清污管线（米）	清理明渠线（米）	修砌石沟（米）	修补盖板沟（米）	清理排污管线（米）	增设过道管（米）	增设排水泵（台）
1996	586	360	3600	15177	105	1960	—	—	—
1997	—	1000	3500	—	—	100	20000	160	—
1998	1825	650	3600	20000	—	—	1000	—	—
1999	1700	21000	180	—	1000	500	—	—	—
2000	300	—	4100	—	200	500	—	—	4
2001	—	—	5000	12000	1500	400	1500	870	—
2002	800	5000	—	3000	600	—	2700	—	—
2003	5001	3000	—	3000	400	—	—	—	—
2004	—	—	5000	10000	1000	—	3000	2700	3
2005	3900	5000	10000	25000	1300	120	8500	5000	5
合计	14112	36010	34980	88177	6105	3580	36700	8730	12

第四节 路 灯

1986年，南岔镇城市路灯在中纬路，中经路，北一路，东一路，月牙湖路架设电缆3050米，安装路灯61盏，其中，中纬路31盏，中经路8盏，北一路6盏，东一路11盏，月牙湖路4盏。

1995年，新增设路灯2盏，大修路10盏，更换路灯电缆510延长米，更换路灯160个，维修路灯140盏。

2000年，维修路灯120盏，维修线路电缆1000米，安装串灯4000延长米，制作灯箱28个，铁工街新安装路灯6盏，更换中经路大街路灯电缆700延长米，维修路灯160盏，维修满天星3000延长米。

2005年，通山路，北一路新设置悬挂式灯箱88个，通山路，北一路新安装路灯67盏，维修路灯45盏。中经路新安装路灯22盏，中经路，通山路，联合街维修路灯101盏，路灯灯箱新设广场路灯线缆180米，维修路灯100盏，更换通山路路灯广告灯箱60个，北一路灯箱广告灯箱28个，粉刷通山路路灯杆30根，灯具30个，高级中学新安装路灯灯头2盏，武装部4盏。新安装南岔区到车站路两侧五星灯38盏。

第五节 物 业

一、机构

南岔区房地产物业管理服务中心成立于2003年8月19日，注册资金50万元，具有独立法人资格，为三级资质物业管理企业。单位实施独立核算，自负盈亏，隶属区政府。经理刘金，书记衣宝昌，下设财务室、调度室、综合办公室、监察大队、中心工作站、西水工作站、商厦工作站。有职工 58 名，管理人员 9 名，专业技术人员 5 名，专业维修人员 13 名。

二、管理范围

物业中心接受的物业委托综合楼，商服楼 43 栋，建筑面积 18 万平方米。建中心、双林、铁工 3 个小区。2004 年，物业的管理服务中心由原来管辖的 962208 平方米，增加到 17102609 平方米。暖气维修面积 133428 平方米，屋面防水处理小修 3 处 28 平方米，中修 3 处 280 平方米，重新组装供水管 13 组，小修供水管 30 组，下水管维修处理更新 26 米，维修水泵 5 次，疏通服务 116 次，物业保洁共 32 栋楼，137 个楼口服务，保洁庭院 1502984 平方米，维修小区花坛护栏 30 米。2005 年，物业管理服务中心完成了对粮食楼进行的供热系统分户循环改造，对贮木场楼、林医楼、红楼、水解二校楼进行了全面的维修更新，面积为 17345.14 平方米，屋面防水小修 360 平方米，落水只更换维修 18 组，下水疏通 450 次，户外下水道维修 3 条 19 米，更换 25 米，清理转折井 11 次，更换窨井盖 9 个，制作水泥井盖 10 个，挖掘道路排水沟 6 条 330 米，楼道清扫 159112.78 平方米，庭院清扫保洁 20990.37 平方米，楼道玻璃更换 40 平方米，空气开关 25 块，声控灯维修更换 240 盏。小区种植花卉 10200 株，草坪清理 3090 平方米。

第四章 房产管理

1986 年，在改革初期是公房私住，住户交纳房费。1993 年，2 万套住房分配、市场交易、产权等推向市场，面向社会把公房卖给个人，变成私有，把公有制管理变成私有制管理，取消了公用住房，至 2005 年未变。

第一节 住房分布

1986 年，南岔城镇住房分布于中心、兴林、新育林、联合、东升、民主、西水、建国、三永等 10 个住房区，共有住房 37126 户，职工住房按工龄分房，在当时特定的年代里，林业职工满 10 年工龄的职工，就可得到一屋一室或老少屋的住房。80% 是公房私住，20% 是私房私住。2005 年，将公房全部推向市场，卖给个人，林业局不再投资盖房，南岔镇新盖的 63 栋楼房全是商品房，卖给职工，住房变成私产权，职工和居民的住房由市场经济统领房屋住宅。铁路职工住房由铁路房产修建了东小区、中心区、西小区三个小区的住宅楼。

第二节 市场交易

1986 年，南岔成立房地产交易所，有职工 2 名，办理交易手续，按买卖价格收取管理费。南岔区公有房屋属于林业局投资修建，按工龄分配给职工。2001 年，交易所与房地产管理局分离，归属于南岔区建设局，使房产交易逐步走向规范化，正规化管理，建立健全房地产评估机制，是加快住房建设和大面积建筑和拆迁价格的需要。2003 年，在房屋改革中，将职工住房推向市场，全部卖给职工，新建楼房由职工自己购买，专卖交易逐步增多，每年平均交易 200 余个，在办理交易时每平方米收取 6 元的管理费。2005 年，住房贷款评估面积 12600 平方米，成交额 1790 万元。

第三节 产权产籍

1986 年，职工住房由林业局投资修建，产权产籍归公。

1994 年以后，房屋产权归个人，产籍归属于南岔区建设局。

2001 年，产权办与房地产管理局分离，归属于南岔区建设局，逐步规范了房屋产权产籍的管理。

严格按照法定程序核发房屋权属证书，规范产权登记发证行为，做好产权户籍档案管理工作。

2003年，集中时间整理档案971户，办理交易过户贷款证358户，公产登记60户，初始登记506户。

2005年，全年完成金额97000万元，全年测绘面积4000平方米，办理交易300户，初始登记409户，产权证换发25户，违建26户，贷款180户，其中抵押贷款150户，购房贷款30户，公产证登记55户，整理产权档案760户，整理贷款档案180户。

第五章　房屋开发

南岔房地产经营开发公司，经区委1993年8月27日常委会研究决定，伊春市建设委员会批准，于1993年8月30日正式成立为四级企业。2000年，公司升格为三级企业，对开发政策、住房建设注册资金1000万元。性质全民企业，独立核算，自负盈亏。共有人数10人，经理1人，书记1人，各类专业技术人员8人。

1993—2005年房地产经营开发公司领导更迭表

表7-9

时间	经理	书记
1993.8—1997.5	吴德福	
1997.5—2000.11	康广南	
2000.11—2005.4	乔月全	孙克勤
2005.4—	张璐杰	孙克勤

第一节　开发政策

1994年，为了开发南岔城镇公用楼房建设，解决南岔居民住房困难，经南岔区政府决定，以免收各种税费、实现微利为宗旨，实行公用楼房和商品房的开发，经营商品房，直管住宅楼，职工集资楼开发建设，公用事业楼房建设。依据南岔城镇建设的规划，在较短的时间内，镇内主要街道的楼房拔地而起，改变了镇内房屋破烂的落后局面，加快了南岔经济发展的步伐和社会的繁荣。到2005年，重点实行加快临街改造项目基础设施配套规范小区成片配套开发，在搞好规划和布局的基础上，把南岔建设成为经济繁荣、文化发展、交通方便、城市美丽、建设配套、环境优美的现代化的新城镇。

第二节　住房建设

1986年4月15日，南岔林业局第一栋职工住宅楼，在月牙湖南侧20米处，由林业工程处施工兴建，面积2448平方米，6层三单元54户，是年12月20日完工交付使用，林业局投资60万元。

1987年3月13日，在胶合板厂北侧由工程处施工兴建林业局第二栋职工住宅楼，全楼面积3636平方米，6层四单元72户，是年12月20日竣工，投资84万元。其中局自筹资金31.5万元。

1994 年 5 月，按区建设局城市建设规划方案，经市建设局、区政府批准，在南岔区中心街开发建设 19 栋商品综合住宅楼，户型分大、中、小三种类型，出售给个人。

1999 年 4 月 15 日至 11 月 20 日，在南岔区铁工街开发建设 18 栋商、住两用楼，建筑面积 91340 平方米，大、中、小三种类型。

2005 年，在南岔镇内新盖 63 栋商、住综合楼 314 457.14 平方米，全部出售给个人。

第六章 环境保护

1986—2005 年，区政府环保工作属建委，南岔区生态环境建设、污染治理和环境保护局于 2005 年 3 月份从城镇建设局分离出来单独办公，称南岔区环境保护局，对南岔环境进行监测、管理。局长郑世友，定编 7 人，主要任务是监管环境、改善环境、保护环境。

第一节 监 测

南岔区环保局成立于 1991 年 2 月，当时有工作人员 3 人，设局长 1 人。是年，区政府投资 53 万元，建设成 0.6 平方米的北山烟尘控制小区，噪声达标一条街，加强了噪声控制。

1992 年，环保工作实行了县（局）长目标管理责任制，全区上缴排污费 7 万元。经监测，在铁工新建烟尘控制小区，经市环保局检查合格，名列全市第三。

1999 年，经监测，在民主新建烟尘控制和噪声达标小区一个，新建先锋烟尘控制小区 2000 平方米，新建东升烟尘控制小区 5.3 万平方米，噪声达标区 125 万平方米。

2000 年，环保局与建设局合并，设环境监理站，定编 3 人，主要任务是加强烟控区，噪声达标区管理工作。是年，征收排污费 5 万元。

2001 年，新建建国烟尘控制小区 1.5 万平方米，同时该小区为噪声达标小区，新建西水烟控小区 3000 平方公里。

2005 年，新建育林烟控小区 60 万平方米，完成了格润药业环境影响评价，有效地控制了企业生产对环境的污染。南岔镇基本形成了烟控，噪声达标城镇。经市环保局验收合格，为全市第三名。

第二节 管 理

1991—2005 年，南岔区环保管理 8 个烟控区和噪声达标区。监理站烟控区和噪声达标区的管理。积极开展污染源普查工作，调查出污染源 49 家，餐饮、娱乐、服务业等 50 余家。利用“4·22”地球日和“6·5”环境日大力开展宣传工作，组织大型的签名活动，区领导及各界人士，以及中学生参加。建立健全监督环境保护工作，组织倡导绿色文明创建生态领导小组，着力生态建设，利用环保纪念日制作大幅标语，设立永久性公益广告牌 3 块，墙壁广告 4 块。播放电视讲座《大气臭氧层与人类的关系》。建立绿色学校，编制《南岔生态建设规划》草案，发放环境教育教材 3 万余册，开展了全区环境保护教育工作，高级中学举行了绿色学校挂牌仪式，东方红小学开展以环境为主题的手抄报展。

第七章　城市行政执法

南岔区城市管理行政执法局于2003年7月8日成立，其主要职能是依法整顿市容市貌，强化人员素质建设，加大对占道经商人员进行清理、整顿力度，对临街的商贩和企业实行“门前三清”。南岔街道环境有了明显改观，截至2005年，清理占道经商859人次，取缔不合格牌匾158个。

第一节　机构设置

2003年7月8日，组建南岔区城市管理行政执法局，在编人员21人，局长1人，一般干部5人，执法大队15人。是年9月，增编4人，副局长2人，书记1人，一般干部1人，全局共计25人。执法大队由三个小队组成，每个小队5人，共计15人。人员来源是区内中专以上文化程度的青年，经过笔试、面试的考核后，挑选出来的15名符合条件的合同制代干，经过严格的训练，在一年的试用期后，全部转正。2005年，机构、人员设置未变。

2005年11月，区政府为强化城镇执法力度，区公安局巡警队派进5名工作人员。2005年11月，执法局设局长1人，副局长2人，3个中队，30名人员。

第二节　队伍建设

2003年，南岔区城市管理执法局把整章建制和严格管理作为队伍建设的前提和基础，制定了《执法人员八不准》《执法人员守则》《南岔区城市管理行政执法局队容风纪规定》《执法人员考核评比制度》等规章制度，用规章制度来规范执法人员行为举止。从强化业务学习入手，提高队伍的整体素质，深入学习了行政处罚法、行政诉讼法，黑龙江省《城市市容和环境卫生管理等条例》等城市管理方法和法律法规政策，并经考试办理了行政执法证，做到了持证上岗、依法行政。

2004年，南岔区城市管理行政执法局，提出了“努力建设一支政治优良、作风顽强、业务过硬、纪律严明，执法严格的城市管理执法队伍”的建局目标，把队伍正规化管理放在自身建设的首要位置，坚持以严格的制度管人，以正规化的管理塑造人，以良好的作风培养人，以强有力的政治工作教育人，使行政执法队伍迅速成为具有较强战斗力的城市管理主力军。

2005年，南岔城市管理行政执法局，坚持以人为本，狠抓队伍建设，把强化队伍建设视为执法工作永恒的主题来抓，按照“政治合格，作风过硬，业务精通，执法文明”的标准，狠抓队伍规范化管理，把行政执法队建设成为具有良好形象、有战斗力的执法力量。一是强化教育夯实思想基础的根基，把贯彻落实“三个代表”重要思想作为全局的行动指南，坚持政策教育，正确引导，经常开展思想教育工作。扎实开展保持共产党员先进性教育活动，深入开展爱岗敬业教育坚持不懈地廉洁自律教育，使执法队伍始终保持良好的精神状态。让全局的人员风正心齐劲大，使各项工作呈现良好的发展势头。二是建章立制以制度约束人，制定了《执法人员考核制度》《请销假管理制度》《值班制度》等10多项规章制度，从点滴抓起，对执法队员的着装、仪容、语言、举止及行为等方面实行规范化管理，对办公秩序，上岗执勤，日常考核等各方面都有明确的标准，做出了严格的要求，使队伍的管理达到纪律严明。三是强化管理，严格督查考核，确保队伍建设和各项工作目标的全面落实，推行责任制考核制度，建立以“中队考核为基础，大队考核为核心，局督考核为保障”的考核体系，采取定期考核与随机抽查相结合的方法，对队伍建设、执法成效、案件处理等内容进行监督和考核，定期通报督查和考核结果。四是强化学习、提高业务、加强与兄弟单位的联系和沟通，借鉴兄弟单位的好经验好做法，运用在实践工作中，少走弯路，提高执法水平。五是文明执法，不仅是维护政府形象的客观要求，也是执法队伍取信于民的重要法宝，把文明执法作为规范执法行为的核心内容来抓，深入开展文明执法教育，按照《执法队员行为规范》的标准，要求执法人员，做到事前敬礼，亮证执法，文明用语。在管理执法的方式上，注重尊重相对人的人格，杜绝粗暴、野蛮的不文明方式而代之以宣传教育、疏导劝解、和风细雨的方法，做到以法示人，以法服人，使执法活动既体现了法律的尊严，又能体现以人为本的执法。按照“夯实基础，稳步法展”的基本主线，坚持以人为本、强化管理、依法行政、热情服务、创造性地开展行政执法工作，较好地完成了城市管理执法的各项工作，使队伍的自身建设有了明显的提高。

第三节　城市执法

2003 年，共清理无证商贩 475 人次，处罚相关人员 149 人次，下达整改通知书 162 份，取缔马路市场 7 处，收缴落地匾 61 块，拆除违法占道设施 42 处。充分发挥了城管队伍的职能作用。

2004 年，全局实行 14 小时工作制，节假日不休息，超常规工作，全天候管控，全力推进各项执法工作。在法院、公安局、工商局等部门的配合下，克服种种阻力，对不法商贩进行了处罚，严重者坚决予以取缔，共清理无证商贩 438 人次，取缔马路洗车，马路修车 19 处，处罚相关人员 141 人次，下达整改通知书 116 份，取缔马路市场 15 个，收缴落地牌匾 64 块，拆除违法占道设施 5 处，处罚散装货物车辆 8 台，与法院协办处罚 11 人。

2005 年，南岔区城市管理行政执法局，按照“集中整治与常规整治，重点突破与整体推进相结合”的思路，抓住领导关心，群众关注的热点，难点问题，开展重点整治，并不断拓展管理领域，不断开创行政执法工作新局面。全年取缔中植小区门外批发市场、东大集门外市场；在通山路人行道上设立警示牌 4 块，设自行架 4 处（共 42 米长），解决了百货、商厦、中心市场、百货胡同等地自行车乱摆敌放问题；禁止在绿化带内种地，在通山路、建设街的过境公路两侧共设置标语牌 12 块；动迁了马车劳务市场，市场由以前的铁路地区门前，迁到火车站站前旅店北侧；人行道机动车辆整治，共查处机动车违章占道 21 辆；主要街道的整治，针对通山路、中伟路、建国街和厢房楼等主要部位，采取定中队、定人员、定岗位、定时间，严格管理，巩固成果，对不同商贩进行处罚，严重者坚决予以取缔，共查处违章占道经营 246 宗，落地牌匾 33 宗，散装货车辆 55 台，违章建筑 6 宗，乱泼乱倒 5 宗，乱摆乱放 304 处，下整改通知书 9 份，签订“门前三清”责任书 1208 份。规范管理联合街市场，清理违章占道经营商贩。

第八篇　经济建设

1986—2005年，国民经济正处于第七个五年计划到第十个五年计划期间；也是计划经济向市场经济转轨，国企改革、企业经营机制转换，产业产品结构调整的关键时期。农民收入逐年提高，第一轮农村土地承包后的1986年农村人均收入415元。第二轮土地承包1997年，农民人均收入增到1953元。到2005年农村人均收入达到3024元，是1986年7.3倍。受政企合一体制的影响和林区“两危”的困扰，广大林业职工工资收入明显低于其他行业，但缓危解困矢志不移，共谋发展斗志不减。按着国家和省、市统一部署，经过企业所有制改革，经营机制转换，产业产品结构调整等一系列变革，在保持第一产业基本平稳增长的同时，积极发展第二、第三产业。结合南岔立地条件和实际，依托现存的资源优势，培育新的经济增长点，努力实现国民经济可持续发展。年年都超额完成上级下达的各项生产任务和经济指标，为林区的经济建设做出了积极的贡献。

第一章 国内生产总值

全区国内生产总值“七五”期间平均每年递增8.7%；“八五”期间平均每年递增6.8%；“九五”期间平均每年递增5.2%；“十五”期间平均每年递增9.4%。在木材产量逐年调减，林区经济受“两危”严重困扰的情况下，努力培育新的经济增长点，大力调整产业结构，全区现已形成了以化工建材业及五大特色产业为核心的区域经济新格局，实现国民经济可持续发展。

第一节 国内生产总值发展变化

1986年，南岔区（局）国内生产总值7973.6万元，到1994年国内生产总值实现20850万元。平均每年递增13.9%。从1995年开始，经济体制改革，主辅换位，把农、林、牧、渔业划为第一产业；把采矿业、制造业、电力、燃气及水的生产和供应划为第二产业；除第一、二产业外的其他行业包括：交通运输、仓储和邮政业、信息传输、计算机服务和软件业、批发和零售业、住宿和餐饮业、金融业、房地产业、租赁和商务服务业、科学研究、技术服务和地质勘查业、水利、环境和公共设施管理业、居民服务和其他服务业、教育卫生社会保障和社会福利业、文化体育和娱乐业、公共管理和社会组织、国际组织等，这些被划为第三产业。1995年后，国内生产产值的统计汇总计算申报就以此为分类界定标准。

2000年，全区国内生产总值（现价）实现71103万元，比1995年增长了29.1%，年均递增5.2%。其中第一产业年均递增4%，第二产业年均下降1.8%，第三产业年均递增12.5%。优势特色产业增加值占国内生产总值的10.8%。

2004年，全区国内生产总值106969万元，与2000年比递增8.2%。其中第一产业年均递增3.3%，第二产业年均递增9.8%，第三产业年均递增7.8%，四大支柱（木材精深加工、北药、绿色食品、化工建材）产业年增加值同比增长15.6%。

2005年，全区国内生产总值111325万元，同比增长10.2%。其中第一产业同比增长11.3%，第二产业同比增长16.2%，第三产业同比增长6.8%，四大支柱（木材精深加工、北药、绿色食品、化工建材）产业年增加值同比增长28.9%。通过切合南岔区（局）实际情况的产业调整，全区（局）第一、二、三产业结构逐步趋于合理。

第二节　国内生产总值统计

1986—1994 年，全区国内生产总值平均每年递增 13.9%，1995—2005 年，国内生产总值平均递增 9.9%。

1986—2005 年南岔区（局）国内生产总值统计表

表 8-1

年度	合计（万元）	增长（%）	其中									
			林业（万元）	增长（%）	农业（万元）	增长（%）	多种经营（万元）	增长（%）	乡镇企业（万元）	增长（%）	地方工业（万元）	增长（%）
1986	7973.6	17.9	3771.2	21	298.2	67.5	2977.1	16.4	509	44.1	876.2	10
1987	8525.9	6.9	3746.5	−0.7	315.7	5.9	2898.9	−2.6	665	30.6	899.8	2.7
1988	9042	6.1	3601.3	−4	335	6.1	3084.8	6.4	1049	57.7	971.9	8
1989	10262	13.5	3504.1	−2.8	350.5	4.6	3084.8	0	1341	27.8	2146.7	120.9
1990	10014	−2.5	3101.2	−13	382	−8.9	3597.8	16.6	1500	11.9	1433	−49.8
1991	14434.8	44	6450.5	108	669	75.2	4068.3	13.1	1550	3.3	1699	18.6
1992	15347.9	6.3	5912	−9.1	700	4.6	5033.8	23.7	1760	13.5	1942.1	14.3
1993	17413.7	13.5	6421.9	8.6	765	9.3	5734.9	13.9	2360	34.1	2131.9	9.8
1994	20850	19.7	7428	15.7	845	10.5	5928	3.4	4720	100	1927	−10.6

年度	合计（万元）	增长（%）	其中					
			第一产业（万元）	增长（%）	第二产业（万元）	增长（%）	第三产业（万元）	增长（%）
1995	57725	8	4363	3.0	31325	10.0	22037	9.0
1996	62118	11	4973	15.4	34805	25.0	22340	8.4
1997	65217	3.5	4638	10	27248	−6.1	33331	14.6
1998	69685	10.2	3898	3.4	28884	9.8	36903	12
1999	68315	0.4	4780	10.0	23367	−11.6	40168	11.2
2000	71103	2.8	4669	2.3	21640	−10.6	44794	14.2
2001	77108	8	5204	0.5	26669	17.6	45235	3.6
2002	85697	10	5392	2.5	30475	12.6	49830	9.2
2003	93839	10.5	11896	0.6	31156	12	50787	6.2
2004	106969	10.0	12055	−0.9	34004	6.8	60910	14
2005	111325	10.2	9503	11.3	37038	16.2	64784	6.8

注：1991 年比 1990 年因不变价格提高，所以产值也随之提高；1986—1994 年平均每年递增 13.9%

第二章 经济结构

1986年，南岔区（局）所有制形式主要以全民所有制、集体所有制为主，私营个体经济为辅。2005年，随着计划经济逐步向市场经济转轨，打破单一全民所有制的模式，实现了全民、集体、个体经济一起上的形势。逐步实施产权制度改革，全区19户国有企业实施产权制度改革，其中：改制为股份制企业5户，出售的企业1户，破产企业3户，合并企业1户，关停企业1户。所有制经济结构向多元化发展，为地方经济的发展做出贡献。

第一节 所有制结构

一、企业改制

1986年，南岔区（局）所有制形式主要以全民所有制、集体所有制为主，私营个体经济为辅。1993年以后，计划经济逐步向市场经济转轨。企业在激烈的市场经济竞争中，优胜劣汰，为了求生存、谋发展，盘活企业资产，发展林区经济，南岔区（局）逐步对所属企业采取剥离、租赁、承包、股份制改造、出售、兼并、破产等多种形式改革，所有制结构向多元化发展。自1993年起，对全区18户国有企业，逐步实施产权制度改革，其中：改制为股份制的3户，改制股份合作制2户，出售的企业9户，破产3户，关停1户。截至2005年年末，南岔区国有企业改制19家，其中改制为股份制企业3户。

二、改制企业情况

全民所有制企业3户：南岔食品饮料公司（1994年）、商贸公司（2000年）、石油公司（2000年）。改制为股份合作制企业2户：梧桐建材厂（2000年）、经贸公司（2000年）。出售的企业有9户：晨龙林业公司（1997年）、胶合板厂（1998年）、钢丝绳厂（1998年）、机械修造厂（1998年）、南岔机械厂（2000年）、物资公司（2000年）、建筑工程公司（2000年）、南岔制药厂（2001年）、热力公司（2005年）。破产企业3户：梧桐木器厂（1994年）、晨明石灰厂（1995年）、南岔轻机厂（1999年）。关停企业1户：南岔肉联厂（2000年）。浩良河木材加工厂与浩良河贮木厂合并为浩良河贮木加工厂（2001年）。

2005年11月，将南岔区宏利石油有限责任公司股份制企业改制为南岔石油有限责任公司，其性质为国有独资公司。

1986—2005年南岔区（局）注册企业所有制结构变化情况统计表

表8-2　　　　单位：个

年度	企业总数	全民国有	集体	联营	有限公司	股份公司	私营企业	乡镇企业
1986	849	—	—	—	—	—	—	—
1987	891	—	—	—	—	—	—	—
1988	837	—	—	—	—	—	—	—
1989	537	—	—	—	—	—	—	—
1990	759	—	—	—	—	—	—	—
1991	791	—	—	—	—	—	—	—
1992	796	—	—	—	—	—	—	—
1993	915	307	608	—	—	—	—	—
1994	993	353	634	—	—	—	—	—
1995	955	356	593	—	4	6	—	—
1996	894	337	543	—	9	4	—	109
1997	873	339	541	—	9	4	—	—
1998	855	329	513	1	9	3	—	—
1999	855	329	513	1	9	3	29	—
2000	428	118	297	1	9	3	—	—
2001	418	116	275	1	23	3	31	—
2002	420	124	273	3	22	3	50	—
2003	420	119	273	—	24	1	60	4
2004	420	124	273	—	22		66	1
2005	484	114	268	—	26	3	72	1

2005年南岔林业局企业所有制结构一览表

表8-3　　　　单位：个

项目 / 数量 / 类别	法人单位数			产业活动单位数	
	合计	单产业法人单位	多产业法人单位	合计	其中：多产业法人所属产业活动单位
国有	103	80	23	166	86
集体	30	29	1	40	11
股份合作	3	3	—	3	—
联营企业	1	1	—	1	—
有限责任公司	15	13	2	34	21
私营企业	43	41	2	50	9
港澳台商投资企业	2	2	—	2	—
外商投资企业	1	1	—	1	—
其他	62	62	—	62	—
合计	260	232	28	359	127

第二节　产业产品结构

一、农业产品结构调整

农业土地两轮承包后，农民真正有了经营自主权，在“增粮、保菜、兴牧、促企”和科技兴农方针指引下，广大农户积极依靠科技种田，向黑土地要效益。努力调整产业产品结构，引进高产优良品种，扩大保护地生产和棚室生产面积，生产大量反季蔬菜，夏菜冬种、南菜北种、山菜家种、洋菜中种，使蔬菜质量提高品种增多，丰富了居民的菜篮子。在发展“两高一优”农业中，通过作物品种改良，推行无公害种植，开发绿色食品，使农产品结构发生显著变化。到2005年，仍然探索着走出林业、向多元化产业迈进的路子。

二、林业产品结构的调整

自20世纪80年代中期，可采资源的减少，使南岔区（局）从根本上改变了过去单纯靠卖原木、板方的林业经营方式，开始向木材综合利用，开发林产工业，大搞木材精深加工方向发展，产品结构由单一的原木、板方发展到人造板、小木制品生产、建筑材料、家具系列产品等。

三、牧业、渔业产品结构调整

1986—1989年，南岔区（局）牧业发展不论产品的种类还是产品产量，都属于起步阶段。1990—1997年，产品的产量数量处于高产高峰发展阶段。1998年以后的7年里，处于稳定发展阶段。其中黄牛生产依托天然草场资源优势，呈现数量逐年上升趋势，2004年比1986年增长近3倍。猪和羊种群品种不断改良，经过科学饲养，生产周期缩短，经济效益逐步提高。到2005年，牧业产品种类已发展到12种。在发展特色养殖业相关政策扶持下，从1991年开始，政府和企业积极鼓励支持职工群众发展特色养殖，到2005年，全区（局）养鹿业发展到18户，共养梅花鹿377只、马鹿26只。其他野生动物像野鸡、飞龙、非洲雁、貉、兰狐等品种也落户于养殖户家中，并逐年增长繁衍，成为第一产业新的经济增长点。

通过自然资源调查，南岔区（局）施业区内有天然池塘（水泡子）水域面积464公顷。1986—2000年，只有50%左右被开发利用。截至2005年，管内所有天然池塘，基本都被承包到养殖户手中，并通过清理改造，建成大小不等的养鱼池，投入鲫鱼、鲤鱼、鲢鱼等多种鱼苗，平时可供爱好者有偿垂钓，渔产品也连年获得丰收。2005年，全区渔业生产产量达到10万公斤左右。

四、其他行业

第二产业中的家具制造业、非金属矿物制品业（水泥）、水的生产和供应业的产品结构都紧随市场需求，拓展和开发新的产品。1994年以后，民营的木材精深加工企业迅速发展，在产品的种类上很快填补了原国有企业木制品生产的空白，家具生产拓展到日用家具、办公、宾馆、厨具四大系列200多个品种，并打出了家具系列名优品牌。产品市场拓展到外省、市，有的远销美、日、韩等国家，取得了较高的经济效益。这对拉动地区经济、安置就业、增加税收，做出了积极贡献。

格润药业有限责任公司，是南岔区（局）下属的唯一一家进行药品生产的企业。2001年9月转为股份制企业，生产的柏子养心片、复方蒲芩片申报国家中药保护品种。2003年12月31日，获得国家二级中药保护证书。通过积极培育开发新的药品品牌，公司拥有更大的市场份额，成为北药开发的龙头企业。

黑龙江浩良河水泥有限责任公司，通过技术设备改造和资金重组，生产的“浩良河牌”水泥，于2003年被国家质量监督检验检疫局批准为国家质量免检产品。

在机械制造业方面，南岔营林机械厂企业转制后，生产产品坚持以市场需求为导向，在原有生产营林机械基础上，既增加了农业生产机械和食用菌喷灌设备的生产，又占领了当地产品市场，赢得周边和外地市场。

南岔区（局）在发展绿色食品产业上，产品开发重点放在绿色、营养、无公害的山野菜山野果、食用菌和农副产品采集加工上。依托自然优势，打造绿色品牌、开发绿色生态农业，积极在保鲜加工、提高产品质量、档次和开拓市场上做文章，走生态发展之路，打出了“绿源”“绿琛”品牌。1996年，南岔林业局晨明经营所依托当地山野菜资源优势，成立志诚实业有限责任公司，专门从事山野菜加工，年加工能力多时达到150吨。2003年12月16日，南岔建成伊春绿源冷冻保鲜有限公司，设有储存绿色食品2000吨的保鲜库，年可生产加工冷冻黏玉米400万穗，速冻油豆角200吨，储存多种山野菜，公司产品质量经检测符合国家和行业检验标准，产品深受国内外客户青睐，成为南岔区（局）很有发展前景的产业产品。

2000年，南岔区修建了满足本地生产和生活用水的供水水库，又开发生产了金沟泉水和钓水湖泉水，两项产品投放市场后得到广大群众认可，进一步提高了饮用水质量。

第三产业中旅游业，南岔区（局）于1999年开始设点、投资建设。经过五年来积极运作，先后推出了自然山水探险游、兴安杜鹃赏花游、森林沐浴度假游、仙翁山风情民俗游等旅游品牌，吸引了省内外众多游客。但林区危困，资金紧缺，使人文设施建设滞后，很多产品项目尚待开发。

南岔区（局）人造板、家具等木材精深加工园区初步形成。仙翁山省级地质公园勘测申报已完成。浩良河化肥厂日产333吨甲醇项目已开工建设，浩良河水泥厂资产重组改造工作已到实质性阶段。在开发能源水电业上，南岔区与浙江客商签订了绿桦、晨明、威岭和庆丰四级水电站开发协议，石头河水电站前期工作现已完成。“工业南岔”的骨架初具雏形。

第九篇　经济管理

1986—2005年，南岔区（局）设统计、工商、物价、审计、质量技术监督、土地等管理部门。

计划统计部门，坚持科学的发展观，精心计划、准确汇总，为领导决策和经济发展提供翔实的数据和科学依据。工商、物价部门，在国有商业企业改革中，积极扶持私营经济和个体工商户。坚持“先发展、后规范”和“先予后导”的原则，强化服务意识，努力平抑物价，保护消费者合法权益，查处假冒伪劣产品，繁荣南岔商贸市场。审计、质量技术监督和国土资源部门，认真履行国家赋予的职权，对企业定期经济审计、对各生产企业和商服的质量、标准严格检测，纠正违法、保证经济有序运转。土地资源得到合理合法开发利用，制止违法违规现象，为实现土地资源、矿产资源可持续利用做出积极贡献。

第一章 计划 统计

1986—2005年，全区圆满完成四个五年计划确定的各项任务。截至2005年，全区国内生产总值实现111325万元。在此期间，全区进行全国人口普查2次，第三产业普查1次，工业普查2次，农业普查2次，基本单位普查2次，经济普查1次，人口抽样调查1次，投入产出重点调查1次，为领导决策和经济发展提供翔实的数据和科学依据。对上争取项目22项，累计投资21562万元。

第一节 四个五年计划

一、“七五”计划

“七五”期间（1986—1990年），认真执行国家“七五”期间发展国民经济的大政方针，经过努力全面完成了预定目标，国民经济和各项社会事业都取得了很大成就，地方经济发展迅速。到1990年，全区国内生产总值实现10014万元，比1985年的6762万元增加了3252万元，增长了48.6%，平均每年递增8.7%。1990年，实现工业总产值6034万元，比1985年增长了51.5%，平均每年递增16.3%；农业总产值达到382万元，比1985年增长了114.6%，平均每年递增16.5%。

二、“八五”计划

“八五”期间（1991—1995年），南岔区（局）改革开放和经济建设取得了显著成效，各项社会事业也获得了协调发展，此间的主要任务基本完成。区域经济发展情况：1995年，全区国内生产总值完成57725万元，比1990年增长38.9%，平均每年递增6.8%，其中：第一产业增加值完成4363万元，比1990年年均递增5.6%，第二产业增加值完成31325万元，比1990年年均递增6.7%，第三产业增加值完成22037万元，比1990年年均递增7.1%。

三、“九五”计划

“九五”时期（1996—2000年），是南岔区国民经济和社会发展运行机制发生历史性转折的关键时期。南岔区认真贯彻中共十五大和十五届三中、四中全会精神，加快培育适应社会主义市场经济发展的经济体制，改革开放稳步深入，国民经济持续增长，经济生活和社会生活发生了深刻的变化，当期主要任务基本完成。“九五”期间，南岔区国民经济和社会发展的状况主要表现在以下四个方面。国民经济稳步发展。全区经济实力不断增强。全区上下团结一致，奋力拼搏，确保国民经济持续发展。到2000年实现国内生产总值71103万元，比“八五”期末增长29.1%，年均递增5.2%。其中：第一产业增加值达到4669万元，年均递增4%，第二产业增加值达到21640万元，年均下降1.8%，第三产业增加值达到44794万元，年均递增12.5%。进一步合理调整经济结构。经过经济结构战略性调整，全区经济建设稳步协调发展。营林、多种经营、农业一直保持良好的发展势头；水泥制造业、人造板制造业、家具制造业、北药、旅游业迅猛发展。形成了农林牧渔业、工业、建筑业、交通业、金融业、社会服务业多业并举，互相促进的经济新格局。经济体制改革进一步深化。多年来，围绕有关政策和法规，对改制企业，从议事规则、劳动人事管理、规章制度等方面进行了规范完善。对产权出售的企业，主要在抓好资产划转、账务处理的同时，积极做好职工安置、社会统筹等工作。各项改革全面推进，经济和社会发展活力不断增强。"九五"期间，始终坚持以改革促发展，全面推进各项改革，并取得了明显效果。在工业企业中加快了经营机制转换步伐，积极推行建立现代企业制度的试点工作。注重引导和发展非公有制经济，培育新的经济增长点。

四、"十五"计划

在第十个五年计划期间（2000—2005年），全区上下认真贯彻落实省、市、区委全会精神，努力实践"三个代表"重要思想，紧紧把握加快发展这一主题，脚踏实地，扎实工作，圆满地完成了计划初期确定的各项任务，全区经济增长加快，社会日趋进步。

第二节　指标综述

经济增长加快，综合实力增强。到2005年，全区实现生产总值111325万元，比上年同期增长10.2%，完成目标的107.7%。其中：第一产业实现增加值9503万元，第二产业增加值37038万元（工业实现增加值32777万元，同比增长15.8%，完成目标的121.9%），第三产业实现增加值64784万元。第一产业同比增长11.3%、第二产业增长16.2%、第三产业增长6.8%。生产总值和工业增加值实现两位数增长。在经济总量中非国有经济实现增加值77460万元，占生产总值比重9.6%，比上年同期增长17.5%；五大优势特色产业增加值实现15183万元，比上年同期增长28.9%，完成目标的107%；全社会固定资产投资完成8984万元，比上年同期增长25.6%，完成目标的105%。

一、农业和林业

在"十五"期间第五年里，南岔区加大了农业结构调整力度，坚持以农民和林业务农职工增收为中心，以市场为导向，突出发展畜牧业，扩大了经济作物种植面积和食用菌的生产规模，出现了农业增效、农民增收、农村稳定的良好局面。到2005年，农民人均纯收入达到3024元，同比增长5.4%。全区农作物播种面积11543公顷，农林牧渔业全年实现增加值9503万元。畜牧业和养殖业有了新的进展，实现牧业增加值1379万元。同比增长13%。到2005年，全局木材产量完成44999立方米，森林抚育面积完成47716亩，更新造林面积完成14556亩。多种经营整体发展水平不断提高，林业多种经营实现产值27991万元，同比增长7.2%。

二、工业和建筑业

2005年，现价工业总产值实现86545万元，现价工业增加值实现32777万元，现价工业总产值和增加值分别增长15.8%。其中：规模以上工业产值实现25177万元，增加值11146万元；规模以下工业产值实现61368万元，增加值21631万元。在规模以上7户企业中：浩良河水泥有限责任公司实现产值12359万元，增加值5467万元；格润药业实现产值3631万元，增加值1609万元；金成人造板厂实现产值4000万元，增加值1772万元，信诚家具实现产值741万元，增加值328万元。建筑业全年完成产值 8984 万元，增加值 3538 万元。

三、优势特色产业

2005 年，全区优势特色产业实现增加值 15183 万元，增长 28.9%。其中：木材精深加工实现增加值 8832 万元，增长 22.2%；绿色食品实现增加值 1366 万元，增长 67.1%；北药实现增加值 2501 万元，增长 31.7%；旅游业实现增加值 1105 万元，增长 76.3%；畜牧业实现增加值 1379 万元，增长 13%。

“十五”期间，国民经济稳步发展，地区生产总值年均实现增长 9.4%，人均 GDP 达到 7952 元，比 2000 年增加 2904 元，地方财政收入年均增长 16.2%。基本建设项目 64 个，完成 62 个，固定资产投资额累计完成 39630 万元，年均增长 33%。

第三节　计划编制与实施

一、计划编制

1986 年以来，随着木材生产指令性计划逐年调减，及计划经济逐渐向市场经济转轨，年度计划编制的内容也随之发生变化，计划的内容从以林业生产为主，逐步加重了林产工业、多种经营、非国有经济及发展非林替代产业的分量。到 1999 年，计划的名称也从全区（局）生产、基建和财务计划更名为全区（局）经济和社会发展计划、林产工业及林办工业计划、财务成本计划、劳动工资计划、城镇维护计划、地方工业计划、森工多种经营计划、农村经济计划、北药开发计划、旅游事业计划、教育事业计划、人口控制计划、科技项目计划、非国有经济计划等 32 项计划。到 2005 年度，计划中的主要经济技术指标、林业生产、基本建设由计划发展局管理，并会同有关部门组织实施。其他各项指标由主管部门负责管理和实施，林业生产作业计划由生产科负责编制、管理和组织落实。

二、计划的实施

1986 年以后，每年年初召开一次区（局）计划会议。在总结上年度计划执行情况的基础上，落实新一年的计划指标和提出每月实施工作的计划要求。计划实施后，每月都编发《南岔区各项经济指标情况表》简报，及时向区委、区政府以及有关部门提供翔实的统计资料，及时分析区域经济运行的特点和存在的问题，并做出分析预测。

三、计划宏观管理

改革开放以后，南岔区实现了由计划经济到市场经济的转轨，计划管理由指令性变为指导性，计划部门主要是对经济运行进行宏观调控和管理，职能由管理变为服务。

第四节　统　计

一、统计政策法规

1987 年 1 月 19 日国务院批准，2 月 15 日国家统计局发布了《中华人民共和国统计法实施细则》。《细则》是继 1983 年 12 月 8 日第六届全国人民代表大会常务委员会第三次会议通过的《中华人民共和国统计法》之后制定的第一部行政法规。

1995 年 10 月 14 日，黑龙江省第八届人民代表大会第十次会议通过了《黑龙江省统计监督处罚条例》。

二、统计人员持证上岗制度

为了提高统计队伍和统计工作水平，根据《中华人民共和国统计法》关于统计部门管理统计工作的规定，中共中央办公厅、国务院办公厅《关于反对和制止在统计上弄虚作假的通知》中关于统计人员要“实行持证上岗制度”的要求，以及1998年10月12日国家统计局印发的《统计人员持证上岗暂行规定》，南岔区计划统计局从1998年起对全体统计人员进行上岗培训，认真执行持证上岗制度。以后每年都按要求进行年检，对新从事统计工作人员坚持进行上岗培训工作。截至2005年，全区的统计人员都做到了按要求持证上岗。

三、统计调查单位登记制度

1996年5月16日，黑龙江省人民政府令第6号发布的《黑龙江省统计调查单位登记管理办法》明确规定，凡是本省行政区域内的各类机关、群团组织、社会团体、企事业组织、基层群众性自治组织和个体经营者，均应办理统计登记管理。县级以上人民政府统计部门是统计调查登记管理机关，负责本行政区域内的统计调查单位的登记管理和监督检查。按照这一规定，从1996年下半年开始，逐年对南岔行政区域内的各类机关、群团组织、社会团体、企事业组织、基层群众性自治组织和个体经营者，进行统计登记。

四、统计调查项目管理

1986—1990年，统计工作以条条报表为主。1990—2000年统计工作以条块结合、以块为主的方式组织全行政区的统计工作。并坚持执行月报、季报、半年报和年报的工作制度，为领导者决策，分析经济和社会发展形势，指挥生产，监督管理计划完成情况等，提供翔实资料数据，对南岔地区经济的发展，起到了积极的促进作用。其间，1999年10月27日，国家统计局发布了《部门统计调查项目管理暂行办法》，该办法是根据《中华人民共和国统计法》及其实施细则制定的，目的是加强对部门统计调查管理和监督，规范部门统计调查行为，提高统计调查的整体效率，保障统计资料的准确性，提高共享性。

2005年，南岔区（局）统计调查工作严格执行国家制定的统一的统计标准，确保了统计调查中采用的指标含义、计算方法、分类目录、调查表式和统计编码等方面的标准化。

第五节　普　查

一、人口普查

1990年，进行了第四次全国人口普查。普查时点为1990年7月1日零时，此次普查对南岔区42317户149826人进行了登记调查。

2000年，进行了第五次全国人口普查，普查时点为2000年11月1日零时，此次普查对南岔区48211户140846人进行了登记调查。

二、第三产业普查

1993年，南岔区（局）进行首次第三产业普查。

三、工业普查

1986 年，南岔区进行了第二次工业普查。1995 年，南岔区进行了第三次工业普查。

四、农业普查

1997 年，南岔区进行了首次农业普查。

五、基本单位普查

1996 年，南岔区进行首次全国基本单位普查。2001 年 12 月 31 日，南岔区按照国家和省市指示精神进行了第二次全国基本单位普查，此次普查登记法人单位有 301 户，其中：单位法人 264 人，多产业法人 37 户。

六、经济普查

2004 年 12 月 31 日，全国第一次经济普查工作正式启动，2005 年新年伊始南岔区开始普查登记工作。普查工作在省、市普查办的指导下，在区政府的领导下，对所有普查对象进行登记、审核、编码、计算机录入等项工作。根据摸底情况，南岔区调查总数位于全市第三位，工作量非常大，普查汇总结果：法人及产业单位 403 个，其中：法人单位 263 个，产业单位 140 个。在法人单位中：多产业法人 30 个、多产业法人所属的产业活动单位为 140 个，单产业法人单位 233 个。在所有法人单位中：企业法人 105 个、事业法人 32 人、机关法人 55 个、社团法人 7 个，其他法人 64 个。

此次普查全区个体经营户 4332 户，其中：有营业执照 2047 户、无营业执照 2285 户；工业 203 户，建筑业 6 户，交通运输业 900 户，批发业 66 户，零售业 1692 户，住宿业 52 户，餐饮业 500 户，租赁和商务服务业 45 户，教育 24 户，卫生和福利业 74 户，居民服务业 336 户，文化、体育和娱乐业 198 户，其他服务业 236 户。

在此次经济普查工作中，南岔区经济普查办公室等 2 个单位被评为国家级先进集体，2 人被评为国家级先进个人，3 个单位被评为省级先进集体，15 人被评为省级先进个人。

七、抽样调查

南岔区（局）未设专门统计调查队，但是每年也承担了省、市专门调查队大量的抽样调查任务，并且按时、保质、保量地完成调查任务。

2005 年，按照国务院发出的《国务院办公厅关于开展 2005 年全国 1% 人口抽样调查的通知》（国办发〔2004〕77 号文件）要求，南岔区 1% 人口抽样调查工作，按照省、市的统一部署，共抽取 5 个乡镇街道办事处，设 5 个调查小区 425 户、1247 人。调查内容主要包括住户的基本情况和个人的年龄、性别、受教育程度、职业、迁移流动、生育、社会保障、住房情况等指标。这次调查涉及面广、任务繁重，南岔区为此成立了领导小组及办公室，选取 10 名责任心强的人员为调查员，经过认真培训，截至 2005 年年末，已完成了登记、编码、审核、录入、上报等项工作。

八、重点调查

南岔区（局）在 2002 年进行了投入产出的重点调查，选定南岔木材水解厂和浩良河水泥有限责任公司两家企业，经过努力，全部按时、高质量地完成调查任务。

第六节 项目管理

1986 年以后，南岔区（局）对建设项目的管理高度重视，在总结多年项目管理经验的基础上，设立项目办公室，同时设立了项目储备库。

一、2004 年前对上争取开工建设项目

生产性项目 1 项，总投资 210 万元。石头河林场改扩建项目，1991 年开工，1992 年竣工。非经营性、林业项目 9 项、总投资 3671 万元。区址自来水工程：1988 年开工，1990 年竣工，总投资 426 万元。晨明油库改扩建项目：1994 年开工，1996 年竣工，总投资 73 万元。育红学校校舍改造：1995 年开工，1996 年竣工，总投资 288 万元。林业医院住院处改造：1998 年开工，2000 年竣工，总投资 287 万元。局址住宅区改造：1994 年开工，1994 年竣工，总投资 240 万元。局址水源工程：2001 年开工，2003 年竣工，总投资 860 万元。局址给水改扩建工程：2004 年开工，总投资 925 万元。看守所改造工程：2002 年开工，当年竣工，总投资 274 万元。高级中学校舍改造工程：2004 年开工，2005 年竣工，总投资 298 万元。国债项目 2 项，总投资 1897 万元。应急供水工程：2003 年开工，2004 年竣工，总投资 650 万元。管网改造工程：2003 年开工，总投资 1247 万元。通乡公路 3 项、总投资 15327 万元。金南公路（金山屯—南岔段）建设：2002 年开工，2003 年竣工，总投资 7000 万元。桃南公路（松青—南岔段）建设：2003 年开工，2004 年竣工，总投资 2100 万元。南岔—浩良河通乡公路建设：2004 年开工，2005 年竣工，总投资 6227 万元。累计投资 26023 万元。

二、2005 年项目和对上争取项目批复

争取资金 417 万元。环保监测站建设项目，伊发改发〔2005〕82 号，建筑面积 864 平方米，总投资 115 万元，其中：省预算内资金 40 万元，地方配套 75 万元。局址给水改扩建工程，伊林发〔2005〕85 号，投资 302 万元，其中：中央预算内资金 146 万元，自筹 156 万元。高级中学校舍改造。黑森计字〔2005〕85 号，年度投资 138 万元，其中：非经营性投资 70 万元，企业自筹 68 万元。城市供水管网改造工程，伊发改发〔2005〕198 号，管网改造 15.7 公里，投资 432 万元，其中：中央预算内资金 48 万元，地方预算内专项资金 24 万元，地方专项资金 192 万元，自筹 168 万元。艾林村公路建设项目，伊发改发〔2005〕242 号，修建公路 2 公里，投资 30 万元，其中：中央预算内专项资金 23 万元，市区配套资金 7 万元。浩良河镇道路工程，伊发改发〔2005〕267 号，2005 年计划投资 1260 万元，其中：预算内资金 80 万元，自筹 1180 万元。人畜饮水项目，伊发改发〔2005〕280 号，迎春乡后兴村、浩良河镇北阳村打人畜饮水井 2 眼，投资 26 万元。

第七节 天然林资源保护工程

经国家林业局批准，南岔林业局于 1998 年实施了天然林保护工程试点，2000 年正式实施。

天然林保护工程实施后，南岔林业局根据森林法等有关林业政策法规和国家对天然林保护工程的有关要求，结合南岔实际情况，制定了《天然林资源保护工程实施方案》《自然资源划区管护经营实施方案》《森林资源管护经营责任制实施细则》等 6 项责任制、9 项管理办法。同时健全各类档案，强化了森林资源的管护工作，充分发挥森林资源的多重效益，保持了林区的社会稳定，为积蓄林业后备资源实现可持续发展，奠定基础。

1998 年公益林建设计划与实际完成情况：人工造林计划 1200 公顷，实际完成 1200 公顷。封山育林计划 3200 公顷，实际完成 3200 公顷。人工促进天然更新计划 460 公顷，实际完成 460 公顷。森林抚育计划 640 公顷，实际完成 640 公顷。苗木设施计划投资 195.9 万元，实际完成投资 195.9 万元，其中：设备投资 3 万元，土建投资 192.9 万元。

1999 年公益林建设项目完成情况：更新造林计划 810 公顷，实际完成 810 公顷。封山育林计划 2970 公顷，实际完成 2970 公顷。人工促进天然更新计划 810 公顷，实际完成 810 公顷。森林抚育计划 5265 公顷，实际完成 5265 公顷。苗圃地设施计划投资 50 万元，实际完成 50 万元，其中：设备 18.6 万元，土建 18.9 万元，苗圃改土 12.5 万元。

2000 年公益林建设项目完成情况：人工造林计划 1003 公顷，实际完成 1003 公顷。封山育林计划 1472 公顷，实际完成 1472 公顷。在实施天然林保护工程工作中，认真贯彻“严管林、慎用钱、质为先”的方针，规范实施天然林保护具体措施，保护珍贵树种，严禁采伐红松，大力发展民有林。认真分析研究天然林保护工程实施过程中存在的新问题，积极向上级部门反映汇报，继续争取天然林保护工程的各项政策，促进“天保工程”的顺利实施。

2005 年，“天保工程”取得阶段性成果。落实森林资源管护经营面积 286426 公顷，森林抚育 14848 公顷，更新造林 5041 公顷，森林覆盖率由 2000 年的 75.6% 提高到 76.6%。

1998—2005 年南岔区（局）天保财政专项补助资金统计表

表 9-1　　　　单位：万元

项目/金额/年份	天保财政专项补助资金数量	实际完成数量	其中						
			森林管护事业费	教育经费	卫生经费	公检法经费	政府经费	社会统筹养老保险金	一次性安置补偿费
1998	1164.8	1164.8	218.9	232.5	87.1	77.5	250.0	298.8	—
1999	4099.0	4099.0	436.5	515.7	198.8	361.2	1030.6	1556.2	—
2000	4519.4	4519.4	560.3	1208.3	121.3	488.3	1133.6	1007.8	—
2001	4616.0	4616.0	560.0	1208	121.0	488.0	1134.0	1008.0	—
2002	7481.0	7481.0	554.0	1311.0	121.0	488.0	1134.0	1008.0	2860.0
2003	4747.6	4747.6	553.7	1333.1	121.0	488.2	1133.6	1007.8	110.1
2004	4799.7	4799.7	571.9	1395.2	131.7	504	1189.1	1007.8	—
2005	5023.9	5023.9	582.9	1413.4	135.1	510.9	1373.8	1007.8	—

1998—2001 年南岔区（局）天保公益林建设专项资金拨付统计表

表 9-2　　　　单位：万元

项目/金额/年份	公益林建设投资计划	已到位资金	尚欠拨款	其中					
				中央国债专项资金计划	拨款到位	欠拨资金	地方配套国债专项资金计划	拨款到位	欠拨资金
1998	1062.3	785.8	276.5	579.8	545.8	34.0	482.5	240.0	242.5
1999	890.3	1149.8	17.0	840.3	740.0	100.3	—	242.5	—
2000	329.1	393.4	12.0	329.1	305.1	24.0	—	88.3	—
2001	停止拨付	—	—	—	—	—	—	—	—

第二章　工商行政管理

1986—2005 年，南岔区设伊春市工商行政管理局南岔分局，对本区各类工商企业和个体工商企业的合法地位监督管理，监督管理市场上的各种经营活动，检查处理经济违法违章行为，保护合法经营，取缔非法经营，打击非法传销，维护正常的市场经济秩序。在积极开展“3·15”打假扫劣活动中，共受理投诉举报案件 906 件，为消费者挽回经济损失 194 万元。在深入开展“文明诚信”和“守合同重信用”企业创建活动中，南岔宏伟购物中心被评为市级文明诚信单位，南岔林业局等 6 户企业进入市级守合同重信用企业。黑龙江省浩良河水泥厂有限责任公司被评为省级守合同重信用单位。截至 2005 年，全区共有各类注册工商企业 412 户，个体工商户 1782 户，私营企业户 73 户。

第一节　机　构

1986 年，伊春市工商行政管理局南岔分局。设局长 1 人，副局长 5 人，分局机关下设股室有秘书股（含办公室和财务）、企业股、市场股、个体股、经济检查股、经济合同股（行使经济合同仲裁职能）、商标广告股、人事监察股。分局派出的所有浩良河工商管理所、市场服务部、南岔东岗工商管理所、晨明工商管理所、南岔批发市场管理所、水解工商管理所、松青工商管理所、东升工商管理所、南岔市场治安派出所。

1987 年 2 月，经市工商局同意，成立了南岔工商分局机动车辆交易管理所。

1987 年 9 月，根据伊春市工商局党组决定，将浩良河、晨明两个工商管理所从南岔分局划出，成立市工商局直属的浩良河工商所（科级单位），下辖晨明工商所。设所长 1 人、副所长 1 人。

1988 年 4 月 19 日，伊春市工商局批准设立南岔工商分局中心工商管理所，其辖区个体管理为建国街道办事处的区域，集贸市场管理范围为南岔中经路西侧至民主街道办事处的民主市场。12 月，根据伊春市人民政府 85 号文件通知，将市工商局的直属分局一律“三权”下放到区，南岔工商分局名为伊春市南岔区工商行政管理局。

1989 年 11 月，经南岔区编委批准，浩良河工商所科级单位撤销，原浩良河、晨明两个工商所划归南岔区工商行政管理局，变为股级单位。

1990 年 1 月，南岔区工商行政管理局成立工商管理稽查大队，主要职能是管理全局的个体户、集贸市场等，实行执法稽查，设队长 1 人。同年 3 月，工商局财务从办公室划出，成立财务股。12 月，设立案件审理股，后更名为法制股。

1991 年 10 月，根据伊春市人民政府决定，各区工商局人财物三权上收，恢复工商分局，南岔区工商局又更名为伊春市工商行政管理局南岔分局。

1992年9月，根据上级工商局关于“收、管、查”三权分离的要求，经请示市局同意，南岔工商分局又增设了收费所。

1993年4月，南岔工商分局设立房地产交易管理所。松青工商所的业务划归水解工商所，松青工商所被撤销。同月，经市工商局同意，分局又成立木材交易市场管理所。

1994年6月，商标广告股撤销，业务合并到企业股。

1995年5月，因国家经济合同仲裁条例的修订，县区不再设立经济合同仲裁机关，南岔区经济合同仲裁委员会被撤销。经请示市局，南岔工商分局经济合同股与经检股合并，名称为“经检合同股”。6月，房地产交易管理所业务划归市场股，该所撤销。

2000年，分局撤销批发市场管理所和收费所，水解工商管理所更名为西水工商管理所。

2001年2月，市场治安权力上收，市场治安派出所更名为伊春市公安局巡警大队三大队二中队。分局撤销了经检合同股，成立了公平交易股，合同管理业务划归市场股；撤销财务股并入分局办公室。

2002年6月，分局撤销市场服务部。

2004年，南岔东岗管理所更名为月牙湖工商管理所，东升工商管理所和生资管理所（原木材交易市场管理所）合并到月牙湖工商管理所，西水工商管理所合并到中心工商管理所。2005年，机构未变。

第二节　行政规范

1986年，按中央政策法规，依法确定各类工商企业和个体工商业的合法地位，监督管理或参与监督管理市场上的各种经济活动，检查处理经济违法违章行为，保护合法经营，取缔非法经营，维护正常的市场经济秩序。具体的工作范围是：依法对工商企业和从事生产经营活动的事业单位、科技性社会团体进行登记，确认其企业法人资格或合法的经营地位，核发企业法人营业执照或营业执照，并监督他们的生产经营活动。根据上级授权，负责各种公司的审批和核准登记发照；统一管理城乡集市贸易，依法查处集市交易中的违法违章行为，依法监督农副产品市场，农副产品批发市场，小商品市场和各种专业市场。参与生产资料市场以及资金、劳务、技术、信息、房地产等生产要素市场的监督管理；办理城乡个体工商户和个人合伙的登记注册，办理私营企业的登记注册，鼓励、引导他们健康发展，保护他们的合法权益，检查处理经济违法违章行为，打击投机倒把、走私贩私活动，对违法的单位和个人执行行政处罚，加强经济合同的监督管理，维护公平交易，负责国内商标和外国（地区）商标统一注册和管理，保护注册商标专用权，查处假冒、侵权行为；管理经济广告，社会广告和文化广告，查处广告经营和广告宣传中的违法违章行为，指导广告协会工作；办理中外合资经营企业，中外合作经营企业，外资企业和外国企业常驻代表机构，华侨港澳企业常驻代表机构等的登记注册，核发中华人民共和国营业执照、外国企业常驻代表机构登记证或华侨、港澳企业常驻代表机构登记证，监督他们的生产经营或企业活动。研究工商行政管理的方针政策，拟定有关条规和制度等；指导个体劳动者协会，消费者协会和私营企业协会及工商行政管理学会工作。到2005年依然执行。

第三节　企业登记

1986—1994年，南岔区企业户数基本上处于阶梯式发展阶段，由849户逐年增加到993户。

1995 年，工商分局又制定了发展南岔区企业 15 条措施，简化了登记手续，为企业办理营业执照 119 户，方便了企业促进了经济发展。

1996 年，为企业下岗特困职工 113 人进入市场免收市场管理费。

1997 年，帮助企业重组 7 户，引导企业下岗职工进入市场 400 余人，为下岗职工进入集贸市场免收市场管理费 15 万元。

1998 年，引导企业内引外联 5 户，引导企业股份重组使企业经营获得生机 5 户，引导下岗职工办个体 242 户，进入集贸市场 498 人，支持个体、私企吸纳下岗职工再就业 1245 人。南岔区个体劳动者协会成立了下岗职工再就业咨询服务处，安排再就业百余人。检查企业 851 户，清理“三无”企业 78 户，注销 8 户，清理靠挂企业 7 户，变更登记企业 185 户。

2001 年，全区共有国有企业 116 户，集体企业 275 户，公司 13 户，股份合作企业 3 户，联营企业 1 户，全年共有 58 户企业改组，改制办理了相关手续，工商分局还积极鼓励有经济实力的个体私营经济大户租赁承包，兼并和购买转制的国有小企业，全年共办理集体企业转制为私营企业的 19 户，国有企业转制为个体工商户的 2 户。

2002 年，全区共有国有企业 124 户，集体企业 273 户，公司 22 家，股份合作企业 1 户，联营企业 3 户，全年办理集体企业转制为私营企业的 3 户。

2005 年，全区共有各类注册工商企业 412 户，通过年检验照为 8 户企业办理了变更手续，为 4 户企业办理了注销手续，年检验照率为 80%。

1986—2005 年南岔区（局）天保公益林建设专项资金拨付统计表

表 9-3　　单位：户

年度	企业总数	全民国有	集体	联营	有限公司	股份公司	中外合资	乡镇企业
1986	849	—	—	—	—	—	—	—
1987	891	—	—	—	—	—	—	—
1988	837	—	—	—	—	—	—	—
1989	537	—	—	—	—	—	—	—
1990	759	—	—	—	—	—	—	—
1991	791	—	—	—	—	—	—	—
1992	796	—	—	—	—	—	—	—
1993	915	307	608	—	—	—	—	—
1994	993	353	634	—	—	6	—	—
1995	955	356	593	—	4	4	—	109
1996	894	337	543	—	9	4	—	—
1997	873	339	541	—	9	4	—	—
1998	855	329	513	1	9	3	—	—
1999	855	329	513	1	9	3	—	—
2000	428	118	297	1	9	3	—	—
2001	418	116	275	1	23	3	—	—
2002	420	124	273	3	22	1	—	—
2003	420	119	273	—	24	—	—	4
2004	420	124	273	—	22	—	6	1

续表 9-3

年度	企业总数	全民国有	集体	联营	有限公司	股份公司	中外合资	乡镇企业
2005	412	114	268	—	26	3	6	—

注：1989 年浩良河工商所的企业户数未统计在内

第四节　个体工商户

南岔区个体经济的发展，主要是在中共十一届三中全会以后，1979 年，全区的个体工商户只有 61 家。到 1986 年末上升到 761 家，其中资产超万元的 40 家。1986 年，工商分局认真落实中央、省、市、和区政府关于放宽政策的各项规定，在个体登记管理上简化了办照手续，到年底全区个体户发展到 948 户，比 1985 年增加 187 户。1992 年，南岔区的个体户和私营企业连续保持稳步上升的趋势，到 1992 年年末，全区的个体经济和私营企业已达 1517 户，增加了 563 户。

1993 年，南岔区个体私营企业户发展到 2500 户，到 1998 年发展到 5049 户，比 1991 年增加了 2.1 倍。

1999 年，南岔区个体工商户已发展到 5285 户，从业人员 5976 人。

2000 年，全区个体业户为 2595 户，其中私营企业 31 户，有限责任公司 10 户，从业人员 4271 人。

2001 年，全区个体工商户 2735 户，从业人员 4546 人，私营企业 50 户。

2002 年，南岔区个体经济开始向“高、精、尖、名、优、特”方向发展，规模不断扩大，实力逐渐增强。到 2002 年年底，全区有个体工商户 3021 户，从业人员 4936 人，其中私营企业 44 户，从业人员 615 人。

2003 年，全区个体工商户 2826 户，从业人员 4781 人，其中私营企业 38 户、从业人员 573 人。

2004 年，全区个体工商户 1988 户，从业人员 3010 人，私营企业 69 户，从业人员 665 人。

2005 年，为了促进和巩固个体私营经济的发展，南岔工商行政管理工作落实到《国务院关于鼓励支持和引导个体私营等非公有制经济发展的若干意见》。全面落实“六项制度”（首问负责制、服务承诺制、限时办结制、失职追究制、否定报备制、无偿代办制），并实行一站式服务，推行企业联络员和零距离服务措施，主动深入企业现场办公，尽管受地方经济大气候影响，个体工商户仍保持在 1782 户，从业人员 2575 人，拥有注册资金 2430 万元。

第五节　管理合同

1986 年 3 月，南岔工商分局设立经济合同股。10 月，又成立了经济合同仲裁委员会。仲裁委员会主任由工商分局副局长曲士龙担任，副主任由经济合同股股长常志德担任，挂经济合同鉴证咨询服务处的牌子，南岔区经济合同管理走向正规化。5—6 月，工商分局通过南岔广播电视网络分公司，木材水解厂电视差转台和浩良河化肥厂电视差转台，开展经济合同知识讲座 33 讲（次）。7 月，对南岔镇内企业负责人进行了一次经济合同知识开卷考试，参加者 130 多人。在南岔百货大楼、浩良河化肥厂等 12 个厂店设立了经济合同法宣传栏。全年经济合同网建立 156 家，鉴证经济合同 490 份，金额 653 万元。开展咨询服务 100 余人次，处理外地信访 5 件，受理合同纠纷案件 10 起。全年检查经济合同 82 份，确认无效合同 28 份，收罚没款 2.3 万元，收取仲裁费 0.45 万元。轰动南岔的 43 万元的蚯蚓合同纠纷案，工商分局向区政府提出了立案调查的意见，为当事人挽回了部分经济损失。

1987 年，举办经济合同法学习班 6 期，参加学习班人数 254 人。委托区商业科转发商业部《经济合同管理试行办法》100份。在经济合同网内的176家企业中开展了“重合同、守信用”活动。南岔区红卫商店、晨明水泥厂、南铁地区大头鞋厂、浩良河化肥厂等企业被评为先进单位，红卫商店被评为市级先进单位。全年共鉴证经济合同259份，金额325万元，履约率为99%。开展咨询服务，接待来信来访150余人次，受理合同纠纷14起，其中调解11起，仲裁1起，转交浩良河工商行政管理所2起。检查商业，基本建设和“木”字企业31户，查处违法合同1起，确认无数合同6份，收缴罚没款1.5万元，收合同鉴证费、仲裁费0.83万元。

1988年，鉴证经济合同1500份，金额4000万元。接待来信来访80余人次，在经济合同管理上监督与服务并举，全年受理经济合同纠纷案件14起，调解10起，裁决2起，收鉴证费1.08万元，仲裁费0.26万元，查处违法合同2份，确认无效合同1份。协助南岔粮库、南岔兴明木器厂追回货款4.5万余元。

1989年，在“重合同、守信用”活动中，评选出区级先进单位15户，市级4户。鉴证经济合同35份，金额302万元。受理经济合同纠纷案件10起，仲裁1起，调解9起，清理整顿建筑市场5户，确认无效合同4份，收取鉴证费820元，仲裁费0.2万元，收罚没款0.35万元。为省军区追回被骗贷款2.8万元，协助哈市工商局追回被骗款4.4万元。11月，曲士龙调任工商学会会长，仲裁委员主任由工商分局副局长王宝录担任。

1990年，全区有4家和12家分别被市、区政府授予“重合同、守信用”单位称号。全年鉴证经济合同928份，履约率96%。受理经济合同纠纷案23件，结案20件，为企业追回拖欠款15万元。

1991年，国家工商局统一了经济合同示范文本，南岔工商分局分4次组织全区企业法人代表或企业负责人进行系统学习。检查有关企业95户的经济合同，确认无效合同10份。重点检查了建筑合同15份，确认无效合同3份，立案查处2起，收缴罚没款0.3万元，收取鉴证费0.5万元。10月，对1990年度14户“重合同、守信用”企业单位进行复查，取缔了2户不合格单位。全年受理经济合同纠纷案件8起，结案7起。

1994年，经济合同的管理主要是以贯彻落实经济合同示范文本为主，组织企业负责人观看录像讲座，举办经济合同法学习班，帮助企业设立经济合同专职或兼职管理人员。1991—1994年，经济合同鉴证2000余份，履约率较以前有所提高，受理经济合同纠纷案件7起，协助区人民检察院办案1起。对108户“重合同、守信用”单位进行评审。

1995年5月，根据上级精神，经济合同仲裁委员会撤销，经济合同股与经检股合并，更名为经检合同股。

1996年，对担保法实施前的借款合同进行鉴证23份，鉴证建筑合同3份，为2户企业办理了抵押物登记。全区共有6户市级“重合同、守信用”单位，16户区级“重合同、守信用”单位。

1997年，“重合同、守信用”企业23户，其中市级6户，区级17户。

1998年，“重合同、守信用”企业单位24户，其中市级8户，区级16户。当年对13户“重合同、守信用”单位进行了回访检查，鉴证经济合同9份，收览证费0.15万元。办理抵押合同14份，签约金50460000元，收抵押登记费95900元。

1999年10月1日，国家新合同法实施，南岔工商分局举办新合同法培训班，由省工商干校王金凤老师前来讲课，全区的企业负责人和个体私营从业人员及工商分局干部近百人参加了学习培训。担保法实施后，到各银行进行动产抵押贷款的业户，全部到工商分局进行登记，其目的是避免重复抵押，确保抵押物的真实性。当年，对34户个体、私营和国有企业进行动产抵押物登记。

2001年，南岔宏伟购物中心建设施工合同，由南岔房地产开发公司与南岔建筑工程公司到工商分局鉴证备案。

2002年，南岔粮库地坪工程合同由粮库与黑龙江省安装工程公司到工商分局鉴证备案。

2005年，南岔宏伟购物中心被评为市级文明诚信单位，南岔林业局等6户企业进入市级“重合同、守信用”企业。黑龙江省浩良河水泥厂有限责任公司被评为省级守合同重信用单位。实行备案管理。

第六节 商标广告

1986年7月，南岔工商分局设立商标广告股，全区注册商标22件。南岔乳品厂生产的“育林”牌奶粉和南岔木材水解厂生产的“永翠”牌乙醇、活性炭列为省优产品；水解厂白酒厂生产的“永翠”牌白酒获市优产品。

1988年，商标广告股受理4户申办商标注册，批准注册2户。举办商标法和广告管理条例电视讲座4次。清理违法的社会广告30多份，并对广告印刷企业进行检查，制止了非法印制广告的行为。

1989年，从5月开始，对11种商品和13种名酒实行了报验制度，报验企业达到40%以上，处理了1起商标侵权案件。

1990年，商标广告股受理商标投诉案件875件，为消费者挽回经济损失34.3万元，并在全区范围内通过电视广播2次公开曝光处理假冒伪劣商品活动。

1991年，清理户外虚假广告300多份。为2户企业办理了注册商标，办理了4523件商品报验手续，制止了2起商标侵权行为。

1992年，配合“森林节”，在区内设立广告牌34块，广告经营额1.5万元，清理户外违法和不规则广告200份。结合“质量万里行”活动，加大了对商标管理检查力度，为13户企业及时办理了注册商标，为12户企业办理了商标续展，对31户企业进行了注册商标验证，还验证了报验的6类2190件商品。

1995年，召开商标注册单位和商标印制单位会议1次。办理商标续展15户，注册1户，又清理了街面张贴的假广告150多份。处理商标侵权案件4起，结案2起，收缴假冒商标标识17400个。全年办理商标注册3件。

1996年，制止了南岔医药商店发布虚假广告1起。查处商标侵权，捣毁假清老酒黑窝点1个。当年，全区共有注册商标企业39户，使用未注册商标的有11户，办理商标续展1户。

1997年，查处冒充注册商标案1起，收缴非法标识4000多张及印模器具1套。调解商标争议案1起。配合市工商局商标广告科对南岔广播电视网络分公司，对14例不符合要求的广告进行了处理。

1999年，在净化社会环境中，办理商标续展4户，申办注册商标2户，没收假标识18000张，查处违反商标法案件1起。对全区43户企业注册商标进行验资。会同卫生、物价等部门对全区药品经销企业进行检查，共检查药店37户，诊所5户，医院10家。取缔无照经营药店1户，清理户外广告23户，清理电视广告2起。商标续展3户，注销商标2户，没收非法印刷品广告1300张，对2户违规印刷广告业户进行了批评教育。

2000年，在重点打击商标侵权和虚假广告违法行为的同时，严格实行商标印制审批制度，开展了户外广告、印刷品广告专项清理整治工作，共收缴违法印刷的广告24000份，立案查处各类广告违法违章案件3起。

2003年，发展3户注册商标企业，3户伊春市驰名商标企业，对全区24户注册商标企业进行年检，严格控制医疗、农药、兽药、保健食品、化妆品、房地产等广告的审查、审批。

2005年，在“打虚假树诚信”广告专项整治工作中，加大了对食品、药品、医疗广告的整治力度，严厉打击了各类假冒商标侵权行为，全年查处商标侵权案件5起，其中收缴侵权包装48件，处理大米商标侵权案件1起。积极为企业依法正确使用商标提供服务，为企业申请注册商标2件。

1998年南岔区注册商标一栏表

表9-4

企业名称	商标名称	使用商品
伊春市南岔乳品厂	育林	奶粉
南岔水解厂酒厂	永翠	酒
南岔木材水解厂	永翠	乙醇、活性炭
南岔工具厂	红林	斧子
南岔商业食品厂	永翠桥	糖果、糕点
南岔商业食品厂	永翠桥	汽水
南岔酱菜厂	翠松	汽水
水解厂子弟南一校	鹿牌	黑板擦
南岔区服装厂	丰林	服装
南岔肉联厂	山梨花	肉肠
南岔新兴造纸厂	松果	卫生纸
梧桐建材厂	林建	红砖
梧桐木器厂	丰溢	家具、杠
南岔酱菜厂	翠松	酱油、醋
南岔轻机厂	方花	水暖件闸门
南岔水解厂建材厂	新居乐	涂料
南岔饮料厂	南泉	饮料
南岔饮料厂	月牙湖	饮料
南岔木器厂	双丽	家具
浩良河食品厂	浩良河	汽水
浩良河食品厂	浩良河	熏醋
浩良河机修铸造厂	林工	水暖零件
黑龙江省晨明水泥厂	晨明	水泥
南岔胶合板厂	伊南	胶合板
南岔制药厂	林宝	人参皂甙
水解厂酵母分厂	永翠	饲料酵母粉
水解厂纤维板分厂	永翠	纤维板
南岔区钢丝绳厂	林源	钢丝绳
水解厂中密度分厂	龙	纤维板
南岔林城木器加工厂	南宝	络纱管
南岔饲料加工厂	大山	饲料
南岔粮食综合加工厂	春珠	大米
南岔粮食综合加工厂	松塔	挂面
南岔粮食综合加工厂	搏雪	面粉
南粮跃达机械厂	石峰	防盗门、保险柜、卷柜
南岔木材水解厂	永翠	家具

续表 9-4

企业名称	商标名称	使用商品
南林绿色资源开发经营公司	绿源	木板、人造石
晨明贮木场	晨光	刨花板
南岔志诚实业有限公司	晨明	山野菜
浩良河水泥厂	浩良河	水泥
三兄弟家具厂	三兄弟	家具

第七节 集市贸易

一、场所建设

1986 年，南岔区共有集贸市场 9 处，分别是：浩良河中心农副产品综合市场、南岔东岗农副产品综合市场、水解市场、晨明集贸市场、中心市场、东升市场、批发市场、民主市场、化肥厂市场。

1988 年，在财力非常紧张的情况下，南岔区政府筹集资金 50 万元，扩建了 4500 平方米可容纳 500 多摊床的中心市场，当年 9 月正式交付使用。

1989 年 11 月 5 日，开设了南岔有史以来的第一个夜市。同年，中心市场被授予“市级文明市场”称号。

1990 年，南岔工商分局在资金十分紧张的情况下，投资 2 万元改造中心市场，开通市场南门，并筹建东岗菜市场和站前批发市场。

1993 年，南岔工商分局投资改造中心市场摊位 350 平方米。东岗市场定名为“东岗农副产品综合市场”，中心市场定名为“中心消费品综合市场”。晨明市场被授予“市级文明市场”称号。10 月浩良河化肥厂市场划出归农垦工商局管理。

1994 年，投资 8 万元维修了中心消费品综合市场顶棚，并请示区政府在南岔后兴委定了东岗农副产品综合市场新址。

1995 年，投资 3 万元建中心消费品综合市场鱼摊区 26 延长米，并集资 8 万元在中心、东岗两市场门外两侧建活动房 28 间，租赁给固定商贩使用。同年，东岗农副产品综合市场被授予“市级文明市场”称号。

1999 年，为繁荣南岔区经济，根据《工商行政管理条例》及国办发〔1995〕40 号，黑编〔1995〕192 号文件要求，根据南岔林区经济危困的现状，实行内调外引，招商引资。伊春市物资局到南岔开发，共投资 1400 万元，在原中心市场的场址上修建了占地面积 9134 平方米的综合市场 1 处，年底竣工投入使用。在国家政策的引导下，尤文杰投资 30 万元建成了西水市场，面积为 3000 平方米。

2000 年，马贵臣在浩良河镇投资 25 万元建成浩良河市场，使用面积 1300 平方米。

2001 年，张汉文投资建成的 3704 平方米南岔东大集市场，投入使用。根据国家市场管办脱钩的政策要求，范钦山投资 50 万元购买了工商局的南岔中心市场集贸大棚。市场建设 2005 年未变。

二、为民服务

1986 年以来，南岔工商分局按照省、市、区发展地区经济的思路，在完善市场各项服务设施的基础上，认真落实各项优惠措施，努力培育市场经济体系，制定了《关于改善经济发展环境，促进地区经济发展的实施办法》。

1995 年，为乡镇农民办自产证 705 户，为企业办特困证 105 户。在北纬路东侧开办了农民和下岗职工早市一条街，全年免收农民卖菜市场管理费8万元。

1996年，在开办早市一条街的基础上，为农民办自产证651户。中心市场、浩良河市场都与当地专业村屯建立了业务关系，用减免市场管理费的优惠措施鼓励农民进入市场。对遭受洪灾的商贩也采取减免市场管理费，帮助他们渡过难关。全年为农民和受灾商贩减免市场管理费达10万元。

1997年，为农民办自产证1300户，办特困证1123户。吸纳490名下岗职工进入市场，在完善与村屯签订购销合同的同时，减免市场管理费30万元。

1998年，为落实“383”工程，实行了局长、股、所长、市管员签责任状制度，1990年物价指数下降2.7个百分点。

2005年，在放活的基础上，南岔工商分局在市场管理上实行岗位责任制，市管人员实行“一定五包”，即以岗定类、包管理、包服务、包卫生检查、包收费、包秩序。涌入市场人员大量增加，早市及带来进市人员达2600余人。

三、集市交易

1986年，南岔工商分局在集贸管理方面，为满足城镇居民的生活需求，积极引进货源，丰富活跃市场。据统计，1988年成交额2000万元，到1998年上升到10118.6万元，增长5倍之多。1988年，市场引进肉、蛋、禽60万公斤，1997年达到200万公斤；1988年引进果菜165万公斤，1997年达到2081万公斤。商品长途贩运市场成交额，1993年438.7万元，1994年732.8万元，1995年743万元，1997年774万元，1998年1305.3万元（2000年3月，因分局精简机构，批发市场管理所撤销，业务划给中心工商所，没有再做单项统计）。

第八节　打假与消费者权益保护

1986年7月，南岔工商分局对全区32户重点企业进行检查，销毁假烟756盒，没收销毁假花椒面11000多盒。

1990年，南岔工商分局共检查商饮企业185户，销毁变质罐头6518瓶；各类不符合卫生质量标准的小食品9736袋；非法兑制的瓶酒8645瓶；私制化妆品500袋；各种伪劣童鞋174双，总价值4.5万余元。受理投诉875件，为消费者挽回经济损失34.3万元。

1993年，共检查企业、个体户、市场商贩150多户，共收缴超期变质商品价值7.2万余元。立案查处了1起利用有奖销售活动兜售伪劣残次商品的案件，销毁伪劣商品价值44000多元。收缴外国旧服装17件，收缴劣质食盐1115公斤，销毁不合格饮料44箱，罐头160瓶，18大类160个品种的小食品。

1996年，对全区的农药、种子、化肥，废旧钢材等经营行业专项整顿，收缴销毁价值1.8万元假冒伪劣商品。在区公安部门的配合下，捣毁造假清老酒黑窝点1个，查获假清老酒274箱，假嘉荫白酒300瓶，以及全部造假工具。

1997—2000年，没收作弊计量器具5件，没收“三无”商品103件，销毁变质食品300公斤。扣留总价值3412元假冒伪劣商品。

2001年，重点开展了集贸市场的专项整治工作，在元旦、春节、五一、十一期间，加强了节日市场的检查力度，共查扣不检疫肉鸡400多公斤，病死猪肉200多公斤，收缴“三无”鞋440多双及其他各类假冒伪劣超期商品总价值3万多元。

2003年，全年查扣价值2万多元伪劣假冒商品，积极开展“3·15”打假扫劣活动。散发传单

3000余份，现场受理投诉2件，展览并销毁假冒伪劣过期商品价值15000余元。全年“12315”投诉热线和消协共受理投诉272起，为消费者挽回经济损失32万元。

2004年，全年查扣假冒伪劣商品价值3万多元，积极开展了“3·15”活动。“五一”节日期间开展清查食品市场，重点检查儿童食品、肉制品和裸露散副食品，共出动检查人员108人次，检查市场主体户350户，查扣假冒过期食品价值2万多元。全年“12315”投诉热线和消协共受理投诉252件，为消费者挽回经济损失120万元，其中消协为农民挽回假种子损失近百万元。

2005年，深入开展“红盾护农”行动，结合“3·15”宣传月活动，对全区化肥、种子、农药等农资市场进行专项检查。有针对性地开展打假护农、送法下乡工作，聘请4名高级农艺师，深入到南岔区浩良河镇等地方，为农民讲解怎样鉴别真假化肥，怎样选用优良种子及相关知识，用科技武装农民头脑。在“健康维权”主题年活动中，积极开展了送法送书下乡。在打击非法传销工作中，分局成立了专项工作领导小组，采取多种形式，教育广大群众自觉抵制传销、变相传销。全年共受理消费者投诉102起，为消费者挽回经济损失6万余元。

第三章 物 价

1986年，南岔区设物价科，1989年改称物价局。

1986—1991年，南岔区物价局监管商业、粮食、供销、饲料、烟酒、饮料、蔬菜、山特产品、工业、木材、医药、物资、行政事业性收费的价格。1992年，市场经济体系逐步完善，部分商品价格陆续放开后，对市场价格实行动态有效管理，保持价格总水平的基本稳定。进一步规范各种事业性收费行为，建立良好的价格秩序。定期不定期进行物价检查，特别是每年的节假日期间，协同有关单位组成物价检查组，对市场物价进行全面检查，对检查中发现的问题严肃处理。到2005年，对放开市场执行中央、省、市的价格政策。

第一节 机 构

1984年，南岔区（局）成立物价科。1989年更名为物价局，编制6人，下设物价检查所1处。

1993年3月，物价局和计划委员会合并，计委主任兼任物价局局长，对外仍行使物价局工作职能。1997年4月14日，在机构改革中，物价局隶属于南岔区计划委员会，变为二级局（副科级单位），具体职能不变，编制不变。

2001年，根据黑价认字〔2001〕101号文件精神，全国价格鉴证机构要按国家要求统一更名为价格认证中心。2001年11月29日，南岔区党政机构改革方案编制说明，物价局仍归属于计划统计局，保留物价局牌子，负责物价等工作。

2005年，价格论证中心编制5人，其中局长1名、工作人员4名，下设物价检查所1个。

第二节 价格管理

从1986年起，南岔区工会在基层企事业单位推荐10余名责任心强、热爱物价管理工作的人员，担任义务物价监督员，伊春市物价局负责发证，充分发挥了群众参与依法监督物价管理的积极作用。

1992年，市场经济体系逐步完善，部分商品价格陆续放开后，此项工作自然终止。按照黑价综字（1992）58号《关于进一步下放部分商品价格管理权限通知》的文件精神，下放的部分商品价格包括：农产品（地产蔬菜）、轻工商品。物价局及有关部门管理价格放给行业主管部门有70种，包括：药品、纸张、化工类等。省管价格放给企业实行市场调节品种315种。农产品包括：柞蚕茧、议价粮油、生猪、90种药材。轻工商品34种，包括：火柴、絮棉、精糙纺、毛毯、氧化乐果、磷酸等。重工产品187种，包括：电子产品27种、机械产品155种、农机产品5种。根据伊价发〔1992〕52号文件《关于下发市管价格目录的通知》文件精神，下放了市管工业产品和市管农副产品价格。

药品价格自1992年起放开，到〔1997〕48号文件《关于转发省物价局“转发国家计委关于发布〈药品价格管理办法〉和〈药品价格管理暂行办法的补充规定〉的通知”的通知》下达后，药品价格又归政府价格管理部门监管。石油价格2004年5月21日，伊价发〔2004〕34号文件，根据省物价局黑价明传〔2004〕10号《黑龙江省物价局关于转发〈国家发展改革委员会关于调整成品油价格的通知〉的通知》规定，将成品油价格进一步明确：调整后的0#柴油中准零售价格每吨3555元；加入清洁节能添加剂的柴油在同标准中准零售价的基础上上浮3%；各加油站在中准零售价格的基础上，在上下8%的幅度内安排具体零售价。

2004年8月26日，伊价发〔2004〕58号文件，根据省物价明传〔2004〕16号《黑龙江省物价局关于转发〈国家发展改革委员长会关于调整成品油价格的通知〉的通知》规定，对燃油价格又进行一次调整：90#高标准清洁汽油中准零售价由每吨4020元调整为4260元，0#柴油中准价由每吨3555元调整为3775元；各加油站在中准零售价格的基础上，在上下8%的幅度内安排具体零售价格并做好公示。

3月29日，伊价发〔2005〕20号文件。根据省物价局黑价明传〔2005〕3号《黑龙江省物价局关于转发〈国家发展改革委员会关于调整成品油价格的通知〉的通知》规定，对成品油价格又进行了调整：90#高标准清洁汽油，中准零售价由每吨4260元调整为4560元，0#柴油中准零售价由每吨3555元调整为3775元；各加油站在中准零售价格的基础上，在上下8%幅度内安排具体零售价格并做好公示。

2005年2月28日，伊价发〔2005〕11号文件。经省物价局对大庆石油化工总厂复合肥厂、黑龙江省爱农复合肥料有限公司生产的复合肥成本认真审核，确定了2005年度复合肥出厂指导价格（具体中准出厂价见表）。具体规定按《关于转发黑价联字〔2004〕109号文件的通知》（伊价联发〔2005〕2号）执行。生产企业的实际销售价格可根据市场供求，在中准出厂价基础上上浮幅度最高为3%，下浮不限的原则确定。各复合肥出厂价格上调变动间隔时间不得少于5日，每次上调幅度不得超过1%。

从1986年起，南岔区物价局在物价管理工作中对公、检、法涉案物品价格认证作价，工作人员都能够按照程序办事、亲临现场，认真评估，严把价格关，使每一份评估的标的物价格合理、合法。2004年，全年评估作价50起，其中刑事案件47起，民事案件3起。2005年，评估作价48起，为执法部门对犯罪分子量刑和处理民商案件提供了翔实准确的案值。

第三节　物价检查

1986年，全区有价户1740户，其中国营企事业140户、集体企业639户、个体生产经营者961户。在市物价局和区人大的支持及有关部门协助下，全年开展两次大型物价检查，检查范围有工业、交通、商业、粮食、供销、物资、饮食服务、卫生、文化、教育等部门，重点是市场零售物价和生产资料价格及各种收费，共检查471户，占有价户27%，检查出违价户129户，收缴非法收入金额16946.82元。

1988年，对全区国营、集体、个体有价户781户检查中，发现违价户446户，其中个体户380户，收缴罚款1095元。在贯彻实施“383工程”中，又对全区468个重点户进行了物价检查，收缴罚款总数21835.82元，有效地平抑了市场物价。

1990年，物价管理在实施“383工程”中，年初同10家有关单位签订了责任状，年末经过考核兑现，圆满地完成了“383工程”规定的各项工作指标。全区开展物价大检查2次，节假日物价检查4次，共检查545户，查出违价单位53户，其中国营20户，集体16户，个体17户，收缴罚没款总额9398.29元。全年开展专项治理检查2次。一是对农业生产资料进行了检查治理，检查中发现生产资料批发部出售大棚膜违价，进价每吨6954元，规定批发价每吨7628元，实际售价每吨8350元，每吨多收668元，非法收入的940.14元，全部收缴上缴财政。二是对南岔铁路车站劳动服务公司不按政策规定，滥收搬运费事件进行了严肃处理，对当事人进行了批评教育，并收缴非法收入2000元。

1991年，主要对关系到国计民生的70种商品，53种人民生活必需品，13种重要生产资料进行了重点检查和管理控制，开展物价检查2次，共检查530户，查处违价户23户，没收非法收入4400元，罚款300元。7月中旬，由市物价局牵头，区物价局配合，对全区医疗收费进行了专项检查，发现有问题的单位是：省林业结核医院、市二院。结核医院出售药品违价，违价金额12475.62元，超时限收取护理费非法收入19065.9元，两项合计31541.52元，非法收入全部没收。市二院提高药品价格非法收入3319.48元全部收缴。警示了其他医疗单位，依法保护了群众合法权益。

1993年7月初，在全区范围内开展了价格调节基金征集工作。下半年共征集价格调节基金8万元。10月初，区物价局、财政局组成联合检查组，专项清理各行政、事业性收费。全区共有收费单位120个，其中：行政性收费单位55个，事业性收费单位65个，收费项目总计154项。重点清理了医疗卫生、学校、电业、邮电、公路交通、铁路等单位，取消了不合理收费项目10项。对南岔妇幼保健站不执行收费标准、硬性收费等违规行为进行批评教育。12月中旬，由市物价局牵头，区物价局配合组成联合检查组，对全区各有价单位进行了大检查。检查中发现：南岔区邮电局违价金额7336元；南岔公安分局交警队违价金额1000元；市二院违价金额1891元，加之其他小额违价总计违价金额27809.9元，全部予以收缴。

2002年，组织实施了“价格阳光工程”，物价收费实行公示化，在醒目地带设立价格公示板，对60多种物质和商品实行明码标价，便于群众监督。

2003年“非典”期间，为了维护广大消费者的切身利益，严格规范药品和相关商品市场价格秩序，及时将上级“非典”调控药品的最高限价文件复印下发到全区各大医院和药店，并通过新闻媒体举办价格法知识讲座，增强广大消费者价格法制意识。为了防止预防“非典”药品价格暴涨暴落，及时掌握市场价格动态，对区内一家定点医保医院和三家大药店实行了定点监测，跟踪了解价格走势，保证了预防“非典”药品价格稳定。为了控制预防“非典”药品价格，整顿药品市场的价格秩序，物价局会同工商局、药监局组成联合检查组，对检查中发现的个别药店医用口罩价格和医疗用品价格超过规定价格销售的违价行为，进行了严肃的处理。同年，按照全国治理教育乱收费专项检查有关部署，10月，物价局协同区监察局、财政局、纠风办等6个部门，对全区23所中小学校进行了全面检查，对检查中发现的擅自提高收费标准、超范围收费、擅自设立收费项目等问题，责令违规收费学校及时整改，对查出的263344元违规收入，按价格法有关规定分别下达了退款通知，将多收款项如数退还给学生家长。

2004年，认真开展“清费、治乱、减负”工作。为了保护企业的合法权益，方便社会各界对收费部门的监督，4月，协同市物价局对区内89家收费单位的收费许可证进行了更换、审验工作。对取消的收费项目，调整的收费标准进行了认真清理，重新换发了收费许可证，使收费单位和部门真正做到了持证收费、合理收费。向社会公示物价举报电话“12358”，健全物价举报案件处理制度，全年共受理各类物价举报案件22起，做到了有报必查，查必有果，查实必纠。建立企业联系档案。为方便社会各界对收费部门的监督，累计为生产、经营、服务型企业发放了企业负担登记卡12户。

2005年，在物价检查工作中，群众举报南岔石油公司九公里加油站不执行2005年5月23日汽油下调价格，仍按以前价格销售的违法行为，查实后，责令该加油站严格执行下调价格，并依据《中华人民共和国行政处罚法》第三十三条、《中华人民共和国价格法》第十二条及《价格违法行为行政处罚规定》第七条的规定，对该加油站处以1000元罚款。同年7月，客户举报佳木斯瑞威运输代理分公司，收取的代理费价格不合理，每吨水泥超标准收取运输代理费2.75元，物价局执法人员立即与举报人联系，并多次深入到浩良河水泥有限责任公司调查取证，经查实，佳木斯瑞威运输代理分公司自2003年1月至2005年6月，与浩良河水泥有限责任公司既没有签订运输协议，也没有签订合法的代理运输合同，擅自立项收费，违价金额68.5万元，依法责令该公司停止违价行为，并将此案移交市物价局处理。在对教育一费制收费进行专项检查时，发现南岔区第二小学对1～2年级开展教学活动中违背《教学大纲》和《中华人民共和国价格法》增设信息技术教育课，扩大收费范围，根据行政处罚法第七条规定，经研究决定对该校超范围收费的价格违法行为做出处罚，将多收的信息技术教育费全额退还给学生家长。

第四章　审　计

1986 年，南岔区设审计局，按省、市的有关文件精神，每年对企业进行经济审计，对各年度调离的行政主要负责人进行审计。截至 2005 年，审计单位 761 个，审计项目 73 个，查处违纪金额 683.3 万元。

第一节　机　构

1986 年，南岔审计局定编制 8 人，其中正副局长各 1 人。

1990 年，编制增至 9 人，其中正副局长仍各 1 人。

1997 年，南岔区党政机关干部竞争上岗，设编制减至 5 人，其中正副局长各 1 人，科员 3 人。

2005 年，审计局编制 5 人，其中正副局长各 1 人，科员 3 人。5 人当中，会计师 2 人，助理会计师 3 人。

第二节　审计监督

1986 年，共审计 52 个单位，其中指令性 4 个，指导性的 9 个，内部审计 39 个，查出违纪资金 55.3 万元，其中应收缴 1.8 万元，已如数收缴。其中，重点审计了教育经费使用情况，共审计了 10 所中小学，查出如下问题：不合理列支；计划外工程和购置设备；预算外收入管理不严，使用不当；弄虚作假，开假发票核销，共查出违纪资金 16.8 万元，对查出来的问题，提出了纠正意见，制定了改进措施。

1987 年，按照黑龙江省森林工业总局（87）函审字 2 号文件《关于下发 1987 年森林系统审计工作要点》要求，对 1986 年财务决算，1987 年财务收支以及在经济活动中具有危害性大、破坏性大、腐蚀面大、影响面大的问题重点进行不同形式的审计监督。其中：商业系统 6 个，林业生产系统 22 个，地方工业 1 个，学校 7 个，设财务的行政科室 3 个，乡（镇）政府 3 个，其他单位 10 个，占审计覆盖面 79%，查出违纪资金 53.6 万元。其中：乱挤滥摊成本 25.4 万元；隐瞒截留利润和其他收入 3.6 万元；计划外基本建设 13.09 万元；劳动保护用品提高标准，扩大发放范围 0.17 万元；管理不善造成损失浪费 8.98 万元；乱列营业外支出 1.25 万元；其他不合理支出 1.17 万元，全部做了纠正处理。

1991 年，审计 65 个单位，其中林业企事业单位 50 个，地方企事业单位 15 个，完成计划的 98.5%。

1992 年，审计 48 个单位，共查出违纪资金 18.47 万元。其中：林业企事业单位 11.27 万元，收缴局财务科审计专户 6.86 万元，地方企事业单位 7.19 万元，已全部做了调账处理。其中：林业局所属集体经济审计调查收不回来的应收款为 31.4 万元。通过开展“三项”审计调查工作，基本上摸清基层单位潜亏、挂账状况，为区（局）领导决策提供翔实的资料。同年，对 1991 年的育林基金使用进行了专项审计，育林基金全年计划审计 10 个，实际完成了 14 个单位，完成计划 140%。1991 年度全局支付育林基金总额为 1093.7 万元，其中：用于森林更新 918.1 万元；用于森林病虫害防治 39.1 万元；更新普查 22.2 万元；气象站支出 2.8 万元；用于营林福利性支出 46.5 万元；用于营林设备购置 65 万元。经审计使用基金合理合法，没有发现违纪问题。

1992 年 12 月，受区人事部门的委托，对南岔区工具厂等 8 个单位的厂长“双转干”进行了经济效果等情况的审计，并做出专题审计结果的报告，为组织部门和领导考核基层干部提供了依据。

1995 年，审计工作共完成了 5 个项目 32 个单位，其中：经营承包审计 1 项 2 个单位；厂长（经理）离任经济责任审计 1 项 4 个单位；行政事业单位财务收支 1 项 4 个单位；失业保险金审计 1 项 8 个单位；定期审计 1 项完成 14 个单位，为南岔区（局）的经济体制改革、转换企业经营机制、稳定经济秩序、加强廉政建设、促进经济发展起到了积极作用。

1998 年，根据区委、区政府领导的安排，对南岔食品饮料责任公司进行了资产负债和损益的审计，审计出主要问题：账面亏损挂账 546500 元；待处理财产损失挂账 82039 元；原材料积压报废 31737 元；购手机 2 台 6200 元（送礼）。对该单位经营管理不善、亏损严重及违纪问题，移交区委监察部门，区监察部门对该单位经理陈所生做出了行政记大过处分。

对晨明白云灰厂进行收支审计时发现的问题：偷漏税金 234142 元；截留收入、设账外账、私设小金库 40 万元。对晨明白云灰厂严重违反财经纪律问题，下达了审计意见书，并做出了罚款 4 万元的处理决定，偷漏税金按规定责令到当地税务部门办理补缴。

1999 年，根据伊春市审计局工作计划安排，于 4 月 27 日至 6 月 20 日，对 1998 年度南岔林业局天然林保护工程公益林项目专项资金管理情况进行了抽审，共审计了 17 个单位，其中森林经营所 9 个、林场 5 个，占涉保单位的 82.3%。

2001 年，审计工作共完成了 6 个项目，审计了 49 个单位，其中：财务收支审计 1 项，15 个单位；离任经济责任审计 1 项 24 个单位；天保工程专项资金的审计 1 项，5 个单位；资产负债审计 1 项，1 个单位；基建预算审计 1 项，1 个单位；审计调查 2 项，3 个单位。共审计出违纪资金 17.7 万元，撰写审计报告 26 篇，提出合理化意见和建议 48 条。

2003 年，南岔区按照省下达的《国务院关于审计工作的暂行规定》精神，成立了南岔区经济责任审计委员会。主任由区委副书记吴伊森担任，副主任由区委常委组织部部长李向东、政府主管审计工作的领导张传明担任，委员由区纪委、监察局、人事局、审计局主要领导组成。经济责任审计委员会设办公室在审计局，办公室主任由审计局局长杨玉春兼任。共完成审计任务 22 项，完成年计划 129%，查出违纪金额 35.5 万元，比去年同期增加 64.5%。提出审计整改建议 27 条，比去年同期增加 12%，撰写审计报告 22 份。在开展经济责任审计中，要求被审计对象及单位对本次审计提供的会计资料及相关资料的真实性、完整性负责，并要求做出书面承诺。

2004 年，对区属 27 个单位进行了审计，其中：经济责任审计 21 个单位，转移支付资金审计调查 6 个单位，审计查出的管理不规范资金 7.8 万元。印发审计信息 4 篇，提出合理性审计意见及建议 19 条，使被审计单位财务管理步入规范化、制度化轨道。

2005 年，南岔区审计工作认真执行中华人民共和国审计署〔2004〕6 号令《审计机关审计项目质量控制试行办法》，全年经济责任审计共完成 21 个单位，其中离任审计完成 16 个单位；任期审计共完成 5 个单位。对 6 个林场、经营所进行了财务及收支审计，查出违纪资金 56.6 万元。撰写审计报告 21 篇，审计论文 2 篇，审计调查报告 1 篇，发出审计信息 4 篇，提出合理化意见及建议 23 条，督促被审计单位各项相关制度落实和实施。20 年中，严格执法，共查处违纪资金 683.3 万元，在服务改革、促进廉政建设、保障南岔区国民经济健康发展发挥了重要作用。

1986—2005 年南岔区（局）审计局（科）主要审计情况统计表

表 9-5

年度＼项目	审计单位数（个）	主要审计项目	查处违纪金额（万元）	已缴财政金额万元
1986	52	财务收支审计；教育经费使用情况审计；基本建设自筹资金审计	55.3	1.8
1987	52	领导干部离任经济责任审计；财务收支审计；学校经费使用情况审计	52.7	—
1988	46	行政事业定期审计；商贸财务收支情况审计	40	—
1989	28	育林基金的提取及使用情况审计；道路延伸费；教育经费审计；商贸审计	54	—
1990	49	行政单位定期审计；育林基金审计；道路延伸费审计；土地使用费及使用情况审计	38.4	7.2
1991	45	对晨明石灰厂进行经济效益情况审计；对 11 个单位厂长（经理）离任经济责任审计	75.5	0.5
1992	48	伐区道路延伸费审计；财务收支审计；对全局育林基金使用情况审计；行政事业定期审计	18.4	6.8
1993	44	财务收支审计；对检察院赃款、赃物结缴情况专项审计；行政事业单位定期审计；经济责任审计	0.3	—
1994	25	财务收支审计；经营承包审计；定期经济责任审计；离任经济责任审计	38	0.3
1995	32	经营承包审计；离任经济责任审计；行政事业单位财务收支审计；养老、失业保险审计	17.5	—
1996	44	预算执行情况审计；委托经营承包审计；养老失业保险审计；教育费审计；育林基金审计	8	—
1997	30	经营承包审计；财务收支审计；委托经营承包审计；专项审计；离任经济责任审计	29.9	—
1998	29	经营责任审计；财务收支审计；专项审计；离任经济责任审计；资产负债损益审计	80.8	—
1999	45	财务收支审计；资产负债审计；离任经济责任审计；委托经营审计；专项审计	17.9	—
2000	43	财务收支审计；离任经济责任审计；现有人口工程专项审计；育林基金专项审计	17.4	—
2001	49	财务收支审计；离任经济责任审计；天保工程专项资金审计；资产负债审计；基建预决算审计	17.7	—
2002	30	离任经济责任审计；定期审计；财务收支审计	21.6	—
2003	27	经济责任审计；财务收支审计；专项审计	35.5	—
2004	22	经济责任审计	7.8	—
2005	21	离任审计；任期审计；财务收支审计	56.6	—
合计	761	73	683.3	—

第五章 质量技术监督

1986 年，南岔区设标准化计量科，2002 年改称质量技术监督局。对本区各生产企业及商服业的质量、标准化，进行定期不定期的检测，重点检查药品、食品及人民的日常生活消费品，特别是每年节假日均成立检查小组，对各商服企业进行全面检查。2005 年，完成计量器具固期检查 487 台，有 6 家企业分别获 ISO 2000 质量认证，查伪劣商品罚没款 20 万元，锅炉管特检查 92 个单位 513 台次。

第一节 机 构

1986 年，南岔区设标准化计量科。1989 年，更名为南岔区标准计量局。

1999 年 8 月，人财物三权实行市局垂直管理，隶属伊春市质量技术监督局，更名为伊春市南岔区质量技术监督分局。2002 年，更名为伊春市质量技术监督局南岔分局。2005 年，有职工 10 人，在职工队伍中，中级以上职称 3 人，局内设办公室、综合管理股、计量检定测试所、“锅容管特”办公室。

第二节 标准化管理

1986 年，南岔区标准计量科为加强标准化的管理工作，设立了标准化计量管理站。管理机构得到加强，工作范围和领域不断扩大，开展了企业标准化定级试点工作。

1988 年，开展了“企业标准化升级工作”，南岔林业局、南岔木材水解厂等企业顺利通过考核。

1992 年，成立南岔区标准化领导小组，农业标准化工作正式开展。同时开展了林业局苗圃标准化工作。同年，开展了企业采用国际标准和国外先进标准工作，南岔木材水解厂的中密度板通过国际标准验收，并获得采标证书。

1998 年 8 月，南岔区被黑龙江省技术监督局列为第一批消灭无标生产试点区。监督局对全区所有企业的名称、性质、经营状况、产品及执行标准情况进行全面普查，共普查了国有企业 40 家、私营企业 56 家、集体企业 53 家。企业生产产品 160 余种，全部执行各类标准。1999 年 4 月，通过黑龙江省技术监督局的考核验收。

2003 年，区内浩良河水泥厂、浩良河化肥厂、信诚家具厂、三兄弟家具厂、金成人造板厂同时获得了 ISO 9000 质量体系认证。企业的各项管理达到国际水平，从而保证了产品质量，提高了经济效益。

2005 年，标准化工作，一是抓了农业标准化示范区建设，落实种植玉米面积 135.4 公顷，产玉米 400 多万穗；二是抓了食品生产加工企业的标准化建设，重新调查摸底，健全底数台账，并实行动态化管理，共建台账 48 户。为党政机关、国有企业和非国有企业、农户索取标准 10 项，制定标准 1 项、生产技术操作规程 15 项、企业工作标准 11 项。到 2005 年底，区内企业采用国际标准 2 家；国家标准 35 家；行业标准 7 家；企业标准 12 家。

第三节　计量监管

1986 年，南岔质量技术监督局在全区生产及流通领域进行了经常性计量监督检查，共检查了生产企业 1026 家（定量包装产品如面粉、饮料、白酒等）；集贸市场及流通企业 1500 余家。重点是检查计量器具，收缴淘汰杆秤 200 余只，收缴不合格计量器具 120 台（件）。对超期及未申请检定检测的强制性检定计量器具进行了处理，尤其是利用计量器具作弊案件，在没收计量器具的同时，依据计量法进行了经济处罚。

1992 年，制定了《南岔林业局计量考核标准》作为林业局目标管理年终考核的主要内容，加强了对计量法宣传和贯彻。同时对群众反映强烈的缺斤短两及克扣现象加大了查处力度，共查处 20 余起违法违规案件。

1993 年，南岔质监分局向伊春市质量技术监督局申请建立了衡器、压力、长度、天平四项社会公用最高标准检测工作，年检测的计量器具 1300 台（件）以上，计量器具受检率在 90% 以上，合格率在 95% 以上。

2003 年，南岔分局计量所开展《法定计量检定机构考核大纲》考核工作，顺利通过了黑龙江省质量技术监督局的考核验收。

2004 年，查处南岔铁路医院使用未经检定使用计量器具案；石油公司伪造数据案；铁路液化气站伪造数据案；水解厂质检站无资质计量站出具案。对这些案件依法分别给予相应的警示和处罚。同时对定量包装产品进行了经常性的监督检查，尤其是涉及百姓日常生活的计量投诉及违法案件及时地进行了处理，并且加大了对生产企业的计量工作检查力度，进行了登记普查工作，录入计算机，实行动态管理，保证了量值传递的准确性，确保了消费者利益不受侵害。

2005 年，确定 2 户计量管理和节能降耗试点单位，总结经验，强化指导，为其他企业起到引路和借鉴作用。完成计量器具周期检定任务 487 台（件），强化了量值传递工作，并实现预算外收入 2.34 万元。

第四节　质量监管

1986 年，开展了企业创名牌工作，积极扶持并推荐区内优势企业步入知名品牌企业行列。南岔区信诚家具厂、三兄弟家具厂生产的家具，获得省市名牌产品。格润药业被评为黑龙江省质量效益型企业，生产的复方蒲芩片获得省市名牌产品。浩良河水泥厂生产的水泥、浩良河化肥厂生产的化肥均获省市名牌产品，其中，浩良河水泥厂生产的水泥被评为全国质量免检产品。在诸多企业中，先后有浩良河化肥厂、浩良河水泥厂、金成人造板厂、信诚家具厂、三兄弟家具厂获得 ISO 2000 质量体系认证。每年利用产品质量法实施日和 9 月“质量活动月”宣传产品质量法。

2000 年，伊春市质量技术监督局南岔分局，在认真贯彻《中华人民共和国产品质量法》工作中，坚持以质量为中心，全面开展质量的监督管理，既做到积极扶持地方经济发展，又严把产品质量关。其间，为4家生产企业办理了生产许可证，其中1家获得了食品生产许可证，2家获得了工业产品生产许可证，1家获得了白酒生产许可证。并对建材、食品、电器生产企业获证后产品质量情况进行监督检查，加强了眼镜生产许可证企业和“CCC”认证产品的监管。同时也加大了对装饰材料、食品、日用品、建筑材料、原木锯材、人造板等产品质量进行经常性的监督，重点检查了建筑材料如红砖、钢材、电器、电料的质量。2002年，查处了劣质钢材10多吨，全部收缴，并予以经济处罚。

2005年，把质量监督的重点放在与人们健康息息相关的产品上，如面粉“增白剂”超标和使用工业色素、香精制造食品。装饰材料、涂料的甲醛释放量过大等。封存、没收不合格产品价值10余万元。同时，加大对制售假名烟、假名酒的查处力度，收缴销毁假冒伪劣产品数值达数万元。

第五节　产品质量稽查

1986年，重点查处了服装、鞋类及食品假冒伪劣问题，收缴了南岔百货商店假冒伪劣皮鞋100余双、货值近万元。

1996年，开展了农资专项打假工作，收缴过期无标识农药、种子202盒，货值5000元，切实保护了农民的切身利益。

1998年，查处南岔铁路医院使用不符合强制性标准的一次输液器违法行为，收缴不合格输液器5000支，价值近2万元。

1999年，在机构体制改革中，南岔质量技术监督分局，设立了稽查大队，实行了“三位一体”（质量、计量、标准化）的综合执法及“打假”工作，共有执法人员7人。开展了“五个一批（加强对一批重点产品监督检查、端掉一批黑窝点、清理一批商品柜台、整顿一批市场、清理一批区域性行业性十分突出的问题），三大战役（建材、农资、食品）”等专项治理，重点是假化肥，假种子，假钢材，假冒名烟、名酒。针对群众反映的热点、难点及“五子工程”（菜篮子、米袋子、车子、房子、炉子），开展了高压态势的各类打假行动。

2000年，重点开展了“保节日查食品”活动。在元旦、春节、儿童节、国庆节等节日期间共出动执法人员近百人次，收缴过期变质及不合格食品、日用品20类、108种，共计货值3万元，并进行了公开销毁，有效地保护了人民群众的身体健康和节日安全。

2001年，收缴建筑施工单位使用伪劣钢材13吨，价值4万元，同时对其进行了严肃处理，消除工程隐患，使施工单位树立起百年大计质量第一责任观念，保证了施工工程质量。

2002年，为了加强质量监管工作，南岔区成立了联合打假办公室。坚持从流通领域和生产企业抓起，重点查处建筑市场、食品市场、电器生产等涉及质量的违法、违规现象，先后对南岔利民砖厂、铁路液化气站、石油公司及部分服装店生产和经销的不合格不达标产品，进行了认真的质量检测和处置。同年，在全国防治“非典”的特殊时期，从关心群众健康利益出发，加强了对生产销售劣质防护用品、消毒用品的查处工作。出动全分局人员，多次突击检查各销售商店、药店，收缴不合格口罩160个，不合格消毒液10箱240瓶。并在民主辖区端掉一个用普通纱布加工口罩的加工点，收缴劣质口罩200多个。

2004年，在打假工作中先后查封了劣质饮料600箱，货值8000元；肉灌制品300灌，货值1.8万元；收缴假冒“五粮液”白酒20瓶，价值7000元。端掉了5个生产劣质酱油、食醋企业，没收劣质原料价值1.5万元，收缴产品价值6000元。2003年春季，责令关闭一个销售假冒摩托车配件的商店，没收假冒配件货值12万元。

2005年，全年检查210户次，立案41起。罚没收入40050元，其中质量案件2起，标准案件2起，许可证案件4起，有效地保护了企业和消费者的合法权益。

第六节　锅容管特

2001年4月，将“锅容管特”工作从安全生产监督管理局分离出来，划归质量技术监督部门管理。其具体工作职能是管理全区的锅炉、压力容器、压力管道和特种设备。安排专人负责此项工作，同时对全区的“锅容管特”工作进行了认真的普查。当年分局同“锅容管特”使用单位签订了安全责任书，实行计算机管理。经过普查，全区共有锅炉162台，压力容器53台，压力管道38条，特种设备33台。对“锅容管特”设备进行检验，核发了使用证。在严格监管过程中，对区内“五小企业”使用的“土锅炉”及不合格设备一律限期整改并责令停止使用。

2003年，对建筑工地使用的起重设备进行严格监督检查，共查处10家使用不合格或未经质检相关部门检验设备的企业，及时下发了责令改正通知书。对民主辖区浴池使用未经审批安装的锅炉，市二院使用不合格消毒柜，浩良河镇1处非法充装气瓶等违规事项公开进行了处罚，并没收了部分不合格设备。关闭了南岔北山联合辖区一个非法进行“倒罐”的气瓶经销点，收气瓶200多只。截至年末，按上级指示精神，对液化气瓶安全监管工作移交给液化气站统一管理，严格监督，实现了“锅容管特”设备的安全运营。

2005年，在开展“双千分”竞赛活动中，吸取了国内多发事故教训，强化了特种设备安全监察工作，在突出日常监管工作的同时，抓好特种设备专项整治，与相关大企业签订了安全责任状，收到了良好的效果。全年共检查特种设备92个单位513台次，对存在问题的单位下达了安全监察意见书18份，立案查处违规案件6起。对4处重大危险源落实了工作责任，制定了应急预案，实行定期检查和定期复查制度，发现问题及时解决，严抓严管，确保不出任何问题。在全市特种设备安全监察协管员会议上，南岔分局介绍了在特种设备监察工作上的具体做法。

第七节　检测设备

1986年，南岔质量技术监督的检测工作在度、量、衡三类检测中，一直沿用建局后压力表、血压计、血压表、衡器校对及长度等测试设备。对因无相应的检测设备，难以认定产品质量中限用添加剂之类配比比例超标等检测问题时，及时报送上级有检测设备和检测资质的部门检测。

1993年10月4日，国家推行标准代码工作。对党政机关，各企事业单位代码证书实行正规化管理。为了适应工作需要，当年配置微机1台。1999年后又相继购置3台计算机和打印机等设备，有效提高了质监部门的办证和办事效率。在上级授权下，可直接办理代码证书，并制定了急事急办、特事特办制度。做到了当日申请、当日办理、当日发证，极大地方便了使用和申请办理单位。到2005年，共计办理代码证书778个。

第六章 国土资源管理

1986—2005 年，南岔区土地管理工作，认真贯彻执行《中华人民共和国土地管理法》，保护耕地，制止违法违规现象，使国土资源得以充分合理使用。通过土地详查全区土地面积为 308042.9 公顷。

第一节 机 构

1986 年，区农业科配管理人员 1 名具体负责南岔区土地管理工作，浩良河镇、晨明镇、迎春乡同时各配 1 名管理人员负责辖区内土地管理工作。

1987 年 1 月，根据省市统一部署，南岔区成立土地管理科，隶属南岔区政府，专门从事土地管理工作。设副科长 1 名，编制 2 人。

1989 年 7 月，设正副科长各 1 名，编制 4 人。

1990 年 6 月，南岔区土地管理科在机构改革中更名为南岔区土地管理局，设正副科长各 1 名，编制 5 人。1995 年 5 月，设副局长 1 名，编制 6 人。

1998 年 4 月 20 日，在机构改革中，土地管理工作实行市对区垂直领导，南岔区土地管理局改称为伊春市土地管理局南岔分局。2001 年，伊春市土地管理局依据上级指示更名为伊春市国土资源局，作为分支机构南岔土地管理分局也随之更名为伊春市国土资源局南岔国土资源分局。同年，矿管工作划归国土资源局管理，人员编制增至 10 人，设局长 1 名，副局长 1 名。2004 年，根据实际工作需要，经伊春市国土资源局批准，在南岔区浩良河镇设立伊春市国土资源局南岔区浩良河国土资源管理所，隶属于南岔国土资源分局，负责浩良河地区国土资源管理工作，编制 2 人，设所长 1 名（副科级）。

2005 年 1 月，南岔区国土资源分局领导指数增至 1 正 3 副（副职中含浩良河镇国土资源管理所所长 1 人），编制 11 人。

第二节 土地资源调查

1996 年 8 月 24 日，南岔区人民政府办公室以南政办发〔1996〕25 号文件《关于印发南岔区开展变更调查，将土地详查数据变更到 1996 年 10 月 31 日同一时点工作实施方案的通知》，建立健全农村日常地籍，开展土地利用变更调查工作，保证按国家规定的 1996 年 10 月 31 日同一时点完成土地详查变更数据汇总上报任务。根据国家土地局《关于完成全国土地普查将土地详查数据变更到 1996

年10月31日同一时点的紧急通知》，特制定《南岔区土地详查方案》。全区土地面积308021.4公顷，占全市土地总面积的9.4%。其中：（1）农用地。农用地面积383547.86公顷，占全区土地总面积的92%，其中耕地10701.17公顷，占全区土地总面积的3.5%；园地275.9866公顷；林地269533.04公顷，占全区土地总面积的87.5%；牧草地296.8亩；水面3017.866公顷，占全区土地总面积的1%。（2）建设用地。建设用地面积为5486.826公顷，占全区土地总面积的1.8%，其中城镇用地1460.6公顷，占全区土地总面积的0.5%；农村居民点用地13562公顷，占全区土地总面积的0.44%；独立工矿用地348.46公顷，占全区土地总面积0.1%；特殊用地1018公顷；交通用地2168.73公顷，占全区土地总面积的0.7%；水利设施用地508公顷。（3）未利用土地。未利用土地18986.933公顷，占全区土地总面积的6.2%。其中荒草地606万公顷，占全区土地总面积的2%；沼泽地12453.533公顷，占全区土地总面积的4%；沙地4985.3亩，占全区土地总面积0.1%；裸岩石砾地1147.333公顷；裸土地10.26公顷；其他12.9533公顷。

1997年2月，南岔区人民政府以南政发〔1997〕10号文件，向伊春市人民政府呈报《南岔区关于1985年航测耕地详查数据与实际耕地数据不符情况的报告》。报告提出，根据国家土地局《关于完成国家土地详查同一时点的紧急通知》和农业普查两项工作的要求，通过实际调查证明，1990年详查耕地数据与实际耕地数量相差很大，就此问题做出说明：南岔区于1990年开展了土地详查工作，当时区土地局人员少，力量不足，所以委托南岔林业局设计队承担此项工作。工作中只利用1985年1∶25000航测图片作为依据，而没有进行现地勘丈（在1∶25000的图片上一个铅笔点误差就是25平方米）。由于土地部门缺乏对此项工作的认识，没有深入到详查实际工作中去，也没有把耕地详查数据结果向区长和主管副区长汇报，致使耕地详查数达10859.066公顷，在此基础上的变更复查数为344.6公顷，而实际耕地为71902公顷，造成变更复查耕地数与实际耕地数多出35109.733公顷，其中熟化林地多出348597.46公顷，林参兼作地多出2499.86公顷。市政府对此做出更正确认。

截至2005年年末，南岔区没有再进行大型土地详查工作，各类土地面积一直沿用1996年土地详查数据，只有局部地区因退耕还林、自然灾害、土地复垦等因素，有少量变动。

第三节　土地利用总体规划

一、土地利用状况

已利用农用地潜力。全区农用地面积283547.86公顷，占全区土地总面积的92.2%，包括耕地10701.173公顷，园地2759.866公顷，林地269533公顷，牧草地19.786公顷，水面3017.886公顷。旱地多分布在浩良河镇、晨明镇、迎春乡区域内，地势较平坦、土地较肥沃，农作物的种植以大豆、玉米为主。因地制宜地对农用地加以改造和深度开发，将显著提高增产潜力。建设用地潜力。全区建设用地面积为5486公顷，占全区土地总面积的1.8%，包括城镇及工矿用地3267.106公顷，交通用地2168.733公顷，水利设施用地50.946公顷。城镇用地1460.633公顷，人均用地面积7.76公顷；农村居民点用地1356.2公顷，人均用地面积54.82公顷。从建设用地看，无论城镇还是居民点用地，人均用地标准都超过国家和省规定的标准，城镇内存量土地潜力很大，今后城乡建设用地应以内部挖潜为主。未利用土地潜力。全区未利用土地面积18986.933公顷，占全区土地总面积的6.2%，其中荒草地面积6063.04公顷，占未利用土地面积的31.9%；沼泽地面积12453.573公顷，占未利用面积为65.6%，这些荒草地和沼泽地主要分布在南岔所、桦阳所、岩石所、三岔河林场等施业区内。根据土地适宜性评价结果，可开发利用的荒草地、沼泽地面积为3034.1公顷。其中宜农地1333.333公顷，占未利用土地面积的7.0%；宜林地6367.433公顷，占未利用土地面积的33.5%；宜牧地2000公顷，占未利用土地面积的10.5%。其他未利用土地由于种种原因，近期无法利用。由此可见南岔区未利用土地中宜农、宜林、宜牧面积占有一定比例，后备土地资源开发有很大潜力。

二、土地利用规划原则、目标和任务

（一）规划原则

控制非农业建设占用农用地。按照耕地总量动态平衡的要求，严格控制城乡和其他各项建设占地，特别要控制占用耕地、林地，少占优质土地，尽量利用现有建设用地内部存量土地和废弃地。农业内部结构调整也要充分利用非耕地，对农用地实行严格的用途控制，不准擅自将农用地改为非农用地。提高土地利用率。农业是国民经济的基础，在农业生产中优先安排农业用地，通过划定基本农田保护区，进行农业综合开发，增加对土地投入，通过实施天然林保护工程等措施，努力提高耕地、林地的质量，提高单位面积的产量。同时在不破坏生态环境的前提下，适当开发一些宜农、宜林、宜牧土地，提高土地利用率。统筹安排各业用地。按照“一保吃饭、二保建设”的土地利用方针，统筹安排各业用地，搞好农业用地结构调整以充分发挥土地资源最大经济效益，促进国民经济协调健康发展。保护和改善生态环境。保障土地资源的可持续利用，按照党中央、国务院关于加强林业建设精神，要加大保护和改善生态环境的力度，结合天然林保护工程建设，搞好封山育林，积极营造人工林，增加林地面积，提高森林覆盖率，保障土地资源的可持续利用。

（二）规划目标

耕地总量动态平衡的目标。全区现有耕地7001.2公顷，由于建设用地占用和其他原因，规划期内耕地减少364.5公顷，没有超过市级规划下达的指标。到2010年耕地保有量11670公顷，净增加968.8公顷，其中划定基本农田保护区面积8535.8公顷，保护率达79.8%。土地利用结构优化目标。依照《南岔区国民经济和社会发展“九五”计划》和《2010年远景目标纲要》对土地利用率的需求，到2010年全区土地利用率达到97.2%。规划期末土地利用结构调整为：农用地占土地总面积的95%，其中耕地占3.8%，园地占0.1%，林地占89.4%，牧草地占0.7%，水域占1%，建设用地比重控制在2.2%以内，其中城乡居民点用地占土地总面积的1.1%；未利用土地比重由占土地总面积的6.2%下降到2.8%。严格控制建设用地指标。1996年，全区建设用地面积5486.8公顷，占土地总面积的1.8%，其中城乡建设用地面积2816.8公顷，占建设用地面积的51.3%。到2010年全区建设用地控制在7156公顷，占全区土地总面积的2.3%，其中城乡建设用地面积为3258.3公顷，占建设用地的45.5%。

（三）土地利用任务

继续保护耕地，提高耕地质量。按照《基本农田保护条例》有关规定，划定基本农田保护区，建立基本农田保护制度，对划入保护区的农田，要实行特殊保护，严格控制，不得改为他用。搞好土地资源合理配置。统筹兼顾，合理安排各业用地。南岔区是以林业生产为主的区（局），要结合天然林保护工程，增加有林地面积，搞好土地利用结构调整，合理配置土地资源，优化土地生态环境，防止水土流失及土地的污染和破坏，为南岔区经济发展创造良好的用地环境。加强宏观调控，实行土地用途管制。在保证各项建设用地的前提下，要严格控制非农建设占用耕地。严格执行用地计划，对不符合土地利用总体规划和未纳入年度计划，未进行影响评价的建设用地项目，均不予审批用地。

1996 年南岔区（局）土地利用现状分类面积统计表

表 9-6　　单位：公顷

项目	土地总面积	耕地	园地	林地	牧草地	城市居民点及工矿用地	交通用地	水域	未利用土地
全区合计	4620324.6	160517.6	4139.8	4042995.7	296.8	49006.6	32531.6	46032.5	284804.0
南岔所	258584.2	24786.9	287.1	190292.7	296.8	16693.7	2272.9	1462.7	22491.4
柳树所	288867.5	20301.5	662.1	232757.4	—	1600.7	1917.3	7464.1	24164.4
岩石所	376652.3	9105.6	103.4	333156.4	—	789.3	2308.8	1580.2	29608.6
奋斗所	138779.1	676.0	675.9	134310.7	—	180.8	521.0	166.8	2247.9
大磊林场	142962.3	237.1	—	139995.0	—	261.2	636.3	92.0	1740.7
浩良河所	311254.3	40450.0	392.7	218366.2	—	9548.8	3824.7	8809.6	29862.3
翠岗林场	163658.9	74.4	42.2	161305.3	—	1512.4	488.9	177.5	58.2
亮子河林场	210542.1	1862.3	559.2	196767.3	—	531.4	993.8	191.0	9637.1
威岭所	255088.8	13059.7	—	210869.3	—	4898.1	4756.5	9033.2	12472.0
桦阳所	565113.9	14883.0	99.5	487114.9	—	1056.6	3702.5	5576.6	52680.8
四合营林场	329428.2	3364.7	103.8	303434.7	—	699.9	992.1	528.5	20304.5
三岔河林场	291394.7	2169.4	148.4	269547.8	—	469.8	1080.0	414.0	17565.3
石头河林场	320019.5	1221.5	65.9	311250.9	—	616.8	774.3	1127.2	4962.9
太平所	229617.0	9124.2	654.1	199406.2	—	1663.8	1867.6	2214.8	14686.3
松青所	227696.2	4266.6	310.7	204898.5	—	2881.4	2613.2	3009.9	9715.9
晨明所	371795.5	14425.2	34.8	321110.2	—	5265.5	3449.4	3873.2	23637.2
鹤立局使用	138870.1	509.5	—	128412.2	—	336.4	332.3	311.2	8968.5

1996—2010 年南岔区（局）土地利用结构调整统计表

表 9-7　　单位：公顷、%

地类＼项目		1996 年		其间面积增减	2000 年		其间面积增减	2010 年		1997—2010 年面积增减
		面积	比重		面积	比重		面积	比重	
土地总面积		4620324.6	100.0	—	4620324.6	100.0	—	4620324.6	100.0	—
耕地		160517.6	3.5	5920.0	166437.6	3.6	8612.5	175050.1	3.8	14532.5
园地		4139.8	0.0	0.0	4139.8	0.0	0.0	4139.8	0.0	—
林地		4042995.7	87.5	4000.0	4082995.7	88.4	45271.2	4128266.9	89.4	85271.2
牧草地		296.8	0.0	3250.0	3546.8	0.0	26750.0	30296.8	0.7	30000.0
城镇村及工矿用地	小计	49006.6	1.1	4050.0	53056.6	1.1	12572.5	65629.1	1.4	16622.5
	城镇	21909.5	0.5	4050.0	25959.5	0.6	9659.6	35619.1	0.8	13709.6

续表 9-7

地类	项目	1996 年 面积	1996 年 比重	其间面积增减	2000 年 面积	2000 年 比重	其间面积增减	2010 年 面积	2010 年 比重	1997—2010 年面积增减
城镇村及工矿用地	农村居民点	20343.0	0.4	0.0	20343.0	0.4	−7087.1	13255.9	0.3	−7087.1
	独立工矿	5227.2	0.1	0.0	5227.2	0.1	10000.0	15227.2	0.3	10000.0
	特殊用地	1526.9	—	0.0	1526.9	—	0.0	1526.9	—	
交通用地	小计	32531.6	0.7	0.0	32531.6	0.7	4046.0	36577.6	0.8	4046.0
	铁路	15366.5	0.3	0.0	15366.5	0.3	0.0	15366.5	0.3	—
	公路	755.3		0.0	755.3		4046.0	4801.3	0.1	4046.0
	农村道路	16409.8	0.4	0.0	16409.8	0.4	0.0	16409.8	0.4	—
	民用机场	—	—	0.0	—	—	0.0	—	—	—
水域	小计	46032.5	1.0	0.0	46032.5	1.0	4219.5	50252.0	1.1	4219.5
	水利设施	764.2	—	0.0	764.2	—	4369.5	5133.7	0.1	4369.5
	其他	45268.3	1.0	0.0	45268.3	1.0	−150.0	45118.3	1.0	−150.0
未利用土地		284804.0	6.2	0.0	231584.0	5.0	−101621.7	130112.3	2..8	−154691.7

南岔区（局）规划期间耕地总量动态平衡统计表

表 9-8

单位：公顷

单位 \ 项目	1996 年 耕地面积	规划期间耕地增加面积 合计	土地整理	土地开发	规划期间耕地减少面积 合计	建设占用	生态退耕	灾毁	规划期间 净增减耕地	2010 年 耕地保有量
全区合计	160517.6	20000.0	—	20000.0	5467.5	1367.5	3500.0	600.0	14532.5	175050.1

南岔区（局）基本农田保护面积控制指标统计表

表 9-9　　　　单位：公顷、%

项目 单位	1996 年耕地面积	规划期间基本农田保护面积	基本农田保护率
全区合计	160517.6	128037.0	97.8

南岔区（局）各类非农建设用地控制指标统计表

表 9-10　　　　单位：公顷

年份 项目	1996 年	1997—2000 年			2001—2010 年			1997—2010 年			2010 年	年均
	用地面积	全计	耕地	非耕地	合计	耕地	非耕地	合计	耕地	非耕地	用地面积	用地面积
1. 居民点用地	42252.5	4050.0	100.0	3950.0	2572.5	400.0	2172.5	6622.5	500.0	6122.5	48875.0	473.1
（1）城市	21909.5	4050.0	100.0	3950.0	9659.6	400.0	9259.6	13709.6	500.0	13209.6	35619.1	979.3
（2）建制镇	—	—	—	—	—	—	—	—	—	—	—	—
（3）农村居民点	20343.0	—	—	—	−7087.1	—	−7087.1	−7087.1		−7087.1	13255.9	−506.2
2. 独立工矿	5227.2	—	—	—	10000.0	400.0	9600.0	10000.0	400.0	9600.0	15227.2	714.3
3. 交通用地	32531.6	—	—	—	4046.0	300.0	3746.0	4046.0	300.0	3746.0	36577.6	289.0
4. 水利用地	764.2	—	—	—	4369.5	167.5	4202.0	4369.5	167.5	4202.0	5133.7	312.1
5. 其他用地	—	—	—	—	—	—	—	—	—	—	—	—
全区合计	80775.6	4050.0	100.0	3950.0	20988.0	1267.5	19720.5	25038.0	1367.5	23670.5	105813.6	1788.4

南岔区（局）城镇用地规模控制统计表

表 9-11　　　　单位：公顷

项目 城市名称	城市用地				
	现状规模	现状人均用地	2010 年控制面积	规划人均用地	规模增加
南岔区	21909.5	116.4	36519.1	122	14609.6

南岔区（局）规划期间重点工程项目用地一览表

表 9-12　　　　单位：公顷

序号	项目名称	建设规模	项目所在地	项目用地	占用耕地
1	浩良河骆驼山水库工程	70 万立方米	浩良河镇	1275	30
2	永翠河干流堤防工程	—	南岔	531.7	137.5
3	柳树河水库工程	510 万平方米	南岔	2550	—
4	大通堤防工程	1.2 公里	柳树经营所	12.8	—
5	桃山至金山屯公路	155.3 公里	南岔段	980	30
6	南岔至浩良河公路	87 公里	南岔浩良河	3066	270
7	佳木斯第二发电厂扩建工程	—	浩良河	1250	130
8	浩良河化肥厂改煤工程	—	浩良河镇	1175	40.5

续表 9-12

序号	项目名称	建设规模	项目所在地	项目用地	占用耕地
9	浩良河水泥厂新征土矿、大理岩矿	—	浩良河	1575	229.5
10	南岔区大鹅养殖基地	—	南岔	6000	—
合计	—	—	—	18415.5	867.5

南岔区（局）土地利用分区面积统计表

表 9-13　　单位：公顷

土地总面积	农业用地区	林业用地区	牧业用地区	建设用地区				水域	其他用地区
				小计	城镇建设用地区	村镇建设用地区	独立工矿用地区		
4620324.6	179597.4	4128266.9	30296.8	65629.1	35619.1	14782.2	15227.2	50252.0	166282.4

南岔区（局）土地利用分区面积统计表

表 9-14　　单位：公顷

地类	1996 年面积	调整后的地类								期内减少
		耕地	园地	林地	牧草地	城市居民点及工矿用地	交通用地	水域	未利用土地	
耕地	160517.6	—	—	3500.0	—	900.0	300.0	167.5	600.0	5467.5
园地	4139.8	—	—	—	—	—	—	—	—	—
林地	4042995.7	—	—	—	—	7022.5	2650.0	4067.8	—	13740.3
牧草	296.8	—	—	—	—	—	—	—	—	—
城市居民点及工矿用地	49006.6	—	—	—	—	—	—	—	—	—
交通用地	32531.6	—	—	—	—	—	—	—	—	—
水域	46032.5	—	—	—	—	—	150.0	—	—	150.0
未利用土地	284804.0	20000.0	—	—	—	—	—	—	—	—
期内增加	—	20000.0	—	95511.5	30000.0	8700.0	946.0	134.2	—	155291.7
增减相抵	—	14532.5	—	85271.2	30000.0	16622.5	4046.0	4219.5	−154691.7	—
2010 年面积	4620324.6	175050.1	4139.8	4128266.9	30296.8	65629.1	36577.6	50252.0	130112.3	—

第四节　土地使用

1987 年，承担新法的宣传贯彻，土地的登记，用地的勘测、审批与土地使用各种费用的征缴工作。

1990 年 8 月至 1992 年 12 月，根据省人民政府的指示精神，对全区土地利用现状进行调查。此项工作由区土地局具体负责，林业局设计队配合，在市土地局的指导下，抽调 10 余人共同工作。按照《土地利用现状技术规程》和《利用土地规程》采取相片平面图覆膜调绘两次成图方法，以区内场、所、村为单位，以地块为单元，依据各类土地面积分布和利用状况，编制了土地利用现状挂图，汇总了各类土地面积统计表，编写了《南岔区土地利用现状调查报告》。

1993年，进一步建立健全了土地使用审批制度，认真履行土地审批手续，严格控制占地面积，做到批件与实际相结合，基本上实现了科学、合理、有效地利用土地资源。

1994年，黑龙江省穆棱县拍卖“五荒”即：荒山、荒草、荒地、荒水、荒滩（以下简称“五荒”）经验全面推开以后，南岔区委、区政府对此项工作非常重视，7月末、8月初即着手于准备工作，派出了由营林处、资源局、土地局等单位负责人组成的学习考察组，赴穆棱县参观学习，并到八面通林业局了解有关情况。之后，南岔区成立了拍卖“五荒”领导小组，下设办公室。经勘测南岔区国有“五荒”总面积222.29公顷，集体部分“两荒”面积为1204公顷。11月15日上午9时，南岔首次“五荒”拍卖大会在南岔林业局桦阳经营所机关会议室召开，由区“五荒”办公室宣布拍卖“五荒”使用权的10项相关政策，政策交底，对拍卖对象、竞购主体、经营期限、开发方向、拍卖收入归属、经营者权益等相关政策进行了说明。公开拍卖时，向竞购者介绍“五荒”分布情况及坡向、坡度、土层厚度、方位等有关情况，然后报出底价，最后11处荒地各得其主。每亩最低价40元，最高价120元，现场签订合同，确定经营使用权为10年，现金承付，颁发土地使用证书，一次性现金成交给予20%的优惠。

1995年，在强化用地管理工作中，对国营、集体、个人建设用地都逐单位、逐项目到现场进行调查测量，坚持“四优先、三控制、二不批”的原则，即：无房户优先，高层建筑优先，翻建户优先，改造利用废弃地建房优先；占用耕地控制，院庭占地控制，砖厂取土占地控制；有房住再建房的不批，无用地计划指标的不批。严格执行用地计划，按程序审批土地。对农业村屯建房实行在原村屯内加行，插空补齐加大密度的办法，从而有效地保护了耕地。同年，对全区各砖、瓦、沙、石、土场（厂）（以下简称“五场”）进行了重点清理，防止了违法占地，提高了土地利用率。

按照黑龙江省办公厅转发省土地局、体改委《关于深化土地使用制度改革实施意见的报告》精神，在改革土地使用制度方面，从过去的无偿、无限期、无流动使用逐渐向有偿、有限期、可流动使用过渡。先后在南岔中心区的两个办事处四条街道进行了土地改革工作，210宗地，收费11000元。城镇地籍调查工作，年初开始抽调34名专业技术人员，完成了镇内5个办事处中43街、1个村13000宗地的调查确权工作。1995年4月7日，南岔区人民政府以南政发〔1995〕10号文件下发了《关于南岔区1995年拍卖“五荒”工作安排的通知》（以下简称通知），拍卖“五荒”使用权的年限变更为15年。

1996年，根据省、市土地局安排部署，编制了《南岔区土地利用总体规划》，对全区所有耕地进行了现地勘测，并根据实际情况划定了基本农田（菜田）保护区，一级基本农田保护区面积3261.4133公顷；二级基本农田保护区面积1530.7133公顷；菜田保护区面积806.046公顷。并制定了行之有效的保护措施，逐级签订了责任状，为切实保护耕地奠定了基础。

依据南政办发〔1996〕37号文件《关于开展国有土地使用权申报登记的通知》开展了土地申报登记和确权发证，通知要求登记工作截止到1997年6月24日。全年共完成13个居民委3780宗地登记确权工作。

经过复查到1997年年末，全区实有土地面积308021.64公顷，其中耕地10701.173公顷，园地面积275.986公顷，林地面积269163.4公顷，牧草地19.786公顷；城镇村及工矿用地面积36506.466公顷；交通用地面积211.16公顷；水域面积3058.646公顷；未利用土地面积19036.833公顷。土地申报登记确权发证工作，全年完成外业调查17000宗地，完成12430宗地的发证工作。在1996年划定的农田（菜田）保护区基础上，共投资1.6万元在浩良河镇、晨明镇、迎春乡交通要道醒目的地方设立永久性基本农田（菜田）保护标志16个。

1998年，根据省、市安排部署，于1—6月开展了《南岔区土地利用总体规划》的编制修订工作。围绕规划的修订开展了《土地利用现状分析》《耕地总量动态平衡研究》《土地需求量预测》等专项、专题研究，为了实现耕地总量动态平衡，把基本农田保护区作为非农业生产禁区，严禁弃耕挖沙取土，挖养鱼池等破坏耕地行为，严禁搞基本建设项目，严禁破坏保护区设施。9月份，在伊春市土地局法规监察科的指导配合下，对南岔区汽运公司非法占地案件进行严肃处理，并提请人民法院采取了强制执行措施，使其退出非法占地。对合法建设用地，严格审批手续。1998年，发生公建4宗，面积6552.2平方米，收缴管理费13147.6元；个人建房192.7平方米，收缴费用454.25元。同年，组织了专业队伍，对区内“五场”进行现场勘测，建立健全“五场”管理档案，南岔“五场”共13宗地，面积403000平方米，费用收缴2万元。建立了土地二级市场档案，对城镇全部商业用地，由非经营性变为经营性出租、转让796宗地，面积21100.1平方米，收缴地租13.4万元。地籍外业调查全年完成12063宗地，总面积5317561.5平方米，发放土地使用证8400宗地。并逐家逐户进行土地证确认工作，全年完成7048宗地的确认工作，面积1552650.08平方米，收缴确认登记费6.4万元。补发土地证709宗地，收缴登记费20838元。年末，全区土地总面积308021公顷。其中耕地10567.453公顷，园地2759.866公顷，林地269203.4公顷，牧草地197.866公顷，城镇村及工矿用地3650.646公顷，交通用地2115.16公顷，水域3073.753公顷，未利用土地19115.466公顷。

1999年，以实现耕地总量动态平衡为目标，全区耕地总面积10859.12公顷，人均耕地面积72.4公顷。建设用地共发生10宗，占地面积1199.334公顷，其中：房地局经济实用住房747.2公顷，区政府经济实用住房1848.0平方米，铁路分局住宅楼106.66公顷，地税局办公楼6666.666公顷，中心市场363公顷，东岗市场1156公顷，南岔铁路电务段围墙12994.6公顷，市二院住宅楼2000年工程38.4公顷，浩良河贮木场楼47.7346公顷，南岔铁路房产段锅炉房133.333公顷。个人建筑16宗。对建设项目和开发位置不符合总体规划及用地计划的，一律不予受理建设用地报件。土地证书确认工作，经汇总南岔总宗地11113宗，实际确认6367宗，确认率57.19%，无人居住的1775宗，没测量579宗，租房589宗，单位及公房367宗，倒塌及拆迁125宗。

对全区8家“五场”又进行现地核实，测量登记建档。梧桐建材厂800公顷；春晖砖厂200公顷；晨明水泥厂3533.33公顷；晨明石灰厂1400公顷；浩良河水泥厂8639.136公顷；浩良河镇砖厂133.333公顷；汤原白云岩矿133.333公顷；铁路砖厂133.333公顷。总计14972.469公顷。

2000年，楼房登记确权工作在南岔区尚属首次，没有成功的做法和经验。分局派出刘兴国一行4人去齐齐哈尔市土地管理局学习，借鉴外地经验，回来后会同办事处一起，仅用一个月的时间就完成了月牙湖小区1～5号楼的453宗地土地登记发证工作，共发证393宗地，发证率为86.8%。同年，登记土地10476宗，发证8740宗。在进行土地登记确权工作的同时，加大了土地违法案件查处力度，全年处理土地违法案件4起，其中市局处理1起，南岔分局处理3起。在建设用地管理上，严格履行申、审、核、报、批工作制度，杜绝了未批先建、边批边建现象。

2001年，在市局和区委、区政府的指导下，完成了南岔区7家企业的改组改制后的土地重新评估，重新处理划拨土地使用权工作，并且以租赁的形式供地，为企业发展，盘活土地资产，提供良好的优惠政策和发展空间。为了扶持地区经济发展，促进社会稳定，全年共免收土地管理费23390.56元；免收商业地租67920元；免收较贫困地区每户8元的年检确认费136户，共1088元。同年，全区建设经济适用住房41783.4平方米，用地10宗，应收土地管理费80868.6元。出于扶持改善城镇建设环境和居民居住条件理念免收出让金10278716元。全年共登记10540宗地，总面积340.1公顷，约合226846.7公顷。发放土地证8916宗，面积259.12公顷，约合172833.04公顷，发证率达到85%。处理土地纠纷8起。

2002年，按着伊春市土地工作会议上提出的“要将国土资源的开发利用全面推向市场化运作，将土地使用权、矿业权有形市场建立起来，规范管理，取得进展，使土地资产和矿产资源收益成为政府财政收入的较大财源”的工作重点和主要目标。在规范土地市场和矿业市场管理工作中，南岔区共有9宗土地被列入市级土地储备库，总面积76457.266公顷，为招标拍卖土地使用权做了充分准备。在规范土地交易市场管理中，发生土地转让31宗，抵押1宗（粮食局）全部办理了手续。加强了企业改制土地资产处置工作，对改制企业的底数进行全面登记，并把登记情况上报市局。南岔区改制企业共7家，共处置划拨土地使用权面积21095.36公顷。在实现土地使用合同化管理工作中，浩良河镇土地“二级市场”全部签订租赁合同，并输入计算机。全区已列入“二级市场”台账的共有530宗地，面积1832.6046公顷，年收租金361671元。在清理、整顿矿山秩序工作中，积极培育和建立采矿招标拍卖市场。根据伊春市国土资源局年初目标管理文件要求，6月、10月两次对全区矿山企业进行了全面检查清理。全区21家矿山企业全部建立了档案，对个别矿山企业采富弃贫现象，及时下达了整改通知。全区21家矿山企业，除8家未生产外，其余13家已按市局要求做好了采矿权出让的前期准备工作。此外，还积极开展矿产资源开发利用项目库建设工作，位于南岔林业局三岔河林场施业区和桦阳经营所施业区二处铁矿可开发资源已上报市局。对生产的矿山依法足额征收矿产资源补偿费，对个别困难企业采取灵活的征收办法，如为砖厂代销18万块红砖，为白灰厂代销60吨白灰，使企业交纳了矿产资源补偿费。为了加大执法监察力度，按照市局要求，年初就开始组建土地、矿产监察网络，设专兼职监察员29人，基本做到了违法事有人问，有人管，及时反馈。在土地权属管理上，不断扩大土地登记的覆盖面，南岔共有楼房135座，约8000户，全年办理楼房分割登记1500宗地。同年还完成了乡级土地利用总体规划修编工作。

2003年，南岔区共有土地“二级市场”530宗地，面积27489.07平方米，共收缴年租金582665元。地籍档案实现计算机化管理，并认真开展土地证书年检工作，做到了年检证书与现状一致，保证了地籍资料的连续性、系统性和动态性，完成了地籍变更和汇总工作。全年共处理土地纠纷11起，无越级上访案件。在认真抓好土地管理的同时，积极推进土地整理工作，浩良河镇小吉星村土地整理项目通过审批后，又积极运作浩良河大青川经济林项目，并且将南岔林业局太平经营所、晨明镇东红村、星星村、浩良河镇大吉星村、桦阳金沟整理项目纳入项目库。同年，国土资源南岔分局局长郑志学与伊春市国土资源局签订了2003年国土资源管理主要工作目标责任状。

2004年，南岔国土资源局积极参与2003年选定和申报的浩良河经营所施业区内的大青川土地整理项目，面积600公顷，已纳入省级项目库。同年，分局又积极选址，申报了晨明镇东红村的土地整理项目，在市局领导的大力支持帮助下，积极对上争取，已被列为国家土地整理项目，该项目区面积为912328公顷，预计项目投资为2093.54万元。按照南岔区委、区政府的要求，结合南岔区的实际，编制了地质灾害防治预案。并且积极搜集地质资料，调查了解情况，向市局申报南岔仙翁山地质公园遗迹保护项目，努力为南岔至伊春市的旅游业增加更多的亮点，为发展旅游经济和关联产业搭建平台。按照市局要求，从年初开始，区政府同乡镇、乡镇同村民委都层层签订了耕地保护责任状。国土资源南岔分局投资1.8万元，分别在浩良河镇、晨明镇、迎春乡设立14处基本农田保护标志牌。在强化土地资产管理、推进土地市场化运营工作中，依法办理土地使用权转让41宗地。原南岔林业局胶合板厂转制为合资企业后，原划拨用地面积33228.3平方米，改为租赁方式供地。原南岔林业局热力公司改制为南岔宇华热力公司（私营），该公司共有8宗地，其中1宗改为租赁方式供地，其余7宗地保留划拨用地。在矿产资源管理上，坚持采矿权市场化运营，对个别企业采富弃贫现象进行了整改，及时制止无证开采和施工单位不按指定地点取料现象，并追缴违规开采的矿产资源补偿费5000元。对10起违法用地非法采砂行为都及时做出处理，其中2起是桃南公路建筑单位非法采砂取土。为了给外商创造宽松的投资环境，在年租金收缴上按50%收取，对南岔区个别危困企业在土地费用征缴上都给予适当减免。

2005年，浩良河镇小吉星土地整理项目被批准列为国家土地整理重点项目，项目投资476万元，全部由国家拨款。该项目建成后，整个规划区域将变成水稻种植基地，进一步提高土地利用率和产出率，扩大区域绿化面积，有利于土地整理规划区内水土保持，调节小气候，防治水土流失。着手新的土地整理项目选址勘察测绘工作，报请了两个国家级土地整理项目，分别位于南岔区晨明镇东红村、星星村和迎春乡。年初，在强化土地资产管理中，对年租金用地实行合同化管理，凡是机关报增的建设用地，严格按规定办理审批手续，对不符合《划拨用地目录》的一律签订租赁合同。矿产资源管理，全面推进采矿权市场化运营进程，加强对沙、石、土、矿开采情况的监督治理，及时制止个别企业采富弃贫和乱挖滥采现象，对区内三个砖厂的黏土矿，分别进行认真勘测，及时办理了采矿权延续手续。

1990—1993 年南岔区（局）城乡建设用地情况统计表

表 9-15

项目 数量 年	公建		私建		土地收费（元）
	件数（件）	面积（公顷）	件数（件）	面积（公顷）	
1990	20	126	40	4.2	64585.77
1991	13	76	37	3.3	46800.00
1992	14	40	33	3	50680.30
1993	11	61	22	2.5	73991.82

1995 年南岔区拍卖“五荒”面积规划统计表

表 9-16

单位：公顷

单位	荒地	荒水	单位	荒地	荒水
石头河林场	150	—	岩石经营所	500	—
亮子河林场	100	—	桦阳经营所	1000	—
三岔河林场	200	—	太平经营所	300	—
大磊林场	100	10	南岔经营所	1000	30
翠岗林场	50	—	奋斗经营所	100	—
四合营林场	50	—	松青经营所	300	—
浩良河经营所	100	10	晨明贮木场	100	—
威岭经营所	100	—	南岔贮木场	100	—
晨明经营所	1000	10	柳树经营所	2000	10
			合计	7250	70

1995—2005 年南岔区（局）各项土地费用收缴情况统计表

表 9-17

单位：元

年度	收费总额	其中								缴费情况
		统征费	管理费	证书确认费	土地登记申报费	土地租金	矿产资源补偿费	临时占地费	利息	
1995	—	11000	—	—	—	—	—	11200	—	—
1996	175340	—	—	—	50000	—	—	—	—	—
1997	350000	—	120000	—	120000	—	—	—	—	—

续表 9-17

年度	收费总额	其中								缴费情况
		统征费	管理费	证书确认费	土地登记申报费	土地租金	矿产资源补偿费	临时占地费	利息	
1998	250912	134000	32000	—	84912	—	—	—	—	—
1999	356467.76	512.21	41565.11	52936	66327.15	194910	—	—	217.29	—
2000	316954	—	94672	52612	4271	165399	—	—	—	—
2001	464626.88	—	80868.6	55906	4003.30	323848.98	—	—	—	—
2002	678038	—	155279	52779	12809	361671	95500	—	—	—
2003	781600.9	—	55172.94	52704	30858.96	582665	60200	—	—	—
2004	797256.5	—	62280.62	60284	3246.95	610353.07	60300	—	791.86	—
2005	731159.99	—	53803.78	46990	—	430091.39	199700	—	574.82	—

第十篇　乡镇企业　地方工业

1986年1月，南岔区设乡镇企业管理科，负责区辖的两镇一乡，6个街道办事处的45个生产厂家。各厂、场、所办的670余户的企业归本单位管理，统计数字报乡镇企业管理科。到1993年，乡镇企业发展较快，有工业企业1702户，固定资产总值达102万元，从业人员2012人。并依托当地资源优势，走可持续发展之路，顺利地进行了股份制改造。20世纪90年代后期到21世纪初，南岔区的管理体制进行了变革，本着宜租则租、宜卖则卖的原则，积极稳妥地实现了所有权和经营机制的转换，盘活了一些产销呆滞企业的资产。到2005年，全区非国有个体、私营企业1566户，从业人员9635人。

1986年，南岔区的地方工业企业有15家（工业科统计15家）乡办、街办的地方企业40余家，从业人员1185人，年产值800多万元，企业的经营发展逐年加快，地方工业的产值已经占全区工农业总产值的25%左右，据当时区（局）经济统计中，已经形成了森工、地方工业、农业和乡镇企业“三足鼎立”之势。20世纪90年代中叶，按着中央及省市政策，对地方工业企业实行了产权制度改革，本着租聘、剥离、破产、合并、出售的原则，对地方工业企业全部进行了改造。到90年代后期，企业全部改造完毕。

第一章 乡镇企业

南岔区的乡镇企业是在各单位发展多种经营的基础上发展起来的。1990 年发展较快，1993 年已发展到 1702 家。随着政策的落实，规范了企业的各项工作，到 2001 年企业发展达 1725 家，截至 2005 年，全区企业登记有 1566 家，生产值 22696 万元。

第一节 机 构

1986 年 1 月，南岔区乡镇企业公司改称南岔区乡镇企业管理科，配置副科长 2 人，财会 1 人，计统员 1 人，生产员 2 人。管辖全区 2 镇 1 乡，6 个街道办事处的 45 个生产厂家。

1987 年，南岔区乡镇企业管理科改为南岔区乡镇企业管理局，定编 6 人，配置正、副局长各 1 人。

1997 年，本区（局）机关机构改革中，南岔区乡镇企业管理局并入区农业工作办公室，对外仍挂南岔区乡镇企业管理局牌子，履行乡镇企业管理局职能与职责，当时，农业工作办公室配正职 1 人、副职 2 人，工作人员 10 人，其中，乡企局编制 4 人。

2001 年，南岔区乡企工作从南岔农业工作办公室分离出来，成立非国有制经济办公室，管理服务范围拓展到除国有企业之外的民营私营、股份、合资、个体等企业。

2005 年，编制 6 人，配置主任正、副职各 1 人。

第二节 企业变化

1986 年，南岔区的乡镇企业在探索中发展，政府号召以地方的乡（镇）、场（所）办企业推动林业的发展，区属各基层单位在市场经济的影响下，试办企业的思想很活跃，也弥补了单位经费不足问题。

1990 年，南岔区乡镇企业工作，认真落实省政府和市政府制定的“关于超常规跨越式发展乡镇企业的优惠政策”，在继续坚持乡办、村办的基础上，出现了集体、个体及股份制和股份合作制等多种经济成分共同发展的经济格局，使林、农、牧、工、商、运、建、服等各业有了较快的发展。全区乡镇企业由 1149 户发展到 1702 户，增长 48.12%，固定资产由 78 万元增长到 102 万元，增长幅度达到 30.77%。产品也由单一的几种增加到几十个品种，有些产品填补了区乡镇企业产品出口创汇的空白，安排剩余劳动力 2012 人，促进了南岔区城乡经济发展。

2005 年，乡镇企业主要抓了产权制度改革工作，坚持做到产权明晰、责任明确、项目自定、效益自给。乡企局改称为非国有经济办公室，管理中把个体工商户，私营企业纳入之中。到21世纪初，又把职工家庭经济的发展作为管理中的大项，安排职工再就业，提高危困中职工的家庭收入已是一个大问题，到2005年，全区非国有经济突破7亿元。

1990—1993年主要乡镇企业一览表

表10-1

年份＼企业	单位	所辖企业名称
1990	迎春乡	木器厂、综合厂、新华机修厂、红旗冰棍厂
	晨明镇	木器厂、食品厂、冰棍厂、榨油厂、砖厂
	浩良河镇	水磨石厂、砂石厂、砖厂、长龙木器厂、人工理石厂、白灰厂
	建国办事处	印刷厂、机修厂、防寒毡厂
	东升办事处	采石厂
	联合办事处	网带厂
	南岔经营所	纸袋厂
1991	迎春乡	木器厂、综合厂、新华机修厂、红旗冰棍厂
	晨明镇	木器厂、食品厂、冰棍厂、榨油厂、草编厂、砂石厂
	浩良河镇	水磨石厂、砂石厂、砖厂、浩良河机修厂、五七采石厂、人工理石板厂、白灰厂、福利厂
	建国办事处	印刷厂、防寒毡厂、纸花厂、机修厂
	东升办事处	采石厂、木器厂
	联合办事处	网带厂
	柳树经营所	豆制品厂
	南岔经营所	草柳木编织厂
1992	迎春乡	木器厂、新华机修厂、冰棍厂、防寒毡厂
	晨明镇	木器厂食品厂、冰棍厂、榨油厂、草编厂、砂石厂
	浩良河镇	水磨石厂、砂石厂、砖厂、五七采石厂、人工理石厂、白灰厂、福利厂
	建国办事处	印刷厂、机修厂、防寒毡厂
	东升办事处	木器厂
	联合办事处	网带厂、木器厂
	南岔经营所	草柳木编织厂
1993	迎春乡	木器厂、新华机修厂、防寒毡厂、冰棍厂、参厂、轧钢厂
	浩良河镇	砖厂、砂石厂、砖厂、五七采石厂、浩良河村综合厂
	晨明镇	木器厂、草编厂、榨油厂、食品厂、冰棍厂
	建国办事处	印刷厂、机修厂、防寒毡厂
	东升办事处	木器厂、砂石厂
	联合办事处	木器厂
	柳树经营所	豆制品厂
	南岔经营所	草柳木编织厂

第三节 企业发展

1986年，为了认真贯彻落实中央对发展乡镇企业“积极扶持，合理规划、正确引导、加强管理”的方针，南岔区人民政府以南政发〔1986〕125号文件，颁布了《南岔区关于乡镇企业经营管理若干问题的规定》，文件就乡镇企业实行全面经营承包责任制作了原则规定：“承包年限应根据企业情况确定，一般为一至二年为宜；种植业、养殖业可适当延长。承包者在合同规定的范围内，拥有决策权。企业的财产不得因承包而受到损坏或变卖、出租，严禁转手承包。企业的性质、财产所有权和隶属关系不得因承包而改变”。《规定》还就乡镇企业的税后利润分配问题，做出了具体规定：“乡镇企业的税后利润10%上缴乡镇政府或街道办事处，70%留给企业做扩大再生产的基金。乡镇政府和街道办事处应从自己收缴的利润中拿出60%用于扩大再生产。村办企业税后利润留给企业用于扩大再生产”。

1988年，为了提高乡镇企业的经济效益，提高产品的质量，加强和完善了企业承包机制，把竞争机制引进厂，浩良河水磨石厂面向社会招聘管理人才，把德才兼备的人员引进厂，当年提高经济效益30%。在经营管理运作中，推行风险抵押，柳树经营所针对柳林宾馆面向社会招标，中标人向所属单位交抵押金6万元，避免了企业的亏损。在逐步完善领导目标责任制，提倡股份制和租赁制的基础上，不断培植新的经济增长点，使乡镇企业路子越走越宽。以木材剩余原料为主的加工企业有迎春乡木器加工厂、晨明木器厂、浩良河长龙木器厂；以养殖业为主的南岔种禽厂；以大豆加工为主的柳树豆制品厂；以服务业为主的柳林宾馆和红旗冰棍厂；以建材为主的浩良河砖厂、采石厂、砂石厂等部门，积极引导骨干项目生产。当年乡镇企业发展到664个，从业人员2083人。集体企业44个，固定资产135万元，其中林办25万元，乡办28万元，镇街办82万元，流动资金总额350万元。

1988年7月，为扶持乡镇企业的发展，区委、区政府在晨明镇、迎春乡、晨明所选派各1名科技副乡（镇）长和副所长，主抓乡（镇）企业工作。

1990年，乡镇企业工作贯彻落实省政府和市政府制定的“关于超常规跨越式发展乡镇企业的优惠政策”，在继续坚持乡办、村办的基础上，又拓展到集体、个体及股份制和股份合作制等多种经济成分共同发展的经济格局。使林、农、牧、工、商、运、建、服等各业有了较快发展。1993年，全区乡镇企业由1149户发展到1702户，从业人员由2083人增加到2763人，固定资产由原来78万元，增长到102万元。产品也由原来单一的几种增加到几十个品种。四年中，新上项目11个，技术改造5个，贴息贷款4.5万元，周转金10万元。

同年，乡镇企业进行股份制改革，采取先改造后提高，逐步完善的办法，与市场经济接轨。企业的体制改革，调整了产业产品结构，打破了多年形成的木器加工、采石等单一产业结构状况，新上了轧钢厂、标准件商店、婚丧服务公司等企业，在资金投入上也向乡镇企业倾斜。同年，为乡镇企业贴息贷款10万元。在扶持制药行业上，投资240万元建设了制药厂片剂车间。

1994年，乡镇企业改革工作取得实质性进展。加快了产权制度改革，对地方工业，乡镇企业部分企业实行了股份制和股份合作制改造及依法破产。深入开展“科技兴企”活动，采取超常规跨越式措施，新增生产项目7个，全年实现产值4720万元，利税225万元。

1997年，中共中央下发了中发〔1997〕8号文件，中共中央、国务院关于转发农业部《关于我国乡镇企业情况和今后改革与发展意见的报告》的通知，明确了办厂方向、企业性质、经营利益等，按照中央指示精神，南岔区加大乡镇企业产权制度改革力度，对7户企业实行股份制改造，5户实施了公开出售，投资70万元对南岔制药厂进行了技术改造。

1998年，乡镇企业各项改革取得新突破，产权制度改革步子加快。根据企业不同状况，实行一企一议，对晨龙木业有限公司进行了租赁经营，对南岔机械修造厂实行了产权出售。1998年，全区乡镇企业年创产值8410万元，总收入7812万元，上缴税金304万元，实现利润283万元。

2001年，乡镇企业格局又发生了新的变化。私营企业及个体企业发展较快，与上年同期比，私营企业增加10户，个体工商户增加157户；集体企业发展减缓，与上年同期各项指标比，均是下降趋势，其中收入下降216万元，利润下降22万元，税金下降19万元，但总产值略有增加。当年完成产权出售28户，产权出售中公司3户，破产企业1户，租赁10户。通过产权制度改革，明晰了产权关系，理顺了政企关系，充分调动了投资者，经营者和生产者的积极性。出现了以公有制为主体各种所有制经济共同发展经济格局。当年集体企业发展到15户，私营企业86户，个体户708户。涌现出一批个体私营企业大户，拉动了乡镇企业经济的增长。如私营企业“三兄弟家具厂”“信诚家具厂”等产值均超千万元。

同年，南岔区（局）长第五次联席办公会议研究决定，以400万元的价格将南岔制药厂出售给自然人林春和，并于2001年7月10日签订了出售合同。至此，南岔区乡镇企业转制工作基本完成。改制后的药厂，更名为黑龙江省格润药业有限责任公司。2002年，筹集GMP改造资金900万元（2003年10月，顺利地通过了GMP认证），新建厂房4138平方米，购买设备21台套，易地改造了制剂、提取两个车间。发展为集药品研制开发、生产经营为一体的现代化高新技术企业，成为南岔区“五大优势产业”中产值高、纳税多的大户。南岔区乡企工作从南岔区农业工作委员会分离出来，成立非国有制经济办公室。

2003年，为了壮大民营经济的主体力量，南岔区制定了《2004—2007年大力发展民营经济推进落实方案》，明确了5年内民营经济的发展目标，成立了推进落实领导小组，并以南政发〔2003〕40号文件，对7户私营企业进行了挂牌保护，全区挂牌保护企业达到12户。全区非国有经济增加值实现55340万元，税金完成1500万元。年末，全区非国有经济占GDP比重达到59%，确立了非国有经济在林区经济中的主体地位。

2005年，全区非国有经济增加值实现7.16亿元，同比增长13.5%，占全区GDP的比重为62%。其中，乡镇企业增加值6900万元。全区有个体工商户1708户，产值超百万元的企业33户，从业人员9635人，其中下岗职工4112人。全区职工家庭经济实现增加值1.26亿元，从业户数11997户，从业人员22988人。

1986—2005年南岔区乡镇企业经济状况统计表

表10-2

项目 数额 年份	乡企数（个）	年产值（万元）	总收入（万元）	上缴税金（万元）	实现利润（万元）
1986	721	509	451	17.3	15.1
1987	651	655	609	20	18
1988	664	890	1100	24	22
1989	676	1250	760	26	30
1990	1149	1550	1320	30	33
1991	—	1550	1503	33	40
1992	—	1760	1710	44	42
1993	1702	2360	2600	60	57
1994	1436	4720	4500	155	110

续表 10-2

项目 数额 年份	乡企数（个）	年产值（万元）	总收入（万元）	上缴税金（万元）	实现利润（万元）
1995	3136	7100	7200	190	154
1996	3810	9295	—	—	—
1997	296	7058	—	—	—
1998	1771	8410	7812	304	283
1999	568	10001	9206	352	347
2000	809	11650	10625	390	354
2001	1725	13410	12140	440	396
2002	2290	15151	13700	490	435
2003	961	17001	15000	750	480
2004	1269	19703	18751	831	541
2005	1566	22690	21365	930	610

第二章　地方工业

1986年，区地方工业系统有15个厂、店，职工总数1185人，产值实现801.2万元，利润20万元。到1993年，实现产值2132万元，利润16万元，职工总数2228人。产值占全区工农业总产值的19.4%。在全区（局）形成了森工、地方工业、农业和多种经营三大方面。20世纪90年代初期，全区地方企业受到市场经济的严重冲击，经济状况极度低下，各项生产难以运转。按照省、市“关于企业转换经营机制”和“抓大、放小”的有关政策，地方工业企业全部放在“小企业”之列，随之对企业进行合并、改制、破产、出售。到90年代中期，地方工业企业改造完毕。2005年仅存的晨明石灰厂、南岔建材厂，有员工303人。

第一节　机　构

1986年，南岔区设工业科，设科长1人、副科长1人、职员6人。

1989年，工业科改为经济委员会。

1997年4月14日，经济委员会改为经济贸易委员会。南岔木材销售公司，林产工业总公司，经贸公司，商贸总汇等经济实体，其行政职能并入经济贸易委员会。

2001年10月29日，经济贸易委员会改为经济科技贸易委员会。将企管科、安全监察科、科技科并入经济科技贸易委员会（挂企管科的牌子），下设科技、安全、体改、招商引资、企业管理和办公室。

2005年3月26日，经济科技贸易委员会将体改和招商引资工作分立出去。主要职能是科技、安全、企业管理等。设主任1人、副主任2人、职员4人。

第二节　企业　行业

一、乳制品

1986年，南岔乳品厂生产“育林牌”全脂奶粉。该厂并有奶牛养殖基地1处，奶牛存栏270头，日处理鲜奶8吨，生产奶粉1.2吨。奶源除本厂牧场年产200吨鲜奶外，其余由桃山、带岭、晨明等11个取奶点供应。1987年，生产“育林牌”全脂奶粉358吨，生产雪糕、冰棍400万支，实现产值258.3万元，上缴税金49.2万元，产品运销吉林、辽宁、河北、山东、河南、安徽等地。1988年，“育林牌”全脂奶粉获轻工业部优质产品奖，南岔乳品厂被黑龙江省人民政府命名为“省级先进企业”。随后，企业对生产设备不断进行更新改造，年产量逐年递增。到20世纪90年代后期，全国各地的奶粉大量上市，该厂受到市场的严重冲击，由于抓不准市场，没有创新改造能力等诸多因素，该厂生产举步维艰，欠奶户的奶资时有发生，奶牛基地也将大量的奶牛出卖和屠宰，银行贷款增加，生产状况不良，几经停产整顿，未见好转。2003年，该厂138名职工集资40万元还清了银行贷款，将作为抵押的厂房和设备赎回，继续维持生产。到2005年上班职工30人左右，年处理鲜奶52吨。生产奶粉7.5吨。

二、服装加工

南岔服装厂属集体工业企业，生产各类服装，及革制品，锦旗、印字等。年加工服装能力3000件左右。随着形势的发展，该厂已经不能适应市场经济发展的需要，于2000年解体出售。

三、工具制造

1986年，南岔工具厂生产的产品有伐木斧、履带针、压角子、搬钩、小矿车、压机、柜台、货架子、百叶窗、双尖镐、农用工具等，年产值在40万元左右，有职工50多人，20世纪90年代中期还能维持正常生产。随着市场各种工业制品技术含量的提高，该厂生产能力下降，到21世纪初期，产品已经找不到市场，工人自行谋职，该厂停产。

四、塑料制品

1986年，南岔塑料厂生产的产品有“聚氯乙烯硬管”、人造革、帐篷、活动房、沙发等产品，年产值140余万元，有职工140多人。到90年代初，按市场的需求，又投资上马了塑料吹膜生产设备，生产农用地膜，基本能维持企业生产和工人的工资。2000年后，外地的地膜产品大量进入南岔市场，该厂的产品受到严重冲击，已经到了解体的地步，按着全体职工的意见，该厂于2003年6月整体出售。

五、饮料

1986年，南岔酱菜厂生产的“黑加仑香槟”，“冰花露”饮料，投入市场，2年后停产。

1986年，南岔饮料厂从轻机厂剥离出来，正式成为独立核算的企业。当年试生产“都柿”饮料，后又研制成功“山梨果茸”饮料和“山丁子果茸”饮料，投入市场后，深受市民的喜爱，并获得全国科技成果展览交易会金奖，产品销售黑龙江省各地，受到消费者的认可。1993年，产量达1438吨，产值实现51.5万元。1994年5月，该厂进行股份制改造为黑龙江南岔饮料有限责任公司，生产量逐年增加。20世纪90年代后期，由于产品创新力度不强不能适应市场的需求、管理不善等原因，该厂停产。生产配方个人所得，“山梨果茸”饮料、“山丁子果茸”饮料等产品在个体户中进行生产，产品只销往南岔本地。南岔商业局的食品厂也生产过茶蜜露、糖蜜露、香精汽水等，浩良河所生产过桦汁饮料。

六、石灰

1986年，南岔区的白灰生产主要以晨明石灰厂为主，以当地矿物资源为原料进行加工，年生产白灰1万吨左右，产品销售在南岔及周边地区。有职工400余人。90年代初，该厂面临着严重的困难，生产举步维艰，1995年6月破产。1996年5月，重新组建股份制企业晨明白云灰厂。到2000年后，企业萧条，白灰产量日趋低下。

七、制砖

红砖生产主要厂家有梧桐建材厂和利民砖厂。1986 年，梧桐建材厂有 2 套制砖生产线，38 门、18 门砖窑各 1 座，干烧洞 12 条。挖土机 2 台，拥有固定资产 260 万元，职工 600 余人，年生产红砖 5000 万块。

2001 年，梧桐建材厂转为股份制企业，有股东 270 人，股本总额 111 万元。

1986 年，利民砖厂年生产能力 350 万块，该厂于 2000 年停产。

八、橡胶制品

1984—1989 年，橡胶制品是原南岔林业局机械修造厂生产的。生产的产品有三角带，传动带，O 型带，鞋底，汽车、拖拉机各种油封、缘冲胶棒，火车封闭胶条，年产值在 10 万元左右。

产品的原材料由佳木斯第一橡胶厂、第二橡胶厂、牡丹江桦林橡胶厂以半成品的形式供给。产品销往双城市、鹤岗市、双鸭山市、鸡西市、绥化市、伊春各区等地。1989 年停产。

九、纺织

南岔区的纺织业主要由集体企业南岔织布厂、才兴华针织厂及个体户的毛纺织来支撑。1986 年南岔织布厂有职工 682 人，设备有无锡产的 1515 型织布机 222 台，设准备、织造，整理、染纱，漂涤五个车间，生产各种棉线布料，年产值 30 万元左右。该厂于 1988 年停产后解体。

1987 年，南岔区老干部办公室牵头兴办“兴华针织印染厂”，有工人 70 余人。1988 年，该厂与佳木斯纺织染印厂联营，职工 26 人，生产涤棉纱府绸制品，产量 500 余万米，年产值 60 万元左右。该厂于 1993 年解体。

区内的个体毛线针织加工业，由客户带料加工，制品有手套、毛衣、毛裤等制品。

十、黄金生产

1986 年 5 月，南岔黄金公司在桦阳石头岔子河勘探工程完工。龙江一型溜槽基建项目计划投资 75 万元，8 月正式生产。

1989 年，本区（局）设黄金管理局、黄金公司。设局长（经理）1 人，副局长（副经理）1 人，矿长 1 人，有职工 80 人，配有 1 号大型溜槽两条 50HD 型采金船，作业地点在桦阳金沟（桦阳石头岔子河）。

1994 年，1 条采金船进行回采。

1998 年，黄金管理局将黄金公司 1 条采金船进行承包试经营。1999 年，两条采金船同时外包经营。都是回采生产，地点在桦阳石头岔子河，延续到 2003 年。

20 世纪 90 年代初，南岔黄金公司及外地采金者到浩良河金沟进行过采金，维持 3 年左右该地停采。

1986—2005 黄金产量统计表

表 10-3 单位：两

项目 数额 年份	产量	备注	项目 数额 年份	产量	备注
1986	200	—	1988	310	—
1987	220	—	1989	400	—

续表 10-3

年份＼数额＼项目	产量	备注	年份＼数额＼项目	产量	备注
1990	750	—	1998	150	2 条船同时回采
1991	920	—	1999	168	外包
1992	500	—	2000	170	外包
1993	400	—	2001	155	外包
1994	650	回采	2002	140	外包
1995	260	回采	2003	145	外包
1996	200	回采	2004	—	停产
1997	180	1 条船回采	2005	—	停产

十一、水泥

南岔地区的水泥生产有 3 个厂家，即南岔晨明石灰厂、黑龙江晨明水泥厂（省粮食系统）、黑龙江浩良河水泥有限公司。

南岔区晨明石灰厂生产的普通硅酸盐水泥 325＃、425＃，年生产能力 1500 吨左右。

晨明水泥厂，属省粮食系统，1986 年委托伊春市粮食局代管。生产品种为普通硅酸盐水泥 425＃，品牌为晨明牌水泥。全厂土建工程 54 个项目，建筑面积 2.9 万平方米，其中生产系统 17 个项目，辅助项目 19 个项目，生活系统 18 个。全厂机电设备 156 台（件），电气设备 37 台（件），生活设备 9 台（件），装机总容量 2180 千伏安。

1985 年正式投资，年设计产量 5 万吨。1986 年对回转窑热端进行技术改选，由原来的直径 2.4 米扩大为 2.8 米，设计产量由 5 万吨增至 7 万吨。1993 年采用 NH 型五级旋风预热器技术装备，生产工艺达到国内先进水平，年设计生产能力达到 12 万吨。原料矿山两处，石灰石储量为 628 万吨左右，粘土矿随采随用。外辅的铁粉，矿渣、石膏、原煤等原料供应充分。厂生产年限百年以上。

浩良河水泥厂位于南岔区浩良河镇西南 2 公里，占地面积 24 公顷。1987 年浩良河水泥厂经国家建材局批准了其可行性研究报告。工程总投资 8.9 亿元。1991 年 9 月 16 日正式开工建设。1995 年 4 月，转制为浩良河水泥有限责任公司。1997 年 9 月建成，并通过国家验收转入生产。1998 年 12 月 8 日中国新型建筑材料集团总公司对浩良河水泥有限责任公司实行承债兼并，设立黑龙江浩良河水泥有限责任公司，建立以股东会为权力机构，董事会为决策机构，监事会为监督机构，总经理负责制的企业运行机制。设立 4 家股东，总股本 9.11 亿元。

原料大理岩矿山距公司 22 公里，占地 141 公顷，大理岩储备量为 16927 万吨，黏土 1771 万吨，生产年限 100 年以上。

生产过程采用 I/A 智能自动化集散式中央控制系统，准确进行工艺参数调节，自动化程度较高。

生产采用带窑分解技术新型生产工艺，原料系统采用日本岛津 MXF-2100X 荧光分析仪控制质量；生料制备采用德国非凡公司技术制造的高效，低耗的 MPS3150 立式磨；烧成系统采用带高效、低压损五级旋风预热器和离线喷分解炉的直径 3.95 × 56 米四转室；水泥磨粉采用国际较先进的辊压机、打散机、选粉机加直径 3.8 × 12 米管式磨半终粉磨工艺。

生产设备从德国、美国、日本引进，设备总装机容量为 24341 千伏安。生产技术装备具有 20 世纪 90 年代国际水泥生产技术水平。

2005 年，公司有员工 21316 人，拥有资产总额 90571 万元，固定资产 65312 万元。年生产能力

70.5 万吨。公司主营 325＃、425＃两种型号硅酸盐水泥和普通硅酸盐水泥。品牌为“浩良河牌”。

该公司产品 2000 年通过“ISO 9002 质量管理体系认证”，2003 年被国家质量监督检验总局授予“国家免检产品”。产品被广泛应用于道路、桥梁、机场、水利、高层建筑工程项目及民用建筑项目，成为黑龙江省内重点项目和大型工程的首选产品。

建厂投产至 2005 年公司生产水泥 317 万吨，生产熟料 285 万吨。1999—2005 年，实现现价销售产值 80100 万元，实现税收 1 亿元。

2005 年地方工业企业名单一览表

表 10-4

名称	地址	职工总数（人）	法人代表	主要产品	改制时间及形式
南岔轻机厂	联合街	159	刘坤贤	水暖件、机械加工	1996 年 8 月 29 日破产
南岔饮料厂	联合街	60	陈索生	饮料	1994 年 5 月改制有限责任公司 2000 年停产
南岔乳品厂	中纬路	304	范钦山	奶粉、酱油、冷饮	1993 年 5 月 12 日改为黑龙江育林食品工业公司 2003 年部分职工购买
南岔木器厂	东升街	236	潘吉胜	板方材、细木家具	1994 年 6 月破产
南岔塑料厂	联合街	122	毕德仁	塑料膜（管）苫布、帐篷	2003 年 6 月出售
南岔工具厂	联合街	55	张永志	双尖镐、推台、货架子、矿车、农用工具	2002 年停业
南岔服装厂	中纬路	49	孙成云	服装	2000 年出售
浩良河化工建材厂	浩良河一街	71	何兴贵	电石、米石、理石板	1989 年 10 月解体
浩良河铸造厂	浩良河三街	56	李左夫	水暖件	1993 年 5 月出售
浩良河木器厂	浩良河三街	23	李云祥	制材、细木家具	1994 年 7 月解体
浩良河食品厂	浩良河三街	31	王志亮	酱油、饮料、糕点	1993 年 5 月解体
浩良河综合修配厂	浩良河三街	26	安立国	表蒙、瓶盖	1989 年 10 月解体
浩良河建材厂	浩良河三街	65	刘凤友	红砖、红瓦	1989 年 10 月解体
梧桐建材厂	梧桐街	710	隋忆江	红砖	2001 年 1 月改股份制企业
晨明石灰厂	晨明镇	261	白玺广	白石灰、石灰石	1995 年 6 月破产 1996 年 5 月改股份制企业

第三节 主要产品及效益

南岔区的地方工业生产主要是随着用户的需求而生产，产品产量也随着市场的需求进行调节。各厂家的生产效益因产量的供销增减。

1986—1993 年南岔区地方工业主要产品完成量统计表

表 10-5

名称 \ 完成量 \ 年份	1986	1987	1988	1989	1990	1991	1992	1993
饮料（吨）	644	758	506	1003	1084	1053	1163	1483
红砖（万块）	4500	4703	1837	7601	350	3618	3731	3842

续表10-5

名称 \ 完成量 \ 年份	1986	1987	1988	1989	1990	1991	1992	1993
红瓦（万片）	7	16	17	—	8.8	11.2	12.0	12.5
水暖件（万件）	891	2070	1222	380	880	97992	9556.4	846
糕点（吨）	13.6	11.7	12.6	123.5	112.3	112.3	33.3	2
酱油（吨）	297	270	300.5	—	266	266	195	68
豆瓣酱（吨）	26	14	11	46	49	49	31	21
醋（吨）	16	29	27	43	65	65	37	16
组合柜（套）	—	—	—	29	33	33	11	—
苫布（平方米）	1100	1070	1200	4000	1500	—	1995	7000
塑料管（吨）	—	—	—	—	—	—	7	8
塑料膜（吨）	—	—	—	—	—	—	32	5
服装（件）	0.5	0.7	0.2	—	—	2950	2308	—
三匣桌（张）	—	—	—	—	—	18	33	—
学生桌（张）	—	—	—	—	—	322	501	—
米石（吨）	5700	4610	6397	—	—	9185	6790	10024
白云灰（吨）	10063	10881	12849	11053	5517	5608	7286	12706
石灰石（吨）	—	—	—	26170	22225	19839	5952	17216
奶粉（吨）	360	385	411	489	—	490	558	382
写字台（张）	76	88	119	—	—	246	167	125
水泥（吨）	1540	1629	1333	1200	—	—	—	—
双尖镐（把）	23010	—	22030	—	—	—	—	—
矿车（台）	417	—	512	—	—	—	—	—
大头沉（张）	310	178	104	306	—	219	320	272
沙发（个）	—	272	287	173	—	307	317	196
缝纫机架（架）	—	—	—	3350	—	—	—	—
青红方（吨）	14	16	27	75	—	—	—	—
电石（吨）	—	1528	—	1810	—	—	—	—
棉帐篷（栋）	20	17	61	27	—	—	—	—

1986—1993年南岔区（局）地方工业企业产值、利润情况统计表

表 10-6

单位：万元

项目/单位	1986年				1987年				1988年				1989年			
数量	固定资产（净）	产值	利润	税金	固定资产（净）	产值	利润	税金	固定资产（净）	产值	利润	税金	固定资产（净）	产值	利润	税金
南岔乳品厂	88.8	215.7	8.7	10.8	88.8	258.3	5.1	12.5	128.7	302.8	11.4	9.6	132	337	12	15
南岔塑料厂	101.9	140.4	0.7	4.3	101.9	79.7	0.1	4.9	102.1	50	−0.7	4.5	101	46	−1.6	2
南岔木器厂	44.7	54	0.6	1.7	44.7	62.9	0.4	2.8	46.1	89	0.8	4	26.7	142.7	1.8	9.6
南岔服装厂	2.2	50	—	1	2.2	43.7	0.2	1	2.2	33.7	−0.11	0.9	1.5	45	—	1
南岔工具厂	21.2	37.9	1.4	2.4	21.2	42	0.3	1.8	21.7	55.7	1.6	1.6	20	51	1.5	4
南岔酱菜厂	33.2	29.5	0.3	1.7	33.2	39	—	1.8	33.2	34.2	—	1.7	32	306	−2	2
南岔食品厂	3.1	13.5	0.3	0.5	3.1	13.3	0.1	1.1	3.2	28	0.2	1.2	3.2	34.1	—	1.5
浩良河化工建材厂	47	130.9	6	12.3	47	160.7	3.2	16.3	45.1	187.2	4.3	20.1	51	264	7	30
浩良河铸造厂	8	38.7	1.1	1.4	8	38.6	0.5	1.8	8.1	39.1	0.1	2.2	10	39	—	3
浩良河木器厂	13.9	15.5	−2	0.4	13.9	8.4	−3	0.4	13.8	15.4	−0.4	3	10	9.5	−1	—
浩良河食品厂	6.1	23	0.3	1	6.1	24.1	0.1	1.1	6	24.7	0.4	1.4	5.7	25.2	0.4	1.4
浩良河建材厂	24	24.1	0.5	1.6	24	26.8	0.5	2.4	24	12.4	0.3	1	25.4	17.9	−3	1.9

项目/单位	1990年				1991年				1992年				1993年			
数量	固定资产（净）	产值	利润	税金	固定资产（净）	产值	利润	税金	固定资产（净）	产值	利润	税金	固定资产（净）	产值	利润	税金
南岔乳品厂	132	321.7	16.1	16.2	129.4	415.8	15.3	8.6	149.2	462.6	0.5	1.4	149	530	2.1	14
南岔塑料厂	107.1	20.1	−5.6	2.6	105.2	28.4	50.6	4.1	102.7	13.8	—	3.9	103.9	123.7	0.4	5.6
南岔木器厂	24.6	122.4	3	7.9	22.1	182.1	2	8.3	27.8	240	5	13.2	34.8	256.6	6.2	12
南岔服装厂	1.1	21	0.3	0.9	0.8	23.2	0.3	1	0.7	2.3	0.1	0.8	24.2	102.2	0.1	1
南岔工具厂	17	43.7	0.1	0.7	14.7	46.7	0.9	1.3	35.4	52.9	0.9	0.2	—	53.2	0.3	2.3
南岔酱菜厂	30.7	33.5	—	1.5	30.3	63.9	—	1.8	26.6	66.7	−7.2	2.1	—	—	—	—
南岔食品厂	2.8	20.1	0.4	0.8	2.8	20	0.5	0.3	2.8	5.1	−2.1	0.2	—	—	—	—
浩良河化工建材厂	54.6	122.7	−3.5	14.7	51.4	76.8	−5.4	10	55.4	48.5	3.7	6.5	46.4	101.7	—	4.7
浩良河铸造厂	10.1	13.4	−7.9	2.4	10.1	36.3	—	1.7	10.1	39.6	—	2.2	10.1	31.2	−2.1	1.7
浩良河木器厂	13.1	24.6	0.3	2	12.9	22.9	−4.1	1.1	12.7	16	−5.2	1.8	—	—	—	—
浩良河食品厂	—	—	—	—	—	—	—	—	—	—	—	—	—	—	—	—
浩良河建材厂	25.8	18.3	−2.8	3	25.8	11.9	−1.7	3.3	24.7	22.8	−3.3	2.1	24.4	141.1	2.4	19.6

续表 10-6

项目 / 数量 / 单位	1986 年				1987 年				1988 年				1989 年				1990 年				1991 年				1992 年				1993 年			
	固定资产（净）	产值	利润	税金	固定资产（净）	产值	利润	税金	固定资产（净）	产值	利润	税金	固定资产（净）	产值	利润	税金	固定资产（净）	产值	利润	税金	固定资产（净）	产值	利润	税金	固定资产（净）	产值	利润	税金	固定资产（净）	产值	利润	税金
浩良河综合厂	4.8	22	0.9	0.3	4.8	11.5	−3	1	4.8	43	−4	—	4.8	1.5	—	2	—	—	—	—	—	—	—	—	—	—	—	—	—	—	—	—
南岔饮料厂	—	27	—	—	—	35	—	—	—	—	—	—	—	—	—	—	—	—	—	—	—	—	—	—	—	—	—	—	—	—	—	—
南岔轻工机械厂	—	—	—	—	—	—	—	—	216	170	−20	7	264.4	142.7	−15	9.4	257.6	142.9	−3.5	11.5	267	112.4	−57	7.4	26	134.9	−100	4.5	208.5	200	−4	12.2
晨明石灰厂	—	—	—	—	—	—	—	—	88.5	—	4.2	—	77.8	—	7.2	10.6	76.7	46	1.5	9.8	79	103.6	−17	13	75.5	142.1	−30.9	19.3	67.5	204.4	−19.8	16.9
梧桐建材厂	—	—	—	—	—	—	—	—	170	214.1	19.5	—	177.1	—	7.2	10.6	170	153.4	2	15	178	316.2	−48	64.6	174.3	316	2.5	60	161	324	5	63
梧桐木器厂	—	—	—	—	—	—	—	—	221.7	454	30	—	236.8	471.6	26.5	15.3	232	166.9	−45	7	246	178.9	−30.6	11.7	363.7	114.7	−64.3	9.9	356.7	122.3	−53	7

第十一篇　商贸服务业

1986年，依据国家及地方政策，在加快发展改革方针的指导下，商店实行了个体承包，饮食业解体。1993年，粮油全部开放，燃料变成个体经营，以满足人们需要的生活物资供给。到2005年，全区有商贸企业21家，个体2700余户。

第一章　商业体制与管理

商业体制改革，人、财、物由市交给南岔区，对下实行三级管理，商业所有制结构发生了根本变化，销售方式灵活多样，建立了一个自我约束、自我完善、自我发展的商业机构体制。

第一节　商业机构

1986年，国营商业有职工1216人，11月12日，撤销原综合贸易中心，恢复有法人资格和独立核算单位的商业科、百货站、肉联厂。商业科人与物隶属伊春市商业局管辖，财务管理由市财政局管理，党组织归南岔区委。下设机构有南岔区内各大小国营零售商店、饮食服务公司、集体企业公司、糖酒批发公司、浩良河国营商店、饮食业网点。

1988年1月1日，商业科管辖的所属单位、人、财、物交南岔区，隶属南岔区。1989年，南岔区政府将商业科改称为南岔商业局。

1996年1月10日，商业局为经济实体，称为南岔区商贸总汇。

1997年，南岔商贸总汇改称为南岔商业贸易总公司。

2001年1月1日，根据区政府《关于将原商贸总公司固定资产零价出售的决定》精神，企业改制，成立南岔区传利商贸有限责任公司，入股者230人，股东代表民主选举董事会成员和监事会成员。

2003年12月23日，南岔传利商贸有限责任公司董事会，监事会换届选举产生第二届领导成员，至2005年未变。

1986—2005年南岔区商贸正、副职领导更迭表

表11-1

年度	正职	副职	党委书记
1986—1988	邓曙光	倪秀琴　武新生　刘建立	邓曙光
1988—1991	张传铭	武新生　倪秀琴	王书珂
1992—1993	张传铭	武新生　倪秀琴	卢元梅
1994—1995	张传铭	武新生　张传久	倪秀琴
1996—2005	张传久	武新生　董林祥	倪秀琴
2001—2005	张传久	武新生　董林祥	田成华

第二节　商业管理

1986 年，商业科既是市商业局的行政科室又是商业经营管理部门，对下实行三级管理，即商业科直接领导各店、厂、部，各店、厂、部直接领导营业组，实行统一进货，统一管理，统一核算，组织实现各项经济指标。1989 年，商业局为南岔区政企合一管理体制单位之一，商业局既是区（局）行政科室，又是商业经营管理部门。

1992 年，商业流通领域开始深化改革，推行以“经营放开、用工放开、价格放开、分配放开”为主要内容的“四放开”改革工作，采取精简机构、压缩人员、转岗分流的办法，精简部分干部和后勤人员，充实到营业一线承包柜台、门市房，变国有为民营，自主经营、自负盈亏。商业局机关 15 个股室减到 9 个，60 名机关干部减到 26 人。

1993 年，商业局机关股室减到 5 个，机关人员编制压缩 10 人。

1997 年，市场状况由买方市场变卖方市场，商贸公司的职能范围：资产管理保值、承包、租赁、收缴租金。这种体制一直延续到 2005 年不变。

第三节　商业网点改制

1986 年，商业所属各网点实行小范围承包机制。

1996 年起，国营商业原来设立的网点已不适应市场经济的需要，通过改组，改造兼并的手段防止亏损，维持生存。撤销新立商店、东升商店、副食一门部、蔬菜二门部，集体商业保留东岗商店（人民商场）、建林公司，其管网点也实行了关停并转，包租转卖，逐步缩小。

1999 年，商业所有制结构发生了根本变化，由过去的经营管理型变为服务型；工作业务上实行三包，租赁（集体承包，个人承包，租赁）负责管理发包工作；变过去的三级管理为二级管理，即总公司直接领导分公司、店、厂、部；各分公司、店、厂、部直接管理承包者或个体经营者。在收缴租金和承包费的同时，负责本单位安全防火，日常管理等工作事宜。

2000 年，撤销利源商店、浩良河综合商店、林城供销商店。

2001 年，企业改制后，干部实行聘任制，员工实行合同制，公司董事会统一管理分公司店、厂、部，其中百货大楼、五金公司、中心商场妇儿商店实行报账制。2005 年，撤销水解商店、民主商店、蔬菜公司。

第二章　商店　集市　网店

1986年，仍然遵循计划经营体制。1992年，逐渐在部分商店、全区各商业企业放开经营。计划经济转为市场经济的过程中，市场经济快速发展，个体经营已成大局，在吸纳租金的前提下，实行个体承包责任制，自负盈亏。

第一节　经营体制

1986年，各网点仍实行计划经济的经营体制。

1990年，市场出现疲软，销售和利润不断下滑，销售款逐渐下降，国营职工身份不变，享受待遇不变。

1992年，浩良河综合商店率先推行“四放开”改革工作，逐步在全区各商业网点进行承包柜台和承包、租赁门点。

1993年，集体或个人挑头承包商店，经营自主，费用自理，自负盈亏，确保利润上缴。实行三包：包利润、包职工工资、包库存商品。职工承包柜台，工资由承包柜台获利中解决。对社会承包柜台、门店。

1996年，基层商店、厂、部全部放开经营，实行承包、租赁。对小型微利企业，整体出售。变卖产权的全民所有制单位有浩良河道南商店、浩良河菜窖、浩良河汇宾楼、水解商店小二楼连体营业室。

2005年，个人承包商店有柳林家电商店、古楼家电商店、永丰商贸有限责任公司、宏纬购物中心、宏纬商厦、玉学体育用品商店、南方化妆品城、溁溁内衣超市、长城服装商店、大明府眼镜店、南粮家电城、正宏万里地板玻璃店等13家商店。非国有企业已经发展到68户，个体工商户发展到3020户，非国有经济从业人员达3943人。全区非国有经济实现增加值3.9亿元。

第二节　营销及网点分布

1986年，商品购进以市场为导向，勤进快销，合理组织货源，支持林区生产，满足消费需要。采购进货以当地百货站为主，外省采购为辅。具体办法有：联购分销，调剂余缺，互利互惠。

1989年，企业扩大自主权，实行部组承包，由集体承包或个人承包者牵头，自行采购商品，组织进货。

1993 年，实行“四放开”改革后，商品购进全由业主从哈尔滨市或外省市组织进货，外地进货比重达 90% 以上。商品销售种类：五金交化、水暖建材、油漆化工、家用电器、鞋帽针织、服装百货，花纱布匹、呢料陶瓷、烟酒糖茶、副食蔬菜、水果调味、鸡鸭鱼肉、蛋禽水产、文教化装、日用百货。销售方式采取柜台零售，汇货预约，灵活多样的销售方式。

1999 年，商品经营转为店屋、精品屋、柜台出租或租赁，收取租金办法。2005 年，坐落于中纬路商店 16 个，铁路浴池对过 1 个，肉联厂院内 1 个，建行南侧 2 个。其余个体食杂店及其他商业店面分布在辖区内各场、所。

2005 年商业主要网点分布一览表

表 11-2

单位名称	位置	单位名称	位置
百货大楼	中纬路道南	糖酒公司	铁路浴池对过
五金商店	中纬路道北	中纬路副食	中纬路道南
饮食服务公司	中纬路道南	医药商店	中纬路道南
中心商场	中纬路道北	水产公司	肉联厂院内
向阳商店	中纬路道南	食品厂	建行南侧
菜市场	中纬路道南	蔬菜商店	中纬路道北
妇儿商店	中纬路道南	工程队	建行南侧
建材商店	中纬路道南		

1986—2005 年销售情况统计表

表 11-3 单位：千元

项目 数量 年度	总销合计	合计	1. 国内纯销售				2. 调外省国营商业	3. 调给市内	4. 调给省内市县外	5. 调给供销	6. 集体个体销售额（承包承租）				
			售给生产	售给集体	售给个体	售给饮食业					合计	柜台	门市房	精品屋	单位整体租赁
1986	36421	25400	12781	4302	1321	1030	—	9021	—	2000	—	—	—	—	—
1987	37652	31142	13647	3200	1104	623	—	6010	—	500	—	—	—	—	—
1988	38571	28070	4560	3112	1210	—	—	9120	—	1381	—	—	—	—	—
1989	39133	30030	6384	2843	612	—	—	9003	—	100	—	—	—	—	—
1990	37121	26001	5110	1630	450	—	—	7800	1210	2110	—	—	—	—	—
1991	35760	30220	6210	1020	311	—	—	4110	30	1400	—	—	—	—	—
1992	38855	32410	1310	—	260	—	—	4172	—	1453	820	450	370	—	—
1993	36042	31002	1176	—	113	—	—	3180	—	910	950	531	419	—	—
1994	21655	16331	871	—	—	—	—	2122	—	1402	1810	1130	560	—	120
1995	23454	15112	—	—	—	—	—	2211	—	1811	4320	1410	610	1200	1100
1996	18816	10206	—	—	—	—	—	1020	—	1040	6550	1800	2100	1600	1050
1997	22365	10105	—	—	—	—	—	2604	—	2350	7306	2006	2000	1800	1500
1998	21900	9125	—	—	—	—	—	2235	—	2700	7840	2030	2100	210	1500
1999	7010	—	—	—	—	—	—	—	—	—	17010	1840	1622	2300	1208
2000	7132	—	—	—	—	—	—	—	—	—	7132	1856	1920	2100	1256

续表 11-3

项目 数量 年度	总销合计	1. 国内纯销售					2. 调外省国营商业	3. 调给市内	4. 调给省内市县外	5. 调给供销	6. 集体个体销售额（承包承租）				
		合计	售给生产	售给集体	售给个体	售给饮食业					合计	柜台	门市房	精品屋	单位整体租赁
2001	6382	—	—	—	—	—	—	—	—	—	6382	1500	1882	1700	1300
2002	5432	—	—	—	—	—	—	—	—	—	5432	750	880	1662	2140
2003	4214	—	—	—	—	—	—	—	—	—	4214	573	852	669	2120
2004	3350	—	—	—	—	—	—	—	—	—	3350	500	750	500	1210
2005	1900	—	—	—	—	—	—	—	—	—	1900	200	400	300	1000

第三章　饮食服务业及加工

1986年，南岔区饮食服务行业隶属南岔商业贸易中心，企业名称为“饮食服务部”，主要从事食品加工、制酒、酱菜生产、烟草销售。在1994年的大规模改革中饮食服务业解体，全部实行个人承包。1996年6月，商业贸易中心解体，饮食服务行业改称为“饮食服务公司”，属南岔商业下属企业。

第一节　饮食业

1986年，饮食业新华饭店（原一饭店）、林城春饭店、饺子馆、回民饭店、冰棍厂，实行集体承包。

1987年10月，南岔二饭店（林城春饭店）由倪国庆承包，因经营管理不善而解体。原商店地址改称为利源商店，后因建地税局占地而解体。

1987年，饺子馆因商业体制改革，改称为中纬路副食品商店，隶属商业科。

1990年，回民饭店因承包经营亏损，租赁个人经营。

1993年，新华饭店，由朱桂玲承包（1997年4月因农行建楼新华饭店撤销。）

1994年，南岔工商银行占址，回民饭店解体。

1999年，南岔商业冰棍厂因南岔开发龙泉经济适用住宅楼而解体，还门市房面积98平方米。

2005年，南岔区有规模的个体经营的饭店有金都大酒店、五洲大酒店、银都酒店、大清酒店、顺城火锅、金龙酒店、鹿回头海鲜酒店、川骄火锅、双骏酒店、金陵酒店、交通酒店、鑫达河饭店、城信站前礼仪城、中原饭店、公交大酒店15个大型饭店。

第二节　服务业

1986年，服务业有南岔旅社、春风旅社、新影照相馆、新时代照相馆，立新、大众两个理发店（集体企业）。服务业管理机制为集体承包。

2000年，饮食服务公司和南岔旅社及立新理发店的原址，被列为开发重点项目，建南岔商厦，动迁面积980平方米。南岔旅社改为商厦门市房，由商贸公司下属分公司出租经营，旅社由此注销。立新理发店（集体企业）所还门市房因职工集体同意出售而解体。

2001年10月，新影照相馆由李志慧承包经营，因铁路地区开发盖经济适用住宅楼还新影照相面积后，卖给李志慧个人，新影照相馆即整体出售，个人经营。

2005 年，个人经营有规模的旅店有南岔旅馆、宏昌旅社、浩源旅馆、南岔宾馆、腾达酒店、春风旅社、水文招待所、柳林宾馆及个体 370 多户。美容、理发、家政服务、修鞋、浴池等 195 家。

第三节　烟草专卖

南岔烟草专卖分局卷烟营销部，隶属于伊春市烟草专卖局管理。1985 年 12 月，设立南岔批发站，核算方式是独立核算。经营方式是卷烟批发（坐商），供应范围有南岔、金山屯、带岭、朗乡。进货渠道有省烟草公司卷烟销售公司、省内各家烟厂、伊春烟草公司。经济体制是计划经济。2002—2005 年，经营方式彻底改变，由坐商改为行商，闭店经营改为送货上门。伊春烟草公司设物流中心，由物流中心、电话访销、网上订货送货到南岔卷烟营业部，再由南岔营业部送到各个食杂店，各食杂店持零售许可证经营。年销售量 5000 箱左右。

第四节　食品加工业

商业所属商办工业食品厂，有厂房 1070 平方米，设有糕点、糖果、汽水车间（后改为饮料车间）。1987 年，实行个人承包（杨秀军任厂长），税费自理，自负盈亏，达到“三保”，即保职工工资、保银行利息、保上缴利润。个人挑头承包经营所生产的糕点、糖果、饮料三个项目，品种达 20 余种，全部销售在区内市场上。

1995 年，建设银行扩建办公室和住宅，将糕点车间拆除占用，其补偿款用于偿还债务。

2005 年，食品厂有车库 10 个，对外出租、租赁，收取租金，为职工开支和继续维持企业生存。

第五节　制酒业

1993—2005 年，南岔制酒业由过去的国营变成民营，由集体变成个体。生产的厂家有水解厂、成德酒厂、周家酒厂、兴旺酒厂 4 家大型酒厂，日产 0.5 万公斤左右，销售给南岔各饭店和 370 个食杂店。

第六节　酱菜生产业

1996—2005 年，南岔区个体酱油醋厂有辛宝安酱油醋厂、南岔食品个体酱油醋厂，两家日产酱油 500 公斤、醋 250 公斤左右，供给南岔各饭店和 370 个食杂店经营。

第四章 粮 油

粮油供应在20世纪80年代中期到90年代初是执行的计划管理体制。1993年后，粮油全部放开经营。2004年6月起，南岔粮食局认真贯彻执行国务院颁布的粮食流通管理条例，深刻领会条例的精神实质，在实际工作中贯彻执行了条例的全部内容。

第一节 机构设置

1986年，南岔粮食局、南岔粮库、南岔制米厂、南岔制粉厂、南岔饲料厂隶属伊春市粮食局。

1989年12月28日，伊春粮食局第七次常务会议研究决定：将南岔粮库、南岔制米厂、南岔制粉厂、南岔饲料加工厂合并成立南岔粮食综合加工厂，级别为副处级，设党委办、工会、厂办、生产技术科、财会科、保卫科、储运科、人劳科、企管科、中心化验室。下属单位：制粉厂、制米一厂、制米二厂、饲料加工厂、建筑工程队、机电车间、劳动服务公司，共有职工124名。

1998年8月25日，伊春粮食局决定将南岔粮食综合加工厂、南岔粮食分局、浩良河粮库、浩良河粮食分局合并为南岔区粮食局，隶属伊春市粮食局，设政工科、财务科、业务科、审计科、人劳科、局办。下属单位：制米厂、制粉厂、稻谷厂、饲料加工厂、保险柜厂、南岔粮食职工医院。至2005年未变。

1986—2005年南岔粮食局书记、局长更迭表

表11-4

年度	书记	年度	局长
1986—1988	丁洪君	1986—1999	丁洪君
1989—1994	王庆海	1990—1992	孙彦林
1994—1999	孙心林	1992—1998	鞠 杰
1999—1998	张连举	1998—1990	高双德
1998—1998.8	鞠 杰	1990—1994	李庆昌
1998.8—2003.3	鞠 杰	1994—1996	张连举
2003.3—2005	宋维波	1996—1998	宁宝善
		1998—2003.3	鞠 杰
		2003.3—2005	丁 锐

第二节 粮油供应

1986 年，国家粮食供应执行计划和定量供应，南岔粮食分局下设 16 个粮店（镇内 10 个，山上 6 个），粮店实行前店后厂。

1993 年，粮店增加 5 个，月供应粮油 3105 吨，所供应粮源由南岔粮食库供应。

1993 年，国家开始逐步放开粮食市场，几次调整粮油经销政策，允许个人、集体、企业经销粮油，打破了国有粮食企业独家经营的格局。

2000 年，国家进一步深化粮改，根据省、市粮改精神，盘活国有资产，减少流失，国有粮店向社会公开销售，从而结束国有粮店供应的历史。

2001 年 5 月 1 日以前，城镇居民拆迁、子女升学等，需办理粮食关系转移证明，根据国发〔2001〕38 号国家粮食局关于取消“市镇居民粮食供应转移证明”（简称市转证）的通知，自 2001 年 5 月 1 日取消（市转证）以前（市转证）的文件和规定，以及印发的（市转证）同时废止，从而结束了居民粮食关系转移的历史。

2005 年，粮油经营由市场调节，放开经营。进货自便。

1986—2005 年南岔粮食局书记、局长更迭表

表 11-5

店名	位置	供应范围
中心粮店	中心街	中心、建政、和平、联合、东方红、站前
旭日粮店	旭日街	旭日、红星、临河、东风、东山、黎明
建兴粮店	建兴街	建兴、铁工、建铁、建国、前进、兴林
曙光粮店	曙光街	曙光、红光、立新、新兴、新合、爱国
红旗粮店	红旗街	红旗、西水、道口、建设、跃进、坝东
民主粮店	民主街	民主，集中、胜利、贮木、新建
向阳粮店	向阳街	向阳、朝阳、团结、永胜、永兴、后兴
永丰粮店	永丰街	永丰、永安、永林、奋斗
利民粮店	利民街	利民、坝东、林机、林西、西山、文明、大岭
育林粮店	育林街	育林、城林、护林、双林
松青粮店	松青所	木林、农林、松青、路林、石头河林场
梧桐粮店	梧桐村	梧桐
南岔所店	南岔所	南岔森林经营所
七八场店	七八林场	奋斗经营所、大磊林场
柳树粮店	柳树所	柳树森林经营所
岩石粮店	岩石所	岩石森林经营所
桦阳粮店	桦阳所	桦阳森林经营所

注：1992 年以后各粮店解体，全部放开

第三节 粮油加工

一、制粉

南岔制粉厂位于南岔西北部，坐落在南岔国储库院内，1988年6月6日开工建设。投资890万元，于1990年年末完工，1991年正式投产，新厂房六层楼建筑面积3660平方米，安装国内先进设备MY8型磨粉机14台、FJ6×12筛粉机8台、QFD50×2×2清粉机2台、QSC100去石机4台、6-30N28高压风机和4-72-11N28低压风机各2台、其他设备140台（套），这些制粉设备都是国内一流产品，由于设备先进，工艺合理，提高了劳动生产率，经济效率可观。自投产以后，工业产值1991年2401万元，利润303万元，并于1992年年末提前还清建厂500万元银行贷款。1993年，粮食市场放开后，市场以销定产，由于加工任务不饱和，企业亏损。1997年停产。

二、稻谷加工

南岔稻谷厂位于南岔国储库北部，1998年5月，对稻谷加工设备进行技术改造，引进3台国内比较先进的丰收一号喷风式米机和1台砻谷机，年产量由过去1.5万吨，达到年产2.5万吨，提高了产品质量和出品率，年利润达100万元。粮食市场开放后，市场以销定产，由于加工设备落后，1997年停产。

2005年，在原稻谷厂的基础上，采取职工集资入股的形式，成立春珠米业有限责任公司，安装1套日本“左竹”稻谷加工设备，日加工水稻180吨，设备先进，工艺布局合理，前景十分可观。

三、玉米加工

南岔玉米加工厂位于南岔粮库西北部，下设联产车间、综合车间，年加工玉米3万吨，主要设备有玉米机3台，磨粉机3台，平筛3台，油机3台，蒸炒锅4台。1989年，省粮食局投资20万元，市粮食自筹26万，对玉米加工车间技术改造，新建清理车间286平方米，增加2台水汽调节器，磨粉机1台，去面机4台，风机11台，更新开运设备十五道。1989年9月6日调试，9月10日正式生产，产量由过去3万吨提高4.5万吨，提高了产品质量，降低了成本，利润达到80万元。粮食市场放开后，市场以销定产，加工任务不饱和，玉米加工产品不适应市场的需要，1996年停产。

四、饲料加工

1989年，南岔饲料加工厂投资60万元进行改造，厂房540平方米，安装各种设备48台（套），并采用JD-8025微机配料秤设计年产量1万吨。1990年因饲料市场放开，1991年停产。

五、制油

南岔浸油厂于2000年8月施工，2001年9月投产，设计产量50T ~ 80T/天，装机额量470千瓦，浸油厂设备先进，工艺布局合理，主要设备有浸油器、DJ型蒸脱机、冷凝器等设备86台（套）。因体制变更，实行了租赁。到2005年，年加工豆油5200吨。

1986—1997 年南岔粮食企业加工一览表

表 11-6　　单位：吨

年份＼数量＼项目	小麦	玉米	水稻
1986	17547	13748	9183
1987	17704	33609	10155
1988	16588	31607	9068
1989	15288	22520	4735
1990	6074	42987	13048
1991	35139	40325	13793
1992	33701	25117	10258
1993	20240	6840	3144
1994	19800	13200	18650
1995	38820	14975	19665
1996	38312	21113	11098
1997	3439	1694	697

第四节　粮食储备

1990 年 6 月，省粮食局投资 60 万元在南岔粮库建 1 座日处理潮玉米 300 吨烘干塔；投资 8 万元在南岔粮库建钢板仓 2 个；投资 19.4 万元建罩棚 1450 平方米。

1990 年 10 月 4 日，省粮食局黑粮建字〔1990〕214 号文件《关于南岔国家粮食储备库设计任务书的批复》决定在南岔粮库院内扩建国家粮食储备库，扩建仓容 2500 万公斤，总投资 660 万元。

1991 年 4 月，国家粮食储备扩建工程展开全面建设，当年建水泥地面 1800 平方米，投资 6.4 万元，建围墙 1350 米，投资 22.5 万元，建库区、家属区自来水管道。

1992 年，国家粮食储备库扩建工程全部完工，建筑面积 6163 平方米，其中房式仓 6 栋 1766 万公斤，砖园仓 8 个 800 万公斤，其他附属配套工程 15 项，经国家、省、市组成的验收委员会检查验收合格。

1999 年 10 月，国家专项储备 100 亿公斤项目，经南岔国储库扩建二期工程，国家投资 1362 万元，建房式仓 5 栋，增加仓容 0.25 亿公斤，2001 年通过国家验收。

2002—2004 年，国家投资 200 万元，铺建 500 平方米地坪。

2005 年，南岔国储库经过国家、省、市投入大量资金，储粮能力达 25 万吨，实现了储粮仓房化、管理规范化、保粮科学化、库区园林化，保卫工作实现了计算机监控化，已跨入黑龙江省内大中型企事业行列，是国家中储粮代储库。

1986—2005年南岔粮油储存情况统计表

表11-7

单位：吨

年份	粮食品种							合计	食用油		合计
	小麦	水稻	玉米	高粱	谷子	大豆	杂粮		豆油	菜籽油	
1986	12128	9055	19950	3486	288	406	971	46284	309	38	347
1987	15326	7839	15870	5317	372	513	931	46168	378	27	405
1988	21450	8657	13938	2515	128	473	826	47987	258	46	304
1989	28372	7980	11443	—	—	580	615	48990	319	25	344
1990	32371	7800	9480	—	—	545	637	50833	359	3	362
1991	33681	7241	12120	—	—	571	610	54223	499	14	513
1992	42170	12589	3388	—	—	98	100	58345	133	14	147
1993	38589	11304	1141	—	—	42	5	51081	124	10	134
1994	39022	4352	1643	—	—	98	40	45155	123	10	134
1995	36680	5051	543	—	—	26	3	42303	40	2	42
1996	43501	19789	13943	—	—	3	2	77244	185	3	188
1997	54798	32837	23145	—	—	3	2	110785	37	3	40
1998	58106	55719	11706	—	—	4	3	125538	10	3	13
1999	57170	82714	13747	—	—	3	3	153637	5	3	8
2000	43301	116712	13499	—	—	—	—	173512	—	3	3
2001	43280	138354	21693	—	—	—	—	203327	—	3	3
2002	13822	138974	22120	—	—	—	—	174916	—	—	—
2003	—	131443	13078	—	—	—	—	144520	—	—	—
2004	—	121657	12824	—	—	—	—	134481	—	—	—
2005	—	106186	12976	—	—	—	—	119162	—	—	—

第五章 燃 料

石油、煤炭、液化气是人民生活中的必需用品。改革开放之前是计划供应，持证领取。改革开放以后，石油网点供应与销售、液化气、沼气在市场经济的影响下，由国营经营变成个体经营，除石油在计划经济供应外，其他均变成个体经营，供应给南岔居民。

第一节 机构设置

1998 年，南岔区石油供应站从原物资科剥离，成立南岔区石油供应站。2001 年，改制为股份有限责任公司，更名为南岔区宏利石油有限责任公司。设经理1人，副经理1人，书记1人，职工48人。

2005 年 11 月，南岔区宏利石油有限责任公司依法进行了解体，同时成立了南岔宏利石油有限责任公司，其性质为国有独资公司，设经理 1 人，副经理 2 人，书记 1 人，职工 42 人。

第二节 石油网点

1998 年，南岔区石油供应站从原物资科剥离，成立南岔宏利石油有限责任公司，下设 7 站和 7 个贮备库。区内 3 站 1 库。东升加油站位于南岔区东升委，北山加油站位于南岔区联合办育林委，利民加油站位于南岔区利民委；西油库位于南岔区西水办林机委。区外：松青加油站位于南岔区松青所，浩良河加油站位于南岔区浩良河镇，浩良河九公里加油站位于南岔区浩良河经营所，晨明加油站位于南岔区晨明镇。

第三节 供物渠道与销售

1999—2005 年，南岔宏利石油有限责任公司的石油由黑龙江省森工总局石油公司计划内划拨，从大庆进货，供应给南岔宏利石油有限责任公司，种类有汽油、柴油。汽油包括 90# 和 93#，柴油包括 0#、-10#、-20#、-35#。石油价格，接受区物价局的调整，随全国石油价格的浮动变化而变化。

1999—2005年南岔石油公司历年汽油销售量一览表

表11-8 单位：升

年度	销售量	年度	销售量
1999	1886.654	2003	3381.714
2000	2229.630	2004	3500.175
2001	3278.210	2005	284.000
2002	3334.074		

第四节 煤 炭

1986—1993年，煤炭营销实行计划经济票按户供应，凭证供应，居民持证购买。1994年起在市场经济的发展中，由过去的凭票供应变成了个体销售，被南岔几家个体户登记经销，供应给南岔居民及集中供热单位。

第五节 液化气

南岔区的液化气供应站隶属伊春市庆丰化工有限责任公司。为了给南岔区人民创办便民的公益事业，扩大该公司经营面，强化小城镇设施建设，提高人民的生活质量，于1998年6月在南岔区东升办事处东升委建1处液化气石油气供应站，解决南岔人民群众对液化气的需求。1999年1月竣工，经验收合格后投入使用。

1999—2005年，南岔液化气石油气站设站长1名，会计1名，出纳员1名，泵工1名，充气工2名，司机1名，更夫1名，合计8人。其中管理人员3名，工人5名。液化气由30吨槽车从大庆龙凤炼油厂运输到南岔液化气站，装入25立方米的两个储备库。对外充瓶供应给南岔市民。

1999—2005年南岔液化气站每年供应量一览表

表11-9 单位：吨

年度	1999	2000	2001	2002	2003	2004	2005
供应量	152	240	256	270	301	265	275

第六节 沼 气

2004年，南岔区科协在威岭经营所养猪大户张宪印家试点成功。

2005年，南岔区政府分别在威岭所、太平所、迎春乡各选3户职工、农民家庭进行生态试点建设，共建沼气池7个，每池容积为8立方米，建畜禽舍3处，建厕所3处。从2005年7月初开始，沼气池开始产气，投入使用，每池日产气0.83立方米，可连续燃烧2 ~ 3小时，可供3口之家一天生活用能。自此之后南岔区在14个林场所和3个乡镇，全面铺开了沼气池的建设工程。

第十二篇　财政　税务

南岔区（局）设财政（务）局，根据国家不同时期的财政政策，负责区（局）固定资产、流动资金、财政专项基金的成本开支、费用划分等项业务工作，财政（务）局下属47个基层财务单位。

第一章 财 政

1986—2005年，南岔的财政和财务承担南岔区和林业局的财政（务）业务管理工作，区属基层47个财务单位对区财政局负责，业务对口管理，依据各年初的财务指标进行核算，财政局进行总核算。每年向区人大常委会报告财政收入、支出及下年的财政预算工作。严格执行财经纪律，不定期对所辖基层财务单位进行检查指导，实行收支两条线管理。

第一节 机构设置

1986年，南岔实行政企合一体制，设财务科，科长1名，副科长2名，辖基层财务组62个。

1989年，财务科改称为财政局，局长1名，副局长2名，人员编制27人，辖基层财务组60个。

1996年，财政局人员编制24人，辖基层财务组58个。

1997年6月，财政局设局长1名，副局长2名，人员编制17人，辖基层财务组60个。

2001年1月，区（局）成立了天然林保护核算中心，工作核算设在财政局。财政局设局长1名，副局长2名，编制18人。全区（局）基层财务单位55个，财务人员368名。

2002年3月，林业局的营林财务合并到财政局统一核算，财政局人员编制19人。

2005年，财政局局长1名，副局长2名，收费分局局长1名，天然林保护核算中心副主任1名，编制19人，辖基层财务单位47个，全区（局）财会人员386名。

1986—2005年财政（务）局（科）领导更迭表

表12-1

正职	任离职时间	副职	任离职时间
刘吉庆	1987.6—1990.12	李长杰	—1990.12
李长杰	1990.12—1995.11	李欣荣	—1998.10去世
张传铭	1995.11—2001.3	王　平	1992.11—2001.3
王　平	2001.3—2004.3	王　波	1999.8—
李传林	2004.3—	王　野	2001.6—
		刘海娟	2003.11—（收费局局长）
		张建国	2004.6—（天保核算中心副主任）

第二节　财政收入与支出

一、财政收入

区（局）的财政收入主要包括增值税、营业税、个人所得税、车船使用税、房产税、土地税、耕地占用税、契税、企业所得税、城镇维护税、印花税、行政性收费、罚没收入等。1986 年，财政收入 2030 万元。1995 年，财政收入 1307 万元。2001 年 1 月 1 日，财政收入增加了天然林保护工程政策性补贴，主要包括政府经费补贴、文教卫生经费补贴、公检法经费补贴、森林管护经费补贴等。当年，财政收入 1247 万元，到 2005 年，财政收入 1307 万元。

二、财政支出

区（局）的财政支出包括行政事业费、公检法经费、教育经费、卫生经费、城镇维护经费等。1986 年，财政支出 714 万元，区（局）自 1990 年起财政和财务收支相抵后，财政支出 1116 万元，林业局逐年亏损。1999 年，财政支出 1129 万元。到 2005 年，财政支出 2687 万元。

1986—2005 年财政收入支出一览表

表 12-2　　单位：万元

年份	财政收入	财政支出（含专项资金）
1986	2030	714（166）
1987	2505	792（156）
1988	2766	861（168）
1989	2877	891（163）
1990	2444	840（276）
1991	1373	772（262）
1992	2751	774（73）
1993	2363	637（28）
1994	1423	716（45）
1995	1307	554（49）
1996	1422	595（60）
1997	1607	473（97）
1998	1200	591（147）
1999	1051	759（370）
2000	1272	976（370）
2001	1247	1176（529）
2002	1531	1593（675）
2003	1491	2634（1792）
2004	1293	2509
2005	1307	2687

第三节 财政（务）管理

1986 年，南岔区（局）根据国家不同时期颁布的财政管理政策和规定，依据地区的实际状况，相继建立了固定资产、流动资金、财政专项资金和成本开支范围及有关费用划分等财政（务）管理的内部管理与控制制度。1993 年 7 月 1 日，实行新的企业财务制度，根据上级主管部门要求对原有的财务各方面管理制度做了相应的调整。1998 年,《南岔区（局）财政管理改革实施方案》正式颁布，对林业局天然林保护工程项目的实施，做出明确的安排，对区属单位实行会计委派制度。区（局）本着经营管理放开搞活，财务工作管严管住的原则，严格执行《资金使用和管理制度》《银行印签分管制度》《产品入库核对制度》，严格执行木材产品须经检验、计划、生产部门签字后方可入库。区（局）机关执行《代金券核算办法》，即根据月份进度计划，经费会计员印制登记，分科室单位发放，凭代金券核销标准进行财务管理。2005 年，南岔区收费分局设在区财政局，对预算外资金和罚没额严格统一票据，实行收支两条线管理。

第四节 成本费用

1986 年，全局各项生产总收入 6507.5 万元，营业利润 959.8 万元，实现总利润 402.8 万元。1990 年，产品收入 5605.7 万元，利润亏损 731.8 万元，到 2005 年，产品收入 2615.4 万元，利润亏损 554 万元。

1986—2005 年决算统计表

表 12-3　　单位：万元

年份 \ 金额 \ 项目	利润总额	产品销售收入	营业利润
1986	402.8	6507.5	959.8
1987	1033.5	8187.9	1774.6
1988	876.7	8217	1885.8
1989	448.8	8043	1615.9
1990	−731.8	5605.7	582.3
1991	−260.2	5363.7	1013.8
1992	−83.9	2472.3	521.9
1993	−347.1	6601.2	623.4
1994	285.4	5993.5	344.6
1995	−378.4	6625.4	260.1
1996	−28.8	8860.4	342
1997	10.3	8297	554.9
1998	−823	4923.8	94.1
1999	121	2876.5	611
2000	−743.8	2395	−105.9

续表 12-3

年份 \ 金额 \ 项目	利润总额	产品销售收入	营业利润
2001	−982.7	1456.3	−298.9
2002	−736.4	1913.9	−162.5
2003	−729.2	1452.4	−442.2
2004	−846.8	1553.8	−433.7
2005	−554	2615.4	−257.9

1986—2005 年企业管理费统计表

表 12-4

	年份 \ 金额 \ 项目	企业管理费发生额（万元）			人数（人）	
		总额	行政管理费	利息支出		
会计制度改革前	1986	510.4	96.2	54.4	1073	
	1987	567.8	138	48.9	1083	
	1988	569.5	162.3	45.7	1054	
	1989	687.1	166.3	69.8	1096	
	1990	700.7	216.6	146.3	1149	
	1991	876.3	195.5	183.2	1130	
	1992	945.2	209.5	223.2	1097	
	1993、1−6	562.6	99.6	109.7	952	
	年份 \ 金额 \ 项目	企业管理费（万元）			人数（人）	
		总额	公司经费	劳动保险费	管理费	离退休
会计制度改革后	1993、7−12	1352.1	429	690	739	3856
	1994	2557.3	802.7	1462.7	787	3875
	1995	2799.5	868.8	1758.4	699	4190
	1996	2796.1	740.5	1952.7	691	4413
	1997	2560.3	691.4	1762.6	534	4597
	1998	2639.9	505.6	2092.1	1322	4751
	1999	3273.5	1111.9	1943.4	1520	4586
	2000	3431.9	1253.7	2314.1	1520	5417
	2001	1797	1257.9	801.6	1520	—
	2002	1418.7	1138.4	540.3	1418	—
	2003	1754.4	1160.4	878.3	1535	—
	2004	2687.3	1205.6	1321.8	1535	—
	2005	2887.3	1668.5	1097.2	1597	—

注：2001 年以后，根据国家规定实行社会保障制度，离退休人员工资中属于国家统筹项目内的部分由社保局统一支付，企业的劳动保险费用中核算企业应缴的社会养老保险费及离退休人员工资中属于企业应支付的国家统筹项目外的项目

1993—2005年财务费统计表

表 12-5

单位：万元

	项目 金额 年份	财务费用发生额	
		总额	其中：利息费用
会计制度改革后	1993、7-12	245.5	245.4
	1994	593.6	593.4
	1995	411.3	411.2
	1996	625.2	625.1
	1997	105.3	105.2
	1998	0.1	0
	1999	488.3	488.2
	2000	0	0
	2001	0	0
	2002	427.3	427.1
	2003	89.6	89.5
	2004	59.2	59
	2005	180	179.6

注：1993年7月1日，会计制度改革后，企业的利息费用由原来在管理费用中核算改为单独核算。1997年，因享受国家优化资本结构、减员增效的政策，当年减免利息509.2万元。从1998年国家实施天然林保护工程以来，企业大幅度减少木材产量，已无能力支付全部利息费用，每年根据企业所承受的能力支付部分利息。到2005年年末，应支付银行利息1802.2万元，实际支付1004.8万元，欠付797.4万元

1986—1993年木材阶段别成本统计表（会计制度改革前）

表 12-6

单位：万元、米

项目 金额 年份	总成本	单位总成本	实际完成产量	伐区		运材		贮木场		费用	
				成本总额	单位成本	成本总额	单位成本	成本总额	单位成本	费用总额	单位成本
1986	1448.8	6.318	229308	480.2	2.094	243.7	1.063	122.2	0.533	602.7	2.628
1987	1511.2	6.669	226600	496	2.189	314.6	1.388	203.8	0.9	496.8	2.192
1988	1597.2	7.182	222400	527.5	2.371	299.2	1.367	188.3	0.86	582.2	2.584
1989	1590.5	7.609	209000	542.6	2.596	314.5	1.512	161.4	0.776	572	2.725
1990	1632.9	8.986	181710	634.1	3.49	303.3	1.669	170.1	0.936	525.4	2.891
1991	1642.4	10.949	150000	543.1	3.62	352.1	2.347	140.5	0.937	606.7	4.045
1992	1675.2	12.409	135000	537.8	3.983	282	2.089	123.6	0.916	731.8	5.421
1993	1932.8	21.636	89331	1131	12.66	249.5	2.794	98.8	1.106	453.5	5.076

1993—2005年木材阶段别成本表（会计制度改革后）

表 12-7

单位：万元、米

项目 金额 年份	总成本	单位总成本	实际完成产量	伐区		运材		贮木场		费用	
				成本总额	单位成本	成本总额	单位成本	成本总额	单位成本	费用总额	单位成本
1993	782.2	21.929	35669	—	—	—	—	—	—	—	—

续表 12-7

年份 \ 金额 \ 项目	总成本	单位总成本	实际完成产量	伐区		运材		贮木场		费用	
				成本总额	单位成本	成本总额	单位成本	成本总额	单位成本	费用总额	单位成本
1994	2310.7	18.486	125000	—	—	—	—	—	—	—	—
1995	2214.5	17.716	125000	—	—	—	—	—	—	—	—
1996	2798.4	20.729	135000	1945.3	14.41	466.2	3.453	278.9	2.066	108	0.8
1997	2771.6	23.291	119000	1946.8	16.36	475.3	3.994	257.5	2.164	92	0.773
1998	2783.6	26.51	105000	1920.7	18.292	502	4.781	276.9	2.637	84	0.8
1999	2149.8	23.367	92000	1438.7	15.638	422	4.587	215.5	2.342	73.6	0.8
2000	944.3	18.886	50000	422.3	8.446	331.9	6.638	150.1	3.002	40	0.8
2001	934.3	18.686	50000	427.5	8.55	345.5	6.91	136.3	2.726	25	0.5
2002	776.5	18.686	41555	346.3	8.334	305	7.34	113.2	2.724	12	0.288
2003	785.9	19.535	40230	360.6	8.963	300.6	7.472	94.3	2.344	30.4	0.756
2004	747.3	18.777	39798	344.8	8.964	281	7.061	110.9	2.787	10.6	0.266
2005	989.6	21.992	44999	498.4	11.076	327.2	7.271	128.8	2.862	35.2	0.782

1986—1992 年锯材成本统计表

表 12-8

单位：万元、米

年份 \ 金额 \ 项目	锯材成本				
	产量	总成本	单位成本	其中：	
				加工成本	单位加工单位成本
1986	41179	871.9	21.174	102.3	2.485
1987	25059	1023.9	29.205	131.1	3.738
1988	30032	830.3	27.648	117.7	3.92
1989	30080	825.7	27.45	134.2	4.46
1990	25000	814.7	32.587	135.7	5.428
1991	18000	768.5	42.696	137.1	7.618
1992	8000	297.6	37.195	48.3	6.031

1986—1993 年木材成本表（改革前计制度）

表 12-9

单位：万元、米

年份 \ 金额 \ 项目	商品产品实际总成本			木材成本			木材成本按料、工、费区分					
	实际总成本	按上年成本计算的总成本	可比产品成本降低率（%）	产量	总成本	单位成本	材料		工资		费用	
							总额	单位材料费	总额	单位人工费	总额	单位费用
1986	2320.7	1978.6	−17.29	229308	1448.8	6.318	337.4	1.471	—	1.629	737.9	3.218
1987	2535.1	2173.9	−16.62	226600	1511.3	6.669	474.1	2.092	417	1.84	620.2	2.737
1988	2427.5	2360.3	−2.77	222400	1597.2	7.182	372.3	1.674	401.4	1.805	823.5	3.703
1989	2416.2	2332.7	−3.6	209000	1590.5	7.609	448.8	2.147	441.8	2.114	699.9	3.349

续表 12-9

项目 金额 年份	商品产品实际总成本			木材成本			木材成本按料、工、费区分					
	实际总成本	按上年成本计算的总成本	可比产品成本降低率（%）	产量	总成本	单位成本	材料		工资		费用	
							总额	单位材料费	总额	单位人工费	总额	单位费用
1990	2447.6	2068.9	−18.3	181710	1632.9	8.988	378.4	2.082	586.4	3.227	668.1	3.677
1991	2410.9	1934.5	−24.63	150000	1642.4	10.949	483.2	3.221	185.4	3.236	673.8	4.492
1992	1972.8	1819.7	−8.41	135000	1675.2	12.409	353.8	2.621	564.2	4.179	757.2	5.609
1993.1	4521.8	1108.5	−74.36	89331	1932.8	21.636	165.3	1.85	181.9	2.037	1585.6	17.749

1993—2005 年木材成本表（改革后计制度）

表 12-10 单位：万元、米

项目 数量 年份	木材成本			木材成本按料、工、费区分							
	产量	总成本	单位成本	直接材料		直接工资		其他直接支出		制造费用	
				总额	单位成本	总额	单位成本	总额	单位成本	总额	单位成本
1993	35669	782.2	21.929	480.5	13.471	93.2	2.613	72.7	2.038	135.8	3.807
1994	125000	2310.7	5.475	1626.4	—	73.1	0.585	258.5	2.068	352.7	2.822
1995	125000	2214.5	17.716	1472.1	11.776	46.5	0.372	279.8	2.239	416.1	3.329
1996	135000	2798.4	20.728	1583.2	11.727	443	3.281	329.4	2.44	442.8	3.28
1997	119000	2771.6	23.291	1436.9	12.075	499	4.193	490	4.118	345.7	2.905
1998	105000	2783.6	26.511	1235.2	11.764	477.4	4.547	565.3	5.384	505.7	4.816
1999	92000	2149.8	23.366	911.2	9.904	468.6	5.093	450	4.891	320	3.478
2000	50000	1044.3	18.886	269.3	3.386	335	6.7	153.6	3.072	286.4	5.728
2001	50000	934.3	18.686	135.8	2.716	353.9	7.078	165.9	3.318	278.7	5.574
2002	50000	776.5	18.686	65.5	1.576	314.6	7.571	170	4.091	226.4	5.448
2003	41555	785.9	19.534	56.1	1.394	260.3	6.47	241.9	6.013	227.6	5.657
2004	39798	747.3	78.777	43.3	1.088	277.9	6.983	208.6	5.241	217.5	4.565
2005	44999	989.6	21.992	30.3	0.673	409.3	9.096	298.4	6.631	257.6	5.591

1986—1993 年资产表（改革前计制度）

表 12-11 单位：万元

项目 金额 年份	固定资产原值年末数	固定资产净值年末数	应提折旧的固定资产原值	折旧基金		大修基金		
				提取率（%）	提取数	应提大修基金	提取率（%）	提取数
1986	7646.8	4833	3557.8	2.99	106.4	7089.8	3.4	243.9
1987	8784.8	8391.7	5737.9	4.78	274.3	8784.8	3.4	229.9
1988	9581.9	5959.4	6256	5.03	314.8	9581.9	3.4	275.2
1989	10361.5	6595.3	6831.9	4.82	329.6	10350.2	3.4	282.7
1990	12671.1	8047.2	8952.2	3.87	346.6	9620.6	3.4	327.1
1991	13692	8691.7	9757.5	3.33	324.7	9620.6	3.4	327.1

续表 12-11

项目/金额/年份	固定资产原值年末数	固定资产净值年末数	应提折旧的固定资产原值	折旧基金		大修基金		
				提取率（%）	提取数	应提大修基金	提取率（%）	提取数
1992	14415.5	9028.2	10799.3	3.84	414.2	11202.9	3.4	380.9
1993.6	10820.5	7110.6	7204.3	3.09	222.4	12335.2	3.4	209.7

1993—2005 年固定资产表（改革后计制度）

表 12-12　　单位：万元

项目/金额/年份	固定资产原值年末数	固定资产净值年末数	应提折旧的固定资产原值	累计折旧		大修费		
				提取率（%）	提取数	应提大修费	提取数	支出数
1993	11196.8	7436.5	7268.3	2.27	165	7268.3	173.8	173.8
1994	12382.5	8387.5	8443.2	3.79	319.7	8443.2	244.4	244.4
1995	13954.9	10231.5	9958.7	2.03	201.8	9958.7	268.1	268.1
1996	13567.6	9789.1	9508.6	4.45	423.3	9508.6	209.3	209.3
1997	14174.3	9825.6	10127.8	4.24	429.1	10127.8	144.1	144.1
1998	13951.9	9406.7	7645.2	3.34	255.5	7645.2	205.5	205.5
1999	13960.1	9419	4089.6	5.32	217.4	4089.6	92.6	92.6
2000	17071.3	13053.2	3839.7	4.56	175.2	3839.7	85.9	85.9
2001	17566.7	13329.3	6076.6	2.56	155.3	6076.6	64.2	64.2
2002	15176.6	12790.8	1516.4	5.50	83.4	1516.4	37.2	37.2
2003	15007.3	12635.6	1311.6	6.52	85.5	1311.6	17.5	17.5
2004	13987.6	12365.9	1299.3	5.98	77.7	—	—	—
2005	15868.7	14134.3	2013.5	5.92	119.2	—	—	—

2001—2005 年南岔天保收支情况统计表

表 12-13　　单位：万元

年份/金额/项目	2001		2002		2003		2004		2005	
	收入	支出	收入	支出	收入	支出	收入	支出	收入	支出
森要管护事业费	5537	5852	5537	5537	5537	5837	5719	5751	5829	5873
教育经费	13112	13323	13112	14479	13331	14485	13952	14528	14134	14335
医疗卫生经费	1211	3608	1211	3064	1211	3371	1317	3835	1351	3808
公检法司经费	4882	5196	4882	5565	4882	4932	5040	5065	5109	5178
政府经费	11336	11767	11336	11336	11336	11336	11891	11891	13738	13738
养老保险统筹费	10078	10078	10078	10078	10078	10078	10078	10078	10078	10078
一次性安置补偿费	—	—	28653	4126	1101	25628	—	—	—	—
学杂费收入	1134	—	839	—	1102	—	998	—	1307	—
医务收入	1493	—	1448	—	1656	—	2171	—	2004	—

续表 12-13

项目 \ 金额 \ 年份	2001		2002		2003		2004		2005	
	收入	支出	收入	支出	收入	支出	收入	支出	收入	支出
利息收入	94	—	65	—	50	—	38	—	44	—
合计	48907	49824	77161	54185	50284	75667	51204	51148	53594	53010

注：天保核算中心成立于 2001 年 1 月 1 日

第五节 育林基金

、育林基金提取

1986 年，育林基金仍执行 1981 年规定的小薪材每立方米 5 元，其余每立方米 15 元的额度提取；1987 年改为木材销售收入的 21% 提取；1994 年改为木材销售收入的 24% 提取；1999 年改为木材销售收入的 26% 提取。至 2005 年不变。

二、育林基金支出及使用范围

林业局的营林处是核算育林基金的支出部门，主要核算范围 14 项，即：更新造林，造林调查设计，补植，幼林抚育，为下年整地，森林抚育，封山育林，偿还劳动储备林（收缴集体个体），其他造林（义务林、经济林），种苗经营，森林保护，营林费用支出，分摊的经营所、林场机构经费（制造费用 1993 年 7 月 1 日后），分摊的管理费用。

1986 年，经营所机构经费由营林费用承担，林场机构经费企业管理费由木材承担。

1987 年开始实行机构经费、企业管理费用由木材、营林直接费交互分配承担。

2003 年，实行制造费用汇总后按营林、木材直接费分配承担。截至 2005 年。

1986—2005 年度育林费提取情况统计表

表 12-14

年份 \ 金额 \ 项目	木材				
	销售数量（米）	销售收入		提取育林费	
		总额（万元）	单位售价（万元）	总额（万元）	单位育林费（万元）
1986	211445	2149.8	0.010167	349.4	0.001652
1987	259292	3953.3	0.015247	830.2	0.003202
1988	229113	3762.3	0.016421	744.3	0.003248
1989	217904	3570.2	0.016384	749.8	0.003441
1990	150098	2663.7	0.017747	559.4	0.003727
1991	143824	3306.5	0.022990	859.7	0.005977
1992	123704	3122.8	0.025244	811.9	0.006563
1993.1.1—1993.6.30	62076	3002.7	0.048371	780.7	0.012577
1993.7.1—1993.12.31	52350	1792.3	0.034237	388.1	—
1994	140536	5546.4	0.039466	1356.3	—

续表 12-14

项目 金额 年份	木材				
	销售数量（米）	销售收入		提取育林费	
		总额（万元）	单位售价（万元）	总额（万元）	单位育林费（万元）
1995	122687	4952.3	0.040365	1172.5	—
1996	157264	5816.6	0.036986	1234.4	—
1997	131706	4895.6	0.037171	1173.4	—
1998	110150	4314.7	0.039171	1051	—
1999	71484	2873.6	0.040199	747.1	—
2000	67341	2368.4	0.035170	615.8	—
2001	38162	1444.3	0.037847	375.5	—
2002	44378	1913.5	0.043118	497.5	—
2003	40299	1452.4	0.036041	377.6	—
2004	35983	1538	0.051742	399.9	0.011114
2005	48528	2615.4	0.053895	680	0.014013

表 12-15

1986—2005 年南岔育林费核算范围及支出统计表

单位：万元、亩

年份	合计金额	育林费支出																						营林费用支出	分摊的管理费用	分摊的制造费用
		造林调查设计		更新造林		补植		幼林抚育		为下年整地		森林抚育		封山育林		偿还劳动储备林（收缴集体个人）		其他造林		种苗经营		森林保护				
		面积	总额	面积	总额	面积	总额	面积	总额	面积	总额	面积	总额	面积	总额	面积	总额	面积	总额	面积	总额	面积	总额			
1986	417.4	—	—	109257	105.7	61438	17.3	591186	84.5	70543	92	21053	10	—	—	—	—	—	—	—	—	87050	29.9	6.9	—	71.1
1987	1037	411150	20.4	104881	155.7	70708	21.2	640499	105.1	62999	93.3	155905	101.2	—	—	—	—	—	—	5025	4.3	—	—	148.1	149.1	238.6
1988	1078.3	299257	16.5	99042	151	79431	21.2	613222	140.2	61922	89.1	91601	89	—	—	—	—	—	—	3103	12.6	—	—	145.7	152.3	260.7
1989	1059.6	258660	13.6	85490	145.1	—	—	557980	140.3	50000	90	100077	97.1	—	—	—	—	—	—	1729	6.2	—	—	202.5	178.9	185.9
1990	987.1	245042	17.2	82091	128.6	—	—	576215	136.6	32059	62.6	89124	78.9	2250	0.4	—	—	—	—	6000	5.3	—	—	150	167.4	240.1
1991	1093.7	155941	9.6	75299	138.2	—	—	528593	132.8	38734	68	105067	74.8	—	—	294	2.7	9009	1.8	45	0.2	—	—	175.6	201.2	288.8
1992	1161.5	219807	10.5	70395	143.7	—	—	487515	128.9	35874	63.6	96054	67	8047	1.6	—	—	—	—	45	4.3	—	—	181.7	273.6	286.6
1993.1.1—993.6.30	491.4	—	—	75721	138	—	—	247527	54.1	—	—	23462	11.7	—	—	—	—	—	—	—	—	—	—	26.1	111.4	150.1
1993.7.1—1993.12.31	740.4	—	—	30563	54.4	—	—	210618	125	38505	98	58455	62.1	—	—	—	—	—	—	105	3.6	58500	30.3	32.7	217.9	116.4
1994	1396.6	—	—	75490	239.9	—	—	525075	210	45847	91.7	110102	135.2	—	—	—	—	—	—	105	4.1	100000	31.9	44.8	404.7	234.3
1995	1477.4	—	—	70396	171	—	—	479375	192.1	45422	91	103131	128.3	—	—	—	—	—	—	—	—	—	—	229.3	404.4	261.3
1996	1462.4	—	—	70330	195.9	—	—	452645	134.9	45447	69.7	75057	77.6	—	—	—	—	—	—	—	—	—	—	388	401.3	195
1997	1490	—	—	58294	140.9	—	—	355148	127.4	45691	96	103465	124.7	—	—	908	17.7	1164	47	—	—	—	—	372.7	389.5	174.1
1998	946.2	—	—	39735	82.8	—	—	301729	108.4	20145	37.3	8800	9.8	—	—	—	—	1795	26.9	—	—	—	—	176.8	365.1	139.1
1999	979.7	—	—	16643	65.4	—	—	283700	101.8	31653	66.5	—	—	—	—	—	—	3027	5.4	—	—	—	—	262.5	329.2	148.9
2000	1009.9	—	—	7468	17.4	—	—	169187	60.7	6001	20.1	32128	40.7	—	—	—	—	7732	37.3	—	—	—	—	252.3	430.8	150.6
2001	591.7	—	—	10987	23.3	—	—	123907	44.2	14019	36	31002	40.3	—	—	—	—	8033	22.8	—	—	—	—	228.9	62.9	133.3
2002	463.3	—	—	10634	35	—	—	120177	67.3	13035	42.8	31000	45.5	—	—	—	—	1305	1.9	—	—	—	—	155.6	9.2	106
2003	542.9	—	—	15446	69.6	—	—	120191	68.1	10098	32.1	52000	75.6	—	—	—	—	1303	3.2	—	—	—	—	153.7	52.9	87.7
2004	593.7	—	—	10098	45.5	—	—	120000	78.2	13483	41.8	34928	59.5	—	—	—	—	1300	3.5	—	—	—	—	197.5	58.9	98.8
2005	548.2	—	—	13483	63.8	—	—	102050	66.5	6504	18.8	37715	63.5	—	—	—	—	—	—	—	—	—	—	154.7	119.9	61

第二章　税　务

1986 年，南岔区设税务分局，履行本地区的增值税、消费税和所得税及营业税，审批、审核、税汇清缴及检查税种代扣代缴、文化事业建设费、旅游事业费等规税管理。1994 年国税，地税分设，国税有 4 大税种，地税有 11 个税种。至 2005 年不变。

第一节　国税管理

一、机构

1986 年，南岔区的税务工作统一由南岔税务分局管理，设局长 1 名，副局长 2 名，人员编制 65 人，下设梧桐分所，管理费股等。

1994 年，成立南岔国税分局。2005 年设局长 1 名，副局长 2 名，人员编制 45 人，下设稽查股、梧桐税务所、集贸股、计会征收股、综合业务股、信息中心。

二、税种

1986 年，主要税收税种：产品税、增值税、营业税、盐税、资源税、关税、农业税、国有企业所得税、个人所得税、工商统一税、中外合资经营企业所得税、集体企业所得税、国有企业资金税、事业单位资金税、集体企业资金税、国有企业工作调节税、烧油特别税、建筑税、国家能源交通重点建设基金、城市维护建设税、城市房地产税、车船使用牌照税、屠宰税、牲畜交易税、契税。

1994—2005 年，新税制实行后，南岔国税局征收的税种包括增值税（制造业电力煤气和水生产供应业、批发零售贸易业、修理修配业）、消费税（白酒制造业、金银首饰零售业）、营业税（金融业、保险业）个人所得税（储备存款利息）、企业所得税（集体金融企业、铁路企业）。

三、征收

1986 年，全区税收户国有企业 93 户，集体企业 205 户，个体工商户 362 户。1994—2005 年，全区国税收户 209 户、商业 527 户、个体 613 户。

四、稽查

1986 年起实施各年度的税费征缴。一是采取各种行之有效的方式方法宣传税法，把每年的 4 月份定为税法宣传月，印制宣传单发放到纳税户中，在街头巷尾醒目地带竖标语牌 48 块，到纳税户中进行实地说法等方法，增强了公民依法纳税的意识。二是制订年度自收计划。按着市局下达的工作任务，各年度依据本地区纳税户的实际，制订计划，公开透明，使缴税员和纳税人应知会知。三是签订责任状，明确职责和任务。每年初，局与征缴股及征缴责任人签订“责任状”，严格把住征费入库关，为完成全年税收任务提供保障。四是进行专项检查。各年度分时期对纳税分行业、种类进行专项检查，认真剖析稽查案例，追缴税款。五是定额调整。根据政策适时对纳税户进行定额调整。六是税源监控。同时，将年纳“两税”（营业税、所得税）10万元以上的企业全部纳入监控管理。七是稽查税源。局内的4个股室实行分片，分行种进行实地检查，设立12366纳税热线，达到应收尽收。

2000年，对中心市场重新核定税额。2001年依据政策为各类纳税企业减免退低税款420万元；

2001年，成立专项清理“两漏”户小组（漏税、漏报），清理面70%，追缴税款90.2万元。2003年，对铁路、热力等到行业进行专项检查，追补税款188719元，罚滞纳金31186元。

2003年，对179户个体工商户的定额在定额对标中进行了调整；平均调整幅度30%。

2005年，通过典调、对标，对263户未达起征点业户免征增值税24.4万元，对定额偏低的化妆品、海鲜、手机、软件经销店、酒类加工、配件等行业进行了定额调整。

1986—2005年南岔国税分局税收征缴情况统计表

表12-16

单位：户、万元

项目 数量 年份	纳税户数			已缴总税额	上级下达指标	实际完成税额
	工业	商业	个体			
1986	93	175	616	2088.0	—	—
1987	—	—	—	1279.9	—	—
1988	—	—	—	2218.3	—	—
1989	207	516	701	2453.7	2380.0	2453.7
1990	215	548	682	1969.5	1920.0	1969.5
1991	209	557	703	1502.2	1880.0	1502.2
1992	206	536	695	1612.0	1600.0	1612.0
1993	212	525	713	1572.5	1550.0	1572.5
1994	196	537	728	1513.3	1480.0	1513.3
1995	205	515	685	849.6	840.0	849.6
1996	198	503	687	817.1	640.0	817.1
1997	228	439	537	856.0	600.0	856.0
1998	208	509	611	655.7	820.0	655.7
1999	198	477	598	626.7	600.0	626.7
2000	190	453	567	821.4	820.0	8.214
2001	199	484	551	851.5	840.0	851.5
2002	195	468	534	933.3	880.0	933.3
2003	209	527	613	874.4	860.0	874.4
2004	240	429	343	833.0	790.0	883.9
2005	160	210	491	236.7	222.0	2367.0

第二节 地税管理

一、机构

1994 年 10 月 1 日，成立南岔地方税务分局，隶属伊春市地方税务局。到 2005 年，设局长 1 名，副局长 2 名，人员编制 31 人，下设梧桐所、计财征收股、个体股、稽查股、办公室。

二、税种

1986—2005 年，征收税种有营业税、个人所得税、房产税、车船使用税、印花税、屠宰税、土地使用税、文化事业建设费、企业所得税、城市维护建设税、教育附加费。

三、主要工作

税法宣传。1994—2005 年，把每年的 4 月定为税法宣传月，利用广播、电视、手机短信、宣传车等新闻媒体大力宣传税法，并在公共场所，张贴公益广告 6000 余张，鼓励纳税人积极纳税。同时，每年按计划与职能股室层层签订责任状，实行年度计划与工资奖金挂钩，保障任务的完成。设立稽查员稽查，稽查股长验收，综合股复查校对，主管局长把关核定“四道防线”。设立举报电话、局长接待日、问卷调查等形式做到了应收尽收。成立税源管理小组，建立了管理制度，实行分化管理，建立了税务登记，落实税务登记信息和工商登记信息，国税信息交换与共享。1997 年，按照政策规定对新接管的个体工商户进行了调整，调整面 80%，年增加税收 38 万元。1998 年，对全区 398 户个体工商户进行对等级调整，年增税额 105 万元。2003 年，对缴纳营业税个体工商户进行实地调查，对 156 户来达到营业税起征点业户免征营业税 1.4 万元。2005 年，对 123 户进行稽费调整，免征营业税 0.8 万元。

1994—2005 年南岔地税分局税收征缴情况统计表

表 12-17

项目 / 数量 / 年份	纳税户			缴税总额（万元）
	个体（户）	企业（户）	总计（万元）	
1994	430	392	822	372.1
1995	463	386	849	392.4
1996	520	290	810	402.6
1997	603	282	885	385.6
1998	825	283	1108	466.1
1999	780	260	1040	473.1
2000	527	203	730	624.4
2001	527	203	730	536.9
2002	703	178	881	583.6
2003	712	180	892	839.8
2004	817	153	970	566.0
2005	825	153	978	593.8

第十三篇　金融　保险

随着金融市场逐步发展，规模不断扩大，市场参与主体日趋广泛，企业化程度不断提高，金融市场在全区经济发展中的杠杆作用日益明显，基本形成了初具规模、分工明确的金融市场体系。

第一章 金融行业

设国税和地税两个分局，负责其职能范围内的税费征管工作。金融银行4个，并设2个信用合作社，2个保险公司，分别承担企事业单位和个人的财产保险和人寿保险业务。

1986年，南岔区金融行业部门有中国工商银行南岔支行、中国农业银行南岔支行、中国人民银行南岔支行、中国建设银行南岔支行、南岔区兴安城市信用社、南岔区农村信用社。根据各银行的工作职能，分别承担地区性的金融业务，为南岔区的经济发展起到推动作用。到2005年，企业机构设置未变。

第一节 中国工商银行南岔支行

一、机构

1986年，中国工商银行伊春市支行南岔办事处，下设会计股、出纳股、储蓄股、计划股、信贷股、人秘股和对外5个储蓄网点，职工数132人。

1995年，经省工商银行批准更名为中国工商银行伊春分行南岔支行，将各股室改为科室。

2005年，内设机构为业务管理部、信贷部、市场营销部、办公室，职工总数45人。

二、储蓄

1986年，开始兴办定期定额有奖储蓄，定、活两便储蓄有奖，年储蓄存款余额15632万元。

1988年9月10日，开办保值储蓄。在当时“抢购风”中，起到稳定作用，1990年停办。1993年7月11日恢复保值储蓄，并开办了代理发行，兑付地方冶金债券、不记名国库券、凭证式国债等业务。到2005年，实现储蓄存款余额38706万元。

三、贷款

1986年，按照营运资金限额管理的新计划管理体制，实行信贷计划与资金分开，实行贷款9162万元。

1988年，实行企业信用等级评估，将企业划分为一、二、三类企业，执行收紧信贷，扶优限劣，调整结构，提高效益的政策，进行信贷。

1998年，实行以风险为基础的贷款抵押办法，即把贷款分为正常、关注、次级、可疑、损失五类，实行贷款管理台账及21个支行微机联网制度。

2005年，实行综合授信管理，对欠息收贷不利的企业实行监测，监控管理，并且在行业贷款企业控制在0.5%以内。

四、会计核算及货币流转

1986—1990 年，实行旧的会计核算制。

1991 年 5 月，在支行各网点全面实行会计事后监督模式。

1993 年 2 月，实行新的会计制度，即资产 = 负债 + 所有者权益，将会计要素统一定为资产、负债、所有者权益、收入、费用、利润，以向外报送的资产负债表为主的会计报表制度。

1994 年 1 月，采用国际上通用的复式记账法。

2005 年，货币流通渠道主要是工资性支出和企事业单位管理费用支出，回笼主要是商品回笼、信用回笼和服务回笼。

五、为企业服务

1986 年，建立优质规范的服务体系，坚持常年为企业上门收款，共上门收款 480 人次，金额达 1700 万元。2002 年起，开办了网上银行，电话银行业务，积极推行和普及“95588”电话银行查询、对账、结算、代收、代缴费业务。开办了全国通取通兑、实时汇款、个人汇款直通车、理财金账户等业务。设立了现金区、非现金区、自助服务区、贵宾理财区和 ATM 自动取款机，实行 24 小时金融服务。2003 年起，承担了“低保金代发业务”。

2005 年，共与 14 户商品房开发商签订了住房贷款按揭协议，注入资金 1200 万元，为城镇居民办理住房贷款 206 户，贷款余额 1100 万元。区（局）关停了南岔肉联厂、乳品厂、塑料厂、民主商店、水产公司、商业食品厂、浩良河铸造厂、浩良河砖瓦厂 8 家企业，资产被省华融公司收购，收购价为 1100 万元。经与市行沟通，掌握了相关的政策，几经交涉终按 10% 的价格将 8 家企业资产购回，为南岔区（局）卸掉包袱 1000 万元。利用国家的优惠政策，积极向上争取核销陈欠贷款，核销了南岔医药药材采购供应站、林业局废旧物资回收公司、中纬路百货商店、南岔木业有限责任公司、浩良河木制品厂、南岔饮料有限责任公司、林业局多种经营公司等企业陈旧贷款 400 万元。按国家政策，应为林业局在本行贷款本息 6544 万元的 73% 核销，通过积极向上争取，将林业局贷款减免率提高至 96.5%，共为林业局核销本息 6315 万元。

1986—2005 年南岔中国工商支行储蓄存额余额统计表

表 13-1 单位：万元

年份	储蓄存款余额	年份	储蓄存款余额
1986	15632	1996	39805
1987	19626	1997	37953
1988	21635	1998	37565
1989	23514	1999	38669
1990	24403	2000	37655
1991	27675	2001	38196
1992	32510	2002	37235
1993	34526	2003	38927
1994	35682	2004	37285
1995	41000	2005	38706

1986—2005 年南岔工商支行各项贷款余额统计表

表 13-2　　单位：万元

年份	储蓄存款余额	年份	储蓄存款余额
1986	9162	1996	16884
1987	9319	1997	17012
1988	9521	1998	14653
1989	9667	1999	13359
1990	10283	2000	12851
1991	11655	2001	12264
1992	13852	2002	11752
1993	17083	2003	11559
1994	16960	2004	10636
1995	16228	2005	620

第二节　中国银行南岔支行

一、机构

1992 年，中国银行伊春支行南岔办事处进行筹建，1993 年 10 月 20 日试营业，1994 年 1 月 8 日正式营业，设人秘股、会计出纳股、计划信贷股、保卫股、对公存款股、兴南储蓄所。主任 1 名，副主任 2 名，职工总数 14 人。

2000 年，进行机构调整，设立计财部、风险管理部、公司业务部、办公室、营业部、分理处、兴南储蓄所、水解分理处。

2004 年 8 月 26 日，更名为中国银行伊春南岔支行，隶属中国银行伊春分行。到 2005 年，主任 1 名，副主任 2 名，职工总数 36 人。

二、货币流通

按照《现金管理条例》对开户单位核定库存现金限额，内部实行三级审批制度。1993 年现金总收入 360 万元，总支出 310 万元，净回笼现金 60 万元。2005 年现总收入 354 万元，总支出 661 万元。在反假工作中，加强枝防工作，购置验钞机、点钞机等设备，举办人员学习班 3 期。把“反洗钱”工作贯彻工作的始终，建立了台账，严密监控大额取现，杜绝了“洗钱”行为在南岔发生。

三、存款

以“存款立行，存款兴行”为主导思想，大力吸收各项存款。1993 年存款 1143 万元，2000 年存款余额 13518 万元，2001 年各项存款余额 16288 万元，2002 年各项存款余额 18428 万元，2003 年各项存款余额 20775 万元，2004 年各项存款余款 22728 万元，2005 年各项存款余额 21568 万元。

四、贷款

发挥了金融职能作用，积极支持企业的发展，1993—2005 年总发放贷款 16817 万元。

1993—2005年南岔中国银行贷款情况统计表

表13-3 单位：万元

年份	贷款项目			总计	不良贷款	呆账贷款
	企业贷款	抵押贷款	消费贷款			
1993	910	0	0	910	200	0
1994	1000	7	0	1007	200	0
1995	934	76	0	1010	275	0
1996	1436	162	0	1598	552	0
1997	1310	220	0	1530	968	0
1998	1521	283	0	1804	845	0
1999	1708	306	0	2014	939	0
2000	1275	299	0	1674	1275	0
2001	1264	185	303	1752	823	441
2002	1247	90	320	1657	808	439
2003	832	90	297	1219	799	33
2004	0	40	202	242	0	0
2005	0	13	94	107	0	0

第三节 中国建设银行南岔支行

一、机构

1987年1月7日，成立中国人民建设银行南岔支行，隶属中国人民建设银行伊春市分行。主任1名，职工17人。

2004年9月17日，中国人民建设银行经股份制改造后，更名为中国建设银行股份有限公司，南岔支行更名为中国建设银行股份有限公司伊春南岔支行。

2005年，主任1名，职工22名，下设综合部、经营部、保卫部、建兴储蓄所。

二、货币流通

按照国务院颁布的《现金管理条例》主要是对开户单位核定库存现金限额，实行三级审批制度。1987年现金总收入930万元，总支出592万元，净回笼现金338万元。2004年现金总收入41324万元，总支出28410万元，净回笼现金12914万元。2005年总收393万元，总支出454万元，净回笼现金63万元。

三、储蓄

银行通过对外负债方式筹措日常经营所需现金。1987年，企业存款338万元。1998年，突破储蓄计划的千万元大关，实现储蓄存款余额7290万元。2005年，实现储蓄余额110179万元，其中企业2356万元，个人107823万元。

四、贷款

1987 年为南岔林业局累计发放贷款 2362 万元；1993 年为南岔木材水解厂建安公司累计发放贷款 720 万元；1993 年为南岔区第一、第二建筑公司累计发放贷款 346 万元；1994 年为南岔木材水解厂累计发放贷款 2209 万元；1993 年为南岔粮食储蓄库累计发放贷款 621 万元；1995 年为晨明水泥厂累计发放贷款 2195 万元；2005 年累计发放其他贷款 548 万元。

1987—2005 年南岔建行存款余额统计表

表 13-4　　单位：万元

年份	本年计划			年末余额		
	合计	企业存款	个人存款	合计	企业存款	个人存款
1987	200	200	—	338	276	62
1988	260	100	160	590	373	217
1989	300	100	200	1216	335	881
1990	500	100	400	995	162	833
1991	600	160	440	1389	177	1212
1992	500	120	380	1999	187	1812
1993	600	150	450	3317	303	3014
1994	800	200	600	4179	422	3757
1995	800	300	500	4796	433	4353
1996	650	50	600	6159	856	5303
1997	700	100	600	7290	714	6576
1998	1100	150	950	9378	1416	7962
1999	1100	100	1000	12582	2000	10582
2000	900	200	700	11784	1718	10066
2001	1000	200	800	11058	1134	9924
2002	800	300	500	10779	833	9946
2003	800	300	500	11602	676	10926
2004	1120	320	800	12914	1173	11741
2005	1205	305	900	110179	2356	107823

第四节　中国农业银行南岔支行

一、机构

1980 年 1 月，成立中国农业银行南岔办事处，隶属中国农业银行伊春市分行。人员编制 86 人，设主任 1 名，副主任 1 名，下设会计股、信贷股、信用合作股、人秘股。设有办事处营业室、4 个储蓄所、29 个储蓄代办站。

1996 年，南岔农村信用合作社 46 人从中国农业银行南岔办事处分离出去，办事处同时撤销了信用合作股。

2000 年，更名为中国农业银行南岔支行，隶属中国农业银行伊春市分行，设行长 1 名，副行长 1

名，下设计财信息部、客户经理部、综合管理部、办公室。设有支行营业室、红卫储蓄所、第四储蓄所、晨明办事处，证券储蓄所。2002年，开办的人民币实时汇兑业务实行30秒到位。2002年底撤销证券储蓄所。2003年9月撤销第四储蓄所，同时晨明办事处迁至南岔镇内。

2005年，南岔农行共有人员编制39人，设行长1名，副行长2名，下设计财信息部、客户经理部、综合管理部、办公室，设有支行营业室、红卫储蓄所、晨明办事处。

二、存款储蓄

1986年，储蓄存款余额69万元。

1993年，实行存款保值贴补政策，存款包括企、事业单位存款、同行业存款、储蓄存款等。

2005年，存款余额23811万元。

三、各项贷款

1986年以后，农行开办的贷款种类有：固定资产贷款、流动资金贷款、个人生产经营贷款、个人消费贷款、个人抵押贷款。

2000年，国家实行资产剥离政策，南岔农行将940万元不良资产剥离给长城资产公司。到2005年，实现贷款余额7500万元。

1986—2005年南岔农行各项存款统计表

表13-5　　单位：万元

年份	企事业单位存款余额	个人储蓄存款余额	合计
1986	58	11	69
1987	75	350	425
1988	180	833	1013
1989	201	987	1088
1990	229	1105	1334
1991	230	1295	1525
1992	234	1338	1572
1993	261	1430	1691
1994	314	1566	1880
1995	550	2159	2709
1996	410	1822	2232
1997	409	4029	4438
1998	71	4065	4136
1999	106	6534	6640
2000	1342	9100	10442
2001	859	13112	13971
2002	377	14745	15122
2003	323	17113	17436
2004	1104	18803	19907
2005	811	23000	23811

1986—2005年南岔农行各项贷款余额统计表

表13-6 单位：万元

年份	贷款余额	年份	贷款余额
1986	381	1996	1367
1987	564	1997	1463
1988	732	1998	1065
1989	889	1999	1391
1990	932	2000	660
1991	1104	2001	4820
1992	1082	2002	5800
1993	1195	2003	7441
1994	1219	2004	7605
1995	1278	2005	7500

第五节 南岔兴安城市信用社

一、机构

1988年9月15日，成立南岔区兴安城市信用社，隶属南岔区（局），职工总数8人，设主任1名，副主任1名。

1998年6月，根据中国人民银行总行《城市信用社合作社联合社管理办法》规定，与其原行政及业务挂靠的南岔区（局）脱钩，隶属于伊春市城市信用合作社联合社，有职工24人，设主任1名。2005年有职工30人，设主任1名，副主任1名，下设1个储蓄所。实行一级法人，独立核算，分级管理体制，主要业务是为区域内的中小企业和个体工商户实行抵押贷款，发挥服务于企业等功能作用。

1988—2005年城市兴安信用社业务统计表

表13-7 单位：万元

年份	存款储蓄	贷款余额	税金	利润
1988	73	68	—	0.3
1989	125	92	1	9
1990	244	156	1	10
1991	567	273	1	19
1992	1537	463	1	3
1993	2655	604	3	3
1994	2592	776	4	4
1995	2817	942	8	12
1996	3155	1088	7	23
1997	3210	1143	10	53
1998	3627	1180	10	26
1999	2199	1084	8	4

续表 13-7

年份	存款储蓄	贷款余额	税金	利润
2000	2333	1260	8	8
2001	2646	1384	7	6
2002	2976	1346	5	7
2003	4051	1537	4	−27
2004	4080	1700	4	−22
2005	4295	1424	6	5

第六节　南岔农村信用合作社

一、机构

1986 年，南岔农村信用合作社隶属南岔农业银行，职工 45 人，主任 1 名（兼）。

1996 年，南岔农村信用社从南岔农行分离出来，成为独立的集体金融机构，隶属伊春市农村信用合作社联合社。到 2005 年，有 1 个信用分社、2 个储蓄所、31 个信用社，职工总数 108 人，其中主任 1 名，副主任 2 名。

二、信贷

1996—2005 年，根据国务院颁布的《借款合同条例》和《关于〈借款合同条例〉实施办法》的规定，南岔农村信用社发放信贷的对象为：从事农、林、牧、副、渔业等各承包户、专业户（含重点户）和农村合作经营单位；1993 年经有关部门批准的实行独立核算的乡（镇）办、村办、户办和各种形式联合办企业或新的经济联合体（乡镇企业）；1995 年有经营收入和还款有保证的农村文教、卫生、科研等事业单位；2000 年经有关部门批准的从事手工业、商业运输、建筑、服务业等农村个体经济户和经济联合体。

南岔农村信用社根据各乡（镇）及所属村的实际情况，依据申请贷款户的还款能力，于每年的春季备耕前到各村发放小额贷款，在秋收后回收信贷。到 2005 年，共放贷款 9661 万元，收回率 98.6%。

1994—2005年南岔农村信用合作社贷款发放情况统计表

表 13-8

单位：万元、%

项目 / 金额 / 年份	乡镇企业贷款				个体经济户贷款				农村集镇集体				其他工商企业贷款			
	放出	收回	收回率	贷款余额	放出	收回	收回率	贷款余额	放出	收回	收回率	贷款余额	放出	收回	收回率	贷款余额
1994	1705	1421	83.34	1310	—	—	—	—	—	—	—	—	—	—	—	—
1995	2066	1815	87.85	1561	187	61	32.62	138	772	697	90.23	388	—	—	—	—
1996	710	1049	147.75	1222	176	97	55.11	217	187	222	118.72	353	—	—	—	—
1997	1512	851	56.28	1883	88	106	120.45	199	—	—	—	—	—	—	—	—
1998	5747	2948	51.30	4682	137	88	64.23	258	—	—	—	—	—	—	—	—
1999	2786	2289	82.16	5179	432	272	62.96	418	—	—	—	1737	193	—	14.06	1246
2000	2209	1926	87.19	5462	140	228	162.86	330	—	—	—	416	423	—	101.68	1239
2001	8096	4735	58.49	8823	87	123	141.38	294	—	—	—	1377	1178	—	85.55	1438
2002	10083	7547	74.85	11359	53	101	190.57	246	—	—	—	2403	1155	—	48.06	2686
2003	8225	9789	119.02	9795	31	84	270.97	193	—	—	—	4859	2554	—	52.56	4991
2004	6339	7230	114.06	8904	28	60	214.29	161	—	—	—	7467	3294	—	44.11	9459
2005	—	—	—	—	300	210	65	4000	1100	1000	90	8000	—	—	—	—

第二章 保 险

1986—1996年4月，南岔区有保险公司1个，实施财产保险和人寿保险。1996年4月，财产保险和人寿保险分设，分别承担各自职能业务，截至2005年，财产保险开办有104个险种，保费收入1724.8万元，人寿保险开办82个险种，保费收入106.747万元。

第一节 财产保险

一、机构

1986年，中国人民保险公司南岔办事处隶属于中国人民保险公司伊春分公司，设主任1名，在编人数5人。

1996年4月，更名为中国人民财产保险有限公司南岔区分公司，隶属中国人民财产保险有限公司伊春市分公司，设经理1名，在编人数6人。

1999年1月，称之为中国人民保险公司南岔区分公司，隶属中国人民保险公司伊春市分公司，编制人数7人，经理1名。

2003年1月，更名为中国人民财产保险股份有限公司南岔分公司，隶属中国人民财产保险股份有限公司伊春市分公司。

2005年，编制人数3人，设经理1名，下设客户服务部、综合部。

二、险种

1986—2005年，开办的险种有企业财产保险、个体工商户财产保险、家庭财产保险、车辆保险、责任保险、意外伤害保险、货物运输保险7大类104个险种。

三、各项险种收入支付情况

1986年，开办的企业财产、车辆及其他险种收入704万元，赔款支出61万元。

1996年，开办的企业财产、家庭财产、车辆、货物运输及其他险种收入4050万元，赔付1627万元。

2005年，开办的企业财产、家庭财产、个体工商、责任险、意外伤害、货物运输等险种收入1004万元，赔付597万元。

1986—2005年南岔区财产保险情况统计表

表13-9　　单位：万元

险种 数量 年份	险种收入								保费收入总计	赔款支出
	企财	家财	个体工商	车辆	责任险	意外伤害	货物运输	其他		
1986	523	21	—	107	—	—	—	53	704	61
1987	630	31	—	91	—	—	—	62	814	257
1988	726	38	—	214	—	61	77	188	1304	358
1989	899	27	—	346	—	75	45	44	1436	153
1990	946	32	—	528	—	82	66	69	1723	443
1991	970	48	—	898	—	206	198	60	2380	243
1992	998	1362	—	786	—	220	286	88	3740	463
1993	1015	2322	—	698	—	246	382	90	4753	1349
1994	1062	120	—	655	—	230	401	97	2565	2263
1995	663	228	—	1330	—	371	337	655	3584	940
1996	994	354	—	1186	—	—	1103	413	4050	1627
1997	953	397	48	1597	—	—	1235	—	4230	734
1998	6556	28	70	1297	102	—	475	—	2628	1583
1999	619	15	52	1334	58	—	352	—	2430	1172
2000	724	12	34	1152	69	—	107	—	2098	1265
2001	508	148	36	1336	112	—	158	—	2298	1077
2002	488	227	46	1360	83	24	414	—	2642	1218
2003	472	321	75	1403	14	137	422	—	2844	758
2004	920	120	180	862	74	96	540	—	1543	687
2005	204	240	240	775	25	24	358	—	1004	597

第二节　人寿保险

一、机构

1996年4月，南岔人寿保险公司成立，隶属于伊春市人寿保险公司，主要经营寿险、意外险、健康险3项业务。有职工7名，设经理1名。

2003年8月，更名为中国人寿保险股份有限公司南岔分公司，隶属于中国人寿保险股份有限公司伊春分公司。

2005年，职工18名，经理1名，副经理1名，下设浩良河营销服务部、客户服务部、团体业务部、银邮代理部。

二、险种种类及收入、赔付情况

1996年，开办寿险、意外险、健康险。

1996年，寿险、意外险赔付11.55万元，赔付率75%。健康险赔付12.96万元，赔付率45%。

2005年，开办分红险、养老险、健康险、意外险4大类82个险种。

当年收入2713万元，赔付58.5万元，其中：健康险赔付50万元，赔付率110%，意外险赔付8.5万元，赔付率16%。

1996—2005年南岔人寿保险分公司投保收入状况统计表

表13-10

单位：万元

年份	银邮代理	健康险	意外险	普通寿险	年金保险	营销保费	合计
1996	—	—	52.3	48.7	—	—	101
1997	—	3.7	62.2	89.4	0.1039	227.1	486.3
1998	—	—	75.8	170.8	0.5	342.8	589.8
1999	—	—	126	125.5	—	504.2	755.7
2000	—	—	124.6	125.6	0.5	510.6	761.3
2001	—	52.4	50.4	93.9	3.9	676.7	877.3
2002	—	61.9	73.5	465.1	—	935	1535.5
2003	335.7	42.4	70.3	—	—	1417	1865.4
2004	423.7	46.5	64.2	—	150.2	304.9	989.5
2005	540	45.5	54.5	1747	—	326	2713

1986—2005年南岔人寿保险分公司投保赔付状况统计表

表13-11

单位：万元、%

项目 年份	短期险				长期险伤残死亡赔款数
	健康险	赔付率	意外险	赔付率	
1996	—	—	21.8	41.68	0.4
1997	—	—	18.6	29.9	0.4
1998	—	—	27.9	36.81	3
1999	—	—	38.1	30.24	7.9
2000	—	—	35.7	28.65	10.8
2001	27.9	53.24	7.2	14.29	18
2002	—	—	8.1	73.1	90.9
2003	6.9	16	6.8	98.98	90
2004	30.7	66	6.9	10.82	0.1524
2005	50	110	8.5	16	113

第十四篇　交通　邮政

1986—2001年，区有主线砂石路3条，通各林场路16条。南岔地区交通十分便利，公路直通各林场、所及各村屯。至2005年，主干公路124.8公里，公路网密度已达3.2米/公顷。绥佳、汤林二铁线从辖区腹部穿过。邮路总长度160单程公里。

第一章　公路交通

1986—2001 年，全区主干线 3 条，124.8 公里，全是砂石路。

2005 年，南岔林业交通公路总长度 800.8 公里，其中运材公路 495.1 公里，营林公路 155.9 公里，地方公路 149.8 公里。林业公路通往各林场、经营所，公路网密度已达 3.2 米 / 公顷。

第一节　机构设置

1986年，南岔区交通科隶属南岔区，设科长1名、副科长2名、科员4名，下设公路运输管理站、地方道路管理站。养路段共有养路工人 40 人，行业管理单位有红星运输社、建有运输社、浩良河运输社、南岔汽车配件商店。

1987 年，南岔区交通科移交伊春市交通局，科改局后，人、财、物归市局，党务归南岔区委。下设南岔养路费征收稽查所、南岔公路养路段、地方道路管理站、公路运输管理站、交通公安派出所、红星运输社、建友运输社、浩良河运输社、南岔汽车配件商店、南岔交通招待所。

1994 年 5 月，南岔养路费征收稽查所由南岔交通局分出，成立南岔交通征费稽查所。

1996 年 3 月，红星运输社、建友运输社、浩良河运输社划归南岔经贸委，取消南岔汽车配件商店、南岔交通招待所。

1997 年，南岔交通局改称为伊春市交通局南岔分局，隶属伊春市交通局。

2002 年 5 月，南岔公路养路段与南岔区交通分局分离，归属金山屯公路养路公司。

2005 年，南岔交通分局下设南岔区道路运输管理站、南岔区地方养路费征费所、南岔区地方道路管理站、南岔公路客运站。在职职工 31 名，退休职工 8 名，停薪留职 1 人。

1986—2005 年南岔交通局领导更迭表

表 14-1

局长	副局长	书记
杜连才 1986—1993.4	杨景田 1986—1996.5	樊喜崇 1986—1993.4
狄明惠 1993.4—	孙印波 1996.8—2004.1	狄明惠 1993.4—2004.1
	于宝安 2004.1—	孙印波 2004.1—

第二节　公路主干道建设

1986 年，南岔公路全是砂石路。

2001 年，南岔区辖区公路（乡级以上）3 条 124.8 公里，其中三级路面 47.6 公里，四级路面 77.2 公里。养护公路里程 124.8 公里。金南公路南岔境内 23.6 公里，于 2003 年 10 月完工，经市交通局验收公路等级为通乡公路三级；桃南公路南岔境内 24 公里，于 2004 年 9 月完工，经市交通局验收为通乡公路三级；南岔经晨明至浩良河 77.2 公里，于 2005 年 9 月完工，经市交通局验收为通乡四级公路，宽 3.5 米混凝土路面。绿化里程南梧路 8.6 公里，金南公路 5 公里。

第三节　地方道路及通村公路

一、地方道路

1986—2005 年，地方道路养护 54.5 公里，分以下 4 条路线：南岔—双河村，经振兴村、柳树所、中兴村，全长 8.5 公里，起止点柳树和双河村。岩石桥—桦阳，全长 24 公里。浩良河镇—亮子河电厂，经大吉星村、小吉星村、秋冷村，全长 12 公里。带岭界—香兰，经三岔河林场、浩良河经营所，全长 10 公里，带岭界—三岔河林场段 6 公里，浩良河—香兰界段 4 公里。

二、通村公路

1999 年，通村公路建有以下 4 条路线，全长 25.8 公里。

南岔—狩猎村 5.8 公里，晨明—宝泉村 11.4 公里，晨明—沙岭村 6.1 公里，浩良河镇—永林村 2.5 公里。2000—2005 年年末修建。

第四节　运输车辆及管理

一、运输管理体制

1986 年，按照统一规划，综合平衡组织协调，指导监督，管理服务的原则，进一步明确运输行业管理的范围，制定和改善了行业管理的规章制度。一是加强了客运控制。二是加强了客、货运输市场的整顿。三是汽车修理业已开始纳入行业管理轨道。四是抓公、铁分流的基础工作。

1987 年，通过《公路运输管理条例》的贯彻实施，进一步巩固了客、货运输和汽车维修行业整顿的成果。以“客运”整顿为重点，进一步深化了行业管理。

1988 年，突出行业管理，实现从直接管理向间接管理转变，运输行业实现制度化、规范化、标准化。

1989 年，理顺了运输行业管理工作的渠道。

2005 年，进一步推动道路运输管理向深层次发展。

二、客运

1986年，南岔区没有个体客运车辆，只有林场、经营所、机关的公用客车5台。1990年，个体客运车辆有中型客车1台17座，小型17台216座。

1992年5月26日，伊春汽车公司南岔客运公司成立，投入8台客车，实行环城客运。1996年南岔区客运车辆发展到30台，由个体经营。

2000年12月30日，南岔区公路客运站正式投入使用。

2005年，南岔—伊春为中心辐射到邻区和山上林场场所，乡村客运线路网络共有14条线路班车，解决了南岔人们外出乘车难的大问题。

三、出租小客车

1986年，南岔区拥有出租小汽车多数是东风130型、菲亚特和微型面包车，共有20台左右。

1990年，出租汽车发展到34台，车型是及达契亚、菲亚特型面包车。

1995年以后，南岔出租小汽车每年都在递增。

截至2005年，南岔出租汽车已经达到417台，松花江微型汽车占出租汽车总数的95%以上。

四、公路货运

1989年，由于含个体车辆增多，专业运输的货物逐渐减少，运输收入每月在2件左右，货运单位将车卖掉，变成货运门市部和订车场。

1990年后，货物运输车辆承包给个人。经过一定期限（一般为三年）车辆已归个人所有，企业不再购置货车，国营专业货运企业已不存在，集体运输车辆及对个人承包，集体运输企业（运输社、二运公司）已经解体。20世纪90年代，林业企业厂、矿、公司抽出部分车辆参加营业性运输，但还构不成专业运输企业，形成了林业、厂矿生产运输及其他运输市场车辆为主体，以个体运输户（或联户）为辅的状况。主要运输物资是木材、钢材、煤炭、水泥、家具、农副产品、水泥及其他建筑材料，林业厂、矿、公司运输车队以运输木材、钢材、粮食、煤炭为主，个体（或联产）运输户以运输当地的建筑材料、小商品、农副产品为主。货运收入归个人所有，到90年代末已建立货运站1个。

1995年全区货运车辆：营运380台，非营运640台，其中营运载货汽车（3 ~ 8吨）361台，非营运载货汽车（3 ~ 8吨）174台，胶轮拖拉机53台，小四轮413台。

1999年以后，大部分企事业单位考虑养车赔钱，养车不如租车，导致单位购车率减少。南岔货运车辆保有量大幅度下降。

2005年，南岔本区营运货车（3 ~ 20吨）219台，全属个人所有。

第五节　养路费征收与管理

1986年，对征费工作做出了16字方针即“统收统支，专款专用，全额上缴，超奖欠罚”的规定，坚持晨检夜查，超额完成每年的各项征费任务，全年运输管理路费征收24.7万元。

1990年，征收运输管理费47.9万元，新征客运附加费10万元，货运附加费25万元。

1994年，征收运输管理费46.4万元，客运附加费13万元，货运附加费29万元，新征小拖养路费48.9万元。

2005年，征收运输管理费35万元，客运附加费16万元，货运附加费34万元，小拖养路费27万元。

1986—2005年南岔交通分局费用征收完成情况统计表

表14-2 单位：万元

年份＼项目	小拖养路费	运输管理费	客运附加费	货运附加费	备注
1986	—	24.7	—	—	
1987	—	28.6	—	—	
1988	—	35.7	—	—	
1989	—	39.6	—	—	
1990	—	42.9	10	25	
1991	—	43.8	11	26	
1992	—	45.1	12	28	
1993	—	45.3	12	28	
1994	48.9	46.4	12	29	小拖养路费 1994年开始征收
1995	51.3	47.2	13	31	
1996	52.7	48.9	14	32	
1997	63	58.5	16.5	33	
1998	65	76.5	14.1	33	
1999	57	58.6	21	34.3	
2000	63	67.3	21.1	35.1	
2001	57.	67.2	21	34.3	
2002	56.1	73.4	21	34.3	
2003	53	67.4	17.5	34.3	
2004	50	61	21	34.3	
2005	27	35	16	34	
合计	644	1013.1	253.2	505.6	2415.9

第二章 铁 路

南岔是绥佳、汤林二线的交通枢纽，绥佳线在境内有 6 个站，全长 86.4 公里，汤林线在境内有 3 个站，全长 20.3 公里。

第一节 机构设置

南岔铁路办事处是佳木斯铁路分局的派出机构，于 1959 年 2 月设立中心站，办事处设人事室、业务室、福利室，管辖范围为神树站至浩良河、汤林线、翠峦线，设神树中心站（神树—梧桐）、浩良河中心站（浩良河—绿潭）、伊春中心站（柳树—翠峦）、五营中心站（双子河—新青），办事处直接领导各站，主管处对各站段实行业务上指导。

1986 年，南铁地区办事处机构编制增加，党群组织设党委、纪委、工会、团委等部门，行政方面设生产指挥部、安全监察、协理、人防战备、计划生育，主要负责指挥南岔铁路各站段的安全生产，协调铁路与市区政府的联系沟通。

2005 年，随着铁路改革的发展，南铁地区机构缩小，撤销党委、生产指挥部等部门，成立南岔地区党工委，办事处下设协理、监察、关工委、老干部等部门，重点负责协调各站段工作和市区政府同铁路的联系沟通。

第二节 辖区铁路

1986 年，南岔区的铁路线是由绥佳线西起滨北线的绥化站，向东延伸经铁力、神树、朗乡、带岭、南岔、浩良河、汤原、莲江口至佳木斯。南岔境内起点，南岔至浩良河，全长 86.4 公里。汤林线由绥佳线南岔站出岔偏东北，经西林、伊春、新青到达终点乌伊岭。南岔境内全长 20.3 公里，到 2005 年未变。

1986 年，南岔境内并有 5 条铁路附加线延伸到厂家。南岔—南岔粮库、南岔—南岔水解厂、浩良河—浩良河水泥厂、浩良河—浩良河化肥厂、浩良河—210 电厂铁路干线，至 2005 年未变。

2005 年绥佳线车站分布一览表

表 14-3

顺号	站名		等级	中心里程（公里）	区间距离（公里）
	现名	曾用名			
1	松青	木曾	4	206.6	11.5
2	南岔		1	227.2	20.6
3	绿潭		4	236.5	9.3
4	晨明		4	259.2	22.7
5	威岭	凉台	4	273.9	14.7
6	浩良河		3	293.0	19.1
7	香兰		3	310.7	17.7
8	汤原		4	329.7	19
9	望江		4	354.4	24.7
10	兴莲		4	364.8	10.4
11	莲江口		4	367.4	2.6
12	莲北		线路所	371.4	4.0
13	西佳木斯		4	375.6	4.2
14	佳木斯		特	380.1	4.5

2005 年汤林线车站分布一览表

表 14-4

顺号	站名		等级	中心里程（公里）	区间距离（公里）
	现名	曾用名			
1	南岔		1	0	
2	柳树		4	7.6	7.6
3	金山屯	关趾	4	41.4	23.8
4	西林		3	54.7	13.3
5	白林		4	58.7	4.0
6	苔青		4	66.4	11.7
7	美溪		3	80.3	14.1
8	缓岭		4	95.9	15.6
9	伊春		2	104.4	8.5
10	双子河		4	119.0	14.6
11	友好		4	122.6	3.6
12	红山		4	146.8	24.2
13	五营		3	179.1	32.3
14	五星		4	191.2	12.1
15	红星		4	198.8	7.6
16	新青	援朝	4	211.6	12.8
17	汤旺河		4	235.2	23.6
18	乌伊岭		4	256.0	20.8

第三节 货运客运

南岔站是佳木斯铁路分局管内的一等站，主要担负鹤岗、双鸭山两个矿务局煤炭和伊春林区木材外运列转编解任务。1986—2005 年，日均接发货物列车 184 列，旅客列车 48 列，办理车辆 5882 辆，最高日达 6619 辆，无调比重点作业总量 56%，使用调车机 35 台。东部有土驼峰 1 座，西部有牵出线。站内有到发线 10 条，分内线 15 条，站内均为旧式 6027 型电气集中连锁设备，有各种道岔 154 组。客运有候车室 1 座，989 平方米，有售票厅、天桥各 1 座，旅客站台 2 个 10498 平方米，有行李房 1 座 595 平方米，货用设备，有货物仓库 3 座 1710 平方米，露天货场 1 处 2567.6 平方米，可办理整车、零担、集装箱运输。每年平均发送旅客 84.1 万人，发送货物 46.2 万吨，装车 8719 辆，卸车 22324 辆，净载重 53 吨，一次作业 10.8 小时，中转时间 2.9 小时，客车正点率 98.1%，货车正点率 91.7%。

第四节 各站、段简介

一、南岔车站

南岔车站位于伊春市南岔区，车站中心位于绥佳线 227 公里 237 米、南乌线零公里处。于民国 30 年（1941）11 月正式营业。民国 34 年（1945）有站线 9 条，隶属齐齐哈尔铁路局。1953 年，划归佳木斯铁路运输分局管辖，站内设党委、工会、团委、纪委，行政机构有安全、教育、技术人员财务、总务、后勤、保卫等股室，下设运转、货运、客运 3 个车间，有职工 447 人，干部 45 人，有固定资产 115.9 万元。全年发送旅客 84.1 万人，发送货物 46.2 吨。单位级别 2004 年以前为副处级单位，南岔车站为一等站，2005 年，在机构改革中变为科级单位，车站等级为 2 级。

二、南岔铁路工务段

南岔工务段始建于 1940 年，前身为工务区，后改为工务段。担负绥佳、汤林（南乌）两线正线 642.176 公里，站线 172.84 公里，道岔 672 组、125 座桥梁、566 座涵洞、65 处道口的养路维修任务。2005 年，全段定员职工 1885 人，有职工 2157 人，干部 156 名，工人 2001 人。行政设技术、安全、外勤、人劳、行办、材料、保卫 8 个职能科室，下设小白、带岭、南西、南东、晨明、铁力、神树、汤旺河、五营、伊南、伊北、金山屯 12 个线路领工区，南岔综合、铁力综合 2 个综合领工区，南岔桥梁工区，班组总数 74 个。单位级别为科级单位。

三、南岔铁路机务段

南岔机务段始建于 1940 年，坐落于南岔区东部，段内地面积 22950 平方米。2004 年，有职工 2370 人，其中干部 192 名，工人 2178 名，有 1 个分段，8 个生产车间、9 个职能科室、175 个班组，总作业里程 755 延长米，固定资产 27586 万元。行政设办公室、人劳室、财务室、技术室、验收室、材料室、安全室、质检室、保卫股，下设运转车间、检修车间、设备车间，整备车间、信号车间、伊春车间和鹤岗分段。党群机构设党委、纪委、工会、团委和武装部。主要担负着绥化间、南岔乌伊岭间、伊春翠峦间、南岔神树间、浩良河秋冷间客货车牵引任务，全段有机车 92 台，其中东风 4B 型机车 32 台，东风 4C 型机车 45 台，东风型机车 15 台。单位为副处级单位，在 2005 年机构改革中改变为佳木斯机务段南岔分段，变为科级单位。

四、南岔铁路车辆段

南岔车辆段前身为绥化检车区南岔检修所，始建于民国29年（1940），当时有房舍2间。民国36年（1947）划归佳木斯车辆段，有职工150人，1950年复归绥化车辆段管辖，1953年1月重新划归佳木斯车辆段，称南岔列检所。1956年1月1日成立南岔车辆段，为佳木斯铁路分局正式建制单位。主要承担绥佳、汤林两线货车通过和定期检修任务。2005年，有职工1367人，女职工152人，其中工人1263名，干部104名，固定资产总值2605万元。行政机构设办公室、技术室、安全室、财务室、人劳室、材料室、保卫股，下设3个运用车间，5个检修车间；党群机构设党委、纪委、工会、团委，全段共有党员451名。全年完成货车段修2433辆，货车辅修3530辆，轮对检修7000辆，检修残车15438辆。

五、南岔铁路房产建筑段

南岔房产段位于伊春市南岔区建国路西部，建于1959年，1963年划归佳木斯房产建筑段，1982年从佳木斯房产段划出，复为南岔房产建筑段。2005年，有职工499人，其中工人423名，干部76名，行政机构设技术室、劳动人事室、财务室、材料室，下设水暖一分段、二分段、维修分段、综合分段、大修分段、车队、经济技术开发公司、建筑锅炉安装队。担负绥佳圣浪至望江站24个站区211公里范围内的维修供热工作。党群机构设党委、工会、团委。全段有固定资产4898万元。单位级别为科级。

六、南岔铁路水电段

南岔给水电力段建于1958年，南岔水电段管辖长度为376.1公里，其中绥佳线127.1公里，汤林线249公里。主要承担管辖范围内运输生产和居民生活供水供电任务。行政机构设14个车间，42个生产组。党群机构设党委、纪委、工会、团委。固定资产763.3万元。在社会主义劳动竞赛中，被评为铁道部安全标兵水电段八星级单位。单位级别为科级。在体制改革中于2004年6月8日，南岔水电段与佳木斯水电段合并，南岔给水电力段改称为南岔分段，隶属佳木斯给水电力段。

佳木斯铁路分局在南岔地区除以上车站、工务段、机务段、车辆段、房产建筑段、水电段6个单位外，还有南岔站货场公安派出所、南岔列车驻在所、南岔铁路俱乐部、南岔西列检、南岔铁路医院（2004年4月归划给伊春市）等单位。

第三章　邮　政

1986—2005 年，南岔邮政、电信合并，邮政主管部门所属的邮政企业是全民所有制的经营邮政业务的公用企业。业务种类主要是邮政通信类业务和其他非通信类业务。邮政业务具有服务性和公用性两大性质。1998—2005 年，邮政业务职能求变。

第一节　机构设置

1986 年，设南岔邮电局。

1998 年 10 月 27 日，根据国务院机构改革的要求与电信局分离，独立经营。局址位于南岔区中纬大街 188 号，属伊春市所有企业，下设单位有松青邮政代办所、梧桐邮政代办所、东升邮电所、水解邮电所、中纬路邮政储蓄营业厅、邮政综合营业所、邮政储蓄专柜、报刊发行投递、邮政物流处理中心 9 个生产营业部门。局设行政办公室、计划财务部、职能服务部门。全区共有邮政服务局所 7 处，报刊零售点 3 处，集邮销售点 1 处，邮政储蓄网点 4 处，邮路总长 160 单程公里，邮件物流处理中心 1 处，邮政汽车 3 台，拥有邮政生产用房 1800 平方米，生产用计算机 35 台。到 2005 年，设书记 1 名，局长 1 名，副局长 1 名，全局职工 48 人。其中干部 2 名，工人 24 名，聘请劳务 22 人，到 2005 年。

1986—2005 年南岔邮局领导更迭表

表 14-5

局长	时间	副局长	时间
刘会来	1998.10—2000.3	李桂珍	1998.10—2000.3
丁润江	2000.3—2003.3	李桂珍	
王永平	2003.3—	吴德山	2004.7—

第二节　邮政储蓄

1998 年，邮政储蓄业务受国家邮政局统一领导，在业务上接受中国人民银行的指导，贯彻国家统一的金融方针政策，执行国家统一规定的利率。

2000 年，南岔邮政成立电子化支局，实现传统邮政业务的信息化和电子化，并积极以邮政实物投递网，邮政综合计算机技术和通信技术，向社会提供新型邮政服务。

2001 年，南岔邮政储蓄已实现全国 31 个省市区范围实时联网，持邮政储蓄活期存折或绿卡在联网网点办理异地存取，黑龙江省范围内不收手续费，异地存取的手续费基本标准为存取款额的 0.5%，每笔最低 2 元，每笔存款的手续费最高为 20 元，每笔取款的手续费最高为 50 元。

2003 年 3 月，局中心储蓄实行柜员制。

2004—2005 年，南岔邮政储蓄全国统一版本上线，综合业务与储蓄系统分离。

第三节　邮政网络

1998—2005 年，南岔邮政拥有自办邮路 3 条（南岔—伊春，南岔—哈尔滨，南岔—佳木斯），委办邮路 3 条（南岔—晨明，南岔—梧桐，南岔—松青），承担伊春南岔—哈尔滨、佳木斯邮件和物流处理工作。每天接发大连—佳木斯、双鸭山—哈尔滨、伊春—带岭汽运 3 个车次。日平均处理邮件总袋 30 件，物流商品 20 件。南岔邮政投递网有 5 个投递段道，1 个乡邮段道，有 23 个信报箱柜，1800 箱口，承担全区 8.5 万人口、3.1 万户家庭、192 家企事业单位、53 家私营企业、2900 个体客户的邮政投递服务工作。

第四节　邮递业务

1986 年，函件 68.6 万件，包裹 1.7816 万件，汇票 38 万余张，特快 0.1484 万张。1989 年，包裹 0.1828 万件，回执 2.715 万张，邮件 3.1937 万余张，快件 4.8574 万件。2000 年，函件 11 万余件，包裹 1.1 万余件，汇票 1.97 万余张，特快近 5000 张。2005 年，函件 10 余件，包裹 8000 余件，汇票 7416 张，特快 6956 张。

1986—2005 邮政包裹统计表

表 14-6　　单位：件

年度	函件	包裹	汇票	特快专递	回执	邮件	邮政快件
1986	686000	17816	389481	1484	—	—	—
1987	628650	17339	39082	1395	—	—	—
1988	—	—	—	—	8007	29238	21231
1989	—	1828	—	—	27152	31937	48574
1990	615458	16988	—	—	—	—	62720
1991	532369	12682	—	—	—	—	89422
1992	567084	11163	—	266	—	—	73723
1993	663190	12175	—	1699	—	—	79621
1994	67320	13175	—	1758	—	—	82386
1995	70128	14276	—	1860	—	—	84754
1996	71150	15026	—	2085	—	—	85568
1997	71560	15877	—	2110	—	—	86359
1998	71590	16711	—	22222	—	—	86539
1999	110376	11917	19809	4902	—	—	—

续表 14-6

年度	函件	包裹	汇票	特快专递	回执	邮件	邮政快件
2000	110290	11943	19710	4910	—	—	—
2001	110354	11898	17910	4902	—	—	—
2002	110354	11916	19710	4799	—	—	—
2003	110369	11910	19700	5013	—	—	—
2004	119363	11999	2025	6165	—	—	—
2005	108241	8314	7416	6956	—	—	—

第五节　报刊发行与集邮

一、报刊发行

1999 年，杂志发行 802 种，报刊 278 种，流转金额 49.8 万元。2002 年，杂志发行 808 种，报刊 288 件，流转金额 61.4 万元。2005 年，杂志发行 850 种，报刊 310 种，流转金额 50.5 万元。

二、集邮

1990 年 5 月 11 日，南岔集邮协会成立，召开第一次会员代表大会，选举了会长、副会长、秘书长，订征人员 2100 人。2005 年，集邮销售额达 268841 元。会员王连组编的专题集邮《毛主席是我们心中的红太阳》在省纪念毛泽东同志诞辰 100 周年邮展中获纪念奖。会长王永德撰写的《浅谈弘扬我国民族文化同集邮文化相结合，走有中国特色的集邮道路》的论文获优秀论文奖，并编入《黑龙江集邮学术论文选编》。

1999—2005 年报刊、杂志统计表

表 14-7

年度	杂志（种）	报刊（种）	流转额（万元）
1999	802	278	49.8
2000	801	280	51.7
2001	810	285	54
2002	808	288	61.4
2003	810	292	63
2004	827	301	57.27
2005	850	310	50.5

第十五篇　通信　电力

按照经济发展、通信先行的原则，充分利用各种条件，发展通信事业。1994年10月，万门程控电话逐步取代了当时电信系统和林业局自备网的步进制交换机。随着通信信息技术产业的快速发展，在20世纪90年代初进行模拟移动电话和无线寻呼业务。1999年，蜂窝式模拟移动通信网和GSM数字移动通信网络投入使用，到2001年移动通信更新为先进的GSM数字通信网络。当年，中国联通、中国铁通（座机）及ADSL宽带业务投入使用。2003年，开通了“小灵通”业务。2005年，南岔地区除因自然山峰遮挡的四合营林场、奋斗所的部分地带之外，全部联通，居民通信设备使用占总户数的75%以上。

1986年，南岔供电分局负责区域内的企业及居民的电力供应。1987年与国电并网。至2005年，全区有高压线路183公里，低压线路201公里，210台变压器。动力单位用户212户，居民照明用电户24519户。

第一章　网络　通信

第一节　林业电话

1986 年，南岔区（局）设林业电话所，承担林业系统的通信业务，自备 HJ–906605/800 自动交换机，覆盖各林场、经营所。相继又在浩良河木材加工厂安装 HJ–905/400 纵模制动交换机；浩良河镇安装 HT–906/400 自动交换机；桦阳安装 HT11/14 交换机；晨明镇安装 HT–905/200 门纵模自动交换机；南岔贮木场安装 HT29–150 门纵模自动交换机。1997 年，实现交换程控化和传输数字化。到 2001 年交换容量 1536 线，实装用户 1200 台，中继线 2 条共 60 路，林业电话架杆总长度 233.6 公里。

2001 年 5 月，南岔林业电话所并入南岔通信局，林业电话与网络通信并网，林业电话到此撤销。有职工 256 人，南岔通信公司接纳 8 名职工，林业局一次性安置 16 人，其他人安置到区环卫处就业。

第二节　网通机构沿革

1986 年，南岔设邮电局，隶属伊春市邮电局，下设电信股，由 1 名副局长主抓电信业务。配长机、市机、动力室。有职工 98 人（包括邮政）。

1998 年 11 月，南岔电信分局从南岔邮电局分离单设，隶属伊春市电信局。配局长、副局长各 1 名，有职工 43 人。

2001 年 5 月，南岔电信分局变称为南岔通信分局，隶属伊春市通信分公司。配置局长 1 名，副局长 2 名，下设办公室、财务室、经营部、线路中心综合机务班。同年，南岔林业电话所并入该局。通信局有职工 45 人。到 2005 年，机构及人员设置未变。

第三节　程控电话

1994 年 10 月，南岔地区万门程控电话正式开通，建立南岔镇内的东升、水解、粮库、旭日 4 个模块区，随后陆续在梧桐、松青、石头河、柳树、沙山、岩石等地开通程控电话。敷设光缆 157 公里，电缆 208 公里，实现了通信网络的交换程控化和传输数字化。

1998 年，伊春市通信公司投资 60 万元，在南岔通信局安装 1 部 120 千瓦的全自动柴油发电机。2000 年，更新交直流电屏 1 架、整流 2 架。2002 年，更新 40 伏电池 2 组。2005 年，南岔电信局程控交换机容量达 38000 门，实装 24500 门。

第四节 无线寻呼

1992年，南岔电信分局开通无线寻呼业务，分数字寻呼和文字寻呼两种，当年用户119户。到2001年发展用户2351户。随着移动和联通电话的发展和普及，到2004年6月停止该项业务。

第五节 信息超市

2002年1月，南岔通信局开设宽带ADSL业务“非对称数字用户线路”。当时，是国内流行的信息传输快捷的互联网宽带接入业务，可向使用者提供网络学习、视讯会议、可视聊天、视频点播、在线游戏、网络购物等业务。到2005年，南岔地区ADSL用户750户。

第六节 无线市话

2003年2月，南岔通信局在本地区开通“小灵通”业务，设立“小灵通”基站97处。2004年9月，开通了浩良河和晨明地区。“小灵通”业务以无线的方式接入固定电话网，使用固定电话的交换设备和号码资源，使传统的固定电话可以在网络覆盖区域内使用，用户可以随时接听，拨打本地网电话和国际国内长途电话，是市话的有效延伸和补充，可提供多种增值业务。2005年年底，南岔地区网“小灵通”业务已发展用户4500户。

第二章 铁通通信

2001 年 4 月开办铁通通信，2004 年 1 月改称铁通南岔通信局。到 2005 年，铁通装机 9600 台。

第一节 机 构

2001 年 4 月 1 日，铁通南岔通信站成立。4 月 23 日正式挂牌营业，隶属铁通伊春分公司。2001 年建站时，仅设南岔镇内基站。2002 年 10 月，分别开通了松青、梧桐两个模拟块（局），铁通在南岔地区覆盖 60%。

2004 年 1 月，铁通南岔通信站变称为铁通南岔电信局，隶属中国铁通伊春分公司。业务包括建站初的固定电话和铁通专用通信发展到 2002 年 5 月的 ADSL 宽带智能网。到 2005 年，设主任经理 1 人，员工 29 人，用户 9600 户。

第二节 装 机

2005 年，南岔铁通资费遵循国家批准标准，市内通信话费为 0.18 元 / 前 3 分钟，随后每增加 1 分钟话费 0.1 元；长途通话费为 0.6 元 / 分钟；拨打国际长途和其他业务按国家标准执行。

2001—2005 年铁通南岔电信分局业务统计表

表 15-1

年份	装机量（台）	业务收入（万元）
2001	1200	5
2002	4800	60
2003	5200	70
2004	6200	85
2005	9600	92

第三章 移动通信

1992年7月，南岔中心站建移动通信网络。1999年7月1日，南岔移动通讯营销部开始组建，9月1日正式挂牌，隶属于伊春移动通讯分公司，有员工5人。2004年7月，南岔移动通讯营销部更名为伊春移动通信南岔分公司，隶属于黑龙江移动通信有限责任公司伊春分公司。到2005年，设经理1人，有员工3人，聘任员工8人，装机总量达15000台。

第一节 网络通信

1999年，由蜂窝式模拟移动通信网络和GSM数字移动通信两套网络组成。

1992年7月，建移动通信网络南岔中心站。1999年12月，分别开通了松青、梧桐通信基站。

2000年5月，开通南岔水解厂通信站；当年10月开通结核医院通信基站。2001年3月开通柳树、沙山基站。2002年2月开通桦阳通信基站。2003年1月开通了2.5代GPRS通信技术，实现了除语音通信外的手机上网、彩信、短信息、呼叫转移等业务，主要经营135、136、137、138、139网号的"全球通""神州行"等移动通信业务。

2004年9月开通石头河林场、南岔殡仪馆通信基站。全地区的主要公路、村屯网络覆盖达到85%。到2005年，网络通信设置未变。

第二节 装 机

南岔地区的移动通信交费始终遵照国家批准的资费标准，2005年，市内通话费为0.4元/分钟，漫游费为0.6元/分钟，长途话费为每6秒0.07元，国际长途及其他业务执行国家统一交费标准。

1999—2005年南岔移动分公司业务统计表

表15-2

年份	装机量（台）	业务收入（万元）
1999	1650	82
2000	5600	130

续表 15-2

年份	装机量（台）	业务收入（万元）
2001	8100	270
2002	10200	340
2003	11600	490
2004	12500	570
2005	15000	770

第四章 联通通信

2000 年 3 月，南岔联通公司成立，隶属中国联通伊春分公司，设经理 1 名，有员工 7 名。到 2005 年，南岔联通公司配经理 1 名，副经理 1 名，有员工 13 名，装机总量 12500 台。下设 6 个营业厅即农行、新时空、东岗、水解、晨明和主营业厅。联通公司的业务包括移动通信、数字通信、寻呼通信、长途通信、互联网与电子商务、IP 电话、短信、中文秘书台等。

第一节 网络组成

南岔联通公司于 2001 年建浩良河水泥厂、桦阳基站。2002 年，建市二院基站。2003 年 3 月，建有电务站、药材站、水解厂、梧桐、松青、中兴村、沙山、晨明、浩良河小学、浩良河所 10 个基站。2004 年建威岭所、三岔河林场基站。2005 年，建南岔殡仪馆基站。

第二节 装 机

2000—2005 年，安装 49280 台，联通资费执行数据长途 0.3 元 / 分钟，无线商务公话长途 0.15 元 / 分钟（包月、包季）。

2000—2005 年南岔联通分公司业务统计表

表 15-3

年份	装机量（台）	业务收入（万元）
2000	3500	245
2001	5100	350
2002	7800	420
2003	9300	495
2004	11000	530
2005	12500	610

第五章　电　力

1986年，南岔的供电网络由金山屯国网输入110千伏，南岔水解厂输入6.3千伏供居民用电，并由南岔变电所输出12条支配线。1987年与鹤岗并网。全区有高压线路145公里，低压线路149公里，到2005年，全区有高压线路183公里，低压线路201公里。

第一节　机　构

1986年，南岔区设电业局，隶属伊春市电业局。2001年5月，改称南岔区供电分局，隶属伊春市电力总公司。2005年，职工总数130人，下设外线班、营业室、稽查班。配书记1名，局长1名，副局长3名，工会主席1名。

第二节　供电设施

一、供电电网

1986年，南岔地区的供电网络是由国网金山变电所输入南岔变电所110千伏，南岔水解电厂输入水解变电所6.3千伏，带岭变电所到松青变电所35千伏，南岔变电所输入梧桐35千伏，南岔变电所35千伏输入松青变电所。南岔水解电厂与南岔变电所接6.3千伏联络线。2005年，南岔区内供电由南岔变电所6.3千伏配出，支配线有森工线、水源线、甲线、乙线、粮库线、水解联络甲线、水解联络乙线，6110线、625线、622线、629线、结核线。森工线：变电所—南岔药厂、技工校10.2公里。水源线：变电所—水源泵站、市二中9公里。

甲线：变电所—岩石所、沙山乡、太平所少云段、利民农场58.9公里。

乙线：变电所—和并队3公里。

6110线：变电所—民主2.5公里。

625线：变电所—水解一中2.4公里。

622线：变电所—七、八场39公里。

629线：变电所—水解水源泵站9.4公里。

结核线：变电所—结核医院3.3公里。

水解联络线甲线：变电所—水解电厂1.975公里。

水解联络线乙线：变电所—水解电厂1.975公里。

粮库线：变电所—粮库 1.35 公里。

梧桐变电所配出的支配线有梧桐线：梧桐变电所—红旗村 5 公里。

松青变电所配出的支配线有松青：松青变电所—石头河 15 公里。

二、电力并网

1986 年，分别与水解，带岭并网供电。1987 年，与国网鹤岗并网，到 2005 年年末。

三、变电所

南岔境内有 3 个变电所，即南岔变电所 1 万千伏安，梧桐变电所 600 千伏安，松青变电所 600 千伏安。1986 年，南岔有变压器 78 台。2002—2005 年，南岔共有变压器 210 台，供电总额量 33905 千伏安。

四、供电支配线

1986 年，全区有高压线路 145 公里，低压线路 149 公里。2001 年，有高压线路 152 公里，低压线路 158 公里。2005 年，有高压线路 183 公里，低压线路 201 公里。

第三节　营　业

1986 年，南岔供电分局营业组负责供电区域内的验收、装表、接电、抄表、收费等工作。2005 年有 56 人，其中抄表 44 人，核算 12 人。

一、报装接电

按照电力规章，用户施工前到电业部门登记申请用电，签发施工用电许可证，按程序报批图纸，施工中由内线电工验收隐蔽工程。施工整体竣工后，提交竣工报告，由内线电工、监察电工、技术员、运行电工同当地消防部门现场验收，合格后装表接电。1986—2005 年，装用电户 26888 户。

二、抄表收费核算

1986 年，取消包灯收费制，全部实行按表计算发生用电量。设抄表整理员，抄表、两套卡片。1989 年，实行居民购电制，并实行了计算机管理。抄表员所计算的电量与营业核算，进行实际发生的电量收费。到 2005 年，全区居民用电表 36118 块。

三、稽查

2004 年 4 月，南岔冰冰凉冷饮厅采取表外接线进行窃电，时间 22 个月，容量 9.1 千瓦，应追补电费 2.7 万元，对行为人进行了拘留，追缴应收电费。南岔供电分局设电力稽查班，负责全区用电户的电力稽查工作，有工作人员 8 人，逐年进行反窃电工作，实行了大面积检查及用户的抽查，打击违法窃电行为，共查处违章 1966 户。

第四节　电　价

本地区的电价，严格执行国家及省、市的电力销售政策，1986—2005 年，先后进行了 8 次电价改革。

1988—2005年南岔区（局）电价变化一览表

表15-4　　　　单位：元

年份	大工业	普通工业	居民	临时	基本电费（千瓦）	自来水	机关照明	趸售电价	娱乐场所
1988.6.16	0.16	0.20	0.14	0.21	4.50	—	—	—	—
1989.1.1	0.183	0.223	0.14	0.233	—	—	—	—	—
1990.11	0.22	0.26	0.18	0.30	5.0	0.20	—	—	—
1991.7	0.128	0.32	—	0.40	5.5	0.26	0.24	0.20	—
1993.3.1	0.325	0.38	0.20	0.50	—	0.30	0.30	0.24	—
1995.1	0.42	0.47	0.28	0.61	—	0.39	0.38	0.31	—
1997.6	0.45	0.50	0.30	0.95	—	0.42	0.41	0.34	0.95
2004.8	—	—	0.47	1.00	—	0.47	0.46	—	1.00
2005	0.45	—	0.50	—	—	0.51	0.50	0.35	—

第五节　用　电

1986年，南岔区变压器容量为5600千伏安，线路6条。动力用户259户，设备总容量1.4万千瓦。设备台数3589台，居民照明用户14420户。居民用电量1712千瓦。到2005年变压器容量33905千伏安。线路6条，动力用户212户，居民照明用电24519户。居民用电量5426万千瓦时。

1986—2005年南岔区用电情况一览表

表15-5

年份	大工业（户）	普通工业（户）	居民（户）	销售电量（万千瓦时）
1986	—	—	—	1987
1987	—	—	—	2042
1988	—	—	—	2387
1989	—	—	—	2220
1990	—	—	—	2180
1991	—	—	—	2340
1992	—	—	—	2640
1993	68	144	14897	2700
1994	71	145	14897	2862
1995	71	134	14195	1928
1996	67	718	16380	2620
1997	72	784	16849	2246
1998	65	914	17048	2054
1999	57	942	17829	2168
2000	54	951	21888	2116

续表 15-5

年份	大工业（户）	普通工业（户）	居民（户）	销售电量（万千瓦时）
2001	54	940	22587	2885
2002	53	928	22587	3007
2003	32	1347	22587	5344
2004	26	1263	24519	5426
2005	48	1903	24519	6900

第十六篇　教　育

1986年，南岔区设教育中心，统管教育与教学工作。1987年9月，撤销教育中心，教育与教学工作归教育局。教育教学工作，坚持以马列主义、毛泽东思想、邓小平理论和“三个代表”重要思想为指导，认真贯彻落实党的教育方针，全面执行《中华人民共和国教育法》。坚持教育以学生为本，办学以教师为本，大力倡导“科教兴国、科教兴区”战略思想，积极推进教育教学改革。在强化素质教育的同时，不断提高教育教学质量，使受教育者在德、智、体、美、劳五方面得到全面发展，1989年，全区教育全面实行校长负责制，从而把应试教育逐步转向素质教育。1996年，全区中、小学校长实行持证上岗。1998年，南岔区“双基”教育经省验收合格。到2005年，各中、小学，以开发学生潜能和个性特长为着眼点，以课堂教学为主渠道，以教育改革为动力，全方位实施素质教育，努力为上级学校和经济建设培养输送合格人才。

1986—2005年，累计投入近亿元，新建高级中学、区一中、区二中、东方红小学、区第二小学、区第四小学、东升小学教学楼。学校进行了三次比较大的合、并、撤。中小学教育网点1986年56所，到2005年已缩减到24所，其中小学18所、初中5所、高中1所。全区有6所学校增设计算机课，共有计算机274台，为学生创造广阔的学习发展空间，基本上达到国家要求的标准，满足了教育教学需要。其中东方红小学被评为省级标准化学校。截至2005年，全区有各种幼儿班30个，955名幼儿接受学龄前教育，有37名幼儿教师从事幼儿教育工作。职业教育、成人教育，坚持面向社会需求，努力为经济建设培养实用人才，职工教育学校和教师进修学校多年来在提高职工和教师政治业务素质上发挥了重要作用。1986—2005年，培训出6000名专业技术人才，充实到社会各业，对提高国民素质、实现就业和再就业做出了积极的贡献。

第一章 教育行政

1986年，南岔区设教育中心，统管教育工作。1987年，教育中心改为教育科，一直到2005年。教育督导室是行使政府职能检查督导教育的行政机构。教育局设幼儿、小学、中学、音体美、成人教育视导员。各企业单位配备成人教育工作者。教育的网点分布于镇内和山上各林场、经营所及农村。截至2005年，镇内设高中2所、初中3所、小学6所；林场、经营所及农村设初中3所、小学13所。

第一节 管理机构

1986年，区教育中心下设教育科、职教办。

1987年9月，撤销教育中心，教育行政统归教育科。

1989年2月，根据南岔区编〔1989〕2号文件精神，教育科改为教育委员会。

2001年，教育委员会改为教育局。

2005年，教育局人员编制9人。

1986—2005年南岔区教育局（教委）领导更迭表

表16-1

姓名	职务	任职时间
闫　富	科长	1986—1994
葛枫奎	副科长	—1991.5
赵富贵	副主任	—1996.11
张吉祥	副主任	—1991.3
王国范	主任	1994—1996.1
马淑珍	副主任	1991.5—1996.1
马淑珍	主任	1996.1—2002.11
高庆君	副主任	1996.1—2001.11
郝亚新	局长	2002.11—
姜文祥	副局长	2003.11—2004.9
崔积茂	副局长	2004.3—
刘英涛	副局长	2005.6—
崔玉珍	工委副书记	2005.12—

第二节 体制改革

一、机构

1986年，区设教育中心（副处级），下设普教科、成人教育、招生办。农村学校、实行分级办学、分级管理体制，即实行区、镇（乡）、村三级管理。场（厂）经营所学校实行区场（厂）经营所两级管理。区属10所中小学由区级管理。同年9月，撤销教育中心，成立教育科。1989年2月28日，教育科改为教育委员会（科级），管理全区的普通教育和成人教育工作。2005年，区教育委员会下设普教科、招生办、成人教育办。

二、教育网点

1986年3月，南岔区第一中实行初、高中分设，新组建独立南岔区高级中学。

1987年11月，区政府投资25万元，在原党干校址建立了南岔区职业高中。1989年，撤销南岔区东升校中学，变完全小学。1990年2月，奋斗小学合并到大磊学校。同年8月，松青小学与区第五中学合并。撤销少云小学校，学生及教师归属红旗校。浩良河加工厂子弟校变完全小学，中学划归区三中。

1996年1月1日，撤销柳树学校中学部，第六中学变复式班，同时撤销国庆小学。1996年3月1日，教师及行政、工勤人员实行定岗定编，减掉了青年代教和工人代教，部分男满58周岁、女满53周岁办理假退手续。区属中小学教职工由原来1535人减到1280人，其中行政人员248人减到183人，教师1063人减到927人，工勤人员224人减到170人。林场经营所学校教职工51人减到39人，其中行政人员9人减到5人，教师38人减到31人，工勤人员4人减到3人。

2000年，撤销育红小学、红旗校、利民小学、钢铁学校和艾林小学5所学校。育红小学归东方红小学，红旗校归六中，利民校归四小，钢铁校和艾林校合并东升校。同年，将原水解厂所属学校划归南岔区。

2001年，小吉星学校合并大吉星小学，浩良河加工厂小学合到浩良河镇中心校，翠岗学校、浩良河所小校合到浩良河镇第二小学，晨明贮木场学校、沙岭校、桦阳校合并到晨明镇中心校，撤销了晨明贮木场学校、沙岭校、桦阳校；将兴隆校合并中兴学校，太平所学校合并东升校，将南岔所学校、柳树所学校合到二小学，撤销第六中学。

2002年，撤销岩石所学校、中兴校、奋斗所学校，石头河林场学校和松青所学校中学部，松青所学校完全小学。岩石所学校、中兴校、奋斗所学校归属区二小，石头河林场学校归属松青小学。

2003年，撤销浩良河第二小学，归浩良河镇中心校。2004年，原铁路地区所属一中和第一小学归属南岔区。

2005年，区第三小学合并于区第二中学。

三、教育教学改革

1988年，在区东方红小学和区一中试行校长负责制，第二年在全区全面铺开。

1993年9月，全区中小学执行新《课程计划》，使用新编九年义务教学教材代替原统编教材。

1996年9月1日，实行中、小学校校长持证上岗制度。全区106名副科级以上从事教育干部通过培训取得证书，全部持证上岗。进行从应试教育到素质教育的变革。同年，在东方江小学和区一中进行素质教育试点。1997年全面铺开。学校从应试教育向素质教育转化，培养学生的素质能力。

1998 年，南岔区推行素质教育经省“双基”验收合格。

2000—2005 年，取消了小学升初中考试。当年提出“教学改革”工作以教研为龙头，研究方向由如何“教”转向学生如何“学”课题。南岔区颁布《全区推进中小学实施素质教育意见》，以开发学生的潜能和个性特长为着眼点，以课堂教学为主渠道，以教学改革为动力，以督导评估为导向，全方位实施素质教育。

四、强化德育工作

1998 年，区教育委员会批转市政府转发市教委关于贯彻《积极推进中小学素质教育的若干意见》，突出德育在素质教育中的重要地位。东方红小学结合实际，制定德育分段训练目标及实施细则，在加强对学生思想道德教育的基础上，从以下几个方面抓起。即以《小学生日常行为规范》《小学生守则》为主要内容，重点抓好文明行为的养成教育，从根本、最实在的事情入手开展“五爱”教育；发挥理论教育的主渠道作用，引导学生紧紧围绕爱祖国、爱人民、爱劳动、爱科学、爱集体“五爱”教育，培养学生爱国主义情感、自主意识和责任感；强化科学教育，优化教学过程，改革教学模式，努力实现应试教育向素质教育转变。在实施素质教育过程中，以区一中、东方红小学素质教育的实验点，进行典型培养。1999 年，在东方红小学召开全区素质教育现场会，推广东方红小学与区一中的教学经验。到 2005 年，素质教育工作在全区全面铺开。

第三节　教育督导

1988 年，贯彻《中共伊春市委、市政府关于贯彻省委、省政府关于进一步加强教育工作若干问题的决定的通知》精神以及区委、区政府教育工作会议精神。区教育督导室代表区政府对区直各中小学教育工作进行综合检查，检查结果作为下一年评选先进教育单位的重要依据，并与乡（镇）、场（厂）所长、校长责任制、精神文明建设等指标直接挂钩。检查的主要内容是：加强中小学规范化建设；流失生月报和学校年度评估报告制度；教法、学法等方面的改革；贯彻教育法规，依法治教情况；推进中小学实施素质教育、教育执法和巩固提高“两基”（基本普及九年义务教育、基本扫除青壮年文盲）工作。

2001 年 9 月 4 日，省委指导督查组副组长许东林一行 3 人，在区委书记、区学教活动领导小组组长牛毓山，区委常委、组织部部长、区学教办主任张波以及区学教办有关同志陪同下，到区学教活动试点村——迎春乡沙山村、松青所学校检查学教工作，肯定了南岔区的教育督导工作。

2005 年，区教育督导工作坚持基础教育与素质教育相结合，全面巩固“双基”教育，本着重点检查和抽查的方式开展工作。

第四节　学校布局

一、小学布局

1986 年，全区有小学 46 所，政府办学 25 所，林业办学 21 所。

1987 年，撤销 5 所为 41 所，即政府办学 22 所，林业办学 19 所。1990 年撤销 25 所为 16 所。

2005 年，全区有小学 18 所，教学班 198 个。

1986—2005 年小学学校一览表

表 16-2

年度	学校数（个）	班数（个）	学生数（人）	教师数（人）	行政人员数（人）	校工数（人）	招生数（人）	毕业生数（人）	校舍面积（平方米）
1986	46	360	11330	599	130	116	1887	1972	33600
1987	41	346	10805	576	145	127	1578	1825	36772
1988	41	337	10453	570	131	144	1703	1716	44418
1989	41	334	10333	572	128	153	1840	1631	41919
1990	16	327	10042	566	138	113	1447	1257	39047
1991	16	330	9501	547	139	116	1334	1425	46307
1992	16	329	9181	552	151	112	1327	1431	39037
1993	16	329	9040	560	140	105	1498	1328	39255
1994	16	321	9043	554	148	107	1620	1289	40090
1995	16	317	8919	565	140	103	1569	1391	40090
1996	17	314	8919	534	108	89	1601	1332	38945
1997	24	340	8770	558	88	56	1284	1143	39030
1998	24	260	7284	566	80	51	1142	2420	38221
1999	25	250	6676	592	86	49	1513	988	38115
2000	26	264	7921	614	84	62	1294	1918	40168
2001	23	214	6943	490	84	73	1098	1911	30056
2002	20	223	7552	472	61	85	930	1514	31461
2003	19	209	6802	475	66	93	850	1437	31005
2004	19	205	6025	479	65	102	774	1332	30013
2005	18	198	5315	488	59	102	630	1224	39635

2005 年南岔区（局）小学一览表

表 16-3

序号	原校名	现校名	建校时间	地址
1	南岔村国民学舍、联合小学	南岔区东方红小学	1942 年	联合街 8 号
2	南岔区东升小学校	南岔区东升小学	1961 年 8 月	东升委
3	南岔木材水解厂子弟二小	南岔区第二小学	1949 年	民主委
4	南岔木材水解厂子弟四小	南岔区第四小学	1974 年	利民委
5	亮子河小学校	亮子河小学	1966 年 8 月	亮子河林场
6	四合营小学校	四合营林场小学	1970 年 8 月	四合营林场
7	威岭小学校	威岭小学	1956 年 8 月	威岭所
8	三岔河小学校	三岔河小学	1965 年 6 月	三岔河林场
9	木曾贮木场	松青经营所小学	1952 年 8 月	松青所
10	浩良河林驿国民学舍	浩良河小学	1937 年春	浩良河镇
11	大吉星小学校	吉星小学	1974 年 8 月	大吉星村
12	浩良河永林村小学校	永林小学	1950 年秋	永林村
13	北阳村朝鲜族小学校	北阳小学	1947 年春	北阳村
14	晨明村小学校	晨明小学校	1950 年秋	晨明镇

续表 16-3

序号	原校名	现校名	建校时间	地址
15	东星小学校	东星村小学	1964 年 8 月	东红村
16	桦阳所小学校	桦阳小学	1960 年 8 月	桦阳村
17	宝泉农业子弟校	宝泉村小学	1958 年 8 月	宝泉村
18	双河东屯小学校	沙山村小学	1953 年 8 月	沙山村

2000—2005 年已撤销小学学校一览表

表 16-4

序号	学校名	建校时间	撤销时间
1	南岔钢铁小学	1960 年 8 月	2000 年撤销
2	南岔育红小学	1955 年 8 月	2000 年撤销
3	利民小学	1970 年 8 月	2000 年撤销
4	艾林村小学	1955 年 8 月	2000 年撤销
5	红旗村小学	1958 年 8 月	2000 年撤销
6	小吉星小学	1974 年 8 月	2001 年撤销
7	浩良河加工厂小学	1961 年 11 月	2001 年撤销
8	翠岗林场小学	1961 年 8 月	2001 年撤销
9	浩良河经营所小学	1960 年 8 月	2001 年撤销
10	晨明贮木场小学	1959 年 8 月	2001 年撤销
11	沙岭村小学	1965 年 8 月	2001 年撤销
12	桦阳经营所小学	1960 年 8 月	2001 年撤销
13	兴隆村小学	1948 年秋	2001 年撤销
14	太平经营所小学	1955 年秋	2001 年撤销
15	南岔经营所小学	1963 年 8 月	2001 年撤销
16	柳树小学	1961 年 8 月	2001 年撤销
17	岩石小学	1952 年末	2002 年撤销
18	中兴小学	1950 年秋	2002 年撤销
19	奋斗经营所小学	1965 年 8 月	2002 年撤销
20	石头河小学	1958 年 3 月	2002 年撤销
21	浩良河镇二小	1947 年春	2003 年撤销
22	大磊林场小学	1959 年 8 月	1990 年 2 月大磊林场小学和奋斗小学合并为奋斗小学
23	南岔区第三小学	1965 年 8 月	2005 年撤销并入区第二中学

二、小学选介

东方红小学 建于 1942 年春，原名为南岔村国民学舍，后更名为南岔区联合小学，1967 年改名为东方红小学。2005 年，学校占地面积 23500 平方米，操场面积 15000 平方米，校舍建筑面积 7263 平方米，学校有 12 个专用教室（多媒体电教室、美术室、实验室、图书室、音乐室、体育室、两个微机室）。学校有教职工 102 名，专任教师 72 名，学历全部达标，32 个教学班，是省级标准化学校，省双全优先进学校，省少先队标准化大队，省速滑、美术基点校，省速滑后备人才基地，学校还承担省“EEC”英语教学改革实验。

南岔区第三小学 位于南岔区西水派出所对面，创建于1963年11月，初为水解二校教学点，1965年6月直属南岔水解厂，2000年7月25日归属南岔区，改名南岔区第三小学。学校占地面积11603平方米，校舍建筑面积2003.4平方米，操场面积7614平方米，学生655人，教职工55人。2003年，曾被评为南岔区先进基层党组织、全市消防文明单位、南岔区普通教育先进集体等。2005年12月，该校并入区二中。

南岔区第二小学 始建于1949年，原名是南岔木材水解厂子弟二小，2000年7月归属南岔区，改名为南岔区第二小学。学校位于南岔区民主街前进委，占地面积11526平方米，校舍面积4582平方米。操场内设有田径场、篮球场、足球场，还有微机室、实验室、音乐室、美术室、体育室、图书室、多功能教室等专用教室。2000年，建食堂灶房（面积50平方米），餐厅2个，宿舍12个，经两次调整后，已是6个学校合并的学校。2004年，学校设24个教学班，学生893名，在岗职工88人，专任教师57人。

南岔区浩良河小学 2001年8月浩良河加工厂学校和浩良河镇中心校合并而成的一所区直属小学，占地面积16800平方米，校舍建筑面积3521平方米，有教学班27个，学生1310人，教职工93人，省、市级骨干教师7人，区级骨干教师17人。

南岔区东升小学 创建于1961年8月，原是一所九年一贯制学校，1989年9月撤掉中学，变为完全小学。学校占地面积14315平方米，校舍建筑面积为2452.3平方米，操场面积为700平方米，教学班11个，在校学生323人，教职工49人。2000年9月，被省教委指定为"EEC"英语试点学校。2001年，获伊春市教育系统先进集体，2002年，获区教育系统先进集体，2003年4月，获区"文明单位"称号。

三、中学布局

1986年，全区有初中学校10所，政府办学4所，林业办学6所，到2005年，有初中学校6所，其中，高中和初中合设1所，教学班76个。

1986—2005年中学学校统计情况一览表

表16-5

年度	学校数（个）	班数（个）	学生数（人）	教师数（人）	行政人员数（人）	校工数（人）	招生数（人）	毕业生数（人）	校舍面积（平方米）
1986	10	96	4877	275	113	114	1619	1316	23118.4
1987	10	106	5214	298	93	106	1776	1179	17752
1988	10	98	4810	310	100	104	1602	1415	19058.9
1989	10	91	4264	301	99	98	1220	1138	19829
1990	8	78	3718	256	110	122	1183	1169	24442
1991	7	77	3681	254	95	90	1283	1319	17973.7
1992	8	77	3736	242	95	97	1385	1088	23062
1993	8	80	3455	256	105	96	1243	1062	23363
1994	8	77	3656	269	101	95	1198	1035	22381
1995	8	79	3489	275	90	93	1378	1098	22381
1996	8	81	3509	268	81	96	1278	923	27922
1997	8	80	3361	285	64	57	1069	888	25122
1998	5	97	4194	294	59	57	2264	1103	19631

续表 16-5

年度	学校数（个）	班数（个）	学生数（人）	教师数（人）	行政人员数（人）	校工数（人）	招生数（人）	毕业生数（人）	校舍面积（平方米）
1999	5	97	4024	311	56	54	1306	897	19631
2000	6	124	5611	405	69	62	1712	993	27004
2001	7	120	5675	437	46	72	1768	1029	26500
2002	6	94	4270	387	41	74	1385	936	25628
2003	6	86	4045	400	44	70	1405	1230	28051
2004	6	81	3759	397	44	59	1315	1186	28115
2005	6	76	3426	332	44	59	1185	1101	28115

2005 年南岔区中学一览表

表 16-6

序号	原校名	现校名	建校时间	地址
1	南岔区第一中学	高级中学	1992 年 8 月	城林委
2	南岔林业局子弟校	南岔区第一中学	1958 年 8 月	城林委
3	南岔木材水解厂职工子弟第一中学	南岔区第二中学	1970 年	坝西委
4	浩良河区初级中学	南岔区第三中学	1960 年 8 月	浩良河镇
5	晨明耕读中学	南岔区第四中学	1965 年 8 月	晨明镇
6	南岔区梧桐学校	梧桐学校	1969 年 8 月	梧桐村

1993—2002 年南岔区已撤销中学学校一览表

表 16-7

序号	学校名	撤销时间	备注
1	柳树学校	1993 年	—
2	浩良河加工厂中学	1993 年	初中并入三中
3	南岔区第六中学	2001 年	—
4	松青中学	2002 年	中学撤销小学仍保留

四、中学选介

南岔区第三中学 位于浩良河镇西部，1960 年 8 月建校。截至 2005 年，校园占地面积 27338 平方米，校舍面积 4080 平方米，有物理、化学、生物实验室各一个，图书室藏书 1 万余册。学校设教学班 23 个，有教职工 83 人，其中专任教师 49 人、高职 9 人、中职 24 人、初职 14 人。

南岔区第一中学 1986 年 6 月，南岔区一中分成两部分，高中部分留在原校址，更名为南岔区高级中学，初中搬迁至原校址东部的山脚下，仍叫南岔区第一中学。2005 年，有语音室、计算机室、电教室、物理、生物、化学实验室、体育室、图书阅览室、劳技室、美术室、音乐室、多媒体教室，有 16 个教学班，学生 763 人，教师 87 人，工人 7 人。

南岔区第四中学 位于南岔区晨明镇中心地带，占地面积 16520 平方米，校舍面积 3968 平方米。2005 年，有教职工 57 人，学生 360 人，共 11 个教学班，专任教师 39 人，本科 5 人，大专 32 人，中专 2 人，职称高级 5 人，中级 15 人，初级 13 人。

南岔区高级中学 建于 1986 年，坐落于联合办事处城林委，是一所完全中学。2004 年 3 月，被伊春市教育局批准为市级合格中学。学校占地面积 33300 平方米，建筑面积 8200 平方米，学校有 28

个教学班，在校生 1709 人，专任教师 127 人，高级教师 23 人，中级教师 61 人，省级骨干教师 2 人，市级骨干教师 11 人，区级骨干教师 40 人，本科学历 42 人，专科学历 60 人。学校拥有现代化微机室 2 个，多媒体阶梯教室 1 个，可移动语音设备 16 套，有先进的光纤校园网络教学设备，阅览室 1 个，有水泥篮球场 4 个，排球场 3 个，足球场 1 个，拥有实用性很强的物理、化学、生物实验室各一个，教师微机室和体育活动室各 1 个，操场四周有 18 盏花形路灯和 15 个地灯，并配有 18 个喇叭，形成了低音教学音响。

1986—2005 年高中学校统计情况表

表 16-8

年度	学校数（个）	班数（个）	学生数（人）	教师数（人）	行政人员数（人）	校工数（人）	招生数（人）	毕业生数（人）	校舍面积（平方米）
1986	1	18	2327	67	30	34	283	352	36127
1987	1	18	941	66	13	30	279	309	7827
1988	1	16	666	59	19	31	184	394	24958
1989	1	14	684	56	36	41	248	216	7816
1990	1	16	633	56	10	22	306	179	7933
1991	1	12	517	37	18	19	166	121	5662
1992	1	12	447	42	21	17	128	104	5139
1993	1	10	240	31	18	16	89	181	5139
1994	1	6	171	24	13	16	81	65	4507
1995	1	6	184	27	11	15	80	56	4507
1996	1	6	196	27	11	15	75	47	4507
1997	1	6	226	24	8	12	48	37	4507
1998	1	4	124	23	8	12	34	301	5524
1999	1	3	70	21	8	13	31	64	5524
2000	2	9	438	21	8	12	206	21	12597
2001	1	10	501	87	8	11	262	132	6980
2002	1	12	629	107	8	11	244	83	6948
2003	1	13	717	124	8	12	257	143	6948
2004	1	15	789	128	11	14	330	225	6948
2005	1	14	826	128	11	14	321	223	6948

第五节　教育经费

一、经费投入

1986 年，投入 344.6 万元；1997 年，投入 668 万元；2001 年，投入 1654.8 万元；2005 年，投入 1544 万元。到 2005 年，教育经费累计投入 1.6 亿余元。

二、社会力量办学

育红学校　1986 年，邀请定点支援单位开联席会议，集资 5500 元，还支援了一些水泥和玻璃，购置标准课桌椅 155 套，讲台 9 个。

南岔区第四中学　1986 年，亮子河林场支援红、白松 15 立方米，四合营林场支援红、白松 15 立方米；1989 年，晨明水泥厂支援水泥 10 吨；1998 年，亮子河林场提供板条子 6 立方米；2000 年，晨明水泥厂支援水泥 8 吨；2002 年，晨明经营所支援落叶松杆 120 根和现金 2000 元，浩良河镇支援现金 2000 元；2004 年，晨明贮木厂支援砂石 12 车，水泥 2 吨。

浩良河小学　1989 年，浩良河经营所支援现金 8000 元和 100 套桌椅；1992 年，浩良河经营所支援现金 2000 元；1994 年，翠岗林场支援现金 3000 元和 10 个讲台；1996 年，三岔河林场支援现金 4000 元和 40 套桌椅；2001 年，浩良河加工厂支援现金 1500 元；2002 年，浩良河加工厂、浩良河化肥厂各支援现金 5000 元；2004 年，浩良河加工厂支援现金 5000 元。

浩良河三中　2001 年，浩良河水泥厂支援现金 15000 元；2002 年，浩良河经营所支援小杆 12 立方米；2003 年，浩良河经营所支援小杆 13 立方米。

东方红小学　1986—2005 年，松青所支援锅炉大烟囱一个，价值 3 万多元；学生自愿捐水泥 1000 多袋，铺校园操场；伊春市洪兴经贸有限责任公司金钩神泉水厂配饮水机 40 多台；1997 年，南教学楼是由区委、区政府班子拿出个人奖金建造的，面积 1300 平方米；2003 年，省、市、区体委投资 110 万元建体育馆 1200 平方米。

晨明镇中心小学　1999—2001 年，晨明镇政府、晨明贮木场投入约 1 万元，铺垫操场；2002 年，镇政府投入 1 万元，购买新桌椅；2004 年，镇政府投入 6000 元，购买新桌椅；贮木场投入 2000 元，铺垫操场。

区高级中学　2002 年，高中扩建，社会各界义务为学校平垫操场节省大量资金，运土方 5 万余立方米，节省资金 10 万元。

三、勤工俭学

1986 年，全区共有校园地 580 亩，校办工厂 6 个，校办企业公司 1 个，文教用品商店 1 个。

1986—2005 年，东方红小学有试验田半亩地，学生到试验田搞科学实验。学校还有校办工厂 1 所，主要是印刷、排版、检字、铸字、装订、切割。教师分批分期到工厂进行装订、剪字、实际演练、操作。校外还有试验田 16 亩，每学期教师领着学生搞实验。

2000 年，育红学校又增加了 70 亩。教职工的秋菜，学校自己解决。

1986—2003 年，区高级中学有校办工厂 1 所，收入资金 8 万元。

1986—2005 年教育经费统计表

表 16-9　　单位：万元

年度	金额	支出	生物经费
1986	344.6	—	—
1987	358.5	—	—
1988	—	—	—
1989	383	—	—
1990	391.6	—	—
1991	425	—	—
1992	491	—	380.8
1993	511.3	—	409.2
1994	610.7	—	491.9
1995	—	—	—

续表 16-9

序号	金额	支出	生物经费
1996	—	—	—
1997	668	—	172
1998	700	—	222
1999	698.8	—	—
2000	—	—	—
2001	1654.8	—	—
2002	1754.2	—	—
2003	1443	1448	—
2004	1495	1453	—
2005	1544	1433	—

第六节　教育体制

一、学校管理体制

1986—2005 年，各中小学全面实行校长负责制，书记负责党务工作。实行民主监督与管理，下设 2 ~ 3 名副校长，分管教学、政教、后勤工作，学校设立政、教、事务 3 个处，具体工作由各部门完成。

二、学制演变

1986 年至 1993 年 7 月，南岔区小学实行六三制；1993 年至 2002 年 2 月，实行五四制；由于改制，1998 年五、六年级一同毕业；2002 年 3 月至 2004 年实行六三制；2002 年，本应毕业的五年级毕业生，又在学校上了一年学。

1986 年至 1998 年 7 月，南岔区中学实行三年制；1998 年 9 月至 2002 年 7 月，实行四年制；2002 年 9 月至 2005 年，实行三年制。

三、调整学校网点

1990 年 2 月，奋斗与大磊小学合并。9 月，松青小学与五中合并为松青小学校，撤销了少云小学并归属红旗校。

1993 年 9 月，浩良河加工厂学校变为完全小学，初中部分合并到区三中。

1996 年，迎春乡的国庆小学被撤销。

2000 年，撤销了 5 所学校：钢铁、育红、红旗、利民、艾林学校。

2001 年，撤销了 12 所学校：小吉星、浩加、翠岗、浩所、晨贮、（沙岭）、桦阳所、兴隆、太平所、南岔所、（柳树所）、六中等学校。

2002 年，撤销 5 所学校：岩石所、奋斗（中兴）、石头河、松青（中学）。

2002 年，南岔区通过了 2001 年、2002 年网点布局调整，由原来的 46 所学校改成 30 所学校，其中区直属学校 12 所，乡镇学校 10 所，场所学校 8 所。

2003 年，撤销了浩良河第二小学。

2005 年，撤销了区第三小学，并入区第二中学。

第七节 教师队伍

1986年，全区有教师780人，其中小学552人，中学298人。

2005年统计，全区有小学教师488人，初中教师332人，高中教师59人。

一、教师配置

1986—2005年，高中：11名学生配置1名教师；初中：12.5名学生配置1名教师；小学：14.5名学生配置1名教师。

1992—2005年小学教师师资状况一览表

表16-10 单位：人

年度	教师总数	学历				职称		
		本科	专科	中师	高中	高级	一级	二级
1992	552	1	14	454	38	167	200	114
1993	560	—	16	470	32	191	209	99
1994	554	—	17	470	67	205	262	35
1995	565	1	17	497	16	262	223	29
1996	534	1	18	483	14	268	210	27
1997	558	3	53	458	27	—	341	148
1998	566	—	81	454	24	382	108	22
1999	592	—	106	462	16	402	107	45
2000	614	3	193	397	14	402	125	41
2001	490	3	199	283	—	317	111	39
2002	472	2	216	253	—	305	110	28
2003	475	14	229	230	—	320	88	27
2004	479	13	269	193	—	344	71	27
2005	488	11	274	199	4	352	66	22

1987—2005年中学教师师资状况一览表

表16-11 单位：人

年度	教师总数	学历				职称		
		本科	专科	中师	高中	高级	一级	二级
1987	298	2	107	189	—	—	—	—
1988	310	5	128	187	—	—	—	—
1989	287	13	125	149	—	—	—	—
1990	256	21	113	117	—	—	—	—
1991	254	16	125	89	—	—	—	—
1992	242	21	125	73	2	59	125	—
1993	256	28	134	76	1	72	119	—
1994	269	22	155	69	2	83	137	—
1995	275	20	162	70	5	101	122	—

续表 16-11

年度	教师总数	学历				职称		
		本科	专科	中师	高中	高级	一级	二级
1996	268	25	151	71	7	118	109	—
1997	285	33	186	55	17	146	86	—
1998	294	40	195	50	26	169	51	—
1999	311	36	228	45	29	172	53	—
2000	405	56	305	40	33	229	73	—
2001	406	56	319	31	52	209	83	—
2002	346	47	250	48	59	164	63	—
2003	346	48	260	37	73	172	55	—
2004	344	60	243	40	78	162	48	—
2005	332	61	236	34	81	158	42	—

1986—2005 年高中教师师资状况一览表

表 16-12　　单位：人

年度	教师总数	学历				职称		
		本科	专科	中师	高中	高级	一级	二级
1986	67	9	58	—	—	—	—	—
1987	66	14	46	6	—	—	—	—
1988	59	13	46	—	—	—	—	—
1989	56	22	29	5	—	—	—	—
1990	56	19	31	6	—	—	—	—
1991	59	22	31	1	—	—	—	—
1992	69	21	42	1	3	27	28	—
1993	54	15	33	4	5	19	20	—
1994	45	13	28	—	3	20	17	—
1995	45	14	26	1	5	20	15	—
1996	45	13	31	1	5	23	16	—
1997	24	9	14	1	6	12	5	—
1998	23	9	13	1	4	18	—	—
1999	21	9	11	1	6	12	2	—
2000	36	10	24	2	15	19	2	—
2001	31	18	13	—	11	16	2	—
2002	41	13	28	—	8	24	5	—
2003	54	22	31	1	10	27	10	—
2004	53	23	20		10	28	10	—
2005	59	25	33	1	18	25	8	—

2000—2005 年职业成人教师师资状况一览表

表 16-13 单位：人

年度	教师总数	学历				职称		
		本科	专科	中师	高中	高级	一级	二级
2000	32	—	17	11	4	—	12	7
2001	32	—	17	11	4	—	12	7
2002	32	—	17	11	4	—	12	7
2003	32	—	17	11	4	—	12	7
2004	33	—	17	11	5	—	12	7
2005	33	—	17	11	5	—	12	7

二、教师职称

1988 年，进行第一次教师职称评选工作，相继多年对符合条件的教师进行晋级，截至 2005 年，全区有高级职称 25 人，中级职称 26 人，初级职称 38 人。

1997—2005 年南岔区教育工作者职称一览表

表 16-14 单位：人

年度	高级职称	中级职称	初级职称
1997	14	85	55
1998	17	95	40
1999	25	33	54
2000	34	49	72
2001	39	55	63
2002	26	56	74
2003	20	55	47
2004	22	34	29
2005	25	26	38

第八节 教育科研

一、教育研究

全区各中小学在每学期开学初，各任课教师根据学校的计划，制订出自己的个人教育计划。主要以思品课，班队会的研讨课为主。每学年末，学校还要征集教育经验或论文，择优评选。

1986—1997 年，以东升小学“尝试教学法”为典范，其后，在全区各学校全面铺开，各学校重点对“尝试教学法”进行了研究，其特点是“先练后讲”。2001 年，开始了为期 4 年的创新学习研究，研究的重点目标是面向全体学生，以培养创新精神和实践能力为目标，以学科学习为主要内容，使学生学会主动地学习，以获取相应知识信息，掌握认知策略，实现创造性地提出问题，解决问题。提高学生综合素质，在学习上做到有独立见解，有创新意识，有健康心理，使学生做到会观察、会思考、会动手、会交往。

二、教学研究

1986—2003年，以“育人为主”的教学思想为核心理念，把素质教育真正带入课堂，带进了学生的生活。2004—2005年，区二小以新的教学观念为目标，学校每学期都开展教学实践和研讨活动，定期开展教研公开课、示范课、观摩课等活动。

在教育与教学相结合方面，主要以活动为中心。一是每周四第八节作为教研活动时间，以集体备课的形式开展教研。二是每学期开展一次以中青年教师为主的“百花奖”大赛活动，选拔几名优秀教师讲一节优质课，更好地推进了教学活动。三是每学期在学期教研的基础上做一次个人总结，学校再汇总。1993年，作为市推广青浦经验试点之一，将数学组作为推广的攻关组。1996年，学校以“一课一练”“快速作文”“情境教学法”为主要教研课题。1997年，推广“青浦经验”的成果——“诱、探、练”教学法的应用。1999年，鼓励新教法研究实验，开展讲、说、评活动，对“目标教学”进行分析综合，并开展评语改革。2004年，针对新教育形式，段永范教师提出“学科整合”的教育理念，开展“学科整合”教研活动。

三、教育与教学研究成果

1987年，南岔区第一中学教研工作中总结出了“三步教学法”。

1992年，威岭所学校教师黄振华的《浅谈小学校思想品德教育》获省二等奖。1994年，一中数学组在“青浦经验”基础上，总结了“诱、探、练”教学法，同年，生物小组制作标本达270多件，实验培植了香菇，活动成果已被省科协评为一等奖。1995年，一中物理组总结出了“一课一练”法。1996年，乔桂波教师的《低年级语言训练教政初探》获省一等奖。1997年，张艳丽教师的《如何抓住小学生作文中的联想训练》获省二等奖。2001年，王立三教师的《浅谈低年级阅读教学》获省二等奖。2002年，张宪印教师的《谈如何做好山场小学第二课堂教学》获省二等奖。2001年以后，至2005年活动归科委。

第九节　招生考试

1986年，按《黑龙江省实施中华人民共和国义务教育法条例》的规定，接受义务教育儿童的入学年龄为7岁，同年，全区参加高等学校自学考试的有38人。

1987年，参加高等自学考试有31人，中等专业自学考试有110人。

1994年，普通高校招生做了5方面改革：实行了“3+X”的考试；往届生加10分参加录取考试；艺术考试分为文理科；会考中有一科不及格的应届生不能参加应届高考；体检标准和体检办法作了部分修订。在填报志愿上分为指令性招生、定向招生、合同委托招生、单位委托、定向合同委托招生、自费招生。乡以下定向招生、高中中专合同委托招生。

1997年12月，对小学考试安排：一、二年级等级制；三至六年级分项考试。

2001年，按照市政府《关于伊春市高中布局调整决定》的精神，当年，全市的高中招生由市教委统一进行，录取原则是按照学生的报考志愿，首先录取省重点高中正式生（包括配额生、特长生）再录取市重点高中的正式生，然后，录取省重点高中自费生，最后录取普通高中的学生。同年，重点高中考试实行计算机考试方法，按成绩高低分三个档次，5%加20分，15%加15分，10%加10分。考试分笔试和上机操作两部分，上机操作采取人机对话，自动计分的方式；笔试统一考试，光电阅卷，成绩立即张榜公布。是年，重点高中体育考试成绩的计分方式为体育课成绩（平时参加体育锻炼情况考核）+体质健康测试（形体、肺活量、跳绳）满分为30分。

2003年，重点高中考试分文化科考试、计算机考试、体育考试。文化科考试突出了学科主干知识，没有偏难、旧题，适当增加综合运用知识。计算机考试采用人机对话，计算机自动计分，满分30分，按考生的实际分数计入总分，考后成绩立刻张榜公示。体育考试成绩满分为30分，计分法是体育课成绩与平时体育锻炼的表现为总成绩。同年，高中招生实施了公费生、特长生、自费生等改革。

2003年，全区（局）重点高中择优的考生75人，配额的考生47人，自费生179人，特长生6人。普通高中正式生录取115人，自费生录取126人，在全市前十名学生中本区占四名，500分以上者4人。高考共有考生143人，考走143人，其中考入本科院校的26人，专科院校117人，特长生10人，是中考、高考成绩十分突出的一年。

2005年，重点高中择优的考生35人，配额的考生47人，自费生198人，特长生12人。普通高中600分以上者10人。高考重本1人，普本4人，本科艺体特长生18人。三本15人，专科100人。

1986—2005年伊春市二中南岔籍高考状元学生一览表

表16-15

学生姓名	科目	考分	录取学校	录取年份
宁 琦	文	—	北京大学	1987
吕南歌	文	—	北京大学	1988
于 慧	文	510	东北师范大学	1989
缪劲翔	文	517	北京大学	1991
仇安琪	理	669	清华大学	1994
程大业	理	666	清华大学	1995
孔令岩	文	580	中国金融大学	1995
马艳光	文	—	对外经济贸易大学	1997
常冠宇	理	629	天津大学	1999
王伟楠	理	658	清华大学	2000
李 博	理	661	清华大学	2001
傅 爽	文	609	北京大学	2002
孟凡博	理	635	清华大学	2002
崔园林	理	674	清华大学	2004
孟令瑶	理	688	北京大学	2005

第二章　基础教育

1986 年南岔区（局）有中小学校 56 所。区教委设幼教视导员，幼教工作坚持从源头抓起，幼儿教育分公办和私办，当时入托儿童 2642 人，到 1995 年后期，全部实行个体办学。中小学随着教育与教学改革的不断深入，分别进行了三次大的网点布局调整。2000 年，又将原水解厂的 1 所中学，4 所小学划归南岔区。2004 年，将原铁路的 1 所中学和 1 所小学划给南岔区代管。到 2005 年，小学 18 所，中学 5 所，高中 1 所。小学从 1986—1993 年实行六年制，1993 年后实行五年制，并加设了英语和计算机课程。浩良河镇北阳小学 1986—2000 年开设朝鲜语课程，后因生源减少，学校在汉语教学中，每天加设 1 节朝鲜语课。中学贯彻了教育部“整顿高、初中，调整改革高中，加大力度培养其知识取向和道德素养，准备向更深层次方向发展”，全区的规范化学校达标率 100%。

第一节　学前教育

1986年，全区共有托儿所34所，其中全民办16所，集体办13所，个人办5所，入托儿童2642人。

1987 年，全区有幼儿园 36 所，其中全民办 16 所，集体办 3 所，个体办 17 所，入托儿童 2942 人。“六一”国际儿童节，区妇联组成慰问团到东方红、育红、红旗等学校看望由大兴安岭灾区到南岔区就学的 15 名儿童少年，并赠送了文具、书包、鞋、袜等用品。同时还为本区梧桐“5・28”火灾区儿童少年赠送了笔、本等学习用品。

5 月 21 日，区妇联同政协、卫生科、林业医院、妇幼保健站联合办了长期性的“婴幼儿卫生保健咨询门诊”，年内共接待咨询群众 360 人次。

1988年，区妇联同教育、工商、科协等有关部门利用一个多月时间，对44所幼儿班进行检查整顿。

1989 年初，根据市政府关于整顿幼儿教育管理体制的文件精神，区政府决定把幼教工作划归区政府统一领导，设专职幼儿教育视导员主抓幼儿教育工作。5 月 9—12 日，教委组织了全区幼儿教育大检查，以幼儿园管理暂行规定为标准，对各幼儿班的师资、办学条件、教室、教具、玩具、图书、户外活动器械、场地等进行全面检查，对合格的 19 个幼儿班颁发了许可证。

1990 年 7 月，举办了全区幼儿教师培训班。

1991 年，先后选派 8 名幼儿教师和 4 名卫生保健人员到伊春市参加培训。

1993 年 1 月，根据市教委〔1993〕28 号文件要求，对幼儿教师进行岗位证书考核，并为成绩合格的 85 名幼儿教师颁发了培训合格证书，做到了“持证上岗”。

1993 年，区教委先后制定并下发了《幼儿园管理暂行规定》《幼儿教育发展规划》等一系列地方性教育规定，使全区学前教育步入正规化发展轨道，涌现出一大批二类、三类规范化的幼儿园和学前班。按幼儿教学大纲要求，开设语言、计算、常识、美术、体育、音乐、英语共七科课程教学。到1993年末，全区共有幼儿班108个，其中幼儿园2个，幼儿学前班24个，个体幼儿班82个。全区4～6周岁幼儿班3805人，约占总数的8%，学前一年入学率为99%。

1995年，全区7～15周岁残疾儿童和少年共32人，其中有28人入校学习，特殊教育入学率达87.5%。

1999年，适龄儿童入学率达95%，残疾儿童入学率达99.5%。

2001年，全区7～15周岁残疾儿童和少年共有22名，全部入校学习，义务教育完成率、特殊教育入学率都达到100%。

2003年9月，全区适龄儿童全部入小学学习，适龄儿童入学率达到100%。

2005年12月，全区适龄儿童955名，幼儿班27所，幼儿入教率89%。

2005年南岔区幼儿班基本情况一览表

表16-16

项目 / 数量 / 名称	教室面积	游艺室面积	休息室面积	操场面积	开办时间	文体设施		教具		玩具		教学			儿童			教师		
						室内	室外	种类	件数	种类	件数	教学计划	开设课程	教材来源	应届招生（人）	累计招生（人）	年龄（岁）	人数（人）	文化程度	年龄（岁）
葛老师幼儿园	80	60	40	100	1997	积木木马	秋千	图片VCD	2套1件	3	17	2	7	黑教	30	300	4～7	1	大专	37
春燕幼儿班	30	30	15	40	1996	积木木马	秋千跷板	图片VCD	2套1件	3	11	2	7	黑教	15		4～6	1	中专	29
理想幼儿班	60	—	—	70	2002	—	秋千转盘	8	20	10	80	2	7	黑教	—	20	6	1	中专	54
育才幼儿班	50	—	—	60	1999	—	秋千	8	32	7	70	2	7	黑教	—	22	6	1	中专	42
蓝天幼儿班	55	—	—	70	1998	—	秋千	7	20	8	80	2	7	黑教	—	25	6	1	中专	40
晨明小学幼儿园	50	—	—	100	1986	—	滑梯秋千	8	16	5	200	2	7	黑教	—	—	6	2	初中	32
晨明镇中心小学幼儿班	56	—	—	100	2001	大公鸡唐老鸭	滑梯秋千跷板转盘	5	20	5	230	2	7	黑教	—	—	6	1	中函	48
启蒙幼儿班	25	15	15	30	2002	—	—	—	—	—	—	—	—	—	—	—	—	—	—	26
金太阳幼儿园	15	20	10	—	2004	—	—	—	—	—	—	—	—	省教	30	—	4～6	1	高中	36
天才幼儿园	40	35	35	60	2001	—	—	12	36	30	300	—	—	黑教	—	25	5～7	2	大专	20
蓝天幼儿班	15	15	20	30	2002	—	—	—	—	—	—	—	—	—	—	—	—	—	—	35
好孩子幼儿班	35	45	40	50	2002	—	—	13	30	30	150	—	—	—	—	30	5～7	2	大专	33
新星幼儿班	15	15	20	40	2000	—	—	10	20	20	40	—	—	—	—	7	5～7	1	大专	51

续表 16-16

项目/数量/名称	教室面积	游艺室面积	休息室面积	操场面积	开办时间	文体设施		教具		玩具		教学			儿童			教师		
						室内	室外	种类	件数	种类	件数	教学计划	开设课程	教材来源	应届招生（人）	累计招生（人）	年龄（岁）	人数（人）	文化程度	年龄（岁）
三永幼儿班	20	50	20	100	1998	—	秋千	—	—	—	20	—	—	—	20	26	5～7	1	高中	41
大风车幼儿园	36	50	20	80	2004	—	转盘秋千	—	—	—	20	—	—	—	18		4～6	1	高中	37
乐园幼儿班	28			50	1990	录音机脚踏琴	秋千圆盘	—	20	木马	5	—	7	黑教				1	高中	44
德才幼儿班	26		20		1999	—	—	2	3	—	4	—	5		35		5～6	2	中专	54
育林幼儿班	20		15	28	1997	—	—	2	3	—	3		5		10		5～6	1	中专	55
新育林幼儿班	28		22	30	1990	—	—	2	3		5		5		39		5～6	2	中专	55
长君幼儿班	10	9	8	—	—	—	—	—	—	—	—	—	—	—	—	—	—	—	—	—
宝宝乐幼儿园	12	12	7	20	—	—	—	—	—	—	—	—	—	—	—	—	—	—	—	—
新世纪幼儿园	10			10	—	—	—	—	—	—	—	—	—	—	—	—	—	—	—	—
双语实验幼儿园	40	—	—	—	2003	—	—	—	—	—	—	—	—	黑教	—	—	5～7	2	中师高中	34
小天鹅幼儿班	100	—	—	—	2003	—	—	—	—	—	—	—	—	幼教	30	—	5～7	1	高中	34
英才幼儿班	60	—	—	—	2003	—	—	—	—	—	—	—	—	黑教	20	—	2～7	1	中专	36
小天使幼儿班	30	—	—	—	2003	—	—	—	—	—	—	—	—	小教	30	—	4～7	1	大专	47
育龙幼儿班	60	—	—	—	2003	—	—	—	—	—	—	—	—	省教	20	—	4～7	1	中师	34
贮木场幼儿班	60	—	—	—	2003	—	—	—	—	—	—	—	—	小教	40	—	5～7	1	高中	39

第二节　小学教育

一、小学学校

1986 年，全区共有小学 46 所，政府办学 25 所，林业办学 21 所。校舍面积 3360.4 平方米，共有教学班 358 个，在校生 11340 人，有教职工 863 人，专任教师 596 人。小学入学率、巩固率、普及率都在 99% 以上，毕业合格率达 96%，荣获市级教育系统先进集体。

1987 年，区内共有小学 41 所，政府办学 22 所，林业办学 19 所，校舍面积 39396 平方米，有教学班 346 个，在校学生 10805 人，毕业合格率达 97%。有教职工 863 人，专任 576 人，师资达标率 64%。

同年，东方红小学、奋斗所、晨明贮木场、松青所、大磊林场五所小学进入市级规范化学校行列。1986—1987 年，共有 11 所小中学被授予市、区“文明学校”光荣称号。

1990 年，南岔区共有小学 16 所，教学班 327 个，在校学生 10042 人，毕业生 1257 人，招生 1447 人，初级中等教育阶段适龄少年入学率达 99.5%。行政人员 138 人，校工 113 人，教师 566 人。校舍面积 3904.75 平方米，获市级教育系统先进集体 2 个。

1991 年，有小学 16 所，教学班级 330 个，在校学生 9501 人。毕业生 1425 人，招生 1334 人，入学率达 100%。行政人员 139 人，校工 116 人，教师 547 人。校舍面积有 46307.97 平方米，获森林工总局先进集体、个人 8 名，市德育教育先进集体 1 个，市级先进集体 1 个。

1992 年，有小学 16 所，教学班级 329 个，在校学生 9181 人，毕业生 1431 人，招生 1327 人，初等教育完成率为 99.7%。行政人员 151 人，校工 112 人，教师 552 人。校舍面积 39037 平方米，获得省级先进教师 6 人，市级勤工俭学先进集体 1 个。

1993 年，有小学校 16 所，教学班级 329 个，在校学生 9040 人，毕业生 1328 人，招生 1498 人，行政人员 140 人，校工 105 人，教师 560 人。校舍面积 39255 平方米，荣获国际先进个人 1 人，省森工总局先进个人 5 人，市级优秀班主任 1 人，市级先进集体 1 个。

1996 年，共有小学 17 所，教学班级 314 个，在校学生 8770 人，毕业生 1143 人，招生 1284 人，小学毕业全科合格率为 96.4%，体育毕业合格率达 99.7%。行政人员 88 人，校工 56 人，教师 558 人。校舍面积 39030 平方米，荣获市级教育系统先进集体。

1998 年，有小学 24 所，教学班级 260 个，在校学生 7284 人，毕业生 2420 人，招生 1142 人，毕业合格率为 93.6%。行政人员 80 人。校舍面积 38221 平方米，市教育系统先进集体 2 个。

1999 年，南岔区适龄儿童共有 5950 人，全部进入小学学习，初等教育完成率 99.9%，辍学率为 0.1%。小学毕业生全科合格率为 100%。

2001 年，有小学 23 所，教学班级 214 个，在校学生 6943 人，毕业生 1911 人，招生 1098 人，行政人员 84 人，校工 73 人，教师 490 人。校舍面积 30056 平方米，荣获省级模范教师 4 人，省市级尊师重教先进集体各 1 个，市级教育系统先进集体 2 个。

2003 年，共有小学 19 所，教学班级 209 个，在校学生 6802 人，毕业生 1437 人，招生 850 人，行政人员 66 人，校工 93 人，教师 475 人。校舍面积 31005 平方米，获得市级教育科研先进集体 1 个，市级尊师重教先进集体 2 个，市级普教先进集体 2 个。

2005 年，有小学 18 所，教学班级 205 个，在校学生 6075 人，毕业生 1332 人，招生 774 人，毕业合格率为 99%，校舍面积 31005 平方米，行政人员 65 人，校工 102 人，教师 479 人，荣获市级优秀教师 5 人，省级普教先进个人 3 人。小学升学率达 100%，学习成绩合格率达 100%，优秀率达 80%。体育达标率为 95.5%。小学普教“四率”均达标。

二、教材

1986 年至 2002 年 7 月，小学教材采用人民教育出版社的课本。2002 年，新一年课程改革，语文、品德与生活使用北师大版本的教材，数学及其他学科都采用人民教育出版社新课程标准实验教材。

三、课程设置

1986 年来，按国家教育计划的规定，小学开设了语文、数学、体育、美术、思品、自然等课程。教学计划的各学科基本做到开齐、开全。9 月，小学开始在五、六年级开设英语课。1987 年，劳动技术课有了专用教科书。1990年3月至1999年12月，学校所有年级都开设了健康课，由专职教师任教，后由体育教师兼任，至2005年教材未变。

1997年9月至1999年7月，学校从一学年到五学年开设了科技课，由班主任或美术教师兼任。是年9月，开始从三年级开设社会课，由专职教师担任。第三小学三至五年级开设了计算机课。

1999年9月起，第三小学、东方红小学一至五年级开设了计算机课。2003年9月，一至二年级计算机课停止。9月，历史、地理课被社会课代替。新一年级使用的思品书名改为《品德与生活》。

四、特长教育

1986—1996年，各小学有计划地购置各科实验教学仪器，美术教具。同时，建立了实验室、图书阅览室、卫生室，达到每班一台幻灯机、录音机、一套教学挂图。

1998年，各小学在不同年级把乐器引入课堂，学生从入学开始学打铝板琴，二、三年级学打击乐，四、五年级学习吹竖笛。

2000年又增加了口、风琴。小学阶段，一般学生至少学会三种普通乐器，激发了学生对乐器的爱好，为学有特长、形成个性，将兴趣发展为志趣奠定了基础。此外，小学每年都有计划地订购教学刊物、教学参考资料、图书、光盘、磁带等，使班级的教育教学设备不断增加，极大地丰富了小学生的学习内容和精神生活。

2005年，各学校依据实际状况，分别就美术、体育、音乐培养学生的特长。

五、常规教学

1986年，小学以教育教学为中心，重点加强“双基”教学，培养学生的基础能力，有计划、有目的地开展教学研究活动，探索教学规律。深入进行语文课“集中识字、读写结合、注音识字、提前读写”的实验和语文、数学分科教学的实验。

1987年，全区小学教育在原有基础上实现了五个转变，由抓智育为主转变为德、智、体、美、劳一齐抓；由抓升学率为主转变为入学率，巩固率、毕业率、普及率一齐抓；由抓课内为主转变为课内外教育一齐抓；由抓教法为主转变为教法、学法一齐抓；由抓开发智力为主转变为智力因素和非智力因素一齐抓；开始向规范化小学迈进，为在全区普及九年义务教育奠定了基础。全区小学入学率、巩固率、毕业率、普及率均达99%。

1988年年底，东方红小学作为全省18所试验学校之一，进行小学五年制改革试验，缩短了学制。同年，为提高年轻教师的业务素质，全区采取“带、扶、放”的措施，“带”即由老教师亲自带一名年轻教师从备课，授课，辅导三个方面入手，“扶”指老教师要参与年轻教师的工作，常听课，常指导，常交流。“放”是让年轻教师担重任，讲汇报课，公开课，教研课，让他们在教育教研成果汇报会上崭露头角，使一批青年教师迅速成长起来。全区有2名青年教师被评为省级单科教学能手，1998年在伊春市举办的“百校教师基本功大赛”中，区东方红小学获团体一等奖、个人一等奖两名的好成绩。

1989年，小学主要进行“注音识字、提前读写”和“读写结合、仿写系列化训练”的实验。部分小学开始实行“小学语文、数学分科教学”的实验。实行了教学目标管理，向科学管理要质量，小学毕业生合格率由1985年的85%，上升到1986年的96%，1988年的86%上升到1989年的87.5%。

1990年至1991年7月，小学以“教法学、培养能力”作为学校教研专题，采用启发式教学方法，注重培养学生能力。东方红小学对传统的教学体制和教学方法进行了改革，建立了以教学为中心，课堂为基础，课外抓提高相结合的教学结构。在教学中做到“三为主”（教师为主导、学生为主体、训练为主线）；“三转移”（由单纯传授知识转移到重视发展智能，由教学生学转移到学生会学，由单纯研究教学转移到研究教法和学法)；“三要求”(要求培养能力，要求立新创意，要求有自学能力)。

1992—1993年，教学改革工作进一步深入，提出了教学改革工作要以教研为龙头，把研究的方向由如何“教”转向学生如何“学”的这一课题，并在东方红小学进行了学习方法课的试点工作。随着教学改革的不断深入，全区教学质量逐步提高。

1995年，开展了小学语文“导读法”“小学数学尝试法”“愉快教育”等教学改革，探索教学规律，成效显著，市教委在南岔区东方红小学召开现场会，推广了该校小学生自学能力的培养的经验。

1998年，根据区教委的安排，小学改革了考试方法，即把单一的书面考试改为笔试、口试、动手操作各种形式的考查，培养学生动手、动口、动脑能力，激发了学生学习的积极性。

2002年，坚持遵循教学常规管理与探索创造性教学相结合，教师严格按学校规定搞好备课上课批改辅导考核等教学常规工作，在创造性的进行教学中，形成新的教学特色和风格。同年，针对学生学业负担过重的问题，教育部、省、市分别下发了《关于在小学减轻学生过重负担的紧急通知》。区教育局及时制定了减负工作方案，并要求教师努力付诸实施。重点向课堂要质量，做到减负不减质。

2003年，区教育局进行《教学新课程标准》《走进新课程》《新课程中教师行为的变化》以及相关的教改信息，成功经验的辅导。广大教师在深化课堂教学改革中，抓住突出学生的主体意识，坚持写课后日记和教学反馈，促进了新课程在各校的顺利实施。

2004—2005年，立足于课堂教学改革，侧重进行“愉快学习、情境教学、语言整体、综合训练”为主，培养学生创新精神和实践能力这一主题，调动学生学习的积极性。让学生在课堂上真正地“活”起来，教师角色的转变，学生主体地位的突显，使全区小学的教育教学出现了六个新变化。一是教师角色发生了变化。教师能俯下身子和学生一道学习研究，真正变成了学生学习的组织者、合作者、促进者。落实了以学生为主体地位，建立了新型的师生关系，新的理念日益成为教师的自觉行动。二是教学方式发生了变化。多数教师从以往的单纯注重知识传授向注重学生学习，自主探究，合作学习转变。三是教学目标发生了转变。由只注重知识和技能的掌握向关注学生的情感、态度、兴趣和体验转变；由结论性教学向注重知识的形成过程和获得的方法转变。四是课堂气氛发生了转变。民主、和谐、轻松、愉快的教学氛围正逐渐形成。教师尽量减少活动和语言。留给学生充分积极参与的时间和空间。五是学生学习方式发生了变化。从以往的被动听课，被动接受变为教师同学生交流合作，共同学习的主动者。六是教学组织形式不断改变。信息技术应用日益广泛，教学过程得到了深化，极大调动了学生参与意识和学习的积极性。

六、德育工作

1986年，各小学对国家教委下发的《中小学思想品德教育大纲》《小学生日常行为规范》进行了认真地学习、贯彻、宣传，确立了德育工作的指导原则。即：目标要大、立足点要小、要求要严、方法要强。继续以“三个面向”为指导，以“四有”为中心，以“五讲四美”“三热爱”为内容，向学生进行思想品德教育。

1988年，试行国家教委颁发的《小学德育纲要》《小学生日常行为规范》《小学班主任工作暂行规定》这三个文件，为做好小学德育工作，加强小学生基本道德教育和行为训练，促使学生从小养成良好的行为习惯，提供了指导性依据。

同年，全区小学普遍开设了思想品德课、劳动技术课。同时对学生进行法治教育，增强学生的法治观念。

1989年，贯彻《中共中央关于改革和加强中小学德育工作的通知》，各小学进一步把德育工作放在重要位置，认真落实小学德育工作的任务，内容和方式方法。普遍建立了校长负责德育工作的体制，加强了德育工作。

同年，区教委于4月25日在一中召开了“中小学德育工作现场会”。11月24日，在东方红小学召开了全区中小学德育工作现场会，东方红小学书记、校长、少先大队、班主任、任课部分教师分别作了有关方面的经验介绍。会后，组织了中小学德育工作事迹报告团。由教委主任闫富、副主任葛枫奎亲自带领报告团分片到各地讲演。此项活动，对全区师生震动很大，学生中违反纪律的现象逐渐减少，学雷锋做好事蔚然成风。全区各小学共成立学雷锋小组210个，做好人好事1000多件，收到表扬信400多封，顽劣生、劣迹生转化率达到100%。德育教育工作得到了省教委的高度评价。

1990年，国家教委下发了《关于进一步加强中小学德育工作的几点意见》，区教委遵照上级指示精神，成立了区德育工作委员会。建立了德育工作反馈系统和德育工作控制系统，从上到下，齐抓共管，形成了德育工作网络。从内容形式到考核做到科学化、制度化、规范化、系列化。要求各小学进一步端正办学指导思想，切实把德育工作放在学校教育工作的首位。加强思想政治教育。利用每年3月15日到4月15日，在全区中小学业开展“学雷锋、学赖宁、爱祖国、做文明中小学生”的教育月活动。同年，10月1日，全区小学组织师生学习贯彻国旗法，加强爱国主义教育。小学普遍建立升挂国旗和举行升旗仪式制度。区教委对各小学校升挂国旗和举行升旗仪式进行了检查，规范了程序和动作，并不定期增强这一活动的严肃性。同年，为纪念抗日战争胜利四十五周年，全区小学结合实际，以抗日战争为题材，开展各种形式的活动，向学生进行爱国主义教育。同年12月，召开了全区小学德育工作经验交流会，传达贯彻全省德育工作会议精神，交流了小学德育工作的经验。

1992年，区教委组织各学校校长参加了在带岭召开的全市小学“两史一情”教育现场会，推广“两史一情”教育中的好做法和经验，交流了“两史一情”教育的情况。第三小学按照《小学生国情十知道》和《我爱你中国》这两本书的内容，根据学生年龄的特点，采用不同形式进行了“两史一情”教育。

1994年，南铁小学开设“红领巾广播站”，使学生能够收听到新闻、知识常识等，开阔了学生视野。同年，南铁小学少先队被授予标准化少先队。

1996年，各小学利用“红领巾广播站”对“十一”征文比赛进行广播，增强了学生强烈的爱国之心。

1998年，德育工作为首，弘扬道德风尚。第一，切实确立德育工作的首要地位，深入进行师生的思想道德教育和学生的习惯养成教育，加强课堂教育与生产劳动社会实践活动的有机结合。通过实践对学生进行激情、明理、导行，从而使学生树立正确的世界观、人生观、价值观。第二，加强政教、少先队的相互配合，抓住爱国主义教育这一主旋律。落实贯彻《爱国主义教育实施纲要》。坚持开展好每周升国旗、唱一首爱国主义革命歌曲、自办手抄报展评，开好班队会，有效地利用图书馆、板报、广播、大力宣传校内外的好人好事。第三，继续开展争当“十佳百优”“雏鹰假日小队”“尊师爱生”“向灾区人民献爱心”“手拉手”“制作发明”活动，从而促进素质教育的全面发展。

1999年，在东方红小学召开了全区素质教育现场会，推广德育工作经验。通过这次现场会，推动了全区各中小学素质教育的开展。同年，以争做“文明好少年”为主题，开展丰富多彩的活动，举行了“小制作”比赛和“救灾捐款”活动。南铁小学共捐款1099元，捐物100多件，被授予“省红旗中队”光荣称号。各小学利用废旧物品进行小制作，通过此项活动，锻炼了学生动脑、动手的能力。

2002年3月，各小学以争做“五小公民”为主题，开展学雷锋，做好事活动，涌现出了“百名小帮手”“小标兵”“小伙伴”“小队员”。第三小学的庆“五一”课本剧表演，充分展示了学生的创新精神和表演才能，也体现了德育教育的新成果。12月，各小学坚持开展以爱国主义教育为中心的主题系列教育，并使其成为德育工作主线，培养学生从自身做起，从小事做起，关爱他人，诚实文明，通过丰富多彩的活动，促进学生良好行为习惯的养成。

2003年，把德育工作的重点放在了“行为规范”的养成教育上。第三小学年初制定了《学生礼仪常规》，包括十二项行为系列和八项语言系列，促使学生言行一致，知行统一。并且开展了校园是我家，人人都爱它，争做“环保小卫士”活动，从“不吃零食、不乱扔包装袋、你扔我捡”三个环节入手，清洁校园、人人有责，校园环境、大为改观。

2004—2005年，认真贯彻黑龙江省教育厅“弘扬和培育民族精神教育月”活动的通知精神。在主题班队会上、升旗校会上、校园文化上开展“伟大民族精神是中华民族自强不息的力量源泉”为主题的系列教育活动。第二小学在艺术节、体育节、科技节为学生创设施展才能的空间，让他们看到自己的亮点，燃起对生活的热爱。艺术节以爱国主义为主旋律，采取全方位，多元互动的方式，把校园分成曲艺小品，情境表演、歌曲演唱，书法绘画几大活动区。学生们在各个区进行才艺展示，师生互动同台表演，在艺术的殿堂中陶冶情操，健康成长。盛大的体育节是校园自主活动的又一个亮点，学生人人参与。运动会检阅式上学生们的情绪高涨，开幕式场面壮观，运动场上师生身姿矫健，校园成了欢乐的海洋。此活动既体现了体育的健身强体的宗旨，又激发了学生的强烈的进取心和创造力。在科技节活动中，安排了科普宣传，黑板报评比、小制作展评、科学宣传画展览，提高学生的科技素养，从小树立“崇尚科学、反对邪教，科学就在我们身边”的思想，从而使学生从小就树立正确的人生观、世界观、价值观。

1986—2005年南岔区小学生在校生数统计表

表16-17 单位：人

年度	合计	一年级	二年级	三年级	四年级	五年级	六年级	预计毕业生	招生数
1986	14605	2519	2244	2237	2415	2653	2537	2449	2586
1987	10839	1726	1868	1755	1751	1849	1890	2360	2120
1988	9029	1868	1743	1771	1977	1720	1721	196	1939
1989	10651	1911	1778	1728	1834	1732	1578	1628	2145
1990	10042	1605	1734	1684	1657	1766	1596	1596	1447
1991	11259	1682	2113	1985	1860	1801	1818	1626	1557
1992	9181	1424	1434	1566	1704	1593	1460	1460	1327
1993	9040	1598	1360	1410	1556	1697	1419	1419	1489
1994	7043	1670	1540	1367	1373	1545	1528	1528	1620
1995	8919	1650	1649	1521	1333	1358	14089	1435	1569
1996	8919	1675	1606	1656	1452	1317	1210	1210	1601
1997	8770	1348	1643	1577	1633	1333	1236	2569	1284
1998	7284	1180	1340	1624	1560	1580	—	1580	1142
1999	6676	1006	1196	1339	1601	1534	—	1534	1294
2000	7921	1304	1387	1524	1709	1985	—	1985	1294
2001	6948	1105	1283	1371	1499	1685	—	1911	1098
2002	7552	934	1082	1267	1317	1438	1514	1514	930
2003	6802	850	936	1089	1262	1294	1371	1437	850
2004	6025	774	821	901	1043	1248	1238	1238	774
2005	5315	630	723	807	903	1059	1193	1193	630

第三节　初中教育

一、中学学校

1986年，全区共有中学10所，政府办学4所，林业办学6所。专任教师275人。共有教学班106个，在校学生5214人。中学毕业合格率由1985年的33%上升到1986年的35%。校舍总面积23118.4平方米。

1990年，全区共有中学8所，教职工488人，专任教师256人，共有教学班78个，有在校学生3718人，毕业生1169人，招生1183人，初级中等教育阶段适龄少年入学率达99.5%。校舍面积24442平方米。

1991年，全区共有中学7所，教职工439人，专任教师254人，共有教学班77个，在校学生3681人，毕业生1319人，招生1283人，获省级森工总局先进个人2人。校舍面积23062平方米。

1992年，全区共有中学8所，教职工424人，专任教师242人，共有教学班77个，在校学生3736人，毕业生1088人，招生1385人。初级中等教育完成率94.8%。本年荣获省级先进教师3人。校舍面积17973.7平方米。

1996年，全区共有中学8所，教职工455人，专任教师268人，共有教学班81个，在校学生3509人。毕业生923人，招生1278人。初中统考各科平均及格率88.1%。毕业生体育合格率达99%。获得市级优秀教师7人。市级教育系统先进集体1个，尊师重教先进集体1个。校舍面积31922平方米。

1998年，全区共有中学5所，教职工445人，专任教师294人。共有教学班97个，在校学生4184人。毕业生1103人，招生2264人。初级中等教育完成率94%。荣获国家级优秀教师1人。市级教育系统先进集体1个、尊师重教先进集体1个。校舍面积19631平方米。

1999年，全区有3438人五年级学生，其中3328名进入初中学习，初级中等教育阶段适龄生年入学率达96.8%。辍学率为1.4%，毕业生统考各科平均及格率81.4%。初级中等教育完成率为96.1%。

2000年，全区共有中学6所，教职工536人，专任教师405人，共有教学班124个，在校学生5611人，毕业生993人，招生1712人，初中统考各科平均及格率为81%，毕业合格率86%。初中升重高配额1999年为36人，2000年为39人，两年均占全市10%，区教育局荣获市级尊师重教先进集体。校舍面积27004平方米。

2001年，共有中学7所，教职工555人，专任教师437人，共有教学班120个，在校学生5675人，毕业生1029人，招生1768人，毕业合格率为82%，荣获省级先进教师4人，市级优秀教师5人。校舍面积26500平方米。

2002年9月，全区初级中等教育阶段适龄少年有5884名，其中5300名进入初中学习，入学率达96.9%。获得市教育系统先进集体1个，尊师重教先进集体2个。同年，全区初级中学4所，九年一贯制学校2所，中学教师397人，教师学历达标为89%。

2005年，共有中学6所，教职工500人，专任教师397人，共有教学班76个，在校学生3759人。毕业生1186人，招生1315人，毕业合格率87.4%。荣获市级先进教师5人，市级普及教育先进个人1人。本区有省级学校3所，省级“两全”学校2所，市级“两全”学校1所，各学校的教学仪器、设备、图书，劳动教育设施和音、体、美、微机实验室符合“普九”标准要求，全区规范化学校达标率为100%。校舍面积28115平方米。

二、学制及课程

1986—1998 年，是六三学制，执行教育部颁发的中学教学计划，使用全国统编教材。各学年设政治、语文、外语、数学。初中二、三年级增设物理、化学、生理、卫生；初中三年级设地理、历史、生物；初中一、二年级设音乐、美术、体育各学年。

每周授课总数 30 ～ 31 课时。劳动技术课每学年二周，初中每天按 4 节计算。此阶段初中考试开始由省统一命题。

1998—2001 年，是五四学制。各学年增设了微机课。

2001—2005 年，是六三学制。课程设置各科教材由人民教育出版社发行。

三、教学辅助设施

1994 年，各校班级的木质黑板全部更换成玻璃黑板，既宽大、平稳，又方便了课堂教学。大部分学校在过去仅有的挂图、角尺、模型等教具之外，还整修音乐、美术、体育、劳技、图书、语音、校医、微机、理、化、生等各种实验室。高级中学、区一中重新盖起规模宏大的教学楼，多媒体教学已进入了课堂，增加了网络教学内容。2005 年，有 6 所学校购置了计算机，其中，高级中学 60 台、区一中 62 台、二中 25 台、三中 50 台、四中 52 台、梧桐学校 25 台。

四、常规教学

1986 年，中学普遍进行了课堂教学内容的改革，主要采用启发式的教学方法，教师带着启发性的问题或语言引导学生思考、解难。面对学生课堂教学改革的实验，区教委组织了“最佳课、新秀课”的评比活动，广大教师积极投身教学改革，发挥了主动性、创造性。

1987 年，提倡三步教学法，即“设疑、解析、练习”。中学毕业生合格率由 1985 年的 32.7%，1986 年上升到 35%，1987 年上升到 39%。全市衡量，1986 年南岔区中小学教育教学质量排 15 名，1987 年排 13 名。截至 1987 年末，中小学教师在国家及省、市级刊物上发表论文 13 篇，获省市级优秀论文 75 篇。在创建文明学校活动中，有 11 所中小学荣获市、区级“文明学校”称号。

1988 年，区一中数学组实践了“三步五字教学法”。三步即“设疑问题、师生解答、巩固运用”；五字即“问、读、议、讲、练”，效果较好。本年度全区中学毕业生合格率由 1987 年的 39%，上升到 45%，超出全市平均水平的 10%。

1990 年，区教委组织开展全区教育大讨论活动，教师进修校组织召开了“中学语文二类课文研讨会”，还举办了“中学语文教学基本功大赛”“英语课重点教材专题讲座”及“南岔教研小学教学观摩”活动。

1991 年 10 月，全区开展了中学第四届优质课评选活动。12 月 4 日，区教委在梧桐学校召开南岔区中小学教育教学质量管理现场会，梧桐学校书记、校长和化学教师分别作了经验介绍。

1994 年，区教委组织学习外省先进经验，倡导了“快速作文法”。即“指导范文、学生习作、自读文章、学生互批、教师讲评”。区一中数学组徐宝林提出的“诱、探、练”法，以诱导、探究、练习为核心，引发学生学习的兴趣，指导学生分析、解决问题、并做练习加以巩固。此法得到全校师生的好评，在黑龙江省推广学习“青浦经验”教改活动中，获得“黑龙江教育学会中学数学专业”和“黑龙江省教育学院中等教育教研部、教学改革先进个人”称号。该校也被评为“教学改革先进集体”。1996 年，作为市推广青浦经验试点之一，将数学组作为推广的攻关组。同时，区一中理、化、生组则掀起了以盛世明创设的“一课一练”法为中心的教学研究课题，此法在实践中备受欢迎，被评为市级教育科研成果一等奖。

1999年7月末，区教委举行了中学教师四项基本功大赛，评出先进集体2个、先进个人25人。

2000年8月，区教委制定了《备课要求细则》和《标准化授课管理条例》，对授课者和授课的时间、状态、纪律、声音、动作等都做了详细安排。

2001—2005年，教育与教学不断向纵深方向发展，一是通过招聘，在职进修、函授等方式，培养和建设高素质的教师队伍。二是加强教学管理，确保教学进程。三是坚持常规教学，提高教学质量。四是在课堂教学上，探究创新教法。

五、德育工作

1986年，各中学贯彻《中共中央关于改革学校思想品德和政治理论课程教学的通知》。坚持中学的德育目标，即“在初中阶段，要进行道德、民主和法制、纪律教育，进行社会生活和社会发展规律以及社会主义建设常识的教育”。同年，根据黑龙江省教育厅《关于初中开设法律常识课的通知》，初中开设法律常识课，对学生进行法治教育。

1989年，学习贯彻《中共中央关于改革和加强中小学德育工作的通知》，各中学围绕德育目标，发挥校内外各个方面的作用，通过各种途径，做好德育工作。同年，新学期开始，全区中学普遍试行《中学德育大纲》。根据国家教委办公厅关于“对高中学生进行形势教育的通知”精神，在中学生中，进一步加强坚持四项基本原则，法治观念，维护安定团结，以及热爱中国共产党，热爱社会主义祖国，热爱中国人民解放军的教育。9月，在全区各中学开展以贯彻实施国旗法为核心的爱国主义教育活动。根据国家教委《关于施行〈中华人民共和国国旗法〉，严格中小学升降旗制度的通告》，各中小学通过举行升降国旗仪式，使学生受到爱国主义教育。

1991年5月，南岔区召开全市学校德育工作经验交流会，会上交流了学校德育工作的经验，表彰奖励了在学校教育工作中做出优异成绩的18个先进集体和40名先进工作者，并从中评选出10名德育工作标兵，晋升一级工资。

2000—2005年，全面落实《中共中央办公厅国务院办公厅关于适应新形势下进一步加强改进中小学德育工作的意见》，树立育人为本的思想，以德治校。根据学生的心理成长和生理发育阶段的特点，结合“四五”普法和依法治理工作，加强德育工作的领导力度，培养学生良好的道德情操、心理品质和行为习惯，促进学生德、智、体、美、劳全面发展，从而提高师生的道德素质。开展争创“十佳教师”和“百名优秀学生”活动。梧桐学校继续深入贯彻落实《中小学生日常行为规范》《中学生德育规程》，加强以师德为核心的思想政治教育，明确中学生德育工作的基本目标和任务。确定认识到位，工作到位，由值周教师和值周学生督促检查落实情况，使学校德育工作趋于规范化、制度化。第一中学德育工作的中心是以爱国主义教育和增强民族自尊心教育为核心，以“四有”教育为主线，以养成教育为基点，开动脑筋、更新观念、改善方法、转变作风，将“思想政治素质是最重要的素质”的要求落实到教育工作的各个环节。在针对性、实效性上下功夫，在制度化、规范化、程度化上做文章。第二中学以各科教师为主导，以班团活动为主线，形成党政工青齐抓共管的德育工作网络。初一侧重于国旗、国徽、重大节日等认识教育。初二侧重于爱国人士，当代英模的形象教育。初三侧重于立志报国，做21世纪新人的思想教育。高中侧重于进行党史、政治理论教育。第四中学深入贯彻落实《中小学德育工作规程》，以“文明礼貌月”活动为契机，开展“讲文明、树新风”活动。教育学生要从小事做起，从规范自己的语言、行为做起，重点是杜绝打架斗殴、故意损坏公共设施、不遵守公共秩序等现象。并结合“文明礼貌月”活动制定实施方案，以此激发学生助人为乐的优良品质、注重实效、避免形式主义，使文明之风永驻校园。

第四节 高中教育

一、高中学校

南岔区高级中学建立于1986年，是一所全日制普通高中，当年有12个教学班，410名学生，教职工74人，党员16人。高级职称的6人，中级职称的19人。大学学历的15人，专科学历的32人。学校占地面积24900平方米，有理、化、生实验室各一个，仪器均达省《中学理科教学仪器配备目录》中规定的要求。有电教室一个，无线电活动小组常年活动。

1992年秋季，实行初、高中联合办学。当年招生102人；1993年招生90人；1994年招生84人，在校生共计217人。初中任课教师21人，都是大专学历，教师达标率为100%。校舍面积1048平方米，宿舍楼300平方米，学生食堂200平方米。图书室100平方米，共藏书4513册，每生所占图书24册。音乐阶梯教室150平方米，美术室80平方米，音乐、美术教学器材均能达到省教委师字（90）号文件规定的标准。学校有木器加工厂，学生定期到木器厂劳动，校园建设绿树成荫，环境宁静，无污染源。办学条件达到省级规范化初中合格的标准。

1995年，初中毕业优秀率21.53%，毕业合格率达100%。考生中升入重点高中的8名，师范学校的3名，小中专1名，突破了上级下达的指标，在全区应届考生中名列第一，升学率为15.58%，无差生，普及率达100%。

2003年，学校共有高考考生143人，考走143人，其中考入本科院校26人，专科院校117人，特长生10人，取得建校以来最好成绩。

2004年3月，被伊春市教育局批准为市合格高中。4月，被省教育厅、省环保局命名为省级绿色学校。

2005年，学校有28个教学班，在校生1676人。

二、课程设置

1986年，执行教育部颁发的中学教学计划，分单科选修和高中文理多科选修两类。高中单科选修的开设科目：政治、语文、外语、数学、物理、化学、体育（各学年）；历史、地理（高二年级）；生物（高二年级）。每周授课总时数高中26 ~ 29课时。单科选修课高二、高三开设每周均为4课时。单科选修科外，均为必修课。劳动技术课高中4周，每天按6节计算。高中文理多科选修的课程设置，大体与单科选修的教学计划相同。高二、高三年级选修文科侧重语文、历史、地理；选修理科侧重数学、物理、化学；侧重学科教学时数有所增加。同年，高中毕业考试开始由省统一命题。

1990年，执行国家教委《现行普通高中教学计划的调整意见》。必修课程开设政治、语文、数学、外语、物理、化学、生物、历史、地理、体育和劳动技术共11科。每周必修课总课时数：高一29节、高二27节、高三14节。选修课分为两类：一种是单科性选修，在高一、高二年级开设；另一种是分科性选修，在高三年级开设。政治、语文、数学、体育、劳动技术五科在高中三年级均为必修课。外语、物理、化学、生物、历史、地理等科在高一、高二年级为必修课。与现行教学计划相比较，数学、物理、化学等科必选科的课时有所减少，历史、地理和生物的必修课时略有增加，时事教育每周一课时。劳动技术教育按现行教学大纲的规定和要求开设。每学年4周，每天按6课时计算。单科性的选修，高一年级每周3课时，高二年级每周4课时。分科性选修课在高三年级开设。各类选修课的课时数在控制的范围内（物理4 ~ 6课时、化学3 ~ 5课时、生物2 ~ 4课时、历史4 ~ 6课时、外语3 ~ 5课时、体育2 ~ 3课时、职业技术4 ~ 6课时、艺术2 ~ 3课时）。学校可根据情况自行安排。

此外，对人口教育、国防教育，计算机课的开设和课外活动等的时间安排都做具体规定。每周活动总量：高一38课时、高二37课时、高三36课时。

1991年秋季至2005年末，高一新学年开始执行国家教委调整意见。同时，试行普通高中毕业会考制度，并对调整意见中的生物、历史和外语三科必修课的开设课时和结业年级作了调整。高中生物由高二年级每周3课时，调到高一年级每周3课时，在高一结业。高中历史由高一年级每周2课时，高二年级每周2课时，调到高二年级每周4课时。高中外语由高一年级每周5课时，高二年级每周4课时，调到高一年级每周4课时，高二年级每周5课时。

三、会考

1992—2005年，高一会考地理、生物两科；高二会考物理、化学、历史、外语四科；高三会考政治、语文、数学三科。

四、常规管理

1986—2005年，在制度建设上按上级要求和根据本校实际制定各项制度，使制度规范化、科学化、管理化、民主化、容易操作，约束力强，使教师有章可循，各司其职、各尽其责、上下协调，工作有序，达到预期目的。

1986—2005年，在学籍管理中认真执行上级下达招生计划，完成招生任务，根据《学校管理规程》等有关规定，严格学籍管理，由专人负责，妥善保存，做到表、册、卡相吻合。

1986—2005年，在图书档案管理上，做到了教育教学资料、各类文件、教学信息，专人收集、统计、归档，并及时地学习、实施。教师业务档案完整、规范，资料分类归档，井然有序。

1986—2005年，在财物管理方面严格按上级要求统一领导，分工负责，严格财经制度，账目做到日清月结，及时公布。

五、德育工作

1986—1990年，建立整体式的德育网络，按照“渗透、疏导、激励、总结”的八字方针，开展德育工作。通过课堂教学，对学生进行思想政治教育，学校狠抓思想教育的落实。同时努力提高教师的自身修养，努力加强德育工作的宣传和教育，开展多种形式的教育活动。

1991年，重点是进行爱国主义教育，培养学生的民族自尊心、自信心，培养学生为国家富强和人民富裕而艰苦奋斗的献身精神。继续深入持久地开展学雷锋、学赖宁活动，把思想政治教育贯穿于教学和各项活动中，促进学生良好品德和行为习惯的养成。

1992年，认真贯彻国旗法，坚持每周一升旗仪式，进行爱国旗、爱祖国教育，根据学生的不同年龄，不同心理特点，分层次进行。如在高一学年重点进行集体主义教育，培养学生的劳动观念、劳动习惯、劳动技能。

1996年，重点是抓好养成教育，选派素质优良，业务水平高，事业心强的教师担任班主任工作。建立健全家访、个别生谈话和接待家长制度，坚持周一升国旗制度。三月份搞好“三学两争”活动；五月份搞好“爱国主义教育活动月”活动，开好主题班会，不断加强学生的法治观念。加强对高三毕业生前途理想教育，充分发挥德育工作网络作用，优化育人的社会环境，做好值周评比工作，坚持对学生进行劳动教育。

1998年，德育教育系列化、制度化、党政工青齐抓共管，形成了德育工作组织网络。建立了德育工作岗位责任制，对各学年、各学科、各班级都提出了明确的目标和具体工作要求，加强校园文化建设、寓劳动教育于环境教育之中。

1999 年，制定方案，使教育活动走上系列化。系列活动有：坚持周一重大纪念日集会升国旗仪式，举办主题班会系列活动，举办科技、体育艺术系列活动，坚持文明礼貌行为习惯培养训练活动，坚持为社会服务做好事活动，层层落实，使德育工作突出重点。注重对学生进行“两史一情”教育，进行马列主义常识教育及爱国主义和社会主义教育，把德育工作落到实处。精心组织领导，强化了硬件和软件建设。

2000 年，塑造一支师德行为高尚、业务能力精良的班主任队伍，培养一批热爱集体、有能力、有威信的学生干部队伍。强化班级管理，促进教育质量的全面提高，以《公民道德建设实施纲要》为指导思想，以落实中学生行为规范为主线，扎扎实实地做好学生的良好行为习惯的养成教育。开展宗旨高、有深度、重内容的具有时代特征的德育活动。加强校园文化、校园环境建设，加强了学生法治教育和安全教育。

2003 年，结合学生特点和我国具体国情，不失时机坚持对学生进行爱国主义、传统美德、公民道德和日常行为规范等基本素质教育。举办书画美术作品展、征文展，举行秋季田径运动会，树立竞争意识，增强集体荣誉感。组织学生参加“月牙湖之夏”文艺汇演，结合纪念日开展相关活动，活跃校园气氛，使学生身心得到发展。定期定时召开家长会，班任会、主题班会。

2005 年，以爱国主义教育为主要内容，以“五爱”为主线，以中学生日常行为规范教育为基础，全面提高学生的思想道德，文化科学劳动技能和身体心理素质。培养学生科学的人生观、世界观、价值观。规范升旗仪式，开展国旗下讲话活动，结合“五四”“七一”“八一”“十一”“一二·九”等重大纪念日开展一系列活动，开展献爱心活动，弘扬中华民族济弱扶贫活动。对学生仪容、仪表进行全面检查，重点抓好高一管理工作。深入开展创建“文明居室”评比活动，表彰先进，树立典型、进行榜样教育。健全德育网络，进一步加强班容班貌管理，加强劳动教育，组织高一、高二学生植树造林，加强心理健康教育。

第三章　职业教育

一、伊春林业技工学校（职业技术培训学院）

1986年，设伊春林业技工学校，位于南岔区的东南部，是一所集技工教育和职业培训于一体的国家级重点中等职业技术培训学校。学校开设了机械加工、机械修理、林产工业、内燃机、采运机械、三板、种植、养殖、电器、汽车驾驶、汽车修理、计算机应用、钳工、电气焊、木工家具、商品营销、旅游服务与管理、森林管护、经济动物养殖、北药栽培技术、木材精深加工等20多门专业。学校占地面积为95750平方米，教师83人，其中专业理论教师45人，实习指导教师38人。教师中具有高级职称的28人，中级职称的51人。有教学班19个，在校学生达950人，校园内具有现代化完善的实习基地（实习厂、实习车间、各种实验室和实训车间）满足学生实习的需要。伊春林业技工学校经过二十几年的发展壮大，已经成为一所规范化的中等职业技术培训学院。

2000年12月8日，市编委根据伊春市政府第45次常务会议决定，将伊春林业技工学校整体移交给南岔区（局）管理。原来人员编制不变，经费渠道不变，至2005年。

1986—2005年招生培训及分配情况一览表

表16-18　　单位：人

年度	社会统招			在职培训		
	专业	招生	分配	技师	高级工	汽驾短训
1986	采集	100	回本局	—	—	—
	养殖	100	回本局	—	—	—
	种植	100	回本局	—	—	—
1987	采集	150	回本局	—	—	—
	养殖	100	回本局	—	—	—
	种植	150	回本局	—	—	—
1988	电工	60	回本局	—	—	—
	采集	140	回本局	—	—	—
1989	电工	60	回本局	—	—	—
	种植	50	回本局	—	—	—
	养殖	50	回本局	—	—	—
	采集	40	回本局	—	—	—
1990	种植	50	回本局	—	电工113	—
	养殖	50	回本局	—	机加45	—

续表 16-18

年度	社会统招			在职培训		
	专业	招生	分配	技师	高级工	汽驾短训
1990	采集	100	回本局	—	机修 56	—
1991	种植	100	回本局	—	汽加 68	—
	养殖	50	回本局	—	热加 39	—
	采集	100	回本局	—	—	—
1992	采集	87	回本局	—	—	—
	种植	122	回本局	—	—	—
	养殖	91	回本局	—	—	—
1993	多种经营	100	回本局	—	—	—
	机修	100	回本局	—	—	—
	电工	100	回本局	—	—	—
1994	汽驾	170	回本局	—	—	—
	多经	68	回本局	—	—	—
	电工	100	回本局	—	—	—
1995	微机	30	回本局	—	汽驾 60	—
	电工	40	回本局	—	汽修 47	—
	汽驾	100	回本局	—	—	—
1996	汽驾	80	回本局	—	汽驾 33	53
	微机	30	回本局	—	—	—
	电工	40	回本局	—	—	—
1997	汽驾	90	回本局	—	—	—
	微机	30	回本局	—	—	—
	电工	30	回本局	—	—	—
1998	汽驾	75	回本局	—	25	111
1999	—	—	—	—	35	111
2000	—	—	—	75	125	240
2001	食用菌	10	—	98	—	—
		—	—	—	67	182
	计算机	85	—	—	—	—
	餐饮	230	—	—	—	—
	食用菌	14	—	—	—	—
2002	机修	29	回本局	285	178	210
	微机	5	回本局	—	—	—
	预科班	110				
	计算机	116				
	食用菌	18				
2003	微机	107	大庆、昆山 大连、青岛	—	227	230
	汽修	17	昆山、青岛	—	—	—

续表 16-18

年度	社会统招			在职培训		
	专业	招生	分配	技师	高级工	汽驾短训
2004	机械	55	吉林、大连	131	329	—
2005	汽驾机电	162	省外大中型企业	272	233	—

二、区职业高中

1987 年 11 月，区职业高中正式成立并开学，校址设在原党干校。有教室、宿舍等房舍 3644 平方米，学校有教职工 57 人。开设木瓦工、服装、种植、烹饪、营林五个专业，招生 232 人，招生对象是中学毕业生。1990 年，开设了四个专业：高一多种经营和营林专业；高二土建和剪裁专业。1991 年，学校撤销。

三、区三中职业高中

1991 年秋，区三中职业高中班和汤原县成人中专联合办学，实行学历教育和专业技术教育相结合的“双证”制教育，学制二年。学生毕业后，得到成人中专毕业证书和职业高中毕业证书。当年，招收美术装潢班；1992 年，招收锅炉班；1993 年，招收机动车辆修理班。招生对象为全区初中毕业生。当年停办。1993 年年末三中职业技能教育停办。

第四章 成人教育

1989—2005年，为了加强成人教育管理，根据区级领导分工变动情况，调整了成人教育管理委员会，区成人教育委员会主任由区长担任，副主任由副区长担任。下设办公室，设主任1人，副主任1人。承担全区（局）成人教育的管理及业务指导，考核工作。

第一节 扫盲教育

1986年，南岔区的扫盲工作归区成人教育办。此段的工作是号召各基层单位因地制宜开展工作，各单位在业余时间帮助文盲进行识字等。办班9期，培训人员461人次。

1990年，副区长张景龙在迎接国际扫盲年全区电视电话会议上对全区的扫盲工作做出具体的部署，明确了下步的工作目标和任务。

1995年，两镇一乡各自举办一个到二个业余小学班，按教育规定，开展扫盲工作，农民文盲识字在500个左右。

1997年，按市扶贫工作委员会安排，全区开展了扫除50周岁以下（重点是45 ~ 50周岁）文盲的活动，95%以上人员得到培训。

1998年，加强扫盲后的继续教育，使青壮年农民的培训面达到100%。

2003年，南岔区所辖的两镇一乡、6个林场、10个森林经营所、6个街道办事处，共办扫盲班29期，培训人员2613人。巩固扫盲教育成果，使上述单位全部达到了省规定标准。

1988—2003年南岔区扫盲工作情况一览表

表16-19

年度	办班数（期）	扫盲人数（人）	扫除青壮年文盲数（人）	丧失学习能力人数（人）	青壮年文盲率（%）	扫盲后巩固率（%）
1988	6	113	—	—	—	—
1989	3	153	—	—	—	—
1990	—	—	2129	—	2.4	—
1992—1993	—	195	—	—	—	—
1994	12	314	314	—	0.3	—
1995	—	1815	137	117	0.03	—
1997	17	135	550	—	—	—
2000	—	135	314	117	—	100
2003	—	134	280	98	—	100

第二节 职工培训

一、工人技术教育与岗位培训

1986年，区成人教育办公室制定了《区工农教育工作“七五”期间规划》,《规划》规定：到1990年培训中级技术工人420人，高级技术人才120人，初级技术工人500人。还要求在岗位培训工作上强调组织班组长学习，每年轮训100人，到1990年将现有班组长轮训一到两遍。是年，开办初级短期培训班48期，学员2052人；办中级技术短期培训14期，学员423人。开展岗位培训效果好的有营林机械厂、浩良河木材加工厂、晨明贮木场、胶合板厂、工程处、设计队、四合营林场、南岔贮木场等单位。

1987年，确定以班组长管理培训为突破口，开展岗位培训。全区办中级培训班6期，学员100人；办专业技术班15期，学员1120人；办班组长培训班3期，学员121人；办岗位培训班1103期，学员5899人。技术培训获得了较好的经济效益，浩良河木材加工厂的工人在技术部门的协助下，自行研制了MJ3310型小型带锯2台、简易吊车1台、自动摘钩机1台，减轻了劳动强度，提高了生产效益。

1988年，南岔区重点抓了商业科的部、组长的岗位培训，设计队、森林调查员、木材检尺员和部分技术工种的岗位培训试点工作。共举办各种岗位培训班195期，学员1064人。并在乡镇企业中举办了集体青年文化技术培训班8期，学员289人。

1990年，区成人培训中心校先后举办了带锯工、政工员、调度、财会等培训班14期，学员7641人。

1992—1993年，区政府与基层各单位签订了成人教育目标管理责任书。两年中，举办了各种形式不同层次的长短期培训334期，培训人员达2079人，其中厂（场）长培训97人，班组长培训357人。短平快适应性技术培训班学员8563人，中级培训班培养技术人员1200人，初级技术培训班学员688人，关键岗位、特殊工种培训班学员886人。

1994年，共举办不同层次的长短期培训班213期，培训人员达8898人。其中初级工培训13期，410人；中级培训班13期，人员630人；班组长培训14期，学员302人；短期应急性培训班20期，学员4196人；中级技术培训班7期，学员315人；集体青年培训班12期，学员250人；关键岗位培训了345人。

1995年，共举办各种形式的培训班152期，学员达8986人。其中班组长培训班12期，学员227人；技术工人培训班20期，学员725人；工人岗位培训班33期，学员2456人；集体青年培训班11期，学员396人；适应性培训班36期，学员2532人；实用技术培训班9期，学员422人。

1996年，共举办各种形式的培训班168期，培训学员达9866人。其中班组长培训班14期，学员268人；技术工人培训班28期，学员845人；工人岗位培训班54期，学员34891人；集体青年培训班11期，学员598人；适应性培训班46期，学员2638人；实用技术培训班28期，学员809人。

1998年，全区（局）共下岗分流人员1439人，为使这部分职工得到妥善的安置，1999年，区职教中心校配合区职工再就业服务中心举办4期培训班，学员921人。全年共举办各种培训班168期，学员达6866人。

2005年，举办各种类型培训班158期，学员共4588人。其中，实用技术培训班31期，共987人。

二、干部培训

1986年，区（局）成人教办公室制定了《南岔区工农教育工作“七五”规划》。《规划》指出

“七五”期间，科技干部通过培训应达到大专文化程度。还要求到 1990 年全区 45 周岁以下大专文化程度的干部要达到 1340 人，全区要培训 703 人。11 月，组织收看《全质管理知识电视讲座》，有 15 个单位参加收看，共计 330 人，其中副科级以上干部 55 人。

1987 年，参加全国统一组织电视讲座考试的有 121 人，都取得好成绩。在推出全质管理教育中，区（局）集中办骨干培训班 3 期，培训 6250 人，经森工总局全质检查组验收，南岔区评为省级全质管理先进单位。同年，培训管理干部 340 人，全区有 3994 名干部在职工学校接受了学历教育。

1988 年，区成教办和全质办共同举办机关科、部长、基层厂（场）全质人员、青职文化教育的骨干培训班，共培训了 90 人。同年，基层各单位相继举办了全质深化教育的培训班 33 期，受教育 1329 人。

1991 年，区职工技术培训中心先后举办科技干部、后备干部、反“和平演变”理论教育等培训班 10 期，学员 680 人。

1994—1996 年，共举办机关干部培训班 92 期，学员 4628 人。

2005 年，全区（局）职工学历水平不断提高，其中副科级以上干部大专文化学历达标率占职工总数的 23.24%。

三、职工双补

1986—2005 年，参加职工“双补”学习，经考试合格 260 人，累计完成补课的有 2959 人。新办企业职工参加学习，经考试合格 724 人，超额 3% 完成新办集体企业职工的补课任务。青壮年工人文化补课 366 人，占青壮年职工“双补”对象的 90%。

第三节 教师进修

一、机构

1986 年，设教师进修校，设校长 1 人，副校长 2 人，教师 12 人。1999 年，进修校与党校合并。2002 年，进修校从党校分出，至 2005 年。

1986—2005 年南岔区进修学校领导人更迭表

表 16-20

姓名	性别	学历	职务	任职时间
徐国恕	男	大专	校长	1985—1987 年
吕　品	男	大专	业务副校长	1985—1987 年
赵永庆	男	大专	党支书	1986—1994 年
金东铉	男	大学	校长	1987—1991 年
马淑珍	女	大学	业务副校长	1987—1989 年
付廷芳	男	中专	后勤副校长	1988—1991 年
杨昭礼	男	中专	后勤副校长	1988—1991 年
汪桂芝	女	中师	校长	1992—1995 年
袁亚彬	男	大专	业务副校长	1992—1995 年
徐国恕	男	大专	校长	1996—1998 年
姚泽清	男	大专	党支部书记	1994—1998 年

续表 16-20

姓名	性别	学历	职务	任职时间
李忠发	男	大专	合校校长	1999—2001 年
刘铁福	男	大学	合校校长	2001—2002 年
高庆君	男	大专	进修校长	2004—2005 年 6 月

注：1999—2002 年进修校与区委党校合并，合设校长。2002—2003 年进修校又从党校分开，未设校长

二、学历培训

1985—1989 年，进修部和原中师部的主要工作是给中师学历班和中师函授班授课。1989 年 7 月 29 日，中师班历经四年学习期满，106 名中师生毕业。1990 年，顶编代课内招中师函授班毕业 34 人。1990 年 7 月至 1993 年 7 月，自学考试大专中文班 180 人完成学业，全部毕业。顶编代课内招中师函授班学员学习期满，完成学业、毕业 25 人。1994 年，自学考试大专，中文二期班 54 人，经考试合格毕业。1995 年 7 月，自学考试大专中文三期班学员完成学业。2005 年，除上述工作外，一直坚持到各中小学授课，搞专题讲座。主要有“数学疑难题解析”“电化教学在课堂上应用”“备课指导”“教师讲座”“教育学”和“心理学”等课程。6 次评为区先进集体，2 次评为市级、省级先进集体。

三、教育干部培训

干训部承担着全区教育行政干部和教辅人员的在职业务提高，是完成岗位培训学业的部门。1986—1988 年，举办区教育行政干部培训班，结业 32 人。1988—1990 年，举办教育行政干部大专学历班，毕业 54 人。1991—1993 年，举办教育行政干部培训班，结业 34 人。1993—1994 年，举办教辅人员短训班，结业 46 人。1995—1997 年，举办教育行政干部培训班，结业 28 人。1997—1999 年，举办教育行政干部培训班，结业 25 人。2005 年，举办教育行政干部培训班，结业 18 人。所授课程有“心理学”“教育学”“教育领导职责”“领导艺术”“教育管理学”“史学”“政治经济学”等。

四、教研工作

中小学教研部在二十年工作中坚持深入全区各中小学校课堂中听课指导，归纳整理了先进的教学方法：“在语文教学中培养学生阅读能力”“运用归纳法提高数学质量”“在自然教学中培养学生的发现、探索意识”“汉语拼音提前读写训练”“电化教学在各科教学中的应用”“教学中的德育渗透”“如何在教学中培养学生学习兴趣”“以美育功能促进教学质量的提高”“引导发现法的实际应用”“乐器在教学中培养学生的操作能力、发展能力”“游戏在一节课的作用”等。并结合实际送课上门，提高了在岗教师的业务素质和执教能力。1986—2005 年，共听课 264 节，指导教学 140 余次。

第四节　职工中等专业教育

1987 年，区职工学校、电大工作站，新建校舍面积达 892.5 平方米，操场面积 3680 平方米，学校配置了正副科级校长 3 人，教职工 23 人。同年 11 月，经区委、区政府决定，职工学校电大工作站和区党干校合并，并获市级先进集体。

1988 年，党校、干校与职工学校合并，领导班子不变，有教职工 16 人，同年获得了市级教育系

统先进集体。

1989 年，职工学校易名为区成人培训中心学校。

1990 年，按市教委指示，区职工学校挂牌成立“南岔区森工校辅导站”设站长 1 名，由区成教办主任赵富贵兼任，副站长 2 名由马杰、王淑贞担任。

1997 年，区职工学校又成立“下岗再就业培训中心”。

2005 年，全区唯一的职工学校，位于南岔区址的东北山脚下，占地面积 6200 平方米，有教职工 59 人，实际在岗职工 21 人。教学楼内现设有两个教室（大小各一个），可容纳 200 人左右。

1986—2005 年区职工学校职工高中班办学情况一览表

表 16-21 单位：人

年度	学制	类别	培训专业	毕业生数	发证机关
1986	一年	职业高中	文科	49	市教育局
1987	一年	职业高中	理科	29	市教育局
1988	一年	营林高中	文科	30	市教育局
1989	一年	机械高中	文科	20	市教育局
1990	一年	采运高中	文科	32	市教育局
1991	二年	职业高中	文科	63	市教育局
1993	二年	职业高中	文科	24	市教育局
1998	二年	职业高中	文科	200	市教育局
1999	二年	职业高中	文科	56	市教育局
2000	三年	职业高中	文科	33	市教育局
2001	三年	职业高中	文科	44	市教育局
2002	三年	职业高中	文科	128	市教育局
2003	三年	职业高中	文科	177	市教育局
2004	三年	职业高中	文科	111	市教育局
2005	三年	职业技术培训学院	技能培训	166	省市劳动部门

1986—2005 年区职工学校学历培训情况一览表

表 16-22 单位：人

年度	培训班名称	专业	学历	学制	毕业数	联合办校单位
1986	营林中专	营林	中专	—	47	区党校
1987	营林中专 电视财会中专	营林 财会	中专 中专	—	84 106	区党校 市电大、区党校
1988	营林专业	营林	中专	—	36	区党校
1989	电大多种经营	多种经营	中专	—	28	市电大、区党校
1993	省电大财会中专 省电大财会专科	财会 财会	大专 大专	3 年 3 年	55 88	省电大、区党校 省电大、区党校
1994	省委广播林业中专 省委党校经营专科	林学 经营	中专 大专	3 年 3 年	83 157	省森广播、区党校 省委党校、区委党校
1997	省委党校企业经营专科	企管	大专	3 年	116	省委党校、区委党校
1998	省委党校经管专科	经管	大专	3 年	61	省委党校、区委党校
2000	省委党校经管专科	经管	大专	3 年	29	省委党校、区委党校

续表 16-22

年度	培训班名称	专业	学历	学制	毕业数	联合办校单位
2001	省委经营管理干部学院	中文	本科	2年半	31	省经干院、区党校
	省委党校中文本科班	中文	大专	2年半	24	省委党校、区党校
	省委党校经营专科班	经营	大专	3年	25	市委党校、区党校
2002	省经干院经管本科班	经管	本科	2年半	16	省经干院、区党校
	省经干院经管专科班	经管	大专	3年	51	市委党校、区党校
2003	省经干院法律本科班	法律	本科	2年半	15	省经干院、区党校
	省经干院经管本科	经管	本科	2年半	12	省经干院、区党校
	省经干院经管专科	经管	专科	3年	20	省经干院、区党校
	普通中专文秘科	文秘	中专	2年	99	市林干校、区党校
	省经干院法律专科	法律	专科	3年	6	省经干院、区党校
2004	省经干院法律本科	法律	本科	2年半	5	省经干院、区党校
	省经干院经营本科	经营	本科	2年半	14	省经干院、区党校
2005	省经干院经营专科	经管 法律	大专	3年	24	省经干院、区党校
	省经干院经营专科	经管 法律	本科	2年半	23	省经干院、区党校
	职工商中班	文科	高中	1年	99	区党校
	武汉财政学院	文秘	中专	1年	56	市林干校、区党校

第十七篇　文化　体育

1986年以后，随着改革开放不断深入，南岔区经济的发展促进了文化事业的繁荣，社会文化丰富多彩，文化活动日趋深化。特别是进入二十一世纪，企业文化、农村文化、校园文化、社会文化更加活跃，涌现出一批书画、美术、音乐、舞蹈、文学创作等业余文化群体。尤其是书画、美术队伍不断扩大，书画作品在省级展出中屡次获奖，多幅作品在国家评比中获奖。文学创作日益繁荣。

群众体育活动非常活跃，学校体育朝气蓬勃，体育赛事不断，老年体育花样繁多。晨练各自为伍，体操等各类体育艺术表演更是非常活跃。参与人员广，开展项目多，有全区统一活动，也有各系统、各单位分散活动。南岔区东方红小学业余速度滑冰队坚持长年训练，为省和国家输送了一批专业体育人才。

第一章　文　化

南岔区经济发展带来了文化事业的繁荣，文化活动日趋多样化。文学业余创作日益繁荣。馆藏图书资料不断增多，并得到有效利用。由于电视的普及，电影放映日渐萧条，文化市场管理工作标本兼治、常抓不懈、“扫黄打非”工作成果突出，文化市场逐步实现制度化、规范化。

第一节　机　构

1986年，南岔区设文化科，科长1人。文化科下属文化馆、图书馆。编制18人。1989年12月，文化科改称文化局，设局长1人。1993年4月，文化局与体育运动委员会合并，称文化体育委员会，主任1人，副主任2人。下设文化馆、图书馆、业余体校，编制22人。5月，设文化市场管理站。2001年11月，文化体育委员会改称文化体育局。截至2005年，文化体育局配副局长2人，编制13人。

第二节　文化市场管理

1986—1993年，南岔区的文化市场管理，配1名专职人员负责，对各文化场所定期不定期进行检查。共检查娱乐场所150余次，收缴非法出版物140余件，录音带、录像带70余盘。

1993年5月，南岔区文化市场管理站成立，隶属文体委。是年对全区79户文化娱乐经营场所进行全方位的检查，收缴非法出版物60件，收缴黄色录像带、录音带50盘。

2000年5月，区人大、政协、公安分局、文体委组织的联合检查组对文化娱乐场所进行全面检查，取缔了区内所有的游戏厅，销毁游戏机主板60余块，没收非法出版物1000多册。7月，在南岔火车站截获盗版学生课外考辅材料2000余册。

2004年1月，文化市场管理站协助省网络中心、市文化市场管理处，在区内网吧安装“净网先锋”软件26户。4月，会同治安大队收缴非法出版物657本，停业整顿3家，罚款3000元。6月，针对少数歌厅噪声扰民问题，责令关闭歌厅，收回证照处理。2004年，南岔区文化市场目标考核获市优秀达标单位。

2005年末，全区共有文化娱乐经营场所228家，其中歌厅130家，互联网服务经营场所30家，音像制品出租出售23家，台球厅10家，书报刊出售1亭（点）7家，打字复印社14家，印刷厂4家。为全面贯彻全市“扫黄打非”电视电话会议精神，对文化市场集中4次大检查，共收缴非法书刊500余册，并对11家违规经营的文化娱乐场所进行行政处罚，关停3家网吧，强制搬迁了5家不符合规定的歌厅。

第三节　文学艺术

1986年7月15日，成立南岔区文学艺术联合会，刘兴贵为主席，王维勤、刘成山、盛海斌为副主席，郝忠贤为顾问，秘书长、副秘书长由郭勤、朗若愚担任。下设音乐工作者、舞蹈工作者、文学工作者、美术书法工作者、摄影工作者协会。

1987年10月14日，南岔区文学艺术联合会召开第二届会议，选举李殿文为主席，副主席刘兴贵、王维勤、盛海斌、戴翔，秘书长郭勤，副秘书长郎若愚。

1999年11月15日，南岔区文学艺术联合会召开第三届会议，选举卢元梅为主席，副主席刘振霞、郎若愚，秘书长郎若愚。

2003年7月，南岔区文学艺术联合会召开第四届会议，选举卢元梅为主席，副主席周芙蓉，秘书长郎若愚，副秘书长张静。至2005年机构未变。

文学创作南岔区业余创作主要是诗歌、论文、杂文、散文、小说、评论报告文学、通信等。除组织辅导业余作者为《伊春日报》《林城晚报》和省级其他刊物写稿外，还大力提倡业余作者发挥各自特长，著书立说。据不完全统计，1986—2005年，企业业余作者创作论文4篇、杂文1篇、散文26篇、小说5篇、诗歌20篇、评论4篇、报告文学2篇、通讯5篇。部分作品获得优秀佳作奖。

1986—2005年南岔区（局）市级以上报刊登载的文学作品一览表

表17-1

作者	形式	题目	发表出处	年份
牛毓山	论文	耕耘集	黑龙江人民出版社	2005
郝忠贤	论文	纳谏与民主监督	《人民政协报》	1986
郝忠贤	杂文	事故经四章	《杂文报》	1987
马伟斌	散文	心的思念	北京文学出版社	1988
马伟斌	散文	希望之求	广西民族出版社	2001
马伟斌	散文	生活忆事	北京燕山出版社	2003
马伟斌	散文	情深似海	黑龙江人民出版社	1995
吕清温	小说	村东有棵老榆树	《儿童文学》选刊	1986
刘瑰芬	诗歌	希望	《伊春日报》每三版	1986
刘瑰芬	诗歌	怀念	《西南军事文学》三期	1986
刘瑰芬	诗歌	寄你一片美丽的红叶	《伊春日报》三版	1986
刘瑰芬	散文	哦，雪	《伊春日报》三版	1986
刘瑰芬	评论	人与人之间心理地位应该平等	《妇女之友》第三期	1986
刘瑰芬	诗歌	红叶	《伊春日报》	1986
刘瑰芬	散文	老头山的风采	《河南省梨园报》	1988
刘瑰芬	散文	忘不了那条羊肠小路	《伊春日报》	1989
刘瑰芬	散文	永远的怀念	《伊春日报》	1990
刘瑰芬	散文	此愿悠悠	《伊春日报》	1990

续表 17-1

作者	形式	题目	发表出处	年份
刘瑰芬	散文	初见黑龙江	《伊春日报》	1992
刘瑰芬	散文	兴安奇秀仙翁山	《小兴安岭文学》双月刊	2004
曲力容	散文	教师与慈母	中央电台	1986
曲力容	诗歌	理解者的回答	黑龙江电台	1987
曲力容	诗歌	青春的辐射	黑龙江武警校	1987
曲力容	诗歌	听歌曲《血染的风采》有感	《黑龙江广播电视报》	1987
曲力容	诗歌	我来到大海边	《黑龙江武警报》	1987
奚海明	评论	好诗须有真情在	《伊春日报》	1986
奚海明	诗歌	落叶	《伊春日报》	1986
奚海明	评论	清灵隽秀·意在言外	《伊春日报》	1986
奚海明	评论	艺术的高于生活与复归	《伊春日报》	1987
奚海明	诗歌	等待松天	《城市时报》	1987
奚海明	散文	鄂乡散记	《伊春日报》	1987
奚海明	诗歌	森林色	《林业文学》二期	1987
高维堂	短小说	看病	《伊春林苑》	1986
高维堂	诗歌	西江月·教师节抒怀	《伊春日报》	1987
李玉华	诗歌	心曲	漓江出版社	2001
李玉华	诗歌	你说，你爱我的家乡	中国国际广播出版社的《大森林之旅》	2003
李玉华	诗歌	家乡春信	内蒙古远方出版社	2004
刘淑君	散文	挺起你的胸膛来	黑龙江税务报	1995
刘淑君	散文	遍读名著乐趣多	黑龙江税务报	1997
刘淑君	散文	小所·凡人·琐事	《中国税务报》	1997
刘淑君	报告文学	真情回荡	《林城晚报》	1998
刘淑君	通讯	中纬街头讲税法	《伊春日报》	1999
刘淑君	散文	春节	《林城晚报》	1998
刘淑君	通讯	美变丑	《伊春日报》	1990
刘淑君	散文	我爱我的税服美	《黑龙江税务报》	1991
刘淑君	散文	山区税工	《黑龙江税务报》	1991
刘淑君	散文	映山红	《黑龙江税务报》	1991
刘淑君	通讯	调整定额之后……	《中国税务报》	1992
刘淑君	通讯	闪光的明镜	《伊春日报》	1992
刘淑君	通讯	他应该获奖	《黑龙江税务报》	1993

1988—2004年南岔区（局）市级以上获奖文学作品一览表

表 17-2

作者	形式	题目	获奖名称	年份
刘瑰芬	散文	老头山的风采	黑龙江省森林文学佳作奖	1988
高维堂	教学论文	要重视命题作文的审题	伊春市中学语文教学研究会获优秀论文奖	1988
曲力容	诗歌	给一个建筑工人	《林业文学》第一届诗歌竞赛佳作奖	1988

续表 17-2

作者	形式	题目	获奖名称	年份
孙永久	小说	看山王	省森工总局森林文学笔会作品评选中获佳作奖	1988
于永江	小说	翠岭春秋	省森工总局森林文学笔会作品评选中获佳作奖	1988
邹国文	诗歌	森林卫士之歌	省森工总局森林文学笔会作品评选中获佳作奖	1988
奚海明	诗歌	森林色	省森工总局森林文学笔会作品评选中获佳作奖	1988
张海林	小说	登时，砸开记忆中的往事	省森工总局森林文学笔会作品评选中获佳作奖	1988
杨国军	诗歌	啊，沉重的山林	省森工总局森林文学笔会作品评选中获佳作奖	1988
刘瑰芬	散文	情系四块石	《四块石放歌》文集	1989
刘瑰芬	诗歌	登四块石有感	《四块石放歌》文集	1989
康世著	散文	画师	中国校园文学杂志社征文获佳作奖	1990
李春江	消息	猎狗打死猎人	市报社评为二等奖	1994
刘淑君	散文	寻寻觅觅、剪剪贴贴	全国税务征文三等奖	1995
刘淑君	报告文学	在“上帝”面前	省地税局优秀报告文学奖	1997
李春江	评论	肉贩的怪招不文明	《伊春日报》评为优秀奖	1999
李玉华	词	鹊桥仙·恋忧崖	被收入南岔区旅游宣传册《北国黄山——仙翁山》	2000
李玉华	叙事诗	冰雪仙翁山	被收入南岔区旅游宣传册《北国黄山——仙翁山》	2000
康世著	诗	一颗湿透的心	全国精短文学作品大赛优秀作品奖	2000
李玉华	散文	春日遐思	“大森林之声”征文《冰凌花集》获优秀奖	2004
李玉华	诗歌	迥龙泛舟	被伊春景区石苑选用刻入碑林	2004

一、艺术创作

1986 年 3 月，在美国举办的“中国版画藏书票展览”，马林海、郎若愚两人作品入选。7 月，“黑龙江省版画会作品展览”，郎若愚的《好朋友》、李金山的《情深》、马林海藏书票一组入选。7 月 19 日，全区摄影、书法展览在图书馆展览室展出，共展出摄影作品 50 余幅、书法作品 70 余幅。《伊春日报》法制内外栏目中专版刊登了南岔摄影、书法、美术作品 13 幅。8 月，北京举办“首届全国藏书票展览”，郭述清 1 幅、郎若愚 2 幅、马林海 3 幅入选。9 月，在香港举办“中国藏书票展览”和“中国小小版画作品展览”，郎若愚、马林海作品入选。11 月，黑龙江省第二届青年“美术书法作品展览”，郎若愚的《兴安深处》入选。

1987 年 7 月，伊春、郑州美术书法作品展览，肖保祥、郎若愚、李金山 3 人作品入选。在全市师生画展中，孙惠芳的剪纸《探讨》获二等奖。10 月 28 日，区文化科和司法局在林业工人文化宫举办法治教育摄影书法展览、共展出摄影书法作品近百幅，60 余名文协会员作品参展。

1988 年 7 月，全区美术、摄影、书法展览在林业工人文化宫举行，有 21 个单位 66 名作者的作品参展。

1989 年 10 月 1 日，全区职工美术、摄影、书法作品展览在林业工人文化宫展出，共有 99 件作品参展，其中画 44 幅，摄影 30 件，书法 25 幅，获一等奖 3 人，二等奖 6 人，三等奖 9 人。在哈尔滨举办的第二届中国艺术节“天鹅之声”美术作品展览中，伊春市获得优秀创作群众奖，其中，本区作者有 5 人 17 件作品（版画藏书票）入选。在黑龙江省森林工业总局举办的庆祝新中国成立 40 周年美术作品展览中，有 5 人 6 件作品入选。在伊春市文化局、市文联举办的庆祝林区开发 40 周年书画作品展览中，有 5 人 13 件作品入选。伊春市首届青少年书画作品展览中，有 4 人 7 件作品入选（书法 3 件、美术 4 件）。伊春市第二届师生书画作品展览中，有 2 名教师的作品获一等奖，区一中学生组获一等奖

3 人、二等奖 1 人。东方红小学学生组获一等奖 1 人，二等奖 1 人。伊春市少年儿童书画大奖赛中，共获一等奖 2 人，三等奖 3 人。此外，东方红小学业余美术组作为伊春市特邀单位，选送作品 10 幅，送黑龙江省参加本年在波兰举行的儿童画展。同年 11 月，武汉市白沙洲张家湾举办的“国际书画览展销大赛”中，区四中美术教师刘杰的国画《古月高松》、书法《世间清品至兰极闲者虚怀与竹简》中选。

1991 年，在伊春市美术、书法大赛中，肖宝祥的书法作品获特别奖。

1987—2001 年，康世著的美术作品在市级以上刊物发表 25 幅，美术作品参展获市级以上奖 36 幅。

2002 年 5 月，康世著被批准为黑龙江省美术家协会会员。

2003 年 3 月，康世著被选为伊春市美术家协会副主席，6 月，被吸收为中国藏书票研究会会员。

2003 年 4 月，南岔木材水解厂退休职工王纪元开始用石头制作石刻作品。在已完成的 100 多件作品中，最动人心魄的是那 60 多幅逼真、形象地再现毛主席人生历程的石头刻画，内容包含了毛主席的少年时期、延安革命、新中国成立、直到毛主席逝世。

2005 年，全区各中小学校开展了“人人争做环保小卫士”主题活动，其中展出板报 60 块、手抄报 200 份、书画作品 1000 余幅。

1987—2004 年南岔区（局）市级以上报刊登载书画作品一览表

表 17-3

作者	形式	题目	发表出处	年份
康世著	水彩	春日	《中国教育报》	1999
康世著	版画	红云．不速之客	第五届日本高知国际牌画展	2002
康世著	藏书票	四大发明	全国第十届书票展	2003
康世著	国画	大千世界	黑龙江省第十届美展	2004
李金山	版画	藏书票（二幅）	省天鹅之声艺术节	1987
李金山	版画	林海	参加大型系列画册《中华烈士》	2002
邓庆满	油画	青春少女	跨世纪著名书画艺术家经典	1997
王玉成	油画	行的追忆	哈师大学生作品展览（在省美术馆展出）	1990
王玉成	国画	《山谷人家》第四幅	黑龙江省庆香港回归书画展（优秀作品）	1997
王玉成	辞典	艺术成就	《亚洲艺坛名流》	2000
黄继鸣	版画	城市印象系列之四	黑龙江省美术馆收藏	1994

1987—2002 年南岔区（局）书画作品获市级以上奖一览表

表 17-4

作者	形式	题目	获奖名称	发奖单位	年份
周淑英	剪纸	红楼十二钗	黑龙江省中学生画展佳作奖	省中学生画展组委会	1990
张志民	剪纸	群鹰图	全国首届中小学师生画展三等奖	全国首届师生展组委会	1990
李金山	版画	银乡	省第四届地强杯群星美术展优秀奖	省美术展组委会	1994
李金山	版画	故土	伊春市“纪念建党七十周年美术书法作品展”三等奖	市委宣传部	1994
邓庆满	油画	山村小溪	“九八”迎春楹联美术作品展览获一等奖	伊春市文化局、市书画院	1998
王玉成	版画	藏书票	黑龙江省创作群体优秀作品展三等奖	省文化厅	1989
王玉成	油画	童趣	伊春市书画作品展览二等奖	市群众艺术馆	1992
王玉成	国画	《谷道》《峭峰异域》	哈师大艺术学院学生作品展二等奖	哈师大艺术学院	1993

续表 17-4

作者	形式	题目	获奖名称	发奖单位	年份
刘 洋	国画	松鹰图	国际少儿画赛铜奖	大赛组委会	1995
康世著	版画	KL 系列	抗战胜利 50 周年国际书画大展二等奖	抗日战事纪念馆	1995
康世著	国画	祝福龙腾图	世界华人艺术展优秀奖	人民画报社	2000
康世著	国画	江山无尽	当代著名画家精品年展一等奖	台湾文物发展协会	2002
集体创作	剪纸	百鸟图	黑龙江省初中生画展获优秀作品	省初中生画展组委会	1987
李英芳	剪纸	百蝶图	黑龙江省初中生画展获一等奖	省初中生画展组委会	1990
杨喜和	剪纸	庆祝六一	伊春市少儿画展获一等奖	伊春市少儿画展组委会	1987
李海涛	剪纸	兴安三珍	伊春市少儿画展获一等奖	伊春市少儿画展组委会	1987
孙惠芳	剪纸	探讨	伊春市师生画展获二等奖	伊春市师生画展组委会	1987
金宝财	剪纸	百子图	伊春市师生画展获一等奖	伊春市少儿画展组委会	1989
王玉成	国画	松鹰图	国际少儿书画赛优秀艺术指导奖	省森工总局	1995
王玉成	国画	乡村女教师	伊春市迎春楹联画展三等奖	市文化局	1997
王玉成	剪纸	《飞天》等	“碑林杯”国际书画大赛优秀园丁奖	大赛组委会	2000
赵敬之	油画	清风明月图	伊春市迎春楹联画展三等奖	市文化局、群众艺术馆	1998
满松林	书画	九八迎春	伊春市迎春楹联画展二等奖	市文化局、群众艺术馆	1998

二、文艺活动

1986—2005 年，各年度的文艺活动丰富多样，内容形式多样化，特别是反映林区工作、歌颂的曲目多样，每年文艺下乡都在 10 余次。

（一）文艺演出

1986 年 7 月 1 日，区群众文艺会演在林业工人文化宫举行。参加单位 46 个，人数 900 余人，演出 215 个节目。评出南岔贮木场、晨明贮木场为先进单位。评选出优秀节目 10 个，何伟、杨世君、吴海彬、王伟、赵维晶获一等奖。

1987 年 9 月 30 日，区青年歌手大奖赛在林业工人文化宫举行，38 个单位参加，参赛歌手百余名，经过初赛和决赛，何伟、马树奎、阎晓梅、滑云红获一等奖。

1988 年 7 月 1 日，区群众文艺会演大会在林业工人文化宫举行。参加单位 55 个，人员 507 人，演出 172 个节目。南岔胶合板厂、浩良河木材加工厂等 5 个单位获优秀奖，评出一等奖 20 个单位、二等奖 30 个单位。

1989 年 10 月，区庆祝新中国成立四十周年革命歌曲比赛在林业工人文化宫举行，参加单位 30 个，参加人员 2000 余人，获奖单位 5 个。

1997 年 1 月，南岔区举行新春卡拉 OK 大奖赛、参赛歌手近 100 人，郭艳华获一等奖，张琦获二等奖。

区文体局自 1997 年始举办全区“月牙湖之夏”文艺系列活动，其中每年举办活动演出 20 余场，每场观众达数万人。

2003 年 7 月，在灯光球场举办了为期一周的南岔区首届“艺术节”活动，演出 15 场，演职人员达千余人。

2004 年 1 月 12 日，区“三下乡”文艺演出队到三兄弟家具实业有限责任公司慰问演出，演出节目 15 个。8 月，举办邓小平一百周年诞辰大型歌咏比赛，全区共有 20 余个单位 1600 余人参加。

2005年1月，文体局组织人员到华威家具有限责任公司进行“三下乡”慰问文艺演出。8月，组织开展了南岔区纪念“抗日战争胜利60周年”歌咏大会，大会以“牢记历史、不忘过去、珍爱和平、开创未来”为主题，进行了合唱、独唱、诗朗诵等文艺表演。

（二）群众业余活动

1. *舞厅* 林业工人文化宫舞厅。1986—1987年，林业工人文化宫利用地下室，举办43次交谊舞学习班，25次各种类型的舞会和联欢会。1988年，舞厅实行内部承包经营对外营业。每天分早晨、下午、晚间各2小时举办舞会。2001年4月，林业工人文化宫出售给个人。舞厅正常营业到2005年。

南岔电影公司舞厅。1988年，电影公司舞厅对外营业，舞厅可容纳150人，1993年停业。

区政府大招待所舞厅。1993年5月对外营业。可容纳200人，1995年5月停业。

商业礼仪中心舞厅。1996年8月对外营业。舞厅可容纳150人，2002年10月停业。

红豆歌舞厅。1997年1月，红豆歌舞厅由个人租赁经营对外营业。舞厅可容纳200人，2000年4月停业。

天马歌舞厅。1996年9月，天马歌舞厅由个人承包经营。舞厅可容纳200人。1999年9月，天马歌舞厅搬迁至南岔塑料厂。2002年停业。

粮库歌舞厅。1994年，粮库歌舞厅对外营业。舞厅可容纳200人，1998年停业。

2. *歌厅* 20世纪90年代中期，个人经营的歌厅、卡拉OK厅、练歌房在南岔兴起、使用彩色电视机播放图像。1999年，部分歌厅更换了投影机和大背投播放图像。2005年年末统计，南岔区（包括晨明镇、浩良河镇）有歌厅80家。

3. *录像放映（影碟出租）* 1986年，林业工人文化宫录像厅营业，有100个座位。1990年，录像厅实行内部人员承包经营。2000年5月，录像厅停业。

南岔铁路俱乐部录像厅。1986年，录像厅实行承包经营，有70个座位。2000年，录像厅停业。

南岔铁路车站工会录像厅。1986年，录像厅实行租赁经营，有50个座位。2000年8月，录像厅停业。

南岔电影公司录像厅。1992年，电影公司两处录像厅先后营业。

1998年，两处录像厅先后停业。1986—1991年，录像厅播放的录像带由伊春市广播电视局提供。1992年，南岔电影公司设立录像带发行站，为录像厅提供方便条件。

影碟出租。1990年，南岔个体经营的录像带出租厅据不完全统计有5家。1995年，影碟代替了录像带，有影碟出租厅有15家。2005年，有影碟出租厅20家。

4. *群众秧歌队* 1986年后，每逢春节期间，由区文化局组织群众性大秧歌娱乐活动，参加单位有环卫处、东升办事处、联合办事处、建国办事处、民主办事处。形式有高跷、舞龙灯、舞狮子、跑旱船、挑花篮等。每年正月十五，各秧歌队伍集中在林业工人文化宫广场进行大秧歌比赛。

2000—2005年，区机关休闲广场建成后，职工群众自发地组织起东北大秧歌队伍，每天晚间进行大秧歌表演，参加人数150人。

三、文艺成果

1986年，伊春市文艺会演，由戴翔作词、郭勤作曲的《南岔美》获伊春市优秀歌曲奖。全省中学生文艺会演，郭影获器乐演奏一等奖、王伟获声乐表演优秀奖。

1987年，伊春市文艺会演，由郭勤作曲《绿色王国的黎明》获伊春市“红松”之歌最佳作曲奖，由马淑琴作词的《绿色王国的黎明》获伊春市“红松”之歌最佳作词奖。

1989年5月，伊春市第二届职工文艺会演，马绍武获一等奖并荣获“市十大最佳歌手荣誉”称号，何伟获二等奖，滑云红获三等奖，于庆华、李超获优秀表演奖，付晓丽获优秀报幕员奖，于庆华获优秀编导奖，侯兴元获优秀组织奖。

1989 年 6 月，伊春市青年电子琴比赛，参赛 10 名选手全部获奖。

1990 年，伊春市首届群众文艺调演，区文化局的王广彬获轻音乐《打虎上山》优秀鼓手奖；刘贵祥唢呐独奏《魂》获优秀表演奖；董曦丹电子琴独奏《帕米尔的春天》获优秀表演奖；张波文、何伟、滑云红、马绍武获演唱表演奖；于庆华编导并表演的双人舞《鱼家情》获优秀表演奖。同年 9 月，董曦丹、姚海姣、于辛森代表市参加省首届希望之星电子琴大赛获团体总分第一名，并分别获个人甲乙丙组第三名。

1991 年 7 月，长春举行的全国中华杯手风琴大赛，许静波、孙泸男获优秀奖，沈男男、李涛、王大朋、裴静波获优秀表演奖。

1993 年，本区代表市参加省妇联举办的少儿电子琴赛，董曦丹、宗雨获甲组第三名，姚海姣获乙组第三名。于辛森获丙组第二名，8 月，区 11 名少儿到北京参加全国首次器乐考级，手风琴李涛考入 6 级，孙泸男、沈男男、董曦丹考入 5 级，王旺、王宇考入 4 级，张冲玲、狄松菊考入 3 级，焦阳、孙志辛、张天夫考入 2 级。8 月中旬，孙泸男参加了团中央举办的全国少儿琴乐选拔赛，荣获手风琴演奏优秀奖，并在中央人民广播电台小喇叭节目中播放。

2004 年 5 月，区代表队参加全省“群星奖”声乐、器乐、舞蹈比赛共获得 11 项金奖、10 项银奖。7 月，区代表队参加全市“大森林之声”文艺演出 4 场并获得优秀组织奖，王长德等 5 人获得优秀奖。在全国手风琴比赛中，由卢梦歌指导的手风琴选手曾繁钢等 3 人获得铜奖。这是本区选手首次参加全国性的比赛。9 月 29 日，在全市第二届“大森林之声”文艺会演中，南岔区中老年艺术团代表部分非公有制企业参加演出，获得好成绩。南岔金成人造板有限责任公司、南岔信诚家具有限责任公司、南岔格润药业有限责任公司分别荣获“企业文化活动奖”。南岔区荣获“优秀组织奖”。同年，史春艳、卢梦歌、艾维索、王长德获得伊春市“打造精品培育新人”优秀教师，文体局获得 2004 年度“打造精品培训新人”先进单位。

2005 年 7 月，南岔区演职人员近百人参加了市举办的“大森林之声”文艺演出，中宣部和省领导欢看了南岔区代表队的文艺演出，并给予较高评价。

1988—2005 年南岔区（局）舞蹈艺术获市级以上奖项一览表

表 17-5

编导	形式	题目	获奖名称	发奖单位	年份
王长德	舞蹈	《草原小牧民》	伊春市舞蹈比赛获表演奖	市文化局	2000
王长德	组舞	《秋果飘香》	黑龙江省电视评选银奖	省电视台	2001
王长德	舞蹈	《草原小骏马》	伊春大森林之声系列活动舞蹈比赛获二等奖	市委宣传部、文化局	2003
王长德	表演唱	《十大嫂就业赞》	伊春市文艺调演获优秀创作奖	市委宣传部、文化局	2003
王长德	舞蹈	《五花山里秋果香》	黑龙江省第四届希望杯获银奖	省文化厅	2004
王长德	舞蹈	《小小花木兰》	伊春市师生艺术节获一等奖	市教委	2004
王长德	舞蹈	《乌兰撒布哈》	黑龙江省第十届群星奖获金奖	省文化厅	2004
王长德	说唱	《格润药业好》	伊春市非国有企业文艺会演获优秀创作奖	市委宣传部	2004
王长德	舞蹈	《猫》	黑龙江省第五届希望杯获金奖	省文化厅	2005
辛大庆	舞蹈	《兰花花》	伊春市技工学校师生文艺会演创作奖	伊春市劳动局	1988
辛大庆	舞蹈	《走西口》	伊春市建国五十周年文艺会演优秀表演奖	市文化局、总工会	2003
柴　瑛	群舞	《烛光里的妈妈》	伊春市艺术节一等奖	市文化局、教委	1997
柴　瑛	独舞	《明亮的眼睛》	伊春市艺术节一等奖	市文化局、教委	2000

续表 17-5

编导	形式	题目	获奖名称	发奖单位	年份
柴 瑛	双人舞	《红旗飘飘》	伊春市艺术节一等奖	市文化局、教委	2002
柴 瑛	独舞	《奔腾》	伊春市艺术节一等奖	市文化局、教委	2005
史春艳	舞蹈	《筷子舞》	伊春市文艺调演 优秀集体表演奖	市文化局、教委	2003
史春艳	舞蹈	《闺女》	伊春市文艺调演 优秀集体表演奖	市文化局、教委	2003

1987—2003 南岔区（局）声乐艺术获市级以上奖项一览表

表 17-6

表演者	形式	演唱歌曲	获奖名称	发奖单位	年份
张德明	独唱	《列车员之歌》	哈尔滨铁路局职工录像文艺会演中获表演一等奖	哈尔滨铁路局	1987
张德明	独唱	《我们祖国歌甜花香》	“佳木斯之春”首届业余歌手大奖赛中获民族唱法组一等奖	佳木斯市总工会文体中心	1990
张德明	独唱	《我们祖国歌甜花香》	哈尔滨铁路局第二届“火车头之声”文化节声乐一等奖	火车头之声文化节组委会	1993
张德明	独唱	《调度员之歌》	“哈铁人风采”卡拉 OK 演唱比赛获民族唱法二等奖	哈尔滨铁路局工会	1994
张德明	独唱	《再见了，大别山》	伊春市迎十五大“中植杯”卡拉 OK 声乐大赛金奖	大赛组委会	1997
张德明	独唱	《十月是你的生日》	庆祝新中国成立五十周年文艺会演获优秀表演奖	省工商管理局	1999
何 伟	独唱	《振兴中华》	伊春市第二届师生文艺会演获独唱一等奖	市委宣传部、文化局	1986
何 伟	独唱	《英雄赞歌》	伊春市第二届《小兴安岭之声》音乐会独唱一等奖	伊春市总工会	1989
何 伟	独唱	《党啊，亲爱的妈妈》	伊春市首届少数民族文艺调演一等奖	市委宣传部、文化局	1996
何 伟	独唱	《消防战士之歌》	伊春市首届公安文艺调演独唱一等奖	伊春市文化局	1992
何 伟	独唱	《我爱你中国》	黑龙江省首届公安系统文艺调演获三等奖	黑龙江省公安厅	1992
郭艳华	独唱	《我爱水解厂》	伊春市第三届《小兴安岭之声》音乐会获通俗唱法二等奖	伊春市总工会	1991
郭艳华	独唱	《青青世界》	伊春市迎接“十五大”中植杯卡拉 OK 声乐大赛通俗唱法金奖	伊春市文学艺术界联合会	1997
郭艳华	独唱	《小站之恋》	哈尔滨铁路局声乐比赛获演唱二等奖	哈尔滨铁路局工会	2000
郭艳华	独唱	《阳光大道》	佳铁分局“龙腾之春”职工文艺调演获优秀表演一等奖	佳铁分局工会	2000
马少伍	独唱	《歌声像鲜花开不败》	伊春市十佳歌手	市文化局	1992
何 曲	独唱	《伊春年轻的林城》	伊春市优秀歌手	市文化局	1992
刘祥威	独唱	《世纪春雨》	伊春市第四届青年歌手大赛获民族组二等奖	市文化局、群众艺术馆	2003
展恩雪	独唱	《斑竹泪》	伊春市第四届青年歌手大赛获民族组三等奖	市文化局、群众艺术馆	2003
李婷婷	独唱	《快乐指南》	伊春市第四届青年歌手大赛获通俗组三等奖	市文化局、群众艺术馆	2003
李淑红	独唱	《美丽的月牙湖》	伊春市文艺调演获优秀表演奖	市委宣传部、文化局	2003
王 坤	独唱	《神奇的仙翁山》	伊春市文艺调演获优秀表演奖	市委宣传部、文化局	2003
闫晓梅	独唱	《黄土高坡》	伊春市技工学校第三届师生文艺会演优秀表演奖	伊春市劳动局	1988

1989—2005年南岔区（局）器乐艺术获市级以上奖项一览表

表17-7

表演者	器乐	表演曲目	获奖名称	发奖单位	年份
于鑫淼	电子琴	《春节序曲》	黑龙江省首届少儿电子琴大赛获第三组第二名	省文化厅、省群众艺术馆	1995
吕　欣	电子琴	《旱天雷》	黑龙江省首届少儿电子琴大赛获第五组第二名	省文化厅、省群众艺术馆	1995
纪英龙	电子琴	《天女散花》	黑龙江省“姜杰杯”电子琴大赛获少年甲组第二名	省文化厅、省群众艺术馆	1999
曾凡刚	电子琴	《E小调回旋随想曲》	黑龙江省第二届“金杯奖”艺术新人大赛获金奖	省文化厅、省群众艺术馆	2003
张　瑶	电子琴	《E小调回旋随想曲》	黑龙江省第二届“金杯奖”艺术新人大赛获金奖	省文化厅、省群众艺术馆	2003
曾凡刚	手风琴	《拉斯布哈》	黑龙江省“群星奖”大赛获手风琴专业金奖	省文化厅、省群众艺术馆	2004
张　瑶	手风琴	《奏鸣曲二号》	黑龙江省“群星奖”大赛获手风琴专业金奖	省文化厅、省群众艺术馆	2004
徐梦阳	手风琴	《奏鸣曲二号》	黑龙江省“群星奖”大赛获手风琴专业银奖	省文化厅、省群众艺术馆	2004
王雪娇	手风琴	《白毛女组曲》	黑龙江省“群星奖”大赛获手风琴专业银奖	省文化厅、省群众艺术馆	2004
徐　畅	手风琴	《E小调回旋随想曲》	黑龙江省“群星奖”大赛获手风琴专业银奖	省文化厅、省群众艺术馆	2004
董　丹	电子琴	《牧民的一天》	黑龙江省“希望之星”电子琴大赛获甲组第二名	省妇女儿童发展中心	1990
孙沪南	手风琴	《我为祖国守大桥》	全国首届“中华杯”手风琴大赛获第三名	中国青少年发展中心	1991
许晶波	手风琴	《黑眼睛》	全国首届“中华杯”手风琴大赛获第三名	中国青少年发展中心	1991
姚海骄	电子琴	《春节序曲》	黑龙江省第二届“希望之星”少儿电子琴大赛获甲组第三名	省妇女儿童发展中心	1992
于鑫淼	电子琴	《旱天雷》	黑龙江省第二届“希望之星”少儿电子琴大赛获乙组第三名	省妇女儿童发展中心	1992
刘　莹	电子琴	《旱天雷》	黑龙江省第二届“希望之星”少儿电子琴大赛获丙组第三名	省妇女儿童发展中心	1992
刘　淼	电子琴	《旱天雷》	伊春市“蓓蕾杯”器乐大赛获青年组第一名	伊春市文化局、市群众艺术馆	1992
董　丹	电子琴	《巴黎的鸭子》	伊春市“蓓蕾杯”器乐大赛获少儿组第一名	伊春市文化局、市群众艺术馆	1992
于鑫淼	电子琴	《春节序曲》	伊春市“蓓蕾杯”器乐大赛获儿童组第一名	伊春市文化局、市群众艺术馆	1992
李　涛	手风琴	弹起我心爱的土琵琶	伊春市“蓓蕾杯”器乐大赛获青年组第一名	伊春市文化局、市群众艺术馆	1992
孙沪南	手风琴	《牧民之歌》	伊春市“蓓蕾杯”器乐大赛获少儿组第一名	伊春市文化局、市群众艺术馆	1992
康天易	手风琴	《野蜂飞舞》	伊春市“蓓蕾杯”器乐大赛获儿童组第一名	伊春市文化局、市群众艺术馆	1992
孙沪南	手风琴	《我为祖国守大桥》	全国少儿器乐大赛获三等奖	团中央	1993

续表 17-7

表演者	器乐	表演曲目	获奖名称	发奖单位	年份
姚海骄	电子琴	《牧民的一天》	黑龙江省首届少儿电子琴大赛获第二组第二名	省文化厅、省群众艺术馆	1995
曾凡刚	手风琴	《拉斯布哈》	全国青少年手风琴独奏大赛获青年组第三名	大赛组委会	2004
张　瑶	手风琴	《拉斯布哈》	全国青少年手风琴独奏大赛获少年组第三名	大赛组委会	2004
徐梦阳	手风琴	《奏鸣曲二号》	全国青少年手风琴独奏大赛获少年组第三名	大赛组委会	2004
韩　雪 丛　丽 孙　威 孟寒冰	小提琴	《八月桂花遍地开》	伊春市中小学会演获集体表演奖	伊春市文化局、教育局	1989
韩　雪 等八人	小提琴	《山丹丹开花红艳艳》春天舞曲	伊春市中小学会演获二等奖	伊春市文化局、教育局	1989
韩　雪	小提琴	《沉思》	伊春市第二届蓓蕾杯器乐比赛获少年组一等奖	伊春市文化局、教育局	1989
孙　威	小提琴	《叙事曲》	伊春市第二届蓓蕾杯器乐比赛获少年组二等奖	伊春市文化局、教育局	1989
孟寒冰	小提琴	《梦幻》	伊春市第二届蓓蕾杯器乐比赛获表演奖	伊春市文化局、教育局	1989
辛　阳	小提琴	《新春乐》	伊春市第二届蓓蕾杯器乐比赛获幼儿组一等奖	伊春市文化局、教育局	1989
赵文竹	小提琴	《新春乐》	伊春市中小学器乐比赛获少儿组二等奖	伊春市文化局、教育局	1993
辛　阳	小提琴	《新疆之春》	伊春市中小学器乐比赛获少儿组三等奖	伊春市文化局、教育局	1993
荣继敏	小提琴	《喜见光明》	伊春森林艺术节演出获少年组二等奖	伊春市文化局、教育局	1999
郭　莹	单管	《帕米尔之音》	伊春森林艺术节演出获一等奖	伊春市文化局、教育局	1999
荣继敏	小提琴	《丰收渔歌》	伊春市第三届蓓蕾杯器乐比赛获一等奖	伊春市文化局、教育局	1999
孙　可	小提琴	《渔舟唱晚》	伊春市第三届“蓓蕾杯”器乐比赛获二等奖	伊春市文化局、教育局	1999
孙会宇	小提琴	《黎家代表上北京》	伊春市第三届蓓蕾杯器乐比赛获二等奖	伊春市文化局、教育局	2001
董星晨	小提琴	《蒙古舞曲》	黑龙江省群英杯器乐比赛获幼儿组二等奖	大会组委会	2003
高　健	萨克斯	《哈雷姆夜曲》	全国少年第四届“希望杯”铜奖	文化部	2004
高　健	萨克斯	《哈雷姆夜曲》	全国第四届“希望杯”黑龙江赛区金奖	黑龙江省文化厅	2004
张　驰	萨克斯	《哈雷姆夜曲》	黑龙江省第五届“希望杯”金奖	黑龙江省文化厅	2005
刘永强	唢呐	《春耕忙》	全国第五届“希望杯”黑龙江赛区金奖	黑龙江省文化厅	2005
王广彬	轻音乐	《打虎上山》	伊春市首届群众文艺调演获优秀鼓手奖	伊春市文化局	1990
赵洪亮	笛子独奏	《牧民新歌》	黑龙江省第二届“希望杯”一等奖	黑龙江省文化厅	2002
赵　庚	笛子独奏	《枣园春色》	黑龙江省第二届“希望杯”二等奖	黑龙江省文化厅	2002
赵天鹏	笛子独奏	《牧民新歌》	黑龙江省第三届“希望杯”二等奖	黑龙江省文化厅	2003
田喜皓	笛子独奏	《牧民新歌》	黑龙江省第三届“希望杯”二等奖	黑龙江省文化厅	2003
李　威	笛子独奏	《杨鞭吹马送粮忙》	黑龙江省第三届“希望杯”二等奖	黑龙江省文化厅	2003
吕　承	笛子独奏	《牧民新歌》	黑龙江省第三届“希望杯”二等奖	黑龙江省文化厅	2003
许胜南	笛子独奏	《小放牛》	黑龙江省第四届“希望杯”二等奖	黑龙江省文化厅	2004

续表 17-7

表演者	器乐	表演曲目	获奖名称	发奖单位	年份
李　晔	笛子独奏	《小放牛》	黑龙江省第四届“希望杯”二等奖	黑龙江省文化厅	2004
冷雪峰	笛子独奏	《小放牛》	黑龙江省第五届“希望杯”二等奖	黑龙江省文化厅	2005
刘　畅	笛子独奏	《小放牛》	黑龙江省第五届“希望杯”二等奖	黑龙江省文化厅	2005

第四节　中小学音乐、美术

一、音乐、美术教育

1986—2005 年，南岔区中小学音乐、美术教育主要分成两部分：一是在课内；二是在课外。课内的音乐、美术教育是按照教学大纲和课程标准重点传授音乐、美术方面的基本知识和基本技能。中小学音乐、美术课每周开设两节；高中音乐课每周开设 1 节；由专业责任老师执教。课外各中小学普遍开展音乐、美术第二课堂教育，成立美术活动小组、音乐活动小组。

二、音乐美术教育成果

1986 年，全市第二届师生文艺会演，区代表队有 9 个节目获奖并荣获团体总分第二名。

1987 年，史春艳的《浅谈小学低年级音乐课视唱》论文获全市优秀论文一等奖。在全市第三届师生文艺汇演中，区代表队演出 5 个节目，有 4 个节目获奖。是年，在省中小学美术作品比赛中，区一中的美术小组剪纸作品《百鸟图》获佳作奖。版画小组在市第三届少年儿童画展中 4 人获一等奖，2 人获二等奖，另外 18 幅作品入选展出。

1989 年，在伊春首届青少年书画作品展览中，区一中学生组获一等奖 1 人，二等奖 1 人，东方红小学学生组获一等奖 1 人，二等奖 1 人。5 月，史春艳获市小学组音乐课辅导教师奖。

1991 年，东方红小学美术小组作品有 3 人获省级以上奖励，育红小学音乐组在市级组织的小学生电子琴比赛中有 1 人获第二名，2 人获优秀奖。

1993 年，东方红小学音乐小组 1 人获国家级二等奖，有 1 人获市级二等奖。美术小组在参加“比诺贝尔”国际儿童绘画作品竞赛中取得金奖 1 人、银奖 2 人、铜奖 3 人、佳作奖 9 人的好成绩。8 月，史春艳获《第四届全国音乐知识大赛》园丁奖。

1996 年，东方红小学参加国际儿童画展比赛中获金牌 1 枚、银牌 2 枚、铜牌 2 枚、优秀奖 9 名。

1998 年．柴瑛的论文《音乐课创新点滴》获市优秀科研成果一等奖，省优秀科研成果三等奖。

2000 年，铁路中学在东三省少儿绘画大赛中有 2 人获二等奖，1 人获一等奖。

2002 年，区二小在第二届“星星杯”全国少儿美术书法摄影大赛中，2 人获二等奖，4 人获三等奖，11 人获优秀奖。10 月，在第四届绿星国际少年儿童美术书法摄影大赛中，1 人获金奖，5 人获银奖，8 人获铜奖。

2004 年 5 月，在全市第四届少年儿童书画大赛现场作画比赛中，24 名选手获奖。

第五节　文化馆

一、机构

1986 年，文化馆共有职工 7 人，其中馆长 1 人，声乐辅导员 1 人，器乐辅导员 3 人，美术辅导员 1 人，舞蹈辅导员 1 人。

1997 年，区机关精简机构，文化馆全体人员下岗。文化馆工作由文化局内部调配 1 名馆长负责日常工作至 2005 年未变。

二、文化活动

1986 年春节期间，为活跃节日气氛，区文化馆组织了有 6 个单位 600 余人参加的群众性的大秧歌娱乐活动。组织春节“灯展”，展出花灯 70 余盏，有 40 个单位参展。在林业工人文化宫举办“灯谜”晚会，出谜语 600 余条，600 余人参加了活动。5 月 25 日，在林业工人文化宫举行全区职工和中小学文艺会演大会，评选出优秀单位 5 个，6 名选手获一等奖。春、秋两季举办两期电子琴学习班，培训 70 余人。6 月还举办吉他学习班，有 40 多人参加了培训。

1987 年 7 月，组织文艺小分队深入基层慰问演出 8 场、观众达 8000 余人。9 月 30 日，文化馆会同区工会、团委、妇联联合举办南岔区首届青年歌手大奖赛，参赛歌曲近 200 首，参赛歌手 100 余人。

1989 年 3 月，区文艺小分队深入基层单位慰问演出 10 余场、观众达 1 万余人。5 月，文化馆举办国际标准舞蹈学习班，有 35 个单位报名参加，学员 100 人。6 月 10 日，文化馆会同妇联、工会联合举办全区交谊舞比赛，历时 2 天，35 个单位报名参加，选手 140 人。评出一等奖 8 对，二等奖 16 对，三等奖 16 对。

1990—1993 年，区文化馆组织全区文艺骨干人员先后为重大节日、重要会议到基层单位慰问演出 30 余场，观众达 2 万余人次。1990 年区文艺小分队参加了伊春市首届群众文艺调演，获得好名次。

1997—2005 年，文化馆每年组织“月牙湖之夏”系列活动文艺演出 20 余场。2005 年，南岔区组织声乐、器乐、书画比赛，开展文化下乡活动，举办重大节日的演出和参加全市“大森林之声”系列活动。

第六节　图书馆

1986 年，图书馆有工作人员 7 名，其中馆长 1 名，阅览室 2 人、外借处 2 人、采编室 1 人、资料室 1 人。图书馆藏书 2.3 万册，8 种报纸，26 种期刊，可容纳 72 名读者同时阅览。区政府每年拨订阅报、杂志款 1 万元。

1987 年 3 月，经区长办公会议决定投资 4.8 万元新建 320 平方米图书馆。1989 年 10 月竣工，12 月开馆。设置借书处、综合阅览室、参考资料室、采编室等业务部门。全区有基层图书室 62 个，累计藏书 3.1 万册。

1993 年，黑龙江省文化厅批准南岔图书馆加入公共图书馆序列。

2000 年，区政府每年投入 5000 元作为订阅报刊费用，每年图书馆订阅《伊春日报》《林城晚报》各 5 份、30 种期刊。

2002—2003 年，停馆。

2004 年 1 月 8 日，图书馆搬迁新址，面积为 380 平方米。新购进阅览桌 18 个，椅子 58 个，新增加图书 2700 册，日接待读者 200 余人。

2005 年，图书馆有工作人员 4 名（其中馆长 1 人）。藏书 2.7 万余册，各种期刊 50 余种，报纸 20 多种，可容纳 80 人同时阅览，年接待读者 2 万余人次。

第七节 文物保护

一、“四块石”抗联遗址

1986年，“四块石”抗联遗址被省确定为重点文物保护地。1986年初，区文物管理站会同市文管所在“四块石”划定了保护范围。1989年，文化局、资源科、设计队共同去“四块石”抗联遗址进行勘察、设计、确认其准确的保护范围。区政府在翠岗林场设立了文物保护监察员，签订了责任书，根据文化部的要求，区配备文物管理员2人，负责文物保护地的看护。

二、东北民众反日联军军政联席扩大会议遗址

位于南岔区浩良河营林所吉星沟。民国25年（1936）1月26—28日，东北人民革命军第三军、东北抗日同盟军第四军、汤原游击总队、东北反日民众救国军、自卫军等领导人赵尚志、李延禄、夏云杰、李兆麟、冯治纲、谢文东、李华堂等，在此召开东北反日联军军政联席会议扩大会议。会上成立东北民众反日联合军总司令部，推选赵尚志为总司令，李兆麟为总政治部主任。

三、珠汤联席会议遗址

位于南岔区翠岗林场南9.5公里，帽儿山北坡。原为第三军帽儿山被服厂所在地。1936年9月18日，中共珠河中心县委、汤原中心县委和三、六军军委联席会议在此召开。会上成立中共北满临时省委，赵尚志被推选为执委会主席，冯仲云为常务委员会书记。遗址内未发现任何遗物。1985年，南岔区人民政府在此建立“抗联三军被服厂”和“珠汤联席会议遗址”纪念碑，碑高2.8米，宽0.8米，厚0.3米。

四、抗联三、六军基地

位于南岔翠岗林场和依兰县丹清河林场交界处，省级文物保护单位，又称“四块石”密营遗址。为民国25年（1936）抗联第三、六军和中共北满临时省委的集合地，也是三、六军被服厂、后方医院所在地。遗址内曾出土缝纫机。1985年，南岔区人民政府在此建立纪念碑。碑高2.3米，宽0.9米，厚0.3米，刻“四块石抗联遗址纪念碑”10个字。

五、抗联井

位于翠岗林场南偏西9.5公里，月峰山东南70米。1936年，北满省委书记冯仲云在选择省委机关地点时，路经此地所挖。抗联第三、六军部队也曾饮用此井水，这里成为部队和地方干部联络的地点。

六、抗联六军被服厂

位于翠岗林场西南7公里。原为木刻楞建筑，长12米，宽6米，高4米，斜山房顶。抗联女战士在此为部队制作衣服。民国26年（1937）7月，中共北满临时省委扩大会议在此召开。会上对北满临时省委做了改组，并对对敌斗争的方针、政策做了重要决策。

七、凯旋门

位于翠岗林场南偏西9.5公里山顶上。为一天然形成的洞，曾称“月亮门”，洞口高3.5米，宽7米，洞内横卧一块长3米，宽1米，厚1.2米的长方形巨石，为抗联第三、六军部驻地和中共北满临

时省委集会地。李兆麟、冯仲云等部在此工作过。民国27年（1938），抗联第三、六军西征时路经此地，李兆麟写下了著名抗联战歌《露营之歌》。

八、抗联石

位于翠岗林场西南7公里，抗联第六军被服厂附近西北岔河岸。该石长2米，宽1.5米，高0.75米。民国25年至27年（1936—1938），抗联战士在此休息、洗衣、淘米。民国26年（1937）7月，在北满临时省委扩大会议期间，赵尚志、冯仲云、李兆麟等人都曾坐在这块石头上谈话，故称“抗联石”。

九、抗联六军医院

位于翠岗林场南偏西9.5公里。原为高1.6米，宽4米，长25米的山洞，民国25年（1936），抗联六军在此建立后方医院。民国27年（1938）初，由于叛徒出卖，医院屡遭敌人袭击，抗联战士在裴成春的指挥下，打退敌人多次进攻，战斗中夏嫂（抗联六军军长夏云杰的妻子）等女同志壮烈牺牲。

十、抗联烈士墓

位于“凯旋门”西3公里山下。民国26年（1937），中共北满临时省委警卫部队同进犯的日军展开激战，宋喜斌团长等20多人壮烈牺牲，遗体被葬于此。

第八节　广播　电视　电影

一、机构

1986年，区广播电视科设科长1名，副科长1名。下设技术部、编辑部、电视台、广播电台等部门。员工24人。

1989年12月，广播电视科改称广播电视局，设局长1名，副局长2名。

1997年7月，广播电视局改称广播电视中心，设主任1名，副主任2名。

2000年5月，区广播电视中心归属伊春市广播电视综合信息网络有限公司，改称南岔分公司。经理1人，副经理1人，编辑部改称记者站，经理兼记者站站长。

2001年1月，南岔网络分公司经理1名，书记（兼记者站站长）1名，记者站副站长1名。

2004年8月，南岔网络分公司经理（兼记者站站长）1名，书记1名。

2005年，南岔网络分公司经理（兼书记、记者站站长）1人，副经理1名。下设技术部、综合部、记者站、收费厅、财务室、有线台、电台、电视转播台等部门，员工37人。

二、广播设置内容

（一）广播

1986年，黑龙江人民广播电台南岔转播台，使用1000瓦脉宽调制机，转播黑龙江省人民广播电台第一套节目，信号源由卫星下载。无线广播提高现有的省转播台的质量，把设备的三大电声指标提高到甲级水平，更新、改造试验台，变噪声干扰为节目干扰，提高发射率，扩大无线广播覆盖面，覆盖面已达95%以上。

2000年，由伊春广播电视局下拨1台50瓦，98.3兆赫调频发射机用于转播伊春广播电台1套节目。5月，黑龙江省广播电视局下拨1台全固态1000瓦发射机，用于调换源1000瓦脉宽调制机。

2005年5月，增设1台调频发射机，功率为20瓦，频率94.7兆赫，转播省1套广播节目。

（二）电视

1986年，区电视台有3台发射机，同时转播3套节目（中央1套节目、中央电视教育节目、伊春台节目）。购置了4套摄像机和录像机等配套设备，自办了南岔新闻节目。同年9月，卫星地面接收站建成，收看效果良好。

1987年，区人大批准了“区政府关于集资修建中央电视台第二套节目转播台”的议案，经全区33个单位的大力支持和广播电视科全体人员努力，于同年9月9日正式开播，可以同时选择收看中央一套、中央二套、市电视台节目。区广播电视科还积极协助基层单位筹办卫星地面站和差转台。全区形成了以南岔电视转播（差转）台、上通中央、省、市电视台，下联各镇、场、所转播（差转）台的传输网络，电视的覆盖面已达95%以上。

1988年，区址转播（差转）台，已能播出四、五套节目。基层地面站除翠岗林场待发射机到货后就可开播外，其他11座基层地面站全部开通并正常转播。能播中央一套、中央二套节目的有4个基层地面接收站，全区电视综合覆盖率达100%。

1990年，基层16座地面接收站全部开通，并正常转播，其中有90%基层单位的地面接收站能转播4～5套节目。

1995年10月至2005年，随着南岔区址、乡镇、场所有线电视的建立，无线电视转播套数减少到1～2套，用于转播中央1台、黑龙江省1台节目。

（三）有线电视

1995年10月1日，南岔区址有线电视建成，并正式播出。可以收看16套节目，当时入户3000户（不含铁路地区）。收取视听维护费为每户每月10元。

1996—2000年，南岔区域有线电视入户达到8000户，与伊春市有线电视联网。

2005年，有线电视用户7300户，区址可收看38套节目。收取视听维护费为每户每月16元。

三、广播电视设施

1986年，区电视台购置1部日本索尼182D摄像机，从此，南岔电视台天天有自己的新闻节目。9月，南岔卫星地面接收站建成，并购置1部100瓦北京产分米波转播机，转播中央电教节目，彻底改变了信号源不好状态。

1987年，购置1台100瓦北京产分米波转播机，从9月9日开始转播中央二套电视节目，至此，南岔广大观众可以24小时收看电视节目。年末，先后在浩良河镇、晨明镇、松青所3个人口密集的基层单位建成了小型卫星地面站，可以看到中央电视节目。在增加电视设施的同时，广播设施也有所改善。本年购置1部1000瓦中波发射机，增转省台二套节目和市台新闻节目。

1988年，区无线转播台更新1部1000瓦中波实验机，改造了同步激励器，为进入全省同步网奠定了基础。电视转播台新购进1台10千瓦稳压电源，增设了监视器。

1989年，拨款10万元，购置1套摄像设备，编辑系统也初具规模。

1992年，区政府拨款41万元，建立微波站1座，调频发射台1座。基层单位发射设备已达51套。

1993—2000年，增加4台松下摄像机。增设1台50瓦，98.3兆赫调频发射机。

2001年，更换2台50瓦全固态发射机，1台50瓦全固态调频发射机。

2002—2005年，更换1台1000瓦全固态中波发射机。全市电视会议专线（光缆）开通。增加了3台小数码摄像机和一套非线性编辑系统。增设1台调频发射机，功率为50瓦，频率74.7兆赫。

四、新闻报道

1986年，共播出稿件2254件，其中广播稿1158件、电视稿1096件，自采自编稿件占播出稿件的 80% 以上。为伊春电台和电视台供稿件 34 件，被采用 30 件。

1987 年，区共播出电视稿件 1065 件。其中，图像新闻 597 件，电视文字稿 322 件，电视讲话 14 件，专题讲座 74 件，专题报道、学习问答 58 件。为伊春电视台供图像稿 78 件，被采用 66 件。年末，区电视台在全市电视台播出录像新闻稿件评比中名列榜首。

1988—1989 年，区电视台共播出新闻稿件 1698 篇，其中电视图像稿 982 篇，文字稿 647 篇，电视讲座 21 人，专题报道 9 个。向上级新闻单位供稿 177 篇，被采用 152 篇。

1990—1994 年，区电视台每年播出新闻稿件 1000 余篇，其中电视图像稿件 800 余篇，文字稿件 200 余篇，电视讲座 10 多个。向上级新闻单位供稿 60 余篇，均被采用。每年有 5 篇以上的新闻稿件在全市好新闻评选中获奖。

1995—2000 年，区电视台每年播出新闻稿件 1800 余篇，其中电视图像稿 1700 余篇，文字稿 50 余篇，专题报道 50 个。向上级新闻单位供稿 80 余篇，被采用 60 余篇。有 2 篇新闻消息获全市好新闻评比一等奖，有 2 名记者被评为市广播电视系统优秀记者。《南岔新闻》栏目开设了“广告”“走进南岔”“今日警坛”“百姓人家”“知识窗”“社会广角”“点歌台”等栏目。

2001—2005 年，区电视台每年播出新闻稿件 1900 余篇。向上级新闻单位供稿 90 篇，被采用 70 篇。有 1 名记者获黑龙江省优秀新闻工作者，有 3 篇新闻消息获市广播电视系统二等奖。2005 年被市电视台评为对上供稿先进单位。围绕南岔生态区建设规划的相关知识，增设生态知识窗节目。2005 年 8 月，南岔新闻由每天播放 2 次改为播放 3 次。

五、电影

林业工人文化宫，隶属区（局）工会。放映设备有东风 FG 放映机 2 台，座席数 1474 位。文化宫设主任 1 名，工作人员 15 名。1986—1992 年（影片供给是南岔电影分公司，1989 年 9 月该院分公司解体后，影片直接由伊春电影分公司供给），除正常放映电影外，区（局）大型会议、文艺演出在这里举行。每年上交电影公司片租费 5.5 万元。1992 年后，随着电影观众逐年减少，每年上交片租费 1 万元。1996 年，文化宫每月仅放映电影 2 场。同年，电影停放，文化宫部分房屋出租，改作为餐厅、舞厅、录像厅、游艺厅。2001 年 4 月，林业文化宫出售给个人，工作人员归属环卫处，2 台放映机归属钢绳厂。

铁路俱乐部，隶属佳木斯铁路分局工会。1986—1996 年，俱乐部经过不断扩建，先后建成图书室、游艺厅、歌厅等活动场所 6 处，总面积 379 平方米。主要设备有：电影放映机、投影电视机、音响、发电机等 12 台（套）。定员 7 人，设主任、美术员、会计、电工等。2003 年，俱乐部定员 8 人。有剧场、游艺室、图书室、舞厅、旱冰场等活动场所。年内，举办各种文艺活动和舞会 420 次，放映电影 62 场次，参加活动的职工达万人次。2005 年末，铁路俱乐部归属南岔铁路房产段，俱乐部闲置。

第九节 书 店

一、设置及营销

1986 年，伊春市新华书店在南岔区设中心店，负责图书发行工作。南岔中心店下设南岔门市部、浩良河门市部、计划发行部、金山屯门市部、西林门市部。南岔中心店设经理（兼书记）1 名，副经理 1 名，编制 30 人。南岔门市部营业面积 230 平方米，全区有 7 个图书零售点，经营图书种类有社会科学、古典文学、自然科学、农林医药、工具书等各类图书 1000 余种。年发行各种图书 2220754 册，销售金额 1286314 元。

1993 年，南岔中心店将原 230 平方米营业室翻建成 1289.89 平方米四层营业楼，总投资 105 万元。同年 12 月正式开业。

1995 年，金山屯门市部、西林门市部归属伊春市新华书店。南岔中心店改称南岔新华书店，隶属黑龙江省图书音像发行集团。

2001 年，南岔新华书店投资 200 万元，在原址新建 1600 平方米四层营业楼。

2005 年，南岔新华书店经理 1 名，副经理（兼书记）1 名。下设南岔门市部、浩良河门市部、教材储运部、财务部，编制 18 人。经营图书有社会科学、古典文学、文学艺术、自然科学、农林医药、中小学课本、少儿读物、工具书、正版音像等各类图书 11000 余种。年销售金额 378.3 万元。

1986—2005 年南岔区（局）新华书店图书销售一览表

表 17-8

年份	销售金额（万元）	利润（万元）	年份	销售金额（万元）	利润（万元）
1986	128.6	3	1996	238	1.8
1987	139.2	3.2	1997	276	2
1988	165.4	3.9	1998	328	4.2
1989	194.0	3.9	1999	392	5.9
1990	199.5	2.9	2000	406	5.9
1991	242.9	3.6	2001	414	8
1992	231.8	−0.0638	2002	460	8
1993	243.6	2.9	2003	460	8
1994	246.2	3.2	2004	364.7	8
1995	242.8	3.4	2005	378	9

二、图书销售及主要活动

1986 年，南岔中心店发行各类图书 2220754 册，金额 1286314 元。全年流动售书 424 次，发行图书 20171 册。大型展销活动 11 次，发行图书 7229 册。为各单位图书室配售新书 50940 册。

1987 年，南岔中心店推行全面承包制，收到较好的经济效益。全年销售各类图书 2318579 册，金额 1392369 元。

1988 年，全年完成销售额 1653960 元，超额完成计划 15.7%；深入基层售书 456 人次，销售金额 15406 元；摆摊售书 42 次，销售金额 102228 元；图书展销 13 次，销售金额 120105 元。

1989 年，全年销售金额 1939547 元，超额完成计划 35.6%，比去年同期增长 17.5%。全年深入基层售书 215 人次，流动售书 3540 册、金额 4685 元；摆摊售书 64 次，共销售图书 9720 册，金额 12826 元；图书展销 7 次，销售图书 1016 册，金额 1460 元，主动送书 46 次、销售 6384 册，金额 11971 元。共增订书 1204 种，5525 册，金额 10979 元。

1990 年，全年完成销售额 199.5 万元，完成年计划的 139.5%；深入企事业单位售书 561 人次，销售额 26379 元；摆摊售书 45 次、销售额 3700 元；图书展销 3 次，销售额 4500 元。

1991 年，全年完成销售额 242.9 万元，完成年计划 140.4%；深入企事业单位售书 102 人次，销售额 12075 元；摆摊售书 96 次，销售额 4026 元；图书展销 6 次，销售额 2865 元。

1993 年，全年完成销售额 243.6 万元，完成年计划的 140.8%；深入企事业单位售书 108 人次，销售额 12600 元；摆摊售书 81 次，销售额 3080 元；图书展销 4 次，销售额 2237 元。

1994—1998 年，共完成销售额 1331 万元。

1999 年，图书品种由 2000 多种增加到 4000 多种，全年销售额完成 392 万元。被市新华书店评为“目标管理考核”达标单位。

2000 年，开展了“新千年图书销售竞赛“活动，以赛促销，实现了一般图书销售的突破。门市部流动售书 15780 元，街头摆摊售书 9870 元，到学校售书 8260 元。对库存图书按出版年限和种类，分别做出了降价和报废处理。7 月，在南岔区开展的“扶贫解困献爱心”活动中，书店职工捐款 1000 元。配合区委宣传部开展“三下乡”活动，赠科技图书 300 余册。为了扩大图书宣传，在营业室设立了新书专柜，图书由原来的 4000 多种增加到 5000 多种。

2001 年，开展了“新世纪、新贡献”图书销售竞赛活动，共销售图书 7000 余册，金额 36000 元，超销售近万元。6 月，在开展“金钥匙”工程中，为南岔区国庆村专业户和贫困户捐赠图书 200 余册，金额达 6000 元。流动售书 10 余次，共销售图书 3000 余册，金额达 1.6 万元。全年展销图书 4 次，在晨明镇新建网点 1 处。努力提高服务质量，在门市部开展文明用语活动，真正做到了使用文明用语为读者服务。在南岔区开展“扶贫解困、爱心助残”活动中，书店全体员工捐款 255 元。

2002 年，全面推广了伊春市新华书店末位淘汰制的经验。为了让落聘职工减少后顾之忧，把落聘职工组织起来，成立了第二门市部。书店在南岔区开展的“扶贫解困送温暖募捐”活动中，共捐衣物 28 件。为加强警企共建活动，南岔书店与联合派出所建立了警企共建关系。2002 年，南岔新华书店被黑龙江省图书音像发行集团评为先进集体。

2003 年，南岔新华书店落实黑龙江省图书音像发行集团“金钥匙”工程，为浩良河镇养殖户、贫困户、镇图书室、南岔区环卫处、联合派出所等单位赠书 500 余册，价值 5000 余元。12 月，在服务“三农”活动中，捐赠春联、年画等 600 张，价值 554 元。为南岔区图书馆赠书 110 册，价值 2997 元。2003 年，南岔新华书店被市评为先进集体。

2004 年 4 月，南岔新华书店门市部音像组专柜正式对读者开放，音像商品存放展览台由过去的 4 个陈列架发展到 8 个，有音像商品种类 1180 种。正版音像投放市场后，销售效果越来越好。积极配合区政府组织的春季防火宣传，为柳树所捐赠图书 20 余种 60 多册，价值 400 元。为西水办事处贫困户、孤寡老人捐赠图书 70 余册，价值 800 元。10 月 25 日，在市店组织的业务技能比赛中，南岔新华书店张红梅获点钞第 1 名，张士军获盘存表第 1 名，王仁君获打包第 1 名，郑红玉获熟悉书的五知（即书名、作者、定价、内容、出版社）第 3 名。

2005 年，南岔新华书店完成销售额 3783 万元，完成全年计划的 100%，其中门市部销售 20.7 万元，教材部销售教材 200.7 万元，教辅用书 156.9 万元。图书品种由原来的 8000 多种增加到 11000 多种。为专业户、贫困户和学校免费赠送图书 462 册。新华书店被南岔区评为文明示范窗口单位。

第十节 档 案

一、机构

1986 年，区（局）设立综合档案科，配副科长 2 名，档案员 6 名。

1989 年 2 月，档案科改称档案局。

1994 年初，人事档案分出（工人档案归人事劳动局，干部档案归区委组织部）。

1997 年 5 月，档案局改称档案馆，隶属区委办公室管理，编制 3 人（馆长 1 人，档案员 2 人）。

2001 年，依据南发〔2001〕35 号文件，将档案馆（局）变为区行政编制。

2003 年 3 月，依据伊档函〔2002〕5 号文件要求和南编发〔2002〕2 号文件，将档案馆（局）改设为南岔区档案局（馆），具备了行政执法检查督导职能，编制3人，副局长1名，档案员2名，至2005年。

二、档案管理

1986年，档案管理工作由结构单一，变成综合性档案室，实行党政、科技、人事、文书、会计档案集中统一管理。到年底，档案接收15309卷，其中文书档案313卷；会计档案3196卷；人事档案11800卷。档案利用工作由封闭型向开放型转变，开放范围不断扩大，管理制度不断完善。是年、档案室共接待利用者999人次，提供档案资料达2218卷，其中：文书档案1862卷；科技档案71卷；会计档案285卷。服务对象由过去主要为党政领导机关发展到为社会的经济、政治、科学文化、党史、史志工作和各项事业建设服务，提高了档案工作的社会地位，扩大了档案工作的社会影响。按照财政部和国家档案局的部署及省、市召开的清理积存会计档案工作会议的要求，从4月中旬开始，历时4个月时间，完成了会计档案清理任务。从区（局）财政科、营林处等部门，共清理出1967年以来的各种会计档案3196本，其中报表12本，会计账簿806本，会计凭证2378本。

1988—1989年，学习贯彻了档案法，进一步明确了档案工作的性质、任务和目标。举办了档案工作人员培训班，共有270人参加培训。

1992年，举办了两次档案法学习班，66人参加了培训。通过广播、电视进行播讲。区政府在资金紧缺的情况下，为档案局解决了45平方米库房，增设2个办公室。

1994年，编写了区人大、职代会、妇代会、团代会等简介，共23000字。

1986—1995年，档案局共收集档案资料10139卷（册），其中文书档案3604卷；科技档案778卷；财会档案4708卷，声像497张，其他各种专业档案879卷；各种资料170卷（册）。基层单位各种档案53953卷。接待查档人员29121人次，提供档案资料34650卷次。

2005年，档案馆累计存档案31151卷，包括文书、科技、会计、照片等档案5种。其中永久保存6821卷；长期保存11158卷；短期保存4180卷册；科技档案1637卷册；专业档案5617卷册；照片590张；死亡干部档案1031卷。其他各种资料105册，图片12册。有8库4室（文书档案库3个、科技档案库1个、财会档案库3个、死亡干部档案库1个、办公室2个，计算机室1个，阅览室1个）总面积181.4平方米。铁柜97套。吸尘器1台，温湿度表8块，计算机1台，电熨斗1台，切纸打孔机1台，去湿机1台。库房门有铁栅栏、铁皮包门、防光窗帘、库房符合“8防”（即防火、防潮、防高温、防虫、防鼠、防盗、防尘、防光）要求。局档案管理实行统一领导，分级管理。下设分室64个，专、兼职档案员79人，建立各种规章制度37种，并编制了多种检索151册。建立了各类档案统计总账、分户账。有借阅、利用效果登记簿、接收档案交接书以及各种档案收集、销毁、记事、业务指导簿等。档案管理达到了组卷合理、分类科学、签订准确，各种目录和卷皮填写规范、齐全，保证了案卷质量，并达到库房整洁、装具充足、编号统一。

三、档案升级工作

1989年，成立了企业档案管理升级工作领导小组，制定了《南岔林业局档案管理升级方案》。局在财经较困难的情况下，为档案科购买了铁档案柜20套，还添置了吸湿机、照相机、录音机等设备。把1986—1987年分类不准的文书档案698卷、科技档案1137卷，重新组合、装订、编目，重新抄写了25万字的目录。对原有的6种检索工具进行了重新调整。编纂了各种会议简介、人物简介、产品介绍、工程简介、大事记等14种30万字的档案资料。全局直属64个基层单位，分别建立了文书档案、科技档案、会计档案的综合性档案室，配备了专（兼）职档案员72人，为档案升级工作奠定了坚实的基础。

1990年，认真贯彻落实档案法，继续抓企业档案管理升级工作。改善装具、改进查找工具、更新保管条件，制定查找目录、目标的管理制度。坚持立卷、收集、整理分类、归档、对升级单位进行检查、验收、指导，使档案管理逐步实现了规范化、标准化。是年9月，经省、市档案管理升级考评验收，晋级为省级档案管理先进单位。1990年12月，晋升为国家二级企业档案工作目标先进单位。

2005年，认真贯彻执行档案法和档案法实施办法及企业档案工作目标管理办法，进一步加强档案管理工作，使档案管理工作逐步走上制度化、规范化和科学化的轨道。

四、档案利用效果

1993年3月至1999年10月资料记载，利用文书档案成功解决3起久拖不决的群众上访缠诉案件。

利用档案按规定落实居委会主任待遇，为省级以上劳动模范和先进工作者提供相应待遇；解决了银行与农民贷款纠纷，为农民讨回公道；为编写出版《中共南岔区（局）大事记》《南岔年鉴》《南岔区（局）组织史》《南岔区（局）志》和《林海明珠》提供翔实、准确史料；以会计档案为依据、局清资工作组为局清回陈欠款440万元；提供建筑图纸档案为局节约资金13万元等。

第十一节　地方志工作

一、机构

1986年，区（局）史志办公室，副主任1人，编制7人。

1991年6月，区史志办与党史办合署办公，史志编辑2人。

1993年4月，史志办归属政府办，配1名干事负责史志工作。

1997年6月，史志工作归属党委办公室，配1名秘书负责修志工作。

2001年11月，史志工作归属政府办公室，配1名秘书负责。

2004年9月，设史志办公室，设主任1人（兼），副主任1名，秘书1人，史志工作仍归政府办。

二、地方志编纂

1986年，《南岔区（局）志（1905—1985）》的编修工作纳入政府工作，由7名专职人员和抽调的5人组成，当年完成进度的20%左右。

1989年5月，完成了《南岔区（局）志（1905—1985）》的初稿120万字。五易其稿，并经伊春市史志办专家审稿，初定文字为87万字。1989年9月16日伊春市史志编审委员会批准出书。1990年，经黑龙江省出版局审定，批准交付印刷。

1991年1月，经上海市群众印刷厂印制成书，印数1000册，内部发行于区属各单位，对外交流各区（局），并送省图书馆、国家方志馆收藏。

2000年初，启动第二轮修志工作，2001年，区政府配1名秘书负责修志工作，参加了省、市的修志培训班，进行了资料的收集工作。

2002年，设计了《南岔区（局）志（1986—2002）》的篇目。

2004年重新设计了《南岔区（局）志（1986—2005）》的篇目，并于当年3月，搭建了第二轮修志的班子。同年9月，组建了南岔区（局）志编审委员会，下设办公室，专职2人，聘用4人，专修第二轮区（局）志。12月21日，召开第三届南岔区（局）修志工作会议，对基层单位部署了工作任务。经8次修改“篇目”，初步设计完成。当年收集资料20万字。

2005年，在完成资料征集80%的基础上，进行部分篇章的试写，当年完成工作量的80%。

三、年鉴编写

1989年，编写完成《南岔年鉴（1986—1987）》50万字,《伊春日报》印刷厂印刷，共印600册，内部发行。

1992年，区史志办编写完成《南岔年鉴（1988—1989）》30万字，哈尔滨电脑印刷厂印刷，共印200册。内部发行。

1995年，区政府办编写完成《南岔年鉴（1990—1993）》40万字，带岭科技印刷厂印刷，共印200册。内部发行。

2004—2005年，编写了《区（局）志（1986—2005）》编目，搜集资料120余万字，年鉴与区（局）志同时进行。

第二章 体 育

1986—2005 年，南岔区群众体育运动在普及群众体育活动的基础上，努力提高竞赛技术水平，各中小学认真贯彻《体育教育大纲》，在体育运动中，强健学生身体素质。全区各类体育运动竞技项目以田径、球类、棋类、速滑开展较为广泛，尤其是东方红小学业余速度滑冰队较为突出，为省和国家输送了一批体育人才，在国内外比赛中获得好成绩。

第一节 机 构

1986 年，区体育运动委员会设主任 1 人，副主任 1 人，下设业余体校，编制 10 人。

1993 年 4 月，体育运动委员会与文化局合并，称文化体育委员会。

2001 年 11 月至 2005 年，文化体育委员会改称文化体育局。

第二节 体育设施

一、灯光球场

区灯光球场位于月牙湖北岸，设有办公室、训练室，占地面积 1488 平方米，场地面积 540 平方米，设有篮球、排球露天比赛场地（水泥地面），周围是水泥看台，有 1500 个座位。1989 年，区政府拨款修整了灯光球场场地和围墙。2005 年年末拆除。

二、田径运动场

1986—2005 年，南岔区田径运动场设在区一中操场，周长为 200 米半圆式，可进行田径各种项目的比赛，南岔区大型田径运动会都在这里举行。

三、滑冰场

月牙湖冬季的冰面是天然的滑冰场，这里既是区速滑队的训练地，又是冰上比赛场地。冬季在这里举办中小学校速滑比赛。2003 年以后，因月牙湖水质污染严重，影响冰面质量，月牙湖不再设冰场。东方红小学每年冬季在校内浇注冰场，供区内速滑比赛和校内速滑训练。

四、东方红小学体育馆

2003年10月，东方红小学体育馆建成，占地面积1800平方米，馆内设篮球场、力量训练室、自行车室、滑板室、科研室、学生宿舍、食堂和办公室。主要用于校内的速滑队常年训练。

第三节　群众体育

一、业余体校

1986—1989年，南岔区业余体校设少年男、女篮球，速度滑冰、乒乓球训练项目。学员从各中小学挑选，利用业余时间训练。刘万江任体校校长，高景江、陈光磊、张学民、高敬尧任专职教练员。

1990—1997年，业余体校训练以少年男、女篮球，速滑为重点，刘万江任体校校长，高建国、张学民、关艳云、苗颖杰任教练员。

1998—2005年，业余体校设篮球、速滑、举重、武术、乒乓球、围棋训练项目。高建国任体校校长，高建国、董树山、苗颖杰、李喜富、刘英、高洪志、刘立、张国新、蔺成龙任教练员。

二、武术精英武馆

南岔武术精英武馆属民办性质学校，1998年11月建校，招收学员32人，校舍面积120平方米，校长刘立，教员王真刚，名誉校长孙玉滨、马义清。截至2005年，已毕业学员124人。招生对象是6～18岁青少年，学习武术及散打；18～72岁青壮、老年人学习武术、散打及太极拳，按照中国武术馆校教学大纲授课。1998年，在伊春市武术比赛中荣获拳术第一名；1999年，在伊春市武术比赛中获9枚金牌；2000年，刘立被黑龙江省确定裁判员认证资格；2001年8月，黑龙江省举办的“圣星杯”散打武术比赛中，刘立获男子60公斤级第5名；2003年9月，黑龙江省武术比赛中，马连伟获青少年男子拳术第1名。从建校至2005年末，为上级武术学校和部队输送武术人才4人。

三、群众业余体育运动

1986年，区体委与区工会设立拳操辅导站，辅导员刘万江。辅导站开展了中老年人“五禽戏”“太极拳”“太极剑”的健身活动。健身活动坚持天天练、力求动作标准化，锻炼人多、面广，为老年人健身强体起到积极作用。1988年，老年人辅导站被评为市先进集体。2000—2005年，先后又组成了中年人扇子舞健身队、腰鼓队、交谊舞队、功夫扇队和健身操队，丰富了职工业余文化生活。

第四节　竞技体育

一、中小学田径运动会

1987年6月12—13日，区中小学田径运动会在一中田径场举行。小学组获得前6名有：东方红小学、松青小学、梧桐小学、育红小学、红旗学校、柳树学校；中学组前6名有一中、五中、三中、六中、四中、柳树学校；高中组获得前3名有高级中学、区三中、区六中。

1989年6月10—11日，区中小学田径运动会在区一中田径场举行。比赛成绩：小学组第1名东方红小学，第2名东升小学；初中组第1名一中，第2名五中；高中组第1名高级中学，第2名职业高中。

1991 年 6 月 5—6 日，区中小学田径运动会在区一中田径场举行。获得初中组前 3 名有区一中、区三中、松青学校，小学组前 3 名有松青小学、东方红小学、东升小学。松青所学校李学海破少年男子标枪纪录，成绩是 46.47 米。

1993 年 6 月 15—16 日，区中小学田径运动会在区一中田径场举行。获得小学组前 3 名有东方红小学、浩良河小学、育红小学；初中组前 3 名有区一中、区三中、松青学校；松青所学校张柏松破少年男子标枪纪录，成绩是 46.72 米。

1994—2005 年，南岔区中小学田径运动会不单独举行，由各学校每年举行田径运动会。

二、全区大型运动会

1986 年 6 月 3 日，南岔区第八届田径运动会在区一中体育场举行。获团体总分小学组前 5 名有东方红小学、育红小学、晨明贮木场小学、梧桐小学、松青小学；中学组前 6 名有一中、三中、六中、五中、四中、东升学校；职工组前 6 名有浩良河木材加工厂、晨明贮木场、工程处，松青经营所、桦阳经营所、南岔贮木场。纪录纪实：五中刘伟以 30.56 米成绩破 24.98 米中学女子铁饼纪录；六中孙晓艳以 5 ' 25 " 成绩破 5 ' 26 " 中学女子 1500 米纪录，一中张乃丰以 33.28 米成绩破 33.18 米的中学男子铁饼纪录，一中接力队以 58 " 7 成绩破 59 " 4 的中学女子 4 × 100 米纪录，一中张海英和张影分别以 2 ' 42 " 6、2 ' 45 " 6 的成绩破 2 ' 50 " 2 的中学女子 800 米纪录。

1986 年 8 月，伊春市第四届全运会的 8 项比赛中区代表队夺得 6 枚金牌，荣获总分第 1 名。

1989 年，在伊春市首届老年人运动会上，区代表队获团体总分第 1 名。

1988 年在伊春市伤残人田径运动会上，区运动员赵新全获跳远第 1 名并打破省伤残人运动会跳远纪录。

1988 年 6 月 14—15 日，区第九届田径运动会在区一中田径场举行。团体总分成绩：成年组前 6 名有浩良河木材加工厂、松青经营所、晨明贮木场、职业高中、区机关、柳树经营所。高中组前 2 名有高级中学、职业高中。初中组前 4 名有一中、四中、六中、柳树学校。小学组前 6 名有东方红小学、育红小学、红旗学校、柳树学校、太平小学、大磊学校。大磊林场、区一中、红旗学校获道德风尚奖。

1990 年 6 月 15—16 日，区第十届田径运动会在区一中田径场举行。获得职工组前 3 名有松青所，浩良河木材加工厂、轻机厂；高中组第 1 名高级中学；初中组前 3 名有区一中、区三中、区五中；小学组前 3 名有东方红小学、松青小学、东升小学。张国新破男子跳高纪录，成绩是 1.71 米；刘伟破女子铅球纪录，成绩 9.9 米（4 公斤）。

1992 年 6 月 17—18 日，区第十一届田径运动会在区一中田径场举行。获得小学组前 3 名有东方红小学、梧桐小学、育红小学。初中组前 3 名有区一中、区三中、区四中。高中组第一名区三中。职工组前 3 名有太平所、亮子河林场、松青所。区六中李玉胜破成年组男子三级跳远纪录，成绩是 13.39 米。

1993 年，全市第五届运动会 9 项比赛中，区代表团共获得 14 枚金牌、15 枚银牌、23 枚铜牌。奖牌总数 52 枚，获团体总分第七名。

1994 年 6 月 13 日，区第十二届田径运动会在区一中田径场举行。东方红小学获得小学组团体总分第 1 名，一中获中学组第 1 名，高级中学获高中组第 1 名。

1999 年，在全市第六届运动会上，区代表队获金牌 41 枚，银牌 18 枚、铜牌 25 枚，获团体总分第 2 名。

2003 年，在全市第七届运动会上，区运动员以 1128.5 的总分和 84 块奖牌（32 金、25 银、27 铜）

的成绩荣获团体第2名和体育道德风尚奖。

2004年9月，区第十三届田径运动会在区一中田径运动场举行。南岔车站、浩良河水泥厂、区高级中学、南铁车辆段、南铁工务段、省林业二院分别获得职工组团体总分前6名。市二中、区高级中学获高中组团体总分前2名。区三中、高级中学、一中、二中、四中、技术培训学院获中学组团体总分前6名。东方红小学、区第二小学、浩良河小学、梧桐小学、第三小学、第四小学获得小学组前6名。

截至2005年南岔区田径最高纪录一览表

表17-9

项目	性别	成绩	创造者	时间	运动会名称	地点
60米	男	7″2	张永志	1979.6	市中学生运动会	伊春
	女	8″3	刘建华	1978.6	区四运会	南岔
100米	男	11″4	张永志	1982.6	市三运会	伊春
	女	13″2	姚凤琴	1978.6	市中学生运动会	伊春
200米	男	24″1	张永志	1982.6	市三运会	伊春
	女	28″6	姚凤琴	1978.6	市中学生运动会	伊春
400米	男	52″5	王　伟	1984.6	市中学生运动会	伊春
	女	1′0″4	修长会	1980.6	省四运会	哈市
800米	男	2′4″3	高佩彬	1980.6	市中学生运动会	伊春
	女	2′24″6	王艳丽	1978.6	南岔区四运会	南岔
1500米	男	4′11″	高佩彬	1980.6	市中学生运动会	伊春
	女	5′9″	刘艳丽	1987.9	市青运会	伊春
3000米	男	10′8″	曹春哲	1980.6	市中学生运动会	伊春
	女	11′47″99	刘艳梅	1987.9	市青运会	伊春
5000米	男	16′56″5	邵万君	1978.6	南岔区四运会	南岔
	女	—	—	—	—	—
10000米	男	35′56	邵万君	1978.6	南岔区四运会	南岔
	女	—	—	—	—	—
4×100米接力	男	49″8	区队	1980.6	市中学生运动会	伊春
	女	58″7	一中	1987.6	区八运会	南岔
跳高	男	1.71	张国新	1990.6	区十运会	南岔
	女	1.43	毛克杰	1985.6	市四运会	伊春
跳远	男	6.04	姜佰峰	1985.6	区中学生运动会	南岔
	女	4.63	牛金霞	1980.6	市中学生运动会	伊春
三级跳远	男	13.39	李玉胜	1992.6	区十一届运动会	南岔
	女	—	—	—	—	—
铅球7.26公斤	男	10.53	崔胜旗	1984.6	区十运会	南岔
4公斤	女	9.90	刘　伟	1990.6	区十运会	南岔
铁饼2公斤 1公斤	男	29.86	袁中会	1984.6	区七运会	南岔
	女	30.56	刘　伟	1987.6	区八运会	南岔

续表 17-9

项目	性别	成绩	创造者	时间	运动会名称	地点
标枪	男	46.72	张柏松	1993.6	区中小学运动会	南岔
	女	32.28	常凤霞	1978.6	区四运会	南岔
100 米栏	男	—	—	—	—	—
	女	17″ 6	于金霞	1980.6	市中学生运动会	伊春
110 米栏	男	17″ 4	于晓辉	1982.6	市三运会	伊春
	女	—	—	—	—	—

三、冰上运动

1986 年 1 月，南岔区中小学速度滑冰赛在月牙湖冰场举行。获得中学组团体总分前 2 名有区一中、浩良河加工厂中学；获得小学组团体总分前 3 名有东方红小学、浩良河加工厂小学、育红小学。

是年，东方红小学参加黑龙江省传统项目学校速度滑冰比赛获得团体总分第 2 名。

1986 年，在伊春市速滑比赛上，关成雪获女子甲组全能第 1 名，张海英获女子甲组全能第 2 名；宋丽娟获女子乙组全能第 1 名，张影获女子乙组全能第 3 名；刘艳梅获女子丙组全能第 1 名；于飞获女子丙组全能第 3 名；谷宝江获男子乙组全能第 2 名；冯庆波获男子丙组全能第 1 名，刘佳奎获第 3 名。区代表队教练员为陈光磊、关艳云。

1986 年，黑龙江省少年速度滑冰比赛，谷宝江获男子全能第 3 名。

1987 年，在伊春市首届中小学运动会上，区代表队在速度滑冰比赛中获团体总分第 1 名。谷宝江获男子甲组全能第 1 名，冯庆波获男子乙组全能第 1 名，刘佳奎获男子丙组全能第 2 名，孙跃武获第 3 名。关成雪获女子甲组全能第 1 名，张海英获第 2 名，宋丽娟获女子乙组全能第 1 名，张影获女子丙组全能第 1 名。

1987 年，在全国少年速滑比赛上，关成雪获女子丙组全能第 4 名，宋丽娟获第 5 名，刘艳梅获第 9 名（取前 10 名）。同年，黑龙江省少年速滑比赛，宋丽娟获女子丙组全能第 4 名，刘艳梅获第 5 名，关成雪获 1000 米第 1 名。教练员陈光磊。

1988 年，在伊春市速度滑冰比赛中，区代表队获得团体总分第 1 名，获得金牌 5 块。是年，为黑龙江省体育运动学校输送 2 名冰上运动员。

1988 年 2 月 25 日，全区少年速度滑冰比赛在月牙湖冰场举行。东方红小学获团体总分第 1 名，育红小学获第 2 名。

1988 年 12 月 5—6 日，区少年速度滑冰比赛在月牙湖冰场举行。比赛成绩：中学组男子前 3 名有孙跃武、刘佳奎、纪显军；中学组女子前 3 名有盛晓红、黄丽丽、张影；小学甲组男子前 3 名有冯庆涛、刘金柱、耿大伟；小学甲组女子前 3 名有余微、柳阳春、王秋月；小学乙组男子前 3 名有杨立彬、胡秀坤、李占东；小学乙组女子前 3 名有陈阿娟、肖丽、王微。

1988 年，在全国少年速度滑冰锦标赛上，谷宝江获 1000 米第 1 名、1500 米第 4 名、500 米第 5 名、技术评定第 1 名、全能第 1 名；冯庆波获 1500 米第 3 名、技术评定第 2 名、全能第 6 名；教练员陈光磊。

1989 年，在全国速度滑冰冠军赛上，冯庆波（代表黑龙江）获少男 500 米、10000 米两项第 1 名。

是年，在全国第二届青少年运动会冬季项目速度滑冰比赛，冯庆波获 3000 米、5000 米两项第 1 名。

1989 年，在伊春市第二届青少年运动会上，区代表队在速度滑冰比赛中获团体总分第 1 名。

1990 年，在伊春市速度滑冰比赛上，区代表队荣获团体总分第 1 名。东方红小学参加省传统校速度滑冰比赛获得团体总分第 4 名。

1991 年，区东方红小学参加市速滑赛共获金牌 10 枚、银牌 16 枚、铜牌 5 枚、团体总分第 1 名。

1997 年，参加省传统项目学校速滑比赛中，东方红小学任慧获女子 1000 米第 1 名、500 米第 2 名。

1999 年，参加省传统项目学校速滑比赛中，东方红小学刘婧婧获女子全能第 2 名；闫超获男子 1000 米第 3 名；闫聪获第 4 名。

2001 年，在省中学生速滑比赛中，区代表队获团体总分第 3 名。

2002 年，参加省传统项目学校速滑比赛中，东方红小学闫昆获男子全能第 1 名；张鑫磊获男子全能第 4 名。在省青少年速滑比赛中，东方红小学袁晓东获男子全能第 2 名；董鑫磊获全能第 3 名。

2003 年，参加省传统项目学校速滑比赛中，东方红小学张鑫磊获男子 500 米第 3 名；李美慧获女子全能第 4 名，500 米第 3 名。李美慧在参加省少年速滑比赛中获女子全能第 1 名。

2003 年 1 月，区速滑队在伊春市第七届运动会冬季项目比赛中共获 49 块奖牌，并获团体总分第 1 名。

2004 年，参加省传统项目学校速滑比赛中，东方红小学赵长鸣获男子全能第 1 名。在省少年速滑比赛中，东方红小学吴迪获女子全能第 3 名，500 米第 1 名。

2005 年，参加省传统项目学校速滑比赛中，东方红小学邱元获女子全能第 1 名。在伊春市“山珍杯”速滑比赛中，东方红小学王畅、吴迪、赵长鸣、邱元等共获 12 枚金牌、15 枚银牌、11 枚铜牌，并获得团体总分第 1 名和荣获体育道德风尚奖，进一步巩固了南岔区在全市速滑项目中的领先地位。

四、南岔区籍运动员获奖情况

1992 年，南岔区输送的运动员冯庆波、刘艳梅、关成雪在首届全国奥林匹克希望之星速滑比赛中，共获 7 枚金牌。在 3 月举行的全国速滑冠军赛中，冯庆波获 2 枚金牌。

1994—1995 年，刘广慧、刘广彬连续两年取得全国青少年速度滑冰锦标赛 1500 米、3000 米、5000 米男子全能冠军和亚军。黄丽丽获 1995 年亚洲速度滑冰锦标赛女子 500 米冠军。

1996 年，黄丽丽获世界青年速度滑冰锦标赛女子 500 米冠军。刘广慧在全国青运会上获男子 5000 米、10000 米冠军。

1999 年，刘广彬在第九届冬运会上获得男子速滑比赛 5000 米金牌；第四届亚冬会获得 10000 米银牌。在日本举行的群马青少年男子速度滑冰比赛中，于睿获 3000 米第 1 名。

2000 年，在黑龙江省青少年速度滑冰比赛中于睿获 1500 米、3000 米、5000 米第 1 名，并获全能第 1 名。同年，在全国青少年速度滑冰比赛中，于睿获 500 米第 2 名，1500 米、5000 米第 1 名，并获全能第 1 名。

2001 年 1 月 18 日，沈阳举行的全国少年速滑锦标赛中，于凤桐获男子 500 米、1500 米两块金牌，于睿获 3000 米金牌，张爽获女子 100 米、1500 米、3000 米金牌。

2001 年，全国速度滑冰锦标赛中，于睿获男全甲组 1500 米、3000 米第 1 名，5000 米第 2 名。

2001 年，刘广彬获全国第九届全运会速滑项目比赛男子全能冠军。并刷新了由他个人保持的全国纪录。

2002 年，全国速度滑冰冠军赛中，于睿获男全 500 米第 2 名，1500 米第 1 名。在“全国羽绒精品总汇”杯青少年速滑锦标赛中，于睿获男全能 1500 米、3000 米、5000 米第 1 名，并获全能第 1 名。

2002 年 3 月，于凤桐获世界青少年速滑比赛 500 米冠军，并打破该项目青少年世界纪录。12 月，获世界杯速滑赛（中国站）500 米银牌。

2003 年 1 月，在全国第十届冬运会速滑比赛中，于凤桐、任慧、于睿、张爽共为伊春市获得 4

枚金牌、7枚银牌、2枚铜牌。于睿在“波司登 雪中飞”杯全国速度滑冰赛中，获1500米第1名，5000米第2名。在全国速度滑冰冠军赛中，于睿获男子1500米第1名。在全国十届冬运会上，于睿获男子1500米第1名。

2004年1月，世界杯速度滑冰（中国站）比赛中，于凤桐获得男子500米亚军，任慧获女子500米亚军。同年2月在世界杯（意大利站）比赛中，于凤桐获男子100米冠军。在世界杯（德国站）比赛中，于凤桐获男子500米冠军，任慧获女子500米亚军。任慧获亚洲速滑锦标赛500米、1000米两项冠军。

2005年1月，任慧获世界大学生速度滑冰赛500米、1000米两项冠军，并打破这两个项目的世界纪录。张爽获亚洲锦标赛500米、1000米两项冠军。于凤桐获2004—2005年度世界杯速滑比赛男子100米总冠军。

五、球类运动

篮球

1986年，伊春市举行少年篮球邀请赛，区男队获第1名，女队获第4名。是年，5月5日，区职工篮球丙级赛分别在南岔、浩良河镇举行。南岔片获得男子组前6名有教育、税务局、钢绳厂、二中、电话所、林业医院。浩良河片获得男子组前6名有浩良河镇、三岔河林场、翠岗林场、浩良河经营所、南岔经营所、威岭经营所。5月12日，伊春市职工篮球分片赛在区灯光球场举行。区男队获第1名，女队获第4名。同年，6月20日区举行小学生篮球赛。获得男子组前5名有亮子河小学、柳树小学、育红小学、兴隆小学、红旗小学；女子组前2名有育红小学、兴隆小学。7月15日，区举行中学生篮球赛。获得男子组前5名有六中、三中、东升学校、四中、一中；女子组前2名有一中、四中。8月15—22日，区举行职工篮球甲级赛。男子组前6名有晨明贮木场、区机关、工程处、贸易中心、浩良河木材加工厂、设计队；女子组前6名有钢绳厂、贸易中心、浩良河木材加工厂、胶合板厂、松青经营所、南岔贮木场。

1987年，在伊春市首届青少年运动会上，篮球比赛男队获第2名，女队获第3名。是年，5月12日，区举行职工篮球乙级赛。获得男子组前6名有交通科、公安局、钢绳厂、亮子河、南岔贮木场、税务分局。同年，7月15日，区举行小学生篮球赛，男子组第1名东方红小学，第2名育红小学；女子组第1名育红小学，第2名东方红小学。当年，8月8日，区举行职工篮球甲级赛，获男子组前6名有区机关、晨明贮木场、设计队、工程处、柳树所、浩良河木材加工厂；获得女子组前6名有浩良河木材加工厂、南岔贮木场、商业科、钢绳厂、胶合板厂、南岔所。

1988年5月，在伊春市职工篮球甲级联赛中，区男、女队双获冠军。同年在伊春市少年体校篮球赛中，区少年体校男、女队双获冠军。

1989年5月，区举行职工篮球乙级联赛。获男子组前3名有交通科、饮料厂、建设银行。

1990年，南岔区职工篮球等级赛取消，每年分片举行一次职工篮球赛。

1990年，区体校参加市中学生篮球赛获女子组第2名。

1990年8月，南岔林业局举行“营林杯”篮球赛。获得前3名有南岔所、松青所、晨明所。

1991年，区体校男女队参加市体校篮球赛双获第2名，并向省体校输送1名女子篮球队员任俏。

1991年8月，南岔地区“友谊杯”篮球赛在灯光球场举行。获得前3名有南岔粮库、南岔车站、商业局。

1993年7月，区举行职工篮球赛，获得男子组前3名有设计队、工商局、饮料厂。

1999年，在伊春市第六届全运会比赛中，区成年男子篮球队获第4名，少年男子获第5名，成年女子篮球队获冠军。

2003 年，在全市第七届全运会篮球比赛中，本区女队获冠军。

2005 年，在全市中学生篮球比赛中，高级中学获男子第 1 名，女子获第 2 名。

排球

1990 年 9 月，全区第四届青年排球赛在灯光球场举行。获男子组前 3 名有市二中、建设银行、晨明贮木场；获女子组前 3 名有轻机厂、市二中、工商银行。

1991 年 9 月，区举行第五届青年排球赛。获得男子组前 3 名有区机关、建设银行、松青所；获女子组前 3 名有桦阳所、轻机厂、区一中。

1992 年 9 月，区第六届青年排球赛中区机关获第 1 名，晨明贮木场第 2 名，建设银行第 3 名。

1993 年 9 月，在区第七届青年排球比赛中，获得男子组前 3 名有建设银行、晨明贮木场、梧桐建材厂；女子组前 3 名有工商局、饮料厂、区六中。

2003 年，市“七运会”上，区女队获排球赛第 4 名、男队获第 7 名。

乒乓球

1986 年 4 月，南岔区职工乒乓球调选赛在浩良河化肥厂举行。男子团体成绩：第 1 名浩良河化肥厂，第 2 名南岔贮木场，第 3 名浩良河镇、大磊林场（并例）；男子单打前 3 名有白云林、董树山、狄福生。

1987 年，在市首届青少年运动会上，乒乓球运动员郎丽获女子单打冠军。

9 月，区职工乒乓球调选赛在三岔河林场举行。团体成绩：获得男子组前 3 名有区机关、浩良河农业银行、三岔河林场；获得男子组单打前 3 名有董树山、张孝华、张俭。

1989 年 9 月，区老年人乒乓球比赛在老干部活动室举行。获得单打前 3 名有江成山、邹兴礼、赵喜斌。

1991 年 6 月，区职工乒乓球赛在工人文化宫举行。获得男子团体前 3 名有工商局、大磊林场、晨明镇，男子单打前 3 名有赵良玉、董树山、纪宝田。获得女子单打第 1 名张秀敏，第 2 名孟丽媛，王香云、刘桂霞并列第 3 名。

1993 年 4 月，全区乒乓球比赛在育红小学举行。获得团体男子组前 3 名有大磊林场、工商银行、公安分局。男子单打前 3 名有纪宝田、董树山、胡立加。

2001 年 8 月，在伊春市少年儿童乒乓球比赛中，区代表队获 13 ~ 14 周岁组男子团体第 1 名，女子团体第 3 名。王秋月获 13 ~ 14 周岁组女子单打第 1 名。

2003 年，在市“七运会”上，区乒乓球队获得男团体第 7 名；少男获团体第 4 名，少女获团体第 8 名，李博获单打第 4 名。

2004 年，在伊春市“翔宇杯”儿童乒乓球比赛中，区代表队获 9 ~ 10 周岁组，男子组团体第 1 名，女子组获团体第 2 名；李博获女子单打第 1 名，腾文君获男子单打第 1 名。

2005 年，区高级中学刘来在伊春市中、小学生乒乓球比赛中获男子单打第 2 名。

棋类运动

1986 年，在伊春市职工象棋比赛中，区代表队获团体总分第 1 名，孟祥阁获得个人第 1 名。

1986 年 4 月，在全区职工棋类比赛中，孟祥阁、李向阳、艾福信、陈传阳、陈义光、王成江获中国象棋比赛前 6 名；张志刚、李振宇、张志学获围棋比赛前 3 名；少年组佟焕祥、王友文、王束礼获围棋比赛前 3 名。

1987 年 4 月，在全区棋类比赛中，中国象棋获得前 6 名有陈义光、孟祥阁、谷武、艾福信、李荣江、李向阳；获得围棋前 6 名有张志刚、邱宪立、贺立君、高静波、李志学、韩树臣。少年围棋比赛佟焕祥第 1 名，丁喜峰获第 2 名。

1988 年，在伊春市职工中国象棋擂台赛中，孟祥阁获冠军。

1989 年 3 月，全区职工棋类比赛中，孟祥阁、艾福信、马德林获中国象棋前 3 名；围棋前 3 名有佟焕祥、朴哲军、张志刚。9 月举行的区老年人象棋比赛中，获得中国象棋前 3 名有狄占林、王宪刚、包承祥。

1990 年 3 月，在全区棋类比赛中，孟祥阁、艾福信、李德才获得中国象棋前 3 名；获得围棋比赛前 3 名有王旭、贾文革、朴哲学。

1993 年 2 月，全区棋类比赛在区体委会议室举行。获得中国象棋前 3 名有孟祥阁、胡乃福、艾福信；围棋第 1 名蔺成龙、第 2 名付宇、单立峰（并列）。

2003 年，在市“七运会”围棋比赛中，区代表队成年男子组获团体第 1 名。蔺成龙、李书成、尹大伟分获成年组前 3 名；少年组张迪、徐林元、张博获前 3 名。

2004 年 1 月，伊春市少年围棋比赛在南岔区第二小学举行。成龙围棋学校分别荣获少年儿童甲组、儿童乙组、幼儿组团体第 1 名。成龙围棋学校并荣获团体第 1 名。孙林、张博、王子豪分别获少年组前3名；战佳琦获少年女子第1名，张迪、孟庆武获儿童甲组第1、3名；孙莹获儿童女组第1名，林强、王麒澄获儿童男组前 2 名；刘鹏志、张钊、王岳鹏获幼儿组前 3 名。

2004 年 2 月，区“健康杯”成人围棋比赛在省林业二院举行。段位组获前 6 名有付冲、杨守明、蔺成龙、卢玉忠、钟玉锋、于海涛；级位组前 6 名有刘大鹏、李传林、李大可、李锋国、韩树臣、孙成祥。

2004 年 5 月 2 日，黑龙江省“森林棋具杯”青少年围棋赛在本区举行。区代表队获团体总分第 1 名，青年组获团体第 2 名。

2004 年 7 月，在南岔区举办的全市“万达杯”棋类比赛中，区代表队获中国象棋团体总分第 2 名，孙日新获得个人第 4 名；围棋比赛获得团体总分第 1 名，杨守明、赵永进分别获得第 2、5 名。

2005 年 11 月 9 日，南岔区棋类协会举办首次围棋比赛，卑大志、杨守明、单立峰、付宇、刘波获前 5 名。

南岔区棋类协会筹备组于 2005 年 10 月 20 日向南岔区文化体育局提出申请，经南岔区文化体育局 2005 年 11 月 1 日批准，南岔区民政局依据《社会团体登记管理条例》的规定，于 2005 年 11 月 9 日给予登记注册。名誉理事长：岂凤桐、刘静，理事长：李传林，秘书长：刘伟东，共有会员 45 人。

武术

1987 年，伊春市首届青少年运动会上，区代表队在武术比赛中获团体第 1 名。少年组杨晓光获南拳第 1 名，王友东获武当拳第 1 名、玄真刀第 1 名，吴磊获查拳第 1 名、拳术第 3 名，王斗获枪术第 3 名。青年组马义清获鞭术第 1 名、翻子拳第 1 名，王清江获拳术第 3 名、刀术第 4 名。

1999 年，在全市武术比赛中，王真刚、马义清、刘立获男子拳术前 3 名；杨馥铭、丁雪获女子拳术前 2 名；王真钢、刘兴文、孙长福获男子刀剑前 3 名；杨馥铭获女子刀剑第 1 名；马义清、王真钢、孙长福获男子枪棍前 3 名；丁雪获女枪棍第 1 名；马义清、张忠生、王真钢获男子双软器械前 3 名；姚明、杨馥铭、丁雪获女子双软器械前 3 名；马福亮、付宝森获双练第 1 名；丁雪、李鹏飞获双练第 2 名。

举重

1999 年，全市“六运会”比赛中，区举重队共获 30 块奖牌，荣获团体第 2 名。

2003 年，在市“七运会”比赛中，区举重队共获 25 块奖牌，荣获团体第 2 名。

2004 年 4 月 15 日，伊春市举行“伊凌王”杯少年举重比赛中，区代表队获团体总分第 2 名，并获体育道德风尚奖。肖德明获 77 公斤级第 1 名，李明辉获 69 公斤级第 1 名，刘柏蓉获 62 公斤级第 1 名，杨德贤获 85 公斤级第 1 名，付志获 45 公斤级第 1 名，周锋获 50 公斤级第 1 名。

2005 年，伊春市举行的青少年举重比赛中，南岔区代表队获得团体总分第 2 名。

六、1986—2005年南岔区等级裁判员

篮球：国家一级裁判王旭、方连生；国家二级裁判高建国、胡术良、张彬、朱明山。
田径：国家一级裁判陈仲、崔晓东、谭威、高沛滨。
速滑：国家一级裁判谭威。
乒乓球：国家一级裁判董树山、任伟民。
武术：国家一级裁判马义清、刘立。

第五节　学校体育

1986年以来，学校体育工作严格执行国家规定的《全日制中小学工作条例》《国家体育锻炼标准》《体育与健康课程标准》。除始终坚持规范“两课、两操”外，每年都开展丰富多彩的师生体育活动，各校都成立球类、田径、冰雪活动等多个“二课堂”活动小组，每个小组都有老师负责指导，经常开展各类比赛活动。1988年始，每年都积极开展“百万青少年上冰雪活动”，东方红小学多次被评为省级冰雪活动先进集体。1988—1993年，教育局与体育局联合举办每两年一届的中小学田径运动会。1997—2005年，每年各中小学都举行校内的田径运动会。除此之外，教育局和体委每年还举办中小学各项体育竞赛活动。2005年统计，全区中小学体育在职老师51名，其中小学21名、小学30名。

第十八篇　科技　卫生

南岔区经济建设和社会事业的发展，始终坚持“科学技术是第一生产力”的发展方向，以科技为先导，以政策为动力，在区科协和科学技术委员会的领导和指导下，在林业、农业、工业、食品加工业、制造业、建筑业等各领域实施了一系列科技举措，提高了劳动生产率，增加了生产效益。1986—2005年，完成科技推广项目78项，技术引进66项，科技攻关108项，新产品开发91项，完成科技论文49篇。卫生事业坚持“救死扶伤，服务于民”的原则，不断提高医技水平，改革医疗制度，发展医疗技术，增加医疗设备，保证了地方百姓有病就医的实际需求。到2005年，南岔区有各级各类医院14家，医务人员846人。

第一章 科学技术

南岔区科学技术协会是区党委领导下的科学政策指导部门。1986—1997年，南岔区设科学技术委员会，是政府工作的科学技术具体实施机构。1997年科协和科委合署办公，始终贯彻执行党的科技方针，完整准确地贯彻落实科技政策，带领全区各界人士进行科技攻关、推广科学技术、普及科技项目、实践科技应用，提高了职工的素质，增加了产品的科技含量，增强了劳动生产技能，提高了劳动生产效率，经济效益收到良好效果，到2005年，南岔区（局）有科技人员1872人，培训了职工13400人（次）。完成了各年度的科技攻关、科技推广、科技应用、科技引进项目共计326项。

第一节 机 构

一、科学技术协会

1986年，南岔区设科学技术协会，属区委部门。设主席1名，秘书长1名。

1997年4月14日，南岔区科学技术协会与南岔区科学技术委员会合署办公。

2001年10月29日，南岔区科学技术协会合并到经济科技贸易委员会。

2004年9月3日，南岔恢复南岔区科学技术协会，王进成任副主席。

二、科学技术委员会

1986年，南岔区设科技科，设科长1名，副科长1名，工作人员4名。

1989年12月，科技科改称为科学技术委员会，设主任1名，副主任1名。

1997年4月14日，科学技术委员会与科协合并，仍挂两个牌子。

2001年10月29日，科委，科协合并到南岔区经济科技贸易委员会，由1名副主任负责此项工作。

第二节 科技会议

1986—1999年，科技工作会议未单独列会，个别年代在区大型会议上列议题进行表决。

1990年2月6日，南岔区科学技术协会第二届代表会议在区机关二楼会议室举行。会议选举了区科协主席、秘书长，协会常委5名，委员23名。8月7日，黑龙江省科学普及工作南岔现场会在区机关二楼会议室举行。省科协副主席赵锡林，市委副书记魏秉仁出席会议。南岔区科协在会上介绍了经验。

1992 年 9 月 25 日，南岔区委二届科技大会在区机关二楼会议室举行。会议表彰奖励了 8 个先进单位，2 名科技拔尖人才，8 名优秀知识分子，69 名先进科技工作者，10 个优秀科技示范户，2 个科技示范村。“月牙湖牌”山梨茸饮料为新产品开发奖，并评出 7 个科技进步奖。

第三节　科技队伍

1986 年，全区有各级各类科技人员 690 名，其中工程师 67 名，农艺师 3 名，兽医师 3 名，统计师 1 名，主治医师 3 名，讲师 3 名，助理工程师 71 名，助理农艺师 8 人，助理兽医师 12 名，助理统计师 5 名，助理气象师 1 名，劳动定额助级 22 名，助理会计师 6 名，医师 44 人，经济师 2 名；助理以下技术员 409 人。

1988 年，按南职改〔1988〕7 号文件要求，系统地实行职称评定工作。全区有各级各类科技人员 1473 名。其中，工程技术人员 283 名，农业技术人员 46 人，卫生技术人员 218 名，社会科学人员 688 名，经济人员 77 名，财会人员 130 名，统计师 12 名，图书、档案、文科人员 7 名，新闻出版人员 7 名，律师公证人员 5 名。

1993 年，全区有各级各类科技人员 1655 名，其中高级 38 名，中级 482 名，助级 699 名，员级 436 名。科技人员中，工程系列 573 人，占 34.6%；农业系列 64 人，占 4%；经济系列 213 人，占 12%；卫生系列 383 名，占 23%；财会系列 310 名，占 18.7%；统计系列 5 名，占 0.03%；新闻出版、体育、档案、图书、公证、艺术、律师 61 名，占 0.47%。全区有高、中、初级教师 1101 名。

1994 年以后，有职称的科技人员纳入劳动人事中。

2005 年，全区有各级各类科技人员 1872 人。

第四节　科技改革

1986 年，实行了“职称评定”“职务聘任制”的科技改革工作，废除科技职务终身制，实行了责、权、制相统一的工作岗位聘任制。区政府和林业局调整了“职称评定委员会”，成立“职称改革办公室”，建立了“专业评审委员会”，着手在 7 个系列的岗位上进行职称的评审聘任工作。

1987 年，确定了“两镇一乡”科技办组织，明确了其职责，从而加强了基层单位科技开发的组织力量，使科技推广工作完全落实到基层。

1988 年，区科委对全区的科学普及、推广、应用、竞赛等方面制定 15 条实施细则，明确了权责范围及工作措施。当年区委下派基层单位 4 名科技副乡（镇）、场（所）长，并聘任 10 名离退休科技人员，为基层单位的指导站顾问。开办个体科技辅导站 2 处。

1990 年，省委先后下派到区直单位 2 名科技副区长，主抓科技工作，区委派 12 名科技副场（所）长。建立了以科技示范户带动全民的科技网络 57 处。

1993 年，区委派 2 名科技副乡（镇）长。全区形成林业科技二级网，农业科技二级网。各村屯配备科技副村长。组建农村庄稼医院，林场（所）与承包土地的职工签订了科技应用合同。强化了科技的应用和普及工作。

1996 年，实行了科普工作联席制度，建立了相应的机构和组成人员，明确了联席会议的性质和工作职责。

1997 年，区科协与科委合署办公，进一步强化党委领导下的“科技兴区”战略措施的落实。

1999年，建立健全了科技信息技术推广网络，形成了上下贯通、辐射状的科技运行体系。“两镇一乡”建立了农业推广的三级网。

2000—2003年，围绕“工业兴区”战略的实施，招商引资力度的加大，区政府制定了“招商引资优惠政策”，对外聘的科技人员实行更加优惠的待遇，在土地使用、工商、税收、户籍等方面也给予优惠政策。

2005年，区委、区政府在大中专毕业生中选派科技副村长挂职锻炼，首先在迎春乡振兴村进行试点，并逐步在全区各村铺开。

第五节　科技普及

一、科技信息

1986—2005年，南岔区以区科委（经科贸委）为中心，以两镇一乡的农村，林场（所）的林业，以村屯的科技站等为直属机构，形成了强辐射的科技网络。

科技机构编辑《信息决策》《情报快讯》《情报网讯》《科顾委简报》112期，传递各种信息4580条。共举办各种类型的科技培训班243个，培训13400多人次。实行针对性和大众性相结合的办法，对直接受益单位提供科技服务。利用《情报网讯》传播大众性的知识；利用《情报快讯》直接对群众传播利用价值高、适用性强的知识。

二、科技活动与普及

1986年，区林学会召开了科普活动为主要内容的年会，收到论文6篇，发表在市、省报及刊物4篇。完成了6项课题研制活动，对落叶松毛虫的综合治理，招引黄鼬灭鼠、招引益鸟灭虫等科普活动大面积铺开，并取得阶段性成效。在医学方面，利用亚硒酸钠防治地方甲状腺肿大有了新的突破，此次研究受到卫生部的嘉奖。当年收到科技论文305篇，其中省、市级刊物发表17篇，完成科研课题14项，办培训班32期，人员培训4006人。

1987年，举办各种科技培训班278期，培训人员13824人。林业技术方面的技术人员培训面100%，农村劳动力培训面34%，个体工商业办科普培训班25期。收到科技论文325篇，在省、市级交流会交流174篇，完成科技试验课题23个。

1988年，召开了“伊春市林业科普工作南岔现场会”，南岔区作了典型经验发言，太平所、浩良河木材加工厂、亮子河林场、浩良河所分别做经验介绍。开展了首届“科普之冬”活动，在“三春”期间举办了营林技术培训班，青壮年劳力培训面65%。举办第二届优秀论文评选活动，共征集科技论文304篇，评出一等奖25篇，二等奖26篇，三等奖、四等奖4篇，并为86篇论文作者颁发了证书。推广冷冻受精奶牛的新技术，人工授精奶牛620头，配中率达90%；推广青贮饲料新技术，乳品厂年贮青饲料30万吨；推广应用营林割灌机和筑床犁；开展袋装生产木耳的实验，栽培5700袋。区科委与农行协商共为养牛户贷款8万元，使养牛大户存栏奶牛30头。

1989年，开展的“科普之冬”“科普之春”活动，举办木材生产、营林、多种经营、全面质量管理、计划生育等类型培训班，职工培训率65%，冬季生产作业人员培训率90%。进行学术交流27次。“两镇一乡”成立技术服务队15个，科普阵地83个，帮助387户贫困户脱贫。开展学术论证会、座谈会、献计献策会16次。区科委组织科技人员对浩良河木材加工厂的卫生筷子干燥箱、蒸煮木段车间自制的两吨桥式吊蒸汽锅炉、无水塔设备进行技术鉴评，技术改造，年节约资金10万元。对南贮单杠枝桠集运法进行鉴评。建成纺纱塔管生产线，年产值实现80万元。

1993 年，开展的科普活动，坚持以科技是第一生产力的原则，围绕区委、区政府经济建设这一中心工作，以提高群众科技意识为先导，以推广农业实用技术为重点，进行具有实际意义的活动。一是推广了“两高一优”农牧业实用技术。在两镇一乡和各场所农业发展中，普及推广旱育稀植水稻、大豆垄三栽培，日光塑料大棚多茬培育新技术，引进了黑河9号、合江19号、东农248号、长茄1号，牡丹江 3 号白菜，齐粉番茄，长春密刺黄瓜等 40 余个粮作物及蔬菜作物新品种，进行推广应用，获得成功。二是进行岗位培训。紧紧抓住“三春”季节，培训农村青壮年 35%。营林培训率 100%。农用技术办班 120 期，林业生产技术培训班 10 余项 110 期，多种经营办班 140 期，地方工业及其他行业办班 300 余期，培训 4100 人次，达到全员培训的 80%。进行科普宣传 113 次，印发科普资料 900 余份，出科技板报 122 期，放映科普录像 72 场。三是科学建议。提科技建议 189 项，实施 46 次。四是组建青少年科技兴趣小组。开展了以青少年“五小”（小发明、小制作、小论文、小绘图、小解说）主要内容的学科学、用科学活动。全区成立科学普及兴趣小组 210 个，共评出小发明、小创造作品 26 个。开始实施“金桥工程”，其目的是选推、选好、消化、吸引和引进外来技术，促进全区农牧业和加工业的快速发展。成立了领导小组，制定了活动方案。12 个单位参加哈尔滨的 1993 年黑龙江金桥工程科技交易会，确定 29 个项目，创直接经济效益 342.8 万元。全区各基层单位建立健全了技术股室，形成了林业科技推广二级网，农业科技推广三级网。到 1993 年末，先后建立区农业科技服务部、浩良河农业科技服务站、南岔科技试验工厂等科技服务实体，实行科技有偿服务，推动了科技与经济的结合。

2000 年，开展了送科技下乡活动，加强了“科普之春”“科普之冬”“金桥工程”的制度落实，建立了《南岔区科普工作联席会议制度》，普及群众的科技发明工作，强化了“专利权”的注册与使用，充分发挥科技人员的价值观念，用科技手段推动地方经济的快速发展。科技下乡 140 余人次，送书及科技资料 1240 册，召开科技联席会 9 次，办各类科学技术培训班 365 期，培训人员 1640 人次，提科技建议 58 次，采纳 21 项，举办科普图片展 1 次，展出图片 2864 张。

2005 年，面对市场经济，面对信息产业化的发展，区科委、科协合并到区经贸委，建立了经济科技贸易组织于一体的政府行政机构。在具体的工作中，分担各自的行政、业务职能。科普工作紧紧抓住科技推动经济产业化、经济与社会协调化、经济与社会和谐化这一主体，以高科技发展的信息产业为重点，建立了南岔区的信息微机网络，将计算机联网到林场、乡村，建立南岔信息网站，发布灵、快、实的科技信息，并定期、不定期地向下属单位传播实用技术知识。搜集了各类实用技术资料，送科技下乡，共举办科技下乡活动 28 次，开展科技咨询 32 次，送各种资料 4600 余份，举办各种类科技培训班 146 期，培训人员 4260 人次，组织科技鉴评 4 次，进行农业、加工业、牧业、食品信息等产业的科技含量的实用科技改造 16 项，获直接经济效益 608.38 万元。

第六节　科技推广

1986 年，推广项目以实用型为主，共有五项。

1990 年，轻裘缓带苗木栽培，锅炉燃气、农业玉米、水稻、瓜果种植，医疗临床应用邀人技术 10 项。

2000 年，针对北药刺五加、淫羊藿甙等推广技术 3 项。

2005 年，针对红豆杉繁殖、北豆根栽培及药物技术推广 3 项。

1986—2005年南岔区（局）科技推广项目一览表

表18-1

年份	项目名称
1986	1. 30门准电子自动电话交换机，运用于林场、经营所等。2. 140型汽车真空电磁式为作用节油器和美国PPP发动机，拉磨整修剂
1987	1. 落叶松人工林带间伐。2. 落叶松人工换床早期整枝。3. 磷酸二铵育苗中的应用。4. 松苗立枯病防治办法。5. 助北素在育苗中的应用。6. 西瓜地膜覆盖。7. 大豆合丰25号引种。8. 草木樨喂奶牛。9. 冷冻精奶牛的配种。10. 玉来青贮饲料。11. 悬挂式步道碎土犁。12. 氯霉素二甲基亚矾治疗带状疱疹。13. 25% 硫黄水杨酸软膏治疗疥疹
1988	1. 落叶松人工早期整改技术。2. 磷酸二铵在育苗中的应用。3. 草炭土在育苗中的应用。4. 大豆合丰 -30 号种植
1989	1. 合丰 -25 号大豆大面积推广。2. 人参种子催芽技术应用。3. 骨折外固定器疗法。4. 亚硒酸钠防治大骨节病。5.GD复合树脂临床应用。6. 造林传送带在生产中应用。7.DG-3 型割罐机应用。8. 农作物稀土微肥应用。9. 龙茄1号种植。10. 蒸汽喷射锅炉消烟助燃技术
1990	1. 旋转犁、起苗犁在苗圃生产应用。2. 列车式活动房舍在林业工段中的应用。3. 轿式锅炉在林场工队的取暖技术。4. 强力蒸汽二次风使锅炉消烟、除尘助燃技术。5. 水稻旱育稀植技术。6. 金丝瓜种植。7. 深山区浅水养鱼法。8. 籽粒苋、青贮玉米混贮喂猪法。9. 高密度脂蛋白测定法。10. 腹膜外剖宫产术
1991	1. 特大南瓜栽培技术。2. 合育14号，东农28号玉米种植。3. 青椒1号种植。4. 黄瓜两茬栽培新技术。5. 蒜薹栽培技术。6. 苗圃堆积绿肥改土。7. 防治金龟子技术。8. 人体三节律在机车司机的应用。9. 地板块四面磨光一次成型机
1992	1. 烤烟栽培法。2. 水稻抛秧机。3. 旱黄瓜小垄栽培法。4. 利用植物水分测定苗木活力技术。5. 锅炉无压运行技术
1993	1. 水暖件退火后铸件新工艺。2. 人参四季作货合理密植
1994	1. 食用菌袋装栽培法。2. 聚乙烯塑管输热技术
1995	1. 人参防寒地膜的应用。2. 大豆垄三栽培法
1996	1. 小尾寒羊养殖技术。2. 冬季棚室蔬菜栽培法。3. 消防车冬季防冻技术
1997	1. 高效节能日光温室技术。2. 玉米大垄双覆新技术。3. 血磁疗仪技术应用
1998	1. 红松坚果新技术。2. ABT 生根粉在农业及林业中的应用。3. 白丁香花粉制饮料
1999	1. 高寒地区节能日光温室修建新技术。2. 光导板在建筑装饰中的应用
2000	1. 淫羊藿甙提取工艺法。2. 刺五加的人工栽培法。3. 温室大棚冬季防寒被（帘）自动卷起技术
2001—2003	1. 热压膜覆板式在家具表面应用。2. 温室孵蝌蚪放养林蛙技术
2004	1. 红豆杉播穗繁殖新技术。2. 北豆根人工栽培。3. 西门塔尔、夏洛来肉牛养殖。4. 野猪人工饲养法
2005	1. 红豆杉插穗繁殖技术。2. 北豆根栽培中间技术。3. 朱砂安神片当归挥发油包合技术

第七节　科技应用

一、技术改造

1986年，对晨明刨花板厂配套生产线择优组合，进行设备改造，一次试车成功，年产刨花板430立方米。

1988年，对浩良河木材加工厂纤维板厂热压机改油管为橡胶管，月节约液压油40吨。对浩良河木材加工厂纤维板车间热压机安装了排气风机。在锯材出材的传送带改平车传送为自动带输送，月节约工时100个。对晨明刨花板生产线热压机蒸汽加热炉改为油炉，设置自动调双线控制台，增加利润50余万元。四合营林场将集 -50 驱动轮加固，解决了驱动轮圈转动问题，每台年节约147元。浩良河木材加工厂利用旧锅炉壳改造自来水压水罐，节约设备购置金2.3万元。晨明贮木场对干火爆机由原皮带无级调速传动改为电机三角带传动。

1989 年，浩良河木材加工厂对锉锯机、圆锯机进行改造，提高效率 10%。晨明贮木场对双鼓轮进料置系统改造，实际节省 3 人力。

1991 年，浩良河木材加工厂对热压机柱塞镀铬精磨，解决了漏油与胶圈的磨损，年可节约资金 5.58 万元。晨明贮木场对削片机的刀具进行改造，日增收 0.3 万元。松青所将运材机车的一段档改为两段档，用拨销固定，机车运行良好。总工办、科委、安全科的技术人员将退役北山锅炉房的锅炉改为无压热火锅炉，取消分散小锅炉，年可节省资金 20 万元。梧桐建材厂将干燥室改负压式为正压式排潮，可节约资金 3 万元。翠岗林场将“闽南 801”绞盘机，更换另型号刹车片，改造了离合器，减少了故障发生率的 70%，每台每年节资 5000 元。林业电话所将自动交换与环载自动接口联网，效果良好。

1993 年，南岔林城木器厂塔管车间的干燥窑，将直接烧煤改蒸汽管道干燥，提高了质量，缩短了生产周期。浩良河木材加工厂将热压机饱和蒸汽改为过热蒸汽，热压机温度由 170℃提高到 195℃，年增支 3.25 万元。地板车间的除尘设备管道直径变弯曲，降低了电机功率，提高除尘效率。锅炉车间的传动装置改涡轮减速为齿轮减速箱，提高使用年限，节约资金 1.5 万元。晨明刨花板厂将橡胶机冷却系统水箱出口改造，节省了原料，年节约资金 22 万元。梧桐砖厂对回转配料机改造了 4 台，皮带运料机改造 8 台，年节约资金 24 万元。

1995 年，胶合板厂的热压机整体配套设备改造，节资 35 万元。

林业局对消防队的6台车，对尾气余热升温的机车改造，克服了机车在冬寒时期寒气阀冻结的故障。

1997 年，钢丝绳厂的产品玛钢管件镀银改造成功。

2005 年，对格润药业的片剂车间机械进行技术改造成功。

二、科技产品

1986 年，迎春乡的农村在实验成功的基础上，引进新品种进行种植，其中台湾雪球菜花，亩产 1500 公斤，新红宝西瓜亩产 1750 公斤，龙茄 1 号亩产 4000 公斤。人参加工厂成功开发利用人参茎叶加工成人参皂苷。乳品厂生产了松仁奶卷。柳树所的大豆副食品素鸡、方干豆腐上市。

1988 年，四合营林场设计发明“反向法竖装原条架杆法”，解决了竖装原木浪费人力及不安全的问题。在集 –50 机车采用了机车俯仰角 15°，机车不移动，左右偏高 10° 控制钢绳结构架杆，提高了生产效率。

1989 年，机械修造厂成功地研制 DM– 平面开沟犁，投入使用。石头河林场研制的木耳打眼机投入使用。

1990 年，机械修造厂研制的 BWC 型挖穴整地机投入使用。乳品厂用桦汁和奶料经科学配方，研制的桦汁奶粉投入市场。钢绳厂新开发的 9095 公斤捆扎钢绳投入生产。

1992 年，南岔制药厂研制的树舌多聚糖、黄芩皂苷、刺五加粉、山豆根花碱等药品投入生产。晨明贮木场研究的高品位矿石进行开发。南岔钢绳厂研制的盘式绳粒机生产 4 台，投放市场；合绳涂油进行生产。浩良河木材加工厂研制纤维板边角废料粉碎机、木旋床削切纱管、给水设备塔、烟气干燥室、刮道机等投入使用。晨明所研制的充电机投入使用。电话所研制的 JHD–1 型自动交换机投入使用。南岔饮料厂研制的“果茸饮料”投放市场，畅销很好，获省名优。梧桐砖厂研制的空心砖投入生产。南岔贮木场研制的挤压菜墩投入生产。一建公司研制的新型涂料投入生产。晨明刨花板研制的两液混合器投入使用。浩良河木材加工厂研制的多孔包装板（箱）钻床、成装机、轮胎刮胶机等投入使用。经委研制的注塑防寒膜、棚膜、包装膜投入生产，全省经销。修造厂研制的一臂开荒犁 BBP121–JH 小径木剥皮机，立木地板块机投入使用。南岔胶合板研制的杨木胶合板投入生产。浩良河镇、乡企局共同开发的利用大庆废油料合成的新型燃料投放市场，每瓶售价 17 元。梧桐建材厂研制的利用耐火水泥生产仿真理石投入生产。

1996 年，浩良河木材加工厂将平口、齿口地板块、旅行凳、脚踏板、绘图架、细木工板等新产品投放市场。自制了复合板切边锯，水泥袋生产设备等。晨明贮木场研制的“高强真瓷”技术与哈科大签订了技术合同，并进行小批量生产。

晨明所研制的防火热熔卷材，投入生产。南岔所的花岗岩板材，进行原料开采。浩良河所研制的松仁豆奶、胡萝卜汁、山莓等饮料投放市场。钢绳厂研制 3×7 结构钢绳投入生产。

松青所开发的小木制品投入生产。南岔所开发的花岗岩理石板投入生产，后因成色不够下马。

南岔人参加工厂研制的平蘑菌进行生产。太平所开发的绥李 3 号、6 号果树已经结果。

1998 年，经委，机械厂研制的玛钢管件镀锌产品投入生产。晨龙木业公司开发的地板条、餐桌椅、儿童摇椅、熨衣架等产品投放市场。南岔人参加工厂研究制成的菌类香菇、滑子蘑等产品投入生产。南岔制药厂研制的复方蒲芩冲剂投入生产，进入市场销售。

迎春乡的高效节能日光温室投入使用。南岔制药厂成功地进行了猎瓜草分离成分合成药制品投入生产。南岔塑料厂的防寒地膜投入生产。

2001 年，南岔制药厂中草药淫羊藿甙提取成功，北豆根中药成品投入生产，进入市场。机械厂研制的 3H2L-75 旋耕犁投入生产。药厂研制的“北豆根胶丸”进行批量生产。格润药业研制的“拉呋替丁片剂”进行生产，朱砂安神片、白子养心片投入生产并投放市场。

2005 年，营林处研制的红豆杉播穗苗木已进行苗圃地栽培。松青所研制的实验药材龙胆草种植已经成功，并进行大面积推广。

第八节 科技成果

一、科技项目

1986—2005 年，全区创新科研成果 1940 项。其中：科技攻关 1012 项，科技推广 102 次，技术引进 762 次，新产品开发 80 项。

1986—2005 年南岔区（局）科技项目成果统计表

表 18-2　　单位：万元

年份	总计	项目				
		科技攻关	科技推广	技术引进	新产品开发	经济效益
1986	18	6	7	4	1	6.3
1987	26	8	8	6	4	15.8
1988	29	8	10	7	4	13.2
1989	32	11	11	6	4	37.1
1990	18	—	—	—	—	21.63
1991	25	20	—	—	—	179.5
1992	42	10	10	9	13	310.5
1993	32	7	7	3	15	421.53
1994	24	2	8	4	10	492
1995	14	2	6	—	6	718.53

续表 18-2

年份	总计	项目				
		科技攻关	科技推广	技术引进	新产品开发	经济效益
1996	29	12	4	11	2	480
1997	11	2	2	3	4	360
1998	14	2	4	2	2	300
1999	11	2	6	2	4	400
2000	8	2	6	—	—	17.5
2001	—	—	—	—	—	—
2002	11	2	3	3	3	220
2003	7	1	3	1	2	230
2004	11	2	3	3	3	—
2005	10	2	3	2	3	—

1986—2005 年南岔区（局）科技创新项目一栏表

表 18-3

年份	科技项目	研制单位及人员	效果与应用
1986	松苗枯病的防治	刘有、刘林、王振、李彦库	市级推广
1987	刨花板生产线技术改造	林业局、市林产工业局	生产中应用
1988	大豆新品种丰一 30 号引进	浩良河站	市级推广
	皂苷生产设备改造	徐洪斌、吴世贤	市级攻关项目
1989	组合式活动房在林业生产中的应用	宋国忠、赵学忠	全区推广
1990	伊春林区（东北林区）主要造林树种苗木形态与苗木活力研究	东北林业大学、林业局	省森工总局推广项目
1991	山梨果茸饮料	南岔饮料厂	市级开发项目
1993	小兴安岭林区苗圃土壤施肥最佳方案研究	刘俊义、程丽雅、刘有、林海、李叶、刘永春、周立勋	市级推广
	红松种子快速发芽技术及应用研究	林业局	省森工总局推广
1994	山莓原汁饮料研制技术	天宝有限股份公司	国内推广
	苗圃冬防寒专用膜	南岔所　太平所	市级推广
	水暖锅炉供水管道聚乙烯塑管输热技术	南岔贮木场	市级推广
	无压热水锅炉新技术推广与应用	局总工办 锅炉安装公司	市级推广
1995	出口用 3×7 结构钢绳	钢绳厂	新产品应用
	消防车冻装置的研制	机电科、消防队	市级推广
1996	复蒲芩冲剂	南岔制药厂	产品开发
	小区供热塑管输热技术	南岔贮木场	应用
1997	ABT 根粉在林木育苗和主要农作物上的推广应用	王涛	市级推广
1998	红松坚果园建立及经营技术	营林处	市级推广
1999	刺五加甙提分离工艺研究	南岔制药厂	本厂开发
	双甙胶囊	南岔制药厂	本厂开发
2000	北豆根软丸	南岔制药厂	市级科研推广
	3HZL−75 旋料七铧犁	南岔修造厂	市级科研项目

续表 18-3

年份	科技项目	研制单位及人员	效果与应用
2001	刺五加培育与丰产技术	林业局	省级推广
	淫羊藿甙提取工艺	南岔制药厂	省级科研项目
	家庭式生物燃气制汽炉	区科委 修造厂	市级科研项目
	花尾榛鸡驯养繁殖	石头河林场	本区实验
2002	朱砂安神片中当归挥发油的包含技术研究	格润药业	市级科研项目
	热转印覆膜技术	信诚家具	省级项目
2003	北豆根人工栽培	松青所	市级科研项目
	红豆杉播穗繁殖技术在小兴安岭推广应用	南岔所	市级推广项目
	复方蒲芩片提高质量标准扩大规模化生产	格润药业	市级科研项目
2004	拉呋替丁原料及片剂的研究	格润药业	公司内投产
	双季树莓繁育及保护地栽培技术的研究	柳树所	科技试验
2005	盐酸罗匹尼罗原料及片剂的研究	格润药业	省级科研项目
	浓清兼香型东北曲生香原浆白酒酿造	南岔原浆酒厂	市级科研项目
	北豆根提取工艺改进的研究	格润药业	市级科研项目

二、学术论文

1986—2005 年，选用获市级以上学术论文 49 篇，部分理论研究已普及应用到实际的生产、生活中，部分已获取国家专利。

1986—2005 年南岔区（局）科技论文一栏表

表 18-4

序号	名称	颁发部门及发表刊物名称	获奖级别	颁发日期	作者及获奖人员
1	《应用非离子型树脂吸附法工业化生产人参皂苷的技术研究》	伊春市科技局	科技进步二等奖	1986 年	姚振猛、蔡和春等
2	《南岔林业局土壤普查》	伊春市科技局	优秀成果奖	1987 年	刘俊义、陈向前等
3	《南岔林业局林业区划》	林业部	林业部三等奖	1988 年	王福义、刘增新等
4	《红松人工林速生丰产综合技术的研究》	黑龙江省科技厅	省科技进步三等奖	1989 年	郝 瑞、赵家宜等
5	《伊春林区主要造林树种苗木形态指标与苗木活力研究》	伊春市科技局	科技进步二等奖	1990 年	马树连、刘俊义等
6	《刺五加资源调查，苗木培育及增产技术研究》	省总局新科技厅	省森工系统科技进步二等奖	1991 年	刘俊义
7	《南岔林业局气候区划》	省林学会	一等优秀学术论文	1992 年	马金奎
8	《红松苗二次生长控制与利用研究》	省总局	科技进步二等奖	1993 年	陈永盛、刘俊义等
9	《红松种子快速发芽研究》	省总局	科技进步二等奖	1993 年	陈永盛、刘俊义等
10	《苗圃施肥配方技术》	伊春市科技局	科技进步二等奖	1994 年	陈永盛、刘俊义等

续表 18-4

序号	名称	颁发部门及发表刊物名称	获奖级别	颁发日期	作者及获奖人员
11	《消防车增设防冻设备》	伊春市科技局	科技进步二等奖	1995 年	张兴运、白连第等
12	《人工椎体转换用于胸椎结核合并截瘫大块骨缺损》	伊春市科技局	科技进步一等奖	1995 年	王绍天
13	《红松种子快速发芽技术研究》	1994 年伊春市科技局、1995 年黑龙江省科技厅	市科技进步三等奖、省科技进步三等奖	1994 年、1995 年	陈永盛、刘俊义等
14	《山梨果茸饮料开发》	1995 年伊春市科技局、1992 年全国科技成果展、1995 年黑龙江省科技厅	市科技进步三等奖、1992 年全国科技成果展销会金奖、省科技星火四等奖	1995 年	乔艳彬等
15	《小兴安岭苗圃配方施肥》	1995 年市科技局	省科技进步三等奖、市科技进步二等奖	1993 年、1995 年	刘俊义、程石雅等
16	《无压锅炉技术推广》	伊春市科技局	科技进步三等奖	1996 年	姚振猛、王永义等
17	《聚乙烯塑管供热》	伊春市科技局	科技进步三等奖	1996 年	王宪忠、刘振良等
18	《应用高分子吸水剂等药物修理苗木提高干旱立地造林成活率的研究》	伊春市人民政府	伊春市科技进步三等奖	1997 年 5 月 8 日	吕殿贵
19	《红松人工林剪枝试验对结果效果的影响》	伊春市林学会	三等奖	1998 年 9 月 8 日	吕殿贵
20	《圃地霜冻、日灼监测控制系统的研制与应用》	森工总局	科学技术进步二等奖	1998 年	马金奎
21	《肾动脉栓塞疗法的临床应用》	伊春市科技局	科技进步二等奖	1998 年	韩国臣
22	《分光度法测定刺五加茎中黄酮含量》	国家级刊物《时珍国医药国药》	—	1999 年	南岔药厂科研人员
23	《落叶松人林林分密谋与林木高生长的关系》	黑龙江省生态学会	二等奖	1999 年 4 月 17 日	吕殿贵
25	《刺五加甙提取分离工艺》	伊春市科技局	科研成果二等奖	1999 年	林春和、常　芳
26	《白桦种子采收与管理的最佳方案》	伊春市林学会	二等奖	1999 年 9 月 15 日	吕殿贵
27	《落叶松人工林最佳定植林龄与最佳采伐方法的探讨》	省林业科学技术协会森林经营分会	一等奖	2000 年 9 月 15 日	吕殿贵
28	《落叶松人工林最佳定植林龄与最佳采伐方法的探讨》	黑龙江省林业科学技术协会	优秀学术成果一等奖	2000 年 12 月 25 日	吕殿贵
29	《骨肿瘤假体置入保肢治疗》	伊春市科技局	科技进步一等奖	2001 年	韩国臣
30	《淫山羊藿甙提取分离工艺》	伊春市科技局	科技进步一等奖	2001 年	林春和、常　芳
31	《黑龙江森林物候气象预测模型的建立》	伊春市科技局	优秀科技成果三等奖	2001 年	马金奎
32	《浅谈入世后营林工作的对策措施》	林业勘查设计	—	2001 年第三期	马金奎
33	《樟子松幼苗生长节律与气象因子关系》	黑龙江林业	—	2001 年第五期	马金奎
34	《骨肿瘤假体置换保肢治疗的临床研究》	伊春市科技局	科技进步一等奖	2001 年	王绍天

续表 18-4

序号	名称	颁发部门及发表刊物名称	获奖级别	颁发日期	作者及获奖人员
35	《骨髓移植治疗骨折不愈合和骨坏死的临床研究》	伊春市科技局	科技进步三等奖	2002 年	王绍天
36	被省森工总局聘请为“省森林工业营林生产系列规程项目起居室组成员”	黑龙江省森工总局	—	2002 年 3 月 7 日	吕殿贵
37	《进行更新方式和树种结构调整全面提高森林生产力水平》	伊春市林学会	三等奖	2002 年 8 月 2 日	吕殿贵
38	《浅谈伊春林区苗圃转换经营机制的有效途径》	辽宁省林学会黑龙江省林学会	优秀论文二等奖	2002 年 8 月 23 日	吕殿贵
39	《关于在落实森林资源管护经营中大力培育森林资源走生态致富之路的思考》	辽宁省林学会黑龙江省林学会	优秀论文二等奖	2002 年 8 月 23 日	吕殿贵
40	《山槐育苗造林技术及红松、红皮云杉混交效果的研究》	辽宁省林学会黑龙江省林学会	优秀论文一等奖	2002 年 8 月 23 日	吕殿贵
41	《红松人工林双向培育试验措施探讨》	省森工管理干部学院学报	—	2002 年第二期	吕殿贵
42	《落叶松近熟人工林采伐方式与更新树种的探讨》	省森工管理干部学院学报	—	2002 年第一期	吕殿贵
43	《大力发展经济林走生态致富之路》	省森工管理干部学院学报	—	2002 年第五期	吕殿贵
44	《调整树种结构改进更新方式全面提高森林生产力水平》	省森工管理干部学院学报	—	2002 年第六期	吕殿贵
45	《气功便携式吸引器的研制和临床应用》	伊春市科技局	科技进步二等奖	2002 年	王绍天
46	《输卵管保留功能性手术的临床研究》	伊春市科技局	科技进步二等奖	2003 年	王绍天
47	《黑龙江省国有林区营林技术系列标准》（包括“国有林区更新造林树种苗木标准”“国有林区育苗技术规程”“国有林区更新造林技术规程”“国有林区人工更新造林作业操作细则”）	东北林业大学	—	2003 年 7 月	吕殿贵
48	《刺五加甙提取分离工艺》	伊春市科技局	科研成果二等奖	2004 年	林春和
49	《淫羊藿甙提取分离工艺》	伊春市科技局	科研成果三等奖	2004 年	林春和、常　芳

第二章 卫 生

卫生医疗事业本着完善医疗制度，创新医疗机制的原则，加快了医疗事业的改革步伐，于1986年将乡村的卫生室全部承包给个人；在医院实行了院长负责制；改革了职工就医的办法，医疗技术不断创新，新的医疗器械有所增补；卫生防疫、学校的卫生监测、爱国卫生运动、妇幼保健工作有所加强。到2005年，全区（局）有各级各类医院5所，共有医务人员341人，病床240张。农村医务室42个，乡医42人。另有6家省、市属医院（所）坐落于南岔区。

第一节 机 构

1986年设卫生科，1989年卫生科改称卫生局。1993年4月，爱卫办与卫生局合署。2001年11月，区计划生育办与卫生局合署，称卫生和计划生育局。2005年，区卫生计划生育局设局长1名，副局长2名，工作人员4名。

一、医疗单位

1986年，全区共有区属卫生机构47个（不含村卫生室、个体医务所），其中医院8个，卫生所35个，妇幼保健站1个，卫生防疫站1个，结防所1个，联合接生站1个。共有卫生技术人员341名，其中医师（含医士）95名，设病床235张。农村设村卫生室27个。个体医务所14个。2005年，全区共有区属卫生机构86个（含农村卫生室、林场所卫生所），其中医院5个，妇幼保健院、卫生防疫站，结防所（与林业医院合署）各1个，共有卫生人员392名，高级职称23人，中级职称129人。设病床240张。村卫生室42个，乡医42名。个体诊所21个。辖区内还有市属、企业所属省林业二院、市二院、铁路医院、水解厂医院、浩良河化肥厂医院、浩良河水泥厂卫生所。

二、林业职工医院简介

1994年底，林业医院新建一座面积为1300平方米的三层楼房，作为X线、手术室、血磁科用房。2000年4月，又在原住院处楼位置重建一座面积为2800平方米的住院处楼，2001年6月，投入使用。2005年，医院总面积8700平方米。职工总数219名，医护人员182名中，有高级职称14人，中级职称75人，行政后勤人员37名，床位150张，设临床科室15个。担负着区医疗护理，预防保健工作。1996年6月19日，被卫生部批准为“二级乙等医院”和“爱婴医院”。

三、浩良河镇卫生院简介

2000 年 12 月，浩良河镇卫生院自筹资金建成新的综合楼，建筑面积 2600 平方米。2005 年，有职工 77 名，其中医护人员 65 名，行政后勤人员 12 名。主要医疗设备有：X 线机、B 超、尿分析仪、血流变仪、脑 B 超、心电机、血尿常规、肝功能检验设备等，设病床 50 张。

四、晨明镇卫生院简介

2002 年 8 月，自筹部分资金改建综合楼，建筑面积 980 平方米。2005 年，有职工 30 名，其中医护人员 24 名，行政后勤人员 6 名。医疗设备有 X 线机、B 超、心电机、超生机、脑血流仪、牙科治疗机、尿十项分析仪等，设病床 20 张。

第二节　技术创新

一、医疗技术创新

1990 年，林业职工医院外科主治医师王力华等人成功地做了乳腺癌根治术、直肠癌根治术、前列腺切除术、胰十二指肠切除胃空肠吻合术、肝破裂修补术。林业医院妇科主治医师修英姿、程艳秋等人成功地做了宫颈癌子宫广泛切除术、子宫癌子宫切除术等。

1994 年，林业医院内科医师李洪岭开展了胃肠镜检查诊断技术。林业医院儿科创建了新生儿病房，填补了南岔区新生儿常见病及多发病诊断治疗的空白。医师刘淑萍开展了蓝光治疗新生儿病理性黄疸。

1998 年，林业医院内科医师李洪岭开展了“胃幽门螺杆菌”检测技术。

2000 年，林业医院外科主任医师王力华、程建华等人成功地做了胰、胆囊、空肠吻合术。林业医院妇科修英姿、程艳秋成功地做了巨大卵巢囊肿切除术、巨大子宫肌瘤切除术。

2002 年，林业医院内科医师李洪岭、高凤艳成功抢救了一例心搏骤停 10 分钟的患者庞君。

二、结核病防治

南岔区结核病防治所设在林业局职工医院，房屋面积 150 平方米，有专业人员 5 名，兼职人员 5 名，负责全区的结核病防治和新生儿卡介苗接种工作。

1987 年，按照市政府〔1985〕45 号文件要求，建立了区结核病防治所，8 月召开主管区长、各医疗保健单位负责人参加的区结防工作会议，区政府发了〔1987〕72 号文件《关于进一步做好结防工作的通知》，建立了防治机构，健全了卡介苗接种站，在做好肺结核病人管理方面提出了具体要求。

1989 年的全区结核病工作会议上印发了《南岔区结核病防治管理实施方案》，对本区的结防工作实行了标准化管理。为了落实结核病人的治疗管理，12 月 18 日，区政府发了〔1989〕10 号文件《关于保证肺结核病人治疗医药费及有关事宜的通知》，实行患病职工医药费全免，享受劳保医疗的职工家属菌阳病人免 70%，使职工家属肺病结核病人的治疗经费得到保障。区政府每年拿出 3000 元经费用于本区农村、城镇内确因生活困难无能力治疗的肺结核排菌病人的医药补助费。

1993 年，伊春市承诺实施了世界银行贷款结核病控制项目（IV 项目），同年南岔区开始世界银行贷款结核病控制项目工作的启动，区政府为保质保量地完成项目期间的各项指标，特立下责任状并由区结防所具体组织实施。2003 年 4 月，又启动“全球基金”控制项目，7 月 1 日起执行新的《黑龙江省卡介苗接种工作方案》。

截至2005年，门诊检查疑似肺结核病人2276人，发现肺结核1232人，免费治疗菌阳病人828人，治愈率90%。新生儿卡介苗接种5062人，接种率达98%。

三、临床采供血管理

1995年6月9日，经市卫生局批准，成立南岔中心血库，隶属南岔林业局医院，具备血液的采集、检验、贮存，发送功能。实行全社会义务献血，承担南岔、金山屯、带岭区公民义务献血的采集和各级医疗机构的临床用血供应。

2002年11月19日，根据省卫生厅的文件要求，该中心血库隶属伊春市红十字会中心血站管理，更名为“伊春市红十字中心血站南岔采供血室”，除取消检验室，临床用血的安全由市中心血站负责检验外，其他功能不变。

第三节　卫生体制改革

1986年，区卫生工作改革试点单位南岔贮木场职工医院试行工资补差、利润分成，职工医院经济效益当年就有了提高。当年，全区27个农村卫生所全部实行乡村医生个人承包，至此，村办卫生所不复存在。在林业医院实行了院长负责制，召开职工代表大会，确立院长是医院的法人代表，对上级卫生行政部门负责，对医院的管理工作拥有经营管理权、指挥权和行政干部任免权，制定《林业医院院长工作条例》《医院管委会工作条例》《林业医院职代会条例实施细则》《院长任期目标管理责任制》。在南岔贮木场院职工医院全面实行了经济承包责任制，全院10名职工，其中6名医务人员，设11张病床，担负了近万人的防病治病任务。

1988年，区卫生工作坚持“医疗经费分层管理”办法，在医院首创了独生子女处方，有效控制“大人吃孩子药”问题。

1990年开始，全区各级医疗单位全面实行院（站、所）长负责制，普遍实行科室核算管理。

1992年，全区建立以区医院、区卫生防疫站、妇幼保健院为中心，镇卫生院为二级，乡村、场（厂）级卫生所为网点三级医疗保健网络。

1996年，区卫生防疫站规定食品卫生管理自收自支管理政策，用以解决业务和行政支出。同年，区政府成立公费医疗办公室，设在林业医院。对公费医疗实施改革，改革包括：实行医疗费用包干就诊，出台了医药费核销标准，规定了癌症病人、转院病人医药费用和临床用血费用核销办法。公费、劳保职工家属病人使用《职工家属独生子女医疗费核销手册》。

1998年，区卫生防疫站、妇幼保健院实行收支两条线管理，以收定支。

2002年6月，区政府成立医疗保险办公室，职工医药费由原在林业医院核销统一移交到区医疗保险办公室。

2003年12月，根据省卫生厅、省发展计划委员会、省财政厅、省机构编制委员会办公室、省人事厅、省中医管理局联合下发黑卫基妇发〔2003〕468号的《黑龙江省实施农村卫生机构改革与管理意见》文件要求，经区长办公会议批准，将浩良河镇中心卫生院、晨明镇卫生院划归区卫生局管理。

截至2005年，南岔医疗机构撤并3个医院：浩良河木材加工厂医院、晨明贮木场职工医院、南岔贮木场职工医院。卫生所撤销17个：钢丝绳厂卫生所、胶合板厂卫生所、高级中学卫生所、三中卫生所、四中卫生所、六中卫生所、红旗校卫生所、工程处卫生所、公安局卫生所、商业科卫生所、老干部办卫生所、晨明石灰厂卫生所、梧桐木器厂卫生所、百货站卫生所、市二中卫生所、原奋斗所（七场）卫生所、联合接生站。

第四节　卫生防疫

一、机构

区卫生防疫站1986年有人员19人，设防疫科、食品科、环境科、地方病科、学校卫生科、化验室6个科室。

2004年，又自筹资金购置了卫生监督专用车，监督检测手段有了提高。

2005年，人员达24人，设防疫科，食品科、化验室、财务室，微量元素分析仪能进行64项指标的检测。

二、食品服务行业卫生监测

自1986年以来认真贯彻食品卫生法、公共场所卫生管理条例，为食品加工和服务行业网点建立了卫生档案。每年都对食品和服务行业从业人员开展卫生知识的培训，进行一次健康体检。对检出的患有传染性疾病的人员，禁止从事本行业工作。食品经营和服务网点的卫生许可证办证率达99%以上，从业人员的健康证持有率在98%以上。每年除进行常规卫生检查监督外，还按照上级要求开展了相关的专项整治工作。每年的重大节日前都对食品经营单位，市场进行了食品安全检查。对在检查中发现“三无”（无厂名、无厂址、无生产标准）、过期和伪劣食品进行新闻曝光和集中销毁。每年还对部分人员密集场所和服务网点进行了公共环境卫生质量监测。2005年，食品监督科分为二个科室，分片负责食品卫生和公共卫生的监督。水源、水质、食品加工企业、放射卫生、劳动卫生、大型宾馆的卫生监督由市卫生防疫站负责。

三、学校卫生监测

1986年，全面建立了学校卫生档案，各学校校医、保健教师对学生的健康情况进行了全面检查。1987年，全区有47所中小学配备校医、保健教师。防治点校为东方红小学、区一中。1988年，对47所中小学的学生健康状况建立了健康档案。防治点校为东方红小学、高级中学。主要以近视、沙眼、龋齿、蛔虫等常见病作为重点进行普查和监测，对7～18周岁学生进行身体状况监测，共普查学生2124人，其中，中学生676人，小学生1228人。

1993年，学校卫生重点放在了驱蛔虫工作上，接受防治的学生计17000人，其中中学生3400人，小学生13600人。1992年排出率为12.9%。1993年后，学校卫生仍以常见病的普查为主要内容，重点抓防止传染性疾病的流行和强化免疫接种。

2000年春，东方红小学等多所学校部分学生发生风疹、腮腺炎，未发病的学生都及时接种了预防疫苗，流行趋势很快得到控制。

2001年，对各学校中小学生进行蛔虫和乙肝表面抗原的检测。

2005年11月，对全区中小学生进行肺结核病的普查。

四、地方病防治

1980年，开展地方病防治以来，全区三种地方病已得到全面控制。1993年，碘缺乏病现患率0.79%，大骨节病7.48%，克汀病0.01%。1998年，强化儿童服用碘丸，以防治碘缺乏病。

五、传染病防治

1986年5月6日，柳树学校发生麻疹疫情，卫生防疫部门及时进行了处理，避免了一次麻疹流行。

2003年年末，全区二级以上医院全部实现了传染病例网上直报工作制度。

2003年4—7月，在抗击“非典型肺炎”的斗争中，圆满完成了全区外来人员的统计报告，管理措施的落实，隔离观察人员的体温检测，发热人员的流调，公共场所的消毒，应急情况的处理任务。

2005年春，高致病性禽流感在多个省份流行，区组建了预防控制应急小组、流调小组、消毒小分队，积极落实预防控制措施，南岔区未见疫情发生。

六、非典型肺炎

2003年2月初，全国大部分地区暴发流行非典型肺炎，防治形势十分严峻。南岔区于4月19日，分别召开了区委常委会和区长办公会，4月22日，召开全区非典型肺炎防治工作会议，结合本区实际，确定了以控制输入性病原为重点，力争不发生、确保不扩散为目标。成立了由区长为组长，区委副书记、常务副区长为副组长，卫生、防疫、宣传、教育等部门负责人为成员的防治非典型肺炎领导小组。领导小组下设指挥部，总指挥由区长担任。指挥部下设巡视指导组、督查组、综合组、宣传组、救护组、专家救治组、流调控制组和交通管理组，其中巡视指导组分别下设南岔、浩良河、晨明、松青4个小组。21名副处级以上领导分别担任各小组的正、副组长，35名区直属和省市属单位主要负责人分别担任各小组成员，建立健全周密的防控体系。实行了非典型肺炎疫情“日报告”和“零报告”制度，全区各医院、车站、客运站、卫生所无论有无发现疫情，每日向区防治非典办公室报告。制定下发了《南岔区防治传染性非典型肺炎工作方案》《南岔区防治非典型肺炎应急处理预案》《南岔区农村防治非典型肺炎工作方案》，通过南岔电视台连续播出了《南岔区关于做好防治非典型肺炎工作的通告》和《致全区广大人民群众的一封信》。区防非指挥部办公室向全区公布24小时值班电话、定点医院电话和发热门诊电话，在南岔皓源宾馆设立外来人员留观站，对进入南岔区不属返乡、探亲的外来人员，一律送到留观站隔离观察2周。共接待隔离观察外省到伊春人员658名，由防疫站的专职人员每天检测体温做好情况登记。对返乡、探亲人员一律在家隔离观察2周。在南岔火车站、客运站、浩良河、晨明火车站内设立了疫情检测站，抽调34名工作人员24小时值班，对往来人员进行检查，严格做到了“四查四清”（四查即查体温、查身份、查来源、查接触史，四清即来源地清、去向清、通信联系方式清、非典体征清）。在进出南岔区的公路设立检查站3处，抽调27名工作人员对外地市过往车辆和人员逐一进行检查登记，共检查车辆5490台，检查过往人员44528名。抽调旅游局、团委、妇联、机关党委4个部门的12名工作人员，组成4个流动人员登记组，共登记外出（入）人员2298名。由卫生防疫部门督导机关、学校、企事业单位、饭店、浴池、旅店、商店及食杂店、出租车、公交车等公共聚集场所和运营车辆，每天按规定必须进行消毒，并张贴消毒标记。从全区各医院抽调医疗专家13名，组成专家组。在区内一、二级医院设立发热门诊、隔离病房8处，有病房13间，病床31张，安排医护人员55名。在原森警队楼新组建防治非典型肺炎专门医院，有病房5间，病床10张，安排医护人员46名。全区发热门诊共接诊列车转移和就诊发热病人12名，经治疗和专家组会诊，全部排除非典疑似病例。隔离铁路客车移交的与发热病人有密切接触者8人。全面落实了排查监控措施。区政府还拨出40余万元专款，购买消毒液25吨（已勾兑）、隔离服187套、防护眼镜724副、军大衣20件、电解含氯消毒液制剂机1台、防护口罩6000个、防护手套6000副、体温计5000个、红外线体温测试仪10个以及其他防治非典用品。全区举办了防治非典培训班128期，培训38000人，其中：防治非典型肺炎专家组培训班3期39人，各医院及发烧门诊、隔离病房医生护士培训班7期540人，防疫人员培训班2期42人，职工群众培训班32期3600

人，村民培训班45期12300人，各学校培训班25期，培训师生21000多人，村干部乡村医生培训班3期110人，个体行医人员2期110人，铁路一线相关工作人员培训班2期200人。先后两次开展了爱国卫生整治活动，区党政主要领导带头参加劳动。整个活动期间，共出动人员27600人（次），车辆1667台（次），清理垃圾7208吨，清除卫生死角335个，组织开展了公共场所、食品卫生监督检查工作，检查集贸市场5个25次、饭店294个、旅店66个、理发（美容店）44个、浴池24个、文化娱乐场所154个、网吧20个，健全了卫生管理制度，消毒措施落到了实处，通过全区人民共同努力，确保了南岔区无一例非典病例的发生。

在抗击非典斗争中，受省委、省政府表彰防治非典型肺炎的有先进集体区卫生局、先进个人王若森、优秀共产党员王力华。受市委、市政府表彰防治非典型肺炎先进集体有区卫生防疫站、林业医院；优秀基层党支部林业医院；先进个人刘静、张潮、张林、刘彦春、徐洪波；优秀共产党员孙景权、孙兆生、李春久、马洪祥。

1986—2005年南岔区（局）传染病发病率情况统计表

表18-5　　单位：例、1/10万

年份	肝炎	痢疾	森脑	伤寒	猩红热	流脑	麻疹	肺结核	百日咳	出血热	合计	发病率
1986	161	455	2	2	38	3	21	—	49		731	504.1
1987	149	305	1	4	36	1	—	—	38	1	535	368.9
1988	225	269	1	9	41	1	5	—	7	—	558	380
1989	238	344	—	—	59	1	—	—	1	1	644	442.7
1990	178	357	—	1	46	—	4	—	3	2	591	422.1
1991	330	387	—	—	7	—	—	—	—	—	724	515.6
1992	250	343	—	2	16	—	—	—	—	1	617	466.6
1993	350	101	—	1	33	—	—	—	—	1	493	347.4
1997	43	20	—	—	35	1	19	104	—	—	222	158.5
1998	55	6	—	—	22	0	10	63	—	—	156	111.4
1999	42	5	—	—	20	0	6	82	—	—	155	110.7
2000	56	21	—	—	3	0	0	23	—	—	153	109.2
2001	37	20	—	—	0	0	1	89	—	—	147	105
2002	30	4	—	—	1	0	1	73	—	—	109	77.8
2003	50	4	—	—	3	0	0	130	—	—	187	133.5
2004	59	2	—	—	2	0	0	281	—	—	344	245.7
2005	8	8	—	—	3	—	—	209	—	3	—	—

七、计划免疫

1986年，全区设接种点72个。

为了消灭脊髓灰质炎，从1993年起连续12年对适龄儿童进行强化免疫。2005年，有接种点65个。

1986—2005 年部分年度南岔区计划免疫接种统计表

表 18-6 单位：例、%

项目/数量/年	卡介苗			脊灰疫苗			百白破制剂			麻疹疫苗			四苗覆盖			乙肝疫苗		
	应种	实种	播种率	应种	实种	播种率	应种	实种	播种率	应种	实种	播种率	应种	实种	播种率	应种	实种	播种率
1986	—	—	—	7842	7371	94	4842	3661	75.6	5008	4605	91.95	—	—	—	—	—	—
1988	—	—	—	4698	3822	93.1	4433	3822	86.2	2257	2074	91.6	—	—	—	—	—	—
1990	—	—	—	7996	7921	99	7271	7080	97.3	7369	7012	95.1	—	—	—	—	—	—
1991	—	—	—	6178	5975	96.7	5486	5438	99	5314	5133	96.5	—	—	—	—	—	—
1992	—	—	—	7045	6811	96.6	7445	6636	89.1	4085	4032	98.7	—	—	—	—	—	—
1993	—	—	—	6335	6027	95.1	5631	5597	99	5040	4979	98.7	—	—	—	—	—	—
2000	709	790	100	1904	1880	98.7	1893	1841	97.2	704	683	97	4680	4553	97.2	1875	1852	98.7
2001	740	740	100	2026	1969	97.1	2052	1986	96.7	632	616	97.4	5450	5311	97.4	1096	1089	99.3
2002	624	624	100	1974	1952	98.8	1935	1902	98.2	657	650	98.9	5227	5165	98.8	1567	1562	99.6
2003	428	428	100	1584	1560	98.4	1525	1489	97.2	568	539	94.8	4105	4045	98.5	1112	1110	99.8
2004	541	541	100	2259	2259	—	2228	2228	—	481	481	—	4437	4380	98.7	659	659	—
2005	625	625	100	1743	1743	—	1832	1832	—	384	384	—	3714	3677	99	632	632	—

八、职业病防治

尘矿肺职业病确诊数，1986 年 6 例，1987 年 1 例，1988 年 17 例，1989 年 19 例，此后再无新发病例报告。2002 年 5 月 1 日职业病防治法开始实施，区 15 个厂、矿、公司为职业病防护监测重点单位。

第五节 妇幼保健

1986 年，区妇幼保健站工作人员 8 名，站长 1 名、副站长 1 名，下设妇女保健组、儿童保健组、计划生育指导组。

1987 年，区长办公会议决定将妇幼保健站合并到林业医院，实行站院合一体制，人、财、物由医院统一管理，配站长 1 名，工作人员 4 名，下设妇女保健组、儿童保健组、妇幼工作统计组。

1989 年 11 月，妇幼保健站从林业医院分出。1994 年 1 月，迁至卫生综合楼三楼，建筑面积 530 平方米。

1996 年 6 月，更名为“南岔区妇幼保健院”，编制 7 人，位于现柳林宾馆未兴建前的平房，当时建筑面积 60 平方米，人、财、物由政府管理，本年度区政府拨款 3 万元增添医疗设备，其中冷强光乳腺透照仪、二氧化碳激光诊探仪填补了南岔的空白。有 7 名卫生技术人员，张复华任院长，下设 4 个科室：妇科、儿科、激光室、药局，分婚前检查组、妇女保健组、儿童保健组、妇女工作统计组。开展妇女病普查普治、儿童健康检查、婚前健康检查等工作。

2005 年，有卫生技术人员 8 名，管理人员 3 名，其中中级以上职称 8 人。设有 6 个科室：财务科、妇科、儿科、检验科、婚检科、电教室。

1999—2005年南岔区7周岁以下儿童保健统计表

表18-7 单位：人次、%

项目/数量/年份	当年活产数	儿童数	7周岁以下儿童保健工作服务				4个月母乳喂养情况			5岁以下儿童营养不良评估		
			新生儿访视		保健管理		实查人数	纯母乳喂养人数	占比	实查人数	体重<中位数-2SD人数	中重度患病率
			人数	占比	人数	占比						
1999	685	9565	568	82.9	7849	82.1	198	166	84	884	12	1.4
2000	684	7726	601	87.8	6799	88	190	161	84.5	1032	8	0.7
2001	550	8650	450	81.8	6028	88	180	153	84.9	3420	3	0.08
2002	515	5216	463	89.9	4694	89.9	175	149	85.1	2130	2	0.09
2003	312	2894	231	84	2812	97.2	171	151	88.3	1361	19	1.4
2004	414	3104	317	76.5	1943	92.3	234	208	88.8	909	5	—
2005	481	1986	478	99.3	896	45.1	382	364	95.2	831	4	—

1999—2005年南岔区孕产妇保健统计表

表18-8 单位：人次、%

项目/数量/年份	孕产妇管理												接生情况					
	活产数	产妇总数	建卡		产检		早检		产后访视		系统管理		住院分娩		非住院分娩中新法接生		新法接生	
			人数	占比	人数	占比	人数	占比	人数	占比	人数	占比	人数	占比	人数	占比	人数	占比
1999	685	685	656	95.7	315	46.0	246	35.9	135	19.7	135	49.7	618	90.2	67	9.7	685	100
2000	684	684	671	98.1	659	98.2	293	42.8	632	92.3	632	92.3	641	93.7	43	7.8	684	100
2001	550	550	518	94.2	509	92.5	460	83.6	484	88	478	86.9	523	95.1	27	4.9	550	100
2002	515	515	485	94.2	456	88.5	415	80.5	432	83.8	403	78.3	495	96.1	20	3.8	515	100
2003	388	388	368	94.8	355	91.4	323	83.2	330	85	311	80	378	97.4	10	2.6	388	100
2004	414	414	379	89.6	365	88.1	332	80.2	332	82.8	332	80.2	393	94.9	21	—	414	100
2005	481	481	450	93.5	438	91.1	359	74.6	420	87.3	359	74.6	481	100	0	—	481	100

1999—2005年南岔区婚前医学检查情况统计表

表18-9 单位：人次、%

项目/数量/年份	应查人数	实查人数	检查率	检出疾病分类情况														
				人数	占实检比	指定传染病		性病		严重遗传病		精神病		生殖系统病		内科系统病	
						人数	占比	人数	占比	人数	占比	人数	占比	人数	占比	人数	占比
1999	1096	1054	96.2	38	3.6	31	2.9	20	64.5	0	0	0	0	7	0.7	0	0
2000	1042	1016	97.5	29	2.9	23	2.3	14	48.3	0	0	0	0	6	0.6	0	0
2001	900	874	97.1	27	3.1	5	0.6	5	18.5	0	0	0	0	18	2.1	4	0.4
2002	800	796	99.5	13	1.6	0	0	0	0	0	0	0	0	13	1.6	0	0
2003	748	744	99.5	9	1.2	0	0	0	0	0	0	0	0	7	0.9	2	1.3
2004	0	0	0	0	0	0	0	0	0	0	0	0	0	0	0	0	0
2005	0	0	0	0	0	0	0	0	0	0	0	0	0	0	0	0	0

1999—2005 年南岔区妇女病查治工作统计表

表 18-10

项目 / 数量 / 年份	应查人数（人）	实查人数（人）	检查率（‰）	查出妇科病		滴虫性阴道炎		宫颈糜烂		淋病		尖锐湿疣		宫颈癌、乳腺癌、卵巢癌
				人数（人）	占比（%）	例数（例）	治疗人数（人）	例数（例）	治疗人数（人）	例数（例）	治疗人数（人）	例数（例）	治疗人数（人）	例数（例）
1999	46668	869	1.9	464	53.4	141	141	276	276	3	3	44	44	0
2000	48331	968	2.0	391	40.4	139	139	215	215	1	1	36	36	0
2001	48076	909	1.9	323	35.5	112	112	205	205	0	0	6	6	0
2002	48006	782	1.6	262	33.5	132	132	126	126	0	0	4	4	0
2003	48000	672	1.4	102	15.1	38	38	62	62	0	0	2	2	0
2004	48000	532	1.1	98	18.1	25	25	72	72	0	0	1	1	0
2005	41000	492	1.2	89	18	21	21	68	68	0	0	0	0	0

第六节　药政管理

一、机构

1986—2001 年，药检管理工作归区卫生局，11 月成立伊春市食品监督管理局二分局，工作人员 3 人，隶属伊春市食品监督管理局，管理范围南岔、金山屯、带岭等区。

二、药品及医疗器械监察

1986 年，对全区各医院、集体诊所、个体医务诊所进行了药品质量检查。配合市药政药检团对区所属医院、卫生所、药店等进行 2 次抽查。对查出的问题提出了处理意见。

1987 年，配备了专职药政人员，组织有关人员对全区 27 个集体诊所、个体医务诊所和药品经营单位进行了药品质量检查。配合市药政药检团对区部分医院、卫生所和药店等 16 家单位分别进行 2 次抽查。查出中药薏苡仁等 3 种虫蛀伪假药 25 公斤，西药过期药品胃蛋白酶 S、D 注射液、速尿片、异丙嗪等 29 种，毒麻药阿片 302 片、磷酸可待因注射液 390 支、盐酸吗啡注射液 417 支，当场做了销毁处理。加强对市场游医、药贩的监督检查，没收了伪假药，罚款 2 起，金额 190 余元。发现一家医院中西药不分、中药混斗、毒麻药随意借给私人等严重情况，责令其停诊整顿，限期改进。

1988 年，区对区所属乡镇卫生院、个体、集体诊所、药店及国营药店 40 个单位进行全面药品质量检查，在检查中发现个体诊所郑某私自改变剂型，将自剂药品全部没收，并罚款 200 元。林业医院中药丸剂霉变，南岔铁路医院劣质低分子右旋蟾螨，市二院针剂过期，责成单位领导当场销毁。依法取缔游医药贩 3 起，没收所带药品并罚款。

查出一起经销药品批发的违规者，限期将所存药品一次性售完并罚款 300 元。

1989 年，区卫生局配合市卫生局先后 2 次对区所属医疗单位进行全面的药品质量检查，对 3 家个体医自配药，进行了查封，分别罚款 100 ~ 200 元，责令限期整改。

1992 年 6 月，在区技术监督局的监督下，将收缴没收的 161 种伪假劣及过期药品公开展示后，当众销毁。

1993 年，先后 15 次对区内所有医药经营单位进行检查，共查出过期失效药品 129 种，假药 37 种，伪劣药品 22 种，价值近 3 万元，对有关单位和个人依据不同情况分别进行了没收药品，罚款或通报批评等处罚。

2005年，对27家个体诊所进行检查，共计检查违规药品8大类、328品种，没收价值金额38.8万元，处罚金额6.5万元，捣毁黑窝点131个。

1994—2005年南岔区（局）药政检查情况统计表

表18-11

年份	检查单位数量（个）	没收货值金额（元）	收缴罚没款（元）	捣掉黑窝点（个）
1994	1596	384.31	768.62	2
1995	1761	667.62	1335.24	7
1996	1813	708.86	1417.72	6
1997	1876	768.98	1487.96	7
1998	1940	976.36	1952.72	8
1999	1987	1034.54	2069.08	2
2000	1978	1124.56	2249.12	3
2001	4541	644915.38	361198.25	—
2002	1964	42381.20	—	15
2003	4896	679216.82	—	70
2004	3602	1283.28	7098.00	6
2005	3561	17217.40	6009.70	4

三、制剂管理

1986—1988年，林业医院制剂室生产品种有5%葡萄糖注射液、0.85%氯化钠注射液、5%碳酸氢钠注射液、20%甘露醇注射液。在有原料的情况下制成片剂，如强的松片、索米痛片、土霉素片等，通过林业医院药检室及市药检所鉴定检查验收，所生产的制剂均符合药典规定的要求。

1993—2005年，为了规范制剂药品管理，经市卫生局批准，于1992年成立联合制剂室，结核医院、市二院、林业医院的联合制剂室设在结核医院，水解厂医院、浩良河镇、晨明镇卫生院、中医院的联合制剂设在水解厂医院，均通过了省、市药检部门的检查验收。林业医院制剂室同时取消。药检监察部门每年均对制剂生产进行跟踪检查，未发现问题。

第七节　爱国卫生运动

1986年3月，区爱卫会单设，工作人员3人。办公室副主任魏兴然，直属区政府。区政府及所属的东升街道办事处、生活服务公司、第二招待所、浩良河木材加工厂托儿所、设计队6个单位经伊春市人民政府检查验收，评为市级卫生文明单位。南岔区被伊春市爱卫会评为灭鼠先进区。

1989年4月起，按照《黑龙江省“爱国卫生活动月”活动实施方案》的要求，在每年4月开展春季爱国卫生活动月活动。1990年11月19—22日，省卫生检查团一行4人，在南岔区实地检查了105个单位的有关环境卫生、食品卫生及防病、灭鼠、环境保护等方面的工作，获得96.05分的好成绩，被评为省级卫生先进区。

1992年8月，经过一年多的准备，作为全市受检区之一，接受并合格通过全国卫生城检查。

1993 年 4 月，区爱卫会合署区卫生局。

1995 年 10 月 1 日,《黑龙江省爱国卫生条例》开始实行。南岔区 70 名各相关部门人员、街道办事处街长被省爱卫会批准为爱国卫生监督员，负责监督全区的爱国卫生工作的监督检查。

1998 年 3 月，制定下发《南岔区文明村、屯建设标准》，规定了改水、改厕治理环境、预防保健方面的具体要求。6 月，下发了《南岔区除四害工作制度》，用以规范全区的除“四害”工作。

2003 年 6 月 26 日，为巩固防治非典型肺炎成果，整治城乡卫生环境，区机关 400 多名干部（含省、市直属部门）在区党、政主要领导的带领下，在区二小学周边地带开展义务劳动，清理出城垃圾 80 余吨。

2004 年 4 月，区政府聘任的 7 名工作者被省爱卫会批准为监督员。

1987—2004 年南岔区（局）卫生先进单位一览表

表 18-12

年度	省级	市级
1987	林业医院、电业所、第一招待所轻工商店、浩良河加工厂、工人文化宫、铁路材料厂、设计队、中纬路（卫生文明一条街）	建行、工商分局、立新商店、石头河林场、区一中、粮食分局、皓源饭店、岩石所、百货大楼
1988	百货大楼、建行、第二招待所、铁路房产段、市二中、结核医院，区一中	铁路水电段、电务段、高级中学、浩良河公安派出所、浩良河粮食分局、浩良河小学、浩良河镇邮电局、浩良河农行、浩良河工商行、四合营林场
1989	五金商店、南岔贮木场、南铁机务段、浩良河供电所	水解商店、曙光粮店、晨明贮木场小学、农行、浩良河大吉星小学、晨明镇医院
1990	南岔镇、农行、环卫处、粮食分局、浩良河农行、东方红小学、铁路电务段、中纬路（卫生文明一条街）	建国中医诊所、区三中、联合街道办事处、南岔火车站、浩良河加工厂小学、浩良河建行、红旗粮店、西水街道办事处，铁路工务段、晨明镇星星村，松青所
1992	高级中学、铁路工务段、水电段、水解商店、民主粮店、石头河林场	晨明工商所、南岔中心工商所、工商分局、民主商店、向阳商店、铁路医院，东升学校、红旗学校
1993	南岔火车站、晨明镇卫生院、浩良河建行	—
1994	区三中、四合营林场、中心商场	—
1996	联合街道办事处	—
2003	环卫处	—
2004	林业医院、国税分局、松青所、浩良河镇小吉星村、南岔火车站	—

第八节　南岔区红十字会

1986 年 5 月 15 日，恢复“南岔区红十字会”，在区一中、高级中学、育红小学和东方红小学 4 所学校进行试点，每班发展 10 名品学兼优的学生为会员。11 月 26 日，举办了“外伤救护”现场学习班，有 16 个林业生产单位派医生和护士参加了学习班。

1987 年，全区有 17 个基层红十字会组织，会员 1930 人。有 18 个单位举办 31 次培训班，受训 1435 人。2 月 18 日，国家红十字总会负责人兰军专程到南岔考察，对南岔区红十字会工作给予充分肯定。3 月 19 日，林业部和中国红十字总会联合发出文件，把南岔区红十字会的工作和经验向全国林区各级红十字会推广。4 月，红十字会青少年自筹资 87.45 元购买年画、对联等 40 余种 300 余张，赠送给军烈属和五保户。5 月 6 日，大兴安岭森林火灾发生后，区红十字会青少年捐款 384.8 元，购置奶粉邮往灾区。被国家红十字总会评为先进集体，1 人被评为先进个人。

1989年，全区有21个基层红十字组织，新发展会员532人。5月8日，区红十字会组织林业医院医护人员在林业工人文化宫前举行义诊，接受义诊咨询的群众达300余人次。7月，开展“88国际体援”活动，为儿童福利事业募捐30000元。南岔区红十字会被评为市级先进集体，1人被评为全国红十字总会先进会员。

1990年，区红十字会在全区电工中开展了心肺复苏培训，参加培训人员46名。开展林业一线职工意外事故自救、互救能力培训，参加培训人员达453人。1名红十字工作者被评为省红十字先进个人。

1991年，3名红十字工作者被评为市红十字先进个人。

1993年，全区共有基层红十字会组织41个（其中中小学红十字会组织11个），全区共有会员5760人（其中青少年会员3167人）。

1998年6月8—10日，南岔区浩良河森林经营所和翠岗林场山洪暴发，家属区受灾严重，1330人生活困难，冲毁农田6690公顷、房屋156间，翠岗小学被冲毁。区红十字会立即启动报灾救灾方案，迅速将灾情向上级红十字会报告，积极争取救助物资。经市红十字人员实地考察后，为灾区共发放衣物、鞋、食品、生活用品、防护品、办公用品、学生学习、文体活动用品等共35个品种，重建了翠岗小学，发放物资总金额208689.42元，使灾民的生活、工作、学习条件得到了改善。

2003年，按照上级红十字会的要求，南岔区积极开展“红十字博爱送万家”活动。1月20日，筹集大米450公斤、军大衣20件，分发给了镇内的各街道办事处，以救助辖区内的生活困难户。8月7日，迎春乡的2个村庄发生严重水灾，市红十字会分配的大米900公斤、棉被10件、羽绒被10件、绒裤80件，总价值10419元的救灾物资，由区红十字会送到了迎春乡政府，发放给灾民。

2004年1月9日，通过向市红十字会申请，争取到面粉100袋，由民政部门于春节前分发到部分特困户家中。6月23日，举行迎“七一”“红十字博爱送万家”活动，将价值3400元的大米、豆油、衣物等物资发放给17名老劳模、老党员手中。3月10日，是中国红十字会建会100周年纪念日，区红十字会在区机关楼前文化广场举行了纪念活动，7家卫生单位的红十字分会组织人员参加，发放宣传单6种3000张。4月下旬，市红十字会开展“复明、扶贫”救助活动，免费进行白内障复明手术，推荐4名初步确诊符合白内障手术适应症的病人，经省专家组筛选为1名符合条件的病人实施了手术，术后效果较好。

2005年12月，全区共有会员单位37个，其中团体会员单位12个，会员总数55033人，志愿服务者190名。

第十九篇
中国共产党地方组织

1986—2005年，中国共产党南岔区（局）委员会，是一套班子两个牌子。中共南岔区（局）委员会在伊春市委的正确领导下，高举邓小平理论和“三个代表”重要思想伟大旗帜，认真贯彻落实中共十三届三中全会至十六届五中全会精神，坚持以经济建设为中心，牢固树立和落实科学发展观，团结带领全区广大党员和干部群众，振奋精神，同心同德，发挥优势，扎实工作，全区的改革和建设取得显著成绩，呈现出经济发展，社会进步，政治安定，社会稳定的良好局面。全面加强党的思想理论和精神文明建设，坚持从严治党的方针，党的建设不断加强，较好地发挥了党组织的领导核心。中共南岔区（局）委领导下的各职能部门和基层党组织根据各自的职责范围，通过各种行之有效的形式，针对不同历史时期党的中心任务开展工作。教育、引导广大党员和人民群众坚持正确的政治方向，焕发精神，扎实工作，为实现党在各个时期的中心任务而奋斗。

第一章 党员代表大会

1986—2005 年，中国共产党南岔区党员代表大会共召开 5 次会议。大会根据党章、《中国共产党地方组织选举工作条例》和《党政领导干部选拔任用工作条例》以及上级有关规定，经市委同意召开。代表的产生由各选举单位召开党代表会议或党大会并严格履行民主程序选举产生。

中国共产党南岔区（局）第十三次党员代表大会于 1986 年 12 月 16—18 日上午在区机关二楼会议室召开。全区有党员 3564 名，按照市委规定比例，参加这次会议代表为 230 名，占全区正式党员总数的 6.8%。代表阶层分配比例是：干部代表 142 名（含离退休干部 6 名），占代表总数和 61.7%；专业技术人员代表 50 名，占代表总数和 21.74%；工人、农民及其他劳动者 38 名（工人 22 名，农民 9 名，家属 5 名，个体专业户 2 名），占代表总数 16.52%。在代表构成中，妇女代表 39 名，占代表总数的 17%；少数民族 11 名，占代表总数的 4.8%；先进人物 40 名，占代表总数的 17.4%。

毛景春代表十二届委员会向大会作题为"团结奋斗，求实创新，把两个文明建设推向前进"的工作报告，许和代表纪律检查委员会作《勇于开拓，不断创新，使纪检工作为两个建设服务》的书面报告。与会代表审议了上述两个报告，并作出相应的决议。会上，选出中国共产党南岔区（局）第十三届委员会委员 27 人，选出纪律检查委员会委员 15 人。

中国共产党南岔区（局）第十四次党员代表大会于 1989 年 12 月 23—25 日在区机关二楼会议室召开。全区有党员 3980 名，按照市委规定比例，参加这次会议的代表为 175 名，占全区党员总数的 4.5%。代表阶层分配比例是：干部代表 108 名，占代表总数的 61.7%；专业技术人员代表 33 名，占代表总数的 18.9%；工人、农民代表 26 名，占代表总数的 14.8%；其他 8 名，占代表总数的 4.6%。在代表构成中，妇女代表 23 名，占代表总数的 12%；少数民族代表 5 名，占代表总数的 2.9%。毛景春代表十三届委员会向大会作题为"团结一致，艰苦奋斗，把我区各项事业继续推向前进"的工作报告，李树春代表纪律检查委员会作《发挥纪检机关作用，为实现党的任务而奋斗》的书面报告。与会代表审议了上述报告，并作出相应的决议。会上，选出中国共产党南岔区（局）第十四届委员会委员 23 人，选出纪律检查委员会委员 15 人。

中国共产党南岔区（局）第十五次党员代表大会于 1992 年 10 月 8—9 日上午在区机关二楼会议室召开。全区有党员 3053 名，按照市委规定比例，参加这次会议的代表为 173 名，占全区党员总数的 4.5%。代表阶层分配比例是：干部代表 106 名，占代表总数的 61.3%；专业技术人员代表 33 名，占代表总数的 19.1%；工人、农民代表 27 名，占代表总数的 15.6%；其他代表 7 名，占代表总数的 4%。在代表构成中，妇女代表 21 名，占代表总数的 12%；少数民族代表 5 名，占代表总数的 2.9%。

王福义代表十四届委员会向大会作题为"认清形势，团结进取，大力推进我区各项建设事业快速发展"的工作报告，李树春代表纪律检查委员会作《紧紧围绕经济建设这个中心，努力提高纪检工作的新水平》的书面报告。与会代表审议了上述两个报告，并作出相应的决议。会上，选出中国共产党南岔区（局）第十五届委员会委员 23 人，选出纪律检查委员会委员 15 人。

中国共产党南岔区（局）第十六次党员代表大会于 1998 年 5 月 27—28 日上午在区机关二楼会议室召开。全区现有党员 4469 名，按照市委规定比例，参加这次会议的代表为 177 名，占全区党员总数的 3.9%。代表阶层比例是：干部代表 133 名，占代表总数的 75.14%；知识分子和专业技术人员代表 14 名，占代表总数 7.9%；工人、农民代表 22 名，占代表总数的 12.42%；其他代表 8 名，占代表总数的 4.52%。其中，先进模范人物代表 30 名，占代表总数的 16.9%，妇女代表 32 名，占代表总数的 18%，少数民族代表 4 名，占代表总数的 2.2%。

王庆山代表十五届委员会向大会作题为“抢抓机遇，加快发展，为实现跨世纪宏伟目标而奋斗”的工作报告，金绍英代表纪律检查委员会作《加大工作力度，实施标本兼治，努力取得反腐败斗争的新成效》的书面报告，与会代表审议了上述两个报告，并作出相应的决议。会上，选出了中国共产党南岔区（局）第十六届委员会委员 23 人，选出纪律检查委员会委员 15 人。

中国共产党南岔区（局）第十七次党员代表大会于 2003 年 11 月 10—11 日上午在区机关二楼会议室召开。全区有党员 5656 名，按照市委规定比例，参加这次会议的代表为 177 名，占全区党员总数的 3.1%。代表阶层比例是：干部代表 123 名，占代表总数的 69.5%；知识分子和专业技术人员代表 16 名，占代表总数的 9.1%；工人、农民代表 21 名，占代表总数的 11.8%；其他代表 17 名，占代表总数的 9.6%。其中，先进模范人物代表 54 名，占代表总数的 30.5%；妇女代表 25 名，占代表总数的 14.1%；少数民族代表 4 名，占代表总数的 2.2%。

牛毓山代表十六届委员会向大会作题为“开拓创新，加快发展，为全面建设小康社会而努力奋斗”的工作报告，吕惠岩代表纪律检查委员会作书面报告。与会代表审议了上述两个报告，并作出相应的决议。会上，选出中国共产党南岔区（局）第十七届委员会委员 25 人，选出纪律检查委员会委员 9 人。

第二章　中国共产党南岔区（局）委员会

1986—2005 年，中共南岔区（局）委员会在市委正确领导下，针对不同时期的中心工作内容，带领全区党员干部和人民群众坚持以经济建设为中心，使国民经济保持稳步增长，社会主义精神文明建设不断加强，教育、科技、文化等项事业有了新发展，人民生活水平不断提高。认真贯彻“三个代表”重要思想，全面加强和改进党的建设，各级党组织战斗力普遍增强。民主法制建设不断加强，企业综合素质明显提高。

1986—2005 年，中共南岔区（局）委员会共召开 35 次全委（扩大）会议，325 次常委（扩大）会议和 44 次重要会议。

第一节　机　构

1986 年，中国共产党南岔区（局）委员会隶属中国共产党伊春市委员会。下设机构有办公室、机关党委、组织部、老干部办公室、宣传部、精神文明建设办公室、纪律检查委员会、政法委、统战部、党校。

1997 年 3 月，区（局）机关精简机构，撤销了老干部办公室和统战部，老干部办公室职能并入组织部，保留老干部活动室。统战部职能由宣传部兼管，宣传部部长兼统战部部长，部内设 1 名统战干事。

2001 年 11 月，机关党委隶属区委办公室，区委办公室主任兼任机关党委书记。

2003 年 1 月，根据市委指示精神，统战部单设。

2003 年 6 月，设立关心下一代委员会。

2005 年，中共南岔区委员会下设机构有区委办公室、组织部、宣传部、纪检委、监察局、政法委、统战部、党校、关心下一代委员会。

1986—2005 年中国共产党南岔区（局）委员会书记、副书记、常委更迭表

表 19-1

书记	副书记	任职、离职时间	常委			
			姓名	任职、离职时间	姓名	任职、离职时间
毛景春		1981.8—1992.7	毛景春	1981.8—1992.7	王文才	1985.9—1986.3
	王文才	1985.9—1986.3	刘洪增	1983.11—1987.6	许　和	1983.11—1987.6
	张宝兴	1986.3—1987.6	马伟斌	1995.7—1997.9	张宝兴	1986.3—1987.6

续表 19-1

书记	副书记	任职、离职时间	常委			
			姓名	任职、离职时间	姓名	任职、离职时间
	刘洪增	1984.1—1987.6	李殿文	1986.4—1990.11	刘兴贵	1984.7—1995.7
	关思伟	1995.7—1997.9	吴席库	1986.8—1997.8	王福义	1987.4—1994.8
	刘兴贵	1986.4—1995.7	戴　翔	1984.12—1990.4	董仲喜	1986.12—1997.9
	李殿文	1986.4—1990.11	张景龙	1987.6—1997.9	李树春	1988.1—1997.9
	王福义	1987.6—1992.7	魏长宽	1991.5—2000.5	刘增新	1991.8—1997.9
王福义		1992.7—1994.8	王曼野	1993.12—1998.2	冯玉胜	1991.11—1998.2
	张景龙	1991.8—1997.9	王庆山	1994.8—2000.4	于钦林	1993.12—1997.9
	刘增新	1992.7—1997.9	刘洪增	1998.5—	关思伟	1997.9—2000.4
王庆山		1994.8—2000.4	金绍英	1998.2—2003.11	王　刃	1997.9—2000.1
	刘洪增	1997.9—2000.4	耿　军	1997.8—1999.6	卢元梅	1997.9—2003.10
	王　刃	1997.9—1997.12	徐忠义	1998.2—2001.9	刘铁夫	1999.6—2005.1
	魏长宽	1997.12—2000.5	牛毓山	2000.4—	王若森	2000.4—2004.12
	马伟斌	1998.5—	吕惠岩	2001.2—2005.1	孙浩然	2001.12—2003.6
牛毓山		2000.4—	张　波	2000.5—2002.9	李向东	2000.12—
	王若森	2000.4—2004.12	李万祥	2000.1—2000.7	岂凤桐	2003.6—
	徐忠义	2000.5—2001.9	孙秀福	2003.10—	吴伊森	2002.9—
	吕惠岩	2001.10—2005.1	刘学进	2004.10—	林宏坤	2004.12
	金绍英	2001.12—2003.11	杨国利	2005.4—	陈晓陆	2005.4
	吴伊森	2002.9—				
	林宏坤	2004.12—				
	杨国利	2005.4—				

第二节　全委（扩大）会议

中国共产党南岔区（局）十三届一次全委会议于 1986 年 12 月 18 日下午在区机关三楼会议室召开。会议讨论并通过了区委常委会组成方案，报告中国共产党南岔区（局）第十三届委员会书记、副书记、常委预选人情况说明和建议名单；正式选举了中国共产党南岔区（局）第十三届委员会书记、副书记、常委。通过了纪律检查委员会书记、副书记、常委。选举结果如下：书记毛景春，副书记张宝兴、刘洪增、刘兴贵、李殿文。常委毛景春、张宝兴、刘洪增、刘兴贵、李殿文、许和、吴席库、董仲喜、戴翔。纪委书记许和，副书记李树春。常委许和、李树春、王强、付永贵、施国林、赵明国、魏长宽。

中国共产党南岔区（局）十三届二次全委（扩大）会议于 1988 年 3 月 10 日在区机关二楼会议室召开。会议的主要任务是：深入学习中共十三大文件，认真贯彻省委五届八次全委（扩大）会议和市委六届七次全委（扩大）会议精神，回顾总结 1987 年工作，研究部署 1988 年各项工作，动员全区广大人民群众为开拓各项工作新局面而奋斗。区委书记毛景春作题为《解放思想锐意改革把我区各项工作推向新阶段》的报告。区委副书记、区长王福义作总结讲话。

中国共产党南岔区（局）十三届三次全委（扩大）会议于 1988 年 8 月 12 日在区机关二楼会议室

召开。会议的主要任务是：以十三大精神为指针，以省六次党代会和市委工作会议为动力，总结前七个月的工作，部署后五个月任务，动员全区人民深化改革，夺取两个文明建设的新胜利。区委书记毛景春作会议报告。

中国共产党南岔区（局）十三届四次全委（扩大）会议于1988年10月18日在区机关二楼会议室召开。会议主要任务是：传达贯彻市委六届十一次全委（扩大）会议精神；讨论选举出席市党员代表大会代表。区委书记毛景春在会上讲话。

中国共产党南岔区（局）十三届五次全委（扩大）会议于1989年3月18日在区机关二楼会议室召开。会议的主要任务是：传达贯彻市委书记杨光洪在市地方工业工作会议上的讲话，结合南岔区实际部署下步工作安排意见，争取今年晋升国家二级企业。会议还推荐七届市委委员和纪委委员。区委书记毛景春主持会议并讲话。

中国共产党南岔区（局）十三届六次全委会议于1989年6月29日在区机关三楼会议室召开。会议的主要任务是：学习讨论《邓小平在接见首都戒严部队军以上干部时的讲话》《中国共产党十三届四中全会公报》,《人民日报》社论《旗帜鲜明地坚持四项基本原则》《坚持立国之本、走好强国之路》；学习讨论市七次党代会工作报告。区委书记毛景春主持会议并讲话。

中国共产党南岔区（局）十三届七次全委（扩大）会议于1989年8月30日在区机关二楼会议室召开。会议的主要任务是：传达贯彻市委七届二次全委（扩大）会议精神，学习讨论市委书记杨光洪在市七届二次全委（扩大）会议上的报告。在总结前段工作基础上，统筹安排下步工作。区委书记毛景春作总结讲话。

中国共产党南岔区（局）十三届八次全委会议于1989年11月9日在区机关三楼会议室召开。会议的主要任务是：学习中发〔1989〕9号文件即《关于加强党的建设的通知》；讨论召开区第十四次党代会的有关事宜；讨论并通过了关于召开区第十四次党代会的决定。区委书记毛景春主持会议并讲话。

中国共产党南岔区（局）十三届九次全委会议于1989年12月22日在区机关三楼会议室召开。会议主要任务是：讨论修改区十三届委员会工作报告；报告区十四次党代会筹备情况；关于党代表选举及构成情况的说明；确定党代会日程。区委书记毛景春主持会议。

中国共产党南岔区（局）十四届一次全委会议于1989年12月25日下午在区机关三楼会议室召开。会议讨论并通过区委常委会组成方案，报告中国共产党南岔区（局）第十四届委员会书记、副书记、常委预选人情况说明和建议名单；正式选举了中共南岔区（局）第十四届委员会书记、副书记、常委。通过纪律检查委员会书记、副书记、常委。选举结果如下：书记毛景春，副书记王福义、刘兴贵、李殿文。常委毛景春、王福义、刘兴贵、李殿文、张景龙、吴席库、戴翔、董仲喜、李树春。纪委书记李树春，副书记施国林、付永贵。常委李树春、施国林、付永贵、沈广奎、张敏学、赵明国、马立山。

中国共产党南岔区（局）十四届二次全委（扩大）会议于1990年6月12—13日在区机关二楼会议室召开。会议的主要任务是：传达贯彻中共十三届六中全会、省委六届五次全会、市委七届四次全会精神，讨论通过了《中共南岔区委贯彻落实〈中共中央关于加强党同人民群众联系的决定〉和市委〈意见〉的具体措施》，审议中国共产党南岔区委《关于干部管理的若干规定》，听取《中国共产党南岔区（局）十四届二次委员会委员调查走访情况综述》，并讨论研究委员议案。在总结前段工作的基础上，部署下步工作任务。

中国共产党南岔区（局）十四届三次全委（扩大）会议于1991年3月25日在区机关二楼会议室召开。会议主要任务是：学习贯彻中共十三届七中全会、省委六届七次全会、市委七届六次全会和省森工工作会议精神，在回顾十年改革历程，总结1990年工作的基础上，讨论确定今后十年和“八五”

计划总体思路，部署下步工作任务。会议动员全区人民为促进全区各项事业的发展，开创“治危兴林”工作的新局面而努力奋斗。区委书记毛景春作题为“以党的十三届七中全会精神为指针，努力开创我区‘治危兴林’工作新局面”的报告。

中国共产党南岔区（局）十四届四次全委（扩大）会议于1992年3月18—19日在区机关二楼会议室召开。会议的主要任务是：传达贯彻市委七届七次全委（扩大）会议、全市国有大中型企业工作会议和全省森工工作会议精神。区委副书记、区长王福义作题为“强化领导，加快改革，全面推进我区经济建设再上新台阶”的报告。

中国共产党南岔区（局）十五届一次全委会议于1992年10月9日下午在区机关三楼会议室召开。会议讨论并通过了区委常委会组成方案，报告中国共产党南岔区（局）第十五届委员会书记、副书记、常委预选人情况说明和建议名单；正式选举了中国共产党南岔区（局）第十五届委员会书记、副书记、常委。通过了纪律检查委员会书记、副书记、常委。选举结果如下：书记王福义，副书记刘增新、张景龙、刘兴贵。常委王福义、刘增新、张景龙、刘兴贵、董仲喜、李树春、吴席库、魏长宽、冯玉胜。纪委书记李树春，副书记施国林、付永贵。常委李树春、施国林、付永贵、沈广奎、马立山、王德纯。

中国共产党南岔区（局）十五届二次全委（扩大）会议于1993年3月16日在区机关二楼会议室召开。会议的主要任务是：以党的十四大精神为指针，深入贯彻落实中国共产党中央十四届二中全会，省委六届十次全会、市委七届九次全委（扩大）会议、全省森工工作会议及市经济体制改革工作会议精神。会议总结1992年的工作，确定1993年及今后一个时期的工作任务。区委书记王福义作了题为“振奋精神，加快改革，努力推进全区经济登上新台阶”的报告。

中国共产党南岔区（局）十五届三次全委（扩大）会议于1993年9月29日在区机关二楼会议室召开。会议的主要任务是：加强宏观调控，发展经济；开展反腐败斗争；加强党政领导班子思想作风建设。区委书记王福义讲话。

中国共产党南岔区（局）十五届四次全委（扩大）会议于1994年2月1日在区机关二楼会议室召开。会议的主要任务是：深入学习贯彻中共十四届三中全会精神和省委七届二次、市委七届十二次全委（扩大）会议精神；总结全区1993年工作，部署1994年工作任务；动员全区各级党组织和广大党员群众，适应形势，立足实际，加快改革，发展经济，把全区各项建设事业推向新的发展阶段。区委书记王福义作题为“适应社会主义市场经济的要求，把我区各项事业推向新的发展阶段”的报告。

中国共产党南岔区（局）十五届五次全委（扩大）会议于1995年1月10日在区机关二楼会议室召开。会议的主要任务是：深入贯彻市委八届二次全会精神，在认真总结工作的基础上，进一步明晰1992年和今后一个时期经济发展的总体思路和工作重点，加强党的建设，增强党的凝聚力和战斗力，动员全区各级党组织，广大共产党员和人民群众解放思想、振奋精神，同心同德，艰苦创业，积极投身于开辟经济发展的“第二战场”，为如期实现国内生产总值翻两番，人民生活达到小康水平而努力奋斗。区委书记王庆山作题为“解放思想创新业，真抓实干快发展，为如期实现翻两番奔小康的战略目标而奋斗”的报告。

中国共产党南岔区十五届六次全委（扩大）会议于1995年8月18日在区机关二楼会议室召开。会议的主要任务是：传达贯彻市委八届三次全会精神，突出解决开辟经济发展第二战场，实施山上分户经营，实行两自立；山下分块搞活，实行剥离经营的“两分”战略。区委书记王庆山作题为“加大改革力度，实施‘两分’战略，全力推进我区经济快速发展”的报告。

中国共产党南岔区（局）十五届七次全委（扩大）会议于1996年2月12日在区机关二楼会议室召开。会议的主要任务是：传达贯彻市委八届四次全会精神，回顾总结1995年工作，安排部署1996年任务，讨论修订全区“九五”计划和2010年远景规划，积极动员全区各方面力量，坚持党的基本路线，解放思想，锐意改革，奋发进取，大力推进两个根本转变，加快经济和社会发展，顺利跨入二十一世纪。区委书记王庆山作题为“抓住机遇，加快发展，为实现全区经济和社会发展宏伟目标而奋斗”的报告。

中国共产党南岔区（局）十五届八次全委（扩大）会议于1997年1月10日在区机关二楼会议室召开。会议的主要任务是：深入学习贯彻市委八届五次全会精神；安排部署本区1997年的经济工作，精神文明建设，党建和反腐败斗争等工作任务。动员全区各方面的力量，在巩固和扩大前期改革成果的基础上，把握大局，再接再厉、同心同德、开拓前进，为实现全区既定发展目标而努力奋斗。

中国共产党南岔区十五届九次全委（扩大）会议暨全区经济工作会议和南岔区（局）1997年度先进集体、先进个人、双文明表彰奖励大会于1997年3月10日在机关二楼会议室召开。会议的主要任务是：传达贯彻市委八届七次全会和全市三级干部会议精神，总结1997年工作，部署1998年各项任务，进一步动员全区广大干部、群众，高举邓小平理论伟大旗帜，统一思想，振奋精神，抓住机遇，开拓进取，努力开创1998年工作新局面，加快经济和社会发展，为实现跨世纪目标迈出更加坚实的一步。区委书记王庆山作题为“抢抓机遇，乘势而上，努力开创今年各项工作的新局面”的报告。区委副书记、区长关思伟作题为“深化体制改革，调整经济结构，以复合型经济的新模式迎接二十一世纪”的重要讲话。

中国共产党南岔区（局）十六届一次全委会议于1998年5月28日下午在区机关三楼会议室召开。会议讨论并通过了区委常委会组成方案，报告中国共产党南岔区（局）第十六届委员会书记、副书记、常委预选人情况说明和建议名单；正式选举了中国共产党南岔区（局）第十六届委员会书记、副书记、常委。通过了纪律检查委员会书记、副书记、常委。选举结果如下：书记王庆山，副书记关思伟、魏长宽、马伟斌。常委王庆山、关思伟、魏长宽、马伟斌、王刃、金绍英、卢元梅、耿军、徐忠义。纪委书记金绍英，副书记王桂芬、马立山。常委金绍英、王桂芬、马立山、张庆元、林风珍、周芙蓉、郭宪义。

中国共产党南岔区（局）十六届二次全委（扩大）会议于1998年8月12日在区机关二楼会议室召开。会议的主要任务是：传达贯彻市委八届十次全会精神，回顾总结1998年上半年工作，安排部署下半年工作，进一步动员广大干部、群众高举邓小平理论伟大旗帜，统一思想，振奋精神、开拓进取，确保全年各项工作任务的完成。区委书记王庆山作会议报告，区委副书记、区长关思伟作总结讲话。

中国共产党南岔区（局）十六届三次全委（扩大）会议于1999年1月15日在区机关二楼会议室召开。会议的主要任务是：贯彻市委八届十一次全会精神，总结1998年工作，安排部署1999年工作，动员全区各方面力量，高举邓小平理论伟大旗帜，统一思想，振奋精神，扎实工作，开拓进取，加快经济和社会发展步伐，以崭新的面貌迎接新世纪的到来。会上，区委书记王庆山作题为“抢抓机遇、加快发展，以新的业绩迎接新世纪的到来”的重要讲话。

中国共产党南岔区（局）十六届四次全委（扩大）会议于1999年4月27日在区机关二楼会议室召开。会议的主要任务是：选举出席市第九次党代会大会代表候选人预备人选。区委书记王庆山主持会议。

中国共产党南岔区（局）十六届五次全委（扩大）会议于2001年1月12日在区机关二楼会议室召开。会议的主要任务是：以党的十五届五中全会、中央经济工作会议精神为指针，学习贯彻全省林区经济工作会议精神以及市委九届二次全会精神，总结2000年工作，部署2001年工作。区委书记牛毓山作题为“振奋精神、扎实工作，努力开创新世纪全区各项工作的新局面”的工作报告，区委副书记、区长王若森作总结讲话。

中国共产党南岔区（局）十六届六次全委（扩大）会议于2001年7月27日在区机关二楼会议室

召开。会议的主要任务是：学习传达市委九届三次全会精神，总结上半年经济工作，分析当前经济形势，安排部署下半年工作任务。区委书记牛毓山作了题为“认清形势、明确任务，确保完成全年各项工作目标”的讲话，区委副书记、区长王若森作总结讲话。

中国共产党南岔区（局）十六届七次全委（扩大）会议于2002年1月22日在区机关二楼会议室召开。会议的主要任务是：以中共十五届六中全会和省委工作会议精神为指针，深入贯彻市委九届四次全会精神，总结2001年工作，安排部署2002年工作任务，团结和带领全区人民进一步解放思想，开拓创新，以奋发有为的精神状态继续推进“内调外引、富民兴区”的伟大实践。区委书记牛毓山作题为“解放思想、开拓创新，以奋发有为的精神状态推进‘内调外引、富民兴区’的伟大实践”的讲话。

中国共产党南岔区（局）十六届八次全委（扩大）会议于2003年1月24日在区机关二楼会议室召开。会议的主要任务是：深入贯彻十六大精神和市委九届九次全会精神，回顾总结2002年工作，分析形势，提出本区全面建设小康社会目标，安排部署2003年工作任务。区委书记牛毓山作题为“深入学习贯彻十六大精神，努力开创全面建设小康社会新局面”的讲话。

中国共产党南岔区（局）十七届一次全委会议于2003年11月11日下午在区机关三楼会议室召开。会议讨论并通过区委常委会组成方案，报告中国共产党南岔区（局）第十七届委员会书记、副书记、常委预选人情况说明和建议名单；正式选举了中国共产党南岔区（局）第十七届委员会书记、副书记、常委。通过了区纪律检查委员会书记、副书记、常委。选举结果如下：书记牛毓山，副书记王若森、马伟斌、吕惠岩、吴伊森。常委牛毓山、王若森、马伟斌、吕惠岩、吴伊森、岂凤桐、刘铁夫、李向东、孙秀福。纪委书记吕惠岩，副书记王维江、于学勤。常委吕惠岩、王维江、于学勤、张化民、李兴武、高飞、段光孝。

中国共产党南岔区（局）十七届二次全委（扩大）会议于2003年3月3日在区机关二楼会议室召开。会议的主要任务是：以党的十六大、十六届三中全会精神为指导，认真贯彻落实全省森工工作会议和市委九届十二次全会精神，回顾2003年工作，安排部署2004年工作，动员全区广大党员、干部和群众，进一步认清形势、抢抓机遇、开拓创新，为加快本区经济社会发展而努力奋斗。区委书记牛毓山作题为“认清形势、抢抓机遇，不断加快全区经济社会发展步伐”的讲话。

中国共产党南岔区（局）十七届三次全委（扩大）会议于2004年8月3日在区机关二楼会议室召开。会议的主要任务是：认真贯彻市委九届十三次全会精神，回顾总结2004年上半年工作，认真查找问题和不足，安排部署下半年工作任务，进一步认清形势、凝聚力量、狠抓落实，努力开创本区经济社会发展新局面。区委副书记、区长王若森作题为“认清形势、狠抓落实，确保完成全年各项工作任务”的讲话。

中国共产党南岔区（局）十七届四次全委（扩大）会议于2005年1月27日在区机关二楼会议室召开。会议的主要任务是：以党的十六大、十六届四中全会精神为指导，深入贯彻市委九届十四次全会精神，回顾总结2004年工作，安排部署2005年工作任务。区委书记牛毓山作了题为“抢抓机遇、扎实工作，努力推进全区经济社会协调可持续发展”的讲话。

中国共产党南岔区（局）十七届五次全委（扩大）会议于2005年8月11日在区机关二楼会议室召开。会议的主要任务是：认真贯彻市委九届十五次全委（扩大）会议精神，回顾总结上半年工作，安排部署下半年工作任务，动员全区各方面力量，抓住资源型城市经济转型这一难得机遇，凝心聚力，采取有效措施，确保圆满完成全年各项工作目标。区委书记牛毓山作了题为“抓住机遇，加快发展，努力推进经济社会事业全面进步”的讲话。

第三节　常委会会议

中国共产党南岔区（局）十三届常委会（扩大）会议共召开61次。常委会主要议题:（1）全面提高企业素质，促使经济秩序走上正轨。（2）经济建设稳步发展，人民生活条件日益改善。（3）民主政治和法治建设不断加强，社会秩序持续稳定。（4）社会主义精神文明建设不断加强，教育、科技、文化等项事业要有新发展。（5）促进党风逐步好转等进行研究讨论作出了相应的决定。

中国共产党南岔区（局）十四届常委会（扩大）会议共召开62次。常委会主要议题:（1）加快各项经济建设。（2）增强党组织的战斗力。（3）加强民主与法治建设。（4）进一步提高企业综合素质。（5）人民生产生活环境得到日益改善。（6）促进科技、教育、文化、卫生等项事业发展等进行研究和讨论并作出了相应的决定。

中国共产党南岔区（局）十五届常委会（扩大）会议共召开86次。常委会主要议题:（1）加快经济建设步伐。（2）积极推进各项改革。（3）积极推进结构调整。（4）提高企业管理水平。（5）努力加强党的建设。（6）大力加强精神文明建设和改善人民生活水平等进行研究讨论并作出了相应的决定。

中国共产党南岔区（局）十六届常委会（扩大）会议共召开88次。常委会主要议题:（1）促进国民经济稳步增长。（2）加快结构调整步伐。（3）积极推进改革开放。（4）大力实施天保工程。（5）努力改善人民生活环境，提高生活水平。（6）加强精神文明和民主法治建设。（7）加强党的建设等进行研究讨论并作出了相应的决定。

中国共产党南岔区（局）十七届常委会（扩大）会议至2005年末共召开28次。常委会议主要议题:（1）促进全区经济社会全面发展。（2）切实加强文化建设和政治建设。（3）生态环境得到改善，森林资源得到较好保护和恢复。（4）全力推进工业立区战略，大力发展民营经济，培育扶强五大支柱产业。（5）加快发展、改善人民生活水平。（6）就全面加强和改进党的建设等进行研究讨论并作出了相应的决定。

第四节　重要会议

1986年6月19日，区委工作会议在机关二楼会议室召开。主要任务是：贯彻全国六届人大四次会议和市委工作会议精神，开创南岔区人大、政协工作新局面。区委书记毛景春在会上讲话；市人大常委会主任杨福星、市政协主席关祥文参加会议并讲话。

1987年3月1日，区委、区政府工作会议在机关二楼会议室召开。主要任务是：认真学习贯彻中央4号、5号、6号文件；传达贯彻省委全委（扩大）会议、省委工作会议、市委工作会议精神；部署本区下步工作任务。会上区委书记毛景春，区委副书记、区长张宝兴分别讲话。

1987年8月6日，区委、区政府政法工作会议在二楼会议室召开。主要任务是：认真贯彻全市政法工作会议精神，并结合全区实际，安排部署下一步政法工作任务。对历时三年多的“严打”战役作出全面总结，分析了当前的治安形势和基本发展趋势，提出全区政法工作的近期奋斗目标，部署下步政法工作。会上，区委副书记李殿文根据区委常委会讨论意见讲话。

1987年8月10日，区委工作会议在机关二楼会议室召开。主要任务是：传达贯彻市委工作和市政府八届二次全委（扩大）会议精神，动员全区广大人民群众为全面完成全年各项任务而努力奋斗。会上，区委书记毛景春作工作报告，区委副书记、区长王福义作总结讲话。

1988 年 10 月 28 日，区委、区政府政法工作会议在机关二楼会议室举行。主要任务是：传达省、市委工作会议精神，学习中纪委致黑龙江省委、省政府的信和张惠芳、聂秉林在市委工作会议上的讲话，并对当前全区的安全、防火和防汛等项工作进行安排部署。会上，区委副书记李殿文作题为“认清形势、再鼓干劲，争取社会治安秩序持续稳定”的讲话。

1989 年 2 月 25 日，区委工作会议在机关二楼会议室召开。主要任务是：传达贯彻市委工作和市政府八届二次全体（扩大）会议精神，总结 1988 年工作，部署 1989 年任务，动员全区广大人民群众为全面完成全年各项任务而努力奋斗。会上，区委书记毛景春和区委副书记、区长王福义讲话。

1990 年 8 月 18 日，区委、区政府工会会议在区机关二楼会议室举行。主要任务是：传达贯彻省委六届六次全体委员会议、市委七届五次全体委员会议、省森工总局党委扩大会议精神，进一步认清形势、振奋精神，调动一切积极因素，确保本区经济的稳步健康发展。会上，区委书记毛景春作题为“调动一切积极因素，确保我区经济的稳步健康发展”的重要讲话，区委副书记、区长王福义作总结讲话。

1991 年 1 月 15 日，召开区委全区农业工作会议。主要任务是：认真贯彻落实中共十三届七中全会和中共中央、国务院通知以及省市关于大力发展农业的精神，分析农业发展的形势，研究进一步发展农业的措施。区委书记毛景春和区长王福义分别在会上讲话。

1991 年 4 月 27 日，区委、区政府在机关二楼会议室召开全区德育工作会议。主要任务是：总结交流德育工作经验和方法，表彰奖励先进集体和个人，明确今后德育工作任务和要求。副区长董仲喜在会上讲话。

1991 年 7 月 21 日，召开区委组织工作会议。主要任务是：传达贯彻中央、省、市三级组织工作会议精神，研究如何结合实际抓好落实工作。会上，区委书记王福义和区委副书记刘兴贵分别在会上讲话。

1991 年 11 月 19 日，区委、区政府在机关二楼会议室召开政法、社会治安综合治理工作会议。主要任务是：传达贯彻落实省、市有关会议精神，统一思想、认清形势、明确任务，落实措施，为进一步开创政法和社会治安综合治理工作的新局面奠定良好的基础。区委副书记张景龙和副区长董仲喜分别在会上讲话。

1992 年 8 月 31 日，区委、区政府在机关二楼会议室召开全区经济工作会议。主要任务是：全面贯彻全市经济工作会议精神，总结今年以来南岔区经济工作的情况，分析存在问题的原因，安排部署今后几个月的工作，确保全年各项工作任务的圆满完成。会上，区委书记王福义和代区长刘增新分别讲话。

1992 年 9 月 25 日，区委、区政府在机关二楼会议室召开全区科技大会。主要任务是：通过贯彻省、市科技宣传和科技工作会议精神，总结和部署南岔区科技工作，进一步增强科技意识。调动全区各方面的力量，加快科技工作步伐，促进科技与经济的紧密结合，大力推进“科技兴区”战略的实施，力争早日振兴南岔经济。会上，区委书记王福义作题为“强化科技意识，依靠科技进步，大力加速全区经济建设发展步伐”讲话；代区长刘增新作了题为“强化科技进步，大力加速全区经济建设发展步伐”重要讲话；代区长刘增新作题为“以经济建设为中心，加快科技工作步伐，大力推进我区经济建设稳步发展”的讲话。

1992 年 10 月 31 日，区委、区政府在机关二楼会议室召开全区教育工作会议。主要任务是：传达贯彻全市教育工作会议精神，总结和部署教育工作，进一步提高各级领导及全区人民对教育战略地位和重要作用的认识，加快教育改革与发展步伐，促进教育与经济的紧密结合。会上，区委书记王福义作题为“深化教育改革，发展教育事业，培养林区经济建设的合格人才”的讲话；副区长程厚贵作题为“坚持‘两服务’方向，加快改革步伐，努力推进我区教育事业再上新台阶”的讲话。

1993 年 4 月 1 日，区委、区政府在机关二楼会议室召开全区政法工作会议。主要任务是：传达贯彻全国和省、市委工作会议精神，安排部署 1993 年全区政法工作任务，兑现和签订社会治安和综合治理责任状。会上，区委书记王福义作题为“认清形势、加强领导，把我区政法工作提高到新水平”的讲话，副区长董仲喜作总结讲话。

1993 年 7 月 24 日，区委、区政府在机关二楼会议室召开全区个体私营经济工作会议。主要任务是：总结全区个体私营经济工作会议，交流发展个体私营经济方面的经验，表彰奖励个体私营业者的先进典型，研究部署今后一个时期发展个体私营经济工作，动员全区各方面力量，大力推进个体私营经济的快速发展。会上，区委书记王福义作了讲话；副区长刘吉庆作题为“明确任务，乘势而上，大力推进我区个体私营经济的快速发展”的报告。

1994 年 2 月 2 日，区委、区政府在机关二楼会议室召开全区经济工作会议。主要任务是：传达贯彻全市经济工作会议和省市有关产权制度改革工作会议精神；贯彻落实中国共产党南岔区十五届四次全委（扩大）会议精神，总结上半年的经济工作，分析面临的经济形势，安排部署今年的主要经济工作任务。会上，区委书记王福义作了题为《围绕建立社会主义市场经济体制，保证南岔区经济持续、快速、健康发展》的讲话；区委副书记、区长刘增新作题为“以改革为动力，鼓足干劲、开拓进取，积极推进我区经济建设再上新台阶”的讲话。

1995 年 2 月 28 日，区委在机关二楼会议室召开全区经济工作会议。主要任务是：按照全市经济工作会议精神和区委十五届五次全委会议精神，研究确定今年全区经济发展的指导思想、重点任务和具体措施，争取经济工作的更大进步，为实现到本世纪末翻两番奔小康的宏伟目标打下良好基础。会上，区委副书记、区长刘增新作了题为“明确任务、加快发展，大力推进全区经济再上新台阶”的重要讲话。

1995 年 4 月 7 日，区委在机关二楼会议室召开全区政工例会。主要任务是：传达贯彻全市政工例会精神，总结过去一年来南岔区宣传、组织和纪检工作，明确 1995 年工作的指导思想、主要任务。区委副书记张景龙在会上讲话。

1996 年 5 月 10 日，区委在机关二楼会议室召开全区政工例会。主要任务是：贯彻落实十四届五中全会精神，江泽民关于讲政治的重要指示，省委宣传思想工作会议精神和市委第七次政工例会精神和安排部署 1996 年全区组织工作和纪检监察工作。区委书记王庆山在会上讲话，区委副书记张景龙、刘洪增在会上讲话。

1997 年 3 月 14 日，区委在机关二楼会议室召开全区政法暨社会治安综合治理工作会议。主要任务是：传达贯彻全省、全市政法工作会议精神，安排部署 1997 年全区政法工作暨社会治安综合治理工作；兑现 1996 年社会治安综合治理责任状，签订 1997 年社会治安综合治理责任状。区委副书记刘洪增在会上讲话。

1998 年 3 月 20 日，区委在机关二楼会议室召开全区政法工作会议。主要任务是：传达贯彻全国政法工作会议和省委、市委政法工作专题会议精神，安排部署 1998 年全区政法和社会治安综合治理工作；兑现 1997 年社会治安综合治理责任状，签订 1998 年社会治安综合治理责任状。区委副书记魏长宽在会上讲话。

1999 年 5 月 18 日，区委在机关二楼会议室召开全区党风廉政建设、反腐败工作会议。主要任务是：认真贯彻中纪委三次全会、省纪委二次全会、市纪委五次全会精神，部署南岔区党风廉政建设和反腐败工作。区委书记王庆山在会上讲话。

2000 年 4 月 24 日，区委在机关二楼会议室召开全区政法工作会议。主要任务是：传达贯彻全国和省、市政法工作会议精神，兑现 1999 年社会治安综合治理责任状，签订 2000 年责任状，安排部署全区 2000 年政法和社会治安综合治理工作任务。会上，区委副书记魏长宽讲话。

2000年4月25日，区委在机关二楼会议室召开全区经济工作会议暨进一步密切党和政府同人民群众关系工作会议。主要任务是：认真贯彻全市经济工作会议、全市进一步密切党和政府同人民群众关系工作会议和市政府十届三次全委（扩大）会议精神，安排部署2000年经济工作和进一步密切党和政府同人民群众关系工作。区委书记牛毓山作题为“解放思想，狠抓落实，紧紧依靠职工群众做好全区各项工作”的讲话，区委副书记、区长王若森作题为“加快调整，提高经济运行质量和效益，以多元经济的新模式迎接新世纪”的讲话。

2000年7月24日，区委在机关二楼会议室召开全区稳定工作会议。主要任务是：传达贯彻全省排查群体矛盾处理集体上访工作会议、全省“6·13”紧急会议、全省信访办主任会议和全市稳定工作会议精神，安排部署全区维护社会政治稳定工作。区委副书记徐忠义在会上讲话。

2000年8月9日，区委在机关二楼会议室召开学习推广双丰经验交流会。主要任务是：认真贯彻落实全市企业改革与发展经验交流会精神，学习推广双丰经验，加快经济结构战略性调整，促进经济快速发展。会上，区委书记牛毓山作题为“学好双丰经验，全力实施‘内调外引、富民兴区’战略”的讲话，区委副书记、区长王若森作总结讲话。

2000年10月24日，区委在机关二楼会议室召开区委工作会议，主要任务是：贯彻中共十五届五中全会精神，传达全市党风廉政建设治本措施推进会议、全市改善经济发展环境专题推进工作会议、全市政务（厂务）公开经验交流会议和全市思想政治工作会议精神，总结工作，部署今后一个时期的党风廉政建设、改善经济发展环境、政务（厂务）公开、思想政治工作及当前工作任务。会上，区委书记牛毓山讲话，区委副书记、区长王若森作总结讲话。

2001年3月21日，区委在机关二楼会议室召开全区经济工作会议。主要任务是：贯彻落实市政府工作会议、全市财政、计划、劳动保障、资源、经贸、外经贸暨招商引资工作会议和区委十六届五次全委（扩大）会议精神，兑现2000年目标管理责任状，签订2001年目标管理责任状。总结过去一年的经济工作，安排部署今年的工作任务。区委书记牛毓山，副书记、区长王若森分别讲话。

2001年4月25日，区委在二楼会议室召开全区社会治安整顿和规范市场经济秩序、信访工作会议。会议的主要任务是：贯彻落实中央、国务院和省市社会治安整顿和规范市场经济秩序工作会议精神，扎扎实实地做好南岔区社会治安整顿和规范市场经济秩序以及信访工作。区委书记牛毓山在会上作题为“精心组织、迅速行动，扎扎实实地抓好各项工作的贯彻落实”的讲话。

2001年7月11日，区委在二楼会议室召开全区“三个代表”重要思想学习教育活动动员会议。主要任务是：认真贯彻落实全市“三个代表”重要思想学习教育活动动员大会精神，结合实际，对全区“三个代表”重要思想学习教育活动进行安排部署。区委书记牛毓山、市驻南岔指导督查组组长冯生在会上讲话。

2001年11月2日，区委在二楼会议室召开全区“三个代表”重要思想学习教育活动总结表彰暨转变作风专项推进工作动员大会。主要任务是：总结全区“三个代表”重要思想学习教育活动工作情况，对学教活动中涌现出的先进集体和先进个人进行表彰，对下步转变作风专项推进工作做出原则部署。区委书记牛毓山、市驻南岔指导督查组组长冯生在会上讲话。

2002年3月10日，区委在二楼会议室召开全区“三个代表”重要思想学习教育回访复查和再复查工作动员大会。主要任务是：认真传达贯彻市委会议精神，研究部署全区村级和林场（所）学习教育活动的回访复查和部门、乡镇学习教育活动的再复查工作，进一步巩固和扩大“三个代表”重要思想学习教育活动成果，把学习教育活动继续引向深入。区委副书记马伟斌讲话。

2003年2月25日，区委、区政府召开全区重特大案件侦破表彰奖励大会。市政府副市长李前龙，市公安局党委书记徐兴福、副局长孙彦凤参加会议。会议向全区发出《区委、区政府关于向娄海龙等同志学习的决定》，对立功受奖的公安分局集体和干警进行了表彰奖励。副市长李前龙、区委书记牛毓山分别讲话。

2003年4月4日，区委、区政府在机关二楼会议室召开全区政法工作会议。主要任务是：传达省、市政法工作会议精神；兑现2002年社会治安综合治理责任状；签订2003年社会治安综合治理责任状；安排部署2003年全区政法、综治工作。区委副书记马伟斌在会议上讲话。

2003年4月18日，区委、区政府在机关二楼会议室召开全区党风廉政建设、创建优良经济发展环境工作会议。区委副书记、纪委书记吕惠岩作全区党风廉政建设工作报告。宣读南岔区人民政府向投资者颁发贵宾卡有关规定及全区挂牌保护企业决定；签订领导干部廉洁从政责任状；宣读对2001—2002年“双评工作”最佳单位的表彰决定。市纪委副书记毕志毅，区委副书记、区长王若森讲话。

2005年1月26日，区委在机关二楼会议室召开保持共产党员先进性教育活动动员大会。会议全面安排部署党员先进性教育活动工作，下发《中共南岔区委开展以实践“三个代表”重要思想为主要内容的保持共产党员先进性教育活动准备工作的实施意见》《关于第一批开展保持共产党员先进性教育活动的实施方案》《全市保持共产党员先进性教育活动动员大会精神传达提纲》《南岔区关于第一批开展共产党员先进性教育活动日程安排表》等相关文件。区委书记牛毓山、市驻区督导组组长于水就如何开展好先进性教育活动讲话。

2005年4月30日，区委、区政府在机关二楼会议室召开全区经济工作暨对上争取和招商引资表彰奖励大会。主要任务是：宣读《对上争取和招商引资表彰奖励的决定》；宣读荣获对上争取和招商引资的先进集体和先进个人名单。会议奖励对上争取资金的11个先进单位和11名先进个人，奖励招商引资8个先进单位和8名先进个人。区委副书记、区长林宏坤在会议上讲话。

2005年7月11日，区委在机关二楼会议室召开第二批保持共产党员先进性教育活动工作会议。会议对第一批先进性教育活动进行总结，对第二批先进性教育活动进行安排部署，下发《第二批保持共产党员先进性教育活动实施方案》和《第二批党员先进性教育活动学习提高阶段日程表》等相关文件。区委书记牛毓山、市委督导组组长于水在会议上讲话。

2005年7月13日，区委、区政府在机关二楼会议室召开南岔区第一五届“十佳公仆”“优秀公仆”表彰奖励会议。区委副书记马伟斌作了重要讲话。

2005年7月29日，区委、区政府在机关二楼会议室召开防汛紧急会议。会议传达市委书记杨喜军关于防汛工作的四点意见；会议要求全区上下进一步增强防汛意识，强化防汛工作措施，确保防汛工作万无一失。区委书记牛毓山讲话。

2005年9月12日，区委、区政府在机关二楼会议室召开全区庆祝第二十一个教师节暨表彰奖励大会。区委、区政府决定，授予高级中学等7个单位“教育系统先进集体”荣誉称号；授予喻美平等67人“教育系统先进个人”荣誉称号；授予闵玉龙等16人区级“优秀教育工作者”称号；授予浩良河化肥厂等7个单位“尊师重教先进集体”荣誉称号。区委书记牛毓山在会上讲话。

2005年12月8日，区委在机关二楼会议室召开第三批保持共产党员先进性教育活动工作会议。会议对第二批先进性教育活动进行了总结，对第三批先进性教育活动进行动员部署。会议还下发《第三批保持共产党员先进性教育活动学习动员阶段指导意见》和《第三批保持共产党员先进性教育活动学习动员阶段日程表》等相关文件。区委书记牛毓山讲话。

第三章 工作机构

1986—2005年，中国共产党南岔区（局）委员会下设区委办公室，组织部、宣传部、统战部、精神文明办公室、纪检监察、政法委、党校、老干部办、关心下一代工作委员会等工作机构。各工作部门在区委统一领导下，紧紧围绕不同时期党的中心工作，全面加强党的建设，党员素质不断提高，党员队伍不断发展壮大。加强党的理论教育，党风廉政建设、惩治腐败，纠正部门和行业的不正之风，使党风和社会秩序明显好转，社会主义精神文明建设取得可喜成果。狠抓社会治安综合治理工作，使社会风气明显好转，民主和法治建设不断加强。老干部待遇得到落实，关心下一代工作取得良好效果。全区经济快速发展，社会环境进一步优化，人民生活水平普遍提高，社会发展全面进步。

第一节 办公室工作

一、机构

1986年，区委办公室设主任1名，副主任1名，调研员3名。编制10人。1988年，区委设机要室，机要员3人。机要室隶属区委办公室。1993年11月，机要室改称机要科，设副科长1名。1996年3月，区委办公室增设副主任1名。1997年，区机关精简机构，设主任1名，副主任1名，调研员3名。机要科复称机要室，设主任1名。区委办公室编制12人。2001年11月，区机关机构改革，机关党委归属区委办公室。区委办公室主任兼任机关党委书记，机关党委设副书记兼工会主席1名。区委办公室编制11人。2005年，区委办公室设主任1名，副主任2名，机要室主任1名，机关党委副书记1名，工会主席1名。区委办公室编制12人。

二、调研

1986年，区委办公室在调研工作中，围绕如何综合开发山区资源，致富南岔、振兴南岔；围绕地方工业、改革农村产业产品结构，强化思想政治工作，中小学德育教育，企业管理等方面开展专题调研。四年中，共写出思想性、建设性和指导性比较强的调查报告78篇。其中区委转发12篇，省、市委简报转载8篇；《伊春情况》《工作研究》《伊春社会科学》《林业经济研究》《森工工作研究》《黑龙江森工》刊发18篇。为本级领导和上级领导决策提供较有价值的参考资料。

1990年，在调研工作中，围绕治理经济环境、整顿经济秩序、深化各项改革；调整产业产品结构，保证经济稳步、持续、协调发展；贯彻“科技兴区”方针，依靠科技进步，大力发展教育事业；治危兴林，搞活致富基层；深度加工“三剩”资源，劳力转移、庭院经济、大上农业；在加强党的建设，进一步增强党的凝聚力、战斗力等方面开展专题调研。共写出调研报告57篇，其中市级刊物采用6篇，10篇被市委经济工作会议编成刊物作为文件传阅，有6篇直接为领导决策提供了依据。1990年，在省森工系统和市委办主任座谈会上，以《发挥优势，不断探索，努力搞好调研工作》为题作介绍经验。

1999年，在调研工作中，围绕经营所深化改革，贮木场、林场的综合开发、抗洪救灾、以改革促发展药厂科技兴企等内容调查研究。共写调查报告27篇，其中《工作研究》采用1篇,《伊春情况》采用18篇,《伊春通讯》采用1篇,《森工研究》采用12篇。

2005年，围绕“内调外引、富民兴区”；调整森林经营方式，实施划区管护经营；调整企业经营机制，实行国有民营；调整所有制结构，发展个体私营经济；调整产业产品结构，积极发展农业和多种经营；推进“天保工程”和山区开发以及加强企业管理等课题调研。区委常委，政府正、副区长都按重点调研课题分工开展调研。共写调研报告22篇。

三、《南岔情况》编发

198—2005年，区委办公室自办内部刊物《南岔情况》，每期都围绕党的中心工作、区委的工作部署，切实发挥了其指导工作、服务领导、服务基层的作用。

四、区机关党委

机构 1986年，机关党委隶属区委。设党委书记1名，工会主席1名，纪检委员1名。编制4人。下属26个党支部，600多名党员。2001年11月，区机关机构改革，机关党委隶属区委办公室。办公室主任兼机关党委书记，设副书记1名，工会主席1名。2005年，机关党委下属24个党支部，党员389名。

学习教育活动 1986年，组织党员、干部和群众认真学习贯彻和执行中共十三大重要文件精神，围绕着各项改革、坚持以经济建设为中心，创新务实地开展了各项工作。加强了党的思想建设、组织建设和作风建设，提高党的战斗力，面向基层搞好服务，开创了“两个文明”建设的新局面。认真做好党员发展工作，不断壮大党员队伍。在发展新党员的同时，注重党的积极分子队伍建设，对入党积极分子队伍进行了3次整顿、调整和充实。各支部坚持开展“三会一课”活动，确保每周两个学习日。

1991年，为全面提高党员素质，加强党的“一个中心，两个基本点”的基本路线教育和邓小平提出的关于建设具有中国特色的社会主义理论教育，全面贯彻落实中共十四大精神，结合机关实际、制定学习规划，形成自上而下的学习网络。三年中，坚持为每一个支部、科室订一份《党纪党风》，组织各支部订阅《党的生活》。加强党风廉政建设，在分房、奖励工资、子女当兵等方面，严格要求各级领导干部带头廉洁自律、奉公守法，保持清正廉洁，当好人民公仆。把整顿机关风纪、反官僚主义作为一件大事来抓，使机关作风和风气有了较大的好转。不间断地开展弘扬雷锋精神、争做现代四有新人活动，举办专题演讲会，三年中，参加各类体育竞赛12次，各种知识竞赛10次。在植树节，组织机关广大职工义务植树4800余株。每年春季组织机关干部清理垃圾10余车，上街防火宣传3次，共出板报46期，举办各种文体活动17次。

1994年，在党员干部中深入开展了向焦裕禄、孔繁森、李素丽等先进人物学习活动。举办各种类型政治与业务学习班12期，机关200多名职工参加了学习培训，思想、政治素质有了明显提高。还开展了“争先创优”活动，机关的29个支部有20个支部成为标准化党支部。狠抓反腐倡廉工作，对一些行政执法和经济杠杆部门工作作风存在的问题，执行监督检查工作。按照上级及区委、区纪委有关文件精神，加大了严禁用公款吃喝及党政机关工作人员婚丧事大操大办和公车私用等项工作的宣传力度。抓好精神文明建设，通过演唱会、联欢会等形式进行爱国主义、集体主义教育，连续两年组织机关干部“百人大合唱”参加区文艺会演，获得了优秀奖。三年中，共参加篮球、棋类、环城长跑、各种知识竞赛20次。每年冬季来临，各科室以雪为令，按照各自分担区清扫积雪，保障行人、车辆的安全。1996年，机关干部为灾区人民捐款16195元、衣物604件、灭菌药22公斤。

1999年，面临林区“两危”的困难局面，在工资拖欠的情况下，机关党委教育党员干部带头克服困难，共渡难关，变消极因素为积极因素，带头做好职工思想和矛盾化解等工作，保证了机关良好稳定的工作秩序。十五大闭幕后，机关党委对学习、贯彻十五大精神进行安排部署，充分利用座谈讨论、板报等宣传形式对十五大精神进行宣传和学习，出板报五期，还刊出学习十五大、贯彻十五大专栏。先后组织了两次由副科级以上干部和一般干部参加的十五大内容问卷答题。订购《什么是社会主义市场经济》《社会主义法制建设基础知识》《现代科学技术基础知识》3本书，以函授学习方式下发答题，副科级以上干部参加答题，收到良好效果。认真做好社会治安综合治理工作，建立健全组织机构和各项规章制度，利用会议和板报等形式不断宣传此项工作。在春、秋季防火中，每年机关干部都参加全区组织的防火宣传，大风天能以警笛为令，各科室下到包片单位协助检查防火工作。

2000年，在机关党员中开展“三讲”“三个代表”“三个带头人”活动、“两个务必”教育和加强“两风”建设工作，使干部的整体素质有显著提高。认真做好发展党员工作，严格履行发展党员工作程序，全面推行发展党员公示、预审制度，保证发展对象的质量。在各部门副科级以上干部中开展“岗位勤政、权力廉政、身边德政、家庭风正”的百日廉政教育活动。在扶贫解困工作中，圆满结束第二轮扶贫解困工程。机关干部所包扶的36户贫、特困职工全部脱贫。在第三轮扶贫解困工作中，机关44个部门共确定帮扶对象44户，全部落实了帮扶部门责任制。

2005年，按照区委统一部署，机关党委下属24个党支部，参加了第一批保持共产党员先进性教育活动。活动经过“学习动员、分析评议、整改提高”三个阶段，基本上达到了思想上有明显提高、政治上有明显进步、作风上有明显改进、纪律上有明显增强、干群关系有明显好转的根本目标。根据工作需要，机关党委对直属24个党支部书记、委员重新进行调整和充实。在机关党员中开展以弘扬雷锋精神为主题的党日活动。2004年4月20日，组织全体党员（包括处级以上领导）干部进行冰雪垃圾出城义务劳动，仅用2个多小时，清出污冰和积雪垃圾100多吨。机关党委在党建工作中，开展“我为党旗争光彩”主题实践系列活动。把落实“我为党旗争光辉”主题实践系列活动与推进本部门政治、经济工作结合起来，与加强社会稳定构建和谐社会结合起来，从而为党的各项工作提供坚强的组织保证。在春季植树造林活动中，机关党委组织机关全体干部和公、检、法干警近1000多人参加这一活动，植树6000多株。在全区纪念“抗日战争胜利60周年”歌咏大会上，机关党委组织50人参加大合唱，并获得优秀组织奖。

1986—2005年，机关党委先后于1987年12月5日、1991年1月5日、1994年1月29日、1996年12月18日、1999年10月28日、2003年9月25日召开6次区机关党员代表大会。

第二节　组织工作

一、机构

1986年，区委组织部设部长1名，副部长1名，编制9人。1989年12月，增设副部长1名。1997年3月，按照市委统一安排，南岔区党政机关机构精简，撤销了老干部办公室，保留老干部活动室，设主任1名，隶属区委组织部。2001年11月，根据《伊春市辖区党政机构改革方案》的通知精神，以1997年核定的编制控制数为基础，对机构和人员进行合并精简。区委组织部编制7人，其中部长1名，副部长1名。2005年，组织部设部长1名，副部长3名（其中1人兼人事局局长），编制9人。

二、基层组织建设

1986年，全区共有基层党组织316个。其中区直属党委6个、总支18个、支部59个，基层下属支部233个。全区各级党组织广泛开展“争先创优”竞赛活动。“七一”前夕，在基层推荐和认真评选的基础上，区委对改革和建设中做出优异成绩的11个区直先进党委、总支、支部，26个基层下属支部予以表彰和奖励。1988年，全区基层党组织换届一律实行差额选举，并在迎春乡进行试点，到年底，45个到届的基层党组织除2个有特殊情况推迟到下一年外，其余全部按期进行了改选。1991年，开展标准化党支部建设活动，当年，全区85个基层党组织有43个实现标准化，236个下属党组织有120个实现标准化。1992年，评出14个先进党组织，30个标准化党支部。1993年，涌现省级先进党支部1个，市级标准化党支部3个，区级先进党组织15个，标准化党组织和党支部114个，达标率为73.7%。1999年7月，为进一步加强对流动党员的管理教育，组织部设立了流动党员管理服务中心。在浩良河镇、晨明镇和工商分局设立流动党员管理站，凡有流动党员的党组织都建流动党员管理点。11月，省委下发《黑龙江省党费收缴、管理、使用细则》，规定党员交纳党费的比例为：每月工资收入在400元（含400元）以下者交纳月工资收入的0.5%；400元以上至600元（含600元）者交纳1%；600元以上至800元（含800元）者交纳1.5%；800元以上（税后）至1500元（含1500元）者交纳2%；1500以上（税后）者交纳3%。农民党员每月交纳0.2元。2001年，区委为加强非公有制经济组织党的建设工作，先后出台《加强非公有制经济组织党的建设工作的指导意见》《南岔区委关于加强非公有制经济组织党的建设工作的意见》《南岔区非公有制企业党建工作制度》系列指导性文件。确定“宜独则独，宜联则联”的组织原则，对已具备组建党组织条件的企业，全部建立党组织，对暂时还不能建立党组织的企业，针对不同情况，提出组建工作时间表。2002年，区委为全区社区居委会选聘党支部书记24人。2004年，区委针对基层组织建设中的薄弱环节，提出“四抓”（抓基础、抓载体、抓典型、抓中心），工作思路抓基础，就是针对个别基层党组织抓党建满足于一般要求、一般号召，忽视党建基础性工作等问题，从日常性、基础性工作入手，不断夯实党建工作基础。先后制定、完善《流动党员管理制度》《下岗职工党员管理制度》《待就业退役军人党员管理制度》《定期参加组织生活制度》等12项制度，有效地保证基层组织的基础性工作的开展和落实。抓载体，就是通过开展保持共产党员先进性教育活动，把发展民有林，壮大职工家庭经济、农村党组织“三级联创”、扶贫解困工作、建设小康之家、争做文明社区等活动紧密结合起来，相互补充，相互促进。抓典型，就是通过身边典型的引路，带动和引导党员发挥先锋模范作用。抓中心，就是抓住职工增收、群众致富这个中心，认真解决职工生产生活中存在的实际问题。把促进经济发展，提高群众生活水平，作为检验党建工作的重要标准。2005年，具备建立党组织条件的14户非公企业都已建立独立党支部。同时推荐25名党建工作指导员到不具备建立党支部条件的企业指导党建工作。为了达到标本兼治的目的，区委制定和完善《党组织定期征求群众通报制度》《党员教育培训制度》等一系列长效机制。截至2005年年末，全区共有基层党组织255个，其中区直属党（工）委11个、总支14个、支部51个。

三、党员教育

理论教育 1986年，区委组织全区党员认真学习中共十二届六中全会通过的《中共中央关于社会主义精神文明建设指导方针的决议》，对全区83个基层单位书记进行培训。广泛开展“我为党旗争光辉活动”。着重抓三个环节：抓党性教育，为争光辉活动打下坚实的思想基础；运用正反两方面的典型开展教育，增强“免疫力”；领导带头端正党风，在“改”字上下功夫。1987年，全区上下广泛开展先进人物群体的宣传活动。4月，区委精选出有代表性8名先进人物，组成报告团，历时3个月，深入全区63个单位巡回报告，使1.6万余名职工群众受到教育。1988年，区委组织广大职工开展生产力标准学习讨论。1989年，全区92个科室单位成立了近百个理论学习小组，系统学习了毛泽东著作、邓小平的讲话、江泽民的国庆讲话和《社会主义经济理论概论》。1990年，中共中央下发了《关于加强党同人民群众联系的决定》，各级党组织通过“三会一课”、理论学习、干部培训等形式，对广大党员、干部进行了马克思主义群众观点、群众路线的再教育。1991年，在全区党员干部中开展了《马克思主义哲学学习纲要》、《关于社会主义若干问题学习纲要》、《毛泽东选集》第二版、《邓小平文选》的学习，同时对全区副科级以上干部进行理论考核。1992—1999年，掀起学习邓小平南方谈话、《邓小平文选》三卷，以及十四大精神的热潮。对党员干部进行哲学和辩证唯物主义教育。2000年5月下旬，“三讲”教育在全区副处级以上干部中开展。党在各阶段的理论学说、政策法规、科学技术以及社会主义市场经济知识成为领导干部的学习重点。2001年7月，“三个代表”重要思想学习教育活动在全区党员干部中全面开展。每名党员干部均撰写多篇学习体会文章，平均记读书笔记万字以上。2003年12月31日，中共中央正式颁布实施《中国共产党纪律处分条例》和《中国共产党党内监督条例》。区委在全区科级干部中进行深入的学习宣传活动，并在区委党校举办两期专题培训班，全区近200名基层党政一把手参加学习培训，区委书记牛毓山授课。2005年，全区共举办各类培训班12期，共培训各类干部751人，完成全年培训计划的100%。

整党教育　1985年3月开始筹备第一批区级整党，6月正式启动，经历学改、查改、组织处理三个阶段，到1986年4月11日结束。参加这批整党的有区委、人大、政府、政协、纪检委五个班子和区机关、党校、公安局、法院、检察院、物资供应科、交通科、供销联社、工业科、设计队、电话所、市二中12个单位，717名党员，其中正副处级党员31人；正副科级党员234人；一般党员干部236人；其他党员216人。1985年10月20日第二批乡级整党筹备，1986年2月15日和3月15日分两批正式转入整党，共39个单位，其中基层党委3个、总支8个、支部28个，基层下属支部77个。参加这批整党的党员1205名（含预备党员60名），其中正副科级党员162人；一般党员干部278人；工人党员165人；青年党员2人；家属党员12人；农民党员11人；离退休职工党员515人。1986年4月24日第三批基层企事业整党筹备，6月1日正式开始。参加这批整党的有浩良河木材加工厂、浩良河水泥厂筹备处、晨明石灰厂等30个党组织。其中党委2个、总支6个、支部22个，下属支部65个。党员1190名（含预备党员412名），青年党员7人，家属党员18人。1986年7月第四批村级整党筹备，10月24日正式开始。参加这批整党的有浩良河镇、晨明镇、迎春乡3个党委所辖的27个村党支部，党员205名（含预备党员5名）。通过整党，全区合格党员由整党前的671名，上升到1691名，增加了1020名；基本不合格党员由整党前的187名减少61名。在整党中共整改了13个方面2760件问题，收缴回现金和物品折价计518488.16元。全区参加整党的党员中，给予登记的3360名，给予党纪处分的29名，其中开除党籍1人，留党察看10人，党内严重警告9人，警告8人，撤销党内职务1人。不予登记的9人，缓期登记的33人，取消预备资格1人，延长预备期3人，处理面占党员总数的2.1%。

农村社会主义教育　1991年4月，在“两镇一乡”的10个村及乡镇机关进行了社会主义思想教育试点工作。10月，社教工作在“两镇一乡”全面铺开。参加社教的共19个村、3085户，翌年4月结束。农村社会主义教育的目的主要解决五个问题。普遍提高干部、党员、群众的社会主义觉悟，用社会主义思想全面占领农村阵地；普遍提高干部、党员、群众的国家观念、集体观念，保证党在农村的各项方针政策全面正确地贯彻落实；进一步发挥党支部的核心领导作用和党员的先锋模范作用，增强党的战斗力、凝聚力和号召力；普遍增强干部、党员、群众的法律观念，促进农村的社会秩序不断好转；普遍增强干部、党员、群众依靠科技发展农村经济的自觉性，促进农村经济的健康发展。活动分为四个阶段。第一阶段为调查摸底，思想发动阶段；第二阶段为集中教育阶段；第三阶段为健全组织，问题整改阶段；第四阶段为检查验收，巩固成果阶段。

在四批三个层次整党中，共有6个基层党委，17个总支，62个直属支部和27个村支部，3363名党员参加整党，其中正副处级党员33名；正副科级党员545名；一般党员干部850名；工人党员679名；农民党员199名；青年党员9名；家属党员134名；离退休职工党员914名。

“三讲”教育　按照党的十五大和《中共中央关于在县处级以上党政领导班子、领导干部中深入开展以“讲学习、讲政治、讲正气”为主要内容的党性党风教育的意见》，以及市委关于做好第二批县处级单位“三讲”教育工作的通知，区领导班子和领导干部“三讲”教育活动于2000年5月下旬进入准备阶段，5月30日在区委、区人大、区政府、区政协、区纪委、区法院、区检察院、区公安分局8个班子中正式启动，至7月31日结束。9—11月开展“回头看”活动。“三讲”教育历时70天，分四个阶段。第一阶段为思想发动、学习提高阶段；第二阶段为自我剖析、听取意见阶段；第三阶段为交流思想、开展批评阶段；第四阶段为认真整改、巩固提高阶段。

通过“三讲”教育，做到思想上有明显提高，政治上有明显进步，作风上有明显改变，纪律上有明显增强，为实现“缓危解困、富民兴区”奋斗目标提供坚强的政治保证和组织保证。

“三讲”期间，8个班子共确定需要整改的问题14个方面83条，区委专门成立9个整改小组，进行专项整改，同时修订《个体私营经济若干规定》等系列政策规定242条，为群众做大量的实事好事，受到群众欢迎。

“三个代表”重要思想教育活动　2001年7月11日区“三个代表”重要思想学习教育活动正式启动，至10月2日结束。活动分为“学习培训、对照检查、整改提高”三个阶段。目标要求是：在代表先进生产力的发展要求方面，要推动全区经济结构调整，增加职工收入；基层班子整体素质和工作能力得到提高；在代表先进文化前进方面，要基层干部思想作风和工作作风得到明显改进，精神文明和民主法治建设得到进一步加强；基层组织建设工作实现整体上水平；在代表最广大人民群众的根本利益方面，要职工群众反映的突出问题得到基本解决。全区79个基层党组织，50个单位，3个试点村，5121名党员，3683名干部参加了学教活动，整项活动共征求各类意见和建议1681条，均进行了认真整改。

区村级“三个代表”重要思想学习教育活动从2001年11月7日开始启动，24个行政村105名学教对象参加教育活动，活动中共征求意见建议278条，进行认真整改，群众满意率达到95%以上。

“三个带头人”活动　为深入贯彻落实“三个代表”重要思想，真正把“三个代表”重要思想落实到基层，落到实处，全面贯彻落实十六大精神，把“三个带头人”（带头发展生产力、带头建设社会主义精神文明、带头为群众办实事）活动不断引向深处，成为各项工作的统领，完善党建工作的长效机制，全面加强党员教育工作，努力建设一支高素质的党员队伍。从2004年1月1日正式开展“三个带头人”活动，具体方法和步骤是：（1）制定规划和各项制度（1月1—31日）。区委“三带办”研究制定了《中共南岔区委“三个带头人”活动规划》《中共南岔区委“三个带头人”活动实施方案》。（2）继续深入加强理论学习工作（2月1日至4月30日）。学习的主要内容包括马列主义、毛泽东思想、邓小平理论、“三个代表”重要思想、胡锦涛在中央工作会议上的讲话、中央颁布的《共产党员工作条例》、中共十六大工作报告和十六届三中全会精神、干部任用条例、公民道德纲要、党章法律规定、反腐倡廉工作条例、市场经济理论、科学文化知识和实用技术。（3）树立先进典型、引导党员学先进（5月1日至6月30日）。各基层党组织要结合自身的工作实际，选树一批先进典型代表，用身边的事，教育身边的人，利用各种形式进行广泛宣传先进典型的事迹，以达到党员和群众受教育的目的。（4）学习教育先进典型事迹报告会工作（7月1日至8月30日）。区委组织先进典型群体到各单位进行宣讲，使党员干部和群众达到受教育的目的。（5）检查规划的落实情况（9月

1—15 日）。区“三个带头人”分战线对全区基层党组织和党员的“三个带头人”工作进行一次全面检查，并将检查的结果通报全区。（6）理论与实践统一，抓住工作的落实（9 月 16 日至 12 月 15 日）。抓住当前的中心工作，紧密结合工作的实际，以经济发展为中心，抓住振兴东北老工业基地建设和林区改革的有利契机，做好各项工作。（7）自检自查和全年的工作总结（12 月 16—31 日）。各级党组织要对本年度的“三个带头人”工作进行一次全面的自检自查。区“三带办”组织人员到基层单位进行了检查考核。

保持共产党员先进性教育活动 2004 年 4 月，开始进行先进性教育前的各项准备工作。按照中央省市委的部署，活动共分三批进行，时间从 2005 年 1 月至 2006 年 6 月末，每批半年时间。2005 年 1 月 26 日，区保持共产党员先进性教育活动正式启动，参加第一批学教活动的有区机关、公安分局、法院、检察院、粮食局、党校、环卫处、自来水公司、物资局、设计队、行政执法局、交通分局、国税分局、地税分局、新华书店和南岔宾馆共 16 个单位，其中党委 3 个、党总支 1 个、直属党支部 12 个（共计 57 个区直党支部和各单位所属支部）。党员 904 名，其中在职党员 662 名，离退休党员 127 名，特殊类型党员 115 名。活动经过“学习动员、分析评议、整改提高”三个阶段，到 2005 年 6 月上旬圆满结束。通过深入系统地学习理论，广泛听取各方面意见，严格查摆剖析存在的问题，认真开展批评与自我批评，坚持边学边改、边议边改，坚持高标准、高质量，不断巩固扩大“党员先进性教育”活动成果，基本上达到了思想上有明显提高、政治上有明显进步、作风上有明显改进、纪律上有明显增强、干群关系有明显好转的根本目标。第一批参加先进性教育活动为群众做好事 120 余件，收到锦旗 3 面，表扬信 15 封。

2005 年 7 月 11 日，区第二批保持共产党员先进性教育活动正式开始。参加第二批先进性教育活动的单位有乡镇机关、学校、医院、国有企业和非国有企业、街道办事处，共 60 个党组织。其中党委 4 个，党工委 4 个，党总支 15 个，区直属党支部 37 个。具体分布在 4 个街道办事处，3 个乡镇机关，13 所学校，18 个林场所，13 个市、区属企事业单位，非国有企业 9 个；应参加党员 3879 名，其中在职党员 1104 名，有偿解除劳动关系党员 569 名，待安置毕业生党员 7 名，待安置复转军人党员 27 人，停薪留职党员 13 名，请长假党员 62 名，其他党员 114 名，离退休党员 1983 名。第二批先进性教育活动以来，各基层党组织共为贫困党员送去米、面各 230 袋，豆油 200 公斤，衣物 526 件，捐款 10750 元。12 月 7 日，第二批保持共产党员先进性教育活动结束。12 月 8 日，第三批保持共产党员先进性教育活动开始进行。参加单位有区机关 4 个单位、两镇一乡和下辖的 27 个行政村，共计 31 个党支部，党员 426 名。

四、党员发展

1986 年，党员发展工作紧紧围绕各项改革和发展经济工作进行，既注重吸收知识分子入党，也特别注重在生产一线的工人和农民中发展党员；以新党章为准则，本着“积极慎重”的方针，坚持成熟一个发展一个，按照新时期的政审内容严格审查，坚持党员标准认真考核，严格履行入党手续，确保发展党员质量。年末统计全区党员总数 3689 人，其中女党员 456 名，少数民族党员 84 名。大专文化以上党员 211 名，中专文化以下党员 3478 名。35 周岁以下党员 811 名，36 ~ 45 周岁党员 724 名，46 ~ 54 周岁党员 1039 名，55 ~ 59 周岁党员 579 名，60 周岁以上党员 536 名。

1988 年，组织发展工作实行“三公开”（即培养积极分子公开，考察发展对象公开，审批预备党员公开）。

1990 年，区委组织部在发展党员中认真贯彻中组部提出的“坚持标准，保证质量，改善结构，慎重发展”的方针。一是加强积极分子队伍建设，定期整顿，按季写实，搞好培训，注重在生产和工作实践中使他们得到锻炼；二是层层把关，严格考察，认真履行程序，保证发展质量；三是抓好对预备党员的跟踪考察和转正工作，继续按季写实，认真履行转正手续，严格把好转正关。年末统计全区党员总数 4139 名。其中女党员 551 名，少数民族党员 116 名。大专文化以上党员 415 名，中专以下文化党员 3724 名。35 周岁以下党员 963 名，36 ~ 45 周岁党员 911 名，46 ~ 54 周岁党员 963 名，55 ~ 59 周岁党员 605 名，60 周岁以上党员 697 名。

1994 年，区委组织部从培养入党积极分子队伍入手，做好党员发展工作。提出生产一线工人、农民入党积极分子人数要达到党员总数的一半以上。在组织发展上，坚持全省党员发展座谈会提出的“控制数量、保证质量、突出重点、改善结构”16 字指导思想要求，重点发展生产一线工人、农民入党。要求全年发展党员，工人、农民要占 65% 以上。对预备党员继续实行追踪考察、写实培养等措施，确保发展党员工作高质量。

2000 年，在发展党员工作中，提出生产和工作一线的比例要不低于 80%，特别是一线工人、农民的比例要达到 55% 以上，高中以上文化程度的达到 80% 以上，35 周岁以下的达到 70%，妇女达到 30% 以上。入党积极分子必须经区委党校培训并经过党的基础知识、马克思主义哲学基础知识和邓小平理论基础知识三关考试，合格方能作为发展对象，成熟的发展对象还需经过“公示”后才能批准为预备党员。

2001 年，为进一步加强发展党员工作的监督和管理，提高发展党员工作透明度，保证发展党员工作的质量，区委组织部认真执行伊春市委《关于严格发展党员工作质量管理的有关办法（试行）》，结合本区实际，对拟发展对象实行公示，公示时间为 10 天。年末统计全区党员总数 5630 人。其中女党员 863 名，少数民族党员 111 名。研究生党员 3 名，大学本科党员 266 名，大学专科党员 742 名，中专文化党员 633 名，初中以下党员 715 名。36 ~ 45 周岁党员 1394 名，46 ~ 54 周岁党员 1409 名，55 ~ 59 周岁党员 473 名，60 周岁以上党员 1639 名。

2003 年，区委组织部认真贯彻执行《发展党员工作细则》，严格按照中央、省、市委关于发展党员工作的指导精神，认真实施发展党员公示制、责任制和改善农民党员队伍结构三年工程，积极培养各条战线优秀分子入党，严格履行发展党员程序，严把“五关”（即预审关、征求意见关、公示关、笔试面试关、协审关）。

2005 年，进一步强化制度建设，确保发展党员质量。在发展党员过程中，从“坚持标准、保证质量、改善结构，慎重发展”的工作角度出发，狠抓制度建设；严格把好“五关”。这些措施的出台，有效提高发展党员质量，保证党组织的纯洁性和先进性。年末统计全区党员总数 5817 人。其中女党员 906 名，少数民族党员 103 名。研究生党员 9 名，大学本科党员 330 名，大学专科党员 1034 名，中专文化党员 727 名，高中文化党员 896 名，初中以下文化党员 2821 名。35 周岁以下党员 680 人，36 ~ 45 周岁党员 1298 名，46 ~ 54 周岁党员 1429 名，55 ~ 59 周岁党员 739 名，60 周岁以上党员 1671 名。

五、干部队伍建设

1986 年，区委按照“革命化、年轻化、知识化、专业化”的方针，变动副科级以上干部 122 人次，提拔副科级干部 33 名，市委提拔副处级干部 4 名。全区有后备干部 263 名，其中处级 9 名，科级 254 人。

1987 年，以无记名投票的办法，由下而上推荐后备干部。通过民主推荐，全区后备干部达 262 名，其中副处级以上干部 11 名，科级干部 251 名。区委根据上级部署，狠抓了干部制度改革工作，年初，由组织部牵头，会同工会、人事科、人大人事办等有关部门，组成三个指导组，分别深入晨明贮木场、胶合板厂和物资供应科抓民主评议科级干部试点工作。取得经验后，在全区铺开，分三批进行，区直 62 个单位，评定 56 个。全年通过民主评议，调整干部 49 名，其中副职晋正职 21 名，正职变副职 6 人，新提拔 17 人，就地免职 5 人。

1988 年，全区共交流干部 36 人，提拔科级干部 23 人，培训干部 1207 人。同年，在全区到届的 21 个基层工会进行了海选、筛选和精选；在林场所全面实行了场（所）长负责制，在学校、医院实行了聘任制，在加工厂、贮木场和石灰厂等单位，以及车间段队实行了招标、承包、优化组合。

1989 年，在干部选拔和使用上打破了单一的委任制，进一步试行了招标承包、聘任、民选等制度，全年共交流科级干部 64 人，其中横向交流 49 人，纵向交流 15 人。培训干部 1066 人次。

1990 年，区委下发了《关于干部管理的若干规定》，提出了“德、能、勤、绩”四项干部考核内容。全年共调整科级干部 195 人，其中交流 106 人，提拔 62 人，免职 4 人，撤职 4 人，由长变员 12 人，副职晋正职 13 人。

1991 年，全年共提拔干部 44 人，副职晋正职 32 人，降免职 11 人。交流干部 84 人，其中横向交流 52 人，纵向交流 32 人。

1992 年，全年交流干部 86 人，降免职干部 12 人，提拔干部 49 人。

1993 年，全年横调干部 95 人，提拔干部 31 人，降免职干部 4 人。这一年实行了聘任、聘用和招标任用干部，打破了干部、工人界限，全年交流干部 51 人，聘任干部 15 人，聘用 3 名工人为副科级干部。

1996 年，对全区 24 个委托经营单位的行政管理人员改过去的任命制为聘任制，由区（局）长聘任行政正职，再由行政正职聘任同级行政副职和中层管理干部。全区共聘任科级干部 84 人，股级干部 132 人，有 5 名科级干部和 18 名股级干部落聘。

1997 年 4 月，制定实施《南岔区竞争上岗工作方案》，区机关机构总数由原来的 54 个减少到 30 个，精简了 24 个；机关工作人员由 654 人，减少到 292 人，各部门正副职负责人由 118 人减少到 85 人。基本形成了公开、平等、竞争、择优的用人环境，建立了能者上、庸者下、劣者汰的用人机制。同年，对新提拔的 19 名政法机关上岗干部实行了试岗制度。

1999 年 9 月，黑龙江省党政领导干部任前公示暂行办法正式下发，并在全省实行。采取广播电视和张贴公告两种形式，对拟提任用干部任前公示，公示内容一般包括拟提任用干部的姓名、年龄、性别、政治面貌、籍贯、学历学位、曾任职务、现任职务等基本情况。

2000 年，区委制定实施《干部考察预告制度》，考察组在考察各级后备干部过程中均通过广播电视或张贴公告等形式在一定范围内对考察对象进行预告，取得了良好的社会效果。8 月，首次在全区范围内公开选拔科级领导干部。共有 125 名符合条件的干部报名，经过笔试和面试，有 30 人入围。12 月，进行了组织考察。通过综合评定，10 名干部走上领导岗位。同年，区委出台《南岔区党政机关科级以下干部岗位轮换实施方案》，对在主要岗位任职连续超过 5 年的科级领导干部进行交流和岗位轮换。全年共调整科级干部 172 人，其中交流 81 人，轮岗 34 人，退居二线 41 人，免职 14 人，撤职 2 人。

2001 年，区委出台深化干部制度改革 10 项制度，即：公开选拔领导干部制度；党政领导干部任期制度；调整不称职领导干部制度；党政机关中层干部竞争上岗制度；干部监督制度；民主推荐、民意测验、民主评议制度；干部考察制度；干部选拔任用决策制度；领导干部交流制度；考学、诫学、促学、调学制度。

2002 年 6 月，中共中央颁布了《深化干部人事制度改革纲要》，7 月出台《党政领导干部选拔任用工作条例》。区委在干部选拔任用工作上坚持差额推荐、差额考察、差额酝酿、差额表决的“四差”工作机制。区委按照公开、平等、竞争、择优的原则，经过资格审查、组织考核、面试、笔试、资格评价五个步骤，在全区公开选聘一般干部 18 名。

2003 年，区委建立《干部选拔“首推”责任制》，就是在民主推荐的基础上，对所有拟考察任用的人选，实行书面推荐提名，填写“选拔任用干部推荐提名表”，明确干部推荐提名环节的责任主体，被提名人选任用后，发现任职前有严重问题或任用后一年内出现问题的，视情节轻重追究推荐提名责任人的责任。同时，实行《干部差额考察实施办法》，对当年提拔任用的35名科级干部，全部按照考察对象人数多于拟任职人数的原则，共确定48名考察对象，通过考察比较，实现优中选优，通过实行新制度，有效地防止了选人、用人上的不正之风。

2004年7月，为更好地落实《党政领导干部选拔任用工作条例》，区委在广泛调研和借鉴经验的基础上，研究制定一套以领导班子和领导干部工作实绩年度考核评价体系为核心内容的量化考核办法，即《南岔区（局）乡镇林场所党政领导班子和主要领导干部工作实绩千分制考核办法（试行）》，并在干部考核中全面推广。分别从党的建设、班子建设，特别是发展思路、经济建设等方面提出具体考核指标，实行量化打分，基础分共计1000分，根据各项考核指标的完成情况，确定增减分。另设附加分项目、扣分项目。对于领导干部，考核体系中增加了“办实事、办好事”“群众满意程度”“个人工作指标完成情况”“民主作风”等针对性较强的指标。这种根据具体情况确定相应指标的做法可有效避免“小脚穿大鞋”和“大脚穿小鞋”的不合理配合，让干部接受与其职级、岗位相符合的测评考核，使考核的标准更加客观、科学。同年，为了拓宽干部选任渠道，区委主要领导对其他选任方式也进行积极的研究和探索。区委书记牛毓山提出“双考”制（即：组织考察、干部考试制度），就是某一领导职位出现空缺时，首先由组织部门在符合条件、经验丰富、群众公认、实绩突出的后备干部中进行考察，然后统一进行知识考试，区委常委会按最终考试成绩来决定是否试用。

2005年，为了改变过去重提拔轻管理、重使用轻监督的做法，区委以构建科学完善的管理监督体系为重点，先后制定实施了《干部监督巡视制度》《重大事项报告制度》《干部培训制度》《任职试用期制度》《经济责任审计制度》《干部监督信息交流制度》，以及干部日常谈话、任免谈话、退休谈话、诫勉谈话、函询等系列谈话制度，并把这些制度始终贯穿于干部培养教育、考核考察、选拔任用、日常管理的各个环节。

六、表彰先进

1986—1991年，区委对72个区直先进党委、总支、支部，139个基层下属支部和906名优秀共产党员予以表彰。

1992年，区委决定对在党务工作中做出显著贡献的14个区直党委、总支、支部授予“先进党组织”称号；对达到标准化的40个区直下属党支部授予“标准化党支部”称号；对在党务工作中做出显著贡献的21名党务工作者授予“模范党务工作者”称号；对在治危兴林中充分发挥先锋模范作用的90名党员授予“优秀共产党员”称号。

1993年，区委对东方红小学、桦阳经营所党总支等15个区直党委、总支、支部授予“先进党组织”称号；对浩良河镇浩良河村等27个基层下属党支部授予“先进党支部”称号；对达到标准化的浩良河木材加工厂党委等114个党委、总支、支部授予“标准化党组织和党支部”称号；对郝亚新、林禹权等15名党务工作者授予“模范党务工作者”称号；对李秀云等98名党员授予“优秀共产党员”称号。

1997年，区委对在两个文明建设中做出突出贡献，在党建工作中取得显著成绩的15个区直党组织授予“先进党组织”称号；对战斗堡垒作用突出的30个党支部分别授予“优秀企业党支部”和“先进党支部”称号；对在发展农村经济，带领农民奔小康进程中成绩突出的3个党支部授予“奔小康红旗村党支部”称号；达到标准化的23个党支部被命名为“标准化党支部”；对在双文明建设中做出突出贡献的14名党务工作者授予“模范党务工作者”称号；对在农村开展“一村四户”活动中表现突出的9名党员分别授予“党员奔小康标杆户”“党员科级示范户”“党员扶贫骨干户”“党员精神文明户”称号；对在改革开放、发展经济中充分发挥先锋模范作用的86名党员授予“优秀共产党员”称号。

1998—1999年，区委表彰先进党组织23个，其中区直属党组织6个，所属党组织17个；表彰优秀共产党员42人，优秀转岗分流党员21人，模范党务工作者12人，党风廉政建设先进个人4人；授予标准化党支部26个，“六好”（选配一个好班子、建设一支好队伍、选准一条好路子、建立一套好制度、保持一种好作风、形成一个好的工作格局）乡镇党委1个，“五好”（建设一个好的领导班子、培养一支好队伍、选准一条好路子、完善一个好的经营机制、健全一套好制度）村党支部2个，农民党员户36户。

2000年，区委对在“三讲”教育，实现“二次创业、富民兴区”宏伟目标的实践中涌现出的8个区直党组织、19个所属党支部授予“先进党组织”称号，授予迎春乡党委“‘六好’乡镇党委”称号，授予8个基层党组织“标准化党支部”称号，授予13个基层党组织“‘五好’村党支部”称号，82名党员为“优秀共产党员”，13人为“模范党务工作者”，99人为农民党员“四户”（奔小康标杆户、科技示范户、扶贫骨干户、精神文明户）。

2001年，区委表彰“先进党组织”33个，其中区直党组织10个，所属党支部23个，“‘六好’乡镇党委”1个，“标准化党支部”6个。表彰“优秀共产党员”“优秀党务工作者”130名，授予“‘五好’村党支部”5个，党员“四户”12户。

2003年，区委表彰“先进基层党组织”12个，“三个带头人”活动先进集体5个，“先进企业党组织”6个，“‘五好’村党支部”6个，“先进街道社区党组织”3个。授予“优秀党务工作者”12名，“优秀共产党员”72名，抗“非典”优秀共产党员16名，“三个带头人”活动先进个人36名。

2005年，区委表彰“先进基层党组织”13个，授予“‘五好’村党支部”3个。“优秀共产党员”88名，“优秀党务工作者”19名。

第三节　老干部工作

一、机构

1986年，南岔区设老干部办公室，隶属区委领导。设书记1人，主任1人。编制5人。1997年3月，南岔区党政机关精简机构，撤销了老干部办公室，其职能并入组织部，设老干部活动室，主任1人。编制4人。2002—2005年，老干部活动室设主任1人，编制5人。

二、具体工作

老干部待遇　1986年，全区共有老干部257人。其中在职91人，离休144人，退休22人。区委为加强老干部工作的管理，成立了老干部工作委员会，由区委副书记，政府副区长，组织部副部长分别担任主任和副主任。区委老干部办把落实老干部“政治待遇不变，生活待遇略为从优”作为一件大事来抓，制定了工作规划，落实了责任分工。政治待遇不变。中央、省、市下发的文件及时向老干部们传达；凡是区委召开的大型会议，都邀请老干部参加。为了过好组织生活，老干部党支部每月组织离退休党员活动2次。区委决定，副处级以上的离退休干部家中的电话不撤，公费订阅报刊照常。1986年，区委为老干部重点解决了4件实事：（1）全区离退休老干部医药费一律执行实报实销；（2）区内老干部子女没有安排工作的，全部安排到老干部青年点就业；山上林场、经营所的老干部子女就地优先照顾就业；（3）责令区机关后勤部门，对老干部活动室暖气进行维修，保证冬季老干部活动正常开展；（4）由政府拨款，专门为老干部活动室新建一个室内厕所。区委还做出了“五优先”决定，即老干部住房优先、子女就业优先、吃菜烧柴优先、医疗看病优先、困难补助优先。年内，老干部办公室为南岔镇内57户老干部维修了住房，给23户老干部遗属扒炕抹墙，安排33名老干部子女到青年点就业。为老干部配备1名专职保健医生，逐家往诊，还建立了家庭病房。林业职工医院专

门设立三间老干部病室，有床位9张。老干部就医，配备专车和司机接送。对离退休老干部进行一次身体检查，并建立病历档案。对生活困难的老干部和遗属按季给予补助。每逢春节前夕，区党、政领导分别到老干部家中走访，并带去慰问品和慰问金。

1987年，区委为离退休老干部解决了5件实事：（1）老干部特需经费单独列支使用；（2）老干部办公室经费单独使用；（3）给离退休老干部配备一辆轿车，司机和费用由老干部办公室管理；（4）全区离退休老干部的医疗费用一律实报实销；（5）为全区178名离退休老干部每人买一副健身球。生活待遇略微从优。为2名享受地市级待遇的老干部新建100平方米住宅，安上暖气和自来水管道，给老干部小房串大房8户，旧房串新房11户。

1988年，为处级离休老干部每人订阅报纸6份，副处级4份，科级以下2份，还订阅杂志60余种，增加图书300余册。在生活待遇上，给3户住房较小的老干部串了大房，分配新住宅楼5户。一年共有30余名老干部的子女得到安置。在秋季，把煤、菜、烧柴分别送到老干部家中，并核销运费。对生活困难的老干部家属在换季时节给予适当补助，全年发补助费4000余元。

1989年，共为老干部订阅报纸100余份，各种刊物30余种。为10户老干部串进了楼房，有9名老干部子女的工作得到安置。全年共补助镇内老干部16户，金额1500元。

1990年，抓了老干部“两个待遇”的落实。在政治待遇上，为每名老干部订阅了3报1刊，按规定组织老干部参加会议，坚持每月2次学习，组织大讨论5次。在生活待遇上，完善了老干部病房设施，新增加了沙发、茶几等。9月为老干部进行了1次全面的身体检查，并将检查情况记入病历档案。为马士龙新盖了住房40平方米。对一些家庭困难大的老干部及遗属，先后补助55人次，补助金5000元。

1991年，为副处级老干部订阅了4报1刊，科级老干部订阅1报1刊。先后建立离退休党员党支部（党小组）70个，每月2次党日活动。有10户老干部搬进了楼房。对有困难的老干部，定期或不定期发放了补助费，为老干部补助金额达1万元。1993年，为每个老干部订阅1报1刊，为老干部活动室订阅报纸13份，各种刊物20种。

2002年，离休老干部的医药费已全部纳入统筹，由区医保部门负责管理，并由老干部办和医保局协商建立相应的规章制度，从而保证老干部的医药费，给予及时的核销，减轻了老干部的后顾之忧。在职工拖欠工资的情况下，优先发放老干部的工资，保证老干部的工资按月足额发放。2005年老干部室为老干部订阅《老年报》《退休生活》《参考消息》《家庭生活》《家庭保健报》等刊物。春节，区委、区政府拨款1.6万元，为老干部购买了大米和豆油。2005年统计，离退休老干部110人，其中抗日战争时期6人，解放战争时期104人。

文化娱乐活动 1986年，老干部活动室面积为180平方米。区政府每年拨款用于老干部活动经费改善老干部的活动场所，增加设备和购买游艺用品。每年订阅10多种报刊供老干部阅读，图书室藏图书100余册。为使老干部老有所乐，根据老干部的爱好，经常开展文化娱乐活动，先后开展了门球、乒乓球、麻将、象棋、桥牌、灯谜、钓鱼和套圈比赛。1988年，组织老干部参加市离退休老干部“长寿杯”乒乓球比赛，获得团体总分第四名。参加区中国象棋比赛，荣获团体总分第一名。1993年夏季，老干部办组织老干部野游一次，参加区职工田径运动会，老干部积极参加竞赛。“七一”“八一”两个节日，分别组织召开老党员、老英雄座谈会。组织老干部参加区委举办的歌咏大会并获得优秀节目奖。为改变单调的娱乐性，增设了智力型玩具，并建立网球场，活跃了老干部文化体育生活。2004年3月，老干部活动室被市老干部局评为先进老干部之家。2005年，区委老干部活动室面积增加到540平方米，设有阅览室、麻将室、围棋室、棋牌室、乒乓球室、台球室等。

三、关心下一代工作

2003年6月，南岔区成立区关心下一代工作委员会（以下简称关工委），区委聘请原区政协主席王家斌担任关心下一代工作委员会主任，原区纪检委副书记王桂芳为副主任。关工委下设办公室，由老干部活动室主任于亚军兼任办公室主任。2004 年 8 月，区委重新调整充实了关工委组织机构，聘请原人大主任魏长宽担任关工委主任，原教委主任马淑珍为副主任。设置办公室，安装办公电话，配备办公设备，购置办公用品。

2004 年 10 月 22 日，关工委组织召开全区关心下一代工作会议，以会代训的形式对区属各中小学、林场所、办事处等 34 个单位的工作人员进行学习培训。对学习贯彻细则进行安排部署，并下发关心下一代工作实施方案。2004 年底，全区 4 个办事处，24 个社区，3 个乡镇，27 个村屯，13 所中小学，14 个林场所，都成立了关心下一代工作领导小组，领导小组 89 个，工作人员已达 326 人。

按照黑老干发〔2004〕11 号文件要求，关工委积极动员离退休干部参与关心下一代工作，积极组建和不断壮大“五老”（老干部、老战士、老专家、老教师、老模范）队伍，全区有“五老”人员 443 人，聘请的“十大员”（思想道德报告员、优良传统宣讲员、校外辅导员、净化环境监察员、法律心理咨询员、科技文化传授员、脱贫致富帮扶员、家庭教育指导员、捐资助学协调员、失足劣迹帮教员）已达 377 人。关工委组织“五老”报告团先后 5 次深入 5 所学校进行革命传统教育，受教育师生达 6000 多人，取得了很好的效果。

2005 年，积极协调有关部门，开展丰富多彩的活动。一是普及法律知识教育。区委组织部在全区各中小学选配法治副校长，以加强法治教育。聘请区司法局、法院、检察院及公安局有经验的干部在区直 3 所中学和 4 所小学讲法制课，共主讲 14 多课时，受教育青少年学生达 6000 余人。二是净化学校周边环境。会同文化局、公安局、工商局对群众反映强烈的网吧和学校的周边的小卖店等进行清理整顿，规范网吧经营秩序，净化网吧市场。三是开展主题教育活动。会同区团委、教育局、妇联开展各种有益的主题教育活动。进入成年人宣誓暨新团员入团宣誓仪式活动，260 余名年满 18 周岁的新团员参加了这次活动。还在区二中组织开展了“忆团史展未来”主题团课活动，50 多名新团员参加此次活动。“五四”期间，协调有关部门在全区各基层团组织中广泛开展了以“振兴林区、勇当先锋”为主题的征文比赛活动，征集作品 300 余篇，其中优秀作品 30 篇。开展升国旗教育活动，区直 7 所中小学校，利用每周一次的升国旗时间，进行爱党爱祖国教育、主题班会教育。关工委协同教育局和各学校共同研究制定了不同时期的主题班会内容，把学习先进人物事迹、祖国建设发展进程、新时期的形势教育、典型案例的分析等内容为班会主题，全区各小学进行不同内容的主题班会教育 240 多次。开展了青少年读书教育活动，全区 90% 以上的中小学生参加此次活动，区关工委被省委宣传部、省关工委授予读书教育活动先进集体。开展文艺活动，陶冶青少年的情操。关工委协同有关部门在各小学举行音乐会、电子琴、钢琴比赛，在“爱鸟周”活动期间进行文艺表演、漫画展览等。抓好教师队伍建设。召开全区中小学思想道德建设班主任工作座谈会，会上有 7 名班主任教师作了典型发言。积极开展“一个重点、三项活动”（主题读书教育活动，青少年道德规范教育活动、学科学、育新人、奔小康活动）。对特别关心的特困学生捐款 1500 元，使 6 名特困学生得到了及时帮助。2005 年，区关工委被省关工委、教育厅、团省委授予全省青少年“弘扬民族精神，全面建设小康”主题教育活动先进集体。

第四节　宣传工作

一、机构

1986 年，区委宣传部设部长 1 人，副部长 1 人，编制 8 人。下设精神文明建设办公室、学习室。1987 年春，部内设记者站。1997 年，区委统战部并入宣传部，宣传部部长兼统战部部长，部内设 1 名统战干事。2002 年 12 月，统战工作从宣传部分开单设。2005 年，宣传部设部长 1 人，副部长（兼精神文明建设办公室主任）1人，编制4人，下设精神文明建设办公室、学习室。

二、理论学习教育

1986年，在全区党员教育中，重点学习十二届六中全会通过的《关于社会主义精神文明建设指导方针的决议》，开展为民表率“我为党旗争光活动”。着重抓三个环节：抓党性教育，为争光辉活动打下了坚实的思想基础。运用正反两方面的典型开展教育，增强“免疫力”。领导带头端正党风，在“改”字上下功夫。通过这一活动，党内的好人好事多了，为党的形象增添了新的光辉。在党员教育中，开展了学习先进人物活动，有代表性的8名党员组成报告团，历时近3个月，深入全区63个单位巡回报告，使1.6万名职工受到了教育。区委宣传部围绕改革的疑难问题，对党员开展多样化教育活动，侧重采取了自我教育和启发式教育相结合的方法，采取“改革形势难题招标”“改革难点大家谈”等方法，使改革10年中存在的疑虑得到消除。组织广大党员观看南岔区十年改革成就图片展览和电视片，还翻印了宣传提纲，出形势教育专刊30期，使教育达到一定的广度和深度。全区正面教育的经验受到省、市高度重视，省委《政策研究》《伊春日报》均全文发表了全区正面教育经验的文章。

1989年，区委宣传部对广大党员坚持正确的舆论导向和积极的思想政治工作，化解矛盾，消除疑虑，引导党员从政治上，思想上与党中央保持一致。认真落实全国党员教育工作会议精神，区委对党员进行了“三观一感”（党员的价值观、荣辱观、是非观和责任感）为主要教育内容活动，增强了党员的党性观念，组织纪律观念，发挥了先锋模范作用。

1990年，在党员教育中，坚持对党员进行正面灌输，利用学习班、学习日、系统地进行了马列主义、毛泽东思想的基本理论教育，党的基本路线教育，党的基本知识教育，先进人物模范事迹教育，有效地提高了党员思想觉悟，全区先进人物中共党员占80%。

1991年，组织全区党员认真学习《邓小平文选》第三卷和十四届四中全会通过的《中共中央关于加强党的建设的几个重大问题的决定》。首先把学习内容、学习时间，具体要求制成表格下发到每一名党员中，然后督促检查，使理论学习真正落到实处。开展了学习《邓小平文选》第三卷知识答题活动，共印发试卷1200余份，以各级党组织为单位，组织党员干部答题。还分专题对党员进行辅导，共组织专人下基层巡回辅导50余场，参加辅导300人。还采取典型引路，广泛开展了学习焦裕禄、雷锋、李万仁等同志先进事迹活动。通过广播、电视、板报、会议等形式，树立和宣传了一批本区各条战线的优秀共产党员。区委按照中央提出用三年时间在党员中开展学理论、学党章活动的要求，在全区深入开展了党员“双学”活动，结合全区党员队伍的思想现状，开展了以下四个方面的教育：进行党的基本理论教育，坚定走有中国特色社会主义道路的信心；进行党的宗旨教育，树立牢固的公仆意识；进行世界观、人生观、价值观教育，增强爱党爱国爱民精神；进行责任和使命教育，树立敬业爱岗精神。

1997年，进一步加强了党风廉政建设的宣传教育工作，大力宣传勤政的先进人物和典型事迹，对广大党员干部进行了共产主义理想和信念教育，全心全意为人民服务宗旨教育，艰苦奋斗、勤俭节约教育，引导广大党员干部树立了正确的世界观、人生观、使广大党员干部能够自觉地克己奉公、勤政为民，在思想上、行动上提高了党员干部遵纪守法、廉洁自律的自觉性。在全区党员干部中开展了“辩证唯物主义和历史唯物主义”“崇尚科学、反对迷信”教育活动。区委宣传部组织人员深入基层巡回宣讲，使党员干部进一步划清了唯物论与唯心论、无神论和有神论、科学与反科学的界限，切实增强了明辨是非的能力。充分利用电台、板报、墙报等宣传形式举办了“三个代表”重要思想、贯彻市九次党代会、学习“双丰”经验等典型报道，广大党员干部学习的积极性有了明显的提高。

2001年，区委宣传部在党员教育中采取“求新、求实、求深、求活”的学习方法，定期下发学习安排，部署学习内容，拟定研讨课题，提出总体要求，有效地推动了全区党员干部理论学习的不断深入。2005年，为了把学习实践“三个代表”重要思想不断引向深入，配合党员先进性教育和“三个带头人”活动的深入开展，切实加强和改进新形势下党员教育工作，不断提高广大党员的整体素质，增强基层党组织凝聚力、战斗力、创造力，区委宣传部认真开展了“百名党员讲党课”活动，全区260个基层党组织都立足本岗位，结合实际工作开展了党课宣讲。通过讲述，基层普通党员在学习贯彻“三个代表”重要思想过程中，联系工作实际，反映了新时期、新形势下共产党员爱岗敬业、勇于实践、创业致富，甘于奉献的高尚品质和道德情操，为各级党员干部上了一堂生动的党课。区第三中学教师褚贵荣代表南岔区参加了全市讲党课比赛，并在比赛中荣获优秀奖。这次活动再次掀起全区广大党员干部学习实践“三个代表”重要思想的新高潮，把争做“三个带头人”活动进一步引向深入。

三、职工理论教育

1986年，全区在职干部的理论教育，重点是学习社会主义经济理论。以党委中心学习组为核心，以机关党员副科级干部为重点，辐射到全区83个单位的领导班子，开展社会主义经济理论的大讨论。参加学习的在职干部310人，党政领导带头，副处级以上干部参加91%。分三批集中搞辅导，每批半月时间，经市统一考试，全部结业。1987年，全区成立了114个理论学习小组，着重学习中央一系列文件，以及邓小平关于建设有中国特色的社会主义论述和十三大文件等。全年对副处级以上干部分4次进行理论学习考核，95%的同志按时交卷。通过举办领导骨干培训班的方法，对全区各单位书记、机关科部办的负责人近200人进行理论学习测验，促进领导干部学习积极性，在坚持四项基本原则，反对资产阶级自由化正面教育中，自编四项基本原则教材，印发给基层单位宣讲。组织全区广大职工认真开展生产力标准学习讨论，分片举办学习班，对党、政、工、青负责人共230人进行较为系统地培训。组织宣讲小分队先后16次到基层单位进行理论辅导，使全区主干线领导对生产力标准的理解和认识不断提高。区委宣传部共抓13个不同的典型，通过情况交流和简报的形式及时推广他们的经验，发挥了典型引路作用。全区召开各种类型的学习生产力标准讨论会报告会630多次，举办广播、电视、板报专题或专栏540期。南岔区生产力标准讨论的经验做法，在市委宣传部举办的《宣传工作》上刊登。全区92个科室单位成立近百人理论学习小组，比较系统地学习毛泽东哲学著作、邓小平的讲话、江泽民的国庆讲话和《社会主义经济理论概论》，具体采取以下三个环节：提高认识，增强干部学习马克思主义理论的紧迫感；制订措施，抓好学习；注重学习效果。

1996年，在全区干部群众中重点开展《马克思主义哲学学习纲要》、《关于社会主义若干问题学习纲要》、《毛泽东选集》第二版、《邓小平文选》的学习，党委中心学习组坚持周六学习日，采取1人1题的形式，对全区副科级以上的干部进行理论考核，3091名干部参加考核，平均分数78分。在学习邓小平南方谈话和十四大精神中，宣传部与党校理论教师为各单位辅导达40次，进行党建理论知识竞赛考核，中心组学员写论文30篇，基层干部答卷2000份，平均成绩80分。在学习十四届四中全会通过的《中共中央关于加强党的建设的几个重大问题的决定》中，具体抓了以下几方面：抓好区委中心组的学习。认真制定了学习规划，把学习内容、学习时间，具体要求制作成表格下发到每一个成员手中，然后督促检查，使理论学习落到实处。采取以点带面的学习方法抓好理论学习。在全区组织开展了学习《邓小平文选》第三卷知识答题活动，共印发试卷1200余份，以各级党组织为单位，组织广大党员干部答题。对全区各基层单位的党员干部进行理论辅导，组织专人下基层巡回辅导50余场，参加辅导3000余人。区委宣传部在组织学习十四届六中全会精神活动中，采取专题讲座、专题辅导等方式，组织党员干部学习。区委党校举办学习六中全会精神理论骨干培训班，各单位发挥广播、板报、墙报的作用，利用报告会、演讲会、知识竞赛等多种形式，开展群众性宣传教育活动。区广播电视局开辟电视专题，宣传六中全会精神和精神文明建设的新老典型，使全会精神家喻户晓，深入人心。

2000年，区委宣传部把中共十五大及十五届三中全会精神、《邓小平同志建设有中国特色社会主义理论学习纲要》作为理论学习重点，协助区委抓中心组成员学习，以深刻领会十五大精神为主要内容，定期研讨，并把法律、法规、计划生育等工作作为学习内容，采取自学与集中学习相结合的办法，提高领导干部的理论水平和认识问题的能力。采取辅导、讲座、考核等方式强化对基层理论学习的指导。根据省、市关于深入学习邓小平理论的安排，制定系统的学习规划和三项考核制度，确定了以邓小平和江泽民在不同时期的 14 篇理论文章和重要讲话以及中共中央关于理论学习的重要决定为主要学习内容。学习中做到了三个深化，即在学习邓小平理论重要性上进一步深化，在搞好专题学习上进一步深化，在学习制度上进一步深化。举办理论骨干培训班 2 期，培训 160 人，农村干部培训 1 期，培训 200 人，乡镇干部培训班 2 期，培训 130 人，还选派 16 名干部去省、市组织的进修班学习。印发“三讲”教育知识问答及邓小平理论学习辅导材料。对全区副科级以上干部，特别是党政一把手，科部长进行办班培训。先后邀请区委主要领导辅导“十五”计划建议，“三个代表”论述、论领导者素质等课程，特邀市委党校、市林干校讲师讲授合同法、《企业财务报告分析》，建立和改善社会主义市场体系几个问题等 7 课，进行现代科技知识培训。

2005 年，在理论教育中以《邓小平同志建设有中国特色社会主义理论学习纲要》为主要内容，先后学习《建设有中国特色社会主义概论》《三代领导人论思想政治工作》《WTO 知识讲座》《江泽民总书记在建党 80 周年庆祝大会上的讲话》，十五届六中全会精神和十六届四中、五中全会精神。重新修改学习规划，建立考核制度，形成以区委中心组理论学习为龙头，以支部学习为依托，以有计划自学为基础的理论学习体系。区委中心组坚持每月集中一次学习，做到组织、时间、内容、效果四落实。在学习中坚持系统学习和重点学习相结合，对于重大理论问题和工作中存在的问题，采取重点学习的方式，运用集中学习研讨、专题讲座等方式来学习。还邀请专家学者举办 3 场报告会和专题辅导。区中心组成员共在国家、省、市报刊上发表各类理论文章 28 篇。

四、新闻报道

1986 年，在新闻报道中，区委宣传部坚持正确舆论导向，旗帜鲜明地宣传党的路线、方针、政策、宣传报道南岔区大好形势，新人、新事、新经验，极大地鼓舞了全区人民“治危兴林”的积极性。1986 年 5 月，伊春日报社驻南岔记者站撤销之后，基层通讯工作十分不便，为此，区委宣传部采取举办基层骨干通讯员学习班的办法，对 28 名通讯员进行党的方针、政策和新闻业务培训，收到良好的效果。1988 年，区委宣传部安排 2 人专为伊春报社、伊春电台、电视台提供稿件。同时狠抓了各单位的通讯员队伍的建设，全区已初步形成一支 40 多人的业余通讯员队伍，通讯工作在全区已初步形成网络。在纪念伊春林区开发 40 周年之际，伊春日报社向南岔区约的专版、专题报道任务全部完成。

1989 年春，区委宣传部专门设立记者站，负责新闻报道和《伊春日报》的发行工作。截至 1990 年末，向省报发稿 7 篇，市新闻单位发稿件 748 篇，市报发稿 424 篇，市电视台发稿 261 篇，市电台发稿和图像新闻 92 篇。

1996 年，区委宣传部坚持抓好正确的舆论导向，坚持深入基层，深入企业，挖掘企业经济活动中的焦点和闪光点。抓住本区改革和经济建设的重大课题，加强职工的思想教育。先后在《中国林业报》《黑龙江日报》《伊春日报》《林城晚报》、伊春市人民广播电台、伊春电视台等多家新闻出版部门发稿 745 篇。

1997 年，在新闻宣传报道中，坚持以邓小平同志建设有中国特色社会主义理论为指针，努力坚持党性原则，坚持团结，稳定、鼓励、正面宣传为主的方针，抓住中心，突出重点，适应形势，大力弘扬时代的主旋律。1998 年，先后在省、市多家新闻单位发稿近百篇。其中徐吉庆、姜百峰的《苗颖杰被国家体委授予群众体育先进个人》在第二届“伊春市新闻奖”中的电视新闻类中获得一等奖，赵忠海的《铁树开花》获得三等奖。在南岔区电视新闻报道中，平均每月发稿量为54篇，针对20年的改革成果，还制定40多期的专题系列报道，较好地完成全年的新闻报道任务。1999年，向《伊春日报》和《林城晚报》发稿54篇，其中刊发在一版和二版显要位置的17篇，向上级新闻单位供稿118篇。2000年，新闻宣传通过广播电视先后在南岔开辟《希望之路》《百姓人家》《改革风采》《走进南岔》《社会广角》等栏目。国庆节开展“迎国庆、神泉杯”有奖征文活动，评出一等奖1个，二等奖2个，三等奖3个，特别奖1个。向上报道发稿58篇，全区专兼职通讯员共发稿108篇。

2001年，区委宣传部重新组建由17名骨干通讯员为基架的通讯员队伍，制订详细的工作计划、工作纪律和奖惩措施，并举办通讯员培训班，促进通讯员队伍素质的提高。全区共发表各类型新闻稿件285篇，业余作者发表66篇，记者站在《伊春日报》上发表51篇。南岔区记者站连续两年被伊春日报社评为全市先进记者站。2004年，组织召开全区新闻战线“三项学习教育活动”动员会，全区有30多名新闻工作者及有关人员参加了会议。下发《关于在全区新闻战线深入开展“三个代表”重要思想、马克思主义新闻观、职业精神、职业道德学习教育活动的方案》。通过这一活动，提高了全区新闻工作者的自身素质，全区发表文字和图片新闻稿件200多篇，记者站在《中国绿色时报》《黑龙江日报》《黑龙江经济报》《伊春日报》《林城晚报》上发稿113篇，在市电台、电视台发稿65篇。

2005年，围绕开展党员先进性教育、实施“生态立区、工业兴区”战略、经济转型，突出宣传了南岔区大力提升区域综合竞争力为核心，不断开创经济社会发展新局面的新思路、新战略。全年在《中国绿色时报》《黑龙江日报》《黑龙江经济报》《伊春日报》《林城晚报》上发稿167篇，在市、区电视台发稿248篇。

五、政工职称评定工作

1992年3月，根据伊春市政工评职办文件精神，南岔区首次政工专业职务评定工作开始启动。评定的人员和年限指的是1990年评定高级政工师16人，政工师150人，助理政工师106人。1993年高级政工师1人，政工师53人。1996年，评定高级政工师16人，政工师54人，助理政工师8人。

1998年8月，区委宣传部下发《经常化政工职称评审标准》的通知，政工职称评审本着统一政策、统一条件、统一标准、统一评审程序，企业自主、评聘分开的原则进行。对政工员、助理政工师、政工师、高级政工师申报政工专业职务资格的基本条件又作出新的规定。

2003—2005年，区委宣传部在全区企事业单位政工专业职评工作中，关于培训考试，参评范围和对象、申报条件，根据伊政职办文件精神都做出规定。截至2005年年末，南岔区政工职称评定高级政工师62人，政工师516人，助理政工师306人。

1990—2005年南岔区政工专业职称更迭表

表19-2

年份	高级政工师（人）	政工师（人）	助理政工师（人）
1990	16	150	106
1991	—	—	—
1992	—	—	—
1993	1	56	—
1994	1	39	57
1995	1	15	7
1996	16	54	8

续表 19-2

年份	高级政工师（人）	政工师（人）	助理政工师（人）
1997	1	35	9
1998	1	12	1
1999	2	15	2
2000	3	15	20
2001	4	11	21
2002	3	24	22
2003	3	29	26
2004	6	36	12
2005	4	25	15
合计	62	516	306

注：1991 年、1992 年未评定

第五节　精神文明建设工作

一、机构

1986 年，南岔区委设精神文明建设委员会，区委书记任主任，区（局）长、区委副书记任副主任，成员 14 人。下设精神文明建设办公室，副主任 1 人，干事 2 人。办公室设在区委宣传部，归宣传部统管。1988—1993 年，精神文明建设办公室从宣传部划出，归政府办公室统管。1993 年，精神文明建设办公室又划归宣传部统管。2005 年，精神文明办公室设主任 1 人（宣传部部长兼）、干事 1 人。

二、创建活动

1986 年，全区开展了以"三优一学"（优良秩序、优美环境、优质服务，学雷锋做好事）为主要内容创建文明单位活动。通过竞赛和检查，责任状落实评比，四合营林场荣获"黑龙江省森林工业总局文明单位"称号，晨明贮木场获市"标兵文明单位"称号，4 个区直单位获市级"文明单位"称号，15 个区直单位获区级"文明单位"称号。3 人获市级"精神文明先进工作者"称号，18 人获区级"精神文明个人"称号。南岔区获市级"精神文明建设先进集体"称号。面向农村，抓文明村屯建设。根据南岔区在精神文明建设中文明村屯建设是一个短腿的实际情况，深入两镇一乡进行具体部署和领导，通过努力除晨明镇基础较差外，浩良河镇、迎春乡在抓文明村屯建设上都有很大发展。农民在逐渐走向致富路的同时，重视环境建设，修了村中路，挖了排水沟，栽了门前树；重视了文化建设，成立了青年之家，办了图书室；重视教育，积极为学校投资，把一个山村小学校办得整洁优美。结合南岔区的实际情况，开展军警民共建共育活动，共建对子八个。共建单位确定共建内容，签订共建合同。浩良河骆驼山水库年久失修洪水猛涨，区人民武装部及时派出民兵警戒，并拨款购 1 台无线电报警器，解了燃眉之急。

1987 年，按市委、市政府的部署在南岔区开展社会窗口同行业大赛活动。本着"条块结合、以条为主"的原则，制定大赛的方案和内容。大赛中，粮食分局曙光粮店、浩良河粮食分局第五粮店、商业科中纬路副食品商店和百货大楼分别获全市同行业大赛本组的第二名，有 6 人被评为市级先进个人，10 人被评为市积极分子。同时召开区级表彰大会，对 19 个单位和 57 名个人进行了表彰。9 月中旬，全区精神文明建设工作会议在浩良河加工厂召开，有 5 个单位在会上介绍了经验。

1988年，区委、区政府向全区各基层单位下发了各类文明单位竞赛标准。7—8月，对部分文明单位进行复查。向省政府推荐浩良河木材加工厂，向省森工总局推荐晨明经营所、亮子河林场、岩石经营所为文明单位。抓军警民共建活动，公安局治安科与可乐旅店、西水派出所与水解商店共建活动，有效地控制了犯罪分子吃、销、行、住四“关”。同时重新调整社会窗口同行业大赛组织机构和领导小组。有21个单位和41人分别被区委、区政府评为先进单位和先进个人。在“家庭道德、职业道德、社会公德”活动中，共印发《伊春市公民文明公约》40000份，每户1份，浩良河经营所所长赵家宜获人民公仆奖，监察局局长王录获清正廉洁奖。

1989年，全区开展“社会窗口优质服务”竞赛。推广典型16个，参赛单位举办各类培训班23期，培训790人次。职业道德和业务竞赛15次，参赛300多人。大赛中，共收表扬信300多封，各单位做好事600余件。通过大赛，涌现出市先进集体5个、先进个人12名；区先进集体15个、先进个人46名。之后，又对各类文明单位进行了1次较全面的复查，浩良河木材加工厂被省政府命名为文明单位，岩石所、亮子河林场被省森工总局命名为文明单位标兵。

1993年，在中国林业报和黑龙江省森工总局联合举办的“四文明”（说文明话、办文明事、做文明人、建设文明环境）兴林杯大赛中，南岔区涌现金杯单位6个，银杯单位8个，金牌个人12名，银牌个人20名。晨明贮木场被评为1993年度四文明大赛金杯标兵单位，区民政局殡仪馆整容工钟国英被评为伊春市“十佳”人物，同年被评为省森工总局四文明金牌个人，并在会上介绍了事迹。1993年，南岔区窗口行业竞赛主要围绕“四职三优”（职业道德、职业责任、职业技能、职业纪律；优质服务、优美环境、优异成绩）进行，突出职业道德和优质服务这个宗旨。评选出优胜组织单位5个，优胜单位10个，优胜个人25名，优胜组织者10名。

1994年，区委加强对精神文明建设的组织领导。年初，制定《精神文明建设规划》，要求全区各级领导干部做到“四硬”即立场原则硬，理想信念硬，道德观念、价值取向硬，法律手段硬。全面加强精神文明建设，并要求物质文明建设和精神文明建设要纳入同一规划，制定同一年度工作目标，做到同安排、同考核、同评比、同奖励，实行“一岗同则”。还把能否重视与抓好精神文明建设作为衡量领导干部政治水平和领导能力高低的重要标志，从而推动了南岔区精神文明建设。

1996年，根据全面实现“九五”计划和2010年远景目标的要求，南岔区委制定贯彻《中共中央关于加强社会主义精神文明建设若干重要问题的决议》的实施意见，确定当前及今后一个时期精神文明建设的目标。

全区党政机关、事业单位、经济杠杆和执法监察部门普遍开展以“办事公开、承诺服务”为主要内容的讨论活动。通过讨论，统一思想，提高认识，促进办事公开制度和社会服务承诺制度的建立和实施。在机关干部中开展“多为群众办实事，争做人民好公仆”活动。在职工群众中深入开展“为人民服务，树行业新风”竞赛活动。全区各行各业普遍进行行业、企业、职业、岗位形象设计和讨论。

1997年，为进一步实现精神文明建设新突破的奋斗目标，加快本区文明城镇建设步伐，制定了《南岔区文明城镇建设实施细则》。

1998年，区委宣传部把弘扬“抗洪精神”与进行爱国主义、集体主义和社会主义教育结合起来，引导全区人民树立了团结、文明、健康、向上的风气。1998年，全区职工群众2次向灾区捐款21.7万元。涌现出省森工总局级文明单位3个，市级文明单位标兵11个，市级文明单位20个。在警企共建活动中，全区已建对子29个，其中公安分局与12个单位，检察院与5个单位，法院与11个单位，安全局与1个单位建立了扶贫帮困对子，军警企共建活动在促进全区的经济发展工作中做出贡献，在人们心目中树立良好的形象。1999年5月，区武装部全体干部参加一起民宅扑火抢险，抢出48瓶煤气罐，受到了区委、区政府领导和驻地人民群众的好评。在“四文明”评比活动中，全区共涌现出7个市级文明单位标兵，5个市级文明单位，2个被命名为创建文明单位示范点，10个区级文明单位标兵，5 个区级文明单位，8 个文明小区，124 个文明家庭，41 名文明市民。2000 年，开展“一创三争”活动。即创建文明单位，争当文明家庭，争做文明市民，争创文明小区。通过开展“一创三争”活动，增强广大人民群众的文明素质和道德修养，增强创建文明城意识。年底选出 10 个文明单位、50 户文明家庭、100 名文明市民、5 个文明小区。

2001—2005 年，深入开展“三个主义”（爱国主义、集体主义、社会主义）、“三德”（职业道德、家庭美德、社会公德）、“三观”（世界观、人生观、价值观）教育，大力弘扬“伊春精神”“马永顺精神”“孙海军精神”。在营林战线，服务窗口单位、林场（经营所）分别召开“学习孙海军，做新世纪伊春人”座谈会，全区 3 条战线近百人参加座谈讨论。举办“孙海军先进事迹图片展”，全区教育、卫生、公、检、法、街道办事处、中小学生等社会各界 700 多人观看图片。区委宣传部组织“崇尚科学、反对迷信、揭批‘法轮功’”演讲、演唱小分队深入 4 个社区群众中演讲，受教育群众达千人。在学校开展近万名学生参加的“校园拒绝邪教”签名活动和“告别两室一厅”活动，活动中全区各中小学校学生进行宣誓。大力开展了创建文明家庭、文明市民、文明小区、文明单位活动，营造争当文明家庭、文明市民、文明小区文明单位光荣的良好氛围。2001 年年末，评出 5 个文明小区、10 个文明单位、50 个文明家庭、100 年文明市民标兵。南岔区经省文明办考核，被省委、省政府授予省级文明城市建设先进区。2003 年，为贯彻中共十六大精神，落实“三个代表”重要思想，实现全面建设小康社会的奋斗目标，全区开展创建和评选“小康之家”活动。通过层层推荐、考核、评选集中推出城镇以张振山，农村以王家友、李庆军为代表的“小康之家”。区委宣传部大力宣传他们的致富经历，激励人们振奋精神，进一步调动职工群众奔富，快富、更富的积极性和主动性，为实现“二次创业，富民兴区”战略目标营造团结奋斗、开拓创新的良好社会氛围。在全区范围内深入开展创评“小康之家”活动的基础上，结合南岔区实际情况，又选树经济林培育刘林、木材精深加工孔宪明、绿色食品种植加工贾春林、北药开发种植林春和、畜牧家禽养殖王家友 5 个典型和标准型、创建型小康之家各 10 户。南岔区人民武装部在开展军民共建活动中，向贫困学生捐款 400 余元和学生用品，还向辖区学校捐款 1200 元，同时还协助学校组织军训和国防教育。利用双休日、节假日走上街头，为群众义务修车、义务理发、受到人民群众的广泛赞誉。2004 年，区武装部被伊春市委、市政府、军分区评为双拥共建先进单位。2005 年，把深入贯彻落实《公民道德建设实施纲要》《加强和改进未成年人思想道德建设意见》作为精神文明建设工作的出发点，以强化基础设施建设为前提，以各项创建活动为载体，把建设生态南岔作为精神文明建设工作的切入点，立足于提高职工群众素质，立足于人民生活的改善，立足于“三个文明”的协调发展，把创建活动不断推向深入。在全国“心系祖国，健康成长”读书活动中，区委宣传部积极组织参加，为加强和改进未成年人思想道德建设做出贡献，被省委宣传部授予省级组织奖，高级中学学生贾雪瑞获国家级特等奖。在爱心助“春蕾”活动中，为 21 个女童举行结对捐助仪式，南岔区人民检察院、公安分局、政府办、教育局、妇联、省林业第二医院、南岔人寿保险公司的负责人分别与她们结成帮助对子，共为她们捐款 6300 元。10 月初开始，对省、市、区 45 家文明单位进行复检，并命名表彰 18 个创建成效显著的单位以及 50 个文明市民和 100 个文明家庭。公安分局、国税局被省委、省政府命名为省级文明单位。

1986—2003 年南岔区省、市文明单位（标兵）、文明个人更迭表

表 19-3

年度	省文明单位	省总局文明单位标兵	省总局文明单位	省总局文明个人	市文明单位标兵	市文明单位	市军警民共建共育先进集体
1986	—	—	四合营林场	—	晨明贮木场	南岔贮木场、四合营林场、浩良河所、东方红小学	—

续表 19-3

年度	省文明单位	省总局文明单位标兵	省总局文明单位	省总局文明个人	市文明单位标兵	市文明单位	市军警民共建共育先进集体
1989	浩良河木材加工厂	岩石所、亮子河林场	—	—	四合营林场	一中、高级中学	—
1991	—	—	浩良河所	关玉新、赵加宜、赵宝利	—	—	—
1997	浩良河木材加工厂	晨明所	亮子河林场四合营林场南岔贮木场浩良河所	—	工商银行、财产保险公司、浩良河工商银行	石头河林场、党校、东升办事处、法院、公安分局、检察院、环卫处、东方红小学、高级中学、林业医院、政协、南岔宾馆、建设银行、农业银行、浩良河建设银行、晨明农业银行、浩良河农业银行	—
1999	—	—	—	—	财产保险公司	环卫处、地税局、商贸总公司、浩良河地税局、区二中、铸钢配件厂	—
2001	—	—	—	—	检察院、公安分局、国税分局、东方红小学、人寿保险公司、浩良河农业银行、法院	交通局、电业局、浩良河供电局、工商银行	—
2003	南岔经济综合开发公司、公安分局、国税局	—	—	—	职业技术培训学院、电业分局、浩良河地税局、工商银行、法院、检察院、东方红小学、人寿保险公司、浩良河农行	交通分局、邮政局、环卫处、林业医院、二中、高级中学、地税分局、通信分局、新华书店、浩良河供电局	南岔经济综合开发公司、武装部

1986—2003 年南岔区文明单位（标兵）先进个人更迭表

表 19-4

年度	文明单位标兵	文明单位	先进个人
1986	南岔贮木场、四合营林场、浩良河所、东方红小学	亮子河林场、柳树所、太平所、岩石所、机关党委、物资科、检察院、四中、林业医院、商业科、梧桐建材厂	孟凡荣 李淑华 杨英才 吕家生 刘影 王秀英
1989	—	浩良河加工厂、晨明贮木场、南岔贮木场、亮子河林场、三岔河林场、石头河林场、四合营林场、设计队、桦阳所、南岔所、岩石所、浩良河所、松青所、物价局、梧桐建材厂、环卫处、高级中学、梧桐学校、党校、东方红小学、公安分局、法院、浩良河镇、东升办事处、新华书店、交通局、粮食分局、工商银行、建设银行、电业分局、保险公司、邮电局、浩良河粮食分局	—
1991	—	南岔贮木场、浩良河加工厂、晨明贮木场、大磊林场、石头河林场、亮子河林场、翠岗林场、四合营林场、太平所、桦阳所、奋斗所、浩良河所、威岭所、设计队、工程公司、环卫处、迎春乡、浩良河镇、党校、育红小学、梧桐学校、东升办事处、工商银行、建设银行、税务局、邮电局、电业分局、保险公司、浩良河粮食分局、浩良河建设银行、浩良河税务局、新华书店、三中、工商分局	—
1993	—	南岔贮木场、晨明贮木场、大磊林场、四合营林场、亮子河林场、桦阳所、松青所、太平所、浩良河所、南岔所、岩石所、设计队、迎春乡、建国办事处、东升办事处、东方红小学、梧桐学校、高级中学、职工学校、林业医院、环卫处、商业局、建筑工程公司、二建公司、梧桐建材厂、物资局、自来水公司、保险公司、电业分局、税务分局、工商银行、建设银行、农业银行、新华书店、浩良河建设银行、浩良河农业银行、浩良河供电局、浩良河税务局	—

续表 19-4

年度	文明单位标兵	文明单位	先进个人
1997	松青所、桦阳所、柳树所、建国办事处、联合办事处、浩良河供电局、中国人民银行、电业分局、公安分局交通警察大队	三岔河林场、大磊林场、梧桐学校、岩石所、育红小学、威岭所、奋斗所、修造厂、晨明白灰厂、商业局、设计队、东升小学、浩良河镇、晨明镇、纪检委、热力公司、国税分局、地税分局、工商局、交通局、邮电局、城市信用社、新华书店、浩良河地税局、浩良河国税局	—
1999	商贸公司、晨明信用社、地税分局、国税分局、浩良河地税分局、晨明镇、桦阳所、晨明贮木场、三岔河林场、多种经营局、交通局	松青贮木场、奋斗所、自来水公司、联合办事处	—
2001	浩良河镇、新华书店、农业银行、邮政局、浩良河电信局、	东升学校、联通公司、柳树所、晨明所、高级中学	—
2003	自来水公司、石头河林场、农村信用社、太平所、第二小学、松青贮木场、柳树所、浩良河镇、农业银行	桦阳所、四合营林场、第四小学、浩良河小学、第四中学、联合办事处、晨明所、工商分局、金南公路收费站、交通征费所、东升学校、联通公司、碧云茶庄、明科中西药店	—

1999—2003 年南岔区文明小区、文明村、文明家庭（标兵）文明市民更迭表

表 19-5

年度	文明小区	文明村	文明家庭标兵	文明家庭	文明市民
1999	联合办双林小区、建国办向阳小区、建行小区、东升办东明小区、民主办建设小区、跃进小区、浩良河光明小区、西水办西水小区	晨明镇星星村、浩良河镇小吉星村	—	—	—
2001	联合办中心小区、东升办东风小区、西水办建设小区、柳树所柳北街	晨明镇星星村	—	—	—
2003	—	晨明镇星星村、迎春乡红旗村	—	—	—

第六节　纪检、监察工作

一、机构

1986 年，南岔区纪律检查委员会，设书记 1 人，副书记 1 人。内设办公室、申诉控诉室、学教室、检查室、审理室。编制 10 人。1988 年 1 月，南岔区设监察局，局长 1 人，副局长 1 人。编制 8 人。1993 年 4 月，区纪检委与监察局合署办公。设书记 1 人，副书记 3 人，（常务副书记兼监察局局长）。下设办公室、信访接待室、学教室、检查（监察）室、审理室。编制 18 人。1997 年 6 月，增设党风廉政办公室、执法监察室。1999 年 10 月，设纠风办公室。2004 年 6 月，设监察综合室。2005 年，纪检委书记 1 人，副书记 2 人，（其中 1 名副书记兼监察局局长）。编制 12 人。

二、党风廉政教育

1986 年，认真贯彻落实中共十二大、十三大精神和中央纪委提出的以端正党风为中心的指导方针，党风廉政建设主要抓了以下几个方面工作。一是把加强党性党风党纪教育、提高党员干部素质，作为加强廉政建设的一项治本措施。配合组织部、宣传部，针对党员干部思想实际，采取灵活多样的形式，积极开展以四项基本原则和党规党法为主要内容的党性党风党纪教育。进行党章、准则的再学习、再教育活动，使广大党员增强了坚持四项基本原则、反对资产阶级自由化，在思想上、政治上和党中央保持一致的自觉性。通过廉政报告会，观看党教电视片等形式进行正面教育，通过通报违纪党

员干部错误事实和对其处理决定等形式，起到警示作用，使党员提高抵制腐败和遵纪守法的自觉性，增强党组织战斗力和凝聚力。二是协助党委认真清理纠正了群众反应比较强烈的不正之风。清理整顿了各类公司、用公款大吃大喝、住宅电话、假职称、小汽车、党员干部住房建房、乱拉资金等违反财经纪律和接礼送礼等问题。广大职工群众关心和反映强烈的吃喝风问题、分房问题、领导子女就业问题、征兵问题、任用干部问题、管钱管物者勒索卡油问题、公车私用问题，以及林产品销售中的不正之风问题等都得到了较好的解决。三是推行了公开办事制度，强化监督机制。1988 年，纪委、监察局协助党委和政府在城镇落户、办理工商执照、发放贷款、救灾款、审批地号、评定职称等 17 个方面建立公开办事制度，提高党政机关的透明度，有效促进党政机关的廉政建设。加强信访工作。充分发挥信访这一发现案件线索和了解党风信息的主渠道作用。共受理党员和群众来信来访 151 件次，为查处党员干部违纪案件提供了线索。开展党内监督活动。协助党委认真贯彻省、市委部署，制定并完善《关于党内监督的规定》等一系列规章制度。采取以下三种方法。一是突出重点，严格监督。纪委把两级班子作为监督重点。通过定期召开党政班子民主生活会，设立党风监督岗、监督哨、监督员，召开党内外群众座谈会，进行民意测验，及时反馈情况和提出整改意见等形式，认真履行监督职责。二是抓住时机，超前监督。抓住容易出现不正之风的时机，超前开展工作。如在春节期间容易出现赌博、大吃大喝问题；在年末容易出现滥发奖金、用公物送礼问题；在征兵期间容易出现不正之风问题。在这些方面，都提前下发文件，向有关部门传达。三是搞好协调，共同监督。主动与检察、审计等有关监督部门搞好协调，共同分析党风党纪情况，抓住倾向性问题，研究整体对策。对涉及面广又比较复杂的案件，与有关部门搞好协调，共同办案。加强了自身建设。为适应改革开放形势下纪检监察工作需要，把自身建设当作一件大事来抓，组织班子成员认真学习党的基本路线和上级文件，学习纪检监察工作理论，牢固树立纪检监察工作为改革和经济建设服务的思想，经常开展调研活动，相互学习，取长补短，加强业务培训，提高政治和业务素质，充实纪检监察队伍。

1990 年，各级党政领导坚持把党风和廉政建设工作纳入日程，摆上重要位置，结合实际真抓实管。并把党风廉政建设与经济工作并举，坚持两手抓，在抓经济工作的同时，始终不忘抓党风廉政建设。根据经济工作的形势和任务，确定党风和廉政建设工作的重点，以好的党风来促进经济工作的健康发展，用经济工作的成果来加强党风廉政建设创造有利条件。各级党组织还坚持从领导机关和领导干部做起，层层建立责任制，逐级负责。经过各级党组织、各级领导干部和广大党员的共同努力，南岔区的经济工作和廉政建设呈现出同步发展的好形势。解决了一些群众反映强烈的问题。协助党委清理纠正群众反映强烈的不正之风问题，狠刹用公款大吃大喝风，清理整顿各种公司和以权谋私问题，清理住宅电话、假职称、党政干部收礼送礼和婚事大操大办等问题。按上级部署抓三个重点问题（用公款吃喝问题，用人上不正之风问题、收礼受贿问题），两个系统整顿（木材经销系统和商业供销系统）和纠正行业不正之风。通过一系列的清理整顿取得了较为明显效果，吃喝风得到进一步遏制，用公款吃喝现象明显减少；清理出上学私费公拿的 20 人，学费 43523 元；撤销住宅电话 124 部，在清理假职称中，由助级降到员级 35 名，取消晋级资格 38 名；在纠正行业不正之风工作中，八个行业单位揭摆出弄权勒卡、贪赃枉法、索贿受贿、执法不严、工作态度蛮横等各类问题 195 件，查出了 22 起具有行业特点的案件；在木材经销系统整顿中，查摆出盗伐木材、偷盗木材、检验员以权谋私、工作不负责任等问题 15 件，对这些问题都分别给予了经济处罚或党政纪处分。开展党纪党风教育。对党员在教育内容上进行党规党法教育，党的基本路线教育，廉洁奉公教育，反腐败教育。在教育形式上，采取了办学习班、演讲会、报告会、上党课、党规党法知识竞赛和观看《风雪迷途》《越轨行动》《早春》《晚秋》《共产党员本色》《惩腐疑案》录像片等形式对党员进行了教育，取得明显效果。增强党组织的吸引力、凝聚力和战斗力。各级领导班子能认真贯彻执行党的路线、方针和政策。据不完全统计，全区党员领导干部拒贿 43 人次，金额达 4 万余元。党员的先锋模范作用增强，绝大多数党员更加遵守各项政策法令，按党章严格要求自己，勇于开拓，积极进取。涌现出优秀党员、模范党务工作者 328 名。全区党员为灾区捐款 125980 元，占捐款总数的 35%，为灾区捐衣物 2102 件，占全区捐衣物的 31%。进一步制定完善各项规章制度，健全《严禁用公款吃喝的规定》《婚丧事不准大操大办和收礼的规定》《不准用公车办私事的规定》《党政干部保持廉洁的规定》《关于党员干部带头发扬三大作风的规定》，以及在公用事业部门执行公开办事制度等 20 多项 3000 余条保持廉洁的规章制度。这些规章制度的建立，有力地约束了公职人员的行为。

1998 年，纪委、监察局把加强领导干部廉洁自律工作作为首要任务来抓。一是认真组织召开领导干部廉洁自律专题民主生活会，开展了自查自纠活动。为保证生活会质量，严格执行专题民主生活会程序，做到了会前准备，召开各种座谈会，广泛征求群众意见；会中严格自查自纠，查摆问题；会后认真落实整改措施。全区 700 余名正、副科级以上干部在专题民主生活会上认真做了自查自纠，共摆出 20 个方面的问题 415 件，其中立即整改的 398 件，有 17 件做了限期整改。区党政班子还把专题民主生活会情况向全区通报，组织群众测评，并将考核测评结果记入廉政档案。二是开展专项清理和专项检查。在清理检查工作中，共清理出不符合使用规定的小汽车 12 辆，全部予以收缴，并对部分车辆进行调整使用；对 31 名副处级以上干部住房进行逐户调查，将自报情况张榜公布，并对 599 户正副科级干部住房进行清理，对超标部分，补交房款；清理出违反规定用公款安装的住宅电话 24 台，收缴初装费 4800 元。三是区党政领导带头狠刹用公款“吃喝玩乐”之风。区委明确规定，对确属工作需要的，一律在区政府招待所按标准用餐，从而节约了招待费。为严肃纪律，对违反规定到饭店用公款吃喝的个别领导干部给予了严肃处理。规范和约束了领导干部的从政行为，进一步增强了领导干部的廉洁自律的意识。纪委、监察局深入开展纠正部门和行业不正之风，解决一些群众反映强烈的问题。一是在治理“三乱”工作中，清理检查 14 所中小学，停止和纠正乱收费 2 起，清退多收费用 2300 元；停止和纠正农民乱收费 5 项，清理乱收费金额 7000 元。二是清理预算外资金，检查纠正了行政事业、企业单位的乱收费问题，取得了一定成效。三是检查纠正领导干部为子女婚事大操大办，公车私用问题。四是狠抓评议行风工作，通过发征求意见信、召开座谈会征求群众意见等形式，反馈回各种批件、意见和建议 1369 条，根据群众意见和上级有关规定制定各种优惠政策 60 余条。

2003 年，通过“三讲”教育、“三个代表”重要思想活动和“两风”建设及民主生活会等形式，检查纠正了在遵守廉洁自律方面存在的问题。紧紧围绕《中国共产党领导干部廉洁从政若干准则》，根据厉行节约、制止奢侈浪费若干规定和禁止领导干部违反规定收受礼金、有价证券的规定，认真清理了公款购置通信工具，对公款购机者一律做了买断处理，并制定完善 4 项关于移动电话管理使用制度；对小汽车作价拍卖；对领导干部配偶、子女违反有关规定经商办企业 62 人，对 4 名干部进行了纪律追究；开展了严厉查处公车私用、婚丧事大操大办等项工作，对领导干部及其配偶、子女到企业和单位报销由个人承担费用的问题进行专项清理。针对全区党员领导干部廉洁自律工作的具体情况，建立了领导干部廉政档案，健全和完善了领导干部重大事项报告、廉洁自律事项举报等一系列制度，用制度规范党员领导干部的从政行为。执纪办案力度明显加大。一是加强了案件查处工作的统一领导。区党政主要领导非常重视和支持办案工作，经常听取查办大要案工作的情况汇报，及时提出办案要解决的问题。二是充分发挥信访主渠道作用。采取开展专项举报、领导挂牌接访等措施，发动群众提供线索，拓宽案源。三是注重协调配合，加强对公、检、法、审计等机关的联系，做到了优势互补，形成案件查办工作的整体实力。四是加强了党政纪惩戒工作。按照事实清楚、证据确凿、定性准确、处理恰当、手续完备的要求，认真做好审理工作，对查结案件处分决定的执行情况认真进行了检查，使纪律惩戒的有关规定得到了全面落实。五是认真履行保护职能，为部分党员干部澄清了是非，为人民群众解决了一些实际问题。在纠正行业和部门不正之风工作中，纪委监察局坚持纠建并举的方针和谁主管、谁负责的原则，紧紧围绕经济建设和群众关注的热点问题，主动为党委、政府解决一批重点、棘手的问题，维护了党和政府的形象。一是重点抓了医药购销中的不正之风。每年都对医药市场进行检查。1999—2003 年，共检查药品经营使用单位 146 家，清查变质、过期、失效药品 20 种，假药 16 种，劣药 124 种，并依法予以没收和销毁，净化了药品市场。二是对有形建筑市场进行了规范。对建筑工程招投标和建筑企业挂靠、转包问题进行了执法监察，对重大责任事故进行严肃查处。三是围绕经常性工作抓落实。如减轻农民负担，为其办理自产证，农业车辆进城卖菜免收养路费，为下岗职工减免工商管理费，每年少收各种费用达 120 万元。加强对中小学校收费行为的监督检查，查处乱收费案件 9 件，清退乱收费 40 余万元。四是围绕热点正行风。在全区开展了“双评”工作，有效地提高了行政执法、经济管理、社会服务部门办事效率和服务水平。五是深入开展了创建优良经济发展环境工作。推进首问负责制、服务承诺制、限时办结制、失职追究制、否定报备制、无偿代办制等项制度的落实。对全区非国有经济等 12 家企业挂牌保护，及时回访调查，对反映的问题督促整改，使全区的经济发展环境明显改善。落实党风廉政建设责任制。五年中，落实党风廉政建设责任工作，做到了真签订、真落实、真考核、真追究、真抓实干求实效。一是责任内容符合实际。每年都针对热点、重点问题，结合区委、区政府的中心工作，认真调整和充实责任制内容，增强责任制的实效性和针对性。二是与基础党政一把手签订党风廉政建设责任状。把党风廉政建设的各项规定进行层层分解，细化、量化，作为领导干部的行为规则。三是继续坚持纪委领导与基层党政一把手谈话制度，与基层领导干部进行例行谈话、警示谈话和诫勉谈话，通过谈话帮助领导干部强化责任意识。实行谈话制度以来，对全区所有单位和机关部门领导干部进行了例行谈话，对 23 个单位 41 名领导进行了警示谈话，对 6 名领导进行诫勉谈话。四是在全区党员领导干部开展了“岗位勤政、权力廉政、身边德政、家庭风正”的百日教育活动，增强了领导干部反腐倡廉的自觉性和防腐防变的能力。五是严格进行考核。不断完善考核办法，细化考核标准，认真规范地进行检查考核，将考核结果装入廉政档案，作为选拔任用的主要依据。同时，对违反责任制的人和事，发现一起，查处一起，及时进行追究。

2005 年，全区党风廉政建设工作，一是由区纪委与基层现任党政一把手和新提职的领导干部签订廉洁从政责任状，责任状包括廉洁自律、经济责任和纠风工作三个方面的内容。把责任状的执行情况与领导干部的年度工作考核结合起来，对违反责任状的领导干部，视其情节轻重给予党政纪处分。二是清理纠正党政领导干部违反规定兼任企业领导职务，党政机关用公款为干部职工购买商业保险和党政干部拖欠公款或利用职权将公款供给亲友的问题，按照干部管辖管理权限，对全区 540 多名正副科级干部进行登记造册，不留死角，没有发现领导干部在企业兼职的；纠正了各种名义用公款大吃大喝和高消费娱乐歪风，纠正超标准配备小汽车和住房上以权谋私的问题。2004 年对公款大吃大喝和公车私用的问题检查 8 次，查出公车私用 10 辆，对其中 4 辆公车在电视台公开曝光，并在全区通报批评，对一辆借用超标准小汽车已退原单位，对 3 名违反廉洁自律规定的领导干部给予处分。三是进一步强化了对领导干部的监督，贯彻落实《中国共产党党内监督条例》。全年共举办基层党政一把手和科室部委办主要负责人参加的培训班 2 期，举办由后备干部、优秀妇女干部、新提职的科级干部参加的培训班 3 期，由纪委常委辅导“两个条例”，另外聘请学校、审计局、检察院的同志有针对性辅导“三个代表”重要思想、经济责任审计、预防职务犯罪等内容，受教育的领导达 400 多人。四是实行个人述廉、组织考廉和群众评廉制度。五是实行纪委领导与基层单位主要领导谈话制度。对 5 名领导进行了警示谈话，对 6 名领导进行了诫勉谈话。按照中央、省、市委安排部署，围绕着“树立正确的政绩观，强化廉洁从政意识”这一主题，以开展保持共产党员先进性教育活动为契机，以认真学习贯彻实施纲要和廉政建设进社区活动为重点，全面开展“做廉政自律好干部”的教育活动。举办基层书记和政工员参加的培训班，72 个单位的书记和政工员参加培训。实行干部任前公示制、票决制，加大干部任用工作的群众监督力度。落实廉政档案制度，廉政谈话制度和离任责任审计制度。例行谈话 35 人次，新提职领导干部任前廉政谈话 27 人次，诫勉谈话 14 人次。同时会同审计部门对 21 名离职调任的行政负责人进行了离任监督审计。在加强党风建设，规范领导干部从政行为方面，重点抓了五项规定的落实。一是下发了《进一步加强领导干部廉洁自律工作的通知》，转发了市纪委、市委组织部、市监察局《关于维护党的纪律严肃处理党风方面若干突出问题意见的通知》，并利用媒体进行宣传，形成强大的舆论氛围。二是针对一时期公车私用歪风有所抬头的实际，加大查处力度，并把这项工作确立为近一时期专项工作来抓。三是组织公安等单位对领导干部赌博问题进行严肃查处。四是对领导干部借婚丧嫁、子女升学之机大操大办、借机敛财的问题进行了严肃查处。共集中检查 7 次。在纠正行业不正之风方面，以抓治理教育乱收费，纠正医药购销和医疗服务中的不正之风为重点，开展了对这两个系统的检查、监督工作。

按照市委部署，深入开展了“两风”（党风、工作作风）建设工作。并下发了《南岔区深入开展党风廉政建设和工作作风建设工作方案》，对全区的“两风”建设工作进行了全面部署。全区共有 63 个部门和单位参加深入开展“两风”建设工作，其中部门 14 个、单位 49 个。参加“两风”建设的干部共有 1126 名，其中，处级干部 28 名，科级干部 519 名，一般干部 579 名。

三、案件查处

1986 年，按照从严治党的方针，把干扰破坏改革、贪污受贿、以权谋私作为重点内容，把党员领导干部作为重点对象查处。清理纠正了各种不正之风，重点解决了群众反映较大金融、商业、粮食、电业、基建等系统的行霸作风。清理纠正了利用假发票进行谋私的行业不正之风。对 24 个违反规定比较严重的单位进行不同的罚款处理。对典型案件公开处理，除下发文件通报全区外，还通过会议通报案件查处情况，使广大党员干部引以为戒。通过查处违纪案件，消除党内一些腐败现象，挽救一些党员干部，增强广大党员干部的纪律观念。

1990 年，把贪污受贿、以权谋私、严重官僚主义、干扰破坏改革，妨碍经济建设的案件作为重点查处内容。对执纪办案工作加强领导、落实责任，在有关部门的密切配合下，使执纪办案工作取得明显的成绩，受到市纪委好评，并在市纪委召开的案件检查工作会议上做了经验介绍。

1998 年，按照中纪委和省、市纪委的要求，着重查处党政机关、行政执法机关、司法机关、经济管理部门和副科级以上干部贪污、贿赂、挪用公款、失职渎职、腐化堕落等方面的案件。坚持从重从快的原则，加大了案件查处的力度。为国家挽回经济损失 22.8 万元，还为一些受到失实举报的党员干部澄清了是非。

2003 年，纪委、监察局认真探索案件查处的新思路，强化组织协调，强化文明办案，积极寻找案源，拓宽办案渠道。实行重大案件领导包案责任制，对一些难度大、涉及面广、关系复杂及数额较大的案件由纪委书记、副书记亲自包案办案，做到快速突破，迅速查结。还落实案件查处责任制，确定专人负责对每一个案件的调查和处理，并限定时间查结。

2005 年，在查处违纪案件中，积极拓宽案源渠道，发现线索及时调查。纪委领导挂牌接访，变上访为下访，深入基层，主动了解有关情况，搜集案件线索，就地解决信访问题，对发现的案件线索一查到底，有力地推动了案件的开展。通过强化办案手段，缩短办案周期，提高了办案效率。打破了各科室的界限，对发生大要案集中力量，集中时间进行突破，解决了办案力量不足的问题，保证了案件工作任务的完成。在大要案上下功夫，提高办案质量。注重发挥协调作用，加强与执纪执法机关的协助联系，拓展了办案空间。做到了与审计、公安、检察、法院等机关密切配合，优势互补，形成查办案件的整体合力，保证了案件及时迅速审结。

第七节 政法工作

一、机构

1986年，南岔区委设政法委，下设社会治安综合治理办公室。设书记1人，综治办副主任1人。编制7人。1988年3月，区政法委撤销。区委设立政法工作协调小组（后改为领导小组），与区委办公室合署办公，内设政法秘书1人。1989年5月，撤销区委政法领导小组，设区委政法办公室，主任1人，副主任1人。编制4人。1991年3月，政法办复称政法委，下设综治办。设副书记1人，综治办主任1人，副主任1人。编制7人。6月以后，又增设副书记2人。1997年5月，区人事制度改革，政法委、司法局合署办公。编制8人（其中司法局3人）。区委常委、政法委常务副书记1人，政法委副书记兼司法局局长1人，政法委副书记兼综治办主任1人。2000年11月，司法局单设。政法委副书记1人。2003年3月，政法委设常务副书记1人，副书记3人。2005年6月，区委政法委设立执法检查室，副书记兼主任1人，副主任1人。2005年年末，区委政法委设副书记4人。其中常务副书记1人。编制12人。

二、教育整顿

1986—1987年，区委政法委继续组织开展“严打”斗争第二战役第五仗和第三战役，狠抓了社会治安综合治理各项措施的落实，进而使历时三年多的严打斗争取得了全胜。改变了社会治安的非正常状况，创造了一个比较安定的社会环境，使全区的社会治安持续稳定好转，取得了“严打”斗争的胜利。为此，南岔区被评为全省“严打”斗争的先进集体。同时，协调政法各部门的工作，狠抓了政法干警队伍的整顿。在整顿中，会同有关部门直接深入政法各部门进行具体指导。整顿后期，严格把关，逐个部门进行检查验收。

1991—1995年，在区委的领导下，较好地发挥了职能作用，坚持一手抓“严打”，一手抓政法干警队伍整顿，使政法干警队伍的两个素质大大加强，政法各部门领导存在的官僚主义作风得到了克服，警民关系密切，对敌斗争加强，办案质量提高，两个“服从服务”于思想树立得更加牢固。

1996—2000年，为贯彻落实省、市政法工作会议精神，把政法机关为经济建设服务工作不断引向深入，促进政法各部门更好地为经济建设提供直接的法律服务。区委政法委研究制定了《全区政法机关直接为经济建设服务目标管理工作方案》和《全区政法机关开展“警企共建”活动方案》，政法各机关认真执行，把此项工作纳入本部门目标管理之中，并积极开展工作。截至2000年年末，全区政法机关共与38个企业建立了共建关系。按照中央和省、市的部署，开展了全区政法队伍集中教育整顿工作。这次教育整顿工作，王淑梅受到省政法队伍教育整顿领导小组通报表彰，李富平、庄善学、王继武、王丽华受到了市政法队伍教育整顿领导小组通报表彰。按照市政法委的部署和要求，在全区政法战线组织开展了“学东莱，创建人民满意的政法单位和政法干警活动”。由于区委重视，措施得力，强化指导，整体推进，广大政法干警积极参与，“学创”活动开展扎扎实实，取得了较好效果。区人民法院和政法机关的7个科室被评为省“学创”达标单位，12个单位被评为市系统先进单位，13人（次）被评为政法战线先进个人，6人荣立三等功。在政法干警深入开展扶贫解困献爱心活动中，同38户贫困户结成帮扶对子，帮扶贫困学生41名，常年照顾孤寡老人21人，捐款1万余元。据不完全统计，2000年，全区政法干警为企业、为群众做好事988件，收到表扬信24封，锦旗牌匾18块（面）。

2001—2005年，在全区范围内开展声势浩大的严打整治斗争。坚持以“打黑除恶”为龙头，以打击杀人、爆炸、绑架等严重暴力性犯罪和抢劫、抢夺、盗窃等多发性犯罪为重点，以实现社会治安明显进步为目标。严厉地惩处了一批刑事犯罪分子，使全区刑事发案逐年下降，危害群众生活的治安问题得到了整治，增强了群众的安全感。按照市委政法委的安排和部署，从2002年开始，每年在政法系统认真开展了“最佳单位和最差单位评比”活动。政法系统的广大干警牢固树立了“干一流工作，创一流业绩”的思想，积极参与评比活动，有效地促进政法各方面的工作的开展，为维护全区的政治安定和社会稳定做出贡献。同时，在全区政法系统开展了二次执法大检查。政法委责成公检法三机关，首先对各部门的执法情况进行自检自查，政法委执法检查结束后，召集政法各部门主管领导及有关人员会议，通报了执法检查情况，并提出整改意见。

三、社会治安综合治理

1986年，以治理经济环境，整顿经济秩序为中心，狠抓了全区社会治安综合治理工作。给区委、区政府当好社会治安综合治理的参谋，为南岔区社会治安综合治理提供决策依据。密切地注视了社会动向，做好信息反馈工作，消除和控制了一些闹事苗头。参与了春节、国庆节等重大节日保卫工作，抓了各种专职、义务防范队伍的建设和基层的防范教育，使全区46.8%的街道达到了“无刑事”治安案件。1990年，社会治安综合治理工作，以中共十五届三中、四中全会精神为指针，全面贯彻落实全国、省、市综治工作会议精神，以维护社会稳定。严厉打击各种违法犯罪活动。抓获作案成员314名，刑拘119名，取保24名，查处治安案件818件，处罚719人，收缴枪支123支。检、法机关坚决贯彻执行“两个基本”的原则，依法快审、快捕、快判。检察机关审查批捕案件107件138人，审查起诉案件142件192人，法院召开30次宣判大会，判处了一大批人犯。以“创安”活动为载体，动员各方力量齐抓共管，实行:“三警”联防、群防群治，在农村开展“154”工程建设，采取十户联防形式，以治安员，联防中队的民兵小分队为骨干的治安联防队伍，由包村民警和村治保会负责开展治安防范。2001年，区委、区政府把社会治安综合治理工作作为主要任务，纳入工作日程，研究了南岔区综合治理“打、防、控”一体化建设工作，解决了综合治理工作奖金兑现，“创安”工作等一系列重大问题。根据社会治安出现盗窃、抢夺等新问题，及时召开会议，研究解决的办法，制定了新的对策，保证了全区社会治安综合治理工作的顺利进行。重点抓了社会治安的防范工作，按照市综治委的统一要求，结合南岔区的实际情况，大力开展了“创安”工作。对南岔小区重新进行规划，对户数较少居民委的两个或两个以上划为一个区，对地不足两万平方米的企事业单位和多数村民混居在城镇居民委内的行政村，按照属地管理的原则，划归属地居民委小区，共同开展“创安”工作，覆盖面达到了100%。经过几年的创建工作，全区92个城镇“安全文明小区”有65个达标，达标率为70.7%。其中省级达标2个，市级达标9个；24个“安全文明村”有14个达标，达标率为64.78%，其中省级达标1个，市级达标2个，3个“安全文明市场”，市级达标1个。同时，狠抓治安员队伍建设，采取从企业抽调和由政府发给补贴，街长担任专职治安员等多种办法，在城镇小区配备专职治安员229人，义务治安员710人；在农村配备了专职治安员51人，义务治安员97人，全部达到上级要求的标准。2004年，为加快创建“平安南岔”步伐，2004年11月24日南岔区委召开常委会议，作出了加大硬件投入决定，使创建“平安南岔”活动和防范长效机制的工作基础得到了夯实和巩固，把社会治安综合治理办公室经费和社会治安防范工作和创建“平安南岔”活动奖励性补贴，并健全完善组织机构。各乡、办事处综治办配备1～2名专职工作人员，由区委任命，综治办工作人员享受岗位补贴，在每200户居民中，设置1名专职治安员，全区共投设200名专职治安员，并给予相应的补贴，实现群防群治，维护社会治安，强化社区、路段和治安执勤点的巡逻看护工作，为群众提供安全服务和保障。按社区建立警务室，每个社区按一岗一室一警或多警，全区共设社区警务室18个，实现了公安阵地前移，构建与新型社区管理体制相适应的社区警务机制，进一步明确公安机关与人民群众的关系，有效地提高公安机关防范和控制社会治安工作的能力。2005年，启动南岔区为期3年的创建“平安南岔”活动，以此营造一个稳定和谐、安全有序的社会治安环境，保证了区经济建设顺利实施。在活动中，坚持“严打”方针，保持严打声势和对刑事案件的高压态势，努力营造安全稳定的法制环境；将加强矛盾纠纷排查调处工作，做到发现得早，控制得早，处理得好，力争不发生影响较大的群众性的治安事件，努力营造团结和谐的政治环境；加强治安防范工作，以警备机制为基础，巩固巡逻防控警务机制，营造规范有序的治安环境；加强治安防范基础建设，把治安防范基础设施建设纳入城市建设总体规划，提高治安防范的科技含量，逐步扩大电视，电子监控，无线警报等技术设施的覆盖面，营造安居乐业的生活环境；加强对特殊群众的教育管理工作，大力普及法律知识和公民道德规范，提高全民法律意识和道德水平。

第八节　统战工作

一、机构

1986 年，南岔区委设统战部，部长 1 人，干事 1 人。1987 年 10 月，根据伊春市委指示，统战部下设对台工作领导小组办公室，设主任 1 人。1997 年 7 月，区机关精简机构，统战部工作由区委宣传部统管。宣传部部长兼统战部部长，部内设 1 名干事负责统战工作。2003 年 1 月，区委统战部单设。设部长 1 人，统战干事 1 人。

二、统战理论

研究政策教育　1986 年，开展了统战理论和政策的教育。针对部分人对新时期统战工作的新形势、新格局、新特点的模糊认识，采取多种形式开展统战理论与政策的宣传教育。以全国、省、市三级统战工作会议文件为教材，举办形势报告会 5 次，举办广播讲座 17 次，召开学习座谈会 5 次。1987 年初举办了统战知识有奖竞赛，500 多人参加活动，6 个单位和 70 名个人获奖。召开了全区第二次统战理论研讨会，交流论文 7 篇。1987 年下半年，召开了全区第三次统战理论研讨会，交流了统一战线与政治体制改革；统一战线与经济体制改革；社会主义民主与统一战线；论社会主义法制与统一战线；小城镇个体工商业户的发展与统一战线；工人阶级内部的统一战线等 13 篇论文，推动了全区统战理论研究工作的开展。

区委统战部按照区委工作会议部署和市统战部长会议精神，组织统战对象开展了撰写一篇有价值的论文，提一条合理化建议，提供一条科技信息，索取一份技术资料，引进和推广一项技术，搞一项设备改造和工艺改革，进行一项科学试验，研究一个科研课题，研制一项新产品，填补南岔区一项空白的“十个一”活动。一年来，提出合理化建议 46 条，撰写论文 26 篇，进行新产品开发 6 项，完成实验课题 2 个，推广新技术 16 项，技术革新 11 项，完成设备改造升级 17 项。1996 年，区委统战部按照市统战部指示精神和区委部署，组织全区统战对象广泛开展了“我为兴林做贡献”教育活动。在年初工作安排中，详细布置了这一活动，并根据市委统战部下发的三大经济指标数字进行分解，任务落实到单位，单位落实到个人，为林区走出“两危”困境，繁荣家乡，献计出力。1997—2002 年，共写调研文章 12 篇报市委统战部。2003—2005 年，在统战理论学习方面，多次参加市理论学习研讨活动，并获得组织奖一次，优秀论文奖 5 篇。2005 年，共交流论文 14 篇，向市统战部推荐 3 篇，向市报送信息 24 条。

对台工作　1986 年，开展台湾形势对台方针政策教育。利用工作会议，办培训班，召开各界人士会议等形式举行台湾形势和党对台政策报告会 4 次，基层单位召开各种形式报告会 86 次。还召开台属座谈会，学习有关文章，教育他们在与台胞接触中，多叙亲情，实事求是地向对方介绍家乡情况

和党的政策，以增进他们对祖国大陆的信任感和向心力。认真贯彻落实市委对台工作会议精神。区委首先调整充实对台工作领导小组，由区委副书记刘兴贵担任组长，区委常委、副区长张景龙，区政协副主席、统战部部长王家斌任副组长。其次，为加强对台工作力量，区委决定增编2名工作人员，配备1名对台办主任，并制定《关于做好台胞来我区探亲接待工作的实施方案》；在此基础上，进一步补充台属档案。加强对台联络和通信指导。在已掌握的51名去台人员中有32人已通了信，还有19人尚未联系上。为帮助他们尽快找到亲人，逐人进行登记，填写“寻找去台人员登记表”，报有关部门协助寻找。坚持定期开展活动。1987年召开台属座谈会、茶话会4次，每次区五大班子主要领导都参加并讲话，使广大台属感受到党的关怀和温暖。重大节日时，区五大班子成员带队，分别对台胞和台属进行走访慰问。1989年，围绕“一国两制”这个主题，举行报告会3次，广播电视讲座5讲，召开台属学习座谈会17次。认真做好台胞探亲接待工作，两年里共接待台胞30人，接待到外区中转的台胞6人。2002年，对台工作认真宣传党的“和平统一、一国两制”方针和政策，开展涉台教育工作。向台属宣传党的对台政策，并通过座谈会形式组织台属学习《台湾问题与中国统一》白皮书，观看录像《中国台湾》，向台湾、涉台干部进行教育，利用接待、走访等机会宣传改革开放和邓小平南方谈话后的大好形势。认真做好台胞探亲接待工作，及时掌握台胞探亲的时间、在台职务、社会地位、政治倾向等情况，有针对性地做好接待工作。利用“森林节”开展给台属写一封信、牵一条线、引进一笔资金、促成一个项目的“四个一”活动。定期开展联谊活动。元旦、春节期间区领导到重点台属家走访慰问。2005年，区委统战部利用建党83周年这一有利契机，组织了台胞参加座谈会2次，联欢会1次。利用广播、电视、板报等形式，大力宣传“和平统一”“一国两制”的方针政策，宣传改革开放所取得的伟大成就和翻天覆地的变化，宣传爱国主义和社会主义，增强了台胞对祖国和民族的感情。大力宣传台胞投资保护法实施条例和南岔区招商引资优惠政策，积极鼓励台胞到南岔投资办企业。接待了回国探亲的范丽萍，并参观了个体和私营企业、水库设施等。台商刘子圣投入资金36万美元，盘活了南岔区胶合板厂，安置下岗职工100余人。台商陈远辉投资400万美元，在石头河林场建发电站。池珍楠投资20万美元，创办了环宇木业公司，发展前景十分可观。截至2005年，南岔区有台属91人。

落实统战政策　1986年，为11名台属子女做了妥善安置。1987年，进一步抓了政策落实的复查工作，协同有关部门解决落实政策的遗留问题。南岔区有19名统战对象的子女参军，占参军总数的15%。1988年，原浩良河区个体工商业者朱勋臣之女朱秀美上访要求落实政策，解决就业问题。区委统战部会同公安局、信访办组成调查组，先后深入浩良河、牡丹江等地调查，在牡丹江爱民区统战部的协助下，圆满地解决了历史遗留问题。南岔区个体工商业者于世峰在公私合营时，有5间房子被商业部门占用，统战部与商业党委共同调查，情况属实，征得于世峰同意，按当时价格作价1300元做了调处。1989年，台属徐少坤一家6口人，“文化大革命”时因有海外关系被下放到农村。针对徐少坤反映的情况，组成调查组进行了反复的查证、核实；经区委同意为其一家恢复了城镇户口。仅一年就为统战对象解决住房户22户，子女就业13人。

截至1993年年底，统战工作对象有6227人，其中，中级职称以上党外知识分子1442人，2个民主党派及台属427人，他们中大多数是生产经营管理者和科技骨干，是搞活企业的一支重要力量。区委统战部积极为他们提供施展才能的天地。把那些经过培养考核，确系热爱祖国，具有真才实学的党外知识分子积极向党委推荐，使他们有用武之地。2005年，南岔区有民盟、民建、民进3个民主党派地方组织，总人数47人。在加强民主党派工作上，经常深入民建、民盟、民进支部开展调研工作。对民主党派会员情况进行充分了解、登记造册，档案输入计算机，随时掌握其变动情况。

民族、宗教工作　1986—1987年的民族工作，主要是贯彻党的民族政策，开展民族政策教育，尊重少数民族风俗习惯，巩固民族团结。召开天主教、基督教、伊斯兰教负责人会议，传达上级有关会议精神，组织制定爱国爱教公约，对信徒群众进行共同理想、党的政策、遵纪守法教育，教育广大信教群众自觉在宪法允许的范围内进行宗教活动。贯彻宗教自治、自养、自传的“三自”方针，建立了“三自爱国小组”，充分发挥宗教领导小组的作用，宗教活动实行“三定”，即定活动场所、定活动范围、定负责人。同时狠抓自养活动，帮助清真寺办糕点厂，解决了自养问题。积极引导信教群众参加为两个文明建设做贡献的活动。据统计，伊斯兰教徒中先进生产者15人，星星村的57名基督教徒中有19户被评为五好家庭。1987年大兴安岭特大森林火灾发生后，基督教徒为灾区捐款363.7元，粮票255市斤，衣物44件。1988—1989年，统战部对宗教工作主要抓了政策教育。先后召开基督教、伊斯兰教负责人会议。学习有关文件，帮助制定爱国爱教公约。指导教徒们开展正常活动。两年里，调整充实3个教派的领导成员，协助清真寺请了阿訇，调整启用基督教活动公所，取消家庭活动点，南岔“清真寺”原有一处30平方米的架子房，区政府从财政拨款3000元为“清真寺”建房。至1989年年末，全区有少数民族12个，3215人。其中，满族1227人，回族1191人，朝鲜族680人，蒙古族107人，达斡尔族6人，彝族、壮族、侗族、锡伯族各1人。除浩良河镇北阳村的160名朝鲜族集居外，其他人员均为散居。区委下发《关于加强民族工作的意见》，各基层单位根据文件精神总结了民族工作的开展情况，提出改进措施。贯彻党的民族政策，坚持民族平等，尊重少数民族的风俗习惯，有效地促进民族政策的落实，发展安定团结的大好局面。1996年，对民族宗教工作主要抓了检查、监督有关部门认真贯彻执行党的民族宗教政策情况。巩固“三定”，坚持“三自”做好宗教场所登记和管理工作。制止和打击利用宗教进行违法犯罪活动。加强信教群众和宗教界人士的爱国主义和社会主义教育，巩固和发展同民族宗教界的爱国统一战线。协助区委、区政府对各宗教爱国领导小组进行全面的调整。2002年，严格执行党的宗教政策，按照信仰自由的原则，要求区内的伊斯兰教、天主教、基督教、佛教等按照“三定”的原则开展活动。会同政府办、公安局政保科对全区宗教情况进行调查，建立健全区、乡（镇）政府宗教事务管理，明确工作责任。对非法宗教活动进行打击，取缔浩良河镇一处非法活动的佛教组织。2005年，有少数民族14个，共2270人，少数民族村1处。在民族工作中，区统战部广泛深入地宣传贯彻党的民族政策，坚持做到民族平等，尊重少数民族的风俗习惯，为少数民族办实事。为浩良河北阳朝鲜村拨款1.5万元修建1座新桥，方便少数民族村民的生产和生活。为了支持朝鲜族群众种植水稻，筹集1.5万元资金修建用于蓄水灌溉的石头坎，拨款4万元购买水泵和白龙管等灌溉工具。举办两期水稻旱育稀植技术培训班，并现场为少数民族群众演示。先后举办食用菌培训班7期，养鹅培训班2期。在发展教育上为北阳村朝鲜族小学拨款4000元，购买了10套学生桌椅，1架脚踏琴和篮球、足球、排球及其他体育、教学用具共30多件。区政府又拨款1500元，修复了水井，保证师生的饮用水安全。每年都组织文艺小分队到少数民族聚居的地区演出。在经商、办企业方面落实优惠政策，简化登记审批程序，在政策允许的范围内，对少数民族个体和私营业户实行“六不限制”政策，并从多方面给予帮助。2005年，为清真寺解决冬季取暖问题。对全区5名少数民族困难户进行走访慰问并送去慰问金。

党外人士任职　1986年，全区各级党组织注意发掘起用人才，使党外干部在各级领导班子中占有适当的比例。区人大、政府、政协三个班子成员16人，其中党外人士3人，占18.7%。基层行政科级干部150人，其中党外干部30人，占20%。全区科处级两级后备干部258人，其中非中共党员或党外人士132人，占51.1%。6个林场共有行政干部18人，其中党外干部2人，占11.1%。1989年，新提拔的科级干部18人，其中党外干部2人，占11.1%。1993年区人大、政府、政协三个班子18名成员中，有党外人士3人，占16.7%；基层科级行政干部369人，其中有党外干部30人，占8.1%。1997—2002年，积极做好党外干部的教育培养，积极推荐20名党外干部为副科级干部。在党外知识分子工作上，开展了深入细致的调查，全面掌握每个年度的党外知识分子变化情况，积极向党组织推荐为后备干部。2003—2005年，按照政协委员动态管理的原则，对七届委员进行了3次调整，按照有关程序调出政协委员23名，增补23名，调下常委6名，增补5名，安排党外人士任人大常委会副主任1人，政府副区长1人，政协副主席2人，副科级以上党外人士61人，占总数的11%。南岔区人大、政府、政协党外领导的职数达到市规定的比例。

第九节　党校工作

一、机构

1986年，党校校址在南岔森林经营所。党校设党总支，书记1人，区委副书记兼任党校校长，副校长2人。下设教务处、理论教研室、财务室，教职工37名。1988年3月，南岔区委党校搬迁至南岔职工学校校址（新兴街）。1990年，南岔区党校与职工学校合一，称区委党校，有教职工28人。1997年11月，南岔区委决定进修学校与党校合并。2000年10月，进修学校独立。2005年，党校设书记1人，副校长3人。下设教务处、总务处、财务室、理论教研室、图书阅览室，学校有教职工20人。

二、教学和管理

教学工作　1986—2005年，南岔区委党校担负着全区党员、党员领导干部的马列主义理论、中共党史、邓小平理论、江泽民“三个代表”重要思想及中共中央十六届四中、五中全会的教育，并把非党积极分子培训、干部的学历培训，党的基础知识和党的建设贯穿教育的全过程。学校实行的是党总支领导下的校长负责制。为了完成教学任务，提高培训质量，学校设置理论教研部、后勤教务部等机构，不断改进课程设置，加强业务管理，较好地完成了历年的教育、教学和各级各类培训任务。

根据不同阶段、不同时期党的中心工作任务及区委工作部署，结合各个时期的培训对象不同的特点，安排专题讲座和教学计划。政治理论班开哲学、政治经济学、科学社会主义、党史课。后备干部班开哲学、政治经济学、领导科学、应用科学、写作、企业管理。非党积极分子班开设党章、党的基础知识、党的方针政策、形势任务课。学校还采取与外地学校联合办学的形式，解决了师资困难问题。

管理工作　1986—2005年，校领导根据不同时期的政治形势和党校教育存在的问题，努力提高全体教师的政治素质和树立严谨的教学态度，强化全体教师讲政治、坚持党校的政治立场，坚持正确的办学方向。先后选派教师参加省委党校组织的党校教师培训，确保理论教师应有的理论高度。开展林场、经营所和农村调研工作，使课堂教学能够联系实际。

1989—2005年南岔区党校基层干部培训班一览表

表19-6　　单位：人

时间	培训班名	培训人数
1989.6	场所长理论	129
1990.4	政工员理论	84
1990.5	哲学理论骨干	217
1990.7	第十二届团干部	66
1990.8	场所书记理论	89
1990.8	场所长岗位	45
1991.4	吸收录用干部岗前	78

续表 19-6

时间	培训班名	培训人数
1991.6	普法学习	65
1991.8	普法知识	65
1991.10	反和平演变理论	550
1991.10	科级干部	60
1994.9	基层理论骨干	120
1995.9	科级后备干部	98
1997	“十五大”理论宣讲	310
1997.2	村级干部	38
1997.7	“三五”普法	69
1997.11	“十五大”理论宣讲	70
1997.11	“十五大”理论宣讲	95
1998	法制理论	130
1998.7	新党章宣传	70
1998.11	优秀中青年干部、新提拔副科级干部	79
1998.12	十五届六中全会	120
1999.5	村级干部岗位资格	38
2000.10	优秀中青年干部	92
2000.12	基层书记学习十五届五中全会精神	57
2001.4	基层武装部长	32
2002.5	公开招聘一般干部岗前	18
2002.6	WTO 知识学习	26
2002.7	基层单位、机关各部门主要负责人	66
2002.7	基层单位、机关各部门主要负责人学习“十六大”	71
2002.7	基层政工员学习“十六大”	71
2002.12	基层党组织、机关各部门负责人学习“十六大”	76
2003.1	政工员、工会主席、团书记学习贯彻“十六大”精神	76
2003.7	企业管理人员法律	50
2003.9	市经贸委、安全生产局安全生产业务	45
2003.9	行政执法、司法科级干部法律	30
2003.10	社区、居民委员会干部	70
2004.3	基层单位行政一把手学习“两个条例”	78
2004.3	基层单位党务一把手学习“两个条例”	85
2004.3	青年干部	35
2004.5	非国有经济财务统计	41
2004.6	农村基层干部	104
2004.11	副科级后备干部	82
2004.11	妇女干部	40
2004.11	科级干部	73
2005.5	第一批先进性教育单位主要负责人	82
2005.5	《建立健全教育、制度、监督并重的惩治和预防腐败体系实施纲要》基层主要负责人	70
2005.11	农村基层干部	57

第二十篇
民主党派　人民团体

1986—2005，南岔区民主党派有中国民主同盟、中国民主建国会、中国民主促进会地方组织，在中共南岔区委员会领导下，紧紧围绕经济建设这个中心，为全区经济发展，政治稳定和社会进步献计献策。

1986—2005年，南岔区群团组织设工会、共青团、妇联、工商联。召开职工代表大会3次；团员代表大会3次；妇女代表大会1次，妇联执委（扩大）会议3次；工商联会员代表大会4次。工会组织坚持以经济建设为中心，不间断地对职工进行思想宣传教育，强化企业民主管理，开展劳动竞赛和各项文体活动。大力发展职工家庭经济，促进林区经济转型。“一帮一”扶贫解困工程，为贫特困职工自我发展创造了条件，提供了帮助。共青团组织针对团员和青年思想实际，开展形式多样教育活动。妇联组织在“五好家庭”创建、维护妇女儿童合法权益，家政服务，少儿工作中取得可喜成效。工商联认真履行工商联职能，为发展南岔经济服务。

第一章 民主党派

第一节 中国民主同盟

中国民主同盟（以下简称民盟）伊春市南岔民盟支部于2000年2月始建，当时有盟员9名。吸收的主要对象是文化教育界，中高级知识分子，主委徐占东、副主委李彦成、王立滨。每年开展两次学习活动，学习的主要内容是中共十五、十六大和其他重大会议文件；学习国家、省、市政协会议文件。组织盟员进行调研，为当地党委、政府科学决策献计献策。在调研中发现，区内有网吧接纳未成年人，向政府提了整改建议，引起区政府的高度重视，立即采取行动，从严对网吧进行规范管理。2005年有盟员7名。

民盟主委：徐占东，副主委：李彦成、王立滨，盟员：徐占东、李彦成、王立滨、张庆民、郇野凌、杨光、李建国。

第二节 中国民主建国会

中国民主建国会（以下简称民建）伊春市南岔区支部委员会于1988年11月12日始建。1993年末，共有会员20人。吸收对象主要是从事经济工作的人士、有关专家、学者及其他人士。历任支部主任委员熊春峰、于晓东、刘彦春。其支部成立后，在当地中国共产党组织的领导下，紧紧围绕经济建设这个中心，为当地的经济建设和社会事业的发展献计献策，起到参政议政的作用。每月的28日为学习活动日，每年的12月份举行一次“议政日”活动，为当地党委、政府的经济建设工作献计献策。2004年11月至2005年5月，举行过两次重大活动，传达中共中央总书记胡锦涛在《全国政协成立五十五周年庆祝大会上的讲话》，学习中共十六届四中全会文件精神，并结合当地党和政府的中心工作进行讨论。至2005年5月，会员增至22人。

民建会员有熊春峰、于晓东、刘彦春、穆怀君、孔宪慧、于惠琦、丁明林、王玉德、薛昌林、刘文志、毋金凯、李修昌、金洪汉、李富坤、雷应天、常志德、赵立平、蒲万斌、戴华天、姚子良、马志、赵其中。

第三节 中国民主促进会

中国民主促进会伊春市南岔筹备小组于1988年11月始建，吸收对象主要是文化教育、体育、卫生等战线的科技人员。在当地中国共产党组织的领导下，坚持科技兴国的方针，在促进科学事业及经济建设和社会发展中发挥参政议政的作用。到1993年年末，共有会员6人。筹备小组负责人张学礼。1994—2003年，筹备小组负责人为张立杰，开展两次学习活动。学习国家多党合作制有何特色的文章；讨论民主党派与中共合作的政治基础、基本方针；履行做好中共的亲密友党，维护宪法尊严，保证宪法实施的职责。

2004年3月，筹备小组负责人为刘胜强。组织两次学习活动，学习每年全国人大、政协两会文件，讨论落实两会精神；学习讨论了关于农村税费改革的文件。号召会员关心国家大事，积极工作，为南岔区的各项事业发展和社会进步做贡献。截至2005年5月，中国民主促进会会员10名。

第二章 工 会

1986—2005年，南岔全区工会组织努力发展职代会的各项职能，行使职代会的各项权利。工会组织针对不同时期党的中心工作，加强职工思想宣传教育，针对企业面临的“两危”困境，鼓励职工发展家庭经济，为促进林区经济转型奠定基础。开展多种形式的劳动竞赛和文体活动，促进各项生产任务、指标保质保量完成。截至2005年年末，区职工自营经济已达12008户，从业人员35991人。全区自营经济增加值累计14613.7万元，实现跨越式发展。“一帮一”扶贫解困工程，在三轮扶贫工作中，全区累计筹措扶贫资金166.75万元，帮扶物资折合人民币163.8万元。开发脱贫致富项目500多个，为贫特困职工自我发展创造条件，提供帮助。

1986—2005年，南岔区分区工会暨职工代表大会共召开3次。

第一节 机 构

1986年，南岔区（局）工会委员会设主席1人，副主席1人。内设办公室、组织部、生产部、企管部、宣传部、生活女工部，编制12人。下属65个基层工会组织，共有会员11341人。1990年4月，工会增设女职工委员会，基层有48个女职工委员会。1998年8月，工会生产部改称经济技术保护部。2005年，南岔区（局）工会主席1人，副主席2人，编制10人。有基层工会组织69个，专职工会干部32人，兼职工会人员37人。24个社区工会组织配齐兼职工会主席。有会员15715人。

第二节 自身建设

1986年，为适应不断发展和改革新形势的需要，南岔工会组织始终把自身建设当做头等大事来抓。一是全面实行工作目标管理，使工会的各项工作科学化，推动各项工作的开展；二是开展“职工之家”自检自查活动，重新完善“职工之家”各项设施；三是壮大工会积极分子队伍。先后被伊春市以上各种会议采用的经验材料26篇，其中市总选用的18篇，省总选用的6篇，全国农林工会选用2篇。1992—1998年，为使工会干部的思想跟上时代步伐，举办两期工会干部脱产培训班，由伊春市总工会干校教师授课。经过考核，为学员颁发结业证书。每年对工会系统的新干部都派到省、市工会干校进行岗位培训，使其理论水平和业务能力适应工会工作的需要。为加强基层组织建设，对全区基层工会组织进行及时换届，使其组织不断健全，对未配备工会主席的企事业单位，都配备了专兼职工会主席，使基层工会组织领导班子得到充实和加强。2003年，在思想建设方面，先后组织两级工会干部参加“三讲”“三个代表”重要思想和“三个带头人”学习教育活动，开展新工会法的学习。通过上述活动统一思想，提高觉悟，增强工作自觉性。在组织建设方面，抓基层组织调整和新建企业工会组建工作。区工会增至10人，67个基层工会有主席67人，专职主席由原来21人增加到32人。两级工会接待处理信访131件，调解各种劳动争议73件，上报调研、信息383件，有22篇调研报告和34篇信息和理论文章被省、市级刊物采用。2005年，区委高度重视区工会干部的配备。全区69个基层工会组织有专职工会主席32名，兼职工会主席37名，24个社区工会组织都配齐了兼职工会主席。区工会机关干部调整后年龄比往年有所下降，综合素质明显提高。通过开展保持共产党员先进性教育活动，把全区上下工会干部的思想转变到“替职工着想，为会员办事，帮党政分忧，做群众朋友”的工会工作方针上来，转移到带头发展职工自营经济上来。

第三节　代表大会

南岔区十二届工会会员暨南岔林业局十一届职工代表大会于1986年4月28—30日在区机关二楼会议室举行。出席会议的代表305人，其中女代表39人。区（局）党委书记毛景春代表区（局）党委讲话。会议审议通过了副局长王福义所作的《南岔林业局工作报告》，局工会主席刘成山所作的《全局职工动员起来，为实现“七五”计划的宏伟目标前进》的报告。通过副局长王福义所作的《关于1985年职工福利基金、企业留成基金收支情况和1986年安排意见》的报告、副局长杨永生所作的《局十届职代会三次会议提案处理情况和十一届职工暨十二届会员代表大会提案审查情况》的报告，并作出决议。会议颁布了《南岔林业局职工代表大会实施细则》（试行方案）、《职代会“五优”竞赛方案》和《工会下设的工作委员会（各部）的工作职责》。代表们还评议了局领导班子。副局长王福义表态发言。大会选出南岔林业分区工会委员会委员21人。主席刘成山，副主席王少平。

南岔区十三届工会会员暨南岔林业局第十二届职工代表大会于1991年6月25—26日在区机关二楼会议室举行。出席会议的代表197人，其中女职工代表21人。区委副书记刘兴贵代表区（局）党委讲话。大会审议通过了局长王福义所作的《林业局工作报告》、工会主席刘成山所作的《依靠党的领导，动员和组织全区职工群众，为振兴南岔经济做贡献》的报告；审议通过刘吉庆作的《南岔林业局关于1990年职工福利基金收支情况和1991年安排意见》的报告。对以上报告作出相应的决议。会议讨论通过《南岔林业局1991年方针目标》。大会民主选举产生南岔区工会第十三届委员会、工会常务委员会、工会经审委员会及工会各工作委员会。十三届委员会由23人组成。大会选举主席刘成山，副主席程传禹。局长王福义代表南岔林业局，刘成山代表局职代会签订了《1991年双保合同书》。

南岔区第十四届工会会员暨南岔林业局第十三届职工代表大会于1998年8月11日在区机关二楼会议室举行。出席会议的代表169人。区委副书记魏长宽代表区委讲话。大会审议通过了局长关思伟所作的《南岔林业局工作报告》、工会主席王书元作的《振奋精神开拓创新努力开创工会工作新局面》的报告。审议通过了刘吉庆作的《南岔林业局1997年职工福利费收支情况》的报告。对以上报告做出相应的决议。选举产生十四届委员会委员19人。主席王书元，副主席刘安民、陈曼丽。

南岔区工会第十四届工会会员暨南岔林业局第十四届职工代表大会于2003年4月8日在区机关二楼会议室举行。出席会议的代表121人。会议通过局长王若森所作的《南岔林业局工作报告》、徐文举作的《南岔区（局）工会工作报告》。选举产生十四届委员会委员23人。主席徐文举、副主席王世佳。局长王若森代表南岔林业局、徐文举代表局职代会签订了集体合同书。

第四节 宣传教育

1986年，工会的宣传教育工作，主要是坚持以经济建设为中心，不断地对职工进行党的基本路线教育和形势任务教育。在全区职工中开展以“四职”（职业道德、职业纪律、职业责任、职业技能）、“六爱”（爱党、爱祖国、爱社会主义、爱林区、爱企业、爱岗位）为内容的教育活动。内容丰富多彩、形式灵活多样，举办了各种报告会、座谈会、演讲会，职工受教育面占职工总数的95%以上。结合十三大学习，在全区职工中深入开展了生产力标准的大讨论，明确社会主义最根本的任务之一就是大力发展生产力，树立发挥资源优势，集中精力发展经济的新观念。针对林区经济面临“两危”的严峻形势，深入开展促进经济稳定发展的大讨论，坚定职工“治危兴林”，共渡难关的信心。

1992年，为了保证党的各项方针政策和任务的顺利贯彻实施，全区各级工会组织都紧紧围绕党的中心工作，选准角度，找准位置，加强职工教育工作。在中共十四大、十五大精神指导卜，依据党的方针政策和各时期的形势任务在职工中开展解放思想，更新观念教育；改革开放系列教育；爱国主义教育；形势任务教育；国情教育；市场经济知识教育；社会主义初期阶段理论教育；新时期历史使命教育；职业道德教育和文化技术教育等一系列教育活动。并引导鼓励职工开展岗位读书自学成才活动，使全区职工的思想、政治、文化技术素质明显提高。涌现出市级自学成才标兵3名，自学成才先进个人15名。

2003年，十三届职工代表大会后，先后组织两级工会干部参加“三讲”“三个代表”重要思想和“三个带头人”学习教育活动，开展新工会法的学习活动。在搞好二次创业，深化企业改革过程中组织广大职工学习党的十五大精神，从而正确认识国家处于社会主义初级阶段的基本国情，认清深化经济体制改革给工会带来的艰巨任务，明确工会在促进社会主义民主政治建设中的重要作用，明确工人阶级在深化国有企业改革中的主力军作用。为了更好地贯彻党的“依靠”方针，进一步增强职工的主人翁责任感，各工会利用有效的形式组织职工学理论，开展以学文化、学科学、学技术、学管理、学法律为主要内容的读书自学成才活动，职工素质明显提高。

2005年，区工会围绕《公民道德建设实施纲要》和“十路主力军”活动开展宣传教育。通过学习和保持共产党员先进性教育活动，广大工会干部的思想转变到将维护职工权益作为工会工作第一职责上来，转移到带头发展职工自营经济是工会干部义不容辞的责任上来。把宣教工作的落脚点放在职工自营经济上，开展“职工自营经济宣传月”活动，组织自营经济典型户进行宣讲，并制作职工自营经济典型单位的专题片。

第五节 企业民主管理

1986年，全区各级职代会认真行使审议权、建议权、通过权、决定权和评议监督权，做到“三改、四结合”，即：改会上审议为会前审议，改职工代表审议为全体职工审议，改笼统审议为分战线、按专题审议；在审议中做到代表审议与专门人员审议结合，审议与论证结合，审议与开展献计献策活动结合，审议完善企业决策与帮助局、场长贯彻实施企业决策结合，发挥了职代会作用。五年中，凡是涉及企业重大决策、职工切身利益、“治危兴林”方案等重大事项，都经职代会讨论通过后实施。局场两级职代会共审议企业重大事项25项，民主评议干部29人。在十一届四次职代会上，工会还与企业行政签订“双保合同”（局对各单位，单位对职工保证各项工作任务的完成），使企业形成风险共担、责任共负，利益共享的利益共同体。在学习落实中央〔1989〕12号文件活动中，全区职工普遍开展如何全心全意依靠工人阶级，把全心全意依靠工人阶级的思想落到实处的大讨论。举办学习班43期，参加学习729人。针对企业面临的“两危”困境，开展“企业有困难、我们怎么办”的大讨论，职工共提合理化建议1431条、被采纳980条。为提高职工代表的两个素质，增强参政议政能力，各基层工会每年都举办1～2期培训班。

1992年，全区工会组织坚持把开好职代会作为职工参与企业民主管理，发挥职工主人翁作用的基本措施来抓，坚持按期开好职代会，努力发挥职代会的各项职能，行使职代会的各项权利。依据劳动法，逐步全面推行平等协商，签订集体合同制度，使这项活动逐步走向规范化、制度化。初步建立起依法维护职工合法权益的工会工作新机制。为了保证职工在生产中的人身安全，各级工会坚持抓好群众安全生产和劳动保护监督工作。并经常协同有关单位进行检查。共参与组织检查50余次，发现隐患240余处，都及时提出整改意见。对重大事故及违章指挥，违章操作等都能依法进行监督检查处理。为维护职工利益还积极做好法律咨询服务和信访工作。共接待职工来访27次，收到来信39封，都及时认真给予答复处理。职代会还审议通过1989年、1990年、1991年职工3%奖励晋级方案，并签订“双保合同”。南岔局1992—1993年连续两年被市总工会、市体改委、市组织部评为民主管理先进局。

1999年，按照省委〔1998〕5号文件和市委〔1999〕7号文件的要求，区工会强化企业民主管理工作。坚持和完善职代会制度。两级工会基本准时按程序召开职代会，企事业单位职代会建会率达100%，会议召开率达95%以上。同时，职代会报告制度、职代会民主评议干部制度得到了较好的坚持；坚持和完善厂（场）务公开制度，两级厂（场）务公开组织机构健全，33个方面168项公开内容，以7种公开形式正常规范运作；职工的民主权利得到充分发挥。1999—2003年，两级职代会共收到提案671件，其中答复解决了612件，其余的59件也给予明确解释。

2004—2005年，区工会坚持和完善以职工代表大会为基本形式的民主管理制度，全面落实职工的各项民主权利，坚持了职代会申报审批制度，严格按照职代会的规定程序和要求召开会议。改制企业按照全总《关于加强国有企业改制过程中工会工作的意见》的要求，重建以职代会为基本形式的民主管理制度，召开职工代表大会，签订集体合同，落实职工的各项民主权利。截至2005年年底，本区私营企业建会率达100%，全区基层工会标准化达标率85%以上。在社区建立工会组织，使下岗、失业、退休职工重新回到工会组织中。

第六节　劳动竞赛与大型活动

1986年，针对本区（局）片大、面广、战线长的实际，结合各行业的特点，开展多种形式的劳动竞赛。在木材生产战线开展保质保量赛，在营林战线开展更新造林赛，在商业系统开展同行业窗口赛，在服务赛行业开展“四职三优”赛，在技术工种中开展以提质降耗、扭亏增盈为基本内容，以振兴林区、大打企业翻身仗为目标的“双增双节”（增产节约、增收节支）运动，年年实现人均增节百元的目标。开展了“促生产、增效益、保安全、创优质”竞赛活动，对全区“十个一”活动产生积极推进作用。9月，区工会召开勤劳致富三岔河现场会，三岔河林场等单位交流了带领职工勤劳致富的做法和经验。1987年9月，在浩良河木材加工厂召开全区“双增双节”情况交流会。1988年初，工会配合科协、团委、妇联在全区范围内开展“科普之春”活动。召开各类动员会117次，广播宣讲170次，受教育达32875人。举办植树造林、安全防火、卫生防疫等培训197期，培训人员2128人次。正月十五，区工会、宣传部、文化科联合举办灯展，共有30个单位参加，

100 多个作品参加展出。1992—1998 年，工会组织每年都与有关部门配合，根据各战线、各季节、各时期工作任务的需要开展多种形式的劳动竞赛活动，促进各项生产任务、指标保质保量完成。局工会在全局职工中开展增强自我防护能力竞赛活动，通过职工自我学习，自我演练，提高全体职工消灾、避灾、防灾的能力。开展“安全在我心中”“车行千里，安全第一”“我为丈夫敲警钟”演讲竞赛、安全生产谜语竞赛活动，安全生产双百知识竞赛活动和安全生产漫画大赛活动。通过上述系列安全教育竞赛，全局的安全生产工作出现了好势头。在林业生产单位开展治危兴林、立功竞赛活动；在营林战线开展营造林技术达标竞赛活动；在基建战线开展质量达标竞赛活动；在木材生产战线开展木材检验技术比武活动。全区职工还积极开展“双增双节”，提合理化建议和技术革新等经济技术活动。年年完成“双增双节”指标，共提合理化建议 1500 余条，实现增收节支 1800 余万元，为缓危解困做出贡献。开展热爱社会主义系列教育，在区文化宫广场举办了板报一条街活动，展出板报 32 块。区工会在全区职工中开展了以建设有中国特色的社会主义理论为主要内容的改革开放系列教育，全区近万名职工参加活动。毛泽东诞生 100 周年纪念日，区工会在文化宫举办毛泽东生平展。每年春节期间，区工会会同有关部门举办迎春秧歌表演。并成功举办职工文艺调演。1999 年，两级工会组织坚持以经济建设为中心，结合本单位的实际，围绕推进山区综合开发的总目标和职工自营经济的发展，开展各项卓有成效的竞赛活动，收到较好的效果。先后开展以“立足本质，双增双节，合理化建议”为主要内容的劳动竞赛活动；开展以“查隐患，促整改，保安全”为内容的“安康杯”竞赛活动；开展了创造性的实施“天保工程”为主要内容的兴林奔富竞赛活动。五年中，全区职工提合理化建议 600 余条，创效益 1200 万元。开展技术革新 26 项，创经济效益 133 万元。有 1000 余名职工受到省、市、区表彰奖励。2001—2002 年，参加全市“安康杯”竞赛活动并被市“安康杯”竞赛组委会评为优胜单位。同年，南岔林业局被评为优胜企业。2003 年，参加伊春市工会法实施条例知识竞赛，被市总工会评为二等奖。同年市总工会开展争创先进工会活动，区工会荣获先进工会称号。2005 年，深入开展“安康杯”竞赛活动，发挥促进企业安全生产的有效载体的作用。通过各种有效形式进一步贯彻安全生产法、职业病防治法以保证职工的健康与安全。加强“安康杯”竞赛活动的领导，调整充实竞赛领导组织力量，扩大参赛范围，吸纳了非公有制企业加入“安康杯”活动。健全和整理了竞赛基础资料，建立了竞赛档案，保证了竞赛活动真实有效开展。

第七节　职工家庭经济

1992—1995 年，区（局）工会积极扶持职工发展家庭副业，拓宽扶贫解困领域。总结推广开展家庭副业典型单位和个人；积极为职工发展家庭副业提供服务，做好扶贫解困工作。采取典型引路、提供信息、提供服务、提供物资资金等办法，帮助和引导职工发展家庭经济。到 1995 年 4 月，全局已有 3224 户发展了家庭经济，收入超千元 1642 户，超双千元 1050 户，超万元 119 户，总产值已达 2100 万元。

1996 年，采取抓政策落实到位；抓资金筹措到位；抓物资提供到位；抓科技服务到位等方法，结合开辟经济发展第二战场，帮助和引导职工发展家庭经济。全局已有职工家庭经济户 4500 户，收入超“双千元”达 3800 户，家庭经济的生产经营形式有“种、养、采、加、服”等 8 个门类 22 个项目，总产值达 4000 万元，为保障职工生活，发展经济发挥了重要作用。由于抓职工家庭经济措施到位，全区职工家庭经济迅速普及，快速发展。为准确掌握职工家庭经济发展情况，抓了基础建设工作，对每家每户均建档立卡，对其经营项目、数量、效益、发展、规模等逐项进行登记，并实行动态管理，为此项工作的顺利开展提供方便和依据。截至1998年年末，全区从事家庭经济职工户达7141户，年总产值达6575万元，成为全区职工家庭经济收入的一项重要来源。1997年度职工家庭经济工作受到市委、市政府的表彰和奖励。为了大力发展家庭经济，工会把发展职工家庭经济同创造性地实施“天保工程”，同发展四大优势特色产业，同兴林奔富、扶贫解困工程有机结合起来，统筹安排、促进全区职工家庭经济的发展。

2003年，工会把发展职工家庭经济，作为职工自我脱困、自主择业、开辟就业渠道、维护职工劳动就业权的主要途径来抓。主要采取了以下措施：把职工家庭经济纳入全区目标管理考核范围，确定为全区重点推进工作之一，落实包点责任制，形成级级有人抓，层层有人管的局面，强化对职工家庭经济的领导；坚持各项管理制度，以制度促进落实。坚持政策引导，调动职工发展家庭经济的积极性，实行帮扶政策，通过减免税费，提供物资，提供场地，帮助联系贷款等措施；坚持大户牵动战略，扶大带小，对于已经发展起来的“龙头大户”建立“四大班子”包户措施，包联系指导，包调查研究，包信息反馈。同时注意和培养新的“大户”，2003年又培养扶持年产值10万元以上的特色养殖户1户，地栽木耳户7户，截至2003年年末，全区职工家庭经济产值超百万元以上的已达9户；50万元以上的16户；10万元以上的8户；万元以上的3408户；强化服务意识，两级工会和基层单位都做到了信息服务到位、科技服务到位、促销服务到位、解困服务到位。

2004年，按照市总工会的要求和区委经济工作会议精神，工会组织强化对职工自营经济工作的领导，采取强有力的措施，推动了职工自营经济的发展。到年末，全区职工自营经济户已达11542户，从业人员已达19426人，产值20390.2万元，比上年增长9%。市总工会授予南岔区发展职工自营经济金牌单位。

2005年，大力发展职工自营经济，促进林区经济转型。按照市委九届十四次全会提出的“各级党委、政府和工会组织，要把发展以自营经济和职工家庭经济为主要内容的‘百姓经济’作为全年工作重中之重”“林场所要把工作重心转移到发展职工家庭经济上来”的要求，认真抓此项工作。围绕建立的五大基地引导职工发展自营经济，变自主发展为依托发展，为促进林区经济转型奠定基础。截至2005年年末，全区职工自营经济已达12008户，从业人员35991人，增加值超百万元的8户，50万元的10户，10万元以上的145户，万元以上的4315户，全区自营经济增加值累计可达14613.7万元，实现跨越式发展。

第八节　扶贫解困工程

自1996年“扶贫解困献爱心”活动开展后，两级工会组织在区委的领导下，积极努力工作，如期完成扶贫解困工作任务。1999年底，第一轮确立的574户贫、特困职工累计脱贫557户，脱贫率达到97%；2002年底，第二轮确定的917户贫、特困职工累计脱贫880户，脱贫率达到96%。2005年年底，第三轮确定的186户贫、特困职工累计脱贫186户，脱贫率达到100%。在区政府的大力支持下，11月建立南岔区帮扶中心，区政府2万元专项资金已到位，在三轮帮扶工作中，全区累计筹措帮扶资金166.7万元，帮扶物资价值折合163.8万元。开发脱贫致富项目500多个，同时还为职工群众办好事、实事3600余件，为贫特困职工自我发展创造了条件，提供了帮助。

第九节 女职工工作

1986 年，全区共有女职工会员 3390 人。1990 年 4 月，为加强女职工工作，维护女职工特殊利益，成立区工会女职工委员会，下设 48 个基层女职工委员会，配齐专兼职女工干部。各级工会组织在努力保障女职工特殊利益的基础上，积极发挥女工在经济建设中的应有作用。1990 年 4 月，为加强女职工工作，维护女职工特殊利益，成立了区工会女职工委员会，下设 48 个基层女职工委员会，配齐专兼女工干部。1991 年，女工委员会利用多种有效形式，对女职工进行形势任务和“四有”“四自”教育，充分发挥女工在“治危兴林”事业中的“半边天”作用。各基层妇女组织分别组织了演讲会、报告会、座谈联欢会。全区举办大型演讲报告会 5 场，宣传专栏 34 期，为女职工做好事 30 余件。总结了环卫处建设“女工之家”的经验，在全区推广了他们勤俭建“家”，积极开辟活动场所，为女职工提供学习、服务、活动、娱乐场所的好做法。1992 年，紧紧围绕经济建设，在女职工中开展了“学状元，比贡献”，为实现“八五”计划建功立业活动，1992 年，共组织女职工参加“治危兴林奔小康”大讨论 32 次，提合理化建议 75 条。针对下岗和编余的女职工，开展思想教育转变工作，教育她们顺应政策大潮，自我解困、自我发展。为女职工寻求就业门路并积极扶持和树立一批靠勤劳致富的先进典型，带动更多的女职工走上自我解困路子，为企业减轻负担，使更多的女职工在改革大潮中得到锻炼和提高。

1994—1996 年，围绕企业扭亏增盈，深入开展争当行业“女状元”活动和贯彻劳动法维护女工合法权益工作。1994 年，评选树立行业“女状元”5 名。劳动法颁布以后，为保证其顺利贯彻实施，在女职工集中单位召开座谈会，并举办学习班，组织全区职工书面答复 1 次，协同妇联开展知识竞赛 1 次。1995 年，结合贯彻劳动法对全区女工特殊利益保护工作进行 1 次检查。1996 年，在女工中开展“爱岗敬业、行业争当能手”活动，全区有 5 个行业、1135 名女职工参加竞赛活动。开展了“姐妹互助，帮贫解困”活动，有 2 名女职工被区委、区政府授予“职工家庭经济带头人”光荣称号。

1998 年，全区妇女组织在女工中举办理论班 23 期，板报宣传 54 期，还与妇联举办一期理论研究会。各基层女工组织也都相应地开展各种形式的活动。商业局、经贸公司、女工委开展“牢记宗旨、服务家乡”演讲会，林业医院女工委根据自己工作实际，开展技术练兵比武活动，东方红小学女工委组织公开课教学活动。为维护女职工的切身利益，保障女职工劳动权力和社会保障不受侵犯，配合劳动安技部门对个体和私营企业录用的下岗女职工进行一次调查，未发现一起侵害女工利益的现象发生。

1999—2000 年，随着林区资源的日益枯竭，下岗女工增多，女工组织动员女工大力发展家庭经济，取得较好的效果。全区有 2150 名女工通过不同方式投身到家庭经济中来，大力发展养殖业、种植业、采集业为主的家庭副业。各林场所为使女工脱贫，为 11 名下岗女职工贷款 25000 元，为 183 名下岗女工办理特困证，为 47 名特困女工补助 4700 元。坚持对女职工进行法治教育，1999 年，有 2150 名女职工参加三五普法知识答卷活动，有 50 人参加市总工会组织的禁毒知识答卷活动。开展“女职工双文明建功立业”竞赛活动。为达到竞赛标准，东方红小学有 20 多名女教师利用业余时间学计算机操作，进行简笔画、毛笔字等基本功和六项技能的训练，2 名教导主任上示范课 20 节，听课达 200 多人次。林业医院女工委根据自己行业特点开展岗前培训，上岗进修、定期举办学习讨论和练兵活动，使医护人员的水平有很大提高。

2001—2004 年，女工组织坚持把依法维护女工的合法权益和持续利益当做一件大事来抓。2001 年，有 4000 余名女职工参加普法学习。为使女职工的合法权益不受侵犯，要求基层签订集体合同时要有女工委参加，同时要有涉及保护女职工利益的条款，保障女职工劳动权利不受侵犯。在生产、生活等方面为女职工改善条件，定期为女职工做妇科检查，保护女职工的身心健康。2003 年，为拓宽妇女就业渠道，大力开展家政服务，先后安排 240 名女工从事家政服务，为女职工提供就业机会。两级女职工委员会通过开展“双文明建功立业”活动，提高广大女职工的思想素质和科学文化素质，维护女职工的合法权益和特殊利益，取得较好的经济效益和社会效益。涌现出全国劳动模范、“五一劳动奖章”获得者东方红小学体育教师苗颖杰；石头河林场女子采伐队、林业医院妇产科两个“三八红旗”集体。2005 年，举办下岗女职工再就业培训班，有 520 人参加培训。工会女职工委员会为 220 名女职工办理“国泰团体女性安康保险”险种。

第三章　共青团

1986—2005 年，南岔全区各级团组织紧紧围绕区委的中心工作，带领广大团员和青年开展了形式多样的思想理论教育，提高了广大团员和青年的思想觉悟。广大团员和青年在治危兴林、安全生产、造林私木材生产中发挥样板作用。通过举办培训班、报告会、演讲会、座谈会、知识竞赛活动，培养团员青年热爱岗位，岗位奉献的崇高职业道德。整顿基层团组织，提高团组织的战斗力，使用组织整体实力不断增强。

1986—2005 年，共青团南岔区委员会召开团员代表大会 3 次。

第一节　机　构

1986—1987 年，共青团南岔区委员会设书记 1 人，副书记 1 人，编制 3 人。全区共有直属团组织 80 个，其中基层团委 12 个，总支 35 个，支部 33 个，团员总数 5401 人。1990 年 4 月至 1994 年 11 月，共青团南岔区委员会设书记 1 人，副书记 1 人。2001 年 4 月，共青团南岔区委员会设书记 1 人。2005 年，共青团南岔区委员会设书记 1 人，编制 3 人。全区共有直属团组织 45 个，其中基层团委 17 个，总支 22 个，支部 6 个，团员总数 3200 人。

第二节　代表大会

1990 年 4 月，共青团南岔区第十五次代表大会在区机关二楼会议室召开。会议听取并通过共青团南岔区第十五次代表大会的工作报告。选举产生共青团南岔区第十五届委员会书记鲁庆文，副书记张波，常务委员鲁庆文、张波、于学芹、文丽娟、王林东、王铁华、沙书德、李洪利、赵秋义。

1994 年 11 月 2 日，共青团南岔区第十六次代表大会在区机关二楼会议室召开。正式代表 140 人。文丽娟代表共青团南岔区第十五届委员会向大会作题为《大胆开拓、锐意进取、为建设现代化林区而努力奋斗》的工作报告。与会代表审议了上述报告，并作出决议。选举产生共青团南岔区委员会书记文丽娟，副书记王林东，常务委员文丽娟、王林东、王铁华、尹大伟、刘文友、赵中军、唐达、黄占昌。

2001 年 4 月 26 日，共青团南岔区第十七次代表大会在区机关二楼会议室召开。正式代表 98 人。马东升代表共青团南岔区第十六届委员会向大会作题为《大胆开拓、锐意进取、为实现“二次创业、富民兴区”而努力奋斗》的工作报告。与会代表审议了上述报告，并作出相应的决议。选举产生共青团南岔区第十七届委员会书记马东升，常务委员马东升、王远鹏、孙跃林、佟国权、张德军、栾宏伟、常芳。

第三节　共青团工作

1986年，全区各级团组织围绕区委的中心工作，带领团员青年“举改革旗帜，创四化大业，做四有新人”，把“两个基本点”教育和“双增双节”活动作为“立志建功”的中心内容，开展各项活动。各级团组织利用广播电视，板、墙报和举办培训班、报告会、演讲会、座谈会等多种形式，向青少年深入进行党的路线，方针、政策、形势任务、理想与纪律、普及法律常识和革命传统教育。出现“学英雄，立志向，树新风，比贡献”的热潮。“两镇一乡”团员青年在农村开展“扶贫致富”“包耕助户”活动。1987年9月，举办全区青年排球赛，共有18个单位参加。“五四”青年节，区团委会同南岔木材水解厂、结核医院、南岔铁路地区、晨明水泥厂团委联合举办“青春美”歌舞联谊会。国庆节前夕，又举办全区“青年歌手”大奖赛。同年11月，区团委举办全区青少年“五小”成果展览，共展出小论文118篇，小制作156件，小标本38件，小发明16件。中共十三大召开后，在大力宣传的基础上，着重抓了五项教育。即党的基本路线教育；职业道德、社会公德、家庭道德教育；“伊春”精神教育；更新观念教育；安全防火教育。组织“中共十三大知识有奖竞赛”活动。1989年，区团委组织团员青年学习江泽民同志在国庆会上的重要讲话，利用《南岔团讯》交流基层团组织学习《讲话》的经验做法，使《讲话》精神深入团员青年心中。分别在南岔贮木场，胶合板厂及晨明贮木场开展了“四项基本原则和形势任务教育”的试点工作。区团委结合社会窗口同行业大赛，开展“微笑服务”“争当最佳营业员”活动。在“小火炬为龙江添彩活动”中，全区各少先队涌现出送温暖小组169个，少先队员张雷锋、李亮拾到1100元交到学校，区团委授予他们“优秀少先队员”光荣称号。

1990—1994年，区团委针对团员青年的思想实际，加强对团员青年的思想教育。利用讨论会、报告会、座谈会、现场会等多种形式，先后开展了社会主义思想教育，学习马克思主义哲学、学习邓选三卷，学习建设有中国特色的社会主义理论等多项活动。从1991年开始，全区有近40个团组织成立了青年突击队，在防火、安全生产、造林生产等多项工作中发挥了重要作用，涌现出许多先进典型，区团委在每年的“五四”期间都表彰一批优秀青年突击队。为全面提高青年工人的业务素质和科学文化素质，在全区坚持开展学、练、赛和青工技术比武活动，共组织各层次的青年工人比武9次，有4000多人参加。为配合区委、区政府提出的“双增双节”工作，在全区团员、青年开展“增收节支办实事”活动。全区青年充分发挥自己岗位特长，从节省一滴油、一块煤、一度电的小事做起，精打细算，合理开支，为企业节省很大一部分资金。在美溪召开的“全民动员、开展立功竞赛活动，坚决打胜减亏增盈总体战”会议上，区团委作了经验介绍。开展“我为治危兴林奔小康献一策”活动，在经济、教育、文化、科技、管理、社会治安等方面献计献策2000多条。这些计策经论政推荐以后，有140多条被采纳。为培养青年热爱岗位、岗位奉献的崇高职业道德，区团委在全区十大行业中开展行业明星竞赛活动，涌现出了35名行业明星，区团委对他们的典型事迹进行及时的宣传和表彰奖励。每年三月份为雷锋活动月，3月4日为活动日，每年都有几万名青少年参加学雷锋、做好事活动和义务献工活动。1994年3月6日，区团委为事迹突出的青年志愿者服务队进行授旗仪式，扩大了这次活动在社会上的影响力。

整顿基层团组织，提高团组织的战斗力。区团委针对团组织工作不利情况，先后整顿一些瘫散支部，同时选拔一批政治立场坚定、作风正派、德才兼备的优秀团员到团的领导岗位，使基层团干部队伍得到加强。区团委在选拔干部的同时，注重加强团干部的培训工作，1990—1994年共选送50多名团干部参加市级团干部培训班。基层团组织也根据自己的情况，采取不同形式对基层的团支部书记进行培训，团干部的培训率达到90%以上。区团委在团员发展和优秀团员入党工作方面，严格把关，积极推荐。1990—1994年，有4000余名适龄青年加入团的组织，有20名优秀团员被推荐加入党组织。

1995—2001 年，结合国情、区情，掀起团员青年学习理论的高潮。深入学习宣传马列主义、毛泽东思想、邓小平理论及“三讲”“三个代表”重要思想。共组织座谈会、讨论会、宣讲会、报告会、培训班 34 次，培训 60 余名理论宣传骨干。利用全区 54 个理论学习组，加强对青年思想政治教育，帮助青年树立市场经济观念，提高理论水准。深入开展学雷锋活动，每年 3 月，区团委都组织全区青少年参加学雷锋做好事和义务献工活动，受到社会好评。1995—2001 年，做好事 15000 余件，64 名孤寡老人经常受到团组织帮助和服务，团员青年参与率达 63%。2000 年，仅双骏公司团支部就向脑瘤患者李炎捐款 3000 元。配合区人大法制办在全区中小学中开展普法教育，举办大型普法知识竞赛、演讲赛，取得良好效果。另外，与区检察院、公安局、法院联合成立青少年维权领导小组，并参与审结一起未成年人盗窃案，不断改善青少年成长的外部环境，使青少年法律意识和维权意识得到加强。开展青少年植树护树活动，1995—2001 年区团委共组织 24000 余名青少年营造“青年林”“世纪林”近 2000 亩，进一步弘扬了马永顺精神。

区团委以实施天然林资源保护工程为重点，大力推进青年创业行动，创新创效活动、青年科技活动，促进青年投身林区经济建设实践水平进一步提高。围绕实施青年人才工程，培养、树立和宣传一批典型。每年“五四”青年节都专项表彰青年致富能手，并在广播电视上大力宣传他们自力更生、艰苦创业的事迹。1995—2001 年，共表彰 44 名青年致富能手，组织他们传授致富技术、培养徒工达 1025 人。开展以培养、扶持青年致富能手为突破口，以发展非公有制经济和特色经济为手段的青年创业工程，共引导和帮助了 61 名青年走上富裕路。

1995—2001 年，共发展 6850 名适龄青少年加入团组织，有 23 名优秀团员加入党组织。在全区各级团组织中开展创建“五四红旗团组织”活动，充分调动基层团组织争先创优的积极性。2000 年，区团委被评为省级“五四红旗团委”。

2002—2005 年，区团委以提高青少年思想道德水平为重点，进一步完善青少年思想教育体系，开展加强了青少年思想教育的系列活动。掀起“学雷锋”志愿者活动新高潮。为纪念“学雷锋”活动 41 周年，区团委举办青少年志愿者注册仪式，500 名各界青少年志愿者郑重写下自己的名字，成为光荣的注册青年志愿者。

2002—2005 年，共青团工作成绩显著。东方红小学大队辅导员刘娜、区第二小学袁春丽、东升小学尚小丽分别被授予 2003 年、2004 年、2005 年度“全市十佳大队辅导员”称号。南岔经济综合开发公司经理张本年、格润药业有限责任公司经理林春和分别被授予“全市十杰青年”称号。2005 年 6 月初，东方红小学刘娜代表全市大队辅导员参加了全国第五次少先队员代表大会。

1986—2005 年南岔区共青团组织统计表

表 20-1

年度	基层团委（个）	总支（个）	支部（个）	团员（人）
1986	12	35	398	5401
1987	12	40	392	4970
1988	13	46	387	4823
1989	12	40	356	4336
1990	13	39	345	4047
1991	12	37	367	4098
1992	13	31	258	2495
1993	12	30	234	2518
1994	12	30	227	2523

续表 20-1

年度	基层团委（个）	总支（个）	支部（个）	团员（人）
1995	12	29	215	2535
1996	12	29	215	2535
1997	11	34	229	1950
1998	14	34	227	2154
1999	14	34	227	3488
2000	14	33	224	3025
2001	13	32	224	3105
2002	13	29	224	3117
2003	13	29	224	2897
2004	13	29	224	2817
2005	17	22	181	3200

1986—2005 年南岔区少先队统计表

表 20-2

单位：人

年度	少儿数	队员数	年度	少儿数	队员数
1986	5211	4573	1996	5470	5064
1987	5382	4649	1997	5451	4938
1988	5238	4624	1998	4903	4464
1989	5333	4788	1999	4799	4339
1990	5483	4850	2000	5004	4508
1991	5401	4788	2001	6157	5409
1992	5386	4773	2002	6810	6252
1993	5336	4817	2003	6532	5923
1994	5508	4946	2004	6122	5845
1995	5551	5001	2005	6120	5836

第四章 妇 联

1986—2005 年，南岔区妇联组织积极开展创建“五好家庭”活动，每年“五好家庭”活动的开展都增加新的内容，突出时代特点，由过去的单一和睦型向事业型、知识型、致富型、高标准、高层次发展。“五好家庭”活动开展，提高了每个家庭成员的思想道德素质和科学文化素质。配合有关部门举办不同类型学习班，提高妇女发展商品经济的意识。维护妇女和儿童的合法权益，使妇女、儿童的合法权益得到保护。创办妇联家政服务中心，扶持下岗失业妇女创办社会服务实体，为妇女提供更多的就业机会。托幼、少儿工作逐渐加强，得到社会各界人士的大力支持和帮助。

1986—2005 年，南岔区召开妇女代表大会 1 次，妇联执委（扩大）会议 3 次。

第一节 机 构

1986 年，南岔区设妇女联合会，主任 1 人，编制 4 人。1991 年 11 月，南岔区妇女联合会编制 6 人。1993 年 1 月，根据伊春市妇女联合会文件所示，区妇联主任改称妇联主席。2005 年，区妇联主席 1 人，副主席 1 人，编制 3 人。

第二节 妇女代表大会和执委（扩大）会议

1991 年 11 月 28—29 日，南岔区第六届妇女代表大会在区机关二楼会议室召开。参加会议的代表 149 人，特邀代表 10 人。杨玉春代表第五届执委会作工作报告。选举产生了区妇联第六届执行委员会，主任杨玉春。

1992 年 2 月 24 日，区妇联第六届二次执委（扩大）会议在区机关二楼会议室举行。主要任务是传达市妇联四届四次执委（扩大）会议精神，总结 1991 年工作，部署了 1992 年妇女工作。

1993 年 2 月 26 日，区妇联召开六届三次执委（扩大）会议。主要任务是传达市妇联四届五次执委（扩大）会议精神，杨玉春作工作报告。

1994 年 1 月 28 日，区妇联召开六届四次执委（扩大）会议。主要任务是总结 1993 年妇女工作，部署 1994 年工作。选举产生了出席市第五次妇女代表大会代表 23 人。

第三节　创建“五好家庭”活动

1986年，全区“五好家庭”（爱国守法，热心公益好；学习进取，爱岗敬业好；男女平等，尊老爱幼好；移风易俗，少生优育好；勤俭持家，保护环境好）由过去的单一和睦型向事业型、知识型、致富型、高标准、高层次发展。“五好家庭”条件突出时代特点，增加提高家庭成员素质、男女平等、移风易俗、发展商品生产等项内容。在评比制度上，坚持半年初评、年终总评。全区五个街道办事处和两镇一乡建立“五好家庭卡”。年末，对19户不合格的摘牌。一大批领导干部和双职工及勤劳致富的家庭进入“五好家庭”行列。年终统计、全区共有“五好家庭”14226户，占全区总户数的46%，比上年增加6%。

1987年，“五好家庭”创建工作，在完善管理制度，健全各种卡、簿、册，加强回访的基础上，具体采取四种办法：妇女干部分片包干，逐户走访，定期检查评议，限期整改，有问题坚决摘牌；摸清底数，分类排队，进行目标管理；以典型事例进行宣传教育；主动与家庭成员单位进行联系，由妇代会初评，家庭主要成员单位签署意见，办事处总评的办法，把家庭成员与单位的表现和“五好家庭”活动直接挂钩。通过上述四项措施，全区“五好家庭”质量明显提高。年终总评比摘牌120户，全区有14699户被评为“五好家庭”，占全区总户数的47%，其中66户荣获市级“五好家庭”，2户获省级“五好家庭”。

1988年，全区对“五好家庭”创建加强科学管理，健全“五好家庭”档案、簿卡和各项评比制度，并且充实新的评比内容，对“五好家庭”分类排队，分期检查，总结经验，树立典型，对不合格的予以摘牌。9月份，区妇联组织家庭道德知识有奖竞赛，全区有3000多名妇女参赛。

1989年对原有的“五好家庭”进行整顿，提出新的要求。对32户不符合条件的摘牌。新增296户，保证“五好家庭”质量。年底，全区有“五好家庭”15214户。

1991年，区妇联下发《关于开展家庭文化系列活动的通知》把创建“廉洁之家”“勤劳之家”“文明之家”“新风之家”作为“五好家庭”的内容。各级妇女组织通过家庭故事会、家庭演唱会、家庭运动会等丰富多彩的家庭文化娱乐活动，把传统的“五好家庭”活动引向深入，增强了活力，提高了每个家庭成员的思想道德素质和科学文化素质。8月2日，区妇联在林业工人文化宫举办了“五好家庭”联欢会，演出节目20个。

1992年，各级妇女组织把开展“家庭文化建设”系列活动作为“五好家庭”活动的重要内容，以家庭为单位开展“家家唱、家家乐、家家美”和“唱好歌、看好书、选好节目”等活动。

1996年11月，区妇联在全区广大家庭中开展“五好文明家庭”创建活动，以提高家庭成员的思想道德和科学文化素质为重点，大力弘扬家庭美德，倡导健康文明的生活方式，以家庭的文明促进社会的稳定。1997—2003年，表彰“五好文明家庭”1061户。

2003年7月，为了进一步深化“五好文明家庭”创建活动，妇联在全区家庭开展“学习型家庭”创建活动。提倡“家庭是学习之家，人人是学习之人，借知识立家，以知识兴家，用知识富家”的全新的读书学习理念。2004年“三八”节前夕，区妇联组织开展了学习型家庭读书征文评选活动，共收到征文稿件236篇。通过学习型家庭创建活动开展，提高了广大家庭成员的思想道德素质，科学文化素质和健康素质，为全面建设小康社会提供智力支持和人才保证。

2005年，区妇联在“两镇一乡”27个村屯开展“美德在农家”活动，有计划组织读书活动，通过举办学习班，组织家庭成员看科普、法制电教片等，引导农户重视学习、热爱学习、勤于学习。逐步消除家庭中的各种不道德、不文明的行为。开展“廉洁文明家庭”活动，制定《南岔区“廉洁文明家庭”创建活动实施方案》，在科级干部家属中开展家庭助廉活动，并发出了一份主题为《建文明家庭，树廉洁新风》的倡议书。通过一系列教育活动，推动了家庭助廉活动的深入开展。2005 年，全区有五好家庭 1106 户。

第四节　培训班和竞赛活动

1986 年，全区各级妇女组织采取抓宣传、抓信息、抓培训、抓扶贫的办法，解决部分妇女不敢富、不会富、无门富，无力富等实际问题，配合有关部门举办各种学习班 29 期，培训 850 人，提高妇女发展商品经济的意识。7 月，区妇联会同司法部门在妇女中开展普法教育活动，建立普法学习站 54 个。

1987 年 4 月，为提高广大妇女参加生产的技术素质，开展“技术培训活动月”，共建实用技术培训基地 4 个，办班 32 期，受训 2941 人。9 月 19 日，区妇联组织女工举行“巾帼才华献家乡”技术表演，来自各行各业 40 多名技术能手进行了点钞、商品捆扎、打字、珠算等 10 个项目的表演。

1988 年，区妇联共举办妇女技术骨干培训班 36 期，944 人受到培训。

1989 年 4 月，区妇联组织“改革十年”形势任务讲演小分队，深入各办事处，居民委等单位巡回讲演。举办信访员业务培训班，70 多名信访员参加学习。

1991 年 1 月，区妇联在各级妇女组织中开展“扶贫帮困十个一”活动，全区共有 1649 人参加这项活动。6 月 8 日，区妇联成立储蓄代办所，开办储蓄代办业务。在妇女中广泛开展“林区女子爱家乡储蓄”活动。

1992 年“三八”节期间，区妇联与工会女工部联合举办首届“巾帼百花奖”美术作品展览，这次活动是以治危兴林奔小康为主题，共展出软硬笔书法、布贴、毛绒手工制作、美术画等 76 幅作品，评选出一等奖 2 名，二等奖 3 名，三等奖 5 名。5 月 28 日，区妇联会同教委、卫生局共同举办了“儿童保健知识大奖赛”，有 12 个代表队，36 名儿童家长参赛，共评出团体优秀奖 3 个，个人优秀奖 27 名。

1993 年 7 月，区妇联根据全国妇联关于迎接第四次世界妇女代表大会筹建“庆龄女子学院”集资倡议，在全区妇女各界人士及各部门、各社会团体中开展筹建“庆龄女子学院”捐赠活动。区五大班子领导、各基层党政负责人、妇女干部纷纷带头，全区共有 71 个单位的 16000 人参加这次活动，共捐款 24517.62 元。

1994 年，区妇联继续深化“双学双比”竞赛活动。在农村妇女中开展了“富我家、兴我乡、比学赶帮奔小康”活动，在城镇妇女中开展了“富我家、兴我厂、比学赶帮闯市场”活动，带领各级妇女组织积极创办各类经济实体。

1995 年，区妇联为迎接 1995 年 9 月 4—15 日在北京召开的联合国第四次世界妇女大会，组织全区广大妇女把贯彻《爱国主义教育实施纲要》纳入迎接第四次世界妇女大会系列宣传活动之中，并把爱国主义教育同女职工“岗位成才、岗位建功立业”和“双学双比”竞赛活动紧密结合起来，引导广大妇女积极为建设家乡献计出力。

1996—1998 年，妇联组织积极配合“三五”普法法律知识宣传，办法律知识培训班 29 期，法律咨询解答问题 45 个，举办知识竞赛 5 场次，张贴标语 110 幅，召开座谈会 24 次，参加人数 721 人。

1999 年，妇联组织以“巾帼建功”活动推进下岗职工创新业，配合个体劳协妇委会建立下岗职工再就业信息服务中心。2000 年，妇联协调有关部门为下岗女职工、贫困妇女办理特困证 53 个，贷款 2000 元。

2001 年 3 月，区妇联开展向全区家庭转发全国妇联的“家庭拒绝邪教，倡导科学文明”的一封信活动。

2002 年，区妇联深入开展“爱家乡，做贡献，保护生态环境，倡导文明新风”“五好文明家庭奉献月”活动，组织“五好文明家庭”与贫困妇女结成扶贫对子，带动更多的家庭脱贫致富，走向文明。

2003 年，区妇联开展“女性素质工程”“家庭文明工程”活动，不断提高女性自身素质，大力推进“五好文明家庭”创造活动，拓宽创建领域，带动文明楼院和文明村屯建设。

2004—2005 年，为了更好地实施《公民健身计划纲要》，全面提高妇女的健身素质，区妇联组织广大妇女开展形式多样的健身活动，有秧歌队、扇子舞队、腰鼓队、健身操队、太极剑队等，全区有半数以上的妇女参加健身活动。2005 年 7 月，妇联组织的妇女健身队荣获全市第三届“移动杯”妇女健身赛组织奖。开展“手拉手、户帮户”巾帼扶贫活动，把“手拉手、户帮户”巾帼扶贫活动同扶贫解困工作相结合，制定实施方案，建立扶贫档案。

第五节　维护妇女儿童合法权益

1992 年 6 月，区妇联会同 17 个部门单位联名组织《妇女权益保障法》大型宣传活动，18 家单位的领导和近千名妇女排成 18 个方队，深入大街小巷进行宣传，并在林业工人文化宫和西水办事处门前设立咨询服务台。

2001 年 4 月 28 日，新婚姻法出台后，区妇联积极开展学习宣传活动，共发放宣传手册 3000 册，宣传单 2000 多份，增强广大妇女的法律意识。

2003 年 4 月，区妇联同司法局、南岔通信公司、南岔电视台联合举办南岔区“小灵通杯”保护妇女儿童合法权益法律知识竞赛活动，全区各界妇女 102 人、34 个代表队参加竞赛。

2005 年 1 月，区妇联、区公安分局联合成立南岔区 110 家庭暴力报警分中心。家庭暴力报警分中心负责受理以殴打、捆绑、残害、强行限制人身自由或其他手段，给其家庭成员的身体、精神等方面造成一定伤害的家庭暴力报警或求助，对涉及家庭暴力的报警做到及时出警，切实使妇女、儿童的人身权利受到保护。区妇联在“三八”妇女维权月期间，主要开展两项活动：同区司法局联合在电视台开办《法制专栏》节目，就涉及保护妇女权益和有关法律法规，结合人们日常生活中出现的纠纷进行说案讲法，普及宣传法律知识，共播放六期。在“三八”维权月期间，区妇联到迎春乡沙山村走访慰问，送去婚检宣传挂图、自编的《法律知识手册》，进一步贯彻落实婚姻法、《关于预防和制止家庭暴力的决定》以及相关法律法规，预防和制止家庭暴力。截至 2005 年年末，区妇联共受理来信来访 639 件（次），直接处理 333 件（次），与有关单位联办 180 件（次），转办 126 件（次）。

第六节　家政服务

2003 年 9 月，南岔区妇联创办“南岔区妇联家政服务中心”。家政服务中心对家政服务人员采取统一报名目测、统一建档立卡、统一在指定医院体检、统一岗前培训、统一定期回访的“五统一”办法，制定《妇联家政服务中心服务合同》和《妇联家政服务中心保洁工服务合同》，建立《妇联家政服务中心工作职责》《妇联家政服务中心家庭服务员工作守则》等 6 项规章制度，确保服务中心规范化管理。2005 年，区妇联成立妇女就业指导中心，中心设在妇联家政服务中心，业务上接受区劳动局的指导，中心为全区妇女就业提供就业咨询、指导、培训、安置等服务。设日常接待窗口，查询信息，扶持下岗失业妇女创办社会服务实体。截至 2005 年，有家政服务员 140 名，设有家教、保姆、保洁、钟点工、月嫂、搬家、婚姻介绍等10多项家政服务项目，为妇女提供更多的就业机会。

第七节　托幼、少儿工作

1986年，全区有幼儿园45个，入托儿童1767人。

1987年5月，区妇联成立“婴幼儿保健咨询门诊”，邀请部分医院的妇幼儿医生，每周四义务为广大婴幼儿提供身高、体重、视力、内科疾病等方面的咨询服务。

1989年末，全区有幼儿园61个，入托儿童2659人，入托率32%。

1993年6月，妇联与妇幼保健站深入农村义务为156名儿童检查身体，为儿童赠送价值500元钱的节日礼物。同时配合教育部门举办幼儿体操表演，为儿童办好事、办实事35件。

1994年6月，区妇联协同公安机关，解救2名被拐卖儿童。

2000年6月，由妇联牵头，南岔区妇女儿童工作委员会在区灯光球场召开庆祝“六一”国际儿童节大会。17所学校及个体幼儿园的小朋友表演了精彩的节目，场内近2000名儿童及家长观看表演。

2001年5月24日，区妇联邀请林业医院5名医务人员，到浩良河镇北阳村小学、浩良河所小学，为农村、林场孩子们进行了义诊，送价值500元的药品，义诊儿童达200多人。5月29日，区妇联邀请区四大班子领导走访慰问区机关幼儿园、东方红小学幼儿园的孩子们和少儿工作者，并送去了玩具、图书，价值1000余元。

2002年5月，区妇联开展“爱心助春蕾”活动，得到社会各界人士的大力支持和赞助。有30名资助人与36名贫困妇女儿童结成对子，每名资助人每年捐助资金300元，用于贫困儿童的学习费用，直到小学毕业。

2003年5月，区第三小学的刘懿璇被伊春市妇联授予十佳“春蕾女童”称号；南岔人寿保险公司经理张钦银被伊春市妇联授予资助“春蕾女童”先进个人；区第二小学的吕伶俐老师被伊春市妇联授予“优秀家长”称号。

2005年，实施《中国“小公民”道德建设计划》，促进未成年人思想道德建设工作的开展。“六一”期间，在全区开展“我是五好小公民”实践教育活动。召开“我为少先队增光添彩”“我是新世纪少先队员”为主题的班队会，开展“新世纪少年儿童”演讲比赛、“家乡文明从我做起”等主题系列活动。区妇联开展“救助万名春蕾女童”行动。将贫困女童情况登记造册，把她们分为特困、较困、贫困3个档次，建立“春蕾女童”救助档案。还发出倡议书，公开向社会征寻资助者，号召全社会为“春蕾女童”献爱心。在这次活动中，共有19名资助者与21名贫困女童结成资助对子，捐助资金6300元。

1986—2005年南岔区出席全国、省、市“三八红旗手”、杰出妇女一览表

表20-3　单位：人

名称＼年度	1986—1988	1989	2003	2004	2005
市“三八红旗手”	34	—	—	—	—
省“三八红旗手”	—	1	—	—	—
市“十大杰出妇女”	—	—	1	—	1
全国“三八红旗手”	—	—	—	1	—

第五章　工商联

1989—2005年，南岔区工商业联合会认真履行工作职能，深入宣传贯彻党对非公有制经济发展的方针、政策，充分发挥非公有制人士思想引领作用，为经济发展服务。通过维护会员权益，多渠道为会员服务，使工商联工作逐步走上制度化、规范化轨道。

第一节　机　构

1989年9月，根据伊春市委统战部、伊春市工商业者联合会、伊春市人事编制委员会文件精神，成立南岔区工商业者联合会筹备小组，组长区委副书记刘兴贵，副组长区委常委、副区长张景龙，政协副主席统战部部长王家斌。成员由组织部、统战部、宣传部、政府办、人事局、经委、商业局、税务局、供销联社等10个部门的主要负责人组成。筹备小组设办公室，主任王家斌，副主任王满财。经过近3个月的筹备工作，于1989年12月15日召开南岔区工商业者联合会第一届会员代表大会，选举产生第一届领导机构，设主委1人，副主委4人，执委13人。1992年，区工商联设主委1人，副主委6人，秘书长1人。1997年，区工商联设会长1人，副会长6人，秘书长1人。2002年，区工商联设会长1人，副会长11人。2005年，区工商业者联合会设会长1人，副会长12人，常委21人，执委33人，会员178人。

第二节　会员代表大会

南岔区工商联第一届会员大会于1989年12月15日在区机关二楼会议室召开，会期两天。参加本届会员大会的会员108人。会议听取了穆怀君所作的《团结起来，深入贯彻“治整改”方针，为振兴南岔而奋斗》的工作报告。会议选举产生南岔区工商联第一届执委会。选举结果如下：主委穆怀君（兼），副主委王满财（驻会）、刘钧、吕才、刘建利。

南岔区工商联第二届会员代表大会于1992年9月9日在区机关二楼会议室召开。参加会议的会员103人。与会会员听取王满财代表工商联一届执委会作的工作报告。会议选举产生南岔区工商联第二届执委会。选举结果如下：主委穆怀君（兼），副主委王满财（驻会）、吕才、刘钧、董玉婷、包树月、张庆民。秘书长王长礼。

南岔区工商联第三届会员代表大会于1997年4月9日在区机关二楼会议室召开，参加会议会员102人。与会会员听取王满财代表工商联二届执委会作的工作报告。会议选举产生南岔区工商联第三届执委会。选举结果如下：会长王满财（驻会），副会长孙义宽、孔宪成、刘兴华、董玉婷、张庆民、朗若愚，秘书长张永和。

南岔区工商联第四届会员代表大会于2002年3月22日在区机关二楼会议室召开，参加会议会员80人。与会会员听取区委常委、副区长孙浩然作的工作报告。会议选举产生南岔区工商联第四届执委会。会长孙浩然（兼），副会长曲伟明（驻会）、牛金成、尹秀敏、孔宪明、刘钧、刘庆山、刘兴华、杨剑波、张庆民、林春和、孟兆玉。

第三节　工商联工作

一、思想政治教育

1989—1992年，根据区工商联组建时间短、人员新、驻会人员少、会员分散的实际状况，从做好思想政治工作入手，开展统一思想，联系实际，积极发展工商业的思想意识教育。利用座谈会、联谊会、走访谈心等形式对会员进行党的基本路线教育、改革开放新国策、新任务教育。中共中央“关于大力发展个体、私营经济的通知”后，南岔区工商业者联合会及时在会员中大张旗鼓地进行宣传，为会员解疑答难，鼓励会员为家乡建设、繁荣地方经济做出贡献。南岔的个体、私营业发展较快。1991年年底，私营企业9户、个体工商户1320户，从业人员2087人。

1993—1997年，对广大会员和非公有制经济代表人士进行“团结、帮助、引导、教育”及当前形势任务教育。多形式、多层次、多渠道地宣传党对非公有制经济的方针、政策，鼓励个体、私营业者放开手脚、扩大经营、为发展林区经济发挥应有作用，积极引导，教育他们坚信党的基本路线不动摇。召开个体、私营经济经营者座谈会11次，个别解疑答难、走访谈心18次。先后会同区政协、区委统战部、区工商局、税务局等有关部门，对全区私营经济、个体工商户、集市贸易户进行深入调查研究，撰写了《关于本区个体、私营经济发展情况的调查报告》，经区委办转发后，在个体私营业者中产生极大的震动和良好的反响。注重在会员中进行爱国主义和社会主义思想教育，采取以会代训方法，办了六期培训班，并选派7名优秀工商联会员到省、市进行培训学习。1996年年底，个体工商户2792户，从业人员3750人，成为发展本区经济的一支有生力量。

1998—2002年，开展“热爱南岔、建设家乡”系列活动。2000年，有2户私营企业被市委、市政府命名为文明单位，4户誉为市级个体文明业户，85户被评为南岔区个体文明业户。选树了信诚家具有限责任公司、三兄弟家具实业有限公司和双骏礼仪服务中心等一批非公有制经济先进典型。

2003—2005年，结合市宣传部、统战部、文明办、工商联联合下发的关于在全市开展“双十百千万”活动方案要求，开展系列教育，提高非公有制经济人士的政治理论水准，引导广大非公有制经济人士把思想和行动统一到十六届三中、四中全会精神上来，统一到区委十七届二次全委会议中提出的加快民营经济发展的总体思路上来。采取以会代训和召开非公制经济代表人士座谈会形式，认真学习“三个代表”重要思想，结合南岔区非公有制经济的实际，开展如何发展南岔区非公有制经济的大讨论，为南岔区实现“内调外引、富民兴区”的宏伟目标献计献策。开展了“热爱南岔、建设家乡”活动，南岔区非公有制经济人士，把建设美好家园、创造美好环境作为自觉行动。

二、展经济服务工作

1989—1992年，围绕区委、区政府中心工作以及会员关心的热点问题，从实际出发，采取多种形式、多渠道、积极参政议政。召开主委会议8次，执委会议6次，并列席了区委、区政府、区统战部各种有关会议，为政府提出合理化建议37项。

1993—1997年，紧紧围绕加快全区经济发展这一中心任务，充分发挥工商联整体功能优势，做了许多服务性工作。发挥人才优势，在广大会员中开展搜集、沟通经济信息活动。1993—1997年，共搜集经济信息112条，反馈给会员企业有价值的经济信息36条。开展咨询服务活动272项，对发展地方经济，培育新的经济增长点，推动非公有制经济发展起到了积极作用。发挥整体优势，积极参政议政，为宏观决策提供科学化服务。召开主委会议16次，执委会议6次，为政府及有关部门提出意见和建议7条，深入基层调研，撰写调查报告3份。

1998—2002年，工商联执委一班人，按照区委、区政府中心工作采取多种形式开展调查。在宣传区委、区政府鼓励发展非公有制经济政策的同时，了解他们的经营情况，征求他们对区委、区政府有关方面的意见，并将意见和建议及时报告区委和区政府，为制定本区发展非公有制经济政策提供可靠依据，起到联络非公有制经济人士的桥梁和纽带作用。

2003—2005年，为贯彻落实区委、区政府发展非公有制经济的要求，工商联采取问卷调查，专题走访等多种形式，对非国有制重点企业进行走访。了解他们的经营情况和思想状况，正确引导他们向区委、区政府提出合理化建议和意见。工商联积极组织南岔区八家非国有企业代表人士参加全国民营企业经济理论务实培训班、伊春市组织的民营企业财会培训班、劳动就业培训。

三、会员权益维护

1989—1992年，加强来信来访接待工作，建立会员联系制度，走访制度，共接待来信来访25人次，为企业解决实际问题10件。

1993—1997年，坚持“主动参与，自加压力，深入基层，主动服务”的原则，为企业解决实际问题18件，会员中的人大代表和政协委员在人大和政协会议上写出议案22份。

1998—2005年，工商联热心提供服务，为会员排忧解难，办实事。得知一养殖户的仔猪被水冲走142头，饲料被水浸泡，及时为其借款1500元，帮助个体养猪户渡过难关。得知一会员企业短缺水泥影响工期，工商联及时与水泥厂家联系购进水泥，解决停工待料的燃眉之急。

四、为“光彩事业”服务

1989—1995年，“光彩事业”活动开展以来，工商联把开展光彩事业活动摆上位置，当作一件大事来抓。分别召开主委会、执委会、私营、个体工商户代表人士座谈会，深入学习省、市委统战部、工商联关于开展“光彩事业”活动的文件精神，提高对这一活动的认识。开展调查摸底工作，摸清南岔区非公有制经济企业中的盈利大户的经济实力、技术力量，掌握了南岔区非公有制经济中特困企业，特困户的实际情况。动员工商联会员，个体工商户、私营企业者，人人都要关注和参与“光彩事业”活动。工商联会员及个体工商户、私营企业者为灾区、贫困户捐款5万余元，修路1.3公里，造价1.3万元，捐物1700件。12名工商联会员被评为市光彩之星，南岔铸钢配件厂厂长董玉婷获省“光彩之星”的殊荣。1995年，工商联受到省工商联表彰。

1998—2002年，在推动光彩事业发展中，工商联积极引导非公有制经济代表人士通过开发资源，开发项目、开发人才，实现开发式扶贫。紧紧结合实际，做到“三结合”，即光彩事业与参与企业改革相结合；与实施再就业工程相结合；与扶贫解困献爱心活动相结合。到2002年，参与光彩事业的非公有制经济人士达70余人，安置下岗职工达1500人，为“希望工程”、扶贫、助残、敬老等捐款捐物，折合人民币5万余元。

2003—2005年，“光彩事业”有了新发展。信诚家具有限公司投资5万元，修建砂石路近1公里；三兄弟家具实业公司投资2万元，修建水泥路100米，投资4万元，为水解厂敬老院粉刷墙壁，添置了桌、椅、床等用品；双骏礼仪服务公司为五保户、残疾人捐款捐物，帮助解决生活中的实际困难，受到广大群众的好评。

五、工商联自身建设

1989—1992 年，为提高工商联干部政策水平和业务素质，采取以会代训的方式，坚持集中学习为主，分散学习为辅的原则，系统地学习了中共十三届六中、七中、八中全会文件，重点学习中央 15 号文件,《中国工商业联合会章程》。为加强工商联机关工作人员的思想建设，作风建设，制定主委、副主委、秘书长岗位责任制，建立健全会员档案，使工商联工作逐步走上了制度化、规范化轨道。

1993—1997 年，把加强工商联自身建设，提高整体素质放在首位。坚持学习制度；明确职责、健全规章制度；教育工商联干部增强服务意识，为发展经济服务，为基层服务，忠实履行好自己的职责。

1998—2002 年，为使工商联组织适应非公有制经济发展的要求和社会地位日益提高的新形势，不断加强自身建设。执委成员由原来的 16 人增加到 26 人。按照市工商联要求，2000 年，开始对会员队伍进行重新登记，建档立卡，吸收一批私营企业、改制企业以及优秀个体工商户入会。

2005 年，工商联会长和部分执委由于工作调动，执委成员出现空缺，为了加强班子成员力量，工商联召开二次全委扩大会议，补选了工商联会长和增补 3 名执委，使班子的整体素质得到加强。

第二十一篇
人大　政府　政协

南岔区设人民代表大会常务委员会，依法对“一府二院”（区政府、人民法院、人民检察院）进行监督，依法召开各项工作会议，选举产生政府区长，副区长，人民法院院长，人民检察院检察长。每年定期不定期听取“一府二院”的有关工作报告，同时在例会中任免“一府二院”的有关工作人员。1986—2005年，区人大共召开6届26次人民代表大会（自六届三次会议至十一届四次会议）。到十一届四次会议，区人大有人大代表146人。

人民政府在区委的领导下、区人大的依法监督下、区政协的民主监督下，依据党的政策，坚持以经济建设为中心，本着“发展才是硬道理”的原则，不断调整产业产品结构，开拓创新、与时俱进、顽强拼搏、求实发展。实施“缓危解困、工业兴区”的战略，本着发展地方经济，服务于民的工作意识，坚持走可持续发展之路，全区的各项事业得到健康发展。1986—1994年，全区国内生产总值、乡镇企业生产总值年平均分别递增13.9%；1995—2005年，第一、二、三产业生产总值年平均递增7.7%。林区经济逐步迈入了多元化的发展轨道。

1986—2005年，政协南岔区委员会（以下简称政协）历经6届（二届三次至七届四次）会议23次委员会议。政协设置的机构有：政协办公室、科教文卫体学习委员会、经济对外联络委员会、社会法制民族宗教委员会，提案文史资料委员会、工作组办公室。2005年，全区政协委员119人。

第一章 人民代表大会

1986—2005年，南岔区人民代表大会共召开6届26次人民代表大会会议，举行常务委员会132次，人事任免714人，受理人大代表建议、批评和意见671件。2005年10月，区人大增设信访办公室，设主任1人，配专职办事员1人，当年受理人民群众来信来访22件、35人次，并进行了妥善处理。

第一节 人大换届选举

一、区人大换届选举

依据全国人大颁布的地方组织法和选举法，1986—2005年，南岔区人大进行了5次选举。

1987年，南岔区第七届人大换届选举从5月16日开始到7月28日结束。换届选举工作启动后，组建了区选举委员会，在基层成立了3个选举委员会，7个选举领导小组，57个选区办事处，区抽调161名干部和147名工作人员组成15个工作队指导选举工作。选举工作中共印发安排意见、宣传提纲、讲话材料、问题解答材料14份，总印数近7500份。全区共培训骨干7198人，按照选举法的规定，划分614个选区。在选举中，印发了5000份竞赛试题，开展换届选举法律知识竞赛活动，奖励了125名参赛优胜者。全区共设立中心会场53个，分会场194个，流动投票箱244个。全区参加选举人数90150人，直接投票人数86722人，参选率为97.5%。在212名确定的正式代表候选人中，选出了133名区七届人大代表。其中工农群众代表14名，占10.5%；干部代表76名，占56.4%；知识分子代表28名，占21%；其他方面代表15名，占12.1%。在代表总数中，非共产党员40名，占29.9%；妇女26名，占19.4%；少数民族8名，占6%。

1990年，南岔区第八届人大换届选举从7月初开始到11月中旬结束。换届选举启动后成立了4个选举委员会，10个选举领导小组，76个选区办事处，1504个选民小组。在选民领导委员会中有处级、副处级干部20名、科级干部283名，一般干部和工人骨干4267名。抽调了41名干部，成立了区选举工作队。按照选举法的规定，划分76个选区。确定100361人有选举权和被选举权。对76个选区提名推荐的587名代表候选人中确定254名正式代表候选人。1990年10月11日、12日进行了选举，选出了158名区人大代表。其中：工人代表为26名，占代表总数的16.54%；农民代表13名，占代表总数的8.16%；知识分子代表13名，占代表总数的8.16%；干部代表为88名，占代表总数的55.69%；民主党派代表2名，占代表总数的1.27%；居民代表为16名，占代表总数的10.13%。在代表总数中：非中共党员52名，占代表总数的32.91%；妇女代表33名，占代表总数的20.88%；少数民族代表8名，占代表总数的3.17%。

1993年，南岔区第九届人大换届选举从7月中旬开始到9月下旬结束。换届选举启动后成立了4

个选举委员会，7个选举领导小组，75个选区办事处，1693个选民小组。抽调了30人成立了选举工作队。75个选区，确定232名正式代表候选人。于9月3日进行了正式选举。选出了156名区人大代表。在当选的人大代表中，工农代表31人，占代表总数的19%；干部（含知识分子）代表108名，占代表总数的68%；居民代表17人，占代表总数的11%。在代表总数中，非中共党员47名，占代表总数的30%；妇女代表36名，占代表总数的22%；区八届人大连选连任的老代表75人，占代表总数的47%。

1997年，南岔区第十届人大换届选举从8月2日开始到10月中旬结束。换届选举启动后成立了区选举委员会，组建选举领导小组10个，选举办事处73个，选民小组1259个。换届选举工作铺开后，各选区召开各种会议474次，办培训班80期，培训骨干959名，深入居民进行宣传15999次。印发宣传材料219份，简报4期，张贴标语2886条，横幅93条，出板报272期，出动宣传车24次。确定的人大代表正式候选人227名，依法选出146名区人大代表。这些代表中，工人代表为15人，占代表总数的10.3%；农民代表12人，占代表总数的8.2%；知识分子代表13人，占代表总数的21.2%；干部代表69人，占代表总数的47.3%；其他代表19人，占代表总数的13%。以上代表中，中共党员114人，占代表总数的78.1%；非党代表31人，占代表总数的21.2%；民主党派代表1人，占代表总数的0.7%。其中，妇女代表33人，占代表总数的22.6%；少数民族代表4人，占代表总数的2.7%。上届连选连任代表62人，占本届代表总数的42.5%。

2002年，南岔区第十一届人大换届选举从7月23日开始到9月末结束。换届选举启动后成立了4个选举委员会并设立选举领导小组，72个选区办事处。通过召开换届选举动员大会，并结合《中华人民共和国全国人民代表大会和地方各级人民代表大会选举法》《中华人民共和国地方各级人民代表大会和地方各级人民政府组织法》，区换届选举办公室先后出了8期《换届选举工作简报》。印发了《关于公布选民榜、发放选民证、提名和确定代表候选人的工作要求》的13条规定，在72个选区220名代表候选人中选出146名人大代表。其中：有中共党员113名，占代表总数的77.4%；非党代表33名，占代表总数的22.6%；干部97名，占代表总数的66.4%；工人8名，占代表总数的5.5%；农民12名，占代表总数的8.2%；女代表42名，占代表总数的28.8%；少数民族1名，占代表总数的0.7%；个体私营业者4名，占代表总数的2.7%。代表中大专支上文化的92名，占代表总数的63%；初、高中文化的54名，占代表总数的37%。

二、乡（镇）人大主席团换届选举

依照中华人民共和国人大常委会颁布的《中华人民共和国全国人民代表大会和地方各级人民代表大会选举法》和省选举工作实施细则，本区乡、镇人大主席团1986—2005年进行了5次选举。依据《中华人民共和国地方各级人民代表大会和地方各级人民政府组织法》的规定：各乡（镇）人民代表大会换届选举完成后的两个月内，必须召开新一届人民代表大会的第一次会议。会议的主要任务是：听取和审议乡（镇）换届选举工作报告；选举乡（镇）人民代表大会主席团常务主席、秘书、选举乡（镇）长，副乡（镇）长；审议和通过有关议案和决议。

乡（镇）人民代表大会主席团实行常任制，主席团成员一般由5～7人组成。

1987年的乡（镇）换届选举，乡（镇）各选区在选举区人大代表的同时，选举了乡（镇）级人大代表118人。

1990年的乡（镇）换届选举，区选举委员会下设“两镇一乡”选举委员会，乡（镇）选举委员会下设选举办公室，负责领导和检查指导换届选举工作。乡（镇）各选举区选民在选举区人大代表的同时，依法选出浩良河镇人大代表45人，晨明镇人大代表41人，迎春乡人大代表39人。

1993年的乡（镇）换届选举，“两镇一乡”成立了选举委员会，设立了选举办公室，负责乡（镇）

换届选举工作。乡（镇）各选区选民在选举区人大代表的同时，依法选出浩良河镇人大代表45人，晨明镇人大代表41人，迎春乡人大代表39人。

1997年的乡（镇）换届选举，“两镇一乡”首先成立了选举委员会，设立了选举办公室。依据《选举法》的规定，经过充分酝酿，选民在各选区共选出乡（镇）人大代表131名，其中浩良河镇49名，晨明镇40名，迎春乡42名。

2002年的乡（镇）换届选举，是区、乡（镇）两级人大代表选举同步进行。“两镇一乡”共设46个选区，选民总数19752人，参选人数19500人，选举产生126名乡（镇）人大代表。

第二节 人民代表大会会议

区六届人大三次会议于1986年4月16—18日在区机关二楼会议室举行，实有代表231人，出席代表200人。听取和审议《政府工作报告》；听取和审议区1985年财政预算执行情况和1986年财政预算（草案）的报告；听取和审议区人大常委会工作报告；听取和审议区人民法院工作报告；听取和审议区人民检察院工作报告。对以上报告作出决议。听取和审议区六届人大二次会议提案办理情况和六届人大三次会议议案审查情况报告。选举张宝兴为区长，陆景春、孙洪洲、刘成山为区人大常委会委员；接受并通过李和、于荣贵辞去区人大常委会副主任职务的辞呈。

区六届人大四次会议于1987年4月15—17日在区机关二楼会议室举行。实有代表230名，出席代表164名。听取和审议区《政府工作报告》；听取和审查区1986年财政预算执行情况和1987年财政预算（草案）的报告；审查和批准了区国民经济和社会发展第七个五年计划（草案）；听取和审议区人大常委会工作报告，对以上报告作出了相应的决议；听取区六届人大四次会议议案审查情况的报告；补选王书元为区人大常委会副主任。

区七届人大一次会议于1987年9月8—9日在区机关二楼会议室举行。实有代表134人，出席代表125人。听取代表资格审查报告；听取区人大换届选举工作情况报告；听取区政府1987年1—7月份经济计划执行情况报告；选举了区七届人大常委会主任、副主任、委员，区政府区长、副区长，区人民法院院长，区人民检察院检察长，市八届人大代表；通过积极开展代表活动，充分发挥代表作用的决议；听取区七届人大一次会议关于代表议案的审查报告。会议选出区人大常委会主任许和，副主任王维勤、王书元、张学礼，区长王福义，副区长张景龙、杨永生、王绍荣、刘增新、程友三、耿仁祥，区人民法院院长孙庆，区人民检察院检察长李逢春。选举出席市八届人大代表21名。

区七届人大二次会议于1988年4月28—30日在区机关二楼会议室举行，区委、区政府各部、委、科、办、局的负责人列席会议；出席区政协三届二次会议的委员也列席会议。会议由区人大常委会主任许和主持。会议传达了七届全国人大一次会议精神；听取和审议王福义区长作的《政府工作报告》，并作出了相应的决议；听取和审议区1987年财政预算执行情况和1988年财政预算（草案）的报告，并作出了相应的决议；听取和审议区人大常委会工作报告，并作出了相应的决议；听取和审议区人民法院工作报告；区人民检察院工作报告，并作出了相应的决议；听取区七届二次会议议案审查情况的报告。选举了王树礼、吴玉梅、李殿瑞为区七届人大常委会委员。

区七届人大三次会议于1989年3月28—30日在区机关二楼会议室举行。区人大常委会主任许和和副主任王书元分别主持了会议。区七届人大代表参加会议。省人大代表毛景春传达了省七届人大二次会议精神；市人大代表张学礼传达了市八届人大三次会议精神；听取并审议区《政府工作报告》，并作出了相应的决议；审查批准区政府1988年财政预算执行情况和1989年财政预算（草案）的报告，并作出相应的决议；听取和审议区人大常委会的工作报告，听取和审议区人民法院、区人民检察院的工作报告，并作了相应的决议；听取区政府关于区七届人大二次会议代表议案建议、批评和意见处理情况的报告；听取区七届人大三次会议议案审查情况的报告。

区七届人大四次会议于1990年3月29—31日在区机关二楼会议室举行，会议由区人大常委会主任许和主持。区委、区政府各科、部、委、办、局的负责人及省、市直属有关单位负责人列席会议。会议传达了省七届三次人大和市八届四次人大会议精神。听取和审议区长王福义作的《政府工作报告》，并作出了相应的决议；听取和审议区1989年财政预算执行情况和1990年财政预算（草案）的报告，并作出了相应的决议；听取和审议区人大常委会工作报告，并作出了相应的决议；听取和审议区人民法院、区人民检察院的工作报告，并作出了相应的决议；听取和审议区政府关于七届人大三次会议代表建议、批评和意见处理情况的报告。

区八届人大一次会议于1990年11月4—6日在区机关二楼会议室召开。会议由区人大常委会副主任杨永生主持，区人大常委会副主任王维勤致开幕词。实有代表158名，出席会议的代表149名。这次会议的主要任务是换届选举。会议听取和审议区长王福义作的《政府工作报告》，听取区人大常委会主任许和关于换届选举工作报告并作出了两个报告的相应决议。会议选举产生了区人大常委会主任、副主任、委员，区政府区长、副区长，区人民法院院长，区人民检察院检察长。会议还做出了关于认真履行代表职责、充分发挥代表作用的决议。会议选出区人大常委会主任许和，区人大常委会副主任王书元、王维勤、杨永生、张学礼，区长王福义，副区长王绍荣、刘增新、张景龙、杨锡民、董仲喜、程厚贵，区人民法院院长孙庆，区人民检察院检察长于清河。

区八届人大二次会议于1991年4月8—10日在区机关二楼会议室举行。出席会议代表155名，区委、区政府各科、委、部、办、局负责人列席会议，区辖各大企业、事业单位负责人也列席会议。会议听取和审议区《政府工作报告》，并通过决议；审查批准1990年财政预算执行情况和1991年财政预算（草案）的报告；审议和批准《南岔区经济和社会发展十年规划及“八五”计划安排》（草案）；听取和审议区人大常委会的工作报告，并通过相应的决议；听取和审议区人民法院和区人民检察院的工作报告，并做出了相应的决议；听取和审议区八届人大二次会议议案审查报告。

区八届人大三次会议于1992年4月5—7日在区机关二楼会议室举行。实有代表158名，出席会议的代表139名。区委、区政府各科、委、部、办、局负责人列席会议，区辖各大企、事业单位负责人也列席会议。会议传达了省七届人大五次会议和市八届人大六次会议精神。听取和审议区《政府工作报告》，并通过决议；审查批准了区1991年财政（财务）预算执行情况和1992年财政（财务）预算（草案）报告；听取和审议区人大常委会工作报告，并通过相应的决议；听取和审议区人民法院和区人民检察院的工作报告，并通过决议；听取区政府关于区八届人大二次会议代表建议、批评和意见处理情况和八届人大三次会议代表议案审查情况的报告。

区八届人大四次会议于1992年10月14—15日在区机关二楼会议室举行。实有代表157名，出席会议代表132名。选举出席市九届人民代表大会代表24名，选举刘增新为南岔区人民政府区长。

区八届人大五次会议于1993年3月25—27日在区机关二楼会议室举行。实有代表158名，出席会议代表156名。区委、区政府各科、委、部、办、局负责人列席会议，区辖各大企、事业单位负责人也列席会议。会议听取和审议区长刘增新作的《政府工作报告》，并作出相应的决议；审查批准了副区长刘吉庆作的1992年财政（财务）预算（草案）报告；听取和审议区人大常委会主任许和作的人大常委会工作报告，并作出相应的决议；听取和审议区人民法院和区人民检察院的工作报告，并作出相应的决议；审查批准了副区长董仲喜作的关于区八届人大三次会议代表建议、批评和意见处理情况和张学礼作的八届人大五次会议议案审查报告。

区九届人大一次会议于1993年9月19—21日在区机关二楼会议室举行。实有代表157名，出席会议代表149名。会议由区人大常委会主任许和主持，人大常委会副主任张学礼致开幕词；会议听取和审议区长刘增新作的区政府三年以来的工作报告，并通过相应的决议；听取和审议王维勤作的区八届人大常委会三年工作报告，并通过相应的决议；听取王书元作的关于换届选举工作报告；审查和批准区人民法院三年以来的工作报告和区人民检察院三年以来的工作报告。会议按照选举法的规定，选举产生新一届区人大常委会主任许和，副主任马杰、王书元、王绍荣、王维勤，常委委员；区政府区长刘增新，副区长董仲喜、程厚贵、刘吉庆、汪时斌、仇守文、魏长宽，区人民法院院长郝德生，区人民检察院检察长王德纯。

区九届人大二次会议于 1994 年 3 月 29—31 日在区机关二楼会议室举行。代表总数 158 名，出席会议代表 156 名。区委、区政府各科、委、部、办负责人和区辖各大企、事业单位负责人列席会议。会议听取和审议区《政府工作报告》，并通过相应的决议；审查批准了区 1993 年财政（财务）预算执行情况和 1994 年财政（财务）预算（草案）的报告；听取和审议区人大常委会工作报告，并通过相应的决议；审议和批准了区人民法院和区人民检察院的工作报告，并通过相应的决议；听取区政府关于区八届人大五次会议代表建议、批评和意见处理情况的报告和人大常委会副主任王维勤作的议案审查情况报告。

区人大九届三次会议于 1995 年 4 月 12—13 日在区机关二楼会议室举行。代表总数应为 158 人，出席会议代表 154 人。会议由人大常委会主任许和主持，区委、区政府各科、委、部、办、局负责人和区辖各企、事业单位负责人列席会议。会议听取和审议区《政府工作报告》，并通过决议；审查批准了区 1994 年财政（财务）预算执行情况和 1995 年财政（财务）预算（草案）报告；听取和审议区人大常委会工作报告，并通过相应的决议；听取和审议区人民法院和人民检察院的工作报告，并通过相应的决议；审议批准区政府关于区九届人大二次会议代表建议、批评和意见处理情况的报告和听取九届三次会议议案审查情况报告。

区九届人大四次会议于 1996 年 3 月 28—29 日召开。代表总数 158 名，出席会议代表 152 人。会议由区人大常委会主任许和主持，区委、区政府各科、委、部、办、局负责人和区辖企、事业单位负责人列席会议。会议听取和审议区《政府工作报告》，并通过相应的决议；审查和批准南岔区国民经济、社会发展“九五”计划及 2010 年远景规划纲要；审查批准 1995 年财政预算执行情况和 1996 年财政预算（草案）的报告；听取和审议区人大常委会工作报告，并作出决议；听取和审议南岔区人民法院和南岔区人民检察院的工作报告，并作出相应的决议；听取和审议区九届人大三次会议代表建议、批评和意见处理情况的报告和人大常委会副主任马杰所作的关于九届人大四次会议议案审查情况的报告。

区九届人大五次会议于 1997 年 4 月在区机关二楼会议室召开。会议听取和审议区《政府工作报告》和区人民法院、人民检察院的工作报告，并通过相应的决议；听取和审议区 1996 年财政预算执行情况和 1997 年财政预算（草案）报告并通过决议；听取和审议区人大常委会工作报告，并通过决议；审议批准区政府关于区九届四次会议代表建议、批评和意见处理情况的报告和九届五次会议议案审查情况的报告。

区十届人大一次会议于 1997 年 10 月 30 日至 11 月 2 日在区机关二楼会议室召开。代表总数应为 149 名，出席会议代表 143 名。会议由人大常委会主任汪时斌和副主任马杰主持。会议听取南岔区第十届人民代表大会换届选举工作报告。会议选举产生了区十届人大常委会主任汪时斌，副主任马杰、于钦林、熊春峰、赵荣生。政府区长关思伟，副区长程厚贵、孙浩然、林禹权、王恩义，人民法院院长肖廷志，人民检察院检察长李富平，选举出席市第十届人民代表大会代表 26 名。

区十届人大二次会议于 1998 年 3 月 27—28 日在区机关二楼会议室举行。代表总数应为 149 人。出席会议代表 143 人。会议由人大常委会主任汪时斌主持。会议听取和审议区《政府工作报告》，并作出决议；会议审查批准区 1997 年国民经济和社会发展计划执行情况及 1998 年国民经济和社会发展计划（草案）的报告；听取和审议 1997 年财政预算执行情况和 1998 年财政预算（草案）的报告，并作出决议；听取和审议区人大常委会工作报告，并作出相应的决议；审查批准了区人民法院和区人民检察院的工作报告，并作出相应的决议；听取和审议关于区政府对区九届人大五次会议代表建议，批评和意见处理情况的报告，并作出相应的决议。听取十届二次会议代表议案审查情况报告。

区十届人大三次会议于 1999 年 3 月 11—12 日在区机关二楼会议室举行。现有代表 147 人参加会议。会议审查和批准了南岔区《政府工作报告》，并作出决议，审查批准了南岔区 1998 年国民经济和社会发展计划执行情况及 1999 年国民经济发展计划（草案）的报告；审查和批准了区 1998 年财政预算执行情况和 1999 年财政预算（草案）的报告；听取和审议南岔区人大常委会工作报告，并作出了相应的决议；审议批准了区人民法院和区人民检察院的工作报告，并作出了相应的决议；听取和审议区十届二次会议代表建议、批评和意见处理情况的报告和关于十届人大三次会议代表议案审查情况报告。

区十届人大四次会议于 2000 年 6 月 8—9 日在区机关二楼会议室举行。代表总数 149 名，出席会议代表 144 人。区委、区政府各科、部、委、办、局负责人和区辖企、事业单位负责人列席会议。会议听取和审议区《政府工作报告》。并作出决议；审查和批准区 1999 年国民经济和社会发展计划执行情况及 2000 年国民经济和社会发展计划（草案）的报告；审查和批准区 1999 年财政预算执行情况和 2000 年财政预算（草案）的报告；听取和审议南岔区人大常委会工作报告，并通过决议；审查批准南岔区人民法院和人民检察院的工作报告并通过相应的决议；听取和审议区十届人大三次会议代表建议、批评和意见处理情况的报告和十届人大四次会议代表议案审查情况的报告；会议还选举王若森为南岔区人民政府区长。

区十届人大五次会议于 2001 年 3 月 27—29 日在区机关二楼会议室召开。代表总数为 149 名，出席会议代表 144 人。区委区政府各科、委、部、办、局及区辖企、事业单位负责人列席会议。会议听取和审议区《政府工作报告》，并作出决议；审查和批准了南岔区 2000 年国民经济和社会发展计划执行情况及 2001 年国民经济和社会发展计划（草案）的报告；审议和批准区 2000 年财政预算执行情况及 2001 年财政预算（草案）的报告；审查和批准区国民经济和社会发展“十五”计划纲要（草案）；听取和审议区人大常委会工作报告，并作出相应决议；审查和批准了区人民法院和区人民检察院的工作报告，并作出决议；听取和审议区政府关于区十届人大四次会议代表建议、批评和意见处理情况的报告和关于十届五次会议代表议案审查情况的报告。会议补选区十届人大常委会主任、副主任、部分委员。选举：魏长宽当选为区人大常委会主任，刘吉庆当选为人大常委会副主任。

区十届人大六次会议于 2002 年 3 月 14—15 日在区机关二楼会议室举行。代表总数 149 名，出席会议代表 144 名。区委、区政府各科、委、部、办、局和区辖各企、事业单位负责人列席会议。会议听取和审议区《政府工作报告》，并通过决议；审查和批准了区 2001 年国民经济和社会发展计划执行情况及 2002 年国民经济和社会发展计划（草案）的报告，审议和批准了区 2001 年财政预算执行情况和 2002 年财政预算（草案）的报告；听取和审议区人大常委会的工作报告，并作出决议，审查和批准了区人民法院和区人民检察院的两个工作报告，并作出相应的决议；听取区政府关于区十届人大五次会议代表建议、批评和意见处理情况的报告和十届人大六次会议关于代表议案和建议、批评和意见处理情况的报告。

区十一届人大一次会议于 2002 年 10 月 31 日至 11 月 2 日在区机关二楼会议室召开。代表总数 146 名，出席会议代表 143 名。区委、区政府各部门负责人列席会议。会议听取和审议南岔区第十一届人民代表大会换届选举工作报告；选举南岔区第十一届人民代表大会常务委员会主任委员金绍英，副主任委员赵荣生、张兴运、程传禹、孙志利，选举南岔区人民政府区长王若森，副区长孙浩然、杨国利、刘静，选举区人民法院院长肖廷志，选举区人民检察院检察长李富平，选举出席市第十一届人民代表大会代表26名。

区人大十一届二次会议于2003年3月13—14日在区机关二楼会议室举行。代表名额应为149名，实有代表145名，出席会议代表141名。区委、区政府各科、委、部、办、局负责及区辖各企、事业单位负责人列席会议。会议听取和审议区《政府工作报告》，并作出决议；审查和批准了区2002年国民经济和社会发展计划执行情况及2003年国民经济和社会发展计划（草案）的报告；审查和批准了南岔区2002年财政预算执行情况和2003年财政预算（草案）的报告；听取和审议区人大常委会工作报告，并通过决议；听取和审议区人民法院和区人民检察院工作报告，并通过决议；听取区政府关于区十届人大六次会议代表建议、批评和意见处理情况的报告和区十一届人大二次会议建议、批评和意见审查情况报告。

区十一届人大三次会议于2004年3月5—6日在区机关二楼会议室召开。实有代表148名，出席会议代表132名。区委、区政府各科、部、委、办、局负责人和区辖各企、事业单位负责人列席会议。会议听取和审议区《政府工作报告》，并作出相应的决议；审查和批准南岔区2003年国民经济和社会发展计划执行情况及2004年国民经济和社会发展计划（草案）的报告；审查和批准区2003年财政预算执行情况和2004年财政预算（草案）的报告；听取和审议区人大常委会工作报告，并通过相应的决议；听取和审议区人民法院和区人民检察院工作报告，并作出决议；听取区政府关于区十一届二次会议代表建议、批评和意见办理情况的报告；会议补选了赵荣新、赵秋义、周晓光、张楠4人为人大常委会委员；听取关于十一届人大三次会议代表议案和建议、批评及意见处理情况的报告。

区十一届人大四次会议于2005年3月10—11日在区机关二楼会议室召开。代表总数149名，参加会议代表146名。区委、区政府各科、委、部、办、局负责人及区辖企、事业单位负责人列席会议。会议听取和审议区《政府工作报告》，并作出相应的决议；审查和批准了区2004年财政预算执行情况和2005年财政预算（草案）的报告；审查批准了区2004年国民经济和社会发展计划执行情况及2005年国民经济和社会发展计划（草案）的报告；听取和审议区人大常委会工作报告，并通过相应的决议；听取和审议区人民法院和区人民检察院的工作报告，并作出相应的决议；审议区政府关于区十一届人大三次会议代表建议、批评和意见办理情况的报告及十一届人大四次会议关于代表议案建议、批评和意见审查情况报告，并进行了大会选举。选举陈永厚当选区人大常委会副主任，补选林春和、张本年为人大常委会委员，林宏坤当选为南岔区人民政府区长，任凤忠当选为区人民检察院检察长。

第三节　区人大常务委员会

一、常委会组成及工作机构

区七届人大常委会组成人员：人大常委会主任许和，副主任王书元、王维勤、张学礼，委员王传文、王廷勋、卢元梅、刘成山、朱春林、孙富良、张绍华、张桂兰、高栋、董仲喜、熊春峰。

区八届人大常委会组成人员：人大常委会主任许和，副主任王书元、王维勤、杨永生、张学礼，委员于钦林、王传文、王树礼、孙亚琴、刘成山、刘洪增、朱春林、张桂兰、李殿瑞、洪维、鲁庆文、熊春峰、魏长宽。

区九届人大常委会组织人员：人大常委会主任许和，副主任马杰、王书元、王绍荣、王维勤，委员王树礼、刘成山、刘洪增、朱春林、孙晓辉、李殿瑞、杨玉春、张怀玉、陈越海、林禹权、洪维、赵同堂。

区十届人大常委会组成人员：人大常委会主任汪时斌，副主任马杰、于钦林、熊春峰、赵荣生，委员于永吉、王凤山、王书元、王莉、王健、王林东、王国斌、石宏、任守礼、张传久、张兴运、杨玉春、钱明臣、阎玉森。

区十一届人大常委会组成人员：人大常委会主任金绍英，副主任赵荣生、张兴运、程传禹、孙志利，委员于学琴、单中平、李春德、陈福德、王锦昌、闵玉龙、孙万里、卢亚文、刘福利、吴越岭、王远鹏、宋晓伟、栾景春、曹国庆。

1986—2005 年，南岔区人大常委会设主任、副主任；下设办公室、科教文卫办公室、经济办公室、法制办公室、人事联系办公室和信访办公室。编制 15 人。

1986—2005 年南岔区人大常委会主任、副主任更迭表

表 21-1

主任	任、离职时间	副主任	任、离职时间
李应铭	1986.4—1987.4	张景龙	1986.4—1987.4
许　和	1987.9—1997.3	袁　瑞	1986.4—1987.4
汪时斌	1997.3—2000.6	张学礼	1986.4—1993.3
牛毓山	2000.7—2001.3	王书元	1987.4—1997.4
魏长宽	2001.3—2002.3	王维勤	1987.9—1997.11
金绍英	2002.10—	杨永生	1990.3—1992.2
		马　杰	1993.9—2000.6
		王绍荣	1993.9—1998.3 退休
		于钦林	1997.10—2001.3
		熊春峰	1997.10—1999.3
		赵荣生	1997.10—
		刘吉庆	2001.3—2002.3
		张兴运	2002.10—2004.3
		程传禹	2002.10—2005.7
		孙志利	2002.10—
		陈永厚	2005.3—

1986—2005 年南岔区人大常委会办公室主任、副主任更迭表

表 21-2

主任	任、离职时间	副主任	任、离职时间
王书元	1984.5—1987.4	张绍华	1986.10—1988.6
于钦林	1989.11—1991.10	宿云会	1988.6—1990.6
刘铁福	1991.11—1993.2	王中青	1990.1 任副科级调研员
陈越海	1993.2—1996.3	王雪飞	1991.3—1993.11
王国斌	1997.5—2001.5	赵士中	1994.2 任副科级调研员
孙志利	2001.5—2002.10	周晓光	2002.11—2003.11
周晓光	2003.11—	李亚萍	2005.3—

1986—2005 年人南岔区大科教文卫办主任、副主任更迭表

表 21-3

主任	任、离职时间	副主任	任、离职时间
孙洪洲	1985.8—1992.8	王成山	1983—1986.6

续表 21-3

主任	任、离职时间	副主任	任、离职时间
张吉祥	1990.3—1990.12	张绍华	1988.6—1990.3
赵永生	1992.12—1993.11	赵永生	1991.6—1992.12
杨松柏	1993.11—1995.8	王秀杰	1997.5—2002.4 退养
吕维久	1995.6—1997.5	刘福利	2001.12—2002.12
刘福利	2002.12—		

1986—2005 年南岔区人大人事联络办主任、副主任更迭表

表 21-4

主任	任、离职时间	副主任	任、离职时间
王廷勋	1986—1987.12	李殿瑞	1985.3—1990.1
李殿瑞	1990.1—1995.6	王雪飞	1990.1—1991.3
钱明臣	1997.5—2000.10	王秀杰	1994.2—1997.5
王锦昌	2002.1—	许振国	2000.10—2001.2
		李亚萍	2004.9—2005.3

1986—2005 年南岔区人大法制办主任、副主任更迭表

表 21-5

主任	任、离职时间	副主任	任、离职时间
王树礼	1989.2—1995.8	李凤谦	1984.6—1987.2
杨松柏	1995.8—2000.10	杨松柏	1991.8—1993.11
单中平	2001.3—2005.3		

1986—2005 年南岔区人大经济办主任、副主任更迭表

表 21-6

主任	任、离职时间	副主任	任、离职时间
孙富良	1988.2—1989.2	孙富良	1986—1988.2
赵永生	1990.5—1991.5	赵永生	1989.11—1990.5
路禹祥	1990.1—1990.10	路禹祥	1989.2—1990.1
辛宝健	1992.11—1994.3	辛宝健	1991.5—1992.11
郑福德	1994.3—1999.7	孙志利	1995.10—1996.10 调研员
孙志利	1998.8—2001.5	孙志利	1996.10—1998.8
李春德	2002.11—	刘福利	2001.6—2001.12

二、常务委员会会议

1986 年 3 月 4 日至 1987 年 8 月，南岔区第六届人大常委会，共召开 12 次会议（十一次至二十二次）。听取和审议 53 项有关事宜的报告。会议的主要议题是：

人大常委会对议题内容所涉及的相关事宜，组织部分代表进行调研，并作出视察报告和相应的决议。召开的 12 次常委会例会，共任免区人民政府科级以上干部 21 人，法院副科级以上干部 4 人，检察院副科级以上干部 8 人，人大常委会副科级以上干部 2 人。

1987 年 9 月到 1990 年 10 月，南岔区七届人大常委会共召开 21 次会议，听取和审议 67 项有关

事宜的报告。

人大常委会对议题内容所涉及的相关事宜，组织部分代表进行调研，并作出了视察报告和相应的决议。召开的21次常委会例会，共任免区人民政府科级以上干部68人，法院副科级以上干部39人，检察院副科级以上干部21人，人大常委会副科级以上干部16人。

1990年11月至1993年9月，南岔区八届人大常委会，共召开20次会议。听取和审议65项有关事宜的报告。

人大常委会对议题内容所涉及的相关事宜，组织部分代表进行了调研，并作出了视察报告和相应的决议。召开的20次常委例会，共任免区人民政府科级以上干部75人，法院副科级以上干部28人，检察院副科级以上干部8人，人大常委会副科级以上干部10人。

1993年11月至1997年9月，南岔区九届人大常委会共召开27次例会，听取和审议73项有关事宜的报告。

人大常委会对议题内容所涉及的相关事宜，组织部分代表进行了调研，并作出了视察报告和相应的决议。区九届人大常委会委员会召开的27次常委会议，共任免区人民政府科级以上干部119人，法院副科级以上干部47人，检察院副科级以上干部23人，人大常委会副科级以上干部14人。

1997年12月至2002年11月，南岔区十届人大常委会会议共召开30次，听取和审议106项有关事宜的报告。

人大常委会对议题内容所涉及的相关事宜，组织部分代表进行了调研，并作出了视察报告和相应的决议。区十届人大常委会召开的30次常委例会，共任命干部79人87个职务，免去61人65个职务。

2002年12月至2005年，南岔区十一届人大常委会会议共召开22次会议，听取和审议56项有关事宜的报告。

人大常委会对议题内容所涉及的相关事宜，组织部分代表进行了调研，作出了视察报告和相应的决议。区十一届人大常委会召开的22次常委例会，共任免干部72人，其中区政府任免36人，法院任免27人，检察院任免5人，人大任免4人。

第四节　日常工作

一、人大代表建议和批评意见

南岔六届人大三次会议，代表向大会提出议案和各种建议、批评和意见162件。经大会议案审查委员会审查合并27件，其中116件为代表意见。会后，分别将代表建议、批评和意见转交区人民政府和有关部门办理。到1986年12月，区政府对代表的建议、批评和意见全部处理完毕，并分别向各位代表进行答复。处理的结果是：对议案解决的有10件，占总数的37%；纳入中长期计划的9件，占议案总数的34%；已报请上级研究的2件，占总数7%；根据政策和法规以及具体条件不能解决进行说明解释的有6件，占总数的22%。区政府将议案的办理情况向人大常委会作了汇报。116件代表意见，有70件被有关部门重视和采纳，占总数61%，并以书面形式答复代表；有46件提供有关部门供研究和参考，占总数39%。

南岔区六届人大四次会议，收到人大代表提出的建议、批评和意见共188件。经议案审查委员会审查，整理合并为75件，其中政权政法方面9件；城建环保方面11件；市场方面的5件；农林方面的6件；工交方面的6件；文教卫生方面的10件；劳动工资方面的5件；生活福利方面的11件；其他方面的12件。本年为换届选举年，在10月份召开的七届一次会议上，连同代表提出的建议、批评和意见一并转交给区政府及有关部门进行统一办理。

南岔区七届人大一次会议共收到代表建议、批评和意见 98 件，经整理归纳立案 24 件，其中建议 13 件，意见 11 件。到 1988 年 1 月中旬，区政府已经全部办理完毕，并书面形式答复给代表。办理的结果是：已经得到解决的 7 件，占总数 29.2%；根据国家政策和实际情况作解释说明的 12 件，占总数的 50%；需向上级政府和有关部门反映的 3 件，占总数的 12.5%；列入近期和中期计划解决的 2 件，占总数的 8%。并将办理的具体情况向人大常委会作了汇报。

南岔区七届人大二次会议，收到人大代表提出的建议、批评和意见共 87 件。经议案审查委员会审查整理合并为 58 件，其中：政权建设方面 1 件；社会治安方面 1 件；工业交通方面 12 件；城建环保方面 7 件；市场物价方面 2 件；劳动工资方面 8 件；文教卫生方面 7 件；生活福利方面 7 件；其他方面 11 件；不属于本级人民代表大会职权范围内的 3 件。到 1988 年年底，区政府已全部处理完毕，并以书面形式答复代表。其中采纳解决的 25 件，占总数的 43.1%；做解释说明的 18 件，占总数的 31%；需要向上级政府和有关部门反映解决的 8 件；占总数的 13.7%；列入近期和中期规划逐年解决的 7 件，占总数的 12%。并将办理的具体情况向人大常委会作了汇报。

南岔区七届人大三次会议，收到人人代表的建议、批评和意见 57 件。经议案审查委员会审查整理合并为 39 件（属区政府处理的 36 件）。其中政权建设方面 2 件；社会治安方面 1 件；工业交通方面 6 件；城建环保方面 9 件；市场物价方面 5 件；劳动工资方面 5 件；生活福利方面 6 件；文教卫生方面 5 件。到 1989 年 7 月中旬，区政府已全部处理完毕，其中已经得到解决 12 件，占总数的 33.3%；列入近中期计划的 4 件，占总数的 11.1%；根据国家政策和南岔区的实际情况作解释说明的 15 件，占总数 41.7%；不属于区政府解决范围的，已向上级反映的 5 件，占总数的 13.9%，其余 3 件属区人民法院和人民检察院处理。区政府已将办理的具体情况向区人大常委会做了汇报，并以书面形式答复给代表。

南岔区七届人大四次会议，收到人大代表提出的建议、批评和意见共 92 件。经议案审查委员会审查整理合并为 39 件，其中政权建设方面 2 件；社会治安方面 2 件；市场物价方面 2 件；生活福利方面 6 件；城建环保方面 9 件；文教卫生方面 4 件；劳动工资方面 3 件；农村工交方面 5 件；商粮财贸方面 4 件；其他方面 2 件。到 1990 年 8 月中旬已经全部办理完毕，分别答复各位代表，并向区人大常委会做工作汇报。

南岔区八届人大三次会议，收到人大代表建议、批评和意见 37 件。到 1992 年 8 月末，区政府已经全部处理完毕，并陆续答复代表本人。其中采纳解决的 12 件，占总数的 32%；列入计划的 9 件，占总数的 25%；根据国家政策和本地区的实际情况作出解释说明的 16 件，占总数的 43%。对需要上级解决的问题及时向省、市有关部门作了反映。区政府已将办理的具体情况向区人大常委会作了汇报。

南岔区八届人大五次会议，收到人大代表提出的建议、批评和意见 32 件，经整理归纳为 23 件，其中财经类 1 件；人民生活类 3 件；城建类 5 件；科教文卫类 2 件；农林工交类 3 件；社会治安类 3 件；劳动人事类 4 件；其他类 2 件。到 1993 年 8 月末区政府已全部处理完毕，并陆续答复代表本人。其中被采纳解决的 10 件，占总数的 43.5%；列入计划逐步解决的 5 件，占总数的 21.7%；根据国家有关政策和本区的实际暂不能解决作出解释说明的 8 件，占总数的 34.8%。区政府已将办理的具体情况向区人民代表大会作了工作汇报。

南岔区九届人大二次会议，收到人大代表提出的建议、批评和意见 70 件，经整理归纳为 70 件，其中财政经济方面的 5 件；工业交通方面的 11 件；劳动工资方面的 4 件；政权方面的 2 件；林政方面的 2 件；体制改革方面的 2 件；社会治安方面的 6 件；市场物价方面的 13 件；城建环保方面的 16 件；文教卫生方面的 1 件；商粮财贸方面的 3 件；人民生活方面的 5 件。到 1994 年 8 月末，区政府已全部处理完毕，并陆续答复了各位代表。其中及时采纳解决的 24 件，占总数的 34.2%；列入计划逐步解决 22 件，占总数 31.6%；根据国家有关政策和本区实际情况及权限范围，需要给予实事求是解释说明的24件，占总数的34.2%。区政府已将办理的具体情况向区人民代表大会作了工作汇报。

南岔区九届人大三次会议，共收到人大代表提出的建议、批评和意见42件，经整理归纳为26件，其中，社会治安方面的3件；政权建设方面的2件；劳动工资方面的3件；人民生活方面的5件；工业交通方面的1件；财政经济方面的5件；体制改革方面3件；市场物价方面的4件。到1995年8月中旬区政府全部办理完毕，并分别向各位代表进行了答复。办理的结果：采纳解决的11件，占总数的43%；由于资金等诸多因素不能及时解决列入计划逐步办理的8件，占总数的30%；代表提出的意见和建议虽然符合实际情况，但不属南岔区权限内能够解决或没有能力解决的，需要实事求是加以说明的7件，占总数的27%。区政府已将办理的具体情况向区人民代表大会作工作汇报。

南岔区九届人大四次会议，收到人大代表的建议、批评和意见共58件，经议案审查委员会整理归纳合并为42件，其中：林农市政建设方面的7件；生活福利方面的7件；环境卫生方面的11件；劳动工资待遇方面6件；公安、政法社会治安方面的6件；其他方面的5件。本次会议代表提出的建议、批评和意见，区政府于1996年8月末，已全部处理完毕，并先后答复了代表本人。区政府已将办理的具体情况向区人民代表大会作工作汇报。

南岔区九届人大五次会议，收到人大代表提出建议、批评和意见19件。截至1997年8月，区政府已经全部处理完毕。处理的结果：采纳解决的8件，占总数的42.1%；列入计划逐步解决的6件，占总数的31.6%；依据国家政策和本区实际作出解释说明的5件，占总数的26.3%，并把办理的结果向各位代表做出答复。区政府已将办理的具体情况向区人民代表大会作工作汇报。

南岔区十届人大二次会议，收到人大代表建议、批评和意见33件。经审查整理归纳为22件，其中体制改革方面的1件；财经方面的3件；环境保护方面的1件；教育方面的1件；农林方面的6件；市政建设方面的10件。到1998年8月末区政府已全部处理完毕。其中采纳解决的7件，占总数的31.8%；列入计划逐步解决的7件，占总数的31.8%；依据国家政策和南岔区实际作出解释说明的8件，占总数的36.4%。并把办理的结果向各位代表作了答复。区政府已将办理的具体情况向区人民代表大会作工作汇报。

南岔区十届人大三次会议，区政府收到人大代表提出建议、批评和意见26件。到1999年8月末，区政府已全部处理完毕。并陆续答复给了各位代表。其中采纳解决的9件，占总数的34.6%；列入计划逐步解决的7件，占总数的26.9%；依据国家政策和本区实际做解释说明的10件，占总数的38.5%。区政府已将办理的具体情况向区人民代表大会作工作汇报。

南岔区十届人大四次会议，收到人大代表建议、批评和意见共15件，经审查整理归纳为13件。这些建议、批评和意见，涉及振兴企业、发展经济方面的有3件；环境保护方面的有5件；城镇规划建设方面的有1件；人民群众生产、生活方面的有3件；政权建设方面的有1件。会后，分别将代表的意见转交区人民政府和有关部门办理。到2000年11月末，全部处理完毕。其中，采纳解决的3件，占总数的23.1%；逐步解决的3件，占总数的23.1%；列入计划的2件，占总数的15.4%；依据国家政策和本区实际情况作出解释说明的5件，占总数的38.4%；并把办理的结果向各位代表做了答复。区政府已将办理的具体情况向区人民代表大会作工作汇报。

南岔区十届人大五次会议，收到人大代表的建议、批评和意见26件，经议案审查委员会审查整理归纳为23件，其中，涉及经济发展的2件；“天保”工程和环境保护方面的3件；市政建设方面的9件；人民群众和职工生活方面的6件；教育文化生活方面的3件。会后，分别将代表的建议和意见转交区人民政府和有关部门办理。到2001年11月末，全部处理完毕。其中采纳的7件；占总数的30%；列入计划逐步解决的11件；占总数的48%；依据国家政策和本区实际作出解释说明的5件；占总数的22%；并把办理结果向各位代表作了答复。区政府已将办理的具体情况向区人民代表大会作了汇报。

南岔区十届人大六次会议，共收到人大代表各种建议、批评和意见28件，经整理归纳24件。会后，分别将代表的建议、批评和意见及时转交区政府和有关部门办理。到2002年7月末，全部处理完毕。处理结果：采纳解决的9件，占总数的37.5%；列入计划逐步解决的7件，占总数的29.2%；依据国家政策和本区实际给予实事求是说明的8件，占总数的33.3%，并把办理结果答复了各位代表。区政府已将办理的具体情况向区人民代表大会作工作汇报。

南岔区十一届人大二次会议收到人大代表提出的建议、批评和意见共36件。其中涉及财政经济方面的5件；劳动工资方面的8件；科教文卫方面的3件；城建环保方面的9件；人民生活方面的8件；其他方面的3件。会后将代表的建议、批评和意见分别转交区政府和有关部门办理。到2003年7月末，全部处理完毕。并分别向各位代表进行了答复。处理结果，采纳解决的18件，占总数的50%；列入计划逐步解决的15件，占总数的41.7%；依据国家政策和本地区实际作出解释说明的3件，占总数的8.3%。并把办理结果向代表作了答复。区政府已将办理的具体情况向区人民代表大会作工作汇报。

南岔区十一届人大三次会议收到人大代表提出的建议、批评和意见共32件。经整理归纳和议案审查委员会审查合并为28件，其中：体制改革方面的1件；财政经济方面的3件；劳动、医疗、社会保障、工资方面的4件；科教文卫方面的1件；城建环保方面的14件；旅游方面的1件；人民生活方面的3件；其他方面的1件。会后将代表的建议、批评和意见分别转交区政府和有关部门办理。截至2004年8月月末，全部处理完毕。并分别对代表进行了答复。其中采纳解决的3件，占总数的10.7%；列入计划逐步解决的10件，占总数的35.7%；依据国家政策和本区实际不能解决的，需要给予实事求是解释说明的15件，占总数的53.6%。区政府已将办理的具体情况向区人民代表大会作工作汇报。

南岔区十一届人大四次会议收到人大代表提出的批评、意见和建议共23件，经议案审查委员会审查整理归纳为20件。这些建议、批评、意见均属区政府工作范畴。会后全部转交区政府办理。截至2005年8月末，全部处理完毕，其中落实解决的6件；列入计划解决的7件；给予解释说明的7件。并分别对代表进行了答复。区政府已将办理的具体情况向区人民代表大会作了汇报。

二、人大代表和群众来信来访

1986年区人大常委会共受理人大代表和人民群众来信来访163件（次）。

区七届人大常委会共接待群众来访158人次，处理来访62件。

区八届人大常委会共接待群众来访236人次，处理来信95件。

区九届人大常委会5年来，共接待群众上访128人次，收到上访信68件，接待群众集体上访7次。

区十届人大常委会共接待上访705件（次）。

区十一届人大常委会，区接待处理上级转办的上访信件5件，接待人大代表来信来访17人（次），接待人民群众来人、来信、来访、控告、申诉172人（次）。

对人大代表、人民群众及上级交办的来信来访案件的处理，按照分级负责、归口办理的原则，及时转有关部门处理；对其中重要的，影响较大的，久拖不决的案件，人大常委会负责同志亲自接待过问，督促有关部门妥善处理。在受理人大代表和人民群众来信来访案件中，人大常委会及具体工作部门，始终坚持全心全意为人民服务的宗旨，关心群众疾苦，以事实为依据，以法律为准绳，依法实施监督处理，做到件件有着落，事事有回音，维护了公民的合法权益和社会稳定。

第二章　人民政府

南岔区（局）属政企合一管理体制。1986—2005 年，南岔区（局）在伊春市委和当地党委的领导下，主动接受人大常委会的依法监督和政协的民主监督，共召开 60 次政府常务会议；149 次区（局）长办公会议；23 次政府全体会议。截至 2005 年，办理信访接待 11414 人次，出境人员 1957 人次，入境人员 18 人次，全区有侨务人员 180 人。

第一节　机构设置

一、区政府办公室

办公室主任 1 人，副主任 2 人。各职能部门设专兼职主任，设秘书、文书、打印员、通讯员若干人。

1986—2005 年各办负责人一览表

表 21-7

职务	姓名	任离时间
宗教事务局局长	刘铁福	1993.2—1993.4
调研员	乔月岭	1993.11—1996.3
调研员	徐　萍	1996.4—1997.6
副科级员	徐　萍	1997.6—
法制办副主任	姚凤君	2002.1—2003.9
外事办副主任	张启刚	2003.2—2005.12
法制办副主任	郭　淳	2004.3—2005.3
宗教办副主任	栾　柯	2004.3—
史志办副主任	席国维	2004.9—

二、区（局）机构调整

1986 年，南岔区（局）机关共设非常设机构 46 个。

1993 年 3 月 16 日，区（局）机关共合并撤 16 个科室和部门，机关科室由原来的 53 个调整到 39 个，党政机关分流 436 人。

1997 年 4 月 14 日，政府工作部门 20 个，林业局工作部门 5 个，区（局）编制 300 人（含工勤人员）。

区委机构：（1）区委办公室：区档案局实行（局）馆合一体制，按事业编制管理，隶属区委办公室。（2）区委组织部：撤销区老干部办公室，职能并入组织部，保留老干部活动室，为事业单位，隶属区委组织部。（3）区委宣传部：区委统战部与区委宣传部合署办公，广播电视局改为广播电视中心，按事业单位管理，隶属区委宣传部。（4）区政法委员会：区社会治安综合治理办公室与政法委合署办公，区司法局与社会综合治理办公（司法行政属专项编制不占机关编制）。（5）区（局）机关党委。

政府机构设置：（1）政府办公室：撤销人防办，改为人防服务公司，人防办职能并入政府办。（2）计划统计委员会：区物价局、矿产资源管理办公室为二级机构（副科级），隶属区计划统计委员会。（3）经济贸易委员会：区地方经济发展局与经济贸易委员会合署办公，撤销区物资局、商业局、外贸科，变为实体公司，其行政职能并入区经贸委。（4）建设委员会：撤销区房地产管理局，变为经济实体，其行政职能并入区建设委员会，区环境保护局与区建委合署办公。（5）教育委员会。（6）科学技术委员会：区科协与区科委合署办公。（7）文化体育委员会。（8）农业办公室：撤销区水利局、农牧局、农机局，变为水资源管理站、畜牧站、农机站，为事业单位，隶属区农业办公室。区多种经营局、乡镇企业局与农业办公室合署办公，加挂乡镇企业局牌子。（9）公安分局（林业地区公安局）。（10）监察局：区监察局与区纪委合署办公。（11）民政局。（12）财政局。（13）审计局。（14）人事劳动局：区编制委员会办公室与区人事劳动局合署办公。撤销局安全技术监察科，其职能并入区人劳局，加挂安全办公室牌子。（15）技术监督。（16）土地管理局。（17）林政局：区森林防火指挥部办公室与林政局合署办公。（18）卫生局：区爱国卫生办公室与卫生局合署办公。（19）计划生育局。（20）信访办公室。

林业局机构设置：区体改委与企管处合署办公，生产技术科、营要科、森林资源管理科、机电科。撤销木材销售科、林产工业科，整体转移变为实体公司。局产品检验科和局产品检验大队合署办公，为局直属单位。

2001 年 10 月 29 日，区（局）对机关部门进行重新设置，区委和区政府机关由 30 个减到 20 个，其中党委 5 个，政府 15 个。林业局设 3 个科室。人员总数定编为 230 人。

政府机构设置：政府办公室；经济科技贸易委员会（挂企管科牌子）；计划统计局（保留物价局牌子）；教育局；文化体育局；司法局；公安分局；监察局（与纪检委合署办公）；民政局；财政局；人事劳动局（编委办与其合署办公）；审计局；卫生和计划生育局；建设局（环保局与其合署）；林政局（挂防火办公室牌子）；农业委员会；档案馆（局）为区政府直属事业单位；非国有经济管理办公室（挂乡镇企业局和非国有经济发展局牌子），为区政府直属具有行政职能的事业单位。社会事业管理局隶属政府办公室，事业单位具有行政职能。

林业局机构：资源科（局）；营林科（局）；木材生产机构科（局）；监察局、老干部办、信访办不计机构个数。

公安机关核定专项编制 84 人，街道办事处 3 个，核定编制 69 人。

区政府区长 1 人，副区长 3 人，林业局副局长 3 人。区委、区政府部门一般 1 ~ 3 职，个别工作量大可增设 1 职。

2005 年 3 月 26 日，依据伊政办发〔2004〕43 号文件，将人事劳动局分开，成立人事局、劳动社会保障就业局；招商引资办公室从经济科技贸易委员会分出，成立商务局；体改委从经济贸易委员会分出，合到区发展和改革委员会；成立北药办公室，与区农委合署办公。同年 6 月 24 日，依据伊政办发〔2005〕13 号文件，环保局从建委分出，成立环保局。同年 10 月 31 日，依据南编发〔2005〕18 号文件，成立中共南岔区教育工委，与教育局合署办公。同年 12 月 20 日，依据南编发〔2005〕19 号文件，成立公用事业局。

三、区（局）领导人员设置

南岔区人民政府和南岔林业局实行政企合一管理体制。设区（局）长、副区（局）长、副局长，区（局）长助理，林业局总工程师，林业局总会计师，森工总局驻南岔林业局森林资源监督专员办事处专员。

第二节　政府常务会议

1987年7月28—29日，第七届区政府常务会议第一次会议在区三楼会议室和区第二招待所207房间分别召开，副区长刘增新主持会议。分析总结了全区上半年经济形势和各项工作，对下半年工作作了具体安排。

1987年8月28日，第七届区政府常务会议第二次会议在王福义代区（局）长办公室召开。由王福义代区（局）长主持会议，政府办、城建环保科、财务科、计划科、公安局负责人列席会议。议题是传达贯彻在金山屯区召开清理桦子城现场会议精神，传达省林业总局关于打通防火道，消灭样子城的五条命令和市委、市政府文件，研究制定全区行动方案，至此，全区打通防火道，清理样子城工作全面展开。

1987年9月15日，第七届区政府常务会议第三次会议在防火指挥部会议室召开，由新任区（局）长王福义主持会议。议题是：1.政府领导分工：王福义主持区（局）的全面工作；副区（局）长张景龙负责政府常务工作；杨永生负责营林、交通工作；王绍荣负责农业、地方工业、商粮和多种经营工作；刘增新负责企业管理和金融工作；程友三负责木材生产、林产工业和安全科技工作；耿仁祥负责城建环保、公安司法、卫生和城镇防火工作。会议就分工后工作原则和应注意的问题，议定5条意见；（1）树立全局观念；（2）坚持集体领导，分工负责；（3）要提倡协商办事，分工不分家；（4）加强团结；（5）要主动接受区委的领导，自觉接受人大的依法监督和政协的民主监督。2.坚决反对官僚主义，做好秋防、城防和安全工作。护林防火由杨永生组织落实好秋防方案，公路、铁路两侧的防火线一定要打烧彻底，全区瞭望塔要坚持24小时值班。安全生产全区已近800天无重大事故，要花大力气争取1000天无重大事故，坚决消灭违章指挥、违章作业。无论谁发现哪条线有问题，都要管住管死。

1987年11月10日，第七届区政府常务会议第四次会议在区三楼会议室召开，由区（局）长王福义主持会议。政府办、集体企业公司、公安局、劳动工资科、人事监察科负责人列席。会议集中研究一般干部奖励晋级和招待所生活接待问题；传达市政府法制工作会议；整顿桦子城，秋防、冬运工作会议精神并相应地制定贯彻意见。

1987年11月23日，第七届区政府常务会议第五次会议在区三楼会议室由区（局）长王福义主持召开。会议通过6%晋级一般干部名单，全区职工工资向上浮动半级，待市政府批复后，一律从1987年6月1日执行。会议还通过政府领导与人民代表实行接待日制度。

1988年2月29日，第七届区政府常务会议第六次会议在区机关三楼会议室召开。区（局）长王福义主持会议。会议传达了市政府工作会议精神；对当前的工作做了安排部署；明确了各位副区（局）长的分工。

1998年5月27—28日，第七届区政府常务会议第七次会议在三楼会议室举行。区（局）长王福义主持会议。会议总结了本年度前5个月各条战线工作；讨论几名工人、干部的处分问题并作出决定；讨论了1名违反计划生育人员的罚款问题并作出决定，讨论了一起枪击事故的处理并作出决定。

1988年8月3—4日，第七届区政府常务会议第8次会议在区机关三楼会议室召开。常务副区

（局）长张景龙主持会议。会议传达了市委、市政府工作会议精神、省森工总局劳动工资会议精神、市个体私营经济工作会议精神；讨论并通过向区人大汇报的材料；研究农村医疗问题；研究劳动工资科呈报的人事处理问题并作出相应的决定。

1988 年 9 月 2 日，第七届区政府常务会议第九次会议在区（局）长王福义办公室召开。区（局）长王福义主持会议。副区（局）长张景龙汇报了市教育工作会议精神；讨论并研究全区教育工作会议的有关事宜。区教育中心主任王维勤列席会议。

1989 年 1 月 5 日，第七届区政府常务会议第十次会议在区机关三楼会议室召开。区（局）长王福义主持会议。与会者共同学习《人民日报》《黑龙江日报》元旦社论；通报 1988 年工作情况；研究确定 1989 年工作要点。

1989 年 2 月 13 日，第七届区政府常务会议第十一次会议在区机关三楼会议室举行。区（局）长王福义主持会议。财政（务）科、计划委员会、物资局、乡（镇）企业局、民政局的主要负责人列席会议，会议研究集体企业、多种经营、地方工业、乡（镇）企业问题，制定社会福利措施。

1989 年 4 月 17 日，第七届区政府常务会议第十二次会议在区机关三楼会议室举行。区（局）长王福义主持会议。会议总结了森林防火工作和全区贯彻“383”工程情况，研究自来水工程建设、企业升级和地方工业问题。

1989 年 4 月 24 日，第七届区政府常务会议第十三次会议在区机关三楼会议举行。区（局）长王福义主持会议。会议传达市监察、民政工作会议和市地方电话会议精神，进一步落实“三春”（春季防火、春季造林、春耕生产）工作有关问题，重新调整副区（局）长分工。

1989 年 8 月 5 日，第七届区政府常务会议第十四次会议在区机关三楼会议室举行。常务副区（局）长张景龙主持会议。安全监察科、劳动局、民政局的主要负责人列席会议。会上传达了市安技工作会议精神，省总局消防和市防火工作会议精神；研究集资楼管理办法；讨论民政局呈报的居委会负责人工资待遇问题。

1989 年 9 月 12 日，第七届区政府常务会议第十五次会议在区机关三楼会议室举行。区（局）长王福义主持会议。通报各条战线前 8 个月的工作情况；研究制定了廉政建设的有关措施；研究落实了市企业管理南岔现场会的准备工作；落实了秋季护林防火任务。

1989 年 10 月 29 日，第七届区政府常务会议第十六次会议在区机关三楼会议室举行。区（局）长王福义主持会议。卫生局、劳动局、防疫站、人事局的主要负责人列席会议。传达了市安全工作会议精神；研究浮动工资遗留问题；副科级干部工资待遇问题和当年的森林经理普查工作。

1989 年 12 月 19 日，第七届区政府常务会议第十七次会议在区机关三楼会议室召开。区（局）长王福义主持会议。财政局、信访办、人事监察局的主要负责人列席会议，传达省森工总局企业管理会议精神；研究落实企业内部合同兑现奖励问题；讨论几起人事处理问题。

1990 年 1 月 5 日，第七届区政府常务会议第十八次会议在区机关三楼会议室召开。区长王福义主持会议，会议学习了元旦社论；研究大打企业管理翻身仗，治危兴林等有关事宜；研究农业生产问题。

1990 年 3 月 10 日，第七届区政府常务会议第十九次会议在区机关三楼会议室召开，区长王福义主持会议，区政府常务组成人员出席会议，区人大、政协、党委办、公安局、防火办、安技科等部门负责人列席会议。会议研究部署春防工作。

1990 年 3 月 21 日，第七届区政府常务会议第二十次会议在区机关三楼会议室召开。区长王福义主持会议，会议研究区长和各位副区长的分工。

1990 年 4 月 3 日，第七届区政府常务会议第二十一次会议在区机关三楼会议室召开。区长王福义主持会议，区政府全体常务人员出席会议，计划科、生产科、建委、集体企业公司、农牧局、乡企局、科委、财政局、计生办、教委、营林处、体改办等部门的负责人列席会议。会议研究讨论了1990年经济计划等项工作。

1990年5月30日，第七届区政府常务会议第二十二次会议在区机关三楼会议室召开。区长王福义主持会议，区政府常务组成人员出席会议、公安局、财政局、森保科的负责人列席会议。会议的议题是：讨论处理太平所火灾问题；听取“小金库”清理情况汇报；研究处理自费上学公拿问题；研究集体供热问题；研究治安和防火问题；研究实施“383”工程情况；研究在威岭所开现场会事宜。

1990年7月17日，第七届区政府常务会议第二十三次会议在区机关三楼会议室召开。副区长张景龙主持会议，区政府常务组成人员出席会议。民政局、监察局、爱卫办、计生委、卫生局、科委、技术监督局、环卫处、建委的负责人列席会议。会议的议题是：研究爱卫、计生、民政、城建、宗教等问题；安排部署近期工作，研究律师事务所有关事宜；研究监察局的人事处理问题；研究镇内厕所修建问题。

1990年10月16日，第八届区政府常务会议第一次会议在区机关三楼会议室召开。区长王福义主持会议，区政府的常务组成人员出席会议。会议研究政府三年工作报告；研究教育、律师事务、营林、环卫、城建、信访等有关问题。

1990年11月11日，第八届区政府常务会议第二次会议在区机关三楼会议室召开，区（局）长王福义主持会议，区政府常务组成人员出席会议。会议研究新一届政府班子成员的分工问题。

1990年12月26日，第八届区政府常务会议第三次会议在区机关三楼会议室举行。区（局）长王福义主持了会议，区政府常务组成人员出席会议，党委、人大、政府、政协的有关部门负责人列席会议。会议学习了省、市有关文件规定；研究落实我区将实施的80条有关政策规定。

1991年3月26日，第八届区政府常务会议第四次会议在区机关三楼会议室召开。区（局）长王福义主持了会议，区政府常务组成人员参加会议。会议传达了上级有关会议精神；研究南岔税务分局办公楼扩建问题；研究几个信访案件。

1991年6月8日，第八届区政府常务会议第五次会议在区机关三楼会议室召开。区（局）长王福义主持会议。会议传达了上级有关会议精神；各位副区（局）长汇报了各条战线的工作；研究其他有关事宜。

1991年7月19日，第八届区政府常务会议第六次会议在区机关三楼会议室举行。区（局）长王福义主持会议，区政府常务组成人员参加会议。会议研究各位副区（局）长的分工；研究全市现场会议在我区召开的有关事宜；研究安全防汛、城镇防火等有关事宜。

1991年10月7日，第八届区政府常务会议第七次会议在区机关三楼会议室召开。区（局）长王福义主持会议，区政府常务组成人员参加会议，区政府的有关部门负责人列席会议。会议听取轻机厂的情况汇报；传达了全市体改工作会议精神；确定小材小料加工及统一销售等有关事宜。

1991年12月9日，第八届区政府常务会议第八次会议在区机关三楼会议室召开。区（局）长王福义主持了会议，区政府常务组成人员参加会议。会议学习了中共中央十三届八中全会公报；传达了贯彻市“11·25”火灾现场会情况，安排了下步的有关工作。

1992年3月17日，第八届区政府常务会议第九次会议在区机关三楼会议室召开。区（局）长刘增新主持会议。会议研究1992年的经济计划；传达了市森防、城防工作会议精神；部署1992年的各项工作。

1992年5月16日，第八届区政府常务会议第十次会议在区机关三楼会议室召开。区（局）长刘增新主持会议。会议传达了市卫生、文化等工作会议精神；研究“森林节”的筹备工作。

1992年6月10日，第八届区政府常务会议第十一次会议在区机关三楼会议室举行。区（局）长刘增新主持会议。会议传达了市政法会议精神；安排了防汛工作；研究梁长林的错案问题。

1992 年 9 月 2 日，第八届区政府常务会议第十二次会议在区机关三楼会议室召开。会议由区（局）长刘增新主持，区政府的常务组成人员参加会议。会议讨论了全区住房水坝问题；研究召开全区经济工作会议的有关事宜。

1992 年 12 月 9 日，第八届区政府常务会议第十三次会议在区机关三楼会议室召开。区（局）长刘增新主持会议。会议研究成立保安公司问题；传达了市体育工作会议精神；研究劳务输出问题。

1993 年 4 月 30 日，第八届区政府常务会议第十四次会议在区机关三楼会议室召开。会议由区委常委、副区（局）长董仲喜主持。会议通报了“4·18”特大流氓案件情况；研究公有住房出售的安排意见；安排了区（局）定员的有关事项。区委书记王福义、区人大常委会副主任王书元、区政协副主席王家斌列席会议。区委书记王福义讲了话。

1993 年 9 月 26 日，第九届区政府常务会议第一次会议在区机关三楼会议室召开。会议由区（局）长刘增新主持，会议听取各战线工作情况，分析了形势，部署今后几个月的工作。

1994 年 1 月 30 日，第九届区政府常务会议第二次会议在区机关三楼会议室召开。会议由区（局）长刘增新主持，副区（局）长董仲喜、魏长宽、程厚贵、汪时斌、仇守文、总工程师程友三出席会议。政府办、计委、财政局、体改办、建委、劳动局主要负责人列席会议。会议主要议题：研究 1994 年计划、财政（财务）指标安排；汇报 1993 年目标管理责任书考核情况；讨论 1994 年目标管理责任书（草稿）；汇报各单位自行解决职工工资及应兑现奖励情况；研究全区经济工作会议、区政府领导讲话及有关事宜。

1994 年 3 月 26 日，第九届区政府常务会议第三次会议在三楼会议室举行。会议由区（局）长刘增新主持，副区（局）长董仲喜、魏长宽、汪时斌、孙占海，副局长刘吉庆、仇守文、出席会议，区（局）长助理岳维祥，总工程师程友三参加会议。会议研究政府工作报告；讨论副科级以上干部奖励晋级人员的相关事宜，研究区（局）长分工、区（局）长现场办公情况及下步工作安排。

1994 年 8 月 27 日，第九届区政府常务会议第四次会议在区（局）长刘增新办公室召开。会议由刘增新主持，副区（局）长董仲喜、魏长宽、汪时斌、副局长仇守文、刘吉庆、程厚贵出席会议。总工程师程友三，区（局）长助理岳维祥参加会议。会议内容主要是：通报市委批准在南岔区建小木制品批发市场的有关事宜，并决定召开新闻发布会；会议还决定对企业内做出突出贡献的产品推销人员进行奖励。奖励的标准是推销产品金额的 1% ~ 3%。

1994 年 9 月 6 日，第九届区政府常务会议第五次会议在区（局）长刘增新办公室召开。会议由刘增新主持，副区（局）长董仲喜、魏长宽、程厚贵、汪时斌，副局长刘吉庆、孙占海出席会议。总工程师程友三，区（局）长助理岳维祥参加会议、政府办负责人列席会议。会议主要内容是：通报新区委书记王庆山的到任，原书记王福义被聘为政府顾问，主抓小木制品市场建设。会议决定隆重庆祝第 10 个教师节；并同时奖励尊师重教先进单位；奖励教育先进单位、先进集体和优秀教师个人；决定奖励十佳校长 10 人。各位副区（局）长、总工程师、区（局）长助理还分别汇报各自主管战线的工作情况，部署下步工作。

1994 年 12 月 3 日，第九届区政府常务会议第六次会议在区（局）长刘增新办公室召开。会议由刘增新主持，副区（局）长董仲喜、魏长宽、程厚贵、汪时斌、副局长刘吉庆、仇守文出席会议，总工程师程友三、省森工总局驻南岔林业局森林资源监督专员办事处专员刘月桐参加会议，纪检委、人事劳动局主要负责人列席会议。会议的主要议题：研究集体企业、乡镇企业、地方工业干部录用事宜；研究木材实行“五统一”有关规定办法。

1995 年 7 月 5 日，第九届区政府常务会议第七次会议在区机关三楼会议室召开。会议由区（局）长刘增新主持，副区（局）长董仲喜、魏长宽、程厚贵，副局长刘吉庆、仇守文出席会议，总工程师程友三，省森工总局驻南岔林业局森林资源监督专员办事处专员刘月桐，区（局）长助理岳维祥参加会议，政府办、体改委主要负责人列席会议。会议的主要议题是：传达全市企业管理工作会议精神；传达贯彻市春季森防总结会、清理整顿公路“三乱”（乱收费、乱罚款、乱扣车）及第五次更新普查会议精神；研究经委下属企业倒闭事宜；安排部署当前有关工作。

1995年9月11日，第九届区政府常务会议第八次会议在区机关三楼会议室召开。会议由区（局）长刘增新主持，副区（局）长董仲喜、汪时斌，副局长刘吉庆、仇守文出席会议，总工程师程友三、区（局）长助理岳维祥参加会议，政府办、建委、林产工业科主要负责人列席会议。会议主要议题是：传达省森工系统林产工业工作会议和全市林产工业工作会议精神；贯彻落实区委十五届六次全委扩大会议精神；安排部署当前及今后几项主要工作。

1995年11月13日，第九届区政府常务会议第九次会议在区机关三楼会议室召开。会议由区（局）长刘增新主持，副区（局）长董仲喜、魏长宽、程厚贵、汪时斌，副局长仇守文、刘吉庆出席会议，总工程师程友三、区（局）长助理岳维祥参加会议，政府办、公安局、木材科、乡镇企业局、计划科的主要负责人列席会议。会议议题是：传达全市乡镇企业会议和木材销售工作会议精神；传达贯彻市冬运木材生产工作会议精神；传达贯彻落实市工业普查会议精神；通报南岔区社会治安状况；传达市长滕昭祥在南岔检查工作的指示精神；安排部署当前及今后几项工作。

1997年4月11日，第九届区政府常务会议第十次会议在区机关三楼会议室召开。会议由区（局）长刘增新主持、出席会议的副区（局）长有魏长宽、程厚贵、孙浩然，副局长刘吉庆、仇守文；公安局、省森工总局驻南岔林业局森林资源监督办事处主要负责人参加会议，林产工业科、计划生育委员会、体改委主要负责人列席会议。会议主要议题是：传达上级文件精神；区长、副区长分工；研究部署当前工作；研究人员分流的有关事宜。

1997年12月15日，第十届区政府常务会议第一次会议在区机关三楼会议室召开。会议由区（局）长关思伟主持，副区（局）长王刃、程厚贵、王恩义、孙浩然，副局长刘吉庆、仇守文、林禹权出席会议，区长助理岳维祥、省森工总局驻南岔林业局森林资源监督专员办事处专员管洪家、南岔区国家安全局局长孔令臣、公安局局长李绵、武装部部长汤长玉、财政局局长张传铭、政府办副主任董宏升参加会议。会议的主要议题是：研究1998年为群众办实事的规划，会议决定1998年为群众办6件实事：修通山路和排水工程，投资300万元；增加垃圾斗，新建、改建公共厕所；有线电视扩大500户；增加公共服务设施，上磁场程控电话24个（室外），室内16个，在各商店、银行；所有楼房重新粉刷一遍，安装轮廓灯；维修排水明渠2公里。

1998年3月23日，第十届区政府常务会议第二次会议在区机关三楼会议室召开。会议由区（局）长关思伟主持，副区（局）长王恩义、王刃，副局长刘吉庆、仇守文、林禹权出席会议，武装部长汤长玉、公安局长李绵、南岔区国家安全局局长孔令臣、区（局）长助理岳维祥、资源监督专员管洪家参加会议，政府办、计划统计局、财政局、人劳局、体改委、计划生育局、民政局的部门主要负责人列席会议。会议议题是：讨论人代会《政府工作报告》《关于南岔区1997年财政预算执行情况和1998年财政预算的报告》《关于南岔区1997年经济和社会发展计划执行情况和1998年计划安排的报告》；讨论政协《关于政府工作报告的说明》；讨论《关于区九届人大五次会议代表批评、意见和建议处理情况的报告》《关于1997年计划生育工作情况的报告》《关于贯彻实施〈残疾人保障法〉情况的报告》《关于我区山区综合开发工作情况的报告》；讨论《南岔区政务公开工作实施方案》《南岔区人民政府（南岔林业局）政务工作规划》。

1999年4月12日，第十届区政府常务会议第三次会议在区机关三楼会议室召开。会议由区（局）长关思伟主持，副区（局）长王刃、程厚贵、孙浩然、岂凤桐、副局长刘吉庆、仇守文出席会议，政府办、计划统计局、建委、体改委、资源科、财政局、营林处的主要负责人列席会议。会议的主要议题是：研究决定在区大招待所原址建法院、检察院办公楼有关事宜；研究决定在北山炸药库原址建2个停尸间的相关事宜；研究决定建浩良河综合楼、东岗市场综合楼相关事宜；公布落实1999年各项计划投资指标。

2000年10月26日，第十届区政府常务会议第四次会议在区机关三楼会议室召开。会议由区长王若森主持，副区长程厚贵、孙浩然、王恩义、岂凤桐，副局长刘吉庆、鲁庆文出席会议，区（局）长助理张兴运、区委副书记徐忠义、区人大常委会副主任赵荣生、区政协副主席刘树桐、区工会主席王书元、武装部长汤长玉、省森工总局驻南岔林业局森林资源监督专员办事处专员管洪家参加会议，财政局、人事劳动局、教委、林政局、生产科、资源科、检验大队、木材销售公司、森林资源监督专员办公室、计委、水利局的主要负责人列席会议。会议主要议题是：研究冬运木材生产工作，讨论《冬运木材生产工作方案》，讨论《木材生产管理办法（试行）》；研究林政资源工作，讨论《关于加强林政资源工作规定的通知》；研究林政资源监督工作，讨论《关于加强林政资源监督工作的通知》；听取自来水水源工程建设筹备情况的汇报；听取"两基"（基本在青少年中扫除文盲、基本普及九年义务教育）检查准备工作情况的汇报。

2001年2月24日，第十届区政府常务会议第五次会议在区机关三楼会议室召开。会议由区（局）长王若森主持，副区（局）长金绍英、孙浩然、王恩义、岂凤桐、杨国利，副局长鲁庆文、张兴运出席会议，区委副书记徐忠义、森林资源监督专员管洪家、区人大常委会副主任赵荣生、区政协副主席刘树桐、工会主席王书元、武装部长汤长玉参加会议，财政局、人事劳动局、林政局、体改委、资源科、营林处、社保局、水利局、经贸委、计委主要负责人列席会议。会议的主要议题是：（1）传达全省森林资源管理会议精神；（2）研究天然林资源划区管护经营工作；（3）传达全市劳动保障工作会议精神；（4）传达全市财政工作会议精神；（5）研究成立天然林保护工程资金核算中心事宜；（6）讨论南岔区分税制奖励办法；（7）听取林办国有企业、地方国有企业、地方集体企业产权制度改革情况的汇报；（8）研究春季森林防火工作；（9）研究2001年大修计划；（10）讨论《供水水源占地补偿办法》；（11）研究兑现2000年经济目标责任状。

2001年7月27日，第十届区政府常务会议第六次会议在区机关三楼会议室召开。会议由区（局）长王若森主持，副区（局）长金绍英、孙浩然、王恩义、岂凤桐、杨国利，副局长鲁庆文、张兴运出席会议，区委副书记徐忠义、人大常委会副主任赵荣生、政协副主席戴翔、工会主席王书元、武装部部长田玉柱、森林资源监督专员刘文和、区（局）长助理张传铭、公安局局长张潮参加会议，政府办、监察局、体改委、人事劳动局、财政局、社保局、计委、审计局、林政局、资源科、营林处、建委、黄金公司的主要负责人列席会议。会议主要议题是：（1）传达国家林业局在清河召开森林资源管护承包工作会议精神，通报全局划区管护工作进展情况；（2）研究晨明贮木场改制事宜；（3）研究黄金公司采金占用林地事宜。

2002年8月26日，第十届区政府常务会议第七次会议在区机关三楼会议室召开。会议由区（局）长王若森主持，副区（局）长孙浩然、杨国利，副局长岂凤桐、鲁庆文出席会议，区委副书记金绍英、区（局）长助理张传铭参加会议，政府办、财政局、监察局、计划发展局、人事劳动局、林政局、教育局、区纪检委的主要负责人列席会议。会议议题是：（1）听取学校布局调整情况的汇报；（2）讨论通过对10人违纪案件的处分决定。

2002年9月19日，第十一届区政府常务会议第一次会议在区机关三楼会议室召开。会议由区（局）长王若森主持，副区长孙浩然、杨国利、刘静，副局长王恩义、岂凤桐、鲁庆文出席会议，森林资源监督专员刘文和、区（局）长助理张传铭、公安局局长张潮参加会议，政府办、信访办、财政局、计划发展局、人事劳动局、经济科技贸易委员会、资源科、林政局、民政局、梧桐办事处的主要负责人列席会议。会议主要议题：传达清河林业局森林资源管护经营现场会精神；传达市森林防火指挥部会议精神，听取2002年全区秋季森防准备情况的汇报；研究重新成立梧桐街道办事处事宜；关于当前全区信访工作情况的汇报；研究调整区（局）部分领导分工事宜；王若森区长谈当前要抓好八项工作的部署和意见，即森防工作、林政资源管理工作、财源建设工作、社区建设工作、抓好重点推进工作的收尾、环境基础建设管理工作、抓好信访工作、抓好选举工作。

2003 年 1 月 5 日，第十一届区政府常务会议第二次会议在区机关三楼会议室召开。会议由区（局）长王若森主持，副区（局）长孙浩然、刘静，副局长王恩义、岂凤桐、鲁庆文出席会议，森林资源监督专员刘文和、区（局）长助理张传铭、公安局长张潮、区委副书记马伟斌、人大常委会副主任赵荣生、政协副主席徐占东参加会议，政府办、信访办、区工会、监察局、党办、计划统计局、财政局、人事劳动局、经济科技贸易委员会、城市建设局、民政局、农委、教育局、林政局、文体局、卫生和计划生育局、司法局、审计局、社保局、物价局、水务局、旅游局、非国有经济管理办公室、资源科、生产科、营林科的主要负责人列席会议。会议听取各战线主管领导汇报 2003 年工作安排。

2003 年 6 月 9 日，第十一届区政府常务会议第三次会议在区机关三楼会议室召开。会议由区（局）长王若森主持，副区（局）长杨国利、刘静，副局长王恩义、岂凤桐、鲁庆文出席会议，森林资源监督专员刘文和、区（局）长助理张传铭、公安局长张潮、区委副书记马伟斌、人大常委会副主任赵荣生、政协副主席徐占东、区工会主席徐文举、武装部长田玉柱参加会议，政府办、信访办、监察局、计划统计局、财政局、人事劳动局、经济科技贸易委员会、非国有经济管理办公室、社保局、物价局、水务局、农机站、城建局、民政局、农委、教育局、环卫处、林政局、文体局、卫生和计划生育局、卫生防疫站、妇幼保健站、司法局、审计局、旅游局、资源科、生产科、营林科、森林资源监督专员办公室、木材销售公司、热力公司、药品监督管理分局、国土资源分局、国税分局、地税分局、工商分局、盐务分局、质量技术监督局、电业分局、交通分局的主要负责人列席会议，会议主要议题是：传达市政府召开的全市防“非典”工作会议精神；研究《南岔区（局）热费收缴及维修办法》；研究调整区（局）领导工作分工事宜。

2003 年 12 月 23 日，第十一届区政府常务会议第四次会议在区机关三楼会议室召开。会议由区长王若森主持、副区（局）长岂凤桐、杨国利、刘静，副局长王恩义、鲁庆文、孙万里出席会议，森林资源专员刘文和、区长助理张传铭、公安局长张潮参加会议，政府办、信访办、监察局、计划统计局、财政局、人事劳动局、经济科技贸易委员会、非国有经济管理办公室、城建局、城管执法局、民政局、农委、教育局、林政局、文体局、卫生和计划生育局、卫生防疫站、司法局、审计局、旅游局、资源科、生产科、营林科、森林资源监督专员办公室、木材销售公司、林产工业科、社保局、物价局、水务局、畜牧局的主要负责人列席会议。会议主要议题：听取浩良河、晨明两镇卫生院上划归区卫生行政部门管理的报告；听取各战线分管领导关于 2004 年工作安排的汇报。

2004 年 4 月 27 日，第十一届区政府常务会议第五次会议在区（局）长王若森办公室召开。会议由王若森主持，副局长鲁庆文、孙万里出席会议、区（局）长助理王平参加会议，监察局、财政局、人事劳动局、城建局、审计局、经济科技贸易委员会主要负责人列席会议。会议议题是：研究热力公司产权出售事宜。

2005 年 3 月 3 日，第十一届区政府常务会议第六次会议在区机关三楼会议室召开。会议由代区（局）长林宏坤主持，副区（局）长岂凤桐、杨国利、刘静，副局长王恩义、鲁庆文、孙万里出席会议，森林资源监督专员刘文和、区工会主席徐文举、公安局长张潮、区（局）长助理王平参加会议，政府办、信访办、监察局、财政局、人事劳动局、城建局、经济科技贸易委员会、教育局、文体局、民政局、审计局、卫生和计划生育局、司法局、农委、水务局、畜牧局、非国有经济管理办公室、旅游局、城市综合执法局、林政局、生产机械科、资源科、营林处、森林资源监督专员办公室、产品销售公司、林产工业科、物价局、社保局、农机站、就业局、人民防空办公室的主要负责人列席会议。会议主要议题是：讨论通过《政府工作报告》。

2005 年 7 月 14 日，第十一届区政府常务会议第七次会议在区机关三楼会议室召开。会议由区（局）长林宏坤主持，副区（局）长岂凤桐、刘静，副局长王恩义、鲁庆文、徐文举、孙万里出席会议，森林资源监督专员刘文和、公安局长张潮、区（局）森林防火专职副总指挥栾景春、区（局）长助理王平参加会议，政府办、财政局、发展和改革委员会、人事局、劳动和社会保障局、信访办、监察局、城建局、经济科技贸易委员会、商务局、环保局、教育局、文体局、民政局、审计局、卫生和计划生育局、司法局、农委、水务局、畜牧局、非国有经济管理办公室、旅游局、城市综合执法局、生产机械科、资源科、营林处、产品销售公司、林产工业科、物价局、社保局、农机站、就业局、人民防空办公室的主要负责人列席会议。会议主要议题：传达全市教育工作会议精神；传达全省森工林区林地管理监督工作会议精神；研究区（局）领导分工事宜。

第三节　区（局）长办公会议

1986 年 4 月 24—25 日，区政府、林业局区（局）长办公会议第一次会议在区机关三楼会议室召开，区（局）长张宝兴主持会议。副区（局）长程友三传达市林产工业工作会议精神，副区（局）长王少荣传达市蔬菜、乡镇企业工作会议精神。会议还研究套改工资和冬运总结表彰奖励会的问题，并通过全区套改工资施行方案。

1986 年 5 月 19 日，区政府、林业局区（局）长办公会议第二次会议在区机关三楼会议室召开，副区（局）长王福义主持会议。会议听取黄金公司副经理鲁毅关于金矿建设的汇报和财务科科长刘吉庆关于市清理资金会议情况的汇报。

1986 年 6 月 20 日，区政府、林业局区（局）长办公会议第三次会议在区机关三楼会议室召开，区（局）长张宝兴主持会议。主要议题是：林业部全国种苗会议拟定 7 月 11—13 日在南岔召开，副局长杨永生汇报会议准备情况，绿化办副主任于振祥汇报机关院内绿化问题。

1986 年 6 月 25 日，区政府、林业局区（局）长办公会议第四次会议在区机关三楼会议室召开，区（局）长张宝兴主持会议。讨论区政府向区人大例会汇报的三个材料，即“关于市场物价管理和市场建设情况的汇报”“关于贯彻执行《黑龙江省收费、罚没、集资管理条例》的情况汇报”“关于城镇建设和管理情况的汇报”。会议对上述三个汇报材料提出修改意见。会议还对全区上半年经济工作进行回顾和总结，拟定筹备召开全区经济活动分析会。

1986 年 8 月 12 日，区政府、林业局区（局）长办公会议第五次会议在区机关三楼会议室召开，区（局）长张宝兴主持会议。主要议题是传达市经济工作会议精神；研究全区经济活动分析会议准备工作。决议事项；定于 8 月 14—16 日召开全区经济活动分析会议。

1986 年 9 月 27 日，区政府、林业局区（局）长办公会议第六次会议由张宝兴主持召开。主要议题是部署秋季安全防火大检查；研究李和林场问题；土地普查结果汇报；传达几个会议精神。决议事项：从 9 月 27 日至 10 月 10 日全区开展安全防火大检查；李和林场给南岔贮木场，办集体点，李和回区政府任督导员；责成农业科对土地占用情况提出意见上报市政府。

1986 年 12 月 27—29 日，区政府、林业局区（局）长办公会议第七次会议在区机关三楼会议室召开，区（局）长张宝兴主持会议。主要议题是传达市集体全民划开会议精神；研究卫生队上访案件和信访案件；研究居民委主任补贴、改善办公条件等问题；研究史志办经费和明年安排，区（局）长民主生活会。会议分三个阶段，分别对上述问题进行了研究和解决。

1987 年 3 月 6 日，区政府、林业局区（局）长办公会议第一次会议在区（局）长张宝兴办公室召开办公会议，因副区（局）长程友三赴哈研究刨花板改造项目、副区（局）长耿仁祥赴外地上学，会议首先研究副区（局）长工作分工，接着研究财政包干测算和绿化工作，财务科长刘吉庆、绿化办副主任于振祥分别就两项议题汇报。

1987年4月13日，区政府、林业局区（局）长办公会议第二次会议在区机关三楼会议室召开，区（局）长张宝兴主持会议。程友三副区（局）长传达市林产工业系统在友好林业局召开的总结奖励大会精神。这次总结评比会上，南岔林业局纤维板和友好厂纤维板并列第一，胶合板被评为第三。副区（局）长杨永生传达全市营林工作会议精神，南岔赴市营林会议代表22人，南岔林业局和浩良河经营所在大会上发言，市委书记张惠芳在讲话中对浩良河经营所给予较高评价，会上全市奖励最佳单位10个，其中有南岔经营所、浩良河经营所、南岔贮木场，被评为先进单位的有南岔经营所、浩良河经营、岩石经营所、太平经营所、南岔贮木场、区绿化办公室、柳树经营所。会议还听取公安局、城建环保科、防火指挥部关于城镇防火工作的汇报，研究部署下步工作。

1987年4月20日，区政府、林业局区（局）长办公会议第三次会议在区机关三楼会议室召开，区（局）长张宝兴主持会议，有关部门负责人列席会议。会上，学习传达省森工总局〔1987〕113号文件，即《黑龙江省森林工业“七五”期间企业管理等级工作规划》的通知，研究落实本局全面质量管理、搞好企业升级的有关事宜。会议决定：建立组织机构，抽调人员，加强全局质量管理和企业升级工作；由体改办、政府办牵头，协同计、财、劳、物资、产品销售、计量科等部门抓紧调查，制定本局企业升级规划；抓好试点工作，各战线搞一两个试点，搞好标准化建设；抓好基础建设工作，制定全面质量管理规章制度。

1987年6月28日，区政府、林业局区（局）长办公会议第四次会议在区防火办公室，由副区（局）长王福义主持召开办公会，研究亮子河林场火险责任处理问题。会议根据防火合同责任状规定，决定给场长周继生，主管防火副场长林禹权，主管防火工作人员张晓林下浮一级工资3个月。

1987年9月11日，在体改办公室召开区政府、林业局区（局）长办公会议第五次会议，由副区长王福义主持会议。听取体改办副主任张辑传达关于伊春林管局在友好召开的全面企业管理工作会议精神，会议决定，12日召开机关各科室和基层单位负责人会议，部署企业升级工作，责成副区（局）长刘增新用70%的时间主抓此项工作。

1987年9月12日，区政府、林业局区（局）长办公会议第六次会议在区机关二楼会议室，由副区（局）长刘增新主持召开办公会议。进一步研究全面质量管理工作，要求前段部署的工作要抓紧进行，月末前全部完成，全质办要加强全面检查指导。区属全质工作重点试点单位领导和区机关有关部门负责人参加会议。

1988年2月22日，区政府、林业局区（局）长办公会议第一次会议在区机关三楼会议室召开。区（局）长王福义主持会议。会议的议题是研究1988年计划会议有关问题；各条战线的工作要求；企业升级问题。

1988年4月3日，区政府、林业局区（局）长办公会议第二次会议在防火指挥部会议室召开。区（局）长王福义主持会议。会议的议题是传达市安全生产电话会议精神；讨论决定对浩良河木材加工厂3月23日事故责任者的处分决定；进一步明确全区安全生产管理责任。

1988年6月21日，区政府、林业局区（局）长办公会议第三次会议在区机关三楼会议室召开。区（局）长王福义主持会议。区（局）党委书记毛景春、财政科副科长李长杰、计划科科长刘明珠等列席会议。会议讨论南岔林业局与新加坡国有企业联营、局钢丝绳厂与辽宁省鞍山钢铁公司联营等问题。

1988年6月30日，区政府、林业局区（局）长办公会议第四次会议在区（局）长王福义办公室召开。区（局）长王福义主持会议。副区（局）长刘增新汇报企业升级情况；研究确定申报国家二级企业和先进企业奖励的有关问题；研究木材管理办法。

1988年9月19日，区政府、林业局区（局）长办公会议第五次会议在区机关三楼会议室召开。区（局）长王福义主持会议。财务科、计划科、机电科、物资供应科的负责人列席会议。会议部署后3个月主要工作，研究能源节约问题。

1988年11月1日，区政府、林业局区（局）长办公会议第六次会议在王福义区（局）长办公室召开。王福义区（局）长主持会议，会议进一步讨论全区的能源节约问题。

1988年11月22日，区政府、林业局区（局）长办公会议第七次会议在王福义区（局）长办公室召开。王福义区（局）长主持会议。会议议题是：传达省林业总局廉政建设会议精神；研究区（局）长领导班子廉政建设问题。

1988年11月23日，区政府、林业局区（局）长办公会议第八次会议在区三楼会议室召开。王福义区（局）长主持会议。区（局）党委书记毛景春参加会议。会议研究人工林管理问题。

1988年12月15日，区政府、林业局区（局）长办公会议第九次会议区政府、林业局区（局）长办公会议第9次会议在区机关三楼会议室召开。区（局）长王福义主持会议。会议议题是：传达市安全工作会议精神；部署区（局）安全生产工作；研究副科级以上干部奖励工资问题；研究职称评定事宜。

1989年1月24日，区政府、林业局区（局）长办公会议第一次会议在区机关三楼会议室召开。区（局）长王福义主持会议。会议研究部署春季护林防火问题；关于开展“十个一”活动的安排部署；党政干部廉政过春节问题。

1989年2月14日，区政府、林业局区（局）长办公会议第二次会议在区机关三楼会议室召开。区（局）长王福义主持会议。总工程师办公室、钢丝绳厂的主要负责人列席会议。会议研究钢丝绳厂经济工作。

1989年2月15日，区政府、林业局区（局）长办公会议第三次会议在梧桐木器厂会议室召开。副区（局）长程友三主持会议。经济委员会、林产工业科的负责人列席会议。会议研究部署1989年地方工业部门的工作。

1989年2月26日，区政府、林业局区（局）长办公会议第四次会议在王福义区（局）长办公室召开。王福义主持会议。农牧局，黄金管理局、城市建设委员会，律师事务所等部门的主要负责人列席会议。会议研究浩良河水库的污染问题。

1989年3月4日，区政府、林业局区（局）长办公会议第五次会议在区机关三楼会议室召开。区（局）长王福义主持会议。林政科、产品销售科、集体企业公司、教育委员会等部门的负责人列席会议。会议对木材冬运结尾有关事宜，基本建设、森林保护、学校的危房、征兵等问题作统筹安排。

1989年3月20日，区政府、林业局区（局）长办公会议第六次会议在王福义区（局）长办公室召开。王福义主持会议。会议讨论区政府工作报告；讨论向区人大汇报材料，部署春季护林防火工作。

1989年4月7日，区政府、林业局区（局）长办公会议第七次会议在区机关三楼会议室召开。区（局）长王福义主持会议。工会主席刘成山列席会议。会议研究家属住宅楼分配方案。

1989年5月17日，区政府、林业局区（局）长办公会议第八次会议在区机关三楼会议室召开。常务副区（局）长张景龙主持会议。物价局、劳动局、林政局的主要负责人列席会议。会议传达落实市委工作会议精神；听取区物价部门的汇报；研究几个上访人员的情况。

1989年6月5日，区政府、林业局区（局）长办公会议第九次会议在区机关三楼会议室召开。区（局）长王福义主持会议。会议听取王福义区（局）长等人赴苏联的考察汇报；安排部署防汛工作；研究企业升级有关问题。

1989年6月6日，区政府、林业局区（局）长办公会议第十次会议在岩石所办公室召开。区

（局）长王福义主持会议。党委副书记刘兴贵参加会议，计划委员会、营林处、岩石所的负责人列席会议。会议听取岩石所前5个月的生产工作汇报；讨论完善岩石所的各项经济承包，发展多种经营生产问题。

1989年6月15日，区政府、林业局区（局）长办公会议第十一次会议在区机关三楼会议室召开。区（局）长王福义主持会议。钢丝绳厂厂长刘民列席会议。会议专题讨论钢绳厂与西林钢厂联营问题。

1989年8月2日，区政府、林业局区（局）长办公会议第十二次会议在区（局）长王福义办公室召开。王福义主持会议。教委副主任闫富列席会议。会议研究教师职称评定事宜。

1989年9月2日，区政府、林业局区（局）长办公会议第十三次会议在区机关三楼会议室召开。区（局）长王福义主持会议。财政局、教委的负责人列席会议。会议研究向区人大汇报材料；研究教育工作的几个问题。

1989年9月3日，区政府、林业局区（局）长办公会议第十四次会议在区机关三楼会议室召开。区（局）长王福义主持会议。会议研究钢丝绳厂与鞍山钢铁公司联营问题。

1990年4月2日，区政府、林业局区（局）长办公会议第一次会议在杨锡民副区（局）长办公室召开。杨锡民副区（局）长主持会议，公安局的有关负责人列席会议。会议研究756林班木材被盗伐的处理决定。

1990年4月13日，区政府、林业局区（局）长办公会议第二次会议在区机关三楼会议室召开。副区（局）长张景龙主持会议。信访办、卫生局的负责人列席会议。会议研究林业医院梁长林责任事故问题。

1990年5月3日，区政府、林业局区（局）长办公会议第三次会议在区机关三楼会议室召开，毛景春书记列席会议，会议由副区（局）长张景龙主持。会议研究太平所火情的有关问题；研究部署安全生产有关工作；讨论社会治安综合治理问题；研究当年的财政状况。

1990年5月7日，区政府、林业局区（局）长办公会议第四次会议在区机关三楼会议室召开。区（局）长王福义主持会议。会议研究综合治理方面的材料；听取商业局的汇报；听取木材联营点的汇报。

1990年5月16日，区政府、林业局区（局）长办公会议第五次会议在区机关三楼会议室召开。区（局）长王福义主持会议。会议研究威岭所沉船事故的处理决定；研究向区人大汇报的材料；讨论民政问题。

1990年5月18日，区政府、林业局区（局）长办公会议第六次会议在区机关三楼会议室召开，王福义区（局）长主持会议，毛景春书记，李殿文副书记列席会议。会议研究“5·17”水解厂家属区火灾问题；部署下步防火工作。

1990年6月5日，区政府、林业局区（局）长办公会议第七次会议在区机关三楼会议室召开，区（局）长王福义主持会议。会议研究防汛问题；城建安排问题；计划生育指标落实情况。

1990年6月16日，区政府、林业局区（局）长办公会议第八次会议在区机关三楼会议室召开。区（局）长王福义主持会议。会议讨论区址北山小区集中供热问题。

1990年8月30日，区政府、林业局区（局）长办公会议第九次会议区政府、林业局区（局）长办公会议第9次会议在区机关三楼会议室召开，区（局）长王福义主持会议。会议传达牡丹江林业会议精神；传达市土地会议精神；研究教育的有关问题。

1990年10月29日，区政府、林业局区（局）长办公会议第十次会议在王福义区（局）长办公室召开。会议研究浩良河镇建设规划。

1990年12月28日，区政府、林业局区（局）长办公会议第十一次会议在杨锡民副区（局）长办公室召开。会议研究开展打击破坏森林资源违法犯罪专项治理等有关事宜。

1991年2月23日，区政府、林业局区（局）长办公会议第一次会议在副区（局）长刘增新办公室召开，会议由区（局）长王福义主持。会议研究全年的各项工作安排。

1991年5月22日，区政府、林业局区（局）长办公会议第二次会议在森防办会议室召开，副区（局）长张国柱主持会议。会议传达市多种经营工作会议精神；研究南岔区的科技工作。

1991年8月29日，区政府、林业局区（局）长办公会议第三次会议在副区（局）长刘增新办公室召开，刘增新副区（局）长主持会议。会议研究农业开荒问题；研究乡企等有关问题；研究林业联合体问题。

1992年2月27日，区政府、林业局区（局）长办公会议第一次会议在区机关三楼会议室召开，副区（局）长汪时斌主持会议，各场、所负责人列席会议。会议研究3月份木材生产平衡事宜。

1992年3月12日，区政府、林业局区（局）长办公会议第二次会议在副区（局）长董仲喜办公室召开。副区（局）长董仲喜主持会议。会议研究防火工作。

1992年4月15日，区政府、林业局区（局）长办公会议第三次会议在副区（局）长刘增新办公室召开，区（局）长王福义主持会议。会议研究本区木材销售问题；传达市属系统工作会议精神；安排“三春工作”研究环保、房改等有关事宜。

1992年4月25日，区政府、林业局区（局）长办公会议第四次会议在副区（局）长刘增新办公室召开，区（局）长王福义主持会议。会议听取轻机厂调查组的汇报；研究贯彻落实关于对轻机厂进行全面整顿的决定的有关事宜。

1992年5月11日，区政府、林业局区（局）长办公会议第五次会议在消防科会议室召开。副区（局）长董仲喜主持会议。公安局、各办事处负责人等列席会议。会议安排部署春季防火工作，并对检查组提出的问题落实整改措施。

1992年10月15日，区政府、林业局区（局）长办公会议第六次会议在区机关三楼会议室召开，区（局）长刘增新主持会议。会议传达了市乡企、教育、信访工作会议精神；研究召开全区教育工作会议事宜；研究国庆大队集资建楼问题。

1992年12月27日，区政府、林业局区（局）长办公会议第七次会议在区机关三楼会议室召开，副区（局）长汪时斌主持会议。区委书记王福义及各场所的负责人列席会议。会议对全年的木材生产情况进行总结；安排木材生产下步工作。

1993年2月13日，区政府、林业局区（局）长办公会议第一次会议在区机关三楼会议室召开，区（局）长刘增新主持会议。分管战线的各位副区（局）长汇报相关工作，并对1993年的工作提出具体安排意见。财政局、体改办、计委、建委、经委的主要负责人列席会议。

1993年7月3日，区政府、林业局区（局）长办公会议第二次会议在区机关三楼会议室召开，副区（局）长董仲喜主持会议。会议传达全市乡企工作会议精神；通报纸袋厂设备购置情况。

1993年8月27日，区政府、林业局区（局）长办公会议第三次会议在区机关三楼会议室召开，区（局）长刘增新主持会议。会议传达了市委政工例会，全市卫生工作会议和省森工总局信访工作会议精神；研究区房地产开发公司的职能问题；通报林业部部长徐有芳到南岔视察情况。

1994年5月16日，区政府、林业局区（局）长办公会议第一次会议在区机关三楼会议室召开。会议由区（局）长刘增新主持，副区（局）长董仲喜、汪时斌、孙占海，副局长刘吉庆、仇守文出席会议，总工程师程友三参加会议，政府办、集体企业公司、环保局、劳动服务公司、迎春乡、南岔制药厂、民政局、人防办的主要负责人列席会议。会议传达贯彻了上级有关会议精神；研究加快开建项目建设等有关问题；研究大力发展乡镇企业的有关问题；研究人防收费的问题；研究关于勘界的有关事宜。

1994年7月18日，区政府、林业局区（局）长办公会议第二次会议在区机关三楼会议室召开。区（局）长刘增新主持会议、副区（局）长董仲喜、魏长宽、程厚贵、汪时斌、副局长刘吉庆、仇守文出席会议，区（局）长助理岳维祥参加会议，财政局、土地局、营林处、资源科、生产科主要负责人列席会议。会议主要议题：关于土地制度改革工作安排的汇报；通报今年以来南岔区产品销售情况；通报关于省检查组在区林业局的财检情况；讨论营林、木材生产安排及区林业局“九五”期间森林采伐限额编制等有关事宜；研究几个基层请示事宜；总结前段工作，部署当前几项主要工作。

1994年11月19日，区政府、林业局区（局）长办公会议第三次会议在区机关三楼会议室召开。会议由区（局）长刘增新主持，副区（局）长董仲喜、汪时斌、孙占海、程厚贵，副局长刘吉庆、仇守文出席会议，总工程师程友三参加会议，外贸局、工商局、计划生育办主要负责人列席会议。会议的主要议题：传达省森工总局对外经贸工作会议精神；传达市民政工作会议精神；传达全市个体私营经济第三产业工作会议精神、研究本区贯彻落实措施和办法；传达全市资源林政工作会议精神，安排部署本局加强资源林政管理工作意见；对几项当前需要做的工作提出安排意见。

1994年12月8日，区政府、林业局区（局）长办公会议第四次会议在区机关三楼会议室召开。会议由区（局）长刘增新主持，副区（局）长董仲喜、魏长宽、汪时斌，副局长刘吉庆、仇守文出席会议，省森工总局驻南岔林业局森林资源监督专员办事处专员刘月桐参加会议，木材销售科、林政局、计划科、财政局、生产科、营林处的主要负责人列席会议。会议内容主要是研究制定从严管理木材经销的办法。

1995年1月4日，区政府、林业局区（局）长办公会议第一次会议在区机关三楼会议室召开。会议由区（局）长刘增新主持，副区（局）长董仲喜、魏长宽、程厚贵、汪时斌，副局长刘吉庆出席会议，区（局）长助理岳维祥、总工程师程友三参加会议，工商局、计划科、工商联、政法委的主要负责人列席会议。会议内容是：汇报市政法委到南岔区检查治安工作情况；研究召开南岔区个体私营经济工作会议材料；讨论林政在木材管理中出现问题的处理和几项职工补贴的事宜。

1995年1月13日，区政府、林业局区（局）长办公会议第二次会议在区（局）长刘增新办公室召开。会议由刘增新主持，副区（局）长董仲喜、汪时斌、魏长宽、程厚贵，副局长刘吉庆、仇守文出席会议，总工程师程友三参加会议，区党委书记王庆山、体改办主任张辑列席会议。会议议题是：研究晨龙木业有限责任公司前期工作准备情况；研究落实区委书记王庆山在全委会上的讲话精神；研究区机关、学校和两镇一乡人员定编并核定经费；决定撤销农副科和商业局改革的相关事宜。

1995年3月10日，区政府、林业局区（局）长办公会议第三次会议在区机关三楼会议室举行。会议由区（局）长刘增新主持，副区（局）长董仲喜、程厚贵、汪时斌、孙占海、魏长宽，副局长刘吉庆、仇守文出席会议，总工程师程友三、区（局）长助理岳维祥参加会议，财政局、政府办、劳动服务公司、体改委主要负责人列席会议。会议主要内容是：听取对年初召开的经济工作会议的贯彻落实情况；汇报冬运生产完成情况；研究对存在问题的解决办法。

1995年3月20日，区政府、林业局区（局）长办公会议第四次会议在区机关三楼会议室召开。会议由区（局）长刘增新主持，副区（局）长董仲喜、魏长宽、汪时斌、程厚贵，副局长刘吉庆出席会议，总工程师程友三参加会议，区委书记王庆山、区委副书记刘兴贵列席会议，财政局、人防办、房产科、体改委、自来水公司、乡镇企业局、地税局主要负责人列席会议。会议的主要议题是：研究南岔区公有楼房改革方案；进一步贯彻落实区经济工作会议精神。

1995年4月4日，区政府、林业局区（局）长办公会议第五次会议在区机关三楼会议室召开。会议由区（局）长刘增新主持，副区（局）长董仲喜、魏长宽、汪时斌、孙占海，副局长刘吉庆出席会议，总工程师程友三参加会议，区委书记王庆山、副书记刘兴贵、张景龙列席会议，政府办、财政局、体改委、公安局、林业医院、林政局的主要负责人也列席会议。会议主要议题是：对1995年3

月23—27日分4片召开局长现场办公会议没有解决的11个问题，继续研究落实解决办法。这些问题是：晨明贮木场大铁专用线维修费5.3万元，挡车器5万元，计10.3万元的处理问题；基层单位工业用电和居民用电分开问题（工业用电每千瓦时0.47元，居民用电每千瓦时0.28元）；外委用工的统一规定问题（优先安排职工）；明确五荒拍卖的对象问题（即优先卖给职工）；饲养黄牛的统一扶持政策问题；统一制定土地承包费的问题；南岔贮木场邱少云工段解体问题；南岔贮木场楞台改造问题；南岔贮木场汽车队解体问题；松青等沟口单位医院问题。其他问题是：浩良河加工厂锅炉改造问题；关于水费定价问题；即工业用水每吨2.3元，机关事业用水每吨2元，居民用水每吨0.8元，区（局）外用水户定价要高于本区。

1995年5月15日，区政府、林业局区（局）长办公会议第六次会议在区机关三楼会议室召开。会议由区（局）长刘增新主持，副区（局）长董仲喜、魏长宽、程厚贵、汪时斌、孙占海，副局长刘吉庆、仇守文出席会议，区（局）长助理岳维祥参加会议，财政局、政府办、劳动人事局、高级中学、区一中、信访办、建委、自来水公司的主要负责人列席会议。会议议题：（1）传达市教育工作会议精神及研究南岔区“普九”工作有关问题，传达市卫生工作会议精神，传达市计划生育工作会议精神，传达森工总局多种经营工作会议精神；（2）讨论房改方案实施意见及水费、取暖费价格问题；（3）研究信访案件；（4）研究外贸公司解体问题。

1995年10月12日，区政府、林业局区（局）长办公会议第七次会议在区机关三楼会议室召开。会议由区（局）长刘增新主持，参加会议的有副区（局）长董仲喜、魏长宽、汪时斌、副局长仇守文、刘吉庆，总工程师程友三，环保局负责人列席会议。会议议题是：传达全市经济工作汇报会会议精神；研究南岔区饮用水源保护区管理规定；通报与南韩合资建袜子厂等有关情况；安排部署当前和今后几项工作。

1996年1月8日，区政府、林业局区（局）长办公会议第一次会议在区机关三楼会议室召开。会议由区（局）长刘增新主持，副区（局）长董仲喜、魏长宽、程厚贵、汪时斌，副局长刘吉庆、仇守文出席会议，总工程师程友三参加会议，政府办主要负责人列席会议。会议研究讨论的议题是：各战线分管领导围绕市委、市政府和区委、区政府“两分”战略部署，从促进本年全区经济工作再上新台阶的大局出发，在去年的基础上，结合实际情况，分别提出1996年的工作思路和建设性意见，在此基础上初步确定本年全区工作思路；安排和部署当前几项主要工作。

1996年2月29日，区政府、林业局区（局）长办公会议第二次会议在区机关三楼会议室召开。会议由区（局）长刘增新主持，出席会议的副区（局）长有董仲喜、魏长宽、程厚贵、汪时斌，副局长刘吉庆、仇守文，总工程师程友三参加会议，农委主要负责人列席会议。会议主要议题是：春节走访慰问生产单位各小组通报情况；制定自费开荒土地承包方案；安排部署当前几项工作。

1996年10月28日，区政府、林业局区（局）长办公会议第三次会议在区机关三楼会议室召开。会议由区（局）长刘增新主持，副区（局）长刘吉庆、董仲喜、魏长宽、汪时斌、程厚贵，副局长仇守文出席会议，总工程师程友三、区（局）长助理岳维祥参加会议，政府办主要负责人列席会议。会议主要内容有：传达市搞活企业工作会议精神；研究水毁地、修筑堤坝、水毁路、桥涵验收情况；当前生产设计进行情况汇报。

1997年1月30日，区政府、林业局区（局）长办公会议第一次会议在区机关三楼会议室召开。会议由区（局）长刘增新主持，各位副区（局）长出席会议，区委书记王庆山，区委常委、区工会，省森工总局驻南岔林业局森林资源监督办事处、武装部、总工程师办公室的主要负责人列席会议。会议的中心议题是：讨论1996年劳模会有关事宜，会议决定对三岔河林场、松青所、大磊林场、桦阳经营所、浩良河经营所、奋斗经营所、晨明白灰厂、商业局、设计队、林业医院、高级中学、东方红小学、东升小学、浩良河镇、晨明镇等共28个先进集体进行表彰奖励；会议一致同意区委办公室、人大常委会办公室、工会办公室、组织部、政府办公室、财政局、体改委、水利局、农牧局、计委、机电科、计划生育局、妇幼保健站等23个单位为先进科室，并予以表彰奖励；会议一致通过浩良河工商行、浩良河建行、浩良河农行、浩良河信用社、南岔书店、南岔电业分局、南岔国税局、地税局、晨明农行、信用社、浩良河地税局、国税局、浩良河电业局等23个单位为对南岔区有贡献的单位，并对其予以表彰奖励；会议决定肖德国、张兴运、林禹权、刘忠仁、郑丛贵、王印、白耀国、张志坤、孙秀福、李奎、张传久、倪秀琴、马庆吉、张宝珍、谌志财、孙宝英、孙志立、张志立、赵秋义、及东华、马淑珍、张林、徐文举、孙茂学、刘贵军、王健等63人为出席区先进基层领导个人，并予以表彰奖励；会议还决定出席区的先进段队112个，班组102个，先进个人499名，其中南岔区442名，同时在本次劳模会上予以表彰奖励。

1997年8月26日，区政府、林业局区（局）长办公会议第二次会议在区机关三楼会议室召开。会议由区（局）长刘增新主持，副区（局）长董仲喜、魏长宽、程厚贵、孙浩然，副局长刘吉庆出席会议，省森工总局驻南岔林业局森林资源监督办事处专员管洪家参加会议，电业分局、南岔国税局、地税局、工商局、体改委、财政局、公安局森保科、消防科、林政局、木材销售科、土地局、营林处、建委、政府办主要负责人列席会议。会议议题是：研究建立木材加工小区等事宜。

1997年9月1日，区政府、林业局区（局）长办公会议第三次会议在区机关三楼会议室召开。会议由区（局）长刘增新主持，副区（局）长董仲喜、魏长宽、程厚贵、孙浩然，副局长仇守文出席会议，总工程师程友三参加会议，政府办、计划统计局、公安局的主要负责人列席会议。体改办工作人员也列席会议。会议议题是：研究冬运生产准备作业和费用情况；决定冬运木材生产量和调整量的问题；公安局负责人汇报全区治安情况。

1997年11月26日，区政府、林业局区（局）长办公会议第四次会议在区机关三楼会议室召开。会议由区（局）长关思伟主持，副区（局）长程厚贵、王恩义、林禹权，副局长仇守文、刘吉庆出席会议，区（局）长助理岳维祥参加会议，物价局、财政局、工程处、机电科的主要负责人列席会议。会议的主要议题是：决定修珠海大坝的15台卡玛斯汽车、2台装载机、1台挖土机卖价的问题；研究安排上级财政检查组到南岔区的接待有关事宜；传达全市冬季严打会议精神和安排南岔区“严打”工作。

1998年1月3日，区政府、林业局区（局）长办公会议第一次会议在区机关三楼会议室召开。会议由区（局）长关思伟主持，副区（局）长王刃、程厚贵、王恩义、孙浩然，副局长林禹权、刘吉庆、仇守文出席会议，区（局）长助理岳维祥参加会议，政府办、财政局、体改委、劳动服务公司、南岔营林机械厂的主要负责人列席会议。会议主要议题是：研究南岔营林机械厂出售的相关事宜；研究决定1997—1998年大中专毕业生分配去向问题。

1998年3月5日，区政府、林业局区（局）长办公会议第二次会议在区机关三楼会议室召开。会议由区（局）长关思伟主持，副区（局）长王印、程厚贵、孙浩然、王恩义，副局长刘吉庆、仇守文出席会议，区（局）长助理岳维祥、省森工总局驻南岔林业局森林资源监督专员办事处专员管洪家参加会议，体改委、财政局、计委、人劳局、山区开发办、营林处、机电科主要负责人列席会议。会议的主要议题是：研究1998年各项主要经济计划指标及固定资产投资安排，大修项目财务安排、城市维护费安排、道路延伸费安排、机电设备安排和林业生产安排；讨论《南岔区1998年经济工作要点》；研究《南岔区1998年挖潜增效安排意见》《南岔区关于深化国有企业改革工作安排意见》《南岔区加快经济结构调整实施方案》《南岔区分流富余人员计划》；讨论关思伟区（局）长在经济工作会议上的讲话初稿。

1998年3月25日，区政府、林业局区（局）长办公会议第三次会议由区（局）长关思伟主持。召开会议的议题是：研究决定将林业浴池出售及相关事宜的处理措施。出席会议的副区（局）长有程厚贵、王恩义、王刃，副局长刘吉庆、仇守文。

1998 年 5 月 25 日，区政府、林业局区（局）长办公会议第四次会议在区机关三楼会议室召开。会议由区（局）长关思伟主持，副区（局）长王刃、程厚贵、王恩义，副局长林禹权、刘吉庆、仇守文出席会议，政府办主要负责人列席会议。会议的议题是：研究决定商业局下属水产公司破产及相关事宜；研究关于南岔木业有限责任公司停产整顿的请示报告；会议决定将原营林机械厂两枚公章行文作废；研究贯彻落实市清车和清理移动电话的会议精神事宜；研究部署当前几项主要工作和研究下步工作思路。

1998 年 10 月 22 日，区政府、林业局区（局）长办公会议第五次会议在区宾馆 201 房间召开。会议由区（局）长关思伟主持，副区（局）长王刃、程厚贵、孙浩然、王恩义，副局长仇守文、刘吉庆出席会议，政府办、区工会、财政局、计划统计局、人劳局、生产科、营林处、资源科、林政局、木材检验大队、木材销售科、安全技术科的主要负责人列席会议。会议主要议题是：安排冬运生产事宜；召开冬运会；传达省、市会议精神；制定冬运方案；林政管理办法；木材销售要求。

1998 年 11 月 3 日，区政府、林业局区（局）长办公会议第六次会议在区机关三楼会议室召开。会议由区（局）长关思伟主持，副区（局）长王刃、程厚贵、孙浩然、王恩义，副局长刘吉庆、林禹权、仇守文出席会议，政府办、计划统计局、财政局、资源科、营林处、人劳局、设计队主要负责人列席会议。会议议题是：召集天然林保护工程领导小组成员，研究天然林保护工程相关各项工作安排；会议决定按上级要求将民族、侨务工作，由原来民政局主管改为由政府办主管。

1998 年 11 月 13 日，区政府、林业局区（局）长办公会议第七次会议在区（局）长关思伟办公室召开。会议由关思伟主持，副区（局）长王刃、程厚贵、王恩义、岂凤桐，副局长刘吉庆、林禹权出席会议。会议议题是：关思伟区（局）长和区党委书记王庆山去北京参加展销会临行前对几项工作进行了安排部署，并决定在赴京期间，区（局）工作由副区（局）长王刃负责。

1998 年 12 月 10 日，区政府、林业局区（局）长办公会议第八次会议在区（局）长关思伟办公室召开。副区（局）长王刃、孙浩然、王恩义、岂凤桐，副局长刘吉庆、林禹权、仇守文出席会议，木材销售科主要负责人列席会议。会议议题是：研究决定 1998 年木材售价的相关问题。

1999 年 1 月 18 日，区政府、林业局区（局）长办公会议第一次会议在区机关三楼会议室召开。会议由区（局）长关思伟主持，副区（局）长王刃、程厚贵、孙浩然、王恩义、岂凤桐，副局长刘吉庆、仇守文出席会议，政府办、建委、房产局、自来水公司、热力公司的主要负责人列席会议。会议的主要议题是：研究决定 1999 年基本建设项目：建中心市场 1.6 万平方米；建设东岗市场 9000 平方米；修通山路铺设水泥路面；新建公路客运站；在原森工俱乐部处建红豆住宅楼。城市建设项目是：月牙湖公园新建曲桥 80 米，建灯光喷泉；总投资 63 万元。

1999 年 2 月 8 日，区政府、林业局区（局）长办公会议第二次会议在区（局）长关思伟办公室召开。会议由关思伟主持，副区（局）长王刃、程厚贵、孙浩然、王恩义，副局长刘吉庆、林禹权、仇守文出席会议，政府办主要负责人列席会议。会议主要内容是：研究春节前后相关工作事宜；安排部署当前工作和讨论下步全区经济工作的思路。

1999 年 3 月 16 日，区政府、林业局区（局）长办公会议第三次会议在区（局）长关思伟办公室召开。会议由关思伟主持，副区（局）长王刃、王恩义、岂凤桐、孙浩然、程厚贵，副局长刘吉庆、仇守文出席会议，政府办、南岔制药厂主要负责人列席会议。会议的主要内容是：安排部署林政和木材生产工作；提出 1999 年计划方面的实施意见；研究南岔制药厂有关工作事宜。

1999 年 4 月 16 日，区政府、林业局区（局）长办公会议第四次会议在区（局）长关思伟办公室召开。会议由关思伟主持，副区（局）长王刃、程厚贵、孙浩然、王恩义，副局长刘吉庆出席会议，政府办、体改委、计划生育局、民政局的主要负责人列席会议。会议主要议题是：决定将浩良河加工厂细木工板车间出租给个人的相关事宜；传达市计划生育工作会议精神；研究当前工作和下步工作思路。

2000 年 2 月 16 日，区政府、林业局区（局）长办公会议第一次会议在区机关三楼会议室召开。会议由区（局）长关思伟主持，副区（局）长程厚贵、孙浩然、王恩义、岂凤桐，副局长刘吉庆、仇守文出席会议。武装部长汤长玉、森林资源监督专员管洪家参加会议。政府办、计划统计局、财政局、人事劳动局、建委、房产科、木材科、木材检验大队、土地局、生产科的主要负责人列席会议。会议内容是：林业局木材生产情况汇报；本年基本建设情况汇报；关于钢丝绳厂三个附属车间（农场、珍珠岩、锅炉安装队）归属问题；关于出售浩良河闲置房屋问题。

2000 年 3 月 1 日，区政府、林业局区（局）长办公会议第二次会议在区机关三楼会议室召开。会议由区（局）长关思伟主持，副区（局）长李万祥、程厚贵、孙浩然、岂凤桐、王恩义，副局长刘吉庆、仇守文出席会议，武装部长汤长玉、森林资源监督专员管洪家参加会议，政府办、经贸委、计划统计局、生产科主要负责人列席会议。会议的议题是：传达市经济工作会议精神；传达市计划工作会议精神；传达市经济贸易工作会议精神；传达市招商引资工作会议精神；研究林业局木材生产情况。

2000 年 5 月 19 日，区政府、林业局区（局）长办公会议第三次会议在区（局）长王若森办公室召开。会议由王若森主持，副区（局）长李万祥、孙浩然、王恩义、岂凤桐，副局长刘吉庆、仇守文出席会议。会议的主要内容是：召开区天然林保护工程办公室会议，对“天保工程”各项资金使用问题提出整改意见；传达市北药开发会议精神及讨论南岔区药品开发思路，讨论与黑龙江中植企业集团公司合作项目问题。

2000 年 5 月 29 日，区政府、林业局区（局）长办公会议第四次会议在区机关三楼会议室召开。会议由区（局）长王若森主持，林政局、生产科、资源科、公安局、木材检验大队、营林处负责人列席会议。会议主要内容是：汇报关于困山木材检查安排下山的情况，决定在 6 月 10 日前完成运材任务。

2000 年 6 月 13 日，区政府、林业局区（局）长办公会议第五次会议在区（局）长王若森办公室召开。会议由王若森主持，副区（局）长李万祥、程厚贵、孙浩然、王恩义、岂凤桐，副局长刘吉庆、鲁庆文出席会议，政府办主要负责人列席会议。会议主要议题是：研究区（局）长工作分工；安排部署下半年工作。

2000 年 6 月 28 日，区政府、林业局区（局）长办公会议第六次会议在区机关三楼会议室召开。会议由区（局）长王若森主持，副区（局）长程厚贵，副局长刘吉庆出席会议，政府办、建委、计划统计局、房产科、财政局、南岔传利商贸有限责任公司、热力公司的主要负责人列席会议。会议主要内容是：研究小区开发是否可建集中供热锅炉房问题。

2000 年 7 月 3 日，区政府、林业局区（局）长办公会议第七次会议在区机关三楼会议室召开。会议由区（局）长王若森主持，副区（局）长王恩义出席会议，计划统计局、政府办、农牧局、机电科、南岔电业分局、迎春乡主要负责人列席会议。会议的主要议题是：关于解决迎春乡的狩猎村、艾林一队供电问题，会议决定当年 9 月末必须通电。

2000 年 7 月 4 日，区政府、林业局区（局）长办公会议第八次会议在区机关三楼会议室召开。会议由区（局）长王若森主持，副区（局）长李万祥、程厚贵、孙浩然、王恩义、岂凤桐，副局长刘吉庆、鲁庆文出席会议，人大常委会副主任赵荣生、政协副主席刘树桐、武装部长汤长玉、森林资源监督专员管洪家参加会议，政府办、计划统计局、财政局、人事劳动局、教委、体改办、党校、建委、林政局的主要负责人列席会议。会议的主要议题是：汇报黑龙江中植企业集团公司在南岔开发房地产和贷款修路情况；汇报出售教师进修校房产问题；传达市林蛙养殖工作会议精神；关于学校有关问题汇报；关于南岔制药厂改扩建情况的汇报。

2000年7月25日，区政府、林业局区（局）长办公会议第九次会议在副区（局）长岂凤桐办公室召开。会议由岂凤桐主持，副局长刘吉庆出席会议，土地局、教委、计划统计局、审计局、房产局、党办、财政局、组织部、人事劳动局的主要负责人列席会议。会议议题是：执行市委、市政府的决定，研究接收南岔水解厂学校的相关事宜；当年8月1日起正式接收。

2000年8月2日，区政府、林业局区（局）长办公会议第十次会议在区机关三楼会议室召开。会议由区（局）长王若森主持，副区（局）长程厚贵、孙浩然、王恩义、岂凤桐，副局长刘吉庆、鲁庆文出席会议，区委副书记徐忠义、人大常委会副主任赵荣生、政协副主席刘树桐、工会主席王书元、武装部长汤长玉、森林资源监督专员管洪家参加会议，计委、财政局、人事劳动局、体改委、教委主要负责人列席会议。会议的主要议题是：研究学校整体布局事宜；研究商贸公司等三户企业产权改革问题；研究成立公物处理拍卖办公室事宜。

2000年8月11日，区政府、林业局区（局）长办公会议第十一次会议在区机关三楼会议室召开。会议由区（局）长王若森主持，副区（局）长程厚贵、王恩义、岂凤桐、孙浩然，副局长刘吉庆出席会议，区委副书记马伟斌、人大常委会副主任赵荣生、政协副主席刘树桐、工会主席王书元、森林资源监督专员管洪家参加会议，政府办、人事劳动局、体改委、计委、社保局、财政局、南岔传利商贸有限责任公司、经贸公司主要负责人列席会议。会议的议题是：研究南岔商贸总公司、经贸公司产权制度改革问题。会议决定：对商贸总公司实施产权零价出售给全体职工；职工在购买资产的同时接收企业的债权、债务；出售后，职工的养老统筹费不再由林业局支付，由企业自己向社保局缴纳；职工医疗费按现行办法执行，待实施医疗保险统筹后，参加统筹。离退休职工暂按现行办法执行；出售后，原企业的离退休人员工资由社保局负责，职工遗属补助费、经救补助费由林业局垫付；辞职的职工可办理辞职手续、按伊春明晰劳务关系的办法，一次性发给工龄补助费，与企业脱离劳动关系。下岗职工不同意办理辞职手续的，可进入再就业中心，按国家有关规定执行；商贸总公司原有的糖酒专卖职能移交给区经贸委。会议还决定：将经贸公司产权实施零价出售给全体职工；出售后，职工的养老统筹不再由林业局支付，由企业自己向社保局缴纳；职工医疗费、离退休人员医疗费按现行办法执行，待实施医疗统筹后，参加统筹；职工遗属补助费用可按现行办法由林业局支付；长期下岗的职工，可劝其辞职，办理辞职手续，按市规定明晰劳务关系，一次性发给工龄补偿费，与企业脱离劳动关系。不同意辞职的职工，进入再就业中心，按国家规定执行。

2000年9月26日，区政府、林业局区（局）长办公会议第十二次会议在区（局）长王若森办公室召开。会议由王若森主持，副区长王恩义出席会议。经委、审计局的主要负责人列席会议。会议的议题是：研究解决酱菜社、回民食品厂职工上访的问题。

2000年10月10日，区政府、林业局区（局）长办公会议第十三次会议在区机关三楼会议室召开。会议由副区长王恩义主持，副区长程厚贵出席会议。环保局、工商局、农工办、主要负责人列席会议。会议议题是：研究关于生猪屠宰，市场管理的有关事宜。

2000年12月14日，区政府、林业局区（局）长办公会议第十四次会议在区机关三楼会议召开。会议由区（局）长王若森主持，副区（局）长程厚贵、孙浩然、王恩义、岂凤桐，副局长刘吉庆、鲁庆文出席会议，区委副书记徐忠义、人大常委会副主任赵荣生、政协副主席刘树桐、工会主席王书元、森林资源监督专员管洪家、区（局）长助理张兴运参加会议，财政局、政府办、党办、人事劳动局、组织部、体改委、社保局、计委、经贸委的主要负责人列席会议。会议议题是：研究收编及收摊、产权制度改革工作。

2001年1月5日，区政府、林业局区（局）长办公会议第一次会议在区机关三楼会议室召开。会议由区（局）长王若森主持，副区（局）长金绍英、王恩义、孙浩然、岂凤桐，副局长刘吉庆、鲁庆文出席会议，政府办、财政局、人事劳动局、营林处、计委的主要负责人列席会议。会议主要议题是：研究区 2001 年计划：其中含研究生产大修计划；研究营林大修计划。

2001 年 2 月 17 日，区政府、林业局区（局）长办公会议第二次会议区政府、林业局区（局）长办公会议第 2 次会议在区机关三楼会议室召开。会议由区（局）长王若森主持，副区（局）长金绍英、孙浩然、王恩义、杨国利、岂凤桐，副局长鲁庆文出席会议，森林资源监督专员管洪家参加会议，政府办、森林资源监督专员办公室主要负责人列席会议。会议主要议题是：传达全市农业、乡镇企业、森工多种经营工作会议精神；传达全市环保工作会议精神；传达全省重点国有林区限额采伐管理培训班精神；研究区（局）领导分工。

2001 年 5 月 11 日，区政府、林业局区（局）长办公会议第三次会议在区机关三楼会议室召开。会议由区（局）长王若森主持，副区（局）长金绍英、孙浩然、杨国利，副局长张兴运、鲁庆文出席会议，区委副书记徐忠义、政协副主席戴翔、武装部部长田玉柱、工会主席王书元、公安局局长张潮参加会议，政府办、监察局、体改委、人事劳动局、财政局、社保局、计委、经贸委、建委、安全办、消防大队的主要负责人列席会议。会议的主要议题是：研究消防大队动迁新建事宜；研究编外人员开支事宜；研究场所二线人员工资问题；讨论《充分发挥知识分子作用，促进经济发展的若干政策规定》；研究晨龙木业公司、钢绳厂出售事宜；听取联合街铁工委吴玉林个体综合楼事故调查情况；研究 2000 年目标管理责任状事宜。

2001 年 7 月 3 日，区政府、林业局区（局）长办公会议第四次会议在区机关三楼会议室召开。会议由区（局）长王若森主持，副区（局）长金绍英、孙浩然、王恩义、岂凤桐、杨国利，副局长张兴运、鲁庆文出席会议，区委副书记徐忠义、区人大常委会副主任于钦林、区政协副主席戴翔、区工会主席王书元、武装部长田玉柱、公安局局长张潮，森林资源监督专员刘文和参加会议，政府办、体改委、人事劳动局、财政局、社保局、计委、审计局、多种经营局、教委、资源科、生产科、经贸委、建委、房地产公司、土地分局、肉联厂的主要负责人列席会议。会议主要议题是：通报肉联厂出售给哈尔滨绿色实业有限公司的情况；讨论《南岔林业局发展非公有制林业实施细则》；研究学校网点布局调整事宜；研究药厂改制事宜；研究招待所食堂职工安置事宜；研究肉联厂出售后遗留问题；研究 2002 年森工生产计划。

2001 年 8 月 14 日，区政府、林业局区（局）长办公会议第五次会议在区机关三楼会议室召开。会议由区（局）长王若森主持，副区（局）长金绍英、孙浩然、王恩义、岂凤桐、杨国利，副局长鲁庆文、张兴运出席会议，区委副书记徐忠义、人大常委会副主任赵荣生、政协副主席刘树桐、工会主席王书元、武装部长田玉柱、森林资源监督专员刘文和参加会议，政府办、财政局、人事劳动局、教委、民政局、社保局、计委的主要负责人列席会议。会议议题是：研究撤并学校人员安置问题；研究社区服务有关事宜。

2001 年 8 月 20 日，区政府、林业局区（局）长办公会议第六次会议在区机关三楼会议室召开。会议由副区（局）长金绍英主持，副区（局）长王恩义出席会议，政府办、监察局、“三代办”（代表先进生产力的发展要求、代表先进文化的前进方向、代表最广大人民的根本利益）南岔国税分局、南岔地税分局、浩良河国税分局，浩良河地税分局、南岔工商分局、区经贸委、物价局、区农工办、环卫处的主要负责人列席会议。会议议题是：研究农民自产农副产品统一办理农副产品自产证的相关事宜。

2001 年 11 月 13 日，区政府、林业局区（局）长办公会议第七次会议在区机关三楼会议室召开。会议由副区（局）长岂凤桐主持，政府办、武装部、监察局、财政局、公安局、民政局、教委的主要负责人列席会议。会议的议题是：研究确定赴西藏高原义务兵人员名单；研究高原兵服役期满后定岗立位安置事宜。

2001 年 11 月 28 日，区政府、林业局区（局）长办公会议第八次会议在区机关三楼会议室召开。会议由区（局）长王若森主持，副区（局）长孙浩然、王恩义、岂凤桐、杨国利，副局长张兴运出席会议，森林资源监督专员刘文和、区（局）长助理张传铭、公安局局长张潮、人大常委会副主任赵荣生、政协副主席戴翔、区工会主席王书元、武装部长田玉柱参加会议，政府办、财政局、计委、体改委、人事劳动局、林政局、资源科、经贸委、营林处、多种经营局的主要负责人列席会议。会议议题是：研究《南岔区机构改革实施方案》；传达全市森林资源管护经营承包责任制工作会议精神；研究晨明贮木场改革事宜。

2002 年 1 月 22 日，区政府、林业局区（局）长办公会议第一次会议在区机关三楼会议室召开。会议由区（局）长王若森主持，副区（局）长孙浩然、王恩义、岂凤桐、杨国利，副局长鲁庆文、张兴运出席会议，森林资源监督专员刘文和、区（局）长助理张传铭、公安局局长张潮、区委副书记金绍英、人大常委会副主任赵荣生、政协副主席戴翔、武装部长田玉柱参加会议，政府办、区工会、监察局、财政局、计划统计局、人事劳动局、经贸委、城建局、卫生计划生育局、教育局、农委、非国有经济管理办公室、旅游局、营林科、资源科的主要负责人列席会议。会议主要议题是：听取各分管战线领导汇报 2002 年工作目标、措施。

2002 年 3 月 29 日，区政府、林业局区（局）长办公会议第二次会议在区长王若森办公室召开。会议由区（局）长王若森主持，副区（局）长孙浩然出席会议，区（局）长助理张传铭、区委副书记马伟斌参加会议，组织部、民政局、政府办的主要负责人列席会议。会议议题是：研究社区居委会组建事宜。

2002 年 4 月 1 日，区政府、林业局区（局）长办公会议第三次会议在区机关三楼会议室召开。会议由副区（局）长王恩义主持，区（局）长王若森出席会议，宣传部、党办、政府办、农委、南岔农村信用社、浩良河农村信用社、各林场、经营所、贮木场、浩良河镇、晨明镇、迎春乡、各街道办事处的主要负责人列席会议。会议议题是：听取各单位肉鹅养殖准备情况的汇报。

2002 年 4 月 9 日，区政府、林业局区（局）长办公会议第四次会议在区机关三楼会议室召开。会议由副区（局）长孙浩然主持，区（局）长王若森，副区（局）长岂凤桐出席会议，政府办、林政局、各林场、经营所、贮木场、浩良河镇、晨明镇、迎春乡的主要负责人列席会议。会议内容是：传达市委、市政府党政领导干部会议精神，安排部署全区森林防火、管护经营和稳定工作。

2002 年 4 月 27 日，区政府、林业局区（局）长办公会议第五次会议在区（局）长王若森办公室召开。会议由区（局）长王若森主持，副局长张兴运出席会议，区（局）长助理张传铭参加会议，金南公路南岔段指挥部办公室主任白耀国、黑龙江中植企业集团公司代表列席会议。会议内容：主要是协商贷款资金的安排使用问题。

2002 年 5 月 24 日，区政府、林业局区（局）长办公会议第六次会议在区机关三楼会议室召开。会议由区（局）长王若森主持，副区（局）长岂凤桐、杨国利出席会议，区（局）长助理张传铭、森林资源监督专员刘文和、公安局局长张潮、人大常委会副主任赵荣生、政协副主席戴翔、武装部长田玉柱参加会议，政府办、监察局、组织部、财政局、计划统计局、人事劳动局、民政局、林政局、资源科、城建局、经贸委、公安局森侦大队、林业医院的主要负责人列席会议。会议主要议题是：听取社区建设情况的汇报；听取林政管理情况的汇报；听取资源管理情况的汇报；听取遗属救济工作情况的汇报；听取森保管理情况的汇报；重申严格执行招待费标准事宜；研究林业医院改革工作方案。

2002 年 6 月 27 日，区政府、林业局区（局）长办公会议第七次会议在区机关三楼会议室召开。会议由区（局）长王若森主持，副区（局）长岂凤桐、杨国利，副局长鲁庆文、张兴运出席会议，森林资源监督专员刘文和、区（局）长助理张传铭、区委副书记金绍英、政协副主席戴翔参加会议、监察局、政府办、区工会、财政局、计划发展局、人事劳动局、经济科技贸易委员会、工商分局、国税分局、地税分局、国土资源分局、技术监督局、环卫处、物价局、老干部办公室的主要负责人列席会议。会议主要议题：传达全市财源建设工作会议精神，听取全区财源建设工作下步安排情况的汇报；听取防汛工作情况的汇报；研究《南岔区信息网络建设工作方案》；听取接受水解厂环卫处工作情况的汇报；研究全区 1997 年下岗、分流、请长假人员安置事宜；研究关心下一代委员会办公经费及设施事宜；决定取消沙山村和中兴村小学教师通勤车、给两村教师每人每月补助 80 元通勤费的问题。

2002 年 7 月 18 日，区政府、林业局区（局）长办公会议第八次会议在区（局）长王若森办公室召开。会议由区（局）长王若森主持，副区长岂凤桐出席会议。区委副书记金绍英、区（局）长助理张传铭参加会议，政府办、组织部、民政局的主要负责人列席会议。会议议题是：研究社区居委会主任、副主任补贴标准及人员相关事宜。

2002 年 9 月 30 日，区政府、林业局区（局）长办公会议第九次会议在区（局）长王若森办公室召开。会议由王若森主持，副区（局）长孙浩然出席会议，区（局）长助理张传铭参加会议，政府办、财政局、党办、人事劳动局、经济科技贸易委员会、体改委、旅游局、联合办事处的主要负责人列席会议。会议内容：研究确定宾馆运行事宜。

2002 年 10 月 16 日，区政府、林业局区（局）长办公会议第十次会议在区机关三楼会议室召开。会议由区（局）长王若森主持，副区（局）长孙浩然、杨国利、刘静，副局长王恩义、岂凤桐、鲁庆文出席会议，森林资源监督专员刘文和、区（局）长助理张传铭、公安局局长张潮、区委副书记马伟斌、人大常委会副主任赵荣生、区政协主席戴翔、武装部长田玉柱参加会议，政府办、区工会、监察局、财政局、计划统计局、人事劳动局、社保局、经济科技贸易委员会、资源科、水务局、宾馆、南岔所的主要负责人列席会议。会议主要议题是：研究富余人员一次性安置方案；讨论柳树河水库管理及库区开发建议；讨论《南岔区（局）接待工作方案》；讨论案件处理事宜。

2002 年 11 月 12 日，区政府、林业局区（局）长办公会议第十一次会议在区机关三楼会议室召开。会议由副区（局）长孙浩然主持，区（局）长王若森、副区（局）长杨国利、刘静，副局长岂凤桐出席会议，区委副书记吴伊森、公安局局长张潮、法院院长肖廷志参加会议，信访办、政府办、人事劳动局、民政局、社保局、教委、纪检委、综合治理办、组织部、建委、交通局、计划统计局、区第一建筑工程公司、财政局、卫生计划生育局的主要负责人列席会议。会议主要议题是：研究区信访案件的办理情况。

2003 年 8 月 18 日，区政府、林业局区（局）长办公会议第一次会议在区机关三楼会议室召开。会议由区（局）长王若森主持，副区（局）长岂凤桐、杨国利、刘静，副局长王恩义、鲁庆文出席会议，森林资源监督专员刘文和、区（局）长助理张传铭、公安局局长张潮、区委副书记马伟斌、人大常委会副主任赵荣生、张兴运、政协副主席徐占东、区工会主席徐文举、武装部长田玉柱参加会议，政府办、信访办、监察局、计划统计局、财政局、人事劳动局、经济科技贸易委员会、城建局、教育局、非国有经济办公室、民政局、农委、审计局、司法局、水务局、房地产开发公司、金南公路指挥部办公室的主要负责人列席会议。会议主要议题是：研究金南公路管理站人员编制事宜；研究教师课时补贴事宜；研究林城木器厂与房地产开发公司改制事宜；听取前段全区水灾情况汇报；听取上半年财源建设工作情况；研究《南岔区法律援助办法》。

2003 年 9 月 18 日，区政府、林业局区（局）长办公会议第二次会议在区机关三楼会议室召开。会议由区（局）长王若森主持，副区（局）长岂凤桐、杨国利、刘静，副局长王恩义、鲁庆文出席会议，森林资源监督专员刘文和、区（局）长助理张传铭、公安局局长张潮、区委副书记马伟斌、人大常委会副主任赵荣生、政协副主席徐占东、武装部部长田玉柱参加会议，政府办、信访办、监察局、党办、计划统计局、财政局、人事劳动局、经济科技贸易委员会、城建局、文体局、教育局、非国有经济办公室、民政局、农委、卫生和计划生育局、卫生防疫站、审计局、物价局、林政局、工商分局、土地局、交通局、电业局、南岔记者站、社保局、生产机械科、资源科、营林处、旅游局、司法局、水务局、农机站的主要负责人列席会议。会议议题是：讨论全区畜牧业发展规划。

2003 年 10 月 27 日，区政府、林业局区（局）长办公会议第三次会议在区机关三楼会议室召开。会议由区（局）长王若森主持，副区（局）长岂凤桐、刘静，副局长鲁庆文、孙万里出席会议，区（局）长助理张传铭参加会议，政府办、监察局、信访办的主要负责人列席会议。会议议题是：讨论 7 人案件处理情况；调整部分领导分工；安排部署当前需要抓好的几项重点工作。

2003 年 11 月 26 日，区政府、林业局区（局）长办公会议第四次会议在区机关三楼会议室召开。会议由区（局）长王若森主持，副区（局）长岂凤桐、杨国利、刘静，副局长王恩义、鲁庆文、孙万里出席会议，区（局）长助理张传铭、区委副书记马伟斌、人大常委会副主任赵荣生、政协副主席徐占东、区工会主席徐文举参加会议，政府办、信访办、监察局、财政局、城建局、城市综合执法局、人事劳动局、林政局、生产机械科、资源科、营林处、各贮木场、南岔经济综合开发公司、晨明经济综合开发公司、各街道办事处、格润药业公司的主要负责人列席会议。会议主要议题是：传达全市在美溪松岭所召开的毁林案件现场会议精神，研究南岔区加强林政资源管理事宜；研究城镇道路路面清雪及“门前三包”责任划分事宜；研究黑 FA3000 日本进口丰田汽车及黑 FA0036 奥迪汽车归属事宜。

2004 年 3 月 16 日，区政府、林业局区（局）长办公会议第一次会议在区机关三楼会议室召开。会议由区（局）长王若森主持，副区（局）长岂凤桐、刘静、杨国利，副局长王恩义、鲁庆文、孙万里出席会议，森林资源监督专员刘文和、区（局）长助理王平参加会议、政府办、信访办主要负责人列席会议。会议议题是：研究区（局）领导分工的有关事宜。

2004 年 11 月 4 日，区政府、林业局区（局）长办公会议第二次会议在区机关三楼会议室召开。会议由区（局）长王若森主持，副区（局）长岂凤桐、杨国利、刘静，副局长王恩义、鲁庆文、孙万里出席会议，森林资源监督专员刘文和、公安分局局长张潮、区（局）长助理王平、区委副书记马伟斌、人大常委会副主任赵荣生、政协副主席徐占东、区工会主席徐文举、武装部部长田玉柱参加会议，政府办、信访办、监察局、财政局、计划统计局、人事劳动局、城建局、经济科技贸易委员会、教育局、文体局、司法局、民政局、非国有经济办公室、畜牧局、旅游局、城管执法局、水务局、区工会生活部、社保局、就业局、环保局、生产机械科、资源科、营林处、设计队、森林资源监督专员办公室、木材销售公司的主要负责人列席会议。会议的主要议题是：听取教育工作情况汇报；听取民政工作情况汇报；听取冬运生产准备情况汇报；听取城建环保工作情况汇报；听取信访工作情况汇报；听取扶贫解困工作情况汇报；听取征兵工作情况汇报。

2004 年 11 月 30 日，区政府、林业局区（局）长办公会议第三次会议在区机关三楼会议室召开。会议由区（局）长王若森主持，副区（局）长岂凤桐、杨国利、刘静，副局长王恩义、鲁庆文、孙万里出席会议，森林资源监督专员刘文和、公安分局局长张潮、区（局）长助理王平、区委副书记马伟斌、人大常委会副主任赵荣生、政协副主席徐占东、区工会主席徐文举参加会议，政府办、信访办、监察局、财政局、计划统计局、人事劳动局、城建局、经济科技贸易委员会、教育局、司法局、民政局、审计局、卫生和计划生育局、农委、林政局、非国有经济办公室、畜牧局、旅游局、城管执法局、水务局、环保局、社保局、就业局、生产机械科、资源科、营林处、设计队、森林资源监督专员办公室、木材销售公司的主要负责人列席会议。会议主要议题是：听取林政管理工作情况汇报；听取资源管理工作情况汇报；听取畜牧工作情况汇报；听取农业、多种经营工作情况汇报；听取旅游工作情况汇报；讨论通过南岔区生态区建设规划。

2005 年 1 月 13 日，区政府、林业局区（局）长办公会议第一次会议在区机关三楼会议室召开。会议由代区（局）长林宏坤主持，副区（局）长岂凤桐、杨国利、刘静，副局长鲁庆文、孙万里出席会议，森林资源监督专员刘文和、公安局局长张潮、区（局）长助理王平、区工会主席徐文举参加会议，政府办、财政局、计划统计局、人事劳动局、林政局、民政局、资源科、社保局、就业局、交通分局的主要负责人列席会议。会议主要议题是：讨论《南岔区易地交流干部周转住房管理办法》；研究解决七项问题，即林权制度改革问题、研究停止采伐木材问题的有关事宜、研究落实向市里缴费的相关事宜、研究落实林业局可适当补充国税、地方税缴纳不足问题、研究低保资金问题、研究再就业四项资金相关事宜、研究落实设立公路收费站的相关事宜。

2005 年 1 月 23 日，区政府、林业局区（局）长办公会议第二次会议在区机关三楼会议室召开。会议由代区（局）长林宏坤主持，副区（局）长岂凤桐、杨国利、刘静，副局长王恩义、鲁庆文出席会议，公安局局长张潮，区工会主席徐文举、区（局）长助理王平参加会议，政府办、财政局、计划统计局、人事劳动局的主要负责人列席会议。会议议题是：研究工资调整事宜。

2005 年 2 月 3 日，区政府、林业局区（局）长办公会议第三次会议在区机关三楼会议室召开。会议由代区（局）长林宏坤主持，副区（局）长岂凤桐、杨国利、刘静，副局长王恩义、鲁庆文、孙万里出席会议，公安局局长张潮、森林资源监督专员刘文和、区工会主席徐文举、区（局）长助理王平参加会议，政府办主要负责人列席会议。会议主要内容是：各副区（局）长、区（局）长助理汇报分管战线 2005 年工作思路与打算。

2005 年 3 月 24 日，区政府、林业局区（局）长办公会议第四次会议在区机关三楼会议室召开。会议由区（局）长林宏坤主持，副区（局）长岂凤桐、刘静，副局长王恩义出席会议，森林资源监督专员刘文和、区工会主席徐文举、公安分局局长张潮、区（局）长助理王平参加会议，政府办、计划统计局、财政局、人事劳动局、林政局、经济科技贸易委员会、城建局、营林处的主要负责人列席会议。会议主要议题是：传达贯彻省、市森林防火工作会议精神；传达贯彻全市工业经济工作会议精神；传达贯彻全市发展和改革工作会议精神；听取 2005 年基本建设项目安排及概算情况的汇报；听取 2005 年财务计划安排情况的汇报；研究解散南岔苗木繁育股份有限公司事宜；研究更新造林实行成林收购制事宜；研究张景龙等 5 人享受劳模补贴事宜；传达贯彻市人事编制会议精神。

2005 年 4 月 29 日，区政府、林业局区（局）长办公会议第五次会议在区机关三楼会议室召开。会议由区（局）长林宏坤主持，副区（局）长刘静，副局长王恩义、鲁庆文、孙万里出席会议，区政府调研员张兴运参加会议，政府办、发展和改革委员会，财政局、商务局的主要负责人列席会议。会议内容是：研究召开全区经济工作暨对上争取和招商引资表彰奖励大会有关事宜。

2005 年 4 月 30 日，区政府、林业局区（局）长办公会议第六次会议在区机关三楼会议室召开。会议由区（局）长林宏坤主持，副区（局）长刘静，副局长王恩义、鲁庆文、孙万里出席会议，政府办、财政局的主要负责人列席会议。会议议题是：研究关于丁振学诉公安局人员对其人身损害赔偿案有关事宜。

2005 年 5 月 23 日，区政府、林业局区（局）长办公会议第七次会议在区机关三楼会议室召开。会议由区（局）长林宏坤主持，副区（局）长刘静，副局长王恩义、鲁庆文、孙万里出席会议，森林资源监督专员刘文和、区工会主席徐文举、公安分局局长张潮、区（局）森林防火专职副总指挥栾景春、区（局）长助理王平、区政府调研员张兴运参加会议，政府办、财政局、发展和改革委员会、人事局、劳动和社会保障局、信访办、监察局、城建局、民政局、卫生和计划生育局、营林处、南岔工商分局的主要负责人列席会议。会议议题是：讨论两镇卫生院上划卫生行政部门管理事宜；讨论苗圃改制事宜；研究提高信访工作人员的岗位津贴、提高驻京信访工作组人员交通补助、通讯费用、误餐补助事宜；研究联合街早市定时撤市事宜；研究社区办公用房选址及房屋价格事宜；研究处理省长专线办交办事宜；研究召开“三个文明”（精神文明、物质文明、政治文明）表彰奖励大会事宜。

2005 年 5 月 31 日，区政府、林业局区（局）长办公会议第八次会议在区机关三楼会议室召开。

会议由区（局）长林宏坤主持，副区（局）长刘静，副局长王恩义、鲁庆文、孙万里出席会议，森林资源监督专员刘文和、区工会主席徐文举、公安局局长张潮、区（局）森林防火专职副总指挥栾景春、区（局）长助理王平、区政府调研员张兴运参加会议，政府办、财政局、发展和改革委员会、劳动和社会保障局、城建局、社保局的主要负责人列席会议。会议主要议题是：研究退休职工书刊费发放事宜；研究机关办公楼维修事宜。

2005 年 6 月 1 日，区政府、林业局区（局）长办公会议第九次会议在南岔贮木场会议室召开。会议由区（局）长林宏坤主持，副局长鲁庆文、孙万里出席会议，政府办、人事局、木材生产机械科、木材销售公司、南岔经济综合开发公司、太平所、奋斗所、柳树所、南岔所、岩石所、晨明经济开发公司、浩良河贮木加工厂、松青贮木场的主要负责人列席会议。会议主要议题是：研究解决木材生产过程中存在的问题；研究解决木材销售及贮木场管理存在的有关问题；研究南岔贮销段重新划归南岔贮木场管理的有关事宜。

2005 年 8 月 1 日，区政府、林业局区（局）长办公会议第十次会议在副区（局）长岂凤桐办公室召开。会议由副区（局）长岂凤桐主持，副局长孙万里出席会议，政府办、经济科技贸易委员会、梧桐建材厂有关负责人参加会议。会议议题是：研究梧桐建材厂退休职工书刊费发放事宜。

2005 年 8 月 3 日，区政府、林业局区（局）长办公会议第十一次会议在区机关三楼会议室召开。会议由区（局）长林宏坤主持，副区（局）长岂凤桐、刘静，副局长王恩义、鲁庆文、徐文举、孙万里出席会议，森林资源监督专员刘文和、区（局）森林防火专职副总指挥栾景春、区（局）长助理王平、区政府调研员张兴运、公安局局长张潮参加会议，政府办、教育局、财政局、发展和改革委员会的主要负责人列席会议。会议主要议题是：讨论南岔区教育改革发展实施意见；听取战线领导分管工作汇报。

2005 年 9 月 1 日，区政府、林业局区（局）长办公会议第十二次会议在区（局）长林宏坤办公室召开。会议由区（局）长林宏坤主持，副区（局）长岂凤桐，副局长王恩义、鲁庆文、徐文举、孙万里出席会议，森林资源监督专员刘文和、区（局）森林防火专职副总指挥栾景春参加会议，政府办、教育局、资源科、生产机械科的主要负责人列席会议。会议主要议题是：传达全省农村公路通达情况调查及普查工作培训会议精神及安排意见；研究教师节奖励事宜；研究药厂附近居民自来水入户问题；讨论《南岔林业局多种经营用地管理办法》。

2005 年 9 月 27 日，区政府、林业局区（局）长办公会议第十三次会议在区（局）长林宏坤办公室召开。会议由区（局）长林宏坤主持，副区（局）长岂凤桐、刘静，副局长鲁庆文、徐文举、孙万里出席会议，森林资源监督专员刘文和、区（局）森林防火专职副总指挥栾景春参加会议，政府办、财政局、劳动和社会保障局、城建局、物价局、公路办公室、自来水公司的主要负责人列席会议。会议主要议题是：研究浩良河所苗圃更夫煤烟中毒赔偿事宜；研究解决通乡公路占用农民耕地问题；研究防火办职工张振和烧伤治疗及有关事宜；研究今冬供热相关问题及自来水公司住宅楼、铁工 9 号、10 号楼、胶合板楼、东升楼遗留问题；研究宾馆承包终结遗留问题及重新发包的意见；研究局址供水管网维修及供水价格事宜；研究 2004 年度目标责任考核兑现奖励事宜；研究胶合板厂至温室段及中纬大街排水沟清淘事宜。

2005 年 11 月 3 日，区政府、林业局区（局）长办公会议第十四次会议在区（局）长林宏坤办公室召开。会议由区（局）长林宏坤主持，副区（局）长岂凤桐，副局长王恩义、孙万里出席会议，区政府调研员张兴运、区委副书记吴伊森参加会议，政府办、组织部、审计局、石油公司的主要负责人列席会议。会议议题是：研究石油公司班子调整后涉及到体制、股本结构、债权债务人利益等方面问题。

2005 年 11 月 11 日，区政府、林业局区（局）长办公会议第十五次会议在区（局）长林宏坤办公室召开。会议由区（局）长林宏坤主持，副区（局）长岂凤桐、刘静，副局长王恩义、鲁庆文、徐文举、孙万里出席会议，森林资源监督专员刘文和、区（局）森林防火专职副总指挥栾景春，区（局）长助理王平、区政府调研员张兴运参加会议，政府办、民政局、生产机械科、审计局、发展和改革委员会、资源科、林政局、石油公司的主要负责人列席会议。会议议题是：听取冬运木材生产前期工作情况汇报；听取2006年全区通村公路建设前期工作情况汇报；讨论石油公司改制事宜；研究解决乱建墓地占用林地问题；听取关于社区干部调整工资的意见。

2005年11月17日，区政府、林业局区（局）长办公会议第十六次会议在区（局）长林宏坤办公室召开。会议由区（局）长林宏坤主持，副区（局）长岂凤桐，副局长王恩义、鲁庆文、徐文举、孙万里出席会议，森林资源监督专员刘文和、区（局）森林防火专职副总指挥栾景春、区政府调研员张兴运、公安分局局长张潮参加会议，政府办、财政局、审计局、司法局、发展和改革委员会、石油公司的主要负责人列席会议。会议议题是：研究石油公司改制事宜；原宏利石油有限责任公司依法解散；汇报审计情况；通过《新建国有独资公司章程》。

2005年12月28日，区政府、林业局区（局）长办公会议第十七次会议在区（局）长林宏坤办公室召开。会议由区（局）长林宏坤主持，副局长鲁庆文出席会议，区（局）长助理王平参加会议，政府办、财政局、建设局、宇华热力公司的主要负责人列席会议。会议的议题是：研究关于学安街、向阳路、湖山街西段、月牙湖西路、中纬大街西段道路工程结算事宜。

第四节　区政府全体成员会议

1987年2月5日，第七届区政府全体成员会议第一次会议在区机关三楼会议室召开，由区（局）长张宝兴主持召开，会上通报全区（局）1986年各项经济计划指标完成情况，研究部署1987年工作任务。

1987年7月18日，第七届区政府全体成员会议第二次会议在区机关三楼会议室由代区长王福义主持召开。主要议题是传达贯彻市委、市政府关于加强安全工作紧急通知；通报全区上半年经济、财务情况；安排下半年工作任务。会上王福义就副区长工作分工和下半年工作讲了具体意见，并提出副区长除分工外，每人还有两项包干定项任务，杨永生包干黄金采金船上马，王绍荣包干抓乳品厂和豆制品厂新上产品，刘增新包干抓好经济体制改革和人参皂苷厂的完善，程友三包干抓好晨明刨花板厂的改造，耿仁祥包干抓好自来水工程的上马。根据分工下半年特别是近期要做好以下几项工作：对现有资金合理使用合理分配；各条战线各部门都要认真检查总结上半年工作，以利再战。按市政府要求，下半年要突出抓好防火、防汛和安全生产工作，消防车、水罐车要落实好，镇内要增修3个防火瞭望塔，9月15日前交付使用；要抓好企业升级，全面质量管理工作；从现在开始抓检查计划外工程和违建、未经批准搞计划的一律要停，未经批准建的要推倒并追查责任，今后建房必须经城建科批准；抓好文化教育，体育、卫生、计划生育工作；假期、教育科要对学校危房进行一次检查，抓紧维修，目前财力解决不了的，宁可开二部制，也不能用危房。初中招生，要想办法让学生入学。职业高中问题有关部门要拿出意见。计划生育是个难题，计划外生了18个，要很好地抓一下，要宣传教育和强制相结合；综合治理工作，要抓好抓实清理柈子城工作，没动的要迅速行动。

1988年1月11日，第七届区政府全体成员会议第三次会议在区机关三楼会议室举行。常务副区长张景龙主持会议。主管各条战线的副区长及各科、部、委、办、局的负责人参加会议，人大、政协、党办的负责人列席会议。会议通报1987年各项经济工作完成情况；部署1988年的各项工作。

1989年3月1日，第七届区政府全体成员会议第四次会议在三楼会议室举行。区（局）长王福义主持会议。主管各条战线的副区（局）长及各局、办、科的负责人参加会议。会议讨论通过《1988 年企业方针目标和企业方针目标实施方案》。

1990 年 3 月 21 日，第七届区政府全体成员会议第五次会议在区机关三楼会议室举行。区（局）王福义主持会议，区政府全体成员出席会议，区政府的各部、办、委、科局的负责人列席会议。学习讨论中共十三届六中全会公报；公布区政府领导调整情况；通报区政府工作的总体方案。

1991 年 1 月 14 日，第八届区政府全体成员会议第一次会议在区机关三楼会议室举行。区长（局）王福义主持会议，区政府全体成员出席会议，区机关各部、办、委、局、科的主要负责人列席会议。会议通报本年度的经济计划完成情况，研究部署下步工作。

1992 年 12 月 31 日，第八届区政府全体成员会议第二次会议在区机关三楼会议室举行，区（局）长王福义主持会议，区政府的全体成员出席会议，区机关各部、委、办、局、科的负责人列席会议。会议公布本年度经济工作及各项工作的完成情况，座谈研究明年的工作思路。

1993 年 6 月 8 日，第八届区政府全体成员会议第三次会议在区机关三楼会议室举行，会议由区委常委、副区长董仲喜主持，区机关有关科室的负责人参加会议。会议听取区财政、计划等情况的汇报；研究当前的有关工作并做出具体安排。区委书记王福义到会并讲话。

1993 年 12 月 1 日，第九届区政府全体成员会议第一次会议在区机关三楼会议室举行。区（局）长刘增新主持会议。会议总结了前段工作，对下步工作进行了安排部署。

1994 年 10 月 24 日，第九届区政府全体成员会议第二次会议在区机关三楼会议室召开。会议由区（局）长刘增新主持，副区（局）长董仲喜、魏长宽、程厚贵、汪时斌，副局长刘吉庆、仇守文出席会议，区（局）长助理岳维祥、总工程师程友三参加会议，区政府顾问王福义、政府办、武装部、民政局、计划科、晨龙木业有限责任公司的主要负责人列席会议。会议的主要议题：传达市人大、政协工作会议精神；传达贯彻市征兵工作会议精神；传达贯彻市“五荒”拍卖现场会议精神；研究讨论晨明石灰厂破产事宜；研究讨论小汽车管理等有关问题；对当前几项工作进行了研究部署。

1995 年 2 月 15 日，第九届区政府全体成员会议第三次会议在区机关三楼会议室举行。会议由区（局）长刘增新主持，副区长董仲喜、魏长宽、程厚贵、汪时斌，副局长刘吉庆、仇守文出席会议，区（局）长助理岳维祥、总工程师程友三参加会议，区委书记王庆山、副书记刘兴贵、张景龙也出席会议，体改委、党办、财政局、劳动局、政府办、计划科、卫生局、林业医院主要负责人参加会议。会议主要议题是：研究医药费管理办法；研究电话费用管理标准和办法；研究经费和人事编制等有关事宜；研究各种会议的经费标准问题。

1996 年 8 月 29 日，第九届区政府全体成员会议第四次会议在区机关三楼会议室召开。会议由区（局）长刘增新主持，各位副区（局）长出席会议。总工程师程友三，区（局）长助理岳维祥参加会议，区委书记王庆山，副书记刘洪增、区委常委、党办、政府办、体改委、财政局、计划科、农牧局、营林处、林产工业科主要负责人列席会议。会议的主要议题是：关于讨论确定委托经营各项指标。

1997 年 11 月 13 日，第十届区政府全体成员会议第一次会议在区机关三楼会议室召开。会议由区（局）长关思伟主持，副区（局）长程厚贵、王恩义、孙浩然，副局长刘吉庆、仇守文出席会议，计划统计局、财政局、生产科、营林处、木材销售科、林政局、木材检验科、安全技术科、资源局、政府办主要负责人列席会议。会议主要内容是：研究 1997 年冬运木材生产事宜。

1998 年 10 月 7 日，第十届区政府全体成员会议第二次会议在区宾馆 201 房间召开。会议由区（局）长关思伟主持，副区（局）长王刃、程厚贵、王恩义、孙浩然、岂凤桐，副局长刘吉庆、林禹权、仇守文出席会议，武装部长汤长玉参加会议，人劳局、水务局、体改委、计划统计局、财政局、农牧局、生产科、林产工业科、民政局的主要负责人列席会议。会议主要议题是：听取关于农业示范区的工作情况汇报；汇报1998年水毁工程修复情况和1999年水利工程建设计划；研究决定胶合板厂、钢丝绳厂、浩良河加工厂租赁事宜；安排冬运生产事宜；安排参加北京展览会有关事宜；汇报市天然林保护工程会议精神；汇报市林产工业会议精神；汇报市体育工作会议精神；汇报市再就业工作紧急会议精神；汇报市征兵工作会议精神；研究职工住宅供热费管理办法；义务兵优待金问题；公证处独立经营问题；通过清理整顿煤炭工作领导小组组成。

1999年8月11日，第十届区政府全体成员会议第三次会议在区电视电话会议室召开。会议由区（局）长关思伟主持，副区（局）长王刃、程厚贵、王恩义，副局长刘吉庆出席会议，政府办、建委、公安局、资源科、计划统计局、财政局、民政局的主要负责人列席会议。会议的主要议题是：传达通化医药调查报告；汇报通山路修路前的动迁、拆迁和与之相关经济补偿支付的情况；汇报南岔制药厂的改造情况；批准公安局汇报看守所的改造事宜（看守所围墙加高加固、架设电网、为犯人搭地铺、为犯人牢房放置电视机、提高犯人伙食费等）；公安局汇报消防队二楼地板隐患事宜；讨论南岔林业局“局务公开”方案；传达清河林业局“划区管护经营、场务公开”会议精神；传达市物资会议精神；决定电话所与计划生育办间隔墙火灾隐患改造由两单位共同负责承担；资源科负责人汇报参观友好林业局“天保”管护大队情况；计划统计局负责人汇报“天保工程”自检情况；通过《区会计委派管理办法方案》和成立会计委派管理委员会；决定今后区里大宗物资由物资局统一购买；民政局负责人汇报全市6月开展“爱心献功臣行动”事宜，区政府决定为革命伤残军人，在乡复员军人开展优抚活动。

2000年12月1日，第十届区政府全体成员会议第四次会议在区机关三楼会议室召开。会议由区长王若森主持，副区长程厚贵、孙浩然、王恩义、岂凤桐，副局长刘吉庆、鲁庆文出席会议，区（局）长助理张兴运、人大常委会副主任赵荣生、政协副主席刘树桐、工会主席王书元、武装部长汤长玉参加会议。政府办、财政局、人事劳动局、教委、建委、科委、农工办、卫生局、计生局、体改委、多种经营局、营林处、资源科、林产工业公司、旅游公司、工商联、计委、经贸委、民政局的主要负责人列席会议。会议主要议题是：研究《南岔区经济和社会发展“十五”规划及2015年远景规划纲要》（讨论稿）；研究招商引资优惠政策和奖励办法；研究产权制度改革工作；研究原南岔贮木场林班及职工家属归属管理事宜；研究征兵工作。

2001年10月10日，第十届区政府全体成员会议第五次会议在区机关三楼会议室召开。会议由区长王若森主持，副区长金绍英、孙浩然、王恩义、岂凤桐、杨国利，副局长鲁庆文、张兴运出席会议。森林资源监督专员刘文和、区（局）长助理张传铭、公安局局长张潮、人大常委会副主任赵荣生、政协副主席戴翔、工会主席王书元、武装部部长田玉柱参加会议，政府办、监察局、财政局、计委、体改委、人事劳动局、纪委纠风办、工会民管部、民政局、卫生局、经贸委、热力公司、教委、消防大队、林业医院、建委的主要负责人列席会议。会议议题是：传达全市老龄工作会议精神；听取改善经济发展环境情况的汇报；听取全区招商引资情况的汇报；听取厂务公开情况的汇报；听取全区职工医疗保险进展情况的汇报；听取社区建设情况的汇报；听取城镇防火工作情况的汇报；听取全区供热联网情况的汇报；研究东升小学修建教学楼事宜；研究松青所主要负责人违纪案件的处理意见。

2002年3月1日，第十届区政府全体成员会议第六次会议在区机关三楼会议室召开。会议由区（局）长王若森主持，副区（局）长孙浩然、王恩义、岂凤桐、杨国利，副局长鲁庆文出席会议，区（局）长助理张传铭、森林资源监督专员刘文和、公安局局长张潮、区委副书记金绍英、人大常委会副主任赵荣生、政协副主席戴翔参加会议，区工会、政府办、监察局、财政局、计划发展局、人事劳动局、经贸委、自来水公司、城建局、生产科、资源科、营林处、教育局、卫生计划生育局、林政局、综合治理办公室、物价局的主要负责人列席会议。会议的主要议题是：传达全市重点工作推进会议精神；传达全市计划工作会议精神；传达全市财政工作会议精神；传达全市经贸和外经贸工作会议精神；研究兑现2001年目标管理责任状事宜；研究兑现招商引资责任状事宜；研究调整自来水收费标准事宜；研究2002年城镇建设和基础设施建设安排事宜。

2003年3月6日，第十一届区政府全体成员会议第一次会议在区机关三楼会议室召开。会议由区（局）长王若森主持，副区（局）长王恩义、刘静，副局长岂凤桐、鲁庆文出席会议，森林资源监督专员刘文和、区（局）长助理张传铭、公安局局长张潮、区委副书记马伟斌、人大常委会副主任赵荣生、政协副主席徐占东、区工会主席徐文举、武装部长田玉柱参加会议，政府办、信访办、监察局、计划统计局、财政局、人事劳动局、经济科技贸易委员会、城市建设局、民政局、农委、教育局、林政局、文体局、卫生和计划生育局、司法局、审计局、旅游局、资源科、生产科、营林科的主要负责人列席会议。会议主要议题是：讨论《政府工作报告》；讨论通过《南岔区2002年财政预算执行情况和2003年财政预算（草案）的报告》；讨论《南岔区2002年国民经济和社会发展计划执行情况和2003年计划（草案）的报告》。

2004年10月26日，第十一届区政府全体成员会议第二次会议在区机关三楼会议室召开。会议由区（局）长王若森主持，副区长岂凤桐、杨国利、刘静，副局长王恩义、鲁庆文、孙万里出席会议，省森工总局驻南岔林业局森林资源监督专员办事处专员刘文和、公安局局长张潮、区（局）长助理王平、区委副书记马伟斌、区人大常委会副主任赵荣生、政协主席徐占东、区工会主席徐文举参加会议，政府办、信访办、监察局、财政局、计划统计局、人事劳动局、城建局、经济科技贸易委员会、教育局、文体局、司法局、民政局、审计局、卫生和计划生育局、农委、林政局、非国有经济办公室、畜牧局、旅游局、城管执法局、水务局、社保局、就业局、物价局、农机站、生产机械科、资源科、营林处、森林资源监督专员办公室、交通分局、国土资源分局、公路办公室、自来水公司、热力公司的主要负责人列席会议。会议主要议题是：听取全区招商引资情况汇报；听取秋季防火工作情况汇报；听取供热、供水情况汇报；听取通乡、通村公路建设情况汇报。

2005年4月1日，第十一届区政府全体成员会议第三次会议在区机关三楼会议室举行。会议由区（局）长林宏坤主持，副区（局）长岂凤桐、杨国利、刘静，副局长王恩义、鲁庆文、孙万里出席会议，森林资源监督专员刘文和、区工会主席徐文举、公安分局局长张潮、区政府调研员张兴运、区（局）长助理王平参加会议，政府办、信访办、监察局、财政局、计划统计局、人事劳动局、城建局、经济科技贸易委员会、教育局、文体局、民政局、审计局、卫生和计划生育局、司法局、农委、水务局、畜牧局、非国有经济管理办公室、旅游局、城市综合执法局、林政局、生产机械科、资源科、营林处、森林资源监督专员办公室、产品销售公司、林产工业科、社保局、农机站、就业局的主要负责人列席会议。会议研究2005年政府工作报告分解落实督办要点。

2005年5月23日，第十一届区政府全体成员会议第四次会议在区机关三楼会议室召开。会议由区（局）长林宏坤主持，副区长刘静，副局长王恩义、鲁庆文、孙万里出席会议，森林资源专员刘文和、区工会主席徐文举、公安分局局长张潮、区（局）森林防火专职副总指挥栾景春、区（局）长助理王平、区政府调研员张兴运参加会议，政府办、财政局、发展和改革委员会、人事局、劳动和社会保障局、信访办、监察局、城建局、经济科技贸易委员会、商务局、环保局、教育局、文体局、民政局、审计局、卫生和计划生育局、司法局、农委、水务局、畜牧局、非国有经济管理办公室、旅游局、城市综合执法局、林政局、生产机械科、资源科、营林处、产品销售公司、林产工业科、物价局、社保局、农机站、就业局、人民防空办公室的主要负责人列席会议。会议主要议题是：讨论通过《关于区政府工作规则和自身建设的若干规定》。

2005年12月28日，第十一届区政府全体成员会议第五次会议在区机关三楼会议室召开。会议由区（局）长林宏坤主持，副区长岂凤桐、刘静，副局长鲁庆文、徐文举、孙万里出席会议，区工会主席、区（局）长助理王平、区（局）森林防火专职副总指挥栾景春、区助理调研员张兴运参加会议，政府办、财政局、发展和改革委员会、人事局、劳动和社会保障局、信访办、监察局、建设局、经科委、商务局、卫生和计划生育局、司法局、农委、畜牧局、非国有经济管理办公室、旅游局、城市综合执法局、防火办、生产机械科、资源林政局、营林处、产品销售公司、林产工业科的主要负责人列席会议。会议议题是：听取各部门2005年工作完成情况及2006年工作安排。

第五节 信 访

一、机构

1986—1997年，区信访办公室编制7人，设主任1人，副主任1人；1997年7月因竞争上岗，编制减至4人；到2005年编制仍4人，信访办公室设主任、副主任各1人。

二、信访工作

1986—2005年，共接待群众来信来访11414件次，受理上级交办信访案件673件。全部受理案件均按有关文件，依据南岔区的实际状况，在时限内办结。

1986年，区委常委会坚持每季度听取一次信访工作汇报，研究部署一次信访工作。区委决定将信访办主任列入区政府党组成员，对于重大信访问题，随时召开区委常委会、区长办公会及信访领导小组会议，进行专题研究并解决。

2000年，南岔区在全市率先实行党政领导信访接待日制度（把每月10日、25日定为领导接待日）。每次接待要做到定接待时间、地点、人员和要解决的问题，提前10天预约，并在区电视台公示，具体接待事宜由信访办公室做出安排。以后又根据形势变化，将党政领导接待日由每月2次改为每周1次。为方便信访群众对重大信访问题做到随时来访、随时接待、随时处理，信访办公室把领导接待日接待处理的问题，形成领导信访接待纪要，对信访案件的涉及单位进行督办，使群众信访的问题尽快得到落实解决。2000年11月，由党政主要领导参加召开的信访例会，集中解决7件历史遗留的疑难信访案件。

区委、区政府于2001年、2003年，按照中央、省、市委的统一部署，开展群众到省上访问题处理的会战。2001年按要求时限上报处理结果；2003年到省上访问题，全部办结，办结率达100%。

2004年10月，按照中央和省、市委统一部署，区委建立南岔区处理信访问题及群体性事件联席会议制度，确定联席会议组成人员、主要职责、工作原则和联席会议的工作机构。

2005年7月，南岔区矛盾纠纷调处中心成立、办公室设在区信访办，成员单位21个、各乡镇和街道办事处也设立矛盾纠纷调处中心，并制定社会矛盾纠纷调处中心工作制度，使一部分信访案件在初发阶段就化解在基层单位。

区委为使各基层单位重视和妥善处理信访案件，自2002年4月至2005年，先后选派7批14名科级干部到信访办轮岗锻炼。

第六节 外 事

1986—1988年，南岔区公民因旅游、探亲或商务活动的出境人员较少，1989年后陆续增多。1986—2005年，外事的管理机构设在区政府办公室，配1名专职人员负责该项工作。出入境的办理机构设在区公安分局户政科，办理出入境人员的手续。

执行的法规和政策是《中华人民共和国公民出境和入境管理法》《中华人民共和国普通护照受理、审批、签发工作规范》。

办理护照和通行证由本人提交以下有关材料：户口本，居民身份证或其他户籍证明；提交本人单位及所在派出所签署的“申请表”；提交与出国相应的证明材料；本人近期免冠彩色半身证件照。提出的上述证件由区公安机关申报到市公安机关审批。具有下列情况之一的不予办理：刑事案件的被告人和公安机关或者人民检察院认定的犯罪嫌疑人；人民法院通知有未了结民事案件在身的；被判处刑罚正在服刑的；正在劳动教养的；国务院有关主管机关认为出境后对国家安全造成危害或者对国家利益造成重大损失的。

到 2005 年，南岔区出境人员 1957 人，入境人员 18 人。

1986—2005 年南岔区出入境人员统计表

表 21-8

单位：人

年份	出境人数	入境人数
1986—1988	11	—
1989	7	—
1990	11	—
1991	19	—
1992	18	—
1993	22	—
1994	3	—
1995	8	—
1996	27	—
1997	26	—
1998	36	—
1999	46	—
2000	60	—
2001	125	1
2002	262	—
2003	346	9
2004	416	5
2005	474	3

第七节 侨 务

1987 年，南岔区据统计共有侨务工作对象 82 户 400 人。其中,（1）朝鲜归侨 55 户 261 人，印度尼西亚归侨 1 户 6 人。（2）日本侨眷 8 户 37 人，印度尼西亚侨眷 2 户 11 人，苏联侨眷 3 户 25 人，美国侨眷 3 户 8 人，斯里兰卡侨眷 1 户 6 人。（3）美籍华人亲属 7 户 37 人，苏联籍华人亲属 1 户 5 人，日本籍华人亲属 1 户 4 人。

1993 年，南岔区据统计有侨务对象 59 户，216 人。其中，朝鲜归侨 27 户，111 人；阿塞拜疆共和国侨眷 8 户，22 人；日本侨眷 10 户，39 人；美国侨眷 1 户，3 人；加拿大籍华人眷属 1 户，3 人；

美国籍华人眷属 6 户，19 人；日本籍华人眷属 6 户，22 人。

2005 年，据普查统计，南岔区有归侨和侨眷共计 180 人，其中归侨 64 人，有朝鲜归侨 54 人，日本归侨 7 人，美国归侨 3 人；侨眷 116 人，有朝鲜侨眷 40 人，日本侨眷 33 人，美国侨眷 36 人，阿根廷侨眷 1 人，印度尼西亚侨眷 2 人，缅甸侨眷 1 人，加拿大侨眷 2 人，斯里兰卡侨眷 1 人。

第三章 政 协

1986—2005年，政协南岔区委员会（以下简称政协），在地方党组织的领导下，依照“长期共存、互相监督、肝胆相照、荣辱与共”的基本方针，发挥人才广聚的优势，起到了“智囊团”的作用。围绕区政府的中心工作，认真履行政治协商、民主监督、参政议政职能。按照政协章程，召开工作会议，并搜集整理向区政府提交的提案，整理文史资料。20年中，共举行6届23次会议，征集委员提案691件，收集整理发表文史资料16篇，对党委、政府的工作做中心建议发言12次，民进，民建，民盟等3个民主党派围绕中共党组织的工作，对区委、区政府的各项工作，在科学决策和可持续发展方面及社会稳定中起到积极作用。

第一节 机构设置

1986年4月，政协南岔区委员会设主席、副主席，下设办公室、学史办、经济科技办、祖国统一办、提案办、工作组办公室。工作组办公室于1991年撤销。

2003年3月，按伊春市编委文件要求，原文史办改为科教文卫体学习委员会；经济科技办改为经济对外联络委员会；提案办改为提案文史资料委员会；祖国统一办改为社会法制民族宗教委员会。至2005年，机构设置未变。

1986—2005年南岔区政协主席、副主席更迭表

表21-9

主席	任职时间	副主席	任职时间
郝忠贤	1982.1—1993.9	马树连	1981.6—1993.9
王家斌	1993.9—2000.6	谷茂坛	1981.6—1986.4
魏长宽	2000.6—2001.1	江成山	1981.6—1986.4
马伟斌	2001.1—2002.10	熊春峰	1986.4—1997.10
戴 翔	2002.10—	王家斌	1986.4—1993.9
		齐跃臣	1987.4—1990.4
		戴 翔	1990.4—2002.10
		刘树桐	1991.4—2002.3
		李逢春	1991.4—1993.9
		卢元梅	1993.9—1997.10

续表 21-9

主席	任职时间	副主席	任职时间
		张学礼	1994.3—1997.10
		李树春	1997.10—2002.10
		程厚贵	2000.6—2002.10
		王正业	2002.10—
		徐占东	2002.10—
		王　波	2002.10—

1986—2005 年提案文史资料委员会主任、副主任更迭表

表 21-10

主任	任职时间	副主任	任职时间
刘振良	2002.5—	姜静秋	2004.3—

1986—2005 年工作组办公室主任、副主任更迭表

表 21-11

主任	任职时间	副主任	任职时间
丁　才	1984.4—1986.6	于晓东	1987.8—1989
葛海林	1986.6—1990.12	王玉德	—1990.12

第二节　委员会议

政协二届三次会议于 1986 年 4 月 14—17 日在区供应科会议室举行，实有委员 82 人，出席会议的委员 82 人。会议听取和审议二届二次会议常务委员会工作报告；列席区人大六届三次会议人员安排；传达全国、省、市政协和统战工作会议精神；听取和审议二届二次会议提案处理工作情况报告和二届三次会议提案审查报告；审议批准江成山、谷茂坛辞去南岔区政协副主席的辞呈；增补王家斌、熊春峰为南岔区政协副主席；并通过相应决议。会议收到委员提案 46 件，立案 35 件，征集委员文史资料 2 篇。

政协二届四次会议于 1987 年 4 月 8—10 日在区机关二楼会议室举行。此次会议增补委员 15 人，实有委员 97 人，出席会议委员 89 人。会议听取二届四次会议筹备情况；听取区委领导讲话；听取和审议二届委员会常委会工作报告；听取和审议财政预、决算报告和区“七五”计划（草案）；听取和审议区政协二届三次会议委员提案处理情况的报告和二届四次会议提案审查情况报告。补选常委、副主席；办理二届三次会议提案 35 件，征集委员的文史资料 3 篇。

政协三届一次会议于 1987 年 9 月 11—12 日在区机关二楼会议室举行。实有委员 111 人，出席会议委员 101 人。会议听取三届一次会议筹备情况；听取区委书记、政协主席讲话；选举政协南岔区第三届委员会主席、副主席、常委；听取二届四次会议提案处理情况的报告及三届一次会议委员提案审查情况报告；听取区长关于南岔经济情况说明；传达全国地方政协工作组（委）会议精神；通过政协决议。会议收到委员提案 26 件，立案 21 件。

三届一次会议选举结果：政协主席：郝忠贤。政协副主席：王家斌、齐跃臣、熊春峰、马树连。

政协常委 17 人，委员 111 人。

政协三届二次会议于 1988 年 4 月 28—30 日在区机关二楼会议室举行。实有委员 111 人，出席会议委员 103 人。会议听取区委领导讲话；听取和审议三届一次会议常务工作报告和提案处理情况报告；列席区人大七届二次会议工作安排；讨论协商南岔区人民政府工作报告和其他重要报告；通过大会各项决议。会议收到委员提案 34 件。

政协三届三次会议于 1989 年 3 月 24—25 日在区机关二楼会议室举行。实有委员 111 人，出席会议委员 102 人。会议听取区委领导讲话；听取三届二次会议委员提案处理和审议三届二次会议委员提案处理情况报告及本次会议提案审查情况的报告；讨论协商南岔区人民政府工作报告和其他重要报告；传达上级会议精神并通过相应决议。本次会议收到委员提案 15 件，征集委员文史资料 3 篇。

政协四届一次会议于 1990 年 3 月 27—29 日在区机关二楼会议室举行。实有委员 110 人，出席会议委员 101 人。会议主要议程是：学习贯彻中共十三届五中、六中全会精神和《中共中央关于坚持和完善中国共产党领导的多党合作和政治协商制度的意见》；听取和审议常委会工作报告；听取和审议提案工作情况报告和提案审查情况报告；协商“一府二院”工作报告和 1989 年财政预算执行情况及 1990 年财政预算（草案）的报告；听取区委书记毛景春的讲话和市政协副主席刘文泮的讲话；选举产生新一届委员会主席、副主席、常委。选举结果是：主席：郝中贤，副主席：王家斌、戴翔、马树连、熊春峰，常委 17 人。会议收到委员提案 22 件。

政协四届二次全体委员会议于 1991 年 4 月 6—8 日在区机关二楼会议室举行。实有委员 110 人。会议由政协主席郝中贤主持，副主席王家斌代表常委会作工作报告；马树连副主席做提案处理情况报告；会议听取审议关于提案审查情况的报告；会议增选李逢春为政协副主席。会议收到委员提案 34 件，征集文史资料 2 篇。

政协四届三次会议于 1992 年 4 月 2—4 日在区机关二楼会议室举行。郝中贤主席主持会议，副主席王家斌代表常委会作工作报告；马树连副主席做提案处理情况报告；听取和审议提案审查情况的报告；6 名委员在会上为南岔区政治、经济和社会发展进言献策。会议收到委员提案 28 件，征集文史资料 2 篇。

政协五届一次全体会议于 1993 年 9 月 16—18 日在区机关二楼会议室举行。会议听取区委书记王福义的讲话；听取和审议政协常委会工作报告和提案处理情况的报告；及五届一次会议提案审查情况报告；协商讨论“一府二院”工作报告；选举产生新一届主席、副主席、常委。选举结果是：主席：王家斌；副主席：戴翔、卢元梅、熊春峰、刘树桐；常委 17 人，委员 115 人。会议收到委员提案 31 件。

政协五届二次全体委员会议于 1994 年 3 月 27—29 日在区机关二楼会议室举行。会议由主席王家斌主持，副主席刘树桐致开幕词。会议听取区委书记王福义的讲话；听取和审议政协常务委员会的工作报告、提案工作情况报告及五届二次会议提案审查情况的报告。区长刘增新作关于《政府工作报告》的说明，本着参政议政的原则，征求广大委员的建议，并依据委员的建议，对《政府工作报告》进行修改。会议讨论协商“一府二院”工作报告，有 6 名委员对南岔区政治、经济和社会发展方面进言献策。115 名委员出席参加会议。会议增补张学礼为南岔区政协副主席、增补常委张学礼、张凤春。会议收到委员提案 20 件。

政协五届三次全体委员会议于 1995 年 4 月 10—11 日在区机关二楼会议室举行。主席王家斌、副主席卢元梅、戴翔、熊春峰、刘树桐、张学礼及 117 名委员出席会议。会议由王家斌主席主持，听取审议政协常务委员会工作报告；听取审议提案工作情况报告。及五届三次会议提案审查情况报告。会议收到委员提案 26 件，立案 25 件。

政协五届四次全体委员会议于1996年3月26—27日在区机关二楼会议室举行。主席王家斌，副主席卢元梅、戴翔、熊春峰、张学礼、刘树桐及117名委员出席会议。会议由主席王家斌主持，听取常务委员会工作报告；听取审议提案工作情况报告及五届四次会议提案审查情况报告。会议收到委员提案31件。

政协五届五次全体委员会议于1997年4月1—2日在区机关二楼会议室举行。出席和参加会议的主席、副主席及委员与五届四次会议相同。会议听取审议政协常务委员会工作报告，听取审议提案工作情况报告和五届五次提案审查情况报告。收到委员提案36件。

政协六届一次全体委员会议于1997年10月28—29日在区机关二楼会议室举行。主席王家斌，副主席戴翔、刘树桐、李树春和120名委员参加会议。会议由主席王家斌主持，听取审议常务委员会工作报告及提案工作情况报告。

政协六届二次全体委员会议于1998年3月25—26日在区机关二楼会议室举行。出席会议的主席、副主席、委员与六届一次会议相同。会议听取审议政协常务委员会工作报告。会议收到委员提案57件，立案55件。

政协六届三次全体委员会议于1999年3月10—11日在区机关二楼会议室举行。出席会议的主席、副主席及委员与六届二次会议相同。会议由主席王家斌主持，听取审议常务委员会工作报告及提案工作情况报告，听取六届三次会议提案审查情况报告。会议收到委员提案64件，立案62件。

政协六届四次全体委员会议于2000年6月6—7日在区机关二楼会议室举行。主席魏长宽，副主席戴翔、李树春、程厚贵、刘树桐出席会议、120名委员参加会议。会议听取审议政协常务委员会议工作报告；听取审议提案处理情况报告及六届四次会议提案审查情况报告。会议收到委员提案38件，立案28件。

政协六届五次全体委员会议于2001年3月26—27日在区机关二楼会议室举行。出席会议委员130人。政协副主席程厚贵致开幕词。会议听取区委书记牛毓山的讲话；听取并审议区政协常委会工作报告和提案工作情况报告及本届会议提案审查情况报告；区政府常务副区长金绍英作关于《政府工作报告》的说明，本着参政议政的原则征求广大委员的建议，并依据委员的建议对《政府工作报告》进行修改。会议还协商讨论“一府二院”工作报告，选举增补区政协主席、副主席、常委，并通过相应的决议，确定今后的主要工作任务。会议选举马伟斌为政协主席，戴翔、李树春、程厚贵、刘树桐为副主席。收到委员提案23件。

政协六届六次全体委员会议于2002年3月12—13日在区机关二楼会议室举行。主席马伟斌，副主席戴翔、程厚贵、李树春及129名委员参加会议。副主席程厚贵致开幕词。会议听取区委书记牛毓山的讲话；听取并审议政协常委会工作报告和提案工作报告及本次会议提案审查情况报告；区政府常务副区长孙浩然作关于《政府工作报告》的说明：本着参政议政的原则，征求委员建议并依据委员的建议对《政府工作报告》进行修改。协商讨论“一府二院”工作报告，确定今后的主要工作任务，会议通过相应的决议。会议收到提案31件。

政协七届一次会议于2002年10月29—30日在区机关二楼会议室举行。此次会议是换届会议，会议由六届委员会主席马伟斌主持。119名委员参加会议。会议听取伊春市政协、市委统战部领导及区委书记牛毓山的讲话；听取和审议政协六届常委会工作报告；选举政协南岔区七届委员会主席、副主席、常务委员。选举结果：戴翔为七届政协主席，王正业、徐占东、王波为副主席，选举于宪军等25人为政协七届委员会常务委员。会议通过相应的决议。

政协七届二次全体委员会议于2003年3月12—13日在区机关二楼会议室举行。119名委员参加会议。会议由政协主席戴翔主持。会议听取区委副书记王若森的讲话；听取并审议区政协常委会工作报告；区政府副区长刘静作关于《政府工作报告》的说明；本着参政议政的原则，征求广大委员的建议，并依据委员的建议，对《政府工作报告》进行修改。协商讨论“一府二院”工作报告；听取七届二次会议提案审查情况的报告；会议通过相应的决议。会议收到委员提案 42 件。

政协七届三次全体委员会议于 2004 年 3 月 4 日在区机关二楼会议室举行。124 名委员出席会议。会议由政协主席戴翔主持。听取区委书记牛毓山的讲话；审议区政协常委会工作报告；审议提案处理情况报告和听取七届三次会议提案审查情况报告；区政府常务副区长岂凤桐作关于《政府工作报告》的说明。本着参政议政的原则，征求广大委员的建议，并依据委员的建议，对《政府工作报告》进行修改。协商讨论“一府二院”工作报告；增选政协常委；增补王德林、卢元梅、任英伟、刘振良、郑崇贵为南岔区政协七届委员会常务委员。会议还做出决定：对 2003 年度“双评活动”中，成绩优异的 4 个委员活动组和王力华等 15 名优秀政协委员予以表彰。会议有 3 名委员作建议发言；政协委员孔宪明作“加快我区家具行业发展的建议”的发言，吕殿贵作“对我局发展经济林的几点建议”的发言，李建国作“关于加强柳树河水资源保护的建议”的发言。会议收到委员提案 71 件，立案 70 件。会议通过相应的决议。

政协七届四次全体委员会议于 2005 年 3 月 9 日在区机关二楼会议室举行。127 名委员参加会议。会议由政协主席戴翔主持，听取区委书记牛毓山的讲话；听取并审议区政协七届三次会议提案处理情况的报告；听取七届四次会议提案审查情况报告；区政府常务副区长岂凤桐作关于《政府工作报告》的说明。本着参政议政的原则，征求广大委员的建议，并依据委员的建议，对《政府工作报告》进行修改。协商讨论“一府二院”工作报告及区政府财政预、决算情况报告；协商讨论区长、人大常委会副主任、检察长候选人；会议决定：表彰奖励在 2004 年度“双评活动”中，成绩优异的 3 个先进委员活动组和苗广生等 15 名优秀政协委员。苗广生作关于“人造板精深加工的几点思考”的发言，郭元文作关于“整治城镇环境卫生薄弱环节的几点建议”的发言和郑崇贵作关于“区域招商引资的几点建议”的发言。会议收到委员提案 43 件，会议通过相应决议。

第三节　第二至第七届南岔区政协委员

政协二届委员计 97 人

王家斌　王维勤　卢元梅　冯玉胜　江成山　齐国珍　李庆来　张瑞全　郝中贤　盛永杰
傅景新　马树连　于长生　王占元　孙海儒　毕　捷　何云普　苏德林　陈锡信　陈永祥
贾春凯　程友三　刘增新　刘吉庆　刘俊义　刘月柱　谷茂坛　李英海　张静民　周庆玉
郝　瑞　徐国玉　滑东明　王国范　王福君　田子浩　刘秉玉　刘淑兰　刘子斌　何亚琴
张志强　张家彰　吴祥生　孟繁信　郝长江　郭　勤　高景江　商国祥　葛枫奎　傅丛生
于兆瑞　马艳君　王秀芬　王俊营　王增新　孙彦林　朱凤楼　孙继续　金寿增　殷秀光
彭宪和　景维达　滕淑珍　王玉德　苏文章　刘殿瑞　杨明和　金成根　金东铉　韩国启
满亚东　蔡和春　熊春峰　王伯坤　刘成山　刘树桐　孙秉衡　何振仁　张振和　郑　双
程厚贵　闫桂兰　魏长宽　齐跃臣　廉学海　葛海林　孔令臣　刘利军　钟福斌　张安华
徐凤春　胡德政　赵云亭　郎若愚　关文忠　李长贵　张　波

政协三届委员名单计 111 人

王家斌　卢元梅　冯玉胜　齐跃臣　刘成山　刘利军　李万才　张　波　张振和　张瑞全
郝中贤　廉学海　葛海林　傅景新　满亚东　魏长宽　于长生　刘吉庆　刘俊义　刘树桐
李欣荣　李建新　吴俊仲　陈永祥　胡广荫　郝　瑞　姚振猛　贾春凯　徐国玉　程友三
蔡和春　马树连　孙海儒　李长贵　李恩佑　陈锡信　谷凤坤　周庆玉　依汉贵　郝凤会

赵宝利 葛长久 傅墨义 褚思探 于洪斌 马洪训 王国范 王福君 田子浩 刘月柱
刘淑兰 李英海 张志强 张家彰 何亚芹 金东铉 郝长江 葛枫奎 傅广信 傅丛生
王海春 李玉亭 毕 捷 苏德林 季天治 杨明玉 郭玉书 姜铁元 高学文 王玉德
王占元 王若华 张镇国 孙继续 吕 才 全洪汉 梁延令 宋砚春 胡德政 郭延武
殷凤卿 韩国启 王俊营 王增新 朱凤楼 金寿增 郎若愚 郭 勤 钟福斌 殷秀光
徐凤春 高景仁 彭宪和 滕淑珍 于晓东 孔令臣 王伯坤 王维勤 王满财 吕德新
关文忠 林春道 金怀玉 赵云亭 崔学皋 程厚贵 滑东明 熊春峰 戴义传 董玉婷
王泽永

政协四届委员 110 人

王家斌 卢元梅 冯玉胜 刘成山 李万才 李玉臣 张 波 张振和 张瑞全 郝中贤
姚 发 廉学海 葛海林 满亚东 戴 翔 熊春峰 徐国玉 毕 捷 郭 勤 王满财
吕 才 穆怀君 马树连 姚振猛 陈永祥 蔡和春 于晓东 林荫国 刘福利 戴义甫
刘俊义 程友三 刘吉庆 傅墨义 郝 瑞 李欣荣 刘树桐 贾春凯 胡广荫 李建新
王成贵 于长生 陈锡信 赵宝利 赵凤坤 衣汉贵 葛长久 李长贵 郝凤会 闫树斌
孙万里 张文学 李明增 邓忠树 王海春 苏德林 郭玉书 李玉亭 杨明和 姜铁元
韦井荣 张启申 康广南 徐永文 赵宝利 孟祥福 王国范 金东铉 葛枫奎 何亚芹
张家彰 郝长江 李英海 马洪训 于英斌 傅广信 王光兴 康世著 郎若愚 李万才
高景仁 孙继续 殷凤卿 全洪汉 谭同利 曲世龙 王玉德 郭延武 胡德政 张德山
李吉星 戴树田 董玉婷 赵云亭 滑东明 孔令臣 岂兴禄 王增新 殷秀光 王俊营
朱凤楼 徐凤春 滕淑珍 梁崇辉 彭宪和 孙积贤 王维勤 程厚贵 郭桂珍 关文忠

政协五届委员 115 人

王家斌 戴 翔 卢元梅 林春道 李宝臣 葛枫奎 刘建利 李万林 王伯仁 申德雪
熊春峰 李欣荣 卢德宏 刘继忠 王玉德 于宪军 王满财 谭同利 刘树桐 张 波
刘成山 于春江 杨玉春 刘 钧 刘俊义 程友三 李长贵 肖中歧 范淑玲 申厚礼
李翠凤 钟国安 杨淑霞 岂兴禄 孔令臣 张立杰 郭 勤 李万才 殷秀光 孙积贤
魏兴然 管 珍 郁 刚 蔡凤云 马 志 于钦林 王国范 康世著 张家彰 于洪斌
马洪训 孙惠芳 姜文祥 赵富贵 冯跃忠 衣汉贵 李明增 郝凤会 谷凤坤 孙浩然
陈锡信 邓忠树 赵宝利 杨方金 梁 蕴 施国宝 朱维杰 沈维刚 刘印生 韦井荣
徐永文 殷凤卿 王连锁 银 强 王 成 徐树彦 徐学志 姚凤臣 周义慧 马 君
郭延武 戴树田 李吉兰 王世佳 崔秀文 张玉财 李禄太 赵金山 胡德正 孟祥福
王成贵 康广南 张文学 曲世龙 张 信 田石凯 刘会来 王少平 董宏升 谭 顺
董玉婷 赵云亭 张庆民 郎若愚 丁润江 马剑辉 蔡和春 林荫国 刘福利 郭桂珍
崔云惠 于学琴 张传铭 于晓东 穆怀君

政协六届委员 120 人

王家斌 戴 翔 李树春 卢元梅 张凤春 张春民 杨玉春 王书元 靳 刚 闫树海
马 军 王林东 屈广明 郎若愚 田时凯 张传铭 刘会来 董宏升 王成贵 张文学
赵宝利 安雅琴 尹 杰 孙义宽 王 伟 李桂兰 韩玉书 王继奎 韩宪林 马士中
朱维杰 李明增 刘印生 陈树森 李国田 吕殿贵 李彦成 邬野凌 曹建林 刘铁福
朱良章 衡汉金 王隆森 于维涛 崔秀文 康世著 于学琴 马淑珍 盛世明 马洪训
付家树 牟贵良 顾惠范 王树平 韩守勤 殷秀光 王力华 蔡凤云 张景福 黄 光
关国辉 魏兴然 许家国 陈福德 张庆民 卢德宏 马 志 于洪斌 张立杰 杨宝瑞

林荫国	于晓东	刘吉瑞	常志德	穆怀君	及东华	王　衡	王桂芬	欧青斌	李宝臣
赵永生	于宪军	刘树桐	孔令臣	王澍梅	庄善学	李芳华	潘玉元	高桂兰	张玉海
王廷贵	刘俊义	钟国安	申厚礼	衣汉贵	李烨光	韩文善	翟乃辉	杨方金	徐永文
张启森	刘福利	徐学志	徐树彦	毕德仁	张敬祥	申凤英	梁凯泉	孙成建	吕贤斌
候月华	杨　光	李吉兰	张宏伟	王运忠	刘云平	许桂芝	田奇宇	李建国	唐　达

政协七届委员名单 119 人

戴　翔	王正业	王维江	王德林	张凤春	于宪军	宋晓伟	王广元	郑崇贵	苗广生
王远鹏	任英伟	郎若愚	陈福德	张　楠	李玉华	刘振霞	苗颖杰	赵忠玉	王友安
王　波	赵荣欣	赵宝利	王仲伯	于维涛	刘广地	王继奎	李德武	孙成建	朱国宏
郭元文	刘胜强	徐树彦	李　叶	姜静秋	吴晓斌	董宏升	马志惠	丛　梅	李国田
吕殿贵	李彦成	邬野凌	曹建林	韩士君	李　福	衡汉金	许慧春	杨方金	姜文祥
刘彦春	潘玉元	程艳秋	刘　玲	秦桂芬	牟贵良	张兴云	王树平	王力华	张景福
黄　光	关国辉	徐家国	钱茂发	付家树	蒋参才	李　锁	徐占东	曲伟明	马　志
郭殿有	张立杰	杨宝瑞	于晓东	刘吉瑞	穆怀君	孔宪明	张庆民	丁明林	乔明科
牛金成	张宏伟	丁润江	欧青彬	张玉海	庄善学	王晓东	于　耳	姚志伟	王晓春
田克荣	张志敏	高桂兰	申厚礼	卜晓东	韩文善	尹秀敏	闫树海	梁凯泉	李志忠
陈广军	邵会民	董振学	张志祥	王长礼	翟乃辉	陈广学	徐永文	李建国	申凤英
杨　光	董立峰	李晓东	许桂芝	辛广为	张淑杰	邢宪义	刘云平	谢　峰	

第四节　提案处理

1986 年 4 月 14 日至 2005 年 3 月 9 日，政协自二届三次至七届四次全体会议中，共征集委员提案 691 件（立案数）。提案内容涉及经济建设方面；党建和精神文明建设方面；政法、法制建议和社会治安方面；天然林保护工程方面；城镇建设规划和环境保护方面；文化教育和科技卫生方面；落实知识分子政策和生产力发展方面；农林畜牧业发展方面；人民生活和物价方面；民族政策和宗教方面；体制改革方面；发展乡镇企业和地方工业方面；邮电通信方面；再就业工程方面；文化市场及其他方面。这些提案在每次政协会议之后，政协提案委员会办公室及时将委员提案正式提交有关部门进行办理。经区委、区政府及有关部门认真研究，妥善处理解决并将处理结果及时反馈提案人。提案处理结果情况如下：已经采纳解决的 339 件，占总数的 49%；因受各种条件制约，需列入计划、逐步加以解决的 221 件，占总数的 32%；受国家财政制约或因财力物力的限制，暂不能解决的，需要向提案人加以解释说明的 131 件，占总数 19%。

第五节　文史资料征集

1986—2005 年，以抢救日伪时期的史料为重点，以记述抗联斗争和剿匪斗争史实为目的，为《伊春文史资料》提供有价值的文章，南岔区政协先后召开 2 次征集员会议，学习贯彻省、市文史会议精神，根据掌握的文史资料信息，落实撰写题目。坚持广征博采、存真求实的原则，扩大调整文史工作队伍，抢救一批很有价值的史料。先后撰写整理出《鄂伦春人民感谢共产党》《日伪时期的小西林森林警察队》《国民党东北挺进军第三军第三支队南岔独立营始末》《解放初期南岔治安考略》《浩良河火锯厂工人护厂队》（撰写人：江成山）《我们刚进伊春林区的时期》（徐昌口述，万里整理）《火热的青春、创业的年代》《南岔土改斗争始末》《小兴安岭第一个人参园》《顽匪郭雅斌、于甫覆灭记》《宪兵队南岔工作班的建立和覆灭》《南岔区把头斗争史料》《抗联遗址四块石》《苏军进驻南岔三个片断》《吉星沟的两次劫难》《分化瓦解敌人、击毙匪首陈山》16 篇文史资料。这些史料记载了南岔在抗战时期、解放战争时期和解放初期的史实情况，并在《伊春文史资料》上刊载发表。

第二十二篇 人事 劳动 民政

南岔区的人事、劳动和民政是政府组成部门。1986—1992年分设劳动和人事局，1992至2005年2月，人事局和劳动局合并，机构名称是人事劳动局。1997年6月，南岔林业局安全科的职能和人员合并到人事劳动局。2001年11月，又将安全科从人事劳动局分出去，人事劳动局与编委合署办公，负责保障、目标管理、劳动鉴定、医疗保险等工作。2005年3月，人事、劳动局分设，南岔区劳动局、南岔区社会保障局、南岔区就业局合署办公，成立南岔区劳动和社会保障局。劳动和社会保障就业局主要是对劳动力、工资、定额、社会就业、职工社会统筹、安全生产与劳动鉴定、劳动争议的仲裁与调解进行管理与处理。人事局对干部调配、职称、工资进行管理。截至2005年年末，全区（局）在职职工9825人，其中工人6142人。职称中：高级264人，中级1307人，初级936人。

民政工作主要包括优抚、救济、婚姻登记、残疾人事务、军人安置、基层政权建设、城镇居民低保等事务。到2005年，社会救济26390人次，结婚登记17603对、离婚31152对，发放救济金321.6万元。

第一章 人事 劳动

1986年，南岔区分别设人事科和劳动科，1992年两局合并，人事劳动部门，坚持以人为本和科技是第一生产力战略思想，积极发掘人才潜力，充分调动知识分子积极性。截至2005年底，全区共有各类专业技术人员2507人，做到了人尽其力，才尽其用。在劳动力调配和管理上，努力平衡和调控由于体制改革带来的就业和再就业压力，通过转岗、分流，积极扶持个体私营经济及打工经济，实现了大批富余劳动力转移。2001—2005年共安置下岗失业和再生劳动力12835人就业。在生产管理上，安全生产常抓不懈，事故发生率逐年下降。依法调处劳动争议案件，保护了当事人合法权益，维护了政治安定社会稳定。

第一节 机 构

1986年，南岔区（局）人事局（科），编制7人，其中正副局（科）长各1人。劳动局（科）编制10人，其中正副局（科）长各1人。下属单位南岔区劳动服务公司，编制10人，所属企业有建筑工程队（1987—1988年）、华侨商店（1988—1998年）。1988年，南岔劳动服务公司，兼管社会保险工作、劳动就业，对外挂3个牌子，编制18人。1992年，人事局和劳动局合并，名称人事劳动局。1997年6月，南岔林业局安全科的职能和人员合并到人事劳动局。2001年11月29日，安全科从人事劳动局分离出去，归属南岔区经贸委，其中锅炉、压力容器、特种设备的监管职能归属南岔区技术监督局。与此同时，人事劳动局与编委合署办公，负责社会保障、目标管理、劳动鉴定，医疗保险等工作，定编9人，领导指数1正2副，一般干部6人。2002年6月1日，人事劳动局增设医疗改革办公室，编制6人（事业编）。2003年，按着市编委〔2003〕50号文件通知，人事劳动局所属单位南岔劳动服务公司，统一更名为就业局，与社会保障局合署办公，机构规格为科级，编制15人，配备局长1人，副局长2人。2005年3月，人事、劳动局分设。成立南岔区人事局，编制5人，领导指数2人，1正1副。南岔区劳动局、南岔区社会保障局、南岔区就业局合署办公，成立南岔区劳动和社会保障局，下属就业局，编制38人，领导指数5人，1正4副。

第二节 人事管理

一、编制

1986年，按着中央和省市统一部署，进一步落实党的知识分子政策，依据市编委文件要求对机关、事业单位实行定岗定编。

1993年，根据产业产品结构调整的实际需要，对企业充实调整专业技术人才18人。方向是乡镇企业、集体企业、区街工业、三资企业。

1994年，接收安置大中专毕业生15人，其中大学本科生1人，专科生3名，中专毕业生11名。南岔制药厂当时是南岔区下属企业，生产的西药，缺少会包糖衣制药技术的人才，人事部门积极协助，从铁力选聘1名糖衣制药工蒋秀梅，同时将其丈夫谭福军也调入药厂，还为他们买了50多平方米的住房，使其安心于本职工作，解决了制药技术难题。当年，还聘用4名中医药学院大学毕业生，他们和药厂领导及技术人员共同研制开发了出口韩国创汇药品山楂粉、松枝粉及抗风湿中药“威灵仙”。在深化人事制度改革中，积极推行“双聘”制和企业全员合同制管理。先后在南岔轻机厂、南岔机械修造厂、钢丝绳厂、晨明白灰厂4个单位，率先实行干部使用聘用制。坚持能者上，庸者下，总计聘任管理干部49人，落聘7人。结束了干部终身制、铁饭碗的旧体制，把干部的荣辱和企业兴衰捆在一起，增强了工作的责任感和使命感。

1997年4月，南岔区（局）按着省市精兵简政、优化结构的总体部署，遵循精简、统一、效能的原则，在党政机关干部中实行竞争上岗。具体采取了考试，民主评议，供述职报告，工作业绩考核等办法，最后总评分张榜公布，优者上，庸者下，进一步优化了干部队伍结构。在这次机关机构改革中，机关工作人员由882人，减到292人，其中转岗转为事业单位142人，整体转移125人，精简323人。

1998年，在干部调配，毕业生安置及人才交流工作中，重点抓了对专业技术人员需求关系的调整，充实生产一线的管理干部，稳定科技队伍。共调配各类人员103名，其中：安置1997年毕业生39名，并实行考试录用，择优录取等办法，分配充实公安队伍25人，对提高干部队伍素质起到积极作用。

1999年，根据企业结构调整的需要，在全区（局）范围内，调整交流了74人，使其发挥专长，促进了工作的开展。年初，对愿意从事教育工作的大、中专毕业生，采取自愿报名参加，试讲后合格聘任的方法，有28人被分配到中小学任教，充实了师资力量。在7月18日举办的市局人才交流会上，南岔区教委、南岔制药厂签订用人招聘意向协议书12份，其中：教委7人，药厂5人。在12人中有本科学历4人，专科学历7人。

2001年10月，依据伊发〔2001〕19号文件精神，结合南岔区（局）实际情况，制定了《南岔区党政机构改革实施方案》。经过改革，党政机构设置限额为20个，其中党委5个，政府15个。工会、共青团、妇联、工商联等群团机构参照方案有关规定执行。林业局机构设置：资源科、营林科、木材生产机械科。监察局、老干部办、信访办不计机构个数。人员编制以1997年核实的编制控制数为基数，精简23%，总编制控制数由300人减为230人。

2002年，南岔区（局）根据《伊春市辖区党政机构改革实施意见》的通知精神，按照带职分流、定向培训、充实非国有企业、优化结构的要求，把机构改革与干部人事制度改革结合起来，具体制定了《南岔区党政机关富余人员调整安置、分流实施办法》。对未到离退休年龄的机关人员，机构改革期间，可参照省市有关规定：男1946年12月31日前（含12月31日）、女1951年12月31日前（含12月31日）出生的科级（含科级）以下工作人员，不再安排机关职务任职，可选择提前办理退休手续或离岗休养。男1948年12月31日前（含12月31日）出生的科级工作人员，不再安排科级领导职务任职。如果安排科级非领导职务，可以不占科级非领导职务指数。1944年12月31日前（含12月31日）出生的正副处级干部，不再安排机关职务任职，可选择提前办理退休或离岗休养。1946年12月31日前（含12月31日）出生的正副处级干部不再安排处级领导职务，如果安排处级非领导职务，可不占处级非领导职务指数。

党政机关工作人员中（含领导干部），在2003年12月31日前（含12月31日），连续工龄满28年或者男满52周岁，女满47周岁，本人自愿，经组织批准，可提前办理退休或离岗休养手续。提前退休的人员，比国家规定的退休年龄提前一年不满三年，可按现行工资上调一级企业工资；提前三年不满五年的，可上调二级企业工资；提前五年以上的，可上调三级企业工资。提前退休人员的工资，由企业在管理费中列支，并确保在机构改革期间兑现。提前退休人员按规定缴纳养老金，待达到法定退休年龄时，按新办法计发退休金标准，另外加上这次机构改革时所增长的工资额，再纳入社会统筹。离岗休养人员职务免除，保留原职级待遇，纳入机关退休人员管理。机关调整工资时，按原职级调整工资档次，待达到国家规定的退休年龄时，正式办理退休手续。退出工作岗位年限可与以前的工龄合并计算。提前离岗休养期间，每人每月发给20元补助费，直至达到退休年龄为止。4月30日，经伊春市劳动局批准，有252名干部离岗休养。其中区机关146人（包括二线）；两镇一乡31人；街道办事处29人；公检法司46人。

2005年，根据事业和工作发展需要，区机关又新增设和分设、合并了部分科室，对新成立的区人大信访办公室、区生态办公室、区北药办公室、区商务局、区经济贸易科技委员会、区发展改革委员会、区人事局、区劳动和社会保障局、区环保局、区资源林政局、南岔林业局检验科等科室，进行了定编、定岗，对没有编制的单位或科室，没有调入一人。对临时性工作，确需临时抽调人员的，也专门下发文件进行了重新明确，避免出现长期抽调，在编不在岗的情况。此外，按照事业单位审核标准，对全区24家事业单位进行了检查，对10家法人变动的单位进行了重新登记，对一家新申报单位进行了审核上报。12月20日，南岔区编制委员会以南编发〔2005〕19号文件《关于成立南岔区公用事业管理局通知》，成立南岔区公用事业管理局。区公用事业管理局对区环卫处、自来水公司、物业公司、房产开发公司、环宇热力公司等公用事业单位实行归口行业管理。机构设置及规格系南岔区城市公用事业的政府部门，规格为科级。人员编制为11人，其中领导指数为3人，局长1人，副局长2人，工作人员8人。

二、大中专毕业生管理工作就业

1986—1997年实行统招统分；1997年后，实行双方选择。但由于部分企业转制，木材产量逐年减少，林区经济不景气，毕业生择业观念转变慢，认为只有分配到机关、国有企业才是真正的就业，因此造成了毕业生的大量积压。1997—2005年，南岔区（局）尚有待分配大中专毕业生437人。

2005年，对在职中专毕业生（伊春林校、伊春林干校）166人，根据有关政策，办理了相关手续，改变了身份。另外还有56名非在职中专毕业生（伊春林校、伊春林干校班、南岔党校毕业生）只是接收，没有安排工作。同时，按照上级要求和南岔实际，制定了《南岔区人事代理工作管理办法》《代理协议书、合同管理办法》，有40多名毕业生和人才中心签订了管理合同。两次参加由市委组织部和市人事局举办的“全市人才交流洽谈会”，南岔经济综合开发公司、格润药业有限责任公司等几家企业到会，招聘了6名专业人才到南岔区企业工作。南岔区由于受经济条件制约，招聘外来专业人员比较困难，5月，组织区内八家企业在伊春职业技术学院举办了一场人才交流用工会，到会咨询人员近400人，有71人签订了用工协议。

第三节　劳动力管理

1986年，南岔区（局）木材生产产量每年基本定位在20余万立方米左右，木材生产和营林生产任务，基本可以满足全员劳动力的工作量。这一时期劳动力管理的重点放在压缩非生产人员和减少辅助生产人员，加强充实一线生产人员上，努力提高劳动生产率，为支援国家建设争做贡献。

1994年，南岔区（局）本着“精简、统一、效能”的原则，对机关科室认真核定编制，对工作性质相同或相关的科室进行整顿，该合并的合并，该撤销的撤销，该分流的分流。合并精简16个科室，分流200人，全区总分流人员达446人。机关通过人员分流，一年节约经费100万元。

1996年，随着木材可采资源的减少，木材产量每年总体控制在12万立方米左右，相对应的营林生产任务也随之降低。生产任务少了，富余劳动力多了。为缓解人多活少，生产任务不饱和的矛盾，南岔区（局）借鉴双丰林业局“两分两自立”经验，对富余劳动力实行转岗分流。在林场、经营所将林企耕地分包给富余职工，以地顶资，有工资田、补资田、就业田、劳保田。全年南岔区（局）有1701公顷林企耕地分包到富余劳动力手中，共转移林企劳动力1200多人，使林场经营所摆脱并改变了独木支撑的局面。在此期间，南岔区地方工业，乡镇企业和商业，在中央“抓大放小”改革方针指引下，根据企业不同状况，分别采取宜股则股、宜租则租、宜售则售的改革措施，所有制结构发生了明显变化。在分配形式上彻底打破大锅饭铁饭碗，实行承包经营，按劳取酬。国营商业职工在经营管理“四放开”改革中走向市场自主择业，个体私营经济迅猛发展。

2000年，按着中央国企改革实行“下岗分流，减员增效”统一部署。年初伊春市人民政府下达给南岔区（局）林场、经营所向林业划区管护经营方向分流2107人，机关附属单位分流39人的指标。根据指标向划区管护经营方向分流2107人，（其中：林场分流822人，经营所分流1285人）。机关附属单位分流39人（政府招待所18人，机关托儿所12人，广播电视局9人）。并通过形势教育和实例讲解，因势利导，转变下岗职工思想认识，鼓励下岗职工和失业人员充分利用山区资源优势，从事种、养、采、加等家庭经济和从事社区服务业，有1480人走上自谋职业的路子，从而减轻了企业负担，缓解了就业压力，维护了社会安定团结。

2001年，每年木材生产总量降至5万立方米以下，木材产量锐减，富余劳动力问题更加突出，山上林场，经营所一年的生产任务，多说用三四个月时间就能完成。为了安置就业，南岔区（局）千方百计扶持职工依托资源优势发展林下经济，大搞采、种、养、加生产和外出打工，不但维持了生计，部分人也由此走上致富之路。天然林保护工程实施后，对部分转制企业富余劳动力实行一次性安置（工龄买断）。2004年，伊春市劳动和社会保障局为了加强对离退休人员的管理工作，要求各区（局）人事劳动部门，做好离退休人员档案移交工作。南岔人劳局借调12人，经过培训，对离退休人员档案进行认真整理。于11月7—11日，经市社保局审查合格后，顺利完成5940名离、退休人员的档案移交工作，其中：离退休干部1705名，退休工人4235人。至2004年，全区（局）一次性安置1816人。

2005年，完成了6户地方国营企业职工养老保险向失业保险并轨807人，支付资金675.2万元。通过发展森林旅游、北药生产、绿色环保产业、特色养殖、木材精深加工五大优势产业和私营经济，实现大批富余劳动力转移，2001—2005年共安置下岗失业和再生劳动力12835人。

1986—2005年南岔区（局）劳动力情况统计表

表22-1

单位：人

项目 人数 年份	年末职工人数			安置技工校毕业生数	招收聘用人员数	调入人数	退休职工人数	一次性安置（工龄买断）	死亡人数	调出人数
	合计	男	女							
1986	10576	6955	3621	82	—	23	97	—	80	26
1987	10574	6953	3621	73	—	35	96	—	85	18
1988	12275	7974	4301	68	1721	36	89	—	70	25

续表 22-1

年份＼人数＼项目	年末职工人数			安置技工校毕业生数	招收聘用人员数	调入人数	退休职工人数	一次性安置（工龄买断）	死亡人数	调出人数
	合计	男	女							
1989	13065	8475	4590	63	825	26	95	—	86	21
1990	13550	8464	4586	68	—	31	87	—	90	18
1991	12983	8425	4558	51	—	15	80	—	81	41
1992	12901	8375	4526	58	—	18	85	—	86	39
1993	12809	8315	4494	52	—	20	90	—	80	45
1994	12711	8255	4456	51	—	25	99	—	81	44
1995	12597	8191	4406	54	—	21	110	—	90	41
1996	12450	8121	4329	51	—	30	120	—	100	53
1997	12241	8021	4220	45	—	15	130	—	110	69
1998	11904	7821	4083	—	—	10	180	—	130	78
1999	11605	7621	3984	—	—	15	190	—	125	47
2000	11285	7411	3875	—	—	16	200	—	130	58
2001	10489	7001	3488	—	—	12	190	492	120	45
2002	8864	5976	2888	—	—	9	185	1324	130	36
2003	8548	5776	2772	—	—	5	180	—	155	21
2004	8207	5576	2631	—	—	2	191	—	160	23
2005	6142	4914	1228	—	—	3	173	877	165	18

第四节 工 资

南岔区（局）的工资支付主要有 2 种：计时工资（含岗位工资）；计件工资（含承包工资），以上两种是基本的工资支付形式。奖励工资和各类津贴是工资的补充形式。每种形式都有它的适用条件和范围。

1987 年，按伊劳字〔1987〕81 号文件，对 1970 年以来参加工作没有固定工资等级的工人进行重新定级。按劳人薪〔1986〕97 号文件，对没有重新定级的人员晋升 1 级工资。

1989 年，按国发〔1989〕83 号文件，对全区（局）职工普调 1 级工资，并兑现了各种职称和职务工资。

1990 年，按伊劳〔1990〕136 文件，对全区（局）职工普调半级工资。

1991 年，按黑劳发〔1991〕67 号文件，南岔林业局进入国家二级企业，对全区（局）职工普调半级工资。

1994 年，按黑政办发〔1994〕17 号文件，在 1993 年调整职工工资标准的基础上，对全区（局）职工调整 0.5 级至 4.5 级不等的工资，人均 52 元。林企干工资级制，1994 年标准 1 ~ 16 级副；工人工资级制 2 副 ~ 17 级。

黑龙江省森工总局下发黑森劳字〔1994〕255 号文件，文件就工资兑现问题，做出明确规定“核增工资总量后，具有支付能力的企业，可按人均月增资 50 元的规定一步到位。对目前支付能力较差或暂不具备支付能力的企业，可根据企业的经济情况分步实施，也可先升档案工资，条件具备时，再予以兑现”。南岔区办理完调资后，于 1995 年为全区职工开了 3 个月调整后的工资。后因受林区“两危”的困扰，资金短缺而停发，仍执行 1993 年以前工资标准。

1996 年，按伊劳发〔1996〕9 号文件，对全区（局）职工进行工资标准调整，并把各种副食补贴进入工资，合计 76.52 元 / 月。林企干工资级制，1996 年标准 1 ~ 39 级；工人工资级制 1 ~ 39 级。此次调资后，由于南岔区资金困难，仍未兑现，记入职工档案工资。

1998 年 10 月、11 月、12 月三个月，南岔区由于财政困难，没有支付工资能力，拖欠区机关、公检法和部分事业单位职工 3 个月工资。

2003 年，根据省、市、指示精神为全区（局）职工每人调增了 55 元 / 月御寒补贴。

2004 年，按黑森字〔2004〕334 号文件，对全区（局）职工普调 1 级工资。平均人 34 元 / 月。

2005 年，南岔区按照伊政纪字〔2005〕21 号，伊春市人民政府市长办公室会议决定精神，“从 2005 年 10 月 1 日起，对森工企业纳入天保工程补助范围的社会性人员和管理人员，兑现黑政办发〔1994〕17 号文件，执行 1994 年调整后工资标准，公检法、教师调资问题，这次调资暂不纳入，待国家和省有关政策出台后一并执行。”同年末，南岔区筹措资金 94.4 万元，兑现离退休职工书刊费，补发 1998 年拖欠长达七年的 3 个月工资中 2 个月工资。

第五节　职称评定

1986 年，南岔区（局）有各类职称的科技人员 690 人（包括离休 3 人），其中：工程师 67 人、农艺师 3 人、兽医师 3 人、统计师 1 人、主治医师 31 人、讲师 3 人、离休工程师 3 人、助理工程师 71 人、助理农艺师 8 人、助理兽医师 12 人、助理统计师 5 人、助理气象师 1 人、劳动定额助理工程师 2 人、助理会计师 6 人、医师 44 人（其中离休 3 人）、助理经济师 2 人、助级以下 428 人。

1988 年，根据南职改字〔1988〕7 号文件,《关于初、中、高级专业技术职务评审工作的安排》，有 3 人晋为高级职称，45 人晋为中级职称，108 人晋为助级职称。

1989 年，南岔区（局）共有各类职称的科技人员 1459 人。工程技术人员 283 人，其中：工程师 48 人，助理工程师 119 人，技术人员 116 人，农业技术人员 46 人，其中：农艺师 8 人，助理农艺师 13 人，技术员 25 人。卫生技术人员 218 人，主治医师 25 人，护师 52 人，护士 141 人。教学人员 659 人，其中：自然科学人员 140 人，中学高级教师 11 人，中学一级教师 40 人，中学二级教师 40 人，中学三级教师 27 人，没评聘 22 人；社会科学人员 529 人，讲师 2 人，助理讲师 11 人，高级教师 11 人，高级一级教师 73 人，高级二级教师 59 人，高级三级教师 31 人，没评聘 33 人；小学高级教师 139 人，小学一级教师 82 人，小学三级教师 32 人，没评聘 56 人。经济人员 77 人，其中：经济师 16 人，助理经济师 49 人，经济员 12 人。财会人员 130 人，其中：会计师 14 人，助理会计师 45 人，出纳员 71 人。

到 1993 年年末，全区（局）共有科技人员 2710 人，其中：高级职称 38 人，中级职称 482 人，初级职称 699 人，员级 436 人。科技人员中工程系列 573 人，占总数的 34.6%；农业系列 64 人，占总数的 2.3%；经济系列 213 人，占总数的 7.9%；卫生系列 383 人，占总数的 14.1%；财会系列 310 人，占总数的 11.4%；统计系列 5 人，占总数的 0.1%；其他系列如体育、新闻、档案、出版、图书、律师、艺术、公证等 61 人，占总数的 2.2%；教育系列高、中、初级教师 1101 人，占总数的 40.6%。

1994 年，党政机关机构改革，人事局与劳动局合并，成立人事劳动局，继续履行科技人员职称评定和管理工作职能。当年，晋为中高级职称 64 人，中级职称 53 人，其中工程师 17 人，农艺师 2 人，体育教练 1 人，档案馆员 3 人，主治医师 14 人，主管护师 13 人，主管药师 3 人。高级职称 11 人，其中：副主任医师 7 人，副主任药师 1 人，副主任护师 1 人，高级工程师 1 人，高级畜牧师 1 人。

1996 年，南岔区（局）根据伊人字〔1996〕16 号文件的通知要求，为了认真做好 1996 年度专业技术人员任职资格评聘工作，下发了南职改字〔1996〕2 号文件，对全区职改工作进行部署，成立了以区长为组长的职改领导小组，对 5 个系列、10 个评委会和评审组进行了调整。组织评委会成员认真学习省、市有关政策性文件，建立健全了推荐组织，按着“五公开”的原则，把业绩显著、具有真才实学、群众公认的人才选拔出来。通过推荐，全区有 29 名专业技术人员晋升了高级职称，其中：正高 1 人、教育 28 人，有 222 名专业技术人员晋升中级职称，其中：教育 145 人。有 119 名专业技术人员晋升初级职称，其中：教育 46 人，卫生个体 17 人。

根据市 1996 年 9 月 22 日职改工作会议要求，成立了南岔区（局）专业技术人员考绩考核及专业技术人员复审登记工作领导小组。下发了南职改字〔1996〕10 号文件，即南岔区专业技术人员考绩考核和专业技术人员任职资格复审登记工作的通知，布置了考绩考核和登记工作。考绩考核工作以伊春市职称改革领导小组办公室下发的专业技术人员考绩考核为依据，对全区 2318 名专业技术人员进行了考核。通过考绩考核，高级专业技术人员当中有 60 名被评为优秀、41 名被评为合格；中级专业技术人员当中有 235 名被评为优秀、551 名被评为合格；初级专业技术人员当中有 563 名被评为优秀、851 名被评为合格、17 名被评为基本合格。在考绩考核的基础上，对全区（局）合格以上的专业技术人员填写了登记卡。按伊人字〔1996〕53 号文件要求对基本合格人员暂登记，为“验讫”制度经常化打下良好基础。

1997 年，南岔区（局）有各类专业技术人员总数 2760 人。在各类专业技术人员中，工程技术人员 564 人，其中：高级工程师 11 人，工程师 232 人，助理工程师、技术员 321 人；农业技术人员 61 人，其中：高级农艺师 5 人，农艺师 25 人，助理农艺师、技术员 31 人；卫生技术人员 379 人，其中：副主任医师 19 人，主治医师 149 人，医（护）师（士）211 人；教学人员 1143 人，其中：中学高级教师 63 人，一级教师 262 人，二、三级教师 99 人，未聘任专业技术职称的 22 人。小学高级教师 482 人；一、二、三级教师 185 人；未聘任专业技术职称的 30 人；经济人员 191 人，其中：高级经济师 2 人，经济师 63 人，助理经济师、经济员 126 人；会计人员 324 人，其中：高级会计师 1 人，会计师 51 人，助理会计师、会计员 272 人；统计人员 40 人，其中：统计师 2 人，助理统计师、统计员 38 人；图书档案、文博人员 26 人，其中：馆员 8 人，助理馆员、管理员 18 人；新闻、出版人员 13 人，其中：编辑记者、一级校对 5 人，助理编辑记者、二、三级校对 8 人；律师、公证人员 7 人，其中：三级律师、公证员 6 人，四级律师、公证员助理 1 人；一级播音人员 2 人；体育人员一级教练 3 人；艺术人员 10 人，其中：二级艺术人员 1 人，三级艺术人员 5 人，四级艺术人员 4 人。

2004 年，全区共有各类专业技术人员 2471 人。林业企业 1344 人，其中：高级职称 93 人，中级 573 人，初级 678 人，教育 1127 人，其中：高级 168 人，中级 722 人，初级 237 人。专业技术职称申报工作，由于大、中专毕业生积压分配困难，部分企业改制，全国考试专业增多等种种原因，具备申报条件的越来越少，所以晋升职称人员也随之减少，加之人才外流、退休、自然减员，专业技术队伍人数是下降趋势。2004 年，晋升高级 1 人，中级 7 人，初级 10 人。

2005 年，南岔区人事局在职称管理工作中，实行评聘分开制度，对口管理，对口评聘，使职称管理规范化。全年组织会计、卫生系列 195 人到市参加考试。组织经济、职业药师、注册建筑师 43 人进行考试报名。

伊春市人事局以伊人审〔2005〕12 号、37 号、118 号文件批准 3 人晋升高级专业技术职称。12 人晋升中级技术职称，另有 21 人晋升初级技术职称。截至 2005 年年底，全区共有各类专业技术人员 2507 人。

第六节　定额管理

一、木材生产基本建设定额

1986年，木材采运中伐木、打枝、集材、清林、汽车运材、贮木场卸车、造材、选材、归楞、装大火车等生产工序，执行伊春林业管理局1964年颁发的《伊春地区补充劳动定额》。基本建设生产中各工序执行国家《建筑安装工程劳动定额》和黑龙江省1979年颁发的《林业建筑安装劳动定额》。

1995年10月1日，执行伊春市人民政府办公室下发的关于《林业生产统一劳动定额》《企业生产劳动定额》的通知。

1999年1月4日，执行黑龙江省森林工业总局下发的《关于调整黑龙江省森工企业林业生产统一劳动定额计件评价标准的通知》。

执行黑龙江省劳动厅《关于调整我省企业职工工资结构和参考工资标准的通知》（总局黑森劳字〔1998〕230号文件）修改后：（1）营林计件评价标准平均为7.1级，月351.3元；（2）木材生产计件评价标准平均为8级，月375元；（3）林产工业计件评价标准平均为7.5级，月360元；（4）其他战线计件评价标准与营林生产相衡。

2000年11月13日，执行黑龙江省森林工业总局以黑森劳字〔2000〕421号文件下发的黑龙江省森林工业企业《木材生产统一劳动定额》的通知。

截至2005年，南岔区（局）木材生产仍执行2000年11月13日黑龙江省森林工业总局颁发的《木材生产统一劳动定额》。

051型油锯伐木定额统计表

表22-2

伐区等级	针叶		阔叶	
	定额（立方米）	单价（元）	定额（立方米）	单价（元）
一	97.3	0.420	77.8	0.525
二	87.8	0.465	70.2	0.582
三	79.2	0.516	63.4	0.645
四	71.6	0.571	57.3	0.713
五	65.0	0.629	52.0	0.786
六	58.8	0.695	47.0	0.870
七	53.2	0.768	42.6	0.959
八	48.1	0.850	38.5	1.062
九	43.6	0.937	34.9	1.171
十	39.4	1.037	31.5	1.297
十一	35.6	1.148	28.5	1.434
十二	32.2	1.269	25.8	1.584

GJ—85 型油锯伐木定额统计表

表 22-3

伐区等级	针叶		阔叶	
	定额（立方米）	单价（元）	定额（立方米）	单价（元）
一	111.8	0.366	89.4	0.457
二	101.4	0.403	81.1	0.504
三	91.1	0.449	72.9	0.561
四	82.4	0.496	65.9	0.621
五	74.8	0.546	59.8	0.683
六	67.7	0.604	54.2	0.754
七	61.3	0.667	49.0	0.834
八	55.4	0.738	44.3	0.923
九	50.1	01.816	40.1	1.019
十	45.4	0.900	36.3	1.126
十一	41.0	0.997	32.8	1.246
十二	37.0	1.105	29.6	1.381

二、营林人力植苗定额

1986 年，营林生产中的春造林、夏抚育、秋整地、冬次改等生产执行《黑龙江省林业统一劳动定额》。适用范围：在已整地的基础上，使用锹、镐进行植苗作业；工作内容：负责造林地内苗木运输、挖坑、假植复土、踩实等全部工作；作业要求：必须按照“更新造林技术试行规程”“安全技术规程”的要求进行作业。苗木要栽正，不得窝根、根须要松散开、踏实、不透风；劳动组织：人力植苗工作物等级九级副 1 人，日计件工资标准 18.14 元。容器苗造林工作物等级八级正 1 人，日计件工资标准 17.44 元；验收方法及有关规定：按实际植苗株数验收，植苗作业不合乎要求的进行返工，返工时不另付工资。植苗作业坡度超过 17° 以上，定额降低 10%（单价乘以 1.111）执行。

1998 年，按《关于调整我省企业职工工资结构和工资的通知》执行，安排食宿计件实行标准平均为 7.1 级，月 351.3 元。1999 年 4 月 20 日，执行《营林生产统一劳动定额》黑森劳字〔1999〕30 号。到 2005 年，林业局执行 1999 年 5 月 1 日由黑龙江省林业局颁发的《营林生产统一劳动定额》。

第七节　劳动就业

一、机构

南岔区（局）于 1984 年成立了劳动服务公司，其前身是知青办，随着南岔区（局）青年点撤销，其职能转向劳动就业、职业培训和职业介绍。

1995 年，成立南岔区（局）劳动就业中心。

2003 年 5 月，根据中共中央、国务院〔2002〕12 号文件和伊编〔2003〕50 号文件通知要求，成立南岔区劳动就业局（原劳动服务公司更名为就业局）人员编制不变，与劳动保障部门合署办公，为副科级事业单位。设副局长 1 人，职员 8 人。

2005 年，根据省、市政府文件精神，按着“六个到位”（机构到位、人员到位、经费到位、场地到位、制度到位、工作到位）“三个衔接”（搞好区县劳动保障工作衔接、搞好街道和社区其他便民利民业务的衔接、搞好劳动保障各项工作的衔接）的要求，投资32万元搭建了七个标准化社区劳动保障平台。同年，还投资21.7万元，在南岔金沟神泉小区建立了劳动力市场。开设公共职业机构，免费向进城农民提供就业服务。就业局设局长1人，副局长1人，其他工作人员7人。

二、职业培训

1986年，就业矛盾并不突出，各青年点解体后，初、高中毕业生（再生劳动力）多数原则上在家庭居住地就地安置。职业培训主要集中在在职职业技能培训上。基层各单位利用“科普之冬（春）”培训在岗职工勤128期技能培训班，培训960余人次。

1995年以后，随着经济体制改革不断深入，下岗失业人员的出现，再就业培训工作被提到重要议事日程。南岔区成立了劳动服务再就业培训中心，每年根据劳动市场需求，有计划有重点地开展专业技术职能培训，举办培训科目涵盖社区服务业、种植养殖业、餐饮机修、计算机等，108期培训人数2200余人次。

从2003年7月开始，伊春市劳动局和伊春市广播电视局开始组织播放再就业电视远程培训，使培训覆盖面进一步加大，涉及面更宽，内容更具体生动。

2004年，南岔区（局）根据中央和省市关于开展百万农工大培训精神，以提高农民工就业能力和就业率为重点，由农业委员会牵头，制定了《2004年农民工培训规划》，全年进行引导性培训，培训人数达到600名，加快农村人力资源向人力资本转化，促进了农村富余劳动力转移。

2005年，职业技能培训计划培训1300人，实际培训1307人，完成计划100%。

三、劳务输出

南岔区在抓好待业和职工再就业培训的同时，根据南岔区（局）就业比较困难的实际情况，积极组织劳务输出，以缓解再就业压力。经区职业介绍所联系介绍，1992年，向哈尔滨顾乡家具厂劳务输出23人，1993年，向牡丹江第二纺织厂劳务输出68人，1994年，向大连经济技术开发区劳务输出24人，1995年，向大庆第二建筑工程公司劳务输出34人，1996年，向河北邯郸兰宝石宾馆劳务输出14人，向山东烟台牟平明珠总行劳务输出92人，1997年，向山东威海火炬开发区劳务输出27人，1998年，向山东威海黄泥湾劳务输出15人，1999年，向大连灯泡厂劳务输出36人，2004年，向省报业集团劳务输出27人，向黑龙江省龙珠滑雪场劳务输出16人。1992—2004年，经就业局介绍有组织的劳务输出376人。

农民自主外出打工人数也逐年增多。1986年，农民外出打工835人，2004年增加到1750人。

2005年，南岔区就业局派员到江苏省昆山，山东省青岛、威海，河北省秦皇岛进行实地考察，了解劳动力就业市场情况，并建立了四处劳务输出工作站，同当地相关部门签订了劳务输出协议，建立了长期性用工信息供求传递关系，为南岔区劳务输出工作奠定了基础。截至2005年年末，全区下岗失业人员到外省、市务工就业1503人。农村常年外出劳动力2597人，其中：去省外695人，省内741人，伊春市1161人。

四、就业安置

2000年以后，南岔区（局）认真贯彻执行“鼓励兼并、规范破产、下岗分流、减员增效、实施再就业工程”。2001年安置下岗再就业人员1983人，2002年安置了2280人，2003年安置了2522人，2004年认真落实再就业各项政策，投入下岗职工小额贷款31万元，发放再就业优惠证670个。安置2419人。

2004年，就业局逐社区调查摸底，据不完全统计、全区实现就业58653人，企业单位18310（在册人数），个体就业 6211 人，灵活就业 31066 人，其他就业 3066 人。尚有 6059 人未实现就业，其中下岗失业人员 2238 人，失业率为 9.36%。

2005 年，南岔区计划完成就业再就业 3600 人，实际实现就业再就业 3631 人，其中再就业 3509 人，完成计划 100%；“4050”（女职工 40 周岁，男职工 50 周岁）大龄困难下岗失业人员计划实现再就业 1050 人，实际完成 1112 人，完成计划 105%。

截至 2005 年年末，全区累计实现就业、再就业 12835 人。政府购买公益性岗位 777 个，安置“4050”人员 2095 人。

第八节 安全生产与劳动鉴定

一、机构

1986 年，南岔区设安全生产委员会，下设办公室（林业局设安全技术监察科），一个科室两块牌子。具体负责南岔区（局）安全生产及安全技术的组织、管理、指导检查等工作，编制 11 人，其中主任（科长）1 人，副主任（副科长）1 人。

1997 年，安全生产委员会办公室（安全技术科），合并到人事劳动局，人事劳动局副局长兼安全生产委员会办公室主任（安技科科长）。

2001 年 11 月 29 日，南岔区安全生产委员会办公室（安全生产监督管理局）从人事劳动局分离出来，划归南岔区经济科技贸易委员会，南岔区经济科技贸易委员会主任兼任安全生产监督管理局局长。到 2005 年年末，机构未变。

二、安全生产宣传

1986—2005 年，南岔区（局）安全生产工作，认真贯彻落实《中华人民共和国安全生产法》《中华人民共和国劳动法》、安全生产许可证条例、《中华人民共和国职业病防治法》、危险化学品管理条例、《黑龙江省劳动安全条例》等一系列法律法规，并结合南岔区（局）实际情况制定下发了《安全生产管理标准》《安全生产教育标准》《安全生产责任标准》《安全生产检查标准》。在安全管理上逐步形成了“企业负责、行业管理、国家监察、群众监督、劳动者遵章守纪”的安全生产格局。在落实安全目标管理责任制中，将伊春市政府与南岔区（局）政府签订的安全生产责任状的内容细化、量化分解，然后与基层生产单位层层签订责任状。各单位一把手是安全生产第一责任人，主管安全工作的行政副职是安全工作的主要责任人，其他副职按分管战线具体负责。把抓安全生产的责任真正落实到人头，直至分解落实到生产者本人。在具体工作中，劳动部门行使国家劳动监察、行业主管部门行使行政管理，工会行使群众监督的“三位一体”安全工作体制，把安全管理的重心由行政管理逐步向法制管理转移。在深入贯彻“安全第一、预防为主”方针中实行安全目标管理一票否决权，对生产单位实行流动挂牌制度。

三、安全生产检查

1986—2000 年，积极抓好安全生产检查评比的同时，每年依据签订的安全生产责任状，逐年认真兑现奖罚，把安全生产监管同个人经济利益挂钩，充分调动了抓好安全生产的积极性，增强了生产组织和管理者的责任感和使命感。

四、安全生产培训

每年都有计划地开展安全生产培训工作，自2002年6月10日起，每年“安全生产宣传咨询日”自上而下地利用广播电视、标语传单、展览事故图片、宣传板等多种形式，开展安全生产宣传教育和解答法律法规咨询。

对专职安全员，从事特种行业的爆破工、电焊工、机动车驾驶员、危险易燃易爆化学品执业人员，矿山企业管理人员等都坚持开展安全技术培训，结业后严格持证上岗。每年木材冬运生产前，生产单位对各道工序劳动者都进行安全操作规程教育培训，各班组坚持搞好班前教育并有记录，为实现安全生产，做到警钟长鸣。安全生产工作，把生产中因公死亡率原则控制在0.06‰以下，重伤率控制在0.08‰，轻伤率控制在4‰。

2000年以后，非国有经济发展较快，针对非国有企业在安全管理上认识模糊，重视不够，个别业主片面追求经济效益，不舍得投入，安全隐患多，薄弱环节较大的实际情况，加大了对个体木器加工厂、家具厂等私营企业安全监管力度，通过安全检查，业主和公司负责人树立了以人为本，安全第一的理念，并对存在问题的企业实施重点整顿，及时下发了整改通知书、限期整改，消除了事故隐患，非国有企业安全生产步入规范化管理轨道，保证了人身安全，促进了生产的发展。

2005年，把非煤矿山企业、建筑市场、道路交通安全、公共场所消防安全作为安全专项治理的重点，对存在严重安全隐患的企业，决不迁就姑息，责令停业整顿，待验收合格后方可恢复生产，从而杜绝了重特大事故发生。

五、生产事故

1987年，南岔区（局）发生轻伤事故103起，重伤4起，计107起。通过扎实有效的工作，事故发生率呈逐年下降趋势，到2005年工伤事故只发生轻伤事故13起，比事故高发期同比下降87.9%。

1986—2005年南岔区（局）因公伤亡情况统计表

表22-4

单位：人

项目 年份	因公伤、亡数			
	合计	轻伤	重伤	死亡
1986	63	62	1	—
1987	107	103	4	—
1988	78	77	1	1
1989	58	56	2	—
1990	85	83	1	1
1991	63	63	0	—
1992	46	43	1	2
1993	38	35	3	—
1994	43	40	3	—
1995	71	68	3	—
1996	42	40	2	—
1997	56	55	1	—
1998	33	31	2	—

续表 22-4

项目 年份	因公伤、亡数			
	合计	轻伤	重伤	死亡
1999	24	23	1	—
2000	36	36	0	—
2001	26	24	2	—
2002	27	25	2	—
2003	25	23	2	—
2004	17	17	0	—
2005	13	13	0	—

八、安全技术改造

1990—1993 年，重点对安全防护设施进行了部分技术改造，先后自行研制应用 7 项安全防护新技术。

1990—1993 年安全防护新技术项目表

表 22-5

序号	项目名称	试验效果	推广范围	课题组主要成员
1	伐区劳动保护组合式活动工舍	防寒防潮节支	省总局推广	李希江、邓忠树、夏同友
2	J50 拖拉机原木装车安全架杆	稳定、灵活、节支	省总局推广	张砷、王文秀
3	人力原木装车安全台	安全高效减轻劳动强度	省总局推广	仇守文、曹殿武
4	木架杆钢质安全帽	延长架杆使用寿命	省总局推广	汪时斌、邢宪义、马君
5	绞盘机操纵室	增强防护	省总局推广	肖岐、刘汉君、蔺成杰
6	小径木安全搬运钩	产品适用	省总局推广	张启申、魏臣华
7	坡道盐砂混合防滑法	增强防护能力、节支	本局推广	蔡昌林、王庆江、程薇

七、伤残鉴定

2004 年 4 月开始到 9 月，南岔区人事劳动局配合伊春市劳动和社会保障局，对全区（局）全民所有制单位 103 名申请劳动鉴定的工伤人员，进行伤残等级劳动鉴定。经市医务鉴定委员会认定，达到“职工工伤与职业病致残程度鉴定”标准三级的 3 人；四级的 12 人；五级的 9 人；六级的 8 人；七级的 5 人；八级的 8 人；九级的 20 人；十级的 7 人；不足十级的 17 人；资料不全，无法定级的 8 人；暂不定级的 5 人。由于准备工作充分，全区全民所有制单位工伤人员伤残劳动鉴定工作顺利完成。

第九节　劳动争议仲裁与调解

南岔区（局）劳动争议仲裁与调解工作到 1998 年基本步入正规化轨道，成立了南岔区劳动仲裁委员会，主任委员由区主管常务副区长担任，成员由南岔林业局工会和人劳局领导及相关负责人组成。办公室设在人劳局，并设置劳动争议仲裁庭，具体负责南岔区（局）内劳动争议的调处工作。但由于当时负责此项工作的职能人员，没有上级颁发的仲裁员证书，不具备开庭审理案件的资质，所以对劳动争议案件的投诉，只能通过调解的方式来解决。

1999年，南岔区（局）负责劳动争议调处的工作人员通过上级部门的业务培训后，有3人取得劳动仲裁证书，具备因调解不果开庭审理裁决的资质。截至2001年，共受理劳动争议仲裁案件18起，结案18起，结案率100%。共为当事人挽回经济损失139349.95元。

2001年，南岔区（局）党政机构改革，人事变动很大，致使劳动争议仲裁案件审理工作不能正常进行。

到2005年，伊春市一直没对从事劳动争议仲裁的工作人员核发仲裁员证书，给劳动争议仲裁工作带来很大困难。该开庭审理的案件开不了庭，只靠调解解决纷争。此间，共接待投诉案件53起，开具不予受理劳动争议案件通知书32份，立案调解结案19起，裁决2起。对来信来访所涉及的诸多问题，经过工作人员耐心细致工作和解释，指明了解决问题的途径和办法，得到了群众的理解，最大限度地降低了上访和闹事事件的发生。

2000—2005年劳动争议仲裁案件统计表

表22-6

项目 年份	案件数（件）	结案方式（件）		当事人挽回经济损失（元）
		调解	裁决	
2000	6	—	6	9303.49
2001	12	—	12	130046.46
2002	18	18	—	—
2003	7	5	2	11070.17
2004	16	16	—	4560
2005	12	12	—	23096

第十节　劳动监察

《黑龙江省劳动监督检查条例》（以下简称条例）于1996年8月31日黑龙江省第八届人民代表大会常务委员会第二十三次会议通过。《条例》颁布后，南岔区（局）自上而下认真宣传贯彻。当时，全民所有制企业和集体所有制企业改革刚刚起步，个体私营经济迅速发展，外商合资企业落户南岔。企业所有制形式的多样化，在招用工形式上，打破了传统计划经济模式，企业有了自主权。在工作时间、休息休假、工资支付、社会保险费缴纳、劳动合同订立履行等方面，亟待规范。因此，劳动监督检查工作，从一般化管理，逐步走向法制化和正规划轨道。通过劳动监督检查规范了企业行为，指导企业依照法律规定经营运作，限定企业作为与不作为的行为准则，从而纠正违法，保护合法，建立了良好的生产生活秩序。

2001年，黑龙江省人民政府以黑劳社发〔2001〕48号文件，颁发了《黑龙江省劳动保障监察程序暂行规定》《黑龙江省劳动保障监察员管理暂行规定》《黑龙江省劳动保障监察员准则》等。又以黑劳社发〔2001〕169号文件颁发了《黑龙江省劳动保障监督机构工作规则（试行）》，使劳动监督检查法律法规日臻完善，有力地推动了劳动行政部门劳动监督检查工作的开展，南岔区依照上级有关文件实施具体工作。

2002年，南岔区（局）劳动行政部门共巡视监督检查103户企业。严格执行国家有关法律法规和政策，坚持打击非法用工，侵害劳动者合法权益现象，为302人清回拖欠工资，有效地保护了用人单位和劳动者的合法权益。

2003 年 1 月，根据市局《关于开展农民工工资支付情况检查的通知》文件精神，南岔区（局）劳动行政部门向用人单位发放劳动法手册 50 份、传单 200 余份，沿街张贴宣传标语 120 余张，加大劳动法宣传力度。同时专项检查用人单位 15 家，其中：建筑施工单位 5 家，餐饮业 7 家，私营企业 1 家，个体工商户 2 家。检查涉及 309 人，发现不签劳动合同一家，拖欠农民工工资的 2 家，当时责令整改，维护了农民工合法权益。通过检查提高了用人单位和劳动者，特别是农民的法律意识。3 月，根据市局监察科的要求，对持证执法情况进行了自检自查。4 月 22 日，专门成立了“百日攻坚战”领导小组，同时召开了各用人单位负责人参加的动员大会，充分利用各种宣传媒体，大力宣传劳动法律、法规。共走访检查企业 35 家，签订劳动合同 5128（人）份，同时对 45 户企业进行了劳动年检。同年 8 月，有 3 名监察员经省劳动厅培训，提高了监察人员的政治素质和业务水平。全区（局）劳动行政部门共有 4 名劳动监察员持证上岗。根据伊劳社发〔2003〕19 号《关于印发全市开展加强劳动用工管理、规范劳动关系促进再就业工作实施方案的通知》文件精神，在全区范围内组织开展一次对各类用人单位贯彻实施《禁止使用童工规定》情况检查活动。检查组由人事劳动局为牵头单位，经贸委、公安分局、工商分局、教育局按照各自职责范围，各司其职，工会、共青团、妇联及新闻媒体监督配合各负其责，共检查 11 户私营企业、2 户乡镇企业、32 户个体工商户。在抽查中发现，个体工商户中有 2 户（临时雇用）童工 2 人，对其依法进行警告批评，并责令其立即改正。此次活动，让用人单位和公民做到知法、懂法、守法，切实保护未成年人合法权益。

2004 年 5 月，根据《全市建筑施工企业劳动用工情况执法检查百日攻坚战活动实施方案》的通知（伊劳社发〔2004〕15 号）文件精神，开展了专项大检查。向用人单位发放《中华人民共和国劳动法》手册 50 本，散发宣传单 150 余份，横幅宣传标语 3 幅。同时在区政府广场前设立“宣传台”“政策咨询台”重点宣传规范劳动关系，促进外来人员（农民工）投身建筑业市场注意事项及涉及相关法律、法规问题。发动群众举报用人单位的违法违纪现象，为顺利实施建筑施工企业劳动用工情况专项检查营造良好的社会氛围。由于 2004 年建筑市场不景气，经联合检查得知，仅有三家施工企业，其中一家是铁路房产段，用工都是本单位职工，另外 2 家补签了农民工合同 45（人）份。日常巡视监察了 92 户用人单位，未发现有违规违纪现象发生。经查 2004 年，经劳动行政管理部门办理，共签订劳动用工合同 2836（人）份。

2005 年，为加强劳动用工管理，保障劳动者合法权益，巡视监察各类企业 70 户。劳动保障年检 50 户。完成了市局下达的工作指标。

第二章 民 政

民政是区政府行政事务的一部分，主要包括城市居民最低生活保障、优抚、社会救助、救灾、救济和全区婚姻登记、殡葬管理、残疾人事业、基层政权建设等项工作。依法对村民委、居民委员会如期进行换届选举，对本区地名做到准确标识。1986—2005年，社会救助人员共计26390人，安置残疾人就业922人。婚姻登记：结婚17603对，离婚3115对。发放社会救济金321.6万元。

第一节 机 构

1986年，区民政科设科长1人，副科长2人，在职工作人员10人。1989年12月，区民政科改称民政局，设局长1人，副局长2人，工作人员10人。2005年末，区民政局设局长1人，副局长2人，低保中心副主任1人。编制8人。

1986—2005年南岔区民政局领导更迭表

表22-7

正职	任（离）职时间	副职	任（离）职时间
王伯坤	1986—1988.6	李忠梅	1979.10—1990.12
王曼野	1988.6—1990.6	李凤财	1986.5—1993.12
李忠发	1990.6—1997.4	刘福利	1988.3—1997.7
欧青彬	1997.4—2000.10	李喜军	1993.4—1995.12
王淑梅	2000.10—2001.12	陈茂华	1996.11—1998.5
吴晓彬	2002.12—	毛德新	1998.1—2004.3
		石 宏	2001.12—2002.12
		马胜凯	2002.5—
		李秀云	2004.3—
		姜静芬（低保副主任）	2004.3—

第二节 复员军人安置

军转干部安置与管理，1986年，南岔区（局）在军转干部的安置和工作安排上，认真执行省市有关规定，在政治上信任、工作上支持、生活上照顾，并妥善安置。

2003年，黑龙江省劳动和社会保障厅、黑龙江省财政厅以黑劳社发〔2003〕101号文件，下发《关于从基本养老保险统筹基金中支付在企业的退休军队转业干部生活困难补助费的通知》，通知要求各市、地劳动和社会保障局、财政局“按黑人发〔2002〕140号文件精神，在部队担任师级职务（含技术6、7级）的退休军转干部，每月统筹项目内和统筹项目外养老金不足800元，可通过发放生活困难补助金办法补到800元；在部队任团级职务（含技术8、9级），不足700元，补到700元；在部队任营级（含技术10级）以下职务，不足600元的，补到600元。原由企业负责筹集和发放的这部分生活补助费，统一从当地养老保险基金中支付，由社会保险经办机构负责发放”。并规定“纳入统筹基金支付时间，从2003年9月1日起执行”。南岔区（局）按照省市通知精神，对符合文件中规定的退休军队转业干部生活困难补助条件的军转干部，兑现通知规定。

2004年，中共黑龙江省委办公厅、黑龙江省人民政府办公厅以黑办发〔2004〕16号文件转发省人事厅等部门《关于进一步解决部分企业军转干部生活困难问题的意见》的通知第3条规定，“对退休的企业军转干部提高生活补助金标准。在《关于从基本养老保险统筹基金中支付在企业的退休军队转业干部生活困难补助费的通知》（黑劳社发〔2003〕101号）规定的标准基础上，每人每月再提高50元，即按转业时担任营及营以下职务、每月养老金不足650元的，补助到650元；担任团职，每月养老金不足750元的，补助到750元；担任师职，每月养老金不足850元的，补助到850元。所需资金由现行渠道解决”。南岔区（局）根据文件精神，如数解决了企业退休军队转业干部生活困难补助费问题。按照伊春市人事局《关于对企业军转干部解困工作情况进行统计的通知》要求，对全区军转干部进行统计。

2005年，伊春市人事局、伊春市财政局、伊春市劳动和社会保障局以伊人联〔2005〕17号文件，下发了《关于拨付2005年度部分企业军转干部解困资金的通知》（以下简称《通知》）。《通知》要求在岗、下岗、失业的企业军转干部发放工资补贴、生活补助金标准仍执行伊人联〔2004〕7号文件，即在岗营职以下军转干部月工资没达到500元，团职军转干部没有达到575元的要分别补到500元和575元。南岔区人事局接此《通知》后，对全区（不含省市属直管单位）军转干部工资补贴全部补发到位。

第三节　优待抚恤

一、烈军属优抚

根据《军人抚恤优待条例》，南岔区政府对因战、因病致残的革命伤残军人按标准发放革命伤残军人抚恤金。对一等在乡革命伤残军人每月发给护理费150元，二等以上伤残军人实行公费医疗。

二、定期定量补助

1986年，按照省、市有关规定，对“三属”（革命烈士家属、因公牺牲军人家属、病故军人家属）、在乡复员军人，每人每月实行定期定量补助。自2002年起，将生活困难的优抚对象纳入低保。定期定量标准：城镇“三属”每人每月309.5元，农村“三属”每人每月238元，城镇在乡复员军人每人每月214.5元，农村在乡复员军人每人每月163元。到2005年执行此标准。

三、拥军优属

1986—2005 年，南岔区委、区政府始终把拥军优属工作作为一项重要职责落实到实际工作之中。各中小学在提高学生的素质方面，把为军烈属做好事视为陶冶道德情操的一项硬指标，组成了慰问小组，经常深入其家中为其表演节目，打扫卫生等。每逢“八一”“春节”，区委举行军民联欢会，走访慰问军烈属，为他们送去慰问品和慰问金。

第四节 社会救助

1986 年，区设收容遣送站，执行的工作方针是“强制收容，区别对待，宽严结合，及时处理”，实行“代遣代送”业务。依据季节的变化，成立临时收容遣送小组，执行具体的工作业务。每年收容各类乞丐、无家可归、流浪人员等 800 余人次。

1991 年，根据国家的规定，对未成年人进行保护，对沿街乞讨的流浪儿童收容后，以保护为目的，实施收容、遣送。

1995 年，根据国务院转发综治办的文件精神，区收容遣送站会同教委、妇联、团委、公安、铁路等部门对收容的流浪儿童加以保护，采取适当的办法进行工作。

2003 年，根据国务院 381 号《关于城市生活无着落的流浪乞讨人员救助办法》，依据南岔区的实际，于同年 8 月 1 日，成立了“南岔区救助管理站”。在废止旧的收容遣送条例的同时，执行新的救助办法。一是提供符合食品卫生要求的食物；二是提供基本条件的住处；三是对在站内突发急病的给予及时治疗；四是帮助与其亲属所在单位联系；五是对没有交通费返回其住地或者所在单位的，提供乘车凭证。救助的对象是“城市生活无着落的流浪乞讨人员”。对因年老、年幼、残疾等原因无法提供个人情况的，先提供救助，再查明情况。对拒不如实提供个人情况的，不予救助。截至 2005 年，本站共救助 1200 多人次。

第五节 社会福利院

迎春乡敬老院

1996 年 5 月 1 日始建，当年 9 月 1 日投入使用，位于南岔区东升街。初期建筑面积 170 平方米，于 1998 年、2003 年两次扩建，建筑面积 226 平方米，占地面积 1400 平方米。床位 30 张，到 2005 年末，收养老年人和社会求助对象 16 人。

第六节 残疾人工作

一、工作会议

1990 年 7 月 23 日，南岔区第一届残联会议在区二楼会议室召开。到会代表 130 人，大会选举了残联主席、副主席、委员，产生了执行理事会理事长乔学忠，理事刁华春。2003 年 7 月 3 日，召开第二届残联代表大会。出席大会代表 125 人，选举产生新一届残联主席、副主席，执行理事长乔学忠、理事刁华春。

二、普查登记

1990年7月，对全区的残疾人进行普查，初步掌握全区有残疾人1097人，其中男705人，女392人。肢体残疾578人，智力残疾182人，听力语言残疾170人，视力残疾75人，精神残疾92人。有劳动能力的574人，无劳动能力的523人，已就业351人。按省、市对残疾人等级的规定和政策，办理了残疾人证。

2005年，全区有残疾人3866人，其中男2590人，女1276人。肢体残疾2543人，智力障碍患者369人，听力语言障碍患者344人，视力障碍374人，精神障碍119人。语言障碍117人，有劳动能力1326人，无劳动能力2540人。已就业756人。

三、康复工作

1993年10月，区残联设残疾人康复服务指导中心，乡镇、办事处建残疾人康复服务指导站，社区建残疾人康复服务指导室，形成三级服务网络。

1994年5月，聘请伊春市康复医院会同区职工医院的医生，为27名小儿麻痹后遗症患者成功地做了矫治手术。

2004年，为1名弃婴儿童做了先天性心室缺换手术。

2005年，分两批为7名白内障患者免费实施复明手术。

四、劳动就业安置及服务

1986年，在社会福利厂集中就业安置残疾人82人，私营业铸钢配件厂安置残疾人8人，梧桐木制品工艺厂4人。

1997年12月31日，区政府以南政办发〔1997〕15号文件印发《南岔区按比例安排残疾人就业安排实施方案》，分散按比例安排就业，全区按比例安排残疾人就业工作在全市首先启动，并逐步引向深入。

2001年统计，全区各单位先后按比例安排残疾人就业196人，收缴残疾人就业保障金1980元。其做法在全市推广，被中国残疾人联合会确认，刊载报道于《残疾人工作》上，并通报了南岔区的经验。扶持帮助个体从业。在城镇主要从事家电修理，自行车修理，修表、刻字、修鞋、缝纫、开小吃、食杂店和出摊床，在农村主要是从事经济作物种植及养殖业。到2005年，帮助残疾人个体就业922人，其中农村415人。

五、助残活动

1997—2001年，区政府残疾人联合会先后3次提取残疾人保障金7万元，无偿资助40名贫困残疾人。

截至2005年，区工商部门、税务部门共为248名残疾人工商户减免税费20余万元。在农村为85户贫困残疾人的危房进行修复，帮扶65名贫困残疾人摆脱了贫困。全区已有679名残疾人纳入低保。

第七节　婚姻登记

1986年，登记结婚或要求离婚需开双方单位介绍信。

2001年4月28日起，取消了“介绍信”项目，只需双方身份证和户口到当地人民政府办理结婚登记或离婚手续。

至2005年，其办理手续未变。

1986—2005年南岔区结婚登记情况统计表

表22-8 单位：对

年份	初婚对数	再婚对数	复婚对数	合计
1986	1183	52	8	1243
1987	1123	67	14	1204
1988	1298	76	11	1385
1989	1240	49	10	1299
1990	1186	37	6	1229
1991	1102	81	11	1194
1992	1081	76	15	1172
1993	1064	31	14	1109
1994	987	44	12	1043
1995	896	77	16	989
1996	864	54	11	929
1997	806	6	8	820
1998	708	39	4	751
1999	696	34	7	737
2000	670	34	6	710
2001	541	49	4	594
2002	586	54	8	648
2003	541	45	5	591
2004	496	48	7	551
2005	534	96	4	634

1986—2005年南岔区离婚情况统计表

表22-9 单位：对

年份	离婚对数	裁决离婚对数	合计
1986	81	4	85
1987	86	7	93
1988	93	11	104
1989	106	32	138
1990	121	24	145
1991	109	30	139
1992	116	17	133
1993	126	21	147
1994	124	27	151

续表 22-9

年份	离婚对数	裁决离婚对数	合计
1995	121	17	138
1996	134	14	148
1997	125	25	150
1998	116	19	135
1999	106	29	135
2000	124	30	154
2001	136	54	190
2002	141	48	189
2003	116	56	172
2004	152	41	193
2005	164	65	229

第八节 社区建设

1986年，区辖联合、建国、民主、西水、东升、梧桐6个办事处，56个居民委。2002年6月，全区将镇内的6个街道办事处及浩良河镇、晨明镇的8个街道办事处合并成6个街道办事处，24个社区。在全区范围内通过招聘考核录用了72名社区干部。其中24名社区主任，48名社区副主任。同时选举产生了24名社区党支部书记。2004年9月1日至11月30日，进行第一届社区居委会换届选举工作。根据居委会组织法全区共设选区97个，印制选票8万张，选出社区主任24名，副主任48名，委员72人，场所13个街道办事处同时进行选举，产生居委会主任13名，副主任26名。2005年，全区有19个街道办事处，其中镇内3个，浩良河1个，晨明1个，梧桐1个，山上林场所13个。24个社区。

第九节 地名工作

1986年，地名的管理工作归政府办公室。同年，对1981年进行的地名普查档案进行整理，通过整理填卡224条，其中行政区划名称39条，自然村（屯）70条，站（台）14条，建筑牌37条（桥17条，路20条），城镇街道12条，自然镇2条，林场（所）19条，渡口1条，地理实体30条（山9座，河15条，河谷6条）。撰写单位概况22份，绘制地形图15份。1990年，地名工作归区民政局。1992年，着手做了地名补查资料更新和科学编码立卷归档管理工作。制作街道路牌81块，门户牌32252块。1993—2005年，认证做路牌2块，场所牌18块，村牌30块。设立楼栋牌489个，户牌7006个，门市牌1151个，街、路指示牌66块。

第十节　殡葬管理

1985年5月，南岔区民政科设立殡葬管理所。同年，于柳树所296林班中建南岔殡仪馆，建筑面积390平方米。当年火化尸体428具。1987年，区殡葬管理部门对在铁路、公路沿线的坟进行一次清理深葬，共平坟1486座。1988年，南岔殡葬管理所与南岔殡仪馆合署办公，为行政科级单位。1999年，在镇内近郊太平所桥南建骨灰存放室1处，建筑面积350平方米。2002年，南岔殡仪馆从本区分出，直属伊春市民政局。殡仪馆设馆长1人，副馆长1人，工作人员18人。2004年11月，南岔殡仪馆迁到距南岔镇北4公里处，取名“唐梨川陵园”。该馆占地面积214公顷，建筑面积2000平方米，设有办公室、休息室、骨灰存放厅。2台火化炉是2LRB—96WV型。内燃式喷状火化尸体。距馆东30米处建公墓1处，占地面积5000平方米。2005年，火化1067具，平坟27座。

第十一节　救灾救济

1986年春，两镇一乡（浩良河镇、晨明镇、迎春乡）的农户出现部分农户缺粮，8月，又发生水灾，农业严重歉收。区民政部门深入农村进行调查走访，其中，晨明镇缺粮户44户，175人；浩良河镇缺粮户39户，186人；迎春乡缺粮户152户，703人。区政府共拨救济款2万元，其中晨明镇4000元、浩良河镇4500元、迎春乡15000元。全区为两镇一乡募捐6234元，衣物4000件，发给受灾村民。

1987年，南岔区农村发生春冻、春旱、秋涝、早霜等自然灾害，农业减产、歉收，据统计全区农村受灾户228户，973人。区政府拨救济款17000元。5月6日，大兴安岭发生特大火灾后，区政府在本区设立接待站，转送灾民95人次，救济灾民261人。本区支付灾民救济款5653元。全区54个单位进行了捐款活动，捐款71236.4元，粮票17149市斤，衣物2561件，邮寄给受灾民众。5月28日，南岔区梧桐办事处铁南委发生重大火灾，烧毁职工住宅80户，直接经济损失7.95万元，区政府发救济款2.03万元。

1990年，全区共有受灾农户154户，234人，政府发放救济款10万余元，其中，为两镇一乡拨救灾款1.5万元。市民政局发救灾贷款2.2元。

1992年，区政府成立了农村社会养老保险委员会，各乡镇设立工作委员会。全年共发救灾救济款8000元，维修救济户危房20户。

1994年5月，局部发生霜冻，有104.2公顷受灾。夏季局部地区发生洪涝灾害，受害面积136.9公顷，绝产28公顷。区政府发救灾款3万元。

1996年7月，永翠河、汤旺河两岸农田受灾，受灾面积2924公顷，绝产1336公顷，减产1361公顷，冲毁土地227公顷，农牧业损失1312.7万元，房屋损失48.15万元，受灾户10700户。冲毁桥涵115座，损失1366.8万元，冲毁公路158公里，全区直接经济损失8783.1万元。区委、区政府积极组织抢险救灾，直接投入救灾资金70万元，发放救灾款物68.1万元。

1997年，发生旱灾、雹灾和早霜，受灾面积562公顷，受灾农户1025户，损失358万元。区政府发放救灾款物33万元，主要用于1996年水毁工程修复。

1998年7月初，浩良河镇及附近林场（所）连续普降大雨，引发山洪，浩良河水暴涨，浩良河镇及附近6个基层单位农田、公路、苗圃，输电（通讯）线路被冲走，灾害突然、猝不及防，损失惨重，南岔区历史罕见。共造成经济损失 4368.3 万元，其中固定资产损失 1398.2 万元，流动资产损失 361.4 万元。1277 户居民住宅进水，倒塌房屋 68 户，严重破损 420 户，个人经济损失 1014.9 万元。区政府投入抢险救灾费用 26.7 万元，民政发放紧急救灾物资 0.67 万元。

2001 年，发生严重春旱，5—7 月降雨不足 150 毫米，农田受灾面积达 2598 公顷，绝产 1426 公顷，受灾户 4269 户，经济损失 1363 万元，区政府发救灾钱物 10 万元。

2003 年，发生旱灾，受灾面积 174.9 公顷，绝产面积 33.9 公顷，直接经济损失 524.8 万元，政府拨救灾救济款 20 万元。8 月，发生洪涝灾害，受灾面积 143.6 公顷，绝产 45.8 公顷，直接经济损失 1077.75 万元，政府拨救灾救济款 20 万元。

2005 年，发生春涝、冰雹，造成受灾面积 1371.6 公顷，绝产面积 966 公顷，受灾人口累计 8385 人，农业经济损失 334.8 万元，直接经济损失达 1032.4 万元，政府拨付救济款 10 万元。

第二十三篇
公安　检察　法院　司法行政

在南岔区委的领导、人大的依法监督下，在上级部门的指导、监督下，检察机关以“强化法律监督，维护公平正义”为主题，全面履行检察职能，坚持依法查处贪污、受贿、渎职、侵权等一批案件，为国家和企业挽回经济损失上亿元。1986—2005年，审批逮捕人犯2473人。审判机关以司法公正、一心为民为指导，以公正、效率为主题，不断深化审判工作改革。1986—2005年，共审理各类刑事案件2261件2879人。审理民商事案件13021件。

第一章　公　安

1986—2005年，南岔公安分局南岔林业公安局合署，下设27个科室10个派出所，共有干警310人。在区委、区政府和上级公安机关的领导下，认真落实省、市公安机关和政法会议精神，以“巩固共产党执政地位，维护国家长治久安，保障人民安居乐业”为历史使命，坚持“立警为公，执政为民”理念，依法严厉打击各种严重刑事犯罪活动，狠抓了公安队伍正规化建设，加强了治安管理、治安防范和基础建设工作，维护了南岔区的政治安定和社会治安的基本稳定。

第一节　机　构

1986年，南岔公安分局下设办公室、森保科、政保科、消防科、预审科、刑警队、技术处、治安科、交警队、车管所、看守所、联合派出所、民主派出所、建国派出所、东升派出所、西水派出所、浩良河派出所、晨明派出所、柳树派出所、松青派出所、市场派出所，全局共有干警279人。1987年9月，增设政治处。1988年6月21日，增设收审站，同年，8月27日增设梧桐派出所。1990年1月26日，增设巡警队，同年6月23日，增设法制科。1991年11月26日，增设临河派出所。1994年1月31日，增设公安分局纪律检查委员会，同年3月15日，增设指挥室。1996年，收审站并入看守所。1997年7月17日，增设后勤装备科、经保科、国保大队、户政科、保安服务公司、治安大队。1998年1月12日，增设经侦大队。2001年4月，撤销临河派出所，同年12月17日，增设警卫科、控申科、目标办等。2005年，南岔公安分局下设政治处、纪检委、办公室、目标办、指挥中心、秘书科、公共信息网络安全监察大队、法制科、后勤装备科、国保大队、警卫科、户政科、消防科、控申科、预审监管科、刑警大队、技术大队、交警大队、巡警大队、治安大队、消防大队、森侦大队、缉毒大队、经侦大队、看守所、保安服务公司、自行车管理所、东升派出所、建国派出所、联合派出所、民主派出所、西水派出所、浩良河派出所、晨明派出所、松青派出所、柳树派出所、梧桐派出所等科、所、队、室，全局编制人数为310人。

第二节　警察授衔

1993年3月，根据宪法制定的人民警察实行警衔制度，依照国发〔1992〕49号《国务院批转公安部评定授予人民警察警衔实施办法的通知》精神，按照市公安局的要求，南岔公安分局对174名警察进行了警察授衔。按照实施办法，每年按规定对警察进行授衔。

1993—2005年南岔公安分局各年度在岗人民警察授衔统计表

表23-1

单位：人

年份＼项目	警司			警督			警监	合计
	一级警司	二级警司	三级警司	一级警督	二级警督	三级警督	三级警监	
1993	55	75	28	—	1	15	—	174
1994	60	58	33	—	4	25	—	180
1995	83	46	33	—	4	25	—	191
1996	70	43	8	1	17	55	—	194
1997	49	47	5	1	22	71	—	195
1998	51	44	8	3	24	74	—	204
1999	53	23	8	4	23	97	—	208
2000	27	21	19	6	27	121	—	221
2001	32	24	25	7	35	113	—	236
2002	24	26	25	12	33	121	—	241
2003	8	34	14	12	42	132	—	242
2004	26	31	7	15	51	125	—	255
2005	22	29	6	14	57	138	1	267

第三节　社会治安

1986年，全年共发生社会治安案件364起，查处267起，查处率73.4%，处罚620人，其中拘留350人，罚款214人，警告56人，劳动教养58人，收缴管制刀具7把，非法民用枪支2支。同时对特种行业进行了全面整顿，举办行业人员短训班12次，召开了行业人员负责人会议16次，与行业领导签订三级安全防范合同75份。对专治行业进行整顿，查处一个盗窃团伙，收缴废钢铁1750公斤，黄铜20公斤，紫铜93.5公斤，取缔无证代购点23个，收回散放在社会上的炸药45公斤，雷管30枚，导火索100米，发暂住证4020个，发户口通报500份。

1989年，全年共发生治安案件546起，查处539起，查处率98.7%，处罚885人。其中，拘留278人，罚款530人，警告77人，治安罚款55705元。查处违犯刑法的治安案件8起，收缴凶器61件，处罚120人，处理非正常死亡案件16起。查处“六害”案件50起，收缴淫秽物品39件，黄色和不健康书刊182册，录音磁带92盘。

1990年，全年发生治安案件603起，查处603起，处罚1107人，其中拘留367人，罚款596人，警告144人。对全区旅店业进行两次整顿，同年4月28日至5月20日，对全区废旧收购业进行了整顿，抓获违法犯罪分子2人，收缴非法收购废旧钢铁8吨。清理整顿了民用枪支，对343支民用枪支实行集中保管，换发持枪证264个，收缴炸药168公斤，雷管3枚。举办爆破手学习班1期，向49名考试合格的爆破手发放证件。是年4—6月，开展了4次集中收缴非法刀具活动，收缴管制刀具46把，收缴淫秽物品11件，黄色不健康物品4件。

1992年，全年共发生治安案件643件，查处623起，处罚1074人，其中拘留289人，罚款700人，警告85人，收缴凶器74件，处理非正常死亡案件19起。重点加强了人口管理，做到不漏管，不失控，全区重点人口管理2000人，对8830名流动人口发放暂住证，发户口通报1960份，返回1290份，没有发现可疑线索。

1993 年，全年共发生治安案件 562 起，查处 534 起，处罚 932 人，其中拘留 192 人，罚款 624 人，警告 116 人；收缴非法猎枪 6 支，非法制造手枪 1 支，凶器 39 件，处理非正常死亡案件 14 起。对旅店业进行了清理整顿，帮助建立和完善各种制度 182 条，培训从业人员 194 人。

1995 年，全年发生治安案件 425 起，比上年减少 82 起，下降 16.2%；查处 337 起，查处率为 79.3%，比上年下降 8.5%。处罚违反治安管理人员 409 人。其中，拘留 114 人，罚款 204 人，警告 91 人，罚款金额 2.16 万元，收缴非法持有民用猎枪 30 支，管制刀具 148 件，凶器 125 件；处理非正常死亡案件 27 起。

1996 年，全年共发生治安案件 262 起，比上年减少 163 起，下降 38.3%，查处率为 69.5%，比去年下降 9.7%。处罚违反治安管理人员 244 人，其中拘留 78 人，罚款 131 人，警告 35 人，罚款金额为 1.65 万元，收缴非法持有民用枪支 132 支，管制刀具 44 件，处理非正常死亡案件 41 起。

1999—2002 年，全区共发生治安案件 2804 起，查处 2705 起，查处率 96.46%。治安处罚 2784 人，其中拘留 887 人，罚款 2234 人，警告 670 人，收缴刀具 952 把，收缴非法持有民用枪支 226 支，劳动教养 25 人，移交有关部门处理 1 人，收缴子弹 43 发，雷管 8000 多枚，炸药 3500 公斤，赌博性质游戏机板块 17 块。

2003 年，全年共发生治安案件 990 起，查处 976 起，查处率 98.6%。治安处罚 1080 人，其中劳动教养 16 人，治安拘留 294 人，罚款 424 人，警告 346 人。收缴非法枪支 14 支，管制刀具 21 把，雷管 422 枚，子弹 750 发，导火线 311 米，剧毒物品 5 公斤，淫秽影碟 10 张，地雷 1 个，炸弹 1 发，鞭炮 105 万头。

2005 年，全年发生治安案件 432 起，查处 432 起，查处率为 100%。治安处罚 587 人，其中劳教 18 人，治安拘留 150 人，罚款 297 人，警告 121 人，没收保金 1 人，共收缴管制刀具 64 把。

第四节　户　政

一、常住人口管理

1986 年，按照户政管理的要求，主要对常住人口进行管理，迁入、迁出人口严格照章办理。1993—2005 年，按照户政规范化建设的要求，研究制定了《实有人口手册》《暂住人口手册》《境外居留人员手册》等基本工作手册，全局的户政管理逐步走向正规化、科学化、现代化发展的轨道。充分发挥派出所的职能作用，变户口管理为人口管理，对各派出所辖区的实有人口，包括常住人口、暂住人口、人户分离人口等做到底数清、情况明。结合全国第 5 次人口普查工作，对全区人口进行了清理整顿。

二、整顿户籍

1993—2005 年，户口整顿中共调查出人户分离 42699 人，其中，有户无人 30828 人，解决 3193 人；有人无户口 11871 人，解决 2868 人；户口特定人员 1330 人，解决 622 人；出生小孩未落户的 761 人，解决 461 人。户口项目差错 2739 项，其中，应变更 2394 项，解决 2198 项，应更正 3452 项，解决 297 项，清理出暂住人口“三无”人员 79 人。共有犯罪人口 76 人，其中重点 70 人，列管率 92%；70 个重点人口中，民警提供线索打击的 64 人，控制率为 91.4%，达到规定标准。2005 年，组织开展换发第二代身份证的前期准备工作，对全区常住人口、流动人口进一次全面清理整顿。全区重点人口 2567 人，有犯罪人口 79 人，重点人口 68 人，全部签订责任状。

三、身份证管理

2005年12月，居民身份证开位和查验工作中，完成身份证开位143281人，递增人员办城镇1015人，办理3964人，办证率95%；农村201人，办理172人，办证率88%，查验居民身份证6924人次，在普查中破获刑事案件1起。

1986—2005年南岔区户政管理人口统计表

表23-2

年份	实有人口（户）	实有人（口）	常住（户）	常住人（口）	暂住（户）	暂住人（口）	暂住人口办证率（%）
1986	39120	152030	37126	144051	1994	7979	99
1987	40213	149610	38549	143783	1664	5827	98
1988	41708	153392	39428	145413	2280	7979	100
1989	43480	154919	40372	147840	2108	7079	97
1990	42407	155205	40395	148379	2012	6826	100
1991	45348	155427	43515	149011	1833	6416	99
1992	46314	156411	44090	148628	2224	7783	100
1993	46335	155670	45127	148119	1208	7551	100
1994	46696	153995	45448	146660	1248	7335	100
1995	46559	148110	45247	141969	1312	6141	100
1996	47586	149921	46295	146129	1291	3792	99
1997	47314	149355	46131	145544	1183	3811	100
1998	46914	145301	46264	143564	650	1737	100
1999	47436	145127	46928	143783	508	1344	100
2000	48352	146735	47854	145282	498	1453	99
2001	49088	146682	48228	143739	860	2943	100
2002	49720	146883	48767	144378	953	2505	100
2003	43958	145746	43189	143680	769	2066	100
2004	51524	143931	50879	142339	645	1592	100
2005	54679	154031	54120	152659	559	1372	100

第五节　城镇消防

1986年，南岔消防队46人，干部2人，城镇防火工作和消防监督认真贯彻“以防为主”的方针，狠抓了春防和冬防工作，在落实好两级重点防火单位监督管理的同时，积极指挥所属街道、办事处负责人的三级防火的管理工作，打通全区防火道1232条，96945延长米，保证了各种车辆的畅通。全年全区共发生火灾4起，火警20起，造成经济损失28602元。1987年，认真开展打通防火道，全区共清理板条59348立方米，拆除障碍物63360延长米，拆除违建房屋257户，拆除棚子184座，新拓宽主干道184条，11865延长米。全年共发生火灾4起，火警18起，损失86450元，死亡1人。1988年，城镇防火工作实行全区总动员和处级干部包片，机关科室包点的责任制，区政府同101个单位签订责任状，公安消防科指导基层派出所，加强三级防火单位，层层落实防火责任制与居民签订防火公约。

消防队加强了业务训练，防火期加强了全员值班制度，保证了及时出警。全年发生火灾 2 起，损失折款 174 元。1990 年，消防工作，举办各类学习班 14 期，在抓“三级”互防工作的同时，加强对三级防火单位的指导，坚持严管，严罚。全区共发生火灾 5 起，火警 12 起，其中重大火灾 1 起，直接经济损失 102.59 元。1995 年，在继续贯彻《消防细则条例》、管好三级防火单位的同时，加强对三级防火单位和居民区防火工作的指导，坚持严管，严罚，处罚违反消防人员 43 人，其中拘留 26 人，罚款 17 人，金额 1755 元。全区共发生火灾 24 起（均为一般火灾）造成经济损失 22200 元。1996—2000 年，根据上级指示精神和形势发展的需要，南岔消防队变成南岔消防大队，成立了三个中队。南岔中队 131 人，晨明中队 35 人，浩良河中队 15 人。狠抓了义务消防队建设，组织培训了快速反应扑火队员 700 人，义务消防队员 4800 人，增加消防点 20 个，地上消防栓 1 个，水灌车 25 辆，手拉泵 56 台，组建民办消防队 2 个。全区发生火灾 14 起，均为一般火灾，造成经济损失 38790 元。2003 年，全区共安全检查 36 次，检查重点单位 63 家，一般单位 80 家，发现各类火险隐患 297 处，下发整改通知书 94 份。全区共发生一般火灾 11 起，经济损失 66454 元。2004 年，全年进行消防检查 575 次，检查重点单位 60 家，发现各类火灾隐患 186 处，当场整改 109 处，限期整改 77 处，下发整改通知书 142 份，全部整改完毕。全年发生一般火灾 5 起，损失折款 33637 元。2005 年，分局充分发挥消防监督科的职能作用，严格按照消防法规的要求，加大宣传和监督管理工作力度。全年共检查重点单位 61 个，一般单位 207 个，“六小单位” 412 个，夜查单位 78 个，日查单位 129 个，发现各类火险隐患 158 处，当场整改 109 处，限期整改 49 处，已全部整改完毕，从而有效控制了各类火灾事故的发生。全年全区共发生一般火灾 3 起，损失折价 52566 元；发生消防行政案件 64 起，查处 64 起，处理违法人员 68 人（罚款 66 人，警告 2 人）。到 2005 年年末，公安分局设消防科和消防大队，其中，消防大队下设南岔中队、晨明中队、浩良河中队，消防人员 131 人，消防车 11 台。

第六节　道路交通管理

1986 年，交警队编制 10 人，队长 1 人，指导员 1 人，全区发生交通事故 8 起。其中：重大事故 3 起，一般事故 5 起，伤 6 人。检查各种车辆 2533 台次，取缔违章车辆 548 台次，吊扣执照 2 人，拘留 2 人。1987 年，发生交通事故 7 起，比上年同期发生的 8 起减少 1 起，降 12.5%，其中重大交通事故 4 起，死亡 4 人，一般交通事故 3 起，伤 8 人。纠正处理违章车辆 1256 台次，罚款 4800 元，纠正处理自行车违章 793 台，罚款 793 元，拘留 6 人，收容 2 人。1988 年，发生交通事故 5 起，比上年发生的 7 起，减少 2 起，下降 28.6%，其中重大事故 4 起，死亡 4 人，发案起数与死亡的人数与去年持平。发生一般交通事故 1 起，伤 1 人，比上年 3 起减少 2 起，下降 66.7%，受伤人比上年 8 人减少 7 人。纠正处理违章车辆 7920 台次，罚款 18000 余元，纠正自行车违章 1282 台次，处罚 217 人。1989 年，发生交通事故 6 起，比上年增加 1 起，其中，重大事故 3 起，比上年减少 1 起；死亡 3 人，比上年减少 1 人；伤 5 人，比上年增加 1 人。检查车辆 17043 台次，取缔违章驾驶 5430 台次，罚款 27150 元，吊扣执照 7 人，拘留 5 人。1990 年，全年发生交通事故 8 起，其中重大事故 2 起，死亡 2 人，一般事故 6 起伤 7 人。取缔违章 1 万人次，罚款 1.43 万元，吊销驾驶执照 3 人次，治安拘留 3 人次。1995 年，交通管理工作，坚持贯彻新的《道路交通管理条例》，专项整治了摩托车、小四轮车、出租车和个体营运车辆；举办驾驶员学习班 2 期，培训人员 210 名。新组建了安全联合组，全方位开展了交通安全宣传工作，制定了流动图板 10 块，宣传标语 14 幅，举办图片展 4 期，设咨询站 1 处，开展咨询活动 14 期，放映交通安全录像片 6 次，观看者达 900 余人次。坚持路检路查，2001—2005 年，全区共发生交通事故 92 起，其中重大事故 40 起，一般事故 52 起，伤 21 人，死 22 人，直接经济损失83510元，取缔违章1万余人次，罚款2830元，吊销驾驶执照6人，治安拘留23人。2000年，交通管理以压事故、保畅通和宣传贯彻《道路交通管理条例》《事故处理办法》为重点，坚持晨检路查，高峰上路，重点整顿摩托车和四轮拖拉机，路检路查1.1万台次。2001—2005年，全区共发生交通事故57起，重大事故20起，一般事故37起，伤3人，死亡11人，直接经济损失65000元。取缔违章3768人次，拘留5人。2003年，交警大队以“保安全，保畅通”为目标，以实施“畅通工程”和“创平安大道”活动为载体，全力治理整顿全区道路交通秩序。2003—2005年，全区共发生交通事故80起，其中，重大事故13起，一般事故67起，伤29人，死亡14人，直接经济损失44600元。检车29645台次，处理违章违法人员5名，拘留1名，取保1名，治安拘留2名，警告1名。纠正各类违章车辆509台次，暂扣车2810台，清理占道24处，罚款6786人。举办摩托车驾驶员培训班7期，培训279人。加强了交通设施硬件建设，公安分局多方筹措资金，投资7万元，在南岔工行路口安装交通指挥指示灯，在通山路、北纬路、中经路铺设了交通标线，改善了交通管理环境，使南岔区的交通管理工作走上了科学化、规范化的管理轨道。通过严管、严罚、严治，全区的交通秩序有了明显的好转，最大限度地减少了人身伤亡和财产损失，确保了全区城乡道路交通安全畅通。2004年，南岔交警大队以“保平安，保畅通”为目标，以实施“畅通工程”和“创建平安大道”活动为载体，以“压事故、保畅通”道路安全“百日会战”活动为契机，实行严管严控严处，全力治理整顿道路交通秩序。全年春检车辆822台，年检车辆650台，纠正各种交通违章车辆899台（次），罚款94人，金额67050元，发生交通事故14起，其中重大7起，查处13起，查处率93%，死亡8人，伤12人，处理违法犯罪人员9人,（刑拘2人，取保候审1人，治安拘留6人）财产损失折款3.9万元。2005年，以“保平安，保畅通”为目标，积极开展整治道路交通安全秩序专项行动，对交通事故多发路段，实行24小时动态巡逻制度对违章车辆严管、严查、严处。全年春检车辆963台，年检车辆867台，纠正各类交通违章车辆1055台（次），罚款1055人，金额169050元。交警大队心系群众，全面贯彻落实市交通管理工作会议精神，充分利用电视、广播、报纸等新闻媒体大力宣传《中华人民共和国道路交通安全法》和交通安全常识以及自觉遵守交通规则的重大意义，深入开展交通安全宣传“五进”（进农村、进学校、进企业、进社区、进家庭）活动，努力提高全民交通安全意识，有效预防和控制了各类交通事故的发生。全年发生交通事故13起（其中重大1起），查处13起，查处率100%；轻伤22人，死亡1人；财产损失折合人民币3.8万元；处理违法犯罪人员18人（刑拘1人，拘留2人，罚款12人，吊销驾驶证1人，暂扣驾驶证2人）。到2005年年末，南岔交警大队设大队长1名，副大队长3名，指导员1名。大队下设驾驶中队、车管中队、事故中队、交通中队、浩良河中队5个中队，全大队编制人数为34人。

第七节　看守工作

1986—2000年，南岔公安分局看守所，编制29人、所长1人、管教1人、民警27人。2001年，南岔区政府按国家规定标准，建设了占地面积1200平方米，使用面积254.5平方米的看守所。于2002年10月21日竣工。11月投入使用。12月，经省公安厅检查被评为二级看守所。2003年，狱政管理方面，重点抓了看守所的软件建设和狱政管理工作，完善了看守所《看守所民警岗位责任制度》《看守所严格文明管理六项承诺》《在押人员会见制度》《安全检查制度》等规章制度，确保了监所的绝对安全，并开展了深挖余罪工作。全面改善犯人的生活环境，2005年，看守所被评为国家一级看守所。同时深入开展了深挖余罪工作，全年深挖有价值破案线索23条。

第八节　派出所

1986年，全局共有9个派出所，人数72人，派出所全面加强派出所基础工作建设，以治安管理为中心，以人口管理为基础，组织居委会、村委会、义务治安员、专职治安员进行巡逻联防，全方位加强治安防范工作，有效地控制了拦路抢劫、入室盗窃案件的发生，预防性案件大幅度地下降。按照上级公安机关的部署，开展了全国第三次人口的普查，实行派出所目标管理，有效地调动了全体干警的工作积极性。1991年，全面推动派出所目标管理，系统地制定所长、副所长、指导员、外勤民警、内勤民警、治安民警的工作目标和考核标准。实行月考核、季度小结、半年初评、年终总评的考评方法，充分调动了全体干警的工作积极性、创造性，使派出所基础工作得到稳定的发展。派出所民警以辖区为单位，通过大练基本功，提高了业务工作能力和技术水平，积极参加破案工作，确保一方平安。1996年，主要是加强治安管理工作，认真开展巡逻检查，有效地控制了可控案件的发生，居民区入室撬盗案件和入室抢劫案件发案均低于4‰。收缴散失在社会上的枪支1200余支，消除了社会不安全的隐患。人口信息化建设上，加大了资金和科技含量的投入，1998年，10个派出所全部实现了人口信息的现代化管理，实现了网上抓逃和网上对比。在人口管理上，民警的熟悉率达到95%以上。南岔分局在1999年全市派出所业务技能大比武中，荣获第一名。2001—2003年，派出所工作，全面加强了派出所的基础工作，落实了派出所的规范化建设和人口管理工作三年规划。主要开展了争当全熟民警、基本功过硬民警、全优民警和大练兵等相结合活动。在交通和信息化建设上有了重大突破，每个派出所拥有1辆警用车辆，1台传真机，2台计算机，每2个派出所合用1台摄像机，全面开通了公安四级网。通过几年的努力，联合派出所，民主派出所被省厅评为二级派出所，东升派出所，浩良河派出所被市局评为三级派出所，其他6个派出所为四级派出所，达到了省厅的要求。2005年，全区设派出所10个，即联合、建国、东升、民主、晨明、浩良河、柳树、梧桐、松青、西水派出所。南岔公安分局把加强派出所工作置于基础性，先导性的位置，按照“人要精神，物要整洁，说话要和气，办事要公道”的要求，以实现发案少、秩序好、社会稳定、群众满意为工作目标，真抓实干，大力加强公安派出所政治建设、业务建设、形象建设、基础建设，深入开展全熟民警、基本功过硬民警、全优民警活动，大力加强派出所基层基础建设，把派出所真正建成了综合性的战斗实体。

第九节　队伍建设

1986年，南岔公安分局重点开展了强化思想工作，注重“两个素质”，坚持从严治警，重点开展了纪律作风整顿工作，组织民警学习邓小平理论，积极开展“争创”活动，加强公安宣传工作，提高了民警的政治素质和业务素质。1990年，坚持政治业务一起抓，组织干警认真学习十三届三中、四中、五中全会精神，提高干警对治理、整顿、深化改革重要性的认识，使干警在思想上同党中央保持高度一致。坚持从严治警的方针，狠抓纪律作风教育；加强干警的业务训练和文化教育，继续实现目标管理；加强了精神文明建设，开展学先争优活动，促进了警民共建活动的开展。1993年，以纪律教育为重点，转变服务作风，密切警民关系，规范了干警的行为，使民警自觉地保持清正廉洁。继续贯彻《全省公安队伍建设三年规划》的各项措施和全省正规化建设嘉荫现场会议精神，认真执行省厅制定下发的《公安队伍正规化建设标准》。实行目标管理，调动了全局干警的工作积极性和主动性。1994年，继续贯彻《全省公安队伍三年规划》的各项措施，深入贯彻落实省、市公安队伍建设会议精神，在全面开展学“济南交警”和争做“双合格”干警活动，推出了《派出所为人民服务十三条承诺》和《八登门制度》，加大了公安人事制度改革的进度，实行了聘任，聘用制度，形成了能者上，平者下的竞争机制；开展“十五大”精神学习活动，增强了使命感，责任感；深化了反腐倡廉活动和形象化教育。2000年，按照省、市、区的统一部署，对全局的干警进行了集中教育整顿，干警的思想政治和业务素质有了很大的提高。深入开展了“便民利民”活动，密切了警民关系，继续全面实行目标管理，对《目标管理考核方案》重新进行修改和完善，积极开展学创活动，涌现了一批模范群体和个人。一是开展了“无违纪”年活动；二是集中开展了“三讲”和“三项教育”工作；三是加强思想教育工作；四是继续落实目标管理考核工作制度，全面推动了各项公安工作的开展。2003年，以建设队伍规范化和考核激励机制为主线，加强以绩效考核和人事制度改革为主要内容的考核激励机制；以各项监督制约措施为主要内容的监督机制；以思想教育、素质教育、装备保障为主要内容的保障机制建设。坚持科技强警，教育强警，向教育要素质，向素质要战斗力的方针，认真组织开展政治教育、学历教育、计算机应用知识培训，警体技能训练和执法办案为主要内容的岗位培训，锻炼民警的业务素质和工作能力，努力建设高素质的公安队伍，推动队伍建设不断向正规化，规范化方向迈进。2004年，南岔公安分局，以提高公安队伍整体素质和战斗力为目标，以调动和激发广大民警的积极性和创造力为核心，全力造就一支政治坚定，业务精通，作风优良，执法公正的公安队伍。大力开展创建最佳最差单位评比“群众评议公安机关和民警”、“远学任长霞，近学白连友”、“两风”建设等活动，激发广大干警的工作积极性、主动性、创造性，全局每个干警都在“想事、看事、管事、干事”上下功夫，形成了奋发进取、大胆创新的良好工作氛围，推动了全局各项工作的健康开展。

2005年，南岔公安分局加强队伍正规化建设，确保建成一支政治坚定、业务精通、作风优良、执法公正的公安队伍。按照建设过硬班子、纯洁公安队伍、树立良好形象、提高执法水平的要求，以深化改革为动力、以提高公安队伍整体素质和战斗力目标，以调动和激发广大民警的积极性和创造性为核心，大力实施六项工程，即：围绕一个目标（创建平安南岔）、强化两个学习（远学任长霞、近学白连友）、叫响“三个一切”（一切从南岔实际出发、一切从有利于南岔经济发展出发、一切从人民群众利益出发）、树立“四个形象”（诚信守诺、服务为民、严格执法、廉洁公正的公安形象）、实现“五个转变”（在执法理论上转变、执法态度上转变、执法方式上转变、执法效果上转变、执法监督上转变）、推行“六零”（对企业经营零干扰、对企业服务零距离、对企业管理零收费、对公安管理零投诉、对队伍管理零违法、对民警教育零违纪）工作机制，努力练就一支政治坚定、业务精通、作风优良、执法公正的公安队伍。一是强化思想政治建设。坚持不懈地用马列主义、毛泽东思想，邓小平理论和“三个代表”重要思想武装全体民警，使广大民警牢固树立正确的世界观、人生观和价值观，确保公安队伍永远忠于党、忠于祖国、忠于人民、忠于法律。二以开展保持共产党员先进性教育活动为契机，全面加强基层党组织和党员队伍建设。突出公安工作性质、职责和特点，以铸就忠诚警魂为核心，在全体民警中加强以履行三大政治和社会责任为主要内容的政治教育和形象教育。

第十节　案件侦查

1986年，全年共发生各类刑事案件216起，破获152起，破案率70.4%，其中发生重大案件40起，破案30起，破案率为75%，发生特大案件5起，破4起，破案率为80%。查获作案成员172名，其中流窜犯10名，逃犯5名。

1988年，全年共发生各类刑事案件202起，比上年发生的208起减少6起，发案率下降2.9%；

破获 176 起，综合破案率为 87.1%，比上年的 76% 提高了 11.1%。其中，发生重大刑事案件 63 起，比上年发生的 56 起增加 7 起，发案率上升 12.5%，破获 57 起，破案率为 90.5%，比上年 78.6% 提高 11.9%；发生特大刑事案件 3 起，比上年发生的 1 起增加了 2 起，发案率上升 200%；破获 3 起，破案率 100%，上年发生的特大案件未破。破获年前案 1 起，破获隐案 17 起，破获不够立案的小案件 113 起，协助外地破案 11 起，查获作案成员 181 名，收缴赃款赃物折合人民币 67000 元，经检察机关批准逮捕起诉人犯 92 人，劳教 59 人，其中缓送 6 人。

1990 年，全年共发生刑事案件 528 起，破获 402 起，破案绝对数为 598 起，与发案总数相比，破案率为 113.3%。其中重大刑事案件发生 93 起，破获 79 起，破获年前积案 22 起，隐案 1 起，协助外地破案 33 起，破案绝对数为 115 起，与发案相比，破案率为 123.7%；特大刑事案件发生 4 起，破获 4 起，协助外地破获 2 起，破案绝对数为 6 起，与发案相比破案率为 150%。通过破案，查获作案成员 371 名，其中流窜犯 4 名，逃犯 31 名。打掉犯罪团伙 27 个，成员 105 名，缴获赃款赃物折合人民币 286813 元，经检察机关批准逮捕起诉人犯 161 名，送劳动教养 23 名，其中，缓送 5 名。

1992 年，全年共发生各类刑事案件 548 起，与上年同期的 521 起相比，发案上升 5.2%；破获 461 起，破案率为 84%，比上年同期 74.3% 提高 9.7%。破获年前积案 81 起，隐案 13 起，协助外地破案 27 起，破案绝对数为 582 起，与发案总数比，综合破案率为 106.2%。重大刑事案件发生 95 起，破获 78 起，破案率 82.1%。比上年同期破案率提高了 6.8%。破年前重大积案 8 起，隐案 1 起，协助外地破案 4 起，破案绝对数为 91 起，与发案总数相比，破案率为 95.7%。特大案件发生 8 起，破获 6 起，破获年前特大积案 1 起，协助外地破获特大积案 3 起，破案绝对数为 10 起，与发案比，破案率为 125%。通过破案查获作案成员 270 名，其中流窜犯 5 名，逃犯 27 名。打掉犯罪团伙 22 个，成员 71 名，收缴赃款赃物折合人民币 218294 元。经检察机关批准逮捕起诉人犯 150 名，劳动教养 15 名，其中缓送 1 名。

1994 年，全区发生刑事案件 470 起，比上年的 474 起减少 4 起，下降 0.8%；破获 418 起，破案率为 88.9%，比上年提高 28%；破获年前积案 3 起，隐案 11 起，协助外地破案 60 起，破案绝对数为 492 起，与发案数相比破案率为 104.7%。其中重大刑事案件发生 105 起，比上年减少 10 起，下降 8.7%；破获 94 起，破案率为 89.5%，比上年提高 2.5%；破获年前重大积案 2 起，隐案 5 起，协助外地破获重大案件 17 起，破案绝对数为 118 起，与发案数比，破案率为 112.4%；特大刑事案件发生 10 起，比上年发生的 14 起减少 4 起，下降 28.6%；破获 10 起，破案率为 100%，比上年提高 35.7%；协助外地破获特大案件 4 起，破案绝对数为 14 起，与发案数比，破案率为 140%；通过破案查获作案成员 316 名，其中，流窜犯 13 名，逃犯 36 名；打掉犯罪团伙 31 个，成员 106 名，缴获赃款赃物折合人民币 33 万元。

1995 年，全区发生各类刑事案件 469 起，比上年减少 1 起，下降 0.2%；破获 423 起，破案率 90.2%，比上年提高 1.5%；破获年前积案 5 起，隐案 45 起，协助外地破案 22 起，破案绝对数为 495 起，与发案数相比，破案率为 105.3%。其中重大刑事案件发生 141 起，比上年增加 36 起，上升 34.3%；破获 127 起，隐案 6 起，协助外地破案 4 起，破案绝对数为 139 起，比上年增加 13 起，上升 130%；破获 22 起，破案率为 95.7%，比上年下降 4.3%；协助外地破案 6 起，破案绝对数为 28 起，与发案数相比，破案率为 121.7%；通过破案，查获作案成员 373 名；打掉犯罪团伙 31 个，成员 135 名；缴获赃款赃物折合人民币 46.6 万元。经检察机关批准逮捕起诉人犯 137 人，其中逮捕 123 人，比上年多捕 6 人，送劳动教养 27 人，比上年多送 7 人。

2000 年，全区共发生各类刑事案件 345 起，比上年同期发生 444 起，减少 90 起，发案下降 20.3%；破获 298 起，破案率为 82.8%，比上年同期下降 7.1%；破获年前积案 4 起，隐案 33 起，协助外地破案 86 起，破案绝对数为 416 起，与发案总数 354 起相比，综合破案率为 117.5%。其中重大案件发生 109 起，比上年同期发生 119 起，减少 10 起，发案下降 8.4%，破获 90 起，破案率为 82.6%，比上年同期下降低 3.1%；破获年前重大积案 3 起，破获重大隐案 14 起，协外破获重大案件 76 起，重大案件破案绝对数为 183 起，与发案总数 109 起比，综合破案率为 167.9%；特大刑事案件发生 15 起，比上年同期发生 13 起，增加 2 起，发案上升 15.4%；破获 13 起，破案率为 86.7%，比上年同期降低 5.6%；破获特隐案 1 起，协助外地破获特大案件 2 起，特大案件破案绝对数为 16 起，抓获作案成员 213 名，偶犯 190 名；受过处罚 23 名，刑事拘留 95 名，取保候审 19 名，报送劳动教养 10 名。

2003 年，全年共发生各类刑事案件 460 起，比上年同期发生 533 起，发案下降 13.7%；破获 299 起，破案率为 65%。破获年前积案 4 起，破获隐案 13 起，协助外地破案 12 起，破案绝对数为 328 起，与发案总数 460 起相比，综合破案率为 71.3%。其中重大案件发生 88 起，比上年同期发生 137 起，发案下降 35.8%，破获 53 起，破获率为 60.2%，比上年同期降低 8.4%，破获重大隐案 3 起，协外破获案件 5 起，重大刑事案件破案绝对数为 61 起，与发案总数 88 起相比，综合破案率为 69.3%；发生特大刑事案件 3 起，与上年同期发生 14 起相比，发案下降 78.8%，破获 2 起，破案率为 66.7%，比上年同期降低 33.3%。破获特大积案 1 起，破获特大隐案 1 起，协助外地破获特大案件 5 起，破案绝对数 9 起，与发案总数 3 起相比，综合破案率为 300%。通过破案抓获作案成员 195 名，刑事拘留 118 名，取保候审 37 名，经检察机关批准逮捕 105 名，逮捕起诉 134 名，取保直诉 19 名，送劳动教养 16 名。

2004 年，全年共发生各类刑事案件 440 起，比上年同期的 460 起，发案下降 4.35%。破获 293 起，破案率为 66.6%，破获年前积案 16 起，破获隐案 14 起，协助外地破案 5 起，破案绝对数为 328 起，与发案总数 440 起相比，综合破案率为 74.5%。其中重大案发生 75 起，与上年同期发生 88 起相比，发案下降 14.8%，破获 45 起，破案率为 60%；破获重大积案 6 起，隐案 8 起，协外破案 1 起，重大积案绝对数为 60 起，与发案总数 75 起，破案率为 55.6%，打掉犯罪集团 1 个（盗窃），抓获成员 3 名。通过破案，抓获犯罪嫌疑人 197 人，刑拘 108 人，取保候审 47 名，经检察机关批准逮捕 96 人，逮捕起诉 97 人，取保直诉 38 人，劳动教养 17 名。

2005 年，案件侦查，坚持严打方针，严厉打击各种刑事犯罪活动，确保社会治安稳定，按照“黑恶必除、命案必破、两抢必打、逃犯必抓”的总体要求，进一步改革和完善指挥统一。快速反应职责明确协调配合，保障有力的刑侦工作格局，有力地巩固严打整治斗争成果，确保“严打”斗争的深入开展。是年，全区共发展各类刑事案件 391 起，与上年同期发生 440 起相比，发案下降 11.36%。破获 249 起，破案率为 63.7%；破获年前积案 28 起，破获隐案 23 起，协外破案 3 起，破获案件绝对数为 303 起，与发案总数 391 起相比，综合破案率为 77.5%。其中重大案件发生 56 起，与上年同期发生 75 起相比，发案下降 25.3%。破获 27 起，破案率为 48.2%；破获重大积案 2 起，隐案 3 起，协外破获重大案件 1 起，重大案件破案绝对数为 33 起，与发案率总数 56 起相比，重大案件综合破案率为 58.9%。特大案件发生 4 起，破获 3 起，破案率为 75%，破获特大隐案 2 起，特大案件破案绝对数为 5 起，与发案总数 4 起相比，特大案件综合破案率为 125%。共抓获逃犯 16 名（其中网上逃犯 15 名，非网上逃犯 1 名）。抓获犯罪嫌疑人 169 人，刑拘 92 人，取保候审 24 人，经检察机关批准逮捕 85 人，逮捕起诉 75 人，取保直诉 24 人，劳动教养 18 名。

第十一节　自行车管理

1986 年，自行车管理所检验自行车 107160 辆，新打号 3534 辆，收到群众捡到的自行车 636 辆，返还群众 342 辆。1995 年，检验自行车 125849 辆，新打号 4023 辆，查获自行车案 15 起，收群众捡到自行车 803 辆，返还失主 515 辆。2000 年，检验自行车 63412 辆，新打号 4059 辆，查获自行车案 18 起，收到群众捡到的自行车 370 辆，返还失主 367 辆。2002 年，检验自行车 48004 辆，新打号 1432 辆，收到群众捡到自行车 18 辆，返还失主 16 辆。2003 年，根据形势的发展，自行车管理所解体，自行车由各派出所管理。

第十二节 森保管理

1986 年，全年查处森林刑事案件 12 起，治安案件 15 起，林政案件 6 起，处理犯罪人员 41 人，收缴木材 45.107 立方米，罚款 4320 元。1987 年，查处林政案件 4 起，处理犯罪人员 32 人，收缴木材 43.775 立方米，罚款 3441 元，收缴资源补偿费 1150 元，木材变价款 7190 元，总计 11781 元。1990 年，全区查处森保刑事案件 27 起，治安案件 10 起，收缴木材 441.5 立方米，罚款 124091 元，为国家挽回经济损失 144504 元。1993 年，查处森林案件 16 起，其中，刑事案件 11 起，治安案件 2 起，林政案件 3 起，处理 37 人，其中逮捕 10 人，治安拘留 5 人，治安罚款 6 人，林政处罚 12 人，收缴木材 79.88 立方米，为国家挽回经济损失 68910 元。1994 年，查处森保案件 16 起，与去年持平，其中刑事案件 12 起，林政案件 4 起，处理 12 人，其中逮捕 5 人，林政罚款 7 人，收缴木材 143 立方米，挽回经济损失 153000 元。1995 年，查处森保案件 15 起，比去年减少 1 起，其中，刑事案件 8 起，治安案件 3 起，林政案件 4 起，处理 26 人，其中，逮捕 9 人，拘留 1 人，林政处罚 16 人，收缴木材 943 立方米，挽回经济损失 68000 元。1996 年，查处森保案件 62 起，比去年增加 49 起，其中刑事案件 61 起，治安案件 1 起，查处 43 人，其中逮捕 15 人，劳教 1 人，拘留 7 人，罚款 20 人，收缴木材 130 立方米，挽回经济损失 56000 元。2000 年，全区发生森保案件 67 起，其中，刑事案件 20 起，治安案件 12 起，林政案件 20 起，处理人犯 68 人，收缴木材 1757.98 立方米，逮捕 9 人，取保 2 人，取保直诉 1 人，劳动教养 3 人，治安拘留 4 人，治安处罚 8 人，林政罚款 10 人，警告 2 人，为国家挽回经济损失 114670 元。2001 年，发生森保案件 20 起。其中，刑事案件 9 起，治安案件 5 起，林政案件 6 起，查破 19 起，处理人犯 26 人，其中逮捕起诉 7 人、取保 1 人、治安拘留 5 人、治安罚款 5 人、林政罚款 8 人，收缴木材 391.37 立方米，挽回经济损失 48929 元。2002 年，全区发生森保案件 37 起，其中，刑事案件 26 起，治安案件 3 起，林政案件 8 起，破获 35 起，破案率 94.5%，比去年同期破获 19 起，多破 16 起，抓获作案成员 43 名，刑拘 28 名，治安拘留 4 名，林政罚款 11 名，收缴木材 451.87 立方米，为国家挽回经济损失 109608 元。2003 年，全区共发生森保案件 36 起，其中刑事案件 10 起、治安案件 17 起、林政案件 9 起，破获 36 起，破案率为 100%。抓获作案成员 43 名，刑拘 9 人，取保 1 人，直诉 1 人，治安拘留 13 人，治安罚款 7 人，林政处罚 10 人，收缴木材 38.63 立方米，为国家挽回经济损失 12869 元。2004 年，全年共发生森林案件 89 起（刑事案件 25 起，治安案件 53 起，林政案件 11 起），破获 89 起，破案率为 100%。抓获作案成员 80 名（刑拘 14 名，治安拘留 5 名，治安罚款 49 人，行政警告 1 人，林政处罚 11 人）收缴木材 123.3392 立方米。2005 年，全年共发生森林案件 81 起（刑事案件 5 起，治安案件 75 起，林政案件 1 起）查处 81 起，查处率为 100%。处理违法犯罪人员 80 名（刑拘 3 人，治安拘留 13 人，治安罚款 62 人，林政罚款 2 人），收缴木材 18.5 立方米。

第二章 检 察

南岔区人民检察院在区委的领导、人大的监督下，在伊春市人民检察院的指导下，以邓小平理论和“三个代表”重要思想统领检察工作，在严厉打击刑事犯罪的同时，把打击经济领域里的犯罪活动作为中心工作，以查处贪污、受贿案件作为重点，查处一批大要案件。在刑事检察、经济检察、反渎职侵权、临所、信访接待多项工作。1986—2005年，共受理公安机关移送审查批捕案件1907件2390人，审查后批准逮捕1813件2217人，不批捕83件137人，受理公安机关移送审查起诉案件2209件2951人，审查后向区法院起诉1834件2379人，向市人民检察院报送“三类”（死刑、死缓、无期）案件140件313人。稳、准、狠地打击了各种犯罪分子的嚣张气焰，维护了社会稳定。

第一节 机 构

1986年，南岔区人民检察院设检察长1人，副检察长2人，下设办公室、起诉科、批捕科、控告申诉科，编制人数为29人。1994年，南岔区人民检察院增设了民行科、经济科，由原来4个科室增设6个科室，人员由原来29人增至31人。1997年，经济科改称反贪污贿赂局。2005年12月30日，南岔区人民检察院下设办公室、公诉科、侦查监督科、反贪污贿赂渎职侵权检察局、民事行政检察科、控告申诉科（举报中心）、浩良河检察室、晨明检察室、政治处等10个科室。人员由31人增至34人。

第二节 刑事检察

1986年，南岔区人民检察院遵照“从重从快”的方针，以七类犯罪为打击重点，积极开展了刑事检察工作。全年共受理公安机关提请批准逮捕79件86人，经审查，批准逮捕了75人，不批准逮捕8人，公安机关撤回1人，退回公安机关补充侦查2人。在批捕的人犯中，七类犯罪34人。受理公安机关移送审查起诉的案件90件116人（含追诉2人），其中七类犯罪39件43人，经审查，年底全部结案。其中，起诉69件85人，免予起诉8件12人，不起诉1件2人，移送市院按“三大刑”处理3件3人，退回公安机关补充侦察6件7人，公安机关撤诉3件7人。依法提起公诉的案件，除撤诉1件1人，作了不起诉处理外，其余交付审判后，法院开庭审理了65件80人，均作了有罪判决。

1989年，人民检察院工作以严厉打击严重经济犯罪和严重刑事犯罪为重点，把反贪污贿赂斗争放在“经打”工作的首位。全年共受理各类经济犯罪案件35件37人；立案侦查并结案16件16人，其中重大案件6件6人，占立案和结案总数的37%；收缴赃款赃物折合人民币12万元。受理提请批捕的人犯151人。经审查批准逮捕人犯141人，建议公安机关撤回的6人，决定不予批捕4人，受理移送起诉案件112件，196人；人数增加100%。经审查提起公诉80件120人，报送市院审理的“三类”案件16件36人，建议公安机关撤诉的2件2人，免予起诉的5件14人，退回公安机关补充侦查的9件24人，追诉6人，批准的正确率，起诉准确率和支持出庭公诉率均达到100%。提起公诉的案件，经法院开庭审理都作了有罪判决。

1991年，南岔区人民检察院把刑事检察作为一项重点工作来抓，坚持思想上不懈怠，工作上不放松，主动与公安局、法院等部门密切配合，对各类刑事犯罪活动进行了严厉打击。全年，共受理提请批捕案件84件114人，经审查批准逮捕83件113人，决定不予批捕1件1人。受理移送起诉案件137件190人，经审查提起公诉105件151人，报送市院审理的“三类”案件11件16人，免予起诉10件10人，建议公安机关撤诉4件6人，退回补充侦查5件5人，不诉2件2人。

1995年，共受理各类审查的批捕案件110件152人，其中受理公安机关审理批捕案件104件145人，受理本院自侦部门批捕案件6件7人。审查后决定批捕100件131人，其中批准公安机关逮捕人犯94件124人，批准自侦部门6件7人，不批准10件21人；受理各类移送审查起诉案件108件130人，其中受理公安机关移送审查起诉经济案件13件25人，法纪案件3件3人。受理后向法院提起公诉案件94件114人，其中刑事案件86件96人，经济案件10件19人，法纪案件2件2人，免诉7件8人，其中法纪案件1件1人，经济案件2件2人，刑事案件4件5人，退回公安机关补充侦查8件13人，报送市院审理的“三类”案件4件6人，批捕的正确率和起诉的准确率均为100%。

1996年，共受理各类移送审查批捕案件131件161人，其中受理公安局审查批捕案件127件157人。受理该院自侦部门提请批捕案件4件4人。审查后决定批捕122件146人。其中批准公安机关118件142人，批准本院自侦部门4件1人，不批准9件15人。其中，定罪不捕5件7人，不构罪不捕11件5人，事实不清、证据不足不捕2件2人，建议公安机关做司法鉴定不捕1件1人。受理各类起诉案件129件157人，其中公安局118件142人，自侦部门4件4人。

1998年，共受理各类移送审查批捕案件93件119人。其中，受理公安机关提请批捕案件90件115人，受理自侦部门提请批捕案件3件4人，审查后决定批捕88件111人。其中，批捕公安机关85件107人，批准自侦部门3件4人，不批准4件6人，公安机关撤案1件2人。受理各类移送审查起诉案件115件159人，其中经济案件14件20人，法纪案件2件3人，刑事案件96件133人，经济案件12件12人，法纪案件2件3人。向市院报“三类”案件9件14人不诉案件1件2人，批捕和起诉的准确率为100%。

2000年，南岔区人民检察院受理各类移送审查批捕案件89件115人。其中，受理公安机关84件110人，受理自侦部门5件5人，审查后决定批准逮捕87件112人，不批准2件3人。受理公安机关移送审查起诉的刑事案件99件135人，受理自侦部门移送审查起诉的经济案件9件9人，法纪案件4件4人，向法院提起公诉的案件83件100人。其中，刑事案件74件90人，经济案件5件5人，法纪案件4件5人。向市院报“三类”案件11件25人不诉案件3件3人，向市院提请抗诉案件1件2人。

2002年，全年共受理各类移送审查批捕案件153件224人，其中受理公安机关移送审查的刑事案件151件222人，受理本部门自侦审查的案件2件2人。审查后决定批捕139件207人，其中批准公安机关137件205人，该院自侦部门2件2人。不捕14件17人，其中不构成犯罪不捕4件6人、事实不清、证据不足不捕3件3人、无逮捕必要7件8人。受理各类移送审查起诉案件170件262人，其中公安机关移送审查的刑事案件169件253人，受理自侦案件9件9人，审查后向法院提起公诉案件157件241人，不诉7件7人。报市院“三类”案件10件10人，因证据不足退回公安机关补充侦查 3 件 3 人，批捕和起诉的准确率均为 100%。

2005 年，南岔区人民检察院在刑事检察工作中，继续贯彻“严打”方针，对刑事犯罪分子保持高压态势，坚持快捕快诉；坚持行之有效的办案制度；坚持重大、疑难案件请示汇报制度，确保案件质量，坚持提前介入制度，共提前介入重大案件 13 件 17 人次，介入率达到 100%。全年共受理各类移送审查批捕案件 67 件 77 人，其中受理公安机关移送审查批捕案件 62 件 74 人，受理自侦部门移送审查批捕案件 3 件 3 人。审查批准逮捕 61 件 72 人，其中批捕公安机关移送的刑事案件 58 件 69 人，批捕本院自侦部门 3 件 3 人，不批准 4 件 5 人，事实不清、证据不足不捕 2 件 2 人，无逮捕必要 1 件 2 人，不构成犯罪不捕 1 件 1 人，受理各类移送审查起诉案件 77 件 94 人，其中，受理公安机关起诉案件 73 件 90 人，受理自侦部门移送起诉案件 4 件 4 人。审查后向区人民法院提起公诉案件 68 件 78 人，上报“三类”案件 3 件 3 人。

第三节　经济案件检察

1986 年，共发现和掌握各类经济案件线索 34 件 39 人，截至年底，已查办了 27 件 30 人，其中立案 12 件 13 人。调查 3 件 3 人，待查的 4 件 6 人，立案侦查的案件已办结了 12 件 14 人，待查的 4 件 5 人，免予起诉 7 件 8 人，撤销案件 1 件 1 人。通过查办经济案件，共缴获赃款赃物折合人民币 31427.72 元。

1990 年，全年共受理各类经济案件 47 件。立案侦查 13 件，其中重大案件 3 件，结案 12 件，为国家挽回经济损失 166612 元。贪污贿赂案件 36 件。

1991 年，全年共受理经济案件 23 件 23 人，其中，贪污案件 15 件 15 人，受贿案件 2 件 2 人，偷税案件 2 件 2 人，挪用公款案件 4 件 4 人。立案侦查 14 件 14 人，其中贪污贿赂案件 9 件 9 人，偷税、挪用公款案件 5 件 5 人。在立案案件中，重大案件 2 件 2 人，已侦查终结 9 件 9 人，收缴赃款赃物折合人民币 108318 元，为国家和集体挽回经济损失 106000 元。

1992 年，全年共受理各类经济犯罪案件 27 件 35 人，经审查立案侦查 10 件 10 人，其中贪污案件 7 件 7 人，受贿 1 件 1 人，挪用公款 1 件 1 人，抗税案件 1 件 1 人，在立案案件中重大贪污案件 2 件 2 人；侦查终结 9 件 9 人，收缴赃款赃物折合人民币 163997 元。

1995 年，共受理各类经济犯罪案件 28 件 37 人，立案侦查 12 件 21 人，其中挪用公款案件 1 件 1 人，贪污贿赂案件 11 件 20 人，大要案 5 件 6 人，立案案件已全部侦查终结。收缴赃款赃物折合人民币 91000 元，为国家、企业挽回经济损失 248000 元。

1996 年，共受理经济案件 15 件，其中，贪污案件 12 件，受贿案件 1 件，挪用公款案件 2 件，大要案 9 件，超额完成市院指标，收缴赃款 13 万元，为国家挽回经济损失 20 多万元。

1997 年，受理贪污贿赂等经济案件 20 件，立案 14 件，其中，贪污案件 12 件，贪污案中的大要案 11 件，占所立贪贿案件的 91.6%。结案 11 件，无错案、撤案。收缴赃款 187500 元，为国家挽回经济损失 430000 元。

2000 年，共受理案件线索 10 件 10 人，立案侦查 10 件 10 人，其中贪污案件 8 件 8 人，受贿案件 1 件 1 人，挪用公款 1 件 1 人，审查处级科级干部 4 人，在查处的案件中大要案 4 件，侦查终结 8 件 8 人，结案率为 80%，全年无错案。收缴赃款 44 万元，为国家、企业挽回经济损失 70 万元。

2001 年共受理案件线索 12 件 13 人，立案侦查 8 件 9 人，其中，贪污案件 7 件 8 人，挪用公款 1 件 1 人，查处副科级以上干部 3 人，大要案 1 件 1 人，收缴赃款 13 万元，为国家挽回经济损失 50 万元。

2002 年，共受理案件线索 19 件 22 人，全部进行了初查。经过初查，立案 15 件 18 人，其中，贪污案件 7 件 11 人，挪用公款案件 3 件 3 人。在立案的案件中 5 万元以上大案 3 件 3 人。渎职侵权案件 4 件 4 人，其中帮助犯罪分子逃避处罚案件 1 件 1 人，非法搜查案件 1 件 1 人，非法拘禁 1 件 1 人。在办理贪污案件中收缴赃款 15 万元。

2005 年，全年共立案查处贪贿案件 3 件 3 人，其中贪污案件 2 件 2 人，挪用公款案件 1 件 1 人，大要案 2 件 2 人，全部移送审查起诉。共收缴赃款 4.5 万元。为国家和企业挽回经济损失 24 万元。

第四节　反渎职侵权

1986 年，受理法纪案件 6 件，其中非法拘禁 2 件，刑讯逼供 1 件，经审查，均够不上立案，转有关部门做了处理。

1990 年，共受理法纪案件 8 件 8 人，其中玩忽职守 1 件 1 人，非法拘禁 2 件 2 人，重大责任事故 5 件 5 人，对所受理的案件，经审查决定立案 1 件 1 人，结转 1989 年 1 件 1 人（均为玩忽职守案件），已侦查终结并移送起诉。

1993 年，共受理法纪案件 5 件，其中非法拘禁 2 件，重大责任事故 1 件，刑讯逼供 1 件，报复陷害 1 件。立案并结案 1 件 3 人，提起公诉 2 人，免诉 1 人，其余 4 件经审查不够立案，已转交有关部门处理。

1995 年，全年追漏犯 1 人，漏罪 2 起，纠正公安机关错定案件性质 8 件 17 人，纠正公安机关适用法条不当 2 件 2 人，向法院提出书面改判建议 3 件 3 人，提起抗诉 1 件 1 人。

1996 年，受理各类法纪案件 12 件 18 人，立案 6 件 7 人，结案 6 件 7 人，其中，非法拘禁案件 4 件 5 人，徇私舞弊案件 1 件 1 人，提前半年超额完成市院下达的 3 件指标，受到市院好评。

1998 年，共受理法纪案件线索 16 件，初查 14 件，立案 2 件，已全部结案。在侦查监督工作中，追捕公安机关漏捕人犯 5 人，追漏罪 1 起，改变性质 4 件。通过立案侦查通知公安机关立案 4 件 5 人。

2000 年，共受理法纪案件线索 8 件 9 人，其中，非法拘禁 2 件 3 人，玩忽职守 2 件 2 人，徇私舞弊 3 件 3 人，帮助犯罪分子逃避处罚案件 1 件 1 人。经审查立案 4 件 5 人，其中玩忽职守 2 件 2 人，枉法追诉案 1 件 1 人，非法拘禁 1 件 2 人，已结案 1 件 2 人，待结 3 件 3 人。

2001—2002 年，受理法纪案件线索 8 件 10 人，其中，非法拘禁 1 件 1 人，枉法追诉案件 3 件 4 人。不征、少征税款 1 件 1 人，非法搜查 1 件 1 人，帮助犯罪分子逃避处罚 1 件 2 人，暴力取证 1 件 1 人，立案侦查 3 件 4 人，结案 3 件 4 人。

2005 年，南岔区人民检察院在抓渎职侵权案件中，把预防犯罪工作放在与打击同等重要位置上来抓，年初召开 1 次全区职务犯罪工作联席会议，努力提高公职人员的职务犯罪防范意识。为了落实省委“关于预防职务犯罪，促进经济发展社会稳定”二期工程的战略目标，充分发挥廉政教育基地和警示教育基地的作用，举办预防职务犯罪知识讲座，用反面典型现身说法，取得了较好的警示教育效果。全年未发生新的案件时，对过去的案例一案一次分析，每个职务犯罪嫌疑人写一份书面悔过书，到案发单位召开一次座谈会，上一堂法制宣传课，发一份书面检查建议，结案后作一次回访。帮助发案单位堵住管理和制度上的漏洞，建立完善的规章制度和制约机制，增强广大干部职工拒腐防变的能力。

第五节　民事行政检察

1994 年，南岔区人民检察院设民行科，当年受理人身损害赔偿案 2 件，立案 1 件，已作息诉处理。发宣传资料 30 余份，发表电视讲话 1 次，受教育人数 2 万余人。

1997 年，共受理民事行政检察案件 4 件 4 人，立案 1 件，并向市院提请抗诉。

2000 年，受理民事行政检察案件线索 7 件，审查后立案 7 件，向市院提请抗诉 7 件。

2004 年，共受理案件线索 11 件，审理后向市院提起抗诉 6 件，均得到市院支持，完成了市院下达的指标。

2005，检察院加强民事诉讼监督全年受理案件线索 10 件，提请抗诉 6 件，完成市院交办二审案案件 2 件，收到较好效果。

第六节　监所检察

1986 年，监所检察工作，形成了制度，坚持了经常，每逢节假日，区人民检察院主动会同有关部门深入监所进行检察。并选出一名责任心强、工作踏实的人，专项负责驻所检察工作，保证看押场所的安全，取得全市联检的好成绩。

1989 年，加强了监所的检察工作，组织了大型的联合检查 4 次，及时向看守所和收审站提出意见和建议 11 次，纠正一起不应保外就医事件，并对有关人员进行了严肃处理，保证了看押场所的安全。

1990 年，除坚持经常检查外，组织大型联合检查 4 次，及时向看守所和收审站提出口头建议和意见 23 次（条），纠正了一起公安机关收到检察机关不批准逮捕决定书后，24 小时不放人的违法行为，与监所看守人员召开安全检查情况分析会 12 次。在全市年终监所检查评比中，南岔区人民检察院取得第四名的好成绩。

1993 年，全年共进行监所检察 55 次，发现各类不安全因素 12 件，整改率达 95%，纠正无证拘留 2 人，超期羁押 5 人，纠正率达 95%，检察院与公安机关积极配合，促使在押犯人揭发他人犯罪线索 32 件，其中重大案件线索 3 件。进一步落实了帮教措施，完善了监改制度，提高了监改水平。

1995 年，南岔区人民检察院与公安局等部门一起共进行安全防范检查 3 次，清监 24 次，发现不安全因素 12 件，全部整改。开展政治攻势 6 次，找犯人谈话 52 人次，促使犯人揭发犯罪线索 12 件。

1996 年，检察院与公安局等部门进行联合大检查 5 次，清监 24 次，发现不安全因素 13 件，已全部整改。为配合“严打”斗争对犯人开展政治攻势 8 次，揭发犯罪线索 36 次，已破获 20 件，为扩大“严打”战果创造有利条件。

1998 年，检察机关与公安机关进行联合检查 4 次，安全检查 175 次，清监 46 次，发现不安全因素 4 件，全部整改。检察机关在公安局的配合下，对 23 名缓刑和保外就医人员进行考核，对检查和考核中发现的问题，依法提出检察建议。

2000 年，共进行安全防范检查 83 次，查出隐患 2 件，已全部整改。找犯人谈话 5 次，参与清监 15 次，保证了看守所安全检查正常运行，实现监所检察经常化、制度化、规范化的管理。

2001 年，共进行安全检查 159 次，清理监舍 104 次，督促清监 12 次，与在押人员谈话 65 次，提出安全建议 9 件，所提出建议均被公安机关采纳。

2004 年，监所检察突出对超期拘押问题进行重点清理和纠正，督办案件 14 件，全年始终保持零超期。切实加强了执法检查和安全防范检查，纠正违法呈报保外就医 1 人次，安全防范检查 213 次，清监 47 次，给在押人员上法治课 3 次，重大节日联合检查 4 次。

2005 年，在监所检察工作中，检察院派专人进驻看守所，基本形成了制度。全年组织大型检查 12 次，向公安机关提合理化的建议 24 条，采纳 18 条。清监 12 次，保证了看守所的安全，实现了看守所检查经常化、清监制度化、管理规范化。

第七节　信访接待

1986 年，共接待人民群众来访 26 人次，受理人民群众来信 4 件，南岔区人民检察院根据具体情况，及时做出了处理。其中自行查办 5 件，直接答复 15 件。转有关部门查处 10 件，做到热情接待、认真处理，案案有着落，件件有结果。

1989 年，全年受理来信来访 44 件（次），按照“分级负责，归口办理”的原则，自行办理 1 件，直接答复 31 件，转有关部门处理 11 件，驳回申诉 1 件。受理举报案件线索 67 件，其中经济案线索 47 件，立案侦查的重大案件 4 件，刑事案件 11 件，法纪案件线索 9 件。

1990 年，接待群众来信来访 32 件（次）。按照“分级负责，归口办理”的原则，自行办理 3 件，转有关部门处理 7 件，直接答复 22 件。

1994 年，共受理各类举报线索 33 件，比去年上升了 57.2%，按工作管理分流 25 件，决定初查 8 件，移送成案 2 件。受理来信来访 17 件，与去年持平；直接答复 10 件，转有关部门处理 7 件。

1995 年，共接待来信来访，群众来信 12 件，直接答复 7 件，转公安局 2 件，转纪委 2 件，转法纪科 1 件。受理各案举报线索 42 件，决定初查 9 件，成案 5 件，其他 33 件转有关部门处理。

1997 年，共受理举报线索 47 件，决定初查 37 件，达到立案标准的 15 件，不够立案的转有关部门处理，无积压案件线索。受理控告申诉案件 40 件，口头答复 16 件，转有关部门 24 件，无越级上访。在加强文明接待室的基础建设，建立健全了各种规章制度，确定了检察长接待日，公布了举报电话，向省级文明接待室迈进了一步。

1998 年，受理各类举报线索 26 件，初查 16 件，达到立案标准的 2 件，接待群众来信来访 49 件次，口头答复了 31 件，转有关部门处理 18 件，无越级上访现象，同时利用举报中心成立二十周年之际，积极开展电视讲话和举报宣传活动，发送宣传材料近 300 份。

2000 年，共接待群众来访 25 人次，其中检察长接待 24 人次，在接待中群众反映案件线索 11 件，其中贪污案件 9 件，渎职案件 2 件，初查 7 件，转其他部门 4 件，初查率 63.3%，初查立案 3 件，成案率 42.8%。在上访中反映的问题，均做到了件件有着落，事事有回答。在加强预防职务犯罪工作中，举办了大型举报宣传活动 1 次，展出图片 100 余幅，发放宣传材料 3000 余份，对发案单位发出检察建议 4 件，收到了较好的预防效果。

2001 年，共接待来信来访 43 件次，检察长接待群众来访 31 人次，在接待中，发现各类案件 15 件，其中贪污受贿案件 10 件，法纪案件 5 件，转院其他部门处理 7 件，初查后立案 7 件。

2004 年，检察院全年共受理各类举报线索 15 件，初查 10 件，转职检察局立案侦查，其余 5 件转有关部门处理。接待来信来访 64 件次，其中，检察长接待 38 人次，告急访案件 6 件，集体访 2 件。对于受理的来信来访案件，都按照首办责任制的要求落实责任人，并将办理的结果及时向来信来访人员反馈，从根本上解决了重复上访越级上访现象。

2005 年，共受理各类举报线索 15 件，初查 2 件，转职检察局立案侦查。接待群众来信来访 46 件次，其中检察长接待 38 人次，开展法律宣传 1 次。同时还开展了 2000—2004 年的自侦案件和不起诉案件专项复查工作。严格把握不起诉案件标准，把排查统计情况及时上报市院，做到全年无上访案件，积极维护人民群众合法权益。

第三章 法 院

审判工作在区委的领导、区人大的监督和上级法院部门的指导下，依法独立审判，严厉打击严重破坏社会治安的故意杀人、放火、故意伤害、抢劫、重大盗窃等刑事犯罪分子。改革审判方式，人民陪审刑事、民事、经济、行政、审判监督执行等工作。1986—2005年，共审理各类刑事案件2261件，2879人。审理民商事案件13021件，解决了婚姻家庭和债务，赔偿等权益纠纷。随着社会主义民主和法治建设的不断发展和完善，共审理经济案件794件，调整了生产和流通领域内的经济关系，维护了社会主义经济秩序。用审判活动及典型案例教育公民严格遵守宪法和各种法律、法令及党的各项路线、方针、政策。

第一节 机 构

1986年，南岔区人民法院设院长1人，副院长2人，下设办公室、刑事审判庭、经济审判庭、刑事审判二庭、民事审判庭、接待室6个科室。编制人数为49人。1988年，增设行政审判庭、告诉申诉庭、浩良河法庭、晨明法庭。人员由原来的49人增编51人。1995年，增设执行庭、政工科。2000年，南岔区人民法院下设刑事审判庭、民事审判庭、经济审判庭、行政审判庭、告诉申诉庭、审判监督庭、执行庭、浩良河法庭、晨明法庭、办公室、政工科11个科室。2005年，南岔区人民法院下设办公室、刑事审判庭、民事审判一庭、民事审判二庭、经济审判庭、行政审判庭、执行庭、审判监督庭、立案庭、政工科、浩良河法庭、晨明法庭12个科室。院长1人，副院长3人。人员由原来的51人减编为46人。

第二节 审判方式改革

1986年，南岔区人民法院在审判方法上主要是围绕经济建设这个中心，变执行到服务。1988年，南岔区人民法院在审判制度改革中实行目标管理制度。强化庭审功能，强化当事人举证责任，强化合议庭职责。首次刑事审判方式改革示范庭。1998年，进行审判方式改革和审判监督机制改革，从立案抓起，坚持当日审查，当日立案，当日转办，方便人民群众的诉讼，有利于社会秩序的稳定。在审判环节上，坚持强化庭审功能，实行用简易程序办案，探索推行审判长负责制的经验，还权于合议庭和独任审判员。严格举证、质证、认证制度，公开宣判率达100%。2001年，健全完善审判长选任制度，通过实行审判长选任制，充分发挥合议庭的作用，确保办案质量和效率。继续推行审判流程管理，重点解决运作不规范、管理不严格、监督不到位问题，逐步建立起高效、规范的审判运行管理机制。凡是符合“三个有利于”标准的案件，一律实行起诉，立案，审理，执行，一条龙服务做到能办的立即就办，不能办的立即答复。对急、新、特案件，实行急事急办，新事新办，特事特办。在立案环节上，法院推行了“一站式”服务，统一立案，统一收费，统一排期，统一转办，建立起快捷高效的运行机制，方便了当事人的诉讼。促进审判改革工作的深入开展。

2002 年，南岔区人民法院开展了“审判质量年”活动，紧紧围绕司法公正这一主线，牢固树立为经济建设服务的执法观念，平等保护各种经济主体的合法权益，讲求实效，充分发挥各项审判职能，为经济发展创造稳定宽松的社会环境。以质量求公正，把案件质量与目标管理考评相结合。对案件的质量进行量化管理，与审判人员的评比、任用相结合起来，变无形操作为公开竞争。

2003 年，南岔区人民法院加强诉讼指导。对离婚，借贷，人身伤害赔偿等 17 种案件印发了诉讼指南，指导当事人举证和告之诉讼所承担的风险。登门立案办法。对老弱病残，行动不便无法参加诉讼的当事人，由审判人员登门服务，成立速裁法庭。对事实清楚，争议较小的简单民事案件，立案后由速裁法庭当即审理，当庭调解，当庭结案，审判方式实行公开审理。除法律规定不能公开审理的案件外，一律公开审理。强化庭审功能。实行当事人举证，庭前交换证据当庭质证，突出当事人的主体地位，使庭审成为审判活动中心，扩大简易程序。按照繁简分流原则，扩大简易程序的选用范围，使涉诉群众尽快从纠纷中解脱出来。按照“大立案”的要求，建立以立案庭为中心的审判流程管理机制，实现管理权与审判权的分离，审查立案，排期开庭，审限跟踪，信访接待，立卷归档等环节均由立案庭负责管理和监督，全面保证了审判工作高效，有序地进行。以审判长，独任法官选任制为基础，推行了审判组织形式改革，强化合议庭的职能，使法官真正发挥审判的骨干作用。对书记员实行单独序列管理，由立案庭统一调动，统一安排，统一指挥，突出内部监督，完善监督程序。各业务庭案件审理后，将卷送审监庭，审监庭按照法院制定的《案件错案认定标准》采取按月检查，季度通报，半年一评比，年终总评的办法，使案件质量有了提高。

2004 年，重点突出内部监督，完善监督程序。各业务庭室的案件审结后将卷宗，材料移送审监庭，审监庭按照院制定的《案件差错认定标准》，采取月检查、季通报、半年评比、年终总评的方法，对案件进行评查，对案件存在质量问题的人员，严格按照《人民法院审判人员违法审判责任追究办法》和《人民法院审判纪律处分办法》进行追究，使案件质量与责任追究相结合，变无序操作为公开竞争；实行公开审判。全年适用简易程序审理的各类案件 366 件，占结案总数的 76.6%。

2005 年，南岔区人民法院以《人民法院五年改革纲要》为指导，不断深化改革，给审判机制注入新的活力。（1）深化审判方式改革。适用简易程序审理的各类案件 486 件，占结案总数的 68.64%。（2）深化审判管理改革。（3）深化审判组织改革。以审判长、独任法官选任制为基础，推行了审判组织形式改革，强化了合议庭职能，使法官真正发挥了审判的骨干作用。实行审判长选任制后，除合议庭依法提请院长提交审判委员会讨论决定的重大，疑难案件外，其他案件一律由合议庭审理并作出裁判。同时还改革了案件审批制度，审判长独任审判员依审判职责签发裁判文书，做到职能到位，责任明确。进一步规范了审判委员会的工作职责，制定《审判委员会议事规则》，讨论合议庭提请院长提交的重大，疑难、复杂案件，总结审判经验，发挥审判委员会对审判工作中带有根本性，全局性问题指导作用。对书记员实行单独序列管理，由立案庭统一调动，统一安排，统一指挥，为培养一支专业化的书记员队伍奠定了基础。（4）深化审判监督改革。重点突破内部监督，完善监督程序。各业务庭案件审结后，将卷宗材料移送审监庭，审监庭按照法院制定的《案件差错认定标准》，采取月检查、季通报、半年评比、年终总评的方法对案件逐件进行评查，对案件存在质量问题的人员，严格按照《人民法院审判人员违法审判责任追究办法》和《人民法院审判纪律处分办法》进行追究，变无序操作为公开竞争。（5）深化裁判文书改革。普通程序案件的裁判文书，以针对当事人的诉辩主张，增强证据采信和法律适用的说理性为主。简易程序案件的裁判文书，以推广格式化裁判文书的应用为主。为了提高裁判文书质量，开展了裁判文书评比活动，对优秀的裁判文书予以表彰奖励，对不合格裁判文书予以通报批评。（6）深化执行工作改革。按照内部制约原则，把执行权分为裁决权和实施权，即在执行过程中出现主体变更，执行第三人或中止执行等情况，组成合议庭裁决，然后由本案执行员执行实施权。同时，实行债权凭证制度，在执行案件过程中，经过充分调查取证后，发现被执行人确无可供执行财产，申请人又不能提供相关证据的，发给申请人债权凭证。

第三节　人民陪审员

根据《全国人民代表大会常务委员会关于完善人民陪审员制度的决定》，各级人民法院应设人民陪审员参加审判活动的日常工作，基层人民法院应根据本辖区案件数量、人口数量、地域面积、民族状况，在不低于法院法官人数二分之一的情况下，由法院提出人民陪审员的名额。经南岔区 1986 年 4 月 16 日人大常委会六届人大三次会议通过，任命刘晓东等 16 人为南岔区人民法院人民陪审员。1991 年，人民陪审员在法院执行审判任务期间同审判员一起阅卷、调查、审理、合议、判决等审判活动。1992 年，随着审判制度的改革，由法院独立审判，由审判长负责进行审判，此间停止了人民陪审员参加审判的活动。2005 年 1 月 6 日，根据最高人民法院《关于人民陪审员管理办法（试行）的通知》精神，南岔区法院结合南岔的实际情况，提请区人民代表大会常务委员会，于是年 4 月 29 日第十一届人大常委会第十八次会议通过，任命王德良、朱维杰、乔彦彬、秦成云、孔令新 5 人为南岔区人民法院的人民陪审员，参加省高院人民陪审员的培训，并参与全年案件的陪审工作。

第四节　刑事审判

1986 年，共受理各类刑事案件 101 件，人犯 102 人，审结 101 件，结案率为 100%。在审判中，其中判处十年以上有期徒刑的 10 人，处五年以下有期徒刑的 32 人，处缓刑、拘役、管制的 33 人，免予刑事处罚的 1 人，自诉案件调解撤诉的 7 件 7 人。

1989 年，共受理刑事案件 81 件 117 人，其中自诉案件 1 件 1 人。审结 81 件，其中判处十年以上有期徒刑的 12 人，占人犯总数的 14.8%；判五至九年有期徒刑的 21 人，占人犯总数的 55.6%；判缓刑、拘役、管制的 36 人，占人犯总数的 44.4%；撤诉的 2 人，占总人数的 2.5%；结案率为 98.7%。

1990 年，共受理刑事案件 102 件，上年结转 1 件，共计 103 件。审结 102 件，结案率为 99%，并对 146 名人犯依法进行了宣判。其中，判处十年以上有期徒刑的 12 人，占人犯总数的 9%；判处五至九年有期徒刑的 29 人，占人犯总数的 19.1%；判处五年以下有期徒刑的 54 人，占人犯总数的 34%；判处拘役，缓刑的 47 人，占人犯总数的 32%，其他处理 12 人，占人犯总数的 9%。

1992 个，共受理刑事案件 113 件，审结 113 件，结案率为 100%，判处人犯 135 人，其中判处十年以上有期徒刑的 6 件，处五至九年有期徒刑的 29 人，处四年以下至六个月有期徒刑的 47 人；处缓、管、免刑的 20 人，其他方式处理的 32 人，结案率为 100%。被告不服一审判决提出上诉的 7 件，二审维持原判的 6 件。

1995 年，共受理各类刑事案件 126 件 162 人，全部审结。已判决的 163 名人犯中，判处十年以上有期徒刑 5 人，五至九年有期徒刑 27 人，处四年以下有期徒刑 49 人，拘、管、缓 26 人，定罪免处 1 人。召开大型公判会 24 次，宣判案件 52 件 70 人。

1997 年，共受案 73 件 87 人，审结 73 件，结案率达 100%。在人犯处理中对已判决的 87 名人犯，处十年以上有期徒刑 7 人，五至九年有期徒刑的 16 人，重刑面占人犯总数的 26.44%，处四年以下有期徒刑的 27 人，占人犯总数的 31.03%，处管制 5 人，缓刑 26 人，占人犯总数的 35.63%，处罚金 1 人，定罪免处 2 人，检察机关撤诉 1 人，移送中院提高审级 2 人，占人犯总数的 6.89%。召开大型公判大会 27 次，宣判案件 64 件 72 人。

1998 年，共受理刑事案件 104 件 132 人，全部审结，确保了案件的质量。对 137 名人犯处十年以上有期徒刑 11 人，五年至九年有期徒刑的 12 人，四年以下有期徒刑的 43 人，缓刑 39 人，免处 13 人，检察机关撤诉 18 人，移送上级法院审判 1 人。已决人犯的重刑率 22.11%。

1999 年，共受理刑事案件 122 件 155 人，已全部审结。审结率 100%，在审结中检察机关撤诉 4 件 11 人。对 144 名人犯判处五年以上有期徒刑 31 人，处四年以下有期徒刑 56 人，缓刑 42 人，管制 9 人，定罪免处 6 人，重刑面占已决人犯总数的 21.58%。

2000 年，共受刑事案件 108 件 130 人，全部在审限内结案。在受案中，除检察机关撤诉 10 件 10 人外，对 120 名人犯判处五年以上有期徒刑 26 人，五年以下有期徒刑 46 人，缓刑 39 人，管制 2 人，定罪免处 3 人，其中重刑面占 23.6%。

2001 年，共受理刑事案件 129 件 180 人，全部在审限内结案。更审改判 1 件，更审率为 0.7%。在受案中，除检察机关撤诉的 11 件 19 人，对 161 名人犯，判处五年以上有期徒刑的 41 人，五年以下有期徒刑的 63 人，缓刑的 57 人，其中判重刑占已决人犯总数的 22.77%。全年召开大、中型公判大会 41 次，走访帮教缓刑，管制人犯 3 轮次，有效地减少了重新犯罪。

2003 年，共受理刑事案件 92 件 114 人，审结率 100%。在审判中突出打击重点，重点打击杀人，抢劫，放火等严重刑事犯罪，判处五年以上有期徒刑的 15 人，重刑面达 13%。上诉案件 5 件，均维持原判。

2004 年，共受理刑事案件 98 件 109 人，审结率为 100%。重点打击杀人，抢劫，放火等严重刑事犯罪，判处五年以上有期徒刑 14 人，重刑面达 12.8%。同时，在审判中树立铁案意识，对起诉的每一起案件严把事实和证据关，2004 年上诉案件 11 件，均维持原判。

2005 年，共受理刑事案件 90 件 105 人，审结率为 100%。其中适用简易程序审理 43 件，占总结案数的 47.78%，普通程序审理 47 件，占总案数 52.22%，刑事案件平均审限 25 天。审结“两抢一盗”案件 16 件 23 人，故意杀人和故意伤害案件 39 件 39 人。审结未成年人犯罪案件 4 件 4 人。

第五节　民事审判

1986 年，共受理民事案件 392 件，审结 385 件，结案率 98.2%。在审理中，调解 283 件，占结案总数 73.5%。判决 42 件，占结案总数的 11%。撤诉 44 件，占结案总数的 11.4%。移送 3 件，终结 3 件，各占结案总数的 0.08%。

1990 年，共受理民事案件 715 件。上年结转 28 件，共计 743 件，结案率为 99.1%。在审结案件中，离婚 475 件，占受案总数的 64.4%，债务案件 166 件，占受案总数的 22.5%，子女抚养案件 24 件，占受案总数的 3.3%，赡养案件 20 件，占受案总数的 2.2%，继承案件 6 件，占受案总数 0.8%；宅基地纠纷案件 13 件，占受案总数的 1.8%，财产纠纷案件 3 件，房屋案件 6 件，赔偿案件 19 件，抚养 1 件，其他 4 件。调解结案 347 件，判决结案 113 件，移送处理 4 件，驳回起诉 10 件。

1992 年，共受民事案件 757 件，其中民庭受案 544 件，浩良河法庭受案 117 件，晨明法庭受案 62 件，化肥厂法庭受案 34 件，上年结转 3 件。共计 760 件。结案 748 件，未结案件 10 件，结案率为98%，浩良河法庭未结3件，结案率90%，晨明法庭结案率100%，化肥厂结案100%。在已结案件中，调解375件，判决150件，其他方式处理的223件。

1993年，共受理民事案件816件，审结816件，结案率100%。受案数比上年上升了16.24%。结案比去年上升1.58%。其中离婚529件，抚养4件，抚育33件，赡养18件，债务113件，赔偿83件，人身权利5件，继承5件，其他26件。在结案方式上，判决382件，占总数的46.81%，调解结案180件，占总数的22.05%，其他方式结案的254件，占案件总数的31.12%，其中判决案件上诉的27件，占判决总数7.6%。

1995年，共受理各类民事案件792件，审结787件，结案率为99.37%；其中民庭收570件，审结565件结案率99.12%；浩良河法庭受案114件，晨明法庭受案84件，化肥厂法庭受案24件，均全部结案。已结的案件中，离婚446件，解除同居关系11件，抚育34件，赡养19件，财产纠纷4件，继承3件，房屋12件。宅基地2件，人身损害赔偿79件，财产损害赔偿29件，债务147件，其他1件。在结案的方式上，调解411件，占总数的52.12%；判决164件，占总数的20.84%；其他方式处理212件，占总数的26.94%。

2000年，共受案487件，其中判决188件，判决率38.6%，调解154件，调解率为31.63%。

2003年，受理民事案件592件，审结率100%。其中调解398件，占受案总数的72.5%，判决145件，占受案率26.41%。

2004年，全年受理各类民事案件478件，审结率为100%。其中调解357件，占受案总数的74.6%，判决121件，占受案总数的25.3%。

2005年，共受理各类民商事案件482件，审结482件，结案率为100%。全年民商事案件上诉24件，改判5件，改判率为1.04%。

第六节 经济审判

1986年，受理经济案件34件。其中，购销合同纠纷案13件，承包合同6件，借款1件，财产租赁1件，其他经济纠纷13件。审结34件，结案率为100%。审结中，调解24件，判决3件，诉讼标的额44.6万元。

1991年，审理各种经济案件168件（包括清欠案件79件），结案率95%，总标的额156.33万元。

1992年，共受理经济案件61件，浩良河法庭收4件，加上上年结转9件，共计74件，审结74件，结案率100%，诉讼标的额474.54万元；已结案件中，调解方式结案的50件，判决16件，其他方式处理8件；在判决案件中上诉8件，均维持原判。为企业清回欠款133.8万元，提司法建议8件，讲法制课7件。

1995年，共受理经济案件96件，受案比去年的37件，上升近160%。受案标的额1455.7万元。审结95件，结案率98.96%。结案标的额为1461.6万元。为大中型企业清回资金7495万元。审结的案件中，购销合同44件，欠款13件，承包21件，借款4件，养殖30件，破产2件。在结案方式上，调61件，判决22件，撤诉10件，终结2件。

1996年，共受理经济案件42件，结案率100%，结案标的额935万元。审结的案件中，破产1件，购销23件，欠款14件，承包1件，借款1件，建筑1件，建筑安装1件。在结案的方式上，调18件，判决15件，终结1件，移送1件，撤诉7件。

2000—2004年，共受经济案件27件，已全部结案，结案率100%。标的额82万元。在结案的方式上，判决5件，调解14件，撤诉8件。为企业清欠233万元。

2005 年，在严厉打击经济犯罪和贪污贿赂犯罪中，审结挪用公款，挪用资金和贪污贿赂犯罪等经济案件 6 件 6 人。

第七节 行政审判

1989 年，始设行政审判庭。当年共受理行政案件 3 件，其中，治安纠纷 1 件，房屋纠纷 1 件，其他 1 件；审结 3 件，结案率为 100%。1991 年，共受理案件 3 件，其中判决 2 件，撤诉 1 件，结案率为 100%。由于行政诉讼法实施不长，在起步阶段，行政审判庭的同志不等不靠，采取各种措施，积极宣传行政诉讼法，走访了区辖 37 个行政单位，发宣传稿 3000 余份，出板报 7 期，办行政诉讼法学习班 3 期，宣传教育面达 80%，并在省人民法院召开的行政工作会议上介绍了经验，被评为市法院系统先进单位。1995 年，共受理行政案件 8 件，行政执行 3 件，全部结案，结案率 100%。其中，治安案件 1 件，卫生 1 件，城建 1 件，烟草 1 件，其他 4 件。结案方式，撤销 3 件，撤诉 1 件，扣押 1 件，不受理 1 件，处罚 2 件。走访了 71 个行政机关和企、事业单位，编写了《行政诉讼法宣传材料》，发到了 25 个行政执法机关，开创了南岔区的行政诉讼新局面。1996 年，行政审判全年受案 33 件，其中行政诉讼 3 件，行政执行 30 件，全部结案，结案率 100%。已结的行政诉讼案件分类为，卫生防疫 1 件，技术监督 1 件，房屋拆迁 1 件；行政执行案件分类为，税务 2 件，房屋拆迁 1 件，资源 1 件，土地管理 26 件。结案方式为行政诉讼案件撤诉 2 件，裁定不予受理 1 件，行政执行案件教育自动履行 29 件，强制执行 1 件。1997 年，共受行政案件 6 件，其中诉讼案件 2 件，执行案件 4 件，全部结案，结案率 100%。案件分类，行政裁决 2 件，房屋拆迁 1 件，技术监督 2 件，市容管理 1 件。在结案方式上不予受理 2 件，撤诉 2 件，执行 2 件。走访了行政执法机关和综合协调部门 19 个，开展了有针对性的调研工作。1998 年，共受理行政诉讼案件 4 件，非诉讼行政执行案件 31 件，全部收结案数比上年增加 6.06%，已结的行政诉讼案件公安局 3 件，人防办 1 件，环保 3 件，技术监督 1 件，乡镇 2 件，残联 1 件，执行总标的额达 5 万余元。2004 年，共受理行政诉讼案件 14 件，行政执法案件 125 件，全部结案，结案率 100%。2005 年，共受理行政诉讼案件 1 件，审结 1 件，受理解诉行政执行案件 29 件，全部执结。

第八节 审判监督

1986 年，共受理申诉案件 47 件，审结 46 件，结案率为 97.8%。其中维持原判 31 件，占结案总数的 67%。改判 2 件，占结案总数的 4.3%，其他 13 件，占结案总数的 36.9%。1987 年，共受理申诉案件 21 件，其中“严打”以来提出申诉的 16 件，占受案总数的 76.2%。“文化大革命”前判处的反革命案件 1 件，“严打”前判处的一般刑事案件 4 件。审结 20 件，结案率为 95.2%。在已结案件中，维持原判的 18 件，平反宣告无罪 1 件，减刑 1 件。1990 年，共受理申诉案件 29 件，其中，刑事 21 件，民事案件 8 件，经济案件 2 件。审结 29 件，审结率 100%。其中，维持原判 24 件，改判 3 件，平反 1 件，落实政策 1 件。1991 年，共受理申诉案件 22 件，审理 22 件，结案率为 100%。其中，刑事申诉 12 件，维持原判 4 件，改判减轻刑罚的 3 件，其他方式结案的 5 件。民事申诉 10 件，中院交办的 5 件，维持原判 2 件，部分改判 1 件，调解处理的 2 件。1992 年，共受理申诉案件 23 件，结案 23 件，结案率 100%，其中维持原判 8 件，部分改判 5 件，撤诉 1 件，其他 1 件。共检查卷宗 346 件，其中民事卷 291 件，刑事 37 件，经济 16 件，行政 2 件，告申 2 件。1994 年，共受理刑事案件 130 件，民事案件635件，经济案件37件，执行案件214件，审理监督程序案件15件，同时审结申诉再审案件9件。在审案件的处理中，部分改判刑事案件1件，全部改判民事案件2件，告申庭在案件质量检查工作中检查刑事案件33件，民事案件370件，执行案件91件。一年中，告申庭接待了来信来访153件次，处理来信104封，解答法律咨询150件次，调解简易纠纷55件。1995年，受理刑事、民事、经济申诉案件15件，其中，刑事2件，经济1件，民事12件。在坚持"有错必纠"的原则下，经过认真复查证据，处理结果，维持原判123件，改判1件，撤诉1件，其他方式处理1件，全部结案。告申工作全年接待来信来访1462件次，其中来信70件，来访1392次。处理来信立案3件，来访立案910件，说服息诉198件，调处简易纠纷167件，驳回91件，转处93件。1997年，共受各类案件11件，其中，民事9件，经济1件，检察机关抗诉1件，全部结案。在处理方式上维持原判9件，申诉人自动撤诉2件。在审检已结刑、民、经、行政、执行案件卷宗406件。1998年，审结案件14件。其中，申诉9件，按审判监督程序再审3件，检察机关抗诉2件，处理上诉6件，改判1件，驳回申诉维持原判7件，在坚持对各庭的已结案件实行质量检查监督中，共检查各类卷宗200余件，法律文书503份。1999年，受理抗诉，申诉案件17件，其中抗诉4件，申诉13件，在检查已结的案卷宗中，全年共检查刑事案件122件，民事605件，经济161件，行政6件，执行120件。2003年，共受理、申诉、再审案件13件，全部结案，结案率100%。2005年，共审理再审案件17件，全部审结。

第九节　执　行

1989年5月，设执行庭。当年共受理执行案件50件，其中，民事案件38件，经济案件5件，公证案件2件，外地委托执行的2件，行政纠纷案件2件。结案49件，结案率90%，执行标的额9.45万元。1991年，全年共受理执行案件102件。审结执行84件，执行率为82.4%，执行标的额40万元。扣押变卖汽车4台，查封变卖房屋6栋，扣押彩电，洗衣机7台次。1993年，共受理执行案件195件（包括旧存16件），已执行179件，结案率91.79%。执行工作不仅超额完成上级规定的指标指数，并且比去年多执行82件。已执行的案件中有经济案件19件，民事案件151件，其他案件9件。执行标的额为81.8万元。1994年，受案214件（含旧存6件）执行197件，执行结案率为92.06%，在结案方式上强制执行12件，和解67件，自动履行108件，其他9件。执行总标的额为165.5万元。1995—1996年，共受理执行案件228件，结案224件，结案率达98.24%。执行标的额249.3万元。在执行方式上，自动履行40件，和解142件，终结31件，强制执行9件，不予执行1件。1997年，共受理执行案件114件（包括旧存4件），结案112件，结案率98.25%，应执行标的额为116.4万元，已执行标的额104.4万元，执行标的率为89.54%。在结案的方式上，自动履行11件，和解75件，中止11件，强制执行15件，占全部执行案件的13.16%。1998年，共受理执行案件104件，结执103件，结案率达99.03%，应执行标的额146.6万元，已执行144.4万元。执行标的率98.56%。采取突击会战方式一举啃下29件"骨头案"，包括原认为应终结执行的18件"死案"。2004年，受理执行案件131件，执结119件，执行率90.8%，执行标的额85.65万元。2005年，全年受理执行案件121件，执行98件，执行率达81%。执行标的额123.146万元，执行标的到位率86%。

第四章 司法行政

1986 年，南岔区设司法局，下设律师事务所、公证处、民调处、普法办。依法行政，充分发挥自己的职能作用，负责法制宣传教育工作；加强规范化的调委会建设；指导人民调解；加强律师，公证处的规范化管理，承担司法行政调解研究；检查指导基层的各项司法行政工作。至 2005 年，其职能未变。

第一节 机 构

1986 年司法行政科，1989 年改称司法局，由 5 人增至 7 人，设局长 1 人，副局长 1 人，下设，律师事务所 3 人，设主任 1 人，公证处 2 人，设主任 1 人。1999—2004 年，机构设置未变。2005 年，司法局设局长 1 人，副局长 1 人，工作人员 4 人，律师事务所主任 1 人，律师 3 人，公证处主任 1 人，公证员 1 人。

第二节 律师事务

1986 年，律师事务所工作，在服务于改革和四化建设方面有了新进展，为 3 个企业单位承担了法律顾问，为林业局和企业单位索回外欠款 4.5 万元。年内共办经济案件 26 起，审查修改经济合同 27 件，参加经济合同谈判 6 次，解答企业负责人员关于法律方面的疑问 40 次，办理刑事案件辩护意见 8 件。

1988 年，在进行刑事辩护和经济代理案件中，事务所的工作人员坚持遇有重大疑难案件集体讨论的工作制度。在刑事辩护中，经集体讨论研究后出庭辩护的案件，无罪释放 1 起 3 人，减轻处罚 3 起 3 人，全年办理各类案件 119 件，其中刑事辩护案件 23 件，民事代理 96 件，代书 181 份，咨询服务 277 件，为 12 个企业单位担任法律顾问。各项指标都完成市司法局目标管理方案规定的任务。

1992 年，全年办理各类案件 45 件，其中刑事辩护 15 件，经济和民事案件代理 17 件，行政诉讼代理 1 件，非法诉讼案件 8 件，为 9 家企事业单位担任法律顾问。法律顾问积极为企事业单位宏观决策提供法律服务，为企事业单位避免和挽回经济损失 105 万元。

1993 年，全年办理各类案件 59 件，其中刑事辩护 24 件，民事代理 21 件，经济诉讼案件 4 件，非诉讼案件 10 件。全年收费 7385 元。为 7 家企事业单位担任法律顾问。

2000 年，南岔律师事务所积极搞好律师管理工作，为全区人民进行法律义务咨询，在工作量较大的情况下，挤出时间将每周五下午定为业务学习日，努力提高律师的业务素质。在财务上严格坚持三项基金落实，并按制度使用和管理，公开收费标准。共办案1694件，其中，刑事案件456件，民事案件694件，担当法律顾问6家，承担义务法律援助54件。

2003年，义务为公民，法人解答法律疑问，并为他们写法律文书5件，代理案件337件，收费7.2万元，为6家企业担任法律顾问，承担法律援助10件，分别完成了上级下达目标的100%。

2004年，南岔律师事务所，开展了对律师队伍的集中教育整顿工作，规范了法律服务市场。全年两家律师事务所共为48家单位担任法律顾问，撰写理论文章4篇，分别完成全年目标的100%。提供法律咨询100多人次，义务代书45份，完成人民法院10件指定援助案件。南岔区法律援助中心指派3起民事诉讼援助案件，其中被援助人李百秋得到了2600元的民事赔偿。

2005年，在律师队伍建设上，开展了“合作律师事务所规范建设年”“教育规范树形象”和“诚信教育”活动，对执业主体、收费行为、办案质量、财务制度、管理机制、监督机制等诸多方面进行了规范，着力预防和解决了私自收案、高收费、收费不办案、办案不尽责的问题。通过整顿，使律师队伍职业道德和服务质量都有了明显提高，为南岔经济发展提供了优质高效的法律服务，满足了社会对法律服务的需要。是年共接待法律咨询96人次，代书25份，提供法律意见15份，指派律师援助诉讼代理7件。为区政府、林业局提供法律意见6份，诉讼代理2件，非诉讼2件，出庭4次，诉讼标的金额700万元，参与处理群众涉法上访申诉案件16件，参与区企业改制和改制企业善后处理13次。与区财政局共同参与南岔宏利石油公司清欠工作，标的额100万元。

第三节　公　证

1986年，全年共办证436件，其中林业生产合同286件，为基层单位和集体，个体工商户审查修改各类合同83件，代拟经济合同11件，接待有关经济方面的法律咨询415人次。1987年，公证工作坚持服务第一，质量第一的原则，积极拓展业务范围，共办证539件。其中经济合同467件，权利义务72件，接待来信来访345件次。是年的公证工作有四个特点：一是进一步明确了公证机关的服务作用，确立了“以信誉求生存，以效益求发展”的观念，严把“三关”，即审查主体把住“资格关”、修改文书把住“法律关”、坚持原则把住“书证关”。一年中共拒绝办证470件。二是发挥公证联络员的信息和协调作用，掌握公证信息主动与工商、税务、银行、劳动、安全和生产部门联系，搞好纵向深入和横向联系。全区有公证联络员19名，经他们介绍的公证事项达300余件，协助调查和索取各种证明材料70余次。三是改变作风，方便群众办证，是年先后深入11个单位，为群众办证达2000余件。四是回访主动调解纠纷，搞好公证后服务工作，发挥公证机关“预防纠纷，减少诉讼”的积极作用。在回访中就地调解21件纠纷，保证了合同的正常履行，提高了公证信誉。1988年，公证工作随着改革不断深入，自觉地坚持“服务第一，质量第一”的原则，积极开拓新的业务范围，较好地发挥了公证机关在稳定社会秩序方面的作用。积极参与农资回收工作，为按期回收贷款，公证处的同志与农业银行的工作人员组成加访小组，对公证过的抵押贷款合同全部进行检查回访。在复查中，收回逾期的贷款4万余元，对个别的逾期拒不偿还的，积极支持银行向法院起诉，对全区100个借款户发出了催还贷款公证文书。办理外委生产合同、抚育承包合同、木材运输合同等104件，占全年办证总数的19%。全年共办证543件，其中，经济合同386件，权利义务公证156件。全年共收费7515元。1994年，南岔区公证处在年初已完成年检注册，制定了为大、中型企业提供义务咨询和法律服务、严格遵守公证员职业道德和职业纪律、上门服务、为残疾人提供“优先优惠”的法律服务等为宗旨的《南岔区公证处服务承诺制》。办证1798件，为金融部门、企业挽回经济损失54万余元，由于强化了公证员业务管理，在省厅公证质量检查中受到好评。2001 年，为了提高公证质量，继续坚持公开办公，实行出示制，减免为残疾人的公证收费，公证处无偿为群众提供法律咨询 98 次。年初，部分农民急需贷款购化肥、种子。南岔农行为保证收回贷款与南岔公证处协商抵押贷款公证。为减轻农民负担，保证所有农民办理贷款公证，收费由每件 50 元减到 5 元，为 188 名贷款人作了贷款公证，公证处还为全区九年义务教育防止学生退学免费办理公证 4400 件。2004 年，南岔公证处共办证 580 件，收费 2.5 万元，完成全年目标的 73%。在全省公证工作检查中，卷宗为一类卷。2005 年，全年共办公证 139 件，其中民事类 78 件，经济类 61 件，收费 21000 元。

第四节　民事调解

1986 年，区司法局投放力量，抓了部分民调组织整顿工作，基本上改变了民调组织不齐不力不发挥作用的状况，对全区 286 名民调干部分别进行了培训。重点指导了民主办事处集中街，东升办事处奋斗街，建国办事处和平街调委会的工作，帮助他们总结了在改革新形势下搞好民事调解工作的经验，在综合治理会议上作了介绍。全年民调组织共调解各类民事纠纷 100 起，有效地预防了由民主纠纷激化而导致恶性案件的发生。更主要的是将大量民间纠纷解决在基层的初级阶段，没有形成诉讼，减少了一些部门的压力，起到了第一防线的作用。东升办事处被评为省先进单位。1987 年，民调工作主要抓了三件事：一是建立了司法助理员岗位责任制和调解委员会的工作制度，从制度上保证了司法助理员对调解委员会的组织领导。在社会治安，综合治理检查评比中，全区一类调解委员会组织 81 个，占总数的 45.5%；二类调解委员会组织 52 个，占总数的 25.3%。二是加强调委会的业务建设，先后培训了 28 名调解干部，指导基层调委会建立业务档案，为提高调解工作质量，检查评比提供了依据。1988 年，全区全面落实了《人民调解工作目标及考核细则》，制定了全区人民调解工作总目标，明确了相应的标准。加强了调委会的组织建设，全区增建调委会 60 个。在检查指导工作中，不断提高调委会依法调解纠纷的能力，根据不同时期的特点，有针对性有重点地部署民间调解预防工作。全区人民调解工作达到了考核细则规定的各项目标。其中，一类调解组织 161 个，占总数的 65.8%；二类调解组织 66 个，占总数 29.2%；三类调解组织 11 个，占总数的 5%。全区各级调解组织共受理民间纠纷 928 件。其中，婚姻 264 件，继承 5 件，生产经营 8 件，邻里 187 件，赔偿 22 件，其他 119 件，调解成功率为 92.7%，防止可能发生的非正常死亡 13 人。1989 年，全区人民调解工作的各项指标，达到了细则规定的标准。司法局对基层司法助理员队伍进行了整顿，把那些工作不得力，年老体弱的司法助理员予以更换，提高了调委会成员业务素质和法治意识，加强了各级民调组织的法治建设，各级调委会都建立了档案，使人民调解工作向制度化，科学化管理迈进。通过年检查全区一类调解组织 212 个，占总数的 75.2%；二类调解组织 59 个，占总数的 20.9%；三类调解组织 11 个，占总数 3.9%。全年共处理纠纷 573 件。其中婚姻 97 件，家庭纠纷 198 件，抚养 26 件，邻里 167 件，宅基地 18 件，债务 8 件，赔偿 8 件，其他 50 件，调解成功率为 95.5% 以上。1994 年，对全区 183 个民调委员会进行 3 次大型的调整和整顿，调整后的 183 个民调组织在司法助理的指导下，充分发挥了民调组织的作用。全区共调解民间纠纷 658 件，其中婚姻家庭纠纷 245 件，邻里纠纷 129 件，房屋宅基地纠纷 110 件，其他婚姻家庭纠纷 98 件，债务纠纷 16 件，赔偿纠纷 8 件，其他纠纷 52 件。调解成功率达 98.5%。2001 年，民调组积极参与社会治安综合治理，协助党委和政府做好矛盾纠纷调处工作，有效地化解了大量不稳定因素。全区共调处各种矛盾纠纷 80 件，其中婚姻家庭 30 件，赡养 4 件，防止民转刑案件发生 3 件，调解成功率 100%。2004 年，南岔司法局继续加强全区 47 个人民调解委员会的建设，80% 以上乡镇调委会，60% 以上的村调委会达到了规范化要求。是年，司法局组织了三次全区范围内的民间纠纷排查调处工作，全年调解各种民间纠纷120件，无民转刑案件发生。尤其是西水办事处的民间纠纷“周报告、零报告”制度，有效地化解了民间的各种矛盾纠纷，树立南岔区人民调解工作的典型。通过开展教育和整顿基层的法律市场，促进了各单位的规范化建设，各法律服务所开展了诚信建设并建立健全了各种规章制度。2005年，共调处各类矛盾纠纷62件，其中已履行51件。

第五节　普法教育

1986年，为使广大干部，群众树立牢固的法治观念，掌握和运用法律武器管理企业和各项工作，由区普法办牵头，有计划，有步骤地在全区开展了普法教育。经市普法办考核验收合格，平均85分以上，由市颁发了结业证书。区属512名正、副科级干部已考核完270名，占正、副科级干部52.7%；一般干部2470人已学普法规定内容考核合格的1734人，占干部总数的70%；工人参加学法的2046，占总数的26%；30个村屯已参加学习的农民834人，占农民总数的20%。1989年，主要抓三件事。一是年初召开了全区普法工作会议，落实了《1989普法工作目标管理检查验收细则》。二是利用法制宣传栏、影视等多种形式，有针对性地、有重点地开展法制宣传，宣传了企业法、标准化法、行政诉讼法等新颁布的法规。在全区92635名普法对象中，已完成结业考试且合格的91818人，完成总数的99.1%。三是集中人力搞好普法五年以来检查验收工作，从8月开始，对全区84个基层单位进行了检查验收，并对全区五年普法进行了全面检查，以形成书面材料迎接市的普法检查。1991年，是“二五”普法第一年，主要开展了以下几方面的工作。一是思想发动，召开全区“二五”普法启动动员大会；二是机构落实，成立了“二五”普法办公室和领导小组；三是制订规划，制定了《南岔区第二个五年法制宣传教育规划》；四是落实了试点，确定东升办事处，南岔贮木场和柳树经营所3个单位为普法试点单位；五是订购教材，订购《公民必读》505册,《宪法讲话》505册；六是培训骨干，共培训1300多名。1992年，司法局开展了普法实施启动和宣传工作。党政机关、企事业单位和政法干警认真学习《社会主义法制建设若干问题讲话》和《宪法讲话》，学习宪法、行政诉讼法、义务教育法、集会游行期示威法、森林法、土地法、环境保护法、军事设施保护法。在浩良河镇小吉星村和晨明镇桦阳村、亮子河村开展了依法治村活动。释解人员共计74人，其中劳动释放64人，劳动解除10人，重新犯罪18人，安置就业8人。2000年，在“两放”人员管理和安置帮教工作中，主要抓了两方面的工作：一是在全区开展了对1998年以来“两放”人员跟踪调查工作，并对各年度的解释人员登记造册，与监狱、劳教主管部门提供的释放人员数字定时转对，转对准确率93%，回执率88%。二是在有关部门积极配合下，下大力气做好“两放”人员的安置就业工作。1998年以来，回到当地的“两放”人员为62人，通过各种形式就业或安置的56人，安置率为90%，农村安置率为95%，城镇安置率87%，过渡性安置达到10%，落实帮教50人，占总人数80%。2004年，对全区副科级以上干部进行普法培训后集中进行了考试，全部合格。各乡镇、街道都建立了以司法助理员为依托的安置工作站。为适应工作需要，各单位都不定期地召开了小组成员会议，安置帮教工作从基层到局机关，都有专人负责。为安置“两放”人员，南岔司法局创办了过渡性经济实体——南岔区司法局天成家具厂。回归刑满释放，解除劳教人员87人（刑释64人，解教23人），除少数人去外地，为其大部分建立了帮教组织。农村安置率为100%，城镇安置率为90%以上。“两放”人员无重新犯罪的。2005年，根据区政府的工作要求和市局部署，制定了《全区普法依法治理工作目标管理细则》《南岔区“四五”普法总结验收方案》和《南岔“四五”普法总结验收标准》等文件，指导全区的普法依法治理工作。认真开展了法治宣传，深入开展了合同法、劳动法、行政许可法、信访条例和国务院全面推行依法行政实施纲要等专题法制宣传。围绕区政府建设“平安南岔”的重大部署，深入开展了森林法、民法、刑事诉讼法、治安管理处罚条例等法律法规的宣传，提高了公民的环保意识、防范意识、维权意识和同违法犯罪做斗争意识。认真开展了“四五”普法检查验收，强化了对青少年、农民、农村干部的普法教育，使他们的法律素质得到了明显的提高。加大创建基层民主法治化管理示范单位的推进力度，南岔区有 2 个单位达到市级民主法治化管理示范单位的标准。

第二十四篇　军　事

全面、完整、准确、客观地记述了南岔地区军事活动，反映了不同历史时期各级民兵组织在党的领导下不断发展的历史进程。对全区国防教育、增强军民团结、提高国防后备力量建设水平、保卫南岔建设和谐发展，做出了不可磨灭的贡献。完成1986—2005年征兵任务及南岔地区的普通民兵预备役工作。

第一章 兵 役

根据兵役法和征兵工作条例，南岔区人民武装部对区辖的青年适时进行兵役登记，每年征兵时均成立征兵领导小组，严格把住政审、体检、宣传教育、送兵等关口。根据国家战备形势和任务，每年都要把优秀青年中经体检、政审合格的人员送到部队加强国防建设。

第一节 机构设置

1986 年 5 月 1 日，伊春军分区根据中共中央、国务院、中央军委〔1986〕5 号文件，黑龙江省编委、省财政厅、省军区政治部于 1986 年 4 月 4 日联合下发的《关于县（市、区）人民武装部体制编制问题的通知》要求，南岔区成立人民武装部，行政编制为副处级，下设办公室、军事科、政工科，编制 10 人。1996 年，根据中发〔1995〕12 号文件《关于县（市、区）人民武装部收归军队建制的通知》，伊春军分区与伊春市共同组织办理了南岔区人民武装部的交接手续。是年 4 月 1 日，伊春市所属的南岔区人民武装部正式收归中国人民解放军建制，隶属于黑龙江省伊春军分区。中国人民解放军南岔区人民武装部，级别为正团级，下设军事科、政工科、后勤科，干部 12 人，工人 9 人，工人关系在南岔区政府，由武装部管理。负责南岔地区的民兵训练，民兵“三落实”（组织、政治、军事）和征兵工作。

第二节 兵役登记

1986—1996 年，根据兵役法和征兵工作条例规定，每年 9 月 30 日前，年满 18 周岁的男、女青年都要进行兵役登记。按兵役登记的年龄、时间和方法的规定，对本地区已登记的应征公民进行体检、目测、病史调查和政审，选定政治思想好、身体好、文化程度合格的公民为当年的征集对象。

1996 年，建制归军队现役后，严格执行服兵役政策，在当地党委领导下，每年按上级命令进行征兵。2005 年，人民武装部由人武部军事科具体负责全区的兵役登记工作。

第三节 义务征兵

1986—2005 年，南岔区人民武装部每年根据上级下达的征兵命令，组织全区适龄青年报名参加体检，在政审合格后按上级分配的名额送入部队服兵役，参加国防建设。

第二章　民兵组织

1986年，南岔区人民武装部，根据中共中央〔1985〕22号文件精神，本着有利于减轻农民负担、有利于发展生产、有利于加强国防后备力量建设的原则，对南岔区民兵组织相继进行了整顿。

第一节　民兵建设

1986年，南岔区人民武装部，按照伊春军分区对民兵工作的要求，发动民兵干“四化”，围绕“四化”办民兵。根据南岔区适龄青年数量多，兵源雄厚，对全区民兵进行了整顿、编组。在编组时，本着本人同意，基层推荐，群众评议，区人民武装部批准的原则，坚持把思想好、工作事业心强、热爱武装、有较高的国防观念、群众威信高的青年编入民兵组织。

1991年，做到党团员优先，退伍军人优先，立功受奖优先，生产能手优先，结合生产体制，落实民兵组织，开展民兵活动。做到民兵组织“三结合”即民兵整组与民兵政治教育相结合；民兵整组与精神文明建设相结合；民兵整组与民兵军事训练考核相结合。

2005年，根据生产的种类、经营的项目和人员分布情况，合理确定民兵编制，做到连不跨厂（场），排不跨生产工段，使民兵组织与生产组织相一致，达到编组合理，分类清楚、准确的要求，确定民兵编制。

第二节　民兵训练

1986年，根据总参《关于调整改革民兵军事训练的试行意见》，区人武部对民兵军事训练进行了合理的调整改革。调整后的基干民兵每年要完成为期一个月的训练任务，训练内容以射击、队列、单兵战术为主，在每年年终考评时均受到上级的好评。

1991年，按照《民兵训练大纲》要求，结合城市防卫作战特点，进行训练，在年终考评时受到军分区的表扬。

2005年，在人武部收归军队建制后，专业技术民兵训练有长足的进步，对口专业分队训练由人武部和对口专业分队单位共同组织训练。在每年的训练年终考评时，均受到上级军事部门的好评。

第三节　民兵教育

1986 年，根据中共中央办公厅转发总政治部《关于加强民兵政治教育的意见》，民兵政治教育做到坚持“三项制度”。深入开展学雷锋、树新风、“五讲四美三热爱”（讲文明、讲礼貌、讲道德、讲科学、讲卫生，心灵美、语言美、行为美、环境美，爱祖国、爱人民、爱社会主义）活动。在民兵中进行坚定社会主义理想信念教育，全区共上教育课 241 课时，受教育面达 95%。

1991 年，针对国际形势变化，采取多种形式教育广大民兵坚定社会主义信念，在民兵中开展以爱国主义为核心的国防教育。结合兵役法颁布 10 周年，在广大民兵中进行兵役法宣传教育。

2000 年，广泛开展“迎香港回归”教育。按照省军区政治部下发的《参训民兵政治教育纲目（试行）》，在民兵中开展以革命人生观、优良传统、艰苦奋斗、爱国奉献为主题的“四个教育”。以全军政治工作会议为指导，以全面做好新时期军事斗争准备为目标，坚持用邓小平理论贴近民兵的思想实际搞教育。先后组织民兵进行“发扬抗洪精神，为经济建设做贡献”“喜迎澳门回归”“崇尚科学，反对迷信”等系列活动。

2005 年，主要以《中国民兵》《东北后备军》规定的内容，对民兵进行时事政策、国防教育和“三个代表”重要思想教育，增强广大民兵的战备观念和国防意识。

第四节　民兵作用

1986 年，南岔区人民武装部，充分发挥民兵作用，在防火、防汛工作中主动与防火办、防汛办沟通情况，积极参与抢险救援各项工作。

1996 年，在维护社会治安工作中，区人武部根据南岔区的特点，结合实际划分联防区，组织民兵巡逻执勤、站岗、放哨。三岔河林场专武干部王克俭在值班时抓获 1 名杀人犯。柳树民兵护路队破获一起重大盗窃案，挽回经济损失 2 万多元，受到佳木斯铁路分局领导的好评。配合公安机关破获各种治安案件 56 起，为维护社会稳定发挥了积极作用。

1999 年 5 月，区人武部全体干部参加一起民宅扑火抢险，抢出 48 瓶煤气罐，受到区委、区政府领导和驻地人民群众的好评。经过几十年的经验和实践证明，不管是山火还是洪涝灾害等，急难险重的任务，只要有情况，就有民兵参加，都能够圆满完成任务。

2003 年，南岔区人民武装部，贯彻落实省军区、伊春军分区关于组织民兵开展“六个五”活动的指示，向全区各级民兵组织发出以经济建设为中心的号召，广泛开展“用兵育兵”活动，各级民兵组织成立民兵突击队，在各项大型生产活动中发挥了民兵突击队的作用。南岔区经济开发公司组织民兵修建金山屯至南岔公路南岔段时，提前一个月完成任务，受到区政府的好评。组织民兵发挥“五个带头”作用，建立健全“五支队伍”，落实“五有规划”，开展“五护”“五共”活动，以争创“五个民兵号”活动为重点，使各级民兵组织做到有自身的特色、有永久性的标志，发挥了很好的带头作用。结合全区实际情况，区分重点，合理安排，不断总结经验，建立健全规章制度，确保各项活动更加有序、规范，使南岔区民兵参建活动走上了制度化、规范化的轨道。南岔区经济开发公司民兵建立了温室花窖，松青所民兵建立了苗圃基地，南岔所民兵建立了标本室，人民武装部成立了柳树护路队等，为各单位的经济建设做出应有贡献。

2004 年，南岔区人民武装部在上级机关的领导和业务部门指导下，按照上级关于开展双拥工作有关要求，积极适应军队和地方改革发展的新形势，紧紧围绕伊春市“缓危解困，富民兴市”的目标，结合南岔区人民武装部的实际，认真开展军民共建工作。武装部全体人员发扬“学人民，为人民”的光荣传统和不怕吃苦，作风过硬，敢于牺牲的精神，树立“守一方国土，保一方平安，兴一方经济，创一方文明”的思想，干部职工和广大民兵积极参加地方经济建设。按照军分区党委《关于积极参与和支持振兴伊春经济，为全面建设小康社会做贡献活动的意见》和人武部《支援地方老工业基地规划》，结合本地区实际，发动和组织民兵为当地经济建设和社会进步做贡献。组织南岔经济开发公司民兵应急分队参加金南公路和桃南公路的修建工作，采取与贫困学生结成帮困对子的形式，开展捐资助学活动，武装部向 1 名贫困学生捐款 400 余元和部分学习用品，还向辖区学校捐款 1200 元。同时组织军训和国防教育，分别对市二中、南岔高级中学、市职业技工学院三所学校的学生，国税局、保险公司、交通局职工进行了军训。人武部领导分别与特困职工结成帮扶对子，帮助出主意、想办法，使特困职工有了固定的致富项目。组织民兵参加扑火工作，较好地完成了任务。

2005 年，在开展以军民共建共育为内容的共建活动中，区人武部与市二中和南岔区经济综合开发公司建立了双拥共建单位，积极开展共建活动，“八一”“十一”、教师节等节日，双方进行走访慰问。为了弘扬雷锋精神，发扬我军优良传统，组织“学雷锋小组”，利用双休日、节假日等时机走上街头，为群众义务修车、义务理发。

第三章 人民防空

1986年，南岔区人民防空委员会按照“平战结合”、实行“以洞养洞”的原则，利用人防工程存储物资，实现“战备效益、社会效益、经济效益”有机统一。

第一节 机构设置

1969年，成立人民防空机构和南岔区战备领导小组。1973年，成立南岔区人民防空委员会。1986年，随着政府机构改革，人民防空办公室配主任1人、副主任1人。1989年，因工作变动，机构改革深入发展，对南岔区人民防空委员会人员又进行了充实，机构规格未变。1997年，在新一轮机构改革中人民防空办公室改称为“南岔区人防服务公司”。2003年，恢复南岔区人民防空办公室，成为省人防系统准军事化机关。2005年，人防办设主任1人、副主任1人，人员编制5人。

第二节 人防工程

1986年，根据市人防办工作要求，人防工程实行科学化管理，制定了各项规章制度。南岔区人防工程达到了“四有”“四无”标准，“四有”：有领导负责、有专人管理、有管理制度、有通风照明设施；“四无”：无垃圾、无积水、无污染、无锈蚀。人防工程实现了“三个效益”，即社会效益、战备效益、经济效益。人防工程安全建设达到“三化”，即标准化、制度化、规范化。防空警报设施处于良好状态，通信设备完好。

第三节 专业队伍

2005年，区人防办有组织有计划地进行专业训练，训练内容根据各专业分队战时所担负的任务进行，训练方法按专业对口进行训练。为检验各专业分队的训练成果，第一时间组织各专业分队结合防空预案的要求进行实兵、实地防空袭演练。

第四节　人口疏散

1986 年，南岔区林区城镇人口居住在林场、经营所和农村，人口数量少，又有近半数人比较分散，距南岔镇比较远，因此确定疏散时机为临战疏散。疏散对象为老、弱、残、科技人员和中小学生，街道暂住人口。到 2005 年统计，疏散总人数为 56127 人，其中南岔镇内为 22300 人，包括在校学生和教员，老、弱、病残 4300 人，救济五保户和暂住人口 5540 人。人口疏散分四个区域进行，第一区域为浩良河镇，疏散人口为 14834 人；第二区域为晨明镇，疏散人口为 13064 人；第三区域为松青经营所，疏散人口为 5806 人；第四区域为南岔城区，疏散人口为 22300 人。

第二十五篇　社会生活

1986—2005 年，南岔区人口下降了 2.1%。在计划生育政策的严格控制下，将全区人口自然生长率控制在 4‰左右。居民的生活条件逐步改善，烧饭取暖从传统的木材剩余物向液化气和电力转移。居住面积从 1986 年的每人 8 平方米左右，增加到 2005 年的每人 15 平方米左右，并有部分居民搬进了楼房。人均年可支配费用从 1986 年的 350 元左右上升到 2005 年的 3100 元左右，大约上升 9 倍。民俗风情一直沿续全国各地的习俗。民族、宗教工作政府设专人负责，到 2005 年年末，全区有 18 个民族，有佛教、伊斯兰教、天主教、基督教 4 个教派。

第一章 人口与计划生育

1986 年，南岔区工业企业大部分职工下岗，林业生产步入低谷，外流人口较大，大约占总人口数的 10% 左右。依据国家人口普查的有关规定，南岔区分别于 1990 年、2000 年进行了第四次、第五次人口普查，得到了人口总量、人口分布、文化构成、民族构成、年龄结构、流动人口总量等相关数据。按照党和政府的计划生育政策，做到有计划的生育。1990 年 2 月，在农村实行了生育二孩政策，并做到依据政策严格控制。年人口增长量控制在 4‰左右。截至 2005 年，本地区总户数 51269 户，总人口 137821 人。

第一节 人 口

一、人口总量

1986 年，全区人口呈下降趋势，下降 3107 人。1990 年，进行的第四次人口普查，全区总户数 42727 户，148379 人。2000 年，常住人口趋于平稳。2005 年，常住人口下降 7461 人。截至 2005 年，全区常住人口 51269 户，137821 人。

1986—2005 年南岔区常住人口统计表

表 25-1

项目 年份	总户数（户）	人口总数（人）			占总人口比（%）	
		合计	男	女	男	女
1986	37126	144051	72224	71827	50.14	49.86
1987	38549	143783	72470	71313	50.40	49.60
1988	39428	145413	73353	72060	50.45	49.55
1989	40612	140944	71084	69860	50.43	49.57
1990	42727	148379	74912	73467	50.49	49.51
1991	43515	149011	75118	73893	50.41	49.59
1992	44090	148628	74900	73728	50.39	49.61
1993	45127	148119	74711	73408	50.44	49.56
1994	45448	146660	73700	72960	50.25	49.75
1995	45605	146319	73754	72565	50.41	49.59
1996	46295	146129	74034	72095	50.66	49.34

续表 25-1

项目 年份	总户数（户）	人口总数（人）			占总人口比（%）	
		合计	男	女	男	女
1997	46131	145544	73163	72381	50.27	49.73
1998	46264	143564	72014	71550	50.16	49.84
1999	46928	143783	72481	71302	50.41	49.59
2000	47854	145282	73202	72080	50.39	49.61
2001	48390	144670	72857	71813	50.36	49.64
2002	49091	143618	72293	71325	50.34	49.66
2003	50673	142823	71875	70948	50.32	49.68
2004	51287	141060	70926	70134	50.28	49.72
2005	51269	137821	69324	68497	50.30	49.70

二、人口普查

1986—2005 年，南岔区开展两次人口普查。

1990 年，开展第四次全国人口普查，普查时点为 1990 年 7 月 1 日零时，对南岔区 42317 户 149826 人进行登记调查。

2000 年，开展第五次全国人口普查，普查时点为 2000 年 11 月 1 日零时，对南岔区 48211 户 140846 人进行登记调查。

三、人口总量与分布

根据南岔区 1990 年、2000 年进行的第四次、第五次人口普查资料，全区人口分布在 2 个镇、1 个乡、23 个街道办事处。

1990 年、2000 年南岔区人口普查统计表

表 25-2

项目 单位	1990 年第四次全国人口普查				2000 年第五次全国人口普查			
	总人口（人）	男（人）	女（人）	总户数（户）	总人口（人）	男（人）	女（人）	总户数（户）
合计	149826	75932	73894	42317	140846	71594	69252	48211
联合街道办事处	12872	6383	6489	3537	14837	7439	7398	4816
建国街道办事处	17221	8601	8620	4904	18618	9320	4298	6470
民主街道办事处	15451	7712	7739	4401	14153	7038	7115	5008
西水街道办事处	15522	7862	7660	4343	14325	7357	6968	4898
东升街道办事处	18032	9149	8883	5163	17211	8714	8497	6102
梧桐街道办事处	4122	2077	2045	1200	2965	1510	1455	1035
松青街道办事处	4637	2352	2285	1335	3837	1945	1892	1281
柳树街道办事处	1470	734	736	403	1019	516	503	370
三岔河街道办事处	976	496	480	296	842	441	401	312
四合营街道办事处	765	403	362	222	761	397	364	267
亮子河街道办事处	1066	561	505	307	812	425	387	291

续表 25-2

单位＼项目	1990 年第四次全国人口普查				2000 年第五次全国人口普查			
	总人口（人）	男（人）	女（人）	总户数（户）	总人口（人）	男（人）	女（人）	总户数（户）
石头河街道办事处	1039	533	506	306	966	504	462	342
翠岗街道办事处	525	269	256	147	370	190	180	126
岩石街道办事处	866	448	418	266	998	502	496	364
奋斗街道办事处	679	358	321	197	407	215	192	140
桦阳街道办事处	2315	1179	1136	638	1725	869	856	553
浩良河所街道办事处	1163	595	568	356	1126	581	545	391
太平街道办事处	1393	708	685	379	955	492	463	341
南岔所街道办事处	1275	646	629	373	742	384	358	265
威岭所街道办事处	1100	560	540	329	1102	573	529	395
大磊街道办事处	1098	564	534	335	702	352	350	265
南贮街道办事处	335	169	166	101	—	—	—	—
榆林街道办事处	499	547	252	162	—	—	—	—
浩良河镇	24224	12376	11848	6815	25826	13169	12657	8875
晨明镇	13089	6739	6350	3690	11150	5822	5328	3657
迎春乡	8092	4211	3881	2112	5397	2839	2558	1647

四、文化构成

到 1990 年，南岔区具有小学或小学以上文化程度的人共有 116177 人，其中，大学本科 467 人，大学专科 1869 人，中专 3525 人，高中 20501 人，初中 56769 人，小学 33046 人。

2000 年，南岔区具有小学或小学以上文化程度的人共有 124324 人，其中，研究生 10 人（男性 8 人、女性 2 人），大学本科 557 人（男性 363 人、女性 194 人），大学专科 3597 人（男性 2110 人、女性 1487 人），中专 5256 人（男性 2390 人、女性 2866 人），高中 20052 人（男性 10480 人、女性 9572 人），初中 66718 人（男性 35688 人、女性 31030 人），小学 28134 人（男性 14376 人、女性 13758 人）。

五、年龄构成

2000 年，全区人口为 140846 人。其中，0 周岁 778 人（男性 404 人、女性 374 人），1 ~ 4 周岁 3807 人（男性 1926 人、女性 1881 人），5 ~ 9 周岁 7437 人（男性 3775 人、女性 3662 人），10 ~ 14 周岁 11299 人（男性 5901 人、女性 5398 人），15 ~ 19 周岁 9133 人（男性 4695 人、女性 4438 人），20 ~ 24 周岁 7351 人（男性 3806 人、女性 3545 人），25 ~ 29 周岁 11666 人（男性 5952 人、女性 5714 人），30 ~ 34 周岁 16095 人（男性 8286 人、女性 7809 人），35 ~ 39 周岁 18020 人（男性 9394 人、女性 8626 人），40 ~ 44 周岁 14519 人（男性 7478 人、女性 7041 人），45 ~ 49 周岁 11148 人（男性 5746 人、女性 5402 人），50 ~ 54 周岁 6207 人（男性 3005 人、女性 3202 人），55 ~ 59 周岁 5423 人（男性 2368 人、女性 3055 人），60 ~ 69 周岁 12198 人（男性 5837 人、女性 6361 人），70 ~ 79 周岁 4918 人（男性 2638 人、女性 2280 人），80 ~ 89 周岁 796 人（男性 369 人、

女性427人），90周岁以上51人（男性14人、女性37人）。

六、人口迁移

根据南岔区第五次全国人口普查资料，到2005年，统计按外来人口户口登记地划分总计724人，其中，北京2人，天津1人，河北35人，山西3人，内蒙古41人，辽宁72人，吉林277人，上海4人，江苏20人，安徽20人，福建4人，江西8人，山东209人，河南9人，湖北2人，湖南4人，广东5人，重庆3人，四川2人，贵州1人，云南1人，陕西1人。

第二节　计划生育

一、机构

1986年，南岔区设计划生育办公室，编制4人。1999年8月，改为计划生育局，编制4人。2001年11月27日，与区卫生局合署办公，为卫生和计划生育局，至2005年，编制6人（其中负责计划生育的工作人员为2人）。

二、条例贯彻

1986年至1990年2月1日，黑龙江省下发了《黑龙江省计划生育条例》。1994年7月1日，贯彻落实了黑龙江省颁布的《黑龙江省计划生育若干规定》。2000年2月1日，黑龙江省颁布的《黑龙江省计划生育条例》，条例规定，领取独生子女证的夫妻为企业职工的，退休时凭独生子女父母光荣证各加发退休费5%。2003年1月1日，贯彻落实黑龙江省根据《中华人民共和国人口与计划生育法》，结合黑龙江省的情况，重新补充，制定《黑龙江省人口与计划生育条例》。国家计划生育委员会发布的关于《流动人口计划生育管理和服务工作若干规定》自2004年1月起施行。凡流入本区的育龄人口，都纳入区计划生育管理之中，建立了流动人口计划生育信息网，准确掌握其婚姻、生育等情况。到2005年，对育龄人员123人进行了登记。

三、宣传教育

1986年，区计划生育局共举办了计划生育宣传、统计、政策、法规培训班18期，培训学员884人。通过认真学习，领会计划生育的各项政策、法规，全区减少出生1000余人。2000年5月，区政府贯彻中宣部、国家计生委《关于广泛开展婚育新风进万家活动的通知》，由区委宣传部，会同有关部门组成领导小组，下设办公室，通过板报、橱窗、广播、电视、动员会、报告会、宣讲会、文艺演出等形式宣传“婚育新风进万家”的重要意义，增强人们实行计划生育的自觉性，使108户家庭树立新的婚育观念。为纪念“7·11”世界人口日，区卫生和计划生育局与区委宣传部、区文体局联合举办了“纪念‘7·11’世界人口日暨弘扬新型生育文化”大型文艺会演，用小品、歌舞、讲演等形式宣传计划生育，有万余人观看了演出和演讲。2004年6月，为消除重男轻女的封建观念，区卫生和计划生育局开展“关爱女孩”行动。

四、卫生保健

1986年，国际人口与发展大会确定，让农村广大妇女能得到初级生殖保健，省、市计生委都下发了在农村开展初级生殖保健的实施方案。区政府根据上级指示精神，制定了《南岔区已婚育龄妇女开展生殖保健活动方案》，在两镇一乡及各办事处全部建立了已婚育龄妇女生殖保健健康档案，免费为全区育龄妇女发放检查卡 2 万余张，定期为育龄妇女进行健康检查，发现有 5000 余人不同程度患有妇科疾病，做到了及早发现及早治疗。2004 年 10 月 11 日，为了加强对计划生育技术服务工作的管理，提高人口素质，保障公民的生殖保健权利，南岔区依据国务院《计划生育技术服务管理条例》，进一步规范了计划生育技术服务医疗保健机构。广泛宣传个人不得进行非医学需要的胎儿性别鉴定或者选择性别的人工终止妊娠，并建立健全各项管理制度，教育执业人员恪守职业道德，确保各项工作质量。2005 年，全区所有已婚育龄妇女均建立了生殖保健档案，最大限度地开展普查普治，做到了动态观察，坚持始终。

第二章　居民生活

1986 年，南岔区十分注重人民居住条件的改善。1993 年，随着人民生活日益增长的物质需求，依据本地的实际，部分居民的居住条件逐渐从平房搬进楼房，并规划了标准化的小区。烧柴是居民生活的主体之一，随着林区木材产量的锐减，木材的剩余物已不能满足居民的生活所需。2005 年，本地山上林场（所）的居民仍烧木材剩余物除外，大部分居民以煤炭和液化气及电力为燃料，进行烧饭及取暖。

第一节　居住条件

1986 年，南岔地区的居民包括水解厂家属区和林业局的一栋楼房 600 余户居民居住集中供热的楼房，大部分居民居住平房，其中平房有 20% 是草泥结构，其余是砖瓦结构。国营职工享受公有住房待遇。1987—1993 年，全区的公建房和民建房屋逐年增加，旧式的草泥住宅被砖瓦平房代替，平房正向楼房转化，仅 7 年时间，林业局盖住宅楼 9 栋，27816 平方米，安置住户 613 户。1992 年，全区进行住房制度改革，将所有平房、楼房依据政策的有关规定出售给居民所有，自此房屋全部私有化。1994—2005 年，城镇边缘地带和山上场所的居民翻盖了少量的平房住宅。12 年时间，全区城镇盖住宅楼 13 栋，353538.66 平方米，安置住户 6427 户。

第二节　生活条件

一、生活收入与消费

1986—1995 年，南岔林业局木材产量锐减，职工家庭人均收入 600 元左右，廉价的粮油价格使区（局）职工能维持其基本生活需要。在农村，农民家庭人均年收入 400 元左右，农民自产大部分粮油，蔬菜实现自给，并将多余部分拿到农贸市场出卖，换回其他生活资料。服饰方面，职工和农民是保暖型，不追求品牌与新款式样。出行方面，1986—1989 年，南岔区没有客运车辆。1990—1995 年，南岔个体客运车辆只有中型客车 1 辆，17 座；小型 17 辆，共 216 座。当时人们出行极少乘出租车。1996—2000 年，由于职工家庭人均收入和农村家庭人均收入大幅度增加，消费水平有了明显提高。饮食方面，粮油按需购买，城乡居民以面粉、大米为主食，上餐桌的副食品种和质量明显改善。服饰方面，城乡居民也大有改观，尤其是城市居民，部分人已着上名牌上档次服装，农村居民在走亲会友、参加各种活动时也穿上了流行时装，其子女进城上学也穿着入时整洁。出行方面，区内已设公交客车1线、2线，实行环城客运，同时也形成了乡村客运网络，方便了城乡百姓出行。2000—2005年，职工家庭年人均收入3100元左右，农村年人均收入2502元。饮食方面，城市居民由以主食面粉、大米为主向营养、保健型食品发展，并追求食用绿色无公害食品。农村村民也以食用绿色无公害食品为时尚。服饰方面，城乡居民着高档名牌服装已不为罕见，但多数居民仍以穿着流行时尚大方中档服装为主。出行方面，由于村村通公路已畅通，公交客运车辆四通八达，区内公共汽车和个体出租车交叉频繁往来，居民出行或出城，随时有车可乘，交通已相当方便。

2000—2005年南岔区年人均可支配收入表

表25-3　　单位：元/（年·人）

年份	年人均可支配收入	
	城镇	农村
2000	2628	2184
2001	2902	2190
2002	3112	2303
2003	3227	2441
2004	3359	2870
2005	3560	3024

二、居民燃料

1986—1995年，南岔区的大部分居民仍以木材的剩余物为燃料烧饭或取暖，职工每年发半吨的煤票，用现金到指定的煤炭供应部门购买。1996年后，随着林区木材可采资源的大量锐减，木材加工企业的木材剩余物有一大部分也进行了再加工进行综合利用，居民的烧柴很是困难，逐渐被煤炭和液化气所代替。煤炭燃料逐年涨价，1996—2000年每吨150元左右，到2005年每吨360元左右，液化气每罐50元左右。也有部分居民用电烧饭。据调查测算城镇居民每月每户各种燃料费用45元左右。

第三节　民俗风情

一、节假日风情

南岔区居民是20世纪50年代由全国各省、市相继流入的，他们延续了居住地民俗风情。在节日习俗方面，国家的重要纪念日和传统的节日都过。如每年的“五一”国际劳动节、“十一”国庆节、元旦（俗称阳历年）等节日，民间多在假日时合家聚餐，以示庆贺，也有部分人员出行郊游或外出旅游。在传统节日上，如春节（每年农历正月初一日）、元宵节（即农历正月十五日）、端午节（农历五月初五）、中秋节（农历八月十五日）等节日，也都按传统形式，举行一些活动，合家团聚以示纪念或庆贺。其中，尤以春节最隆重持续时间最长，习俗既多又热闹。农历腊月三十晚上要守到零时左右。并粘贴门联，张灯结彩，大放鞭炮、礼花，以示庆贺一年平安吉祥。自1986年以来，人们在除夕夜观看“春晚”享受文化“大餐”，自三十晚8点一直观看文艺节目至当夜零时左右，合家团聚吃新的一年第一餐。

二、婚丧嫁娶习俗

婚、嫁、娶习俗：订婚是通过介绍人或男女在同一单位及其他场合相识后，彼此相处一段时间，感情融洽，即到民政部门登记结婚。但在结婚前，也往往找一介绍人（名誉上的），有延续旧时无媒不成婚之意。在嫁、娶习俗上，女婚称嫁，男婚为娶。婚日，新郎要去女家迎亲，嫁女随迎亲新郎乘彩车，一路鼓乐喧天，在亲友的陪同下高高兴兴奔赴婆家。女家送亲队伍随新郎迎亲队伍至婆家门口，鞭炮齐鸣，新娘由新郎相陪下车，夹道欢迎的人群要向新娘、新郎“撒谷豆”。新娘新郎各由一女一男傧相陪同挽扶至新房中，新娘要向新郎父母首次直呼爹妈（即改口认亲），新娘还要给婆母头上戴花，含意是花开富贵、长寿百岁，永远年轻健康。公婆要赠予儿媳“改口认亲”钱物，表示长辈关爱，今后生活幸福和谐。婚后3天回门，新郎陪同新娘回娘家是为“回门”。“回门”要带四样成双礼品，新郎要对新娘父母改口认亲。娘家人要盛情款待，尽欢而归。为提倡节俭办婚礼新风，也有举办集体婚礼或旅行结婚的，集体婚礼由共青团、工会、妇联出面组织。

丧葬习俗：南岔区自1985年5月1日起执行火葬制度。在丧葬习俗上，一般停尸3天出殡。此间，死者的亲朋好友要祭奠死者并慰问家属，如系长辈，儿孙及晚辈亲属要为之戴孝。葬后3天，有的死者家属到指定的骨灰存放室祭奠，有的死者家属将骨灰带走到公墓掩埋，死者亲属去坟上添土祭祀称“圆坟”。葬后每七天为“一七”，直至“七七”四十九日，百日要祭祀，民间称“烧百天”。死者家属有为死者立墓碑（牌）之俗。

第三章 民族 宗教

南岔区的人口由 18 个民族构成，其中少数民族 17 个。南岔的宗教活动是在 20 世纪 80 年代逐渐兴起的，信教的人员主要是逐代传下来，又由这些人传给其他人。到 90 年代中叶，各教派比较活跃，信教的人逐年增多。区政府于 1992 年 1 月成立民族宗教事务局，1993 年 3 月机构并到民政局。1995 年 6 月民族宗教工作由政府办公室管理。

第一节 民 族

1986—1989 年，南岔区没有详细对民族状况进行统计。1990 年，进行了第四次人口普查，南岔区民族构成是：全区人口为 150466 人，其中：汉族 145742 人，蒙古族 206 人，回族 1169 人，维吾尔族 643 人，彝族 2 人，壮族 1 人，朝鲜族 643 人，满族 1991 人，侗族 2 人，瑶族 7 人，土家族 1 人，锡伯族 24 人，达斡尔族 17 人，鄂温克族 18 人。

2000 年，进行了第五次人口普查，南岔区全区人口为 139369 人，其中：汉族 138196 人，蒙古族 197 人，回族 895 人，藏族 4 人，维吾尔族 2 人，苗族 3 人，彝族 9 人，壮族 2 人，布依族 1 人，瑶族 3 人，白族 1 人，黎族 5 人，土家族 2 人，锡伯族 15 人，达斡尔族 11 人，鄂温克族 4 人，赫哲族 8 人，鄂伦春族 11 人。

第二节 宗 教

一、佛教

1997 年 6 月，南岔区南部的太平经营所以建公园的形式建一处庙，称之“太平寺”，总建筑面积 460 平方米，占地面积 8000 平方米，设两个殿堂，供奉佛像。自 1998 年起，有居士在其居住进行佛奉活动，南岔区的佛家信徒逐年增加，每逢朔望节日对所奉佛祖献供进香。旧历四月初八为佛诞日、又称俗佛节，是释迦牟尼佛生日，寺院举行宗教仪式，接待宾客。到 2005 年，南岔区有佛教徒 300 余人。

二、伊斯兰教

1986—1992 年，南岔区有伊斯兰教活动场所 1 处。1993 年，在原处重建南岔清真寺（建国街建铁委），建筑面积 400 平方米。设 5 人管理委员会。

有部分人员每天坚持到清真寺或在自己的家中拜功，每周的“主麻日”参加的人员较多。每年的圣纪、开斋节、古尔邦节和斋月之夜的礼拜，信教的人员大多数都参加，由教长主持做拜功，然后讲经。

三、天主教

南岔区于1995年9月审批天主教会1处，当时有教徒208人，经常参加活动的教徒不多，绝大多数是自己在家念经、祈祷、唱歌及默想。活动场所设在永丰委，有房屋1处，建筑面积325平方米。信徒每周五、周六、周日活动3天。经常参加人员150人左右，到2005年，有教徒320人，负责人兰中田。

四、基督教

1986年，南岔区的信教人员10人左右，是由杨树忠夫妻二人向信教的人员传播。20世纪90年代初，信仰基督教的人员逐年增多，在南岔区内设立了4个家庭聚会点。1991年，在团结街1组建起1处150平方米的“南岔基督教堂”。设立三自爱国运动委员会，执事长1人，执事3人。基督教会每周活动3次，即周三的祈祷会和周六、周日的主日会，信徒们听传道员领读，理解圣经。比较大型的活动是“圣诞节”和“复活节”，信徒们自制“圣诞树”，唱赞诗、祈祷、念经文、给参加者发送糖果，还表演文艺节目等。到2005年，南岔区有基督教会7处。

第二十六篇　人　物

本着生不立传原则，收录副处级以上人物、烈士、出席全国群英会人物等逝世人物12人。收录南岔区做出突出贡献、技术革新、五一劳动奖获得者等新闻人物12人，区（局）党政班子主要领导20人和市级以上先进集体133个、先进工作者255人。

第一章 人物传略

1986—2005年，病逝人物10人，其中，原区委书记2人，原人大主任1人，原副区（局）长3人，出席全国第一次群英会1人，革命烈士1人，专业技术人员2人。

曹振元（1916—1988）

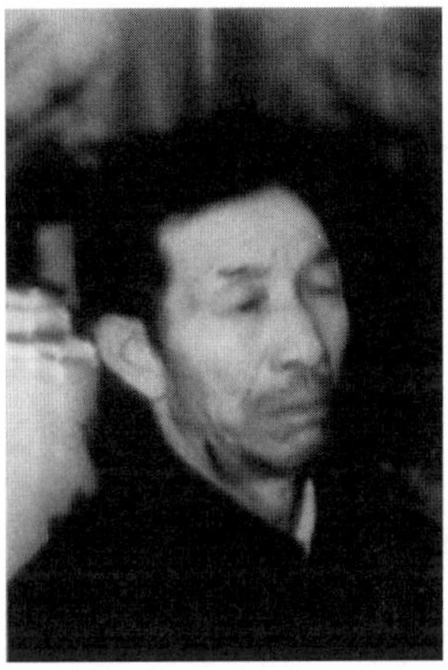

民国5年（1916）出生，山西省阳城县北昌乡人。民国26年（1937）10月在阳城县参军，民国29年（1940）4月加入中国共产党。民国30年（1941）在太行军区三分区教导队学习，后分配到太行军区便衣大队任班长、军区武工队队员。民国31—34年（1942—1945），任武乡县独立十四团教导员。民国35—36年（1946—1947），任太行独立一旅七团一营连长。1947年，任河南豫西军区教导队队长。民国37年（1948）至1951年，任郑州军分区教导队政治教员、组织干事。1951年，任林业三师七团二营教导员。1952—1954年，任双子河林业局组织部部长，其间去黑龙江省呼兰工农干校学习1年。1954—1957年，任丰林林业局人事科科长。1957年6月，任南岔林业局副局长。1980年9月，任南岔区（林业局）顾问。因患食道癌久治不愈，于1988年5月16日凌晨病逝，终年71岁。

他幼儿时在原籍放过牛，学过泥水匠。参军后思想积极向上，受到部队的提拔重用。在抗日战争和解放战争中曾负过伤，立过2次战功，受过7次物质奖励。到地方工作后，做过林区单位的中层干部和局（处）级领导，主抓商业和营林工作。工作中，坚持原则和立场，认真贯彻上级要求，并结合当地的实际开展工作，一生勤俭、朴实，为开发建设社会主义新林区做出积极贡献。

张玉良（1920—1990）

民国9年（1920）3月17日出生，黑龙江省桦南县太平镇人，初中文化。民国35年（1946）10月参加革命工作。民国37年（1948）8月15日加入中国共产党。1946年在原籍参加合江省民运工作团，历任桦南县一区财粮助理员，中共桦南县九区区委组织委员。1952年9月4日，任桦南县第一区人民政府区长。1953年，任伊春县第二区（南岔区）区长。1954年3月15日当选伊春县人大代表。1958年4月18日，当选伊春市第二届人大代表。1956—1959年，任伊春市浩良河区区长、浩良河人民公社副主任。1965年11月1日，当选伊春特区第一届人民代表大会代表。1969—1980年，任浩良河镇革命委员会副主任，南岔区革命委员会副主任。1982 年 5 月 20 日，为任南岔区政府顾问。1990 年 1 月 10 日病逝于南岔，终年 71 岁。

他幼年时，在农村放过猪、种过地。在多年的革命工作中，勤勤恳恳，任劳任怨。特别是到伊春工作后，主抓农业工作，经常深入农村了解社情民意，与农民共同研究农业生产，关心群众的疾苦，深受浩良河农民的拥戴。他艰苦朴素，对人坦诚，以普通劳动者形象出现群众之中。离休后积极关心修志工作，是一位关心修志的热心人。多年来，为建设社会主义新林区做出积极贡献。

李和（1926—1990）

民国 15 年（1926）5 月 4 日出生，河北省承德人。1952 年参加林业工作。1956 年 11 月加入中国共产党。曾被选为第四、五届全国人民代表大会代表。1959 年代表南岔区林业局“邱少云工段”参加全国第一次群英代表大会。共受到区级奖励 194 次。1970 年任南岔林业局副局长，1983 年任南岔区人大常委会副主任，1985 年任南岔区政府督导员。1990 年 4 月 6 日病逝。终年 64 岁。

他自小贫苦，1952 年投身林业生产建设。在生产生活极为艰苦的条件下，他勤奋工作，以身作则，为国家多采木材，积极为国家做贡献，付出艰苦的劳动。他看到落后的木材生产作业方式，反复思考，积极提出合理化建议，曾有多项建议被采纳。与他人共同发明了“单杠枝丫集材法”，提高了劳动生产率。黑龙江省森工总局将此项方法推广到东北各林区单位。他吃苦耐劳，处处起带头作用。曾多次把有限的工资和生活用品拿出来帮助那些困难的工友。

他被提拔到领导岗位之后，仍以一个普通工人的身份出现在劳动现场，时时处处严格要求自己，并教育工友们不要忘记过去，要珍惜今天来之不易的和平幸福生活。他的正直为人，突出的工作业绩，受到职工群众的普遍赞誉。

毛景春（1934—1992）

民国 23 年（1934）7 月 2 日出生，吉林辉南县人。大专文化，1951 年 2 月参加林业工作。1958 年 12 月加入中国共产党。1961 年 2 月至 1969 年 4 月先后任乌马河局育林林场党总支书记、林业局机关党总支书记、林业局工会主席、副区（局）长。1976 年 4 月，任铁力林业局局长，1978 年 7 月，任大丰林业局党委副书记、（区）局长，1981 年 4 月，任南岔区（局）委书记。1988 年 8 月，晋升为林业高级工程师，并任南岔林学会常务理事，黑龙江省森工总局森工改革研究会理事、黑龙江省七届人大代表。1991 年 7 月，任南岔区委调研员。1992 年 9 月 29 日病逝，终年 58 岁。

从事林业工作 40 年，对林区的木材生产状况极为熟悉，是林区生产工作的行家里手。1981 年任南岔区（局）党委书记后，针对林业资源枯竭、经济危困的状况，积极探索老企业争生存、求发展的途径，走出一条“以林为主，综合利用，多种经营，全面发展”新路子。在坚持以林业为基础，积极培育和发展后备森林资源的同时，大力发展多种经营，努力向“三剩”（伐区剩余物、加工剩余物、造材剩余物）资源要效益。积极发展集体经济，依靠科技进步，经营管理发生重大变化。

他撰写的《实施“以大解危”的战略，关键在于实现四个转变》一文在黑龙江省恢复与扩大森林资源学术研讨会上获优秀论文奖。他的工作事迹曾被刊登在《企事业改革家列传（林业卷）》中。

吴凡东（1924—1994）

民国13年（1924）3月2日生，山东省蓬莱县得口店人，民国33年（1944）4月在蓬莱得口店参加八路军。1944年7月在蓬莱县北海独立团一营三连任班长，1945年9月加入中国共产党，并任东北松江老七团九连八排排长。民国35年（1946）至民国36年（1947）3月，编民主联军七团三营九连三排任排长。民国36年（1947）3—8月在吉林德惠负伤去齐齐哈尔市铁路医院治疗休养，出院后到松江巴彦公安队任指导员。民国36年（1947）9月至1952年4月在巴彦县任公安大队长、指导员。1952年4月至1959年7月，调伊春公安大队驻南岔公安中队任队长。1959年7月至1960年10月，在北京高校民警干校学习。1960年10月至1962年3月，任南岔林业局警察队指导员、协理员。1962年3月至1968年1月任南岔林业局武装部部长。1968年1月至1980年9月，任南岔区革命委员会副主任。1980年9月至1984年，任南岔区人大常委会副主任，1985年离休。1994年2月15日因病去世，终年70岁。

吴凡东出身贫苦家庭，自小在家务农，参加革命后，忠诚履行工作义务。在部队服役期间，作战勇敢，解放德惠战斗中光荣负伤。转业从事地方公安和林区森警工作期间，为保卫党的新生政权和森林安全，他克服艰苦条件，不辞辛苦地工作。在任区（局）武装部长、区革委会副主任、区人大常委会副主任期间，工作认真负责，坚持工作原则，敢于直陈己见，忠实履行了党和人民赋予的职责。在其40多年的革命工作中，没有辜负党和人民的重托，并做出积极贡献。

马志科（1927—1994）

民国16年（1927）11月出生，山东省临朐县人，贫农出身。1950年5月加入中国共产党。41次被评为区（局）先进工作者，出席过黑龙江群英会2次。1959年，出席全国第一次群英会，受到毛泽东、周恩来、刘少奇、朱德等党和国家领导人的接见并合影留念。

他出身于贫苦家庭，为了糊口，10多岁便到辽宁省大连市铁田制材厂当童工。民国27年（1938），他跟随同乡到小兴安岭林区南岔北洋制材厂当锉锯工，受尽了工头的欺侮，直至东北解放。民国34年（1945），共产党组织接收了北洋制材厂（后改为浩良河制材厂），他反复探索、实践，掌握了一整套分季适用的“四季锉锯法”，林业部把这种方法推广到林区各生产单位。他善于开动脑筋，提出合理化建议，搞技术革新和发明创造，有30余项成果应用到生产实践中曾15次获奖。连续多年被评为劳动模范、革新能手。1960年6月，任浩良河制材厂厂长期间，土法上马率先在浩良河木材加工厂研制纤维板部分生产机具，生产出了林区第一张林产工业产品——纤维板。“文化大革命”期间，他受到不公正的待遇，1978年后期得到纠正。他在任浩良河木材加工厂副厂长，南岔林业局物资科科长、科技科副科长，林产工业科副科长等期间，工作认真负责，求实创新，他的执着工作精神受到群众好评。1994年10月5日病逝。

张振荣（1922—1997）

民国11年（1922）3月11日出生，黑龙江省青冈县人，初中文化，民国35年（1946）参加革

命工作。1951年8月9日加入中国共产党。民国35年（1946）至1949年，任青冈县中和镇学校教员。1949—1956年，任青冈县公安局预审员、科长。1956—1966年，任南岔公安局局长。1967—1970年，“文化大革命”期间被停职反省。1970—1971年，任南岔区（局）委副书记。1971—1979年，任黑龙江省结核病防治医院革委会副主任。1980—1981年，任南岔区（局）委副书记。1981年至1983年3月，任南岔区人大常委会主任。1983年6月离休。1997年5月5日零时10分病逝。终年75岁。

他自幼生长在农村，少年时放过猪，给家乡的学校当过事务员。东北刚光复，中国共产党接收了家乡的政权，他便在学校当了一名教员。1949年中华人民共和国成立之时，他在家乡从事公安工作，由于工作出色被吸收为中共党员。到林区后，仍在公安战线做主要领导工作，他注重实际，经常深入工作一线，领导工作人员为地区的稳定做了大量工作。“文化大革命”期间受到严重的冲击，蹲过“牛棚”隔离审查，身心受到很大伤害。恢复领导工作后，他仍以老干部、老党员的一片赤诚之心勤奋工作，在工作中严格遵守党的纪律，按照党的路线、方针、政策办事。严以律己，廉洁奉公，保持了一名革命工作者的光荣本色。在任人大常委会主任期间，他坚持依法监督，充分行使法律赋予的职权。

姚振猛（1932—1998）

民国22年（1932）8月1日出生，辽宁省辽阳市人。民国37年（1948）3月，毕业于锦州中学。1950年7月到南岔林业局。1990年9月30日，任南岔林业副总工程师。1993年3月，任南岔区（局）总工办主任。卒于1998年6月18日，终年66岁。

20世纪50年代初，林业机械步入林区的生产，引进机械设备与本林业的生产有些不适应，作为林业机械技术员的他，几经探索和研究。1958—1963年，参与本局23台内燃机车的改造，担负设计传动，系统变速箱，后桥转向器等技术革新工作，获得成功。1970年，设计制造了一条轴承生产线，解决了当时林业生产的急需。1973—1975年，研制成功了一条汽车、拖拉机检修机具化生产线。1975—1978年，负责本局改装一套年产1000吨钢丝绳生产线，一次试车成功。1980—1984年，负责本局胶合板厂、刨花板厂、纤维板厂的建厂及机械的安装设计，成功投入生产。1984年参与研制“层积塑料板”，获1985年黑龙江省科技成果四等奖。1987年10月，参与了人参皂苷生产设备的研制，设计了一条非离子型树脂吸附法工业生产线，获得成功。1988年，在伊春市科技大会上被评为优秀知识分子。1990—1992年，参与了本局基层单位10余个即将报废锅炉的改造，经质量监督检验，全部合格，节约资金45万余元。1992年8月退休。

王福义（1933—1999）

民国22年（1933）7月15日出生，吉林省德惠县人，大专文化程度，高级经济师，中共党员。1952年到林区工作。1952年10月—1967年8月，在双子河林业局林场，浩良河木材加工厂当检尺员、计划员。1967年8月至1968年7月，任南岔林业局西林经营所任主任。1968年8月至1969年12月，任南岔区（林业局）工程处任主任。1970年1月至1974

年8月，任南岔区（林业局）晨明林场任场长、总支书记。1974年9月，任南岔区委常委、副区（局）长。1987年7月，任南岔区（局）党委副书记、区（局）长。1991年9月，任南岔区（局）党委书记。1994年8月，任南岔区政府顾问。1996年3月退休。1999年3月4日病逝。终年66岁。

他自幼生长在农村，1952年，林区招工，从原籍来到林区从事林业生产，对林业工作极为熟悉。1967年，在南岔区（林业局）当中层领导干部时，对林业生产更为内行，经营生产中，每年都是行业中的先进。1987年，担任南岔区（林业局）主要行政领导后，他脚踏实地，锐意进取，深化改革，强化管理，使南岔区（局）经济稳步发展。在林业处于资源危机和经济危机时候，他和区委一班人结合南岔区实际，提出“深化于林，立足于农，发展于畜，倾斜于工，搞活于商”的发展村区经济总体思路，向多种经营、综合利用要效益，充分利用伐区、造材、锯材三个剩余物“综合加工，全面利用。大的锯，小的旋，疙瘩节子烧木炭，枝枝丫丫削木片”和扶持地方企业的经济发展战略，南岔的经济在木材生产、综合利用工业多种经营的经济发展中形成三足鼎立之势。1989年，南岔林业局跨入国家二级企业行列。

林禹权（1956—1999）

1956年6月3日出生，吉林省德惠县立新公社人，1982年7月加入中国共产党，大专文化，政工师、林学工程师职称。1964年至1969年7月在南岔区木曾（现松青）十五公里小学读书，1970年7月至1974年7月在南岔区五中读书。1974年7月至1976年5月向阳林场知青二队青年，1976年5月至1981年1月向阳林场工人，1981年1月至1984年1月在南岔林业局亮子河林场任段长，1984年1月至1987年6月任亮子河林场副场长，1987年7月至1993年3月任桦阳经营所书记、所长，1993年3月至1996年9月任晨明贮木场场长，南岔局集体企业公司经理，1997年10月任南岔区副区（局）长。1999年6月7日病逝，终年43岁。

林禹权在向阳林场因工作踏实肯干，由普通青年转为专业工人，在亮子河林场任段长、副场长时，被伊春林管局评为伐区优秀管理干部。在任桦阳所所长工期间，一千天无重大事故，荣立一等功。并连续4次被市政府授予“劳动模范”称号。在任晨明贮木场场长时，荣获市委、市政府“抗洪救灾先进个人”荣誉称号，还被区委、区政府评为先进工作者，被市城镇防火指挥部授予“城镇防火先进个人”光荣称号，1997年11月，在南岔第十届人代会第一次会议上，被选为南岔区副区长（南岔林业局副局长）。直至1999年病逝。

郝瑞（1931—2000）

民国20年（1931）9月29日出生，黑龙江省宾县人，1977年7月2日入党。1952年，从松江林校毕业后被分配到鹤岗市农林科，任技术员。1953年3月，调到伊春市南岔区浩良河森林经营所，任业务股股长、技术员。1955年3月，任助理工程师。1960年4月，任工程师。1966年10月，调入南岔林业局营林科任技术员。1979年11月至1982年10月，任浩良河森林经营所所长。1992年退休。2000年9月29日在南岔去世。终年69岁。

1955年，编写的《人工林稀种造林的鸟害初防》被省林业厅收入经验汇集。1956年，编写的《人工造林冻害的调查报告》在伊春林业召开的经验交流会上介绍后，发表在《中国林业报》。1957年，国家组织中苏小兴安岭林业考察团，他参加了考察会议，会上研究《红松成林后，再逐年去掉伴生的阔叶树》，他把它概括成两句七言诗“脱掉衬衣穿大褂，摘掉帽子要脑瓜”。这个结论得到科研部门的承认。并写进“东北人工林间伐讲义”，编入大学教材。1972 年，编写的《探索荒山造林的规律》发表。1973 年，编写的《人工林幼林皂苷抚育方法》在黑龙江省林科院召开的学术讨论会上，进行了学术交流，受到肯定。1955—1973 年期间，先后编写了《红松的经营管理》《探索荒山造林的规律》《红松综合林抚育法》等论文，分别发表在市、省、国家的刊物杂志上。1981 年，为了防治松毛虫，加强虫情预测，秋天松毛虫下到地下过冬，一棵树下 30 条以上，他发明开春前就在每棵树干上，离地一米高处，扎毒绳，画毒笔，松毛虫上树通过时中毒死亡，效果好，使松毛虫没有造成灾害。1990 年，编写的《红松人工林速生产综合技术的研究》获得省科学技术进步奖。

白连友（1963—2004）

满族，1963 年 5 月 8 日出生，黑龙江省呼兰县人，大专文化。1981 年 12 月应征入伍服役于武警伊春消防支队。1985 年 7 月，改制为伊春市公安局南岔分局消防大队任中队长，南岔消防队三级警督。2004 年，任消防大队副大队长兼南岔林业局森林公安消防中队中队长（驻晨明镇）。

他出生在一个普通的农民家庭。1981 年参军为武警消防战士。长期以来，他凭着对党的赤诚，对公安消防事业的热爱和对人民群众的忠诚，用年轻的生命诠释了一名公安局民警平凡而壮丽的人生。

他对工作极为负责，坚持以公仆的心态带领消防战士新建院舍，打通城镇防火通道，清理“柈子城”。哪里有火险就冲到哪里，扑灭大小起火点近千次，负伤 7 次。表现出忠于职守，舍生忘死的敬业精神，火灾中，为了减少损失，奋力抢救百姓财物。在扶贫解困工作中，主动与贫困户结成“帮扶对子”，从微薄工资中拿出资金，解决贫困户的实际困难，表现出情为民系，事为民办，利为民谋的崇高品质。对自己，结婚 19 年，从未和家人团聚过新年，租住房屋，全家收入近 500 元，没有一件像样衣服。父母临终住院及亲属患病，未到床前陪护。困难面前从未向组织伸手要过帮助，表现了他立警为公、严于律己、艰苦朴素的精神。

2004 年 5 月 18 日 12 时 25 分，南岔林业局岩石经营所施业区 196 林班发生森林火情。他立即带领全体队员远征投入扑火战斗。不顾个人安危，既当指挥员又当战斗员。由于火场地形复杂，石塘林木交错，风大火猛，烟尘弥漫，他一脚踏空，摔到坑里，头部撞在一棵倒木上，昏迷过去。当战友把他唤醒扶起后，他不顾战友们的劝阻，又继续参加战斗。直至 16 时 30 分左右将火扑灭后，才与战友撤离了火场。返回途中，他连续出现头晕、恶心、呕吐、两眼充血等症状。战友们劝他赶紧回南岔区治疗，他考虑到大风不断，火情等级高，森防工作险象环生，他毅然决然表示“我不能回去，再坚持十几天，防火期就过去了，那时我再回去”。他带病继续在南岔区晨明镇坚持战备值班 9 天。5 月 29 日，头痛症状加重，发生抽搐，战友们把他抬到车上送到黑龙江省林业第二医院。经医生全力抢救，但终因脑室大量出血，于 6 月 9 日凌晨 4 时光荣牺牲。

他的事迹在《伊春日报》《伊春林城晚报》《黑龙江日报》《生活报》《黑龙江法制报》、伊春电台、伊春电视台、黑龙江电视台先后发表和播放。南岔公安局，南岔区委、区政府，伊春市公安局，伊春市委、市政府先后发出号召“向英雄白连友同志学习”。2004 年 7 月 13 日，经黑龙江省委、省政府批准，追认白连友同志为“革命烈士”。

第二章　人物简介

1986—2005年，收入新闻人物12人。其中，有林业拔尖人物4人，体育拔尖教师2人，农村党支部书记1人，特级教师1人，公安劳模“五一”奖章获得者1人，全国纪检先进个人1人，税务干部“兴安百面旗”获得者1人，个体经营“重合同守信用”获得者1人。收入党政主要领导简介20人。其中，区委书记2人，人大常委会主任5人，区（副）长5人，政协主席4人，纪检书记4人。

第一节　新闻人物

李祥祯

民国19年（1930）10月28日出生于河北省东亭县。1950年8月，在中国人民解放军35后方医院工作，曾赴朝鲜接伤病员。1954年8月，转业到伊春市南岔区（局），先后在林业职工医院任内科医生、基层单位医生。1957年5月，调入南岔区（局）卫生科任行政医务管理人员。1958年，研制成功电子灭蚊蝇器、三角灯灭鼠器、666粉烟雾灭臭虫，科技成果应用到实践，受到市委、市政府表彰，并将成果在省展出。1967年7月，毕业于哈尔滨医科大学第三期卫生医师班。1977年5月，任南岔区（局）卫生防疫站科主任、主治医师。1978年3月，调入南岔卫生防疫站任科主任、主治医师。1978年9月，被评为伊春市拔尖人才。1981年，参加的“亚硒酸钠大骨节病161例效果研究”课题，获黑龙江省政府优秀科技成果三等奖。同年，撰写论文《关于大骨节病干骺病变X放射线分型及病区分类的商榷》，发表在《黑龙江省大骨节病防治科研经验交流资料汇编》。1984年，参加研究“亚硒酸钠防治大骨节病干骺端及骨端效果研究及病因探讨”课题，获黑龙江省卫生厅优秀成果二等奖。同年，撰写论文《硒防治大骨节病两年X线效果研究及病因学探讨》，发表在《中国地方病学》杂志上。1987年，参加研究“我国天然环境电离辐射外照剂量的调整与评价”课题，被评为国家科技进步三等奖。1988年11月，加入中国民主促进会。先后受到卫生部、省、市、区表彰和奖励20余次。1990年10月退休。

佟守恒

民国21年（1932）11月18日出生在辽宁省昌图县。1954年9月考入东北林学院林学系。1955年6月毕业后，分配到伊春森林经营局资源管理科任技术员。1980年1月，任森林病虫害防治站站

长。1983 年 3 月，晋升为营林工程师。1984 年 9 月，任南岔科协秘书长。1988 年，在南岔林业局晋升为高级工程师。2000 年 4 月，晋升为省科协研究员高级工程师，当选为中国林学会会员，昆虫学会会员、区林学会理事。2004 年 4 月，经哈尔滨市科普作家协会副秘书长介绍，根据发表的科普文章，推荐为哈尔滨市科普作家协会会员。

1982 年，编写《应用赤眼蜂防治落叶松毛虫试验报告》发表在黑龙江林学会第二期会刊。1983 年，编写《落叶松毛虫的综合防治》，被收入 1984 年伊春林业管理局《营林生产先进经验选编》，中国林学会授予“劲松奖证书”。1984 年 7 月，林业部授予“林业科技推广工作者”并获奖章。1984 年 11 月，编写《综合防治落叶松毛虫初见成效》编入《营林生产技术经验选编》。1985 年，编写《人工林招引黄鼬治鼠初探》，载入黑龙江省科学院《自然资源研究》1985 年第四期。1986 年，在《黑龙江林业》第 2 期发表《改进招引益鸟的方法》。1986 年 4 月 28 日，《黑龙江日报》发表“林深住鸟飞，挂巢引鸟来”南岔林业局松青经营所，鸟多害虫少。1987 年 5 月 1 日，《黑龙江日报》发表《南岔林业局挂鸟巢迎候鸟》。1989 年，第 8 期《黑龙江林业》发表《幼林抚育要“五先五后”》。1991 年，第 8 期《黑龙江林业》发表《保留枯立木养住啄木鸟》。1992 年，第 9 期《黑龙江林业》发表《苗圃地下害虫的识别与防治》。同年 10 月 16 日在《中国林业报》发表《推行“一、三、九”工程，南岔有效控制森林病虫害》。1992 年 12 月退休。

谢吉芝

女，民国 34 年（1945）6 月出生，山东省日照市人。1964 年 3 月 12 日加入中国共产党，迎春乡红旗村党支部书记职务。

1975 年担任村党支部书记时，就为自己定下四条标准：一要清正廉洁；二要视百姓为父母和兄弟姐妹；三要全心全意为人民服务；四要努力完成党所交给的各项任务。在担任党支部书记 29 年工作中把这“四要”铭记在心。通过几年坚持不懈的努力，红旗村的农业收入发生了很大的变化。为解决单靠农业收入速度缓慢情况，发展了村办企业，冰棍厂和小型油米加工厂每年盈利万元。在任果树村支部书记时，带领村民奋战十多天，修了一条平坦大道。道路修好后，又组织村民开沙场、跑银行，给村民贷款买四轮拖拉机搞运输。为联系运输业务，她又跑电信局联系给农民安装电话，使村民在家里就能联系运输业务，搞活果树村的经济，使村民富起来。谢吉芝先后被评为伊春市级扶贫骨干、先进党务工作者、劳动模范。在她的领导下，红旗村 1999 年被评为市标准化党支部，2001 年被评为市五好村党支部，2002 年被评为黑龙江省先进村委会。

陈向前

1953 年 10 月 10 日出生于上海市。1976 年 8 月毕业于东北林学院森保专业。1980 年 6 月，主持全省林业土壤普查南岔林业局试点工作。1983 年 7 月，加入中国共产党。同年，编写“要加强人工红松林的管理”在中国林科院 1983 年第五期《林业科技通讯》发表。1984 年 5 月，任南岔区林业局营林处副主任。1986 年，编写《南岔林业局土壤普查》获黑龙江省科技进步四等奖。1991 年，编写“落叶松毛虫对林木生长量影响的研究”在黑龙江省昆虫学会 1994 年《昆虫论文集》中发表。1991 年，编写的“关于落叶松人工林主伐与更新问题的设想”获伊春市林学会二等优秀征文。同年，编写的“浅谈人工落叶松纯林分段经营对策”获伊春市林学会三等优秀论文。同年，编写的“小兴安岭山地用材林基地立地分类、评价及适地适树的研究”获黑龙江省科技进步二等奖。1992 年，编写的“定量与定性抚育天然云冷杉林”获南岔区科技进步三等奖。1993 年，参与编写的《林业企业质量管理》在中国林业出版社出版。同年，编写的“红松种子快速发芽技术及应用研究”获伊春“科技进步奖”。1994 年，编写的“控制与利用红松林二次生长的研究”获黑龙江省科技进步四等奖、森工总局二等奖。1995 年调入无锡。

关艳云

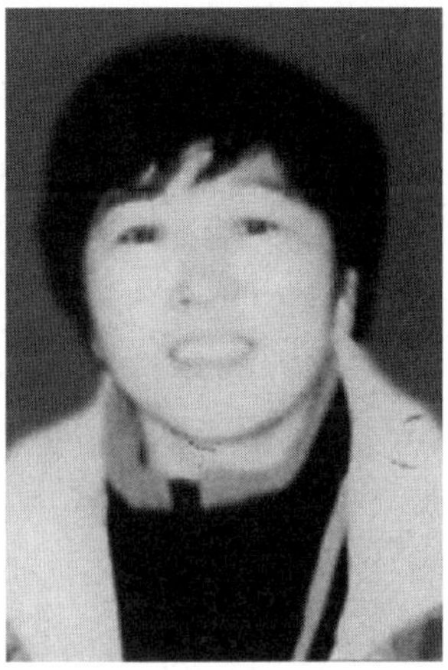

女，满族，中共党员。1953 年 4 月 17 日出生，黑龙江省呼兰县人。1972 年毕业于伊春师范学校。小学高级教师。

关艳云在南岔区东方红小学担任体育教员，兼学校传统项目——速滑训练队业余教练员。她忠诚党的教育事业，致力于体育教育工作，把自己的全部身心献给祖国的速滑事业，并取得显著成绩。关艳云大胆改革了低年级体育课成人化的传统教法，把音乐、舞蹈、游戏同体育基础训练融合在一起。收到显著效果，在伊春市两次音、体、美教研会上，她的公开课受到与会者的高度赞扬。她写的《如何上好低年级体育课》论文，获市级优秀论文奖。她所教的班体育达标率平均在 90% 以上，达到了全市同类学校的最好水平。关艳云在省、市教育界享有较高的声誉。

1979 年，关艳云组建了一支业余速滑训练队，为省、市速滑专业队与体校输送了 26 名合格运动员，为国家体育学院输送 2 人。1990 年，有 2 名队员以出色的成绩被调入国家集训队。在国家级重大比赛中共获金牌 10 块、银牌 15 块、铜牌 13 块。获第四名 10 次，第五名 7 次，第六名 4 次。参加省级比赛获第一名 18 次、第二名 31 次、第三名 24 次、第四名 17 次、第五名 25 次。该队自 1984 年开始 11 次夺得市级比赛冠军。1986 年以来，6 次进入省级比赛前六名。1986 年，夺得全省中小学的比赛第二名。1989 年，一举夺得全省第一名。

1988 年，全国少年速滑赛，该队输送的 3 名队员全部进入前 6 名，其中 1 人获 1000 米速滑技术评定和全能三项冠军。1989 年 2 月，全国青运会上该队输送的队员一举夺得 2 枚金牌。同年，在全国冠军赛中获 1000 米亚军。1990—1991 年，连续两年获万米冠军。1991 年，该队参加全市青少年速滑赛一举夺金牌 10 枚、银牌 16 枚。1 名队员参加朝鲜国际邀请赛获 1500 米第三名。参加亚运会比赛获 10000 米第七名。

1982 年以来，关艳云连续 10 次被评为区的先进工作者和先进个人标兵，13 次被评为省、市优秀教师和先进体育工作者。连续 4 年被评为省、市优秀共产党员和劳动模范，1987 年被评为市优秀知识分子、全国传统校优秀体育工作者。1989 年评为全国优秀教师。1992 年批准为市拔尖人才。1992 年，关艳云被调入省体委冰雪分校任教练员。

辛玉良

1954 年 9 月 17 日出生。1970 年 8 月毕业于水解学校。1971 年 10 月在南岔铁路车辆段当工人。2003 年 7 月 1 日晨，49 岁的辛玉良从漠河火车站起程沿路轨向海南行进，行至吉林白城子火车站附近遇暴雨患重感冒，走到白城子站时高烧 39 度仍带病前行。患有糖尿病的他一边吃药一边考察。亲友打来电话劝他取消考察被他婉言谢绝。并说："这是我一生最大愿望，就是死也要死在铁路线上，无论遇到什么艰难险阻，我都要完成这次徒步考察。"同年11月21日14时，历时175天，跨10省、6个铁路局、3个铁路集团公司和561个车站，行程5861公里，到达海南海口火车站，受到当地新闻媒体记者、铁路职工及部分群众称赞。此行，访问近千名铁路职工家属，与561个车站站长交了朋友，记载10多万字考察笔记，并拍摄近千张铁路风光照片。

康世著

中共党员，1956年2月出生，黑龙江省伊春市人，中学高级职称，特级教师。

1983年至1987年7月，带职就读伊春师范学校美术专业。1983年7月至1986年7月，在职自考黑龙江省教育学院美术教育专业。1988年7月至1989年，离职就读浙江美术学院版画系。1986年12月至2005年，在伊春市南岔区东方红小学担任美术教师，兼教研组组长。此间曾任职一年政教处主任。

从教25年来，一心扑在少年儿童美术教育上，曾多次拒绝外省、市的高薪聘请，把满腔的热血倾注到林区学生的美术教学工作中。实验研究了"倒金字塔格式一手感素描""3+1教学法""乡土教材"等学术性很强的课题，有14篇论文在报刊发表，发表美术作品25幅，获奖41次。开创了一、二课堂相结合的立体教学模式。指导学生创作了上千件优秀绘画作品，作品参赛辐射30多个国家和地区，数百件个人作品多次参加国际、国家、省、市展览，并获奖。作品被多家艺术机构、艺家、名人政要收藏。他不但出版了美术作品《康世著版画选》，还出版了诗集《眷魂》。为伊春石苑木雕园设计创作了10个大型条幅作品。

康世著被选为中国林业美术协会、中国藏书票研究会会员，黑龙江省美术家协会会员；伊春市美术家协会副主席，伊春市优秀文艺作者，伊春市知识分子拔尖人才，特等劳动模范，中共南岔区第八、九届党代表，全国优秀教师。

张潮

1956年12月25日出生，黑龙江省宁安市人，大专文化，中共党员，高级政工师。1970年8月参加工作，1978年12月从事公安工作。1985年9月，加入中国共产党。2001年，任南岔区公安局党组书记、局长。

在南岔区任职期间，在他的亲自指挥和参与下，全局共侦破各类刑事案件1263起，其中重大243起，特大42起，27起杀人现案全部破获，打掉地方恶势力犯罪团伙5个。2002年12月份，他坚持靠前指挥，亲自参战，成功侦破了发生在南岔区的"2002.12.26"特大劫持人质案和黑龙江省公安厅挂牌督办的"2001.2.16"特大抢劫杀人案件。2002年3月，在他积极争取和筹措下，组建了一支具有城镇防火和森林防火双重责任的森林公安消防队伍，重新改建的看守所被评为国家二级看守所，刑侦技术和通信设备完成了公安四级网络建设。全局共建立扶贫帮扶对子35个，帮扶贫困生38人，孤寡老人21人。民警为群众做好事3212件，收到表扬信126封，锦旗84面。南岔公安分局先后25次荣获省、市、区的先进集体。

自1986年以来，张潮曾被省委、省政府授予"严打"先进工作者，先后荣立个人三等功11次、个人二等功 1 次，被评为全省优秀人民警察和全国优秀人民警察，连续两届被评为南岔区十佳公仆，连续两届被市政府授予“劳动模范”称号。2001 年，被省委政法委评为人民满意的政法领导干部标兵，2002 年，被市委、市政府授予“兴安百面旗”荣誉称号，2003 年，被评为伊春市政法系统优秀领导干部，荣记个人一等功 1 次。2004 年，荣获全国“五一”劳动奖章。

吕惠岩

1959 年 11 月出生，大学文化，高级政工师，中共党员，任南岔区委副书记，纪委书记职务。2005 年 1 月调伊春市。

吕惠岩 1998 年走上纪检工作岗位。多年来，他以身作则，廉洁自律，工作扎实，敢于碰硬，具有较高政治素质和党性修养。

2001 年 2 月，调任南岔区纪检委书记，工作中，他通过信访渠道，拓宽案件来源，严肃党纪政纪，加大了查处大要案工作的力度。2001—2003 年，共查处各类案件 75 件，处理违纪干部 77 个，收缴违纪资金和违法所得共为国家挽回经济损失 1000 余万元。平时他努力学习政治理论和纪检业务，不断提高自己的政治和业务素质，撰写的《关于查处贪污案件的透析与思考》等 3 篇论文分别在省、市报发表，并被评为全省优秀论文一等奖。他热心助人，积极帮扶贫困户，为他们办实事，解决实际问题，被扶持的 11 户贫困户，有的已经走上脱贫之路。由于他工作业绩突出，先后荣立二、三等功各一次，还被评为市优秀纪检干部、省优秀团干部标兵、省纪检监察系统先进个人、全国新长征突击手、全国纪检监察系统先进个人。

杨晓华

女，大学文化，中共党员。1962 年 7 月 12 日出生，黑龙江省绥化市人。2001 年 5 月，任南岔地税分局副局长。

1983 年 8 月就职于南岔地税分局。1994—2001 年，任南岔地税分局梧桐税务所所长，创下地方税收 6 年累计超计划征收 189.2 万元成绩。担任分局领导后，主抓分局税收征管工作，实行“局长坐班制”，积极推行首问负责制、限时办结制、服务承诺制和“一站式”一条龙服务，办税“八公开”（税收法规、岗位职责、办事程序、服务项目、收费标准、违章处罚、工作纪律、社会监督八公开）等制度，她所管的税收大厅，在 2003 年被黑龙江省地税局评为最佳办税服务厅。梧桐税务所被评为省地税系统先进集体。杨晓华 1996 年 8 月至 2002 年 12 月先后被省地税局评为先进工作者，1997 年 11 月被评为市地税局十佳股、所长；1998 年、2000 年，被评为伊春市政府劳动模范；1999 年 9 月，被市地税局评为优秀税务干部；2001 年 4 月，被评为全区“三个代表”学教活动的优秀个人；2002 年 8 月，被伊春市委、市政府授予“兴安百面旗”荣誉称号。

刘钊

中共党员，大专文化，1965 年 2 月 15 日出生，山东省莱芜市人。1984—1986 年入伍当兵。1986—1991 年，南岔水解厂工会干事、建安公司团总支书记。1995 年停薪留职，从事个体经营，是南岔三兄弟家具实业有限责任公司总经理，企业法人代表。

1995年，刘钊同两个兄弟毅然停薪留职，自筹资金2万余元，买了几台陈旧设备进行改造，又自制拼板机，自建干燥室，办起了家庭作坊式工厂。充分利用成本低、原料来源充分的木材枝丫、小径木、烧火柴作原料，生产木珠帘、小型餐桌、木椅等产品。同时积极与一些大厂家联营，生产效益逐年增长，资金有了一定的积累。他带领职工以艰苦拼搏的精神，不懈的努力，以“滚雪球”式的发展，企业逐年发展壮大。2003年拥有固定资产1000余万元，厂区占地面积3万平方米，建筑面积1.5万平方米，现代家具车间6000平方米，机械设备300余台套。生产民用、办公、宾馆套房三大系列，200余个品种，上万套家具。有员工210人，其中技术人员21人。年创产值800多万元，上缴税金80多万元。产品远销美国、日本、韩国等国家和国内包括香港、澳门等地区的多个省市及地区。

三兄弟家具实业有限责任公司1996年获市“先进集体”称号；1997年获省“再就业明星企业”；1999年，获省家具设计金奖、家具设计一等奖、十强私人企业；2001年，获中国十省市家具知名品牌、中国十省市环保家具知名品牌、省用户满意产品。2002年，顺利通过ISO 9001国际质量认证，2004年，获国家“重合同、守信誉”企业。

刘钊个人也多次被评为省市级先进个人和市级首届“十大杰出青年”，并当选为黑龙江省家具协会常务理事等。2002年，被选为市第十一届和区第十届两级人大代表。

苗颖杰

女，中共党员，1970年2月出生，黑龙江巴彦县人。1992年10月毕业于黑龙江省铁力教师进修学校。1997年12月黑龙江省教育学院中文系大专毕业。2004年7月黑龙江省教育学院体育教育本科毕业。后任伊春市南岔区东方红小学副校长。

苗颖杰在小学三年级时就参加学校速滑队训练。1984年6月，她以优异的成绩考入黑龙江省体工队，从事专业速滑训练。1987年12月，她转业到母校东方红小学任体育教师兼速滑教练员，她当伯乐，为人梯，让未了的情结在孩子们身上实现。从教17年中，在努力搞好体育教学的同时，以惊人的毅力和百折不挠的精神全身心地投入对少年儿童冰上训练的启蒙培养。

多年来，先后为上级体校、运动队及大专院校输送42名速滑队员，其中任慧、于凤桐、张爽已成为世界速滑名将。她培养过的学生在国际、国内各级比赛中，共获奖牌1152枚，其中金牌268枚、银牌388枚、铜牌396枚。全国冠军19人、世界冠军2人。

苗颖杰所在的东方红小学，先后被评为全国和省市体育工作先进单位。1998年被省体育局命名为黑龙江省速度滑冰项目体育后备人才基地；2000年，被国家体育总局命名为全国体育后备人才基地；2002年，被国家体育总局批设为青少年体育俱乐部，并被省体育总局评为优秀体育后备人才基地；2003年，被国家体育总局评为“全国群众体育”先进单位；2004年，被省体育局推荐参加“全国奥林匹克后备人才基地”评选。

苗颖杰先后获得全国五一劳动奖章、省五一劳动奖章，被评为全国“三八”红旗手、全国优秀教师、省优秀教练员、市特等劳动模范、市拔尖人才、市优秀共产党员标兵、市十大杰出妇女。1997年10月，被评为全国群众体育先进个人，受到江泽民等党和国家领导人的亲切接见。1997年，被选为伊春市第十届人大代表。2002年，当选为南岔区第七届政协委员。2004年10月，苗颖杰应邀参加了中华人民共和国成立55周年国庆观礼，并受到国家主席胡锦涛等党和国家领导人的亲切接见并合影。2005年，苗颖杰被南岔区委定为全区开展保持共产党员先进性教育活动典型宣传人物。

第二节　党政主要领导简介

王庆山

1947年2月出生，山东省肥城人。1968年5月参加工作。1972年5月加入中国共产党。高级政工师。

1968年5月至1972年10月，任伊春区前进农场政工干事。1972年10月至1979年2月，任伊春市农牧局团委副书记、科所党支部书记。1979年2月至1983年12月，任伊春市农业办科长。1983年12月至1984年7月，任伊春市乡企局副局长。1984年7月至1986年8月系伊春市委党校学员。1986年8月至1987年10月，任伊春市乡企局副局长。1987年10月至1994年8月，任乌伊岭区委书记。1994年8月至2000年4月，任南岔区委书记。2000年4月调离南岔区。

牛毓山

1955年3月20日出生，山东省茌平县人。1973年3月参加工作。1978年6月加入中国共产党。高级政工师、教授级高级经济师，南岔区（局）党委书记。

1973年3月至1975年10月，系上甘岭区蔚兰经营所知青。1975年10月至1978年7月，系黑龙江大学哲学系学生。1978年7月至1982年9月，任伊春市委党校教员。1982年9月至1984年10月，任伊春市委党校哲学教研室副科级教员。1984年10月至1985年9月，任伊春市委党校哲学教研室主任。1985年9月至1990年10月，任伊春市委党校党委委员、副校长。1990年10月至1992年3月，任伊春市委宣传部副部长。1992年3月至1994年2月，任伊春市委宣传部副部长兼任社联主席。1994年2月至1995年2月，任伊春市委宣传部副部长。1995年2月至2000年4月，任西林区委副书记、政府区长。2000年4月9日至2005年12月31日，任南岔区（局）党委书记。

李应铭

1929年1月28日出生，山东省蓬莱县人。高中文化，1949年6月1日参加工作。1954年4月20日加入中国共产党。采运工程师。原任南岔区人大常委会主任。

1949年6月至1952年2月，任伊春第六作业所验收员、统计员、计划股统计员。1952年2—7月，系南岔干校统计班学员。1952年7月至1953年1月，任美溪林务分局计划股统计员。1953年1—7月，系沈阳东北林业部干校计划班学员。1953年7月至1959年12月，任南岔林业局林场任副主任、主任、党支部书记。1959年12月至1960年4月，任南岔林业局党委调研员。1960年4月至1962年2月，任伊春市委林业部干事。1962年2月至1963年12月，任南岔水解厂党委组织部副部长。1963年12月至1966年5月，任乌伊岭林业局党委组织部部长。1966年5月至1967年12月，任乌伊岭林业局工会主任。1967年12月至1971年7月，“文化大革命”期间下放劳动改造。1971年7月至1972年8月，任乌伊岭林业局气象站指导员。1972年8月至1974年3月，任南岔林业局浩良河镇党委副书记、副主任。1974年3月至1978年4月，任南岔林业局向阳林场党委书记，主任。1978年4月至1980年4月，任南岔林业局落实政策办和工会副主任。1980年4月至1983年12月，任南岔林业局副局长、副区长。1983年12月至1987年9月，任南岔区人大常委会党组书记、主任。1987年9月至1989年7月，任南岔区人大常委会二线后退休。

许和

1937年12月生于黑龙江省庆安县。1957年8月参加工作。1960年6月加入中国共产党。政工师。原任南岔区人大常委会主任。

1957年8月至1960年7月，任南岔区东方红小学教员。1960年7月至1983年2月，任南岔区委宣传部干事、副部长、区委常委宣传部部长。1983年2月至1987年5月，任南岔区委常委、纪律检查委员会书记。1987年5月至1997年1月，任南岔区人大常委会党组书记、主任。1997年1月退休。

汪时斌

1944年8月出生，辽宁省东港人。1962年12月参加工作。1970年9月加入中国共产党。林机工程师。曾任南岔区人大常委会主任。

1962年12月至1966年5月，南岔区工程处工人。1966年5—12月，南岔区工程处干部。1966年12月至1969年10月，南岔区团委、宣传部干事。1969年10月至1976年1月，任南岔区委组织部综合干事、组织员。1976年1月至1979年4月，任浩良河木材加工厂党委书记。1979年4月至1980年5月，任浩良河汽车队总支书记。1980年5月至1984年4月，任南岔局林机厂党总支书记。1984年4月至1988年6月，任南岔局机电科科长。1988年6月至1991年5月，任晨明贮木场场长。1991年5月至1997年4月，任南岔区（局）副区（局）长。1997年4月至2000年7月，南岔区人大常委会党组书记。2000年7月退二线，2004年8月退休。

魏长宽

1946年7月出生，黑龙江省庆安人。大专文化。1968年5月参加工作。1976年5月加入中国共产党。高级政工师。曾任南岔区人大常委会主任。

1968年5月至1969年6月，任南岔区木曾中学教员。1969年6月至1971年8月，任南岔局向阳林场政工员。1971年8月至1975年10月，任南岔区木曾中学教员。1975年10月至1978年10月，任南岔局向阳林场政工组长。1978年10月至1981年7月，任南岔区一中教员。1981年7月至1983年7月，哈师大物理系学生。1983年7月至1984年2月，任南岔区一中教员。1984年2月至1984年9月，任南岔区四中党支部副书记。1984年9月至1991年5月，任南岔区委组织部副部长。1991年5月至1993年3月，任南岔区委常委、组织部长。1993年3月至1997年12月，任南岔区委常委、副区（局）长。1997年12月至2000年6月，任南岔区委副书记。2000年6月至2001年1月，任南岔区政协主席。2001年1月至2002年9月，任南岔区人大常委会党组书记、主任。2002年9月退二线。

王曼野

男，汉族，1951年5月16日出生，1969年5月12日参加工作，1978年8月1日加入中国共产党，经济师，教授级高级政工师，原任南岔区委常委、纪委书记。

1964年7月至1969年5月伊春市二中初中、高中读书，1969年5月至1979年8月南岔贮木场知青、工人、干部，1979年8月至1980年6月南岔贮木场党总支副书记，1980年6月至1982年3月南岔区委组织部副科级干事，1982年3月至1986年7月南岔区政府办公室副主任（其间1983年9月至1986年7月赴省广播电视大学读书），1986年7月至1988年6月南岔林业局晨明贮木场党总支书记、场长，1990年6月至1993年11月南岔区民政局局长，1990年6月至1993年11月南岔区委办公室主任，1993年11月至1997年9月南岔区委常委、宣传部部长，1997年9月至1998年2月南岔区委常委、区纪检委书记，1998 年 2 月离任。

金绍英

1950 年 2 月 12 日出生。黑龙江省望奎县人。大专文化。1968 年 4 月参加工作。1975 年 10 月加入中国共产党。高级政工师。南岔区人大常委会主任。

1968 年 6 月至 1976 年 3 月，美溪区红卫山林场工人、代干。1976 年 3 月至 1982 年 10 月，任美溪区机关团总支书记、区工会生产委员、区委组织部组织员。1982 年 10 月至 1984 年 10 月，任美溪区顺利河林场总支书记。1984 年 10 月至 1985 年 10 月，系齐齐哈尔师范学院学员。1985 年 10 月至 1998 年 2 月，任美溪区工会副主席、宣传部长、武装部政委，纪委书记。1998 年 2 月至 2000 年 12 月，任南岔区纪委书记。2000 年 12 月至 2001 年 12 月，任南岔区委常委、副区（局）长。2001 年 12 月至 2002 年 8 月，任南岔区委副书记。2002 年 8 月至 2005 年 12 月，任南岔区人大常委会党组书记、南岔区人大常委会主任。

张宝兴

1939 年 11 月 10 日出生，吉林省柳河县四道沟乡三道沟村人。1958 年入团，1966 年 3 月加入中国共产党，大学文化，经济师，高级政工师，原任南岔区（局）党委副书记，区（局）长。

1948—1953 年，在原籍小学读书。1954 年 5 月至 1955 年，在乌马河老第二、老第三种地。1956—1959 年，乌马河锦山农业生产合作社社员。1960 年至 1961 年 4 月，任乌马河林业局农场计划统计员。1961 年 5 月至 1963 年 8 月，任乌马河林业局计划科计划员。1963 年 9 月至 1965 年 12 月，任乌伊岭林业局计划科计划员。1966 年 1 月至 1968 年 12 月，任乌伊岭林业局计划科副科长。1969 年 1 月至 1972 年 12 月，任乌伊岭林业局生产部计划员、副组长。1973 年 1 月至 1975 年 9 月，任乌伊岭林业局计划科科长。1975 年 10 月至 1984 年 8 月，任乌伊岭区委副书记、区（局）长。1984 年 9 月至 1986 年 7 月，系伊春市委党校大专班学员。1986 年 8 月至 1987 年 6 月，任南岔区委副书记、区（局）长。1987 年 7 月至 2001 年 3 月，转任伊春市物资局局长、市计委主任、副市长、市政协副主席、退休。

刘增新

1946 年 11 月 7 日出生，内蒙古呼和浩特市生人。1983 年 11 月加入中国共产党。毕业于东北林业大学经济专业，高级经济师，原任南岔区（局）长。

1953 年 9 月至 1959 年 7 月，在内蒙古呼和浩特家巷小学读书。1959 年 9 月至 1965 年 7 月，在内蒙古呼和浩特第一中学读初、高中。1965 年 9 月至 1970 年 8 月，哈尔滨东北林大经济专业读大学。1970 年 8 月至 1972 年 4 月，黑龙江南岔林业局浩良河木材加工厂劳动锻炼。1972 年 4 月至 1973 年 11 月，任南岔区（局）财务科成本会计。1973 年 11 月至 1983 年 2 月，任南岔区（局）计划科计划员、副科长。1983 年 2 月至 1992 年 4 月，任南岔区（局）副区（局）长。1992 年 4 月至 1997 年 9 月，任南岔区（局）党委副书记、区（局）长。1997 年 9 月，转到伊春市营林局任党委书记、局长。

关思伟

满族，1957 年 5 月 11 日出生，吉林省吉林市人，大学文化。1974 年 7 月参加工作。1978 年 12 月加入中国共产党。高级机械工程师。曾任南岔区委副书记、区（局长）。

1974 年 7 月至 1979 年 3 月，任翠峦区前进大队知青、副队长。1979 年 3 月至 1983 年 1 月，东北农学院，农机系学生。1983 年 1 月至 1984 年 5 月，任翠峦区机电科技术员。1984 年 5—6 月，任翠峦区团委副书记、书记。1984年6月至1985年6月，任翠峦区委组织部副部长。1985年6月至1989年11月，任翠峦区委常委、组织部长。1989年11月至1996年4月，任翠峦区（局）副区（局）长。1996年4月至1997年9月，任翠峦区委副书记。1997年9月至2000年4月，任南岔区委副书记、区（局）长。2000年4月调离南岔区。

王若森

汉族，1954年8月出生，吉林省海龙县人，大学文化。1973年3月参加工作。1979年6月加入中国共产党。高级经济师、高级政工师，曾任南岔区委副书记、区（局）长。

1973年4月至1978年7月，任汤旺河区房产管理处团书记。1978年7月至1979年10月，任汤旺河区房建处团总支书记。1979年10月至1984年11月，任汤旺河区委组织部干事。1984年11月至1990年12月，任汤旺河区工会副主席。1990年12月至1993年8月，任汤旺河区工会主席。1993年8月至1996年1月，任汤旺河区委常委、工会主席。1996年2月至2000年4月，任汤旺河区委常委、副区（局）长。2000年4月至2004年12月，任南岔区（局）党委委员、常委、副书记、区（局）长。2004年12月离任。

林宏坤

汉族，1962年11月出生，黑龙江省庆安县人。1981年8月参加工作。1986年6月加入中国共产党。毕业学院：黑龙江大学行政管理专业，大学学历，政工师职称。2004年12月任南岔区（局）长。

1981年8月至1986年7月，任新青区一中教师、团总支书记、新青区政府办科员。1986年7月至1988年8月，任新青区政府办副科级秘书、副主任。1988年8月至1990年6月，任新青区团委书记。1990年6月至1993年10月，任中共新青区委委员、常委、宣传部部长。1993年10月至1995年6月，任中共新青区委常委、新青公安分局党委书记、局长。1995年6月至2001年5月，任共青团伊春市市委书记、党组书记、市"三代办"副主任。2001年5月至2002年1月，任双丰林业局党委书记。2002年1—9月，任双丰林业局党委书记、林业局局长。2002年9月至2004年12月，任双丰林业局党委副书记、林业局局长。2004年12月至2005年12月31日，任南岔区（局）党委副书记、区（局）长。

郝中贤

1935年2月出生，黑龙江省尚志市人。大专文化，1952年2月参加工作。工艺美术师，政工师职称。1995年7月退休。曾任南岔区政协主席。

1952年2月至1954年6月，任尚志市庆阳乡学校教师。1954年6月至1956年6月，呼兰师范学生。1956年6月至1958年7月，任呼兰师范教师。1958年7月至1959年8月，任南岔区东方红小学教导主任。

1959年8月至1960年1月，任伊春市教育局视导员。1960年1月至1962年7月，任伊春市二中教师。1962年7月至1968年11月，任南岔区东升学校校长。1968年11月至1969年10月，任南岔区革委会办事组秘书。1969年10月至1978年7月，任南岔区党委办副主任。1978年7月至1982年1月，任南岔区委统战部部长、政协副主席。1982年至1993年9月，任南岔区政协主席。1993年9月退二线。1995年7月退休。

王家斌

1940 年 3 月出生，黑龙江省双城人，大专文化。1956 年 11 月参加工作。1962 年 5 月加入中国共产党。政工师。曾任南岔区政协主席。

1956 年 11 月至 1959 年 3 月，南岔林业局十四伐木场工人。1959 年 3 月至 1962 年 1 月，任南岔林业局八林场材料员、人事干事。1962 年 1 月至 1963 年 8 月，任南岔林业局十一林场团书记。1963 年 8 月至 1966 年 11 月，任南岔林业局机关团总支、党总支副书记。1966 年 11 月至 1969 年 10 月，任南岔区文教科科员、“五七” 干校学员 。1969 年 10 月至 1974 年 5 月，任南岔区南岔镇办事组组长。1974 年 5 月至 1980 年 10 月，任南岔区南岔镇政工组长、党委副书记。1980 年 10 月至 1984 年 8 月，任南岔区委组织部组织员、副部长。1984 年 8 月至 1993 年 9 月，任南岔区委统战部部长、区政协副主席。1993 年 9 月至 2000 年 6 月，任南岔区政协主席 。2000 年 6 月退休。

马伟斌

1955 年 12 月 5 日出生，黑龙江省铁力市人。大学文化。1974 年 10 月参加工作。1974 年 10 月 7 日加入中国共产党。高级政工师。曾任南岔区政协主席。

1974 年 10 月至 1975 年 7 月，铁力市铁力镇公社满江红二队知青。1975 年 7 月至 1978 年 3 月，铁力市双丰镇公社曙光一队知青。1978 年 3 月至 1982 年 1 月，哈师大政教系学生。1982 年 1 月至 1983 年 12 月，任铁力市委党校教员。1983 年 12 月至 1984 年 12 月，任铁力市市委常委王扬乡党委书记。1984 年 12 月至 1992 年 1 月，任铁力市市委常委、宣传部部长。1992 年 1—9 月，任铁力市市委副书记。1992 年 9 月至 1993 年 9 月，任铁力市市委副书记、挂职省委宣传部宣传处副处长。

1993 年 9 月至 1998 年 5 月，任铁力林业局党委副书记。1998 年 5 月至 2001 年 1 月，任南岔区区委副书记。2001 年 1 月至 2002 年 10 月任南岔区政协主席。2002 年 10 月至 2005 年 12 月 31 日任南岔区委副书记。

戴翔

1951 年 3 月出生，黑龙江省尚志市人。大专文化。1969 年 5 月参加工作。1979 年 8 月加入中国共产党。高级政工师。南岔区政协主席。

1969 年 5 月至 1974 年 10 月，南岔区胜利林场工人。1974 年 10 月至 1981 年 9 月，任南岔区团委干事、副书记。1981 年 9 月至 1983 年 6 月，哈师大中文系学生。1983 年 6 月至 1984 年 12 月，任南岔区委办公室副主任。1984 年 12 月至 1986 年 4 月，任南岔区委常委、宣传部长。1986 年 4 月至 1990 年 4 月，任南岔区委常委、办公室主任。1990 年 4 月至 1997 年 5 月，任南岔区政协副主席、统战部部长。1997 年 5 月至 2002 年 10 月，任南岔区政协副主席。2002 年 10 月至 2005 年 12 月，任南岔区政协主席。

李树春

1944 年 6 月 16 日出生，辽宁省朝阳市人，中专文化。1962 年 8 月参加工作。1964 年 9 月加入中国共产党。高级政工师。曾任南岔区委常委、纪委书记。

1952 年 9 月至 1957 年 3 月，在黑龙江省依兰县舒乐乡小学读书。1957 年 3 月至 1959 年 8 月，在伊春市大丰区小学读书。1959 年 8 月至 1962 年 8 月，在伊春市大丰区中学读书。1962 年 8 月至 1969 年 3 月，任黑龙江省独立二师战士、指导员。1969 年 3 月至 1973 年 9 月，辽宁省独立二师指导员。1973 年 9 月至 1983 年 6 月，任南岔公安局刑警、指导员、科长、副局长。1983 年 6 月至

1997 年 9 月，任南岔区委、副书记、纪委书记。1997 年 9 月至 2004 年 10 月，任南岔区政协副主席、调研员。2004 年 10 月退休。

吕惠岩

1959 年 11 月 9 日出生，黑龙江省绥化市人，大学文化。1975 年 1 月参加工作。1980 年 12 月加入中国共产党。高级政工师。工程师。南岔区委副书记、纪委书记。

1975 年 1 月至 1982 年 3 月，桃山局机修厂修理工、司机、车队队长、调度、会计、团委副书记。1982 年 4 月至 1987 年 4 月，任桃山局团委书记。1987 年 4 月至 1989 年 8 月，任桃山局神树林场党总支书记。1989 年 8 月至 1990 年 4 月，任桃山局党干校副校长。1990 年 4 月至 1993 年 9 月，任桃山局石长林场党总支书记。1993 年 9 月至 1994 年 2 月，任新兴林场书记。1994 年 2 月至 1998 年 1 月，任桃山局奋斗林场场长。1998 年 1 月至 2001 年 1 月，任桃山局党委委员、纪委书记。2001 年 1—10 月，任南岔区委常委、纪委书记。2001 年 10 月至 2005 年 4 月，任南岔区委副书记、区纪委书记。

杨国利

1967 年 2 月出生，辽宁省昌图县人。1991 年 8 月参加工作。1991 年 7 月加入中国共产党。黑龙江大学法学专业，大学学历，锅炉工程师职称。南岔区委副书记、纪委书记。

1991 年 8 月至 1997 年 11 月，任伊春市劳动局办公室仲裁科科员。1997 年 11 月至 1998 年 11 月，任伊春市劳动局仲裁科副科长。1998 年 11 月至 2000 年 4 月，任伊春市劳动局办公室副主任。2000 年 4—12 月，任伊春市劳动局定额站副站长（正科级）。2000 年 12 月至 2005 年 4 月，任南岔区政府副区长。2005 年 4—12 月，任南岔区委副书记、纪委书记。

第三章 先进集体 先进个人

第一节 国家及系统先进集体 先进个人

据不完全统计，1986—2005年出席国家及各部委、局先进集体17个，先进个人40名，其中，全国劳动模范1名，全国“五一劳动奖章”获得者2名。

1986—2004年南岔区出席国家及各部、局、委先进集体名表

表26-1

单位	授予称号	授予部门	授予时间（年）
南岔区第三小学	优秀大队部	全国少年工作委员会	1988
公安分局户政科	全国颁发居民身份证工作先进集体	公安部	1989
公安分局	全国颁发居民身份证工作先进单位	公安部	1991
公安分局	全国情报资料工作先进集体	公安部	1991
南岔林业局	“七五”期间更新造林先进企业	林业部	1992
公安分局	全国优秀公安局	公安部	1993
浩良河经营所	国家标准化苗圃	林业部	1995
南岔贮木场	企业档案目标管理国家二级	国家档案局	1996
南岔林业局	全国营造林工作先进单位	林业部	2000
南岔第三小学	少儿作文大赛优秀集体奖	全国少儿作文大赛组织委员会	2001
南岔第三小学	少儿作文大赛优秀集体奖	全国少儿作文大赛组织委员会	2002
南岔第三小学	少儿美术书法大赛团体一等奖	全国少儿书法大赛组织委员会	2002
区发改委	第五次全国人口普查先进集体	第五次全国人口普查领导小组	2002
南岔第三小学	少儿书画大赛优秀集体奖	全国少儿书法大赛组织委员会	2003
南岔第三小学	少儿作文大赛优秀集体奖	全国少儿作文大赛组织委员会	2003
区发改委	第二次全国基本单位普查全国先进集体	第二次全国基本单位普查领导小组	2003
南岔第三小学	双龙杯书画展优秀集体奖	双龙杯全国少儿大赛组织委员会	2004

1989—2005年南岔区出席国家及系统先进工作者名表

表26-2

姓名	授予称号	授予部门	授予时间（年）
尚友勤	全国优秀派出所所长	公安部	1989

续表 26-2

姓名	授予称号	授予部门	授予时间（年）
魏兴然	先进会员	全国红十字总会	1989
孙凤珠	优秀教师	中华人民共和国教育部、人事部	1989
孙惠芳	全国优秀教师并授予优秀教师奖章	国家教育委员会中华人民共和国人事部	1989
刘忠然	全国人口普查先进个人	国务院第四次全国人口普查领导小组	1990
金怀玉	全国优秀公安局长	公安部	1990
于振祥	全国绿化奖章	国家绿化委员会	1990
单忠平	全国颁发居民身份证工作先进个人	公安部	1991
荆化民	优秀警察	公安部	1991
赵桂琴	全国情报资料工作先进个人	公安部	1991
康世著	优秀教师	教育部	1993
王风武	先进工作者	安全部	1994
齐兴兰	全国工商系统优秀工商行政管理人员	国家工商行政管理总局	1994
金怀玉	全国公安系统二级英模	公安部	1995
娄海龙	优秀警察	公安部	1995
李　绵	全国优秀人民警察	公安部	1995
田桂芬	人民调解先进个人	司法部	1996
王　健	优秀教师	教育部	1997
苗颖杰	全国体育先进个人	国家体育总局	1997
马庆吉	全国优秀人民警察	公安部	1997

出席国家及各部、局、委先进集体名单

表 26-3

姓名	授予称号	授予部门	授予时间（年）
苗颖杰	全国优秀教师	教育部	1998
王铁军	先进个人	交通部	1998
吕惠岩	全国纪检、监察系统先进工作者	中纪委、监察部、人事部	2002
张　潮	一等功	公安部	2003
张　潮	全国“五一劳动奖章”	全国总工会	2003
娄海龙	全国严打整治工作先进工作者	公安部	2003
娄海龙	一等功	公安部	2003
王玉成	优秀园丁奖	中国国际书画委员会领导小组	2003
王仲柏	第二次全国基本单位普查先进个人	第二次全国基本单位普查领导小组	2003
韩园铭	第二次全国基本单位普查先进个人	第二次全国基本单位普查领导小组	2003
吕殿贵	全国绿化奖章	国家绿化委员会	2003
苗颖杰	全国“五一劳动奖章”	全国总工会	2004
白连友	全国公安系统二级英模	公安部	2004
白连友	革命烈士	民政部	2004
白连友	森林卫士	国家林业局	2004
程　军	全国工商系统优秀工商行政管理人员	国家工商行政管理总局	2004
苗颖杰	全国劳动模范	国务院	2005

第二节 黑龙江省及省系统先进集体 先进个人

据不完全统计，1986—2005年出席省政府及部门先进集体94个，其中，省委、省政府12个，各部门82个；出席省政府及各部门先进工作者135名，其中，省政府11名，各部门124名。

1986—2005年南岔区出席省先进集体名表

表26-4

单位	授予称号	授予部门	授予时间（年）
梧桐税务所	先进集体“青年文明称号”	省地方税务局	1986
区人民法院	省法院先进集体	省高级人民法院	1987
南岔养路段	省公路系统文明单位	省交通厅公路局	1987
高级中学	普教实验室和仪器工作先进集体	省教育委员会	1988
浩良河经营所	庭院绿化先进单位	省建设委员会	1988
区党校	省甲级庭院绿化单位	省建设委员会、省绿化委员会	1988—1989
区政府	森林防火先进单位	省政府	1988—1990
浩良河木材加工厂	文明单位	省政府	1989
南岔林业局	森工系统多种经营产值“双超”竞赛金奖	省森工总局	1990
环卫处	爱国卫生先进单位	省爱国卫生运动委员会	1990
南岔贮木场	先进基层党组织	省委	1990
南岔粮食分局	先进企业	省政府	1991
南岔饲料加工厂	先进企业	省政府	1991
浩良河经营所	黑木耳高产攻关先进单位	省森工总局	1991
环卫处	兴林杯金杯单位	省森工总局	1991
区人民法院	文明法院	省高级人民法院	1991
区政府	社会治安综合治理标兵单位	省政府	1991
南岔林业局	党风建设先进集体	省森工总局	1991
南岔林业局	营林工作先进集体	省森工总局	1991
南岔林业局	绿化特别奖	省森工总局	1991
浩良河经营所	标准化苗圃	省政府	1992
南岔贮木场	多种经营集体经济先进单位	省森工总局	1992
高级中学	甲级绿化单位	省建设委员会、省绿化委员会	1993
区人民法院	会计工作达标单位	省高级人民法院	1993
南岔林业局	森工系统养殖业先进单位	省森工总局	1993
南岔交通分局	省政府地方道路建设先进单位	省交通厅	1994
南岔林业局	营林工作先进集体	省森工总局	1994
南岔运管站	省交通厅文明标兵单位	省交通厅	1995
南岔交通分局	省交通厅文明标兵单位	省交通厅	1995
区政府	社会治安综合治理先进单位	省委、省政府	1995—1998
卫生局	计划免疫工作先进单位	省政府	1996
浩良河经营所	文明单位	省森工总局	1996

续表 26-4

单位	授予称号	授予部门	授予时间（年）
浩良河经营所	先进基层党组织	省委	1996
南岔交通分局	文明单位标兵	省交通厅	1996
水解三校	先进集体	省森工总局	1996
公安分局刑警大队	全省十大行业 70 个精神文明示范单位	省委、省政府	1997
南岔供电分局	先进集体	省森工总局	1997
卫生局	公共场所卫生监督先进集体	省卫生厅	1998
南岔供电分局	职工职业道德建设先进集体	省总工会	1998
南岔供电分局	1994—1997 年度全省思想政治工作先进单位	省委宣传部	1998
区人民法院	“学东莱创建人民满意政法基层单位”活动达标单位	省委政法委员会	1998
区人民法院	机关档案工作目标管理省级标兵	省档案局	1998
林业医院妇科	全省城镇妇女巾帼文明示范岗	省城镇妇女巾帼建功活动领导小组	1998
地方税务局	税收宣传活动月优秀活动项目	省地方税务局	1998
松青贮木场	最佳贮木场	省森工总局	1999
区人民法院	“学东莱创建人民满意政法单位政法干警”活动达标单位	省委政法委员会	1999
南岔交通分局	先进集体	省交通厅	1999
地方税务局	税收宣传活动月先进单位	省地方税务局	1999
文化体育局	文化先进区	省文化厅	2000
宣传部	文化建设先进区	省委、省政府	2000
物价局	省物价系统先进集体	省物价局	2000—2001
区人民法院	“学东莱创建人民满意政法单位政法干警”活动达标单位	省委政法委员会	2000
国家税务局办税服务厅	全省最佳办税服务厅	省国税局	2000
检察院	五好检察院	省检察院	2000
区政府	1997—1999 年度全省安全工作先进单位	省政府	2000
松青贮木场	最佳贮木场	省森工总局	2001
宣传部	“金色田野”群众文化活动优秀组织奖	省委宣传部、省文化厅	2001
南岔交通分局	文明单位标兵	省交通厅	2001
生产科	贮木场管理工作先进集体	省森工总局	2001
生产科	伐区管理特优伐区	省森工总局	2001
南岔经济综合开发公司	省级安全文明单位	省政法委	2001
区发改委	“九五”期间森工统计先进单位	省森工总局	2001
区发改委	第五次全国人口普查省级先进单位	省第五次人口普查领导小组	2001
伊春林业技工学校	先进技工学校	省劳动厅	2001
检察院	达标单位	省检察院	2001
地方税务局	地税系统党风廉政建设先进单位	省地方税务局	2001
南岔林业局	2000 年度安全工作先进企业	省森工总局	2001
松青贮木场	最佳贮木场	省森工总局	2002

续表 26-4

单位	授予称号	授予部门	授予时间（年）
松青贮木场	标兵贮木场	省森工总局	2002
文体局	百万青少年上冰雪优秀组织奖	省体育局	2002
生产科	伐区管理特优伐区	省森工总局	2002
南岔经济综合开发公司	先进集体	省森工总局	2002
东方红小学	德育工作先进集体	省高等教育学会	2003—2004
松青贮木场	标兵贮木场	省森工总局	2003
卫生局	防治非典型肺炎工作先进集体	省委、省政府	2003
南岔供电分局	先进基层工会	省林业工会	2003
区人民法院	全省法院系统“严打”整治斗争先进集体	省高级人民法院	2003
区人民法院	优秀青少年维权岗	共青团黑龙江省委员会、省高级人民法院	2003
林业医院	全省爱国卫生运动先进集体	省爱国卫生运动委员会	2003
浩良河镇	绿色村镇	省倡导绿色文明创建绿色家园指导委员会	2003
南岔经济综合开发公司	文明单位	省委、省政府	2003
伊春林业技工学校	先进技工学校	省劳动厅	2003
地方税务局	最佳办税服务厅	省地方税务局	2003
高级中学	黑龙江省绿色学校	省环保局、省教育厅	2004
教育局	教育督导工作先进集体	省教育厅	2004
物价局	价格专项举报工作先进集体	省物价局	2004
宣传部	“心系祖国健康成长”读书活动优秀组织奖	省委宣传部	2004
宣传部	群众文化组织奖	省委宣传部	2004
南岔供电分局	整治电力治安秩序专项行动先进集体	省整治电力治安秩序专项行动领导小组	2004
检察院	先进检察院	省检察院	2004
地方税务局	档案系统省级标兵	省档案局	2004
国家税务局	省级文明单位	省精神文明办公室	2005
国家税务局办税服务厅	省级青年文明号	省国税局、团省委	2005
伊春林业技工学校	全省技工学校招生工作先进学校	省劳动厅	2005

1986—2005 年南岔区出席省先进工作者名表

表 26-5

姓名	授予称号	授予部门	授予时间（年）
李士军	劳动模范	省政府	1986
杨晓华	先进工作者	省地税局	1986
云广川	先进个人	省森工总局	1986
张凤文	优秀体育教师	省教委、省体委	1986
赵增祥	省信访先进工作者	省委、省政府	1986
狄明惠	省交通系统先进段长	省交通厅	1987
尚友勤	省政法战线“严打”标兵	省委、省政府	1988

续表26-5

姓名	授予称号	授予部门	授予时间（年）
王　伟	技工教育先进工作者	省劳动局	1988
狄明惠	省交通系统精神文明先进个人	省交通厅	1989
宋保忠	先进工作者	省森工总局	1989
宋保忠	先进工作者	省总工会	1989
王铁军	省交通系统先进养路工	省交通厅	1989
魏兴然	先进个人	省卫生厅	1989
依汉龙	劳动模范	省粮食系统	1989
李继文	优秀教师	省教委	1990
王　伟	技工教育先进工作者	省劳动局	1990
成　丽	省交通系统“三八红旗手”	省交通厅	1991
狄明惠	省交通系统文明职工	省交通厅	1991
杜洪顺	文明干警	省高级人民法院	1991
何守先	省交通系统优秀工会工作者	省交通厅	1991
李成林	全省计划免疫防治先进个人	省卫生厅	1991
宋保忠	劳动模范	省政府	1991
孙怀生	优秀教师	省教委	1991
孙继利	种植业先进个人	省森工总局	1991
童连香	省计划生育工作先进个人	省计生委、人事厅	1991
王国兴	种植业先进个人	省森工总局	1991
王铁军	省交通系统先进养路工	省交通厅	1991
徐丽婷	优秀教师	省森工总局	1991
张光坤	省交通征费系统先进个人	省交通厅	1991
朱文莲	省森工系统优秀教师	省森工总局	1991
何　伟	省公安系统首届文艺汇演获优秀歌手三等奖	省公安厅	1992
姜本贵	优秀教师	省森工总局	1992
刘贺坤	种植业先进生产者	省森工总局	1992
宋保忠	省林业报社先进工作者	省林业报社	1992
宋保忠	先进工作者	省森工总局	1992
宋保忠	先进工作者	省经济委员会	1992
王玉才	优秀教师	省森工总局	1992
席国维	先进个人	省地方志编委会	1992
张凤文	优秀体育教研员	省森工总局	1992
杜洪顺	文明干警标兵	省高级人民法院	1993
宫　印	技工系统优秀教师	省劳动厅	1993
姜佩志	省交通运输先进个人	省交通厅	1993
刘振良	木材生产先进工作者	省森工总局	1993
王仲柏	全省投入产出调查先进工作者	省投入产出调查办公室	1993
赵登军	技工系统先进工作者	省劳动厅	1993
朱文莲	优秀教师	省政府	1993

续表26-5

姓名	授予称号	授予部门	授予时间（年）
朱永贵	双文明先进个人	省森工总局	1993
狄明惠	省地方道建设先进个人	省交通厅	1994
冯晓华	第一次全国第三产业普查先进个人	省政府第三产业普查领导小组办公室	1994
郭丽媛	第一次全国第三产业普查先进个人	省政府第三产业普查领导小组办公室	1994
何　伟	省“帕弗尔”杯青年歌手大奖赛中获美声组铜奖	省文化厅	1994
刘玉芝	优秀教师	省森工总局	1994
孙滨良	优秀教师	省森工总局	1994
王仲柏	全国第三产业普查先进工作者	省政府第三产业普查领导小组办公室	1994
许德忠	省地方道建设先进个人	省交通厅	1994
赵荣生	三十佳先进个人	省森工总局	1994
席国维	省地方志先进工作者	省地方志编纂委会	1994
曹桂兰	技工系统优秀教师	省劳动局	1995
狄明惠	省交通系统精神文明标兵	省交通厅	1995
康广南	劳动模范	省政府	1995
王淑贤	先进个人	省教育学会	1995
王艳玲	优秀教师	省教委	1995
王玉成	优秀美术创作指导教师	省森工总局	1995
王玉成	美术科优秀教研员	省教育学院	1995
殷秀光	“创百树千”活动竞赛先进个人	省卫生厅	1995
张兴云	优秀教师	省森工总局	1995
何建国	职称管理先进个人	省人事厅	1996
李英忠	初等教育优秀教研员	省教育学院	1996
凌长杰	优秀教师	省教委	1996
苗凤义	省国税系统征管能手	省国税局	1996
任文华	先进工作者	省森工总局	1996
张兴云	优秀教师	省森工总局	1996
陈殿财	劳动模范	省森工总局	1997
郭丽媛	第三次全国工业普查先进工作者	省政府工业普查办公室	1997
郭丽媛	第一次全国基本单位普查先进个人	省政府基本单位普查领导小组	1997
金怀玉	劳动模范	省委、省政府	1997
曲洪波	法院系统优秀审判员	省高级人民法院	1997
孙　立	优秀教师	省森工总局	1997
殷秀光	劳动模范	省森工总局	1997
赵荣生	劳动模范	省森工总局	1997
冯小平	结核病防治先进个人	省卫生厅	1998
贾永来	工会优秀工作者	省森工总局	1998
何建国	促进农村工作先进个人	省委、省政府	1999

续表 26-5

姓名	授予称号	授予部门	授予时间（年）
孙　立	优秀教师	省森工总局	1999
王淑贤	优秀教研员	省教育委员会	1999
尤静波	技工系统优秀教师	省劳动厅	1999
张秀茹	贮木场管理先进个人	省森工总局	1999
张敏学	省第五次全国人口普查先进个人	省第五次人口普查领导小组	2000
韩园铭	省第五次全国人口普查先进个人	省第五次人口普查领导小组	2000
颜景波	公路管理工作先进个人	省森工总局	2000
张敏儒	森林防火模范	省人事厅、省政府森林防火指挥部	2000—2002
韩园铭	“九五”期间统计工作先进个人	省森工总局	2001
李少荣	结核病防治先进个人	省卫生厅	2001
王　震	营造林劳动模范	省森工总局	2001
杨晓光	授予治安防范一等荣誉奖章	省公安厅	2001
杨晓华	省青年创业明星	省人事厅	2001
张秀茹	贮木场管理先进个人	省森工总局	2001
曹红霞	省会考管理先进工作者	省高中会考办	2002
狄明惠	先进工作者	省交通厅	2002
董文智	技工系统优秀教师	省劳动厅	2002
韩园铭	第二次全国基本单位普查先进个人	省政府第二次全国基本单位普查办公室	2002
郝　波	人民满意的政法干警标兵	省政法委	2002
王生业	省第九届劳动模范	省政府	2002
王仲柏	第二次全国基本单位普查先进个人	省政府第二次全国基本单位普查办公室	2002
徐文举	劳动模范	省政府	2002
杨晓华	先进工作者	省地税局	2002
赵宝利	贮木场管理先进个人	省森工总局	2002
赵丹凤	先进个人	省计划生育协会	2002
周芙蓉	省百万青少年上冰雪先进个人	省体育局	2002
谢忠梅	三八红旗手	省总工会	2003
卜晓东	劳动仲裁先进工作者	省劳动和社会保障厅	2003
刘旭阳	省就业训练系统优秀教师	省就业局	2003
苏秀君	省法院系统司法大检查活动先进个人	省高级人民法院	2003
王力华	全省防治非典型肺炎工作优秀党员	省委	2003
张本年	劳动模范	省森工总局	2003
庄善学	省防范和处理邪教问题先进个人	省委、省政府	2003
张　潮	省“五一劳动奖章”	省总工会	2003
从日英	教育系统先进工作者	省人事厅、教育厅	2004
马庆吉	省林业系统先进个人	省森工总局、省人事厅	2004
马　文	整治电力治安秩序专项行动先进个人	省公安厅	2004

续表 26-5

姓名	授予称号	授予部门	授予时间（年）
苗颖杰	省“五一劳动奖章”	省总工会	2004
任学川	省法院系统优秀调研员	省高级人民法院	2004
修英姿	省城镇妇女“巾帼建功标兵”	省妇联	2004
张凯权	技工系统优秀教师	省劳动厅	2004
赵登军	优秀教师	省教委	2004
朱丽平	省教师资格工作先进个人	省教育厅	2004
朱文莲	省骨干教师	省政府	2004
庞喜爱	省幼儿教育先进工作者	省教育厅	2004
梁宏杰	优秀教师	省教育厅	2004
韩守勤	“十五”中小学教师继续教育工作先进个人	省教育学院	2005
席国维	省地方志先进工作者	省地方志编纂委会	2005
邵纪龙	省“三大工程工作”先进个人	黑龙江省教育委员会	2005
张本年	省“五一劳动奖章”	省总工会	2005

第三节 市先进集体 先进工作者

据统计，1986—2005 年出席市先进集体 39 个；先进工作者 194 名，其中，特等劳动模范 9 名。

1986—2005 年南岔区出席市先进集体 先进工作者名表

表 26-6

年度	特等劳动模范	先进集体	先进工作者
1986—1987	赵云亭	南岔贮木场 浩良河木材加工厂 四合营林场 东方红小学 迎春乡 浩良河经营所 安全监察科 晨明贮木场 8 号绞盘机组 晨明贮木场青年一队 柳树经营所多种经营段 太平经营所苗圃 钢绳厂青年农场	姚振猛 程双科 张福森 汤运福 褚思探 宋保中 吴祥凤 程兆才 李世军 赵家宜 刘 友 丛海青 岳维祥 陈锡信 关艳云 丁凤英 孙亚琴 程良谟 黄风祥 艾 福 于好友 杨玉民 李忠琴 王景福 焦玉良 孙玉民 耿 江 王荫福 孙凤文 邹友才 何成名 孟繁荣
1988—1989		浩良河木材加工厂锯木车间二工组 晨明贮木场 8 号车组 亮子河林场采集二工组 太平经营所苗圃	李希江 邓忠树 岳维祥 李世军 赵家宜 邹广才 林禹权 耿 江 赵宝利 王景福 宋保中 程广军 程双科 程良谟 关艳云 吴喜岩 李秀云 范业山 钟国英 申广群 潘吉胜 李英彬 辛洪才
1990—1991	姚振猛 金怀玉	南岔贮木场 亮子河林场 桦阳经营所营林工组 晨明贮木场贮销段 8 号绞盘机组 浩良河经营所参场科技攻关组	毛景春 李希江 王雄威 林禹权 齐明林 宋保中 张振东 常孟宪 邹广仁 仇守文 吕兴华 李世军 程 威 范业山 王廷贵 程广君 刘 林 王佩环 阎学平 常天林 陈锡信 范钦山 申广群 刘庆山 关艳云 唐桂云 梁永海 李秀云 高晓敏 孙惠芳 赵桂琴 杜洪顺 吴秀芝 吴喜岩 邹友才 郭相华 刘凤杰 李国栋 董玉婷
1992—1993	康世著 董玉婷	东方红小学 南岔贮木场 桦阳经营所 松青经营所营林一工组 大磊林场采集一工组	刘振良 康颂建 张志江 程广君 陈锡信 潘吉胜 王芝凤 王兴彬 都本昌 魏齐生 郑显华 梁海丰 郭忠鹏 李秀云 郭相华 刘凤杰 金怀玉

续表26-6

年度	特等劳动模范	先进集体	先进工作者
1994—1995	金怀玉 董玉婷	南岔贮木场　浩良河经营所 岩石经营所王丙超班组 大磊林场高忠海采集工组	陈树森　程广君　王廷贵　程兆波　殷秀光　王芝凤 张国春　孙秀福　赵荣生　陈殿财　魏歧生　康颂建 朱文莲　王生业　邹友才　刘凤杰　马跃明
1996—1997		浩良河镇小吉星村 南岔贮木场　石头河林场 三兄弟家具实业有限责任公司 松青经营所王庭贵养猪场	张兴运　鲁庆文　张孝林　齐明林　田成华　王兴彬 韩　英　陆伟华　王　健　刘　力　陈殿财　张国君 孙秀福　孙万里　郭佳坤　孔宪明　王彦江　杨晓华 侯振涛　王金山　仇喜贵
1998—1999	苗颖杰	石头河林场　亮子河林场 南岔贮木场　东方红小学	刘云国　纪奎忠　陈殿财　潘桂元　王秀华　韩　英 杨洪林　沈　伟　刘文和　张兴运　王新洪　陈福德 张传久　孙万里　王　荣　顾科友　张振山　谢吉芝 关大君
2000—2005	张本年	松青森林经营所 南岔经济综合开发公司	王长连　李　鹏　韩　英　栾景春　于海春　谢忠梅 王力华　张子芹　李桂芳　王　波　关海春　桑恩亮 齐毅力　孔宪明　林春和　谢吉芝　娄海龙

附　录

历史文献

林业部司局文件

林计开字〔1997〕23号

关于同意列入全国山区综合开发示范县的函

黑龙江人民政府办公厅：

你省黑政函〔1997〕13号文收悉。经研究决定，同意你省伊春市南岔区（县级）、通河县列入全国山区综合开发示范县。并提出以下要求：

一、要充分认识山区综合开发的意义。要把这项工作作为完成九十年代农业和农村工作任务的一项重要措施来抓。要加强领导，落实相应机构和人员负责这项工作。

二、要明确山区综合开发的指导思想。山区综合开发要以“改土、治水、植树、修路、通电”为基本内容，坚持从实际出发，充分利用山区优势，宜农则农，宜林则林，宜牧则牧，进行统筹规划，开展综合治理和开发，搞一片成一片，促进山区经济全面发展。

三、要组织编制示范县“九五”山区综合开发规划。要正确把握开发方向、任务和重点，因地制宜地合理确定主导产业，实事求是地确立发展目标。“九五”规划应包括：示范县基本情况、山区开发指导思想和原则、开发重点和主导产业、地方和群众的发动、投资估算及效益预测以及采取的主要政策措施。

四、尽快组织确定九七年度山区综合开发示范项目。为支持山区综合开发进程，中央已安排政策性专项贴息贷款。请按两部两行今年颁发的“关于加强山区综合开发贴息管理工作的联合通知”（林财字〔1997〕11号文）要求将项目计划于5月1日前报全国山区综合开发协调小组办公室和中国农业发展银行总行。

五、要坚持发扬自力更生、艰苦奋斗的精神，动员和发动广大人民群众不畏困难，奋发努力，开拓进取，用自己双手改变自然面貌，走上脱贫致富之路，为本省（区）、市和全国山区综合开发探索路子，积累经验，做好示范。

全国山区综合开发
协调小组办公室
一九九七年三月二十四日

抄送：中央农村工作领导小组办公室、国务院办公厅秘书三局、全国山区综合开发协调小组各成员单位、黑龙江省林业厅

伊春林业管理局

伊林批字〔2000〕3 号

伊春林业管理局

关于对南岔林业局调整部分生产单位布局的批复

南岔林业局：

你局《关于调整部分生产单位布局的报告》（南岔林发〔2002〕39 号）收悉。经研究，同意你局将浩良河木材加工厂与浩良河贮木场合并，成立浩良河贮木加工厂；将翠岗林场与浩良河森林经营所合并，成立浩良河经营所；将大磊林场与奋斗森林经营所合并，成立奋斗森林经营所；将南岔贮木场所属的林城木器加工厂分离出去，成立南岔林城木器加工厂，将南岔贮木场其余部分更名为南岔经济综合开发公司。请你们通过布局调整，进一步加强企业管理、促进经济发展。

此复

二〇〇〇年十一月二十九日印

伊春市机构编制委员会文件

伊编发〔2001〕98 号

伊春市机构编制委员会

关于印发《伊春市国土资源局职能配置内设机构和人员编制规定》的通知

市国土资源局：

《伊春市国土资源局职能配置内设机构和人员编制规定》已经市政府批准，现予印发，请遵照执行。

二〇〇一年十一月十四日

伊春市国土资源局职能配置内设机构和人员编制规定

根据省委、省政府批准的《伊春市党政机构改革方案》（国编〔2001〕79 号），设置伊春市国土资源局。伊春市国土资源局是主管土地，矿产资源等自然资源的规划，管理，保护与合理利用的市政府组成部门。

一、职能调整

二、主要职责

三、内设机构

四、人员编制和领导职数

五、其他事项

（一）派出机构

对伊春市现行 15 个行政区派出国土资源管理机构，设置国土资源分局。国土资源分局核定事业编制 60 名。科级领导职数：分局局长（正科级）15 名。

南岔区国土资源分局按文件要求执行。

抄字伊春市机构编制委员会文件摘抄。

南岔区党政机构改革实施方案

根据《伊春市辖区党政机构改革实施方案》的通知（伊发〔2001〕19 号文件）精神，结合我区实际情况，制定本实施方案。

一、指导思想和原则

（一）指导思想

以党的十五大精神为指导，认真贯彻中央关于地方机构改革的方针政策，适应社会主义市场经济发展的需要，有利于加强和改善党的领导，促进政府职能转变，调整组织机构，精简人员编制，完善运行机制，逐步建立廉洁高效行为规范的管理体制。

（二）改革的原则

1. 加强和改善党的领导，理顺党政部门之间的关系。加强党委宏观管理职能，简化一般性具体管理事项，集中精力搞好党的建设。

2. 转变政府职能，加快实现政企、政事、政社分开，适应社会主义市场经济和社会发展的要求。

3. 科学界定职能，合理划分事权。合理界定部门之间的职能分工，相同或相近的职能交由一个部门承担，克服多头管理、政出多门的弊端。

4. 精兵简政，优化结构。按照精简、统一、效能的原则，调整组织结构，严格控制机构数额，压缩机关人员编制，精干机关工作队伍，提高工作效率。

5. 依法行政，规范管理。加强行政管理的制度化、规范化和法制化建设，逐步由主要依靠行政手段转向综合运用经济的、法律的和必要的行政手段管理经济的社会事务，同时加强机构编制的监督管理。

二、改革的内容

（一）加快实现政企、政事、政社分开，进一步转变政府职能。

主要是加快经济发展，加强城镇管理，搞好环境整治，维护社会稳定，要集中精力创造良好的市场环境。

（二）注意理顺各方面的关系，改进和完善行政运行机制。要理顺部门之间的关系，合理调整部门之间的职能，减少和避免交叉，要按照“一件事情由一个机构管理为主”的原则。

（三）切实改革行政审批制度，改善政府部门的审批事务。把清理减少审批事项作为转变政府职能的一项重要任务。

（四）改革行政执法体制，整顿和规范市场秩序。清理和规范行政执法队伍，强化执法监督机制。

三、机构设置和人员编制

（一）机构设置

根据市有关文件精神，我区党政机构设置限额为20个。其中党委5个，政府15个。工会、共青团、妇联、工商联等群团机构参照本方案结合有关规定执行。

党委机构设置：办公室（机关党委与其合署）、组织部、宣传部（挂统战部牌子）、政法委员会（综治办、610办）、纪律检查委员会（监察局与其合署）。

党委部门管理机构设置：老干部管理办公室、信访办公室。

政府机构设置：办公室、经济科技贸易委员会（挂企管科牌子）、计划统计局（保留物价局牌子）、教育局、文化体育局、司法局、公安分局、监察局（与纪律检查委员会合署）、民政局、财政局、人事劳动局（编委办与其合署）、审计局、卫生和计划生育局、建设局（环保局与其合署）、林政局（挂防火办公室的牌子）、农业委员会。

档案馆（局），为区政府直属事业单位。

非国有经济管理办公室（挂乡镇企业局和非国有经济发展局牌子），为区政府直属具有行政职能的事业单位。

社会保险事业管理局，隶属人事劳动局，为副科级事业单位。

旅游事业管理局，隶属政府办公室，为具有行政职能的事业单位。

林业局机构设置：资源科、营林科、木材生产机械科。

监察局、老干部办、信访办不计机构个数。

党委、政府工作部门的机构名称，原则上应与市委、市政府工作部门的机构名称对应。党委机构称部、委、办、局；政府机构称委、办、局。工作部门的机构规格为科级。

（二）职能归属

1. 党委工作部门

（1）办公室：负责政策研究、机要、保密、信访等工作。信访办由区委办、区政府办管理，以区委办管理为主。

（2）组织部：负责老干部管理工作。

（3）宣传部：负责精神文明建设、统一战线、对台、广播电视等工作。

（4）政法委：负责社会治安综合治理等工作。

2. 政府工作部门

（1）办公室：负责外事、侨务、人防、法制、民族宗教、旅游、档案、（史志）等工作。

（2）经济科技贸易委员会：负责企业管理、体制改革、外经外贸、商业、物资、安全生产监督、科技、信息等工作

（3）建设局与环保局合署办公、负责城乡规划、市场行政执法、房改、产权印证、房屋交易、房地产评估、城市公用事业等工作。

（4）农委：负责多种经营、水务、农机、畜牧等工作。

（5）人劳局：负责社会保障、目标管理等工作。

（6）计划统计局：负责物价等工作。

（三）人员编制和领导职数

以1997年核定的编制控制数为基数，精简比例为23%，总编制控制数由300人减为230人（包括行政、工勤、林企离退休干部服务人员编制，其中使用省核定的行政编20人）。

公安分局机关核定专项编制84人。

司法局机关核定专项编制6人。

街道办事处3个，核定编制69人。

区委、区政府领导职数：区委书记配备1职、副书记3职；区政府区长配备1职，副区长3职。

林业局副局长3职，资源专员1职。

区委、区政府工作部门领导职数配备，3人以下科室配备1职，5人以下配备2职；6人以上配备3职。个别工作量大的增配1职，竞聘落岗的科级人员，可保留原级别，逐步消化。

纪检委、工会等内设机构，不占科级机构限额，机构规格为副科级，每科室只配备一名科级干部，不占科级干部限额。

四、需要说明的有关问题

1. 设立旅游局（林业局自设机构）。

2. 生产技术科和机电科合并，成立木材生产机械科。

3. 体改委、科委、安全办和经贸委合并，成立经济科技贸易委员会。

4. 卫生局和计划生育局合并，成立卫生和计划生育局。

5. 多种经营局职能并入农业委员会。

撤销机构、合并机构、更名机构在刻制新的印鉴的同时，立即将作废印鉴交由区政府办公室统一销毁。有关档案资料区别不同情况，移交档案馆和相关部门管理。

五、组织领导

这次党政机构改革政策性强，涉及面广，任务艰巨，在区委区政府领导下，组织、人劳部门负责指导各部门具体实施工作，各有关部门密切配合。

（一）为切实搞好机构改革工作，成立南岔区党政机构改革领导小组，组成人员如下：

组　长：牛毓山　王若森

副组长：马伟斌　金绍英　张　波

成　员：韩　宝　陈福德　何建国　赵忠君　赵玉华

领导小组下设办公室，主任陈福德，副主任韩宝。

（二）明确领导者责任，切实做好人员思想政治工作，保证人员思想感情稳定和机关工作秩序正常。

（三）严肃机构改革纪律，在机构改革人员调整期间，严禁弄虚作假、违犯纪律的现象发生，一经发现，严肃查处。

附：1. 南岔区党政机关富余人员调整安置、分流实施办法

2. 南岔区党政机构一览表

3. 南岔区机关机构编制及领导指数一览表

4. 南岔区机关附属事业单位机构编制一览表

5. 南岔区公司单位机构编制及领导指数一览表

主题词：机构改革　实施意见　通知

中共南岔区委员会办公室　　2001 年 11 月 29 日印发

共印 20 份

南岔区党政机关富余人员调整安置、分流实施办法

根据《伊春市辖区党政机构改革实施意见》的通知精神，结合我区实际情况，按照带职分流、定向培训、充实非国有企业、优化结构的要求，积极探索机关人员分流的具体途径和办法。人员分流的任务在 2003 年年底前完成。把机构改革与干部人事制度改革结合起来，引入竞争机制，实行竞争上岗，通过人员分流，优化机关工作人员队伍结构，提高整体素质。

以工代干人员不得参与机关干部岗位定岗，借调人员一律清退。

适当鼓励机关工作人员提前退休和离岗休养。严格执行退休制度，对已到离退休年龄人员，及时办理离退休手续。对未到离退休年龄的机关人员，机构改革期间，可参照省市有关规定：男 1946 年 12 月 31 日前（含 12 月 31 日）、女 1951 年 12 月 31 日前（含 12 月 31 日）出生的科级（含科）以下工作人员，不再安排机关职务任职，可选择提前办理退休手续或离岗休养。男 1948 年 12 月 31 日前（含 12 月 31 日）、女 1953 年 12 月 31 日（含 12 月 31 日）出生的科级工作人员，不再安排科级领导职务任职，如果安排科级非领导职务，可以不占科级非领导职务职数。1944 年 12 月 31 日前（含 12 月 31 日）出生的正副处级干部，不再安排机关职务任职，可选择提前办理退休或离岗休养。1946 年 12 月 31 日前（含 12 月 31 日）出生的正副处级干部不再安排处级领导职务任职，如果安排处级非领导职务，可不占处级非领导职务职数。

党政机关工作人员中（含领导干部），在 2003 年 12 月 31 日前（含 12 月 31 日），连续工龄满 28 年或者男满 52 周岁、女满 47 周岁，本人自愿，经组织批准，可提前办理退休或离岗休养手续。符合上述条件的人员，提前退休或离岗休养的比例，原则上控制在 20% 以内。提前退休的人员，比国家规定的退休年龄提前一年不满三年的，可按规定工资上调一级企业工资；提前三年不满五年的，可上调二级企业工资；提前五年以上的，可上调三级企业工资。提前退休人员的工资由企业在管理费中列

支，并确保在机构改革期间予以兑现。提前退休金标准，另外加上这次机构改革时所增长的工资额，再纳入社会统筹。离岗休养的人员，职务免除，保留原职级待遇，纳入机关退休人员管理。机关调整工资时，按原职级调整工资档次，待达到国家规定的退休年龄时，再正式办理退休手续，退出工作岗位年限可与以前的工龄合并计算。提前离岗休养期间，每人每月发给20元补助费，直至达到退休年龄为止。

在1997年市编委核定的300编制控制数内，2001年9月30日前退二线并在机关开支的干部，本人提出提前退休或离岗休养的，予以办理手续，并享受分流政策。

按市文件规定，所有分流人一律保留原干部身份和原职务级别。分流对象确定后，便不在本机关安排工作，由区（局）妥善安置。已办理退休手续或离岗休养 人员一般也不再返聘。分流到企事业单位并从事专业技术工作人员，凡具备相应任职资格条件的，可在同等条件下优先参加相应级别系列专业技术职务任职资格的评审。机关工作时间连续计算专业工龄。

机关工作人创办、领办各类经济实体、从事开发性生产等，其人事关系挂靠区人事劳动局人才交流服务机构，实行人事代理，由单位按有关规定一次性补缴分流前养老保险费。分流人员在新单位需要参加社会保险的，其社会保险单位和个人应缴纳部分，分别由所在单位和个人按比例缴纳。

分流安排实施办法在机构改革期间有效，分流政策只适用于分流人员。

区（局）要抓紧办理符合提前退休、离岗休养人员的审批手续。其他分流人员的工作安排，原则上截止时限为2003年末完成。

具体要求

1. 所有空编部门都要首先消化吸纳撤并部门符合上岗条件的富余人员。

2. 空编部门增人时，一律从具有大专以上文化的毕业生中招录选用。

3. 所有空编部门按照三个三分之一的办法进行人员充实调整。即按照部门空编总数，三分之一安置撤并部门的富余人员，三分之一面向社会，从具有大专以上学历的毕业生中招录选用；三分之一根据本部门实际调或留在将来进行人员调剂。

4. 对撤并部门的富余人员，采取先分后竞的办法，即对富余人员先分配到空编部门，然后参加该单位的竞争上岗。

5. 区（局）机关各部门领导在精简机构、分流人员工作中，要充分做好部门职工群众的思想工作，使职工群众对机构改革工作有一个明确的认识。

6. 各部门在精简机构、分流人员工作中，要做好本部门工作的衔接，以保证工作的连续性，确保机构改革工作顺利进行。

按市有关文件规定，男1946年12月31日前、女1951年12月31日前出生的科级（含科）以下工作人员，本人提出提前退休或离岗休养申请；党政机关工作人员中（含领导干部），男满52周岁，女满47周岁以上的，本人自愿、经组织批准可提前办理退休或离岗休养手续，符合上述条件人员，副科级以上干部申请交到区委组织部，一般干部申请交到人事劳动局。

时间截止到2001年12月11日。

编后记

《伊春市南岔区（林业局）志（1986—2005）》依据黑龙江省人民政府办公厅转发《国务院办公厅关于进一步加强地方志编纂工作的通知》、黑龙江省人民政府办公厅下发的《关于全面开展全省第二届三级地方志编纂工作的通知》和伊春市地方志编纂委员会2002年9月15日转发的黑龙江省人民政府办公厅黑政办发〔2002〕24号文件《关于全面开展全省第二届三级地方志编纂工作的通知》要求，于2004年11月26日召开全区续志工作会议，全区第二轮修志工作全面启动。依据本区实际状况，进行三次调整编纂委员会及其成员。区委、区政府把编纂工作纳入社会经济发展计划和政府工作的议事日程，任命主任，聘请政治素质高、写作能力强老同志，调整办公室，改善办公条件，从组织上加强对编纂工作领导。

在区（局）党政领导关心和支持下，在编纂委员会指导下，编纂办公室坚持实事求是的思想路线，运用现代科学理论和方法，全面翔实反映南岔自然、政治、经济、文化及社会事业的历史。按照伊春市志办下发文件精神，结合南岔实际情况，确定《伊春市南岔区（林业局）志（1986—2005）》篇目。2004年12月，按篇目落实承包责任制，落实到人，从篇目资料收集、整理、考证到编写一包到底。各编辑在资料收集中，发扬"针尖削铁、燕口夺泥、大海捞针"精神，先后到伊春和兄弟区（局）及本区各单位、档案局，查阅档案3200余卷，走访知情人300余人，召开座谈会6次，征集资料400万字。

2005年1月，在征集全志资料80%之时，开始各篇章试写，2007年5月完成《伊春市南岔区（林业局）志（1986—2005）》初稿，并送市志办审稿，经市志办领导审阅。2007年10月，第二次报市志办进行终审，2008年9月报省志办核阅。2009年7月，志稿评议会召开，省志办市县指导处处长娄福恩、副处长刘树波及哈尔滨市志办副巡视员赵景福、副处长王冶、市志办主任曹永杰、基层指导科科长周尧、副编审李中正参会，并对评议稿提出了具体修改意见。2009年10月，《伊春市南岔区（林业局）志（1986—2005）》定稿。在此，对给予支持和鼓励、指导帮助的领导，区档案局及区机关各科、部、委、办、局、基层各单位表示衷心感谢！

经过编纂委员会和上级有关部门审核，《伊春市南岔区（林业局）志（1986—2005）》出版。但由于编纂者水平有限，加之历史条件限制，书中疏漏和缺点在所难免，衷心地期待读者和行家们给予指正。

南岔区（林业局）地方志编纂委员会

2018年12月

出版说明

根据国务院办公厅颁发的《全国地方志事业发展规划纲要（2015—2020年）》规定，到2020年必须全面完成第二轮地方志书规划任务。为确保这一目标顺利实现，针对当前部分民族地区与贫困地区志书出版经费困难的情况，在中国地方志指导小组组长王伟光、常务副组长李培林的亲自倡议和领导下，自2015年8月起中国地方志指导小组办公室启动民族地区与贫困地区志书出版资助工程，对经国务院扶贫开发领导小组办公室认定的国家级贫困县（区、旗、县级市），中西部地区、少数民族边疆地区、经济欠发达地区存在出版经费困难的省市县三级综合志书进行出版资助。

民族地区与贫困地区志书出版资助工程既是地方志系统的政治工程，又是全国地方志事业协调发展的促进工程，对于推进第二轮地方志书规划任务按期完成，实现地方志事业区域发展平衡，促进民族地区与贫困地区基础文化建设，具有重要的政治意义和文化意义。2016年4月，该工程入选国家新闻出版广电总局实施的“十三五”国家重点出版物出版规划项目。

本书经民族地区与贫困地区志书出版资助工程领导小组批准，入选民族地区与贫困地区志书出版资助工程。

民族地区与贫困地区志书出版
资助工程领导小组办公室
2015年9月